ACCESO GRATIS *a la Lectura en la Nube*

Para visualizar el libro electrónico en la nube de lectura envíe junto a su nombre y apellidos una fotografía del código de barras situado en la contraportada del libro y otra del ticket de compra a la dirección:

ebooktirant@tirant.com

En un máximo de 72 horas laborables le enviaremos el código de acceso con sus instrucciones.

MANUAL DE ESTUDIOS LATINOAMERICANOS

(Handbook of Latin American Studies)

LATIN
AMERICAN
STUDIES*
powered by Ibrachina

Procedimiento de selección de originales, ver página web:
www.tirant.net/index.php/editorial/procedimiento-de-seleccion-de-originales

MANUAL DE ESTUDIOS LATINOAMERICANOS

(Handbook of Latin American Studies)

Director:

VÍCTOR GABRIEL RODRÍGUEZ

Coordinadores
(por orden de aparición):

CAROLINE MÉNARD
VÍCTOR RODRÍGUEZ
MARIA CRISTINA CACCIAMALI
HENRY SALGADO
PAULA ANDREA RAMÍREZ BARBOSA
THOMAS LAW
LISBETH REBOLLO GONÇALVES
CECILIA MARCELA UGARTEMENDÍA

Producción:

THOMAS LAW

tirant lo blanch
Valencia, 2025

En caso de erratas y actualizaciones, la Editorial Tirant lo Blanch publicará la pertinente corrección en la página web www.tirant.com.

Cómo citar

Estilo Chicago: Rodríguez, Víctor Gabriel, dir. *Manual de Estudios Latinoamericanos – Handbook of Latin American Studies.* Valencia: Tirant lo Blanch, 2025.

Estilo ABNT: Rodríguez, Víctor Gabriel (Dir.). *Manual de Estudios Latinoamericanos – Handbook of Latin American Studies.* Valencia: Tirant lo Blanch, 2025.

EDITA: TIRANT LO BLANCH
C/ Artes Gráficas, 14 - 46010 - Valencia
TELFS.: 96/361 00 48 - 50
FAX: 96/369 41 51
Email: tlb@tirant.com
www.tirant.com
Librería virtual: www.tirant.es
DEPÓSITO LEGAL: V-2673-2025
ISBN: 978-84-1095-082-5
MAQUETA: Tink Factoría de Color

Si tiene alguna queja o sugerencia, envíenos un mail a: *atencioncliente@tirant.com*. En caso de no ser atendida su sugerencia, por favor, lea en *www.tirant.net/index.php/empresa/politicas-de-empresa* nuestro procedimiento de quejas.

Responsabilidad Social Corporativa: http://www.tirant.net/Docs/RSCTirant.pdf

Índice

Presentación: Identidad, modernidad y multilateralismo en América Latina 27
THOMAS LAW

Prólogo: La formación de latinoamericanistas 33
VÍCTOR GABRIEL RODRÍGUEZ

1. Breve contextualización 33
2. Principios rectores 34
3. Autores y capítulos 36
4. Aplicabilidad y futuro de la obra 40

Índice de autores 41

Parte 1
CONCEPTOS

Coordinador:
VÍCTOR GABRIEL RODRÍGUEZ

1.1. HACIA UN CONCEPTO DE AMÉRICA LATINA 55
VÍCTOR GABRIEL RODRÍGUEZ

1. Introducción 55
2. Camino para la conceptuación: las aproximaciones 56
   2.1. Elemento preliminar: la existencia 56
3. Definiciones formales: jurídica y geopolítica 59
4. Pasos para el concepto material de América Latina 62
   4.1. La denominación América Latina 63
      4.1.1. De Nuevo Mundo a América 64
      4.1.2. De Hispanoamérica a América Latina 66
   4.2. Formación de un pensamiento latinoamericano 69
      4.3.1. Por metonimia: la 'Carta de Jamaica' 71
      4.3.2. Otros textos relevantes 73
5. Paradigmas de la contemporaneidad 78
   5.1. Identidad y estudios del siglo XX 79
   5.2. Las interrogantes contemporáneas 81
   5.3. Colonialismo y colonialidad como posible clave interpretativa 85
   5.4. Características del continente 87

6. Conclusiones 92
7. Bibliografía 93

1.2. ANTROPOLOGÍA Y ETNOGRAFÍA DEL ESTADO EN AMÉRICA LATINA 97
Juan Pablo Vera Lugo

1. Introducción 97
2. Ciudadanía, Multiculturalismo y Formación de Estado en América Latina .. 100
3. Espacio, límites, naturaleza y estado en América Latina 107
4. Violencia, Estado e Instituciones en América Latina 112
5. Aportes de la etnografía al estudio del Estado en Latinoamérica 118
6. Conclusión 124
7. Bibliografía 125

1.3. LAS LENGUAS DE LATINOAMÉRICA: DIVERSIDAD Y MARGINALIZACIÓN 135
Cecilia Marcela Ugartemendía

1. Introducción 135
2. Las lenguas originarias 137
   2.1. Quechua 137
   2.2. Náhuatl 139
   2.3. Aimara 141
   2.4. Mapudungún 142
   2.5. Guaraní 143
3. Conclusión 148
4. Bibliografía 149

1.4. INSTITUCIONES LATINOAMERICANAS DE INTEGRACIÓN 153
Jorge Szeinfeld
Ygor Pierry Piemonte Ditão
Víctor Gabriel Rodríguez

1. Introducción 153
2. Los Embriones de la integración latinoamericana 154
3. Instituciones de Integración regional 157
4. Las Instituciones de Integración Subregional 160
   4.1. Comunidad Andina (CAN) 161
   4.2. Mercado Común del Sur (MERCOSUR) 163
5. Perspectivas de nueva integración: el "Sur Global" 165
6. Conclusión 167
7. Bibliografía 168

1.5. PLURALISMO NACIONAL EN EL ECUADOR Y EN BOLÍVIA: EL CASO DE LA JUSTICIA INDÍGENA ... 173

Eduardo Calero Jaramillo
María Concepción Chacón Abarca

1. Introducción ... 173
2. Pluralismo Jurídico en Ecuador y Bolivia ... 174
3. Justicia Indígena y plurinacionalidad ... 177
4. Características de la Justicia Indígena ... 179
5. Sanciones en justicia indígena ... 184
6. Conflicto de 'justicias': el caso "La Cocha" ... 186
7. Conclusión ... 190
8. Bibliografía ... 190
9. Bibliografía complementaria ... 191

1.6. DERECHO Y RAZA EN LATINOAMÉRICA: LA CUESTIÓN DE LA ESCLAVITUD AFRICANA ... 193

Paulo Henrique Rodrigues Pereira

1. Introducción ... 193
2. El Papel de la Esclavitud Africana en la configuración de los Sistemas Económicos y Sociales Latinoamericanos ... 193
3. El impacto estructural de la esclavitud en la formación social de América Latina ... 199
4. Los fundamentos jurídicos de la esclavitud ... 200
5. Repertorio y innovación en el apogeo y en el declive del *Partus Sequitur Ventrem* ... 208
6. La emancipación gradual y el *Partus Sequitur Ventrem* ... *210*
7. Independencia de América Latina y la abolición de la Esclavitud ... 213
8. El Mantenimiento de la esclavitud —el Tráfico Transatlántico— (Brasil y Cuba) ... 218
9. Abolición y mantenimiento de la desigualdad —el caso Brasileño— ... 220
10. Conclusión ... 223
11. Bibliografía ... 223

1.7. ASPECTOS CRIMINOLÓGICOS DE LA GUERRA CONTRA LAS DROGAS ... 229

Pablo Galain Palermo

1. Introducción ... 229
2. Explicación del fenómeno de la guerra contra las drogas ... 230
   2.1. Explicación histórica ... 230
   2.2. Explicación normativa ... 232
3. La guerra contra las drogas en su máxima expresión: los planes de intervención militar extranjera para la protección de la salud pública mediante la eliminación de la producción y la distribución del producto ... 234

3.1. Plan Colombia ... 234
3.2. Iniciativa o Plan Mérida ... 237
4. Algunas consecuencias o daños colaterales de la guerra contra las drogas ... 239
4.1. La guerra como motor de la economía ilegal y el mercado negro ... 239
4.2. Distintas formas de violencia y violaciones de los derechos humanos ... 243
4.3. Persecución selectiva, criminalización de la pobreza y otras formas de discriminación ... 244
4.4. La política de guerra como mala estrategia política ... 245
5. Conclusión ... 247
6. Bibliografía ... 248

1.8. FUERZAS MILITARES EN LATINOAMÉRICA: CUADRO GENERAL, DEFENSA DE FRONTERAS Y ESPACIO AEREO ... 257

Adriana Erthal Abdenur
Sabrina Evangelista Medeiros

1. Introducción ... 257
2. La Concepción de las Fuerzas Armadas en América Latina ... 259
3. Tipos de fuerzas armadas y estructuras políticas ... 261
4. Fuerzas Armadas en América del Sur ... 267
5. Fuerzas Armadas en América Central ... 268
6. Fuerzas Armadas y Fronteras ... 271
7. Fuerzas armadas en el espacio regional ... 273
8. Conclusiones ... 275
9. Bibliografía ... 276

Parte 2
Historia
Coordinadora:
Caroline Ménard

2.1. LOS PUEBLOS PREHISPÁNICOS EN LATINOAMÉRICA ... 281

Pablo Alberto Mumary Farto
Ana Somohano Eres
Antonio Jaramillo Arango

1. Introducción ... 281
2. Mesoamérica ... 282
2.1. Área olmeca ... 284
2.2. Oaxaca ... 285
2.3. Altiplano Central ... 287
2.4. Área maya ... 291
3. El Trópico Americano ... 295
3.1. Medioambiente tropical ... 296
3.2. Primeros pobladores y primeros desarrollos alfareros ... 297

3.3. Las grandes migraciones 299
3.4. Aprovechamiento agrícola 302
3.5. Metalurgia 303
4. Andes Centrales 305
4.1. El Precerámico 306
4.2. El Formativo u Horizonte temprano 307
4.3. El Periodo intermedio temprano 309
4.4. El Horizonte medio 312
4.5. El Periodo intermedio tardío 313
4.6. El Horizonte tardío 315
5. Conclusión 317
6. Bibliografía 317

2.2. PERIODO COLONIAL: CONFLICTO, ADAPTACIÓN Y DESIGUAL INTERCAMBIO 323

Emir Reitano
Jorge Troisi Melean

1. Introducción 323
2. El Caribe 325
3. La conquista se institucionaliza 327
4. Tenochtitlan: la base del imperialismo colonial 328
5. Los Andes y sus mini mundos 330
6. Debate y resistencias 333
7. El imperio español se organiza 334
8. El impacto desigual del choque cultural 335
9. Hispanoamérica y la globalización temprana 336
10. La formación de las haciendas 340
11. El derrumbe demográfico y las contradicciones sociales 342
12. La Corona y sus funcionarios 347
13. Iglesia, persecuciones y pervivencias religiosas 348
14. El nuevo reformismo 350
15. La nueva orientación atlántica 353
16. La expulsión de los jesuitas y las reformas religiosas 355
17. La Gran Rebelión Andina 356
18. Conclusión 358
19. Bibliografía 359

2.3. LOS PROCESOS INDEPENDENTISTAS DE LA AMÉRICA ESPAÑOLA (1810-1830) 363

Roberto Breña

1. Introducción 363
2. La crisis de la monarquía hispánica 369
3. El bienio 1808-1810 y más allá 375
4. Los acontecimientos americanos 381

5. El legado de las guerras de independencia 391
6. Una cuestión lingüístico-historiográfica 397
7. A modo de conclusión 401
8. Bibliografía 402

2.4. LA FORMACIÓN DEL ESTADO NACIÓN EN AMÉRICA LATINA 405
CLAUDIA WASSERMAN

1. Introducción 405
2. El periodo de la anarquía 408
3. México: independencia desde arriba y dominio conservador 412
4. Argentina: guerras civiles por la hegemonía de Buenos Aires y aspiraciones de autonomía en las provincias del interior 413
5. Chile: centralización política temprana y éxitos económicos y militares de las clases dominantes 415
6. Perú y Bolivia: aislamiento económico y desarticulación política y social 418
7. América Central: fragmentación política y economías poco articuladas 420
8. Reformas liberales: apropiación de tierras y formación de un mercado laboral 421
9. La consolidación de los Estados nacionales: las oligarquías centrales y el avance del capitalismo periférico 427
10. Conclusión 437
11. Bibliografía 438

2.5. PRINCIPIOS DEL SIGLO XX: DE LAS ESTRUCTURAS POSTCOLONIALES A LA MODERNIDAD (1900-1930) 441
GUILLEMETTE MARTIN

1. Introducción 441
2. América Latina y la modernización del siglo XX 443
   2.1. Transformaciones económicas y auge demográfico 443
   2.2. Del dominio oligárquico a la era del reformismo 445
   2.3. La Revolución Mexicana 447
3. América Latina y los impactos de la Primera Guerra Mundial 451
   3.1. Impacto político y consecuencias diplomáticas 451
   3.2. El auge exportador de las economías latinoamericanas 454
   3.3. La consolidación de la hegemonía estadounidense 456
4. "Salvar la nación": hacia la consolidación de una nueva identidad 459
   4.1. Indigenismo y nacionalismo cultural 459
   4.2. Los movimientos estudiantiles 463
   4.3. Los movimientos obreros 465
5. Conclusión 467
6. Bibliografía 468

2.6. LOS POPULISMOS DE LAS DÉCADAS DE 1930/1950 471
Moira Mackinnon

1. Introducción 471
2. Las perspectivas 472
3. Las experiencias históricas 481
   3.1. Los casos de Brasil, México y Argentina 481
   3.2. Análisis de las experiencias históricas 483
4. Conclusión 490
5. Bibliografía 491

2.7. LAS DICTADURAS EN EL CONO SUR 495
Mariana Joffily
Gabriela Águila

1. Introducción 495
2. La dictadura militar en Brasil, 1964-1985 497
3. La dictadura militar en Chile, 1973-1990 502
4. La dictadura militar en argentina, 1976-1983 508
5. Comparando las tres dictaduras 515
6. Conclusión: el eje común 518
7. Bibliografía 519

Parte 3
Economía

Coordinadora:
Maria Cristina Cacciamali

3.1. IDEAS DE DESARROLLO ECONÓMICO EN LAS AMÉRICAS: DE LA HERENCIA IBÉRICA A NUESTRO PROPIO PENSAMIENTO 527
Luiz Guilherme de Oliveira
Moisés Balestro

1. Introducción 527
2. El sistema económico en el universo ibérico: el período escolástico 527
3. El período escolástico 530
4. El universo ibérico. España y Portugal: dinámicas similares en procesos diferentes 531
5. Disrupción y diferentes modelos de crecimiento y acumulación 533
6. Trayectoria e innovación: las primeras ideas económicas en las colonias y el inicio de los movimientos independentistas 535
7. Conclusión 542
8. Bibliografía 543

3.2. LA CEPAL: IMPORTANCIA Y LIMITACIONES EN EL DESARROLLO ECONÓMICO 547

MARIA CRISTINA CACCIAMALI

1. Introducción 547
2. Ciclo Económico, Concepto Centro-Periferia 551
3. Ciclo Económico y Desigualdad 553
4. Límites al Proceso de Industrialización 556
5. El Enfoque Estructuralista de la Inflación 560
6. Disidencia de la CEPAL: La teoría de las relaciones de dependencia 563
7. Conclusiones: Transformaciones y Perspectivas 572
8. Bibliografía 575
9. Glosario 577

3.3. PENSADORES LIBERALES EN LA ECONOMÍA LATINOAMERICANA ... 581

WAGNER TADEU IGLECIAS

1. Siglo XIX: Consolidación de los Estados nacionales y liberalismo económico 584
2. La Crisis del liberalismo y la retracción del pensamiento económico liberal 593
3. La crisis del desarrollismo nacional 595
4. Las Reformas neoliberales 601
5. América Latina: ideas liberales en el siglo XXI 603
6. Conclusiones 605
7. Bibliografía 605

3.4. LA ECONOMÍA AGRÍCOLA LATINOAMERICANA ACTUAL 607

AMAURY PATRICK GREMAUD

1. Introducción 607
2. La agricultura en América Latina: un abordaje histórico 614
3. Diferentes aspectos de la agricultura latinoamericana en siglo XXI 622
   - 3.1. Crecimiento de la producción y la productividad 622
   - 3.2. Trocas internacionales 626
   - 3.3. Estructura productiva: agricultura empresarial x agricultura familiar.. 630
   - 3.4. Condiciones de vida en el campo: la populación, los hogares y la pobreza rural 633
   - 3.5. Explotación agrícola y medio ambiente 637
4. Conclusión 640
5. Bibliografía 640

3.5. REGÍMENES LABORALES EN AMÉRICA LATINA. INTERPRETACIONES HISTÓRICAS Y ACTUALES 643

ROBERTO VÉRAS DE OLIVEIRA

1. Introducción 643

2. Enfoques del trabajo en América Latina en el contexto desarrollista 644
2.1. La CEPAL y la noción de excedente estructural de mano de obra 645
2.2. Naturaleza limitada del mercado laboral, incluso en países que han avanzado con la industrialización 646
2.3. La cuestión de la migración interna en evidencia 647
2.4. La marginalidad como población "sobrante" o "no funcional" 649
2.5. Reafirmación de la marginalidad como ejército industrial de reserva . 651
2.6. Enfoque de la informalidad como excedente estructural de mano de obra 653
2.7. La teoría de los dos circuitos 656
2.8. La informalidad como sector subordinado e intersticial 657
2.9. El prisma de las estrategias de supervivencia 659
3. Nuevos enfoques del trabajo en América Latina en el contexto de la globalización 662
3.1. Reestructuración productiva y relaciones laborales flexibles 662
3.2. Los informales como "héroes económicos" 664
3.3. La informalidad como trabajo asalariado encubierto 665
3.4. Actualización de los enfoques de la informalidad en América Latina .. 668
3.5. Trabajo clásico y trabajo no clásico 669
3.6. Rupturas en los enfoques sociológicos del trabajo en América Latina . 672
3.7. Enfoques de economía popular y economía solidaria 675
4. La realidad del trabajo en América Latina: entre innovaciones y continuidades 678
5. Conclusión 680
6. Bibliografía 681
7. Estudios complementarios 685

Parte 4
Geopolítica

Coordinador:
Henry Salgado Ruiz

4.1. GEOPOLÍTICA DE LAS DROGAS ILÍCITAS EN AMÉRICA LATINA 689
Henry Salgado Ruiz

1. Introducción 689
2. La política antidroga y su enfoque prohibicionista en América Latina 691
3. La guerra contra las drogas y el boom del narcotráfico en América Latina .. 698
3.1. Dinámica actual del narcotráfico en Latinoamérica 703
4. El Estado y el narcotráfico en América Latina 710
5. Conclusión 716
6. Bibliografía 718

4.2. ANTROPOLOGÍAS LATINOAMERICANAS: NACIÓN, RACISMO Y COLONIALISMO INTERNO ... 723

Jose Antonio Figueroa

1. Introducción ... 723
2. Antropología, colonialismo y la invención del "otro" ... 724
3. La antropología latinoamericana: de la construcción de las naciones a las retóricas globalistas ... 726
4. Viajeros, coleccionistas y antropologías emergentes ... 730
5. Esencialismo antropológico y republicanismo popular ... 757
6. Conclusión ... 758
7. Bibliografía ... 760

4.3. LAS FORMACIONES URBANAS DE LATINOAMÉRICA ... 765

Júlio César Suzuki
Suzana Maria Loureiro Silveira

1. Introducción ... 765
2. Colonización de América Latina: la génesis de las aglomeraciones urbanas. 768
3. Formaciones urbanas contemporáneas: significados de las formaciones territoriales nacionales ... 778
4. Conclusión ... 784
5. Bibliografía ... 784

4.4. RELIGIONES DE MATRIZ AFRICANA: INTRODUCCIÓN AL PENSAMIENTO A DOS RELIGIONES BRASILEÑAS (CANDOMBLÉ Y UMBANDA) ... 787

Jonathan Hernandes Marcantonio

1. Introducción ... 787
2. Orígenes en Brasil ... 788
3. Candomblé: una religión natural ... 789
4. Umbanda: una religión sincrética y espiritista ... 792
5. Conclusión ... 793
6. Bibliografía ... 794

4.5. EL CATOLICISMO EN AMÉRICA LATINA. DESDE MEDIADOS DEL SIGLO XIX A LA ACTUALIDAD ... 797

Diego Mauro

1. Introducción ... 797
2. La nueva Iglesia latinoamericana ... 800
3. El catolicismo de masas en América Latina ... 807
4. El tiempo de ordenar ... 812
5. La ebullición del catolicismo latinoamericano tras el Concilio Vaticano II... 818
6. Conclusión: Francisco y la Romanización que se avecina ... 825

7. Bibliografía ... 828
8. Bibliografía complementaria ... 832

4.6. LA POLITIZACIÓN EVANGÉLICA EN AMÉRICA LATINA ... 833
MARCOS CARBONELLI

1. Introducción ... 833
2. Razones de un cambio religioso ... 835
3. Militantes de la fe ... 838
4. Emprendedores morales ... 844
5. Engranajes del Estado ... 849
6. Gramáticas de la participación política evangélica y su incidencia democrática ... 852
7. Conclusiones ... 855
8. Bibliografía ... 856

4.7. MULTIPOLARIZACIÓN: LAS NUEVAS RELACIONES CON ASIA ... 861
THOMAS LAW
LUCAS FERNANDES DA COSTA

1. Introducción ... 861
   1.1. Objetivos del estudio ... 864
   1.2. Alcance del estudio ... 864
2. Antecedentes de la Multipolarización ... 865
   2.1. Evolución del orden mundial ... 865
   2.2. Factores impulsores de la multipolarización ... 866
      2.2.1. Transformaciones económicas y comerciales ... 866
      2.2.2. Avances tecnológicos y conectividad ... 867
      2.2.3. Cambios en la configuración política y diplomática ... 867
      2.2.4. Desafíos transnacionales y la necesidad de colaboración ... 867
      2.2.5. Cambios en la estructura demográfica ... 868
   2.3. Cambios en la dinámica global ... 868
      2.3.1. Desplazamiento de centros de poder ... 869
      2.3.2. Multiplicidad de actores y organizaciones ... 869
      2.3.3. Interconexión económica y dependencia global ... 869
      2.3.4. Transformaciones tecnológicas y ciberseguridad ... 869
      2.3.5. Desafíos globales y necesidad de cooperación ... 870
3. El Papel de Asia en la Multipolarización ... 870
   3.1. Ascenso económico de Asia ... 870
      3.1.1. China como motor económico global ... 871
      3.1.2. Diversificación y desarrollo en Asia ... 871
      3.1.3. Redefinición de las cadenas de suministro y comercio ... 871
      3.1.4. Implicaciones para América Latina ... 872
      3.1.5. Innovación y desarrollo tecnológico ... 872
   3.2. Influencia política en asuntos globales ... 872
      3.2.1. Diplomacia activa y participación en organismos internacionales ... 873

3.2.2. Mediación en conflictos regionales e internacionales 873
3.2.3. Desarrollo de alianzas estratégicas 873
3.2.4. Participación en temas globales sensibles 874
3.2.5. Desafíos en la construcción de una identidad global 874
3.3. Contribuciones a la multipolarización 874
3.3.1. Integración regional y cooperación multilateral 875
3.3.2. Desarrollo sostenible y reducción de la brecha de desarrollo 875
3.3.3. Fomento de la diversidad cultural y soft power 875
3.3.4. Innovación y contribuciones tecnológicas 876
3.3.5. Diplomacia de desarrollo y asistencia internacional 876
4. Desafíos y Oportunidades para América Latina en el Contexto Multipolar 876
4.1. Desafíos en la adaptación a un escenario multipolar 876
4.1.1. Reconfiguración de alianzas estratégicas 877
4.1.2. Tensiones comerciales y competencia económica 877
4.1.3. Gestión de recursos y desarrollo sostenible 877
4.1.4. Desafíos geopolíticos y seguridad 878
4.1.5. Impacto en la identidad y cultura regional 878
4.2. Oportunidades para la cooperación y el desarrollo 878
4.2.1. Diversificación de socios comerciales 879
4.2.2. Cooperación en desarrollo sostenible 879
4.2.3. Participación en iniciativas multilaterales 879
4.2.4. Desarrollo de capacidades tecnológicas 879
4.2.5. Fortalecimiento de la identidad y cultura 880
4.2.6. Colaboración en ciencia y educación 880
4.3. Desafíos en la construcción de una identidad regional frente a la influencia asiática 880
4.3.1. Preservación de la diversidad cultural 881
4.3.2. Integración de valores y tradiciones 881
4.3.3. Desafíos socioeconómicos y desigualdades 881
4.3.4. Adaptación a modelos de desarrollo alternativos 881
4.3.5. Desafíos en la autonomía política y geopolítica 882
4.3.6. Construcción de una narrativa regional positiva 882
4.4. Oportunidades para la creación de vínculos y cooperación cultural 882
4.4.1. Colaboración en ciencia y educación 883
4.4.2. Desarrollo de iniciativas culturales conjuntas 883
4.4.3. Fortalecimiento de organizaciones culturales regionales 883
5. Perspectivas Futuras y Estrategias para América Latina en el Contexto Multipolar 884
5.1. Estrategias para la integración económica y comercial 884
5.1.1. Diversificación de exportaciones 884
5.1.2. Alianzas comerciales estratégicas 885
5.1.3. Promoción de inversiones extranjeras 885
5.2. Fortalecimiento de la cooperación regional 885
5.2.1. Integración y colaboración en infraestructuras 885
5.2.2. Cooperación en desafíos comunes 885
5.2.3. Fortalecimiento de organismos regionales 886
5.3. Promoción de la innovación y el desarrollo tecnológico 886

5.3.1. Inversión en investigación y desarrollo 886
5.3.2. Colaboración en ciencia y tecnología 886
5.4. Desarrollo de estrategias diplomáticas flexibles 887
5.4.1. Diplomacia multidireccional 887
5.4.2. Participación activa en foros internacionales 887
5.5. Promoción de la educación y la cultura 887
5.5.1. Fomento de programas educativos 887
5.5.2. Colaboración en industrias creativas 887
5.6. Adaptación a desafíos geopolíticos y ambientales 888
5.6.1. Estrategias para abordar tensiones geopolíticas 888
5.6.2. Enfrentamiento del cambio climático 888
6. Conclusión 888
7. Bibliografía 889

4.8. NUEVOS MOVIMIENTOS SOCIALES EN AMÉRICA 891
Aldo Olano Alor

1. Introducción 891
2. El feminismo situado en Abya Yala: sexo, género y política 893
3. Ambientalismo y nuevos movimientos sociales 899
4. Jóvenes y Razón Libertaria. La internacionalización de la Protesta 904
5. Conclusión 909
6. Bibliografía 911

Parte 5
Derecho

Coordinadores:
Paula Andrea Ramírez Barbosa
Thomas Law

5.1. LA FORMACIÓN CONSTITUCIONAL DE HISPANOAMÉRICA: LAS PRIMERAS CONSTITUCIONES 915
Farid Benavides

1. Introducción 915
2. De la disputa por la naturaleza de la conquista a la influencia de la Constitución de los Estados Unidos de América y de la de Cádiz en las primeras constituciones 916
2.1. La naturaleza del "indio" 916
2.2. Las promesas de igualdad de la constitución de Cádiz 920
2.3. La influencia de los revolucionarios franceses y estadounidenses 921
2.4. Los proyectos constitucionales latinoamericanos 923
3. La invención de la Nación y el Constitucionalismo radical 923
4. La defensa del pasado por medio de un constitucionalismo conservador 927
5. El balance entre la anarquía y la tiranía en el constitucionalismo liberal 929

6. Conclusiones ... 935
7. Bibliografía ... 938

5.2. EL CONJUNTO NORMATIVO DE LAS DICTADURAS DE LOS AÑOS 1970 Y LA JUSTICIA DE TRANSICIÓN ... 941

IGNACIO BERDUGO GÓMEZ DE LA TORRE

1. Introducción ... 941
2. Un poco de historia. El acceso al poder de las Fuerzas Armadas y la búsqueda de legitimación ... 945
3. Los militares en el poder. Las nuevas normas y la actuación sin norma ... 950
   3.1. Sobre el ejercicio del poder y los Derechos Humanos. El terror de Estado ... 951
   3.2. Sobre las nuevas Constituciones. La pretensión de un nuevo modelo de Estado ... 961
   3.3. La búsqueda de la impunidad. Autoamnistías y amnistías ... 963
4. La Justicia transicional en las antiguas dictaduras ... 966
   4.1. Las Comisiones de la Verdad ... 966
      4.1.1. Introducción ... 966
   4.2. Las Comisiones de la Verdad en las distintas naciones ... 968
      4.2.1. Argentina ... 968
      4.2.2. Brasil ... 970
      4.2.3. Chile ... 972
      4.2.4. Uruguay ... 975
      4.2.5. En conclusión ... 976
   4.3. Derribar los obstáculos jurídicos. La actuación de la Corte Interamericana ... 977
      4.3.1. Argentina ... 977
      4.3.2. Uruguay ... 982
      4.3.3. Chile ... 985
      4.3.4. Brasil ... 987
5. Conclusiones ... 991
6. Bibliografía ... 992

5.3. EL NEOCONSTITUCIONALISMO LATINOAMERICANO ... 997

ANA CAROLINA DE MORAIS COLOMBAROLI
JOSÉ ROBERTO MACRI JR

1. Introducción ... 997
2. Una mirada sobre las transformaciones constitucionales recientes en América Latina ... 1000
3. El Nuevo Constitucionalismo Latinoamericano: rasgos comunes de los cambios constitucionales en la región ... 1005
4. Las Constituciones de Bolivia y Ecuador: matriz decolonial ... 1011
5. Conclusión ... 1016
6. Bibliografía ... 1017

5.4. SISTEMA INTERAMERICANO DE DERECHOS HUMANOS Y LA MIGRACIÓN REGIONAL 1021

PAULA ANDREA RAMÍREZ BARBOSA

1. Introducción 1021
2. Reflexiones en torno a algunas de las decisiones del Sistema Interamericano y su impacto en la salvaguarda de los derechos de los migrantes 1024
   2.1. Reconocimiento de las condiciones de vulnerabilidad de los migrantes 1026
   2.2. El derecho de asilo y el principio de no devolución 1032
   2.3. Derechos y primacía de las garantías de los niños en la migración 1035
   2.4. Sobre la situación migratoria irregular y el debido proceso 1039
3. La migración y el género 1042
4. Conclusión 1048
5. Bibliografía 1050

5.5. EL 'BUEN VIVIR' COMO DERECHO DE LAS CONSTITUCIONES DE BOLIVIA Y ECUADOR: LECCIONES DE PRESENTE Y FUTURO PARA AMÉRICA LATINA 1053

VÍCTOR GABRIEL RODRÍGUEZ

1. Introducción 1053
2. Dimensiones internas y externas del Sumak Kasay 1053
3. El *sumak kawsay* y su concepto: la funcionalidad jurídica 1055
4. Buen vivir a partir de las Constituciones de Bolivia y Ecuador 1056
5. La carga semántica de la locución 1058
6. La dimensión espiritual 1061
7. Riesgo de basarse en prejuicios religiosos 1064
8. Para el futuro: Integración Latinoamericana 1066
9. La alerta de la leyenda negra: el estilo de vida improductivo 1067
10. Conclusiones 1069
11. Bibliografía 1070

5.6. LAS FUNCIONES ADMINISTRATIVAS Y JURISDICCIONALES DE LOS TRIBUNALES ELECTORALES DE CENTROAMÉRICA 1073

JULIO OLIVO GRANADINO

1. Introducción 1073
2. De la función administrativa o de organización electoral 1075
3. De la función jurisdiccional o de justicia electoral 1077
4. Funciones de los organismos electorales de Centroamérica y algunos países latinoamericanos 1081
5. Breve referencia a las transformaciones del sistema electoral de El Salvador 1087
6. Riesgos y desafíos para la construcción y consolidación de la democracia en los países centroamericanos 1090

7. Conclusión 1092
8. Bibliografía 1092

5.7. LA CRIMINALIDAD ORGANIZADA EN LATINOAMÉRICA SUS RASGOS ESENCIALES 1095

Paula Andrea Ramírez Barbosa

1. Introducción 1095
2. Concepto y delimitación del Crimen Organizado Trasnacional 1096
3. Características relevantes del Crimen Organizado Trasnacional 1098
4. Principales tipologías de la Delincuencia Organizada Trasnacional 1102
5. Los principios rectores de las estrategias procesales contra el Crimen Organizado Trasnacional (TEIS) 1105
   5.1. Principios rectores de las Técnicas Especiales de Investigación 1105
      5.1.1. Principios de legalidad y debido proceso 1105
      5.2.2. Principios de excepcionalidad y subsidiariedad 1106
      5.2.3. Principios *de reserva y confidencialidad* 1106
      5.2.4. Principios de pertinencia y especialidad 1106
      5.2.5. Principios de proporcionalidad, razonabilidad y utilidad 1107
6. Algunas técnicas especiales de investigación contra el Crimen Organizado Trasnacional 1107
   6.1. El agente encubierto 1107
   6.2. La entrega vigilada 1108
   6.3. La vigilancia electrónica 1109
   6.4. La cooperación internacional 1110
   6.5. La extinción del derecho de dominio 1112
   6.6. Justicia negociada y consensuada 1113
7. Reflexiones de futuro 1114
8. Conclusiones 1116
9. Bibliografía 1117

Parte 6
Artes

Coordinadora:
Lisbeth Rebollo Gonçalves

6.1. AMÉRICA LATINA 1920: ENTRECRUZAMIENTO ENTRE MODERNIDAD Y VANGUARDIA 1123

Ivonne Pini

1. Introducción 1123
2. Importancia de las revistas culturales 1125
3. Particularidades de tres propuestas artísticas en tres espacios diversos: México, Buenos Aires y Cuba 1128
   3.1. México 1128

3.1.1. La Escuela Nacional Preparatoria como experiencia 1134
3.1.2. Modernidad, vanguardia y nacionalismo 1136
3.2. La Habana 1137
3.2.1. Cambios impulsados en 1923 1137
3.2.2. Afirmación de lo cubano 1139
3.2.3. La influencia africana 1141
3.2.4. Los artistas 1142
3.3. Buenos Aires 1146
3.3.1. El espacio urbano 1146
3.3.2. Revistas culturales 1147
3.3.3. Formación de grupos 1147
3.3.4. Los viajes 1148
3.3.5. Los artistas 1150
4. Conclusión 1151
5. Bibliografía 1153

6.2. LA SEMANA DEL ARTE MODERNO EN BRASIL 1155
Lisbeth Rebollo Gonçalves

1. Introducción 1155
2. Qué fue la Semana del Arte Moderno 1156
3. La construcción de una conciencia nacional 1158
4. Tres momentos del modernismo brasileño 1159
5. Río de Janeiro y São Paulo 1159
6. En las artes visuales: actualización en el lenguaje, el diálogo con los movimientos europeos, pero con significado propio 1160
7. Anita Malfatti 1161
8. Emiliano Di Cavalcanti 1162
9. Otros artistas importantes en la muestra de 1922 1163
10. París, centro mundial de las artes 1164
11. Las revisiones por el Centenario de la semana 1164
12. Conclusión 1165
13. Bibiliografía 1165

6.3. CONTRADICCIONES Y DESAFÍOS DE LAS ARTES VISUALES EN LA AMÉRICA LATINA CONTEMPORÁNEA 1167
Maria Amelia Bulhões

1. Introducción 1167
2. El surgimiento del arte contemporáneo en América Latina: rupturas y marginalidad 1172
3. Consolidación y Expansión: La Hegemonía del Sistema del Arte Contemporáneo 1176
4. Prácticas contra hegemónicas: subversiones y renovaciones en proceso 1181
5. Contenidos Digitales 1184
6. Conclusión 1186
7. Bibliografía 1187

6.4. LA REVALORIZACIÓN DEL ARTE DE LOS PUEBLOS ORIGINARIOS .. 1189
ALESSANDRA SIMÕES PAIVA

1. Introducción 1189
2. La nueva generación del arte indígena latinoamericano 1192
3. La locución "arte indígena contemporáneo" 1196
4. La "aesthesis" decolonial 1201
5. El modo contemporaneo y "aesthésico" de hacer arte 1204
6. Conclusión 1210
7. Bibliografía 1211

6.5. EL GIRO DEL ARTE AFROLATINO 1215
ALECSANDRA M. DE OLIVEIRA

1. Introducción 1215
2. Las subjetividades afrolatinas 1218
3. Artes y feminismo afro-latinoamericano 1220
4. La necesidad de la representación de la afro-latinidad 1222
5. Conclusiones 1225
6. Bibliografía 1226

Parte 7
LITERATURA
Coordinadora:
CECILIA MARCELA UGARTEMENDÍA

7.1. LAS LETRAS DORADAS DE LA LITERATURA EN LATINOAMÉRICA 1231
LUZ STELLA ANGARITA

1. Introducción 1231
2. El comienzo de la lectura territorial 1233
3. Una continuidad discontinua 1238
4. Otro baluarte para la escritura literaria 1244
5. La literatura asumió el análisis de nuestra realidad 1250
6. Postulaciones teóricas, críticas y estéticas 1253
7. Después de la nueva rítmica… 1256
8. La novedad escritural 1259
9. La forja del Boom 1263
10. Conclusión 1266
11. Bibliografía 1269

7.2. ORALITURAS Y LITERATURAS INDÍGENAS DEL 2004 AL 2024: BOCETOS CRONOLÓGICOS Y DOCUMENTALES 1271
MIGUEL ROCHA VIVAS

1. Introducción 1271

2. Cronología 1274
3. Conclusiones 1295

7.3. LITERATURA LATINOAMERICANA CONTEMPORÁNEA 1301
Carla Daniela Benisz

1. Introducción: la 'unidad' latinoamericana 1301
2. 1960. El boom de la literatura latinoamericana 1305
3. 1970-1980. El post-boom 1308
4. 1980-1990. La culturalización del hecho literario 1310
5. Años 2000 hasta hoy. El devenir minoritario en los proyectos literarios 1312
6. Conclusión 1314
7. Bibliografía 1314

Presentación: Identidad, modernidad y multilateralismo en América Latina

THOMAS LAW
Doctor en Derecho
Presidente de Ibrachina

Fue antes de la pandemia de 2019/2020 cuando Ibrachina decidió apoyar el Proyecto *Ibrachina Latin American Studies*, que ahora inaugura su gran obra escrita: el presente Manual de Estudios Latinoamericanos. Este libro, que sale a la luz como resultado de más de cinco años de intenso trabajo en grupo, es una obra, sin falsa modestia, predestinada a dar frutos a escala global. En esta presentación, quiero demostrar cómo el libro cumple con el proyecto del Instituto Sociocultural Brasil-China y conjuga autores y, a partir de este momento, lectores, para contribuir al cumplimiento de una misión: aportar al entendimiento de América Latina como una región que debe impulsar una mayor integración y que puede proyectar un futuro con mejores condiciones sociales, económicas y ambientales.

En términos generales, la adhesión de los estudios latinoamericanos a la misión de **Ibrachina** resulta evidente. Como instituto dedicado a fomentar el desarrollo de las relaciones entre Brasil y China, su labor consiste en promover un conocimiento más profundo y detallado sobre nuestra región. A fin de cuentas, del mismo modo en que los latinoamericanos percibimos a China como parte del bloque asiático, la perspectiva china hacia Brasil tiende a situarlo como un país de vastas proporciones, pero integrado en un conjunto mayor.

La misión en el ámbito del *Ibrachina Latin American Studies*, sin embargo, tiene un enfoque más específico: la naturaleza de Ibrachina exige que las actividades que se promueven se alineen con los intereses binacionales. Esto no implica, de ninguna manera, imponer una visión o postura particular sobre China, especialmente en el ámbito de la producción técnico-científica. Con todo, esta obra representa una pequeña parte de la aplicación de las lecciones que el país asiático está compartiendo con el mundo. En este sentido, conviene destacar tres valores fundamentales: (**i**) la construcción de una identidad regional, (**ii**) la modernidad y (**iii**) el multilateralismo.

(**i**) La construcción de la identidad latinoamericana se aborda en este libro desde sus más variados aspectos. En efecto, a los latinoamericanos nos falta, a pesar de tantos puntos en común, un verdadero sentimiento de pertenencia a un grupo identitario, que nos permita considerar que el progreso de un Estado representa el avance de todos. Numerosos capítulos de esta obra demuestran que este sentimiento, aunque potencial, existe. La lectura de los capítulos dedicados a la Historia, las Artes, las Letras o incluso el Derecho revela un eje único, que es necesario fortalecer para posibilitar el crecimiento y desarrollo regional.

En este sentido, mirando hacia el otro extremo de nuestro globo, China demuestra que el sentimiento de grupo y de nación no implica, al contrario de lo que sostiene el sentido común, el desprecio hacia las minorías o la erosión de las características propias de cada región, grupo étnico o cultura. Como ha declarado en más de una ocasión el actual presidente Xi Jinping: "tener un sentimiento más fuerte de identidad nacional es esencial para defender los intereses fundamentales de todos los grupos étnicos" [1]. Así ocurre en Latinoamérica: es a partir de un sentimiento de fuerte vínculo identitario como se construye la defensa de la multiplicidad cultural interna, incluso en las relaciones entre Estados. Sin ello, las diferencias, que en sí mismas son bellas, se transforman en divisiones que resultan destructivas.

(**ii**) Un segundo elemento de estos estudios surge como contrapunto al primero. Construir un sentimiento de identidad tampoco significa aferrarse al pasado; es decir, no puede convertirse en una excusa para frenar el proceso de modernización. En este sentido, China tiene una autoridad indiscutible para mostrar al mundo lo que significa mantener la mirada puesta en el futuro. No es que China sea tan distinta en su condición de país en desarrollo, como muchos de América Latina[2], pero es cierto que,

---

1 "Having a stronger sense of national identity is essential to defending the fundamental interests of all ethnic groups". Xi Jinping. *Improving the Party's Work on Ethnic Affairs in the New Era (August, 2021).* In *The Governance of China IV*, 278. Beijing: Foreign Languages Press Co. Ltd., 2022

2 China siempre subraya que es un país en desarrollo y se sitúa en condición de paridad con Latinoamérica. Así, en el discurso pronunciado con motivo de la *Guía para la Nueva Era entre China y la CELAC* (Comunidad de Estados Latinoamericanos y Caribeños), el presidente Xi Jinping declaró: "As developing countries, China and Celac members are partners in all-round cooperation based on equality, mutual benefit, and shared development." Xi Jinping. *Usher in a New Era for*

como una civilización milenaria y unificada, podría cultivar una tendencia a apegarse a su pasado. Nada más alejado de su discurso contemporáneo: el "rejuvenecimiento nacional" (民族复兴) es una meta incesante de la nación asiática, concebida como una manera de liderar, junto a otros, la contemporaneidad.

En los estudios latinoamericanos, el paralelo con esta renovación resulta evidente. Este se manifiesta, en primer lugar, en la capacidad intelectual de todos los autores, renombrados especialistas en sus respectivas áreas, comprometidos con una constante actualización del conocimiento. Incluso los textos con una inclinación natural hacia el análisis del pasado, como los de Historia, o aquellos que describen procesos iniciados en tiempos más recientes, como los capítulos dedicados a la Economía, la Antropología o la Geopolítica, ofrecen una perspectiva renovadora: superan las teorías desgastadas, importadas hace décadas, que ya no bastan para explicar la complejidad de América Latina.

Este es, sin duda, el rasgo distintivo del libro como unidad. Desde el momento en que el profesor Rodríguez presentó el proyecto, desde dentro, a la dirección de Ibrachina, el lema fue claro: producir el primer manual sobre América Latina escrito por latinoamericanos. Ello no implica un sentimiento de nacionalismo excluyente, sino un compromiso con la progresión y la modernidad: dar voz a la construcción de un entendimiento de la región desde su propia perspectiva de conocimiento, que en muchos casos difiere notablemente de ciertas interpretaciones externas, a menudo incompletas o reduccionistas. De este modo, los Centros de Estudios Latinoamericanos de todo el mundo podrán ofrecer a sus estudiantes un manual diseñado para que el lector acceda a una visión "desde dentro", hasta ahora desconocida en el extranjero.

Por todo ello, resulta profundamente gratificante observar cómo se han congregado autores de tantos países —como Brasil, Colombia, Ecuador, Perú, El Salvador, Chile, Uruguay, México y Argentina— con un sentimiento de identidad unificada o en proceso de unificación. Además, como prueba de que esta visión interna no representa, en absoluto, un hermetismo irracional, se suman autores de España y Canadá[3], profesores que, por su

---

China-CELAC Relations (diciembre de 2021). En: *The Governance of China IV*, p. 523. Beijing: Foreign Languages Press Co. Ltd., 2022.

3 Nos referimos al Catedrático Ignacio Berdugo Gómez de la Torre y la Profesora Caroline Ménard.

trayectoria académica y experiencia, ya pueden considerarse ciudadanos de nuestra América.

La unión de profesores de tantos países en torno a un objetivo común conduce a la última característica que conviene destacar: (**iii**) el multilateralismo. El enfoque global de este *Handbook of Latin American Studies*, respetando plenamente la libertad de opinión de cada autor, ha sido concebido como un elemento para la proyección latinoamericana, no como una pieza subordinada a un centro económico que dicta las reglas de conducta, y mucho menos como un mero componente de una formación científica del bloque occidental en oposición al Oriente. Retomando nuevamente la lección asiática, es evidente cómo China ha trabajado para incluir a Latinoamérica en la toma de decisiones globales. En palabras del actual presidente chino, su país y los homólogos de América Latina son "socios en una cooperación global basada en equidad, beneficios mutuos y desarrollo compartido" [4]. El multilateralismo, tal como lo describe el primer capítulo de este libro, consiste en "dirigir los asuntos internacionales mediante la consulta y decidir el futuro del mundo trabajando juntos" [5]. Una descripción adecuada que, guardando las debidas proporciones, resume lo que representan los estudios latinoamericanos aquí presentados.

Es, así, un orgullo y un honor para Ibrachina haber contribuido con esta obra, junto a todo el equipo de profesores e investigadores de los distintos países. Se agradece especialmente al coordinador general, Víctor Rodríguez, y a las profesoras Ménard (Canadá), Cacciamali (Brasil), Ramírez Barbosa (Colombia), Rebollo Gonçalves (Brasil), Ugartemendía (Argentina) y al profesor Salgado (Colombia), por su valioso trabajo como coordinadores de las diferentes áreas de conocimiento. También se extiende el agradecimiento a la Editorial Tirant lo Blanch, representada por sus editoras Laura Barrios y María Campo, por el apoyo brindado a la edición en español de esta obra.

Ibrachina seguirá colaborando con estos especialistas para asegurar que América Latina no pierda esta oportunidad histórica: avanzar en su unidad tanto como sea posible y consolidarse como un actor clave en este nuevo grupo multilateral. Su fortalecimiento interno es fundamental para desempeñar un papel protagónico en la construcción de un mundo que camina

---

4 Véase nota anterior.

5 Se trata, una vez más, del fragmento de un discurso del Presidente Xi Jinping, que está citado en el capítulo 1.1, conceptual, del presente libro.

hacia el desarrollo sostenible, la preservación ambiental, la igualdad y, sobre todo, la paz entre los pueblos.

Prólogo: La formación de latinoamericanistas

VÍCTOR GABRIEL RODRÍGUEZ
Profesor de la Universidade de São Paulo (USP)
Director Cultural de Ibrachina

1. BREVE CONTEXTUALIZACIÓN

Como se ha señalado en la presentación de esta obra, el libro que aquí se introduce es el resultado de un proyecto desarrollado a lo largo de más de cinco años. Para facilitar el acceso inmediato al conocimiento contenido en sus 43 capítulos, se expone brevemente, a continuación, la forma en que fue concebido.

La génesis más remota de este libro fue la necesidad de elaborar un manual de estudios latinoamericanos específicamente para Brasil. En la experiencia particular de quien escribe estas líneas, que desde hace diez años tiene el honor de formar parte del Programa de Integración Latinoamericana de Maestría y Doctorado en la USP, resultaba imprescindible contar con un libro de texto que proporcionara a los estudiantes de posgrado que aspiran a convertirse en latinoamericanistas un conocimiento fundamental sobre la región. Es decir, un manual que sirviera como eje articulador de la formación que el programa ya ofrece. En un inicio, la concepción del libro estaba orientada al público latinoamericano y concebida en lengua portuguesa. La participación en debates sobre lo que debe ser un posgrado en América Latina ha sido una constante, pero esta fue solo la primera motivación.

El segundo paso en la concepción de esta obra surgió a partir de nuestra participación, junto con Thomas Law, de Ibrachina, en la inauguración (virtual, pues eran tiempos de pandemia) del *Latin American Center* de ZIBS, en Zhejiang, China. En este punto, el proyecto dejó de estar dirigido únicamente a lectores latinoamericanos y comenzó a concebirse también para un público extranjero, en particular para los numerosos *Latin American Centers* existentes en grandes universidades de América del Norte, Europa y Asia. A partir de ahí, realizamos comparaciones con los *Handbooks* disponibles en editoriales de prestigio. Con el debido respeto, estos *Handbooks* o *Companions* presentaban dos problemas fundamentales: en primer lugar, sus ediciones databan de la década de 1990 o de los primeros años de 2000, lo que significa que sus referencias correspondían a un orden mundial que ya ha cambiado. En segundo lugar, sus autores, aunque destacados académicos, provenían exclusivamente de Europa y América del Norte. Independientemente de la validez de sus análisis, estos manuales perpetuaban un vicio epistémico: enseñar América Latina desde la perspectiva del llamado Norte Global.

Así surgió la tercera fase del proceso: la necesidad de redactar un manual adaptado a las exigencias contemporáneas, elaborado por especialistas de primer nivel en sus respectivas áreas y dirigido tanto a estudiantes latinoamericanos como a aquellos extranjeros que desean formarse en un *Latin American Center* en cualquier parte del mundo o cursar un posgrado en estudios latinoamericanos. Este proyecto fue acogido de inmediato por Thomas Law, presidente de Ibrachina, y se formalizó con la creación del *Latin American Studies Project* dentro del Instituto.

Tras redactar el proyecto inicial y reunir a los primeros especialistas, aprovechamos un año sabático en España para presentar la edición en español a la Editorial Tirant lo Blanch, una de las más prestigiosas de Iberoamérica por su calidad y alcance. El proyecto fue aceptado, aunque fue sometido a numerosas revisiones. Según las actas elaboradas por los asistentes de Ibrachina, que documentaron todo el proceso, se registraron al menos 141 versiones del proyecto, reflejando ajustes en los objetivos, normas de escritura, inclusión y exclusión de capítulos, así como la selección de autores. En esta labor, expreso mi especial agradecimiento a José Roberto Macri Júnior por su dedicación y compromiso.

2. PRINCIPIOS RECTORES

El resultado final de la obra ha cumplido con los objetivos esenciales del proyecto, que se centraban en cuatro aspectos principales:

Alta calidad científica: para ofrecer a los alumnos de posgrado de todo el mundo un manual fiable, era imprescindible reunir textos de rigor académico. Es posible que el lector sienta la necesidad de profundizar en algún aspecto presentado; esto no es una limitación, sino la confirmación del éxito en la generación de interés sobre el tema. Se ha contado con la colaboración de grandes especialistas en los temas abordados, todos ellos doctores en sus respectivas áreas y profesores en universidades de reconocido prestigio.

Visión de América Latina desde dentro: sin perder el enfoque científico, cada tema es abordado desde una perspectiva *inside out*, como se mencionó en la presentación anterior. La proximidad con el objeto de estudio permite una mayor precisión en el análisis y aporta una originalidad efectiva. Se superan así teorías que han dejado de ser pertinentes para la interpretación de América Latina.

Perspectiva independiente y multilateralismo: en consecuencia, aunque los autores han gozado de absoluta libertad para expresar sus opiniones y desarrollar sus análisis, el enfoque del libro radica en la construcción de un conocimiento independiente. Esto no implica la adopción de una postura específica, sino la constatación de que América Latina puede generar su propia interpretación sobre sí misma. La demanda de un conocimiento producido desde dentro responde al papel que la región está llamada a desempeñar en un mundo multilateral, como se ha destacado en la presentación. Esta perspectiva no ha supuesto en ningún caso la imposición de una ideología o de una escuela científica a los autores.

Unidad de sentido: un manual no puede ser una mera recopilación de capítulos fragmentados en su contenido. Existen obras colectivas que logran cierta homogeneidad cuando su estructura responde a una secuencia lógica, pero la diversidad de enfoques, estilos y metodologías entre las distintas áreas del conocimiento tiende a dificultar este objetivo, generando dispersión temática y pérdida de coherencia. En este trabajo, el equipo de coordinación ha garantizado una idónea unidad de sentido a través de constantes revisiones y retroalimentaciones. Esta unidad no ha supuesto interferencias en el estilo de cada autor, pero sí ha evitado que la lectura pierda continuidad de un capítulo a otro, incluso en la transición entre disciplinas.

El esfuerzo por mantener esta coherencia, que continuará en futuras ediciones, ha sido responsable de una parte significativa del tiempo dedicado a la elaboración de la obra.

Actualidad de los textos: el último aspecto a destacar es la actualización de los contenidos. Los constantes cambios geopolíticos, económicos y jurídicos en la región y en el mundo exigen que un manual de esta naturaleza se mantenga vigente, evitando que el lector estudie realidades obsoletas. Por esta razón, todos los textos han sido elaborados específicamente para este libro, y se ha previsto un sistema de actualización permanente.

3. AUTORES Y CAPÍTULOS

La concepción del libro fue responsabilidad de este director en un primer momento, pero su desarrollo se realizó en colaboración con especialistas que coordinaron sus respectivas áreas. Sin su labor, esencial tanto en la selección de los temas fundamentales de cada disciplina como en la conformación de un equipo de expertos, esta obra no habría sido posible. El proyecto contó con un grupo compuesto en su mayoría por mujeres, así como por profesoras y profesores destacados, quienes, al confiar en la iniciativa, le otorgaron la solidez necesaria desde el principio.

Fui el responsable de coordinar la primera parte de la Introducción y redacté el primer capítulo (1.1). He intentado diseñar un concepto de "América Latina", sin el cual, en mi opinión, el Manual no podría empezar. Luego, el profesor Juan Pablo Vera Lugo, de la Universidad Javeriana de Bogotá, presenta una visión antropológica de América Latina (1.2), abordando las formaciones étnicas de la región. A continuación, Cecilia Marcela Ugartemendía, de la Universidad de Buenos Aires y actualmente profesora en la LMU de Múnich, expone las "lenguas latinoamericanas" (1.3), un tema esencial en la parte introductoria. Posteriormente, las instituciones políticas de integración latinoamericana son presentadas en el capítulo 1.4 por el profesor Jorge Szeinfeld, titular de Derecho Político de la Universidad de La Plata, en coautoría con Ygor Ditão, doctor por el Prolam. El capítulo 1.5 está dedicado a los Estados plurinacionales, con especial énfasis en un tema que genera confusión entre juristas y antropólogos: la justicia indígena. Este apartado fue elaborado por los profesores Concepción Chacón Abarca y Eduardo Calero Jaramillo, especialistas en derecho constitucional ecuatoriano. A continuación, el capítulo 1.6 aborda el historial y las consecuencias de la esclavitud africana, un problema con múltiples facetas que involucra derechos humanos, historia y economía como modo de producción, además de cuestiones antropológicas. Este tema fue desarrollado por Paulo Henrique Pereira, profesor de Derecho en la Universidad de São Paulo. La introducción continúa con un análisis criminológico sobre la guerra contra las drogas (1.7), a cargo del profesor Pablo Galain Palermo, uruguayo, doctor por la Universidad de Salamanca y actualmente profesor en la Universidad Andrés Bello de Chile. Finalmente, se cierra la parte introductoria con un estudio sobre el papel de las fuerzas militares en América Latina (1.8), escrito en coautoría por Adriana Abdenur, doctora por la Universidad de Princeton, y Sabrina Medeiros, profesora de la Universidad Lusófona de Lisboa.

La segunda parte del libro está dedicada a la Historia, y para su elaboración invitamos a la profesora Caroline Ménard, de la Universidad de Montreal, quien es docente de estudios latinoamericanos en Canadá. La profesora Ménard desempeñó un papel clave en los primeros diálogos del proyecto, ayudándonos a definir los pasos básicos para enseñar América Latina a estudiantes extranjeros. A partir de su programa de curso sobre Historia de América Latina, estructuró su área con un primer capítulo sobre los pueblos prehispánicos (2.1), redactado por los profesores Pablo Mumary Farto y Ana Somohano Eres, ambos de la Universidad Nacional Autónoma de México (UNAM), en coautoría con Antonio Jaramillo Arango, del Instituto Colombiano de Antropología e Historia. El período colonial (2.2) es abordado por Jorge Troisi Melean y Emir Reitano, ambos de la Universidad Nacional de La Plata (UNLP), Argentina; a su turno, el historiador Roberto Breña, de El Colegio de México, presenta un análisis sobre los procesos de independencia en la América española. La formación del Estado-nación en el continente estuvo a cargo de la profesora Claudia Wasserman, de la Universidade Federal do Rio Grande do Sul (UFRGS), Brasil, quien seleccionó los países más representativos en dicho proceso histórico-político, mientras que la profesora Guillemette Martin, de la Universidad de Montreal, con doctorado en Francia y con cinco años de experiencia como académica a tiempo completo en la Universidad Iberoamericana de la Ciudad de México, examina la modernización de América Latina a principios del siglo XX. A continuación, la profesora Moira MacKinnon, de la Universidad Nacional de Tres de Febrero, en Argentina, ofrece una retrospectiva histórica de un fenómeno que ha vuelto a ser actual: los populismos latinoamericanos. Finalmente, el capítulo 2.7, elaborado por las profesoras Mariana Joffily, de la Universidade do Estado de Santa Catarina (UDESC), Brasil, y Gabriela Águila, analiza las dictaduras del Cono Sur.

La tercera parte del libro está dedicada a las Ciencias Económicas. Por fortuna, la profesora Maria Cristina Cacciamali, catedrática de Economía y profesora emérita del Prolam (Programa de Integración Latinoamericana - USP), confió en el proyecto desde el inicio y seleccionó a los especialistas. El primer capítulo (3.1), sobre la creación del pensamiento económico latinoamericano, estuvo a cargo de los profesores Luiz Guilherme de Oliveira y Moisés Balestro, ambos de la Universidade de Brasília. Este capítulo inaugura el pensamiento económico en la región y da paso a la explicación del papel de la CEPAL (3.2), a cargo de la profesora Cacciamali. A continuación, el profesor Wagner Tadeu Iglecias, de la Universidade de São Paulo (USP) y del Prolam, analiza el pensamiento liberal en la economía latinoamericana (3.3). Avanzando hacia la contemporaneidad, el profesor

Amaury Gremaud, también de la USP, examina los aspectos más relevantes de la economía agrícola (3.4), mientras que el doctor Roberto Véras de Oliveira, de la Universidade Federal da Paraíba, Brasil, cierra este bloque con un tema sensible: los sistemas laborales latinoamericanos (3.5).

La siguiente parte es la más extensa, ya que profundiza en elementos esenciales y variados. El coordinador, profesor Henry Salgado, de la Universidad Javeriana de Bogotá, ha aceptado estructurar la sección de Geopolítica, que abarca geografía rural y urbana, política internacional y criminal, sociología y el estudio de las religiones. El primer capítulo (4.1), de su autoría, trata un tema previamente mencionado: el narcotráfico. En este apartado, el profesor Salgado explica la "geopolítica de las drogas", analizando la evolución y la actualidad del narcotráfico en América Latina. A continuación, el profesor José Figueroa, doctor por Georgetown, aborda las diversas antropologías latinoamericanas (4.2). Luego, el capítulo 4.3, redactado por Julio Suzuki, geógrafo y profesor del Prolam de la USP, en coautoría con Suzana Maria Loureiro Silveira, de la misma universidad, examina la geografía urbana de América Latina. Los capítulos posteriores están dedicados a las religiones, aportando información novedosa incluso para quienes conocen bien la región. El profesor Jonathan Hernandes Marcantonio, de la Pontificia Universidade Católica de São Paulo (PUC), analiza las religiones de matriz africana (4.4), con especial atención en el Candomblé y la Umbanda. Diego Mauro, de la Universidad Nacional de Rosario, Argentina, estudia el catolicismo en la región, con énfasis en su situación actual (4.5). Por su parte, Marcos Carbonelli, profesor de la Universidad Nacional Arturo Jauretche (UNAJ), también en Argentina, examina la importancia del movimiento evangélico, sus denominaciones y su papel en la política (4.6). La sección dedicada a la geopolítica internacional (4.7) está a cargo del doctor Lucas Fernandes, del Prolam (USP), y de Thomas Law, doctor en Derecho por la Pontificia Universidade Católica de São Paulo (PUC), ambos miembros del programa de posdoctorado de la USP. Ellos analizan el nuevo multilateralismo y las relaciones entre América Latina y los países asiáticos, especialmente China. Finalmente, el profesor Aldo Olano, doctor por la Universidad Andina Simón Bolívar, de Ecuador, cierra esta sección con un estudio sobre los movimientos sociales más relevantes en el continente (4.8).

La penúltima parte del libro está dedicada al Derecho y ha sido coordinada por la doctora Paula Andrea Ramírez Barbosa, doctora en Derecho por la Universidad de Salamanca y profesora en la Universidad Católica de Bogotá y en la Universidad Externado de Colombia. También colaboró en la coordinación Thomas Law, presidente de Ibrachina. La formación constitucional de Hispanoamérica (5.1) fue presentada por Farid Benavides Vanegas, doctor en Ciencias Políticas por la University of Massachusetts (UMass), filósofo del derecho y gran conocedor de los procesos de paz en Colombia. A continuación, el catedrático Ignacio Berdugo Gómez de la Torre, distinguido no solo por haber sido rector de la Universidad de Salamanca, sino también por su participación en la redemocratización del continente, analiza el conjunto normativo de las dictaduras más recientes (5.2). En relación con el neoconstitucionalismo (5.3), Ana Carolina de Moraes Colombarolli, doctora por el Prolam y actualmente profesora en la Universidade Estadual Paulista (UNESP), junto con José Roberto Macri, doctor en Derecho Penal por la USP, redactaron un texto que enumera las principales características de las nuevas constituciones del continente. Por su parte, la profesora Paula Andrea Ramírez aborda el tema de la migración regional desde la perspectiva del Sistema Interamericano de Derechos Humanos en el capítulo 5.4. El capítulo siguiente (5.5) fue redactado por mí y en él analizo las consecuencias de la elevación del *Sumak Kawsay* —el 'buen vivir'— al estatus constitucional en Bolivia y Ecuador. Posteriormente, el profesor Julio Olivo Granadino, doctor por la Universidad de Barcelona y expresidente del Tribunal Supremo Electoral de El Salvador, describe el funcionamiento de los tribunales electorales y la administración de elecciones en América Latina (5.6). Finalmente, el apartado sobre criminalidad organizada, un tema imprescindible para comprender la región, estuvo a cargo de la profesora Paula Andrea Ramírez.

La última parte del libro abarca dos ramas diferenciadas. La primera está dedicada a las artes visuales y ha sido coordinada por la profesora Lisbeth Rebollo Gonçalves, del Prolam (USP) y presidenta de la Asociación Internacional de Críticos de Arte (AICA, Francia). La doctora Rebollo Gonçalves invitó a la profesora Ivonne Pini, historiadora del arte en el Instituto Artigas de Uruguay, para disertar sobre el movimiento de renovación del arte en la década de 1920 en América Latina (6.1). Este capítulo se complementa con el análisis de la profesora Rebollo sobre la Semana del Arte Moderno de 1922 (6.2). A continuación, la profesora Maria Amelia Bulhões, de la Universidad Federal de Rio Grande do Sul, Brasil, examina los aspectos generales de las artes visuales contemporáneas (6.3), mientras que el estudio sobre el arte de los pueblos originarios (6.4) estuvo a cargo de la doctora Alessandra Simões Paiva, de la Universidad Federal do Sul da Bahia, Brasil. Por decisión de la coordinadora, se incluyó un último apartado sobre el arte afrolatino (6.5), abordado desde una perspectiva original por la profesora Alecsandra de Oliveira, del Centro de Estudios Latinoamericanos sobre Cultura y Comunicación en Brasil.

La segunda rama de la última parte está dedicada a las Letras y la Literatura, que no podían quedar fuera de una obra como esta. La coordinadora es Cecilia Marcela Ugartemendía, quien desarrolló su carrera académica en Argentina, obtuvo su doctorado en Brasil y actualmente es profesora en la Universidad de Múnich. La profesora Ugartemendía estructuró el tema en tres grandes apartados. En primer lugar, la época de oro de la literatura latinoamericana (7.1), analizada por la doctora Luz Stella Angarita, de la Universidad Javeriana de Colombia. A continuación, el profesor Miguel Rocha Vivas, también de la Universidad Javeriana, presenta un estudio sobre la literatura y oralitura indígena (7.2), donde destaca la producción de oralitura en las últimas décadas. Finalmente, la doctora Carla Daniela Benisz se encarga del análisis de la literatura contemporánea (7.3), ofreciendo perspectivas sobre el futuro de la literatura en América Latina. Este es el último capítulo del libro.

4. APLICABILIDAD Y FUTURO DE LA OBRA

El objetivo fue crear un manual de estudios redactado por latinoamericanos que resultara útil y enriquecedor para los estudiantes universitarios, tanto en América Latina como en el resto del mundo. Por supuesto, dentro de algunos años, este libro, como cualquier otro de su naturaleza, deberá ser actualizado, pero ahora no es momento de pronunciarse sobre su futuro. En cualquier caso, era necesario dar el primer paso.

Expreso mi gratitud a Ibrachina, a Thomas Law y a Ana Ou, así como a todos los colaboradores de este manual y a la editorial Tirant lo Blanch.

Índice de autores

Águila, Gabriela (Argentina)

Profesora titular de Historia Latinoamericana Contemporánea en la Universidad Nacional de Rosario (UNR), investigadora del Consejo Nacional de Investigaciones Científicas y Técnicas y doctora en Historia por la UNR. Autora de Dictadura, represión y sociedad en Rosario (2008) e Historia de la última dictadura militar (2023), entre otros.

Angarita, Luz Stella (Colombia)

Doctora en Pensamiento Complejo y Multiversidad (UNAM, México), magíster en Literatura por la Pontificia Universidad Javeriana y especialista en Docencia Universitaria por la Universidad El Bosque, Colombia.

Balestro, Moisés (Brasil)

Profesor de la Universidad de Brasilia (UnB), en el Programa de Posgrado en Ciencias Sociales y Estudios Comparados sobre las Américas (PPGECsA).

Benavides Vanegas, Farid (Colombia)

Doctor en Ciencias Políticas por la University of Massachusetts, Estados Unidos, filósofo (1999) por la Universidad Nacional de Colombia y abogado por la Universidad Católica de Colombia. Fue magistrado auxiliar de la Jurisdicción Especial para la Paz en Bogotá.

Benisz, Carla Daniela (Argentina)

Profesora y licenciada en Letras por la Universidad de Buenos Aires y doctora en Humanidades y Artes por la Universidad Nacional de Rosario (Argentina). Es investigadora del Consejo Nacional de Investigaciones Científicas y Técnicas (CONICET) y ejerce como docente en el Profesorado de Lengua y Literatura de la Universidad Autónoma de Entre Ríos.

Berdugo Gómez de la Torre, Ignacio (España)

Catedrático de Derecho Penal de la Universidad de Salamanca. Exrector de la misma universidad. Doctor honoris causa por múltiples universidades. Fue cooperador internacional en la reforma penal de El Salvador y Costa Rica, entre otros. También fue director del Centro de Estudios Brasileños de la Universidad de Salamanca.

Breña, Roberto (México)

Doctor en historia del pensamiento político por la Universidad Complutense de Madrid, es profesor e investigador del Centro de Estudios Internacionales de El Colegio de México (Colmex). Sus temas de investigación son el liberalismo hispánico, las revoluciones atlánticas, la historia intelectual y la historiografía contemporánea.

Bulhões, Maria Amelia (Brasil)

Doctora por la Universidad de São Paulo (USP), con estancia senior en la Universidad de París I, Sorbonne, y en la Universidad Politécnica de Valencia. Presidenta de la Associação Brasileira dos Críticos de Arte (APCA). Coordinadora del Posgrado en Artes Visuales de la UFRGS y directora del Centro Cultural Brasil-Venezuela.

Cacciamali, Maria Cristina (Brasil)

Catedrática de Economía de la Universidad de São Paulo (USP) y profesora emérita del Prolam (USP). Doctora en Economía por la Facultad de Economía, Administración y Contabilidad (FEA) de la Universidad de São Paulo (USP), posgraduada en el Massachusetts Institute of Technology (MIT, EE. UU.). Ha sido profesora visitante en la Universidad de Nuevo México (UNM, EE. UU.), la Universidade do Porto (UP, Portugal), el Instituto Politécnico Nacional (IPN, México) y el Institut des Hautes Études de l'Amérique Latine (IHEAL, Francia), así como investigadora de primer nivel del CNPq, Brasil. Experta en la OIT en Ginebra en la iplementación de los Derechos Fundamentales del Trabajo. Premios Haralambos Simeonides de la Asociación Nacional de Estudios de Posgrado en Economía y Mejor Economista del Área Laboral por la Orden de Economistas de Brasil.

Calero Jaramillo, Eduardo (Ecuador)

Doctor en Derecho por la Universidad Andina Simón Bolívar, magíster en Derechos Humanos, magíster en Derecho de Familia con mención en Mediación Familiar, especialista en Derecho Patrimonial, licenciado en Ciencias Públicas y Sociales, doctor en Jurisprudencia por la Universidad Andina Simón Bolívar, sede Ecuador, y abogado de los Juzgados y Tribunales de la República del Ecuador.

Carbonelli, Marcos (Argentina)

Doctor en Ciencias Sociales por la Universidad de Buenos Aires (UBA), magíster en Ciencia Política por la Universidad de San Martín (UNSAM) y licenciado en Ciencia Política por la Universidad de Buenos Aires. Investigador independiente del Consejo Nacional de Investigaciones Científicas y Técnicas (CONICET). Docente regular en el Instituto de Ciencias Sociales de la Universidad Nacional Arturo Jauretche y en la maestría en Teoría Política y Social de la Facultad de Ciencias Sociales (UBA).

Colombaroli, Ana Carolina de Morais (Brasil)

Doctora en Ciencias Sociales y Estudios Latinoamericanos por el Prolam (USP). Profesora de la Universidade Estadual Paulista (UNESP).

Chacón Abarca, María Concepción (Ecuador)

Magíster en Derecho Penal por la Universidad de Salamanca, abogada de los Juzgados y Tribunales de la República del Ecuador, académica e investigadora.

Costa, Lucas Fernandes da (Brasil)

Doctor en Ciencias Humanas (Integración Latinoamericana) por la USP, Brasil. Actualmente realiza una estancia posdoctoral en la Universidad de São Paulo (FDRP/USP), Brasil. Autor del libro Jogos de Azar en el contexto latinoamericano, publicado en Brasil en 2024.

Ditão, Ygor Pierry Piemonte (Brasil)

Doctor y máster en Derecho de la Integración por el Programa de Integración Latinoamericana de la Universidad de São Paulo (Prolam, USP), especialista en Derecho Procesal Civil y en Derecho Civil.

Erthal Abdenur, Adriana (Brasil)

Graduada en Estudios Asiáticos y Relaciones Internacionales por la Universidad de Harvard, con maestría por la Universidad de Columbia. Doctora en Sociología por la Universidad de Princeton, Estados Unidos. Cofundadora y directora ejecutiva de la Plataforma CIPÓ hasta 2023. Su trabajo se centra en política exterior, gobernanza global, la presencia de China en América Latina, el cambio climático y la paz y seguridad internacional. Es miembro del Comité de las Naciones Unidas para el Desarrollo (CDP) y del Consejo del Instituto de Estudios Comparados y Regionales de la Universidad de las Naciones Unidas (UNU-CRIS).

Figueroa, Jose Antonio (Ecuador, Colombia)

Doctor en Estudios Culturales Latinoamericanos y Literatura Hispanoamericana por la Universidad de Georgetown y doctor en Antropología Social por la Universidad Rovira i Virgili, Tarragona, España. Profesor e investigador de la Facultad de Ciencias Sociales y Humanas de la Universidad Central del Ecuador. Ha enseñado en distintas universidades, como la Universidad de Hannover en Alemania, la Universidad de Michigan y la Universidad de Georgetown en Estados Unidos, la Universidad Andina y la Universidad Católica en Ecuador, así como en la Universidad Nacional, la Universidad Javeriana y la Universidad de los Andes en Colombia.

Galain Palermo, Pablo (Uruguay, Chile)

nvestigador y docente de la Universidad Andrés Bello, Santiago (Chile). Doctor en Derecho Europeo por la Universidad de Salamanca. Investigador de la Agencia Nacional de Investigación e Innovación (Uruguay). Exbecario Marie Curie (Unión Europea) y DAAD, e investigador senior en el Max Planck Institute de Freiburg entre 2004 y 2013.

Gonçalves, Lisbeth Rebollo (Brasil)

Profesora titular de la Universidad de São Paulo. Profesora emérita del Prolam (USP). Fue directora del Museu de Arte Contemporáneo de la Universidad de São Paulo. También fue presidenta de la Asociación Internacional de Críticos de Arte (AICA, Francia) durante dos mandatos (2017-2020 y 2020-2023).

Gremaud, Amaury Patrick (Brasil)

Doctor em Economía por la Universidad de São Paulo (USP-Brasil). Profesor del Departamento de Economía de la USP y del Programa de Posgrado Integración Latinoamericana (Prolam-USP). Fue coordinador del curso de economía y director de la Escuela Técnia y de Gestión de la USP. Fue director general de la ESAF – Escuela de Administración de Finanzas del Ministerio de Finanzas de Brasil.

Iglecias, Wagner Tadeu (Brasil)

Doctor en Sociología y profesor del Programa Integración Latinoamericana (Prolam, USP) y de la Escuela de Artes, Ciencias y Humanidades (EACH, USP) de la Universidad de São Paulo.

Jaramillo Arango, Antonio (Colombia)

Historiador de la Universidad de los Andes de Bogotá y doctor en Estudios Mesoamericanos por la Universidad Nacional Autónoma de México (UNAM). Es experto en las tecnologías náuticas americanas, tema sobre el cual ha publicado numerosos artículos y un libro. También ha investigado sobre la participación de tropas indígenas en la llamada "conquista de América".

Joffily, Mariana (Brasil)

Doctora por la USP. Profesora en el Departamento y Programa de Posgrado en Historia de la Universidad del Estado de Santa Catarina (UDESC) e investigadora productividad CNPq. Tiene una maestría por la Universidad París IV-Sorbona y un posdoctorado en Brown University (beca Capes/Fulbright). Es autora del libro No centro da engrenagem (2013), que recibió el Premio Memorias Reveladas del Archivo Nacional.

Law, Thomas (Brasil)

Doctor en Derecho Internacional por la Pontificia Universidade Católica de São Paulo (PUC), Brasil. Actualmente realiza una estancia posdoctoral en la Universidad de São Paulo (FDRP/USP). Presidente del Instituto Sociocultural Brasil-China. Autor de numerosas obras sobre Derecho y Relaciones Internacionales, especialmente en las relaciones entre China y América Latina. Cursó Legislación Comparada en el Zhejiang International Business School (China).

Mackinnon, Moira (Argentina)

Profesora e investigadora en el Departamento de Historia de la Universidad Nacional de Tres de Febrero, Buenos Aires. Es licenciada en Sociología por la Universidad de Buenos Aires y doctora en Sociología por la *University of California,* San Diego. Ha publicado sobre el Partido Peronista, el populismo y los parlamentos argentino y chileno de principios del siglo XX.

Macri Júnior, José Roberto (Brasil)

Doctor en Derecho Penal por la Universidad de São Paulo (USP). Actualmente realiza una estancia posdoctoral en la FDRP/USP.

Marcantonio, Jonathan Hernandes (Brasil)

Doctor en Derecho por la Pontificia Universidade Católica de São Paulo. Investigador invitado en el Institut für Philosophie und Geisteswissenschaft de la Freie Universität Berlin, Alemania.

Martin, Guillemette (Canadá)

Doctora en Historia por el Institut des Hautes Études de l'Amérique Latine (IHEAL, Université Paris III - Sorbonne Nouvelle) y archivista por la Université de Montréal. Fue académica de tiempo completo en el Departamento de Historia de la Universidad Iberoamericana (Ciudad de México) de 2017 a 2022. Actualmente reside en la ciudad de Montreal, en Quebec (Canadá), donde se dedica a la archivística local y a la difusión de la historia.

Mauro, Diego (Argentina)

Profesor y licenciado en Historia, y doctor en Humanidades y Artes. Investigador del CONICET y coordinador del Doctorado en Historia de la Universidad Nacional de Rosario, Argentina. Especialista en historia política de Argentina.

Medeiros, Sabrina Evangelista (Brasil, Portugal)

Doctora en Ciencias Políticas por el Instituto de Estudos Sociais e Políticos. Fue profesora asociada de Relaciones Internacionales en la Escuela de Guerra Naval y en el Colegio Interamericano de Defensa (CID, OEA). Actualmente es profesora de Relaciones Internacionales en la Universidade Lusófona de Lisboa, donde es vicepresidenta e investigadora del Centro Lusófono sobre Desafíos Globales (LusoGlobe). También es investigadora del Instituto de Defesa Nacional de Portugal y del InterAgency Institute.

Ménard, Caroline (Canadá, España)

Doctora europea en Historia por la Universidad de Santiago de Compostela (España); profesora (chargée de cours) de Historia de América Latina en la Université de Montréal. Autora de La pesca gallega en Terranova: siglos XVI-XVIII, publicada por el Consejo Superior de Investigaciones Científicas (España).

Mumary Farto, Pablo Alberto (México)

Licenciado en Historia por la Universidad de Santiago de Compostela y doctor en Estudios Mesoamericanos por la Universidad Nacional Autónoma de México (UNAM). Actualmente trabaja en el Centro de Estudios Mayas. Entre sus líneas de investigación destaca el estudio de las dinámicas político-sociales de los señoríos de las Tierras Bajas mayas del Período Clásico.

Olano Alor, Aldo (Ecuador, Perú)

Doctor en Estudios Latinoamericanos, Universidad Andina Simón Bolívar, Ecuador. Bachiller en Ciencias Sociales por la Universidad Mayor de San Marcos, Perú. Investigador independiente. Especialista en nuevos estudios internacionales latinoamericanos, pensamiento decolonial y relaciones internacionales.

Oliveira, Alecsandra M. de (Brasil)

Crítica de arte y curadora independiente. Doctora en Artes Visuales por la ECA USP (2008) y postdoctorada por la UNESP (2018). Actualmente, es especialista en cooperación y extensión universitaria del Museo de Arte Contemporáneo (USP), miembro de la AICA y de la ABCA, e investigadora del Centro Mario Schenberg de Documentación de Investigación en Artes. Colaboradora de la sección de arte del Jornal da USP y autora de los libros Schenberg: Crítica e Criação (EDUSP, 2011) y Memória da Resistência (MCSP, 2022).

Oliveira, Luiz Guilherme de (Brasil)

Profesor de la Universidad de Brasilia (UnB), Programa de Posgrado en Desarrollo, Sociedad y Cooperación Internacional (PPGDSCI/UnB). Posdoctorado École des Hautes Études em Science Sociales (EHESS). Profesor invitado en las universidades de Columbia y Granada.

Oliveira, Roberto Véras de (Brasil)

Profesor Titular del Departamento de Ciencias Sociales y del Posgrado en Sociologia de la Universidad Federal de Paraíba (UFPB). Realizó una pasantía postdoctoral en la Universidad de California, Los Ángeles. Es miembro de la Coordinación Nacional de la Red de Estudios Interdisciplinarios y Monitoreo de las Reconfiguraciones Laborales (REMIR). Es coautor de "Unequal development and labour in Brazil", Routledge, 2023.

Olivo Granadino, Julio (El Salvador)

Doctor en Derecho por la Universidad Autónoma de Barcelona. Fue presidente del Tribunal Supremo Electoral de El Salvador (2014-2019). Ha sido decano de la Facultad de Jurisprudencia y Ciencias Sociales de la Universidad de El Salvador. Autor de obras sobre derecho electoral y representatividad democrática.

Paiva, Alessandra Simões (Brasil)

Profesora adjunta en la Universidad Federal del Sur de Bahía (UFSB), Brasil. Posdoctorado realizado en 2023 en la School of Languages, Cultures and Societies de la Universidad de Leeds (Reino Unido).

Pereira, Paulo Henrique Rodrigues (Brasil)

Doctor en Derecho por la USP. Profesor del Departamento de Derecho del Estado de la Facultad de Derecho de la Universidade de São Paulo (USP). Miembro de la secretaría ejecutiva del Consejo de Desarrollo Sostenible, del Poder Ejecutivo Federal de Brasil.

Pini, Ivonne (Uruguay, Colombia)

Historiadora del arte del Instituto Artigas de Montevideo. Actualmente es profesora del programa de Historia del Arte de la Universidad de los Andes. Es profesora titular y emérita de la Universidad Nacional de Colombia.

Ramírez Barbosa, Paula Andrea (Colombia)

Doctora en Derecho Penal por la Universidad de Salamanca. Actualmente es cojuez de la Sala de Casación Penal de la Suprema Corte de Colombia. Profesora de la Universidad Católica de Colombia y de la Universidad Externado. Consultora de la *American Bar Association* y del Centro Internacional de Derecho Corporativo y Económico (CIDCE).

Reitano, Emir (Argentina)

Profesor titular de Historia Americana Colonial y director del Centro de Historia Argentina y Americana en la Universidad Nacional de La Plata. Miembro correspondiente de la Academia Nacional de la Historia.

Rocha Vivas, Miguel (Colombia)

Doctor en Lenguas y Literaturas de la Universidad de Carolina del Norte, magíster en Ciencias Sociales del Centro Bartolomé de las Casas, Cuzco, Perú, y profesor en Estudios Literarios de la Pontificia Universidad Javeriana, Colombia.

Rodríguez, Víctor Gabriel (Brasil)

Doctor y libre-docente (Habilitation) en Derecho Penal por la Universidad de São Paulo (USP). Miembro del Programa de Doctorado Integración Latinoamericana (Prolam, USP). Exbecario de la Fundación Carolina (Universidad de Granada), de la Junta de Castilla y León (Universidad de Valladolid) y de Capes (Universidad Autónoma de Madrid). Ex letrado del Supremo Tribunal Federal de Brasil. Cursó Legislación Comparada en el Zhejiang International Business School (China). Profesor de Derecho penal en la USP.

Salgado Ruiz, Henry (Colombia)

Doctor en Antropología por la Université de Montréal (Canadá). Director del Programa de Sociología de la Facultad de Ciencias Sociales de la Pontificia Universidad Javeriana, Colombia. Sociólogo de la Universidad Nacional de Colombia, maestro en Ciencias Sociales con mención en Estudios Amazónicos en la FLACSO, sede Ecuador.

Silveira, Suzana Maria Loureiro (Brasil)

Doctorando en el Programa de Posgrado en Integración Latinoamericana de la Universidad de São Paulo, vinculado a la línea de investigación Sociedad, Economía, Estado y Medio Ambiente (Prolam, USP). Becario de la Fundación Paulista de Investigación (FAPESP).

Somohano Eres, Ana (México)

Maestra en Estudios Mesoamericanos por la Universidad Nacional Autónoma de México (UNAM) y Licenciada en Historia por la Universidad

Complutense de Madrid. Se ha desempeñado como profesora en diversas universidades de México y Colombia y ejerció como curadora en el departamento de América del British Museum.

Suzuki, Júlio César (Brasil)

Licenciado en Geografía por la Universidad Federal de Mato Grosso, licenciado en Letras por la Universidad Federal de Paraná y por la Universidad de São Paulo, y licenciado en Química por el Instituto Federal de São Paulo. Máster y doctor en Geografía Humana por la Universidad de São Paulo. Profesor asociado en Fundamentos Económicos, Sociales y Políticos de la Geografía en la Facultad de Filosofía, Letras y Ciencias Humanas de la Universidad de São Paulo (2021) y profesor del Programa Integración Latinoamericana (Prolam, USP).

Szeinfeld, Jorge (Argentina)

Profesor Titular de la Catedra de Derecho Político y Relacions internacionales y Comunicación de la Universidad Nacional de La Plata (UNLP), Argentina. Profesor de Derechos Humanos en el Posgrado de la UNLP Profesor invitado en diversas universidades.

Troisi Melean, Jorge (Argentina)

Doctor por la Emory University, Estados Unidos. Becado por los gobiernos de Canadá, Israel y Taiwán para estudios de posgrado. Fue profesor visitante en diversas universidades de Estados Unidos, Paraguay y Trinidad y Tobago. Actualmente, es profesor titular e investigador en la Universidad Nacional de La Plata (UNLP), Argentina.

Ugartemendía, Cecilia Marcela (Argentina)

Doctora en Letras Clásicas por la Universidade de São Paulo (USP), Brasil, y doctoranda en Filología Románica en la Ludwig-Maximilians-Universität München (LMU), Alemania. Ha sido docente de Lengua y Literatura Latinas y de Español en universidades de Brasil y Alemania. Participa en proyectos de investigación sobre la enseñanza de segundas lenguas.

Vera Lugo, Juan Pablo (Colombia)

Doctor y magíster en Antropología por la Universidad de Rutgers, Estados Unidos, y magíster en Derecho por la Universidad de Los Andes

(Colombia). Profesor e investigador asociado del Departamento de Antropología de la Universidad Javeriana en Bogotá, Colombia.

Wasserman, Claudia (Brasil)

Doctora en Historia Social *por la* Universidade Federal do Rio de Janeiro (UFRJ). Profesora titular de *la* Universidade Federal de Rio Grande do Sul. Coordinadora del Grupo de Investigación en Estudios Americanos (CNPq), coordinadora del Programa de Posgrado en Historia (2005-2007), profesora visitante en *la* Universidad de Estocolmo. Coordinadora del proyecto "Cartografía de las memorias en disputa: manifestaciones/intervenciones contemporáneas en el espacio público" en la UFRGS.

Parte 1
Conceptos

Coordinador:
Víctor Gabriel Rodríguez

1.1. Hacia un concepto de América Latina

VÍCTOR GABRIEL RODRÍGUEZ[1]
Universidad de São Paulo, USP
victorgabriel@usp.br

1. INTRODUCCIÓN

El primer paso para abordar el estudio de América Latina en una obra escrita es definir su concepto, ya que esto delimita y estructura el objeto de análisis. Idealmente, un texto introductorio debería hacerlo con suficiente precisión para evitar cualquier ambigüedad o pluralidad de significados. Esto es lo que ocurre en la lógica formal o en las matemáticas, donde un axioma —un concepto arbitrario pero inmutable— establece un punto de partida tan preciso que cualquier desarrollo posterior, siempre que se fundamente en operaciones correctas, será igualmente inequívoco[2].

Como es bien sabido, redactar un concepto axiomático es inalcanzable en las Humanidades, ya que se trabaja con lenguaje natural, es decir, aquel que se emplea en la comunicación cotidiana. No obstante, es posible construir un concepto funcional que sirva para el estudio de América Latina, siempre que se tenga en cuenta que tampoco este alcanzará un consenso dentro de la comunidad científica. Siempre habrá autores con propuestas divergentes, y ello forma parte del proceso de construcción del conocimiento.

---

1 Doctor y Libre-Docente (*Habilitation*) en Derecho Penal por la Universidad de São Paulo (USP). Miembro del Programa de Doctorado Integração Latinoamericana (Prolam/USP). ExBecario de la Fundación Carolina (Univ. de Granada), de la Junta de Castilla y León (Univ. de Valladolid) y de Capes (Univ. Autónoma de Madrid). Cursó Legislación comparada en el Zhejiang International Business School (China). Ex Letrado del Supremo Tribunal Federal de Brasil.

2 A lo largo de estos textos, se emplean *América Latina* y *Latinoamérica* como expresiones sinónimas. No obstante, dado que la primera es la original, en este texto asumirá un sentido más preciso al analizar su origen (véase más adelante, 4.1). Es cierto que algunos sostienen, con razón, que *Latinoamérica* es un anglicismo; sin embargo, su uso está ya plenamente consolidado en el castellano, incluso entre autores latinoamericanistas.

El estudiante más versado en el tema advertirá que, en una simbiosis inevitable, mientras la aproximación al concepto de América Latina es esencial para definir el objeto de estudio, todas las investigaciones que se realicen sobre ella también contribuirán a dar forma a ese mismo concepto. Así, la propuesta consiste, en el marco de una introducción a los Estudios Latinoamericanos, en sentar las bases de ciertas nociones para, parafraseando a algún autor, responder a la pregunta: ¿de qué hablamos cuando hablamos de América Latina?

Explicado el objetivo, se procede ahora a presentar el método elegido.

2. CAMINO PARA LA CONCEPTUACIÓN: LAS APROXIMACIONES

Para aproximarse a este concepto, se seguirá el siguiente recorrido temático: en primer lugar, establecer la existencia de Latinoamérica, lo que implica demostrar que no se trata de una noción puramente abstracta. A continuación, se abordará lo más básico: un marco formal que determine qué países conforman América Latina, tomando como referencia los documentos políticos más reconocidos. Finalmente, se pasará a lo más complejo: la búsqueda de su concepto material, que, a su vez, se desglosa en dos tareas. En primer término, se examinará el origen de la expresión "América Latina" como denominación de la región; después, se definirá qué significa ser latinoamericano.

Esta última tarea, por supuesto, requerirá un desarrollo más extenso y, desde ahora, se advierte que será imposible cerrar un concepto. Se puede, empero, construir una aproximación, abierta a ser complementada en cada subárea del conocimiento en estudios latinoamericanos.

2.1. Elemento preliminar: la existencia

En una aproximación científica, la tarea preliminar para investigar un objeto es comprobar su existencia. En las ciencias naturales, basta con observar el objeto y verificar algunas propiedades mínimas de identificación para afirmar que hay un fenómeno que merece estudio, porque *existe*[3]. En

3 En casos como ese, es imprescindible un estudio previo para definirse si el objeto mínimamente existe y, de no poder afirmarse su existencia de inmediato, reconocer qué es lo que se estudia, lo que implica un paso atrás en las investigaciones.

las ciencias humanas, la tarea no es tan inmediata, pero, en lo que respecta al objeto de estudio, su existencia es fácilmente comprobable. En el ámbito geopolítico, el grupo de países latinoamericanos se reconoce como tal; incluso la mayoría de sus constituciones nacionales, que son su fundamento jurídico, mencionan la pertenencia a América Latina[4]. Esto facilita enormemente la labor.

Por otro lado, si bien es cierto que no existe un acto fundacional de Latinoamérica, y mucho menos un documento que la constituya como una entidad soberana indiscutible, imponible a todas las demás, como sería el caso de una Constitución[5] comunitaria, ello no impide considerar su existencia. El modo más directo de hacerlo es observar las instituciones que incluyen en su propia denominación el nombre "América Latina" o sus derivaciones[6], lo cual no es difícil de encontrar. Pueden tomarse como ejemplo instituciones relevantes como el Parlamento Latinoamericano y Caribeño (Parlatino) o la Comunidad de Estados Latinoamericanos y Caribeños (CELAC); dentro de las Naciones Unidas, la Comisión Económica para América Latina y el Caribe (CEPAL); o instancias transnacionales como el Eurolat (Parlamento Euro-Latinoamericano) y el Grupo

---

4 Sobre la mención de las Constituciones a la pertenencia a Latinoamérica, véase, adelante, el capítulo 5.4, de nuestra autoría, sobre el *sumak kawsay* como herramienta jurídica.

5 Lo mismo, pasa con Europa. Es evidentemente un constructo histórico, y la existencia de la Unión Europea no implica, evidentemente, la fundación de Europa. Sin embargo, caso se hubiera redactado la Constitución Europea, se podría hablar de la existencia de una Europa como nación soberana, aunque con un régimen especial de independencia para el gobierno entre sus miembros.

6 Existen numerosos documentos y asociaciones representativos de la realidad latinoamericana que, aunque no incluyan el nombre 'América Latina' en su denominación, lo mencionan en sus documentos constitutivos o internos. Entre ellos, se puede citar el Parlamento del Mercosur, cuyo Protocolo Constitutivo, en su artículo 2.6, establece como misión 'contribuir a consolidar la integración latinoamericana mediante la profundización y ampliación del Mercosur'. Del mismo modo, la UNASUR (Unión de Naciones Sudamericanas), el Sistema de Integración Centroamericana (SICA) y la Alianza Bolivariana para los Pueblos de Nuestra América (ALBA) son instancias que remiten a esta identidad regional. Un caso algo distinto es el de la Corte Interamericana de Derechos Humanos (Corte IDH), cuya labor se centra principalmente en la justicia internacional para los Estados de América Latina. Sin embargo, su aspiración es ampliar su jurisdicción a toda América, incluyendo a Estados Unidos y Canadá.

de América Latina y el Caribe de la UIP (Unión Interparlamentaria)[7]. Existen otras organizaciones que también podrían mencionarse, pero lo señalado es suficiente para constatar que se trata de una región existente, ya que tanto los organismos internos como los transnacionales e internacionales emplean dicha nomenclatura. Así, no se trata de un elemento programático —es decir, pensado para el futuro, como sería una "Comunidad de Naciones Latinoamericanas"— ni de un concepto superado históricamente. América Latina es, para utilizar un término jurídico, una realidad *vigente*.

Es cierto que pueden surgir preguntas legítimas sobre la conveniencia de inferir los límites de América Latina a partir de sus órganos de integración. Un ejemplo de este planteamiento es el caso del Parlatino. Si se observa la composición de dicho Parlamento, se nota la ausencia de países como El Salvador, lo que implicaría que, si se utilizara el Parlatino como fuente conceptual, la nación salvadoreña no sería considerada parte de América Latina. Desde una perspectiva lógico-formal, o bien El Salvador se adhiere al Parlatino, o bien este Parlamento debería renunciar a su autonombramiento como latinoamericano, al carecer de integralidad. Cuestiones como estas, sin embargo, tienen otras interfaces, pues remiten a la falta de unanimidad en la participación en los órganos de integración[8]. No obstante, esto no afecta el concepto de América Latina en sí mismo; el problema radica, una vez más, en la dificultad de integración política en la región, algo que no incide directamente en su existencia.

Por ello, como elemento preliminar, América Latina es un fenómeno *existente*.

---

7 El grupo se compone de 25 países: Argentina, Bolivia, Chile, Colombia, Costa Rica, Cuba, República Dominicana, Ecuador, El Salvador, Guatemala, Guyana, Haiti, Honduras, México, Nicarágua, Panamá, Paraguay, Perú, Saint Lucia, Saint Vincent and the Grenadines, Suriname, Trinidad y Tobago, Uruguay y Venezuela. Sobre la distinción entre Latinoamérica y Caribe, véase https://www.ipu.org/about-ipu/members/geopolitical-groups/grulac-group-latin-america-and-caribbean

8 Sobre los órganos de Integración, véase capítulo 1.4 de este Manual

3. DEFINICIONES FORMALES: JURÍDICA Y GEOPOLÍTICA

Las características más elementales de la región surgen de generalidades geográficas: ¿cuál es su extensión, su territorio, su población? En la era de la información, estos datos están disponibles en numerosas plataformas. No obstante, para acceder a ellos, es necesario responder antes a una cuestión fundamental: ¿cuáles son los países que conforman América Latina? Una vez más, esto depende de una definición material, ya que un país, nación o territorio puede ser considerado parte —o no— de lo que, por el momento, puede denominarse el Continente Latinoamericano.

Una posible hipótesis para establecer un concepto en términos de Derecho internacional sería encontrar su definición en un documento jurídico de amplia vigencia. Sin embargo, los tratados y otros instrumentos internacionales no suelen incluir definiciones sobre regiones o países debido a diversos factores.

En primer lugar, (i) el concepto se ha formado históricamente y, por lo tanto, ya está presente en el lenguaje natural; en consecuencia, (ii) introducir una definición legislativa de un término ya consolidado podría generar discusiones políticas e ideológicas que desviarían la atención del propósito normativo; y, finalmente, (iii) la ausencia de una conceptualización formal permite que el significado del término se adapte a cada contexto interpretativo.

Esto es lo más básico en lo que respecta a la redacción normativa, especialmente entre naciones. Al analizar los documentos fundacionales de los organismos de integración latinoamericana, ninguno de ellos inscribe una definición específica del término, aunque sí existen indicaciones de carácter práctico que pueden aproximarse al concepto.

La primera de ellas proviene de la CEPAL[9], que ha indicado que, para sus finalidades, el término América Latina debe entenderse como América Latina y el Caribe. Esta inclusión se justifica porque, aunque el Caribe no sea enteramente latino, presenta características geográficas y económicas muy similares al continente, especialmente en relación con los demás países de Centroamérica. Es cierto que, en la actualidad, para mayor precisión terminológica e inclusión, gran parte de los documentos oficiales emplean

---

9 Sobre la CEPAL, véase capítulo 3.2.

la denominación 'América Latina y el Caribe'[10]. En el caso de la CEPAL, esta modificación no solo incorporó a los países caribeños no latinos, sino que también armonizó la terminología con el lenguaje oficial, al incluir el Caribe dentro del grupo geográfico continental.

Otra referencia se encuentra en el documento de la CELAC (Comunidad de Estados Latinoamericanos y Caribeños), que remite a raíces históricas, mientras que el ALBA, aunque emplea frecuentemente la expresión América Latina y el Caribe, introduce el término Nuestramérica como un claro instrumento de inclusión regional. No obstante, este neologismo no puede considerarse, hasta el momento, un consenso internacional, ya que, por su propia carga semántica, dificulta su uso por parte de actores externos a la comunidad latina.

Por lo tanto, en los documentos oficiales no se encontrará una definición explícita de América Latina, lo que implica que el término asume (o parte de) su significado natural, coincidente con el lenguaje común. Si surge la necesidad de una redefinición, como ocurrió en el caso de la CEPAL, esta será de naturaleza suplementaria, ya sea añadiendo o excluyendo alguna característica, pero siempre en contraste con lo previamente admitido.

Este breve recorrido, sin embargo, conduce al problema central de esta cuestión geopolítica formal. Si América Latina es, indiscutiblemente, una vasta extensión territorial delimitada al norte por México (que geográficamente forma parte de América del Norte), pasando por Centroamérica y América del Sur, ¿cuáles son exactamente los países que la conforman? Un buen libro de geografía básica bastaría para señalar qué países del continente americano no son latinos, desde los más representativos, como Estados Unidos, hasta otros menos conocidos, como la Guayana Francesa, que es políticamente un territorio europeo[11]. Con todo, esto no agota la respuesta a la pregunta.

---

10 Véase, por ejemplo, el documento chino "Documento sobre a Política da China para América Latina e o Caribe", de 2016, que usa el acrónimo ALC para la región. Disponible en: https://www.mfa.gov.cn/esp/wjb/zzjg/ldmzs/xwlb/201611/t20161124_935301.html

11 Resulta interesante señalar en este texto introductorio que la Guayana Francesa tiene una frontera de 730 kilómetros con Brasil. Esto implica que la frontera más extensa del territorio francés no se encuentra en Europa, sino en Sudamérica. Para contextualizar, la frontera entre Francia y Alemania se extiende por poco más de 400 kilómetros. En términos insulares, existen numerosas colonias en aguas territoriales del continente, comenzando por las Malvinas. Sin embargo, en el Caribe, varias colonias del Reino Unido no se consideran parte de Améri-

Existen, sin embargo, documentos internacionales que, aunque nunca imponen un concepto de América Latina, enumeran los países que la componen. No obstante, en su mayoría lo hacen incluyendo el Caribe. Entre los más representativos se encuentran la ya mencionada CELAC[12], la ONU[13] y el Banco Mundial[14].

Así llegamos a una fórmula que, por el momento, puede considerarse más fiable para definir los países que actualmente conforman América Latina. Esta fórmula se basa en una operación de teoría de conjuntos: tomar el conjunto de países que integran América Latina y el Caribe y sustraer de él el subconjunto de aquellos países de la región que no sean latinos. Para conformar dicho subconjunto, un instrumento clave es el CARICOM (Comunidad del Caribe), que se autodefine como compuesto exclusivamente por países caribeños *no* latinos[15].

Si se aplica esta operación, puede afirmarse que el conjunto resultante de países latinoamericanos está compuesto por: Argentina, Bolivia, Brasil, Chile, Colombia, Costa Rica, Cuba, Ecuador, El Salvador, Guatemala, Honduras, México, Nicaragua, Panamá, Paraguay, Perú, República Dominicana, Uruguay y Venezuela.

---

ca Latina. El listado de la ONU de 'territorios no autónomos' (*non-self-governing territories*) registra como única posesión de Estados Unidos en la región a las Islas Vírgenes.

12 Conforme la página de CELAC, los países que la forman son: Antigua y Barbuda, Argentina, Bahamas, Barbados, Belice, Bolivia, Brasil, Chile, Colombia, Costa Rica, Cuba, Dominica, Ecuador, El Salvador, Granada, Guatemala, Guyana, Honduras, Jamaica, México., Nicaragua, Panamá, Paraguay, Perú, República Dominicana, Santa Lucía, San Cristóbal y Nieves, San Vicente y las Granadinas, Trinidad y Tobago, Uruguay y Venezuela. celacinternational.org/celac 4/

13 La Clasificación regional de la ONU es muy completa y está en: https://unstats.un.org/unsd/methodology/m49/

14 https://data.worldbank.org/region/latin-america-and-caribbean

15 Entre los miembros del Caricom están países geográficamente en América del Sur, como Guayana y Surinam, o de Centroamérica, como Belice, de habla inglesa. El punto más relevante de la comunidad, es evidente, no está en la cuestión *insular*, sino a representar una región —del mar del Caribe— que *no* es Latina. Son 15 actualmente los miembros del Caricom: Antigua y Barbuda; Bahamas; Barbados; Belice (anglófono y en América Central); Dominica; Granada; Guyana (en América del Sur, pero de habla inglesa); Haití (caso específico de duda en su pertenencia a América Latina, por su historia y su habla francesa y criolla); Jamaica; Montserrat (territorio británico); San Cristóbal y Nieves; Santa Lucía; San Vicente y las Granadinas; Surinam; Trinidad y Tobago.

Por cierto, aunque la fórmula es infalible desde el punto de vista lógico-formal, no resuelve todas las dudas debido a ciertos rasgos internos de los elementos de ese conjunto. Dependiendo del estudio y de las características que se analicen, algunos autores incluyen a Haití, dado que, aunque es miembro del CARICOM, su lengua principal es el francés y el criollo haitiano. Es decir, no es de lengua iberoamericana (español o portugués), pero su historia y ubicación lo vinculan a la latinidad. Además, el francés es una lengua de origen latino, lo que es un tema que demandará otros comentarios más adelante.

Otro caso debatido es el de Puerto Rico, que es de habla hispana, pero está incorporado como territorio de Estados Unidos. Asimismo, Surinam y la República Cooperativa de Guyana, situados en América del Sur, son países independientes pero de lenguas no latinas: neerlandés e inglés, respectivamente. Por último, la Guayana Francesa, que, como ya se mencionó, es políticamente un territorio francés, pero geográficamente forma parte del extremo norte de América del Sur.

Este *conjunto finito* y definible de Estados reconocidos como latinoamericanos conforma el grupo en el plano internacional. Dado que estos Estados tienen un territorio delimitado, todo lo que se origine dentro de él se considera, en términos patronímicos, latinoamericano. Ese es el concepto formal de Latinoamérica: en el tiempo presente, un conjunto de países definido tanto por su ubicación geográfica en el continente como por su colonización ibérica o francesa.

4. PASOS PARA EL CONCEPTO MATERIAL DE AMÉRICA LATINA

El concepto geopolítico es relevante, pero su carácter formal lo hace insuficiente para cumplir todas las funciones epistemológicas. En primer lugar, porque la formalidad nunca se justifica por sí sola: hipotéticamente, estos Estados podrían existir dentro de la comunidad geopolítica sin identificarse como latinos. Podrían considerarse, por ejemplo, simplemente Estados sudamericanos, centroamericanos o, en el caso de México, parte de América del Norte, sin más.

Asimismo, en ciertos momentos, algunos aspectos internos de un Estado podrían no coincidir con el concepto de latinidad. El caso más evidente es el de los países plurinacionales, como Bolivia y Ecuador. ¿Es apropiado que una nación originaria y ancestral, que existía antes de la llegada de cualquier influencia europea, se considere "latina"? De manera similar, ¿puede considerarse latinoamericano un indígena brasileño, que preserva la vida comunitaria en aldeas y no habla portugués? ¿Se puede llamar música latinoamericana a una canción compuesta por colombianos, pero cantada en inglés y con un ritmo de origen británico? Estas interrogantes quedan, por el momento, suspendidas, en espera de más investigaciones y puntos de vista fundamentados. Sin embargo, ya se evidencia la necesidad de un concepto material de América Latina.

Al abordar esta cuestión, se abandona la noción formal de que lo latinoamericano es todo aquello que proviene del territorio de los países formalmente reconocidos como parte de América Latina[16]. En su lugar, se busca una esencia, una latinidad. Para alcanzar esta materialidad, es necesario identificar algo más profundo: aquello que se denomina latinoamericano por identidad. A ello se dedica el siguiente apartado.

4.1. La denominación América Latina

Lo más básico para identificar el concepto material de América Latina es rastrear su origen en el lenguaje corriente, lo que implica conocer el momento y la razón por los cuales se utilizó por primera vez la locución como parte del vocabulario, así como su sentido original. A partir de ahí, debe determinarse si el concepto se ha mantenido o ha cambiado con el tiempo, algo esperable en un tema tan dinámico.

Desde los estudios del uruguayo Arturo Ardao, a comienzos de la década de 1980, se ha establecido casi como un consenso entre los especialistas que el nombre "América Latina" se usó por primera vez en francés, impulsado por intereses imperialistas napoleónicos. Este origen resulta contraintuitivo, ya que cabría suponer que la denominación habría nacido, al menos, en la metrópoli española[17]. Sin embargo, la justificación del origen francófono del término es razonable: Francia, al dominar el reino español durante la era napoleónica, buscaba apropiarse del carácter, entonces considerado 'heroico' desde la perspectiva europea, de las conquistas españo-

---

16 Planteado de este modo, el concepto formal puede parecer tautológico, en la medida en que define lo latinoamericano en función de América Latina. Sin embargo, es importante recordar que todo ello depende de un paso previo: la existencia de América Latina, la cual, a su vez, remite a un conjunto real de países reconocidos tanto interna como externamente.

17 Sobre el período colonial, véase, adelante, capítulo 2.2.

las. Para ello, era necesario sustituir el término Hispanoamérica por otro que también pudiera abarcar el 'heroísmo' francés. Así, al referirse a una América 'Latina' en lugar de 'Hispánica', Francia quedaba incorporada en las conquistas.

Para comprender este proceso de cambio, es necesario remontarse a la llegada de los españoles y portugueses a América. Esto no significa que en el mundo prehispánico no existieran autodenominaciones; por el contrario, hay evidencia contundente de que ya había una conciencia continental antes de la llegada de Cristóbal Colón. Como se demuestra en varias partes de este libro, los llamados pueblos originarios han desarrollado o aún conservan una capacidad de organización mucho más amplia de lo que la historiografía europea les ha reconocido[18]. No obstante, el nombre "América Latina", objeto de este estudio, tiene un origen evidentemente europeo y es utilizado en todo el mundo para referirse a la región. En otras palabras, aunque haya sentimientos de autoafirmación, la denominación surgida en Europa se ha vuelto irrenunciable tanto a nivel mundial como dentro de la propia región.

4.1.1. De Nuevo Mundo a América

En los albores de la colonización española en América (a inicios del siglo XVI), el continente seguía siendo denominado desde Europa como Las Indias Occidentales o, simplemente, el Nuevo Mundo. Así, por ejemplo, las metrópolis de Portugal, Inglaterra y los Países Bajos solían nombrar a sus compañías de explotación y comercio con las colonias como Compañía de las Indias Occidentales, en contraste con las Compañías de las Indias Orientales, que se referían a la región asiática de las conquistas expansionistas, especialmente ibéricas. Estas expediciones fueron parte de lo que luego se conocería como las grandes navegaciones.

El nombre América, en lugar de Indias Occidentales o Nuevo Mundo, ya incorpora una noción geográfica más amplia, al concebirse como un continente. No pasó mucho tiempo antes de que la gran diferencia entre los procesos de colonización en América del Norte, con su independencia impulsada principalmente contra Inglaterra, y las colonias hispánicas, llevase a la necesidad de distinciones lingüísticas más precisas. En ese con-

18 Véase, especialmente, adelante, capítulo 2.1, sobre pueblos prehispánicos.

texto, el término América Española o Hispanoamérica comenzó a ganar mayor relevancia.

Desde una perspectiva algo más afinada, podría señalarse que esta denominación dejaba fuera a Brasil, pero en aquel momento ese nivel conceptual tenía menor importancia[19].

Con la progresiva dicotomía entre el Norte y el Sur del continente, la distinción entre América e Hispanoamérica resultaba suficiente. Brasil, por su tamaño y características propias como única colonia portuguesa en la región, quedaba al margen de esta nomenclatura sin generar problemas referenciales significativos: se lo incluía dentro del bloque sureño[20].

---

19 Si se comprenden correctamente, no existe conflicto alguno entre los términos Hispanoamérica (América de habla hispana), Iberoamérica (América de habla hispana y portuguesa) y América Latina o Latinoamérica (América de habla hispana, portuguesa y francesa). Cada uno es legítimo en su respectivo contexto histórico-cultural y, además, todos son necesarios para diferenciar las tres grandes áreas idiomáticas en las que se divide una veintena de estados nacionales, caracterizados por distintos niveles de integración supranacional y múltiples conexiones entre sí. (Ardão, 1980, p. 15).

20 Como ha documentado ampliamente la CEPAL, en América Latina y el Caribe —una región con economías marcadas por una heterogeneidad estructural y altos niveles de informalidad—, en general, el desarrollo de los regímenes de bienestar estuvo asociado al aseguramiento de los trabajadores en distintos sectores de actividad, con niveles variables de suficiencia, cobertura y financiación, y han quedado fuera amplios sectores de la población, en especial rurales (CEPAL, 2012). Durante el siglo XX, los países de la región no alcanzaron el pleno empleo, y tampoco lograron establecer efectivamente el contrato laboral (formal) como mecanismo de asignación del ingreso y de los empleos disponibles, ni una cobertura universal e igualitaria de la seguridad social derivada del empleo formal. De ahí la elevada vulnerabilidad de las personas respecto de la pobreza ante riesgos individuales (problemas de salud, accidentes, desempleo, cambios en la composición familiar, entre otros) y colectivos (desde los episodios de crisis hasta los desastres naturales) (Barrientos, 2004). Así, los sistemas de protección social en América Latina se desarrollaron de manera fragmentada, con límites a la expansión de la cobertura y un acceso muy desigual a las prestaciones para los distintos grupos de población (Filgueira y Lo Vuolo, 2020). CEPAL: Comisión Económica para América Latina y el Caribe (CEPAL), 2023. *Institucionalidad social en América Latina y el Caribe: eje central para avanzar hacia un desarrollo social inclusivo* (LC/CDS.5/3), Santiago, p. 71.

4.1.2. De Hispanoamérica a América Latina

La denominación *América Latina* se originó en Francia, en un texto de Michel Chevalier. El periodista y diplomático acababa de regresar de una misión por México, Cuba y Estados Unidos. En su libro *Cartas sobre la América del Norte,* Chevalier recopiló notas que había publicado previamente en un diario parisino. En el prólogo de esa publicación, con un marcado carácter nacionalista francés, integraba a la etnia latina en contraposición a la identidad anglosajona. O, en palabras de Ardao: "una defensa de la latinidad amenazada de absorción por la raza sajona de uno y de otro lado del Atlántico, con un llamamiento a la responsabilidad de Francia como cabeza natural, a su juicio, del mundo latino"[21].

En este sentido, el nombre América Latina surge más como una oposición enmarcada dentro del conflicto —vigente en aquel entonces— entre Inglaterra y Francia, y poco tenía que ver con alguna reivindicación de España o Portugal. Así, también en Francia, se consolidó el concepto de Europa Latina, es decir, la Europa de raza latina, que "no era sino la vieja Europa Románica" (Ardao, 1980:42), aunque recreada artificialmente.

Si bien el término América Latina tuvo su primera aparición en francés, su consolidación no respondió exclusivamente a intereses de esa nación[22]. Fueron los hispanoamericanos y algunos españoles quienes se encargaron

---

21 Las palabras de Chevalier eran éstas: "Las dos razas, latina y germana, se han reproducido en el Nuevo Mundo. América del Sur es, como la Europa Meridional, católica y latina. La américa del Norte pertenece a una población protestante y anglosajona (p. 44 Ardao, Pp. X y XI del original)". También en la página 55 de Ardão, Arturo. 1980. *Genesis de la idea y el nombre de América Latina,* Caracas: Centro de Estudios Latinoamericano Rómul Gallego- CONAC.

22 Aunque un interesante artículo de Mengotti demuestra que la francofilia no solo está presente en Chevalier, sino también en los dos autores iberoamericanos que difundieron el término—Torres Caicedo y el chileno Francisco Bilbao Barquín—, este último, en 1875, terminó su vida clamando por la unidad de las naciones del continente en su *Evangelio Americano.* En esta obra, expresó su hispanofobia y su preocupación por el expansionismo europeo en América. Su modelo pasó a ser Estados Unidos, lo cual no resulta sorprendente, ya que su idea de unidad americana era la condición necesaria para la difusión de su religión republicana. En otras palabras, Bilbao anheló y promovió la unidad de América como herramienta para alcanzar el fin superior de una república universal, una nueva religión política que había adoptado de sus amigos y maestros franceses. Larios Mengotti, Gonzalo. 2011. *Razón y Tradición. Estudios en honor de Juan Antonio Widow,* Miguel Ayuso, Álvaro Pezoa y José Luis Widow (editores), Globo Editores, Santiago, vol. 1, pp. 341-360.

de afianzar y difundir el término tanto a nivel interno como externo[23]. Aunque la palabra *Latina* servía en su momento para incluir a Francia[24] dentro de las grandes navegaciones, resultó aún más útil para sustraer del concepto cualquier referencia explícita a la metrópoli española. Abandonar el uso de Hispanoamérica implicaba, en efecto, evitar una alusión directa a España.

Gran parte de los estudios actuales, tal vez a partir de Ardao, identifican en el trabajo de Torres Caicedo el primer uso del término "América Latina" desde dentro. Colombiano establecido en Francia desde 1851, este autor comenzó a "dar a la América Española el calificativo de latina", como él mismo afirmaba. Su poema *Las dos Américas*[25], de 1856, es considerado un hito en ese sentido, y en él se lee: "La raza de América Latina al frente tiene la sajona raza[26]". Si bien es cierto que su obra más relevante para tal nomenclatura fue ese poema, cabe puntualizar que el autor se hizo conocido en su tiempo por sus escritos ensayísticos y periodísticos[27]. Además, fue

---

[23] El autor da realce a la llamada "Revista Española de ambos Mundos", de la década de 1850, que habría sido la "primera publicación hispanoamericana representativa que dio hospitalidad a la idea de latinidad de nuestra América" Ardão, 1980: 67.

[24] Hay que destacar que el concepto de *raza surge a partir de la colonización, ya que no existía antes de las grandes navegaciones. Así lo señala, entre otros, Quijano:* "Mientras la producción social de la categoría 'género', a partir del sexo, es sin duda la más antigua en la historia social, la producción de la categoría 'raza', a partir del fenotipo, es relativamente reciente, y su plena incorporación a la clasificación de las gentes en las relaciones de poder tiene apenas quinientos años: comienza con América y la mundialización del patrón de poder capitalista." Quijano, Aníbal. 2014. *Colonialidad del poder y clasificación social,* en: *Cuestiones y horizontes: de la dependencia histórico-estructural a la colonialidad/descolonialidad del poder,* Buenos Aires, CLACSO Editorial, p. 295.

[25] Marichal, Carlos. El nacimiento de los estudios internacionales sobre América Latina: comentarios a las obras de José María Torres Caicedo y Carlos Calvo a mediados del siglo XIX. *Foro int,* Ciudad de México, v. 55, n. 3, p. 707-736, sept. 2015. Disponible en <http://www.scielo.org.mx/scielo.php? script=sci_arttext&pid=S0185-013X2015000300707&lng=es&nrm=iso>. accedido en 29 sept. 2023.

[26] Estrofa primera de la parte nueve: "Mas aislados se encuentran, desunidos, Esos pueblos nacidos para aliarse: La unión es su deber, su ley amarse: Igual origen tienen y misión; La raza de la América latina, Al frente tiene la sajona raza, Enemiga mortal que ya amenaza Su libertad destruir y su pendón". El poema se puede lee en https://www.filosofia.org/hem/185/18570215.htm

[27] Un estudio sobre la obra de Torres Caicedo y su contexto está en: Cadavid, Pabón, Jhonny Antonio, José María Torres Caicedo. 2012. El Nacimiento de la Identidad

un defensor de la idea de la unión latinoamericana, publicando en 1865 un libro con ese mismo título[28].

A partir de Torres Caicedo, otros personajes reconocidos en la independencia y la integración latinoamericanas, como Francisco Bilbao[29] o Andrés Bello, contribuyeron a difundir dicha denominación[30]. Así, el nacimiento del término "América Latina" y, posteriormente, "Latinoamérica", se impuso sobre "Hispanoamérica" debido a tres factores principales, que pueden resumirse de la siguiente manera: (**i**) el intento de apropiación por parte de Francia, en los tiempos del imperialismo napoleónico, de las conquistas marítimas de España; (**ii**) la creación de un sentimiento de identidad interno en Hispanoamérica; (**iii**) la coincidencia con el interés posnapoleónico de Inglaterra[31] en promover la independencia de las colonias españolas, portuguesas o francesas en el *Nuevo Continente*[32].

Latinoamericana, las Construcciones Nacionales y el Derecho de Autor. Revista La Propiedad Inmaterial, No. 16, p. 21, November 2012.

28 "Unión-Latinoamericana: pensamiento de Bolívar para formar una liga americana. Origen y sus desarrollos, y estudio sobre la gran cuestión que tanto interesa a los estados débiles, a saber: ¿un gobierno legítimo es responsable por los daños y perjuicios ocasionados a los extranjeros por las facciones? " París: Librería de Rosa y Bouret, 1865. La edición facsimilar está disponible en internet. Es relevante notar cómo Torres plantea su ideario de una liga latinoamericana no como un mecanismo para enfrentar invasores o garantizar la independencia, sino como un espacio de convivencia, incluso frente a problemas internos. A lo largo del texto, se emplean con frecuencia las denominaciones *Nuevo Mundo* o *Continente Americano,* aunque también se utiliza en numerosas ocasiones el término *América Latina.* Un ejemplo de ello se encuentra en su reflexión sobre la Doctrina Monroe: *"Nosotros no queremos para la América Latina la injerencia en sus negocios ni de la América del Norte ni de Europa".* (p. 68).

29 Sus "Obras Completas", imprimidas en 1865 en Buenos Aires, están disponibles en el site de memoriachilena.gob.cl. Allá se leen ensayos relevantes como 'Iniciativa de la América', 'La América en Peligro' o 'El Evangelio Americano'.

30 De modo un tanto irónico, el nombre Latinoamérica ha servido en gran parte para alejar influencias francesas.

31 Siempre que hacemos referencia a países en siglos anteriores, como en este caso Inglaterra, es importante notar que el proceso histórico transforma los intereses de las naciones. Por ello, no resulta adecuado, como hacen algunos estudiosos con poca experiencia, identificar acciones de un país en el pasado y extrapolarlas para considerarlo, en el presente, como amigo o enemigo de los pueblos latinoamericanos.

32 Sobre las independencias véase, adelante, Capítulo 2.3.

Con esta conjunción de factores, el nombre "América Latina" sustituyó al antiguo "Hispanoamérica", mientras España perdía el control sobre sus colonias, desde las primeras independencias hasta su golpe más rotundo: la independencia de Cuba, oficializada en 1902, que marcó el fin de la hegemonía colonial española en América.

A día de hoy, resulta irrelevante reabrir el debate sobre la adecuación de los términos "América Latina", "Hispanoamérica" o "Nuevo Mundo", considerando el proceso histórico de las independencias, que los españoles de entonces habrían percibido, como señala Ardao, como "extranjero a la vez que extranjerizante" (2016:16). En la actualidad, el término "América Latina" se emplea para referirse a la región conformada por los países que fueron colonizados por España y Portugal.

En cuanto a Francia, la cuestión es más compleja. Aunque sea responsable de la acuñación del término y, literalmente, sea "latina", sus colonias en América no pueden considerarse, sin más explicaciones, parte de América Latina en la actualidad. Fundamentalmente, hay que tener en cuenta que las pretensiones colonizadoras de los franceses en América, al inicio del mercantilismo, no se concretaron. Ejemplo de ello es su expulsión de Brasil (cerca de Río de Janeiro en el siglo XVI y en la región de Maranhão, al norte, en el siglo XVII), así como de la parte sur de lo que hoy es Florida y Carolina del Sur en el siglo XVI.

Además, la influencia francesa en Canadá (región de Québec) es muy distinta a las características del grupo sureño. En cuanto a Guayana Francesa y Haití, cuyos casos ya fueron comentados, sí presentan elementos limítrofes, y su pertenencia al grupo latino contemporáneo dependerá de los argumentos de cada autor.

El hecho de que el concepto "América Latina" haya surgido originalmente para integrar a las colonias francesas y que, en la actualidad, la francofonía sea un elemento excluyente de la misma locución no constituye un contrasentido, sino uno de esos tantos cambios de rumbo que la Historia impone.

4.2. Formación de un pensamiento latinoamericano

La atribución del nombre *América Latina* no solo hacía referencia a la latinidad en sí misma, sino que también conllevaba una idea de localización: la parte centro-sur del continente. Sin embargo, un simple sentido de ubicación no implica un rasgo identitario. Es posible buscar un aspecto de identificación regional que, aunque no llegue hoy al punto de configurar el continente como una nación única, genera una sensación de pertenencia[33]. El primer paso para ello es conocer la formación del pensamiento latinoamericano.

Si bien se sabe que el 'pensamiento' también se manifiesta en otros soportes, como el arte visual o la tradición oral, resulta inevitable recurrir a los textos escritos, que, en su origen, fueron los que mejor explicaron la realidad latinoamericana. Estos no son necesariamente los que promovieron el proselitismo de un continente independiente de sus metrópolis colonizadoras ni los que abogaron por la conformación de una nación bajo un gobierno único. Sin embargo, son los que más se estudian como elementos formadores de América Latina[34].

Entre esos escritos fundamentales están los de Simón Bolívar[35], José Martí (quien planteaba una 'segunda independencia' de América Latina a finales del siglo XIX), Francisco Bilbao[36], con su idea de desarrollo local, y, más tarde, José Carlos Mariátegui, un referente en la valoración de

---

33 Sobre el tema, vale consultar: Anderson, Benedict. 2007. Comunidades imaginadas. Reflexiones sobre el origen y la difusión del nacionalismo, México, D.F., Fondo de Cultura Económica.

34 No se nos escapa que puede haber injusticia en la configuración, por la clase académica en general, de estos textos como los clásicos de la formación del pensamiento latinoamericano. Será tarea de aquél que se introduce en estos temas investigar, constantemente, otros textos que puedan haber sido subvalorados en esa trayectoria de rescate.

35 Véanse, entre otros, Ugarte, Manuel. 1987. *La Nación Latinoamericana*. Caracas: Biblioteca Ayacucho.

36 "Un pueblo acostumbrado a obedecer en todo, pierde la iniciativa individual que es la salvacón, la vida y el vigor de los Estados. Se acostubrará a ver venir toda idea, toda iniciativa de la autoridad —y esta es otra de las cusas de nuestro males, que cada día combatimos. Y si sobre todo esto agregais la estúpida reglamentación de la unidad centralizante, ¿qué mas queréis para explicar a priori los trescientos años de atraso de la América? Abdicada La razón, paralizado el pensamiento, muerto el sentimiento de la naturaleza, el trabajo despreciado, la centralización en todo poder, la muerte de la iniciativa personal reposando sobre el crimen de la explotación del continente, he ahí el conquistador la conquista. Tal causa, tal efecto: esclavitud del ciudadano, esterelidad física y esterilidad intelectual. ¿No explica esto hasta la evidencia, por qué no tenemos ciencias, ni industria, ni poesía en el Mundo del Paraíso de Colón? No ciencias, porque el pensamiento ha sido mal dirigido y sometido. No industria, por el desprecio al trabajo y la inseguridad. No poesía, porque la raza ha perdido su unión con la naturaleza". Bilbao, Francisco. 1865. *Discursos Masónicos* in: *Obras Completas,* Imprenta de Buenos Aires, p. 331.

los indígenas y en la construcción de una identidad continental[37]. Posteriormente, otros pensadores buscarán explicar mejor una América Latina ya independiente y consolidada, con problemáticas distintas que afrontar. Pero esa será otra etapa.

Si el objetivo es conocer la construcción de una identidad latinoamericana, no resulta inadecuado considerar como su máxima representación el contenido de la Carta de Jamaica de Simón Bolívar[38]. La lucidez con la que este texto, en plena época de los intentos independentistas (a inicios del siglo XIX), identificaba la realidad y los problemas del continente —que aún persisten— lo convierte en un referente imprescindible.

4.3.1. Por metonimia: la 'Carta de Jamaica'

La *Carta de Jamaica* es uno de los tantos trabajos epistolares de Bolívar[39], escrito en 1815. El autor había desembarcado en la isla de Jamaica, que desde 1655 era posesión inglesa[40], con el objetivo de refugiarse de la represión ordenada por el rey Fernando VII de España, quien había dispuesto el exterminio de los líderes independentistas. Derrotado en su intento de liberar lo que hoy es Venezuela y Colombia, Simón Bolívar se vio obligado a tomar el exilio insular, muy probablemente con ayuda británica.

Como documenta Rojas (2006:29), entre abril y agosto de 1815, Bolívar redactó diversas misivas dirigidas a autoridades inglesas (como el duque de Mánchester) y a los líderes del movimiento independentista en América,

---

[37] Mariátegui, José Carlos, "La unidad de la América indo-española", *Obras,* tomo 2 (La Habana: Casa de las Américas, 1982) 249.

[38] Bolívar, Simon. 2006. "Carta de Jamaica", editado em INEHRM. A quienes se interesen, también la "Circular de Lima" es un texto fundacional. Está disponible en internet.

[39] Las Cartas de Bolívar están publicadas en muchas colecciones, entre las más ejemplares los "Escritos del Libertador", recompilados por Vicente Lecuna. Pero en internet se puede encontrar trabajos completos en los "Archivos del Libertador", "Biblioteca Ayacucho", ambas de Venezuela.

[40] Inglaterra había, en 1655, organizado una flota de más de tres decenas de buques para intentar tomar las posesiones españolas de Caribe, especialmente Santo Domingo, pero no logró éxito. Cuba, Santo Domingo, y Puerto Rico, donde, como alerta Rojas, a partir de 1810 se van a refugirar gran parte de los criollos realistas y las autoridades españolas expulsadas de Venezuela y de la Nueva Granada. Rojas, Reinaldo. 2006. *Bolívar en Jamaica, 1815,* in: Bolívar, S. "Carta de Jamaica". México: editado em INEHRM).

como el presidente del Gobierno de la Nueva Granada (actual Colombia). Entre estas cartas se encuentra la dirigida nominalmente a Henry Cullen, destinatario de la célebre *Carta de Jamaica*[41].

La lectura de esta correspondencia permite comprender que el texto es una respuesta a las interrogantes de Cullen sobre la independencia de las colonias y, al parecer, sobre la posibilidad de crear un panhispanismo[42].

Simón Bolívar inicia su misiva denunciando las atrocidades cometidas por los colonizadores desde los inicios del siglo XVI[43] y, posteriormente, se traslada a su contexto contemporáneo, describiendo el proceso de independencia en lo que él denomina *Hispanoamérica* o *Nuevo Mundo*: Nueva Granada (a la que considera "corazón del Nuevo Mundo"), las provincias del Río de la Plata, Venezuela, el Alto Perú, Chile, Panamá, Puerto Rico y Cuba[44]. Luego, esboza un proyecto de independencia necesario para todos estos territorios, que en aquel momento aún eran colonias de España[45].

No obstante, Bolívar introduce importantes salvedades: en términos generales, no está seguro de que estos países, una vez independientes, estén dispuestos a seguir el camino de la unificación. Observa que la organización gubernamental de las colonias dificultaría la construcción de un gobierno central, pues resultaría complicado definir en aquel momento si "tal nación será una república o una monarquía, esta será pequeña, aquella

---

41 Véase "The Epic of Latin America", de John Crow (Crow, John. 1992. *The Epic of Latin America*. Los Angeles: University of California Press).

42 Se recuerda, acá, que, técnicamente, Bolívar no consideraba Brasil, por su colonización portuguesa.

43 Para ello, se refiere a la obra de Bartolomé de las Casas, que merece alguna referencia, a lo mejor no en lo que se trata del término *América Latina*, sino en la formación de América Española.

44 Allí se cuestiona sobre la unión del Caribe hispánico a la independencia: "Las islas de Puerto Rico y Cuba, que entre ambas pueden formar una población de setecientas a ochocientas mil almas, son las que más tranquilamente poseen los españoles, porque están fuera del contacto de los independientes. Mas, ¿no son americanos estos insulares?, ¿no son vejados?, ¿no desean su bienestar?" (Bolívar, 2006:105)

45 La carta tiene un destinatario inglés, por lo que no resulta difícil encontrar pasajes alineados con los intereses británicos. Sin embargo, sigue conteniendo reflexiones muy lúcidas, como la siguiente: *"La Europa misma, por miras de sana política, debería haber preparado y ejecutado el proyecto de la independencia americana; no sólo porque el equilibrio del mundo así lo exige, sino porque este es el medio legítimo y seguro de adquirirse establecimientos ultramarinos de comercio"* (Bolívar, 2006: 107)

grande" (Bolívar: 109). A lo largo del texto, repasa la historia de cada región americana y concluye que "las instituciones perfectamente representativas no son adecuadas a nuestro carácter, costumbres y luces actuales" (p. 166).

El postulado principal de la *Carta de Jamaica* es el anhelo de una América libre, constituida como "la más grande nación del mundo", aunque Bolívar lo considera una utopía en su momento[46]. No logra vislumbrar siquiera una monarquía, debido a la falta de una autoridad legítima (p. 119), ni un sistema federal, ya que lo considera "demasiado perfecto" y exige "virtudes y talentos políticos muy superiores a los nuestros" [47].

4.3.2. Otros textos relevantes

En términos bibliográficos, merece la pena destacar la compilación de 1862 titulada *Colección de Ensayos y Documentos Relativos a la Unión y Confederación de los Pueblos Hispano-Americanos.* Se trata de una obra editada en Santiago de Chile que resulta invaluable no solo como fuente de documentos fundacionales, sino también para comprender cuáles eran, en aquellos años aún cercanos a las independencias, los escritos considerados esenciales para la Confederación de los Pueblos. La edición fue impulsada por la

---

46 "Yo deseo más que otro alguno ver formar en América la más grande nación del mundo, menos por su extensión y riquezas que por su libertad y gloria. Aunque aspiro a la perfección del gobierno de mi patria, no puedo persuadirme de que el Nuevo Mundo sea por el momento regido por una gran república; como es imposible no me atrevo a desearlo, y menos deseo aun una monarquía universal de América, porque este proyecto, sin ser útil, es también imposible (…)". O también "Es una idea grandiosa pretender formar de todo el Nuevo Mundo una sola nación con un solo vínculo que ligue sus partes entre sí y con el todo. Ya que tiene un origen, una lengua, unas costumbres y una religión, debería por conguiente tener un solo gobierno que confederase los diferentes estados que hayan de formarse; mas no es posible, porque climas remotos, situaciones diversas, intereses opuestos, caracteres de semejantes dividen a la América."

47 Es evidente que una frase como esta refleja, en gran medida, una sensación de inferioridad o un cierto desprecio hacia su propio pueblo, lo que posteriormente será objeto de respuesta. Sin embargo, no podemos entrar en la discusión sobre cuál sería la visión de Bolívar respecto a sus compañeros descendientes de españoles o a las sociedades originarias. Lo que sí es un hecho es que la organización social de Latinoamérica, hasta hoy, se encuentra en un nivel inferior al de Europa. Las razones de esta situación, por supuesto, están relacionadas, en gran medida, con el proceso de colonización..

Junta Directiva de la Unión Americana y culminó en un volumen de 399 páginas, dividido en tres partes.

La primera, dedicada a la Unión Latinoamericana, recoge documentos como el Protocolo del Congreso de Panamá de 1826 y el Congreso de Lima de 1848, entre otros. La segunda, titulada *Confederación Latinoamericana*, ofrece estudios históricos sobre "cómo hasta ahora ha sido entendido el pensamiento sobre la Unión Americana" (p. 144) y reúne ensayos de Vicuña Mackenna, Monteagudo y Alberdi, además de Carrasco Albano[48], quien en 1855 publicó su *Memoria sobre la necesidad y objetos de un Congreso Sudamericano*[49/50].

En esta *Memoria*, Carrasco Albano reflexiona sobre la existencia de dos grandes razas: "la latina y la germánica" (p. 259), que se subdividen en distintas naciones a lo largo del mundo. A partir de esta premisa, plantea una cuestión clave para su época: ¿debería esta división racial orientar la configuración política de América? En lo que parece una respuesta afirmativa, propone la realización de un congreso de todas las naciones americanas con el objetivo de abordar problemas comunes, fortalecer a los Estados más débiles y promover una "unidad legislativa", imprescindible para la consolidación de una "unidad política". Por ello, autores como Ardao han considerado a Carrasco Albano como "el primero en concebir la unión como una necesidad impuesta ante un peligro interno en el hemisferio americano, así como un medio para preservar en él el porvenir de la raza latina" (Ardao, p. 66).

Desde la perspectiva actual, la idea de una raza latina puede parecer obsoleta, pero en su momento formó parte fundamental del concepto de latinidad. Hoy, esta noción podría ser estudiada como una forma de autoafirmación y como un mecanismo de resistencia frente a los prejuicios raciales internos, los cuales, como bien se sabe, aún persisten.

---

48 Arturo Ardao, a su vez, considera el autor Carrasco Albano como "el primero en concebir la unión como impuesto ante un peligro interno al hemisferio americano, a la vez que como preservación en éste del porvenir de la raza latina" (Ardão, 1980:66).

49 El libro está en edición facsimilar totalmente disponible en internet, en la Biblioteca Nacional de Chile http://www.memoriachilena.gob.cl/602/w3-article-7969.html, de autoría libre, en la Biblioteca Nacional de Chile.

50 A día de hoy hay recompilaciones con distintos criterios, como Ávila, Alfredo, Jordana Dym, and Erika Pani. 2013. eds. *Las Declaraciones de Independencia: Los Textos Fundamentales de Las Independencias de Americanas.* Colegio de Mexico.

Por supuesto, existen otros textos fundacionales que, poco a poco, fueron dando forma a un concepto material de lo que es América Latina. Entre ellos, se puede mencionar al polémico Bartolomé de las Casas[51], cuya *Brevísima historia de las Indias Occidentales* fue un auténtico *best seller*

---

[51] Bartolomé de Las Casas es citado en la propia Carta de Jamaica. Su obra, la *Brevísima Historia de las Indias Occidentales* le hizo famoso. Algunos atribuyen su fama a intereses de otras potencias, diversas de España, en hacer mala propaganda de los reinos ibéricos, en un fenómeno que se llama 'leyenda negra'. Así "A pesar de todas las cautelas, la *Brevísima Relación* causó sensación en muchos ambientes y, por desgracia, llegó a manos de los enemigos de España. Doce años después de la muerte de Las Casas, se iniciaba la traducción de algunos escritos polémicos lascasianos al francés, inglés, alemán, holandés y otros idiomas. Espectacular y sonada resonancia tuvo la edición de la Brevísima en latín, idioma entonces universal entre la gente culta, publicada en Frankfurt en 1594, ilustrada por los repelentes grabados de Teodoro de Bry, que, a lomos de una desenfrenada y incontrolada imaginación, atribuye a los españoles hechos horrendos, tan inverosímiles como faltos de la más elemental base histórica. (...) Que de una manera u otra ha influido en la 'leyenda negra' es cosa sabida. Atribuirlo todo a las casas carece de sentido histórico". Galmes, Lorenzo. 1982. *Bartolomé de las Casas*: defensor de los derechos humanos, Madrid, Católica, pp. 232...233; "Sin desconocer el devoto altruísmo del benemérito fraile y sus buenas intenciones, es indudable que su obra adolece de exageraciones y aun falsedades tendientes a execrar la codicia y la voluptuosidad de los conquistadores. En realidad, Las Casas consideraba al indio como un ser ingenuo e indefenso; él no participó de ninguna campaña conquistadora y su pura teoría sobre la bondad intrínseca del indio quedó fallida cuando quiso experimentarla en Cumaná (1520). Cassani, Jorge Luís. 1966. *Del Epos a la historia Científica. Una visión historiográfica a través del método,* Buenos Aires: Ed. Nova; En sentido contrario "Sin duda Las Casas conocía este antiguo testimonio; pero él también, de todas las maneras, habia visto cometer esos crímenes". Baitallon, Marcel; André Saint-Lu. 1976. *El padre Las Casas en defensa de los indios,*, p. 198, Barcelona: Ariel; de modo más reciente, Osuna recuerda la importancia de los escritos del Fray Bartolomé de Las Casas, pero enmarca que no debe ser interpretado, a día de hoy, como un escrito de liberación de los indígenas oprimidos: "Sus denuncia e invectivas contra la cristiandad en la que vivió pueden ayudarnos a evitar situaciones semejantes, pero no pensamos que eso haga de él un corifeo de la teología de la liberación, ni el líder de la emancipación de los pueblos oprimidos y menos el antihéroe de la epopeya española. (...) Lo que sí nos parece que se impone es la propuesta de que ya no deba escribirse la historia de la conquista de América sin incluir las denuncias y relatos presentes en su historia de lo que aquello fue". Osuna Fernandez- Largo, Antonio. 1992. *Bartolomé de Las Casas en el V Centenario: Revisión de su figura y de su doctrina moral,* in: Ciencia Tomista - Tomo 119, n 389, sep-dic, Salamanca, p. 497.

en el siglo XVI debido a su cruda descripción de las masacres indígenas[52]. También destacan figuras como Sucre[53], O'Higgins y Juan Bautista Alberdi, entre muchos otros.

Desde la mirada contemporánea, cabe realizar algunos reconocimientos mínimos. En primer lugar, destacar su innegable mérito en la construcción de la identidad latinoamericana. Aunque, por razones temporales, muchos de ellos aún emplean términos como *Hispanoamérica* o *Nuevo Mundo,* todos reconocen la existencia de rasgos comunes en las antiguas colonias[54]. Aunque estas no llegaran a constituir un único gobierno —ya fuera monárquico o republicano—, consideraban esencial la creación de órganos de diálogo interno y de representación exterior.

Asimismo, es importante señalar que muchos de estos textos reflejan intereses que coincidían con los de Gran Bretaña en la región, pues en aquel momento resultaba estratégico unirse contra un enemigo común para los sudamericanos en proceso de independencia y para Inglaterra, que buscaba consolidarse como la nueva potencia hegemónica: España, que aún conservaba parte de su poder colonial en América[55].

Por último, y quizá lo más relevante para un análisis crítico, es que estos textos fundacionales fueron escritos desde una perspectiva criolla, es decir, la de los descendientes de españoles que ya conformaban una clase de poderosos terratenientes. Para ellos, la independencia significaba un

---

52 Para comprender la obra de Las Casas, es fundamental considerar no solo su biografía como clérigo y Defensor del Pueblo, sino también su posición teológica. Sostenía que la conversión forzada de los indígenas al cristianismo era inválida, ya que solo una conversión libre de coacción tenía valor ante Dios. Este argumento está documentado en su obra *De único vocationis modo* y fue el eje de un gran debate sobre religión y colonización, conocido como la Controversia de Valladolid.

53 Antonio José de Sucre también fue militar con destacado papel en las independencias Latinoamericanas, pero trae escritos destacados sobre el primer ideario latinoamericano.

54 Las posesiones españolas en el Continente jamás fueron técnicamente denominadas "Colonias". Eran denominadas Virreinatos (como de Nueva España, Perú, Nueva Granada y Río de La Plata), o bien Capitanías Generales (como las de Chile y Guatemala). En sentido histórico-social, sin embargo, se utiliza el término 'colonia'. En algún estudio más específico, que cuide de ese *status* jurídico-político, será necesario utilizar esos vocablos de Virreinato.

55 Por ello, la doctrina Monroe resulta ambivalente desde la perspectiva inglesa: por un lado, implicaba un rechazo al Imperio Británico por parte de Estados Unidos; por otro, en Latinoamérica, funcionaba como una exhortación a la independencia de España.

mayor margen de autonomía para sus actividades productivas y comerciales sin la intervención de la metrópoli. Esta mirada excluyente hizo que los primeros escritos sobre América Latina no abordaran cuestiones que hoy son centrales en los estudios de la región: el lugar de las poblaciones originarias, la distribución agraria, el racismo y la discriminación de género, las condiciones de explotación laboral o incluso las nuevas formas de esclavitud. También resulta evidente que su concepción del gobierno era profundamente elitista, al menos desde una perspectiva contemporánea.

Para comprender esta cuestión, basta observar cómo el mencionado Carrasco Albano concebía la cuestión indígena en su época: "*He aquí otra de las urjentes necesidades de las Repúblicas Sudamericanas. Es la colonización la que vendrá a poblar y fertilizar nuestros vastos territorios desiertos, la que resolverá el problema de la reducción pacífica de nuestros indígenas*" (Carrasco, p. 268). Hoy en día, una idea como esta resultaría, al igual que tantas otras, inadmisible. Aunque el autor mencione la pacificación de los indígenas, es evidente que al hablar de "reducción" se refiere, en el mejor de los casos, a algo similar a la rendición. La colonización a la que alude —la ocupación del territorio latinoamericano— estaba concebida como una colonización para los blancos, es decir, para aquellos de ascendencia europea, mientras que las poblaciones autóctonas quedarían subordinadas o incluso asimiladas de manera pacífica.

A pesar de su carácter independentista y unificador, estos textos fundacionales no dejaban de ser una defensa de la continuidad de las estructuras del *statu quo* colonial, aunque con algunos cambios. Sin embargo, esto no les resta importancia en la construcción de una identidad material: una región forjada a partir de un proceso de colonización basado en el extractivismo y la explotación, con una tradición agrícola que, en muchos casos, fue esclavista y casi siempre excluyente de los pueblos originarios. No obstante, estos mismos textos también expresaban el deseo de que América Latina se impusiera como una nueva entidad dentro del mundo, con una identidad propia.

Por otro lado, la idea de una *Unión Latinoamericana* bajo un solo gobierno jamás se concretó. Tal como Bolívar anticipó con lucidez en su *Carta de Jamaica*, la historia particular de cada colonia, las enormes distancias geográficas y, sobre todo, los intereses locales hicieron inviable la formación de un Estado único, y así sigue siendo hasta hoy.

Sin embargo, el sentimiento de pertenencia, esa noción primitiva de una nación latinoamericana, aunque llena de contrastes, se ha consolidado en el imaginario colectivo[56]. Esta idea ha impulsado múltiples intentos de integración entre países y, al mismo tiempo, ha reforzado la construcción de un concepto funcional de América Latina, ya sea como una categoría organizativa para estudios académicos (*epistemología*) o como una noción operativa dentro de instituciones plurinacionales (*geopolítica*). América Latina, por lo tanto, no es simplemente una coincidencia geográfica, y estos textos clásicos —junto con otros que dieron origen a su pensamiento— son prueba de ello.

5. PARADIGMAS DE LA CONTEMPORANEIDAD

Una introducción al pensamiento latinoamericano implica seguir cambios de paradigma. Si muchos problemas locales siguen siendo casi idénticos a los que existían en los tiempos de las independencias, otros tantos están en intensa modificación. La sociedad, poco a poco, refina su mirada para percatarse de desequilibrios, de su identidad, y del valor real de sus propias riquezas. La voz que ganan las poblaciones originarias depende no solo de su desarrollo dentro de la sociedad latina, sino también de su autopercepción en los estudios actuales. Más de un autor señala que la causa del protagonismo epistemológico de los más eruditos (como el propio Bartolomé de Las Casas, José Martí o Bolívar) fue su capacidad de articular sus voluntades y reivindicaciones en el propio idioma del colonizador[57], aptitud que faltaba a los nativos. El hecho de construir la epistemología y la misma idea de América Latina exclusivamente en el idioma del coloni-

---

56 Contrafácticamente, ése es la idea de *desnacionalización* a que se refiere el *Founding Statement* del Grupo de Estudios Subalternos Latinoamericanos, que, en 1993, declara: "La desnacionalizacion es, simultaneamente, el limite y el umbral de nuestro proyecto. La 'desterritorializacion' del Estado nacion bajo el impacto de la nueva permeabilidad de las fronteras y del flujo de capital-trabajo repite simplemente los procesos genéticos de implantacion de las economias coloniales en America Latina durante los siglos XVI y XVII".

57 . "Y los guardianes de la autenticidad, los encargados de "representar" (Vertreten) a los subalternos y articular sus intereses eran los arieles: aquellos letrados e "intelectuales críticos" que podían impugnar al colonizador en su propio idioma, utilizando sus mismos conceptos y su misma "gramática" (cf. Castro-Gómez 1996: 67- 120). Aquí precisamente tuvo su locus enuntiationis el Latinoamericanismo. Castro Gómez, Santiago; Eduardo Mendieta. 1998. La translocalización discursiva de "Latinoamérica" en tiempos de la globalización, Edición de Santiago Castro-Gómez y Eduardo Mendieta, p. 12, México: Miguel Ángel Porrúa. http://ensayo.rom.uga.edu/critica/teoria/castro/.

zador no deja de ser una paradoja[58], aunque muy realista. El idioma castellano ha permitido, y todavía permite, la construcción de un pensamiento regional integrado. Cosa distinta es que, sin embargo, sea excluyente de fuentes locales de conocimiento, sabiduría y cultura, incluso de idiomas que sólo existen en forma oral[59]. La misión de integrar sin sacrificar regionalismos es ontológicamente utópica, pero necesaria.

Así que, aun en la búsqueda de esa identidad de nación y de pensamiento, se ha optado por presentar algunos textos o ideas fundamentales, dividiendo su análisis entre el siglo XX y la contemporaneidad.

5.1. Identidad y estudios del siglo XX

La necesidad de constituir una identidad propia existe desde que América Latina es concebida como tal, pero el siglo XX inaugura diferencias.

Un importante movimiento identitario para la intelectualidad tuvo lugar en la primera mitad del siglo XX, cuando gran parte de los intelectuales y artistas sintieron la necesidad de revisar las matrices de la identidad local. Bien es verdad que algunos autores repitieron la clásica fórmula de fusión, afirmando la identidad latinoamericana a partir de matrices cultu-

---

58 Mariátegui, por ejemplo, decía que era el idioma español el que había alzado al Perú a la civilización: "La tradición nacional se ha ensanchado con la reincorporación del incaísmo, pero esta reincorporación no anula, a su turno, otros factores o valores definitivamente ingresados también en nuestra existencia y personalidad como nación. Con la conquista, España, su idioma y su religión entraron perdurablemente en la historia peruana, comunicándola y articulándola con la civilización occidental. El Evangelio, como verdad o concepción religiosa, valía ciertamente más que la mitología indígena. Y, más tarde, con la revolución de la Independencia, la República entró también para siempre en nuestra tradición." Mariátegui, José Carlos. 2010. *La tradición nacional,* en: Mariátegui, José Carlos. *La tarea americana,* p. 122, ed. Buenos Aires: Prometeo Libros / Consejo Latinoamericano de Ciencias Sociales – CLACSO.

59 Sobre la riqueza de la lengua indígena (especialmente, en el caso, entre los indígenas bolivianos), véase Reinaga, que enseña: "A diferencia de las lenguas latinas, sajonas o eslavas, que en su formación y evolución se conjugaron y se influyeron mutuamente, el *aymara* y el *keswa* alcanzaron tal grado de riqueza onomatopéyica, que parece que fuera en sus infinitos matices la voz de la naturaleza misma que saliera por la garganta del indio" (p. 40). Y nota: "Igual que los romanos a los griegos, los yanquis toman a los indios para aprender la lengua de la raza a la que han de conquistar y esclavizar." Reinaga, Fausto. 2010. *La revolución India,* La Paz: Hilda Reinaga, 4ª e. (orig 1970), p. 38.

rales europeas, como ocurrió, por ejemplo, en la Semana de Arte Moderna de 1922 en Brasil[60]. Sin embargo, en aquellos tiempos también se gestaron pensamientos más lúcidos sobre la afirmación contemporánea del pueblo latino. Fue así como, entre otros, Octavio Paz afirmó que el individuo vivía su ambigüedad al no querer ser blanco o indígena; Sergio Buarque de Holanda desarrolló, a partir de Brasil, el concepto de "hombre cordial"; y el también brasileño Josué de Castro escribió *Sete Palmos de Terra e um Caixão,* en el cual denunciaba el hambre y la explotación de la región más pobre de Brasil (el Nordeste), además de la notable desigualdad social[61].

En muchos de esos estudios resonaba el problema de la mala distribución de la tierra, de la servidumbre y de la herencia colonial, con una falta de respeto a la cosa pública, lo que conduce a que, más que en otras regiones, los gobernantes administren el Estado como si fuese su propiedad privada, creando todas las condiciones para una corrupción naturalizada, difícil de revertir[62].

En los años 1970, el uruguayo Eduardo Galeano publicaría *Las Venas Abiertas de América Latina*[63], convertido en un clásico de la comprensión regional, mientras Celso Furtado[64], entre otros economistas, explicaba la cada vez más compleja realidad financiera de Latinoamérica en la segun-

60 Véanse capítulo 6.1 y 6.2 sobre la construcción de la modernidad artística latinoamericana.

61 Josué de Castro es muy ponderado en el análises del papel de Latinoamérica (cap. VI de su libro). Manifiesta que "A América Latina desperta para a vida moderna e se interroga acerca de suas posibilidades de desenvolvimento. Toma consciencia das formas arcaicas de suas estruturas políticas e sociais e dos paradosxos de sua organização econômica, na qual coexistem lado a lado a extrema miséria e a fome e uma opulênicia quase que insolente".

62 Aunque en los últimos años algunos estudios hayan cuestionado incluso la corrupción como concepto, los sondeos internacionales siempre apuntan la región como una de aquellas dónde más se percibe el fenómeno.

63 . "¿Por qué el norte es rico y el sur pobre? El río Bravo señala mucho más que una frontera geográfica. El hondo desequilibrio de nuestros días, que parece confirmar la profecía de Hegel sobre la inevitable guerra entre una y otra América, ¿nació de la expansión imperialista de los Estados Unidos o tiene raíces más antiguas? En realidad, al norte y al sur se habían generado, ya en la matriz colonial, sociedades muy poco parecidas y al servicio de fines que no eran los mismos" Galeano, Eduardo. 2004. *Las venas abiertas de América Latina,* p. 172, México: Siglo XXI Ediciones.

64 Véase Capítulo 3.2

da mitad del siglo XX, marcada por su eterna dependencia del comercio exterior[65].

También aparece la concepción teórica indigenista, como la de Fausto Reinaga, quien, entre otras obras, publicó *La Revolución Indígena* (1970), donde reflexiona sobre los pueblos originarios a partir de sus propias necesidades. Reinaga deja muy claro que el indio no es el 'campesino' (2010:39), es decir, el trabajador del campo, sino una raza con tradiciones milenarias[66].

El pensamiento latinoamericanista del siglo XX, aquí muy resumido, trajo propuestas fundamentales para la contemporaneidad. Así, América Latina se moderniza como concepto, impulsando el estudio de su realidad y sus contradicciones actuales, además de mostrar un rasgo que le es peculiar: una región que, pese a sus desigualdades y fragilidad institucional, posee grandes valores que solo ahora la Comunidad Global comienza a reconocer. Esos anhelos comunes son parte de la construcción identitaria que sigue en curso en el siglo XXI.

5.2. Las interrogantes contemporáneas

Si bien las percepciones de América Latina como un lugar de explotación, con gobiernos inestables y en constante búsqueda de un espacio de representación mundial son antiguas, en la actualidad surgen estudios capaces de explicar con mucho más detalle sus características y pretensiones continentales. Esto se debe, probablemente, a una doble causa: por un lado, la sociedad ha evolucionado en su intento por comprender las diferencias entre los individuos, aceptar a las minorías y dirigir la mirada hacia la pluralidad; por otro, las llamadas ciencias humanas han revolucionado sus métodos.

Las divisiones epistemológicas son diversas, el número de especialistas se ha ampliado y, en consecuencia, el levantamiento de datos y sus inter-

---

65 El libro de Morse "El Espejo de próspero: un estudio de la dialética del nuevo mundo" también es un referente, aunque no alcance la magnitud de los ya citados.

66 En sus palabras: El indio no es el "campesino" de "pezuña hedionda enzapatada"; no es una clase social integrante de una sociedad burguesa abstracta, inexistente en Bolivia. El indio es una raza: una raza milenaria y una cultura milenaria. Una raza fuerte, fortísima que ha resistido la arremetida sanguinaria del occidente. El indio es una cultura invencida e invencible". Reinaga, cit.p. 39.

pretaciones han experimentado transformaciones profundas. Por ello, aunque aún quede mucho por conocer en este enorme continente, el debate se encuentra mucho más avanzado[67].

De ahí surgen los giros en los estudios latinoamericanos que, a partir de nuevos métodos, plantean otras interrogantes para comprender la región. Estos enfoques buscan abordar problemas desde nuevas perspectivas y, como consecuencia, con distintas soluciones. Algunas problemáticas son específicas del contexto latinoamericano, mientras que otras responden a cuestiones que afectan de manera similar a todo el mundo y que, más recientemente, han comenzado a ocupar a estudiantes, profesionales y responsables de políticas públicas.

Se enumeran a continuación algunos de los temas principales, a modo de selección de los tópicos hacia los cuales se orientan los estudios en este nuevo giro epistemológico regional[68].

(1) Los problemas de la baja representatividad de los pueblos indígenas o del prejuicio racial hacia ellos no son una novedad, pero actualmente se abordan con nuevos métodos de estudio. La ancestralidad de América Latina se analiza desde una perspectiva de inclusión, distinta del antiguo aislamiento, que se centraba en la preservación de tierras, poblaciones y costumbres. Hoy en día, los estudios también examinan la influencia y participación política de estos pueblos, su desarrollo y riqueza, así como, en el lado negativo, las graves violaciones a sus derechos e incluso los genocidios contemporáneos, que no son pocos[69]. Así, cualquier aproximación al estudio latinoamericano debe considerar a las poblaciones originarias, ya se trate de descendientes de aquellas grandes civilizaciones urbanizadas e

---

[67] No es difícil comprender, por tanto, que libros clásicos sobre la realidad latinoamericana, como los citados anteriormente, hoy carezcan de las condiciones científicas necesarias para ser escritos o, más precisamente, para prosperar. Aunque la ensayística sigue siendo valiosa en la organización del pensamiento, el rigor metodológico actual dificulta la aceptación de generalizaciones o de trabajos que carezcan de una constante referencia a otros estudios, necesaria para seguir el avance de la técnica.

[68] Véase: Poblete, Juan. 2021. *Nuevos acercamientos a los estudios latinoamericanos: cultura y Poder*, Buenos Aires, CLACSO.

[69] Véase el reciente caso de 'Genocidio Político' en la Sentencia de la Corte Interamericana de Derechos Humanos (CoIDH) en el caso *Integrantes y Militantes de Unión Patriótica vs Colombia*, Sentencia de 27 de julio de 2022.

imperiales[70], o de aquellas que aún hoy habitan aldeas, especialmente en la región amazónica[71].

(2) Asimismo, destaca la cuestión de las poblaciones descendientes de africanos, traídas a América en condición de esclavitud[72]. Si los primeros estudios en este campo apenas superaban los estereotipos, hoy se reconoce que estas poblaciones constituyen un eje determinante en Latinoamérica, especialmente en países como Brasil, Colombia o las naciones del Caribe. Ello ha impulsado esfuerzos antropológicos para investigar su integración y mestizaje, pero también —de forma muy resumida— el intento de mitigar el racismo estructural[73][74]. Las llamadas acciones afirmativas han generado sus propios debates sociológicos, jurídicos y económicos, entre otros[75].

(3) A escala mundial, pero con matices regionales, la inclusión de las mujeres en el mercado laboral y en la política, así como la erradicación de prejuicios en cuestiones de género, han generado una reestructuración necesaria para evitar que la desigualdad se perpetúe. En los casos más ex-

---

70 Véase, adelante, Capítulo 2.1

71 Véase el informe No. 88/11, de la CIDH, que, aunque sea una decisión de archivo, documenta el masacre de los indígenas Yanomami de la tribu Haximu, de 21 de julio de 2011 el ataque habido en 1993 por garimperos. El confronto entre indígenas y explotadores ilegales de minerio en Amazonia sigue hasta hoy.

72 Véase, adelante, capítulo 1.6.

73 De ese modo, enseñaba Quijano que la blanquitud, bien sea como diferencia al indígena, bien sea como diferencia al africano, fue utilizada para enmarcar la condición de trabajo, desde el inicio de la colonización. "Esto se expresó, sobre todo, en una cuasi exclusiva asociación de la blanquitud social con el salario y por supuesto con los puestos de mando de la administración colonial". Quijano, Aníbal. 2014. *Colonialidad del poder, Eurocentrismo y América Latina,*: Cuestiones y horizontes: de la dependencia histórico-estructural a la colonialidad/descolonialidad del poder, p. 778, Buenos Aires: CLACSO.

74 También se manifiesta la negación de los orígenes africanos, como ocurre en Argentina, a costa de exterminios masivos, ocurridos, por ejemplo, durante la Guerra del Paraguay, pero también a través de un modo de pensamiento que busca invisibilizar su influencia y contribución. Véase: Guzmán, Florencia. 2006. Africanos en la Argentina: Una reflexión desprevenida. *Andes,* (17), 197-238. Recuperado en 01 de noviembre de 2023, de http://www.scielo.org.ar/scielo.php?script=sci_arttext&pid=S1668-80902006000100005&lng=es&tlng=es.

75 Martins, Paulo Henrique. 2013. América Latina como expresión del sistema-mundo en la organización de los modelos de desarrollo. *Caderno CRH, 26* (68), 331-346. https://doi.org/10.1590/S0103-49792013000200008

tremos de discriminación, la violencia de género sigue siendo un problema relevante.

(4) Los altos índices de criminalidad, enmarcados dentro de la denominada criminalidad organizada, constituyen otro problema significativo. Mientras los manuales criminológicos están repletos de referencias a los fenómenos delictivos en América Latina, son aún escasos los estudios que aborden la criminalidad de la región como un fenómeno único que requiere una perspectiva interna y, a partir de ahí, soluciones específicas en diversas disciplinas, incluido el Derecho.

En ese contexto, la mundialmente reconocida problemática del narcotráfico no se limita a la lucha entre cárteles por el control territorial, sino que también involucra factores económicos de gran escala, como la existencia de mercados consumidores con monedas fuertes —como el euro o el dólar— y un sistema financiero global que facilita el lavado de activos. A ello se suman el tráfico de armas, la estructura del campo y las ciudades, y la corrupción sistémica del Estado, lo que configura verdaderas cleptocracias. Estos fenómenos, en gran medida, requieren un análisis latinoamericano aún pendiente.

Desde esta perspectiva, una nueva criminología estudia las causas del delito en mayor profundidad, evitando atribuir a los latinoamericanos la responsabilidad exclusiva del narcotráfico y la violencia. No obstante, ello no debe servir de excusa para que, desde dentro, se deje de enfrentar el problema. La cuestión clave es si en Latinoamérica existe una voluntad real de erradicar la producción de estupefacientes, en especial la cocaína y sus derivados[76].

(5) La protección del medioambiente es un campo de estudio de gran relevancia. La vasta riqueza natural de la región enfrenta enormes desafíos debido a la dificultad de vigilar territorios extensos y a la presión creciente por la producción de alimentos para una población mundial en constante expansión.

---

[76] Lamentablemente, el tema de las drogas ocupa un lugar central en el estudio de Latinoamérica. Por ello, le hemos dedicado dos capítulos específicos: uno sobre los aspectos criminológicos (1.7) y otro sobre la geopolítica de las drogas (4.1), además de un capítulo sobre criminalidad organizada (5.7). No se trata de reducir el continente al problema de la cocaína, ni mucho menos, sino de abordarlo como una cuestión que requiere un enfoque multidisciplinario y una solución panestatal y transfronteriza.

Un fenómeno similar ocurre con la explotación minera. Mientras el Norte Global se enorgullece de sus políticas de movilidad urbana sostenible, la creciente demanda de vehículos eléctricos ha disparado la extracción de litio, materia prima esencial para baterías y pilas. Este recurso se encuentra en grandes cantidades en la Amazonia[77], lo que genera graves impactos humanos y medioambientales. Este es solo un ejemplo ilustrativo.

En este contexto, Latinoamérica no es solo una reserva natural o un oasis de biodiversidad. Es también una fuente de conocimiento y una matriz de pensamiento que, parafraseando a Krenak, representa una de las pocas fuerzas capaces de "postergar el fin del mundo"[78].

Si bien en los estudios humanísticos resulta casi imposible alcanzar consensos absolutos, en los últimos años ha emergido una perspectiva común para abordar estas cuestiones: el enfoque decolonial. Este paradigma busca reconocer el estado de dependencia extrema de la región respecto a otros continentes, al tiempo que promueve una mayor equidad y justicia en el ámbito global.

Así, el pensamiento decolonial no implica la adquisición de una soberanía que los Estados latinoamericanos ya poseen. Más bien, se trata de un intento de reequilibrio de fuerzas en el escenario internacional[79].

5.3. Colonialismo y colonialidad como posible clave interpretativa

Para comprender la colonialidad como clave interpretativa de Latinoamérica, es necesario poner en perspectiva su relación con Europa. A grandes rasgos, la llegada de los europeos a América marcó el desarrollo de algunos elementos que no existían en el llamado Viejo Mundo: los proble-

---

77 Pragier, Deborah; Mariano Axel Novas; Lucas Gabriel Christel. 2022. Comunidades indígenas y extracción de litio en Argentina: juridificación y estrategias de acción. (72), 79-96. *Íconos - Revista De Ciencias Sociales*.

78 Agradecemos a la profesora Vivian Urquidi (Prolam/USP) por su exposición sobre el pensamiento indigenista, la cual ha enriquecido significativamente el conocimiento sobre autores antiguos y contemporáneos de ancestralidad americana, utilizado en el presente texto.

79 "El postmodernismo permite a América Latina tener una voz propia, el derecho a ser diferente, aun si, paradójicamente, estos derechos aparecen siendo defendidos no por un acto latinoamericano de autoafirmación sino que, una vez más, por una teoría construida en Europa" Larrain, Jorge, *La identidad latinoamericana: teoría e historia*, p. 58.

mas de raza, la cuestión del indígena y, principalmente, la percepción de Europa como el centro del mundo. Estos aspectos emergieron del proceso de colonización y, en el caso de América Latina, han perdurado a lo largo del tiempo.

Entre los principales teóricos del pensamiento decolonial, Aníbal Quijano[80] (1928-2018) llevó la discusión a un nivel más profundo al diferenciar 'colonialismo' de 'colonialidad', lo que le permitió desarrollar el concepto de Colonialidad del Poder. En su análisis, la construcción de América dentro del capitalismo es 'colonial', ya que su formación como países o naciones estuvo marcada por la dependencia de sus metrópolis. Aunque el colonialismo como sistema de dominación haya desaparecido, la 'colonialidad' sigue vigente en diversas estructuras de poder. América, al igual que África, Asia y Oceanía, se configuró en relación con Europa y, con el tiempo, estos 'nuevos' territorios adoptaron los parámetros occidentales como referencia, en un fenómeno que Quijano denominó "la patente europea de la modernidad" (Quijano, 2014:791).

La colonización de América estableció una gran disparidad en la percepción del *Otro*, del diferente, ya sea en términos geopolíticos, económicos o raciales. No resulta difícil ver, entonces, el impacto directo de esta exclusión en la población negra e indígena[81], así como en todo aquello que tenga un origen regional distinto del modelo occidentalizante. Los sistemas políticos de la región, aunque no reflejan conflictos raciales tan marcados como en otras partes del mundo, aún enfrentan serias dificultades para garantizar la integración y la igualdad real entre negros, indígenas

---

80 Walter Mignolo con su libro "La idea de América Latina" es relevante. Su texto más resumido sobre el tema está en Mignolo, Walter. 2013. *Geopolítica de la sensibilidad y del conocimiento. Sobre (de)colonialidad, pensamiento fronterizo y desobediencia epistémica.* Revista de Filosofía. Universidad del Zulia. N. 74. Maracaibo; El trabajo de Enrique Dussel también es relevante, así como Eduardo Restrepo, con su Restrepo, Eduardo (2010) Inflexión decolonial: fuentes, categorías y cuestionamientos. Popayán: Editorial Universidad del Cauca (este libro está disponible en internet). Es también importante matizar que el pensamiento decolonial, o al menos las posiciones de Quijano y otros autores no están libres de críticas y evoluciones, debido al evidente problema de construir un pensamiento interno a partir de matrices del Norte Global.

81 "La construcción de la nación y sobre todo del Estado-nación han sido conceptualizadas y trabajadas en contra de la mayoría de la población, en este caso, de los indios, negros y mestizos. La colonialidad del poder aún ejerce su dominio, en la mayor parte de América Latina, en contra de la democracia, la ciudadanía, la nación y el Estado-nación moderno".

y blancos. Esto se debe a la reproducción de un sistema productivo de origen europeo sin las adaptaciones necesarias a lo largo del tiempo.

No deja de ser paradójico que estos problemas existan precisamente porque las sociedades latinoamericanas han aceptado las matrices europeas como base del sistema capitalista. Al fin y al cabo, si los pueblos originarios hubieran rechazado desde el principio este sistema productivo, no se habría consolidado la idea del Norte como centro de la modernidad. Sin embargo, esta paradoja no cambia el estatus de Latinoamérica como una región periférica en el mundo, ya sea en términos económicos, raciales o en su capacidad de generar políticas y nuevas ideas a escala global.

La clave del pensamiento decolonial no reside en el enfrentamiento, sino en la reivindicación de una posición epistémica propia en un mundo que avanza hacia un modelo multilateral[82].

Desde dentro, no obstante, es posible analizar qué es Latinoamérica, cuáles son sus características y cuáles sus principales desafíos. El reto central, al menos por el momento, parece ser generar la confianza necesaria para sostener no solo el conocimiento interno sobre la región, sino también las soluciones que puedan surgir a partir de él.

5.4. Características del continente

El recorrido realizado hasta el momento permite esbozar una aproximación a las características esenciales de la región. Estas están relacionadas con las perspectivas y cuestiones previamente analizadas, ya que muchas representan desafíos aún pendientes de superación. No obstante, aquí se enuncian como rasgos específicos que identifican a Latinoamérica. Enumeramos los más destacados.

(1) Primero, la desigualdad. El nivel de concentración económica en la región es extremo. Si bien es cierto que la riqueza, en todo el mundo,

---

[82] La idea de *multilateralismo* no será desarrollada en este apartado, pero está implícita en la posibilidad de una reconstrucción interpretativa parcialmente decolonial. La capacidad de influir en el destino de un mundo que nos pertenece a todos es un concepto ya establecido en la geopolítica: "Multilateralism is about having international affairs addressed through consultation and the future of the world decided by everyone working together" (Xi Jinping, *Light Up Our Way Forward with Multilateralism*, enero de 2021, en *The Governance of China IV*, p. 534. Beijing: Foreign Languages Press Co. Ltd., 2022)

está en manos de unos pocos —ya sea grandes fortunas o corporaciones que gestionan el flujo global de capitales—, es en América Latina donde esta concentración coexiste más estrechamente con una parte significativa de la población en situación de pobreza. La escasez de alimentos sigue siendo una realidad en muchas zonas del continente. En las áreas rurales, se observa en la servidumbre de quienes no tienen acceso a la tierra propia; en las ciudades, en la existencia de asentamientos de millones de personas en barrios sin infraestructuras mínimas, como las chabolas o favelas. Las causas de esta desigualdad son múltiples, pero también lo es la tolerancia histórica hacia ella, un fenómeno que aún requiere un análisis profundo y cuyo estudio debe proyectarse con miras a una transformación estructural.

(2) La dependencia es otro rasgo distintivo de la región. En un mundo globalizado, la interdependencia es un hecho: la industria tecnológica de Asia o Norteamérica necesita minerales de Chile, las marcas de chocolate suizas dependen completamente del cacao africano y latinoamericano, y Europa controla las principales marcas de café sin poseer una sola plantación. Asimismo, la industria automotriz de Brasil o México emplea casi exclusivamente tecnología estadounidense o alemana. Aunque esta interconexión es una característica del mundo entero, el hecho de que América Latina se ubique en los márgenes de este circuito permite definirla como una región dependiente y empobrecida[83]. Existen múltiples teorías económicas que abordan esta dependencia y el debate sobre su posible reversión sigue abierto[84].

(3) Se trata de la baja representatividad de los países en el escenario mundial. Si se considera su territorio y población, en especial en comparación con Europa, los países de la región tienen un peso político global desproporcionadamente bajo. Incluso en organismos creados para ofrecer una representación más equitativa —como la ONU— su influencia es reducida. A esta falta de poder económico se suman factores históricos,

---

83 En este punto, la pregunta-clave de Darcy Ribeiro: "La pregunta que salta a estas alturas es ¿por qué precisamente los pueblos de América que se encontraban entre los más ricos y más cultos del pasado, como éramos nosotros, estamos hoy tan hundidos en el atraso? ¿Y por qué, al contrario, los pueblos más rústicos y más pobres de ayer, que sólo contaban con sencillas iglesias de tablas y una economía artesanal autosuficiente —como eran los norteamericanos— pasaron tan adelante?" Ribeiro, Darcy, *La nación latinoamericana,* Nova Sociedad n 62, Sept. Oct 1982, p. 48

84 Véase, adelante, capítulos 3.2 y 3.3, sobre economía Latinoamericana.

como su escasa participación en conflictos bélicos globales o su limitado poderío militar, que afecta incluso su capacidad para la defensa de sus propias fronteras. Además, nunca ha existido un esfuerzo sostenido por parte de la diplomacia latinoamericana para consolidar una identidad regional cohesionada.

(4) La fragilidad de las instituciones estatales también es una constante. A excepción de Colombia, que no sufrió dictaduras militares en los años setenta y ochenta, todos los países del Cono Sur atravesaron regímenes autoritarios en esas décadas, muchas veces como consecuencia del Plan Cóndor. En Centroamérica, los golpes de Estado han sido frecuentes, lo que permite caracterizar a sus democracias como frágiles. No se trata de afirmar que países como Brasil, Uruguay, Paraguay, Argentina, Colombia o Chile estén al borde de una ruptura democrática. Sin embargo, la corta duración de sus sistemas de libertades ha impedido alcanzar un equilibrio institucional real. Más aún, la falta de una auténtica apropiación de la República por parte de la ciudadanía contribuye a la perpetuación de escándalos de corrupción en gobiernos y partidos de diversas orientaciones políticas. Como la participación popular se reduce prácticamente al acto electoral, el sistema abre un amplio espacio para el populismo[85], otro rasgo de la región.

(5) Directamente vinculada con la inestabilidad democrática, la corrupción dentro del Estado es un fenómeno persistente. Aunque las condiciones económicas sean una de sus causas principales, existen también factores históricos y antropológicos que explican los altos niveles de percepción de la corrupción en América Latina, en comparación con América del Norte o Europa. Si bien es importante evitar generalizaciones y considerar múltiples causas, los conceptos de *narcoestado*[86] y *cleptocracia*[87] resultan, en gran medida, aplicables a la región. Además, la corrupción está estrecha-

---

85 Véase capítulo 2.6, sobre populismos.

86 Las economías basadas en el cultivo de drogas, especialmente de coca, plantean cuestiones mucho más profundas de lo que aparentan a simple vista. No se trata solo de erradicar los cultivos destinados a la producción de cocaína (véase el capítulo 4.2), sino de considerar la existencia de un mercado internacional que facilita su comercialización a precios extraordinariamente altos en comparación con cualquier otro producto cultivable en estas regiones.

87 Para Charap y Harm en las frágiles democracias o en las dictaduras, la corrupción no es incidental, sino parte del sistema. Véase, Charap, Joshua y Christian Harm. 1999. *Institutonalized Corruption and the Kleptocratic State*, p. 20, Working Paper at IMF.

mente vinculada con el crimen organizado, que no solo afecta la seguridad urbana, sino que también tiene presencia en el campo y en las fronteras, sin que existan mecanismos de cooperación eficientes entre los países para enfrentarlo.

(6) La dificultad de integración es otro rasgo del continente. Este desafío, ya identificado en la Carta de Jamaica, sigue presente en una Latinoamérica que, aunque construye su identidad, no ha logrado consolidar un proyecto político común. Organismos como el Parlasur (con sede en Montevideo) o el Parlatino (actualmente en Panamá) tienen una influencia legislativa limitada, y la Corte Interamericana de Derechos Humanos, aunque es un modelo en su campo, carece de poder coercitivo inmediato[88]. Si se compara con la Unión Europea —que ha conseguido organizarse a pesar de sus múltiples fronteras y diferencias históricas—, la integración latinoamericana resulta débil[89]. El desinterés internacional en que la región logre una estructura de gobernanza acorde con su importancia económica, demográfica y medioambiental también es un factor a considerar. Por lo tanto, no sorprende que Latinoamérica no se perciba a sí misma como una civilización integrada, que le permitiría proyectarse hacia el futuro con mayor autonomía.

(7) No resulta contradictorio destacar la integración a la vez que se señala otra gran característica regional: la diversidad. No se trata aquí de diferencias económicas, sino de la riqueza cultural del continente. Antes de la llegada de los europeos, la región albergaba tanto civilizaciones urbanizadas e imperiales —como los incas y aztecas— como comunidades tribales —como los tupí-guaraníes en Brasil—. Posteriormente, recibió colonos europeos y esclavos africanos, con olas migratorias continuas hasta el presente. Como resultado, Latinoamérica ha aprendido a integrar culturas dentro de cada territorio de una manera singular, distinta de lo ocurrido

---

88 Solo para que se entienda, la falta de poder coercitivo de un tribunal internacional se debe a la ausencia de integración supranacional. Es a través de la integración que una sentencia internacional adquiere fuerza de aplicación, ya que la desobediencia sería castigada con sanciones impuestas por los países miembros, en un mecanismo de *peer pressure* inmediata.

89 Evidentemente, existen otros motivos que explican la falta de integración, comenzando por algunos aspectos fundamentales si se compara con Europa. Por un lado, algunos países de Latinoamérica tienen dimensiones continentales; por otro, aunque las diferencias históricas entre los países europeos les han dejado el recuerdo de naciones frecuentemente enfrentadas en el pasado, también les han enseñado la necesidad de preservar la paz y la unión a pesar de esas diferencias.

en otros continentes. Este mestizaje se refleja en sus religiones, gastronomía y manifestaciones artísticas, que han adoptado influencias diversas. La interculturalidad, presente en todos los ámbitos de la vida, plantea cuestiones políticas relevantes, como la convivencia de distintas tradiciones, el uso de lenguas indígenas, la relación con la tierra, los conflictos religiosos —aunque en gran medida latentes— y la adaptación de los sistemas de justicia a las costumbres locales. También constituye un factor clave en la definición de los planes educativos de la región.

(8) Esa misma interculturalidad abre un espacio para resaltar otros rasgos positivos de Latinoamérica. A pesar de su historia de violencia y conflictos, la sociedad latinoamericana ha demostrado ser resiliente, integradora y adaptable. Si bien la región ha sufrido ataques y crisis, ha logrado mantener una convivencia relativamente pacífica en términos comparativos. Además, su economía, aunque basada en la exportación de productos primarios, alimenta a gran parte del mundo y lo hace con un uso creciente de energías limpias, preservando, además, el mayor bioma planetario. Por otro lado, su estilo de vida comienza a ser imitado en otras partes del mundo, y muchas de las ideas que hoy son tendencia en Europa —como el respeto por la naturaleza, la tolerancia y la preservación cultural— han sido cultivadas en la región desde hace tiempo[90].

En estas características, entre muchas otras, se encuentra parte de la explicación de cómo se perpetúa un sentimiento de identidad latinoamericana. Es el reconocimiento de los rasgos culturales lo que permite que cada latinoamericano se identifique como tal, en una idea que, parafraseando a un autor de referencia, podría definirse como una 'adhesión de espíritus'. Si se analiza el tema desde la perspectiva de las necesidades contemporáneas, la sola voluntad colectiva de "mantener la independencia y perseguir el desarrollo"[91] ya sería, por sí misma, un fundamento suficiente para la integración latinoamericana.

---

90 Véase, adelante, capítulo 5.5, sobre *Sumak Kawsay*, aunque bajo perspectiva bastante crítica.

91 Aquí recurrimos al discurso, en 2021, del presidente chino Xi Jinping, dirigido a la Comunidad de Estados Latinoamericanos y Caribeños (CELAC): "Our shared dream of maintaining independence, pursuing development, and achieving revitalization has brought us together". Xi Jinping. *Usher in a New Era for China-CELAC Relations* (December 2021). In *The Governance of China IV*, 523. Beijing: Foreign Languages Press Co. Ltd., 2022

6. CONCLUSIONES

Para estudiar Latinoamérica, es necesario un concepto instrumental, es decir, un concepto que sirva como referencia para definir un objeto de estudio. En este sentido, la locución "América Latina" puede funcionar, en un referente textual, como una herramienta para nuevas reflexiones, y proyectarse hacia interpretaciones variadas. Aquí se ha empleado un método conciso: se ha identificado, aunque por intersección, un conjunto de países que, a nivel mundial, es reconocido como parte de América Latina. Si bien existen controversias sobre la inclusión de ciertos Estados, como las Guayanas, Haití o Puerto Rico, el concepto formal —que no por formal es necesariamente exacto o inmutable— ha podido ser enunciado.

La formalidad es el punto de partida hacia la materialidad: ¿qué significa que algo sea latinoamericano? Es el predicativo lo que más controversia genera en el momento del estudio técnico. No se trata solo de aquello que tiene su origen en estos países, sino de lo que incorpora un conjunto de características esenciales a la historia y la cultura de la región. Este es el concepto material. Dado que estos rasgos distintivos son innumerables, su selección puede variar según cada autor. Por ello, lo principal es exigirse un criterio epistemológico sólido para justificar la inclusión y exclusión dentro del conjunto de lo que se considera latinoamericano.

Este texto explora algunas características fundamentales que pueden servir como punto de partida para el estudiante o investigador en formación como latinoamericanista. Si se permite la referencia, la lectura de los capítulos siguientes —o de otros estudios complementarios— contribuirá a esta definición material, concebida como un conjunto abierto y dinámico, compuesto por múltiples elementos que se integran progresivamente a medida que son sometidos al análisis más dialéctico y científico posible.

Es inviable cerrar un concepto material de América Latina. Con todo, trazar un conjunto dinámico de características generales es un paso para que cada investigador, desde su propia realidad epistemológica, pueda definir qué significa ser latinoamericano. Los próximos capítulos de este libro sirven de apoyo para esa formación básica de un concepto en construcción.

7. BIBLIOGRAFÍA

Anderson, Benedict. 2007. Comunidades imaginadas. Reflexiones sobre el origen y la difusión del nacionalismo, México, D.F., Fondo de Cultura Económica.

Ardao, Arturo. 1980. *Genesis de la idea y el nombre de América Latina,* Caracas: Centro de Estudios Latinoamericano Rómulo Gallego - CONAC.

Ávila, Alfredo; Jordana Dym; Erika Pani. 2013. eds. *Las Declaraciones de Independencia: Los Textos Fundamentales de Las Independencias de Americanas.* Colegio de México.

Baitallon, Marcel; André Saint-Lu. 1976. *El padre Las Casas en defensa de los indios,* p. 198, Barcelona: Ariel.

Bilbao, Francisco. 1865. *Discursos Masónicos* in: *Obras Completas,* p. 331, Imprenta de Buenos Aires.

Bolívar, Símon. 2015. Carta de Jamaica, 1815, in: *Carta de Jamaica 1815-2015,* Comisión Presidencial para la Conmemoración del Bicentenario de la Carta de Jamaica, Caracas: Ed. Gobierno de Venezuela.

Cadavid, Pabón; Jhonny Antonio; José María Torres Caicedo. 2012. El Nacimiento de la Identidad Latinoamericana, las Construcciones Nacionales y el Derecho de Autor. Revista La Propiedad Inmaterial, No. 16, p. 21, November 2012.

Cassani, Jorge Luís. 1966. *Del Epos a la historia Científica. Una visión historiográfica a través del método,* Buenos Aires: Ed. Nova.

Castro Gómez, Santiago; Eduardo Mendieta. 1998. La translocalización discursiva de "Latinoamérica" en tiempos de la globalización, Edición de Santiago Castro-Gómez y Eduardo Mendieta, p. 12, México: Miguel Ángel Porrúa. http://ensayo.rom.uga.edu/critica/teoria/castro/.

CEPAL: Comisión Económica para América Latina y el Caribe. 2023. Institucionalidad social en América Latina y el Caribe: eje central para avanzar hacia un desarrollo social inclusivo (LC/CDS.5/3), Santiago.

Charap, Joshua e Christian Harm. 1999. *Institutonalized Corruption and the Kleptocratic State,* p. 20, Working Paper at IMF.

Crow, John. 1992. *The Epic of Latin America.* Los Angeles: University of California Press.

Galeano, Eduardo. 2004. *Las venas abiertas de América Latina,* p. 172, México: Siglo XXI Ediciones.

Galmes, Lorenzo. 1982. *Bartolomé de las Casas*: defensor de los derechos humanos, Madrid, Católica.

Guzmán, Florencia. 2006. Africanos en la Argentina: Una reflexión desprevenida. *Andes,* (17), 197-238. Recuperado en 01 de noviembre de 2023, de http://www.scielo.org.ar/scielo.php?script=sci_arttext&pid=S1668-80902006000100005&lng=es&tlng=es.

Issacharoff, Samuel. 2015. Fragile Democracies: Contested Power in the Era of Constitutional Courts. Cambridge: Cambridge University Press.

Larios Mengotti, Gonzalo. 2011. *Razón y Tradición. Estudios en honor de Juan Antonio Widow,* Miguel Ayuso, Álvaro Pezoa y José Luis Widow (editores), vol. 1, pp. 341-360. Santiago: Globo Editores.

Larraín, Jorge. 1994. *La identidad latinoamericana: teoría e historia,* p. 58, Estudios Públicos. Santiago: Universidad Católica de Chile

Mariátegui, José Carlos. 1982. "La unidad de la América indo-española." En *Obras,* tomo 2, 249. La Habana: Casa de las Américas.

Mariátegui, José Carlos. 2010 *La tradición Nacional,* in: Mariátegui, José Carlos La tarea americana. p. 122, ed. Buenos Aires: Prometeo Libros: Consejo Latinoamericano de Ciencias Sociales - CLACSO.

Marichal, Carlos. 2015. El nacimiento de los estudios internacionales sobre América Latina: comentarios a las obras de José María Torres Caicedo y Carlos Calvo a mediados del siglo XIX. *Foro int,* Ciudad de México, v. 55, n. 3, p. 707-736. Disponible en <http://www.scielo.org.mx/scielo.php?script=sci_arttext&pid=S0185-013X2015000300707&lng=es&nrm=iso>.

Martins, Paulo Henrique. 2013. América Latina como expresión del sistema-mundo en la organización de los modelos de desarrollo. *Caderno CRH, 26*(68), 331-346. https://doi.org/10.1590/S0103-49792013000200008.

Mignolo, Walter. 2013. Geopolítica de la sensibilidad y del conocimiento. Universidad de Duke Carolina del Norte, Estados Unidos: *Revista de Filosofía,* N° 74, 2013-2, pp. 7-23.

Osuna Fernandez-Largo, Antonio. 1992. *Bartolomé de Las Casas en el V Centenario: Revisión de su figura y de su doctrina moral,* in: Ciencia Tomista - Tomo 119, n 389, p. 497, Salamanca.

Poblete, Juan. 2021. *Nuevos acercamientos a los estudios latinoamericanos: cultura y Poder,* Buenos Aires, CLACSO.

Pragier, Deborah; Mariano Axel Novas; Lucas Gabriel Christel. 2022. Comunidades indígenas y extracción de litio en Argentina: juridificación y estrategias de acción. (72), 79-96. *Íconos - Revista De Ciencias Sociales.*

Quijano, Aníbal. 2014. *Colonialidad del Poder y Clasificación Social,* in: *Cuestiones* y horizontes: de la dependencia histórico-estructural a la colonialidad/descolonialidad del poder, p. 295. Buenos Aires: CLACSO Editorial.

Quijano, Aníbal. 2014. *Colonialidad del poder, Eurocentrismo y América Latina,*: Cuestiones y horizontes: de la dependencia histórico-estructural a la colonialidad/descolonialidad del poder, p. 778, Buenos Aires: CLACSO.

Reinaga, Fausto. 2010. *La revolución India,* 4ª (orig 1970), p. 38, La Paz: Hilda Reinaga.

Restrepo, Eduardo. 2010. *Inflexión decolonial*: fuentes, categorías y cuestionamientos. Popayán: Editorial Universidad del Cauca.

Ribeiro, Darcy, *La nación latinoamericana,* Nova Sociedad n 62, Sept. Oct 1982

Rojas, Reinaldo. 2006. Bolívar en Jamaica, 1815, in: Bolívar, S. "Carta de Jamaica". México: editado em INEHRM.

Torres Caicedo, José María. 1875. *Mis ideas y mism principios.* París: Imprenta Nueva.

Ugarte, Manuel. 1987. La Nación Latinoamericana. Caracas: Biblioteca Ayacucho.

Xi Jinping, *Light Up Our Way Forward with Multilateralism,* enero de 2021, en *The Governance of China IV,* p. 534. Beijing: Foreign Languages Press Co. Ltd., 2022

Xi Jinping. *Usher in a New Era for China-CELAC Relations (December 2021).* In *The Governance of China IV,* 523. Beijing: Foreign Languages Press Co. Ltd., 2022

.

1.2. *Antropología y Etnografía del Estado en América Latina*

JUAN PABLO VERA LUGO[1]
Universidad Javeriana de Bogotá
veraj@javeriana.edu.co

1. INTRODUCCIÓN

Este capítulo establece un diálogo entre la literatura sobre la formación del estado (Abrams, 1977; Corrigan y Sayer, 1985), las antropologías latinoamericanas, ampliamente preocupadas por el problema de la articulación entre la raza, el mestizaje, la etnicidad y la nación (Wade, 1997, 2004, 2005; Radcliffe, 2007; Lomnitz, 2001; Mallon, 1986, 1996; Nelson y Radcliffe, 2000) y el papel de la antropología en estos contextos (Jimeno, 2008; Ramos, 1999). Contrariamente a las tradiciones noratlánticas, enmarcadas en el proyecto colonial, las antropologías latinoamericanas se han constituido en el marco de los proyectos de construcción del estado-nación. Este proceso refleja una antropología construida en contextos locales-nacionales (Jimeno, 2008), a veces en resistencia de la expansión colonial del conocimiento, de narrativas de modernización y expansión del capitalismo.

La emergencia del estudio cultural e histórico del estado se encuentra asociada por lo menos a dos momentos específicos. Por un lado, los procesos de globalización de la economía profundizados a partir de los años 70, pusieron en cuestión el lugar del estado como agente articulador de la nación y del poder soberano. Particularmente las preguntas por la los efectos de reorganización del capitalismo tardío y su impacto en la configuración de los estado-nación moderno (Sharma y Gupta, 2008, p. 6). Por el otro, la expansión y multiplicación de los estado-nación posterior a la segunda mitad del siglo XX produjo preguntas por las configuraciones territoriales, la desintegración y fragmentación de grupos humanos y étnicos, así como por los trasplantes institucionales y políticos. La emergencia y proliferación de los estados nación y su transnacionalización en el marco

---

1 Profesor e investigador asociado del Departamento de Antropología de la Universidad Javeriana en Bogotá, Colombia.

de la expansión del capitalismo, trajo consigo preguntas profundas sobre el papel del estado, y con ello la necesidad de comprender sus raíces históricas y culturales. En este contexto, antropólogas y antropólogos alrededor del mundo empezaron a dar cuenta de las dimensiones transnacionales y neocoloniales de los estados emergentes, las tensiones culturales producidas por la imposición de estos modelos y la superposición histórica de diferentes sistemas políticos.

Si bien, hasta hace unos años, las antropologías latinoamericanas no tenían por objeto de estudio el estado, las instituciones políticas y los aparatos de gobierno, los problemas asociados a la exclusión de los pueblos indígenas, la relación entre raza, etnicidad y nación, la violencia, y la pobreza generalizada constituyeron el centro de las preocupaciones de la disciplina, y con ello críticas al autoritarismo, el elitismo y la incapacidad de los estados latinoamericanos. Igualmente, el fracaso de los proyectos de desarrollo y modernización, las guerras contrainsurgentes, las dictaduras y la profundización de la pobreza hicieron necesarias miradas comprensivas sobre la formación del estado en América Latina.

Los estudios de formación del estado desde la perspectiva etnográfica conciben al estado, no como un objeto concreto y acabado, sino como una creación cotidiana que se da entre la interacción de sujetos, instituciones estatales y representaciones sociales (Das y Poole, 2004; Herzfeld, 1993; Corrigan y Sayer, 1985). Por esto, el estudio del estado no se constituye solo por el análisis de estructuras institucionales y económicas, o de sistemas de gobierno, sino de las ideas y representaciones específicas que lo hacen posible (Abrams, 1977) por medio de procesos y fenómenos históricos particulares (Mitchell, 2006; Corrigan y Sayer, 1985). El estado, como sistemas de representación y ejercicio de coerción, produce narrativas y prácticas que ejercen el poder y la legitimidad estatal en la vida cotidiana (Abrams, 1977; Taussig, 1987). El estado, así visto, es capaz de construir temporalidades diversas, territorialidades específicas (Lefebvre, 2009), así como de producir fronteras espaciales (aeropuertos, retenes), fronteras simbólicas, y efectos de separación entre el estado, la sociedad y la economía (Mithcell, 2006; Trouillot, 2003). Este enfoque crítico del estado dialoga bien con las producciones académicas latinoamericanas, producidas desde el encuentro y de las luchas sociales en contextos de modernización y autoritarismo, así como en concepciones de estados en formación, en desarrollo o en transición.

Los enfoques contemporáneos de estudio de la formación del estado basados en aproximaciones etnográficas, históricas y culturales desafían las teorías políticas, económicas e institucionales sobre el "estado fallido" (Beckett, 2010; Tedesco, 2007), la "ausencia del estado" (Serje, 2013), o el "estado aparente" (Schiller y Fouron, 2001). El término "Estado fallido", por ejemplo, se refiere a una serie de condiciones que conducen al debilitamiento del gobierno en relación con las demandas económicas, políticas y sociales buscando evaluar si los estados responden o cumplen eficientemente sus funciones específicas (Tedesco, 2009; Foreign Policy, 2011). Desde esta perspectiva, el enfoque del "estado fallido" constituye no solo un modelo de estudio y valoración, sino que constituye una formación discursiva que es en sí misma una forma de dominación (Beckett, 2010).

Tradicionalmente, las narrativas y teorías hegemónicas de Estados Unidos y Europa Occidental sobre progreso, desarrollo y democratización han dominado los enfoques intelectuales y tecnocráticos de la consolidación del estado. Por el contrario, en este caso, se esbozará el pensamiento latinoamericano sobre el estado desde la perspectiva de la etnografía del estado, su situación actual y posibilidades, donde la distinción entre lo público, lo privado, el estado, la sociedad civil es muy borrosa y las presiones por los recursos naturales plantean nuevas preguntas sobre la soberanía, las poblaciones y los territorios (Ong, 1999; Sandoval et al., 2017). En este sentido, es importante destacar que las narrativas dominantes de modernización, progreso y democratización, centrales para el estudio de los estados en América Latina, también se articulan con el conocimiento antropológico local/nacional en su relación con la configuración del estado-nación en América Latina (de la misma manera que las tradiciones de antropología estadounidense y europea occidental estaban arraigadas en proyectos coloniales) (Jimeno, 2008).

Teniendo en cuenta estos emplazamientos, el presente capitulo busca responder a las siguientes preguntas: ¿Cómo se conceptualiza y representa el estado en la antropología latinoamericana en relación con las nociones de sociedad civil, nación, comunidad, comunidades indígenas y clases sociales? ¿Cómo se teoriza, y a través de qué medios etnográficos se investiga y elabora la relación entre el estado y la espacialidad? ¿Cuáles son los dispositivos representacionales y conceptuales para abordar el estudio del estado desde el punto de vista de su relación con la violencia?

Este capítulo tiene como objeto ofrecer una aproximación histórica, cultural y critica al estudio del estado desde el punto de vista de la etnografía y las antropologías latinoamericanas. Como un antídoto temporal para controlar el poder de los discursos hegemónicos y las implicaciones de pensar los procesos de formación del estado en América Latina sin replicar los patrones ideológicos hegemónicos de democratización y liberalismo, este ensayo intenta examinar preguntas fundamentales con respecto al estado desde la perspectiva de su materialidad y del lugar que ocupan las antropologías y los antropólogos latinoamericanos dentro de las estructuras de poder y dominación estatal.

Con el fin de abordar estos problemas, este capítulo se divide en cuatro secciones. La primera sección, examina el lugar de la antropología y de los antropólogos y antropólogas en las tensiones, disputas y articulaciones de grupos subalternos (indígenas, grupos afros y campesinos) con las narrativas y dispositivos de formación del estado-nación y la ciudadanía. La segunda parte, explora la literatura que ha estudiado la presencia y formación del estado desde el punto de vista de las configuraciones espaciales, los límites y las fronteras materiales y simbólicas, así como la relación de la naturaleza con la formación del estado. La tercera sección, explora el lugar de la violencia y las instituciones en la producción del estado en América Latina y su relación con la movilización de los derechos humanos y la justicia transicional. Finalmente, se elabora una conclusión que busca articular una mirada sobre el análisis cultural y etnográfico del estado en Latinoamérica. Dado que la producción de trabajos es extensa, la selección abarca más que nada la variedad de obras, investigaciones y reflexiones desde una perspectiva etnográfica. Mi objetivo final es encontrar algunos conexiones, tensiones y contribuciones de la etnografía y la crítica cultural del estado en América Latina.

2. CIUDADANÍA, MULTICULTURALISMO Y FORMACIÓN DE ESTADO EN AMÉRICA LATINA

Diferentes fuerzas históricas han dado forma a los estados en América Latina: el colonialismo, las guerras de independencia, el republicanismo, las revoluciones armadas y democráticas, las dictaduras, la Guerra Fría, las teorías y política de desarrollo y modernización y, por último, el neoliberalismo. Al mismo tiempo, las manifestaciones políticas y culturales latinoamericanas están interrelacionadas con particularidades históricas como el continuo dominio de élites políticas y económicas, la dependencia económica, los patrones de tenencia de tierras y diferentes proyectos de modernización inacabados. Latinoamérica también se ha caracterizado por una larga tradición de movilizaciones sociales, resistencia de grupos indígenas, campesinas y otros sectores marginados de la sociedad. La forma en que estas sociedades han configurado las antropologías latinoamericanas también ha dado lugar a una rica historia de activismo, que puede ofrecer pistas importantes para entender los dilemas contemporáneos sobre los movimientos sociales y la formación del estado.

Diferente a las antropologías metropolitanas que constituyeron su episteme disciplinar desde el punto de vista colonial, gran parte de la reflexión y producción antropológica en América Latina se configuró sobre el análisis crítico del lugar de los pueblos indígenas y campesinos en la configuración de los estados latinoamericanos y su relación problemática entre la raza, la etnicidad, la nación, el colonialismo interno y la campesinización. El "antropólogo-ciudadano", como lo denomina Myriam Jimeno (2008), producía una antropología en el ámbito del nacio-centrismo. Como señala Jimeno: 'El hecho de que seamos conciudadanos del sujeto de nuestra investigación impregna la práctica de la antropología en países como los nuestros, haciéndola más parecida a la práctica de la política, como una especie de natiocentrismo' (2008, p. 75).

Esta práctica situacional también prescribe las epistemologías locales, centradas en las experiencias y teorizaciones de los antropólogos latinoamericanos. Por lo tanto, los debates y temas antropológicos en América Latina están relacionados con las circunstancias políticas y sociales en las que los antropólogos latinoamericanos están insertos. De este modo, las antropologías latinoamericanas empiezan a abogar por un trabajo directo con comunidades vulnerables hasta el punto de involucrarse en proyectos revolucionarios. En este sentido, la antropología, como otras ciencias sociales, también se han involucrado en proyectos indígenas nacionalistas que han sido centrales en las narrativas modernas de los estados latinoamericanos (Caldeira, 2000; Caviedes, 2004; Jimeno, 2004, 2008). Esta actitud política influye en la combinación de métodos de investigación social tradicionales con una investigación políticamente activa (Fals-Borda, 1991). Esta práctica tiene sus antecedentes en otros pensadores como Manuel José Vasconcelos (1997 [1925]), Manuel Gamio y Eduardo Matos (1972), Félix Báez-Jorge (2001), Guillermo Bonfil (1990) y Juan Comas (1953) en México; Carlos Iván Degregori et al. (1986), José Tamayo Herrera (1980-1981) y José Carlos Mariátegui (1968 [1928]) en Perú quienes retratan y discuten los alcances y las dimensiones culturales y políticas de las sociedades latinoamericanas. Sobre esto, Deborah Poole ha argumentado que la influencia del indigenismo y el marxismo son fundamentales para el desarrollo de las antropologías latinoamericanas (Poole, 2008). Como señala Poole, la antropología marxista en la región surgió de las experiencias cotidianas de los antropólogos con la pobreza, la violencia y la marginación.

La profesionalización de la antropología a fines de la década de 1940 en América Latina estuvo fuertemente influenciada por la tradición etnológica francesa, así como por los proyectos nacionalistas centrados en el indigenismo. Particularmente después de la Revolución Mexicana, los antropólogos mexicanos y andinos se involucraron en proyectos indígenas nacionalistas que eran centrales en las narrativas modernas de los estados latinoamericanos. Los indigenistas, como se les llamaba a estos antropólogos, apoyaron y ayudaron a organizar movimientos indígenas abogando por "sus tradiciones culturales, historias y derechos de sus naciones" (Poole, 2008, p. 4). Al defender los derechos, la identidad y el reconocimiento indígena, los indigenistas quedaron atrapados en complejas tensiones entre las voces indígenas, la autoridad etnográfica y las formas hegemónicas de producción de conocimiento.

Desde principios de la década de 1960, las ideas marxistas ayudaron a algunas antropologías latinoamericanas a abrir y reinterpretar problemas evidentes relacionados con el poder económico, la clase social y la pobreza. La crítica "subalterna" al capitalismo, la teoría de la dependencia en la década de 1950 (Cardoso y Falleto, 1969), la tesis del "desarrollo del subdesarrollo" de André Gunder Frank (1979) y la revolución cubana establecen un contrapunto entre las teorías desarrollistas y de modernización. En este contexto, surge un ambiente intelectual que acerca a los antropólogos a los partidos políticos y organizaciones de izquierda. Bajo la influencia geopolítica de Estados Unidos, la antropología latinoamericana desarrolló tanto un sentido práctico contrahegemónico de acción, lo que derivó en lo que Mauricio Caviedes (2004) llamó "antropología apócrifa", como la apropiación de antropologías estadounidenses y continentales. Por un lado, la mayoría de las antropologías latinoamericanas eran "antropologías militantes y en gran medida apócrifas, por su costumbre de debatir, participar mucho y escribir muy poco" (Jimeno, 2008).

Para algunos autores, el problema agrario, el problema indígena y el problema de la pobreza eran un solo problema, por lo que muchos de ellos participaron en organizaciones sociales y movimientos indígenas que posteriormente fueron estigmatizados y reprimidos por dictaduras y doctrinas de seguridad nacional. Jimeno (2004) también identifica este patrón dentro de las antropologías colombianas y brasileñas, y su "vocación" particular de involucrarse, intervenir y transformar la realidad social.

Al mismo tiempo, las antropologías latinoamericanas han sido impulsadas por la combinación de proyectos de modernización (Banco Mundial o Alianza para el Progreso de los Estados Unidos en los años 50) y procesos de rápida urbanización, pero también por la profesionalización, las prácticas y la teorización antropológica específica. Bajo el éxito relativo de los proyectos de urbanización y modernización, los "antropólogos activistas" de los años 60 y 70 en América Latina se convirtieron en "antropólogos profesionales" que trabajaban para el estado y organizaciones no gubernamentales. Sin embargo, la teoría marxista proporciona una idea clara de cómo la desigualdad configura el patrón histórico en el que están insertos los sujetos de investigación "tradicional" (Poole, 2008). La adopción temprana y la crítica del multiculturalismo por parte de muchos antropólogos latinoamericanos, como señala Mignolo (2000) y Lander (2000), son prueba de esto. La multiculturalidad como respuesta al estado de guerra contra las poblaciones indígenas y afrodescendientes no ha sido más que una forma de retórica y, en última instancia, un reflejo de las condiciones neocoloniales en las que viven muchas comunidades indígenas y afrodescendientes en América Latina. Este proceso refleja la naturaleza crítica de las antropologías latinoamericanas, como señala Serje (2008):

> "América Latina ha desarrollado una epistemología propia y una perspectiva crítica que, en gran medida, antecedió a las reflexiones críticas 'poscoloniales' y que continúa enriqueciendo las reflexiones disciplinarias. Sus propuestas han surgido en relación con las principales perspectivas críticas latinoamericanas, como la teoría de la dependencia, la teología de la liberación, la investigación-acción participativa, la teoría de la colonialidad del saber o la modernidad-colonialidad".

Esta inclinación hace plausible una reconsideración del estado-nación en el contexto del neoliberalismo, el multiculturalismo y la globalización, pero también en la exploración de las formas particulares en que las antropologías latinoamericanas han abordado el problema del estado y el carácter formativo de diferentes fuerzas combinadas y paradójicas. Particularmente, la literatura antropológica de finales del siglo XX abordó el problema del estado de manera más explícita al explorar las transiciones democráticas y multiculturales en los países de América Latina. En este sentido, la difusión del nuevo constitucionalismo y multiculturalismo a principios de la década de 1990 transformó la concepción tradicional de la unidad de nación-estado y la democracia republicana, señalando igual grandes retos para la articulación de las fuerzas sociales y proyectos estatales a los paradigmas del desarrollo y la modernización. También plantea preguntas fundamentales sobre la necesidad de la incorporación a dichos proyectos.

Durante esos años, en el caso del Perú, María Teresa Sierra (2005) explora la relación entre los efectos de las reformas neoliberales y multiculturales en México, y la reaparición de formas de justicia consuetudinaria. Sierra se centra en el estudio etnográfico del Juzgado Municipal Indígena de Cuetzalan en el estado de Puebla y la Policía Comunitaria del estado de Guerrero como expresiones que revelan la necesidad de las comunidades de asegurar ciertas formas de institucionalización de mecanismos de solución de conflictos y de garantizar derechos ciudadanos propios. En este caso, las comunidades locales, no solo responden a la percepción de injusticia y corrupción por parte del estado (y la violencia real, el secuestro y el robo), sino que también transforman algunas de las instituciones culturales existentes, adaptando aquellas que pertenecen a sus propias tradiciones y su sistema local de resolución de conflictos a las demandas de seguridad y la ineficacia estatal. Como señala Sierra: "Aquí, la población indígena ofrece alternativas a la justicia por cuenta propia que aún opera en algunas regiones del país" (2005, p. 52). Estos procesos legales emergentes responden a derechos multiculturales adquiridos, otorgados por cierta autonomía jurisdiccional, muestran la vitalidad de los pueblos indígenas, su capacidad para transformarse y adaptarse al cambio social e institucional, pero, también dan cuenta de la debilidad institucional para resolver conflictos ciudadanos y las demandas sociales de justicia. En este análisis, como señala Sierra, el estado se retrata como una entidad de arriba hacia abajo, de apropiación y movilización de bienes sociales, mientras que a nivel local se manifiesta por medio de remodelaciones y transformaciones de nociones de justicia y organización social.

En el mismo periodo, en el caso de Bolivia, Nancy Postero (2007) estudia la reconfiguración del estado en relación con de las comunidades indígenas y campesinas después del fracaso de la reforma constitucional de 1990 para integrar las demandas de las poblaciones históricamente excluidas. Similar al caso colombiano, el estado boliviano garantizó legalmente la mayoría de los derechos civiles y culturales (derechos de primera y tercera generación), pero al mismo tiempo se implementaron políticas neoliberales con el fin de reducir el tamaño del estado e incrementar el papel del sector privado en la vida de la población. En este contexto, Postero argumenta que "es debido a este fracaso que los bolivianos pobres e indígenas están pasando de formas neoliberales de multiculturalismo a una nueva era de prácticas y disputas ciudadanas enfocadas en redefinir el estado y el acceso popular a él" (2007, p. 6). El análisis de Postero incorpora esta aparente dicotomía en una práctica constitutiva de formación del estado a través de la reconfiguración de la sociedad. Particularmente, dando cuenta del profundo cambio discursivo en Bolivia durante la aparición del multiculturalismo, la negociación y la complejidad de las políticas culturales que involucran a las comunidades bolivianas en el activismo indígena nacional y las reformas políticas neoliberales (2007, p. 8).

Por otra parte, estudiando los procesos de articulación estratégica de los indígenas a la ciudadanía en el Brasil, Alcida Rita Ramos (2007) aborda las nociones de etnicidad, ciudadanía y universalismo, y el papel que desempeñan estos conceptos en el campo de las relaciones interétnicas. La autora se centra en la interacción entre el universalismo, la ciudadanía y la etnicidad en el contexto de las demandas de derechos humanos cultivadas por el movimiento indígena en Brasil (2007, p. 264). Para demostrar cómo la confluencia de estas diversas nociones fortalece a los activistas indígenas, Ramos examina el caso del Cuarto Tribunal Russell, donde los indígenas lideran un enfrentamiento entre la lógica universal de los derechos humanos y la del estado-nación. Aquí Ramos describe las contradicciones entre las formas esporádicas de ciudadanía de los indígenas brasileños y las ventajas de adquirir dicho estatus. Como dice la autora: "Si bien el estatus especial tiene sus desventajas, los indígenas necesitan la protección legal del estado para mantener los derechos comunales sobre la tierra y beneficiarse de programas de salud y educación específicos" (2007, p. 251). En su trabajo vemos como los pueblos indígenas del Brasil desarrollan prácticas de articulación estratégicas y fragmentada con el estado, resultado de la negociación y balance de las decisiones políticas de las organizaciones, pero que están sujetas a transformaciones y cambios con las formas de negociación con el estado.

Desarrollando también algunos de estos elementos, el trabajo compilado por la investigadora Margarita Chávez (2013) sobre la estatalización de la multiculturalidad en Colombia, muestra que las políticas multiculturales en este país desplegaron procesos de reconocimiento desigual de grupos y organizaciones indígenas, y también marcaron expresiones identitarias específicas que operaron en detrimento de otros grupos y poblaciones. Por otra parte, algunos autores de la compilación señalan que estas configuraciones étnicas produjeron mecanismos de inclusión social, pero por medio de la marcación de la diferencia. Los estudios también dan cuenta de la distinción entre el reconocimiento formal de los pueblos indígena y la falta de reconocimiento material. Otro de los aspectos claves de este trabajo es el planteamiento que por la vía del reconocimiento de los pueblos indígenas se iniciaron procesos de participación política en diferentes instancias de representación, adquiriendo visibilidad, pero también reproduciendo prácticas sociales y políticas institucionalizadas. Igualmente, los autores muestran como los diferentes procedimientos, normas, itinerarios y reglamentaciones, terminaron produciendo procesos de burocratización de las organizaciones indígenas y, por esa vía, la perdida de autonomía. Entre muchos otros elementos el libro también reflexiona sobre las asimetrías étnicas y territoriales que ha producido la estatalización del multiculturalismo en Colombia. Buena parte de los trabajos etnográficos aquí presentes destacan el encuentro de los indígenas con funcionarios e instituciones, la apropiación estratégica de prácticas y discursos institucionales, procesos de etnización, movilización de discursos legales y de derechos, así como tensiones políticas y conflictos asociados a formas de representación del estado y de los pueblos indígenas.

Por concluir esta sección, sobre las tensiones y paradojas de la relación entre los grupos subalternos, el estado y la ciudadanía en Latinoamérica, es importante destacar el trabajo de la antropóloga Teresa Caldeira (2000) quien da cuenta de cómo los procesos de democratización en la posdictadura son respondidos con por las elites y clases altas en Brasil con la construcción de enclaves, complejos y muros que separan comunidades en la ciudad de Sao Paulo. El espacio público es obliterado de la ciudad, desarrollando estrategias de movilidad que individualizan y fragmentan el espacio urbano. Caldeira estudia los dispositivos materiales y discursos que hacen posible esta separación y este resquebrajamiento de la sociedad y la ciudad, señalando que mientras los derechos formales se han expandido en el campo político, estos se han restringido en la esfera pública (Caldeira, 2000). Como señala en su trabajo "Ciudad de Muros", este proceso de separación y exclusión contrasta con la idea de la ciudad y espacio público moderno, asociado a la democracia y el igualitarismo. Las trazas raciales y étnicas de estas formas de exclusión urbana también son visibles en su trabajo, mostrando como los discursos y practicas policivas recaen sobre los más pobres de la ciudad. Esta etnografía es clave para articular las diferentes prácticas y dispositivos de espacialización y territorialización producidos por diferentes instituciones estatales y clases dominantes.

Estos procesos de exclusión de derechos y ciudadanía no solo se producen en contextos de frontera y marginalidad, sino en el centro de jerarquías espaciales y territoriales. Estos discursos y dispositivos de clasificación y organización, terminan produciendo formas sutiles, pero renovadas de exclusión, marginación y dominación.

3. ESPACIO, LÍMITES, NATURALEZA Y ESTADO EN AMÉRICA LATINA

La antropología contemporánea, junto con otros estudios interdisciplinarios, ha contribuido a problematizar este interés etnográfico en los límites, márgenes y fronteras, así como el espacio y el territorio en su articulación con los procesos de formación del estado. Es más, es tal vez sobre el análisis del espacio y las fronteras que la antropología contemporánea ha realizado preguntas concretas sobre la naturaleza cotidiana del estado y tal vez sus más destacados aportes. Existen aproximaciones que se acercan a la espacialidad del estado, desde el punto de vista de la producción de límites, fronteras y territorios los cuales pueden ser materiales, políticos, simbólicos o representacionales (Das y Poole, 2004; Grimson, 2011; Alonso, 2008). También hay aproximaciones asociadas a las jerarquías espaciales en las que ciertos lugares configuran conglomerados de poder, circulación de personas y bines o riqueza, y otros lugares por el contrario que representan el aislamiento, la fragmentación y diferentes formas de vida (Serje, 2005). También encontramos miradas que se aproximan más la producción de la naturaleza y el suelo, sus formaciones más materiales, y también a las transformaciones del paisaje y el espacio. En esta sección me ocupo de algunas de ellas, dando cuenta de su importancia para el estudio de estado y el poder.

En el volumen editado "*Antropología en las márgenes del Estado*", Poole y Das sugieren que los márgenes del territorio "son una consecuencia necesaria del estado, al igual que la excepción es un componente necesario de la regla" (2004, p. 4). El volumen defiende la importancia de la etnografía y la atención a las experiencias cotidianas para comprender "un objeto antropológico que una vez fue marginal": el estado. Aquí, los procesos de exclusión resultan ser lugares adecuados para el estudio de la formación cotidiana del estado. La voluntad de legibilidad presente en la violencia del control de fronteras o en el interrogatorio policial a los inmigrantes se convierte en un dispositivo de repetición constante y de incertidumbre sobre el resultado del encuentro; de facto, una detención de la temporalidad (Poole y Das, 2004). En este contexto, es vital prestar atención a la apariencia del estado y las formas en que se desempeña a través de la promulgación de fronteras, puntos de control y un conjunto diferente de prácticas performativas. Por ejemplo, los puntos de control son lugares donde se hace evidente que "no es la ley escrita la que constituye la ley del estado, sino una autoridad 'extraña' que se impone desde el exterior". En palabras de Poole y Das: "Las formas de ilegibilidad, pertenencia parcial y desorden que parecen habitar los márgenes del estado constituyen su condición necesaria como proyecto teórico y político" (2004, p. 6).

Siguiendo esta perspectiva de análisis Alejandro Grimson (2011) señala que los límites políticos proveen un campo excepcionalmente productivo para el estudio del estado, ya que estas áreas son de particular interés e intervención del poder estatal (Grimson, 2011). En su estudio sobre la frontera argentino-brasileña titulado "La Nación en sus Límites", el Grimson (2001, 2005) afirma que "[e]l estudio antropológico de las áreas fronterizas es simultáneamente el estudio de la vida cotidiana en el estado, las poblaciones y las relaciones entre ellas. Las instituciones y los agentes estatales tienden a concebirse a sí mismos como entidades objetivas con objetivos definidos. Sus poderes en las fronteras están monumentalmente registrados" (2001, p. 19). Este trabajo etnográfico, desarrollado en Paso de los Libres y Uruguayana da cuenta de las diversas formas en que las personas, supuestamente pertenecientes a diferentes nacionalidades, viven a través de las fronteras y se vinculan entre sí a través de relaciones de parentesco, relaciones comerciales y las experiencias relacionadas con cruzar la frontera, pasar por los controles y negociar con las autoridades estatales.

La etnografía forma parte de contextos de globalización y regionalización, representados aquí por el MERCOSUR (Mercado Común del Sur) y los profundos cambios fomentados por este acuerdo transnacional en los procesos socioculturales. La crisis del estado, como se ve en estos lugares, se expresa principalmente por medio del declive de la protección social, y al mismo tiempo por el aumento del sistema de control (contrabando fronterizo, migración fronteriza) y del fortalecimiento de las fronteras. Mientras que el comercio y las transacciones económicas se liberalizan por encima de la frontera y las personas que la cruzan, por debajo, están más controladas y estigmatizadas. Por lo tanto, el estado continúa desempeñando un papel dominante como árbitro de control, violencia, orden y organización para aquellos cuyas identidades están siendo transformadas por fuerzas globales (Grimson, 2011, pp. 113-114).

Del mismo modo, pero desde una perspectiva histórica, Ana María Alonso (2008) analiza el carácter formativo histórico de las fronteras entre Estados Unidos y México: "Al centrarse en la creación de las tierras fronterizas, la lente antropológica puede ayudar a desmantelar las suposiciones de estabilidad geográfica y permitirnos ver la organización y representación del espacio como productos de relaciones sociales cambiantes y luchas de poder" (2008, p. 232). Como señala Alonso la frontera contiene y define el propio proceso de formación de las naciones estadounidense y mexicana, "ambos productos de una relación contrapuntística vinculada a luchas por la soberanía" (2008, p. 231). Sin embargo, en este contexto, la construcción de la superioridad sociocultural pone en marcha una ideología que impulsa y ayuda a comprender la política exterior intervencionista de Estados Unidos, no solo en México, sino en toda Latinoamérica.

Transitando hacia las visiones que dan cuenta de las asimetrías espaciales y formas discursivas que constituyen la espacialidad estatal, no solo al exterior delimitando fronteras nacionales, sino al interior señalando diferencias espaciales, culturales y civilizatorias, José Matos Mar (1988) explora la dicotomización del estado-sociedad en Perú, que ha sido histórica y sistemáticamente configurado por procesos de racialización y exclusión desde el período colonial hasta la actualidad. Diferente a las complejas relaciones entre los límites de la nación y las fronteras, que estudian Grimson y Alonso, el enfoque de Matos ilustra una distinción más tradicional, pero puntual, entre las instituciones estatales y la sociedad.

En su famoso ensayo "Desborde Popular y Crisis del Estado", Matos Mar analiza la relación conflictiva entre lo que él llama la herencia andina y la herencia colonial. Esta relación configura un estado inacabado basado en la existencia de dos Perús. Por un lado, el Perú oficial, el estado de instituciones, partidos, bancos y empresas, sindicatos, universidades, el ejército y la iglesia, los tribunales, la burocracia y el desempeño de la cultura exocéntrica. Y, por otro lado, el Perú marginado: plural y multiforme, el campesinado y la masa urbana de asociaciones de vecinos, los consejos tradicionales, las rondas y varayoc; de talleres, vendedores y economías de trueque, reciprocidad y subsistencia. Este contraste, gestado desde los primeros tiempos coloniales, continúa configurando un Perú dividido (1988, p. 100). Aunque no es la preocupación principal de Matos en su ensayo, él enfatiza la importancia de este Perú oficial que monopoliza la producción de códigos legales y legitima su práctica a través del trabajo de legitimación de la ley. La complicación, la rigidez de las regulaciones y los procedimientos burocráticos, la obsesión por una regulación legal y administrativa cada vez más minuciosa, sofocan y estrangulan la vida nacional y dan lugar a inconsistencias y cuellos de botella que reducen aún más la eficiencia del aparato de gobierno (1986, p. 107).

Pensando en Colombia, María Clemencia Ramírez (2001) observa la relación entre la guerra contra las drogas y el proceso de empoderamiento y movilización de base, así como la lucha por la ciudadanía en departamento de Putumayo, todo en el contexto de la política antinarcóticos de Estados Unidos conocida como "Plan Colombia. El área periférica de Putumayo ha sido definida tanto por el estado como por sus habitantes como excluida del orden central de las cosas; "marginal", "abandonada por el estado", "una región olvidada" a la cual el "desarrollo" de la región central no se extiende. Este es, por lo tanto, un estudio "en los márgenes del estado", refiriéndose a la acción pública con respecto a una población marginada llevada a cabo en los márgenes del territorio y la ley estatal (Das y Poole, 2004).

En consecuencia, la investigación de Ramírez se centra en el análisis de la relación establecida entre el centro del país y la región marginal desde la perspectiva de las representaciones de una región a otra. La exclusión del otro (en este caso, los habitantes de la región amazónica) y la percepción o suposición de exclusión por parte de dicho otro, que resulta en sentimientos de abandono, son instrumentales para el análisis de las actuaciones realizadas por el marginado y su situación con respecto a los discursos estatales, locales y nacionales y los discursos generados desde el centro relacionados con las ideas de soberanía, integración y desarrollo regional. Como argumenta Ramírez: "Es importante centrarse en el examen de los márgenes, la periferia, lo que Margarita Serje (2011) ha llamado en otras partes "el revés de la nación".

Por su parte, Margarita Serje ha explorado el uso del mito de la "ausencia del estado" también en Colombia, señalando que este constituye un dispositivo representacional que reproduce jerarquías espaciales, raciales y culturales y en sí mismo un dispositivo de poder. En su trabajo, las regiones y territorios son vistos simultáneamente como lugares de producción, extracción y desarrollo producidos o delegados a otros actores por el estado. Esto se produce en encuentros ambiguos en donde la persona se relaciona, no solo con algunas instituciones del estado, generalmente el ejército, sino o los servicios de salud, sino con empresas privadas, grupos armados, organizaciones no gubernamentales, misioneros o iglesias que cumplen funciones del estado o que incluso a veces lo sustituyen. Estos dispositivos representacionales no permiten ver las diferentes formas de gobierno y sus diferentes formas de articulación para extracción de los recursos naturales. En estas regiones, varios autores coinciden (Aretxaga, 2003; Das y Poole, 2004; Tsing, 1993; Serje, 2005), el estado es imaginado como un proyecto incompleto que invoca factores salvajes, sin ley, que se perciben como amenazantes tanto desde el exterior como desde dentro del estado, y donde las personas viven entre la inclusión y la exclusión, la legalidad y la ilegalidad, la disciplina y la corrección, el orden y el desorden.

Estas autoras han insistido en que la producción de "lo periférico" o "lo excluido" es una de las condiciones del estado-nación, refiriéndose al "papel histórico como conformadores del estado nacional de la otredad" (Serje, 2005, p. 6). En esta línea han indicado que la exclusión por parte del estado siempre está presente "como algo potencial, un sine qua non de la ley y el estado como encarnación de la forma", y concluye que "aquellos que son excluidos son incluidos a través de su exclusión" (Ramírez, 2001).

Entre la diferente literatura incluida aquí resulta relevante mencionar el trabajo de Fernando Coronil (2013), ocupado de comprender el rol de la naturaleza y la construcción del estado venezolano. En su libro "el Estado Mágico", Fernando Coronil examina la aparición del estado venezolano como agente trascendente y unificador de la nación. Sostiene que la formación del estado tuvo lugar como parte de la transformación de Venezuela en nación petrolera. Como señala el autor, lo largo del siglo XIX el frágil estado venezolano, crónicamente asaltado por caudillos regionales, no fue capaz de imponer su control sobre el fragmentado territorio nacional. Solo cuando se transformó en mediador entre la nación y las compañías petroleras foráneas, a principios del siglo XX, fue que el estado adquirió la capacidad política y los recursos financieros que le permitieron aparecer como un agente independiente capaz de imponer su dominio sobre la sociedad. En su trabajo, Coronil no solo desarrolla una teoría sobre la relación entre la formación del estado y la apropiación de la naturaleza, sino un análisis de la relación entre la formación de los estados transnacionales y las asimetrías globales del espacio y la población en el marco del desarrollo del capitalismo, y la exclusión que hace el marxismo del análisis del colonialismo en su constitución teórica e histórica.

Para finalizar esta sección, es importante señalar que, en la mayoría de las configuraciones espaciales modernas del estado, la construcción espacial del estado reproduce la idea de la ciudad como centro de desarrollo, productividad y modernidad, en contraposición a las áreas rurales atrasadas, premodernas y salvajes (Lefebvre, 1990; Serje, 2011, 2013). Varios autores han dado cuenta de cómo los enfoques centro-periferia en la formación del estado han reproducido órdenes espaciales hegemónicas y coloniales, dando forma a representaciones culturales, económicas y políticas jerárquicas y configuraciones espaciales asimétricas (Caldeira, 2017; Coronil, 1997; Harvey, 1990; Holston, 2008; Lefebvre, 2009; Matos, 1980).

Los estudios regionales (Appelbaum, 2017) en particular, han contribuido a producir y reproducir ideas del espacio articuladas a representaciones culturales y naturales específicas que funcionan junto a una forma de ordenamiento (Serje, 2011). Este sistema de representación espacial se ha construido a través de ideas culturales y geográficas relacionadas con la categoría racial, el fenotipo y la tipología de las personas, las variaciones y determinaciones del clima, así como las distinciones del paisaje y las configuraciones ambientales (Appelbaum, 2017; Arias, 2017; Rozo, 1999). Sin embargo, las representaciones espaciales, naturales, biológicas, estéticas y botánicas del siglo XIX contrastan con las intervenciones del siglo XX basadas en la producción económica, la formación del estado (incluida la violencia estatal) y el desarrollo (a menudo extractivista).

4. VIOLENCIA, ESTADO E INSTITUCIONES EN AMÉRICA LATINA

Los estados latinoamericanos han transitado hacia la democracia después de varias décadas de conflicto interno o dictadura. Argentina, Chile, Perú, Bolivia, Uruguay, Brasil, Guatemala, Cuba, Puerto Rico, Haití, Colombia, entre otros, enfrentaron el período de la Guerra Fría bajo el dramático aumento del conflicto social y armado, la introducción de programas de ajuste estructural del Banco Mundial y la propagación de proyectos de desarrollo. Durante el mismo período, América Latina experimentó la presencia de movilizaciones políticas locales, nacionales y regionales que buscan cambios sociales en la configuración del estado y/o la apertura de espacios democráticos a través de transformaciones institucionales.

Después de las guerras de independencia latinoamericanas, las élites locales reprodujeron valores etnocéntricos y clasistas, continuando con la exclusión de los indígenas y las comunidades campesinas hasta nuestros días. La aparición de dictaduras, guerras civiles y políticas contrainsurgentes daría forma de manera dramática a los estados latinoamericanos contemporáneos. En este sentido, vale la pena explorar la relación entre el estado y la violencia en América Latina desde la perspectiva de la antropología. Esta última sección está dedicada a este fin. Si bien la formación del estado y la violencia son procesos constitutivos de la formación del Estado como lo han señalado varios autores (Benjamin, 2007; Agamben, 2003; Schmitt, 2009), centraré el estudio de la conformación de los estados en América Latina en el contexto de la segunda mitad del siglo XX, y no me ocuparé de los distintos trabajos que han estudiado las expresiones de violencia, racismo y genocidio ejercidas sobre los pueblos indígenas y las minorías étnicas en el proceso de formación de los estados Latinoamericanos[2].

En su libro "Estados de Violencia" Fernando Coronil y Julie Skurski (2006) nos recuerdan la idea de que la violencia tiende a reificar sus ocurrencias extraordinarias, situándolas por fuera del orden social en lugar de reconocer su continuidad en las prácticas cotidianas. Pero, ¿cómo podemos abordar adecuadamente la relación entre el estado y la violencia, y la formación del estado? ¿Dónde podemos trazar, por ejemplo, la línea entre la 'cantidad' de poder estatal 'necesaria' para regular la sociedad y el exceso de poder estatal? El estado no puede ser pensado fuera de las relaciones de poder que promueve, en tanto moldea todo tipo de prácticas con agentes (desde identidades hasta relaciones de género, desde señales públicas e impuestos) y formas de ley y autoridad (ya que una autoridad dada debería ser regulada y legitimada por el propio estado). La legitimidad y la soberanía son, entonces, los límites mismos de la eficacia simbólica del poder sobre su alcance cognitivo. Sin embargo, dado que la afirmación de legitimidad constituye el fundamento mismo de la autoridad estatal y del monopolio de la violencia, la concepción del estado está en juego cuando, en las complejas manifestaciones culturales del poder, pierde su confiabilidad y, en un círculo vicioso, debe enfrentarse a las fuerzas que se levantan contra sus abusos y los constantes intentos de conservar su hegemonía.

La violencia estatal también puede verse como un proceso histórico, vinculado por una constante redefinición del estado a través de medios ideológicos (símbolos, rituales, mitos, instituciones) y materiales (políticas, burocracias, infraestructuras). Sin embargo, no se puede eludir las formas simbólicas en las que opera la violencia estatal. Por ejemplo, la saturación social del miedo por parte de agentes estatales funciona como una forma de control social y dominación política, donde "el silencio [constituye] su descentralización geográfica, epistemológica y estratégica

---

2 Para el caso colombiano específicamente he analizado como las antropólogas y antropólogos han desarrollado diferentes aproximaciones al fenómeno de la violencia. Uno, desde el puno de vista de la violencia étnica, producida en contra de los grupos indígenas en el marco de proyectos civilizatorios y eugenésicos, otro periodo enmarcado en el proceso de la expansión del capitalismo, el desarrollo y la violencia política, y por último un periodo, de continuación de maneras diversas de exclusión social, económica y humanitarianista. Pare ver esto se puede consultar: Vera, J.P. (2015) "Antropología y estudios de la violencia en Colombia: En busca de una perspectiva crítica": Revista Colombiana de Antropología. 51(1), pp. 245-269, https://doi.org/10.22380/2539472X34

militar" (Taussig, 1989, p. 11). La desaparición, la tortura, el discurso de odio son la base misma en la que opera el estado de terror. A través de los efectos fisiológicos de estas técnicas de terror, se puede lograr el silencio y este silencio es el principal objetivo del terror estatal. Como señala Taussig —uno de los antropólogos más profundos en el estudio de la violencia en América Latina, particularmente en Colombia—, la normalización de lo anormal (Taussig, 1989, p. 4) creada por la violencia estatal genera un reconocimiento colectivo de lo que está en juego en una determinada sociedad.

Taussig (1992) retoma la concepción benjaminiana del "estado de excepción" para comprender la continuidad y las relaciones miméticas entre orden y desorden en Colombia, señalando que este país vive en un estado de emergencia permanente. En este contexto, la propagación estratégica del miedo y el terror funciona como una técnica de poder estatal que contrasta con la eficacia simbólica de la autoridad legítima que el estado debería tener. Para Agamben (1999), el estado de excepción otorga a una persona o gobierno un poder y una voz de autoridad que se extienden mucho más allá de los límites que la ley ha tenido históricamente. "En cada caso, el estado de excepción marca un umbral en el que la lógica y la praxis se difuminan entre sí, y una violencia pura sin logos pretende realizar una enunciación sin ningún referente real" (Agamben, 1999, p. 40).

A lo largo de estas líneas más amplias de investigación, una de las contribuciones más destacadas a la antropología reciente sobre el estudio de la violencia y la violencia de política son aquellos enfoques relacionados con la formación del estado y la securitización neoliberal en América Latina (Coronil, 2006; Desmond y Goldstein, 2010; Goldstein, 2010; Nelson, 2009). Si estamos de acuerdo con la idea de que el gobierno neoliberal no solo se caracteriza por la retirada del estado de los intereses y necesidades de la sociedad, sino también por su presencia renovada a través de la militarización masiva y la securitización de la sociedad, es importante reconocer que la desarticulación del poder estatal, en múltiples prácticas y manifestaciones, reverbera con el poder cognitivo de su representación. Sin embargo, también al reconocer el trabajo de la violencia como un sistema de significado y representación, se destaca cómo la violencia se practica, pero también se constituye ideológicamente. Reconocer que la reificación de la violencia en sí misma tiene implicaciones políticas, ayuda a situar la violencia en relación con la organización, legitimación y contestación de la formación social de la violencia

Las diferentes aproximaciones de la antropología y la etnografía al estado y la violencia en América Latina también se articulan alrededor de los movimientos sociales que surgen como respuesta a las detenciones y desapariciones arbitrarias cometidas por dictaduras en Brasil, Argentina, Chile y otros países de la región. Estos antropólogos han estudiado la emergencia de discursos de derechos humanos en Latinoamérica, y como estos son movilizados asociados a procesos de producción, circulación y recepción específicos (Merry y Goodale, 2007). Durante los años 80 y 90 se desarrolla una particular atención a las organizaciones de derechos humanos que empiezan a surgir en todo el contiene como respuesta a estas formas emergentes de autoritarismo.

Como parte de esta militarización del estado, la antropología ha examinado los procesos de memorialización asociados a estos procesos de violencia y a su relación con el negacionismo y el ocultamiento de estado (Guglielmucci, 2022). Las antropólogas y antropólogos han investigado las formas de circulación oral y material de esta memoria de hechos atroces, sus prácticas sociales asociados a movilizaciones e intervenciones del espacio público, su resignificación y transformación (Aguilar y Hite, 2004; Sieder, 2002; Robledo et al., 2022). Han acompañado organizaciones de víctimas, organizaciones campesinas y sociales, organizaciones de jóvenes observando como la memoria no solo opera como dispositivo de lucha y resistencia social (Aparicio, 2015; Vera, 2016), sino como rearticulador de los lazos y la vida social, así como a transmisión de los hechos ocurridos intergeneracionalmente (Figueroa y González, 2022). La memoria ha desatado discusiones sobre sus usos políticos, su inestabilidad y las disputas alrededor de ella, articuladas a procesos políticos he históricos más amplios (Allier, 2006; Calveiro, 2006; Connerton, 1989; Degregori, 2004; Uribe, 2009). También se han aproximado a los lugares de memoria, archivos y museos como lugares de lucha contra la impunidad y la violencia estatal (Gugliemucci, 2013).

Parte de este trabajo ha derivado en el estudio de nociones de justicia que transitan en la sociedad y en las instituciones, así como en la emergencia de la justica transicional como marco legal que permite transitar de la violencia a la paz o de las dictaduras a la democracia. Particularmente, la justicia transicional ha capturado la imaginación de estos estudios ya que esta permite abordar procesos de memorializacion, reparación y verdad para las víctimas, así como de procesos de democratización y transición institucional, y justicia para los victimarios (Robledo et al., 2022; Uprimny, 2008; Vera, 2016). Estos trabajos han sido fundamentales para encuadrar el estado dentro de formas de violencia estructural y formas de violencia cotidiana en Latinoamérica. En estos contextos, la antropología también se ha centrado en dar cuenta cómo los procesos de violencia estatal tienen profundas marcaciones raciales y étnicas, siendo la mayoría de las víctimas en países como Guatemala, Nicaragua, Colombia y México grupos indígenas, afrodescendientes y campesinos.

De igual manera, se han producido trabajos asociados al análisis de políticas públicas asociados a la relación del estado y la provisión de derechos sociales y políticos (Auyero, 2013), a las burocracias públicas y privadas creadas para la implementación de procesos transicionales y de construcción de paz (Vera, 2015, 2016) y otras instituciones públicas como tribunales especiales, de reparación a víctimas reintegración de excombatientes (Vera, 2017, 2022). Estos trabajos etnográficos han dado cuenta de cómo las burocracias y las políticas públicas terminan produciendo y reproduciendo relaciones de poder y de violencia no necesariamente perceptible que se expresan en la forma de tramites infinitos, esperas que capturan la vida cotidiana y a veces la vida entera de las personas, tramites innecesarios, violencias de los funcionarios, corrupción y así otras formas de injustica y revictimización (Auyero, 2013; Vera, 2022; Wanderley, 2009).

El diseño institucional y la reforma institucional representan un lugar fructífero para analizar las diferentes formas en que el estado se transforma, produciendo no solo efectos representativos y la articulación de narrativas y técnicas de gobierno cambiantes, sino también para comprender cómo el estado se reactualiza y se enmascara a sí mismo a través de narrativas técnicas, legales, morales como el desarrollo, la seguridad y el humanitarianismo. Estos cambios institucionales se pueden estudiar a través del análisis de diferentes materiales, rastros y narrativas que rodean la justificación de tales cambios tecnocráticos y políticos. Estas transformaciones tienden a abordar a grupos y comunidades, ya sea incluyéndolos o excluyéndolos bajo diferentes circunstancias y justificaciones. Las transformaciones institucionales pueden ser sutiles o traumáticas, pero revelan actualizaciones del poder y violencia del estado.

Para finalizar esta sección, es importante destacar que los enfoques contemporáneos en antropología del estado han demostrado el carácter formativo de la violencia en la construcción del estado (Desmond y Goldstein, 2010; Holston, 1999; Wilson, 2001; Panourgiá, 2009; Siegel, 1998; Taussig, 1998; Taylor, 2002). Desmond y Goldstein (2010) han realizado una afirmación contundente sobre la producción formativa de la violencia en los países de América Latina. En lugar de entender la violencia endémica simplemente como un fracaso de la gobernanza democrática y las instituciones, ellos "llaman la atención sobre la violencia como un elemento integral de la configuración de esas instituciones, como un componente necesario para su mantenimiento y como un instrumento para los desafíos populares a su legitimidad" (2010, p. 4). Si bien la democracia sigue siendo una preocupación para los autores, la gobernanza estatal aparece como un instrumento clave para la manifestación y performatividad de la violencia. Aquí, la forma en que emergen las formas arraigadas localmente de expresiones democráticas en medio de la pobreza y el conflicto, habla de diferentes formas de entender las subjetividades políticas latinoamericanas, la democracia y la manifestación misma del estado. Esto también destaca las fuerzas sociales e históricas que moldean la relación de poder entre el centro y la periferia, entre los grupos hegemónicos y las organizaciones subalternas, entre la lucha constante y el compromiso, y entre las formas cambiantes y dinámicas de imaginar lo social y, dentro de ello, el propio estado.

Como señala Coronil (2006), Marx y Hegel fueron los primeros en reconocer que las "condiciones sociales" en las que vivimos son violentas por sí mismas. Las desigualdades estructurales inherentes al modo de producción capitalista establecen los cimientos mismos de la explotación, la esclavitud y la desigualdad socio-política. En consecuencia, la violencia se produce a través de procesos discretos y no evidentes. Desconocer este tipo de violencia responde a un complejo proceso de producción cultural en el que los valores y las creencias son constantemente definidos y redefinidos por la clase dominante. La ley misma desempeña su papel al nombrar el mundo y producir las rupturas sociales que busca regular. Esta forma de violencia se naturaliza para aquellos que la sufren, y también se naturaliza para aquellos que la ejercen. Incluso hoy, cuando buena parte de funciones tradicionales del estado han quedado en manos del libre juego de las fuerzas del mercado, no es sorprendente que el monopolio de la violencia siga estando altamente concentrado en manos del estado.

Finalmente, si bien el monopolio de la violencia se presenta como una manifestación fundacional del poder estatal (Weber, 1958), es a través de un complejo sistema de procesos culturales e históricos (revolución, independencia, reclamos de tierras, guerras civiles, etc.) y discursos filosófico-jurídicos sobre el poder estatal (Foucault, 1977), que las representaciones del estado y la violencia estatal encuentran un orden específico (Hall, 1988; Corrigan y Sayer, 1985). Sin embargo, el análisis histórico del estado ha puesto de manifiesto las suposiciones ideológicas de su configuración, y diferentes análisis han permitido su deconstrucción. Dado que la legitimidad constituye el fundamento mismo de la autoridad estatal y del monopolio de la violencia, la concepción del estado está en juego cuando su presencia fantasmal se hace más evidente y al mismo tiempo más elusiva, cuando la violencia estalla desde su centro o desde los propios representantes del estado, perdiendo su confiabilidad y abriendo brechas en la construcción de su legitimidad (Navarro-Yashin, 2012; Aretxaga, 2006; Becket, 2010; Taussig, 1997; Vera, 2016).

5. APORTES DE LA ETNOGRAFÍA AL ESTUDIO DEL ESTADO EN LATINOAMÉRICA

Es importante reconocer el papel central que tuvo la antropología política, que, al estudiar los sistemas políticos de sociedades sin estado, dio pistas fundamentales para entender la naturaleza social e ideológica del estado mismo (Meyer Fortes y Evans-Pritchard, 2010; Radcliffe-Brown, 2010; Clastres, 2014). Postreramente, el trabajo de Philip Abrams (1977) es central para la antropología contemporánea del estado, retomado elementos de los trabajos clásicos señalando la necesidad de distinguir metodológicamente el estudio del estado como sistema y como idea. De esto se ha derivado buena parte de la literatura sobre la formación del estado desarrollada en los últimos 20 años con un corpus más o menos coherente de conceptos e ideas como evidencia centrada en las prácticas y representaciones estatales (Abrams, 1988; Gupta, 1995; Herzfeld, 1992), la configuración social del espacio, las fronteras, la legibilidad y la división entre estado y sociedad (Gupta y Ferguson, 2002; Mitchell, 2006; Navarro-Yashin, 2012; Poole y Das, 2004; Scott, 1998; Trouillot, 2003), así como una amplia gama de manifestaciones violentas, autoritarias y dominaste del estado (Aretxaga, 2003, 2005; Taussig, 1997; Nelson, 2009). Como buena parte de estos cuerpos de literatura dialoga con las perspectivas etnográficas latinoamericanas no me extenderé aquí en su presentación. Por último, la antropología contemporánea sobre estado aborda el problema de sus dimensiones subjetivas, emocionales y encarnadas (corporales) (Aretxaga, 2003; Hansen y Stepputat, 2001; Linke, 2007; Das, 2007; Poole y Das, 2004) que ve el estado como realidad fenomenológica que se configura a través de discursos y prácticas de poder, producidos en encuentros locales a nivel cotidiano, los discursos de la cultura pública, los rituales y el luto y la celebración, y los encuentros con las burocracias, la organización del espacio en monumentos, etc. (Aretxaga, 2005, p. 398).

El estado también se manifiesta a través del sistema educativo, la producción económica, las relaciones de género, el encarcelamiento, las fuerzas militares y policiales, las señales de tráfico y la legislación (Althusser,

1972; Bourdieu, 1998). Aunque, bajo el neoliberalismo, la mayoría de estas instituciones y funciones parecen transferirse a la "sociedad civil" (por ejemplo, la autogestión) y al sector privado, el estado sigue desempeñando un papel central en la imaginación social, produciendo los mismos efectos eficaces. El estado también aparece como incoherente y polifacético, pero en todas estas esferas se presenta como coherente y autoritario (Mitchell, 2006; Trouillot, 2003). Estas formas de acercarse al estado también hablan del proceso en el que las personas aquí y allá experimentan y encarnan esas formas de poder al ser parte misma de la construcción del estado (Aretxaga, 2003). En este contexto, la antropología no solo se preocupa por la manifestación simbólica y fetichizada del estado y cómo se toma como real, sino también por la vida social y subjetiva de esta formación que llamamos estado (2003, p. 401). Como lo plantean Hansen y Stepputat (2001), el poder estatal se fetichiza a través de exhibiciones y espectáculos, pero se vuelve efectivo como autoridad solo porque invade y es apropiado por epistemologías cotidianas del poder, de lo mágico, de lo espiritual y de lo extraordinario (2001, p. 20). Invertir poder en una cosa o idea es la expresión más radical de la apariencia cultural. Pero esta animación debe tener lugar en los sujetos para producir efectos sociales y políticos. Como argumenta Uli Linke (2006), "la personificación, la simbolización y la imaginación son formas discursivas mediante las cuales se hace el estado". Michel Foucault también señala que el estado "está arraigado profundamente en el tejido social" y, por así decirlo, se crea para "vivir en la sociedad" (1983, p. 222). Este proceso de movilización se articula a través de lo que Linke llama la "sensualización del poder". Esta, y mucha otra literatura, ha constituido un campo de estudio fascinante sobre el estado y el poder en el mundo contemporáneo.

Sin duda alguna el análisis crítico e histórico ha contribuido a desmitificar la naturaleza del estado, así como a desmotar sus cualidades físicas, filosóficas y metafísicas. En este marco, ¿cuáles han sido las contribuciones específicas de la etnografía del estado y sus aportes para una comprensión critica más amplia sobre la formación de los estados en Latinoamérica? Trataré de responder este problema desarrollando las preguntas especificas planteadas al inicio de este capítulo. ¿Cómo se conceptualiza y representa el estado en la antropología latinoamericana en relación con las nociones de sociedad civil, nación, comunidad, comunidades indígenas y clases sociales? ¿Cómo se teoriza, y a través de qué medios etnográficos se investiga y elabora la relación la entre el estado y la espacialidad? ¿Cuáles son los dispositivos representacionales y conceptuales para abordar el estudio del estado desde el punto de vista de su relación con la violencia?

Dos trabajos ejemplifican este proceso que también se evidencia en conferencias nacionales y regionales en la actualidad y en las compilaciones de libros resultantes sobre el estado en América Latina. El primero es "Antropología del estado: dominación y prácticas contestatarias en América Latina", de María Lagos y Pamela Calla (2007); el segundo, el número especial de la revista FLACSO Iconos, "Etnografías del Estado en América Latina," editado por Fernanda Barragán y Fernanda Wanderley (2009). Estas dos obras son solo un ejemplo de las lecturas y conjuntos latinoamericanos de la variada literatura parcialmente citada anteriormente.

En su introducción titulada "El Estado como Mensaje de Dominación", Lagos y Calla (2007) resaltan la importancia de autores como Joseph y Nugent (1994), Carrigan y Sayer (1984), William Roseberry (2007), Trouillot (2001), Hansen y Stepputat (2001), entre otros, en el proceso de desnaturalización e historicización del estado. Desde estas perspectivas, los autores otorgan gran valor a la posibilidad de analizar los proyectos civilizatorios estado-nación fomentados por los grupos hegemónicos y de indagar en la composición ideológica de las fracciones de clase dominante en momentos sociales e históricos específicos. Según los autores:

> "Comprender momentos de crisis, ruptura y sus alianzas contrapuestas; examinar las condiciones de posibilidad para la imposición de proyectos hegemónicos y de la organización política alternativa expresada en los discursos y prácticas de los grupos subalternos, revela una gran importancia para el análisis contemporáneo de la formación estatal" (2008, p. 22).

Para los autores, este tipo de enfoque puede ser invaluable para el estudio de los procesos particulares de formación de los estados latinoamericanos. Los autores sostienen que en América Latina debemos prestar atención no solo al proceso en el cual los grupos subalternos cuestionan los proyectos hegemónicos, sino también a cómo estos grupos han reclamado históricamente la presencia misma del estado y la promulgación de sus derechos civiles y constitucionales. Los autores respaldan esta afirmación en el proceso de incorporación de los derechos multiculturales en América Latina en las últimas tres décadas.

De manera similar, Rosana Barragán y Fernanda Wanderley (2009) se basan en varios autores citados por Lagos y Calla (2007) y por mí en este ensayo crítico. Aquí, las autoras argumentan que pensar en nuestros estados desde América Latina implica enfrentar todo su poder, pero también sus limitaciones. Significa entender que los procesos "desde arriba" se ponen en práctica en conexión con los procesos "desde el medio" y "desde abajo", lo que nos lleva a la resignificación de la política y la toma de decisiones. Como argumentan, esta configuración rara vez se ha estudiado en los trabajos académicos tradicionales. En este sentido, su volumen muestra al estado como "un marco institucional y organizativo formado en un proceso continuo de negociación, disputa y acuerdos entre actores específicos complejos" (Barragán y Wanderley, 2009, p. 23). Aquí, las autoras sostienen que la mirada etnográfica permite visualizar las prácticas cotidianas, las articulaciones discursivas, el posicionamiento y reposicionamiento de diferentes actores sociales y los efectos no deseados entrelazados en la construcción del orden estatal (Barragán y Wanderley, 2009).

También existe una literatura dispersa que presenta conjuntos complejos de enfoques y lecturas del estado, compartiendo contribuciones teóricas con la antropología metropolitana (Lagos y Cala, 2007), mostrando que los grupos subalternos en Latinoamérica no solo cuestionan proyectos hegemónicos, sino que también reclaman la presencia del estado de acuerdo con sus derechos civiles y constitucionales (Barragán y Wanderley, 2009; Holston, 2008; Lagos y Cala, 2007; Nudget, 1997; Ramos, 2007). De manera similar, articulado con esta preocupación, los antropólogos y antropólogas han estudiado la interacción de procesos políticos más amplios e ideas sobre ciudadanía y democracia en América Latina (Caldeira, 2001; Holston, 1997, 2008; Postrero, 2007; Ramírez, 2001, 2011; Ramos, 2007).

Hoy, algunos aspectos podrían complementar estos balances sobre el trabajo etnográfico del estado en América Latina. Por un lado, como se planteó a lo largo de este capítulo, gran parte de la reflexión antropológica de la antropología contemporánea en América Latina se ha centrado en el papel de los campesinos y la población indígena, las relaciones entre raza, mestizaje, etnicidad y expresiones de conformación de la estado-nación. Aquí, la cuestión del estado-nación aparece como una contribución fundamental al estudio de la formación estatal, desde el punto de vista de las paradojas de inclusión al proyecto nacional de las poblaciones subalternas por medio de la creación y movilización de dispositivos normativos y espaciales excluyentes. El caso del multiculturalismo y la neoliberalización constituye una forma específica de relegitimación del poder articulador de los estados latinoamericanos, por medio de la reactualización de discursos asociados al reconocimiento de ciudadanías étnicas y de la redistribución de la riqueza. Si bien las políticas multiculturales abrieron espacios de representación política y de redefinición de las representaciones de los estado-nación (reconociendo además otras diversidades sexuales, de género, identitarias y políticas —otras formas de acción afirmativa o en nuestro contexto enfoque diferencial—), estas se dieron en el marco de flexibilización de las formas de producción, consumo y acumulación en el capitalismo tardío (Harvey, 2005; Povinelli, 2011). Por esto, si bien el multiculturalismo produjo múltiples formas de inserción diferenciada, estas apropiaciones de nuevas ciudadanías, se realizaron de forma precarizada y humanitarianista (el enfoque diferencial en Colombia es muestra de ello) (Vera, 2022).

Este periodo se constituyó por ajustes estructurales, reformas institucionales, transiciones a la democracia, nuevas constituciones y en general la transición al neoliberalismo de los estados latinoamericanos al final de la guerra fría. En cada uno de estos países, dichos ajustes trajeron consigo movimientos reformistas o contra-reformistas. En el caso colombiano, por ejemplo, las conquistas alcanzadas por los pueblos indígenas y afrocolombianos en relación con la propiedad colectiva de la tierra, impulsaron procesos de despojo y acaparamiento ejercido por grupos armados en representación de intereses y actores económicos locales, nacionales y globales. Estas contra-reformas trajeron consigo un orden político paraestatalizado que profundizó el modelo de venta y renta del suelo y de la naturaleza, así como el modelo extracción de los de recursos naturales. De este modo, con los ajustes institucionales surgieron otras caras de la violencia estatal, otras narrativas y marcos jurídicos, otras formas de espacialización cada vez más específicas y fragmentadas. En este sentido, el estado multicultural neoliberalizado, provocó el reordenamiento de las poblaciones, el territorio y el capital en América Latina (Hale, 2002; Sierra, 2005)

La espacialización de la diferencia (Bocarejo, 2011) y las representaciones y practicas atribuidas a estas espacialidades constituyen otra de las características centrales de las etnografías sobre el estado en Latinoamérica. Por un lado, los trabajos que dieron cuenta de las formas de producción de la relación entre el poder estatal y la producción de límites, fronteras y territorios, y sus dimisiones físicas, políticas, simbólicas o representacionales. Estas aproximaciones dieron cuenta de los encuentros de las personas y poblaciones con aduanas, tecnologías migratorias, requisas policivas y militares, oficinas públicas e itinerarios burocráticos. Estos lugares funcionan para marcar la diferencia, la identidad y la autoridad. También se destacan los trabajos que han examinado las fronteras y limites internos que marcan jerarquías espaciales, culturales y económicas. En particular, el estudio de la relación entre el estado y la naturaleza ha sido central en algunas etnografías para entender la formación histórica de estatalidades constituidas sobre la venta y renta de la naturaleza, el uso del suelo y los recursos naturales. Estas miradas han dado cuenta de la manera como la frontera entre el estado, la sociedad y la economía constituyen fronteras borrosas donde los actores económicos y políticos se enredan y es difícil distinguir la diferencia entre los unos y los otros. Esto ha sido esencial en las contribuciones etnográficas de análisis el estado en América Latina, en tanto muestran como el estado, el capital internacional y la militarización constituyen bloques históricos de articulación del poder y la dominación. Como han mencionado varios autores, las relaciones del capitalismo global con el espacio local producen jerarquías espaciales en las que ciertos lugares configuran conglomerados de poder, centros de circulación de personas, bines o riqueza, y otros lugares, por el contrario, son desconectados, aislados y estigmatizados, produciendo una espacialidad fragmentada que también aísla y divide personas, poblaciones y otras formas de vida (Coronil, 1997; Serje, 2013).

Por último, las antropologías y etnografías latinoamericanas han sido reiterativas en dar cuenta sobre los aspectos constitutivos de la violencia estatal y sus manifestaciones físicas, materiales e ideológicas. Estas formas de "aparición" del estado, las múltiples caras en que se manifiesta y sus interacciones, está muy bien documentada por la etnografía del estado. En América Latina, no solo los gobiernos autoritarios han producido diferentes infraestructuras de persecución, tortura y desaparición de sus ciudadanos, sino que en contextos de democracias más o menos establecidas se han desarrollado instituciones que han reproducido políticas de abandono, persecución y hostigamiento contra grupos indígenas, campesinos y afrodescendientes y en general todas las poblaciones marginalizadas. Estas formaciones estatales, que han oscilado entre dictaduras y aperturas democráticas, han funcionado mediante dispositivos de excepción permanente (Taussig, 1989) que hacen posible que en nombre de la supervivencia del estado se sacrifiquen los derechos civiles, los derechos sociales y económicos de sus ciudadanos. Las formas de violencia estatal también se documentan desde los diferentes itinerarios, estructuras y bloqueos burocráticos que tienen las personas para acceder a la educación, la salud y los diferentes mecanismos de acceso a la justicia (Wanderley, 2009). También documentan la manera como las diferentes políticas públicas terminan legitimando los intereses expertos y políticos dominantes, dejando de lado los intereses y conocimientos de las personas y las poblaciones. De este modo, resulta imposible no ver la relación entre (neo)liberalismo, espacialización de la diferencia y violencia como elementos específicos de la formación de los estados latinoamericanos por lo menos desde finales de los años 70.

6. CONCLUSIÓN

No es posible abarcar en este breve capítulo la amplia y variada gama de enfoques antropológicos sobre la configuración del estado en América Latina. Las referencias citadas en este ensayo solo señalan enfoques teóricos y metodológicos particulares que abordan el estado a través de la configuración de diferentes problemáticas asociadas a las fronteras culturales y políticas, la relación entre el estado y la sociedad, las formas de imaginar y representar el estado, los procesos sociales subalternos que contestan, reclaman o luchan contra el estado, y las formas en que las políticas estatales se reformulan y se organizan mediante nuevas narrativas discursivas y dispositivos de organización y dominación. En el proceso, encontramos una amplia gama de enfoques sobre el estado como un fenómeno local, disputado y cotidiano, así como la revelación de problematizaciones etnográficas compartidas en el pensamiento académico latinoamericano.

Como mencioné anteriormente en la introducción de este capítulo, mi objetivo era examinar los procesos de formación estatal en América Latina evitando trasponer enfoques estadounidenses y europeos occidentales a las antropologías latinoamericanas. Traté de hacerlo desde la perceptiva etnográfica de antropólogas y antropólogos que han visto la multidimensionalidad de las fuerzas y formas en que el estado se manifiesta históricamente y en la vida cotidiana de las personas. Particularmente, estos enfoques han visto en las luchas sociales, el territorio (desde el punto de vista de la naturaleza, el desarrollo, los recursos naturales) y la violencia, formas excepcionales de análisis para observar el despliegue cultural del estado, por fuera de las teorías liberales del estado articuladas a la filosofía jurídica, las teorías de la soberanía y la democracia. También, se encuentran alusiones a la antropología del estado contemporánea que ilustran los alcances de la crítica cultural del estado y su capacidad de articular investigaciones que ponen en cuestión la separación entre el estado y el capital.

Los trabajos etnográficos contemporáneos sobre la flexibilización global del trabajo, de las formas de producción y acumulación y de profundización del despojo, el acaparamiento y el extractivismo, han logrado desplazar con éxito el estado-centrismo que determina el pensamiento en las ciencias sociales contemporáneas. La crítica cultural al estado podría constituir una agenda de investigación que permita reconocer otros procesos de diseminación del poder, menos visibles y evidentes, pero por esto más incisivos y dominantes.

7. BIBLIOGRAFÍA

Abrams, Philip. 1988. "Notes on the Difficulty of Studying the State". *Journal of Historical Sociology* 1(1): 58-89.

Agamben, Giorgio. 2003. Homo sacer: el poder soberano y la nuda vida. Valencia: Pre-Textos.

Aguilar, Paloma y Hite, Katherine. 2004. Historical Memory and Authoritarian Legacies in Processes of Political Change: Spain and Chile in Comparative Perspective. En P. Cesarini y K. Hite (Eds.), Authoritarian Legacies and Good Democracies, Notre Dame: University of Notre Dame.

Allier, Eugenia. 2010. Batallas por la memoria. Los usos políticos del pasado reciente en Uruguay, México: Trilce-UNAM.

Alonso, Ana Maria. 2008. "*Borders Sovereignty and Rationalization*". In Poole, Deborah (ed). *A Companion to Latin American Anthropology*. Malden: Blackwell Pub.

Althusser, Louis. 1972. Lenin and Philosophy, and Other Essays. New York: Monthly Review Press.

Aparicio, Juan Ricardo. 2005. Intervenciones etnográficas a propósito del sujeto desplazado: estrategias para (des)movilizar una política de la representación. Revista Colombiana de Antropología (41): 135-169.

Appelbaum, N. 2017. Mapping the Country of Regions: The Chorographic Commission of Nineteenth-Century Colombia. Chapel Hill: The University of North Carolina Press.

Aretxaga, Begoña. 2003. "Maddening States". *Annual Review of Anthropology* 32: 393-410.

Aretxaga, Begoña y Joseba Zulaika. 2005. "*States of Terror: Begoña Aretxaga's essays*". Reno: Center for Basque Studies, University of Nevada.

Arias, J. 2016. Nosotros y los otros: las representaciones de la nación y sus habitantes, Colombia, 1880-1910. *Memoria y Sociedad* 20(41): 148-152.

Auyero, Javier and Debora Alejandra Swistun. 2009. *Flammable: Environmental Suffering in an Argentine Shantytown*. New York: Oxford University Press.

Barragan, Fernanda and Wanderley, Fernanda. 2009. "Etnografías del Estado en América Latina". *Revista Iconos de Ciencias Sociales* 34: 21-25.

Beckett, Greg. 2010. "Phantom Power. Notes on Provisionality in Haiti". In Kelly, John D (ed). *Anthropology and Global Counterinsurgency*. Chicago: University of Chicago Press.

Benjamin, Walter 2007. Critique of Violence (Reflections). In B.B. Lawrence and A. Karim (eds). *On Violence: A Reader*. Durham: Duke University Press.

Bocarejo, Diana. 2011. Dos paradojas del multiculturalismo colombiano: la espacialización de la diferencia indígena y su aislamiento político. Revista Colombiana de Antropología, 47 (julio-diciembre), 97-121. doi: https://doi.org/10.22380/2539472X.959.

Bourdieu, Pierre 1998. *Practical Reason*. Stanford: Stanford University Press.

Bolívar, Ingrid. 2006. "*Discursos Emocionales y Experiencias de la Política: las FARC y las AUC en los Procesos de Negociación del Conflicto (1998-2005)*". Bogotá: Ediciones Uniandes, Centro de investigación y Educación Popular.

Bolívar, Ingrid y Alberto Flórez. 2004. "La Investigación sobre la Violencia: Categorías, Preguntas y tipo de Conocimiento". *Revista de Estudios Sociales* 17: 32-41.

Bonfil, Guillermo. 1990. *México Profundo: una civilización negada.* México: Grijalbo.

Briones, Claudia. 2002. "Mestizaje y blanqueamiento como coordinadas de aboriginalidad y nación en Argentina". *Runa.* (23): 61-88.

Briones, Claudia. 2004. "Construcciones de la Aboriginalidad en Argentina". *Société Suisse des Amérinanistes* 68: 73-90.

Cadena, Marisol de la. 2000. *Race, culture, place: indigenous Mestizos and the politics of representation in Cuzco,* 1919-1991. Durham, NC: Duke University Press.

Cadena, Marisol de la. 2007. *Formaciones de indianidad: articulaciones raciales, mestizaje y nación en América Latina.* [Colombia]: Envión.

Caldeira, Teresa. 2000. *City of Walls: Crime, Segregation, and Citizenship in Sao Paulo.* Berkeley: University of California Press.

Cardoso, Fernando and Enzo Faletto. 1969. *Dependencia y desarrollo en América Latina; Ensayo de interpretación sociológica.* México: Siglo Veintiuno Editores.

Cardoso de Oliveira, Roberto. 1996. La antropología latinoamericana y la 'crisis' de los modelos explicativos: teorías y paradigmas. *Maguaré* (11-12): 9-24.

Calveiro, Pilar. 2006. Los usos políticos de la memoria. En G. Caetano. Sujetos sociales y nuevas formas de protesta en la historia reciente de América Latina. Buenos Aires: Consejo Latinoamericano de Ciencias Sociales - Clacso.

Buenos Aires: Consejo Latinoamericano de Ciencias Sociales - Clacso.

Caviedes, Mauricio. 2004. *Antropología Apócrifa y Movimiento Indígena. Desde los Cuarenta hasta el Apoyo a los Embera Katío.* Tesis de maestría en Antropología, Universidad Nacional de Colombia, Bogotá.

Clastres, Pierre. 2014. La sociedad contra el Estado. Barcelona.

Comas, Juan. 1953. *Ensayos sobre indigenismo.* México: Instituto Indigenista Interamericano.

Coronil, Fernando. 1997. *The Magical State: Nature, Money, and Modernity in Venezuela.* Chicago: University of Chicago Press.

Coronil, Fernando and Julie Skurski. 2006. *States of Violence.* Ann Harbor: Michigan University Press.

Corrigan, Richard and Derek Sayer. 1985. *The Great Arch: English State Formation as Cultural Revolution.* Oxford: Blackwell.

Chaves, Margarita (comp). 2013. *La Multiculturalidad Estatalizada: Indígenas, Afrodescendientes y Configuraciones de Estado.* Bogotá: Instituto Colombiano de Antropología e Historia. Segunda edición.

Chaves, Margarita 2010. "Normative Views Strategic Views. The Geopolitical Maps in the Ethnic Territories of the Putumayo". En: Hutchins, Frank, and Patrick C. Wilson (eds) *Editing Eden: a Reconsideration of Identity, Politics, and Place in Amazonia.* Lincoln: University of Nebraska Press.

Das, Veena, and Deborah Poole. 2004. *Anthropology in the Margins of the State.* Santa Fe: School of American Research Press.

Das, Veena and Deborah Poole. 2004. "State and Its Margins: Comparative Ethnographies". In Das, Veena, and Deborah Poole (eds). *Anthropology in the Margins of the State.* Santa Fe: School of American Research Press.

Das, Veena. 2007. *Life and Words Violence and the Descent Into the Ordinary.* Berkeley: University of California Press.

Degregori, Carlos Iván, ed. 2004. Memorias en conflicto: aspectos de la violencia política contemporánea. Lima: IEP; Embajada de Francia; IFEA; Red para el Desarrollo de las Ciencias Sociales en el Perú.

Degregori, Carlos Iván, Blondet, Cecilia, and Lynch, Nicolás 1986. *Conquistadores de un nuevo mundo. De invasores a ciudadanos en San Martín de Porres.* Lima: Intituto de Estudios Peruanos.

Degregori, Carlos Iván (ed.). 2004. *Memorias en Conflicto: Aspectos de la Violencia Política Contemporánea.* Lima: IEP, Embajada de Francia, IFEA, Red para el Desarrollo de las Ciencias Sociales en el Perú.

Desmond, Enrique and Goldstein Daniel (eds.). 2010. *Violent Democracies in Latin America.* Duke University Press.

Escobar, Arturo. 1995. *Encountering Development: The Making and Unmaking of the Third World.* Princeton: Princeton University Press.

Fals-Borda, Orlando. 1991. "Some Ingredients". In Fals-Borda, Orlando and Mohammad Anisur Rahman (eds). *Action and Knowledge Breaking the Monopoly with Participatory-Action Research.* New York: Apex press.

Ferguson, James and Akhil, Gupta. 2002. "Spatializing States: Toward an Ethnography of Neoliberal Governmentality". *American Ethnologist: the Journal of the American Ethnological Society* 29: 981-1002.

Foucault, Michel. 2006 [1977]. "Governmentality". In Gupta, Akhil, and Aradhana Sharma. *The Anthropology of the State: A Reader.* Malden: Blackwell Pub.

Foucault, Michel. 2003. *Society Must Be Defended: Lectures at the College de France.* D. Macey, transl. New York: Picador.

González Fernan. 2006. ¿Colapso parcial o presencia diferenciada del Estado en Colombia?: una mirada desde la historia. Colombia Internacional (58):124-159.

Frank, Andre Gunder. 1979. *Dependent Accumulation and Underdevelopment.* New York: Monthly Review Press.

Gamio, Manuel and Eduardo Matos Moctezuma. 1972. *Arqueología e Indigenismo.* México: Secretaría de Educación Pública.

García-Sayán, Diego. 1982. *Tomas de tierras en el Perú.* Lima: EPD.

Gillbert, Joseph and Nugent, Daniel. 1994. *Everyday Forms of State Formation: Revolution and the Negotiation of Rule in Modern Mexico.* Durham: Duke University Press.

Gómez, Javier. 1998. "Estado y subjetividades rurales. Etnografía de sus efectos espaciales". *Perfiles Latinoamericanos* 32: 103-125.

Goldstein, Daniel. 2004. *The Spectacular City: Violence and Performance in Urban Bolivia.* Durham: Duke University Press.

Goldstein, Daniel. 2012. *Outlawed: Between Security and Rights in a Bolivian City.* Durham: Duke University Press.

Goodale, Mark. 2008. Legalities and Illegalities In: Deborah Poole (Ed.) *A companion to Latin American Anthropology.* Malden, MA: Blackwell Pub.

Goodale, Mark. 2009. *Dilemmas of Modernity: Bolivian Encounters with Law and Liberalism.* Stanford, Calif: Stanford University Press.

Grimson, Alejandro. 2003. *La nacion en sus limites: contrabandistas y exiliados en la frontera Argentina-Brasil.* Barcelona: Gedisa.

Grimson, Alejandro, and Gabriel Kessler. 2005. *On Argentina and the Southern Cone: Neoliberalism and National Imaginations.* New York: Routledge.

Grimson, Alejandro. 2011. *Los límites de la cultura: critica de las teorías de la identidad.* Buenos Aires: Siglo Veintiuno Editores.

Gupta, Akhil. 1995. Blurred Boundaries: The Discourse of Corruption, the Culture of Politics, and the Imagined State. In: American Ethnologist Vol. 22, No. 2.

Gupta, Akhil y Aradhana, Sharma. 2006. "Introduction: Rethinking theories of the State in the age of globalization". In *The Anthropology of the State A Reader.* London: Blackwell Publishing.

Gutierrez, Francisco and Stoller, Richard. 2001. "The Courtroom and the Bivouac: Reflections on Law and Violence in Colombia". *Latin American Perspectives* 28 (1): 56-72.

Hansen, Blom y Finn Stepputat. 2001. *States of Imagination. Ethnographic Explorations of the Postcolonial State.* Durham: Duke University Press.

Hale, Charles R. 2002. "Does Multiculturalism Menace? Governance, Cultural Rights and the Politics of Identity in Guatemala". *Journal of Latin American Studies.* 34(3): 485-524.

Hall, Stuart. 1985. "Signification, representation, ideology: Althusser and the post-structuralist debates". *Critical Studies in Mass Communication* 2 (2): 91-114.

Harvey, David. 2005. Spaces of Neoliberalization: Towards a Theory of Uneven Geographical Development. Stuttgart: Franz Steiner Verlag.

Herzfeld, Michael. 1993. *The Social Production of Indifference: Exploring the Symbolic Roots of Western Bureaucracy.* Chicago: University of Chicago Press.

Hite, Katherine. 2007. "The Eye that Cries": The Politics of Representing Victims in Contemporary Peru". *The Journal of Social History and Literature in Latin America* 5(1): 108-134.

Holston, James. 1999. *Cities and Citizenship.* Durham: Duke University Press.

Holston, James. 2008. *Insurgent Citizenship: Disjunctions of Democracy and Modernity in Brazil.* Princeton: Princeton University Press.

Lefebvre, Henry. 2009."Space and State of Space", En: State, space, world. Selected essays. Minneapolis: University of Minnesota Press.

León-Portilla, Miguel; Manuel Gutiérrez Estévez and Gary Gossen (eds) Mexico D.F.:Fondo de Cultura Económica.

Isbell, Billie Jean. 1990. *The text and contexts of Terror in Peru.* New York: Columbia University-New York University Consortium.

Jelin, Elizabeth, and Eric Hershberg. 1996. *Constructing Democracy: Human Rights, Citizenship, and Society in Latin America.* Boulder: Westview Press.

Jimeno, Myriam. 2004. "La Vocación Crítica de la Antropología Latinoamericana". *Maguaré* 18: 33-58.

Jimeno Myriam. 2008. "Colombia: Citizens and Anthropologist". In: Poole, Deborah (ed.) *A Companion to Latin American Anthropology.* Malden: Blackwell Pub.

Krotz, Esteban. 1996. "La generación de teoría antropológica en América Latina. Silenciamientos, tensiones intrínsecas y puntos de partida". *Maguaré* 11-12:25-39.

Krotz, Esteban. 1997. "Anthropologies of the South: Their Rise, Their Silencing, Their Characteristics". *Critique of Anthropology* 13(3): 237-251.

Lagos, María L. and Pamela Calla. 2007. *Antropología del Estado: dominación y prácticas contestatarias en América Latina.* La Paz: PNUD Bolivia.

Lander, Edgardo. 2000. *La colonialidad del saber: eurocentrismo y ciencias sociales: perspectivas latinoamericanas.* Caracas: Facultad de Ciencias Económicas y Sociales – Universidad Central de Venezuela.

Laplante, Lissa and Kimberly Theidon. 2007. "Truth with Consequences: Justice and Reparations in Post-truth Commission Peru". *Peace Research Abstracts Journal* 44 (3): 228.

Linke, Uli. 2006. "Contact zones". *Anthropological Theory* 6 (2): 205-225.

Lomnitz, Claudio. 2001. *Deep Mexico, Silent Mexico: An Anthropology of Nationalism.* Minneapolis: University of Minnesota Press.

Mallon, Florencia. 1986. *The Defense of Community in Peru's Central Highlands: Peasant struggle and capitalist transition, 1860-1940.* Princeton: Princeton University Press.

Mallon, Florencia. 1996. *Peasants and Nation: The Making of Postcolonial Mexico and Peru.* Berkeley: University of California Press.

Mariátegui, José Carlos. 1968 [1928]. *Siete ensayos de interpretacion de la realidad Peruana.* Lima: Bibliotcca Amauta.

Matta, Roberto da. 1991. *Carnivals, Rogues, and Heroes: An Interpretation of the Brazilian Dilemma.* Notre Dame: University of Notre Dame Press.

Matos Mar, José. 2004. *Desborde Popular y Crisis del Estado: Veinte Años Después.* Lima: Fondo Editorial de Congreso del Perú.

Meyer Fortes, Meyer, y E. E. Evans-Pritchard. 2010. Introducción. En: *Sistemas políticos africanos.* Juárez, México: Centro de Investigaciones y Estudios Superiores en Antropología Social. Pp. 61-90.

Mignolo, Walter. 2000. *Local Histories/Global Designs: Coloniality, Subaltern Knowledges, and Border Thinking.* Princeton: Princeton University Press.

Mitchell, Timothy. 2006. "Society, Economy and the State Effect". In Sharma, Aradhana, and Akhil Gupta (ed.) *The Anthropology of the State: A reader.* Malden: Blackwell Pub.

Navaro-Yashin, Yael. 2012. *The Make-believe Space: Affective Geography in a Postwar Polity.* Durham: Duke University Press.

Nelson, Diane and Sarah Radcliffe. 2000. "A Finger in the Wound: Body Politics in Quincentennial Guatemala". *The Journal of Development Studies* 36 (4): 197.

Nelson, Diane. 2009. *Reckoning: The Ends of War in Guatemala.* Durham: Duke University Press.

Nugent, David. 1997. *Modernity at the Edge of Empire: State, Individual, and Nation in the Northern Peruvian Andes, 1885-1935.* Stanford, Calif: Stanford University Press.

Poole, Deborah (ed). 2008. *A Companion to Latin American Anthropology.* Malden: Blackwell.

Povinelli, Elizabeth. 2011. Economies of Abandonment: Social Belonging and Endurance in Late Liberalism. Durham: Duke University Press.

Panourgiá, Neni. 2009. *Dangerous Citizens the Greek Left And The Terror Of The State.* Fordham University Press.

Postero, Nancy Grey. 2007. *Now we are Citizens: Indigenous Politics in Postmulticultural Bolivia.* Stanford: Stanford University Press.

Postero, Nancy Grey, and León Zamosc. 2004. *The Struggle for Indigenous Rights in Latin America.* Brighton: Sussex Academic Press.

Quijano, Anibal. 1971. *Nationalism and Capitalism in Peru: A Study in Neo-imperialism.* New York: Monthly Review Press.

Quijano, Aníbal. 2000. *Colonialidad del poder, eurocentrismo y América Latina.* Buenos Aires: CLACSO.

Ong, Aihwa. 1999. "Graduated Sovereignty in South-East Asia." Theory, Culture and Society, 17(4) 55-75.

Radcliffe, Sarah. 2007. "Latin American Indigenous Geographies of Fear: Living in the Shadow of Racism, Lack of Development, and Antiterror Measures". *Annals of the Association of American Geographers* 97 (2): 385-397.

Radcliffe, Sarah and Sallie Westwood. 1996. *Remaking the Nation: Place, Identity and Politics in Latin America.* London: Routledge.

Radcliffe-Brown, Alfred. 2010. Prefacio. En: *Sistemas políticos africanos.* Evans Fortes, Meyer, y E. E. Evans-Pritchard. Juárez, México: Centro de Investigaciones y Estudios Superiores en Antropología Social (CIESAS). Pp. 43-60.

Ramírez, María Clemencia. 2001. *Entre el Estado y la Guerrilla. Identidad y Ciudadanía en el Movimiento de los Campesinos Cocaleros del Putumayo.* Bogotá: Instituto Colombiano de Antropología e Historia y Colciencias.

Ramos, Alcira Rita. 1999. "Anthropologist as a Political Actor". *Journal of Latin American and Caribbean Anthropology* 4(2): 172-89.

Ramos, Alcira Rita. 2007. "El Indio Contra el Estado". In Lagos, Maria L., and Pamela Calla. *Antropología del estado: dominación y prácticas contestatarias en América Latina.* La Paz: PNUD Bolivia.

Ribeiro, Darcy, and Gregory Rabassa. 2000. *The Brazilian People: The Formation and Meaning of Brazil.* Gainesville: University Press of Florida.

Ribeiro, Gustavo Lins. 1994. *Transnational Capitalism and Hydropolitics in Argentina the Yacyretá high dam.* Gainesville: University Press of Florida.

Ribeiro, Gustavo Lins, and Arturo Escobar. 2006. *World Anthropologies Disciplinary Transformations in Systems of Power.* Oxford: Berg.

Ribeiro, Gustavo Lins, Arturo1952- Escobar, Carlos Andrés Barragán, and Eduardo Restrepo. 2009. *Antropologías del mundo: transformaciones disciplinarias dentro de sistemas de poder.* México: Wenner-Gren Foundation for Anthropological Research.

Robledo, Carolina; Gugliemucci, Ana; Vera, Juan Pablo. (2022). "Todavía no: Justicia, democracia y transición en Latinoamérica". CIESAS, México, Universidad del Rosario, Bogotá, Universidad Javeriana, Bogotá. Ed. ISBN: 978-958-781-743-0.

Rozo, E. 1999. Naturaleza, paisaje y sensibilidad en la Comisión Corográfica. *Revista de Antropología y Arqueología* 11(1–2): 71-116.

Sandoval, M., Andrea R., and Paredes, M. (2017). "Space, Power, and Locality: The Contemporary Use of Territorio in Latin American Geography". Journal of Latin American Geography. 16 (1): 43-67.

Serje, Margarita. 2005. El revés de la nación: territorios salvajes, fronteras y tierras de nadie. Bogotá Universidad de Los Andes, Facultad de Ciencias Sociales, Departamento de Antropología.

Serje, Margarita. 2013. El mito de la ausencia del Estado: la incorporación económica de las "zonas de frontera" en Colombia. Cahiers Des Amériques Latines (71): 95-117.

Sieder, Rachel. 2002. Políticas de guerra, paz y memoria en América Central. Las políticas hacia el pasado. Juicios, depuraciones, perdón y olvido en las nuevas democracias. En: A. Barahona, Brito, P. Aguilar Fernández & C. González Enríquez (eds.) Las políticas del pasado. Juicios, depuraciones, perdón y olvido. (pp. 247-287), Madrid: Istmo.

Sierra, Maria Teresa. 2002. *The Challenge to Diversity in Mexico: Human Rights, Gender and Ethnicity.* Halle/Saale: Max Planck Inst. for Social Anthropology.

Sierra, Maria Teresa. 2005. "The Revival of Indigenous Rights in Mexico: Challenges for Human Rights and the State". *PoLAR* 28 (1): 52-72.

Tamayo, José. 1980. *Historia del indigenismo cuzqueño. Siglos XVI-XX.* Lima: Instituto Nacional de Cultura.

Tamayo, José. 1981. *El Pensamiento indigenista.* Lima: Mosca Azul Editores.

Taylor, Christopher. 2002. "The Cultural Face of Terror in the Rwandan Genocide of 1994". In Alexander Laban Hinton (ed) *Annihilating Difference. The Anthropology of Genocide.* Berkeley: University of California Press.

Tate, Winifred. 2007. *Counting the Dead: the Culture and Politics of Human Rights Activism in Colombia.* Berkeley: University of California Press.

Taussig, Michael. 2003. *Law in a Lawless Land: Diary of a "Limpieza" in Colombia.* New York: New Press.

Taussig, Michael. 1987. "Espacios de Miedo y Cultura del Terror". In *Chamanismo, Colonialismo y el Hombre Salvaje. Un Estudio sobre el Terror y la Curación.* Bogotá: Grupo Editorial Norma.

Taussig, Michael. 1992. *The Nervous System.* New York: Routledge.

Tedesco, Laura. 2007. *El estado en América Latina ¿Fallido o en proceso de formación?* Working Paper 37: FRIDE.

Theidon, Kimberly. 2004. *Entre Prójimos: el Conflicto Armado Interno y la Política de la Reconciliación en el Perú.* Lima: Instituto de Estudios Peruanos.

Theidon, Kimberly. 2007. "Transitional Subjects: The Disarmament, Demobilization and Reintegration of Former Combatants in Colombia". *International Journal of Transitional Justice* 1 (1): 66-90.

Torres, María Clara. 2007. Comunidades y Coca en el Putumayo: Prácticas que hacen aparecer al Estado In: *Revista Controversia.* Bogotá: CINEP.

Trouillot, Michel-Rolph. 2003. "The anthropology of the State in the Age of Globalization". In *Global Transformations: Anthropology and the Modern World.* New York: Palgrave Macmillan.

Uprimny, Rodrigo. 2008. ¿Justicia transicional sin transición?: Verdad, justicia y reparación para Colombia, Bogotá: Centro de Estudios de Derecho, Justicia y Sociedad.

Uribe, María, Victoria.2009. "Iniciativas no oficiales: un repertorio de memorias vivas". En M. Briceño-Donn, F. Reátegui, M. C. Rivera, y C. Uprimny (eds.). Recordar en conflicto: iniciativas no oficiales de memoria en Colombia, Bogotá, Centro Internacional para la Justicia Transicional.

Vasconcelos, José. 1997 [1925]. *The Cosmic Race: A Bilingual Edition.* Baltimore: Johns Hopkins University Press.

Vasco, Luis Guillermo. 1997. "Para los guambianos la historia es vida". *Boletín De Antropología* 11(28): 115-127.

Vásquez, María de la Luz. 2006. "De Repúblicas Independientes a Zona de Despeje. Identidades y Estado en los Márgenes". In Bolívar, Ingrid (ed.) *Identidades culturales y formación del Estado en Colombia.* Bogotá: Universidad de los Andes.

Vera, Juan Pablo. 2022. "Burocracias humanitarias en Colombia: Conocimiento técnico y disputas políticas en la implementación de la Ley de Víctimas y Restitución de Tierras". Revista de Estudios Sociales 81: 21-37. https://doi.org/10.7440/res81.2022.02.

Vera, Juan Pablo. 2022b. "¿Todavía no? Hacia una etnografía de lo posible, la imaginación democrática y la Paz en Colombia". En: Todavía no: Justicia, verdad y democracia en Latinoamérica" CIESAS, México, Universidad del Rosario, Universidad Javeriana.

Vera, Juan Pablo. 2016. "Transitional Justice, Memory and the Production of Legal Subjectivities in Contemporary Colombia" En: Sense of Justice in Latin America. Karen Ann Faulk and Sandra Brunnegger (ed.) Stanford: California, Stanford University Press. https://www.sup.org/books/title/?id=25265.

Vera, Juan Pablo. 2015. "Antropología y estudios de la violencia en Colombia: En busca de una perspectiva crítica": Revista Colombiana de Antropología. 51(1): 245:269 https://doi.org/10.22380/2539472X34.

Vera, Juan Pablo. 2013. "Multiculturalismo, etnografía y Estado: las retoricas del derecho y prácticas sociales en las márgenes del Estado". En: La multiculturalidad estatalizada. Indígenas, afro-descendientes y configuraciones de estado. Segunda edición, Margarita Chaves (ed). Bogotá: Instituto Colombiano de Antropología e Historia, ICANH.

Wade, Peter. 1997. *Race and Ethnicity in Latin America*. London: Pluto Press.

Wade, Peter. 2004. "Images of Latin American Mestizaje and the Politics of Comparison". *Bulletin of Latin American Research* 23(1): 355-366.

Wade, Peter. 2005. "Rethinking Mestizaje: Ideology and Lived Experienced". *Journal of Latin American Studies* 37:1-19.

Wanderley, Fernanda. 2009. Prácticas estatales y el ejercicio de la ciudadanía: encuentros de la población con la burocracia en Bolivia. En: Iconos, Revista de ciencias Sociales (34) pp. 67-79.

Weber, Max. 1946. "Politics as a Vocation". In H.H. Gerth and C.W. Mills (eds) *Max Weber: Essays in Sociology*. New York: Oxford University Press.

1.3. Las lenguas de Latinoamérica: diversidad y marginalización

CECILIA MARCELA UGARTEMENDÍA[1]
Ludwig-Maximilians-Universität Munich

1. INTRODUCCIÓN

Latinoamérica se relaciona inmediatamente con el idioma **español**, herencia de la colonización que comenzó con la llegada de la expedición comandada por Colón en 1492. Sin embargo, esta generalización pasa por alto que en las Antillas se habla francés, inglés, y neerlandés. Además, en las Antillas neerlandesas, el idioma oficial es el **papiamento**, una lengua criolla nacida del contacto lingüístico entre todas las otras mencionadas y las lenguas indígenas. Pero no solo eso, sino que la potencia y el país sudamericano de mayor extensión, Brasil, habla **portugués**, ya que fue colonizado por Portugal.

Solo con esta información sobre la diversidad lingüística latinoamericana ya se comprende la riqueza de la región y por qué es un terreno propicio para la convergencia lingüística. El encuentro de las lenguas ibéricas, las lenguas originarias, las lenguas africanas que han llegado junto con los esclavos y la posterior inmigración que continuó poblando el territorio hacen de América Latina un campo de estudio ideal para los interesados en investigaciones relacionadas con el contacto lingüístico y las variaciones que proliferan en sociedades expuestas a una permanente interacción.

Antes de la llegada de los primeros colonos, los hoy llamados territorios americanos estaban habitados por una enorme cantidad de pueblos indígenas, de riquísima cultura, cada uno con su propia lengua —sin contar los innúmeros dialectos surgidos de ellas—. Ninguna de estas lenguas perte-

---

1 Doctoranda en Filología románica en la LMU Munich, Alemania y Doctora en Letras Clásicas por la Universidade de São Paulo, Brasil. Ha trabajado como docente de Lengua y Literatura latinas y de Español en universidades de Brasil y Alemania y participa de proyectos de pesquisa enfocados en la enseñanza de segundas lenguas. Tiene especial interés en filología latina, lingüística histórica, enseñanza de lenguas extranjeras y en el estudio de ideologías lingüísticas y prejuicio lingüístico que afecta a Hispanoamérica y Brasil.

nece a la misma familia lingüística que las europeas, el indoeuropeo, sino que forman parte de más de un centenar de familias que solo han existido en esta región del globo.

La tensión generada por el contacto lingüístico entre las lenguas originarias y las impuestas por los europeos durante el proceso de colonización han dado lugar a intensos debates que atañen a las ideologías lingüísticas de los pueblos, o sea, el conjunto de creencias que los hablantes tienen sobre cuáles son las prácticas lingüísticas apropiadas, cuáles son aquellas lenguas y variantes con valor y prestigio y cuáles no. Las ideologías lingüísticas[2] no se generan solo sobre otras lenguas, sino también sobre la propia. Por lo tanto, los hablantes pueden entrar en un conflicto interno que los hace dudar sobre el valor lingüístico y social (y político-económico, claro está) de su lengua materna. Ante la imposición de las lenguas europeas, las originarias han sido históricamente consideradas inferiores, lo que derivó en la pérdida de cantidad de hablantes. En la actualidad, ellas no solo son lenguas minoritarias, ya que cuentan con pocos hablantes, sino que, además, —y hace siglos— también son minorizadas, tras haber sufrido su relegación en favor del supuesto prestigio de las lenguas europeas, usadas en la educación, administración, comercialización y en la justicia.

La desaparición de las lenguas originarias conlleva una inevitable pérdida de conocimientos valiosos en los ámbitos cultural, histórico y medioambiental. Es por eso que la discusión sobre su preservación es imperiosa. En 2007, la Asamblea General de las Naciones Unidas, con el objetivo de promover un mayor respeto hacia estas culturas, impulsó la publicación del Atlas sociolingüístico de pueblos indígenas en América (2009)[3]. En este Atlas queda asentado que, debido a las más de mil lenguas que se estiman en el territorio[4], su diversidad lingüística es la mayor en el mundo[5]. No obstante, ellas corren riesgo de debilitarse y desaparecer debido a la disminución de cantidad de hablantes y a la falta de políticas estatales concretas destinadas no solo a preservarlas sino también a fomentar su uso y aprendizaje.

---

2 "La noción de ideología lingüística emerge en el campo de la antropología lingüística —siendo posteriormente adoptado también por la sociolingüística— como herramienta teórico-conceptual para el estudio de las ideas que los sujetos o hablantes se forman sobre su propia lengua o las lenguas de los otros" Cisternas (2017, 102).

3 UNICEF 2009.

4 Vargas García (2021, 1).

5 UNICEF (2009).

Afortunadamente, a lo largo de las últimas décadas, ha crecido el reconocimiento de las lenguas originarias como elementos fundamentales de la identidad cultural de sus pueblos y de la humanidad como tal. En todos los ámbitos de la cultura, pero también desde el ámbito político, cada vez más se promueven iniciativas para combatir los prejuicios vigentes, destacando tanto el valor cultural de las lenguas como el de sus hablantes. Como reflejo de esto, en 2019, la Asamblea General de las Naciones Unidas proclamó el periodo 2022-2032 como el Decenio Internacional de las Lenguas Indígenas.

2. LAS LENGUAS ORIGINARIAS

En este capítulo se describirá a grandes rasgos la situación de las principales lenguas originarias en Latinoamérica. Nos detendremos, para tanto, en aquellas que ostentan la mayor cantidad de hablantes, en orden: el **quechua**, el **guaraní**, el **náhuatl**, el **aimara** y el **mapudungún**. Por motivos argumentativos, dejaremos la presentación del guaraní para el final. Asimismo, presentaremos un brevísimo comentario sobre el fenómeno lingüístico ecuatoriano conocido como "media lengua", tan solo para ilustrar la afirmación de que Latinoamérica es terreno más que fértil para las investigaciones del campo de la lingüística de contacto. Con esta contribución, no solo se busca visibilizar la cantidad de lenguas originarias habladas en Latinoamérica, sino a sus hablantes, cuyas identidades se ven vulneradas al estigmatizar un rasgo fundamental de su cultura: la lengua.

2.1. Quechua

En la zona andina de América del Sur, las diferentes variedades pertenecientes a la familia lingüística del quechua siguen teniendo una fuerza tal que hacen de ella la lengua originaria más hablada de la región.

El quechua era la lengua del Imperio Inca[6], que, junto con los pueblos maya y azteca, estaba entre los más poderosos y desarrollados hasta la época de la colonización española. Su poderío se extendió desde la actual ciudad de Cusco, en Perú (donde el día de hoy se encuentran las ruinas del Machu Pichu, antigua ciudad del Imperio) hacia toda la región de los Andes. Esto lleva a que en la actualidad se encuentren hablantes de que-

---

6 Aunque esta no era la única lengua del Imperio, ver Adelaar (2022, 9).

chua distribuidos a lo largo de siete países sudamericanos: Perú, Ecuador, Colombia, Bolivia, Argentina, Chile y Brasil[7]. El quechua es huella de la trascendencia de este Imperio, y, en la actualidad, cuenta con alrededor de diez millones de hablantes.

Tras la colonización, la evangelización que vino consigo se llevó a cabo tanto en español como en la lengua autóctona[8], lo que contribuyó a su preservación. A pesar de eso, como ocurre de forma generalizada, el prestigio que tenía y tiene el español ante la lengua originaria hizo que, de forma progresiva y continuada, las familias no se hayan preocupado en enseñar el quechua a las nuevas generaciones y que incluso hayan desincentivado su aprendizaje. Esto se refleja en el hecho de que Perú —país que concentra la mayor cantidad de hablantes de esta lengua— en los inicios del siglo XX haya contado con un 60% de población quechuahablante, mientras que, a comienzos del siglo XXI, solo el 15% de la población se reconoce como tal, siempre relegada a espacios rurales[9] y nunca ocupando grandes espacios urbanos, terreno propicio para el más *prestigioso* español.

La discriminación racial hacia aquellos pertenecientes a linajes originarios y a los mestizos abarca también la discriminación hacia su lengua, intrínsicamente ligada a una cultura menospreciada. En Perú, esto es así a pesar de que desde 1975 el quechua y el aimara, entre otras, son reconocidas como lenguas oficiales del estado peruano. La falta de políticas públicas sostenidas y las fallas en establecer la educación bilingüe, sin embargo, contribuyeron a la disminución de la cantidad de hablantes. Apenas unas pocas escuelas privadas cuentan con el quechua en sus curricula. Esto solo contribuye a afianzar el descrédito que tiene esta lengua como vehículo de progreso.

A partir de lo dicho no debe entenderse que no existan intentos legítimos por extender la enseñanza del quechua y otras lenguas originarias, estableciendo —o buscando establecer— un alfabeto apropiado y gramáticas que den cuenta de las particularidades de esas lenguas y que faciliten su enseñanza[10]. El problema es que estos intentos no son suficientes. Sin embargo, parece haber una tendencia a revertir esta situación.

---

7 Datos del Ministerio de Educación de Perú (S/A).

8 L'Homme (2013, 13).

9 Ministerio de Educación de Perú (S/A).

10 Arias Loaiza; Lovón Cueva (2022, 96).

Ante la caída de su cantidad de hablantes, Perú en 2016 reglamentó la Ley n° 29735[11], conocida como la "Ley de lenguas", que regula el uso, preservación, desarrollo, recuperación, fomento y difusión de todas las lenguas originarias del país, o sea, no solo del quechua, sino también del aimara, y de las otras 48 lenguas andinas y amazónicas habladas allí. La ley, además, les otorga el mismo valor jurídico que tiene el castellano. Esta oficialización está en plazo de implementación hasta 2024, lo que significaría que en breve cada ciudadano podría llegar a comunicarse en cualquier entidad pública y privada en la lengua de su preferencia, sea esta español o una de las lenguas originarias, y, en el caso de que se considere necesario, podría contar con un intérprete a su disposición.

El contacto entre lenguas es impulsor de fenómenos surgidos a partir de su interacción. Uno de estos fenómenos es el surgimiento de lo que se conoce como *media lengua*[12], un idioma de carácter mixto, producto de la larga y continua convivencia e interacción del quechua y el español. La media lengua se distingue del resto de las variedades del quechua por ser una mezcla de gramática quechua y léxico español, diferente de lo que puede ser un simple préstamo o el *code-switching*, esto es, la alternancia entre dos idiomas en los cuales el hablante tiene competencia similar.

Para el momento de su primer relevo, en la década de 1970, la media lengua contaba solo con 1000 hablantes en la zona central de Ecuador. No sin razón, podría calcularse que ese número hubiera disminuido significativamente. Sin embargo, un estudio publicado en 2019[13], estimó alrededor de 2600 hablantes, no solo adultos sino también niños en edad escolar.

2.2. Náhuatl

En México, según el censo más reciente (2020), solo el 6,2 % de la población de cinco años o más habla una de las 68 lenguas originarias todavía existentes[14] en esa región. Entre ellos, un 90% son bilingües, ya que también hablan español. La lengua originaria más hablada, tercera en importancia en Latinoamérica, es el náhuatl en todas sus variedades, cual

---

11 Ministerio de Cultura de Perú (2016).

12 La introducción de la *media lengua* como objeto de estudio se debe al lingüista Pieter Muysken (1979).

13 Lipski (2019).

14 Censo de Población y Vivienda del Instituto Nacional de Geografía y Estadística (INEGI) (2020) https://www.inegi.org.mx/default.html

fuera la lengua del pueblo azteca al momento de la colonización. Además, en México, y también en Guatemala y Belice, se encuentra muy extendida la familia de lenguas mayas, hablada por alrededor de 770.000 personas[15]. Esto la coloca en el quinto puesto de familias de lenguas originarias con más hablantes de Latinoamérica.

México tiene la particularidad de no determinar una lengua oficial en su constitución, como si lo hacen otros países, sino que —a pesar de la creencia generalizada— las leguas aceptadas en el país son tanto el español como cada una de las lenguas originarias. Sin embargo, esto no se da de hecho. Ejemplo de ello es que, en la educación básica y obligatoria, el estudio de las lenguas originarias no forma parte del curriculum ni siquiera en las zonas en las que esas lenguas son habladas. La consecuencia directa de esa falta de fomento es la limitación del aprendizaje de la lengua a aquellos con ascendencia directa indígena, y la falta de profundización del estudio de sus particularidades, su historia y tradiciones. Aquellos mexicanos que no pertenezcan a comunidades de habla indígena probablemente no tengan contacto con ninguna de las lenguas autóctonas, si es que no lo buscan.

El común denominador en la pérdida de las lenguas originarias parece ser la discriminación centenaria hacia sus pueblos y su cultura. El caso mexicano no es la excepción. Como bien explica Reyes Gómez[16], la causa de la caída en el número de hablantes se encuentra en las acciones de discriminación y políticas de exclusión hacia los pueblos originarios y su cultura, además de su subyugación al poder y prestigio de la lengua castellana. Con vistas a paliar esta situación, en México se publicó la Ley General de Derechos Lingüísticos de los Pueblos Indígenas (2003) que, junto con las actividades del Instituto Nacional de Lenguas Indígenas, iniciadas en 2005, busca preservar y desarrollar estas lenguas a lo ancho y largo del país[17]. A pesar de estos intentos, los resultados arrojados por los últimos censos evidencian una continua disminución de cantidad de hablantes, lo que pone en riesgo la perpetuación de un primordial rasgo de la cultura originaria mexicana.

Se espera que esta situación de deterioro de las lenguas pueda revertirse en cara a los próximos años. En el marco del Decenio Internacional de

---

15 INEGI (2020).

16 Reyes Gómez (2002).

17 Castillo (2013, 32).

las Lenguas Indígenas, el Instituto Nacional de los Pueblos Indígenas se ha comprometido a proponer "proyectos para revitalizar, fortalecer, desarrollar y promover cada una de las lenguas indígenas que se hablan en el territorio nacional"[18]. Restará ver si se cumple el compromiso.

2.3. Aimara

El aimara (también escrito *aymara*), pertenece a la familia lingüística Aru, y es la cuarta lengua originaria más hablada de Latinoamérica. En la actualidad, hablantes de aimara como lengua materna habitan en Chile, Argentina, Bolivia y Perú. En estos dos últimos países, es lengua oficial junto con el español y otras lenguas originarias[19].

Al igual que lo sucedido con el quechua, su oficialización no evitó su fragilización con el pasar de los años. En todos los casos, los motivos de la gradual decadencia de la lengua están en el arraigado prejuicio lingüístico que sufre su asociación a una cultura tradicionalmente considerada inferior.

Para promover su protección, además de los proyectos ya mencionados, en Perú se ha lanzado un programa de capacitación para traductores e intérpretes de lenguas originarias[20]. Además, ya contamos con herramientas de inteligencia artificial en línea que nos permiten traducir tanto aimara como quechua, de la misma forma en que se traducen aquellos otros idiomas tenidos como prestigiosos. En Bolivia, el aimara no se entiende como lengua amenazada, por su difusión en la literatura[21], en la televisión y en la música. Sin embargo, los pueblos aimara reclaman más apoyo del estado para preservar la lengua y sobre todo, promover los productos culturales en ese idioma[22].

La existencia de noticieros en la televisión peruana y boliviana hablados en lengua aimara y quechua[23] no solo facilita la comunicación con el público en su propia lengua materna, sino que, sobre todo, la reconoce: reconoce su importancia como patrimonio cultural inmaterial de la humanidad y

---

18 Instituto Nacional de los Pueblos Indígenas (2022).

19 Véanse capítulos 1.3 (Estados Plurinacionales) y 5.3 (Neoconstitucionalismo).

20 De Pedro Ricoy; Howard; Andrade Ciudad (2018).

21 Véase capítulo 6.7 (Producción Literaria en Lenguas Originarias)

22 Aliaga (2022).

23 UNESCO (2022).

parte intrínseca de la identidad originaria de los pueblos que habitan estas regiones. Estas pequeñas acciones, que pueden parecer un tanto anecdóticas para algunos, son pasos relevantes para normalizar el uso de la lengua y reconocer a las comunidades que las hablan y sus derechos lingüísticos.

2.4. Mapudungún

La lengua del pueblo mapuche, el mapudungún, es la sexta lengua originaria más hablada de Latinoamérica. Sin embargo, es considerada una lengua "en resistencia" por la ONU[24], ya que es hablada o comprendida apenas por un 10% de quienes se identifican como parte del pueblo Mapuche (se registran alrededor de 500.000 hablantes) y, diferentemente de lo que acontece con el quechua, el aimara o el guaraní, como se verá a continuación, carece de suficientes políticas lingüísticas que favorezcan su desarrollo[25]. Esto se debe a que "no ha existido una conceptualización de la planificación lingüística como una práctica compleja" por fallar en comprender "la constitución de un nuevo sujeto mapuche urbano (y tal vez rural también), sus dinámicas y relaciones sociales, sus matrices de pensamiento social híbridas y el modelo que la tradición mapuche exige para su lengua"[26].

Hablada en Chile y la zona andina de Argentina, el mapudungún presenta hoy día rasgos heredados del constante contacto con el quechua y el español, que se verifican en ciertas incorporaciones léxicas, aunque también es destacable la cantidad de léxico de la lengua mapuche que el español hablado en estas regiones no solo incorporó, sino que además normalizó como parte de su vocabulario vernáculo.

El mapudungún no goza de estatus de lengua oficial, salvo en dos provincias del sur de Chile. Esto favorece indirectamente el abandono de la lengua, desmotivando a sus hablantes a ofrecerla como herencia a las generaciones venideras, que tienden cada vez más al monolingüismo en español. Es, por tanto, una lengua que resiste a pesar de la falta de oficialidad, de reconocimiento, de políticas lingüísticas y educativas. Es una lengua que lucha, además, en el medio de un contexto sociopolítico adverso, conocido como el "conflicto mapuche": conflicto entre las comunidades y los

---

24 García (2019).

25 Paul (2021).

26 Lagos; Espinoza (2013, 64).

Estados chileno y argentino por reconocimiento jurídico de su comunidad y por la insistencia en el pedido de reconocimiento de sus territorios patrimoniales[27].

La lengua del pueblo mapuche es una lengua amenazada, sí, pero no moribunda, y su lucha coincide con la del pueblo mapuche por su identidad.

2.5. Guaraní

Después de este pantallazo sobre la situación de las otras cuatro lenguas importantes, el guaraní parecería, a simple vista y mediante una lectura muy superficial, ostentar un lugar de privilegio. Y en algún punto podría ser interpretado de esa manera, pero solo porque en general la situación de las lenguas originarias en América es demasiado precaria.

Paraguay sería, desde su fundación, una nación predominantemente bilingüe, como se podría verificar en los censos documentados. Las lenguas oficiales y en ininterrumpido contacto desde la colonización son el guaraní originario y el español impuesto por los conquistadores. De las dos, el español goza de mayor estatus, lo que ha llevado a caracterizar la situación lingüística paraguaya como de bilingüismo con diglosia[28]. Esto significaría que los hablantes del país serían competentes en ambos idiomas, pero cada uno de ellos tendría campos de uso determinados.

La lengua guaraní es símbolo identitario indiscutible en la formación de la nación paraguaya y su situación ciertamente es única en el contexto americano. En Perú y Bolivia, por ejemplo, los hablantes de quechua o aimara se suelen identificar con los grupos originarios del lugar. Diferentemente, lo que hace especial al guaraní en Paraguay es que el 90% de la población no indígena también lo habla o tiene algún conocimiento[29].

---

27 Ver, entre otros y a modo de introducción, Izquierdas, Balbontin (2020).

28 Fishman (2007, 75): "An example of this type of nation is Paraguay, where almost the entire population speaks both Spanish and Guarani (Rubin, 1962; 1968). The formerly monolingual rural population has added Spanish to its linguistic repertoire in order to talk and write about education, religion, government, high culture and social distance or, more generally, the status stressing spheres; whereas the majority of city dwellers (being relatively new from the country) maintain Guarani for matters of intimacy and primary group solidarity even in the midst of Spanish urbanity".

29 Gynan (2004; 2007, 218; García 2019).

Inclusive, en la provincia de Corrientes, al noreste de Argentina, históricamente se ha hablado guaraní. Actualmente, allí es reconocido como lengua oficial —su constitución está escrita en ambos idiomas[30]— a pesar de que un porcentaje extremadamente bajo de la población correntina argentina se reconoce indígena[31].

Como se ha mencionado antes, la colonización española de las actuales tierras americanas trajo consigo un fuerte movimiento evangelizador. Del mismo modo en que sucedió con el quechua, a los jesuitas que fundaron las misiones en lo que hoy se conoce como Paraguay les resultaba muy difícil evangelizar en lengua española. Por lo tanto, aprendieron guaraní e incluso desarrollaron su propia gramática para escribirlo, a pesar de las órdenes de los distintos reyes de España que se oponían fuertemente a esto[32]. Este establecimiento del guaraní como lengua de comunicación generalizada se asoció, más tarde, a factores sociopsicológicos[33] que envuelven la mestización, adaptación recíproca social y psicológica de las personas pertenecientes a los pueblos originarios para, así, arraigar aún más el guaraní como lengua de la naciente nación paraguaya. Es un hecho que, a lo largo del mestizaje, las madres indígenas pasaban su lengua guaraní a sus hijos[34].

Además, por cuestiones políticas internas, Paraguay se ha destacado infelizmente por ser un país históricamente poco desarrollado más allá de la gran ciudad de Asunción, haciendo del país una isla en la tierra[35], lo que también contribuyó a preservar las poblaciones monolingües guaraníes en las vastas zonas rurales del país. A esto se suma que, en las guerras de la Independencia y las guerras de la década de 1870 y 1880 de la Triple Alianza, Paraguay ya se perfilaba como un "país donde el guaraní era la única lengua, como hecho social nacional"[36]. En las diferentes formas de cultura popular, el guaraní también tiene fuerte presencia, especialmente en la música, pero también en la literatura regional[37]. La fuerza del guara-

30 Convención Constituyente Provincia de Corrientes (2007).

31 Salinas (2019).

32 Gynan (2011, 356).

33 Melià (2013, 59)

34 Protsenko (2020, 380

35 Lustig (1996, 4).

36 Melià (1992, 165).

37 La literatura indígena, por ejemplo, constituye una riquísima parte de la cultura universal y está principalmente escrita en guaraní. No faltan, sin embargo, gran-

ní como símbolo de identidad nacional fue cimentada de esta forma a lo largo de las generaciones.

A pesar de todo lo dicho, el guaraní no está exento de sufrir también los avatares por los que pasan otras lenguas originarias. Desde su oficialización como lengua del Paraguay en 1992 y del Mercosur en 2006, el número de hablantes de guaraní ha tendido a disminuir. Según la Encuesta Permanente de Hogares Continua[38], llevada a cabo por el Instituto Nacional de Estadística de Paraguay, hay una gran proporción de hablantes monolingües guaraníes. Sin embargo, como podemos ver a modo de ejemplo a partir de la comparación de los años 2017, 2019 y 2021, el número de hablantes monolingües de guaraní ha caído al mismo tiempo que ha aumentado el de español. Lustig[39] explica esto afirmando que el "progreso" que llega de la mano de la colonización y, posteriormente, de los nuevos gobiernos independientes es un progreso en español. Por lo tanto, el guaraní acarrea como las otras lenguas originarias el desprestigio de ser una lengua minoritaria y minorizada.

Las encuestas, además, muestran el aumento del porcentaje de personas que hablan una "tercera lengua", conocida como *jopará,* una mezcla de guaraní y español[40]. El jopará es un fenómeno lingüístico que no tiene reglas gramaticales y se caracteriza justamente por la mezcla de las dos lenguas, desordenada y arbitraria. Es una lengua maleable e "incontrolable"[41] ya que cada persona la modela y reproduce, pero nunca de la misma manera. El abordaje de este "idioma esquivo"[42] es, por lo menos, dificultoso: es "un habla tan circunstancial, tan sujeta a la competencia —o incompetencia— de cada individuo, que desconcierta a quienes quieren trazarle el perfil"[43].

Hay una evidente contradicción entre la creciente situación diglósica paraguaya y la relevancia de la lengua guaraní para la conformación identitaria del pueblo paraguayo y su sentimiento de nacionalismo. Sin

---

des discusiones en torno al corpus de la literatura paraguaya que también se caracteriza por su condición diglósica. Para más al respecto, ver Benisz (2018) y la contribución de la misma autora en este Manual.

38 Todos los datos pueden ser consultados en la página Web del INE (2023).

39 Lustig (1996, 5)

40 Melià (1992, 184).

41 Makarán (2014, 202).

42 Lustig (1996, 1).

43 Melià (1992, 184).

embargo[44], el reconocido paraguayólogo Bartolomé Melià ha notado que, mientras que para el pueblo el guaraní es el elemento identitario que los define, no lo es así para el Estado, a pesar de la oficialización de la lengua. No deja de haber una relación colonial entre las dos lenguas oficiales que está plasmada en el propio guaraní: el nombre de la lengua en ese idioma es *ava ñe'ẽ*, cuyo significado literal es "habla del hombre", mientras que "español" se dice *karai ñe'ẽ*, esto es, "habla del amo". Por tanto, desde el punto de vista de la cultura guaraní, el español siempre tuvo un aura de superioridad.

La atracción por el guaraní fue estudiada en diversos trabajos sobre actitudes lingüísticas. De Granda[45] ha resumido los resultados de uno de esos estudios[46] destacando una serie de factores que justifican el apego del pueblo paraguayo hacia el guaraní como un hecho constitutivo de identidad nacional. Según el autor, el hablante paraguayo bilingüe sostiene una lealtad lingüística no solo respecto al guaraní, sino también respecto al español paraguayo —tan peculiar gracias a ese contacto lingüístico— en contraposición a la variante más prestigiosa de la región, el español porteño argentino. Esta lealtad lleva a un segundo factor: el orgullo por la lengua como rasgo identitario. Eso no quita que haya sentimientos ambivalentes, lo que suscita las situaciones de diglosia por atribuirle mayor valor al español para progresar socioeconómicamente.

Ahora bien, en la busca por impartir una educación bilingüe que respete la lengua guaraní, hubo varios intentos por estandarizarla que complejizaron la situación diglósica de Paraguay. La forma más extendida de lo que sería el guaraní puro es lo que se conoce como *guaranieté*. Este sería el guaraní culto, mayormente escrito en ámbitos formales y académicos, y el defendido por los puristas. Fue esta la primera variante del guaraní que se intentó enseñar en las escuelas. Sin embargo, hay quienes argumenten que el fracaso de la implementación de la educación bilingüe en Paraguay luego de la oficialización del guaraní tuvo que ver en parte con la elección del *guaranieté* como lengua. Es por esto que, en 1999 se realizó una revisión de este programa, permitiendo que el guaraní enseñado fuera más próximo al utilizado de hecho por la población, un guaraní con préstamos del

---

44 Melià (2005, 910-911).

45 De Granda (1980/81, 794ss).

46 Rubin (1968).

castellano, pero que mantendría la estructura del idioma. Este intento por *aggiornar* el idioma es lo que da origen al *jehe'á*[47].

Ante las observaciones sobre su proximidad con la mezcla que ya se conoce como *jopará*, el Ministerio de Educación intentó explicar la diferencia entre las dos de la siguiente manera: el *jehe'a* sería, por un lado, un "préstamo lexicológico integrado a la estructura fonomorfosintáctica del guaraní. Al integrarse a esta estructura ya forma parte, de hecho, del corpus lexical del guaraní y cumple con las normativas ortográficas de esta lengua"; por otro, el *jopará* sería un "préstamo lexicológico no integrado a la estructura fonológica y/o morfosintáctica del guaraní"[48]. Esta diferenciación, sin embargo, no parece haber sido comprendida por la población, quen tiende a entender que uno y otro serían lo mismo[49]. Por fin, este constructo fue revisado y luego también abandonado como modo de enseñanza del guaraní en la escuela[50].

Como si fuera poco, al *guaranieté* académico, al *jehe'á* "de laboratorio" y al *jopará* —la única variante verdaderamente registrada como medio de comunicación de la mayoría de los hablantes[51]— se suma el guaraní de los nativos, hablado solo dentro de las comunidades indígenas sobrevivientes. Si a esto se agrega la falta, hasta hoy, de una normalización del alfabeto guaraní[52] se comprende mejor aún el problema de la falta de estandarización, que solo contribuye a la dificultad de transitar un terreno de por sí pantanoso.

Presagiosamente, De Granda (1980/81: 804) advertía que la proliferación de variantes sin una verdadera estandarización podía derivar en una

---

47 Ver Hauck (2014) para una exposición detallada sobre las diferentes variedades del guaraní en los manuales escolares.

48 Ministerio de Educación de Paraguay (2006, 68).

49 Kallfell (2010) trae numerosos testimonios de hablantes que equiparan una y otra variante.

50 Hauck (2014, 132-134). En estas páginas y las anteriores, Hauck explica mediante ejemplos cuáles son los problemas que surgen a partir del intento de insertar en lengua y escritura guaraní aspectos de la fonología castellana que no son fácilmente asimilables en el sistema guaraní.

51 Makarán (2014, 202, n. 15) menciona un dato muy interesante: la película paraguaya más vista de la historia en el país es "7 Cajas", rodada exclusivamente en *jopará*.

52 Gynan (2011, 358).

peligrosa "doble diglosia interna"[53]. Este tipo de diglosia favorece la estigmatización de la lengua por parte del propio hablante, ya que es común escuchar de ellos que no hablan el guaraní correctamente[54]. De esa forma, se desincentiva aún más su aprendizaje y, sobre todo, su traspaso de padres a hijos, por creerse que es una lengua que no tiene valor socioeconómico.

La diglosia interna de la que hablaba De Granda en la década de 1980, sigue siendo un peligro latente cuando consideramos la proliferación de variantes propuestas por el propio Ministerio de Educación. Esto evidencia la necesidad de continuar trabajando en este campo con el objetivo de desarrollar un sistema de educación bilingüe que realmente pueda otorgar herramientas para que el hablante bilingüe lo sea de forma coordinada, y además caminar hacia la difuminación de las líneas que marcan las diglosias.

3. CONCLUSIÓN

A pesar de los esfuerzos por salvar las lenguas y sus hablantes, aún persisten en toda la región las barreras impuestas por el racismo y el clasismo, que operan en detrimento de la reivindicación y promoción de las lenguas originarias. Su revitalización es necesaria por el valor simbólico que conlleva como atributo identitario de los pueblos que lo hablan. Para eso, sin embargo, todavía se deben desandar los siglos de estigmatización y marginación de estos pueblos y sus culturas, cambiando además radicalmente las ideologías lingüísticas imperantes en nuestra sociedad.

La verdadera oficialización de estas lenguas, esto es, su uso efectivo en la esfera pública y no solo su tolerancia en contextos privados será un paso fundamental hacia un cambio de paradigma necesario. Pero no se dará si los gobiernos, instituciones educativas y la sociedad en su conjunto no trabajan en su favor. Ciertamente, el Decenio Internacional de las Lenguas Indígenas 2022-2032, declarado por la ONU, es un gran aporte a la preservación y promoción de las lenguas reconociendo su estatus de patrimonio inmaterial de la humanidad y su papel fundamental dentro de la riqueza cultural latinoamericana.

---

53 También conocido como diglosia de esquema doble (*double nested diglossia*) (Gumperz 1964).

54 De Granda (1980/81, 802).

4. BIBLIOGRAFÍA

Cisternas, César. "Ideologías Lingüísticas: Hacia una Aproximación Interdisciplinaria a un Concepto Complejo." *Lenguas y Literaturas Indoamericanas*, nº19, vol. 1, (2017): 101-117.

UNICEF. *Atlas sociolingüístico de pueblos indígenas en América.* 2009. Disponible en: https://www.unicef.org/lac/media/9791/file/PDF%20Atlas%20sociolinguistico%20de%20pueblos%20ind%C3%ADgenas%20en%20ALC-Tomo%201.pdf

Vargas García, Itzel "Presentación." *Dossier. Escenarios, retos y perspectivas de las lenguas originarias en América Latina, Ruta Antropológica,* 2021.

Adelaar, Willem F. H. "La lengua general del inca, ¿realidad o mito?" En *Lenguas indígenas de América Latina:* contextos, contactos, conflictos / coord. de Lenka Zajícová, 105-117. Madrid/Frankfurt: Iberoamericana/Vervuert, 2022.

Ministerio de Educación de Perú. *Quechua.* (S/A). Disponible en: https://bdpi.cultura.gob.pe/lenguas/quechua

L'Homme, Cristina "Perú: el quechua, más fuerte que nunca." *Fuentes UNESCO, 101, (2013):14-15.*

Arias Loaiza, Geraldine; Lovón Cueva, Marco Antonio. "Ideologías lingüísticas sobre la normalización de los alfabetos de las lenguas originarias del Perú." Bol. Acad. peru. leng. 71, (2022): 93-135.

Ministerio de Cultura de Perú. "Se promulgó el Reglamento de la Ley de Lenguas Indígenas u Originarias." Nota de Prensa, 2016. Disponible en: https://www.gob.pe/institucion/cultura/noticias/48672-se-promulgo-el-reglamento-de-la-ley-de-lenguas-indigenas-u-originarias

De Pedro Ricoy, Raquel; Howard, Rosaleen; Andrade Ciudad, Luis. "Walking the tightropeThe role of Peruvian indigenous interpreters in prior consultation processes." *Target* 30:2 (2018):187-211.

Aliaga, Javier. "Bolivia: los aymaras piden más apoyo del Estado para preservar la lengua." *Aquí América. France 24.* (2022). Disponible en: https://www.france24.com/es/programas/aqu%C3%AD-am%C3%A9rica/20220326-aymara-lenguas-nativas

UNESCO. "La lengua aymara no ha dicho su última palabra." *El Correo de la UNESCO.* (2022). Disponible en: https://courier.unesco.org/es/articles/la-lengua-aymara-no-ha-dicho-su-ultima-palabra)

Lipski, John M. "Reconstructing the life-cycle of a mixed language: An exploration of Ecuadoran Media Lengua." *International Journal of Bilingualism* 24 (2) (2019): 410-436.

Censo de Población y Vivienda del Instituto Nacional de Geografía y Estadística, 2020. Disponible en: https://www.inegi.org.mx/default.html

Muysken, Pieter. "La Mezcla de Quechua y Castellano: El Caso de La 'Media Lengua' En El Ecuador." *Lexis* 3(1) (1979): 41-56.

García, Carla. "El mapuzugun, una lengua en situación de resistencia." *Noticias ONU. Mirada global Historias humanas.* (2019). Disponible en: https://news.un.org/es/story/2019/04/1454571

Reyes Gómez, Juan Carlos. "El Decenio Internacional de las Lenguas Indígenas: 2022-2032, diez años de acciones para el mantenimiento y preservación de las lenguas originarias." *Ser.* (2002). Disponible en https://sermixe.org/kaas/.

Castillo, Felipe Canuto. "Las lenguas indígenas en el México de hoy: Política y realidad lingüísticas." *Lenguas Modernas* 42 (Segundo Semestre 2013): 31-45.

Instituto Nacional de los Pueblos Indígenas. "Preservar las Lenguas Indígenas de México, prioridad y compromiso ético del INPI." 2022. https://www.gob.mx/inpi/articulos/preservar-las-lenguas-indigenas-de-mexico-prioridad-y-compromiso-etico-del-inpi?idiom=es

Paul, Fernanda. "Lengua mapuche: el enigma de su origen y otras 4 singularidades del mapudungún." *BBC News Mundo.* 2021. Disponible en: https://www.bbc.com/mundo/noticias-america-latina-58513680

Lagos, Cristian; Espinoza, Marcos. "La planificación lingüística de la lengua mapuche en Chile a través de la historia." *Lenguas Modernas* 42 (Segundo Semestre 2013), 47-66.

Balbontin Gallo, Cristobal. "El conflicto mapuche como lucha por el reconocimiento. La necesidad de una nueva clave de lectura." *Izquierdas* 49 (febrero de 2020): 330-340

Fishman, Joshua. "Bilingualism with and without diglossia; diglossia with and without bilingualism." En *The bilingualism reader* / ed. por Li Wei, 74-81. London: Taylor & Francis, 2007.

García, Carla (2019): "La lengua guaraní, orgullo de un país." *Noticias ONU,* 1. 2019. Disponible en: http:// news.un.org/es/story/2019/02/1451281

Gynan, Shaw N. *El bilingüismo paraguayo. Aspectos sociolingüísticos.* Asunción: Universidad Evangélica del Paraguay, 2003.

Gynan, Shaw N. "Paraguayan attitudes toward standard Guarani and Spanish." In *Standard Variations and Conceptions of Language in Various Language Cultures* / ed. por Rudolf Muhr 2004. Disponible en: https://www.inst.at/trans/15Nr/06_1/gynan15.htm

Gynan, Shaw N. "The language situation in Paraguay: an update." In *Language planning and policy in Latin America.* Vol. 1, *Ecuador, Mexico and Paraguay* / ed. por Robert Baldauf, Jr. and Robert Kaplan, 284-301. Clevedon: Multilingual Matters, 2007.

Gynan, Shaw N. "Spanish in contact with Guaraní." In *The Handbook of Hispanic Sociolinguistics* / ed. Manuel Díaz-Campos, John Wiley & Sons, 353-373. London: Blackwell, 2011.

Hauck, Jan David. "La construcción del lenguaje en Paraguay: fonologías, ortografías e ideologías en un país multilingüe." *Boletín De Filología.* 2, (2014): 124-8.

Instituto Nacional de Estadística (INE) (2023). Disponible en: https://www.ine.gov.py/microdatos/index.php?cant=99&tema=TODOS

Kallfell, Guido. *Grammatik des Jopara: gesprochenes Guaraní und Spanisch in Paraguay,* Dissertation, Westfälischen Wilhelms-Universität Münster, 2010.

Lustig, W. "Mba'éichapa oiko la guarani? Guarani y jopara en el Paraguay." *Guaraní Ñandutí Rogue. N/a,* (1996): 1-19.

Lustig, Wolf. "¿El guaraní, lengua de guerreros? La 'raza guaraní' y el *avañe'ẽ* en el discurso bélico-nacionalista del Paraguay." *Revista Estudios Paraguayos*, vol. XXVI y XXVII, 1 y 2, (2008/2009): 223-237.

Makarán, Gaya. "El mito del bilingüismo y la colonización lingüística en Paraguay." *De Raíz Diversa Revista Especializada en Estudios Latinoamericanos*, 1(2), (2014): 183.

Melià, Bartomeu. "Diglosia en el Paraguay o la comunicación desequilibrada." *Suplemento Antropológico*, vol. 7, n. 1 y 2, (1973): 133-140.

Melià, Bartomeu. *La lengua guaraní del Paraguay. Historia, sociedad y literatura.* Madrid: MAPFRE, 1992.

Melià, Bartomeu. "Vitalidad y dolencias de la lengua guaraní en el Paraguay". 2004. Disponible en: https://www.portalguarani.com/807_bartomeu_melia_lliteres/13591_vitalidad_y_dolencias_de_la_lengua_guarani_en_el_paraguay_por_bartomeu_melia_2004_.html

De Granda, Germán. "Actitudes sociolingüísticas en el Paraguay." *Homenaje a Ambrosio Rabanales*, (1980/81): 787-805.

Rubin, Joan. *National Bilingualism in Paraguay.* La Haya/París: Mouton, 1968.

Salinas, Ma. Laura. "Población indígena en Corrientes desde los tiempos coloniales al siglo XIX. ¿Mestizaje o nuevas construcciones identitarias?". In *ESCOLAR* / org. Por Diego et al. *Más allá de la extinción: identidades indígenas en la Argentina criolla, siglos XVIII-XX. Y una reseña comparativa con Bolivia, Paraguay, Chile y México,* SB Editorial (2019)

Ministerio de Educación y Cultura del Paraguay (MEC) (2006): *La Educación Bilingüe en la Reforma Educativa Paraguaya.* Asunción: Ministerio de Educación y Cultura.

Protsenko, Ígor. "Bilingüismo paraguayo: aspectos históricos, culturales y lingüísticos." *Language for international communication: linking interdisciplinary perspectives*, 3, (2020): 379-389.

Convención Constituyente Provincia de Corrientes (2007). Disponible en: https://hcdcorrientes.gov.ar/movil/constituciones1/2007g.pdf

Benisz, Carla Daniela. *La "literatura ausente": Augusto Roa Bastos y las polémicas del Paraguay post-stronista.* Buenos Aires: SB, 2018.

INE (2023). Disponible en: https://www.ine.gov.py/microdatos/index.php?cant=99&tema=TODOS

Gumperz, J. "Lingusitic and Social Interaction in two communities." *American Anthropologist*, 66, (1964): 137-153.

1.4. Instituciones Latinoamericanas de Integración

JORGE SZEINFELD[1]
Universidad Nacional de La Plata, Argentina
jszeinfeld@gmail.com

YGOR PIERRY PIEMONTE DITÃO[2]
Universidade Paulista, Brasil
ygor.ditao@docente.unip.br

VÍCTOR GABRIEL RODRÍGUEZ
Universidade de São Paulo, Brasil
victorgabriel@usp.br

1. INTRODUCCIÓN

A pesar de las diversas posiciones críticas de algunos autores, se puede constatar que la integración regional en América Latina es un fenómeno que ha echado raíces. Actualmente, es posible afirmar que la integración es una preocupación permanente, para la inserción del Continente el escenario internacional.

Este artículo irá analizar el sistema de integración latinoamericano, destacando los puntos históricos más relevantes y los procesos de integración con mayor representatividad territorial, económica y política.

Para ello, se recorren los embriones históricos de la integración en el continente, desde la audaz contribución de Bolívar hasta, tras los fracasos tanto del Libertador como de otros proyectos efímeros como el Pacto ABC y las Conferencias Panamericanas, además de analizar los procesos de in-

1 Profesor Titular de las Cátedras de Derecho Político y de Relaciones Internacionales y Comunicación de la Universidad Nacional de La Plata, Argentina.

2 Doctor y Máster en Derecho de la Integración por el Programa de Integración Latinoamericana de la Universidad de São Paulo (USP/Brasil), Especialista en Derecho Procesal Civil, Especialista en Derecho Civil, Profesor Universitario y Abogado.

tegración más contundentes, como el idealizado por la CEPAL[3]. En este punto, el objeto de análisis fue el sistema de integración *paraguas* ALALC/ ALADI, que buscó integrar a todo el continente latinoamericano (desde México hasta Uruguay), desde el fracaso de ALALC hasta su renacimiento a través de ALADI, que albergó un mecanismo de promoción de la integración subregional.

Por ello, en el siguiente capítulo se analizan los dos grandes procesos de integración subregional: (a) la CAN y (b) el MERCOSUR —lo que, por supuesto, no ignora la miríada de procesos existentes en el continente—, pero que, debido a los límites del trabajo, obliga a la elección de los más representativos e idiosincrásicos- presentando los principales hitos históricos e institucionales, así como las principales características supranacionales e intergubernamentales de cada uno de los procesos subregionales.

A fin de cuentas, proporcionará un sustrato que nos permitirá comprender, aunque sólo sea de manera perfunctoria, las aportaciones, luchas y dificultades a las que se ha enfrentado la integración en América Latina y el subcontinente desde Bolívar hasta nuestros días.

2. LOS EMBRIONES DE LA INTEGRACIÓN LATINOAMERICANA

A pesar de algunas repeticiones en la literatura latinoamericana, puede decirse que la integración se perfeccionó institucionalmente en los años sesenta con el desarrollo de la CEPAL y ALALC. Sin embargo, limitarla a este período es un reduccionismo que ignora siglos de esfuerzos integradores que incluso han sido reconocidos universalmente por la ONU en su Resolución 31/142 de la AG.

Hay que darse cuenta, por tanto, de que la integración se ha manifestado en el continente latinoamericano "desde su nacimiento como Estados independientes que necesitaban, para consolidar su propia independencia, desarrollar dinámicas de asociación más eficaces para la lucha continua por la independencia y su mantenimiento como tales" (DITÃO, 2024: 84).

Esta interpretación es comprensible —incluso ante los diversos fracasos pasados y presentes— porque representa la esencia de los procesos de

3 Sobre la CEPAL, véase, adelante, capítulo 3.2

integración, que "consisten en una forma de cooperación entre Estados para adaptarse a las necesidades de sus políticas exteriores" (MARIANO; ROMERO; RIBEIRO, 2015: 34) un resultado natural del proceso de colonización y descolonización de principios del siglo XIX, ya que "América Latina fue utilizada para suministrar las riquezas que Europa necesitaba; en la medida en que dejó de satisfacer esta demanda, fue abandonada" (BASSO, 2008: 137) y una vez encogidos los antiguos colonizadores ibéricos (Portugal y España, principalmente), se temió que "los nuevos países hispánicos empezaran a temer la posibilidad de que España iniciara una guerra de reconquista" (OLIVEIRA; PIERI, 2022: 23).

A partir de ese momento, incluso bajo las dificultades inherentes al proceso de liberación, que provocaron tensiones externas por las diversas intenciones de España de volver a colonizar, incluyendo el papel de nuevos colonizadores como Holanda, Francia e Inglaterra (e incluso los Estados Unidos de América), y tensiones internas por las difíciles delimitaciones de los nuevos estados-nación (como el conflicto en la Cuenca del Plata entre Buenos Aires y las demás provincias, el Cisplatina, la división de Nueva Granada, etc.), América Latina se dio cuenta de la necesidad de una relación internacional conjunta para hacer frente a los enemigos externos comunes y establecer una pacificación común de las cuestiones internas.

Sin alcanzar el éxito que se vería siglos más tarde, a partir de la década de 1960, podemos ver que la recién independizada América Latina experimentó algunos ensayos de integración, como se ve en: (i) el Tratado de Unión, Liga y Confederación Perpetua de Simón Bolívar de 18265; (ii) las Conferencias Panamericanas; (iii) los Pactos ABC (DITÃO, 2024: 87/88). Como ilustró José Martí mucho tiempo después, la dimensión de esta tercera vía entre la confederación europea y la federación norteamericana se resumía en la constatación de que "la independencia de América vino de un siglo de sangría: ¡ni de Rousseau ni de Washington viene nuestra América, sino de sí misma!" (MARTÍ, 2015: 21).

El primero de estos movimientos tuvo lugar en lo que deberíamos llamar el período independentista, ya que el Tratado de Unión, Liga y Confederación Perpetua de 1826 se redactó, en promedio, una década después de la independencia de la gran mayoría de los países de la región, e incluyó también las sacudidas reconquistadoras de España que más tarde llegaron a las actuales Venezuela y Cuba. Su misión, por lo tanto, sería promover la independencia de los países latinoamericanos en una unión solidaria (BOLÍVAR *apud* MENEZES, 2008: 32) que "implicaría una tríada de intenciones a converger: (a) el espacio internacional; (b) el espacio interno y

(c) este nuevo espacio de correlación asociativa de estados" (DITÃO, 2024: 90).

El Tratado de Unión, Liga y Confederación Perpetua aportó al menos siete disposiciones normativas que innovarían más allá de la dimensión federativa y confederativa existente en el mundo en aquel momento (art. 10, 14, 18, 23, 24 28 y 29) (MENEZES, 2008: 36/39). En otras palabras, "Mientras que el Congreso de Viena marcó una reunión en tiempos de guerra, el Congreso de Panamá tuvo lugar en un contexto de paz, para celebrar los cimientos de una sociedad internacional latinoamericana" (BUENO, 2013: 80) y, por lo tanto, estableció nuevas normas para autorizar: la creación de un organismo internacional (arts. 1 y 2), el establecimiento de cuestiones que debían decidirse conjuntamente (soberanía compartida (GOMES, 2005: 89) en los arts. 28 y 28) e incluso la libre circulación de personas, servicios y mercancías (arts. 23 y 23), que, a pesar del fracaso histórico de aquel momento, establecieron, al igual que la citada Resolución 31/142 de la AG de la ONU, los pilares para la integración regional en la región y en el mundo (FIGUEIREDO; BRAGA, 2017: 315).

A pesar de otros esfuerzos (DITÃO, 2024: 94) no fue hasta la Conferencia Panamericana cuando el impulso integrador cobró fuerza. Convocada en 1881, no se celebró hasta 1889/1890, por lo que "las Conferencias Panamericanas también carecieron de eficacia inmediata en el establecimiento de instituciones, pero reprodujeron las intenciones bolivarianas a pesar de los sofismas estadounidenses" (DITÃO, 2024: 94), lo que ocurriría décadas más tarde cuando "en la VI Conferencia celebrada en La Habana en 1928, se creó la Unión Panamericana con las características de una organización internacional moderna" (MELLO, 1995: 70).

El tercer ejemplo histórico de esfuerzos frágiles fue el Pacto ABC firmado entre Argentina, Brasil y Chile, ya que "la Gran Guerra interrumpió la secuencia de conferencias internacionales americanas" (BUENO, 2012: 53) que, en definitiva, existían con el objetivo de abrir un "espacio para futuras iniciativas de integración regional sudamericana" (EICHNER ET AL…, 2016: 26). Sin embargo, todos estos acontecimientos se vieron interrumpidos por la Segunda Guerra Mundial, por lo que "sólo después de la Segunda Guerra Mundial las iniciativas volvieron a centrarse, comenzando por la CEPAL" (DITÃO, 2024:96) y, a partir de ese momento, la integración superó las grandes pruebas y se convirtió en algo sólido, aunque impregnado de diversos éxitos y fracasos.

3. INSTITUCIONES DE INTEGRACIÓN REGIONAL

Después de las dos Grandes Guerras, se consolidó el sistema de Organizaciones Internacionales, primero por la SdN y la OIT, después de la Primera Guerra Mundial y luego por la ONU después de la Segunda Guerra Mundial. Fue precisamente en esta segunda organización internacional donde la CEPAL se convertiría en una célula irradiadora de integración en el continente latinoamericano con las aportaciones de Prebisch:

> La CEPAL es la más exitosa de las cinco comisiones regionales creadas por el Consejo Económico y Social de las Naciones Unidas (ECOSOC-ONU) en la década de 1940. Con sede en Santiago de Chile y operaciones desde 1948, la CEPAL tenía como objetivo formular, sugerir y coordinar acciones encaminadas al desarrollo económico de América Latina. Posteriormente, la CEPAL también se ocupó de cuestiones relacionadas con el desarrollo social de América Latina. Cabe destacar que uno de los primeros secretarios ejecutivos de la CEPAL fue el economista argentino Raúl Prebisch, (FURTADO, 2019: 378) reconocido por su importante contribución a la discusión sobre la tendencia al deterioro de los términos de intercambio, fenómeno que se debía a la tendencia a la baja de los precios de los productos primarios al mismo tiempo que aumentaban los precios de los productos manufacturados. Prebisch y la CEPAL advirtieron entonces de la necesidad de que América Latina adoptara una política de industrialización, pues de lo contrario se corría el riesgo de que la capacidad de importación de América Latina se redujera con el tiempo (OLIVEIRA; PIERI, 2022: 33).

Fue a partir de los aportes de la CEPAL que se desarrollaría la ALALC (OLIVEIRA; PIERI, 2022: 34) porque, en definitiva, "la CEPAL colaboró en el desarrollo de un concepto específico de integración regional —un mercado común— para América Latina" (OLIVEIRA; 2029: 468) y, a través de este espacio de diálogo y de promoción de ideas tendientes a crear mecanismos para el desarrollo del continente, la ALALC aparecía inicialmente envuelta en expectativas y optimismo sumamente elevados.

Un ejemplo de este alto afán y optimismo vino dado por su propio articulado normativo, que inicialmente utilizaba una nomenclatura diferente a la europea (Unión) y cristalizaba un sistema asociativo ya en su Art. 1 al señalar que "establece la Asociación Latinoamericana de Libre Comercio"(ALADI, 1960) y preveía, además, plazos que se consideraron osados dado el número de países involucrados, las desigualdades regionales y, por supuesto, el inmenso territorio que ALALC pretendía involucrar, al señalar entonces en el art. 2 que la intención de crear un mercado común (ALADI, 1960) "se perfeccionará en un plazo no mayor de 12 (doce) años" (ALADI, 1960).

Para ello, la citada Institución de la ALALC creó en su Capítulo II un audaz y complejo marco jurídico que, a través del Artículo 3, pretendía eliminar las barreras regionales con la creación de Listas Nacionales y Listas Comunes (Artículo 4), que pasarían de las listas confeccionadas por los Estados-Partes a la cristalización de las listas comunes definidas en el Artículo 13 a través de la reciprocidad de las concesiones creadas en sus listas.

Sin embargo, reconociendo las notables diferencias entre los Estados miembros, en los Capítulos III, IV, VI y VIII, la ALALC promovió "medidas tendentes a conciliar los naturales desequilibrios entre los distintos grados de desarrollo de los países latinoamericanos" (DITÃO, 2024: 104) y, así, "en el Capítulo IX se establecieron los órganos que regirían esta asociación, centrándose principalmente en la Conferencia y el Comité Ejecutivo" (DITÃO, 2024: 104), ya que el fin último de la Organización Internacional creada era "asegurar la continua expansión y diversificación del comercio recíproco" (ALADI, 1960).

Todavía, los mecanismos se mostraron incapaces de sobrevivir a las desigualdades internas y a las dificultades internacionales de los países miembros, y ya en 1964 el tono pesimista ataba de pies y manos a la organización y auguraba su fracaso (CRUZ, 1984: 60). Por eso, "En 1969, se realizó el protocolo de Caracas, donde se amplió el plazo para la entrada en vigencia de la zona de libre comercio hasta 1980" (BUILLES; CALLE ET AL… 2012: 133) e, incluso ante los excelentes resultados, las expectativas de los implicados eran demasiado altas para ser cumplidas y, como resultado, "A pesar de sus buenas intenciones y resultados iniciales, ALALC no pudo resistir los problemas internos, como las diferencias entre las economías de los países miembros y la creación de subgrupos." (MENEZES, 2011: 162). Y así se acabó el optimismo, imponiendo a América Latina el milagro de reinventarse para no desaparecer.

Esta reinvención fue la ALADI, que "sucedió a la Asociación Latinoamericana de Libre Comercio (Alalc), que a fines de la década de 1970 ya era un claro fracaso" (PORTO, 2006: 281) y que representó, en ese momento, una especie de Jano para la integración, representando, al mismo tiempo, la intención de continuidad, pero bajo el paraguas de una invocación que previeron de inmediato en sus consideraciones, al afirmar que estaban "SEGUROS de que la continuación de este proceso requiere la utilización de la experiencia positiva. recogida en la aplicación del Tratado de Montevideo, de 18 de febrero de 1960" (ALADI, 1980) y, además, "CONVENCIDOS de la necesidad de contribuir al logro de un nuevo esquema de cooperación horizontal entre los países en desarrollo, recogida en la aplicación del Tratado de Montevideo de 18 de febrero de 1960" y, asimismo, "CONVENCIDOS de la necesidad de contribuir al logro de un nuevo esquema de cooperación horizontal entre los países en desarrollo y sus áreas de integración, inspirado en los principios del derecho internacional del desarrollo" (ALADI, 1980).

Mantiene la aportación conceptual de constituirse como Asociación (Art. 1), así como su misión de crear un mercado común en el Art. 2. Sin embargo, "La nueva organización recoge las enseñanzas de la anterior y propone una agenda modesta pero objetiva y pragmática" (SEITENFUS, 1997: 202) y, para ello, "el gran salto en la coherencia y organicidad del Tratado se aprecia ya desde su inicio al prever, en los artículos 5, 6 y 7, acuerdos graduales en función del número de Estados miembros" (DITÃO, 2024: 110) mediante el trabajo sincrónico y armónico de acuerdos sobre (i) preferencias arancelarias regionales; (ii) acuerdos de alcance regional y, por supuesto, (iii) acuerdos de alcance parcial, responsables, en definitiva, de la posibilidad de hacer converger (a) "multilateralismo y bilateralismo" (VELASCO, 2008: 751) y de resolver el impasse de la antigua ALALC al prever (b) "un sistema de apoyo a los países de menor desarrollo económico relativo de la Zona" (VELASCO, 2008: 751).

Institucionalmente, dio paso a tres órganos internos de la OI: (i) el Consejo de Ministros de Relaciones Exteriores; (ii) la Conferencia de Evaluación y Convergencia; y (iii) el Comité de Representantes, así como, en todo momento, la cabeza técnica que es la (iv) Secretaría (ALADI, 1980) Junto a ellos, mantuvo, como era de esperar desde el aspecto continuista de la ALALC, la nomenclatura y el término indefinido, pero fue más fructífero en la especificación de ámbitos jurídicos de incidencia normativa, disponiendo brevemente que:

> Para ello, estableció tres ámbitos: (a) la soberanía estricta de los países miembros, como en el artículo 50; (b) la soberanía compartida, recogida en las normas de integración económica, por ejemplo, en los artículos 44 a 49; y (c) el ámbito de competencia de la Asociación frente a terceros, en los artículos 52 y 53, referidos a la personalidad jurídica de la Organización y de sus funcionarios. (DITÃO, 2024: 115)

A pesar de su apertura y pretensiones más comedidas, no se puede ignorar, sin embargo, que la ALADI ha permitido la existencia de "sesenta y cinco Acuerdos de Complementación Económica de Alcance Parcial así como otros treinta y cinco Acuerdos de Alcance Parcial con otros países latinoamericanos y otros veintisiete Acuerdos Comerciales de Alcance Parcial" (DITÃO, 2024: 120) (ALADI, 1980) y, aunque lleno de descrédito, permite la coexistencia de bloques subregionales como la CAN y el MERCOSUR e incluso procesos de integración subregional que no nacieron bajo esta batuta (ARTEGA, 2016) pueden, en un futuro, integrarse al sistema paraguas de la ALADI.

4. LAS INSTITUCIONES DE INTEGRACIÓN SUBREGIONAL

La integración latinoamericana se presenta al principiante como un sinfín de posibilidades y quizá incluso imposible de estudiar de forma organizada. Sobre todo, cuando se contempla en su dimensión subregional. Al final, la sensación de multiplicidad es casi paralizante cuando uno se da cuenta de que "las siglas que impregnan América son innumerables y, por citar algunas, tenemos: ALALC, ALADI, ALBA, ALCA, CAN, CARICOM, CASA, MCCA, MERCOSUR, NAFTA, ODECA y OEA" (DITÃO, 2020: 21).

Varias tensiones emergen del sistema de integración, como se ilustra en el capítulo anterior, en el que la supervivencia del sistema de integración regional sólo fue posible a través de su reinvención en el proceso de sucesión de ALALC por ALADI, fenómeno natural de la constatación de que "el derecho y la política tienen puntos de contacto evidentes" (SZEINFELD, 2022: 12).

Por lo tanto, los límites de un texto introductorio deberían tener en cuenta la relevancia de estas dos dimensiones (política y jurídica) y su impacto en el sistema de integración subregional. Por esta razón, el análisis de los bloques CAN (Comunidad Andina) y MERCOSUR (Mercado Común del Sur) responde más adecuadamente al propósito de este capítulo al presentar los dos bloques más exitosos.

En el caso del MERCOSUR, cuyas "fenomenales cifras de mercado, la circulación de personas a través del Mercosur, o incluso, los éxitos en las relaciones con la Unión Europea" (DITÃO, 2020: 30) corroboran el impacto del bloque reportado por el propio MERCOSUR como la quinta economía del mundo (MERCOSUR, 2024), a pesar de su carácter fundamentalmente intergubernamental. Mientras que la CAN, cuya "creación de otra asociación subregional basada en el concepto de supranacionalidad, y que nació con un expreso carácter 'antiimperialista'" (MARTÍ, 2010: 40) y que existe desde los años sesenta, representa un paradigma icónico de la supervivencia de los procesos subregionales más duraderos y eficaces a pesar de sus naturales dificultades externas e internas.

Es por estas razones que, a pesar de la existencia de varios bloques subregionales, en los siguientes capítulos, en deferencia a los límites introductorios de este trabajo, se analizará la CAN y el MERCOSUR en particular.

4.1. Comunidad Andina (CAN)

La Comunidad Andina es el resultado de la inexorable crisis de la propia ALALC. Partir de ella en los procesos de integración subregional es una necesidad tanto cronológica como coyuntural, resultado de la rearticulación de los países andinos dentro de la ALALC superar las disparidades entre los países miembros integrando únicamente a este grupo de países menos desarrollados de la región.

Así, bajo la égida de "Resolución 75, que reconoce la necesidad de abordar acciones conjuntas en favor de los países de mercado insuficiente, como Chile, Colombia, Perú y Uruguay." (BUSTILLO; CANEVARO; VILLARAN, 2017: 24) Que, gradualmente, num processo que se distanciou (BUSTILLO; CANEVARO; VILLARAN, 2017: 20) da integração continental tentada pela ALALC/ALADI, a CAN desenvolveu a sua própria dimensão de integração, tendo em conta a necessidade de ultrapassar "a simples liberalização do comércio, sem outras medidas de apoio ao desenvolvimento económico geral, agravaria as disparidades económicas em benefício dos considerados grandes" (Argentina, Brasil e México)" (PINTO, 2012: 87).

Mientras tanto, en 1966, en una reunión celebrada en Bogotá, se puso en marcha la Declaración de Bogotá (BUSTILLO; CANEVARO; VILLARAN, 2017: 24) de 1966, que se convertiría en la base de la propia integración andina, ya que se inspiraba en la "Declaración de Bogotá y en la Declaración de los Presidentes de las Américas" (CAN, 2022), por lo que "en virtud de la Declaración de Bogotá se creó una comisión mixta [que] elaboró, a través de sucesivas reuniones, las normas reguladoras de los acuerdos subregionales" (VELASCO, 2008: 777) y después de casi tres años de negociaciones "al término de la VI Reunión de la Comisión (Cartagena, julio-agosto de 1968, mayo de 1969), se pudo finalmente suscribir un acuerdo andino de integración —conocido como Acuerdo de Cartagena—" (VELASCO, 2008: 777).

A pesar de su desprendimiento, la CAN no se separó de ALALC y su sucesora ALADI, sino que se construyó dentro de ellas para, con sus efectos positivos, optimizar la compleja dificultad de las diferencias económicas y sociales existentes dentro del bloque regional (BUSTILLO, 2009: 100), sin embargo, desde su creación ha cristalizado, ya en su preámbulo, algunas ideas propias orientadas a su propia idiosincrasia, como, *por ejemplo*:

> (a) fortalecer la unión de sus pueblos en una comunidad; (b) preservar la soberanía y la independencia a través de la integración regional (como fruto histórico del continente y especialmente de la subregión); (c) promover la integración para el desarrollo económico (isonómico entre sus miembros). (DITÃO, 2024: 124)

Lo que no se puede negar es que el modelo de integración andino contó con uno de los aparatos normativos más sofisticados del continente (PENABIANCO, 1984: 96) invocando desde su Art. 1 los "objetivos de promover el desarrollo equilibrado y armónico de los Países Miembros en condiciones de equidad, mediante la integración y la cooperación económica y social" (CAN, 2022) y, en síntesis, sostuvo que "originalmente, el Acuerdo de Cartagena promovió un esquema de desarrollo basado en tres aspectos bien definidos"(BUSTILLO; CANEVARO; VILLARAN, 2017: 24) que se resumieron en (i) órganos instrumentalizadores; (ii) planificación; (iii) coordinación (DITÃO, 2024: 127).

Históricamente, el proceso de integración andino ha experimentado cuatro periodos fundamentales (a) consolidación (1969-1979); (b) fracaso (1979-1984); (c) relanzamiento (1987-1999); (d) contemporaneidad (desde 2000 hasta la actualidad) (PINTO, 2012: 97/98) y, más allá de la dinámica histórica, ha sido el bloque de integración "que más se ha acercado al modelo europeo" (VIEIRA, 2004: 215), consolidándose, así como el más cercano al sistema de supranacionalidad.

Sus tres (DITÃO, 2024: 130/131) órganos fundamentales eran: (i) el Consejo Presidencial Andino (art. 11), integrado por los Jefes de Estado de los países miembros; (ii) el Parlamento Andino (art. 42); (iii) el Tribunal de Justicia (art. 40), cuyo gran rasgo distintivo era el "carácter vinculante de las Decisiones de la Comisión para todos los países miembros, su propia identidad y autonomía, su inclusión como parte de los ordenamientos jurídicos nacionales y su carácter de derecho común para todos los países miembros" (VIEIRA, 2004: 215), previendo así "su aplicación en todos los países miembros y su supremacía sobre el derecho nacional en caso de conflicto" (PINTO, 2012: 123) entre los países menos desarrollados de la región experimentado y aún experimentado bajo la égida del sistema paraguas ALALC/ALADI.

A pesar de críticas injustas como la de "calificar a la CAN como un tratado burocratizado y con pocos resultados pragmáticos en el ámbito comercial" (PINTO, 2012: 124) no se puede negar que, aún sin el apoyo económico experimentado por la Unión Europea, la CAN ha dejado un aporte al mundo y a América Latina que es la: "su estructura jurídico-institucional es su principal legado dentro de los procesos de integración de la región" (PINTO, 2012: 124).

4.2. Mercado Común del Sur (MERCOSUR)

Mientras los países andinos trataban de superar su desigualdad dentro de la región, los países que formarían Mercosur trataban de superar las tensiones históricas entre sus futuros miembros (WESTIN, 2021), para lo cual el sistema de integración subregional proporcionaría el mecanismo idéntico al *paraguas* da ALALC adoptado por la CAN.

Además, el Mercosur sólo fue posible gracias a la democracia.

Al fin y al cabo, sólo después (o mejor dicho: durante) el proceso de redemocratización de sus dos principales creadores (Argentina y Brasil) fue posible la integración, porque, en primer lugar, permitió que "las redemocratizaciones nacie[ran] de los movimientos populares de estos países, que clamaban por una mayor participación política, por el retorno de las elecciones directas, por el retorno de la representación social en el mundo político" (MARCELLO, 2023: 71) y, en segundo lugar, porque sólo en regímenes libres es posible la asociación de naciones "el espíritu de la monarquía es la guerra y la expansión: el espíritu de la república es la paz y la moderación" (MONTESQUIEU, 2010: 146), en otras palabras, "el principio del gobierno despótico está continuamente corrompido, porque está corrompido por la naturaleza" (MONTESQUIEU, 2010: 134) (BARBOSA, 2010: 19).

"Así, hay una gran coincidencia entre los autores en situar los orígenes próximos del Mercosur a mediados de los años ochenta" (VIEIRA, 2004: 218) cuyo gran hito inaugural fue la firma del Tratado del PICE entre Argentina y Brasil, es decir, "el Acta de Integración Argentino-Brasileña, que instituyó el Programa de Integración y Cooperación Económica (PICE)" (VIEIRA, 2004: 218) que luego pasó de los ensayos iniciales a la firma del Acta de Buenos Aires en 1990 y tras cinco reuniones de los jefes de Estado brasileño y argentino, la experimentación de veintitrés protocolos y cuarenta actas y anexos se convirtió en el proceso de creación del Mercosur que vio "incorporarse al proceso a Paraguay y Uruguay, y el 26 de marzo de 1991 se creó el bloque" (GOMES, 2015: 95) que nació, por supuesto, tras la "formulación de un instrumento específico, a saber, el Tratado de

Asunción de 26 de marzo de 1991, para la inclusión de los dos nuevos participantes y los ajustes pertinentes" (VIEIRA, 2004: 219).

Posteriormente, los procesos de integración se dieron a través de diversos tratados que concedida la vida a lo que hoy es el eje fundamental de la conformación del bloque, es decir, "en términos generales, hoy el Mercosur tiene como textos fundacionales: (a) el Tratado de Asunción; b) el Protocolo de Ouro Preto; c) el Protocolo de Ushuaia; d) el Protocolo de Olivos; e) el Protocolo de Asunción; y (f) el Protocolo del Parlamento del Mercosur" (DITÃO, 2024: 135) que, de forma muy simplificada, pretendía "constituir un Mercado Común, que debería estar establecido para el 31 de diciembre de 1994" (MERCOSUL, 1991) con ambiciosas expectativas que se resumían en el proyecto de "mediante la libre circulación de bienes, servicios y factores productivos, con el establecimiento del Arancel Externo Común (TEC), la adopción de una política comercial común, la coordinación de las políticas macroeconómicas y sectoriales y la armonización de las legislaciones nacionales" (ALMEIDA; BARRETOO, 2014: 237) (DITÃO, 2024: 136).

Sus centros de decisión están constituidos principalmente por (a) el Consejo del Mercado Común; (b) el Grupo del Mercado Común y (c) la Comisión Parlamentaria Mixta, que, a diferencia del sistema andino, se ha caracterizado por un fuerte enfoque intergubernamental, perceptible, por ejemplo, por el Consejo del Mercado Común cuyas decisiones "se adoptan por consenso (Art. 37) y son obligatorias (Art. 6, 9), denominándose decisiones" (PORTO; FLÔRES JUNIOR, 2006: 298) cuyos "Ministros de Relaciones Exteriores y los Ministros de Economía de los Estados Partes [...] Se reunirá cuantas veces lo estime conveniente, y por lo menos una vez al año" (MERCOSUL, 1991).

Junto a los órganos originales CMC, GMC y SAM, tras un largo proceso de construcción normativa conjunta (DITÃO, 2024: 138/139) se incluyeron el PARLASUR (sustituto de la antigua Comisión Parlamentaria Mixta) y el TPR (sustituto de las viejas formas de solución basadas, sobre todo, en el sistema *ad hoc*) (DITÃO, 2020: 202), que "a pesar de llevar el espíritu de la Unión Europea en la transposición de modelos constitucionales en integradores, no lo hicieron en su totalidad, adaptándolos a la realidad latinoamericana" (DITÃO, 2024: 140) como, por ejemplo, la persistente preferencia por el modelo intergubernamental en lugar del europeo supranacional, ya que incluso el PARLASUR y el TPR, junto con los demás órganos existentes como el CMC, el GMC y el SAM, las construcciones normativas del bloque "no tienen aplicabilidad inmediata" (FURLAN, 2008: 243).

A pesar de todos los fructíferos avances normativos dentro del bloque y de sus más de treinta años de existencia, en términos teóricos y prácticos se limita a "una unión aduanera imperfecta" (WOLFENBÜTTEL, 2024) en que actualmente incluye a Argentina, Brasil, Paraguay y Uruguay, además de Venezuela, que está suspendida, y países asociados como Chile, Colombia, Ecuador, Guyana, Perú, Surinam y Bolivia, que está en proceso de adhesión como Estado parte (MERCOSUL, 2024).

Sin embargo, a pesar de las injustas críticas que se le hacen al bloque, no puede desconocerse que "el MERCOSUR, como fenómeno interno a la propia ALADI, realiza aportes genuinos y estrictamente MERCOSUR" (DITÃO, 2024: 138/139) tanto en el campo jurídico, desarrollando una respuesta propia a las necesidades del subgrupo, como en el campo económico, responsable hoy de la favorable balanza comercial FOB de US$ 6.606,81 M. (MERCOSUL, 2024).

5. PERSPECTIVAS DE NUEVA INTEGRACIÓN: EL "SUR GLOBAL"

Las propias relaciones de integración regional son herramientas jurídicas en el escenario internacional para hacer frente a la hegemonía *del Norte*. Es la constatación de que, en realidad, el *Norte global* no suele desempeñar un papel de apoyo real a los procesos de integración latinoamericanos, lo que puede verse, por ejemplo, en el "éxito experimentado por la Unión Europea más por el *Plan Marshall* que por las consolidaciones teóricas de su modelo de integración" (DITÃO, 2024: 81), que no han sido promovidas de la misma manera en América Latina.

Toda la llamada "*teoría de la dependencia*", y las relaciones Centro-Periferia, tan enmarcadas por la CEPAL, son parte de un proceso bastante amplio. Más específicamente, no raras veces hay una clara resistencia de la política de Estados Unidos de América, como la histórica *Doctrina Monroe,* que es casi una repetición del entendimiento de que la "administración de EE.UU. hará todo lo posible para que los proyectos de UNASUR y MERCOSUR sean incompatibles" (MARTIN, 2010: 40). El liderazgo Norteamericano, aunque no pueda ser señalado como causa única de una realidad periférica latina, es parte del sofocamiento económico regional, incapaz de política se expansión.

Por ello, el proceso de integración va actualmente más allá de la simple integración regional en sentido geográfico que se inició en 1826 ante la situación de las antiguas colonias hispanas, admitiendo, de forma aún embrionaria, procesos de integración que representan alianzas Sur-Sur, como el ya iniciado y desarrollado proceso BRICS en el que sus "los países [...] ocupan una posición destacada, aportando al campo de la CID un conjunto de prácticas de Cooperación Sur-Sur (CSS)" (BESHARATI, ESTEVES, 2015), que, en pocas palabras, representan "el carácter innovador [que] reside precisamente en el hecho de que estos países pueden valerse por sí mismos y, al mismo tiempo, formular un nuevo modelo de inserción y cooperación internacional" (CASELLA, 2011: 153).

Un ejemplo reciente y relevante de esta expansión de la integración en una "dinámica Sur-Sur no imperial, concebida como metáfora del sufrimiento humano sistémico e injusto" (SANTOS, 2009: 44) es el experimentado por los "*Belt and Road Initiative* (BRI)" (BELT AND ROAD PORTAL, 2023). Aunque no lo perciba el Occidente contemporáneo, "China fue también el centro más importante de conocimiento, información, religión, educación y otras formas de cultura" (ONUMA, 2017: 194), y experimentó "entre el siglo II a.C. y el siglo XV d.C." (SALVAGNI et al., 2022: 683) lo que se conoció como la "Ruta de la Seda, que unió Oriente con Occidente en la antigüedad, haciendo circular personas, especias, cultura, filosofía, arte y religión" (SALVAGNI et al... 2022: 683).

Recientemente, esta realidad ha experimentado una nueva revitalización ante las nuevas "políticas liberalizadoras introducidas por Den Xiaoping a finales de los años 70". (MENDONÇA, LOPES FILHO & OLIVEIRA, 2021: 10) que, tras décadas de diversas experiencias económicas, culminó con el "lanzamiento de las propuestas que confluirían en el llamado *One Belt, One Road* (OBOR) posteriormente rebautizado como *Belt and Road Initiative* (BRI), tuvo lugar entre septiembre y octubre de 2013" (MENDONÇA, LOPES FILHO & OLIVEIRA, 2021: 13) que pretendía desarrollar un sistema de "*soft power* para ganarse el favor de los socios potenciales. La lógica subyacente a la denominada cooperación "*win-win*" [...] se basaba precisamente en el potencial de complementariedad entre China y sus vecinos más próximos" (MENDONÇA, LOPES FILHO & OLIVEIRA, 2021: 15).

Por supuesto, "El poder es voluntad encaminada para la realización, a través de un orden jurídico, de la sucesión y participación en el poder, sus límites y su orientación hacia un fin común" (SZEINFELD, 2022: 77), y, en consecuencia, la *Belt and Road Initiative* ha demostrado ser un mecanismo de integración Sur-Sur que comenzó en Asia y ahora cuenta con la presencia masiva de países latinoamericanos, con la presencia oficial de "Perú, Chile, Venezuela, Bolivia, Trinidad y Tobago, Antigua y Barbuda, Cuba, El

Salvador, República Dominicana, Ecuador, Granada, Surinam, Uruguay y Barbados" (NASCIMENTO, 2020: 62), demostrando su capacidad de fuerza frente al norte global. Es evidente que, por detrás de todo ello, está la economía de China, no sólo por su capacidad de promocionar y financiar proyectos de desarrollo en países económicamente vulnerables, pero, antes, de poco a poco transformarse en el gran *partner*, el socio comercial más importante de países como Brasil, Argentina, Uruguay, Chile, o incluso de los propios Estados Unidos. Solo para que se tenga un dato entre tantos, "En 2019, sólo 1.100 millones de dólares fueron destinados por el BDC y el CHEXIM a América Latina" (MENDONÇA, LOPES FILHO & OLIVEIRA, 2021: 19).

A pesar de no estar institucionalizada con las mismas formalidades que la ALALC/ALADI y el MERCOSUR y la CAN, la BRI es hoy un fenómeno capaz de representar una perspectiva para una *nueva integración regional*, la integración del Sur global (Sur-Sur). Por lo tanto, BRICS, BRI, MERCOSUR, CAN, ALADI son hoy una intersección ilustrativa del futuro de la integración, a partir de una perspectiva de Sur Global

6. CONCLUSIÓN

Aunque se perciba como incipiente o, a la luz del estándar europeo, como carente de los mismos resultados, no se puede negar que América Latina ha dado vida, experimentado y logrado innumerables éxitos dentro de la experiencia de integración regional.

Éxitos entendidos tanto en la importancia y en la necesidad de la integración como la relavancia de dotarse de sus propios medios y herramientas sin limitarse a la simple reproducción de modelos foráneos que tienen frutos históricos y económicos diferentes a la realidad latinoamericana.

Para ello, acudió al derecho de la integración como mecanismo capaz de evitar la inaplicabilidad del sueño federado e incluso la ineficacia confederada y, con ello en la mano, desde Bolívar hasta el MERCOSUR, desarrolló, adaptó y creó diversas instituciones responsables del proceso de integración del continente y, en sus momentos de crisis tan reiterada, de las subregiones que confluyen en la formación idiosincrática de lo que es esta América Latina sin nombre.

Bajo esta percepción, se experimentó con instituciones y tratados como el Tratado de Unión, Liga y Confederación Perpetua de Bolívar de 1826, el Pacto ABC y las Conferencias Panamericanas. Del mismo modo, en la época contemporánea y en el seno de la ONU, vio irradiar desde la CEPAL un complejo debate que estimuló la creación de ALALC y su sucesora ALADI, que, a pesar de sus interminables crisis, se reinventó y permitió la adopción de la flexibilidad de un sistema *paraguas* que permitiera la coexistencia de la integración para la dificultad más compleja de América Latina: la increíble desigualdad cultural, económica, bélica y hasta territorial entre los países de la región, permitiendo así la creación de bloques subregionales como los más icónicos: CAN y MERCOSUR.

A ello se suman nuevos fenómenos como la *Belt and Road Initiative* (BRI) que, junto a las propuestas latinoamericanas, es capaz de aglutinar fuerzas que siempre han estado relegadas a la periferia del globo en una integración Sur-Global que ya se inició en proyectos como los BRICS y que ahora se ha ampliado en una nueva dimensión de lo que puede y debe llamarse *la nueva integración*.

Existe, por lo tanto, un derecho a la integración con características propias latinoamericanas y, como es natural, con imperfecciones y mucho espacio para progresar y mejorar, pero sin el infame pecado de simplemente reproducir acríticamente ideas, realidades e instituciones extranjeras que no han vivido nuestros dolores, no han experimentado nuestros miedos y, por lo tanto, no saben lo que realmente necesitamos para superar perpetuamente la nefasta sombra de la colonización: sea declarada o velada.

7. BIBLIOGRAFÍA

ALADI: Associação Latino-Americana de Integração. Tratado que Estabelece uma Zona de Livre Comércio e Institui a Associação Latino-Americana de Livre Comércio. - Disponible em: https://www.aladi.org/sitioaladi/language/pt/alalc-2/

ALADI: Associação Latino-americana de Integração. Tratado de Montevidéu de 1980. Disponible em: https://www.aladi.org/sitioaladi/language/pt/tratado-de-montevideu-1980/

ALADI: Associação Latino-Americana de Integração. Alcance Parcial – Artigo 25 del TM80. Disponível em: https://www2.aladi.org/nsfaladi/histtextacdos.nsf/vArt25webRP

ALADI: Associação Latino-Americana de Integração. Alcance Parcial - Comerciais. Disponible em: https://www2.aladi.org/nsfaladi/histtextacdos.nsf/vComercialeswebRP

ALADI: Associação Latino-Americana de Integração. Acordos de Alcance Parcial – Complementação Econômica. Disponible em: https://www2.aladi.org/nsfaladi/histtextacdos.nsf/vacewebRP

ALMEIDA, Paula Wojcikiewicz; BARRETTO, Razfael Zelesco. Direito das organizações internacionais: casos e problemas. Rio de Janeiro: Editora FGV, 2014.

ARTEAGA, Ofelia. Morfologia do processo de integração do Caribe. Primeira parte. Introdução. ALADI: Associación latino-americana de Integración. - Disponible em: https://www2.aladi.org/boletin/portugues/2015/NoviembreDiciembre/articulo.htm

ARTEAGA, Ofelia. Morfologia do Processo de Integração do Caribe. Segunda Parte. Instrumentos jurídicos do processo de integração caribenho. ALADI: Associación latino-americana de Integración. Disponible em: https://www2.aladi.org/boletin/portugues/2016/EneroAbril/articulo08.htm

BARBOSA, Rubens. MERCOSUL e a integração regional. São Paulo: Fundação Memorial da América Latina: Imprensa Oficial do Estado de São Paulo, 2010.

BASSO, Larissa de Santis. A eficácia do regionalismo no desenvolvimento: reflexões para a América Latina. Dissertação (Mestrado) – Programa de Pós-graduação da Faculdade de Direito da Universidade de São Paulo: FDUSP. São Paulo, 2008.

BELT AND ROAD PORTAL. About Us: The Bel and Road Portal. Update: June 21, 2023. - Disponible: https://eng.yidaiyilu.gov.cn/p/0T4ND13J.html

BESHARATI, Neissan; ESTEVES, Paulo. Os BRICS, a cooperação sul-sul e o campo da cooperação para o desenvolvimento internacional. Contexto Internacional (PUC). Vol. 37, nº 1, jan/abr. 2015. Disponible: https://www.scielo.br/j/cint/a/Lsf5qvXRBvnJH6Jttw674RD/#

BOLÍVAR apud MENEZES, Wagner. Carta Círculo Convocatória do Congresso do Panamá - 1824. in Direito Internacional na América Latina: Consolidação Normativa. - Curitiba: Íthala, 2008.

BUENO, Clodoaldo. O Brasil e o integracionismo: do ABC de Rio Branco à Operação Pan-americana. in A América do Sul e a integração regional / Apresentação do Embaixador José Vicente de Sá Pimental; discurso inaugural do Embaixador Antônio de Aguiar Patriota. Brasília: FUNAG, 2012.

BUENO, Elen de Paula. O Congresso do Panamá e o Direito Internacional na América Latina. Dissertação de Mestrado. Programa de Integração da América Latina da Universidade de São Paulo (PROLAM/USP). São Paulo, 2013.

BUSTILLO, Adolfo Lópes; CANEVARO, Jaime Gjurinovi; VILLARÁN, María Luisa Thornberry. Rumbo a los 50 años. El arduo camino de la integración. Peru: Lima, Editado por la Secretaria General de la Comunidad Andina, Soluciones Gráficas S.A.C., 2017.

BUSTILLO, Adolfo López. Los Primeros Cuarenta años de integración andina. Revista de La Integración: Secretaría General de la Comunidad Andina: 40 Años de Integración Andina: Avances y perspectivas. Peru, 2009.

CAN: Comunidade Andina. Acuerdo de Integración Subregional Andino (Acuerdo de Cartagena). Disponible em: https://www.comunidadandina.org/wp-content/uploads/2022/03/acuerdocartagena.pdf

CAN: Comunidad Andina. ¿Quiénes Somos? La Comunidad Andina (CAN). Disponível em: https://www.comunidadandina.org/quienes-somos/

CAN: Comunidade Andina. Acuerdo de Integración Subregional Andino (Acuerdo de Cartagena). Disponible em: https://www.comunidadandina.org/wp-content/uploads/2022/03/acuerdocartagena.pdf

CASELLA, Paulo Borba. BRIC: Brasil, Rússia, Índia, China e África do Sul: uma perspectiva de cooperação internacional. São Paulo: Atlas, 2011.

CRUZ, Luiz Dilermando de Castello. Da ALALC à ALADI - Comentário. Revista Informação Legislativa, n. 21, v. 81 jan/mar. 1984. Brasília - SUPLEMENTO.

DITÃO, Ygor Pierry Piemonte. Autonomia do Direito da Integração: perspectiva a partir da integração sul-americana. Tese (Doutorado). Universidade de São Paulo: Programa de Integração da América Latina, São Paulo, 2024.

DITÃO, Ygor Pierry Piemonte. Integração na América Latina: Uma construção da estrutura da Separação de Poderes do Brasil e Argentina. São Paulo: LiberArs, 2020.

EICHNER, Elisa Felber; COSTA, Gabriela Dorneles da; SCHELP, Priscila Gonçalves; MACHADO, Thales Cescencio Wisinki. O Pacto ABC de 1915 e suas implicações para a Política Externa Brasileira para o Cone Sul. Revista Percpecitva. Reflexões Sobre a temática Internacional, 9(16).

FIGUEIREDO, Alexandre Ganan de Brites; BRAGA, Márcio Bobik. Simón Bolívar e o Congresso do Panamá: O primeiro integracionismo latino-americano. Passagens. Revista Internacional de História Política e Cultura Jurídica Rio de Janeiro: vol. 9, no. 2, maio-agosto, 2017.

FURLAN, Fernando de Magalhães. Supranacionalidade nas associações de Estados: repensando a soberania. Curitiba: Juruá, 2008.

FURTADO, Celso. A economia latino-americana: formação histórica e problemas contemporâneos. 5ª ed. São Paulo: Companhia das Letras, 2019.

GOMES, Eduardo Biacchi. Direito da Integração Econômica. Curitiba: InterSaberes, 2015.

GOMES, Eduardo Bicchi. A nova concepção de Estado Perante o Direito da Integração. Revista de Informação Legislativa. Brasília a. 42 n. 167 jul./set. 2005.

LUQUINI, Roberto de Almeida. A integração regional na América Latina e no Mercosul. In Manual de integração regional. Coordenação de Daniel Amin Ferraz. Belo Horizonte: Mandamentos, 2004.

MARCELLO, Karen. Quimera democrática: aspectos constitucionais e internacionais da (instável) Democracia Brasileira e Argentina. Dissertação de Mestrado. Programa de Integração da América Latina da Universidade de São Paulo (PROLAM/USP). 2023.

MARIANO, Karina L. Pasquariello. ROMERO, Ana María Suárez. RIBEIRO, Clarissa Correa Neto. Percepções governamentais sobre a integração regional na América do Sul. In Boletim de Economia e Política Internacional | BEPI | n. 21 | set./dez.2015.

MARTÍ, José. Introdução: homenagem à Simon Bolívar, 1893. in Independência e unidade latino-americana: escritos políticos. Trad. Coletivo Brigadas Populares e Marcha Patriótica. - 1. ed. - Rio de Janeiro: Consequência Editora 2015.

MARTIN, André Roberto. Sopa de letrinhas: Alba, Alca, Mercosul, Unasul, Can... para onde vai a Integração Latino-Americana? *In* Argentina e Brasil: Possibilidades e obstáculos no processo de integração territorial. org. Mônica Arroyo, Perla Zusman. São Paulo: Humanitas; Buenos Aires: Facultad de Filosofia y Letras, 2010.

MELLO, Celso Duvivier de Albuquerque. Direito internacional americano: (estudo sobre a contribuição de um direito regional para a integração econômica). Rio de Janeiro: Renovar, 1995.

MENDONÇA, Marco Aurélio Alves de; LOPES FILHO, Carlos Renato da Fonseca Ungaretti; OLIVEIRA, Jualian Kelly Barbosa da Silva. A nova rota da sede a e projeção econômica internacional da China: redes de financiamento e fluxos de investimento externo direto (IED). Boletim de Economia e Política Internacional | BEPI | n° 31 | set./dez. 2021.

MENEZES, Wagner. Direito Internacional na América Latina. Curitiba: Juruá, 2011.

MERCOSUL: Mercado Comum do Sul. Somos Mercosul. Disponible: https://www.mercosur.int/pt-br/

MERCOSUL: Mercado Comum do Sul. Textos Fundacionais. Disponible em: https://www.mercosur.int/pt-br/documentos-e-normativa/textos-fundacionais/

MERCOSUL: Mercado Comum do Sul. Tratado Para a Constituição de Um Mercado Comum Entre a República Argentina, a República Federativa do Brasil, a República do Paraguai e a República Oriental do Uruguai. Disponível em: https://www.mercosur.int/pt-br/documento/tratado-de-assuncao para-a-constituicao-de-um-mercado-comum/

MERCOSUL: Mercado Comum do Sul. Países do MERCOSUL. Disponible em: https://www.mercosur.int/pt-br/quem-somos/paises-do-mercosul/

MERCOSUL: Mercado Comum do Sul. Estatística SECEM. Disponible em: https://estadisticas.mercosur.int/?language=pt

NASCIMENTO, Maria Côrtes do. A nova rota da seda: interpretações sobre a ascensão da China para o capitalismo global. Dissertação de Mestrado. Universidade Federal da Bahia, Salvador. 2020.

O ABC da integração latino-americana [recurso eletrônico]: das origens aos desafios contemporâneos / Organizadores Fabiana de Oliveira, Vitor Stuarta Gabriel de Pieri – Pelotas: ED. UFPel, 2022.

OLIVEIRA, Odete Maria de. Velhos e novos regionalismos: uma exploração de acordos regionais e bilaterais no mundo. Ijuí: Editora Unijuí, 2009.

ONU apud MENEZES, Wagner. Direito Internacional da América Latina: consolidação normativa. Curitiba: Íthala, 2008.

ONUMA, Yasuaki. Direito internacional em perspectiva transcivilizacional: questionamento da estrutura cognitiva predominante no emergente mundo multipolar e multicivilizacional do século XX. Vários tradutores, Belo Horizonte: Arraes Editores, 2017.

PENABIANCO, Massimo. O Grupo Sub-Regional Andino. R. Inf. legisl. Brasília a. 21 n. 81 jan./mar. 1984 (Tradução de Anna Maria Villela). SUPLEMENTO.

PINTO, Hugo Eduardo Meza. A estratégia de integração econômica regional na América Latina: o caso da comunidade andina. Curitiba: Juruá, 2012

PORTO, Manuel Carlos Lopes; FLÔRES JUNIOR, Renato Galvão. Teoria e políticas de integração na União Europeia e no Mercosul. Rio de Janeiro: Editora FGV, 2006.

R., Luís Estavan Martinez; R., Álvaro Hurtado; BUILLES, Francisco; CALLE, Natalia; B., Fredy Vásquez. Los Ciclos económicos en ALALC o ALADI, CAN, CAFTA, MCCA: 1960-2008. Perfil de Coyuntura Económica, n. 20, deciembre 2012, pp. 127 153. Universidad de Antioquia.

SALVAGNI, Julice; SILVA, Magda Georgia da; VERONESE, Marília Veríssimo; AVILA, Róbert Ituriet. A ascensão chinesa e a nova rota da seda: mudanças globais, novas hegemonias. Revista Sociedade e Estado – vol. 37, n° 2, maio/agosto 2022.

SANTOS, Boaventura de Sousa. Para além do pensamento abissal: das linhas globais a uma ecologia dos saberes. *In* Epistemologias do Sul. Org. Boaventura de Sousa Santos, Maria Paula Meneses. (CES). Coimbra: Almedina, 2009.

SEITENFUS, Ricardo Antônio Silva. Manual das organizações internacionais. Porto Alegra: Livraria dos Advogado, 1997.

SZEINFELD, Jorge C. Manual de Derecho Político. 1ª ed. Ciudad Autónoma de Buenos Aires: Erreius, 2022.

Tratado de União, Liga e Confederação Perpétua - 1826. in MENEZES, Wagner. Direito Internacional na América Latina: Consolidação Normativa. Curitiba: Íthala, 2008.

VELASCO, Manuel Diez de. Las organizaciones internacionales. 15ª edición - Madrid: Editorial Tecnos, 2008.

VIEIRA, José Luiz Conrado. A integração econômica internacional na era da globalização: aspectos jurídicos, econômicos e políticos sob os primas conceitual e crítico. 1ª ed. - São Paulo: Letras & Letras, 2004.

WESTIN, Ricardo. Criação do Mercosul pôs fim às tensões históricas entre Brasil e Argentina. Senado Federal do Brasil. Arquivo S. Edição 76. Publicado em 5/3/2021. Disponible en: https://www12.senado.leg.br/noticias/especiais/arquivo-s/ha-30-anos-criacao-do-mercosul-pos-fim-as-tensoes-historicas-entre-brasil-e-argentina

WOLFFENBÜTTEL, Andréa. O que é? União Aduaneira. Desafios do desenvolvimento: IPEA. Revista de Informações e debates do Instituto de Pesquisa Econômica Aplicada. Disponible em: https://www.ipea.gov.br/desafios/index.php?option=com_content&view=article&id=2130:catid=28&Ite mid=23

1.5. Pluralismo nacional en el Ecuador y en Bolívia: El Caso de la Justicia Indígena

EDUARDO CALERO JARAMILLO[1]
Ecuador
eduardocaleroj70@gmail.com

MARÍA CONCEPCIÓN CHACÓN ABARCA[2]
Ecuador
maconcepcionchacon@gmail.com

1. INTRODUCCIÓN

Este capítulo traerá una presentación de algo peculiar de Latinoamérica: el modo como se han impuesto los "países plurinacionales", lo que hubo específicamente en las recientes Constituciones de Bolivia y Ecuador. Los efectos del reconocimiento de que existan, dentro de un mismo país, distintas naciones pasa, de modo más especial, por reconocer a los distintos pueblos indígenas un sistema propio de justicia, adecuado a sus valores y costumbres.

En ese sentido, más que un texto jurídico, presentar los fundamentos de la justicia indígena en esos países declaradamente plurinacionales trae un fundamento antropológico y político de la región, a partir de lo que significa reconocer los patrones internos de las comunidades y naciones originarias, alzándolas al estatus de leyes y jurisdicciones. Como modo de ilustración, se construye el relato, documentado, de un caso más específico de conflicto entre la jurisdicción del Estado y la interna de la comunidad indígena, para que se comprendan los escollos de la plurinacionalidad en la práctica. Con ello, la característica latinoamericana de un Estado mira

---

1 Doctor en Derecho por la Universidad Andina Simón Bolívar, Magíster en derechos Humanos, Magíster en Derecho de Familia mención en Mediación Familiar, Especialista en Derecho Patrimonial, Licenciado en Ciencias Públicas y Sociales, Doctor en Jurisprudencia y Abogado de los Juzgados y Tribunales de la República del Ecuador, académico, pensador, escritor, promotor de derechos humanos.

2 Magíster en Derecho penal por la Universidad de Salamanca, Abogada de los Juzgados y Tribunales de la República del Ecuador, académica e investigadora.

hacia el respeto a sus comunidades originarias, demostrando un gran reto para todo el continente.

2. PLURALISMO JURÍDICO EN ECUADOR Y BOLIVIA

Antes de iniciar el estudio de los efectos del pluralismo jurídico en ambos países, hay que apuntar una causa evidente: ambos países tienen una población indígena, aunque en términos relativos, más representativa que otros de Latinoamérica. En Ecuador, por ejemplo, el Instituto Ecuatoriano de Estadísticas y Censo (INEC) en el año 2022, indicó que la población actual es de 17.895.131 habitantes, de lo cual la población indígena se encuentra distribuida de la siguiente manera; el 68,20% asentados en territorio ancestral de la Sierra, el 24, 06% en la Amazonía y un 7,5% en la región Costa (Instituto Nacional de Estadísticas y Censos).

En Ecuador, el pluralismo jurídico se consagra en la Constitución del año de 1998 donde se logra el reconocimiento e inclusión de los pueblos aborígenes debido a las segregaciones por parte del gobierno central en la década de los 90s. En este sentido, se implementa en la Constitución, en el artículo 191 inciso final que: "*Las autoridades de los pueblos indígenas ejercerán funciones de justicia, aplicando normas y procedimientos propios para la solución de conflictos internos, de conformidad con sus costumbres o derecho consuetudinario siempre que no sea contrario a la Constitución y las leyes, la ley hará compatible aquellas funciones con la del sistema judicial nacional*" (Asamblea Nacional Constituyente, 1998). Reconociendo a estos pueblos, nacionalidades y comunas a ejercer jurisdicción en sus territorios en base a sus normas y procedimientos establecidos.

Posterior a ello, con la conformación de la Asamblea Constituyente en Montecristi en el año 2007 donde 103 asambleístas tuvieron que elaborar y aprobar la nueva constitución, nace la nueva carta Magna Ecuatoriana en el año 2008, donde se establece en el artículo 1 que: "El Ecuador es un Estado constitucional de derechos y justicia, social, democrático, soberano, independiente, unitario, intercultural, plurinacional y laico. Se organiza en forma de república y se gobierna de manera descentralizada". (Asamblea Nacional Constituyente, 2008, 6).

En el caso de Bolivia, el reconocimiento de la pluriculturalidad y del derecho se genera a partir de la reforma de la Constitución del año 1967 en el año 1994 mediante la ley No. 1585 de 12 de agosto, donde se establece en la Carta Magna Boliviana (1994) en el artículo 1 que: "*Bolivia, libre, independiente, soberana, multiétnica y pluricultural, constituida en República uni-*

taria, adopta para su gobierno la forma democrática representativa, fundada en la unidad y la solidaridad de todos los bolivianos" (Honorable Congreso Nacional 1994,2).

Para (Hassenteufel *et al.*2006) "las reformas más importantes fueron introducidas por las leyes No.1585 de 12 de agosto de 1994 y 2631 de 20 de febrero de 2004. La primera, definió la estructura social como multiétnica y pluricultural; reconoció de manera expresa los derechos sociales, económicos y culturales de los pueblos indígenas; reconoció a sus autoridades naturales y la aplicación de normas propias para la solución de conflictos, de conformidad a sus usos y costumbres." Por otra parte, (Derpic 2002,13) menciona que "reconocer esta parte en la nueva constitución representa una evidente reivindicación de carácter histórico que hace justicia con quienes, a lo largo de más de ciento setenta y cinco años de vida republicana, vivieron marginados del proceso de toma de decisiones del país".

En el año 2006 el pueblo boliviano eligió a los miembros de la asamblea constituyente quienes trabajaron en la redacción y aprobación de la nueva carta magna, reconociendo el pluralismo jurídico existente en este territorio, mismo que fue aprobado con la presencia de 164 legisladores de los 255 miembros. Mediante Ley N°3942 de 21 de octubre de 2008 de acuerdo a lo determinado en el artículo 1 se convocó para el domingo 25 de enero de 2009 al Referéndum Dirimidor donde el 61,43% de los ciudadanos votaron a favor de la nueva Constitución (Honorable Congreso Nacional de Bolivia)

Así pues, con la entrega oficial de resultados, el presidente Evo Morales, el 7 de febrero de 2009 promulgó en la ciudad de El Alto la nueva carta magna Boliviana, donde el legislador constitucional reconoce en su artículo 1 al estado como **plurinacional, comunitario e intercultural**, dando paso a una nueva estructura jurídica donde se valora la plurinacionalidad, interculturalidad y el pluralismo jurídico, mientras que en el artículo 178 establece la potestad de los pueblos y nacionalidades indígenas para impartir justicia.(Asamblea Nacional Constituyente 2009, 45)

En cambio, Díaz Ocampo y Antenúz Sánchez señalan "el pluralismo concebido como la coexistencia de diversos órdenes jurídicos en un espacio geopolítico cobró auge a finales del siglo XIX y primera mitad del XX, como una reacción ante el positivismo que emprendió la reducción del derecho en el marco del proyecto moderno; pero no es hasta la década del 60 del siglo pasado que se convirtió en un tema de discusión central en la antropología y la sociología del derecho" (Díaz y Antenúz *et al*, 2017). Por otra parte, la Organización Internacional de Trabajo OIT (1989), en su convención 169 en el numeral 2 del artículo 8 establece que: "Dichos pueblos deberán tener el derecho de conservar sus costumbres e instituciones propias, siempre que éstas no sean incompatibles con los derechos fundamentales definidos por el sistema jurídico nacional ni con los derechos humanos internacionalmente reconocidos" (Organización Internacional del Trabajo).

Por otra parte, la Corte Constitucional Ecuatoriana en el año 2014 en la sentencia N°113-14-SEP-CC, indica que el pluralismo Jurídico "representa de la coexistencia de dos o más sistemas jurídicos dentro de un mismo Estado. La presencia de varios sistemas jurídicos plantea la existencia de normas sustantivas y adjetivas de diverso origen que demandan su obediencia y aplicación en un mismo territorio" (Corte Constitucional del Ecuador).

De ahí, que la Corte Constitucional reconoce el derecho de los pueblos, nacionalidades y comunidades indígenas para crear derecho, otorgando el respeto que han exigido reconociendo y valorando su identidad cultural.

Mientras que, para el Tribunal Plurinacional de Bolivia en el año 2013, en su sentencia N°0037-2013, el pluralismo jurídico es "la coexistencia de varios sistemas jurídicos, políticos, económicos, no se reduce a "reconocer" los otros sistemas por parte de una cultura superior que decide "reconocer" la coexistencia de otros sistemas y formas de organización, máxime si estos sistemas son anteriores y preexistentes al Estado" (Tribunal Plurinacional de Bolivia).

Así, cada uno de los tribunales ha dado una definición con respecto al pluralismo Jurídico figurando como la existencia de *dos o más sistemas jurídicos dentro de un territorio.* Aunque sea esa la definición, la puesta en práctica de esos derechos ha sido bastante distinta.

Debido a que la Corte Constitucional Ecuatoriana en la sentencia 309-15-SEP-CC ha señalado que, "Con el reconocimiento del derecho propio de las comunidades indígenas y la obligación constitucional de satisfacer dicho derecho bajo el principio de igualdad, se visibiliza la coexistencia de distintos regímenes jurídicos al interior del Estado" (Corte Constitucional del Ecuador), por lo que el Tribunal Ecuatoriano reconoce la justicia indígena previo a la existencia del sistema ordinario de justicia. Por otro lado, el Tribunal Plurinacional de Bolivia en la sentencia N°0037 del año 2013 ha hecho referencia que "la construcción de una institucionalidad plurinacional descolonizadora, despoja de las lógicas de la colonialidad y bajo un proceso de reconstitución y reencuentro de los propios saberes y conocimiento" (Tribunal Plurinacional de Bolivia) si bien es cierto, la postura de este tribunal es de una reconstrucción del Estado en torno a las diferentes cosmovisiones de sus habitantes, un visión de refundación y descolonizadora.

Por consiguiente, es evidente de que en Ecuador y Bolivia se ha reconocido la existencia de varios sistemas jurídicos los cuales rigen a sus habitantes de acuerdo a su auto identificación, los cuales se presentan como sistemas propios con normas reguladoras de la actuación de las personas en la sociedad, y las instituciones que se encargan de administrar justicia y ejecutar lo juzgado.

3. JUSTICIA INDÍGENA Y PLURINACIONALIDAD

El legislador Ecuatoriano a través de la Constitución de 1998, reconoce el derecho de los pueblos, nacionalidades y comunas indígenas en el Ecuador, aplicar sus propios procedimientos y normas a los habitantes de estos territorios ancestrales, respetando siempre la Constitución, Convenios y Tratados Internacionales, este reconocimiento lo realiza en el artículo 191 inciso segundo (Congreso Nacional del Ecuador 1998 60).

La justicia Indígena ha existido desde épocas muy antiguas y ha nacido de la voluntad de los miembros de los pueblos y nacionalidades indígenas. Para Díaz y Antúnez "La jurisdicción indígena se refiere a la potestad de los pueblos indígenas de recurrir a sus autoridades e instancias internas para dar solución a las controversias que se generen dentro de sus territorios, así como la facultad de tomar decisiones juzgar y ejecutar de acuerdo con sus normas tradicionales" (Díaz y Antúnez *et al.* 2016).

El reconocimiento de la justicia indígena en el Ecuador ha sido el resultado de las luchas y levantamientos del pueblo indígena y campesina el cual inició en el año de 1980, donde se conforma el Consejo Nacional de Coordinación de Nacionalidades (CONACNIE) que tuvo como objetivo principal el fortalecimiento de los pueblos indígenas. En ese mismo año, en el mes de noviembre de 1986 donde se llevó a cabo la primera reunión de la CONACNIE en la ciudad de Quito en el campamento Nueva Vida, de este encuentro, se constituyó la organización de la Confederación de Nacionalidades y Pueblos Indígenas del Ecuador (Confederación de Nacionalidades Indígenas del Ecuador- CONAIE).

La CONAIE a partir de su constitución ha tenido como objetivo principal luchar por los derechos de los pueblos ancestrales quienes desde la época de la colonia han sufrido discriminación, explotación, tortura, racismo hacia el pueblo ancestral a quien se le impuso una lengua, religión, costumbres y tradiciones en la colonización (Confederación de Nacionalidades Indígena del Ecuador- CONAIE)

A partir del primer levantamiento denominado Inti Raymi (Fiesta del Sol) en el año de 1990 donde grupos de siete provincias iniciaron las manifestaciones en contra del gobierno del otrora presidente de la República del Ecuador Rodrigo Borja (1988-1992) donde en el Boletín No. 2, denominado "Mandato por la defensa a la vida y los derechos de las nacionalidades indígenas", Ecuarunari, se indicaba que las demandas fundamentales en el levantamiento indígena eran las siguientes:

1. Entrega, solución y legalización en forma gratuita de la tierra y territorios para las nacionalidades indígenas.
2. Solución a los problemas de agua, considerado como un problema social, bajo tres aspectos: agua para regadío, consumo y políticas de no contaminación a través de un instructivo para el control del medio ambiente.
3. No al pago del predio rústico.
4. Cumplir y hacer cumplir el Acuerdo de Sarayacu.
5. Exigir la creación de partidas presupuestarias para las direcciones provinciales y nacionales y entrega de recursos económicos permanentes del convenio MEC-CONAIE.
6. Condonación de las deudas por parte del FODERUMA, IERAC, FEPP, Banco de Fomento y otros.
7. Reforma del artículo 1 de la Constitución, que declare el Estado Plurinacional.
8. Exigir la entrega inmediata de los fondos presupuestarios para las nacionalidades indígenas, a través de un proyecto de ley presentado por la CONAIE, discutido y aprobado por el Congreso Nacional.
9. Congelamiento de los precios de los productos industrializados de primera necesidad, mínimo por dos años, y fijación de precios justos de los productos campesinos de la economía de subsistencia, a través de la autonomía en el mercado.
10. Cumplimiento, terminación y realización de las obras prioritarias de infraestructura básica de las comunidades indígenas.
11. Libre importación y exportación para los comerciantes y artesanos miembros de la CONAIE.
12. Aprobación de ordenanzas a nivel nacional, que declaren el control, protección y desarrollo de los sitios arqueológicos, por parte de la CONAIE y sus organizaciones filiales.
13. Expulsión del Instituto Lingüístico de Verano (ILV), por medio del cumplimiento del decreto ejecutivo 11-59 de 1981.
14. Exigimos respeto a los derechos del niño, por lo que rechazamos las propuestas de este gobierno de convocar a elecciones a la población infantil, sin haber trabajado para que ésta tenga una conciencia crítica de la situación en que vivimos.
15. Exigimos que mediante decreto sea legalizada y finanziada por el Estado la práctica de la medicina indígena.
16. Exigimos la inmediata derogatoria de los decretos con los que se han creado instituciones paralelas a los Consejos Provinciales y Municipales, como el

CORNOFORT, organismos que están dirigidos por un solo partido político, que los utiliza para montar empresas electorales que trafican con las conciencias de nuestras comunidades indígenas. (Yachana e-archivo ecuatoriano)

Para Pérez Guartambel "este sistema jurídico no es nuevo, es el más antiguo en todos los pueblos del mundo y de la Abya Yala en particular, es consustancial al origen de la comunidad indígena, razón suficiente para calificar como derecho histórico" (Pérez, 2006, 195), mientras que Hernández Terán afirma que "el derecho indígena es el conjunto de principios, de normas, de usos y costumbres no vulneradores de los derechos humanos, que regulan prioritariamente la convivencia de los indígenas al interior de sus comunidades y que procuran, a la vez que la realización de la paz social, dar el soporte necesario para la conservación permanente de la identidad cultural de dichas comunidades; regulando también la institucionalidad organizacional y democrática de la vida indígena" (Hernández 2011, 12).

La Confederación de Nacionalidades Indígenas del Ecuador citada por Tibán hace referencia al pensamiento de esta organización sobre derecho indígena estableciendo que: "Para nosotros los indígenas, el derecho es un derecho vivo, dinámico, no escrito, el cual a través de su conjunto de normas regula los más diversos aspectos y conductas del convivir comunitario. A diferencia de lo que sucede con la legislación oficial, la legislación indígena es conocida por todo el pueblo, es decir, que existe una socialización en el conocimiento del sistema legal, una participación directa en la administración de justicia, en los sistemas rehabilitación, que garantiza el convivir armónico".

4. CARACTERÍSTICAS DE LA JUSTICIA INDÍGENA

Por lo que el derecho indígena viene a ser un derecho trasmitido de generación en generación de manera oral, siendo un sistema autónomo e independiente regido por 3 principios que son el AMA KILLA, AMA SHUA y AMA LLULLA que significa no ser ocioso, no robar y no mentir, principios que el legislador ecuatoriano ha establecido en el numeral 2 artículo 83 de la Carta Magna como deberes y responsabilidades de las/los ecuatorianos(as). (Asamblea Nacional Constituyente 2008, 38)

Estos principios son también la base para la construcción del *Sumak Kawsay*, como lo menciona Pérez Guartambel "el Sumak Alli Kawsay (convivir a plenitud) más que una riqueza material, es una riqueza espiritual, el convivir simple y sencillo de la hermandad cósmica, de la especie humana y todas las especies vivas que brotan de la Pachamama (espacio/tiempo-materia/energía)" (Pérez 2008,76).

Igualmente *Ariruma Kowii* hace referencia que el sumak kawsay es "*Wawakunaka yurakunashna wiñan, alli wakichikpika alli wiñan, mana alli wakichikpika mana alli wiñankachu.* Se suele decir que las personas crecen igual que las plantas: si los cuidados son adecuados, su crecimiento y sus frutos son buenos, si no se los cuida, entonces los frutos tampoco serán satisfactorios." (Kowii 2008, 437). Es decir, los valores del Ama Killa, Ama Shua y Ama Llulla son esenciales para poder vivir en armonía y equilibrio garantizando el bienestar individual y colectivo.

Como ya se ha dicho, el Ecuador no es el único país que ha incorporado dentro de sus Cartas Magnas la figura de justicia indígena; en el caso de Bolivia (2009) la encontramos tipificado en el artículo 190 numeral I y II estableciendo que: "I. Las naciones y pueblos indígena originario ejercerán sus funciones jurisdiccionales y competencia a través de sus autoridades, y aplicarán sus principios, valores culturales, normas y procedimientos propios. II. La jurisdicción indígena originaria campesina respeta el derecho a la vida, el derecho a la defensa y demás derechos y garantías establecidos en la presente Constitución". (Asamblea Constituyente de Bolivia 2009 48), asimismo, el legislador Peruano en su Carta Magna (1993) establece en el artículo 149 que "las autoridades de las comunidades campesinas y nativas, con el apoyo de las rondas campesina, pueden ejercer las funciones jurisdiccionales dentro de su ámbito territorial de conformidad con el derecho consuetudinario, siempre que no violen los derechos fundamentales de la persona. La ley establece las formas de coordinación de dicha jurisdicción especial con los Juzgados de Paz y con las demás instancias del Poder Judicial". (Congreso Constituyente Democrático de Perú 1993 45)

Cada comunidad, pueblo y nacionalidad tiene su propio procedimiento para poder sancionar cualquier conflicto de cualquier materia de acuerdo a lo establecido en el artículo 171 de la Constitución Ecuatoriana, por ejemplo la Corte Constitucional en la sentencia 113-24-SEP-CC, (2014) recoge el procedimiento del pueblo Panzaleo, de nacionalidad kichwa, oriundo de la provincia de Cotopaxi, donde determina los varios momentos que se deben cumplir señalando que: "el primero consiste en la demanda o denuncia (willachina o willana) que se realiza ante el presidente, el Cabildo o directamente la Asamblea General (dependiendo de la gravedad del asunto).(Corte Constitucional del Ecuador)

Esta solicitud consiste en el requerimiento de intervención en la solución del conflicto y constituye la única vía para la realización de un proceso, pues la justicia indígena no se activa de oficio. Con la denuncia se configura un presupuesto básico insustituible en la justicia indígena: la obligación de someterse y aceptar lo que se resuelva, así como respetar y cumplir las medidas que adopte la comunidad. Solo cuando se ha cumplido esta primera fase se puede iniciar el proceso de juzgamiento. El proceso se inicia con la convocatoria a una Asamblea General en donde se da a conocer públicamente los hechos y detalles del caso. La Asamblea abre un periodo de averiguación o constatación de los hechos (Tapuykuna o tapuna), en el cual se designan comisiones o comisionados que serán los encargados de llevar adelante la investigación o esclarecimiento de los hechos". (Corte Constitucional del Ecuador)

Es importante mencionar que para el pueblo indígena sus autoridades son personas que tienen buen comportamiento, una conducta ejemplar y que no solo buscan representar al colectivo sino, también proteger sus derechos. Estas autoridades buscan aplicar el principio de equilibriedad como menciona Pérez "constituye un elemento clave para garantizar la armonía" (Pérez 2018 83), por lo que el objetivo principal del derecho indígena es evitar el desbalances para evitar que se alteren las relaciones personales, familiares y comunitarias de los individuos.

En el caso de que las comisiones determinen indicios de responsabilidad en base a las pruebas obtenidas en la etapa de la Tapuykuna o tapuna, se reunirá la Asamblea General y apertura un período de deliberación, en esta etapa pueden participar las partes, testigos, y pruebas recopiladas de la investigación. (Corte Constitucional del Ecuador). Pérez señala que: "Los mayores son quienes orientan las averiguaciones, recolectan rastros, huellas, indagan los indicios partiendo siempre del criterio integral sistémico. Averiguan los antecedentes del sospechoso, su filiación, sus amistades, e indagan si labora, o no, y si trabaja" (Pérez 2006, 191). Se convoca al sospechoso, y si ha desaparecido (huido) la duda o sospecha es mayor. Posteriormente, el cabildo invita al ofendido para que narre los hechos ocurridos, para que presente su reclamo y su aspiración. (Corte Constitucional del Ecuador)

Acto seguido, a la respuesta del sospechoso y de haber una aceptación, no hay nada que investigar, concluyendo esta etapa procesal. El testigo, Rikuk, dicen con verdad, acerca de los hechos, o de los actos, que han presenciado, visto u oído. Si tienen grabaciones o fotografías, pueden presentarlas". (Corte Constitucional del Ecuador)

En forma comunitaria se establece la culpabilidad o inocencia de las o los infractores, por lo que se procede adoptar la solución y conciliación entre las partes, para los miembros de la comunidad la Cocha es necesario la adopción de medidas de sanación (kishpichirina) (Corte Constitucional del Ecuador). Otros autores tales como (Luque *et al.* 2019) aluden "actos como el baño en agua helada, el ortigamiento (baños con ortiga, la misma que al tener pelos y espinas, libera una sustancia ácida que produce escozor e inflamación en la piel, el sufrimiento del castigo tiene como finalidad purificar el cuerpo y mente de quien cometió un delito". La Corte Constitucional Ecuatoriana indica que: "la Asamblea General (como máxima autoridad" la que toma una resolución, califica el acto denunciado, señala los autores o cómplices, determina las medidas reparatorias y las ejecuta"[3].

Todo ello está de acuerdo con el reconocimiento de la justicia indígena en Ecuador, que obliga la soberanía de las comunidades, delante de las insituciones públicas[4].

Como se menciona en el artículo anterior el reconocimiento del derecho indígena y del derecho consuetudinario se hace en relación al artículo 1 de la Constitución Ecuatoriana donde se reconoce que en el Ecuador existen pueblos, nacionalidades y comunidades indígenas, para Zhumi y Trelles "es el reconocimiento pleno al hecho de que no existe un solo dere-

---

3 También el rol de la mujer indígena dentro de los procesos de juzgamiento es importante ya que ellas son las encargadas de ejecutar la resolución determinada por la Asamblea (Paktachina), terminado el proceso de sanación el infractor y su familia re reunirá con el (kunak) o aconsejador quien le reprenderá por su conducta y le hablará de la importancia de la armonía y paz que debe tener la comunidad para poder lograr el buen vivir. (Corte Constitucional del Ecuador).

4 Así, el artículo 111 de la Constitucion Ecuatoriana "Las autoridades de las comunidades, pueblos y nacionalidades indígenas ejercerán funciones jurisdiccionales, con base en sus tradiciones ancestrales y su derecho propio, dentro de su ámbito territorial, con garantía de participación y decisión de las mujeres. Las autoridades aplicarán normas y procedimientos propios para la solución de sus conflictos internos, y que no sean contrarios a la Constitución y a los derechos humanos reconocidos en instrumentos internacionales.El Estado garantizará que las decisiones de la jurisdicción indígena sean respetadas por las instituciones y autoridades públicas. Dichas decisiones estarán sujetas al control de constitucionalidad. La ley establecerá los mecanismos de coordinación cooperación entre la jurisdicción indígena y la jurisdicción ordinaria". (Asamblea Nacional Constituyente 2008, 63). También cabe señalar que en el Código Orgánico de la Función Judicial en el artículo 344 se menciona los principios de la justicia intercultural se los realiza en base a la: diversidad, igualdad, non bis in ídem, pro justicia indígena, interpretación intercultural. (Asamblea Nacional del Ecuador 2015, 107).

cho válido, único y universal, aplicable a todos, sino varios derechos y sistemas jurídicos que han coexistido por décadas"(Zhumi y Trelles *et al.* 2020).

Cabe señalar que en el Código Orgánico de la Función Judicial en el artículo 344 se menciona los principios de la justicia intercultural se los realiza en base a la: diversidad, igualdad, non bis in ídem, pro justicia indígena, interpretación intercultural. (Asamblea Nacional del Ecuador 2015, 107).

En cuanto a Bolivia, el derecho indígena se ha reconocido en el artículo 171 de la Constitución donde se establece que: "La jurisdicción indígena originario campesina se fundamenta en un vínculo particular de las personas que son miembros de la respectiva nación o pueblo indígena originario campesino", a su vez en el artículo 192 de la misma ley se determina que: "El Estado promoverá y fortalecerá la justicia indígena originaria campesina (Asamblea Constituyente de Bolivia 2009, 42).

La Ley de Deslinde Jurisdiccional, determinará los mecanismos de coordinación y cooperación entre la jurisdicción indígena originaria campesina con la jurisdicción ordinaria y la jurisdicción agroambiental y todas las jurisdicciones constitucionalmente reconocidas". Se debe agregar que por mandato constitucional se reconoce la potestad de los pueblos, naciones y comunidades indígenas de impartir justicia en base a sus normas, procedimientos, es por ello que en la sentencia N°0037-2013 del Tribunal Constitucional de Bolivia se menciona que se puede administrar justicia originaria de acuerdo a las costumbres en los ámbitos siguientes: "problemas familiares, problemas de límites, robos, calumnias, injurias y delitos menores" (Tribunal Plurinacional de Bolivia).

Nótese que, en la sentencia 0300-2012 del Tribunal Plurinacional se ha hecho referencia a los límites de aplicación responden a la Constitución, tratados y convenios internacionales como lo hace referencia el Tribunal en la sentencia N°00300-2012 en la que determina que "se reitera que la jurisdicción indígena originaria, al igual que las demás jurisdicciones, se encuentra limitada por el respeto a los siguientes derechos a la vida, a la defensa y demás derechos y garantías establecidas por la norma fundamental". (Tribunal Plurinacional de Bolivia)

El límite a la justicia indígena se encuentra también establecido en el artículo 8 numeral 2 de la Convención 169 de la OIT donde se establece que "dichos pueblos deberán tener el derecho de conservar sus costumbres e instituciones propias, siempre que estas no sean incompatibles con los derechos fundamentales definidos por el sistema jurídico nacional ni con los derechos humanos internacionalmente reconocidos" (Convención Internacional del Trabajo)

Así pues, cada pueblo, nación y comunidad tienen su propio juzgamiento, aplicando siempre como principios rectores el ama llulla, ama quilla y ama shua, siempre buscando retornar a vivir en armonía y paz buscando la equilibriedad.

Otra característica del derecho indígena es que las comunidades, pueblos o nacionalidades no cuentan con estatutos comunales, únicamente se lleva un registro de actas de la aplicación del derecho indígena. Actualmente, empero, empieza a haber comunidades donde ya se han establecido estatutos (escritos) donde se norma el procedimiento y sanciones como es el caso de las comunidades del Ayllu Majasaya Mujilli, donde se establece que el procedimiento para juzgamiento es el siguiente:

a) "El afectado será notificado con la resolución de apertura del sumario.

b) Dentro de los 3 días de notificado podrá presentar pruebas de descargo que le favorezcan.

c) En caso de existir suficientes elementos, el tribunal de acuerdo con la gravedad de la falta determinará la sanción correspondiente.

d) El afectado dentro de los 5 días de notificado con la resolución del tribunal de justicia comunitaria, podrá apelar ante la Asamblea Comunal Ordinaria o Extraordinaria.

e) La Asamblea Comunal podrá modificar o confirmar la resolución del Tribunal de Justicia Comunitaria". (Tribunal Plurinacional de Bolivia)

Es posible que otras comunidades empiecen a llevar a cabo algunas reglas escritas, lo que no perjudica su naturaleza cultural y de justicia acestral común.

5. SANCIONES EN JUSTICIA INDÍGENA

Las sanciones aplicadas en cada comunidad dependen de la gravedad del hecho cometido, cada sanción es en base a las costumbres, creencias y tradiciones indígenas existiendo sanciones morales, pecuniarias y física, como menciona Mendoza Crespo "la sanción moral encierra una relación de complementariedad entre la acción del infractor de arrepentirse y pedir perdón y, de otro lado, la acción de los agentes externos (autoridades originarias" (Mendoza, et al. 2010, 55), que lo llamen a reflexión y lo encauzan para que no vuelva a cometer la falta. En algunos casos se aplica una sanción material al infractor donde se debe realizar trabajos comunitarios para poder reparar integralmente a la víctima o sus familiares y a la comunidad, y algunas veces se establece una multa pecuniaria; también se pueble establecer sanciones físicas como el azote, comunmente aplicada por los propios padres del castigado.

La aplicación de estos azotes se determina de la siguiente manera: "una arroba de chicotazos, sólo se aplicarán tres de ellos (cuartilla) durante el primer día: uno antes de la salida del sol, el segundo a mediodía y el tercero con la puesta del sol. Dependiendo de la constitución física de la persona sancionada". (Mendoza, et al. 2010, 56)

En el mentado estatuto de la comunidad *Ayllu Majasaya Mujilli* se sanciona de acuerdo a la gravedad de las acciones del infractor que van desde una (a) amonestación verbal, (b) amonestación escrita, (c) trabajo comunitario, (d) suspensión temporal de los derechos como miembro de la comunidad y (e) expulsión definitiva.

Si bien a los ojos de la justicia penal alguna de estas sanciones no serían admitidas, como la de carácter corporal y la de expulsión de la comunidad, hay que tener en cuenta que se cuida de tradiciones, que deben ser respetadas. Además, las penas están muy lejos de ser graves o crueles y, como explicado, tienen un carácter de expiación y recomposición de la comunidad, algo que el derecho penal ordinario sigue buscando. En ese sentido, sirve de norte para gran parte de la justicia occidental.

En ese sentido, es evidente que surgirán conflictos, es decir, los momentos en que tanto la justicia comunitaria como la justicia de la nación intentarán intervenir. Preferimos decir, en estos casos, cuidarse de un conflicto de 'justicias', más que lo que ordinariamente se dice ser un conflicto de 'jurisdicción'. Al final, no se trata de jueces o tribunales distintos solamen te, sino de todo un sistema de valores y de sanciones que se cambia, caso se traslade de la justicia indígena a la ordinaria y viceversa. El conflicto entre 'justicias' es algo que no tiene solución clara en los tribunales, incluso porque es traspasado por alguna materia ideológica: cuanto menos o más se crea en la efectividad y conveniencia de la justicia indígena, diferente será la respuesta a la disputa por el sistema aplicable. A continuación, analizamos un caso paradigmático en ese sentido, como ilustración.

6. CONFLICTO DE 'JUSTICIAS': EL CASO "LA COCHA"

La comunidad "La Cocha" se encuentra ubicada geográficamente en la provincia de Cotopaxi, en Ecuador. Está conformada por 14 comunidades indígenas; este caso nace del proceso N°08731-10-EP, tramitado por la Corte Constitucional del Ecuador, en el cual se conoció que el día domingo 9 de mayo del 2010 aproximadamente a las 19:20 en el centro de la parroquia Zumbahua-Pujili al interior del parque central se produjo el asesinato de Marco Antonio Olivo Pallo quien estaba acompañado de su hermano Carlos Olivo y de su primo Klever Cunuhay, momento en el cual los acompañantes de la víctima salen a bailar y la víctima se queda a unos metros de distancia de los acusados. Luego de 20 minutos los acompañantes de la víctima se percataron que no estaba, así como tampoco estaban los presuntos responsables. Los acompañantes encuentran a la víctima colgada en un poste cercano al lugar. Un médico legista determinó que su muerte fue por asfixia. (Corte Constitucional del Ecuador)

De conformidad a lo estipulado en el artículo 171 de la Constitución del Ecuador, las autoridades de las comunidades de La Cocha y Guantopolo por pedido del hermano del occiso solicitó de manera libre y voluntaria a las autoridades de las comunidades la intervención y actuación en concordancia con el artículo 343 del Código Orgánico de la Función Judicial que establece que:

> "Las autoridades de las comunidades, pueblos y nacionalidades indígenas ejercerán funciones jurisdiccionales, con base en sus tradiciones ancestrales y su derecho propio o consuetudinario, dentro de su ámbito territorial, con garantía de participación y decisión de las mujeres. Las autoridades aplicarán normas y procedimientos propios para la solución de sus conflictos internos, y que no sean contrarios a la Constitución y a los derechos humanos reconocidos en instrumentos internacionales. No se podrá alegar derecho propio o consuetudinario para justificar o dejar de sancionar la violación de derechos de las mujeres" (Asamblea Nacional del Ecuador 2015, 107)

Posterior a la denuncia presentada al presidente del cabildo, se convocó a la Asamblea General, por tratarse de un delito de asesinato. El presidente de la Cocha indicó que: "conocí por la libre voluntad que llegaron o sea los 5 procesados, se hizo la investigación de manera voluntaria, la investigación pertinente fue de acuerdo a la normativa y es distinta a la de la justicia ordinaria, primero es la averiguación, pregunta y la aclaración, se pregunta si es verdad, ellos dijeron que sí es verdad, el acta dice los errores que cometieron, luego las investigaciones del pueblo de Panzaleo, sin hacer maltrato físico ni psicológico, sin tortura, de esto hicimos una sentencia" (Consultas Función Judicial)

Dentro de las pruebas de cargo que tuvo el cabildo para poder sancionar a los cinco infractores existen la Resolución de la Asamblea de fecha 16 de mayo de 2010 donde se declara los "cinco involucrados" como "partícipes de la muerte del joven Marco Antonio Olivo" (Consultas Función Judicial). Por lo que en Asamblea de las autoridades indígenas de la comunidad de la Cocha se establece la responsabilidad de las cinco personas indígenas perteneciente a la comunidad de Guantopolo. La sanción es ésta, que se transcribe:

> *"5.**Expulsión** de estos jóvenes durante los dos años de la comunidad y la parroquia Zumbahua responsabilizarse de la rehabilitación por parte de los familiares involucrados 6.-A los señores Iván Candeleja Quishpe Wilson Ramiro Chaluisa Umajinga, Klever Fernando Chaluisa Umajinga, Flavio Hernán Candeleja Quishpe, Asamblea decide en poner como sanción por la participación en la muerte del joven indígena Marco Antonio Olivo Pallo, **con el baño de agua con ortiga por el tiempo de 30 minutos**, cargada de la tierra y que de manera desnuda de la vuelta a la plaza central de la comunidad, además recibirá un castigo por cada uno de los dirigentes de la comunidad y que esto sea visible ante la asamblea lo cual se cumple"* (Corte Constitucional del Ecuador)

A los ojos de la justicia ordinaria, claro, la sanción era insuficiente. Así, el otrora Fiscal General del Estado pretendió ingresar a la comunidad La Cocha para dialogar con los dirigentes y lograr trasladar a una cárcel a Orlando Quishpe, retenido en esta comunidad acusado de asesinato. El hecho, sin embargo, no se concretó debido a que los dirigentes bloquearon la vía de ingreso a esta población. (Diario el Universo). Por otro lado, Víctor Manuel Olivo Pallo, hermano del occiso presentó una acción extraordinaria de protección en contra de las decisiones de justicia indígena tomada en la Comunidad de La Cocha dentro de la pretensión por parte del accionante es solicitar a la Corte Constitucional y determine lo siguiente:

> 1. *¿Si las autoridades indígenas de la Cocha al momento de ejercer funciones jurisdiccionales, en este caso concreto, podían o no solucionar el asesinato y muerte de Marco Antonio Olivo Pallo, ocurrido en el territorio indígena de la Parroquia de Zumbahua?*
> 2. *¿Si la Resolución de las Autoridades de la Comunidad de la Cocha, se apega o no al mandato constitucional del Art. 171 y al Art. 343 del Código Orgánico de la Función Judicial?*
> 3. *¿Si las sanciones impuestas a los cinco involucrados constituyen o no violación de los derechos humanos fundamentales y si estas son actos de salvajismos, barbarie y primitivismo, como varias autoridades del Estado han sostenido?*
> 4. *Si las autoridades indígenas que actuaron ejerciendo jurisdicción y competencia indígena, y en apego al debido proceso, cometieron el delito de secuestro o plagio?*
> 5. *¿Si los miembros de las comunidades indígenas deben o no someterse a la jurisdicción indígena o es voluntad de las partes?*

> *6. ¿Una vez que el caso estaba en conocimiento de la jurisdicción y competencia de las autoridades indígenas, debía o no ser interferida por las autoridades de la justicia ordinaria, y disponga cuales son las formas de coordinación y cooperación que deben tener las autoridades de los dos sistemas jurídicos, para lograr la eficacia y armonía entre sí?*
> *7. ¿Es procedente o no que los jóvenes indígenas involucrados en la muerte del señor Marco Antonio Olivo Palla que ya fueron juzgados por la justicia indígena, estén encarcelados y con procesos de doble juzgamiento bajo órdenes de la justicia ordinaria?*
> *8. ¿En caso de observar excesos en la aplicación de la jurisdicción indígena, cuales son los mínimos jurídicos, que las autoridades indígenas deben observar; y,*
> *9. ¿Si las autoridades de la Corte Nacional de Justicia pueden interpretar y limitar el derecho a la jurisdicción indígena y el derecho al debido proceso estatuido en la Constitución?"* (Corte Constitucional del Ecuador)

Por lo que los Jueces de la Corte Constitucional a través de la sentencia 113-14-SEP-CC, nace los límites de la justicia indígena en el Ecuador en base a la pretensión número 1 de la demanda de Víctor Manuel Pallo Olivo ya que si bien es cierto en dicha sentencia la Corte ha indicado que:

> *"Del análisis de los textos referidos se colige que a partir del marco normativo constitucional y del derecho internacional de los derechos humanos ha de presumirse la existencia de una estructura propia de las comunidades, pueblos y nacionalidades, así como de una autoridad que representa dicha estructura, crea derecho de orden interno y sanciona y resuelve los conflictos internos"*. (Corte Constitucional del Ecuador)

Así pues la Asamblea General del pueblo Panzaleo actuó en base a su competencia para resolver conflictos internos en su territorio, de tal manera no existe vulneración de derechos constitucionales a los cinco jóvenes que fueron sentenciados. Sin embargo, el debate dentro de este punto se estableció en base al *bien jurídico* que se protege dentro de la justicia indígena y de la justicia ordinaria. La Corte toma en cuenta el peritaje realizado dentro del caso por parte de Pedro Torres donde hace alusión a que bien jurídico que protege la justicia indígena indicando que:

> "EL BIEN PROTEGIDO:
> *Como objeto o interés principal para la runa justicia o justicia indígena, está lo que anteriormente señalaba como características o principios generales del AYLLUKUNA ALLI KUSA Y o el "BIEN VIVIR" en comunidad (entre familias-aylluk.una pura), que conlleva los otros principios o enunciados anteriormente: AP ANAKUNA, el ser llevados a la convivencia amistosa y armónica (pacífica) con el entorno: Llakta (Pueblo = - Ayllu (familia) - Pachamama (Madre Naturaleza - Pacha (Divinidad) y el respetarse o KASUNAKUY (el comportarse bien con todos) y respetar a los demás. Así, lo que busca la runa justicia es la protección de la comunidad o el ayllkuna allí kausay, el buen vivir entre*

> *familias y el estar "integrado" a la comunidad, el proteger la convivencia armoniosa, pacífica, amistosa entre todos y con todo lo que nos rodea... A YLLU, LLAKTA, PACHAMA, PACHA, por eso suelen decir: "tenemos que ser llevados entre todos, comportarse bien con todos y no tener problemas con nadie " y si se presenta alguna ruptura de ese orden establecido hay que convocar a la comunidad porque, es la vida de la comunidad, la que está amenazada y buscar cómo solucionar el problema y reprender a quien obra de esta manera".* (Corte Constitucional del Ecuador)

A su vez la comunidad La Cocha sanciona a los cinco jóvenes por haber quebrantado la armonía o buen vivir de la llacta (comunidad), ya que es una obligación dentro de la comunidad el respetar y tener buen comportamiento con todos, como menciona Oviedo "cuando un pueblo, familia o un individuo, han sido agredidos o ambas partes se creen afectadas, ellos van a la causa que ha originado este malestar y la intención es reconciliar posiciones, de tal manera que a la final todos se sientan satisfechos" (Oviedo 2017, 18), por lo que la justicia indígena no resuelve tomando en cuenta la afectación al bien jurídico "vida" sino a la armonía de la comunidad".

Sin embargo, y ahí está el conflicto, aunque la comunidad indígena no tome en cuenta el bien jurídico *vida* como un fin en sí mismo, la Carta magna Ecuatoriana dice al revés, y determina garantizar el derecho a la vida (art. 66.1). Por ello, la Corte Constitucional decidió por mantener la competencia de la justicia ordinaria para cuidar el caso, aunque ya resuelto internamente or la comunidad. En sus palabras:

> "La jurisdicción y competencia para conocer, resolver y sancionar los casos que atenten contra la vida de toda persona, es facultad exclusiva y excluyente del sistema de Derecho Penal Ordinario, aún en los casos en que los presuntos involucrados y los presuntos responsables sean ciudadanos pertenecientes a comunidades, pueblos y nacionalidades indígenas, así los hechos ocurran dentro de una comunidad, pueblo o nacionalidad indígena" (Corte Constitucional del Ecuador),

Se puede decir que de esa sentencia nacen los límites de ejercicio de la justicia indígena en el Ecuador, que otorgó a la justicia ordinaria la potestad de sancionar los delitos en contra de la vida, aun en el caso en el que sea el infractor o víctima miembros del sector indígena.

El caso consigue demonstrar un poco de los fundamentos de la consecuencia de la plurinacionalidad, que es la existencia y efectividad de la justicia indígena. Sin embargo, el conflicto de visiones entre las costumbres indígenas y la cultura dominante en América Latina nace en casos más graves como ese, en que se ofende la vida. La comunidad indígena se propone a preservar la comunidad, mientras la justicia ordinaria pide una respuesta penal a la ofensa a la vida individual. La tutela constitucional de la vida, en ese caso, fue prevalente, dejando el valor indígena para un segundo plano.

7. CONCLUSIÓN

El reconocimiento de Bolivia y de Ecuador como 'Estados Plurinacionales' es un síntoma de lo que es la inclusión de los distintos pueblos indígenas como dueños de sentimientos exclusivos nacionales. Así, atienden a un mismo Estado, a la vez que preservan todo el sentimiento de pertenencia y perpetuación que el concepto de efectiva nación trae en sí mismo. Entre los elementos más básicos para la puesta en práctica de la autonomía nacional es la aplicación de su propia justicia, con sus ritos, sanciones y valores. Si su conflicto con la justicia ordinaria del Estado constitucional es inevitable, también su práctica trae nuevos caminos para la convivencia armónica entre el gobierno central y las naciones. Un ejemplo típicamente latinoamericano, que puede influenciar los estudios de otros estados que no se reconocen plurinacionales, pero que en la práctica lo son.

8. BIBLIOGRAFÍA

Asamblea Nacional Constituyente. 1998. Constitución Política de la República del Ecuador. Quito: Lexis.

Asamblea Nacional Constituyente. 2008. Constitución de la República del Ecuador. Montecristi: Lexis.

Asamblea Nacional Constituyente. 1994. Constitución Política del Estado de Bolivia. La Paz: Alicante.

Asamblea Nacional Constituyente.2009. Constitución Política del Estado (CPE) Bolivia. El Alto: Editorial Cervantes.

Hernández Miguel. 2011. Justicia Indígena, Derechos Humanos y Pluralismo Jurídico. Quito: Corporación de Estudios y Publicaciones.

Pérez, Carlos, 2006. Justicia Indígena. Cuenca: Universidad de Cuenca.

Pérez, Yaku. 2018. La Resistencia. Quito: Coordinadora Andina de Organizaciones Indígenas CAOI.

Corte Constitucional del Ecuador, Sentencia 113-14-SEP-CC, 2014. http://esacc.corteconstitucional.gob.ec/storage/api/v1/10_DWL_FL/e2NhcnBldGE6J2FsZnJlc2NvJywgdXVpZDonZTJjMGFlNDgtMWE0OC00MTFmLTljY2QtY2I0NTgyNjZmZDViLnBkZid9

9. BIBLIOGRAFÍA COMPLEMENTARIA

Derpic, Carlos. 2002. Revista Ciencia y Cultura N.10. 13.

Hassenteufel, Oscar. 2006. La Asamblea Constituyente en Bolivia.Revista de Difusión Cultural y Cientifica de la Universidad La Salle- Bolivia. Vol.1 N.1, http://www.revistasbolivianas.ciencia.bo/pdf/rfer/v1n1/v1n1_a11.pdf. (Consultado 2 de abril de 2023).

Honorable Congreso Nacional, 2008. Ley N°3942, Ley de 21 de octubre de 2008. http://normativa.cepb.org.bo/Normas/VerNorma/1484#:~:text=siguiente%20redacci%C3%B3n%3F%3A,%E2%80%9CSE%20PROHIBE%20EL%20LATIFUNDIO%20Y%20LA%20DOBLE%20TITULACI%C3%93N%20POR%20SER,Y%20AL%20DESARROLLO%20DEL%20PA%C3%8DS.

Díaz Ocampo, E & Antúnez Sánchez, A. La justicia indígena y el pluralismo jurídico en Ecuador. Derecho y Cambio Social N°44, https://dialnet.unirioja.es/servlet/articulo?codigo=5456253.

Declaración de las Naciones Unidas cobre los Derechos de los Pueblos Indígenas, Convenio N°169 de la OIT sobre Pueblos Indígenas y Tribales, 2014. https://www.ilo.org/wcmsp5/groups/public/—americas/—ro-lima/documents/publication/wcms_345065.pdf.

Luna Acevedo, H. La legitimidad social del pluralismo jurídico en Bolivia. Temas Sociales N°39, http://www.scielo.org.bo/pdf/rts/n39/n39_a11.pdf.

Cruz Rueda, E.2019. El derecho Indígena como impulsor del pluralismo jurídico en el derecho mexicano. Dialogo Andino N°59, https://www.scielo.cl/pdf/rda/n59/0719-2681-rda-59-131.pdf

Tribunal Constitucional Plurinacional. Sentencia Constitucional Plurinacional 0037/2013-L. 2013. https://jurisprudencia.tcpbolivia.bo/Fichas/ObtieneResolucion?idFicha=14289

Corte Constitucional del Ecuador, Sentencia 309-15-SEP-CC. 2015. http://esacc.corteconstitucional.gob.ec/storage/api/v1/10_DWL_FL/e2NhcnBldGE6J2FsZnJlc2NvJywgdXVpZDonOGIxNGRmN2ItZmM5NC00ZDk2LWE3MzctZDE3MmY1ODA4YTMzLnBkZid9

Confederación de Nacionalidades y Pueblos Indígenas del Ecuador- CONAIE. Resistencia y Organización Social de los Pueblos Indígenas. https://conaie.org/quienes-somos/

Confederación de Pueblos de la Nacionalidad Kichwa del Ecuador- ECUARUNARI- Boletín N°2, Mandato por la defensa de la vida y los derechos de las nacionalidades indígenas. https://www.yachana.org/earchivo/conaie/ecuarunari.php

Tiban, L.2001, Derechos colectivos de los pueblos indígenas en el Ecuador: aplicabilidad, alcances y limitaciones. Instituto para el Desarrollo Social y de las investigaciones Científicas.

Kowii, Ariruma. 2008. EL Sumak Kawsay. Antología del pensamiento crítico ecuatoriano contemporáneo, 437- 444. Otavalo:CLACSO.

Congreso Constituyente y Democrático.1993. Constitución Política del Perú de 1993. Lima: Fondo Editorial.

Luque,A, Ortega, T, Carretero, P.2019. La Justicia Indígena en Ecuador: EL Caso de la Comunidad de Tuntatacto. Revista Prisma Social N°27:8.

Zhumi, F, Trelles, D, Los límites de la justicia indígena en el Ecuador.Polo de conocimiento Vol, 5, N°08, https://dialnet.unirioja.es/servlet/articulo?codigo=7554394. (Consultado 15 de abril de 2023)

Asamblea Nacional del Ecuador. Código Orgánico de la Función Judicial, Quito:Lexis

Tribunal Constitucional Plurinacional. Sentencia Constitucional Plurinacional 0030/2012. 2012. https://www.ilo.org/dyn/natlex/docs/ELECTRONIC/90419/104524/F825040633/BOL90419Sentencia.pdf

Consultas Función Judicial, Proceso Penal N°05232-2020-0143. 2010. https://procesosjudiciales.funcionjudicial.gob.ec/expel-actuaciones

Diario El Universo.La Cocha decidió no matar a acusado. 2010. https://www.eluniverso.com/2010/05/21/1/1447/aplicara-castigo-muerte.html/

1.6. Derecho y Raza en Latinoamérica: la Cuestión de la Esclavitud Africana

PAULO HENRIQUE RODRIGUES PEREIRA[1]
Universidade de São Paulo
paulohrpereira@gmail.com

1. INTRODUCCIÓN

Este capítulo presentará al lector un panorama de cómo las instituciones políticas y jurídicas de los países latinoamericanos se vieron profundamente afectadas por el fenómeno de la esclavitud de los africanos y sus descendientes.

Se expondrán las principales referencias teóricas en diferentes momentos temporales —primera y segunda esclavitud— y espaciales —el Atlántico— desde una perspectiva interdisciplinaria, a fin de que se comprendan los aspectos centrales del episodio de la esclavitud africana en el continente. Por fin, se utilizará Brasil como caso paradigmático, promoviendo un análisis más cuidadoso de cómo ese país, para donde hubo el más intenso tráfico de africanos en América, respondió a los desafíos de la esclavitud y la modelización institucional de sus efectos.

2. EL PAPEL DE LA ESCLAVITUD AFRICANA EN LA CONFIGURACIÓN DE LOS SISTEMAS ECONÓMICOS Y SOCIALES LATINOAMERICANOS

La colonización del continente americano por los imperios europeos siguió diferentes modelos y sistemas sociales y económicos que, a lo largo de los siglos, acabaron generando una gran diversidad institucional en las diferentes formas de sociedades que acabarían formando lo que hoy se

---

1 Paulo Henrique Rodrigues Pereira es profesor del departamento de Derecho del Estado de la Facultad de Derecho de la Universidad de São Paulo, USP. Es de la"secretaria-executiva do Conselho de Desenvolvimento Econômico Social Sustentável", del Poder Ejecutivo Federal de Brasil.

conoce como los países latinoamericanos. Esta diversidad no fue diferente con la esclavitud africana. Si bien es cierto que la realidad del trabajo forzado se impuso en casi todo el continente, distintos elementos relacionados con la magnitud de la presencia de las poblaciones locales, las vocaciones comerciales desarrolladas por los colonizadores y el estatus político de las comunidades originarias crearon condiciones bastante diferentes para el surgimiento de la esclavitud africana en todo el territorio americano. En cualquier caso, aunque sujeta a profundas variaciones de presencia e intensidad, la esclavitud de africanos y sus descendientes estuvo presente en prácticamente todo el espacio que acabaría conformando los países latinoamericanos.

Cabe una adenda —aunque este texto esté ambientado en América Latina—, el papel desempeñado por los Estados Unidos, tanto como referencia política del abolicionismo y de la esclavitud, como fuerza económica y diplomática, citamos como ejemplo el proceso de abolición e independencia de Cuba, no nos permite dejar de mencionar los acontecimientos y procesos relevantes en esa región, ya que, interconectados con América Latina, fueron fundamentales para que la historia de la trata transatlántica de esclavos y el abolicionismo se desarrollaran como lo hicieron, especialmente a partir de la segunda mitad del siglo XVIII.

La utilización de mano de obra africana en el continente comenzó tímidamente, ya que el Caribe español pudo hacer uso de la mano de obra esclava indígena, y la América portuguesa tardó algunas décadas en adoptar un modelo de colonización basado en el latifundio, comenzando por los puestos comerciales. Prueba de ello es que las cifras muestran que hasta 1581 el número de africanos traídos al Caribe español no superaba los 17.000 (Green, 2012). Sin embargo, el comercio de esclavos creció con la consolidación de los modelos coloniales durante la Unión Ibérica (1580-1640), en la que las administraciones coloniales unidas bajo la corona española, vieron tanto el declive de la mano de obra indígena, ya fuera por restricción legal o por diezmación, como la formación de una red de comerciantes portugueses que abastecían tanto a los territorios portugueses como a los españoles en América, con aproximadamente 400.000 sólo en la América española[2]. Este periodo se conoció como el Asiento Portugués,

[2] El TSDT contabiliza 386.092 individuos desembarcados en el "Caribe y Tierra Firme españoles" (principales lugares de desembarco) entre 1580 y 1640; 163.447 de estas personas desembarcaron de barcos portugueses. Consultado el 15 de no-

en referencia a los contratos dominados por los comerciantes portugueses (Studnicki-Gizbert 2007).

Cuando Portugal recuperó su independencia, esta red no sólo continuó sino que se amplió, alcanzando su punto álgido entre las décadas de 1760 y 1770, con más de 200.000 personas esclavizadas que entraron en Hispanoamérica procedentes de Brasil, el Caribe británico y el Caribe holandés.

A lo largo de los siglos XVII y XVIII, el Caribe se convirtió en un vasto laboratorio de modelos de explotación y mantenimiento de la mano de obra esclava. Con la ruptura del cuasi monopolio de la producción azucarera portuguesa tras la ocupación holandesa del nordeste de Brasil, franceses, ingleses y holandeses ensayaron modelos de control directo e indirecto del gobierno local, con compañías comerciales, privilegios reales y diversas formas de interpretar los derechos sobre y de los esclavizados (Brougham, 1803), como el Code Noir francés como forma de uniformizar ese tratamiento, al menos en las colonias francesas. Las plantaciones caribeñas acabaron convirtiéndose en lugares extremadamente lucrativos, pero también en focos de tensión, y la Revolución haitiana fue el epítome de estos experimentos.

En la América española, los escenarios fueron diversos. En las actuales Colombia y Argentina, con puertos responsables de la exportación de minerales preciosos a Europa —como Cartagena y Buenos Ayres—, las sociedades locales prosperaron tanto de la explotación de la mano de obra negra como de su comercio regional —lo que es más evidente en la herencia africana presente en las ciudades y la sociedad colombianas, pero no tanto en la cuasi homogénea sociedad argentina actual, objeto de una política de blanqueamiento a través de la inmigración, que borra la historia negra local—. Cuba, por su parte, una de las primeras y últimas colonias del vasto Imperio español, simbolizó la tensión entre colonia y metrópoli, con diputados locales asistiendo a las Cortes durante los intentos liberalizadores de dotar a España de una constitución. Estos diputados no estaban preocupados por el mantenimiento del pacto colonial, sino por el mantenimiento de la esclavitud en la isla, ya que la abolición era favorecida por algunos líderes de inspiración ilustrada (Echeverri, 2019). Para una isla vecina de Haití y de la Florida confederada, derrotada por Lincoln, no es difícil entender que esta fuera la prioridad de los representantes cubanos. Todo eso

---

viembre de 2016. Otra estimación habla de 444.900 cautivos desembarcados en las Américas españolas entre las mismas fechas (Borucki, Eltis y Wheat 2015, 442).

para decir que la esclavitud y el concepto de raza impactaron de manera fundamental las instituciones jurídicas y políticas de estos países.

El caso de las colonias británicas guarda cierto parecido con la relativa heterogeneidad de la gestión de la mano de obra negra en el Caribe. En las ya famosas trece colonias, hubo casos de fuerte dependencia del trabajo esclavo, pero también de sociedades en las que los negros desempeñaron un profundo papel militante junto a los agentes blancos por su independencia, como en las colonias más septentrionales, donde las influencias protestantes e ilustradas y la articulación local, como a través de peticiones, acabaron generando las primeras aboliciones del continente, que servirían de ejemplo para los activistas de las décadas siguientes, especialmente para la abolición gradual de la esclavitud. En 1789, cinco estados ya habían iniciado este proceso: Pensilvania (1780), New Hampshire y Massachusetts (1783), Connecticut y Rhode Island (1784), y Vermont en 1777, durante un período de independencia (Rodrigues Pereira, 2022). (Pereira, 2022). Movimientos similares también tuvieron lugar en el Caribe británico, y su intensidad acabó repercutiendo en las campañas antiesclavistas —por el fin de la trata y por la abolición— de la metrópoli británica.

En el Sur de lo que hoy son los E.E.U.U., la realidad era diferente, ya que la explotación de la mano de obra esclava iba en aumento. Las cifras disponibles sobre el comercio de esclavos muestran claramente esta realidad. Hasta el siglo XVIII, había pocos viajes transatlánticos; las escasas llegadas de africanos se producían en conexiones interamericanas, y los esclavizados procedían generalmente de las Antillas (Marquese, 2020). Según los datos disponibles, Maryland habría recibido algunos centenares de esclavizados por la ruta transatlántica; Virginia, más, alrededor de 5.000 (cinco mil) africanos. Las cifras se dispararon en la primera mitad del siglo XVIII. Los pocos centenares de Maryland se convirtieron en más de 12.000 (doce mil) africanos en los primeros 50 años del siglo; ese número se duplicaría en Carolina y casi se cuadruplicaría en Virginia. En el penúltimo tercio del siglo XVIII —de 1750 a 1775— los tres estados juntos recibirían casi 100.000 africanos esclavizados transportados a través del Atlántico[3].

Aquí, cabe destacar no sólo el inicio de la transición a la Segunda Esclavitud, sino también la interconexión entre los latifundios de las colonias norteamericanas y el Caribe, lo que refuerza la interdependencia como principio de cualquier análisis del impacto de la esclavitud en América

---

[3] Para los datos citados en este artículo, véase Transatlantic Slave Trade Database. Disponible en: http://www.slavevoyages.org/.

Latina, como ya hemos mencionado con el caso cubano, cuya tardía abolición de la esclavitud (1886) sirve de preludio a su independencia, promovida por los EE.UU. ya en fase imperialista, bajo la Doctrina Monroe. En este breve recorrido, resta mencionar el caso del último país en abolir la esclavitud, Brasil.

En el territorio que hoy conocemos como Brasil, persistió durante cuatro siglos un sofisticado sistema de producción y exportación de materias primas, inserto en un largo período de dinámicas políticas, económicas y sociales —desde el Antiguo Régimen y un pacto colonial de definiciones clásicas hasta un liberalismo que ha sido descrito exhaustivamente como todo lo contrario— (Schwarz, 2014). Sin embargo, un denominador común en todos estos periodos fue la capacidad de funcionamiento de este sistema, posibilitada por la mano de obra esclava, indígena y progresivamente mayoritariamente africana, tanto en el primer como en el segundo periodo de esclavitud.

Cuando tratamos de analizar América Latina, el espacio brasileño debe entenderse como extremadamente conectado con el continente, pero también con el Atlántico - Brasil puede servir como clave interpretativa de la cuestión de la esclavitud africana precisamente porque tiene en su centro el factor global que caracterizó esta brutal forma de explotación laboral, que pasó de ser una forma lucrativa de conectar colonias y metrópolis a un lugar de debates sobre el concepto de raza y dejó un legado de opresión racial y desigualdad latente. El país que más personas esclavizó, un régimen político sui generis en un espacio de liberalismo clásico bajo la influencia del republicanismo americano, un pacto colonial roto diplomáticamente, con la continuación de las instituciones jurídicas, una preocupación por insertarse en los grandes debates filosóficos y políticos del Viejo Continente, aunque fue el último en abolir la esclavitud en el Nuevo Mundo.

Cabe destacar también el legado de este proceso: la sociedad brasileña es hoy tal vez la *más mestiza del mundo* (Vainfas, 1999) y el legado de la esclavitud se refleja en la dinámica social, política y económica de esta sociedad, que, aunque globalizada, sigue conectada a la dinámica del espacio atlántico que la configuró durante tres siglos, desde la colonia hasta el Imperio. En ello, la tradición jurídica desempeñó un papel estabilizador y, por qué no, un espacio de debate sobre nuevas y viejas fórmulas de mantenimiento y lucha contra la esclavitud en sus diversos periodos —desde las reformas pombalinas de la Ilustración en la metrópoli portuguesa hasta las nuevas instituciones imperiales y sus institutos jurídicos, perpetuando una desigualdad desde el periodo posterior a la abolición hasta nuestros días—.

La historiografía ha intentado cada vez más romper el llamado silencio racial (Fischer, Grinberg, Mattos, 2018) en los análisis de las políticas públicas, y esto también se aplica a los análisis estructurales del racismo en Brasil —la esclavitud es innegablemente el punto de referencia y la causa de todos los desafíos involucrados en la desigualdad económica, las tradiciones jurídicas excluyentes, la violencia policial y la discriminación en la sociedad brasileña—. Una perspectiva multidisciplinar debe necesariamente relacionar las diversas tradiciones que componen el pensamiento y las instituciones brasileñas con este legado, esta interacción con la esclavitud.

Así, este texto pretende servir de guía para analizar el impacto que la esclavitud tiene en la cuestión racial en América Latina, mirando especialmente el derecho, pero también cómo el debate de ideas en el espacio atlántico debe ser entendido como un debate largo, sin dicotomías fáciles, porque sólo así se pueden evitar análisis que pretenden ser innovadores, En otras palabras, el verdadero activismo para enfrentar la desigualdad en América Latina es tratar de entender la experiencia de la esclavitud en su totalidad, un largo debate de ideas con variadas facetas, cambios conceptuales y continuas reflexiones sobre la formación del espacio latinoamericano.

Cabe mencionar una preocupación que debe abordarse en este análisis, especialmente en la relación entre el derecho y la esclavitud. Mientras que en la visión del Atlántico Norte la discriminación adoptó contornos positivistas, siendo la discriminación claramente delimitable, en América Latina la esclavitud aseguró fenómenos más complejos, con el debilitamiento de la protección de los derechos civiles, la falta de acceso a los servicios públicos y la informalización sirviendo como formas silenciosas de impedir el fin efectivo de la esclavitud (Fischer, Grinberg, Mattos, 2018).

Asimismo, a largo plazo, la esclavitud se constituyó en el espacio atlántico entre diferentes temporalidades. Este texto tratará de demostrar cómo tuvo lugar esta construcción, explorando referencias teóricas, pero también observando diferentes temporalidades en el espacio atlántico, entre el inicio de la exploración marítima, la cristalización de las instituciones del antiguo régimen y el surgimiento de la segunda esclavitud durante el siglo XIX burgués.

Así, se explorarán referencias teóricas sobre el estado del arte de la investigación sobre la esclavitud, desde los enfoques microhistóricos y la interdisciplinariedad hasta las visiones que favorecen el diálogo entre la formación de conceptos y la práctica institucional. Así, este texto buscará presentar cómo el poder en América Latina se construye a partir de instituciones y dinámicas sociales que son resultado de la larga duración de la esclavitud —enfrentamientos, construcción de conceptos y contextos específicos—.

3. EL IMPACTO ESTRUCTURAL DE LA ESCLAVITUD EN LA FORMACIÓN SOCIAL DE AMÉRICA LATINA

Una parte importante de la viabilidad del proyecto de colonización de las Américas se debió precisamente al montaje de un dispositivo económico bien estructurado, destinado a integrar las capacidades extractivas y productivas del continente en una economía mundial en expansión. Así, para comprender la relación entre la esclavitud y la economía, hay que distinguir primero entre los dos principales periodos económicos en los que funcionó el sistema de explotación de la mano de obra africana: la Primera y la Segunda Esclavitud.

Brevemente, la primera esclavitud puede entenderse como el sistema vinculado a los imperios coloniales, nominalmente español, portugués, holandés, británico y francés. Regida por los principios del pacto colonial y del mercantilismo, estaba vinculada a lo que se ha dado en llamar plantación, término hoy discutible, pero que sirve para ilustrar, aunque sea superficialmente, que la primera esclavitud se basaba en una escasa diversificación de la producción, con una utilización masiva de la mano de obra adquirida en el continente africano, y con una población de personas esclavizadas que a veces superaba en número a la de personas libres, como en Santo Domingo, que se convertiría, en la mitad francesa de la isla, en Haití (Blackburn, 2010).

Mientras que el pacto colonial estaba en el centro de la primera esclavitud, la segunda —cuyos principales ejemplos son Brasil, EEUU y Cuba— ya no estaba necesariamente asociada a la dinámica Metrópolis-Colonia, aunque Cuba fuera una colonia española. Mientras la esclavitud caía de independencia en independencia en la América española, como asociada al pacto colonial recién roto, la autonomía del modelo económico altamente rentable se mantuvo cautiva en las ahora antiguas colonias inglesas, hoy EEUU, así como en el recién nacido Imperio de Brasil, además de Cuba, uno de los últimos bastiones del antiguo imperio español. Al no estar vinculada al pacto colonial, evitó el debate sobre las constituciones y las libertades individuales que dominaba el continente. Ni siquiera se incluyó en la constitución imperial brasileña de 1824 (Brasil, 1824).

La segunda esclavitud consiguió aguantar tantas décadas y tantas contradicciones precisamente por su rentabilidad, con los países esclavistas satisfaciendo las crecientes demandas de las industrias, ya fuera en los EE.UU. o en Europa, donde el algodón de las Carolinas se transformaba en tejidos para una población creciente, y el café de Brasil, un estimulante para el proletariado que trabajaba largos turnos en las fábricas que enturbiaban el continente. Sin embargo, la sofisticación de la gestión de la propiedad privada propiciada por el liberalismo de las revoluciones burguesas reforzó la dominación del trabajo esclavizado, con tipificaciones, codificaciones y garantías sobre la propiedad (Parron, 2015), lo que, unido a las tendencias científicas del siglo XIX, sirvió para situar a los negros como una subraza a tutelar. Si la primera esclavitud fue un arreglo económico, el imperialismo y las cuestiones políticas del siglo XIX produjeron una segunda esclavitud que comenzó a gestar el racismo de las décadas y siglos siguientes, resultado de visiones científicas y de la necesidad de justificar la explotación cada vez más intensa del trabajo esclavizado en un siglo que pasaría a ser conocido como el siglo de las libertades.Más directamente relacionada con las transformaciones sociales y productivas de un industrialismo naciente en el Atlántico Norte, la aparición de esta llamada segunda esclavitud generó importantes consecuencias para el derecho y los acuerdos políticos de las sociedades que más directamente experimentaron sus impactos.

4. LOS FUNDAMENTOS JURÍDICOS DE LA ESCLAVITUD

Para entender el papel de la ley en el mantenimiento de la propiedad sobre las personas esclavizadas, es necesario no sólo tener clara la diferencia entre los modelos de propiedad y titularidad de la primera y la segunda esclavitud, sino también comprender las tradiciones jurídicas que constituyeron el debate. En este sentido, al abordar diferentes temas, Tamar Herzog ha profundizado en dos tensiones esenciales en la formación de las nuevas institucionalidades del mundo colonial. En primer lugar, sus estudios sobre la construcción de fronteras y soberanías han mostrado cómo la creación de algunas de las categorías jurídicas centrales del mundo moderno dependió de constantes desavenencias entre el tejido de disposiciones legales y las contingencias locales. En esta lectura, las innovaciones jurídicas que marcaron la constitución de la empresa jurídica en las Américas tuvieron que coexistir con una larga tradición de conceptos capaces de constituir autónomamente expectativas sobre prácticas arraigadas, independientes de posiciones normativas. Pensando en las fronteras políticas, Herzog ha destacado cómo los títulos de dominio coexistieron con cuestiones de propiedad real de la tierra, en una organización mental que ve al derecho como el resultado de estas disputas performativas entre facticidad y validez (Herzog, 2015).

La segunda tensión se refiere a la continuidad e interrupción provocadas por la transferencia del equipamiento jurídico existente en el mundo europeo a las nuevas realidades de la colonización americana. Mucho se ha discutido sobre el posible nivel de innovación en la producción del derecho dirigido al proceso de legitimación y construcción institucional en el mundo colonial. En este contexto, se ha planteado la pertinente cuestión de hasta qué punto los sistemas jurídicos nacionales tradicionales de los pueblos europeos influyeron realmente en la experiencia local. La clave del debate es entender si la casuística de la experiencia americana formuló un "nuevo derecho" o si, en realidad, las tradiciones jurídicas jugaron un papel en la conformación de la nueva juridicidad (Herzog, 2018).

Hubo que dar forma a este nuevo ordenamiento jurídico. Entre diferentes islas y territorios con variados modelos de explotación económica, condiciones y momentos de actuación de las autoridades metropolitanas, hubo diversas formas de construir una legalización de la esclavitud.

El papel de la religión, y en particular de la Iglesia Católica, fue fundamental en este proceso. Así, en varios lugares —como en importantes áreas económicas de lo que sería Brasil— la definición del estatus de este pensamiento siguió precisamente la transición entre la esclavización inicial de indígenas y un segundo movimiento de intensificación de la esclavización y tráfico de africanos (Schwartz, 2018). Esta transición es siempre discutible y no lineal —porque en muchos lugares tal cambio simplemente nunca se produjo—, pero puede captarse con mayor o menor intensidad en distintos momentos y espacios de la colonización americana. A este proceso contribuyó esencialmente el desarrollo teórico que supuso la creación de las modernas teorías de la esclavitud —creando importantes diferencias conceptuales sobre el estatuto jurídico de indígenas y africanos, y organizando nuevos modelos de validación jurídica de las prácticas de cautiverio— (Beozzo, 1987).

Este modelo de suministro de mano de obra forzada se basaba en las concepciones tradicionales de la esclavitud para pasar a nuevas formas de justificar la servidumbre. Estas transformaciones darían a los iberos ventajas que, en parte, acabarían ayudando a construir un régimen más estable desde el punto de vista de la propiedad de los esclavos, pero sobre todo de la propiedad sobre el vientre. Familiarizados y practicantes de la "esclavitud del enemigo" —título de la guerra justa en la tradicional esclavitud de los moros—, los íberos aprovecharon las tecnologías desarrolladas desde los procesos de reconquista para organizar una transición modélica.

Inicialmente esclavizando a los no súbditos, luchando contra la supuesta "invasión" musulmana de Guinea y simplemente comerciando con las "almas" que eran perdonadas por los vencedores en la guerra, el sistema portugués adaptó y cambió las herramientas conceptuales utilizadas para legitimar su régimen de esclavitud. Las regulaciones del inicio de este proceso aún mostraban un cierto intento de separar a los africanos cristianos de los paganos, en un uso que remitía a la tradición más arraigada de las instituciones portuguesas: a los primeros se les ordenaba bautizarse y cumplir con las obligaciones de la fe cristiana (Lara, 2000). Los súbditos africanos eran buscados para integrar los oficios de la fe, como sacerdotes y misioneros (Lara, 2000). Los papas Pío V y Pablo III, todavía en el siglo XVI, autorizaron la regularización de los matrimonios irregulares y sistematizaron mejor las reglas del bautismo (Hamman, 2019) entre los paganos convertidos.

En el reino cristiano y aliado del Congo, la esclavitud en principio sólo se aplicaba a los extranjeros infieles que habían sido conquistados en luchas territoriales con pueblos vecinos. Los súbditos cristianos del Congo estaban a salvo de la esclavitud (Heywood, 2009). La intensa documentación entre los reyes del Congo y Portugal muestra la lenta perdición de este modelo. Poco a poco, los textos de felicitación dieron paso a constantes quejas sobre la esclavitud ilegal de los súbditos cristianos del rey africano, en algunos casos, hijos de sus nobles y miembros de la corte. El reino del Congo intentó reaccionar y propuso procedimientos para evitar la esclavitud de sus súbditos cristianizados; era demasiado tarde: el comercio infame se había instalado. Este proceso revela un sistema de esclavitud en transición del elemento religioso al racial (Brasio, 1952). Al principio del comercio transatlántico, ser súbdito de un reino amigo o ser cristiano ofrecía cierta protección para deslegitimar el justo título de esclavitud (Zeron, Dias, 2017).

Sin embargo, el desarrollo del comercio transatlántico y las generaciones de africanos que se asentaron en América cambiaron este concepto. El vínculo entre los esclavizados y los cristianos se hizo más fuerte. Se organizó una amplia red jurídica para pacificar las obligaciones de imponer una visión cristiana a los africanos esclavizados y a sus descendientes (Moniz Rodríguez, Perfetti Holzhäuser, 2015). Una importante generación de juristas y teóricos católicos abordó la cuestión de la esclavitud africana en un intento de establecer los justos títulos de esta sumisión. El antiguo legado de la esclavitud absoluta por naturaleza no era bueno; requería una compleja compatibilidad con los ideales cristianos. La doctrina necesitaba construir ideas que armonizaran un sistema esclavista con los preceptos cristianos. La respuesta fue el desarrollo del concepto de la existencia de una naturaleza de razón limitada que recurriría a la esclavitud. La idea de títulos justos a la esclavitud, en este sentido, eximía a los europeos de la esclavitud, creando criterios que sólo permitían validar que los esclavizados por el sistema comercial atlántico lo eran regularmente por el imperio de sistemas jurídicos paganos. La inteligencia, sobre todo la ibérica, en aquel primer momento, debía situarse como un mero tercero, interviniendo en un proceso de esclavización ya establecido, cuya acción podía ayudar a salvar al cautivo.

En teoría, no se reivindicaba de forma indistinta y tajante una completa sumisión natural de los africanos, elaborando hipótesis excepcionales en las que su esclavización sería legítima; en la práctica, se subvencionaba la explosión del sistema de tráfico transatlántico, construyendo la seguridad necesaria para su desarrollo (Pich, 2019). En todo caso, el hecho de que tal pensamiento jurídico no estuviera diseñado subjetivamente —marcando a todo un pueblo como cautivo en la línea de lo que sería una idea aristotélica de servidumbre natural— sino objetivamente —basado en la idea de ordenanzas extranjeras y en la existencia de títulos propios de la esclavitud— abrió espacios para ser aprovechados por africanos y afrodescendientes que lograron romper los sistemas de esclavitud y encontrar la libertad en el continente americano. En cierta medida, este aspecto contribuyó a la imposibilidad de reducir jurídicamente a los africanos y sus descendientes a una condición más absoluta de ausencia de personalidad jurídica —un sueño nunca realizado por la esclavitud— (Rodrigues Pereira, 2022).

En estas formas de entender, el cristianismo se convirtió en la razón de la esclavitud y dejó de ser un impedimento. Eso porque el justo título —forjado, como dije, en una juridicidad extranjera, por la barbarie de los pueblos paganos, en la hábil retórica de los juristas de la primera modernidad— encajaba en un sistema de inclusión cristiana. La esclavitud era un motivo de salvación, que se produciría mediante la conversión ya en la condición de cautividad. En este sentido —por poner sólo un ejemplo— las primeras constituciones del Arzobispado de Bahía, publicadas en 1707, establecían una serie de normas de bautismo, instrucción en la fe y matrimonio para la población esclavizada. La máquina de la esclavitud, en el mundo conceptual de los juristas que organizaban el comercio ibérico, sólo recibiría a personas sometidas a esclavitud en virtud de leyes extranjeras, adquiridas con justa causa, con la perspectiva de un proceso de conversión que transformaría a los esclavizados en los grandes beneficiados. Esta idea perduró hasta bien entrado el siglo XIX, cuando los países esclavistas más resistentes aún luchaban por mantener el comercio de esclavos (Parron, 2011).

Este proceso intelectual incluyó una serie de actores y "movimientos" que incidieron en la formación conceptual del sistema esclavista atlántico. Por citar sólo un caso, Luís de Molina. El pensador de la segunda escolástica, que acabó siendo un símbolo de este proceso, defendió la esclavitud como un derecho de propiedad —y no de mera dominación— y la organizó de un modo muy acorde con la realidad de la esclavitud africana transatlántica. Evocó cuatro títulos que autorizaban la conversión en esclavitud: una guerra justa; la conmutación de una pena de muerte como consecuencia de un delito grave; la venta de uno mismo o de un hijo en caso de extrema necesidad; y el nacimiento (Zeron, 2011). Parte del argumento de Molina se refiere a la idea de que se podía seguir la ley local, tratada de bárbara en el caso de la juridicidad africana. La "civilidad imperfecta" y las "instituciones primitivas" de los africanos condenaban su razón natural a un estado de degeneración, y la esclavitud, en este sentido, siempre que estuviera controlada por la fe católica, sería un instrumento de salvación (Zeron, 2005).

Estas dificultades performativas fueron percibidas por los agentes. Por el lado de la esclavitud, el aspecto absolutamente central de este debate obligaría a amos y autoridades políticas a buscar formas de estabilizar esta indeterminación y consolidar definitivamente la transmisión matrilineal de la condición de esclavo —el sequitur ventrem. La irregularidad de la fuerza del partus en el inicio del proceso esclavista acabaría determinando este proceso, haciendo que este esfuerzo de imposición fuera mayor precisamente en los espacios donde el rechazo al principio era más pronunciado. Al mismo tiempo, es evidente que los agentes africanos y afrodescendientes se dieron cuenta de estas fallas y las explotaron. Muchos de estos casos ya han sido presentados en la primera parte de este trabajo, y es interesante observar cómo las reivindicaciones de libertad articulan los conceptos jurídicos fundamentales de las dificultades del del. Los esclavizados captaban las incongruencias y las utilizaban en reclamaciones en las que afirmaban ser hijos de matrimonios regulares, aunque informales, o en las que afirmaban ser cristianos, nacidos en el mismo suelo y bajo la misma soberanía que sus opresores.

Aunque podamos comprender que, en función de los lugares y las épocas estudiadas, existían efectivamente incertidumbres en cuanto a la aplicación del *partus sequitur ventrem,* podemos preguntarnos: ¿cuál es la pertinencia de esta cuestión en relación con la experiencia real de la esclavitud americana? En un mundo en el que el derecho europeo experimentaba sus limitaciones, y que estaba tan marcado por la facticidad —en este caso la posesión, el control político real, la administración de la violencia—, ¿la constatación de que existían dudas, regímenes alternativos y desafíos al *partus* importaría de alguna manera a la historia de la relación entre la esclavitud y el derecho?

Dos cuestiones parecen haber desempeñado un papel importante en la larga historia de adaptaciones del principio del *partus.* La primera tiene que ver con las diferencias en la validación jurídica de la esclavitud entre grupos similares y diferentes desde el punto de vista de la identidad, ya fuera nacional, religiosa o étnica. En algunos lugares, el trabajo forzado que sobrevivía era sólo el de los iguales, como en el caso del campesinado cristiano vinculado a regímenes de servidumbre. En otros, se mantuvo la esclavitud de la *otra identidad,* independientemente de las diversas especificaciones semánticas que adquirió este concepto —extraterrestre en el *Antiguo Testamento,* no ciudadano en Roma, pagano y gentil en el cristianismo—. Fue en estos espacios —con la esclavitud de ese *otro— donde la* idea de esclavitud móvil y comercial —como la de los romanos— parece haber sobrevivido. Este tipo de esclavitud guarda una estrecha relación con el *partus,* y el concepto parece haberse debilitado más en los lugares donde desapareció este modelo, casos de regímenes laborales marcados por la servidumbre cristiana, vinculada a la tierra.

En la experiencia ibérica, el avance del contacto de los peninsulares con formas moralizadas de esclavitud, y con la transición del tráfico mediterráneo al atlántico, les proporcionó una importante ventaja competitiva. Este movimiento, complementado por un esfuerzo del pensamiento católico por legitimar la esclavitud negra desde muy pronto, creó las bases jurídicas, doctrinales e institucionales para que la transmisión generacional matrilineal estuviera disponible en su repertorio jurídico. Esto no significa que no hubiera inestabilidades y problemas en su aplicación. Significa simplemente que, cuando la contingencia específica de estructurar una esclavitud más organizada exigió mejores respuestas, el aparato institucional ibérico pareció mejor preparado que el francés y el inglés.

La consolidación por ley deja su huella en un orden. Para el pensamiento jurídico tradicional —en transición hacia los sistemas modernos— la declaración de un estatuto jurídico por el derecho positivo revela la existencia de conflictos, dudas y resistencias que desmontan precisamente esa institución como natural, comunitariamente aceptada. El hecho de que los iberos no legislaran categóricamente sobre el *partus,* salvo en sus primeras compilaciones jurídicas, muestra la fuerza que el concepto tenía en su realidad colonial. Los esfuerzos jurídicos sobre el tema fueron sólo ocasionales en el mundo ibérico, menores si se comparan con los complejos movimientos que la cuestión de la transmisión generacional de la condición de esclavo —hijos de *libertos,* coartados, etc.— generó en otras realidades como el derecho inglés y francés.

De hecho, teniendo en cuenta los desequilibrios de género entre los africanos traficados a América, e incluso en los datos disponibles sobre poblaciones coloniales, la hipótesis de que la filiación materna generaría una mayor estabilidad en cuanto al control de las generaciones de afrodescendientes parece bastante probable (Geggus, 1989). La antigua regla romana —madre cierta, padre incierto— trabajó en esta dirección al crear un sistema en el que la esclavitud por nacimiento tenía una base más sólida. Además, aunque las diferencias de género parecían tener poca incidencia en la división del trabajo en la mayoría de las sociedades esclavistas americanas, ya que ambos sexos realizaban actividades bastante similares, no se puede ignorar la vasta literatura —véase la bibliografía complementaria— que denuncia situaciones de constante violencia sexual entre hombres blancos libres y mujeres negras esclavizadas (Dorsey, 1994). La esclavitud modernizada que se organizaba en América desde finales del siglo XVII[4] no podía permitir que los niños mestizos siguieran buscando la libertad, la herencia y los derechos civiles y políticos. La ley tenía que dar respuestas precisas, estabilizando el sistema productivo y social con una norma asertiva, sin lugar a dudas, y reduciendo al máximo el ambiente de disputas.

La historia de las colonias inglesas, escrita por Henry Lodge, establece una conexión interesante. Dice que, aunque la condición de los hombres libres de color era muy precaria, casi similar a la esclavitud, el crecimiento de esta población en el siglo XVIII asustó a las autoridades inglesas (Lodge, 1882). Es cierto que la condición de esta clase social era diferente según el espacio americano: en distintas realidades, ganaban poder, dinero e influencia. Jean-Pierre Tardieu analiza el memorial de Cristóbal de

---

4 Marquese habla de la organización de una nueva administración esclavista en varias obras. Por citar una aún no mencionada: MARQUESE, R. de B.; JOLY, Fábio Duarte. Panis, disciplina, et opus servo: the Jesuit ideology in Portuguese America and Greco-Roman ideas of slavery. **Dal Lago and Katsari, eds., Slave Systems: Ancient and Modern**, p. 214-30, 2008.

Lorenzana al rey Felipe IV, mencionando la necesidad de integrar a los afrodescendientes en las Antillas para evitar un mal mayor: su asociación con los indios descontentos y los esclavos (Tarideu, 1993). En su libro más reciente, Alejandro de la Fuente y Ariela Gross muestran cómo el creciente temor al poder de una unión entre hombres libres de color y esclavos fue una tónica importante en la transición de las sociedades coloniales a las nuevas instituciones republicanas en América. En este momento de cambio, la esclavitud ya había experimentado gran parte de la reacción de los esclavizados ante el cruel régimen que se estaba instaurando en América (De la Fuente, Gross, 2020).

Hasta finales del siglo XVIII, hubo varias revueltas, levantamientos e intentos de motín por parte de personas esclavizadas. Por mencionar algunas: en Hispanoamérica, la Revolución Española, en 1522; San Miguel Guadalupe, en 1526; Veracruz, en 1570; la Revolución de Bussa, en 1795; Cuba, en 1795 y 1798; Venezuela, en 1795; en Brasil, las Guerras Palmarinas duraron hasta principios del siglo XVIII, dejando legados para el control imperial portugués; la Revolución de St. En Brasil, las Guerras Palmarinas duraron hasta principios del siglo XVIII, dejando legados para el control imperial portugués; la revuelta de San Juan, en 1733, bajo control danés; en los territorios ingleses, la revuelta de 1733, bajo control danés. En los territorios ingleses, cabe mencionar el levantamiento del condado de Gloucester, en 1663; Nueva York, en 1712 y 1741; Jamaica, en 1760; el levantamiento de Stono, en 1739; la conspiración de Gabriel, en Virginia, en 1800. También en posiciones francesas, como Luisiana en 1731, 1791 y 1794; las Guayanas en 1763 y 1795; Dominica, la isla de San Vicente, Granada y Santa Lucía en 1795. La lista es interminable: Curaçao en 1795; al otro lado del Atlántico, la ya mencionada revuelta de Amador en Santo Tomé. Y, por supuesto, la más llamativa: la revuelta de Santo Domingo proporcionaría la demostración definitiva de la posibilidad de una ruptura sistémica del régimen esclavista (Rodrigues, 2007).

Esta conclusión partía de la pregunta de hasta qué punto un régimen tan marcado por el hecho y la posesión podía verse limitado por un posible conflicto entre sus prácticas y las normas generales y abstractas, tan alejadas de la realidad. Una pregunta posible podría ser: ¿qué cambiaría en la vida de una persona esclavizada, sentada en los bosques del Nordeste, en una granja de Carolina, o viajando por la ciudad como obrero de un taller en La Habana o Santo Domingo, si hubiera desacuerdos sobre la aplicación del *partus*, por ejemplo, en el derecho inglés?

Cabe señalar, por tanto, la existencia de dos dificultades performativas inherentes a la adaptación del *partus* a la época moderna. La primera consistía en admitir que la transmisión del estado civil tenía lugar por línea materna, incluso en el caso de matrimonios regulares y legítimos. Cuando el argumento *contrario al partus se* hizo más consistente, los esfuerzos conjuntos para prohibir los matrimonios entre africanos y afrodescendientes y establecer el estado de derecho intentaron poner fin a esta línea de ataque a la esclavitud. Este movimiento tuvo éxito, y la ley y los tribunales reconocieron casi unánimemente la validez del sistema de transmisión en la segunda mitad del siglo XVIII. Sin embargo, en medio de la victoria de la esclavitud, comenzó una nueva batalla. Más radical, negaba la existencia misma de la propiedad sobre los hijos. Al construir modelos de emancipación gradual —en los que no se compensaba la propiedad—, la lucha por la emancipación se apoyó en parte del marco conceptual de la época revolucionaria para promover un cambio definitivo en el estatuto de la esclavitud. Surgió la segunda dificultad performativa, la de defender la transmisión generacional de la esclavitud moderna como un derecho inalienable. Comenzó la era de la emancipación gradual. [5]

5. REPERTORIO Y INNOVACIÓN EN EL APOGEO Y EN EL DECLIVE DEL *PARTUS SEQUITUR VENTREM*

¿Cómo fue posible desmantelar la propiedad del vientre esclavizado? Esta pregunta se viene planteando desde hace tiempo, con diversos grados de énfasis y enfoque. En general, se han formulado tres respuestas. La primera ha atribuido estos cambios a los procesos intelectuales de la modernidad liberal, especialmente a la antiesclavitud de cierto segmento del pensamiento religioso —con énfasis en los cuáqueros ingleses, y más tarde estadounidenses—. Las contradicciones de esta *era de libertad,* sin embargo, son tantas que el camino seguido por esta explicación parece debilitado. Si bien es cierto que la transición del siglo XVIII al XIX marcó el desmantelamiento de importantes instituciones esclavistas, no es menos cierto que su marco legal también reforzó otros elementos centrales en la estrategia de la esclavitud. El propio *partus* funciona en este caso como un doble ejem-

5 Para una interpretación más completa de este tema, véase: **Rodrigues Pereira, Paulo Henrique.** *Partus Sequitur Ventrem: uma história da construção, consolidação e crise do domínio sobre o ventre escravizado nas Américas.* Tese de Doutorado, Universidade de São Paulo, São Paulo, 2022.

plo, reforzado y desmantelado —según el espacio analizado— a partir de herencias intelectuales muy próximas.

Se ha ofrecido una segunda respuesta a esta cuestión, que considera las profundas transformaciones económicas como las diferencias que acabaron con la esclavitud en algunos lugares y la reforzaron en otros. Este proceso desigual estaría marcado precisamente por la construcción de una cierta forma de especialización basada en una división internacional de la producción y en cadenas de suministro que crearían espacios interconectados para el cumplimiento de diferentes tareas. En algunos lugares, la esclavitud se haría prescindible; en otros, imprescindible. Esta forma de ver el proceso ha recibido más atención en los últimos años. Por último, algunos han encontrado respuestas en las formas de resistencia de las personas de color esclavizadas y libres que, a través de las armas, las súplicas y el activismo público, han creado presión para exigir reformas en el sistema servil. Haití había consagrado una forma de amenaza que había estado en la mente de los estadistas de la primera modernidad liberal.

Hasta cierto punto, todas estas interpretaciones parecen tener cierto potencial explicativo. Si es cierto, por un lado, que los aspectos económicos parecen haber desempeñado un papel estructural en la definición del proceso que llevaría a la renovación de los aparatos institucionales esclavistas tanto para emancipar como para sofisticar el régimen de trabajo forzado, no es menos cierto, por otro lado, que las formas de resistencia y presión aceleraron los procesos de emancipación incluso en entornos en los que la esclavitud seguía representando una estrategia de producción eficaz. Por más que podamos mencionar diversos elementos que apuntan a cierta ineficiencia económica del trabajo forzado en el cambio de la segunda mitad del siglo XIX frente a las innovaciones del trabajo asalariado, la gran verdad es que ese no era el consenso en el pensamiento esclavista de la época. Las emancipaciones por maternidad en Cuba y Brasil fueron símbolos de procesos de cambio en un determinado sistema económico atlántico, al mismo tiempo que reacciones a presiones sistemáticas de cambio.

En esta dialéctica de las fuerzas sociales en acción y de la estructura económica que regía estas condiciones, parece que el repertorio jurídico de los agentes también puede haber desempeñado un papel. En este sentido, no es posible pensar en las etapas de la emancipación gradual sin una percepción más clara de las tradiciones intelectuales que configuraron las opiniones sobre las posibilidades y los modelos de transición del trabajo esclavizado. Los aparatos categóricos acumulados, manipulados y correctamente invocados fueron capaces de renovar las instituciones jurídicas que harían posible y posibilitarían el proceso de transición. Además del abolicionismo blanco inglés —que desempeñó un papel en el proceso— es importante destacar una larga tradición intelectual de africanos y sus descendientes que, a través de diversas estrategias de confrontación, profundizaron los problemas y contradicciones derivados de las inconsistencias sistémicas dejadas por la creación del aparato institucional de la esclavitud, a partir de la creación de los sistemas jurídicos coloniales.

6. LA EMANCIPACIÓN GRADUAL Y EL *PARTUS SEQUITUR VENTREM*

Es importante comprender mejor cómo se articulan estos elementos en la formación de proyectos de emancipación gradual. Algunos de los lugares comunes en las explicaciones tradicionales de los espacios que lograron su emancipación a través de la libertad de desplazamiento merecen una rápida mirada. La respuesta más común siempre ha sido doble: la importancia económica de las personas esclavizadas en los espacios que liberaron sus posesiones, o más exactamente, la falta de ella; y el carácter contingente de su presencia en estas sociedades.

De hecho, las cuestiones económicas fueron realmente centrales. En las zonas más dinámicas de la esclavitud, los dividendos de una nueva situación política y económica reforzaron las instituciones de tutela e impidieron durante mucho tiempo una confrontación más categórica con la esclavitud de nacimiento. Bajo el impulso de las nuevas condiciones económicas —el aumento del mercado consumidor de azúcar, café, tabaco y, por supuesto, algodón—, el Imperio de Brasil, Cuba y los Estados esclavistas de Estados Unidos experimentaron un amplio proceso de modernización de su maquinaria esclavista, alcanzando lo que podría entenderse como una especie de apogeo del sistema de producción de bienes con mano de obra esclavizada (Marquese, 2020). Mientras la esclavitud se derrumbaba en gran parte de las unidades políticas del continente americano, la explosión económica del industrialismo inglés, la densificación de sus ciudades y las crisis productivas de los equipos agrícolas europeos dieron fuerza al aparato esclavista y bloquearon durante un tiempo considerable los ataques institucionales más directos contra esta práctica.

En las demás zonas se estaban produciendo una serie de transformaciones sociales. Aunque las zonas que experimentaron por primera vez la libertad de circulación no participaron en la construcción de esta explosión de la esclavitud industrial con la misma intensidad que las zonas donde sobrevivió la esclavitud, este factor no parece suficiente para explicar el desmantelamiento del *partus*. El hecho es que la exactitud de la explicación y la eficacia de la respuesta económica a las discontinuidades de la esclavitud en el siglo XIX no quitan que los procesos de emancipación que tuvieron lugar durante este periodo fueran más intensos y suficientes que los esfuerzos antiesclavistas que habían tenido lugar durante el periodo colonial. Muchos de los países que aprobaron sus leyes de libre comercio nunca tuvieron un sistema económico esclavista altamente competitivo, y esto en sí mismo no significó la deconstrucción de las instituciones de servidumbre en la forma en que ocurriría en América bajo el nuevo régimen. Por más que se pueda afirmar que una nueva mentalidad en relación al trabajo había invadido los espacios económicos modernos, este argumento no funciona exactamente de manera uniforme desde Massachusetts hasta Antioquia.

Las respuestas basadas en el número de habitantes también merecen un breve análisis. Por regla general, estas percepciones favorecen criterios de importancia de la población esclavizada basados en su presencia social. Cuanto menor fuera la población esclavizada, más probable sería el proceso de abolición. En este sentido, una zona con muy pocas personas esclavizadas constituiría una abolición total inmediata; con un número intermedio, un modelo de emancipación transitoria (vida libre, por ejemplo); y, por último, países con un alto contingente social de personas esclavizadas. Está claro que esta interpretación también tiene poder explicativo. De hecho, los lugares en los que se abolió el *partus* tenían, por lo general, un bajo número de personas esclavizadas en relación con el conjunto productivo de sus sociedades. Sin embargo, la regla no es soberana.

Una breve mirada a la población de los estados norteamericanos que participaron en esta primera abolición revela algunas cuestiones interesantes. Utilizando el censo de 1750 como herramienta de análisis, se confirman naturalmente las primeras impresiones. Los estados con mayor población africana o afrodescendiente son los situados en el sur del país, cuya abolición sólo pudo tener lugar poco más de un siglo después, durante la Guerra de Secesión: Carolina del Sur, con un 60,94%; Virginia, con un 43,91; Maryland, con un 30,80% y Georgia, con un 19,23%. Hay que señalar que entre los estados de esta primera abolición, al menos Nueva York y Rhode Island no tenían una población esclava tan inferior a la de Georgia: 14,36% y 10,07% respectivamente. Para los demás estados, la cifra es muy inferior, especialmente Nueva Jersey, con un 7,50%; Delaware, con un 5,21%; y todos los demás con cifras inferiores al 3%: Connecticut, Pensilvania, Massachusetts y Nuevo Hampshire. Desgraciadamente, estas cifras (censo de 1750) no diferencian entre hombres y mujeres libres y personas sometidas a esclavitud (Rodrigues Pereira, 2022).

Centrarse únicamente en las cifras de población dice algo, pero no lo dice todo. Las posiciones relativas de Nueva York, Rhode Island y Georgia, por ejemplo, no son significativamente diferentes. Es interesante darse cuenta de que, como ya se ha mencionado, el proceso de abolición fue más difícil en Nueva York que en los demás estados. Las cifras anteriores lo explican en cierta medida. Por otro lado, Rhode Island fue uno de los primeros estados en aprobar su ley de libertad de circulación, en 1784, aunque el censo de 1750 muestra que la región tenía la segunda mayor población africana y afrodescendiente, presumiblemente esclavizada, entre los estados del norte. Un porcentaje muy superior al de Nueva Jersey, por ejemplo, que no aprobó su ley de hombre libre hasta 20 años después. De alrededor del 10% en 1750, en el censo de 1790 el estado aparecía con una población esclava del 1,39%, acompañada de una población de africanos o afrodescendientes libres del 5,04%. Delaware, que sólo tenía un 5,21% de población esclava en el censo de 1750, no la abolió hasta la Guerra Civil. En el censo de 1790, por ejemplo, el estado mostró un aumento de su población esclavizada, con un porcentaje del 15,04%. Lo más impresionante, sin embargo, es analizar que en los dos censos posteriores que tuvieron lugar antes de la abolición, el estado volvió a tener un número muy bajo de personas esclavizadas: en 1810, el 5,75%, y en 1860, sólo el 1,60%. Sin embargo, la emancipación no tuvo lugar allí antes de que se fortalecieran las campañas abolicionistas relacionadas con la Guerra Civil. (Rodrigues Pereira, 2022)

Otra forma interesante de analizar los datos demográficos es evaluar el número de africanos y afrodescendientes libres. Existe una relación entre la capacidad de presión de estos grupos y los movimientos que se generan en sociedades con una elevada presencia de personas libres y liberadas. Así, en teoría, parecería que las emancipaciones serían más fáciles en Estados con un mayor contingente de africanos y afrodescendientes libres. De hecho, este factor parece más importante que el primero a la hora de definir el destino del *partus*, y hay buenos indicios de que este elemento desempeñó un papel importante.

En América Latina, es más difícil encontrar cifras sobre las personas de color esclavizadas y libres durante el periodo. Además de la falta de censos regulares y unificados en la región, el hecho de que la forma de los espacios que generarían los estados nacionales aún no hubiera sido demarcada durante el período colonial dificulta la comprensión del movimiento que impulsaría la libertad de los colonizados. Pensando en los procesos de inauguración de los proyectos de liberación del ganado en las Américas, Chile y Argentina presentan datos interesantes. Aunque hubo regiones con contactos más estructurados con la esclavitud en Arica y su región central, aparentemente el número de esclavizados era bajo en Chile en la época de su independencia. Con una población de alrededor de 820.000 personas, el país contaba con cerca de 5.000 personas esclavizadas, lo que significaría algo así como el 0,6% (Chile, 1953). Algunos historiadores estiman que esta cifra podría haber sido el doble (INE, 2009).

En Argentina, los datos nacionales son escasos, pero la información sobre Buenos Aires ayuda a comprender la fuerza de los proyectos de emancipación en el país. La ciudad, que experimentó un aumento significativo de su población esclavizada a lo largo del siglo XVIII (Bernand, 2002), llegó al momento de su independencia con una población considerable de personas en situación de servidumbre. Todo indica que en 1810, la ciudad contaba con una población de alrededor de 9.600 personas esclavizadas sobre un total de 32.000 personas —alrededor del 30% de los residentes de Buenos Aires—. Para el mismo período, se estima que la ciudad tenía una población de personas libres de color de alrededor del 22% (Cowles, 2007). En una estimación para 1822, Buenos Aires había sido una ciudad predominantemente negra, con un 52,8% de africanos y sus descendientes (Cowles, 2007). En Paraguay, una población esclava de unos 4.500 equivalía a la mitad de los 7.948 *pardos libres*, sobre una población total de unos 110.000 habitantes (Telesca, 2008). Los datos sobre los demás países son escasos, pero todo indica que su población de esclavizados era muy reducida —con algunas excepciones de concentraciones regionales como en el Pacífico colombiano (Latzina, 1889, Crespo, 1977, Gootenberg, 1995).

7. INDEPENDENCIA DE AMÉRICA LATINA Y LA ABOLICIÓN DE LA ESCLAVITUD

Entender la suerte de la libertad de vientre es, por tanto, analizarla a la luz de tres importantes aspectos explicativos que deben ser contrastados para una mejor comprensión del fenómeno: la existencia de fracasos duraderos del *partus* en los sistemas jurídicos nacionales; las posibilidades que las circunstancias sociales y económicas abrieron a la búsqueda de la libertad; y los acontecimientos políticos e institucionales que permitieron que una resistencia constante a la esclavitud por nacimiento —que existía desde los ensayos coloniales en Santo Tomé (Alencastro, 2000)— ganara densidad social y capacidad de transformación en un momento específico de renovación de los repertorios de constitucionalización. En otras palabras, en un movimiento inverso: la existencia del momento revolucionario (acontecimiento), en sociedades no dependientes económicamente de la esclavitud y con actores capaces de movilizar la presión (coyuntura), permitió la manipulación de los problemas performativos del *partus* acumulados a lo largo del proceso de formación del derecho colonial (larga duración) para la creación de un régimen de transición.

Chile y Argentina, que inauguraron los modelos de trabajo libre en la región, parecen curiosamente opuestos. En el primer caso, la esclavitud era muy reducida, hasta el punto de que, en teoría, su eliminación no habría creado grandes limitaciones. Sin embargo, llama la atención que el país optara por un régimen de abolición gradual, sin seguir el camino de otras zonas —como México— donde se había decretado definitivamente el fin de la esclavitud. En el caso de Buenos Aires, parece funcionar la premisa de que las personas libres de color funcionaron como un eficaz elemento de presión para la construcción de salidas de la esclavitud. Un gran contingente de personas esclavizadas y redes de personas libres de color fueron elementos importantes en la construcción de métodos de presión y demostración para la creación de sistemas de libertad desde las entrañas.

¿Cómo interpretar estas cifras? La respuesta está en la constatación de que el enredo que constituyó la posibilidad de liberación desde el seno materno es mucho más profundo que el mero análisis de la presencia de personas esclavizadas en las realidades locales y su comprensión como fuerza de trabajo. Es evidente que la comprensión de este escenario no es posible sin vincular los datos sobre el número de personas esclavizadas con su posición en los sistemas económicos de los diferentes estados. Sería necesario comparar estos datos con el tipo de ocupación, las posibilidades de retener a estos trabajadores como mano de obra, así como las facilidades para sustituirlos eventualmente por mano de obra asalariada. Las diferencias sistémicas entre los esclavos de *las plantaciones* y los esclavos urbanos, cuya sustitución es más fácil, por citar sólo un ejemplo, son profundas. Por lo tanto, sería necesario combinar esta comprensión con una visión más clara del nivel estratégico de su ocupación productiva, así como combinarla con un análisis de los flujos migratorios, teniendo en cuenta que no todos los Estados tienen la capacidad de sustituir a los trabajadores con la misma intensidad —en el caso de los EE.UU., las diferencias entre el Norte y el Sur son marcadas—.

Al menos otras dos perspectivas parecen importantes para comprender este proceso. En primer lugar, es importante comprender que la dimensión productiva de los esclavizados no puede leerse sólo desde el punto de vista de su necesidad como mano de obra: su importancia sistémica también desempeña un papel importante en la constitución del capital de esas sociedades. Hay pocos estudios que traten de la importancia de los esclavos en el mercado de capitales, como garantía de préstamos, financiaciones y operaciones financieras diversas. Así, cualquier abolición inmediata, o incluso la aceptación de leyes de trabajo libre, podría destruir una importante fuente de capital, generando grandes problemas financieros. Aunque la esfera del trabajo podría resolverse razonablemente bien en un modelo como el de la libertad de vientre, dada la extensión de la necesidad de trabajo forzoso a lo largo de un periodo de tiempo considerable, sería necesario evaluar el impacto del desmantelamiento masivo de la propiedad en forma de capital en estas sociedades. Es interesante darse cuenta de que aquí la importancia de la esclavitud ya no es cuantitativa, sino cualitativa. En teoría, el porcentaje de personas esclavizadas no importaría: lo importante sería comprender qué papel podría desempeñar su propiedad en el sistema de crédito vigente en estas sociedades.

También sería importante, en este sentido, valorar que a los ojos de los organizadores del libre albedrío existía un horizonte significativo en la perspectiva de la construcción de los nacientes regímenes políticos a partir de la construcción del nuevo régimen en el continente americano. En este sentido, la situación de Portugal era mucho más simple, ya que formaba parte de un régimen no republicano, al igual que muchos países latinoamericanos, con sistemas políticos organizados a partir del voto censitario.

En pocas décadas, los proyectos de abolición mediante la emancipación de los nacidos se extendieron a las nuevas repúblicas formadas a partir de los fragmentos del antiguo Imperio español, mientras que Cuba y Puerto Rico —con las mismas referencias jurídicas— mantuvieron intacto al *partus* hasta los últimos años de la esclavitud negra en el Atlántico. ¿Qué importancia tuvieron, por tanto, las tradiciones inglesas de Massachusetts y Mississippi, y las españolas de Cuba y Chile, en la historia de la libertad del partus?

Tamis Parron utilizó el término “repertorio de constitucionalización” —tomado de la idea de “repertorio de contestación” de Charles Tilly— para demostrar cómo los sistemas políticos trabajaron para estabilizar la esclavitud y los acuerdos raciales a partir de las transformaciones de sus marcos nacionales en la acelerada transición del siglo XVIII al XIX (Parron, 2011).

Esta batalla varió en las diversas facetas de la esclavitud americana y pudo utilizar una especie de intercambio de experiencias supranacionales para, desde diferentes puntos de partida, construir renovaciones institucionales que pudieran garantizar la supervivencia política y jurídica de la esclavitud en un sistema mundial en profunda transformación. En la época de formación del modelo de producción colonial, las dificultades performativas del *partus,* presentes desde los primeros momentos de la empresa esclavista en las Américas, no fueron suficientes para impedir su afirmación. Al contrario: a pesar de los muchos problemas de esta recepción y de las profundas inestabilidades de la regla de transmisión generacional por vía materna, esta historia está marcada por un (irregular) movimiento ascendente hacia el fortalecimiento de la regla. La acumulación de conocimientos sobre las debilidades del principio no pudo ofrecer una resistencia lo bastante fuerte como para impedir su consolidación en aquel primer contexto. Sin embargo, el cambio en los "repertorios de constitucionalización" que tuvo lugar en el continente americano debido al colapso de la dominación imperial europea abrió espacios para que este conocimiento institucional acumulado pudiera actuar.

Esta disputa no se definió exactamente por una batalla de repertorios jurídicos. Éstos no eran más que instrumentos debidamente manipulados por los actores en contingencias específicas que permitían una acción más directa contra la esclavitud. Las condiciones para el desmantelamiento de la esclavitud no surgieron en el mismo espacio, al mismo tiempo. La supervivencia del *partus* en las áreas más dinámicas de la esclavitud continental —el Sur de América, Cuba y Brasil— sugiere que el aspecto económico y social parece haber sido predominante en la supervivencia de la esclavitud perpetua por nacimiento. Aunque este argumento parece indiscutible hasta cierto punto, debe sopesarse frente a la existencia de repertorios que han demostrado su éxito a la hora de actuar en el proceso de transición. Aunque este conocimiento institucional no determinó exactamente las condiciones para desmantelar la esclavitud, estos modelos fueron importantes para construir un camino cuando surgieron estas condiciones. Este movimiento no era obvio ni natural, después de todo —como ya se ha señalado— diversas sociedades coexistieron con una forma menos dinámica de esclavitud —con el *partus en* plena vigencia— durante siglos, sin que esta falta de importancia productiva de la esclavitud significase, en sí misma, una transición hacia la libertad.

Así, esta acumulación de conocimientos fue esencial para aprovechar la ventana de oportunidad histórica y determinar las estrategias de acción que culminaron en el destino definitivo del *partus.* La combinación de las dificultades performativas del *partus* con los cambios en los repertorios de constitucionalización propios de la construcción del mundo decimonónico en las Américas fue el elemento central para la transición de la esclavitud en aquellos ambientes donde se dieron las condiciones para tal cambio. Aunque estos ámbitos intelectuales —una larga historia de resistencia al *partus* y la capacidad de sus oponentes para construir categorías jurídicas para la transición en un nuevo entorno político-institucional creado por la era revolucionaria americana— parecen en cierto modo subsidiarios o incluso subordinadas, a las transformaciones sociales experimentadas por las sociedades esclavistas, no desempeñaron un papel protagonista en la construcción de un camino hacia la libertad que empezaría a marcar el fin del cautiverio en Occidente.

Hasta la consolidación de una sociedad esclavista más desarrollada, hubo inestabilidades en la aplicación del *partus*. Como ya se ha señalado, estas variaciones no expresan la falta de validez de la norma, en la mayoría de los casos, sino que denotan una cierta madurez del principio, que aún no se había sofisticado en su versión más completa y acabada, que iba a controlar las zonas esclavistas del continente americano en el siglo XIX. También es posible indagar, con mayor o menor intensidad, en los esfuerzos de las tres grandes tradiciones jurídicas que colonizaron el continente por estabilizar estas cuestiones, consolidando los límites y la vigencia del *partus a lo largo del* período colonial.

En todas las áreas latinoamericanas que abrazaron el republicanismo revolucionario como ruptura con el antiguo régimen ibérico, *el partus* fue derrotado en pocas décadas. Ya fuera a través de proyectos de libre circulación o de la construcción de sistemas de abolición total, fue imposible sustituir la idea de esclavitud por nacimiento por los nuevos repertorios de constitucionalización en las repúblicas del nuevo mundo. Cristianos, dotados de derechos inalienables, hijos de la misma república, los afrodescendientes ya no podían ser colocados en un vínculo de servidumbre perpetua por nacimiento. Esto no significa que el proceso fuera tranquilo o cordial. Como sabemos, las batallas por la liberación del vientre, y sobre todo por la ejecución de las normas aprobadas, fueron constantes en la realidad de las repúblicas latinoamericanas. Sin embargo, la idea del *partus* ya no podía desarrollarse con facilidad en los nuevos ordenamientos jurídicos republicanos. Cuba y Puerto Rico no renunciaron a la sofisticación del sistema esclavista español para arriesgarse con innovaciones republicanas. Brasil buscó su independencia, conservó expresamente las instituciones jurídicas portuguesas y también impuso su república, construyendo una monarquía excéntrica en América. En estas tres áreas de esclavitud más desarrollada —de hecho, esto se aplica más a Cuba y Brasil— el *partus* sólo caería en otra temporalidad, en un proceso sujeto a presiones y contingencias diferentes de la primera abolición de la matriz que tuvo lugar entre los proyectos de Pensilvania y Paraguay. Aun así, es notable que las historias del declive definitivo de la esclavitud y del surgimiento del republicanismo acabaran coincidiendo en pocas décadas.

8. EL MANTENIMIENTO DE LA ESCLAVITUD —EL TRÁFICO TRANSATLÁNTICO— (BRASIL Y CUBA)

En las demás zonas coloniales, el comercio no se hundió tan bruscamente. Por otra parte, en aquella época, el *partus* no era precisamente un problema ni siquiera en la tradición del derecho francófono, que recogió los frutos de una prematura consolidación en el primer *Code Noir.* De nuevo, analizando el último cuarto de siglo, en las colonias francesas, el retorno de los esclavizados en Santo Domingo pondría fin a la importación récord de africanos en la historia de la isla. En las demás islas francesas se produjo un cierto equilibrio: disminución de traficantes en Guadalupe, aumento en las Guyanas y equilibrio en Martinica. Los ganadores de la interrupción del suministro de personas esclavizadas en Estados Unidos y de una cierta oscilación en las islas francesas, coronada por el hundimiento de Haití, fueron Cuba y Brasil. Las razones son bien conocidas y tienen que ver precisamente con la crisis de la producción francesa, la reorganización de los sistemas comerciales tras las disputas imperiales de la transición del siglo XVIII al XIX y el desarrollo de un acalorado mercado de materias primas en el Atlántico. El tráfico se desarrolló en estos espacios. En el siglo XIX, Cuba ingresó más de diez veces el número de esclavos importados en toda su historia. Brasil, que desde el siglo XVI dependía de elevadas tasas de importación, trajo un volumen equivalente al que había importado durante toda su historia colonial. En las demás zonas del Imperio español, en general, el número de traficantes ya era bajo a finales de siglo. La excepción parecía ser el mercado platino, que, aunque recibía pocos esclavos en comparación con los líderes de la esclavitud americana, seguía teniendo cifras significativas en comparación con las importaciones que históricamente había realizado[6].

---

[6] Todos los datos aquí extraídos pueden consultarse en el sitio web **Slave Voyages**, en la sección Transatlantic Slave Trade - Database. Disponible en: https://www.slavevoyages.org/voyage/database.

La ley de ventres española marcó el agotamiento definitivo del principio *partus*. Esto es así porque la Ley Moret demostró que era posible quebrar el principio en una combinación no probada de un espacio que tenía un contacto relativamente estable y duradero con el principio —la buena acogida del *partus* en los sistemas ibéricos— enmarcado en un contexto de esclavitud activa, dinámica y rentable (Vilches García, 2001, Santamaría García, 2014). Por un lado, es cierto que el régimen construido en el siglo XVIII ya era un poco tardío en la década de 1870, y el régimen diseñado por Moret, en cierto modo, permitió una cierta extensión del sistema de trabajos forzados (Hierrezuelo-Planas, 2020). Por otro lado, el fin del *partus* supuso la destrucción definitiva de la esclavitud negra, perpetua por nacimiento. Fue el comienzo de la aceleración de la disolución del poder señorial, y de una aproximación del régimen laboral de los afrodescendientes a los modelos aplicables a la mano de obra libre (Salmoral, 2000) y en régimen de contrato (Phillip, 1995). En 1872 se publicó un reglamento para libertos que pretendía regular específicamente el trabajo en régimen de derecho (Fuentes, 2008).

La ley abrió nuevos campos de acción, permitiendo la creación de estrategias de litigio y la ampliación de derechos para las personas esclavizadas (De la Fuente, 2010) —especialmente las mujeres (Fuentes, 2008). La presión no terminó: la Ley Moret pronto se mostró insuficiente; se tomaron nuevas medidas para abolir definitivamente la esclavitud en Puerto Rico, primero, y en Cuba, después (Ortiz, 1916). Aun así, la Ley Moret marcó un hito en la historia de la dominación del útero. A partir de entonces, en todo el mundo occidental, sólo en un lugar se podría seguir naciendo esclavo: el *partus* daba sus últimos suspiros en el Imperio de Brasil.

La formación de la libertad de vientre en Brasil fue bastante específica. Un escenario de fortalecimiento de la esclavitud, basado en una serie de transformaciones económicas y sociales que se identificaron más claramente a partir de la década de 1830, y especialmente en la década de 1840, pareció llegar a su fin en la segunda mitad de la década de 1860. Esto se debió a varios factores. En primer lugar, el fin del comercio de esclavos cambió el perfil de la esclavitud brasileña, generando el llamado comercio interprovincial, que aumentó el valor del cautivo y atrajo la mano de obra disponible hacia las áreas más dinámicas; en segundo lugar, se intensificaron las revueltas, las luchas legales y la resistencia de los esclavizados, que quedaron más expuestos a los diversos problemas inherentes a esta nueva configuración del trabajo y al dinamismo de la economía nacional; en consecuencia, estos factores iniciaron un proceso de división de la clase dominante brasileña, con una cierta pérdida de unidad nacional en torno al trabajo esclavizado.

El fin de la trata de esclavos fue en sí mismo un proceso torpe: ya en 1815, cuando aún era un Reino Unido de Portugal y el Algarve, Dom João VI había firmado un tratado con los británicos por el que se prohibía a los barcos negreros atracar en Brasil, que fue refrendado en 1826 por el Imperio con el Reino Unido. Sin embargo, no existían mecanismos eficaces para garantizar el cumplimiento de estos tratados y, bajo la presión británica, la Ley Feijó de 1831 impuso penas a la importación de esclavos, además de dejar libres a los esclavos traídos de fuera del Imperio tras su promulgación. La inacción del gobierno brasileño fue una de las motivaciones de la Ley Aberdeen de 1845, que permitía a los barcos británicos apresar barcos negreros, lo que provocó constantes fricciones con las autoridades e intereses económicos brasileños hasta que, en 1850, el parlamento aprobó la Ley Eusébio de Queirós, que también prohibía el tráfico, pero esta vez actuó con más energía para cumplirla, bajo la presión británica (Mamigonian, 2017).

Poco a poco, los esclavizados se convirtieron en artículos caros y cada vez más exclusivos, concentrados geográficamente en las zonas cafeteras del sur; finalmente, la Guerra Civil Americana y los movimientos de las restantes colonias españolas hacia la emancipación comenzaron a constreñir el horizonte de expectativas para la esclavitud en Brasil. Con el fin de la Guerra del Paraguay, que fue motivo para evitar grandes cambios en la cadena productiva nacional, cayeron las resistencias a que el tema figurase en la agenda nacional (Conrad, 1978).

9. ABOLICIÓN Y MANTENIMIENTO DE LA DESIGUALDAD —EL CASO BRASILEÑO—

Como ilustración final, proponemos un breve análisis del caso brasileño, *sui generis* en la experiencia latinoamericana con la esclavitud, ya que Brasil tiene hoy la mayor población negra fuera de África, con un legado de esclavitud que impregna las instituciones, la legislación, la jurisprudencia y las ideologías a lo largo de las últimas décadas de la esclavitud hasta nuestros días. Con la Ley de los Sexagenarios (1885), que otorgaba la libertad a los esclavizados mayores de 60 años, el gobierno imperial buscaba continuar su política de abolición gradual, tal como había hecho con otras leyes, como la Ley del Vientre Libre, aprobada poco después del fin de la Guerra del Paraguay, en 1871, que también incluía la creación de un registro de esclavos ante las autoridades, para evitar intentos de burlar la ley y esclavizar a individuos que deberían —si se siguiera el sistema legal vigente— nacer libres (Parron, Pereira, 2022).

El censo de 1872, el primero que se realizó, mostraba una población brasileña con un 15% de esclavizados, así como un 40% de pardos, personas con alguna ascendencia africana[7]. Era un escenario que preocupaba a las élites dirigentes, cuyo sistema de poder había sido concebido durante la esclavitud. Para evitar cualquier perturbación indeseada, se creó la Ley Saraiva (1881), que privaba de derechos políticos a los analfabetos, excluyendo a la gran mayoría de los negros brasileños, y cuyo impacto sólo sería revertido más de cien años después, con la revocación de esta prohibición por la Constitución Ciudadana de 1988, con el fin de la Dictadura Militar.

El Imperio supo equilibrar los avances con los obstáculos. Aunque la Ley de Vientres Libres preveía que el 25% de los ingresos del fondo de asignación que creaba se destinasen a la educación de los hijos de las esclavas, también concedía al amo el derecho de mantenerlas trabajando para él hasta los 21 años, sin acceso a ningún tipo de educación (Gonçalves, 2008), Esto no impidió que, en los años 1830-1840, las provincias restringieran o prohibieran la educación de los libertos, o incluso la actual Reforma Couto Ferraz, que, al mismo tiempo que prohibía la escolarización de los niños no vacunados, prohibía la enseñanza de las primeras letras a los esclavos[8].

En la República, el ritmo de las políticas de racialización se intensificó —mientras reformas educacionales como la de Rivadavia Correia (1911) creaban barreras como exámenes y tasas para el ingreso en el sistema públi-

---

7 La racialización ha sido objeto de reflexión tanto dentro como fuera de Brasil: LEGASSICK, Martin, HEMSON, David. Foreign investment and the reproduction of racial capitalism in South Africa. Anti-Apartheid Movement, 1976; WOLPE, Harold. Race, class & the apartheid state. Africa World Press, 1990; MOURA, Clóvis; MOURA, Soraya Silva. Dicionário da escravidão negra no Brasil. Edusp, 2004; FERNANDES, Florestan. A integração do negro na sociedade de classes. Editora Contracorrente, 2021.

8 Sobre la cuestión de la ciudadanía de los libertos, véase:: MATTOS, Hebe Maria. Escravidão e cidadania no Brasil monárquico. Rio de Janeiro: Zahar, 2000; SLEMIAN, Andréa. "Seriam todos cidadãos? Os impasses na construção da cidadania nos primórdios do constitucionalismo no Brasil: 1823-1824". In: JANCSÓ, István (org.). Independência. História e Historiografia. São Paulo: Hucitec, 2005, p. 829-847; BARROS, Surya Pombo de. Escravos, libertos, filhos de africanos livres, não livres, pretos, ingênuos: negros nas legislações educacionais do XIX. Educação e Pesquisa, v. 42, p. 591-605, 2016.

co de enseñanza (De Almeida, Sanchez, 2016), decretos como la Ley Glicério (1890) prohibían la entrada de nativos de África o Asia sin autorización del Congreso Nacional, al mismo tiempo que el Estado brasileño instigaba la inmigración europea con políticas públicas— sólo en el año siguiente al diploma, más de 100.000 inmigrantes entraron en São Paulo (Gonçalves, 2008). A esto se sumó el enfoque que el recién establecido gobierno republicano tenía en mantener algunas de las prioridades del gobierno imperial —incluso antes de aprobar una nueva Constitución (1891), el régimen del mariscal Deodoro da Fonseca había aprobado un Código Penal (1890) que incluía la capoeira en la lista de delitos encarcelables. Aunque la nueva Constitución permitía votar a los extranjeros naturalizados que supieran leer y escribir, este derecho no se concedía a los negros analfabetos.

El mantenimiento de políticas de discriminación racial indirecta a lo largo de las sucesivas constituciones que introdujeron a los negros en una sociedad libre[9] encontró un importante obstáculo en el proceso constitucional resultante de la restauración de la democracia tras el régimen militar en Brasil. Los movimientos culturales y políticos que se habían iniciado entre las décadas de 1950 y 1960 en favor de los derechos —la Ley Afonso Arinos de 1951, que preveí como delito la denegación de servicio por motivos raciales, incluso en las escuelas— fueron completamente silenciados por el régimen, pero pudieron reorganizarse con la redemocratización a partir de la década de 1980, desafiando el mito de la democracia racial propagado por la dictadura militar.

Sin embargo, la población negra de Brasil sigue asolada por la violencia policial e indefensa cuando se trata de acceder a servicios públicos de calidad, como la educación básica. Aunque la Constitución brasileña garantiza el acceso a las tierras quilombolas en su artículo 68 (Brasil, 1988), hay innumerables comunidades quilombolas que siguen luchando, tanto en los tribunales como contra la violencia de los terratenientes, para mantener la posesión de sus tierras. Sólo en 2005, tras años de presión política, se anunció la reglamentación de las comunidades quilombolas (French 2009; Mattos 2008). Del mismo modo, sólo con el decreto 3551/2000 pudieron empezar a reconocerse oficialmente las tradiciones afrobrasileñas. La ley

---

9 Sobre la transición y el período, véase:: DO LAGO, Luiz Aranha Corrêa. Da escravidão ao trabalho livre: Brasil, 1550-1900. Editora Companhia das Letras, 2014; DA COSTA, Emília Viotti. A abolição. Unesp, 2008; ALONSO, Angela. Flores, votos e balas: o movimento abolicionista brasileiro (1868-88). Editora Companhia das Letras, 2015.

10639 incluyó la enseñanza de la historia afrobrasileña en el currículo nacional (Fischer, Grinberg, Mattos, 2018).

Aunque desde la redemocratización se han emprendido diversas iniciativas políticas y jurídicas, persiste el reto de superar y reparar siglos de esclavitud, seguidos de un siglo de institucionalización de políticas discriminatorias, aunque no sea explícitamente, como en Estados Unidos. Brasil sirve de paradigma —positivo y negativo— del impacto de la esclavitud en las instituciones latinoamericanas. El último país en abolir la esclavitud, uno de los más resistentes, el de mayor población negra. La certeza es que el tamaño del desafío sólo es igualado por la resistencia y la voluntad de los esclavizados y sus descendientes para superarlo, día tras día.

10. CONCLUSIÓN

Aunque el caso brasileño sea paradigmático, en todo Latinoamérica la esclavitud africana tuvo consecuencias que se hacen sentir hasta el día de hoy. Las políticas públicas no fueron todavía suficientes para, como se ha dicho, reparar los tantos siglos de discriminación, buscando la igualdad.

11. BIBLIOGRAFÍA

Alencastro, Luiz Felipe de. O trato dos viventes: formação do Brasil no Atlântico Sul. São Paulo: Companhia das Letras, 2000.

Alonso, Angela. Flores, Votos E Balas: O Movimento Abolicionista Brasileiro (1868-88). São Paulo: Editora Companhia das Letras, 2015.

Barros, Surya Pombo de. "Escravos, libertos, filhos de africanos livres, não livres, pretos, ingênuos: negros nas legislações educacionais do XIX. "Educação E Pesquisa, v. 42, p. 591-605, 2016.

Beozzo, José Oscar. "As Américas Negras e a História da Igreja na América Latina: questões metodológicas." In: Comissão de Estudos de História da Igreja na América Latina (Cehila). Escravidão negra e história da igreja na América Latina e no Caribe. Petrópolis: Vozes, 1987.

Bernand, Carmen. Negros esclavos y libres en las ciudades hispanoamericanas. Madrid: FIH, 2002.

Blackburn, Robin. The making of new world slavery: from the baroque to the modern, 1492-1800. London: Verso, 2010.

Borucki, Alex; Eltis, David; Wheat, David. "Atlantic history and the slave trade to Spanish America." The American Historical Review, v. 120, n. 2, 2015, p. 433-461.

Brasil. Constituição da República Federativa do Brasil de 1988. Brasília: Senado Federal, 1988.

Brasil. Constituição Política do Império do Brasil de 1824. Rio de Janeiro: Ed. H. Laemmert & Cia, 1881.

Brasio, António. Monumenta Missionaria Africana. Lisboa: Agência Geral do Ultramar, 1952.

Brougham, Henry. An Inquiry into the Colonial Policy of the European Powers. Edinburgh: Printed by D. Willison for E. Balfour, Manners & Miller, 1803.

Chile. Censo De 1813. Santiago: Imprenta Chile, 1953.

Conrad, Robert Edgar. Os últimos anos da escravatura no Brasil: 1850-1888. 2nd ed. Rio de Janeiro: Civilização Brasileira, 1978.

Cowles, Guillermo. Los Afrodescendientes de Buenos Aires: Mitos y Realidades. Buenos Aires: SIT - Cono Sur, 2007.

Crespo, Alberto. Esclavos Negros En Bolivia. La Paz: Academia Nacional de Ciencias de Bolivia, 1977

Da Costa, Emília Viotti. A Abolição. São Paulo: Unesp, 2008;.

De Almeida, Marco Antonio Bettine; Sanchez, Livia. "Os negros na legislação educacional e educação formal no Brasil." Revista Eletrônica de Educação, v. 10, n. 2, 2016, p. 234-246.

de la Fuente, Alejandro, y Ariela J. Gross. Becoming Free, Becoming Black: Race, Freedom, and Law in Cuba, Virginia, and Louisiana. Chicago: Cambridge University Press, 2021.

De La Fuente, Alejandro. "From slaves to citizens? Tannenbaum and the debates on slavery, emancipation, and race relations in Latin America." International Labor And Working-Class History, n. 77, p. 154-173, 2010.

Do Lago, Luiz Aranha Corrêa. Da Escravidão Ao Trabalho Livre: Brasil, 1550-1900. São Paulo: Editora Companhia das Letras, 2014

Dorsey, Joseph C. "Women Without History: Slavery and the International Politics of 'Partus Sequitur Ventrem' in the Spanish Caribbean." The Journal of Caribbean History, v. 28, n. 2, 1994.

Echeverri, Marcela. "Esclavitud y tráfico de esclavos en el Pacífico suramericano durante la era de la abolición." Historia mexicana, v. 69, n. 2, 2019, p. 627-691.

Fernandes, Florestan. A Integração Do Negro Na Sociedade De Classes.São Paulo: Editora Contracorrente, 2021.

Ferreira, Roquinaldo, Tatiana Seijas. "The Slave Trade to Latin America: A Historiographical Assessment." Afro-Latin American studies: an introduction. Cambridge University Press, 2018, p. 27-51.

Ferreira, Roquinaldo, y Tatiana Seijas. "La trata de esclavos hacia América Latina: un balance historiográfico". Estudios afrolatinoamericanos: una introducción. Cambridge University Press, 2018. 27-51.

Fischer, Brodwyn; Grinberg, Keila; Mattos, Hebe. "Law, Silence, and Racialized Inequalities in the History of Afro-Brazil." Afro-Latin American Studies: An Introduction, 2018, p. 130-176.

Fuentes, Maria de los Ángeles Meriño; Díaz, Aisnara Perera. "La madre esclava y los sentidos de la libertad. Cuba 1870-1880. "História Unisinos, v. 12, n. 1, p. 49-59, 2008.

Geggus, David. "Sex ratio, age and ethnicity in the Atlantic slave trade: data from French shipping and plantation records." Journal of African History, v. 30, n. 1, 1989, p. 23-44.

Gonçalves, Paulo César. Mercadores de braços: riqueza e acumulação na organização da emigração européia para o novo mundo. Tesis Doctoral, Faculdade de Filosofia, Letras e Ciências Humanas, Universidade de São Paulo, 2008.

Gootenberg, Paul. Población Y Etnicidad En El Perú Republicano (Siglo XIX): Algunas Revisiones. Lima: IEP, 1995. Documento de Trabajo, 71. Serie Historia, 14.

Hamman, Byron Ellsworth. Bad Christians, New Spains: Muslims, Catholics, and Native Americans in a Mediterratlantic World. New York: Routledge, 2019

Herzog, Tamar. A short history of European law: the last two and a half millennia. Cambridge: Harvard University Press, 2018.

Herzog, Tamar. Frontiers of possession. Cambridge: Harvard University Press, 2015.

Heywood, Linda M. "Slavery and Its Transformation in the Kingdom of Kongo: 1491-1800." The Journal of African History, v. 50, n. 1, 2009, p. 1-22.

Hierrezuelo-Planas, María Cristina. Legislación, Manumisión Y Abolición. Consideraciones Sobre Su Comportamiento En Santiago De Cuba (1868-1886). Santiago, n. 151, p. 50-84, 2020.

INE (Chile). Retratos De Nuestra Identidad: Los Censos De Población En Chile Y Su Evolución Histórica Hacia El Bicentenario. Santiago: BCN, 2009.

Latzina, Francisco. Censo General De La Población, Edificación, Comercio E Industrias De La Ciudad De Buenos Aires: Levantado En Los Dias 17 De Agosto, 15 Y 30 De Septiembre De 1887. Buenos Aires: Compañía Sud-Americana de Billetes de Banco, 1889.

Legassick, Martin; Hemson, David. Foreign Investment And The Reproduction Of Racial Capitalism In South Africa Anti-Apartheid Movement. Londres: Anti-Apartheid Movement, 1976.

Lodge, Henry Cabot. A Short History Of The English Colonies In America. New York: Harper & brothers, 1882

Mamigonian, Beatriz. Africanos livres: a abolição do tráfico de escravos no Brasil. São Paulo: Editora Companhia das Letras, 2017.

Marquese, R. B.; Joly, F. D.. "Panis, disciplina, et opus servo: the Jesuit ideology in Portuguese America and Greco-Roman ideas of slavery." In: Enrico Dal Lago; Constantina Katsari. (Org.). Slave Systems: Ancient And Modern. Cambridge: Cambridge University Press, 2008, v., p. 214-230.

Marquese, Rafael de Bivar. Feitores do corpo, missionários da mente: senhores, letrados e o controle dos escravos nas Américas, 1660-1860. São Paulo: Companhia das Letras, 2020.

Mattos, Hebe Maria. Escravidão E Cidadania No Brasil Monárquico. Rio de Janeiro: Zahar, 2000

Moniz Rodríguez, Verónica; Perfetti Holzhäuser, María Eugenia. Vida Cristiana del negro esclavo y su descendência em las legislaciones hispânica y lusitana de los siglos XVI y XVII. Anales De La Universidad Metropolitana, Venezuela, v. 1.5, n. 1, p. 175-194, 2015.

Moura, Clóvis; Moura, Soraya Silva. Dicionário Da Escravidão Negra No Brasil. São Paulo: Edusp, 2004.

Ortiz, Fernando. Hampa Afro-Cubana: Los Negros Esclavos; Estudio Sociológico Y De Derecho Público. Habana: Revista bimestre cubana, 1916.

Parron, Tâmis Peixoto. A Política Da Escravidão No Império Do Brasil, 1826-1865. 2011. São Paulo: Civ. Brasileira, 2011.

Parron. A Política da Escravidão na Era da Liberdade: Estados Unidos, Brasil e Cuba, 1787. Tese de Doutorado. Universidade de São Paulo, 2015.

Phillip, Jacqueline. L'esclavage à Cuba au XIXe siècle d'après les documents de l'Archivo Histórico Nacional de Madrid. Paris: Editions L'Harmattan, 1995.

Phillip, Jacqueline. L'esclavage À Cuba Au Xixe Siècle D'après Les Documents De l'Archivo Histórico Nacional de Madrid. Paris: Editions L'Harmattan, 1995.

Rodriguez, Junius P. (ed.). Encyclopedia Of Slave Resistance And Rebellion. Westport, CT: Greenwood Publishing Group, 2007. 2 v.

Salmoral, Manuel Lucena. "Leyes para esclavos." Regulación de la esclavitud en las colonias de América española (1503–1886): documentos para su estudio. Madrid: FIH, 2000.

Santamaría García, Antonio. "Revisión Crítica de los estudios recientes sobre el origen y la transformación de la Cuba colonial azucarera y esclavista." América Latina En La Historia Económica, v. 21, n. 2, p. 168-198, 2014.

Schwartz, Stuart B. "Escravidão indígena e o início da escravidão africana". In: Schwarcz, Lilia Moritz; Gomes, Flávio dos Santos (org.). Dicionário da escravidão e liberdade. São Paulo: Cia das Letras, 2018. p. 216-222.

Schwarz, Roberto. As ideias fora do lugar: ensaios selecionados. Editora Companhia das Letras, 2014.

Slemian, Andréa. "Seriam todos cidadãos? Os impasses na construção da cidadania nos primórdios do constitucionalismo no Brasil: 1823-1824". In: JANCSÓ, István (org.). Independência. História e Historiografia. São Paulo: Hucitec, 2005, p. 829-847;

Tarideu, Jean-Pierre. "Las cisats de um arbitrista sobre la aparición de um hombre nuevo em las Indias occidentales (mitad del siglo XVII)." Anuário de Estudios Americanos, v. 50, n. 1, 1993.

Telesca, Ignacio. "La historiografía paraguaya y los afrodescendientes." In: Estudios afroamericanos y africanos en América Latina: herencia, presencia y visiones del otro. Buenos Aires: CLACSO, 2008, p. 165-186.

Vainfas, Ronaldo. "Colonização, miscigenação e questão racial: notas sobre equívocos e tabus da historiografia brasileira." Revista Tempo, v. 8, n. 3, 1999, p. 1-12.

Vilches García, Jorge. "La esclavitud en Cuba. Un problema político y económico del siglo XIX." Revista Hispano Cubana, n. 10, p. 117-132, 2001

Wolpe, Harold. Race, Class & The Apartheid State. New Jersey: Africa World Press, 1990.

Zeron, Carlos Alberto M. R. "O debate sobre a escravidão ameríndia e africana nas universidades de Salamanca e Évora." In: Jesuítas, ensino e ciência. Séculos XVI-XVIII. Casal de Cambra: Caleidoscópio, 2005.

Zeron, Carlos Alberto M. R. Linha de Fé: A Companhia de Jesus e a Escravidão. São Paulo: Edusp, 2011.

Zeron, Carlos Alberto M. R.; Dias, Camila Loureiro. "A Igreja e a escravidão no mundo atlântico: notas historiográficas sobre a doutrina católica no mundo moderno e contemporâneo." Portuguese Studies Review, v. 25, n. 2, 2017.

Bibliografía Complementaria

Chalhoub, Sidney, John D. Garrigus, Morris, Christopher. "Illegal Enslavement and the Precariousness of Freedom in Nineteenth-century Brazil", en John D. Garrigus y Christopher Morris, *Assumed Identities: The Meanings of Race in the Atlantic World*, College Station, Texas A&M University Press, 2010, pp. 88-115.

Chalhoub, Sidney. "The Politics of Ambiguity: Conditional Manumission, Labour Contracts and Slave

Emancipation in Brazil (1850s to 1888)", *Revista Internacional de Historia Social*, agosto de 2015, pp. 161-191.

De La Fuente, Alejandro, Gross, Ariela J. *Slaves, Free Blacks, and Race in the Legal Regimes of Cuba, Louisiana, and Virginia: A Comparison*, 91 N.C. L. Rev. 1699 (2013).

De La Fuente, Alejandro, Gross, Ariela J.. *Becoming Free, Becoming Black: Race, Freedom, and Law in Cuba, Virginia, and Louisiana.* Studies in Legal History. Cambridge: Cambridge University Press, 2020.

Ferreira, Roquinaldo, Tatiana Seijas. "La trata de esclavos hacia América Latina: una evaluación historiográfica". En *Afro-Latin American Studies: An Introduction*, editado por Alejandro De La Fuente y George Reid Andrews, 27-51. Afro-Latin America. Cambridge: Cambridge University Press, 2018. doi:10.1017/9781316822883.002.

Fischer, Brodwyn, Grinberg, Keila, Mattos, Hebe. "Law, Silence, and Racialised Inequalities in the History of Afro Brazil". En *Afro-Latin American Studies: An Introduction*, editado por Alejandro De La Fuente y George Reid Andrews, 130-76. Afro-Latin America. Afro-Latin America. Afro-Latin America. Cambridge: Cambridge University Press, 2018. doi:10.1017/9781316822883.005.

1.7. Aspectos Criminológicos de la Guerra contra las Drogas

PABLO GALAIN PALERMO[1]
Universidad Andrés Bello, Chile
galain.pablo@gmail.com

1. INTRODUCCIÓN

Este capítulo tiene por objetivo ofrecer un panorama histórico y actual de las repercusiones y efectos de la denominada “guerra contra las drogas” en el continente americano (con especial atención en los países productores y abastecedores de cocaína), partiendo de la base de que se trata de una política internacional controlada por la Organización de Naciones Unidas y sustentada en una normativa internacional. Las actuales posiciones contrarias a la política de drogas basadas en la regulación de algunos mercados de cannabis (Pardo, 2014; Galain, 2018; Fischer et al, 2020) o en políticas de reducción de daños (Meyers, 2023; Van Ooyen-Houben et al, 2016; Korf, 2020; Dorn y South, 1990, 186) no serán consideradas. La hipótesis que se sustenta es que la guerra contra las drogas como expresión máxima del prohibicionismo no cumple con los objetivos de la normativa internacional (1961, 1971 y 1988) y, como contrapartida, es una política que causa graves daños colaterales y violaciones a los derechos humanos en su aplicación en América Latina. Como ha escrito Anabel Hernández, “Los gringos te hacen y te deshacen. Ellos dicen cuando eres y cuando no eres”[2].

---

1 Investigador y Docente de la Universidad Andres Bello, Santiago (Chile). Doctor Europeo en Derecho. Investigador de la Agencia Nacional de Investigación e Innovación (Uruguay). Ex Becario Marie Curie (Unión Europea) y DAAD y Max Planck Institute (Alemania).

2 Expresión de los narcotraficantes mexicanos. Hernández, Anabel, 2014, Los señores del narco, Debolsillo, México, p. 494.

2. EXPLICACIÓN DEL FENÓMENO DE LA GUERRA CONTRA LAS DROGAS

2.1. *Explicación histórica*

A lo largo de la historia las drogas han sido utilizadas con diferentes usos religiosos, ancestrales, culturales, comerciales, médicos y recreativos (Escohotado, 1996; Vidart, 1994). A partir del auge del capitalismo, su comercio ha impulsado el desarrollo industrial y financiero (De Sutter, 2021, 44). La relación no ha sido siempre pacifica, si bien, como todo producto comercializable con importante demanda se ha intentado que sus intercambios estén ausentes de violencia (Madge, 2002; De Sutter, 2021). Por tratarse de un producto con diversos usos (estimulantes, evasivos, psicotrópicos, analgésicos, curativos, etc.), las drogas también han estado vinculadas a los conflictos bélicos y a la violencia (Buxton, 2010). Por un lado, durante el siglo XIX Inglaterra declaró dos veces la guerra a China para garantizar la "libertad comercial" en materia de drogas (Albrecht, 2001, 49), principalmente, para mantener en China el mercado del opio producido en sus colonias asiáticas (Escohotado, 1996; Madge, 2002). Por otro lado, Alemania era el líder mundial en la producción y comercialización de cocaína, un negocio de "rentabilidad excepcional" (De Sutter, 2021, 33) muy codiciado por las naciones victoriosas en las dos guerras mundiales del Siglo XX (Ryan, 2001, 28). La consideración de las drogas como una cuestión geopolítica tiene un punto de partida en las conferencias de Shangai (1909) y La Haya (1912) convocadas por EE.UU para incidir en los monopolios del comercio del opio de los imperialismos de Inglaterra y Francia (Labrousse, 2011, 103). En 1914, en los EE.UU, la Ley Harrison puede considerarse el primer paso para la prohibición del comercio y consumo de drogas, un mojón para la confusión entre traficantes y consumidores como si las cuestiones del consumo de productos peligrosos para la salud se debieran considerar un problema policial y punitivo (Marge, 2002). Esta decisión político criminal solo podía explicarse por la obsesión norteamericana con las "cruzadas" contra los comportamientos inmorales (Ryan, 2001). Hasta la segunda mitad del siglo XX la relación de la humanidad con las drogas fue pacifica, cuando los EE.UU decidieron unilateralmente considerarlas un problema de nivel nacional e internacional (Buxton, 2010; Madge, 2002). El prohibicionismo o la prohibición de acceso a las drogas para consumo recreativo es una construcción política (un problema social construido) (Gerber y Jensen, 2001) a partir de "juicios morales, estrategias políticas para el gobierno de las poblaciones, intereses médico-sanitarios, económicos y geopolíticos" (Rodrigues y Caiuby, 2015, 30). El uso recreativo de las drogas fue considerado internacionalmente como un problema solo después de la Segunda Guerra Mundial, considerando que aquellas constituyen una "amenaza al tejido social" (Madge, 2002, 171) que debía ser combatido mediante el derecho penal (Gonzalez Bustelo, 2014). La droga como un problema, entonces, tiene su origen en la política de los EE.UU durante el apogeo de la "Guerra Fría" que trae como consecuencia la internacionalización de un problema político interno (Ryan, 2001). Esta política que unificaba intereses médico-sanitarios (Madge, 2002) con intereses morales puritanos (Rodrigues y Caiuby, 2015) se había concebido antes y se llevó adelante desconociendo todos los errores cometidos con la primera cruzada moral contra el "alcohol" (Rodrigues y Caiuby, 2015). En la década del 60 la marihuana y la heroína fueron "armas de los pacifistas" en contra de las guerras (Vietnam) que tuvieron lugar durante la "Guerra Fría", de modo que se relacionaban con una cuestión política o de protesta social (Madge, 2002). En la década del 70 hubo un aumento tremendo en el consumo de cocaína (clases medias y altas) y en la década siguiente una epidemia en el consumo del *crack* (clases bajas). Se dice que fue contra el consumo de cocaína que se inició "la carrera universal hacia la prohibición" (Ryan, 2001). La declaración formal de la guerra contra las drogas se adjudica a Richard Nixon cuando las considera el enemigo número uno de los EE.UU (Estepa, 2023) y un problema de "seguridad nacional" y, de esa manera, el consumo de drogas deja de ser considerado un problema social (salud pública) para convertirse en uno político (Samper, 2013, 24), cuyo combate se encarga al derecho penal (Muggah y Aguirre, 2021). En 1981 Reagan incrementa la intensidad de la guerra y da la orden de utilizar todo el aparato federal de inteligencia y el ejército en la "guerra contra las drogas", se crean sucesivas leyes que aumentan la represión a nivel federal (Buxton, 2010, 87), al mismo tiempo que se despliegan fuerzas militares y burocráticas (DEA) en el extranjero, se aumentan todas las penas para la tenencia de drogas y se persigue masivamente a los consumidores (principalmente, de crack o pasta base de cocaína) (Madge, 2002). A nivel nacional se aplica una política de "tolerancia cero" a la tenencia para el consumo de drogas, mientras que a nivel internacional se aplica una política de intervención militar allí donde los EE.UU creen que hay producción y tráfico ilegal que pueda abastecer al mercado interno (Rolles, 2016). Esta política de guerra contra las drogas se logra instalar a nivel internacional obligando a los demás estados a tomar medidas similares a las norteamericanas (Idler y Garzón Vergara, 2021). En los últimos 50 años el gobierno norteamericano invirtió más de un trillón de dólares en la financiación de su política de drogas y, como consecuencia de esto, 1.5 millones de personas fueron arrestadas anualmente por delitos vinculados a las drogas, principalmente por cannabis (Farber, 2021), una droga relativamente inocua para la salud, que es el bien jurídico tutelado que justifica la intervención del sistema penal en los consumidores problemáticos (Hari, 2015).

2.2. Explicación normativa

La prohibición del uso recreativo de las drogas se normativiza a partir de la Convención de 1961 que enmascara una "agenda moral" junto a otros intereses sociales y sanitarios (Albrecht, 2001, 51). Los Estados parte se obligan a controlar la producción e informar sobre estupefacientes para usos medicinales y de investigación, así como a eliminar los usos tradicionales de algunas plantas con efectos psicoactivos o de las que pueden extraerse los mismos. El objetivo de control de estas sustancias se plantea mediante un estricto sistema de fiscalización a través de licencias para la producción y fabricación de las sustancias controladas y autorizaciones de importación y exportación. Se crea un sistema de 4 listas en las que se clasifican las drogas según su potencialidad de causar dependencia como criterio descendente en cuanto a su peligrosidad para la salud. En la lista 1se ha clasificado a una droga relativamente inofensiva como el cannabis con la heroína o la cocaína, demostrando que el criterio preponderante para la clasificación es político y no científico o médico. Esta convención no exige la prohibición de la posesión para uso persona de las drogas, pero crea un órgano de contralor a nivel mundial que dará seguimiento a todas las obligaciones contraídas (Junta Internacional Fiscalización de las Drogas) (Albrecht, 2001). En 1971 el alcance de la Convención de 1961 se extiende a las sustancias psicotrópicas frente al aumento de consumo de este tipo de drogas en los EE.UU y Europa (LSD, sintéticas, estimulantes) (Albrecht, 2001), pero, debido a las presiones de las industrias farmacéuticas durante las negociaciones se decide que los controles sean más débiles que los que recaen sobre los productos derivados de plantas (Ambos y Nuñez, 2018). En 1988 se radicaliza la política contra las drogas en la Convención de Naciones Unidas contra el Tráfico Ilícito de Estupefacientes (Convención de Viena) no solo por el abuso en el consumo sino en el tráfico internacional, donde el derecho penal pasa a ser prácticamente exigido para todos los Estados Parte, aprobando el principio de responsabilidad compartida que hoy define a la política internacional en materia de drogas (Albrecht, 2001) con un objetivo de internacionalizar la "guerra contra las drogas" (Bewley-Taylor, 2022). En este tratado se establece un nexo concreto entre narcotráfico, crimen organizado, corrupción y lavado de dinero en un contexto trasnacional y de lucha contra lo que se considera un "problema internacional" que pone en peligro a la propia institucionalidad, la economía y los cimientos morales y sanitarios de la sociedad (Galain Palermo, 2018). Se plantea como objetivo reforzar la cooperación internacional en materia de represión del narcotráfico y criminalizar las actividades vinculadas a la producción y tráfico de las sustancias. No es casualidad que el tratado más represivo de 1988 firmado en Viena fuera precedido por la *Anti-Drug Abuse Act* norteamericana de 1986 que entiende que el problema de la droga debe ser analizado juntamente con el crimen organizado (y todas sus herramientas de prevención y represión: agente encubierto, interceptación de comunicaciones y otras medidas limitadoras de derechos y garantías), la tipificación penal de la posesión de drogas y la lucha contra el lavado de dinero (Cuneo et al, 2023). Esta convención crea nuevas disposiciones penales para castigar la adquisición, la posesión y el cultivo para consumo personal y se deja libertad a los Estado parte de aplicar medidas de fiscalización más estrictas o rigurosas que las previstas (Ambos y Nuñez, 2018). Según la normativa internacional la Organización Mundial de la Salud (OMS) debería funcionar como un órgano asesor para la inclusión o remoción de estupefacientes y sustancias psicotrópicas de las listas de los tratados; sin embargo, la mayoría de las decisiones se toman con base en intereses políticos de la Oficina de Naciones Unidas contra la Droga y el Delito (UNODC).

IV.4 **El caso de México:** Existe una interesante asociación entre grupos militares y paramilitares con grupos de narcotraficantes (i.e., Tamaulipas, los Zetas.); pero al mismo tiempo, existe una guerra entre los propios grupos criminales dedicados al narcotráfico por el control del negocio, que complejiza el escenario de violencia y criminalidad asociados a las drogas (Fulk, 2019; Trejo y Ley, 2018; Hernández, 2014). La época más violenta de la historia de México comienza en 2006 con la presidencia de Felipe Calderón debido a su declaración oficial de guerra a la criminalidad organizada, realizada con claros fines electoralistas por causa de un clima político adverso (Cervantes, 2017) y frente a una ciudadanía totalmente descreída de sus autoridades (Hernández, 2014). En los hechos, en la guerra contra las drogas el derecho penal se convierte en una herramienta de persecución de los consumidores y los pequeños traficantes (Pérez Correa y Meneses, 2014; Astorga, 2016; González Bustelo, 2014). Por último, consecuencia de la política de drogas concentrada únicamente en el combate militar de los grupos organizados que emplean violencia, se ha producido una fragmentación de los grandes grupos criminales y un cambio operacional, puesto que ahora no siempre recurren a la violencia extrema para competir por rutas y mercados, sino también a la cooperación para mantener y fortalecer los espacios adquiridos a nivel trasnacional (Trejo y Ley, 2018; Antonopoulus y Papanicolaou, 2010; Atuesta y Pérez-Dávila, 2018).

3. LA GUERRA CONTRA LAS DROGAS EN SU MÁXIMA EXPRESIÓN: LOS PLANES DE INTERVENCIÓN MILITAR EXTRANJERA PARA LA PROTECCIÓN DE LA SALUD PÚBLICA MEDIANTE LA ELIMINACIÓN DE LA PRODUCCIÓN Y LA DISTRIBUCIÓN DEL PRODUCTO

En 1989 se crea la Iniciativa Andina que incluía apoyo económico para la lucha contra las drogas en los países andinos productores Colombia, Perú y Bolivia, pero también en Brasil, Ecuador, Panamá y Venezuela. Esta iniciativa, que incluía a países productores y otros fronterizos desde los que se podía transportar el producto, luego se concentró en los dos países más vinculados con las etapas de producción, tránsito y distribución en el lugar de mayor consumo (EE.UU). La implementación de los Planes Militares para Colombia y México pretendía atacar el narcotráfico de cocaína allí donde se produce y transporta la droga con el objetivo de disminuir la oferta (González Bustelo, 2014, 89). En los hechos, por una parte, se ha tratado de una política muy beneficiosa para los gobiernos y las instituciones encargadas del uso monopólico de la fuerza y las tareas de inteligencia, al mismo tiempo que, por otra parte, puede ser considerada la etapa de mayores consecuencias negativas para la población civil y el medio ambiente. La militarización utilizada para la protección de la salud pública (intentando impedir el acceso al producto en lugar de intervenir para disminuir la demanda) ha llevado la guerra contra las drogas a su máxima expresión y con ello, ha puesto al descubierto el peligro para los derechos humanos y para las condiciones de vida pacificas en sociedad de la política internacional de drogas basadas en la prohibición y el uso monopólico de la violencia estatal aplicado con una lógica bélica.

3.1. Plan Colombia

La historia de Colombia ha estado ligada a periodos de violencia (1948-1953) y por un conflicto armado interno con más de cinco décadas de duración, donde el gobierno no ha podido tener control sobre la totalidad del territorio (Labrousse, 2011). Este conflicto armado ha estado atravesado por el narcotráfico y por la participación de guerrillas (FARC), autodefensas y paramilitares.

A fines del noventa los paramilitares ingresan en el negocio de las drogas intermediando entre los campesinos y los narcotraficantes (Labrousse, 2011, 94) y el estado comienza a aplicar un "derecho penal de emergencia" caracterizado por: a) la intervención excepcional de la justicia militar en los delitos de drogas; b) por las condenas en juicios abreviados; c) por el uso de la prisión preventiva como regla; d) por la delación como atenuante; e) la limitación del habeas corpus y f) la extradición masiva a los EE.UU(Cuneo, Silvio et al, 2023, 38-39). Como consecuencia de la política de drogas se ha producido una reducción de las garantías procesales, el aumento de la población carcelaria y violaciones a los derechos humanos (Bouley, 2001; Garzón y Pol, 2015; Uprimny y Guzman, 2015); que se han visto en aumento desde que la política contra las drogas se ha asociado a la lucha contra el terrorismo, como sucedía durante la Guerra Fría (Samper, 2013, 135). Además, ha permitido la injerencia extranjera, en particular norteamericana que se manifiesta en políticas de fumigación masiva de cultivos ilícitos, incremento de penas, políticas de extradición y medidas para la captura de los dineros provenientes del tráfico (lavado de dinero, delito de enriquecimiento ilícito) (Uprimny y Guzman, 2015).

El Plan Colombia (Samper, 2013, 55-56) se programa durante el gobierno del Presidente de Colombia Andrés Pastrana (1998-2002) (González Bustelo, 2014, 106) con la administración del presidente norteamericano Bill Clinton y se ejecuta durante la administración colombiana de Álvaro Uribe (2002-2010) militarizando toda la lucha contra las drogas como si fuera una política de guerra o combate que incluía tanto el derrocamiento de los movimientos guerrilleros de izquierda (FARC) como los carteles de Medellín y Cali dedicados al comercio de la droga (Kassab y Rosen, 2019). El objetivo principal era disminuir el tráfico de drogas y resolver el conflicto armado interno mediante una paz negociada y reformas institucionales (González Bustelo, 2014), cuya herramienta central era la fumigación área para erradicar los cultivos de coca (Bula et al, 2011, 50-51). En los noventa se produce la declaración de guerra contra los grupos que dominaban toda la cadena de producción y distribución de las drogas, que, además, tenían influencia directa en la cuestión pública mediante la utilización de la violencia y la corrupción (Uprimny y Guzman, 2015). Los conocidos carteles de Cali y Medellín incursionaron en el conflicto armado interno que vivía Colombia desde décadas atrás con alianzas con grupos paramilitares, movimientos guerrilleros y sectores del ejército, complejizando aún más la situación y obteniendo cuotas de impunidad y hasta legitimidad social (Uprimny y Guzman, 2015). La declaración de guerra permitió al gobierno colombiano utilizar la fuerza extrema para enfrentar a las guerrillas y reprimir la protesta social. La Constitución de 1991 prohibió la extradición de colombianos y ello fue como un "alto al fuego" que motivó la entrega de algunos narcotraficantes a las autoridades norteamericanas. El éxito sin embargo fue efímero porque Pablo Escobar escapa de la cárcel en 1992 y se produce un escalamiento de la violencia mediante el "narcoterrorismo". La corrupción y la violencia aumentaron considerablemente con el narcotráfico, los servicios de inteligencia fueron infiltrados y la Policía y el Ejército aliados de los traficantes, del mismo modo que aconteció en los EE.UU durante la prohibición del alcohol con la "ley seca" (Bula et al, 2011). La política de sustitución de cultivos también ha fracasado por el modo importante en que se resienten los ingresos de los productores de la sustancia ilícita (Bula et al, 2011, 43). El dinero del Plan Colombia fue invertido en las fuerzas militares y policiales colombianas, agravando las instancias violentas del conflicto armado interno colombiano debido a sus intervenciones violentas (Pontón y Duque, 2015, 192-193). El "efecto globo" (Rouse y Arce, 2006, 542) y el "efecto cucaracha" (González Bustelo, 2014, 79) que esta guerra produce se añaden al conflicto interno y convierten a Colombia en una amenaza internacional en relación a los países vecinos que es donde se trasladan los productores de la droga para ser posteriormente traficada (Pontón y Duque, 2015, 194; Giacomello, 2015; González Bustelo, 2014). Ello aumenta también todas las posibilidades de corrupción y violencia fuera de Colombia, así como las ganancias de los grandes centros internacionales financieros (i.e., Londres, New York, Zúrich, Ginebra) (Rose-Ackerman y Palifka, 2019; Olasolo y Galain Palermo, 2021). Se ha dicho que posiblemente la guerra contra las drogas sea una excusa de los EE.UU para mantener su presencia militar en América Latina (González Bustelo, 2014, 97), pues la lucha contra el tráfico de la sustancia prohibida es la justificación para la presencia de "bases armadas" en distintos países de la región, muchos de ellos, donde existen importantes intereses comerciales norteamericanos para la extracción de recursos naturales (Labrousse, 2011). Se puede llegar a decir que la desmovilización y acuerdo de paz con los paramilitares de la primera década del siglo XXI fracasaron —en parte— por las extradiciones de paramilitares a los EE.UU por narcotráfico. Esto condujo a la creación de nuevos grupos armados criminales (BACRIM) y nuevas escaladas de la violencia, donde uno de los objetivos de las nuevas bandas criminales fue impedir la devolución de tierras a los desplazados como pretendía la ley de Victimas de 2011 (González Bustelo, 2014, 117). El Plan Colombia inauguró en la región una nueva forma de intervencionismo político-militar de un país extranjero en cuestiones nacionales denominado "intervención por invitación" (Samper, 2013, 58). Como aspectos positivos se dice que el Plan Colombia permitió mejorar la seguridad en áreas rurales y que se interceptaron cientos de toneladas de cocaína (Kassab y Rosen, 2019). Pero, a pesar de las grandes sumas de dinero invertidas (González Bustelo, 2014, 107-108), este programa no ha podido disminuir los volúmenes de producción de cocaína (Rodrígues y

Caiuby, 2015) y ha provocado graves enfermedades en la población campesina por la contaminación en el medio ambiente (Bouley, 2001; Bula et al, 2011), al punto que en 2001 el Parlamento Europeo rechaza el Plan Colombia por las violaciones a los derechos humanos y los daños ambientales, poniendo en cuestionamiento los graves daños que puede causar un programa de tipo militar para la lucha contra las drogas (Samper, 2013, 56) que no cuenta con respaldo democrático (parlamentario ni ciudadano) ni de los organismos supranacionales de financiación.

3.2. Iniciativa o Plan Mérida

México es el principal abastecedor de drogas para el mercado norteamericano (Kassan y Rosen, 2019) y sus organizaciones criminales organizadas controlan gran parte del narcotráfico a nivel mundial (Fulk, 2019). Parecería que en México el poder del narcotráfico se apoya en una asociación de tipo delictivo entre los delincuentes y los funcionarios encargados de perseguirlos y condenarlos, que explica la relación íntima y corrupta entre mercados ilícitos y funcionarios públicos, en particular, policías y gobernadores (Astorga, 2016). Existe una interesante asociación entre grupos militares y paramilitares con grupos de narcotraficantes (i.e., Tamaulipas, los Zetas.); pero al mismo tiempo, existe una guerra entre los propios grupos criminales dedicados al narcotráfico por el control del negocio, que complejiza el escenario de violencia y criminalidad asociados a las drogas (Fulk, 2019; Trejo y Ley, 2018; Hernández, 2014). La época más violenta de la historia de México comienza en 2006 con la presidencia de Felipe Calderón debido a su declaración oficial de guerra a la criminalidad organizada, realizada con claros fines electoralistas por causa de un clima político adverso (Cervantes, 2017) y frente a una ciudadanía totalmente descreída de sus autoridades (Hernández, 2014). En los hechos, en la guerra contra las drogas el derecho penal se convierte en una herramienta de persecución de los consumidores y los pequeños traficantes (Pérez Correa y Meneses, 2014; Astorga, 2016; González Bustelo, 2014). Por último, consecuencia de la política de drogas concentrada únicamente en el combate militar de los grupos organizados que emplean violencia, se ha producido una fragmentación de los grandes grupos criminales y un cambio operacional, puesto que ahora no siempre recurren a la violencia extrema para competir por rutas y mercados, sino también a la cooperación para mantener y fortalecer los espacios adquiridos a nivel trasnacional (Trejo y Ley, 2018; Antonopoulus y Papanicolaou, 2010; Atuesta y Pérez-Dávila, 2018).

En México la guerra contra las drogas tuvo diversas etapas González Bustelo 2014, 127-128), pero como "guerra total" fue oficializada en 2007 en el marco de la Iniciativa Mérida ideado por la administración de George Busch (2001-2009) y declarada por Vicente Calderón (2006-2012) como un programa de seguridad e inteligencia para mejorar el control fronterizo, entrenar a las fuerzas del orden mexicanas y mejorar sus equipamientos técnicos (Estrada, 2012). No caben dudas que esta "iniciativa" (luego reformada por Obama en *Beyond Mérida* para incluir al poder judicial con instrucciones sobre el respeto al *rule of law* y a otras instituciones que colaboren en la trazabilidad financiera), es muy similar al "Plan Colombia", aunque esta Iniciativa Mérida a diferencia de aquel Plan exigía esfuerzos en la "guerra contras las drogas" a nivel interno de los EE.UU (González Bustelo, 2014). En la década del noventa, antes de este nuevo plan militar para luchar contra el crimen organizado y el narcotráfico, los ejércitos de México y EE.UU realizaban programas de entrenamiento de soldados en lucha contrainsurgente y antidrogas a nivel nacional (Astorga, 2016). A comienzos del nuevo siglo, debido a la mala reputación de la policía mexicana, la lucha contra las drogas y los grupos organizados estaba a cargo de los militares, que era considerada una institución menos corrupta por la población mexicana (Astorga, 2016). Sin embargo, encargar a los militares de las tareas policiales tuvo como consecuencia que durante el mandato de Calderón hayan habido aproximadamente entre 60.000 y 100.000 muertos, 25.000 personas desaparecidas y más de 150.000 desplazados forzosamente (González Bustelo, 2014, 125). Entre 2007 y 2012 se habla de 70.000 muertes en conflictos entre los carteles mexicanos por el dominio sobre las rutas de tráfico (Trejo y Ley, 2018, 901). Estas consecuencias negativas no pueden comprenderse sin considerar que el gran problema que tiene México es la penetración del crimen organizado en las instituciones y la participación activa de fuerzas policiales (y ex militares) en las actividades ilícitas y las altas tasas de impunidad, que es un problema adyacente y que responsabiliza a otras instituciones encargadas de la administración de justicia. Como se puede apreciar Colombia y México han sufrido procesos similares de transición y cambios políticos junto a una transformación del crimen organizado que opera en el narcotráfico (Bergman, 2016, 28), problemas cuya prevención y represión terminan siendo encargados a las fuerzas militares en detrimento de policía, fiscalía y poder judicial. Esta similitud conduce a pronósticos de "colombianización" para México puesto que las estrategias "militares" desplegadas son similares en cuanto a terminar o romper los grandes carteles (Sinaloa, el Golfo, los Zetas) y grupos criminales organizados (Juárez, Tijuana, Familia Michoacana, Milenio, etc.). Sin embargo, esta estrategia militar ha derivado en los efectos globo y cucaracha ya mencionados "dispersando" y "multiplicando" los lugares de salida de la droga (incluyendo a países vecinos) y provocando el nacimiento de nuevos grupos, tal como sucedió Colombia aún hoy acosada por las denominadas BACRIM (Garay Salamanca y Salcedo-Albarán, 2012; Samper, 2013, Olasolo y Galain Palermo, 2018; Atuesta y Pérez-Dávila, 2018). Pero al mismo tiempo, se está produciendo una "mexicanización" de Centro América, lo que parece crear un espiral de violencia, corrupción y debilidad institucional a modo de circulo vicioso (Samper, 2013, 89), que solo puede ser asociada con la militarización y la lógica de guerra máxima de la lucha contra las drogas. Esta especie de guerra total o máxima contra el narcotráfico, tal como ha sucedido en los Acuerdos de Paz colombianos entre el gobierno y las FARC (donde se ha incluido el problema del narcotráfico), deberían conducir en el caso de México hacia algún modo similar de negociación que pueda conducir a alguna forma de "paz narca" (Samper, 2013, 89) o de alguna forma similar a la paz que surge de la Justicia de Transición para la elaboración del conflicto en el que ya se han cometido innumerables crímenes internacionales y gravísimas violaciones a los derechos humanos, a pesar de no existir una situación de conflicto armado interno como en el caso colombiano (Olasolo y Galain Palermo, 2018). Esos graves daños a los derechos humanos y al medio ambiente dentro de la lógica de la justicia de transición conducen a la necesidad de justicia, verdad, reparación y garantías de no repetición. Lo importante en ambos casos de guerra total o máxima por medio de los planes de militarización para Colombia y México las consecuencias han sido tan nefastas para las personas y el medio ambiente, que se torna necesario no solo un cese inmediato de esas políticas sino también formas de aseguramiento y reparación de las condiciones de vida en comunidad (incluyendo la protección de la salud publica en materia de consumo de drogas). Los daños al medio ambiente son constantes porque los mercados negros se abastecen de los cultivos ilegales que utilizan fertilizantes y pesticidas para maximizar la producción ilegal (Meyer, 2023).

4. ALGUNAS CONSECUENCIAS O DAÑOS COLATERALES DE LA GUERRA CONTRA LAS DROGAS

4.1. La guerra como motor de la economía ilegal y el mercado negro

Conceptualmente la guerra es la expresión máxima del prohibicionismo (Uprimny et al, 2017, 58) como reacción política al problema del consumo de drogas y la protección de la salud pública (Samper, 2013, 125). La guerra contra las drogas deja muchas dudas en cuanto a sus verdaderos objetivos, en tiempos en los que se discute sobre la transformación de la guerra como "acto económico-corporativo" (Rodríguez, 2009, 714-715). En los hechos, más allá de su declaración normativa de luchar por un "mundo libre de drogas", la política de drogas consiste en una tremenda maquinaria burocrática (DEA) y de seguridad nacional que incluye a muy variadas instituciones con poder de inteligencia, policial y militar (Madge, 2002; Pembleton, 2022), que aunque en su historial se hayan involucrado en escándalos como el de "Irán-Contra" (financiando con tráfico de cocaína a grupos rebeldes en Nicaragua, Pembleton, 2022, 445), su objetivo principal es la interdicción de cargamentos de droga y la aprehensión de los traficantes, por lo que requieren de contar con jugosos presupuestos públicos. Este objetivo parece ser apto (ex ante) para el combate al tráfico con las herramientas punitivas en un sentido securitario (policiales, fiscales, judiciales y, excepcionalmente, militares), pero ninguna de ellas parece ser apta para la prevención de la salud cuando el producto es ofrecido en mercados ilícitos alejados de cualquier contralor administrativo sobre su composición, calidad y modalidad de acceso. Es más, se dice que si el objetivo de la política es prevenir y reducir el consumo de drogas mediante la prohibición y el extremo combate de todas las etapas entre la producción y el abastecimiento, ello provoca el paradójico efecto contrario haciendo de las drogas un producto más atractivo y glamoroso para un determinado público (Carrier y Gezon, 2024). Si el objetivo declarado (ex ante) fuera principalmente impedir el consumo prescindiendo de los datos de la realidad (ex post), la guerra contra un producto con inmensa demanda y fácil acceso estaría destinada al fracaso y debería ser puesta en cuestionamiento. Si consideramos que los tratados internacionales en materia de drogas no exigen responsabilidad penal por el consumo de drogas, el enfoque nacional del "*law and order*" sin ningún límite de proporcionalidad entre las conductas relacionadas con las drogas y las penas (Meyers, 2023) —cuyo destino final es el castigo mediante la privación de la libertad para quienes se involucren en el mercado de drogas— debe adoptar un enfoque mucho más comprensivo que incluya la situación social, cultural y económica de los pequeños productores y distribuidores envueltos en el negocio ilícito (ofreciéndoles efectivos medios alternativos de subsistencia y salidas alternativas a la cárcel) y el bienestar en relación con la protección de la salud de los consumidores (Maggah y Aguirre, 2021). Los mercados pueden ser legales o ilegales, pueden ser tolerados o combatidos, porque esta es una decisión política (Bergman, 2016). En los hechos, la prohibición y la logística bélica solo contribuyen a que el negocio ilegal de las drogas continúe siendo muy atractivo y, aunque no se quiera reconocer, constituya una parte importante de la economía mundial legal (De Sutter 2021, 39). Los sistemas penales se concentran generalmente en la persecución del microtráfico y toleran el núcleo duro del tráfico internacional y las operaciones posteriores de reintroducción de las ganancias en el mercado económico-financiero (Galain Palermo, 2021). Las drogas, por su parte, son el paradigma de la economía ilegal globalizada y uno de los mercados más lucrativos (Donzis y González, 2023, 33) basado en dos factores: a) la baja elasticidad de la demanda (con independencia de cambios en el precio o la disponibilidad) y b) la prohibición de su producción y comercialización (González Bustelo, 2014, 12). Se especula que solo "alrededor del 20% del flujo real que produce el modelo ilegal regresa a los países de origen" a efectos de contar con lo necesario para continuar con la producción y tráfico, "lo que nos lleva a la conclusión de que el 80% restante del rendimiento debe enviar o mantener en algún lugar diferente" (Lara, 2023, 151). De todo lo dicho, se sugiere que la política mundial de drogas ya no puede basarse: a) en las listas que solo separan las drogas en "controladas" o "no controladas" por criterios ajenos a su potencial daño a la salud; b) ni tampoco en la distinción entre países productores, de tránsito y consumidores (Samper, 2013, 163-164). A partir de las prohibiciones internacionales y nacionales el tamaño del mercado negro y el número de actores involucrados en las actividades ilícitas (principalmente de producción y comercio) no ha parado de crecer (Rodrígues y Caiuby, 2015). Luego de la Segunda Guerra Mundial la victoria del capitalismo como modelo económico se sirvió de la prohibición de las drogas para expandir trasnacionalmente un negocio sumamente lucrativo debido al valor "inflado" del precio a causa de la prohibición de un producto con demanda creciente (Rodrígues y Caiuby, 2015, 42). En el modelo actual de red los grupos organizados encargados del mercado negro actúan de forma cooperativa y determinan los precios de mercado (Reuter, 2010, 104), si bien ninguno tiene la capacidad por sí solo de fijar el precio final, como sucedía en las últimas décadas del siglo XX con los denominados carteles colombianos (González Bustelo, 2014). Por tratarse de una economía totalmente ilegal es muy difícil contar con cifras y volúmenes de tipo económico, así como es difícil demostrar empíricamente la vinculación de las drogas con el delito que se comete para acceder a ellas (Caulkin y Kleiman, 2012, 276). Desconocemos los volúmenes consumidos y las ganancias obtenidas, tan solo suponemos cifras según el volumen de las incautaciones, pero desconocemos la cantidad de dinero reintroducido ilícitamente en la economía legal (Soberón, 2015, 221). Los mercados internos están totalmente fragmentados y descentralizados dominados por números grupos que actúan coordinada o desorganizadamente en régimen de competencia, en una especie de “democratización” de los mercados (González Bustelo, 2014). Hoy son más importantes las conexiones y contactos que las grandes estructuras criminales, porque se trata de empresas (ilegales) que tienen objetivos económicos que serán ingresados luego a la economía legal. Esas conexiones incluyen la “seguridad frente al derecho” y otras instituciones de contralor (Olasolo y Galain Palermo, 2021). Si pensamos en lo acontecido en México a lo largo de las últimas décadas, fundamentalmente durante el gobierno del PRI, la consigna parecería ser que el negocio prospera cuando se puede aplicar la fórmula: menos violencia y más corrupción. Esta sería la consigna también para Colombia o para otros estados ya vinculados con el narcotráfico, tal como se aprecia hoy en Bolivia, Perú, Paraguay, Brasil y Ecuador. La prohibición y la guerra contra las drogas son funcionales al crecimiento del mercado (globalizado, neoliberal) y al aumento de la violencia asociada a la protección de las mayores ganancias económicas (Uprimny et al, 2017, 69), porque lo benefician aumentando los ingresos del producto cuanto más lo interceptan y decomisan (a mayor incautación menos volumen, si la demanda se mantiene hay un aumento del precio) (Bergman, 2016, 36-37). Lo que ha provocado la guerra contra las drogas no es una disminución de la oferta sino la reestructuración de toda la operativa de abastecimiento de los mercados (González Bustelo, 2014). La política de drogas no logra dar respuesta a la cuestión de que disminuyan las hectáreas de producción de hojas de coca por las políticas de erradicación forzosa, pero al mismo tiempo, aumente la pureza de la cocaína a más del 70% en los lugares de venta (Mejía y Posada, 2010, 268) y, que a pesar de aumentar las interdicciones no se afecten los precios del producto en el mercado negro (Mejía y Posada, 2010, 161). El gran problema de la guerra parece estar en los lugares donde ella se libra (alejados de los grandes centros de consumo) y las armas que se utilizan (militares, policías y cárceles en lugar de políticas públicas sanitarias, médicos y centros de salud). La creación de mercados regulados donde existan productos controlados en su composición permitiría una mejor protección pública de la salud de la población en los estados con mayor consumo. Los procesos de regulación del cannabis recreativo en una gran cantidad de estados de los EE.UU parece indicar que esta es una posible solución para el combate de los mercados ilegales de drogas (Pöplau, 2023). Al mismo tiempo, se destacan otras alternativas como las iniciadas por Portugal de descriminalización para el consumo y tenencia asociada al consumo de todas las drogas o las políticas de tolerancia iniciadas décadas atrás por los Países Bajos (Malinowska y Walker, 2022; Carrier y Gezon, 2024). Para ello, la política de drogas debería pasar de la guerra en zonas alejadas de los principales centros de consumo a políticas de reducción de daños para los consumidores y para quienes abastezcan los mercados legales y fuertemente regulados. Sin embargo, todavía la política internacional de drogas sigue midiendo su éxito con los mismos parámetros prohibicionistas formulados en la década del sesenta: a) erradicación de cultivos; b) interceptaciones de cargamentos y c) encarcelamiento de productores, traficantes y consumidores (Maggah y Aguirre, 2021). Esta guerra no ha podido acabar con los mercados ilegales, sino que le ha permitido aumentar sus ganancias. Hoy en día, están muy activos los mercados de drogas sintéticas cuya producción se concentra en Europa y Asia (involucrando en la distribución a grupos criminales de China, por ejemplo, en lo que atañe al tráfico y abastecimiento de fentanilo, Idler y Garzón-Vergara, 2021a, 405), y la venta a través de mercados on line (Jakobi y Haunschild, 2019; Mader, 2019; Wall, 2014). La guerra contra las drogas con foco en el continente americano debería tener un giro, para dar prioridad a las políticas de protección de los derechos humanos y el desarrollo sostenible, sino para abarcar a los mercados emergentes de drogas opiáceas como el fentanilo o las sintéticas que provienen principalmente de continentes alejados del americano.

4.2. Distintas formas de violencia y violaciones de los derechos humanos

La guerra contra las drogas protege intereses de los países con gran consumo y pone los costos en los países productores y de tránsito (Keefer et al, 2010). La política sobre drogas se basa en un "diálogo de sordos", en monólogos sin interacción, donde las naciones que la imponen no quieren "oír" sobre los resultados y consecuencias negativas de esa política en las naciones que los sufren (Keefer et al, 2010). Las guerras actuales afectan a todos, principalmente, a civiles (mujeres, niños, desvalidos) y su objetivo es la derrota total del enemigo (Sanmartín, 2001, 137). En Colombia en un contexto de guerra interno la política de guerra contra las drogas agravó la violencia y las violaciones a los derechos humanos de la población no combatiente (González Bustelo, 2014; Uprimny et al, 2017, 69). En México, con un estado donde existen "zonas sin estado" que están bajo el poder de los grupos criminales organizados, la guerra contra las drogas ha llevado a extremos el uso de la violencia, ha creado conflictos de poder entre Ejército y Policías, ha aumentado los niveles de corrupción en las fuerzas armadas y ha permitido graves abusos contra los derechos humanos (torturas, ejecuciones extrajudiciales, etc.) que se perpetúan debido a las altas tasas de impunidad (incluyendo graves delitos, delitos de drogas, delitos de corrupción y lavado de dinero) (González Bustelo, 2014, 152-153). La política de erradicación de los cultivos no solo logró desplazar las actividades ilícitas hacia otras zonas, rutas y grupos (efecto globo) (Rodrígues y Caiuby, 2015; González Bustelo, 2014) sino también contaminar el medio ambiente, dejar tierras infértiles para cualquier tipo de cultivo (11,33 hectáreas del territorio fumigadas) y matar seres vivos (personas, animales y plantas) (Bula et al, 2011). En México durante el gobierno de Felipe Calderón, tal como sucedió durante el gobierno de Álvaro Uribe en Colombia, hubo casos de "falsos positivos" (Cervantes, 2017). El desplazamiento forzado de campesinos dedicados al cultivo de hojas de coca y las graves violaciones a los derechos humanos son otras consecuencias de la guerra contra las drogas (Bula et al, 2011). La guerra contra las drogas condujo a la "militarización" de varios países vinculados con los planes Colombia y Mérida, pero también tuvo influencia en otros como Brasil donde los militares ingresaron en la "lucha" contra el tráfico de drogas dentro de las ciudades en apoyo de la Policía (Peterke, 2009, 17), siguiendo una lógica similar a la acontecida durante las dictaduras militares de la región para la lucha contra la sedición en el marco de la doctrina de la seguridad nacional. La pérdida en vidas humanas demuestra que se trata de una auténtica "guerra", pero no de una "guerra convencional" sino que se trata de una política de seguridad que se manifiesta como "violencia urbana" (Peterke, 2009, 23). Este tipo de guerras no se adapta al concepto tradicional y tiene que ser analizada dentro de los nuevos modelos de guerras, como "la guerra contra el terror" (Peterke, 2009, 27). En este marco es que se producen asesinatos extrajudiciales en Filipinas, Tailandia, México o Brasil, y ello ha conducido a que los organismos internacionales de protección de los derechos humanos de la propia Naciones Unidas comiencen a tener mayor injerencia en las políticas de drogas hasta el momento propiedad casi exclusiva de la Oficina de UNODC con sede en Viena (Malinowska y Walker, 2022, 657). En esa línea de pensamiento, la delegación de Uruguay recurrió al argumento de que las políticas de drogas no podían tener un nivel jerárquico superior a los instrumentos de derechos humanos al momento de defender la regulación del Mercado de Cannabis frente a los embates de la UNODC (Galain Palermo, 2018).

4.3. Persecución selectiva, criminalización de la pobreza y otras formas de discriminación

A pesar de la prohibición los mercados locales de drogas no han parado de crecer, así como crece la prevalencia en el consumo (Bergman, 2016). La persecución penal exigida por los tratados internacionales ha derivado en que muchos países utilicen este compromiso internacional para la condena y privación de libertad (o, en algunos casos, la pena de muerte) de poblaciones vulnerables por cuestiones de nacionalismo, racismo, xenofobia, misoginia o moralismo (Malinowska y Walker, 2022). En los hechos, en muchos estados la política de drogas implica una encubierta "criminalización de la pobreza" (Estepa, 2023, 197) y tiene un sesgo de género que se traduce en la masiva encarcelación de mujeres en todo el continente (Chavarría et al, 2023; Cuneo et al, 2023). La persecución penal es selectiva, en los 90 en los EE.UU aunque solo el 19% de los traficantes eran afroamericanos ellos constituían el 64% de los perseguidos por delitos de drogas (Hari, 2002, 125). Las administraciones locales se concentran en la persecución del narcomenudeo (Hari, 2002) y prescinden de castigar a los consumidores y a quienes se dedican al lavado del dinero proveniente del narcotráfico (Galain Palermo, 2021; Bergman, 2016). En las jurisdicciones continentales las investigaciones se concentran en ilícitos puntuales y en las condenas respectivas "sin indagar más alto en la cadena del negocio" (Bergman, 2016, 180). La táctica de guerra se concentra en los eslabones más bajos de la cadena y en los sectores sociales más desfavorecidos: campesinos, cocacoleros, vendedores ambulantes y consumidores, y su éxito se contabiliza según el número de muertos en el bando "enemigo" (Estepa, 2023; Gillies, 2019, 15). Se estima que el 87% de las ganancias del tráfico de cocaína se reparte entre los eslabones superiores de la cadena, esto es, entre quienes introducen y distribuyen el producto en el mercado consumidor (Keefer et al, 2010). Parece un contrasentido que el sistema se concentre en las personas que transportan un máximo de 2 kilos de droga en su propio cuerpo (mulas), mientras los mercados son abastecidos por vía fluvial en grandes proporciones dentro de contenedores (muchos de ellos, mezclados con las exportaciones agrícolas) que transportan cientos de kilos (Staring et al, 2023).

4.4. La política de guerra como mala estrategia política

La guerra contra las drogas ha permitido una injerencia militar extranjera y problemas de soberanía. Si consideramos a las narco-dictaduras bolivianas, el escándalo "Irán-Contra" o la invasión de Panamá, entre varias intervenciones a medio camino entre las políticas internacionales securitarias de los EE.UU, podrían tener razón quienes sostienen que a nivel global, la guerra contra las drogas estableció un puente crítico entre la guerra fría y la guerra contra el terrorismo (Pembleton, 2022, 445-446). La guerra es una peligrosa estrategia política (Bula et al, 2011, 213), que se maximiza porque el inicio de una guerra (contra las drogas) no deja lugar al espacio del juego político, donde una inteligente marcha atrás puede significar debilidad frente al enemigo e interpretarse como una retirada o dimisión, además de obligarse a responder de forma concreta: ¿retroceder hacia dónde? (Bobbio, 2008, 25). En ese sentido, la ONU debería repensar esta estrategia para retroceder en la política de guerra y avanzar en las políticas de protección de los derechos humanos, cuidado del medio ambiente y desarrollo sostenible. Para el sistema de la ONU la política de drogas es una cuestión política e ideológica que desoye a los datos empíricos sobre sus consecuencias negativas. Se dice que la guerra contra las drogas ha servido a intereses geo-políticos de los EE.UU a nivel global, a un aumento considerable de la violencia en la región, a cambios en la cadena de abastecimiento y al fortalecimiento de los mercados locales de consumo (Idler y Garzon-Vergara, 2021). La realidad ha mostrado grandes cambios en las modalidades de mercados y de abastecimiento de los mercados, donde las "Darknet" y los mercados de "Criptomonedas" están en auge (Tzanetakis, 2019, 14), donde la trasnacionalidad y el auge de internet exigen que no se diseñen políticas nacionales sino regionales y con un programa que vaya más allá del uso del derecho penal (Muggah y Aguirre, 2021). La guerra como estrategia política conlleva el doble riesgo de: a) fracasar en los objetivos (disminución del consumo, protección de la salud pública, erradicación de la oferta, ¿lucha contra el lavado?, etc.) y b) una vez "abierto el fuego", no poder dar marcha atrás cuando ya se han generado intereses y compromisos asociados al conflicto (Szasz, 2001; Vidart, 2014). Una política de guerra instala la lógica del conflicto en materia económica, social, semántica y cultural. Las posibilidades de vencer al enemigo dependen de muchos factores, pero fundamentalmente debe existir un amplio y denodado apoyo de la población civil allí donde están las víctimas y se provocan los daños sociales y medioambientales. El apoyo a una política de guerra parece ser cada vez menor en el ámbito internacional, tal como demuestra la ruptura del pensamiento hegemónico defendido en la UNGASS 1998 que pretendía un "mundo libre de drogas" (Rolles, 2020; Hari, 2015, 185), luego de las últimas reuniones de UNGASS de 2016 (Galain Palermo, 2018; Brombacher y David, 2020; Rolles, 2016) y de la reunión de 2019 para la revisión de estrategias (Idler y Garzón Vergara, 2021) y la paulatina regulación a nivel estatal y nacional de mercados regulados de cannabis (Malinowska y Walker, 2022; Meyers, 2023; Pöplau, 2023).

5. CONCLUSIÓN

La guerra contra las drogas como política extrema pensada en los EE.UU durante la guerra fría ha sido aplicada sin éxito en América Latina. Los daños colaterales han superado a cualquier objetivo de reducción de los mercados ilegales o de los niveles de consumo. Los casos de los países analizados muestran una estrecha relación entre el narcotráfico y los funcionarios basados, por un lado, en pactos corruptos y, por otro lado, en el uso de la violencia. El derecho penal a nivel nacional, como hemos visto en los casos de los países analizados, se utiliza para la persecución de consumidores y pequeños traficantes (con un preocupante aumento de encarcelamiento de mujeres ubicadas en el escalafón más bajo de los grupos criminales, ocupadas en tareas de transporte o venta minorista). No se aprecian estrategias institucionalizadas de persecución de grandes grupos criminales ni de quienes participan en tareas de lavado de dinero. La inclusión de militares y de un derecho penal de excepción ha causado graves violaciones a los derechos humanos.

A nivel global no se ha influido en el acceso al producto prohibido (Grisaffi, 2013; Rouse y Arce, 2006) y, debido a la prohibición del mercado, se mantiene un gran negocio a quienes participan de las distintas etapas en la cadena del narcotráfico (Gerber y Jensen, 2001). La guerra contra las drogas y el prohibicionismo permiten que estos actores ilegales puedan utilizar las ganancias para financiar "otras guerras", tal como vimos para los casos de Colombia y México. A su vez, aunque la guerra se concentra en los países productores, las verdaderas ganancias del narcotráfico se producen en los países consumidores, donde es distribuido el producto final. Así mismo, cuanto mayor es la participación de funcionarios en "pactos corruptos" para garantizar la producción, tráfico y distribución de drogas, menores son los índices de violencia, tal como se explica durante el gobierno del PRI en México y las (narco)dictaduras bolivianas. Por otra parte, existe una relación directa entre prohibicionismo y corrupción institucional que repercute en el fracaso de todos los objetivos principales de la política de drogas.

A nivel de las naciones que podemos considerar como estados de derecho, la guerra hace tiempo que la vienen ganando los actores que abastecen a los mercados ilegales (Atuesta y Perez-Dávila, 2018; Aristizábal, Angela, 2018). En tiempos de dominio absoluto de la globalización de los mercados en una fase avanzada y robusta del capitalismo, todo indica que se requiere un cambio de paradigma (regulación, prevención, educación, sanidad, protección de los derechos humanos, etc.) para poder vencer a un producto (enemigo) que continúa gozando de una amplia demanda entre los ciudadanos (consumidores) (Mizrahi, Esteban, 2017). Se podría decir que el problema de los daños colaterales de la guerra contra las drogas no es consecuencia de una mala aplicación de la política de drogas, sino del diseño de esta (Uprimny et al, 2017, 68). Por otra parte, mientras exista interés en el consumo del producto, se sugiere que la única forma de superar la política de guerra contra las drogas sea oponiéndole una política internacional de reducción de daños (Carrier y Gezon, 2024), para que disminuya la violencia, se concentre la atención en los consumidores, disminuyan las ganancias de los intervinientes en mercados ilegales y no se sigan violando los derechos humanos.

La guerra contra las drogas, además de decretar el fracaso de la política (Boyer, 2001) deja muchas cuestiones abiertas y parece responder a un momento histórico determinado (Bobbio, 2008, 26), que debería ser superado incluso adquiriendo preponderancia organismos internacionales como la OMS o de la propia Naciones Unidas dedicados a la protección de los derechos humanos, del medio ambiente o del desarrollo sostenible. Si pensamos con Bobbio (2008, 34) que la única razón de la guerra es utilitaria y que su primer objetivo es la victoria tenemos que concluir (según los datos y las consecuencias conocidos hasta este momento) que la lógica (verdad) de una política de guerra (prohibicionista) contra las drogas ya no se sostiene con datos ni con argumentos racionales.

6. BIBLIOGRAFÍA

Albrecht, Hans-Jörg, 2001, "The International System of Drug Control. Developments and Trends", Gerber and Jensen (Eds), Drug War American Style. The Internationalization of Failed Policy and Its Alternatives, Garland Publishing, New York, pp. 49-60.

Alonso Aranda, Fernanda, 2015, "La historia de la política mexicana de drogas en el siglo XX", en Caiuby y Rodrigues (Eds), Drogas, política y sociedad en América Latina y el Caribe, CIDE, México, pp. 53-72.

Ambos, Kai y Nuñez, Noelia, 2018, "Marco jurídico internacional en materia de drogas. Estado actual y desafíos para el futuro", Ambos, Malarino y Fuchs (Eds), Drogas ilícitas y narcotráfico. Nuevos desarrollos en América Latina, KAS, Colombia, pp. 25-51.

Antillano, Andres y Avila, Keymer, 2015, "Las políticas frente a las drogas en la Venezuela bolivariana", Caiuby y Rodrigues (Eds), Drogas, política y sociedad en América Latina y el Caribe, CIDE, México, pp.163-186.

Antonopoulus, Georgios y Papanicolaou, Georgios, 2010, "Asterix and Obelix in Drugland: an introduction to the special issue on "drug markets"", Trends Organ Crim, 13, pp. 1-12.

Aponte, Alejandro, 2017, Acuerdo sobre manejo de drogas ilícitas entre el Gobierno y la guerrilla de las FARC-EP hacia un tratamiento menos punitivo y militarista del fenómeno de las drogas", Ambos, Malaino y Fuchs (Eds), Drogas ilícitas y narcotráfico. Nuevos desarrollos en América Latina, KAS, Colombia, pp. 149-170.

Aristizábal, Angela, 2018, "Del individuo a la red: percepción de un Grupo Armado Organizado (GAO) colombiano desde la teoría de las redes", Revista Criminalidad, 60, 1, pp. 111-131.

Astorga, Luis, 2015, Drogas sin fronteras, Debolsillo, México.

Astorga, Luis, 2016, El siglo de las drogas. Del Porfiriato al nuevo milenio, Debolsillo, México.

Atuesta, Laura, Pérez-Dávila, Yocelyn, 2018, "Fragmentation and cooperation: the evolution of organized crime in Mexico", Trends Organ Crim, 21, pp. 235-261.

Barbosa, Francisco, 2017, ¿Justicia Transicional o impunidad? La encrucijada de la paz en Colombia, B, Bogotá, pp. 65 y s.

Bergman, Marcelo, 2016, Drogas, narcotráfico y poder en América Latina, FCE, México.

Bewley-Taylor, David, 2022, "The Creation and Impact of Global Drug Prohibition", Gootenberg (Ed), The Oxford Handbook of Global Drug History, pp. 3030-322.

Bobbio, Norberto, 2008, El problema de la guerra y las vías de la paz, Gedisa, Barcelona.

Bouley, Eugene, 2001, "The Drug War in Latin America. Ten Years in a Quagmire", Drug War American Style. The Internationalization of Failed Policy and Its Alternatives, Garland Publishing, New York, pp. 169-195.

Boyer, Jean-François 2001, La guerra perdida contra las drogas: narcodependencia del mundo actual, Grijalbo, México.

Brombacher, Daniel, y David, Sarah, 2020, "From Alternative Development to Development Oriented Drug Policies", en Buxton et al (Eds.), Drug Policies and Development. Conflict and Coexistence, Brill Nijhoff, Leiden/Boston, https://journals.openedition.org/poldev/3711.

Bula, Carlos y otros, 2011, Narcotráfico: guerra insensata. Despenalización, Fundación Socialdemócrata de Izquierda, Colombia.

Buxton, Julia, 2010, "The Historical Foundations of the Narcotic Drug Control Regime", Keefer and Loayza (Eds.) Innocent Bystanders Developing countries and the War on Drugs, Palgrave MacMillan, Washington, pp. 61-94.

Caulkins, Jonathan and Kleiman, Mark, 2012, "Drugs and Crime", en Michael Tonry (ed), The Oxford Handbook of Crime and Criminal Justice, Oxford, pp. 275-320.

Caro, Carlos, 2017, "Análisis crítico de políticas criminales existentes en materia de drogas ilícitas en el Perú", Ambos, Malaino y Fuchs (Eds), Drogas ilícitas y narcotráfico. Nuevos desarrollos en América Latina, KAS, Colombia, pp. 171-201.

Cervantes, Israel, 2017, "El drama de Felipe Calderón en la guerra en contra del narcotráfico", Andamios, 14, 34, pp. 305-328.

Chatwin, Carolin, 2018, Toward more effective Global Drug Policies, Palgrave, UK.

Chavarría, Ariadna, De Slavo, Maria, Garbocci, Paula, Gelberg, Tamara y Pereyra, Malena, 2023, "Narcocriminalidad y género: ¿Cómo impactan estos delitos sobre los colectivos más vulnerados?", Narcocriminalidad. Economías enfermas y territorios sociales, Didot, Buenos Aires pp. 241-289.

Crick, Emily, Kushlick, Danny y Saunter, Nicky, 2016, Count the Costs of the War on Drugs: The War on Drugs: undermining peace and security, 2nd ed., Transform, Bristol.

Cuneo, Silvio, Fernández, Maria, Medina, Paula y Oxman, Nicolas, 2023, De la guerra a los tribunales de drogas: política criminal e imposición de regímenes hegemónicos, Tirant Humanidades, Valencia.

De Sutter, Laurent, 2021, Narcocapitalismo, Reservois Books, Barcelona.

Dorn, Nicholas adn South, Nigel, 1990, "Drug Markets and Law Enforcement", Brit. J. Criminol., 30, 2, pp. 171-187.

Escohotado, Antonio, 1996, Historia elemental de las drogas, Anagrama, Barcelona.

Estepa, Maria, 2023, "Sustancias y drogas: una guerra sin límites ¿Qué es lo prohibido?", Gonzalez, Isabel y Donzis, Rubén (Comp.) Narcocriminalidad. Economías enfermas y territorios sociales. Análisis sociojurídico y socioeconómico, Didot, Buenos Aires, pp. 195-239.

Estrada, Cesar, 2012, "La Iniciativa Mérida y el combate al narcotráfico: Cooperación bajo concepciones inadecuadas", Revista de El Colegio de San Luis, II, 3, pp. 266-279.

Farber, David, 2021, "Introduction", Farber (Ed.), The War on Drugs: A History, New York University Press, New York, pp. 1-14.

Fischer, B./Russell, C./Boyd, N., 2020, "A century of cannabis control in Canada ", Decorte et al (Eds.), Legalizing Cannabis. Experiences, Lessons and Scenarios, Routledge, London, pp. 89-115.

Fulk, Alanna, 2019, How Political Violence Helps Explain Organized Crime: A Case Study of Mexico's "Wa ron Drugs"", Thesis, University of Central Florida https://stars.library.ucf.edu/cgi/viewcontent.cgi?article=7347&context=etd

Galain, Palermo, Pablo, 2018, "The Uruguayan Model of Regulating Cannabis – Legal and geopolitical questions", Zeitschrift für die gesamte Strafrechtswissenschaft, 130, 3, pp. 859-908.

Galain Palermo, Pablo, 2021, "El delito de lavado de activos: ¿Cómo y hasta dónde dirigir la política criminal internacional de lucha contra enemigos cuando se trata de los amigos?" en Hefendehl, Roland y Galain Palermo, Pablo, El derecho penal económico en su dimensión global. Dogmática, criminología y política criminal, Bdf, Montevideo, pp. 177-230.

Galain Palermo, Pablo y Olasolo, Hector, 2023, "Actos individuales desviados, corrupción significativa, gran corrupción, captura del Estado y corrupción institucional", Ius et Praxis, 29, 3, pp. 103-127.

Garay Salamanca, Luis y Salcedo-Albarán, Eduardo, 2012, Redes ilícitas y reconfiguración de Estados. El caso Colombia, Vortex, ICTJ, Bogotá.

Garzón, Juan y Pol, Luciana, 2015, "El elefante en la habitación: drogas y derechos humanos en América Latina", Revista Internacional de Derechos Humanos (Sur), 12, 21, pp. 1-8.

Gerber, Jurg y Jensen, Eric, 2001, "The Internationalization of U.S. Policy on Illicit Drug Control", Gerber/Jensen (Eds), Drug War American Style. The Internationalization of Failed Policy and Its Alternatives, Garland Publishing, New York, 2001, pp. 1-18

Giacomello, Corina, 2015, "Políticas de drogas y opciones de reforma: una mirada desde Guatemala", Caiuby y Rodrigues (Eds), Drogas, política y sociedad en América Latina y el Caribe, CIDE, México, pp. 73, 91.

Gillies, Allan, 2017, "Theorising state-narco relations in Bolivia's nascent democracy (1982-1993): governance, order and political transition", Third World Quartelry, 39, 4, pp. 727-746.

Gillies, Allan, 2019, "Contesting the "war on drugs" in the Andes: US-Bolivian relations of power and control (1989-1993)", Journal of Latin American Studies. http://eprints.gla.ac.uk/167836/13/167836.pdf.

Gonzalez Bustelo, Mabel, 2014, Narcotráfico y crimen organizado ¿Hay alternativas?, Icaria, Barcelona.

Donzis, Rubén y Gonzalez Isabel, 2023, "Economías enfermas y territorios sociales: narcocriminalidad. Eficacia normativa y eficiencia institucional", Gonzalez, Isabel y Donzis, Rubén (Comp.) Narcocriminalidad. Economías enfermas y territorios sociales. Análisis sociojurídico y socioeconómico, Didot, Buenos Aires, pp. 13-35.

Gootenberg, Paul, 2022, "Introduction: A New Global History of Drugs", Gootberg (Ed.), The Oxford Handbook of Global Durg History, pp. 1-18.

Grisaffi, Thomas, 2013, "Reassesing the War On Drugs", Smith, J, (ed.) South America, Central America and the Caribbean, Routledge, London, file:///C:/Users/asus/Downloads/Reassessing_the_War_on_Drugs.pdf.

Hari, Johann, 2015, Tras el grito. Un relato revolucionario y sorprendente sobre la verdadera historia de la guerra contra las drogas, Paidós, Barcelona.

Herencia, Salvador, 2017, "¿Una organización regional para un problema regional? El papel de la Organización de los Estados Americanos en la articulación de un enfoque regional sobre las drogas", Drogas ilícitas y narcotráfico. Nuevos desarrollos en América Latina, KAS, Colombia, pp. 91-107.

Hernández, Anabel, 2014, Los señores del narco, Debolsillo, México.

Hofmann, Robin, 2023, "The 'Total-Legalization' of Cannabis in Germany: Legal Challenges and the EU Free Market Conundrum", European Journal of Crime, Criminal Law and Criminal Justice, 31, pp. 173-196.

Idler, Annette and Garzon Vergara, Juan Carlos, 2021, "Introduction. Fifty years of the war on drugs: A moment of uncertainty", en Idler/Garzon Vergara (Eds), Transforming the War on Drugs. Warriors, Victims, and Vulnerable Regions, Hurst&Company, London, pp. 1-17.

Idler, Annette and Garzon Vergara, Juan Carlos, 2021a, "Conclusion. Transforming the War on Drugs: a Pathway to Change the Current Paradigm", en Idler/Garzon Vergara (Eds), Transforming the War on Drugs. Warriors, Victims, and Vulnerable Regions, Hurst&Company, London, pp. 403-411.

Jakobi, Anja y Haunschild, Jasmin, 2019, "The global governance of crime and illegal markets: What are the implications for cyberspace", Tznetakis y Stöver (Hrsg.), Drogen, Darknet und Organisierte Kriminalität. Herausforderung für Politik, Justiz und Drogenhilfe, Nomos, Baden-Baden, pp. 63-82.

Keefer, Philip, Loayza, Norman y Soares, Rodrigo, 2010, "Drug Prohibition and Developing Countries: Uncertain Benefits, Certain Costs", Keefer and Loayza (Eds), Innocent Bystanders. Developing Countries and the War on Drugs, Palgrave Macmillan and The World Bank, Washington, pp. 9-60.

Kosmynka, Stanislaw, 2020, "The Problem of Organized Crime in the South American Tri-Border Area: Paraguay, Brazil and Argentina", International Studies. Interdisciplinary Political and Cultural Journal (Vol. 25, N° 1), pp. 9 y ss.

Korf, Dirk, 2020, "Coffeeshops in the Netherlands. Regulating the front door and the back door", Decorte et al (Eds.), Legalizing Cannabis. Experiences, Lessons and Scenarios, Routledge, London, pp. 285 y ss;

Labrousse, Alain, 2011, Geopolítica de las drogas, Trilce, Montevideo.

Lara, Roberto, 2023, "El narcotráfico y el lavado de activos", Narcocriminalidad. Economías enfermas y territorios sociales. Análisis sociojurídico y socioeconómico, Didot, Buenos Aires, pp. 137-175.

Ledebur, Kathryn y Youngers, Coletta, 2013, "From Conlict to Collaboration: An Innovative Approach to Reducing Coca Cultivation in Bolivia. Stability", 2(1): 9, pp. 1-11.

Mader, Christian, 2019, "Därknet-Märkte für Drogen als Herausforderung für die Strafermittlung", Tznetakis y Stöver (Hrsg.), Drogen, Darknet und Organisierte Kriminalität. Herausforderung für Politik, Justiz und Drogenhilfe, Nomos, Baden-Baden, pp. 251-257.

Madge, Tim, 2002, Polvo Blanco. Historia cultural de la cocaína, Península/Atalaya, Barcelona.

Malamud Gotti, Jaime, 1992, Humo y espejos. La paradoja de la guerra contra las drogas, Del Puerto, Buenos Aires.

Malinowska, Kasia y Walker, Summer, 2022, "Global Drug Debates in the Twenty-First Century", en Paul Gootenberg (ed.) The Oxford Handbook of Global Durg History, pp. 647-663.

Mejia, Daniel y Posada, Carlos, 2010, "Cocaine Production and Trafficking: What Do We Know?", Keefer and Loayza (Eds.) Innocent Bystanders Developing countries and the War on Drugs, Palgrave MacMillan, Washington, pp. 253-300.

Mizrahi, Esteban, 2017, "Narcotráfico y colonización del aparato estatal. Efectos funcionales de la corrupción estructural en los Estados contemporáneos", Ambos, Malaino y Fuchs (Eds), Drogas ilícitas y narcotráfico. Nuevos desarrollos en América Latina, KAS, Colombia, pp. 109-126.

Modolell, Juan Luis, 2017, "Poderes públicos y política criminal en materia de narcotráfico: el caso venezolano", Ambos, Malaino y Fuchs (Eds), Drogas ilícitas y narcotráfico. Nuevos desarrollos en América Latina, KAS, Bogotá, pp. 473-484.

Muggah, Robert and Aguirre, Katherine, "Rethinking durg Policy Metircs to Move Beyond The War ond Drugs", en Idler/Garzon Vergara (Eds), Tranforming the War on Drugs. Warriors, Victims, and Vulnerable Regions, Hurst&Company, London, pp.377-401.

Olasolo, Hector y Galain Palermo, Pablo, en prensa, "Corrupción Institucional y Organizacional: Las Redes Complejas de Corrupción", Revista Política Criminal.

OEA, 2012, Escenarios para el problema de las drogas en las Américas 2013-2025, Washington, OEA.

Olasolo, Hector y Galain Palermo, Pablo, 2018, Los desafíos del derecho internacional penal. Atención especial a los caos de Argentina, Colombia, España, México y Uruguay, Tirant lo Blanch, Valencia.

Olasolo, Hector y Galain Palermo, Pablo, 2021, "Reflexiones sobre la necesidad de ajustar la definición normativa de corrupción para reflejar su dimensión estructural", Ferre Olive et al (Eds), Liber Amicorum. Derechos Humanos y Derecho Penal. Homenaje a Ignacio Berdugo, Tomo II, Salamanca, pp. 723-734.

Pardo, Bryce, "Cannabis policy reforms in the Americas: A comparative analysis of Colorado, Washington, and Uruguay", International Journal of Drug Policy, 25, 2014, pp. 727-735.

Paredes, Gonzalo, 2022, "Narcoterrorismo y tráfico ilícito de drogas en Perú: un problema de difícil solución", Revista de Ciencia e Investigación en Defensa, 3, 2, pp. 94-111.

Pembleton, Matthew, 2022, "The Globalization of US Drug Enformecement", Gootenberg (Ed), The Oxford Handbook of Global Drug History, pp. 433-450.

Pérez Correa, Catalina y Meneses, Rodrigo, 2014, "La guerra contra las drogas y el procesamiento penal de los delitos de drogas 2006-2012", CIDE, México.

Peterke, Sven, 2009, Rio de Janeiros "Drogenkrieg" im Lichte der Konfliktforschung und des Völkerrechts. Eine Fallstudie zur Behandlung organisierter bewaffneter Gewalt, Berliner Wissenschafts-Verlag, Berlin.

Pine, Adrienne y Vivar, David, 2015, "De mendigos y narcotraficantes en Honduras", Caiuby y Rodrigues (Eds), Drogas, política y sociedad en América Latina y el Caribe, CIDE, México, pp. 97-118.

Pontón, Daniel y Duque, Carolina, 2015, "Hegemonía antidroga y revolución ciudadana: Un balance de la política antidroga en Ecuador 2007-2013", Caiuby y Rodrigues (Eds), Drogas, política y sociedad en América Latina y el Caribe, CIDE, México, pp. 187-208.

Pöplau, Elian, 2023, Das Ende der Cannabisprohibition? Die Relevanz von US-amerikanischen und kanadischen Erfahrungswerten für die deutsche Kriminalpolitik, Nomos, Baden-Baden.

Reuter, Peter, 2010, "Can Production and Trafficking of Illicit Drugs Be Reduced or Only Shifted?", Keefer and Loayza (Eds), Innocent Bystanders. Developing Countries and the War on Drugs, Palgrave Macmillan and The World Bank, Washington, Innocent Bystander, pp. 95-133.

Rodrigues, Thiago y Caiuby Beatriz, 2015, "Política de drogas y prohibición en las Américas", Caiuby y Rodrigues (Eds), Drogas, política y sociedad en América Latina y el Caribe, CIDE, México, pp. 29-52.

Rodríguez, Miguel, 2009, "De Clausewitz a Enron: La guerra como prolongación del mercado por otros medios y el regreso del cargo I de Nuremberg", Manacorda y Nieto (Dir.) El derecho penal entre la guerra y la paz, Ediciones Universidad Castilla La Mancha, Cuenca, pp. 713-733.

Rolles, Steve, 2016, "From Drug War to Policy Reform: Implications of US Drug Strategy for Latin America", Caiuby, Cavnar y Rodrigues (Eds.), Drug Policies and the Politics of Drugs in the Americas, Springer, Switzerland, pp. 245-261.

Rolles, Steve, 2020, "The rise and fall of the "drug free world" narrative", Bewley-Taylor& Tinasti (Eds), Research handbook on International Drug Policy, Elgar, UK, pp. 206-224.

Roncken, Theo y de Achá, Gloria, 2015, "La política de drogas en Bolivia", Caiuby y Rodrigues (Eds), Drogas, política y sociedad en América Latina y el Caribe, CIDE, México, pp. 231-253.

Rose-Ackerman, Susan y Palifka, Bonnie, 2019, Corrupción y gobierno. Causas, consecuencias y reformas, 2ª ed, Marcial Pons, Madrid.

Rouse, Stella y Arce, Moises, 2006, "The Drug-Laden Balloon: U.S. Military Assistance and Coca Production in the Central Andes", Social Science Quarterly, 87, 3, pp. 540-557.

Rotberg, Robert, 2003, "Failed States, "Collapsed States, Weak States: Causes and Indicators", Rotberg (ed.), State Failure and State Weakness in Time of Terror, Brookings Institution Press, Washington, pp. 1-25.

Ryan, Kevin, 2001, "Toward an Explanation of the Persistence of Failed Policy. Binding Drug Policy to Foreign Policy, 1930-1962", Gerber and Jensen (Eds), Drug War American Style. The Internationalization of Failed Policy and Its Alternatives, Garland Publishing, New York, pp. 19-48.

Samir Kassab, Hanna and Rosen Jonathan, 2019, Illicit Markets, Organized Crime, and Global Security, Palgrave Macmillan, USA.

Samper, Ernesto, 2013, Drogas. Prohibición o legalización. Una nueva propuesta, Debate, Colombia.

Sanmartín, José, 2001, La violencia y sus claves. 3era ed, Ariel, Barcelona.

Shelley, Louise y Picarelli, John, 2005, "Methods and Motives: Exploring Links Between Transnational Organized Crime and International Terrorism", Trends in Organized Crime, vol. 9, N° 2, pp. 60 -65.

Soberón, Ricardo, 2015, "La funcionalidad de las políticas peruanas sobre drogas en las relaciones con EUA (1978-2013)", Caiuby y Rodrigues (Eds), Drogas política y sociedad en América Latina y el Caribe, Cide, México, pp. 209-229.

Staring, Richard, Bisschop, Lieselot, Roks, Robby, Brein, Elisabeth y van de Buent, Henk, 2023, "Drug Crime and the Port of Rotterdam: About the Phenomenon and

Its Approach", Nelen y Siegel (Eds), Organized Crime in the 21st Century. Motivations, Opportunities, and Constraints, Springer, Switzerland, pp. 43-61.

Stöver, Heino, 2019, "Regulierung statt Repression: Notwendige Neuorientirung in der Drogenpolitik", Tznetakis y Stöver (Hrsg.), Drogen, Darknet und Organisierte Kriminalität. Herausforderung für Politik, Justiz und Drogenhilfe, Nomos, Baden-Baden, pp. 241-250.

Szasz, Thomas, 2001Nuestro derecho a las drogas. En defensa de un mercado libre, Barcelona, Anagrama.

Thoumi, Francisco, 2010, "Production and Trafficking of Coca-Cocaine and Opium Heroin, in Afghanistan and the Andean Countries", Keefer and Loayza (Eds), Innocent Bystanders. Developing Countries and the War on Drugs, Palgrave Macmillan and The World Bank, Washington, pp. 195-252.

Trejo, Guillermo y Ley, Sandra, 2018, "Why Did Drug Cartels Go to War in Mexico? Subnational Party Alternation, the Breakdown of Criminal Protection, and the Onset of Large-Scale Violence", Comparative Political Studies, 7, 7, pp. 900-937.

Tzanetakis, Meropi, 2019, "Einleitung – Zum Phänomen der Drogenmärkte im Darknet", Tzanetakis y Stöver (Hrsg), Drogen, Darknet und Organisierte Kriminalität. Herausforderungen für Politik, Justiz und Drogenhilfe, Nomos, Baden-Baden, pp. 11-19.

Uprimny, Rodrigo y Guzman, Diana, 2015, "La política criminal frente a las drogas en Colombia", Caiuby y Rodrigues (Eds), Drogas, política y sociedad en América Latina y el Caribe, pp. 141-162.

Uprimny, Rodrigo, Chaparro, Sergio y Cruz, Luis, 2017, "La regulación de las drogas ilícitas reducir los daños de las políticas para contener los posibles daños de las sustancias", Ambos, Malaino y Fuchs (Eds), Drogas ilícitas y narcotráfico. Nuevos desarrollos en América Latina, KAS, Bogotá, pp. 53-80.

Van Ooyen-Houben, Marianne, Bieleman, Bert, Korf, Dirk, 2016, "Tightening the Dutch coffee shop policy: Evaluation of the private club and the residence criterion", International Journal of Drug Policy, 31, pp. 113-120.

Vidart, Daniel 1994, Coca, cocales y coqueros en América Andina, 3 ed., YOEA, Montevideo.

Vidart, Daniel, 2014, Marihuana, la flor del cáñamo. Un alegato contra el poder, Ediciones B, Montevideo.

Wall, David, 2014, "Internet Mafias? The Dis-Organisation of Crime on the Internet", Caneppele y Calderoni (Eds), Organized Crime, Corruption and Crime Prevention. Essays in Honor of Ernesto U. Savona, Springer, pp. 227-238.

1.8. Fuerzas Militares en Latinoamérica: cuadro general, defensa de fronteras y espacio aereo

ADRIANA ERTHAL ABDENUR[1]
Princeton, USA/ONU

SABRINA EVANGELISTA MEDEIROS[2]
Universidad Lusófona de Lisboa
sabrina.medeiros@ulusofona.pt

1. INTRODUCCIÓN

El principal desafío para describir y calificar el papel de las Fuerzas Armadas en América Latina está vinculado a sus limitaciones históricas y variaciones institucionales. Por esta razón, comenzaremos tratando aquí de aquellos países que tuvieron colonización ibérica, española o portuguesa. En general, tales condiciones están marcadas por las dictaduras militares

---

1 Adriana Erthal Abdenur es graduada en Estudios Asiátios / Relaciones Internacionales por la Univeridad de Harvard, con maestria en la Universidad de Columbia. Es doctora en Sociología em la Universidad de Princeton, Estados Unidos. Es cofundadora y directora ejecutiva de la Plataforma CIPÓ hasta 2023. Trabaja en las áreas de Política Exterior, Gobernanza Global, China en América Latina, Cambio Climático y Paz y Seguridad Internacional. Es miembro del Comité de las Naciones Unidas para el Desarrollo (CDP) y del Consejo del Instituto de Estudios Comparados y Regionales de la Universidad de las Naciones Unidas (UNU-CRIS). Fue becario del Centro de Investigación de Políticas Públicas de la Universidad de las Naciones Unidas (UNU-CPR) y del Instituto India-China. Ha trabajado como consultora en varias oficinas de la ONU (Departamento de Asuntos Políticos, PNUD, ECOSOC).

2 Sabrina Evangelista Medeiros es doctora en Ciencias Políticas por el IUPERJ (IESP). Fue Profesora Asociada de Relaciones Internacionales en la Escuela Superior de Guerra Naval (graduada), de la Escuela Interamericana de Defensa (CID, OEA) y actualmente es Profesora de Relaciones Internacionales en la Universidad Lusófona de Lisboa, donde es Vicepresidenta e investigadora del Centro Lusófono sobre Desafíos Globales– LusoGlobe. Investigador del Instituto de Defensa Nacional de Portugal y del think tank InterAgency Institute.

presentes en la mayoría de sus países a lo largo del siglo XX, y, por otro lado, una configuración política determinada por importantes grados de interferencia externa. El proceso de consolidación institucional de las democracias en América Latina ha pasado, en la mayoría de los casos, por una revisión institucional calificada por el paso imperfecto del poder militar al civil, en sus diversas formas institucionales.

El formato institucional está centrado en los Ministerios de Defensa, pero dependiendo del grado de federalismo, las cuestiones de seguridad también se ven afectadas a las estructuras, a veces como ministerios únicos o divididos. Es importante decir que, aunque la correspondencia entre las fuerzas armadas es difícil de suceder, las relaciones entre las Fuerzas Armadas en América Latina se han fortalecido por componentes y regímenes de su propia colaboración y que fomentan las relaciones entre pares. Así, marcadas por cuestiones institucionales, relaciones entre pares y limitaciones políticas internas, las Fuerzas Armadas experimentaron décadas de modernización[3], que no solo se revela por programas de desarrollo, codesarrollo o compras en el campo de la economía de defensa y seguridad, sino por un marco institucional que también tenía como objetivo garantizar la estabilidad de los regímenes políticos nacionales.

En ese ámbito, no ha habido mucho cambio. Aunque los proyectos institucionales difieren en cuanto a las estructuras de alta concentración del poder militar anterior, los sistemas políticos latinoamericanos no han dejado de tener una importante presencia de las Fuerzas Armadas como factor estabilizador. En algunos regímenes políticos como el de Brasil reciente durante el gobierno presidencial de Jair Bolsonaro (2019-2022), las fuerzas armadas fueron capitalizadas, garantizando un conjunto de indicaciones de autoridades y oficiales de las fuerzas armadas a los cargos comisionados políticamente existentes en su forma civil[4].

Por lo demás, algunos regímenes políticos latinoamericanos aún sufren cierta inestabilidad o se caracterizan por la presencia de fuerzas armadas fundadas en sistemas considerados cerrados o de poca apertura a la com-

---

3 Para conocer más sobre los procesos de "modernización autoritaria": Arias Neto, J., Silva Rodrigues, F. D., & Soprano Manzo, G. F. Fuerzas Armadas, fronteras y territorios en Sudamérica en el siglo XX: Perspectivas y experiencias desde Argentina y Brasil, 2021.

4 Amorim Neto, O., & Alves Pimenta, G. El primer año de gobierno de Bolsonaro: La misma vieja historia, la misma vieja canción? *Revista de ciencia política (Santiago)*, *40*(2), (2020), 187-213.

petencia y/o transparencia política, como es el caso de Venezuela, Nicaragua y Cuba. Aunque diferentes en relación con los modelos de control de las fuerzas armadas, los casos demuestran que este papel es determinante para la concepción del Estado en estos países. Las relaciones entre las fuerzas armadas y el componente político no sucedieron con el distanciamiento institucional más propio de las democracias avanzadas en la mayoría de los países latinoamericanos.

Esta característica que fue tratada por Dirk Kruijit desde las democracias latinoamericanas como "caudillos militares transformados en demócratas y exguerrilleros como presidentes electos"[5], ya que desde principios del siglo XX que hasta entonces muchos de los gobiernos tenían en sus fuerzas armadas la tutela del patriotismo nacional y una promoción de la democracia también con tutela militar. Existe, por tanto, el deseo de orientar este capítulo a partir de los marcos conceptuales e institucionales que prevalecen hoy a partir de la consideración de los paradigmas políticos que los limitaron, condicionaron o lograron.

En este sentido, es relevante decir que las fuerzas armadas en América Latina se constituyeron a partir de ciclos de participación política entre regímenes cerrados, y otros modelos de participación política en relación con la seguridad interior. Estos procesos caracterizaron el modelo de desarrollo institucional que se constituye en gran parte de la región, cuyos elementos profesionales y operativos se hicieron desde la influencia externa y el aporte del entorno político doméstico.

2. LA CONCEPCIÓN DE LAS FUERZAS ARMADAS EN AMÉRICA LATINA

La concepción de las fuerzas armadas en América Latina siempre ha sido un componente para mantener el estado frente a las posibles fuentes de inestabilidad política en la región. De otro modo, su participación en el escenario político no ha sido insignificante y en gran medida ha estado involucrada en los procesos de establecimiento, por un lado, y de ruptura institucional por otro.

Las diversas etapas que se impusieron a los países latinoamericanos en la construcción de sus democracias se apoyaron en gran medida en el apa-

5 Kruijt, D. Las fuerzas armadas en América Latina, antes y hoy. *Ciencia politica*, 7(14), (2012), 94-112.z

rato de las fuerzas armadas, que continuaron siendo instituciones utilizadas para salvaguardar el orden interno. Tales procesos se llevaron a cabo para que las dictaduras pudieran sostenerse, para apaciguar los procesos de democratización y toma de calles, o para la instalación de democracias. Más recientemente, el uso sistemático de las fuerzas armadas como componente de estabilización de las fuentes perturbadoras de la violencia termina por salvaguardar el papel de estas instituciones en relación con los diversos desequilibrios sociales de carácter histórico y colonial[6].

Los sistemas de cooptación de las fuerzas armadas en beneficio de la dominación de los grupos de interés y de ciertos proyectos políticos variaron entre los regímenes de izquierda o de derecha de la región, por lo que la integración de las fuerzas armadas en los regímenes democráticos y el sometimiento a la autoridad política se ha producido mucho más recientemente y con cierto grado de incertidumbre e inestabilidad. A la vista de esta relación entre regímenes que permitieron un mayor grado de influencia de las fuerzas armadas en la política, su versión más contemporánea se distingue no sólo por la participación en cargos comisivos o de influencia directa, sino por la amplia participación de las fuerzas armadas en la seguridad interior.

Lo que se ha dado en llamar militarización de la seguridad pública, seguridad interna o seguridad externa, se denominan los procesos que implicaron una expectativa progresiva de seguridad sobre las Fuerzas Armadas. Por otro lado, el establecimiento de democracias entre los países latinoamericanos reforzó la necesidad de un reposicionamiento funcional de las Fuerzas Armadas, muchas veces relacionado con regímenes cerrados y golpistas. Tal reposicionamiento apalancaba nuevas funciones que no estaban determinadas por las estrategias dotadas por el entorno de la Guerra Fría o por la determinación de enemigos objetivos. Las nuevas democracias han dado paso a la planificación de la fuerza basada en la capacidad, a fin de que salvaguarden las fronteras nacionales, pero también para que actúen en asuntos críticos para sus respectivas sociedades.

La demanda que más creció frente a los temas sociales fue la seguridad de las personas, por lo que se desarrolló un concepto de seguridad ciudadana en la mayoría de los países del Mar Caribe (entre los de Centro y Sudamérica), de una fuerza policial cercana a las comunidades, que tam-

---

6 Sansó-Rubert Pascual, Daniel. "Democracias bajo presión: Estado, fuerzas armadas y crimen organizado en América Latina:¿éxito o fracaso de la estrategia de contención militar?" *Democracias bajo presión* (2017): 1-227.

bién dividió las misiones entre la policía y las fuerzas armadas. Esta mezcla también es el resultado de que algunos de los países de América Latina tienen fuerzas armadas y guardas nacionales.

3. TIPOS DE FUERZAS ARMADAS Y ESTRUCTURAS POLÍTICAS

Los Ministerios de Defensa albergan la estructura primaria que concentra la mayor parte de las fuerzas armadas en América Latina. El Ministro de Defensa suele ser un funcionario político, manifiestamente un civil, aunque en la mayoría de los países no hay restricciones para los oficiales militares en esta misma posición[7]. Existe un intenso debate sobre las capacidades institucionales de cada Estado para garantizar el control civil sobre las fuerzas armadas como un componente esencial de la democracia. Este debate ha cobrado impulso en Estados Unidos, pero la influencia de las fuerzas armadas ha seguido siendo importante en la mayoría de los países latinoamericanos.

El Ministro de Defensa generalmente sirve como jefe del ministerio y es responsable de guiar y formular políticas, planificación estratégica, asignación presupuestaria y coordinación general de los asuntos de defensa. Debajo del ministro y con un dominio operativo está el Estado Mayor Conjunto o Estado Mayor General, por lo que estos oficiales deben proporcio-

---

7 Existe un intenso debate sobre las capacidades institucionales de cada Estado para garantizar el control civil sobre las fuerzas armadas como un componente esencial de la democracia. Para conocer más sobre el caso de Brasil al inicio de la formación del Ministerio de Defensa y más recientemente, en el gobierno de Jair Bolsonaro: Marques, Adriana A. "El Ministerio de Defensa en Brasil: limitaciones y perspectivas." *Revista Fuerzas Armadas y Sociedad* 18.3/4 (2004): 27; Penido, A., Araujo, G., Matos, D., Bigatão, J., & Vitelli, M. (2020). Militares no governo Bolsonaro. *Informe Temático* GEDES, UNESP; o, Junior, David Paulo Succi, and Héctor Luis Saint-Pierre. "Forças armadas e segurança pública na Argentina e no Brasil: reafirmação e ruptura do papel interventor." *Revista Brasileira de Estudos de Defesa* 7.2 (2020). Para saber más sobre el debate en Argentina: Canelo, Paula Vera. "" Un ministerio de tercera línea": transformaciones en el reclutamiento y las trayectorias de los Ministros de Defensa argentinos." (2012).
Para los demás casos en la región: Pion-Berlin, David, and Rafael Martínez. *Soldiers, politicians, and civilians: reforming civil-military relations in democratic Latin America.* Cambridge University Press, 2017.

nar asesoramiento militar estratégico al Ministro de Defensa y coordinar las operaciones y actividades de las Fuerzas Armadas.

En América Latina, las fuerzas armadas se pueden ver en la tabla:

Tabla 1. Fuerzas Armadas en América Latina por país

País	Ejército	Armada	Fuerza aérea
Argentina	Ejército Argentino	Armada Argentina	Fuerza Aérea Argentina
Bolivia	Ejército de Bolivia	Armada de Bolivia	Fuerza Aérea Boliviana
Brasil	Ejército Brasileño	Marina de Brasil	Fuerza Aérea Brasileña
Chile	Ejército de Chile	Armada de Chile	Fuerza Aérea de Chile
Colombia	Ejército Nacional de Colombia	Armada Nacional de Colombia	Fuerza Aérea Colombiana
Ecuador	Ejército Ecuatoriano	Armada del Ecuador	Fuerza Aérea Ecuatoriana
El Salvador	Ejército de El Salvador	Fuerza Aérea Salvadoreña (FAS)	La Fuerza Naval de El Salvador
Guatemala	Ejército de Guatemala	Marina de Guatemala	Fuerza Aérea Guatemalteca
Honduras	Ejército de Honduras	Fuerza Naval de Honduras	Fuerza Aérea de Honduras
México	Ejército Mexicano	Armada de México	Fuerza Aérea Mexicana
Nicaragua	Ejército de Nicaragua	Marina de Guerra de Nicaragua	Fuerza Aérea Nicaragüense
Panamá	Servicio Nacional de Fronteras	Servicio Nacional Aeronaval	Servicio Nacional Aéreo
Paraguay	Ejército Paraguayo	Armada Paraguaya	Fuerza Aérea Paraguaya
Perú	Ejército del Perú	Marina de Guerra del Perú	Fuerza Aérea del Perú
República Dominicana	Ejército de la República Dominicana	Armada de la República Dominicana	Fuerza Aérea de la República Dominicana
Uruguay	Ejército Nacional	Armada Nacional	Fuerza Aérea Uruguaya
Venezuela	Ejército Bolivariano	Armada Bolivariana	Aviación Militar Bolivariana

Esta estructura es ampliamente utilizada para que la centralidad del poder militar en los Ministerios de Defensa implique tanto el vínculo político y constitucional como los militares, los círculos operativos y los titulares de la fuerza. La detención de la fuerza es el factor determinante para que los ejércitos estén sujetos al poder político, a fin de asegurar el cumplimiento de los principios constitucionales, pero también, en el caso de las Américas, bajo la Organización de los Estados Americanos (sobre todo, a través de la Junta Interamericana de Defensa) y el Pacto de San José de Costa Rica para la protección de los Derechos Humanos en las Américas (1969, Convención Americana), garantizado por la Corte Interamericana de Justicia. Los países con fuerzas armadas más robustas suelen tener múltiples ramas, por lo que el Comandante en Jefe de la Fuerza (ejército, marina, fuerza aérea) es responsable de la preparación operativa y el funcionamiento de esa rama.

En las democracias más institucionalizadas y complejas, el conjunto de políticas que determinan desde las estrategias hasta las prioridades presupuestarias se define con base en el apoyo técnico-operativo derivado de las fuerzas y asignado por los Ministerios, con aportes provenientes de procesos de investigación pública, es decir, los realizados por las comisiones parlamentarias, en forma de consultas públicas. En este caso, las direcciones de política y/o planificación de defensa desarrollan planes que se transforman en políticas de defensa de diferentes maneras, con o sin consulta con el público y las cámaras del parlamento, a través de la planificación estratégica y los objetivos de defensa a largo plazo.

Otros objetivos que requieren la debida diligencia tanto del Ministerio de Defensa cuanto de otros Ministerios relacionados, bien sea las Relaciones Exteriores, Asuntos Internacionales o equivalentes, son también aquellos que tocan temas como el control de armas, los acuerdos de defensa y la coordinación con organizaciones internacionales. También corresponde a las fuerzas armadas coordinar la cooperación interministerial en materia de diplomacia de defensa, acuerdos de cooperación militar e interacciones con establecimientos de defensa de otros países.

En cuanto al componente legal, cabe destacar que la mayoría de los países latinoamericanos cuentan con sistemas judiciales militares, sujetos a sistemas jurídicos nacionales. Además, las estructuras de inteligencia militar siguen presentes y ofrecen desafíos relevantes con respecto al mantenimiento de los intereses nacionales dentro del ámbito militar, al tiempo que exigen la subordinación de los servicios de inteligencia al aparato civil [8].

Las estructuras de adquisición, distribución, mantenimiento y disposición de equipo militar pasaron por un período relevante de difusión de protocolos y prácticas generalizadas entre los estados latinoamericanos y las derivadas de potencias medias. Este es el caso, por ejemplo, de la expansión de los eslabones logísticos y de la cadena de suministro lograda a través de la integración de varios de los países en el sistema de catalogación de la Organización del Tratado del Atlántico Norte (OTAN), que requirió la protocolización de las incipientes bases industriales de defensa y el sistema de compras y adquisiciones basado en estándares universalizados por regímenes como la OTAN, de los cuales los estados no son miembros ni socios formales, propiamente. Así, aunque con algunas especificidades, las fuerzas armadas vieron cómo sus procesos ganaban centralidad y perdían autonomía.

Estas mismas estructuras apoyan diferentes tipos de reclutamiento, capacitación, promoción, bienestar y otros asuntos relacionados con el personal dentro de las fuerzas armadas. Aunque la tasa de hombres disponibles es un factor de fuerza y dimensión relevante, no es el único elemento que debe observarse para calificar la preparación de las fuerzas armadas de un país. La proporción de sus inversiones, el componente de reemplazo de activos militares, la innovación, el número de asociaciones o la calificación de los recursos humanos también son variables relevantes. Aun así, si observamos los números en relación con la disponibilidad de personal, es posible observar el compromiso de recursos humanos, como se muestra en la tabla a continuación. Si no existe una paridad perfecta entre los tamaños de los territorios y el personal militar, es posible decir que esta escalada es proporcional al Producto Interno Bruto de estos mismos países, lo que permite incluir en la lista a República Dominicana o Cuba.

---

[8] López, Ernesto. "Sudamérica: nueva inestabilidad y desajustes de la subordinación militar." *Revista SAAP: Sociedad Argentina de Análisis Político* 2.1 (2004): 165-183.

Tabla 2. Países con mayor número de personal en America Latina y Caribe 2022

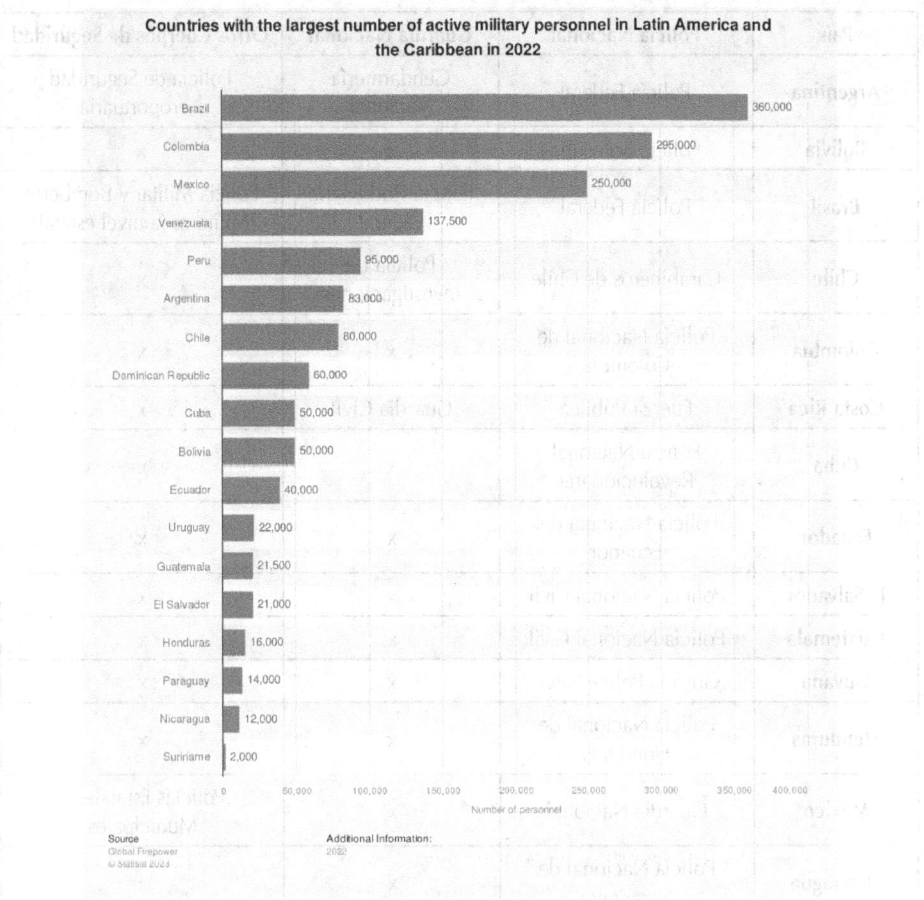

Por último, hay ue hacer referencia a las estrucutras policiales, que asumen, en Latinoamérica, un papel estructurante, ya que el continente tiene como característica las diferencias sociales, la ocupación urbana irregular, la ausencia del Estado en muchas regiones y la militrarización de sus fuerzas internas de seguridad.

Tabla 3. Policías en América Latina

País	Policía Nacional	Guardia Nacional	Otros Cuerpos de Seguridad
Argentina	Policía Federal	Gendarmería Nacional	Policía de Seguridad Aeroportuaria
Bolivia	Policía Boliviana	x	x
Brasil	Polícia Federal	Polícia Rodoviária Federal	Polícia Militar y Bomberos Militares (a nivel estatal)
Chile	Carabineros de Chile	Policía de Investigaciones	x
Colombia	Policía Nacional de Colombia	x	x
Costa Rica	Fuerza Pública	Guardia Civil	x
Cuba	Policía Nacional Revolucionaria	x	x
Ecuador	Policía Nacional del Ecuador	x	x
El Salvador	Policía Nacional Civil	x	x
Guatemala	Policía Nacional Civil	x	x
Guyana	Guyana Police Force	x	x
Honduras	Policía Nacional de Honduras	x	x
México	Guardia Nacional	x	Policías Estatales y Municipales
Nicaragua	Policía Nacional de Nicaragua	x	x
Panamá	Policía Nacional de Panamá	Servicio Nacional de Fronteras	x
Paraguay	Policía Nacional de Paraguay	x	x
Perú	Policía Nacional del Perú	x	x
República Dominicana	Policía Nacional de la República Dominicana	x	x
Uruguay	Policía Nacional	Guardia Republicana	x
Venezuela	Cuerpo de Policía Nacional Bolivariana	Guardia Nacional Bolivariana	Policías Estatales y Municipales

4. FUERZAS ARMADAS EN AMÉRICA DEL SUR

Si lo miramos caso por caso, en Argentina, las fuerzas armadas incluyen el Ejército, la Armada y la Fuerza Aérean que tienen un papel histórico en la política y la historia del país. Están hoy orientadas principalmente a la defensa de la soberanía y la integridad territorial. Su composición institucional está bajo la dirección de un Ministerio de Defensa, al igual que en la mayoría de los países latinoamericanos. Este es el caso de Bolivia, Brasil, Chile, Colombia, Ecuador, Paraguay, Uruguay y la República Dominicana.

Brasil tiene unas fuerzas armadas grandes y bien equipadas, que incluyen el Ejército, la Armada y la Fuerza Aérea. Han participado activamente en misiones de paz internacionales, como en el caso de la misión en Haití (2004-2017) y en la misión marítima junto a UNFIL (Líbano, 2006-2020). Además de desempeñar un papel importante en la protección de vastas zonas fronterizas y recursos naturales, también están preparadas para liderar misiones relacionadas con desastres naturales. La participación de las fuerzas armadas en las operaciones de mantenimiento de la paz en el marco de las Naciones Unidas es un instrumento de intenso entrenamiento, así como su prontitud da un nuevo sentido a la existencia de fuerzas armadas en países democráticos que no están en guerra[9].

Las Fuerzas Armadas bolivianas tienen un enfoque en la defensa de la soberanía y han desempeñado un papel en la estabilidad política del país. Aunque Bolivia no presenta los mismos niveles de violencia e inseguridad que algunos de sus países vecinos, el uso de las Fuerzas Armadas en seguridad interna ha sido constante durante al menos diez años. En la Bolivia contemporánea, frente a los desafíos internos, las fuerzas armadas se involucran en el proyecto de seguridad ciudadana[10].

Entre las fuerzas armadas latinoamericanas, las chilenas son consideradas una de las más profesionales y modernas de la región. Su enfoque se centra en la defensa y protección de la soberanía. Además, Chile ha participado activamente en misiones de paz de las Naciones Unidas, al igual que

---

9 Benítez, Raúl. "América Latina: operaciones de paz y acciones militares internacionales de las fuerzas armadas." *Foro Internacional* (2007): 99-116.

10 Sánchez, José Rocabado. "La seguridad ciudadana en Bolivia: ¿hay espacio para las Fuerzas Armadas?" *URVIO: Revista Latinoamericana de Estudios de Seguridad* 12 (2012): 25-40.
Grosso, Emilse Calderón. "La impronta legal de la participación de las Fuerzas Armadas en la seguridad pública: lucha contra el narcotráfico en América del Sur." *URVIO. Revista Latinoamericana de Estudios de Seguridad* 12 (2012): 97-109.

Uruguay, cuyo Ministerio tiene un enfoque en las misiones, lo que ha sido un mecanismo para profesionalizar sus propias fuerzas. Las Fuerzas Armadas uruguayas tienen un enfoque más limitado en comparación con otros países de la región y se centran en la defensa y seguridad interna.

En Perú, las fuerzas armadas se centran en la defensa de la soberanía y la integridad territorial, así como en la seguridad interna, y han estado involucradas en conflictos fronterizos en el pasado. La República Dominicana tiene una Secretaría de Estado de las Fuerzas Armadas, mientras que México tiene una estructura de defensa dividida entre una Secretaría de Defensa Nacional y una Secretaría de Marina, lo cual es una singularidad en la región.

En Venezuela, las fuerzas armadas venezolanas han desempeñado un papel destacado en la política nacional, participando en diversos roles, incluyendo la seguridad interna y la respuesta a desastres naturales. En Ecuador, las fuerzas armadas han tenido una tradición de intervención política y luchas internas, además de enfocarse en la protección de la soberanía y la seguridad interna. Las fuerzas armadas colombianas han estado históricamente involucradas en conflictos internos, combatiendo contra grupos guerrilleros y narcotraficantes. Tienen una fuerte presencia en la seguridad interna y en la lucha contra el narcotráfico.

5. FUERZAS ARMADAS EN AMÉRICA CENTRAL

Las fuerzas armadas centroamericanas cargan con el peso de un complejo legado histórico profundamente entrelazado con el colonialismo. Después de haber soportado siglos bajo el dominio español, las naciones de América Central lidiaron con las secuelas de la independencia, esforzándose por establecer gobiernos estables y formar sus propias estructuras militares. Sin embargo, los vestigios de la era colonial persistieron, perpetuando las estructuras jerárquicas y sirviendo a los intereses de la élite privilegiada.

La turbulenta historia de la región fue testigo de conflictos internos y guerras civiles, especialmente en El Salvador, Nicaragua y Guatemala. Estos conflictos, a menudo exacerbados por influencias externas, reflejan la dinámica duradera del neocolonialismo. Las fuerzas armadas, encargadas de mantener el orden, se vieron implicadas en atroces violaciones de derechos humanos, cometiendo actos de brutalidad como ejecuciones extrajudiciales, tortura y desapariciones forzadas[11]. Esas atrocidades se dirigen de manera desproporcionada contra las poblaciones marginadas e indígenas.

En las últimas décadas, Guatemala, El Salvador y Honduras enfrentan importantes desafíos en materia de seguridad interna, con altos índices de criminalidad, especialmente debido a la presencia de pandillas. La militarización en este entorno ha ido en aumento en los últimos años, así como gran parte de las poblaciones desplazadas internamente o hacia la frontera de Estados Unidos provienen de estos países. En el caso de El Salvador, la presidencia de Mano Dura de Nayib Bukele ha reducido significativamente el número de homicidios en el país, a pesar de que se han denunciado violaciones a los derechos humanos y se ha denunciado por la prensa un acuerdo con las Maras.

Por otro lado, los niveles de violencia son menores en Panamá o Costa Rica, que también tienen sistemas políticos más estables y menos militarizados. Actualmente, Costa Rica es el único país de América Latina que no cuenta con una fuerza armada permanente. En 1948, el ejército de Costa Rica fue abolido después de la Guerra Civil costarricense, y la constitución del país prohíbe el mantenimiento de fuerzas armadas permanentes. Desde el proceso de desmilitarización de su aparato, Costa Rica cuenta con un solo instrumento de seguridad policial (la Fuerza Pública) que es responsable de la seguridad interna y la aplicación de la ley. Aun así, su defensa se apoyó en el modelo de seguridad hemisférica salvaguardado por Estados Unidos, en términos de garantizar su política de defensa y su territorio[12].

Al mismo tiempo, los gobiernos de Venezuela, Cuba y Nicaragua tienen fuerzas nacionales decididas a garantizar el orden interno. En el caso de Venezuela, la Guardia Nacional Bolivariana, que es una fuerza militarizada encargada de mantener el orden interno y apoyar la seguridad pública. En el caso de Nicaragua, además de la Policía Nacional y también una fuerza paramilitar conocida como las "Tropas Especiales" o "Juventud Sandinista", que son leales al gobierno, lo cual es similar al caso de Cuba con respecto a las Milicias Revolucionarias Nacionales, que son fuerzas paramilitares que apoyan al gobierno, además de las Fuerzas Armadas Revolucionarias (FAR).

---

[11] Vázquez Olivera, Mario. "Del terror al exterminio. Un apunte sobre las matanzas de civiles en El Salvador y Guatemala durante la década de 1980." *Revista pueblos y fronteras digital* 18 (2023).

[12] Pareja, F. A. La política de defensa del Estado de Costa Rica: neutralidad y desmilitarización frente a los retos actuales. *Politeia, 34*(47), (2011), 89-112.

Costa Rica y Panamá tienen estructuras vinculadas con un Ministerio de Seguridad Pública encargado de tareas relacionadas con la seguridad interna. Debemos recordar que el proyecto de seguridad y defensa de Panamá estuvo marcado por la presencia militar estadounidense durante la mayor parte del siglo XX (1904-1999), ya que el tema principal de la conexión entre los océanos Atlántico y Pacífico solo era factible a través del Canal de Panamá. El mantenimiento de las bases militares estadounidenses en la región no ha sido un objetivo pacífico a lo largo del siglo. En Panamá, su personal participaba en operaciones estadounidenses, y el Comando Sur de Estados Unidos mantenía operaciones en la zona, que permanece bajo su vigilancia[13].

México, por su parte, la economía más robusta de la región tiene un modelo particular. Al mismo tiempo que cuenta con la Guardia Nacional, que es una fuerza de seguridad pública creada para combatir el crimen y la violencia de manera centralizada, tiene un Ministerio de Defensa que no incluye a las fuerzas navales, que están incluidas en el Ministerio de Marina. En Colombia, la Policía Nacional desempeña un papel clave en la seguridad interna, pero su colaboración con las fuerzas armadas es crucial.

Al ser un país plagado de conflictos vinculados al narcotráfico, em Colombia, la naturaleza de sus funciones de seguridad termina creando cierta permeabilidad entre las funciones de las fuerzas armadas y la policía. Dada la internacionalidad del tráfico, el combate por vías marítimas y terrestres tiene gran parte de su estructura operativa en el componente del Ejército, la Armada o la Fuerza Aérea. El Plan Colombia, lanzado en el año 2000 a partir de la alianza entre Estados Unidos y Colombia para el desarrollo social alternativo, la capacitación y la asistencia a operaciones contra el narcotráfico, también hay hecho frente a los conflictos armados internos y la fuente del desplazamiento de poblaciones que se desplazan a través de la violencia. Después de muchos intentos de reconciliación entre las guerrillas armadas de las Fuerzas Armadas Revolucionarias de Colombia y los sucesivos gobiernos de derecha con el apoyo de Estados Unidos, el gobierno recién electo de una antigua guerrilla marcó un proyecto de Paz Total que tenía como objetivo reconciliar a las élites divididas y lograr los resultados de seguridad interna largamente esperados[14].

---

13 Gandásegui, M. A. Militarismo y bases aeronavales en Panamá. *Tareas*, 151, (2015), 5-26.

14 Millán, Á. J. Colombia: una nueva gramática del poder. *Nueva Sociedad*, 303, (2023), 98-105.

Esto demuestra cómo la forma en que los Estados latinoamericanos distribuyen sus presupuestos de defensa y seguridad implica diferentes modelos de administración pública y, por lo tanto, atribuciones particulares.

6. FUERZAS ARMADAS Y FRONTERAS

Las fuerzas armadas y el mantenimiento de las fronteras para garantizar la soberanía territorial ha sido un objeto relevante de discusión desde la formación de los Estados como movimientos anticoloniales. Si bien existe una diferencia significativa entre los procesos de Hispanoamérica y los de Brasil, este último independizado de una monarquía controlada por la misma familia que el colonizador, es posible destacar que los procesos de ocupación de fronteras en los territorios de América Latina terminaron siendo el resultado de una importante heterogeneidad y resistencia a proyectos nacionales o de nacionalidad. incluso cuando estos proyectos han demostrado ser exitosos a lo largo de los años[15].

Cabe señalar que los continentes sudamericano y centroamericano tuvieron algunos desafíos en la delimitación de fronteras. En el caso de los límites asociados a áreas de bosque tropical, estos límites son difíciles de inspeccionar y monitorear, por lo que no existe mayor litigio en cuanto a definiciones, sino más bien cuestiones que tocan el movimiento de personas y bienes en espacios mal vigilados. Por otro lado, las fronteras marítimas albergan espacios que aún han dado lugar a importantes disputas en las últimas décadas, algunas de ellas asociadas a litigios que han sido remitidos a tribunales internacionales de justicia.

Además, la zona fronteriza juega un papel importante para las Fuerzas Armadas en el entorno latinoamericano porque moviliza la circulación de actividades ilícitas que son esenciales para la composición de los niveles de violencia que desafían la realidad de las poblaciones de la región. En este caso, las Fuerzas Armadas están involucradas en actividades relevantes de protección de fronteras, pero también están movilizadas para combatir el narcotráfico en varias de sus dimensiones internas, incluido el uso de la fuerza en comunidades afectadas por la violencia del narcotráfico y el tráfico de armas.

15 Harambour, Alberto y Álvaro Bello. "La Era del Imperio y el Colonialismo Postcolonial: Conceptos para una Historia de las Fronteras de la Civilización en América Latina". *Anuario Colombiano de Historia Social y de la Cultura* 47.2 (2020): 253-282.

Es importante señalar que varios esfuerzos se han dirigido a la vigilancia de fronteras desde sistemas combinados, como el Sistema Integrado de Monitoreo de Fronteras (SISFRON) de Brasil, basado en diferentes sistemas conjuntos, como radares, sensores, cámaras y drones, así como una red de comunicación segura y eficiente[16].

Además de las fronteras terrestres, se ha hecho un gran esfuerzo por integrar las fronteras marítimas, que también califican las rutas de tráfico internacional de mercancías, armas y personas. El esfuerzo en torno al proyecto de integración regional incluye la cooperación en materia de seguridad marítima en los océanos Atlántico y Pacífico, principalmente a través de las marinas o prefectura navales, que también se encargan del tráfico marítimo. La cooperación en materia de seguridad marítima ha sido un vector de extensión de la cooperación regional continental a la cooperación extracontinental, en el caso del Atlántico Sur, hacia los países del África occidental[17].

La militarización, especialmente a lo largo de las fronteras, surgió como un problema apremiante en Centroamérica. La presencia de las fuerzas armadas en asuntos migratorios y de narcotráfico generó alarma sobre las violaciones de los derechos humanos[18]. Esta militarización subrayó aún más la vulnerabilidad de la región a las influencias externas, haciéndose eco de los patrones históricos de intervención extranjera.

A lo largo de esta tumultuosa narrativa, Estados Unidos desempeñó un papel fundamental en la configuración del panorama militar de Centroamérica. Sus intervenciones a menudo estaban motivadas por intereses geopolíticos y económicos, lo que imprimió una huella duradera en la estructura y el comportamiento de las fuerzas armadas de la región. En consecuencia, los presupuestos se asignaron en gran medida a las fuerzas

---

16 Andrade, Israel de Oliveira, et al. *Sistema Integrado de Vigilancia de Fronteras en perspectiva.* No. 2480. Documento de debate, 2019.

17 Abdenur, Adriana Erthal y Danilo Marcondes de Souza Neto. "Brasil y la cooperación en materia de defensa: la construcción de una identidad regional en el Atlántico Sur". *Revista Brasileña de Política Internacional* 57 (2014): 05-21.

18 En México: Anaya, Alejandro. "Violaciones a los derechos humanos en el marco de la estrategia militarizada de lucha contra el narcotráfico en México." *Cuadernos de Trabajo del Monitor del Programa de Política de Drogas* 4 (2014). Em Colombia: Gómez Builes, Gloria Marcela, Gilberto Mauricio Astaiza Arias, and Maria Cecília de Souza Minayo. "Las migraciones forzadas por la violencia: el caso de Colombia." *Ciência & Saúde Coletiva* 13.5 (2008): 1649-1660.

armadas, a veces a expensas de servicios sociales vitales, profundizó en las desigualdades arraigadas.

7. FUERZAS ARMADAS EN EL ESPACIO REGIONAL

Las actividades de cooperación hemisférica comenzaron durante la Segunda Guerra Mundial, cuando la coordinación de los países de las Américas fue consolidada por la Unión Panamericana, bajo la cual se creó la Junta Interamericana de Defensa (JID o IADB, Inter-American Defense Board). Poco después de la Segunda Guerra Mundial, se estableció la Organización de los Estados Americanos (OEA, 1949) y décadas después la JID fue incorporada a ella (2006). En el marco del BID se encuentra el Colegio Interamericano de Defensa, que fue creado como escuela diplomática durante la Guerra Fría y se ha convertido en el principal eslabón de formación de oficiales y civiles relacionados con la defensa y la seguridad en las Américas, convirtiéndose en un instrumento de diplomacia de defensa y de construcción de confianza entre los recursos humanos además de su acreditación a nivel de posgrado en carreras[19]. Como organismo asesor en materia de defensa, la JID se dedica al Programa de Desminado Humanitario y a medidas de confianza mutua entre los miembros. Aunque actualmente en desuso, el Tratado Interamericano de Asistencia Recíproca (TIAR) también está bajo su ámbito de gobernanza y establece el principio de defensa colectiva en la región, donde un ataque a uno es considerado un ataque a todos[20].

Entre las instituciones del llamado Sistema Interamericano, la Comisión de Seguridad Hemisférica, a través de un Plan de Acción aprobado en las Cumbres de las Américas, establece la agenda de objetivos y conceptos para la seguridad hemisférica. Además de los temas de la cumbre, se incluyen el Programa de Educación para la Paz y la Lucha contra el terrorismo. Otras agendas son tratadas de manera autónoma, como la Convención Interamericana sobre la Transparencia en la Adquisición de Armas Convencionales y el programa de no proliferación de armas nucleares[21].

---

19 Saint-Pierre, H. L., & Vitelli, M. G. (Eds.). *Dicionário de segurança e defesa.* Imprensa Oficial, Governo do Estado de São Paulo, 2018.

20 Para acceder a los documentos fundacionales y a la estructura orgánica de la JID: http://www.oas.org/CSH/spanish/JIDdocumentos.asp Acesso em 03OCT23.

21 Para acceder a los temas de trabajo de la OEA relacionados con asuntos militares y laterales: http://www.oas.org/CSH/spanish/default.asp Acceso en 03OCT23.

La Organización de los Estados Americanos incorporó más recientemente a la Junta Interamericana de Defensa, con el objetivo de acumular los esfuerzos regionales en materia de seguridad y defensa, que también forman parte de la Secretaría de Seguridad Multidimensional.

En 2008, la Defensa fue un componente relevante en la formación de la UNASUR, la Unión de Naciones Suramericanas por meio do Consejo de Defensa Sudamericano (CDS), que es una instancia de la Unión de Naciones Suramericanas (UNASUR) que busca promover la cooperación en temas de defensa y seguridad en la región. Aun así, la perspectiva de integración regional entre los países de América del Sur experimentó un avance significativo en colaboración en defensa durante algunos años. La defensa fue uno de los ejes integradores designados para la UNASUR y, a través de ella, prosperaron programas de colaboración en situaciones de emergencia complejas y en logística de defensa. Aunque ha tenido altibajos, ha sido un espacio de diálogo sobre cuestiones de seguridad en las fronteras, en 2023 se reactivó con la reinclusión de Argentina y Brasil en el tratado.

Tales incentivos aseguraron un intercambio más robusto entre las fuerzas armadas de las Américas, también bajo el fortalecimiento del sistema interamericano, a pesar de que las iniciativas subregionales parecían competir con el sistema en el que participaban Estados Unidos y Canadá[22]. De esta manera, buena parte de los incentivos para capitalizar las acciones regionales también provinieron de la reestructuración de las fuerzas armadas y también de la capacitación destinada a combatir el tráfico ilícito, de la contención de las rutas del narcotráfico hacia el Norte y los océanos, así como en relación con el tráfico de armas que previene al Norte.

A ese respecto, el Sistema de Integración Centroamericana (SICA) es uma iniciativa regional que busca promover la integración y cooperación entre los países centroamericanos en diversos ámbitos, incluyendo seguridad y defensa. A través de su Consejo de Ministros de Seguridad de Centroamérica, se abordan asuntos de seguridad regional, incluyendo los desafíos en las fronteras, que son el principal factor de riesgo para los gobiernos locales. En nivel operacional, La Fuerza de Tarea Interinstitucional en la Lucha contra el Narcotráfico y el Crimen Organizado (FTI) es una iniciativa de cooperación regional entre varios países de América Central para

[22] Medeiros, S. E. Sistema interamericano, cooperação e a competição intraregional. *PRACS: Revista Eletrônica de Humanidades do Curso de Ciências Sociais da UNIFAP*, 7(2), 2014,135-154.

combatir el narcotráfico y el crimen organizado transnacional, y promueve la colaboración entre los países miembros para llevar a cabo operaciones conjuntas y compartir información relevante, Además de fortalecer la capacidad logística y tecnológica de los países miembros para mejorar su capacidad de respuesta en la lucha contra el crimen organizado.

Varios países de América del Sur, como Colombia, Brasil y Perú, han llevado a cabo operaciones conjuntas en sus fronteras para abordar desafíos comunes, como el narcotráfico y la minería ilegal. Estos arreglos cooperativos buscan fortalecer la seguridad en las fronteras y abordar desafíos comunes como el narcotráfico, la migración irregular y el crimen organizado.

8. CONCLUSIONES

Una perspectiva decolonial subraya el imperativo de reconocer y respetar los derechos y perspectivas de las comunidades latinoamericanas en sus variadas identidades, cuyas fronteras revelan una división y integración propias. Estas poblaciones, marginadas y oprimidas tanto por las potencias coloniales como por los gobiernos posteriores a la independencia, poseen conocimientos invaluables vitales para forjar una sociedad más inclusiva y equitativa. Esta perspectiva aboga por paradigmas de seguridad alternativos, favoreciendo modelos basados en la comunidad que priorizan la seguridad humana, la justicia social y el desarrollo sostenible por encima de las estructuras militares tradicionales. Eso es el desafío.

En última instancia, una lente decolonial impulsa una reevaluación crítica del aparato de seguridad en la América Latina. Llama a la desmilitarización, buscando disminuir la influencia y el poder de las fuerzas armadas en favor de formas de gobierno más participativas e inclusivas. Al desafiar las narrativas y estructuras de poder establecidas, una perspectiva decolonial se esfuerza por amplificar las voces de las comunidades locales.

Teniendo esto en cuenta, la perspectiva que se presenta es reconocer que las fuerzas armadas en América Latina llevan rastros de los modelos institucionales que han estado presentes desde las transiciones republicanas, algunos de ellos más antiguos, o posteriores, como parte del nacionalismo constituyente de estos países. Por otro lado, fue en el siglo XX cuando las fuerzas armadas participaron directa o indirectamente en los ciclos que tuvieron lugar entre dictaduras y democracias en formación. Después de su participación en la Guerra Fría, las fuerzas armadas se reacondicionaron al estado de violencia social que las acercó a las fuerzas policiales, además de militarizar cada vez más a las fuerzas policiales. Como una alternativa mucho más entrenada (incluso para la guerra) y mejor equipada, las fuerzas armadas redefinieron su fuerza a través de funciones subsidiarias o policiales que abarcaban operaciones complejas en zonas fronterizas, bosques o zonas de gran complejidad urbana.

El principal rasgo distintivo de las fuerzas armadas en la región, en la difícil fase actual, no está vinculado a su potencial bélico, sino a sus limitaciones de cooperación. Una serie de acuerdos a nivel operacional y técnico mueven las funcionalidades, modernización y preparación de las fuerzas armadas, cuya utilidad está presente a través de las fuentes de la diplomacia de defensa, la cooperación técnico-militar y en la actuación en emergencias complejas y misiones de paz. Los desafíos que se plantean también repercuten en las pocas garantías de distanciamiento de la participación política de sus instituciones y en la amplitud de la participación interna en funciones con un gran riesgo para los derechos humanos.

9. BIBLIOGRAFÍA

Abdenur, Adriana Erthal, and Danilo Marcondes de Souza Neto. "O Brasil e a cooperação em defesa: a construção de uma identidade regional no Atlântico Sul." *Revista Brasileira de Política Internacional* 57 (2014): 05-21.

Amorim Neto, O., & Alves Pimenta, G. (2020). El primer año de gobierno de Bolsonaro: La misma vieja historia, la misma vieja canción? *Revista de ciencia política (Santiago), 40*(2), 187-213.

Anaya, A. (2014). Violaciones a los derechos humanos en el marco de la estrategia militarizada de lucha contra el narcotráfico en México. *Cuadernos de Trabajo del Monitor del Programa de Política de Drogas, 4.*

Andrade, I. D. O., Cortinhas, J. D. S., Soares, M. A., & Franco, L. G. A. (2019). *Sistema Integrado de monitoramento de fronteiras em perspectiva* (No. 2480). Texto para Discussão.

Arias Neto, J., Silva Rodrigues, F. D., & Soprano Manzo, G. F. (2021). Fuerzas Armadas, fronteras y territorios en Sudamérica en el siglo XX: Perspectivas y experiencias desde Argentina y Brasil.

Belozérov, Vasily K., Antón I. Emeliánov, and Galina M. Sídorova (2019) "Relaciones cívico-militares en América Latina." *Iberoamerica* 4, 126-148.

Benítez, Raúl (2007). "América Latina: operaciones de paz y acciones militares internacionales de las fuerzas armadas." *Foro Internacional,* 99-116.

Canelo, Paula Vera (2012). " Un ministerio de tercera línea": transformaciones en el reclutamiento y las trayectorias de los Ministros de Defensa argentinos". In: https://ri.conicet.gov.ar/handle/11336/197809

Cuevas, Gustavo (1990). "Las Fuerzas Armadas y transición a la democracia en América Latina." *Política. Revista de Ciencia Política* 22-23, 83-99.

Gandásegui, M. A. (2015). Militarismo y bases aeronavales en Panamá. *Tareas,* (151), 5-26.

Gómez Builes, G. M., Astaiza Arias, G. M., & Minayo, M. C. D. S. (2008). Las migraciones forzadas por la violencia: el caso de Colombia. *Ciência & Saúde Coletiva, 13*(5), 1649-1660.

Grosso, Emilse Calderón (2012). "La impronta legal de la participación de las Fuerzas Armadas en la seguridad pública: lucha contra el narcotráfico en América del Sur." *URVIO. Revista Latinoamericana de Estudios de Seguridad* 12, 97-109.

Harambour, Alberto, and Álvaro Bello (2020). "A Era do Império e o colonialismo pós-colonial: conceitos para uma história das fronteiras da civilização na América Latina." *Anuario Colombiano de Historia Social y de la Cultura* 47.2: 253-282.

Junior, David Paulo Succi, and Héctor Luis Saint-Pierre (2020). "Forças armadas e segurança pública na Argentina e no Brasil: reafirmação e ruptura do papel interventor." *Revista Brasileira de Estudos de Defesa* 7.2.

Kruijt, D. (2012). Las fuerzas armadas en América Latina, antes y hoy. *Ciencia politica,* 7(14), 94-112.

Kruijt, Dirk (2012):. "Las fuerzas armadas en América Latina, antes y hoy." *Ciencia politica* 7.14, 94-112.

Levitsky, Steven, and María Victoria Murillo (2020). "La tentación militar en América Latina." *Nueva Sociedad,* 285 4-11.

López, Ernesto (2004). "Sudamérica: nueva inestabilidad y desajustes de la subordinación militar." *Revista SAAP: Sociedad Argentina de Análisis Político* 2.1, 165-183.

Marques, Adriana A (2004). "El Ministerio de Defensa en Brasil: limitaciones y perspectivas." *Revista Fuerzas Armadas y Sociedad* 18.3/4, 27

Martínez, Ismael Crespo, and Fernando Filgueira (1993). "La intervención de las fuerzas armadas en la política latinoamericana." *Revista de estudios políticos* 80: 297-312.

Martínez, Rafa (2022). "El papel de las Fuerzas Armadas en la América Latina del siglo XXI." *El papel de las Fuerzas Armadas en la América Latina del siglo XXI,* 1-510.

Medeiros, S. E. (2014). Sistema interamericano, cooperação e a competição intraregional. *PRACS: Revista Eletrônica de Humanidades do Curso de Ciências Sociais da UNIFAP,* 7(2), 135-154.

Medeiros, Sabrina E. Colégio Interamericano de Defesa. In: Saint-Pierre, H. L., & Vitelli, M. G. (Eds.). (2018). *Dicionário de segurança e defesa.* Imprensa Oficial, Governo do Estado de São Paulo.

Mejías, Sonia Alda (2008). "La participación de las Fuerzas Armadas en los proyectos del populismonacionalista en América Latina." *Documento de trabajo* 30 (2008): 07.

Millán, Á. J. (2023). Colombia: una nueva gramática del poder. *Nueva Sociedad,* (303), 98-105.

Pareja, F. A. (2011). La política de defensa del Estado de Costa Rica: neutralidad y desmilitarización frente a los retos actuales. *Politeia, 34*(47), 89-112.

Penido, A., Araujo, G., Matos, D., Bigatão, J., & Vitelli, M. (2020). Militares no governo Bolsonaro. *Informe Temático* GEDES, UNESP

Pion-Berlin, David, and Rafael Martínez (2017). *Soldiers, politicians, and civilians: reforming civil-military relations in democratic Latin America.* Cambridge University Press.

Quirós, L. (2019). La transformación de las Fuerzas Armadas en America Latina ante el Crimen Organizado. *Relaciones internacionales, 28*(56), 287-293.

Romo, Cristian Márquez, and Xavier Romero Vidal (2022). "El giro a la izquierda y las fuerzas armadas: convergencia y polarización ideológica en América Latina." *RES. Revista Española de Sociología* 31.2: 1.

Sánchez, José Rocabado (2012). "La seguridad ciudadana en Bolivia:¿hay espacio para las Fuerzas Armadas?" *URVIO: Revista Latinoamericana de Estudios de Seguridad* 12: 25-40.

Sansó-Rubert Pascual, Daniel (2017). "Democracias bajo presión: Estado, fuerzas armadas y crimen organizado en América Latina:¿éxito o fracaso de la estrategia de contención militar?" *Democracias bajo presión*: 1-227.

Vázquez Olivera, M. (2023). Del terror al exterminio. Un apunte sobre las matanzas de civiles en El Salvador y Guatemala durante la década de 1980. *Revista pueblos y fronteras digital, 18.*

Velásquez, Alejo Vargas (2008). "Una convivencia inesperada: Fuerzas Armadas y gobiernos de izquierda en América Latina." *Nueva Sociedad* 213: 80-96.

Verdes-Montenegro, Francisco Javier (2020). "Excepcionalidad y covid-19: Un test democrático para América Latina." *Análisis Carolina* 34: 1.

Parte 2
Historia

Coordinadora:
Caroline Ménard

2.1. Los pueblos Prehispánicos en Latinoamérica

PABLO ALBERTO MUMARY FARTO[1]
Centro de Estudios Mayas-UNAM, México
pablomumaryfarto@hotmail.com

ANA SOMOHANO ERES[2]
Posgrado en Estudios Mesoamericanos- UNAM, México

ANTONIO JARAMILLO ARANGO[3]
Instituto Colombiano de Antropología e Historia

1. INTRODUCCIÓN

El término América Latina, acuñado desde el siglo XIX[4], responde a un constructo geográfico-cultural con el que se delimitó un amplio espacio que abarca desde el sur del Río Grande hasta la región conocida como Cono Sur, lo que supone una extensión de alrededor de 20 millones de km^2. En este amplio territorio se encuentran los actuales países de México,

---

1 Licenciado en Historia por la Universidad de Santiago de Compostela y doctor en Estudios Mesoamericanos por la Universidad Nacional Autónoma de México. Actualmente trabaja en el Centro de Estudios Mayas. Entre sus lineas de investigación destaca el estudio de las dinámicas político sociales de los señoríos de las Tierras Bajas mayas del Período Clásico.

2 Historiadora de la Universidad Complutense de Madrid y maestra en Estudios Mesoamericanos por la Universidad Nacional Autónoma de México. Desde 2011 viene trabajando temas relacionados con la historia indígena de América, con especial énfasis en la comprensión de los conceptos espaciales y las producciones plásticas de las comunidades autóctonas del continente. Se ha desempeñado como profesora en diversas universidades de México y Colombia y ejerció como curadora dentro del departamento de América del Museo Británico.

3 Historiador de la Universidad de Los Andes de Bogotá y doctor en Estudios Mesoamericanos por la UNAM. Es experto en las tecnologias náuticas americanas, tema sobre el cual ha publicado numerosos artículos y un libro. También ha investigado sobre la participación de tropas "indígenas" en la llamada "conquista de América".

4 Véase capítulo 01

Guatemala, Colombia, Perú, Argentina, entre otros, cada uno con sus lenguas, dialectos y rasgos culturales diferenciados desde época prehispánica. Lo anterior permite establecer una división más afinada, distinguiendo diversas áreas culturales como Mesoamérica, América tropical o los Andes Centrales. A continuación, presentaremos en este capítulo un panorama general de la configuración histórica de los pueblos prehispánicos de dichas áreas culturales, deteniéndonos en cada una de las áreas mencionadas.

2. MESOAMÉRICA

La ocupación humana del territorio americano tuvo lugar durante el Pleistoceno en el último periodo glaciar conocido como Würm o Wisconsin (60000-30000 a.C.). Fue el antropólogo Aleš Hrdlička quien a comienzos del siglo XX propuso la teoría del "origen único" euroasiático, sosteniendo que la llegada del hombre al continente americano se produjo a través del Estrecho de Bering, un paso natural formado entre Alaska y Asia, durante las glaciaciones. Cabe señalar que años después Paul Rivet refutó la hipótesis del "origen único", postulando un "origen múltiple" en el cual, además de la llegada asiática, fueron propuestas las arribadas de grupos humanos melanesios y polinesios a través del océano Pacífico y, posiblemente, australianos, al sur del continente americano, lo que explicaría el hallazgo de restos de presencia humana en el sur del continente que arrojan fechas tan tempranas como el 60000 a.C. en sitios como Pedra Furada, Piauí, Brasil.

Posteriormente, el aumento de las temperaturas que se experimentó durante el Holoceno, tras la última glaciación, favoreció la movilidad de los grupos humanos quienes, dispersos por el territorio, aprovecharon abrigos rocosos para resguardarse. Ejemplo de lo anterior es el caso de los restos fósiles más antiguos encontrados en el actual territorio mexicano y fechados en torno al 13000 a.C. o los restos de representaciones rupestres encontrados en Baja California Sur con dataciones del 5000 a.C. (Lara *et al.* 2019); además, el descubrimiento de puntas de proyectil de los tipos Clovis y Folsom pone de relevancia las actividades cazadoras típicas de los grupos nómadas de estos contextos cronológicos. En fechas cercanas al 5000 a.C., en el área mesoamericana tendrá lugar la domesticación de plantas como la calabaza o el maíz silvestre teocintle (*Zea mays L. ssp. parviglumis*), antepasado del maíz actual (*Zea mays*), experimentándose la progresiva sedentarización de los grupos en torno a actividades de caza, pesca y recolección.

En 1943 Paul Kirchhoff (1943) concibió el término Mesoamérica y lo presentó ante la comunidad académica como un concepto en el que se incluían elementos culturales comunes dentro de una gran área geográfica (México, Guatemala, Belice, Honduras, El Salvador, Nicaragua y parte de Costa Rica) y un contexto cronológico determinado, el siglo XVI. El escaso análisis inicial que se realizó sobre el desarrollo histórico de los grupos humanos involucrados en tan grande extensión, como el propio Kirchhoff apuntó en un trabajo posterior (1967), dio lugar a la necesaria revisión y enriquecimiento continuo del concepto; de esta manera, la mejora del término "Mesoamérica" implicó concederle una mayor complejidad, al realizar hincapié en consideraciones temporales y culturales, entre otras, distinguiendo así diferenciaciones regionales dentro del gran área cultural mesoamericana. Con base en lo anterior, se distinguen diversas regiones culturales formando parte de Mesoamérica: Norte, Altiplano Central, Golfo, Oaxaca, Guerrero, Occidente, Costa Sur, Maya y Centroamérica; en efecto, en ellas se identifican características culturales comunes, entre las que destacan una agricultura basada en el cultivo del maíz, frijol y calabaza, un sistema calendárico solar de 365 días y otro ritual de 260 que se repetían cada 52 años o la arquitectura del juego de pelota, entre otras; pero también, como ya se apuntó previamente, diferenciaciones regionales.

En el periodo Preclásico, alrededor del 2500 a.C., los grupos humanos mesoamericanos ya sedentarios se organizarán en torno a aldeas en donde la aparición de la cerámica y su manufactura especializada será uno de los fenómenos que determinará la transición hacia sociedades urbanas y estatales; en estas, la jerarquización social, el patrón de asentamiento definido, la construcción de estructuras monumentales y los intercambios a grandes distancias, entre otras características, permiten definir el inicio de una nueva etapa cultural en la que destacan varias regiones mesoamericanas como los valles centrales de Oaxaca, el Golfo o el área Maya. En el área oaxaqueña se ha comprobado arqueológicamente una ocupación humana en torno al 1800 a.C., destacando el sitio de San José Mogote, asociado a construcciones ceremoniales con plataformas cubiertas de estuco, enterramientos, cerámica utilitaria e intercambio a larga distancia con sitios como San Lorenzo (Veracruz, México), lo que permite inferir el proceso de complejización sociopolítica que se estaba experimentando. En este contexto cronológico, en el área del Istmo de Tehuantepec, que abarca territorios de las regiones de Oaxaca, Golfo de México y Costa Sur, comienza a desarrollarse una cerámica especializada conocida como "Cerámica Barra" (1850-1650 a.C.), caracterizada por la presencia de ollas y tecomates, el pulido de sus superficies y los motivos incisos y punteados, entre otras. Esta producción cerámica asociada a asentamientos aldeanos se enriquece, posteriormente, con la elaboración de figurillas cerámicas que representan diversos actores sociales, abandonando la decoración incisa y punteada de los objetos y produciendo grandes ollas y cazuelas, dando lugar a la fase cerámica conocida como Locona (1650-1500 a.C.). En este periodo temprano una nueva fase cerámica destaca en las zonas del Pacífico e Istmo, la fase Ocós (1500-1200 a.C.), esta se caracteriza por la presencia de tecomates y vasijas con soportes trípodes. En este contexto despuntan centros ceremoniales regionales como Paso de la Amada o Chiapa de Corzo, en los que destaca la construcción de arquitectura monumental de barro con grandes plataformas elevadas y enterramientos con notables ajuares; en el caso de Chiapa de Corzo, esto manifestaría diferenciaciones jerárquicas entre la población (Lowe 2020). Hacia el año 1200 a.C., es decir, previo a los inicios del periodo conocido como Preclásico Medio, los grupos sedentarios del Golfo de México experimentan un gran crecimiento poblacional, acompañado de un aumento de los volúmenes estructurales y una diferenciación funcional de los mismos; además, se hace patente una jerarquización social muy marcada tanto en los enterramientos como en las representaciones iconográficas de los monumentos pétreos que comienzan a erigirse. De este modo, durante este periodo (1200-500 a.C.) se desarrollan centros que ya pueden ser considerados como urbanos y que podrían haber tomado el rol de capitales regionales destacando, entre ellos, los ubicados en el área regional olmeca.

2.1. Área olmeca

Considerada la cultura olmeca tradicionalmente como la primera civilización de Mesoamérica, abarca los actuales territorios mexicanos de Veracruz y Tabasco, distinguiéndose una zona nuclear (entre los ríos Grijalva y Papaloapan)[5] en la que destacan los sitios de San Lorenzo, La Venta y, más alejado al noroeste, Tres Zapotes, posibles capitales durante los periodos 1800-1000 a.C., 1000-400 a.C., y 400 a.C.-300 d.C., respectivamente. La propuesta de concebir a la cultura olmeca como "Cultura Madre", término acuñado por Alfonso Caso (Jiménez 1942, 114), sigue generando un intenso debate académico en el que investigadores como Marcus y

---

[5] Sin embargo, se debe señalar que fuera de esta área y en zonas alejadas como en el sitio de Chalcatzingo, Morelos, México, se encuentran rasgos estilísticos típicos olmecas.

Flannery (2000), secundando a otros autores, abogan por otros conceptos como "*competitve interaction*" o "*primus inter pares*", presentando a la cultura olmeca como una más dentro del crisol mesoamericano, pero en constante interacción con otras áreas, lo que favoreció la expansión e integración de sus patrones culturales.

Entre las características de la cultura olmeca destaca la elaboración de grandes monumentos de piedra, como las cabezas colosales (de 2-3 m de alto y con un peso entorno a las 25-50 toneladas) y los altares, las ofrendas masivas con objetos de piedra verde, las representaciones antropomorfas y zoomorfas (entre las que destacan los rasgos del jaguar y elementos vegetales de la planta del maíz), objetos cerámicos con la decoración del llamado "dragón olmeca" (un ser serpentino con ciertos elementos iconográficos característicos como la ceja flamígera), la arquitectura monumental y los enterramientos, entre otros. Los proyectos constructivos monumentales, entre los que destacan las estructuras habitacionales de élite con columnas, canales de agua y recubrimientos de hematita, así como los enterramientos, las cabezas colosales (interpretadas como las representaciones de los posibles gobernantes) y altares, nos permiten inferir una organización social estratificada en la que destaca un arte oficialista en el que se representan deidades establecidas, lo que sugiere una cierta institucionalización religiosa. No se conoce a ciencia cierta cuál era la lengua que se hablaba en los centros olmecas, pero gracias a la presencia de escritura con sistema calendárico en algunos de sus monumentos (Monumento 3 de La Venta, por ejemplo), se ha propuesto que pudo ser de filiación lingüística mixe-zoqueana (Davletshin y Velásquez 2018).

2.2. Oaxaca

A partir del 500 a.C., en las diferentes regiones mesoamericanas se experimenta un crecimiento demográfico y un desarrollo cultural que propicia el surgimiento de nuevos centros en los territorios de Occidente, Guerrero, Oaxaca, cuenca de México, área Maya, entre otras. En el área de Guerrero y Oaxaca, los grupos más importantes serán los zapotecos y mixtecos; cabe destacar el surgimiento del sitio de Monte Albán, en Oaxaca, México, donde se estableció una sociedad fuertemente jerarquizada con una ocupación hasta, por lo menos, el 800 d.C.

Ubicada en una elevación natural, Monte Albán abarcó en torno a 7 km^2 con una población de 30.000 ha en su máximo apogeo, destacando su arquitectura monumental, el registro jeroglífico y las tumbas con espectaculares ajuares que demarcan la diferenciación social. Asimismo, las representaciones iconográficas conservadas en la Estructura de los Dazantes aluden a cautivos, posiblemente de guerra; estos permiten inferir una sociedad eminentemente militar en la que los enfrentamientos bélicos fueron una realidad contra otros grupos regionales. En cuanto a la religión zapoteca, existe debate entre los especialistas para estas fechas tan tempranas, por una lado se sitúan aquellos que consideran que no se puede hablar de dioses ni de un panteón propiamente dicho, defendiendo la hipótesis de que estos grupos veneraban a las fuerzas de la naturaleza y a los gobernantes deificados; por otro lado, otros autores sí defienden la existencia de deidades zapotecas y su culto, teniendo en cuenta las fuentes bibliográficas del siglo XVI y XVII (Lind 2011, 21-22) y, por ejemplo, el reconocimiento de Cocijo durante el periodo Clásico como entidad ligada a la lluvia, tal y como se representa en las urnas elaboradas por los artesanos zapotecas del sitio de Lambityeco, subsidiario de Monte Albán, ubicado en el valle de Oaxaca. Los habitantes de Monte Albán establecieron largas rutas de intercambio con otras regiones y culturas como Teotihuacan en el Altiplano central; sin embargo, hacia el 800 d.C., se produce la caída de esta urbe, coincidiendo con la llegada de grupos mixtecos que se establecen en el área y, posiblemente, en la propia Monte Albán.

La cultura mixteca ocupa territorios de la actual Puebla, valles centrales de Oaxaca y Guerrero, México; su preponderancia en la región se basó en alianzas matrimoniales y procesos de conquista contra los grupos zapotecos del área oaxaqueña durante dicho contexto cronológico (Oudijk 2008). Desde el Preclásico empiezan a asentarse los grupos humanos en el área poblana, prosperando durante el periodo Clásico, en el que surgen ciudades en las que se desarrolló la escritura, el calendario, el trabajo metalúrgico y orfebre y el intercambio regional, entre otras características; además, el hallazgo de enterramientos con diferentes ajuares, así como la información de los códices que se han conservado, nos permite inferir una marcada jerarquización social. A partir del siglo XII d.C., los asentamientos mixtecos constituidos en el área oaxaqueña formarán grandes reinos o señoríos, como Tututepec, en el que destaca su famoso gobernante 8 Venado (quien había nacido en otro de los grandes centros mixtecos, Tilantongo), conocido gracias a los códices mixtecos como el Nuttall. Las relaciones entre las entidades políticas zapotecas y mixtecas pasaron de ser tensas durante los momentos iniciales del periodo Posclásico (siglos X-XVI d.C.), a estrecharse a medida que el dominio territorial del imperio mexica' fue aumentando; no obstante, finalmente los centros más representativos de los zapotecos entraron dentro de la órbita tributaria de México-Tenochtitlan.

Cabe señalar que Tututepec, señorío mixteco, fue tomado en 1522 por las escasas fuerzas españolas movilizadas por Pedro de Alvarado en la región, quien, sin embargo, contaba con un gran número de guerreros zapotecos entre sus tropas (Joyce y Levine 2008).

2.3. Altiplano Central

Durante el periodo Preclásico se produce la aparición de un gran número de asentamientos sedentarios distribuidos a lo largo de un área que ocupa los actuales territorios de Morelos, Puebla-Tlaxcala, la Cuenca de México y Toluca. Como se apuntó anteriormente, en estos momentos tempranos se evidencian muestras de interacciones culturales con otras regiones, como en el caso de Chalcatzingo, Morelos, con el área Olmeca, y movimientos poblaciones dentro de la misma área geográfica. A partir del año 500 a.C., destaca el sitio de Cuicuilco, al sur de la Ciudad de México, un gran centro religioso del que se ha conservado una gran estructura circular de 27 m de alto, entre otros restos arqueológicos; algunos investigadores han considerado que se trata de una "gran aldea proto urbana" (Velásquez 2010:58) que pudo albergar a una población de unos 20.000 habitantes, proveniente de las áreas rurales circundantes. Tras la gran erupción del volcán Xitle (alrededor del año 100 a.C.), cuya lava sepultó parte de Cuicuilco, se produjo el desplazamiento poblacional hacia el valle de Teotihuacan, dando lugar a la configuración de la gran metrópoli teotihuacana. Cabe señalar que durante dicho contexto cronológico en el área de Puebla-Tlaxcala existían muchos otros asentamientos dispersos y probablemente organizados bajo cacicazgos; estos, tras la erupción del volcán Popocatépetl en el siglo I d.C., se constituyeron en torno a un centro rector, Cholula (Velásquez 2010, 59-60), asentamiento cercano a la actual Puebla.

Teotihuacan, "[el lugar] donde se convirtieron en dioses", topónimo náhuatl con el que los mexica' denominaron a esta urbe (Whittaker 2012), se ubica actualmente en el Estado de México, al noreste de la Ciudad de México. Desde el periodo Preclásico se conoce arqueológicamente la presencia de población sedentaria con base agrícola que, tras adaptarse a un entorno natural fértil, irá aumentando en número, experimentará una especialización social y establecerá intercambios con otros centros como, por ejemplo, Cuicuilco. Tras la erupción del Xitle, la subsecuente llegada de población a Teotihuacan convirtió el asentamiento en un gran centro urbano que abarcó más de 22 km^2, con una población de alrededor de 125.000 habitantes. La distribución espacial se diseñó de manera ortogonal (Manzanilla 2017a), a partir de la cual se construyeron complejos habitacionales múltiples en torno a patios y plazas en los que, en ocasiones, se disponían pequeños templos dedicados a las entidades patronas. La gran Calzada de los Muertos, que recorre la ciudad de norte a sur en su parte central, sirvió como eje para la organización urbanística en cuatro distritos, dentro de los cuales existían diferentes barrios en los que se asentaban sectores sociales procedentes de otras regiones, como Oaxaca, Veracruz o el área Maya, por ello es considerada una ciudad multiétnica. Las excavaciones arqueológicas realizadas en los grandes barrios de Teopancazco, Xolalpan, Oztoyahualco y Tetitla, además de en los espacios palaciegos como Xalla o Atetelco, han evidenciado la especialización en diferentes actividades, como la preparación de estuco, sastrería, cerámica, caza, agricultura, etc. Asimismo, los enterramientos registrados muestran una gran diversidad en las prácticas funerarias, encontrándose enterramientos múltiples en pozos, sedentes o flexionados en fosas, cremaciones, decapitaciones, deformaciones craneales oblicuas y erectas, entre otras.

Durante las fases Tlamimilolpa (225-350 d.C.), Xolalpan (350-550 d.C.) y Metepec (550-650 d.C.) se produce el mayor auge de Teotihuacan. Arquitectónicamente, destacó la incorporación del estilo talud-tablero en sus edificaciones y la construcción de las imponentes estructuras piramidales que se dispusieron a lo largo de la Calzada de los Muertos: la Pirámide de la Serpiente Emplumada, la Pirámide del Sol y la Pirámide de la Luna. Desde el punto de vista de la organización sociopolítica, esta sigue siendo motivo de controversia, sin embargo, Manzanilla ha propuesto un modelo cuatripartito de cogobierno en el que los cuatro distritos de la urbe estarían representados, distinguiéndose iconográficamente estos grupos por sus atavíos: Coyotes (Atetelco), Serpientes (Serpiente Emplumada), Tocado de tres borlas (Pirámide del Sol) y Aves de rapiña (área Noroeste), todos ellos apoyados, posiblemente, en élites intermedias (Manzanilla 2018). En este contexto, Teotihuacan se evidencia como el centro más importante en Mesoamérica, estableciendo relaciones comerciales y culturales tanto en su área más próxima como en regiones más alejadas, como Oaxaca, Veracruz o el área Maya; este gran alcance territorial es muy probable que se deba a la necesidad de obtener productos como pizarra, cacao, jade, etc. Lo anterior lleva a plantear la hipótesis sugerida por Martin y apoyada por Manzanilla de considerar a Teotihuacan como un poder militar cuya expansión se basó no en una estrategia de conquista y asimilación de territorios, sino en el mantenimiento y control de las rutas comerciales (Manzanilla 2017b,107-108). Sea como fuere, el impacto generado en las poblaciones locales fue tal que las influencias culturales teotihuacanas se mantuvieron en el imaginario colectivo como medio de legitimación, como ocurrió en el área Maya durante el periodo prehispánico.

Siguiendo la evidencia actual, diversos grupos étnicos y lingüísticos habitaron en Teotihuacan, lo que complica el intento de determinar cuál era la lengua que se hablaba y cómo funcionaba su sistema de escritura; sin embargo, algunos investigadores han sugerido "la presencia de alguna variante del proto-náhuatl, formas antiguas del otomí, el totonaco y una lengua mixe-zoque" (Valdez 2020, 40). En cuanto al panteón y la religión de Teotihuacan, la iconografía y cultura material del sitio permiten inferir una religión institucionalizada, encabezada por grupos sacerdotales especializados encargados, posiblemente, de llevar a cabo los rituales destinados a agasajar a varias entidades principales. Entre ellas destaca el conocido como Tlaloc teotihuacano o dios de las tormentas, caracterizado por sus anteojeras y colmillos prominentes; asimismo, se distinguen otras entidades como el Dios Pájaro-Mariposa, la serpiente de guerra (denominada Waxaklaju'n Ubaah Kan entre los mayas) o Chalchiuhtlicue, diosa del agua, entre otras.

A partir del 650 d.C. comenzó la decadencia de la ciudad, que culminaría en su colapso y posterior abandono por gran parte de la población; lo anterior quizá esté vinculado a una merma en la capacidad de organización de los grupos dirigentes aunado a episodios de sequías y malas cosechas. Asimismo, gracias al registro arqueológico se ha constatado que, en dicho contexto, tuvieron lugar hechos violentos, incendios y destrucción de estructuras en el centro de la ciudad (Manzanilla 2003). Este declive teotihuacano fue aprovechado por otros asentamientos del Altiplano Central como Cacaxtla, Xochicalco, Tula o Cholula para constituirse como nuevos centros de poder a partir del siglo IX d.C. La ciudad de Tula, en el actual estado de Hidalgo, México, se convirtió en uno de los asentamientos más importantes tras la caída de Teotihuacan. Con una extensión aproximada de 16 km^2 albergó a una gran población de en torno a 60.000 habitantes, organizada de manera jerarquizada. La importancia que tuvo la ciudad y sus gobernantes, representados en relieves y otros monumentos, quedó constatada en las influencias culturales que se preservaron en regiones tan lejanas como las tierras bajas del norte del área Maya. Sin embargo, en el siglo XIII d.C., la ciudad decae y nuevos centros de origen nahua que ligaban su procedencia a Tula empiezan a sobresalir en el valle de México, como Azcapotzalco o Colhuacan.

Durante los siglos siguientes tienen lugar movimientos poblacionales de diversos grupos étnicos, como los chichimecas que se establecieron en la cuenca de México, procedentes del área norte. Entre estos grupos recién asentados se encontraban los mexica' (aztecas), quienes, según los relatos idealizados que se han conservado en diversos manuscritos del siglo XVI, como el códice Aubin, migran desde Aztlan, una isla arquetípica, hacia Colhuacan y desde allí continúan su devenir en busca de un nuevo territorio donde asentarse. Otro documento coetáneo, el Códice Boturini o Tira de la peregrinación, también ilustra la migración de los mexica' desde Aztlan, pasando por Colhuacan; un largo éxodo que se prolongó, según algunas fuentes, doscientos años hasta que se establecieron en Chapultepec, donde empezaron a prosperar.

En el siglo XIV había una gran diversidad poblacional en la cuenca de México con señoríos de origen tepaneca, que dominaban en el altiplano desde Azcapotzalco, imponiendo fuertes tributos a otros grupos étnicos. Por su parte, Colhuacan dominaba los señoríos pertenecientes al grupo de los colhuas, incluyendo pueblos del sur, Xochimilco y Cuitláhuac, mientras que Texcoco era el centro de los acolhua (franja oriental). Los mexica', tras volverse tributarios de Colhuacan, quienes les permiten asentarse en Tizapán, formaron parte de sus ejércitos en los enfrentamientos regionales que tendrán lugar contra, por ejemplo, Xochimilco. Sin embargo, tras desavenencias políticas fueron expulsados de Tizapán y continuaron su búsqueda de un territorio propio, llegando a un islote que pertenecía al señorío de Azcapotzalco y donde, posiblemente, ya había una población anterior. Tras aceptar pagar el tributo correspondiente, los mexica' se asentaron y fundaron en 1325 su capital México- Tenochtitlan, siendo el primer gobernante Acamapichtli.

Gracias al continuo apoyo que los mexica' ofrecieron al señorío de Azcapotzalco, lograron establecer uniones matrimoniales que legitimaban la continuidad de sus gobernantes; de esta manera, durante el primer siglo de fundación de México-Tenochtitlan se consolidó la organización sociopolítica, adquiriendo, entre otras potestades, la capacidad de establecer relaciones comerciales con otros territorios. Posiblemente lo anterior fue lo que desató la guerra contra Azcapotzalco, de la que saldrían vencedores en 1428, gestándose el inicio del poderoso imperio mexica. Es evidente que, en este enfrentamiento, los mexica' contaron con el apoyo de importantes aliados que querían deshacerse de la opresión impuesta por la capital tepaneca, por ello formaron la conocida como Excan Tlatoloyan o Triple Alianza con Texcoco y Tlacopan en 1430. Durante la segunda mitad del siglo XV, la Triple Alianza con Tenochtitlan como cabecera principal consiguió dominar gran parte del territorio mexicano actual, estableciendo un sistema de tributo obligatorio del cual tenemos constancia documental gracias a la Matrícula de Tributos, en la que se registraron los productos que debían ser entregados por los diferentes pueblos sometidos. Sin embargo, siempre hubo grupos que se resistieron a la imposición mexica como, por ejemplo, los totonacos y huastecos del área del Golfo, los tlaxcaltecas o los purépechas, ubicados en el occidente y a quienes nunca consiguieron dominar.

A comienzos del siglo XVI, conformado como un altépetl o entidad política independiente, México-Tenochtitlan se organizaba jerárquicamente a partir del gobernante principal, el *huey tlatoani*, los nobles o *pipiltin*, y la gente común, los *macehualtin*. Además, existían muchas otras entidades como, por ejemplo, los *tecuhtli*, delegados del gobierno estatal en cada *calpulli*; estos pueden ser entendidos como grupos corporativos emparentados entre sí, con oficios comunes y con territorios propios por los que tributaban (Navarrete, 2019:176-177). Los jóvenes *pipiltin* acudían al *calmécac*, donde recibían una educación especial orientada al gobierno, la guerra o el sacerdocio, mientras que los *macehualtin* acudían a los *telpochcalli*. Otra diferenciación social se marcaba a través del atuendo, ya que había prendas y abalorios que los *macehualtin* no tenían permitido usar. Otra clase social distinguida era la de los *pochtecah*, mercaderes que habían alcanzado un poder económico y político muy importante jugando también el papel de informadores del *tlatoani*. Vinculados al oficio de la guerra destacaban los guerreros águila y jaguar, junto a un selecto grupo de etnia otomí, y en el último escalafón social se encontraban los campesinos que trabajaban las tierras de los nobles, los cargadores, esclavos y cautivos de guerra.

Durante el gobierno del noveno *tlatoani* de México-Tenochtitlan, Moctezuma Xoyocotzin (1502- 1520 d.C.), la ciudad pudo alcanzar una extensión de en torno a 12 km^2, albergando a unos 150.000 habitantes y dominando políticamente un extenso territorio. En el área cívico ceremonial se levantaron diversas estructuras dedicadas a sus deidades principales, destacando el Templo Mayor, una edificación piramidal rematada por dos templetes, recintos sagrados de sus dioses principales Tlaloc, dios de la lluvia, y Huitzilopochtli, dios de la guerra.

2.4. Área maya

El área maya abarca los territorios actuales de México, Belice, Guatemala, Honduras y El Salvador; debido a sus características fisiográficas, la región cultural se subdivide internamente en:

a) Tierras bajas del norte, que se caracterizan por la presencia de suelos calcáreos y la escasez de cursos de agua superficiales.

b) Tierras bajas del sur (en las que se distinguen las tierras noroccidentales y el área de Petén), que se caracterizan por un entorno selvático, abundantes lluvias y cursos de agua superficiales.

c) Tierras altas, en cuyo paisaje predomina la cadena montañosa del altiplano guatemalteco.

Cronológicamente, se establece una división en tres periodos previos a la conquista española: Preclásico (1800 a.C.-300 d.C.), Clásico (300-900 d.C.) y Posclásico (1200-1524 d.C.). Durante los momentos iniciales del periodo Preclásico se produce la aparición de los primeros asentamientos sedentarios, en los que se distingue una jerarquización social, especialización y estandarización en la producción cerámica, arquitectura monumental y tiene lugar la aparición de la escritura y el registro calendárico, destacando sitios como Takalik Abaj y Kaminaljuyú (ambos en Guatemala), entre otros. Los movimientos poblacionales darán lugar a la progresiva distribución humana por áreas del Petén, tanto mexicano como guatemalteco, surgiendo sitios como Nakbé, El Mirador, Tikal o Uaxactún, conformando sociedades plenamente urbanas con una marcada estratificación social que se observa tanto en los enterramientos como en las representaciones iconográficas. Entre las características de estas ciudades tempranas destacan la existencia una compleja red de calzadas que comunicaban distintos asentamientos, masivas estructuras piramidales (de alrededor de 60 m de altura) con mascarones estucados y policromados, estelas y altares pétreos con iconografía en bajorrelieve, escritura jeroglífica con textos calendáricos e históricos y pintura mural que decoraba las edificaciones, entre otras. Gracias a los últimos descubrimientos arqueológicos se puede afirmar que en el área maya nunca existió una organización política de tipo imperial, sino que las diferentes entidades políticas se organizaron de manera independiente estableciendo redes de alianzas o subordinación a través de pactos e imposiciones militares.

Desde el punto de vista arquitectónico destaca la construcción de edificios de conmemoración astronómica conocidos como Grupos Tipo E, que eran conjuntos rituales a través de los cuales se calculaba el movimiento del sol. Debemos señalar que una de las actividades principales del mundo prehispánico mesoamericano, en general, y de los mayas, en particular, se basaba en la agricultura del maíz, el frijol y la calabaza, por lo que el conocimiento de las distintas estaciones de lluvia o seca era fundamental. En este sentido, destacan varios tipos de prácticas agrícolas, como, por ejemplo, la roza y quema, sistemas de riego a través de canales y las terrazas y albarradas; arqueológicamente se han encontrado ejemplos de estos tipos de cultivo tanto en el interior de los asentamientos como en los territorios aledaños. Además de la actividad agrícola y la recolección, gracias tanto a las representaciones iconográficas preservadas en cerámicas y códices prehispánicos como a las fuentes del siglo XVI, sabemos que los grupos mayas practicaban también la caza y pesca de especies animales como el venado, pecarí, iguana, pavo, etc.

A finales del periodo Preclásico y comienzos del Clásico, se produce un proceso de cambio que origina el surgimiento de nuevas entidades políticas en las que se comprueba una marcada jerarquización social encabezada por un grupo de poder o dinastía en la que el *k'uhul ajaw* o 'gobernante sagrado' era el representante principal; a este le siguen una serie de entidades corporativas con cargos de tipo administrativo, sacerdotal, militar, artesanos y el amplio grupo de gente común. La progresiva adaptación al medio ambiente permitirá un gran crecimiento de los asentamientos y del número de población; asimismo, se alcanza un mayor desarrollo iconográfico, arquitectónico y estilístico, destacando las ciudades de Calakmul, Tikal, Naranjo, Caracol, Palenque o Copán. Las relaciones suprarregionales e intercambios comerciales a larga distancia de bienes suntuarios se intensifican y, por ende, aumentan los conflictos bélicos por el control de dichas rutas comerciales, generándose alianzas entre entidades políticas derivadas de intereses geoestratégicos.

Gracias a la conservación de monumentos pétreos, diferentes objetos cerámicos y pintura mural con registro iconográfico y jeroglífico ha quedado constancia de las distintas genealogías dinásticas y las relaciones políticas en las tierras bajas mayas. Los intensos enfrentamientos que tendrán lugar a finales del periodo Clásico, junto a las adversas condiciones paleoambientales que comienzan a experimentarse a partir del siglo X d.C., provocarán el progresivo abandono de los grandes centros clásicos.

Desde el punto de vista cosmológico, los mayas concebían el mundo como el cuerpo de un reptil que flotaba en un cuerpo de agua. Era además importante la diferenciaron de los cuatro rumbos cardinales y a cada uno se le asignó un color: el blanco (*sak*) al norte (*xaman*), el amarillo (*k'an*) al sur (*nohol*), el rojo (*chak*) al este (*elk'in*) y negro (*ek'*) al oeste (*ochk'in*) negro. En los diferentes espacios sobrenaturales convivían multitud de entidades sagradas de tipo antropomorfo, zoomorfo o fitomorfo y estas podían mezclar diversos atributos. Cabe señalar que existían entidades patronas de ciertas actividades o sectores sociales como, por ejemplo, K'awiil, dios del trueno y la abundancia, pero también patrono de las dinastías gobernantes. Otras deidades que destacar del panteón maya son Chaahk, dios de la lluvia, Kimi, dios de la muerte, K'inich Ajaw, dios solar, e Itzamnaaj, la deidad predominante en los relatos mitológicos.

Durante el periodo Clásico es cuando se alcanza un mayor desarrollo de la escritura y el calendario. El sistema de numeración maya era vigesimal y se registraba mediante puntos con valor 1 y barras con valor 5, pudiendo acumular 3 barras y 4 puntos; la superposición de estos indicaba un nuevo numeral. Además, los mayas concibieron el concepto del cero y lo representaron como complemento o finalización y no como ausencia. De la misma manera que en otras regiones mesoamericanas, el sistema calendárico maya se regía a través del *tzolk'in* de 260 días, formado por la combinación de 20 días asociados a 13 números, y del *haab*, un calendario solar de 365 días formado por 18 meses de 20 días y 5 días *wayeb* (o nefastos). La combinación de ambos calendarios formaba la llamada "rueda calendárica", repitiéndose la combinación del *tzolk'in* y el *haab* cada 52 años. Los mayas prehispánicos anclaron su creación en una fecha idealizada, denominada como "Fecha Era", fijada en el periodo 13.0.0.0.0 4 Ajaw 8 Kumk'u de su calendario, que corresponde al 11 o 13 de agosto del año 3114 a.C. en el nuestro.

Hoy en día se conocen en torno a 30 lenguas mayas[6], siendo las lenguas ch'ol, tzeltal y yucateca las más representadas en la escritura jeroglífica; tradicionalmente se ha considerado que la lengua de las inscripciones es una antecesora de la lengua chortí' actual, conocida como "ch'olti' clásico" o "maya clásico", que pertenecería a una rama del ch'ol. El sistema de escritura jeroglífico era de carácter logosilábico, es decir, se basaba en una combinación de logogramas, sílabas y fonemas; hoy en día se distinguen más de mil signos, de los cuales alrededor de un 80% se encuentra descifrado.

En el periodo Posclásico se produce una reorganización y desplazamiento de gran parte de la población en las tierras bajas mayas, siendo las áreas del norte de la península de Yucatán y los altos de Guatemala en donde se van a reubicar parte de estos grupos. En este sentido, cabe destacar en Yucatán las ciudades de Uxmal, Chichén Itzá, Kabah y Mayapán, en

6 Los estudios glotocronológicos han establecido que las lenguas mayas proceden de un ancestro común conocido como proto-maya (ca 2000 a.C.), posteriormente se produce una diversificación de grupos de hablantes por el territorio cada uno con sus diferentes características lingüísticas (Kaufman, 1976).

las que, pese a ya haber asentamientos previos, es ahora cuando alcanzan su gran auge poblacional y estructural destacando sus novedades arquitectónicas, iconográficas, escultóricas, organizativas e ideológicas (como el culto a la serpiente emplumada, Kukulkan). En los altos de Guatemala, se produce una división en reinos enfrentados alrededor de centros principales como Iximché, capital de los cakchiqueles; Kumarkaj, capital de los k'iche', y Zaculeu, capital de los mam. El grupo dominante en el área regional era el de los k'iche', sin embargo, las disputas existentes favorecerán que la predominancia de los k'iche' finalice en 1524, momento en que se produce la caída de su capital en manos de cakchiqueles, tlaxcaltecas y españoles.

3. EL TRÓPICO AMERICANO

En este apartado nos ocuparemos de comentar el desarrollo cultural prehispánico de los pueblos asentados al sur de Mesoamérica y al norte de los Andes centrales, es decir en los territorios que actualmente ocupan los países del sur de Costa Rica, Panamá, Colombia, Venezuela, las islas del Caribe, y los extremos norteños de Ecuador y de Brasil. A esta zona la definiremos como el trópico americano, pues como veremos, su posición geográfica cerca de la línea imaginaria del Ecuador influye en sus condiciones climáticas y ambientales. Tradicionalmente y dentro del paradigma de las áreas culturales, se ha concebido a esta zona como el Área Intermedia; intermedia en términos geográficos, *entre* las grandes zonas de desarrollos cultural autóctono, e intermedia en términos "evolutivos", pues se argumentó hasta épocas recientes que estas poblaciones no lograron consolidar estados políticos en propiedad.

Aunque ha habido intentos académicos de definición y subdivisión de esta amplia zona (por ejemplo, el área istmo-colombiana o el Área Intermedia Sur y Norte), lo cierto es que la enorme diversidad cultural de los pueblos asentados en esta región hace difícil una delimitación que se base en una lista de rasgos culturales compartidos. Podríamos decir que lo que define a los pueblos asentados en esta región tropical es precisamente la diversidad y pluralidad de sus pautas culturales.

Con frecuencia se resiente que los pueblos de la zona tropical americana no construyeran grandes obras de arquitectura monumental en piedra o en barro como sus vecinos del norte y del sur, como si esta fuera la única muestra del desarrollo social, cultural o económico de un pueblo. Como veremos, en el trópico americano se llevaron a cabo grandes obras de modificación del terreno que hacen posible la vida en esta región tal y como la conocemos hoy en día. El desarrollo de la arqueología en esta parte de América ha llevado a plantear importantes y novedosas hipótesis del desarrollo cultural tropical que discutiremos en este capítulo. Lo primero que hay que comentar es el ambiente en el que se desarrollaron culturalmente estos pueblos.

3.1. Medioambiente tropical

Antes se conocía a esta región como el Área Intermedia, nosotros preferimos definirla como la "zona tropical americana". El medio ambiente de las zonas cercanas al Ecuador difiere notablemente de aquellas que son más australes o septentrionales. Por su latitud, no tiene abruptos cambios cíclicos anuales según las estaciones y la variabilidad climática está definida mayoritariamente por la altitud. Esto hace que haya una enorme variedad de condiciones climáticas en territorios relativamente pequeños y que existan gran cantidad de microambientes con condiciones muy variables entre sí.

Las especies vegetales y animales se han adaptado a esta variedad climática y, en consecuencia, existen una gran cantidad de especies diferentes. Algunos de los países de esta región, como Costa Rica, Colombia, Brasil y Ecuador, son considerados megadiversos precisamente por el gran número de especies que albergan en territorios compactos. Empero, cada una de estas especies vegetales y animales tiene un número reducido de miembros, precisamente por lo pequeño de los territorios en los que encuentran condiciones favorables para su desenvolvimiento.

También es necesario comentar que la diversidad hace difícil preveer los cambios climáticos. Un mismo fenómeno puede tener consecuencias variadas en diferentes partes del trópico y generalmente los cambios cuentan con pocas señales que los anticipen. Es muy comentado, por ejemplo, el caso de El Fenómeno de El Niño, un cambio de la correlación de fuerzas de las corrientes en el Pacífico del norte de Suramérica. Este fenómeno no puede predecirse con anticipación, suele darse en periodos irregulares de tiempo, su intensidad varía y, además, genera exceso de lluvias en algunas regiones y en otras significa una fuerte sequía. En términos climáticos, la zona tropical se caracteriza por su variedad e impredecibilidad.

Carl H. Langebaek Rueda (2021) es quien más y mejor ha estudiado la manera en la que los aspectos del medio ambiente tropical han tenido un impacto directo en el desarrollo cultural de los pueblos asentados en esta región. Varios son los aspectos señalados por Langebaek Rueda, pero nos gustaría resaltar el siguiente: en esta parte del mundo no se pudo basar el desarrollo cultural en la explotación intensiva de un solo producto a manera de monocultivo o de un rango pequeño de especies vegetales. Así, no hay en esta región un solo alimento "base de la civilización", como el caso del maíz en Mesoamérica o el trigo en Europa. La yuca, la papa, el maíz y la calabaza, entre otros, se usaron de manera complementaria en circunstancias variables y cambiantes. Igualmente, quedarse en un solo lugar explotando una sola porción de tierra fue algo riesgoso y los pueblos de la zona tropical americana vivieron siempre en un seminomadismo constante, con la intención de diversificar la explotación de los recursos a su alcance.

No se trata aquí de una suerte de determinismo geográfico, pero sí de analizar el desarrollo cultural del trópico americano según las condiciones medioambientales de esta región de América. Es frecuente que, al no tener en cuenta las especificidades del ambiente tropical, se malinterpreten ciertos vestigios arqueológicos, pues se espera un desarrollo cultural propio de regiones con condiciones ambientales y climáticas diferentes.

3.2. Primeros pobladores y primeros desarrollos alfareros

Pocos periodos de la historia americana se encuentran en un debate tan intenso como el de los primeros pobladores del continente. Hallazgos con fechas muy tempranas en México, Chile y Brasil han venido a traer a la discusión las rutas, la temporalidad y la dirección del poblamiento. En la zona tropical hay sitios arqueológicos con material de los primeros pobladores del continente. En el norte de Venezuela, a orillas del mar Caribe, por ejemplo, se han encontrado múltiples sitios datados entre los 10000 y 8000 años antes de Cristo. Lo curioso de estos sitios es que cuentan con ejemplares de megafauna con claras señales de haber sido cazados por seres humanos, como un *Glyptotheriun,* de la familia del armadillo, con lesiones craneales consistentes con una caza intencionada (Carlini *et al.* 2021).

Sin embargo, el caso del norte de Venezuela no es excepcional dentro de los hallazgos de la zona tropical. En la sabana de Bogotá y el departamento de Cundinamarca, en Colombia, se han encontrado varios sitios con evidencias de actividad humana relacionadas con huesos de mastodontes en fechas que oscilan entre el 14000 y el 8000 a.C. (Correal 1981; Correal y van der Hammen 1977). Para ver una lista completa de los sitios en Colombia se puede consultar la tabla presente en el artículo que presentan Francisco J. Aceituno y colegas (Aceituno *et al.* 2013, 26). Quisiéramos comentar con un poco más de detalle los hallazgos en Cerro Azul, dentro de la serranía de La Lindosa, Guaviare, en la Amazonía colombiana. En este lugar se llevaron a cabo excavaciones sistemáticas frente a los paneles con pintura rupestre, arrojando fechas del 10600 a.C., con herramientas líticas que sugieren una estrategia amplia de supervivencia que combinó caza de megafauna con la recolección de frutos (Morcote-Ríos *et al.* 2021, 17). Pero lo excepcional de este sitio es que en la pintura rupestre del lugar hay elementos que pueden ser representaciones de megafauna como perezosos gigantes y mastodontes. Esta evidencia combinada hace pensar en un poblamiento muy temprano de la cuenca del Amazonas justo en el inicio del Holoceno (Morcote-Ríos *et al.* 2021, 17).

También en la Amazonía encontramos una de las cerámicas más tempranas del continente, concretamente en Pedra Pintada, una caverna con pintura rupestre, y en Taperinha, un montículo conchero, ambas en el extremo norte de Brasil. Este montículo conchero fue excavado, revelando cerámica asociada a la actividad de recolección de concha propia del medio rivereño. Dataciones sobre varios objetos arrojaron una antigüedad entre 6000 y 5000 a.C., ubicándola como la cerámica más antigua del continente (Roosevelt *et al.* 1991).

En el norte de Colombia, en los sitios de San Jacinto (I y II), Puerto Hormiga y Puerto Chacho se encontraron algunas de las cerámicas más tempranas de la región caribe, con fechas que alcanzan, en el caso de San Jacinto I, 3000 y 4000 a.C. Esta cerámica comparte una característica con otras cerámicas tempranas del continente: se utilizaba desgrasante de origen vegetal. Este tipo de desgrasante hace que la cerámica sea especialmente porosa y no parece haber sido usada para cocinar o almacenar alimentos. Esta característica, aunada a otras evidencias arqueológicas, ha llevado a proponer que en este caso la cerámica no es indicador de sedentarismo, sino que los habitantes de San Jacinto I fueron cazadores recolectores que se movían estratégicamente en búsqueda de recursos en un área delimitada con campamentos temporales (ver el argumento de Oyuela-Caycedo y Bonzani 2014). Paulatinamente, los habitantes de la región caribe colombiana fueron adoptando desgrasantes como la arena en su cerámica, haciéndola más propicia para la cocción y el almacenamiento.

La cerámica surgió en la zona tropical americana mucho antes que en cualquier otra región del continente, pero por las características propias de este ambiente, esto no significó una sedentarización permanente ni marcó el nacimiento de estados que buscaran controlar la producción.

3.3. Las grandes migraciones

Las islas del Caribe fueron pobladas gracias a una serie de migraciones desde el continente. Muy tempranamente, hay vestigios de presencia de grupos humanos que no utilizaban la alfarería en Cuba y en La Española en fechas que se remontan al 2000 a.C., probablemente llegados desde Venezuela o Belice.

Alrededor del 500 a.C., en la costa venezolana se experimentó un aumento de la población y, entre los años 400 a.C. y 200 a.C., hay evidencia de migraciones de población agricultora y alfarera desde la delta del Orinoco hacia las Antillas. Estos grupos humanos, denominados *saladoides* por el sitio llamado Saladero en Venezuela, rápidamente poblaron todas las islas del Caribe y, en menos de 200 años, había presencia de producción cerámica desde Trinidad hasta La Española. Más tarde, entre el 350 y el 500 d.C., hay evidencia de una segunda ola migratoria desde Venezuela denominada *barrancoide,* por el sitio Barrancas en el bajo Orinoco, pero su impacto y expansión fue mucho menor que su antecedente *saladoide.* A partir del 800/1000 d.C., hay una variedad de estilos cerámicos en las Antillas menores que revelan una historia particular de cada isla (para una discusión sobre estos temas, consultar Allaire 1997a).

Aunque no es fácil relacionar vestigios arqueológicos con familias lingüísticas, todo parece indicar que tanto *saladoides* como *barrancoides* eran pueblos de habla arawak, entre los que se encontraban los taínos descritos profusamente por Cristóbal Colón a finales del siglo XV. Los arawak complementaban su dieta marina con fauna local, como las iguanas, y con el cultivo de la yuca; precisamente desde tiempos *saladoides* se encuentran piedras de tres puntas, conocidos como trigonolitos o cemí de tres puntas, relacionados con el culto a la yuca de los pueblos arawak.

De los pueblos karib que poblaban gran parte de las Antillas menores en los siglos XVI y XVII es menos lo que se puede afirmar en materia arqueológica. No hay un rasgo material característico que los distinga claramente como unidad, aunque se sabe por las crónicas europeas de su amplia presencia en las islas. Los españoles desde tiempo de Colón consideraron que los karib eran antropófagos (la palabra caníbal es un derivado de su propio etnónimo), excusa que usaban para su esclavización, y con frecuencia las descripciones del siglo XVI están cargadas de preconceptos poco realistas. Sin embargo, por razones lingüísticas y culturales, lo más probable es que los karib sean parte de una tercera migración de grupos humanos desde el extremo nororiental de Suramérica en una época cercana al siglo XV (Allaire 1997b).

La historia del poblamiento de las islas del Caribe es una historia de migraciones sucesivas, pero estas no fueron las únicas grandes migraciones ocurridas en la zona tropical americana en tiempos prehispánicos.

Los pueblos de habla chibcha tienen su origen en Centroamérica; estudios lingüísticos demuestran que los pueblos asentados en esta parte de Centroamérica se expandieron hacia el sur hasta llegar a Suramérica cientos de años antes de nuestra era. En Colombia hay varios pueblos de habla chibcha en el norte y el centro del país, pero en este capítulo vamos a concentrarnos en dos: los "taironas" de la Sierra Nevada de Santa Marta y los muiscas del altiplano cundiboyascense.

La Sierra Nevada de Santa Marta es una cadena montañosa de gran envergadura que, a pesar de encontrarse a orillas del mar Caribe, alberga la montaña más alta de Colombia, el pico Simón Bolívar, con 5.775 metros sobre el nivel del mar. Su secuencia arqueológica puede dividirse en dos: el periodo Nahuange —que toma su nombre de la bahía neguanje— (siglos II al XI) y el periodo Tairona (XII-XVI). Aunque hay un cambio notorio en la cultura material de estos dos periodos, todo indica que no se produjo una ruptura radical, sino que por el contrario se vivió una continuidad de los patrones culturales a través del tiempo. Desde el periodo Nahuange se encuentran en la Sierra Nevada de Santa Marta colgantes de jadeíta y trabajo de metalurgia con aleaciones de oro, plata y cobre.

Sin embargo, lo más representativo de la arqueología de la Sierra Nevada de Santa Marta es su urbanismo en piedra. Entre los siglos V y VII se empezaron a construir terrazas circulares habitacionales a lo largo de las cuencas de algunos ríos, sobre todo en la del Buritaca. A partir del siglo X, estas aldeas con terrazas habitacionales experimentaron una gran transformación con el acondicionamiento de caminos y espacios públicos en los que se realizaban fiestas públicas. El sitio arqueológico más conocido de la región es llamado Teyuna-Ciudad Perdida y desde los años 70 del siglo XX viene siendo excavado sistemáticamente. Más que ciudades con límites claros, había una suerte de paisaje conurbado de estructuras, caminos y terrazas agrícolas a lo largo de la cuenca del río Buritaca, ofreciendo un panorama complejo de transformación del paisaje. El auge poblacional de la región se vivió a comienzos del siglo XVI, justo antes de que los españoles arribaran al lugar (Giraldo 2021).

Aunque con frecuencia se conoce como "taironas" a los pueblos que habitaron Teyuna/Ciudad Perdida, la cuenca del río Buritaca y la Sierra Nevada de Santa Marta en general, lo cierto es que las crónicas del siglo XVI hablan de una multiplicidad de pueblos relacionados, pero diferentes, habitando en la región. Hoy en día son cuatro los pueblos que viven en la sierra: el kankuamo, que ha perdido su lengua, y el kogui, el ijka y el wiwa, los tres de la familia lingüística chibcha.

El urbanismo tairona tiene gran similitud formal con el desarrollado en Costa Rica; en este país, varios sitios arqueológicos presentan terrazas circulares muy parecidas a las encontradas en la Sierra Nevada de Santa Marta. El sitio más conocido, pero no el único, es Guayabo de Turrialba en la provincia de Cartago (Fonseca 1981). La secuencia constructiva es contemporánea a la de Teyuna/Ciudad Perdida en Colombia, lo que hace pensar en un desarrollo paralelo de urbanismo chibcha que se consolidó en torno al siglo X.

El pueblo chibcha más estudiado es el muisca, asentado en el altiplano cundiboyacense en la región central colombiana. Los muiscas, según Carl H. Langebaek Rueda (2019, 48), llegaron desde Centroamérica al actual territorio colombiano alrededor del 200 a.C., en donde se mezclaron con población local y mantuvieron contacto constante con sus vecinos. Aunque nunca conformaron una sola entidad política, administrativa o lingüística unificada, para comienzos del siglo XVI los muiscas construyeron una sociedad con relaciones políticas, económicas y sociales complejas, a lo largo y ancho del altiplano y los lugares adyacentes.

Los muiscas del siglo XVI estaban organizados en "cercados", unidades políticas, económicas y sociales alrededor de un *psihiqua*, un líder local llamado en la documentación colonial como "cacique". Los cercados se vinculaban entre sí en una compleja red de alianzas y conflictos, lo que derivaba en que ciertos líderes acumularan más prestigio que otros y cobraran mayor relevancia política (ver el trabajo de Gamboa Mendoza 2013 [2010] al respecto).

A pesar de la complejidad de la sociedad muisca reflejada en los numerosos textos coloniales que relatan conflictos políticos y amplias redes comerciales, la evidencia arqueológica demuestra que sus relaciones políticas eran menos jerarquizadas de lo que se esperaría desde los modelos clásicos de antropología política. A pesar de la existencia de los *psihiquas*, el registro arqueológico no encuentra restos de una élite privilegiada que trabajara menos, comiera más, tuviera menos enfermedades y acumulara riquezas materiales (Langebaek Rueda 2109: 267). Al parecer, la complejidad social, en el caso muisca, no fue derivada de una jerarquización política sustentada en una explotación económica de amplios sectores de la población. Vale la pena señalar que esta evidencia, analizada y presentada por Langebaek Rueda desde hace varios años en el contexto colombiano, encuentra resonancia con lo propuesto por David Graeber y David Wengrow (2023 [2022]) para desarrollos culturales de varias partes de América y el mundo.

3.4. Aprovechamiento agrícola

Uno de los aspectos más sobresalientes de los pueblos de la zona intertropical americana fue la manera en la que realizaron grandes modificaciones al terreno para adaptarlo a sus necesidades alimenticias y económicas. En la región caribe colombiana, específicamente en la zona conocida como la depresión momposina, donde confluyen los ríos Cauca, Magdalena y San Jorge, se forma un sistema cenagoso inundable en un terreno que oscila entre los 80 metros sobre el nivel del mar y los 25 metros bajo el nivel del mar; los ríos que llegan arrastrando sedimentos de la cordillera andina inundan la región durante 8 meses al año (Plazas y Falchetti de Sanz 1981, 15).

En este ambiente anfibio, los antiguos habitantes (ca. 500 a.C.- 1000 d.C.), conocidos como los zenú, construyeron un sistema de camellones que se usaban para canalizar el agua hacia las ciénagas más profundas, irrigar los campos más secos y desaguar las partes inundables. Este sistema ocupó cerca de 500.000 hectáreas y proporcionó a los zenú la posibilidad de tener una producción agrícola constante de tubérculos, en el que destaca la yuca, y acceso a la fauna local como peces (entre los que se encuentra la mojarra y el bocachico), aves (como el pato), mamíferos (como venados y manatís) y reptiles (iguanas, tortugas, caimanes y babillas) (Plazas y Falchetti de Sanz 1981, 60).

Si bien el sistema de camellones de la depresión momposina es el más conocido y estudiado, construcciones similares se encuentran en otras zonas inundables de la región intertropical americana, como el Urabá, el altiplano cundiboyacense, el piedemonte llanero colombiano, la zona calima y Tumaco (Langebaek 2021, 200).

Otra forma masiva de modificación del terreno cada vez más estudiada y mejor entendida son las conocidas "tierras negras" (*terras pretas* en portugués) en la cuenca amazónica, que incluye ocho países: Brasil, Venezuela, Colombia, Perú, Bolivia, Ecuador, Guayana y Surinam. Se trata de una serie de suelos antropogénicos modificados para enriquecer las características químicas y de humedad y que favorecen la productividad agrícola (Neves 1999: 225). Estas "tierras negras" están directamente asociadas a actividad humana pasada y se fueron formando gracias a depósitos de desechos domésticos, transporte intencional de limo y periodos de "descanso" de actividad agrícola, demostrando que el paisaje amazónico actual no es sólo producto de procesos naturales, sino de la intervención antrópica a lo largo del tiempo (Langebaek 2021, 218). Los procesos de formación de "tierras negras" en la Amazonía comenzaron hace 3000 años, en diversos puntos de la cuenca, permitiendo la existencia y desarrollo de sociedades amplias y transformando el terreno y el paisaje.

También en las zonas montañosas se adaptó el terreno para construir viviendas y terrenos aptos para la agricultura. Uno de los lugares arqueológicos más visitados por especialistas y turistas en Colombia es San Agustín, que cuenta con una amplia colección de estatuas de piedra. En la cuenca alta del río Magdalena se organizaron varios centros poblacionales con unidades residenciales dispuestas sobre las cimas de las montañas y sobre terrazas construidas sobre las laderas, dejando terreno disponible para el cultivo alrededor de las construcciones familiares (González Fernández 2013, 303). En el periodo conocido como el Clásico Regional, del 1-900 d.C., se construyeron monumentos funerarios individuales, construidos con lajas de piedra recubiertas de tierra y que incluían frecuentemente sarcófagos, cerámica pintada y esculturas monolíticas. La interpretación iconográfica de las estatuas de San Agustín ha sido cuestión constante de debate y reflexión de la arqueología colombiana.

Otro tipo de monumentos funerarios son los hipogeos encontrados en Tierradentro, departamento del Cauca, Colombia. Se trata de tumbas secundarias de pozo o cámara, excavadas sobre la roca y con pintura polícroma emulando el diseño de tejidos vegetales. También construidos sobre durante el periodo del Clásico Regional de la zona (1-900 d.C.), los hipogeos de Tierradentro representan el conjunto de tumbas de este tipo más espectacular de toda América.

3.5. Metalurgia

Por último, no podemos dejar de mencionar el trabajo de metalurgia en oro, plata, cobre y sus aleaciones adelantado por los pueblos del área tropical americana, tal vez el rasgo cultural que más ha llamado la atención de museos y coleccionistas alrededor del mundo. Clemencia Plazas ha propuesto dividir en dos el manejo de metales en esta región: el Área Intermedia Sur, con un manejo de los metales en frío, con soldaduras y martillado (Plazas 2007), y el Área Intermedia Norte, con manejo del metal en líquido mediante la técnica de la cera perdida (Plazas 2023, 62).

Dentro del trabajo de los antiguos orfebres de la zona tropical, se destacan las piezas englobadas dentro del estilo "quimbaya", desarrollado entre el 300 a.C. y el 500 d.C. en la zona montañosa de los departamentos de Antioquia, Risaralda, Caldas, Quindío, Valle del Cauca y Cauca en Colombia y a orillas de los ríos Magdalena y Cauca. Dentro del estilo quimbaya se realizaron grandes objetos en cera perdida, con superficies pulidas para darle brillo a la tumbaga dorada (aleación de varios metales). Destacan los objetos para el consumo de coca con cal (llamados localmente "poporos") con diseños antropomorfos y fitomorfos y recipientes para guardar las hojas naturales. Este estilo tuvo un impacto directo en el desarrollo posterior de la metalurgia en Panamá y Costa Rica, en la que se copiaron algunos de los diseños quimbayas pero en menor tamaño (Plazas 2023). Cabe destacar que la mayor y mejor colección de objetos quimbayas se encuentran en el Museo de América de Madrid, llegados allí por un "regalo" realizado a finales del siglo XIX por el presidente colombiano Carlos Holguín hizo a la reina española María Cristina de Habsburgo (para ver la historia completa de esta colección, ver Gamboa Hinestrosa 2002); en el 2017 la Corte Constitucional de Colombia declaró ilegal dicho regalo y ordenó al poder ejecutivo iniciar las gestiones para su repatriación.

Otra de las piezas emblemáticas de la metalurgia de la zona tropical es la llamada "balsa muisca". Esta pieza ha sido la atracción central del Museo del Oro de Bogotá desde su hallazgo y venta en 1969. Esta pieza, manufacturada en una aleación de oro, plata y cobre, fue realizada en la técnica de cera perdida, sin ninguna soldadura. Aunque presenta un error de fundición, esta pieza formó parte de una ofrenda poco tiempo después de su manufactura (para ver un análisis completo de la pieza, revisar Uribe Villegas, Martinón-Torres y Quintero Guzmán 2021). En esta pieza se representan once personas sobre una balsa entre las que destacan músicos enmascarados, posibles remeros y una figura central —un "cacique"—. La importancia de esta pieza es que parece estar sintetizando una ceremonia de traspaso de poder en la laguna de Guatavita, ritual muy conocido a través de los textos coloniales (Rodriguez Freyle 1992 [1636]).

En la zona tropical americana se desarrollaron cerámicas tempranas, se realizaron grandes migraciones, se modificó el terreno para la agricultura y se crearon bellos objetos de oro. Llama la atención la propuesta de Carl H. Langebaek sobre los muiscas que ha venido siendo explorada en otros contextos: que todos estos desarrollos culturales se adelantaron sin la consolidación de una élite económica, política y social (ver Langebaek Rueda 2021 para una mirada más allá del territorio muisca). Discusiones como estas nos ayudan a pensar el pasado de América desde otras perspectivas y a reevaluar muchos de los supuestos tenidos por verdades en la historia de la humanidad.

4. ANDES CENTRALES

La franja oeste de Suramérica mantuvo una lógica cultural propia, habitada en tiempos prehispánicos por distintos grupos en relación, entre los que hubo momentos de mayor unión y momentos de mayor regionalización. La cotidianeidad de estos grupos estuvo y está marcada por la presencia geográfica de la cordillera de los Andes, una larga cadena montañosa de unos 7000 km que recorre el continente de norte a sur, desde Colombia hasta la Patagonia, y que alcanza alturas de hasta 6960 metros. El área andina, resalta, entonces, por la presencia de tres ambientes determinados por estas montañas: la cordillera misma, la costa, que se extiende entre esta y el mar, y la selva, en las tierras bajas de su sector oriental. El antropólogo John Murra (2002) describió cómo los diferentes grupos andinos desarrollaron una subsistencia siguiendo lo que él denominó archipiélagos verticales: comunidades con poblaciones asentadas a distintas alturas que aprovechan las ventajas climáticas y orográficas de sus correspondientes pisos ecológicos para diversificar los recursos que producían.

La historia prehispánica del área andina central se puede dividir en seis grandes periodos. El periodo precerámico (10000 a.C.-3500 a.C.) se desarrolla desde la llegada del ser humano a esta región hasta la aparición de las primeras formas urbanas. El periodo Formativo u Horizonte temprano (3500 a.C.-200 d.C.) se caracteriza por la aparición de la cerámica, primero, y por cierta unificación estilística entre los grupos andinos. Entre el 200 d.C. y el 600/700 d.C., aproximadamente, se produjo una fase de mayor regionalización, con desarrollos autóctonos en distintos puntos del área cultural. Durante el Horizonte intermedio (600/700 d.C.-1000/1100 d.C.), dos grandes estados extendieron su influencia por el área andina, englobando a varios de los grupos regionales: Wari, al norte, y Tiwanaku, al sur. Entre el 900/1100 d.C. y el 1300 d.C. observamos de nuevo una balcanización del área andina central. Por último, el Horizonte tardío (1300 d.C.-1532 d.C.) es un momento en el que el área andina empieza a unificarse ante la expansión militar de los incas, un joven imperio cuyo crecimiento va a frenar la llegada de los españoles y otros grupos indígenas con afán, también ellos, de conquista.

4.1. El Precerámico

Los restos humanos localizados en las cuevas de Lauricocha (Huánuco), Pikimachay (Ayacucho), Jaywamachay (Ayacucho), Guitarrero (Ancash), Telamarchay (Junín) y Uchcumachay (Junín) o El Inga (Ecuador), entre otros, datan de fechas aproximadas al 10000 a.C. e indican que el área andina ya estaba poblada para ese momento, marcando el inicio del periodo precerámico temprano (Lumbreras 2010, 28-52). Estas poblaciones convivían con la megafauna del Pleistoceno y se dedicaban a la caza y recolección de alimentos.

Los cambios climáticos del Holoceno (8000 a.C.) y la extinción de la megafauna van a obligar a las poblaciones andinas a cambiar su dieta y la caza se va a concentrar en animales más pequeños. Esto va a provocar también cambios en los tipos de industria lítica utilizada. A partir del 6500 a.C. van a aparecer los primeros indicios de domesticación de plantas, controlándose poco a poco el cultivo de especies vegetales como el maíz, el frijol, la quinua, la papa, la calabaza, el zapallo o el maní y especies animales como el cuy o los camélidos.

De forma paralela a la aparición de la agricultura, en algunas zonas del área andina se van a empezar a presentar formas de vida aldeana, siendo la sedentarización más antigua en la costa que en la sierra. En la península de Santa Elena, en Ecuador, el complejo Las Vegas se desarrolla entre 6500 a.C. y 5000 a.C. y en él encontramos ya formas de vida aldeana con viviendas circulares, entierros y domesticación (Gutiérrez 2008, 36). Asimismo, otros grupos también adoptaron formas de vida sedentarias, aunque sin domesticar fauna y flora. Es el caso de la cultura chinchorro, localizada en la costa norte de Chile y la costa sur de Perú; entre el 7000 y el 2000 a.C. estas poblaciones se sostuvieron sobre una economía de recolección de especies marinas. La cultura chinchorro es además conocida por el tratamiento de sus muertos, ya que es uno de los primeros ejemplos de momificación intencional (Arriaza 2016).

A pesar de las tempranas fechas de la cerámica en la costa ecuatoriana (ver acápite posterior), esta no se extendió hacia la sierra y hacia el sur hasta temporalidades más tardías, lo que prolongó el periodo precerámico en gran parte del área cultural. En estas zonas es posible observar, a partir del 3000 a.C., la aparición de un desarrollo urbano y agrícola sin cerámica.

Uno de los casos más notables fue el de la ciudad de Caral, en el valle del río Supe, que presentaba arquitectura monumental enlucida en barro; los edificios públicos contaban con un recinto pequeño para la incineración de ofrendas y con una plaza circular hundida para la celebración de ceremonias públicas. La arqueóloga Ruth Shady infiere que sus habitantes contaban con una forma de gobierno centralizada y una sociedad jerarquizada, practicando una economía basada en la agricultura y la pesca. Caral se destaca también porque entre sus restos materiales se encontró uno de los primeros quipus conservados y por el hallazgo de una importante ofrenda con instrumentos musicales (Shady 2006).

Este urbanismo temprano igualmente fue importante en otros lugares de la costa, donde también se da esta combinación de edificios ceremoniales con plazas circulares hundidas. En el valle de Supe, destaca el sitio de Áspero, y, en el valle de Cama, los sitios de Las Haldas, Sechín o Piedra Parada. En el valle de Huarmey es notable el sitio de los Gavilanes, y, en el valle del Chillón, el sitio de Paraíso. En la costa norte, resalta el urbanismo incipiente de casas semisubterráneas en los sitios de Huaca Prieta, Alto Salaverry, El Ventarrón y Cerro Prieto.

En la sierra, podemos observar un urbanismo con edificios ceremoniales cerrados en cuyo interior resaltaba la presencia de un fogón. Es el caso de los edificios de la fase mito del paradigmático sitio de Kotosh, Huánuco: el Templo Blanco, el Templo Norte, el Templo de las Manos Cruzadas y el Templo de los Nichitos.

4.2. El Formativo u Horizonte temprano

El surgimiento de la cerámica en la zona andina se remonta a su costa norte, en la península de Santa Elena (Ecuador). Allí se desarrolló, entre el 3300 a.C. y el 1500 a.C., la cultura valdivia (Marcos 1988). La mencionada se caracterizó por una forma de vida aldeana en la que varias casas con forma elíptica rodeaban un espacio abierto. Con el tiempo, aparecieron montículos ceremoniales y evidencia de una mayor jerarquización (Marcos 1988). Además de las formas utilitarias, la cerámica valdivia se distingue por la presencia de estilizadas figuritas femeninas. Una de las principales aldeas valdivia fue el sitio de Real Alto (Marcos 1998). A partir del segundo milenio a.C., la cultura valdivia comenzó empero a decaer y fue sustituida por otros dos complejos cerámicos: primero Machalilla (1900 a.C.-900 a.C.) y Chorrera después (900 a.C-300 a.C.) (Mesía 2014).

Como indicábamos en el acápite anterior, la aparición de la cerámica en el resto del área andina fue posterior y es contemporánea al complejo Machalilla. Esto no quiere decir que en estas regiones no se conociera la cerámica, pues estas poblaciones estaban en contacto con las de la costa ecuatoriana y, de hecho, algunos motivos de los textiles de Huaca Prieta pueden asociarse con la decoración cerámica valdivia (Mesía 2014) y, además, en algunos sitios peruanos se han encontrado figuritas de barro sin cocer (Lumbreras 2006). No obstante, hasta aproximadamente el 1800 a.C., la cerámica no comienza a aparecer en las aldeas y ciudades de los Andes centrales (Lumbreras 2006). Este va a ser el momento de auge de algunos de los sitios que ya habían comenzado a florecer en el precerámico, como Kotosh (fase Wairajirca) o Cerro Sechín, este último con una importante iconografía bélica. En la costa norte, va a ser importante la cerámica cupisnique, que tiene tonalidades negras.

El sitio arqueológico más emblemático del periodo Formativo fue Chavín de Huántar, emplazado en el Callejón de Conchucos, en la confluencia de los ríos Wacheqsa y Mosna, en Ancash. Chavín fue un importante centro ceremonial constituido por edificios dispuestos en forma de U y plazas hundidas circulares y rectangulares, tradición arquitectónica que recogía de la costa, aunque también había edificios con fogones como los de la tradición mito de Kotosh (Contreras 2007). Los edificios contenían una serie de galerías a través de las cuales se accedía a las fases más tempranas del sitio. Poseían además una rica ornamentación en la que se mostraban una serie de seres híbridos con características antropomórficas, pero con rasgos de animales, fundamentalmente reptiles, aves y jaguares. Estos seres se plasmaron en elementos de la arquitectura, en monumentos exentos y en cabezas clavas localizadas en la parte superior de los edificios, además de en la cerámica, que compartía muchos rasgos con la alfarería cupisnique. Sus monumentos más emblemáticos son el Lanzón, la Estela Raimondi, el Obelisco Tello y la Portada de las Falcónidas.

La presencia de rasgos chavín a lo largo del área andina, tanto en la sierra como en la costa, de Lambayeque hasta Ica y desde Cajamarca hasta Ayacucho, llevó a hablar de un Horizonte temprano, donde habría habido cierta unidad en las formas culturales andinas. Julio Tello (1960) incluso llegó a denominar la cultura chavín como la cultura matriz andina. Sin embargo, los indicios apuntan a que Chavín recogió tradiciones artísticas y elementos culturales ya existentes en otros sitios de la costa, la sierra y la selva. Igualmente, Chavín de Huántar se convirtió en un importante centro ceremonial y de prestigio al que acudían personas de gran parte del área andina, lo que convirtió a esta ciudad en un importante centro de intercambio y de información. Los ritos, tal y como evidencia la escultura, parecen haber involucrado procesiones y es posible que algunos de los seres plasmados en las esculturas, como el Lanzón, ejercieran como oráculos. El juego de luces y sonido que tenía lugar en las galerías, aunado al consumo de alucinógenos como el San Pedro, habría contribuido a crear esta atmósfera ritual (Rick 2008, 27-29).

A partir del año 500 a.C., la cultura chavín comienza a perder fuerza y el impulso constructivo se detiene en la ciudad. La situación se prolongará hasta aproximadamente el 200 a.C., momento en que es abandonada la ciudad. Paralelamente a la crisis de Chavín, otras culturas tomarán fuerza en otras áreas del territorio andino entre los años 600 a.C. y 200 d.C., suponiendo un puente entre el Formativo y los desarrollos regionales del siguiente periodo. En la costa sur de Perú, por ejemplo, florecieron las culturas paracas y topará, una serie de grupos diversos cuya vida ritual se va a centrar en torno al sitio de Cerro Colorado y que produjeron una importante producción material en la que destacan los textiles, utilizados en la elaboración de fardos funerarios (Tantalean 2011). En los valles de la costa norcentral y la costa norte se darán una serie de cambios en la cultura material y en los patrones de asentamiento, con un descenso en la arquitectura monumental y un aumento de recintos construidos de menor tamaño que se ha asociado a la llamada cultura salinar (Ikehara y Chicoine 2011). Por su parte, en las tierras altas, junto al lago Titicaca, las ciudades de Pucará y Tiwanaku dominarán políticamente una región marcada por un nuevo estilo arquitectónico y artístico, en el que las estelas labradas van a jugar un papel importante (Stanish 2005, 137-164).

4.3. El Periodo intermedio temprano

Alrededor del 200 d.C., la tendencia a una regionalización que se había comenzado a vislumbrar a finales del periodo Formativo se fortaleció. A pesar de que ciertos elementos siguieron circulando a lo largo del área andina, la tendencia fue hacia la aparición de formas culturales autóctonas en cada una de las regiones que la componían. Esta regionalización fue aunada a otros factores, como el aumento del clima bélico entre regiones y al interior de las mismas regiones o la creciente importancia de las construcciones hidráulicas.

La costa sur de Perú, en la región de Ica y Pisco, donde a finales del Formativo tardío habíamos asistido a la aparición de la cultura paracas, va a ser ahora el escenario del desarrollo de la cultura nazca, cuyo centro urbano más importante fue la ciudad de Cahuachi (Llanos Jacinto 2010). Los nazca son sobre todo conocidos por la elaboración de grandes motivos geométricos y figurativos en la arena del desierto, los cuales eran solo apreciables al ser observados desde alturas elevadas. La interpretación de las líneas de Nazca han sido diversas, desde la elaboración de complejos calendarios (Reiche 1989) a sendas rituales (Aveni y Silverman 1991). Otro rasgo llamativo de la cultura nazca es su cerámica, con sus coloridos motivos y sus superficies bruñidas. También es resaltable la ejecución de un elaborado sistema hidráulico, compuesto por acueductos (como los acueductos de Cantalloc) y puquios (manantiales subterráneos en espiral) que permitieron a los nazca habitar el desierto.

En la costa central, en los valles de Ancón, Rimac, Chillón y Lurín, fue la cultura lima la que floreció (Mauricio, Prieto y Pardo 2014). Los lima se destacaron por una arquitectura monumental hecha con pequeños ladrillos de adobe y por la importancia del mar dentro de sus manifestaciones rituales y artísticas, así como por dos estilos de cerámica, el *interlocking* y el Nievería/Maranga. Algunos de sus sitios más importantes son Pachacamac, Huaca Pucllana, Huaca Trujillo, Cerro Culebra o Cajamarquilla. También realizaron importantes obras hidráulicas, destacándose en la construcción de acequias y canales, como el Canal de Río Surco o el Canal de Huatica.

En la costa norte de Perú, va a ser la cultura moche la predominante, cuyo núcleo se situó en los valles del Moche, Chicama y Jequetepeque. Dado el medioambiente desértico de esta área, los moche van a presentar distintos asentamientos en torno a los valles fértiles, cada uno con independencia política. Algunos de los centros más importantes van a ser Huacas del Moche (con su Huaca del Sol y su Huaca de la Luna), Cao Viejo, El Brujo, Pampa Grande y Huaca Rajada. En ellos, se han localizado suntuosos entierros, como el del Señor de Sipán, en Huaca Rajada (Alva 2001). Igualmente, la presencia de ricos entierros femeninos, como los de la Dama de Cao o la Dama de San José Moro, apuntan a la importancia política y/o ritual de las mujeres en estas sociedades. Algunos de los asentamientos moche van a estar fortificados y también se han encontrado fuertes evidencias de sacrificios humanos (Uceda 2001, 63-64), lo que muestra la importancia de la guerra en esta área. En cuanto a obras hidráulicas, destacó el Acueducto de Ascope. Uno de los rasgos materiales más llamativos de los moche va a ser su cerámica, con un carácter realista y naturalista (esto se aprecia, por ejemplo, en los huacos retrato) y donde plasmaron también algunas de sus narraciones míticas, muchas de las cuales giran en torno a su dios Ai Apaec. Los moche realizaron importantes y coloridos murales en sus construcciones arquitectónicas, como en la Huaca de la Luna. Al norte del área moche, en la zona de Piura, fue importante la aparición de la cultura vicús, que destacó por su metalurgia. Con el tiempo, la tradición vicús va a quedar bajo la esfera de influencia de los moche.

En las tierras altas centrales, alrededor del Callejón del Huaylas y del Callejón de Conchucos, en la zona coincidente con el anterior foco de Chavín, se desarrolló la cultura Recuay (Lau 2019). A pesar de que la lapidaria continuó siendo importante para la cultura recuay y se mantuvieron algunas formas chavinoides como las cabezas clavas, los motivos plasmados cambiaron drásticamente, poniendo un nuevo enfoque en la importancia del ser humano. Los patrones de asentamiento también se transformaron, con una clara importancia de los recintos fortificados en localizaciones elevadas. Los recuay también otorgaron una importancia considerable al enterramiento de los muertos y, al final del primer periodo intermedio, podemos incluso apreciar la aparición de tumbas tipo chullpa.

En la zona de Ayachucho, en torno a la cuenca del río Huarpa, se situó la cultura del mismo nombre (Pérez 2019). Los huarpa presentaron un patrón de asentamiento de tipo aldeano, aunque con algunas construcciones monumentales. El sitio huarpa más importante fue Ñawimpukyo, aunque destacaron también Wari, Kumunsenqa, Ranra y Tantawasi. Los huarpa consiguieron dominar un terreno seco, complicado para el cultivo, a través de la agricultura en terrazas y la construcción de andenes, canales y reservorios, y además posiblemente se beneficiaron de la explotación de la obsidiana de su región. Los huarpa recibieron una fuerte influencia de la cultura nazca, primero, y más tarde de la cultura tiwanaku.

En la sierra norte, también se dieron importantes desarrollos urbanos en los valles de Huamachuco, Condebamba y Cajarmarca. En Huamachuco, resaltaron los asentamientos de Marca Huamachuco, Cerro Cazón y Cerro Amaru, mientras que en Cajamarca fueron importantes Huacaloma, Wayrapongo, Huacariz, Kolguitín y Moshulca (Matsumoto 1993).

En torno al lago Titicaca, la ciudad de Pucará comenzará su declive en torno al año 200 d.C., pero el centro de Tiwanaku se verá fortalecido durante el primer periodo intermedio, convirtiéndose progresivamente en un importante estado que irá dominando la región (Stanish 2005, 165-203). Sosteniéndose sobre una economía basada en el cultivo mediante la técnica de campos elevados y el pastoreo de camélidos, la sociedad tiwanaku resaltó por su importante trabajo de la piedra, un arte lapidario que se plasmó tanto en elaboraciones arquitectónicas como en la producción de estelas.

4.4. El Horizonte medio

Hacia el 600 d.C., dos estados serranos comenzaron a destacar dentro del panorama político andino: Tiwanaku en el lago Titicaca y Wari en la región de Ayacucho. Estas ciudades, que habían ido creciendo tanto en población como en construcción urbana a finales del periodo intermedio temprano, adquirieron fuerza suficiente e iniciaron una política expansiva en la que fueron dominando a los asentamientos cercanos a ellos. Progresivamente, fueron dominando sus regiones respectivas y continuaron creciendo, Wari hacia el norte y Tiwanaku hacia el sur. Debido a que gran parte del área andina quedó bajo el dominio de estos dos estados, bien de forma directa o bien de forma indirecta, y a que muchos de los desarrollos regionales experimentaron una crisis relacionada, en parte, por la acción expansiva de ambos, el periodo entre el 600 d.C. y el 1000 d.C. se ha denominado el Horizonte medio.

Como apuntábamos con anterioridad, Tiwanaku se había configurado como una de las principales ciudades de la cuenca del Titicaca a finales del periodo formativo, en torno al 200 a.C. Al contrario que Pucará, que no logró sobrevivir al inicio del primer periodo intermedio temprano, Tiwanaku se fortaleció, convirtiéndose en la principal ciudad de la región (Stanish 2005, 165-203). Durante esta etapa, Tiwanaku se consolidó como un pujante estado que, a partir del 600 d.C., comenzaría su expansión por el resto de la cuenca y hacia el sur. En su momento de máximo esplendor, Tiwanaku llegaría a tener unos 125.000 habitantes y su influencia se extendería desde Cuzco hasta la región de Atacama, al norte de Chile. Coincidiendo con este momento de auge se produjo una gran transformación de la ciudad, con la construcción de imponentes espacios públicos. Entre estos, destacan la gran pirámide Akapana, con funciones rituales y residenciales, y el recinto amurallado Kalasasaya, uno de los principales espacios rituales de la ciudad. Tiwanaku también se destacó en el arte de la lapidaria, con grandes obras escultóricas realizadas en la ciudad, como en monolito Bennet, la estela Ponce, El Fraile o la Puerta del Sol, integrada esta última a la muralla del Kalasasaya. Asimismo, Tiwanaku no solo logró integrar a gran parte de la región surandina bajo su influencia, sino que además articuló un circuito andino de peregrinación hacia las islas del Sol y de la Luna, en el lago Titicaca, un centro ritual que perviviría en la época de los incas (Stanish 2005, 200-201).

Por su parte, el sitio de Wari, en Ayacucho, ya había sido un importante centro de la cultura huarpa. Empero, a finales del periodo intermedio temprano, Wari comenzó a crecer significativamente, atrayendo a los habitantes de la región, fenómeno que acompañó a la despoblación de la región rural circundante. De este modo, Wari pasaría de tener unos 35.000 habitantes a unos 70.000 habitantes (Pérez 2019: 192). A pesar de que la cerámica muestra cierta continuidad con la cultura huarpa, coincidiendo con el inicio del Horizonte medio Wari va a experimentar una reconfiguración urbana sin precedentes que se caracterizó por una arquitectura estructurada en torno a espacios rectangulares de diversos tamaños, que albergaban en su interior grupos en torno a patios a los que circundaban altas paredes sin apenas puertas y ventanas. Tras este crecimiento y reestructuración de la ciudad, Wari va a extender su influencia por el área norandina, estableciendo centros administrativos de control en la sierra desde Cajamarca hasta Cuzco, como Pikillacta o Huiracochapampa. La costa, entre Lambayeque y Arequipa, también debió quedar bajo una forma de dominio indirecto, pues, aunque la presencia de arquitectura y puestos de control waris es menos evidente, sí hay restos materiales de estilo wari que manifiestan su influencia (Schreiber 1992, 269-275).

La expansión de Tiwanaku y Wari no fue solo estatal, sino que entre el 600 y el 1000 d.C. se dio, en el área andina, cierta unificación estilística e iconográfica impulsada por estos dos estados que contribuye a la articulación de este horizonte cultural (Schreiber 1992, 72-74). Uno de sus aspectos más importantes va a ser la relevancia del Dios de los Báculos, una entidad significativa ya en Chavín y que ahora va a experimentar un resurgimiento. Los futuros incas, de hecho, van a emplazar el nacimiento de esta entidad, a la que van a llamar Wiracocha, en el lago Titicaca. Sin embargo, a pesar de que existió cierta unificación artística durante esta etapa, es posible distinguir entre las tradiciones wari y tiwanaku. Una importante diferencia radica en el soporte de las manifestaciones artísticas: mientras que Tiwanaku va a emplear grandes monumentos, el arte wari no va a ser monumental y se va a concentrar sobre todo en elementos portátiles, como la cerámica y los textiles. Igualmente, la cultura tiwanaku, al contrario que la wari, va a otorgar cierto interés al consumo de sustancias alucinógenas y/o medicinales. La arquitectura asimismo va a ser muy diferente: mientras que Tiwanaku va a construir con grandes bloques de piedra y con un predominio de los espacios abiertos, las ciudades wari van a estar construidas en torno a los conjuntos rectangulares ya citados (Schreiber 1992, 78-79).

4.5. El Periodo intermedio tardío

Con la entrada en el segundo milenio d.C., los estados wari y tiwanaku comienzan a fragmentarse y su influencia comienza a declinar en el conjunto del área andina central. Al mismo tiempo, comienza un resurgir de las formas culturales locales, dando paso a un periodo caracterizado de nuevo por la balcanización y por la acentuación de las tensiones entre los distintos territorios andinos. Además de la arqueología, el conocimiento que tenemos sobre varias de estas culturas se amplía debido a que son mencionadas en las fuentes coloniales, sobre todo con relación a su conquista por los incas.

En la costa central, las formas urbanas van a destacarse por la aparición de pirámides con rampas de acceso. En los valles de Chancay y Huaura, la cultura chancay va a sobresalir sobre todo por su arte textil. Entre sus variados y ricos tejidos va a resaltar tanto la elaboración de delicados bordados en forma de gasa como la producción de muñecos, algunos de los cuales se agrupaban sobre cojines formando escenas (Cortez 2019-2020). Al norte, en los valles Lurín y Rimac, se gestó la cultura ychsma, cuyo sitio más emblemático es Pachacamac. El santuario de Pachacamac, ya importante en periodos anteriores, va a experimentar un resurgimiento durante el periodo intermedio tardío y se va a configurar como un importante oráculo y centro de peregrinación que va a atraer a personas desde diversos puntos de la región andina.

En la costa norte, también es posible apreciar arquitectura en adobe con la utilización de rampas. Destacan, además, los murales efectuados en altorrelieve sobre el adobe. En esta región se observan dos desarrollos culturales: el reino chimú, centrado cerca del valle del Moche, y la cultura lambayeque, centrada en el valle del mismo nombre. El reino chimú tenía su capital en Chan Chan, una enorme ciudad compuesta por una serie de plazas y edificios públicos, un entramado de calles y diez conjuntos palaciegos amurallados. Cada uno de estos conjuntos pertenecía a un rey y, a su muerte, este fungía como su recinto funerario (Moore y Mackey 2008). Los chimú destacaron, sobre todo, por su cerámica negra y por el trabajo de la madera. Al norte, una serie de señoríos conformaban lo que se ha conocido como la cultura lambayeque (Makowski 2017), conocidos por su destreza en el trabajo de la metalurgia y por su arte centrado en torno a la figura mítica del dios Naylamp. Sus centros más importantes fueron Batán Grande, Chotuna-Chornancap, Túcume y Pacatnamú. Algunos de los entierros lambayeque eran de una enorme riqueza, como el del Señor de Sicán, en Batán Grande (Shimada y Montenegro 2013), y, al igual que sus predecesores los moche, también se han detectado suntuosos entierros femeninos, como el de la sacerdotisa de Chornancap (Wester 2016). Tanto los chimú como los lambayeque jugaron un importante papel en el comercio a larga distancia con los manteño-huancavilca de Ecuador. A partir del siglo XIV, se observa una tendencia expansiva del reino chimú, que llegó a tener presencia en el área costera entre Lima y Tumbes, incluyendo a la región lambayeque.

En la costa sur, el Valle de Chincha albergó el desarrollo de la cultura de idéntico nombre. Algunos de los sitios arqueológicos de los chincha, en donde se puede apreciar su arquitectura con grandes bloques de adobe, son Tambo de Mora, La Cumbe o La Centinela. Los chincha se destacaron en el trabajo del metal y por ser grandes comerciantes (Alcalde *et al.* 2002).

En la sierra, la desintegración de los estados wari y tiwanaku resultó en patrones de asentamiento mucho más dispersos y en el surgimiento de nuevas sociedades. En Ayacucho, el corazón del estado wari, específicamente en la región de Andahuaylas, surgen una serie de cacicazgos que se han identificado como la "confederación chanca". Las construcciones chanca, circulares, se van a emplazar en lugares altos y van a adquirir especial relevancia las construcciones militares defensivas (Meddens y Pomacanchari 2002-2005). En el valle de Mantaro, los huanca toman su nombre de los monolitos verticales que acostumbraban a levantar en el paisaje. En el lago Titicaca, se van a configurar los señoríos aymara (Colla, Lupaqa y Pacajes), que se van a caracterizar por un asentamiento disperso en alturas elevadas, por una economía basada en el pastoreo y por la construcción de pukaras (recintos fortificados) y chullpas (tumbas elevadas, algunas de ellas con forma de torre) (Stanish 2005: 204-235).

En las tierras bajas amazónicas, al este de la cuenca del río Marañón, van a surgir una serie de asentamientos con construcciones en piedra y con decoración exterior mediante lajas que se han asociado con la denominada "cultura chachapoyas" (Church y Guenguerich 2017). Entre ellos, resaltan los sitios de Kuelap, La Jalca o Levanto. Los grupos chachapoyas se van a destacar, asimismo, por sus construcciones funerarias en forma de sarcófagos y mausoleos emplazadas en altos abrigos rocosos (Brachetti-Tschohl 2013).

4.6. El Horizonte tardío

A finales del siglo XIII, un nuevo grupo de habla quechua se asentó en el valle de Cuzco, donde construyeron la que sería la capital de su imperio, los incas. Las narraciones de origen de los incas se remontan al área del lago Titicaca o del cerro Pacaritambo. Durante un siglo, se limitaron a estabilizarse en el valle, pero, a comienzos del siglo XIV, comenzó una nueva etapa de expansión en la que fueron sometiendo a otros grupos andinos hasta construir un gran imperio, al cual le dieron el nombre de Tawantinsuyu. De este modo, el área andina volvía a experimentar un nuevo periodo de unificación cultural, ahora bajo el dominio de los incas.

El Tawantinsuyu abarcó un magno territorio en los actuales países de Perú, Bolivia, Ecuador, norte de Chile y Argentina y sur de Colombia. El nombre en quechua significa "la unión de cuatro regiones", designación que alude a la división del territorio en cuatro áreas diferentes. El Collasuyu se extendía por el sureste, hacia Bolivia y Argentina; el Chichaysuyu lo hacía por el nororeste, incluyendo la costa y la sierra de Ecuador y el suroeste de Colombia; el Kuntisuyu por el suroeste, hacia la región costera de Ica y el Antisuyu por el noreste, por la Amazonía.

La ciudad de Cuzco, cuyo nombre significa "el ombligo del mundo", era el punto de partida de la división en cuatro regiones. Cuzco era el lugar donde se encontraban los templos más importantes y donde residía el Inca. La sociedad inca estaba fuertemente estratificada (Rostworowski 1999, 201-256). El máximo poder lo ostentaba el *sapa inca*, emperador por derecho divino que se consideraba el hijo del sol (Inti). La élite estaba conformada por los sacerdotes, los funcionarios destacados y las *panaca*, linajes reales que descendían de algún *sapa inca*. El pueblo lo formaban los *hatun runa* (ganaderos, agricultores y artesanos), los *yanacona* (personas al servicio del estado) y *mitimae* (personas desplazadas a otras regiones del imperio con fines administrativos).

La administración del Tawantinsuyu era una labor compleja. Los diferentes grupos étnicos se incorporaron al imperio y le debían pagar tributo a este en forma de trabajo a través del sistema de la *mit'a*. Mediante este sistema de reciprocidad, los miembros del *ayllu* o grupo de parentesco dedicaban unos días a trabajar las tierras de su comunidad y otros días a trabajar las tierras del *curaca* o líder comunitario, a cambio de sustento. El imperio acondicionó este sistema a sus propios intereses y los miembros del *ayllu* además tuvieron que dedicar tiempo al servicio del estado, que debía mantenerlos durante el tiempo que durara este servicio (Rostworowski 1999, 257-284).

El origen del imperio incaico se sitúa a comienzos del siglo XIV. Es entonces cuando los chanca de la región de Andahuaylas atacan a los incas en Cuzco. El Inca Pachacutec (Cusi Yupanqui) consigue detener su avance y logra una importante victoria, lo que le garantiza el apoyo de los señoríos étnicos del valle del Cuzco y esto, a su vez, le proporcionará la suficiente fuerza social, económica y militar como para remodelar la ciudad, iniciar la expansión territorial y sentar las bases estatales del imperio (Rostworowski

1999, 49-68). Sus sucesores, Tupac Inca Yupanqui, Huayna Capac y Huáscar, continuarán con esta expansión, logrando abarcar gran parte del área andina (Rostworowski 1999,107-197).

A comienzos del siglo XVI, cuando los españoles llegaron a las costas de Perú, el imperio inca estaba en pleno crecimiento. Su florecimiento quedaría no obstante interrumpido por el arribo de los recién llegados, quienes intervinieron en los conflictos entre Huáscar y su hermano Atahualpa, debilitando al gobierno incaico y favoreciendo así su conquista.

5. CONCLUSIÓN

El desarrollo cultural de América Latina en época prehispánica fue rico y variado. En Mesoamérica y los Andes surgieron grandes estados con reyes que controlaban la producción económica y tenían grandes privilegios sociales, mientras que en el área tropical el desarrollo fue menos jerárquico. En este capítulo hemos dado un pequeño panorama de lo acontecido en esta región desde la llegada de los primeros pobladores hasta el siglo XVI, con el ánimo de adentrarnos en un fascinante y complejo periodo de la historia.

6. BIBLIOGRAFÍA

Aceituno, Francisco J., Nicolás Loaiza, Miguel Eduardo Delgado-Burbano y Gustavo Barrientos. 2013. The initial human settlement of Northwest South America during the Pleistocene/Holocene transition: Synthesis and perspectives. *Quaternary International*, vol. 301: 23-33. https://doi.org/10.1016/j.quaint.2012.05.017

Alcalde Gonzáles, Javier, Carlos del Águila Chávez, Fernando Fujita Alarcón y Enrique Retamozo Rondón. 2002. 'Plateros' precoloniales tardíos en Tambo de Mora, Valle de Chincha (Siglos XIV-XVI). *Anales del Museo de América* 10: 43-57.

Allarire, Louis. 1997a. The Lesser Antilles before Columbus. En *The Indigenous People of the Caribbean*, ed. Samuel M. Wilson, 20-28. Gainesville: University press of Florida.

Allarire, Louis. 1997b. The Caribs of the Lesser Antilles. En *The Indigenous People of the Caribbean*, ed. Samuel M. Wilson, 179-185. Gainesville: University press of Florida.

Alva, Walter. 2001. Tombs of Sipán: Art and Power in Moche Society. En *Moche Art and Archaeology in Ancient Peru*, ed. Joanne Pillsbury. Studies in the History of Art 66. Center for Advanced Studies in the Visual Arts, Symposium Papers XL, 223-245. Washington D.C.: National Gallery of Art.

Arriaza, Bernardo. 2016. *Cultura Chinchorro: Las momias más antiguas del mundo.* Santiago de Chile: Editorial Universitaria.

Aveni, Anthony y Helaine Silverman. 1991. Las líneas de Nazca: una nueva síntesis de datos de la pampa y de los valles. *Revista Andina,* año 9, nº2: 367-392.

Brachetti-Tschohl, Ángela. 2013. Los sarcófagos y los mausoleos preincas en Chachapoyas. *Anales del Museo de América* XXI: 42-66.

Carlini, Alfredo A., Jorge D. Carrillo-Briceño, Arturo Jaimes, Orangel Aguilera, Alfredo E. Zurita, José Iriarte y Marcelo R. Sánchez-Villagra. 2022. Damaged glyptodontid skulls from Late Pleistocene sites of northwestern Venezuela: evidence of hunting by humans? *Swiss Journal of Palaeontology,* 141: 1-14. https://doi.org/10.1186/s13358-022-00253-3

Church, Warren y Anna Guengerich. 2017. Introducción; La (re)construcción de Chachapoyas a través de la historia e historiografía. *Boletín de arqueología PUCP* 23: 5-38.

Contreras, Daniel A. 2007. A Mito-Style Structure at Chavín de Huantar: Dating and Implications. *Latin American Antiquity* 21: 3-21.

Correal, Gonzalo. 1981. *Evidencias Culturales y Megafauna Pleistocenica en Colombia.* Bogotá: Fundación de Investigaciones Arqueológicas Nacionales/Banco de la República.

Correal, Gonzalo y Thomas van der Hammen. 1977. *Investigaciones arqueológicas en los abrigos del Tequendama. 11,000 años de Prehistoria en la Sabana de Bogotá.* Bogotá: Banco Popular.

Cortez, Vicente. 2019-2020. Arte chancay: reconstrucción ritual del mundo. *Líneas Generales* 3-4: 8-25.

Davletshin, Albert y Erik Velásquez. 2018. Las lenguas de los Olmecas y su sistema de escritura. En *Olmecas,* ed. María Teresa Uriarte, 219-244. México: Universidad Nacional Autónoma de México.

Flannery, Kent y Joyce Marcus. 2000. Formative Mexican Chiefdoms and the Myth of the "Mother Culture". *Journal of Anthropological Archaeology* 19: 1-37. doi:10.1006/jaar.1999.0359

Fonseca, Oscar. 1981. Guayabo de Turrialba and its Significance. En *Between continents /Between seas: precolumbian art of Costa Rica,* ed. Elizabeth P. Benson, 104-111. Nueva York: Harry N. Abrahams.

Gamboa Hinestrosa, Pablo. 2002. *El tesoro de los quimbayas. Historia, identidad y patrimonio.* Bogotá: Planeta.

Gamboa Mendoza, Jorge. A. 2013 [2010]. *El cacicazgo muisca en los años posteriores a la Conquista: del* psihqua *al cacique colonial, 1537-1575.* Bogotá: Instituto Colombiano de Antropología e Historia.

Giraldo, Santiago. 2021. Urbanismo tairona de la Sierra Nevada de Santa Marta. En *Economías Prehispánicas de Colombia,* eds. Adolfo Meisel Roca, María Alicia Uribe Villegas y Carl H. Langebaek Rueda, C. H. (eds.) (sin numeración). Bogotá: Banco de la República.

González Fernández, Víctor. 2013. ¿Qué sabemos de San Agustín? *Boletín de Historia y Antigüedades,* 100 (857): 281-313.

Graeber, David. y David. Wengrow. 2023 [2022]. *El amanecer de todo. Una nueva historia de la humanidad.* Barcelona: Ariel.

Gutierrez Usillos, Andrés. 2002. *Dioses, símbolos y alimentación en los Andes; interrelación hombre-fauna en el Ecuador Prehispánico.* Quito: Abya-Yala.

Ikehara, Hugo y David Chicoine. 2011. Hacia una reevaluación de Salinar desde la perspectiva del valle de Nepeña, costa de Ancash. *Andes* 8: 153-184.

Jiménez Moreno, Wigberto. 1942. El enigma de los Olmecas. *Cuadernos americanos,* año 1, vol. 5: 111-145.

Joyce, Arthur y Marc Levine. 2008. Tututepec (Yucu Dzaa). Un imperio del Posclásico en la Mixteca de la costa. *Arqueología Mexicana,* vol. 15, núm. 90: 44-47.

Kaufman, Terrence. 1976. Archaeological and linguistic correlations in Mayaland and associated areas of Meso-America. *World Archaeology* 8 (1): 101-118.

Kirchhoff, Paul. (1943). Mesoamérica. Sus límites geográficos, composición étnica y caracteres culturales. *Acta Americana,* vol. I, núm. 1: 92-107.

Kirchhoff, Paul. (1967). Mesoamérica Sus límites geográficos, composición étnica y caracteres culturales. *Revista Tlatoani,* Núm. 3: 1-15.

Langebaek Rueda, Carl H. 2019. *Los muiscas. La historia milenaria de un pueblo chibcha.* Bogotá: Debate.

Langebaek Rueda, Carl H. 2021. *Antes de Colombia. Los primeros 14.000 años.* Bogotá: Debate.

Lara Galicia, Aline (Coord.). 2019. *Las manifestaciones rupestres en México. Técnica, iconografía y paisaje.* México: AcerVos.

Lau, George F. 2019: La cultura Recuay: un breve ensayo. En *Perú prehispánico: un estado de la cuestión,* eds. Luis Jaime Castillo y Elías Mujica, 208-233. Cuzco: Dirección Desconcentrada de Cultura de Cusco.

Lind, Michael. 2011. La religión estatal de Monte Albán y los sacerdotes de Cociyo de Lambityeco. En Monte Albán en la encrucijada regional y disciplinaria, ed Nery. Robles García,y Ángel Rivera Guzmán, 17-46. México: Instituto Nacional de Antropología e Historia.

Llanos Jacinto, Oscar Daniel. 2010. Cahuachi: residencia y paisaje sacralizado de un centro político nazca. *Revista Española de Antropología Americana* 40: 27-51.

Lowe, Lynneth. 2020. *Chiapa de Corzo: Una capital prehispánica de frontera.* México: Universidad Nacional Autónoma de México.

Lumbreras, Luis Guillermo. 2006. Un Formativo sin cerámica y cerámica preformativa. *Estuios Atacameños* 32: 11-34.

Lumbreras, Luis Guillermo. 2010. Los orígenes de la sociedad andina. En *Economía prehispánica,* Tomo 1, ed. Carlos Contreras, 23-136. Lima: Banco Central de Reserva del Perú-Instituto de Estudios Peruanos.

Makowski, Krzystof. 2017. Lambayeque y Sicán: evidencias arqueológicas y terminologías en debate. En *Lambayeque; Nuevos horizontes de la arqueología peruana,* eds. Antonio Aimi, Krzystof Makowski y Emilia Perassi, 33-72. Milan: Ledizioni.

Manzanilla Naim, Linda. 2017a. Teotihuacan Apartment Compounds, Neighborhood Centers, and Palace Structures. En *Teotihuacan: City of Water, City of Fire,* ed. Matthew

Robb, 94- 101. San Francisco: Fine Arts Museum de San Francisco de Young y Universidad de California Press.

Manzanilla Naim, Linda. 2017b. *Teotihuacan, ciudad excepcional de Mesoamérica.* México: El Colegio Nacional.

Manzanilla Naim, Linda. 2018. Corporate Societies with Exclusionary Social Components: The Teotihuacan Metropolis. En *Rethinking Urbanization and its Living Landscapes from the Inspiring Perspective of a Great "Maestro"*, eds. Marcella Frangipane y Linda Manzanilla, 211- 226. Roma: Gangemi Editore Internacional.

Manzanilla Naim, Linda. 2003. The Abandonment of Teotihuacan. En *The Archaeology of Settlement Abandonment in Middle America,* eds. Takhesi Inomata y Ronald Webb, 91-102. Salt Lake City: Universidad de Utah Press.

Marcos, Jorge G. 1988. *Real Alto: la historia de un centro ceremonial Valdivia.* Quito: Biblioteca Ecuatoriana de Arqueología.

Matsumoto, Ryozo (1993): Dos modos de proceso socio-cultural: El Horizonte temprano y el Periodo Intermedio Temprano en el Valle de Cajamarca" *Senri Ethnological Studies* 37: 169-201.

Mauricio, Ana Cecilia, Gabriel Prieto y Cecilia Pardo. 2014. Avances en la arqueología de la cultura Lima. *Boletín de arqueología PUCP* 18: 5-14.

Meddens, Frank y Cirilo Vivanco Pomacanchari. 2002-2005. The Chanca Confederation; Political Myth and Archaeological Reality. *Xama* 15: 73-99.

Mesía Montenegro, Cristian. 2014. El periodo formativo en los Andes septentrionales y sus relaciones con los Andes centrales. *Arqueología y Sociedad* 27: 111-130.

Morcote-Ríos, Gaspar, Francisco Javier Aceituno, José Iriarte, Mark Robinson y Jeison L. Chaparro-Cárdenas. 2021. Colonisation and early peopling of the Colombian Amazon during the Late Pleistocene and the Early Holocene: New evidence from La Serranía La Lindosa. *Quaternary International,* vol. 578: 5-19. https://doi.org/10.1016/j.quaint.2020.04.026.

Moore, Jerry D. y Carol J. Mackey. 2008. The Chimú Empire. En *Handbook of South American Archaeology,* eds. Helaine Silvewrman y William H. Isbell. Nueva York: Springer.

Murra, John V. 2002. *El mundo andino. Población, medio ambiente y economía.* Lima: Instituto de Estudios Peruanos y Pontificia Universidad Católica del Perú.

Navarrete Linares, Federico. 2019. *Los orígenes de los pueblos indígenas del valle de México. Los altépetl y sus historias.* México: Universidad Nacional Autónoma de México.

Neves, Eduardo G. 1999. Changing perspectives in Amazonian archaeology. En *Archaeology in Latin America,* eds. Gustavo G. Politis y Benjamin Albertie, 216- 243. Londres: Routledge.

Oudijk, Michel. 2008. Mixtecos y zapotecos en la época prehispánica. *Arqueología Mexicana,* vol. 15, núm. 90: 58-62.

Oyuela-Caycedo, Augusto y Renée M. Bonzani. 2014. *San Jacinto 1. Ecología histórica, orígenes de la cerámica e inicios de la vida sedentaria en el Caribe colombiano.* Barranquilla: Universidad del Norte.

Pérez Calderón, Ismael. 2019. El estado regional Huarpa y los orígenes del imperio Wari. *Alteritas. Revista de Estudios Socioculturales Andino Amazónicos* 9: 181-221.

Plazas, Clemencia y Ana María Falchetti de Sanz. 1981. *Asentamientos prehispánicos en el bajo Río San Jorge.* Bogotá: Banco de la República.

Plazas, Clemencia. 2007. La Metalurgia del Área Intermedia Sur dentro del Panorama Americano. *Inter. J. South American Archaeol.* 1: 33-38.

Plazas, Clemencia. 2023. *Quimbaya. Orfebrería temprana.* Bogotá: Instituto Colombiano de Antropología e Historia.

Reiche, María. 1989. *Secreto de la pampa. Nazca. Perú.* Stuttgart: Heinrich Fink.

Rick, John W. 2008. Context, Construction, and Ritual in the Development of Authority at Chavín de Huántar. En *Chavín: Art, Architecture, and Culture,* eds. William J. Conklin y Jeffrey Quilter. Monográfico 61, 3-34. Los Angeles: Cotsen Institute of Archaeology, University of California.

Rodríguez Freyle, Juan. 1992 [1636]. *El Carnero. Conquista y descubrimiento del nuevo reino de Granada de las indias occidentales del mar océano y fundación de la ciudad de Santa Fé de Bogotá.* Caracas: Biblioteca Ayacucho.

Roosevelt, A. C., R. A. Housley, M. Imazio da Silveira, S. Maranca y R. Johnson. 1991. Eighth Millennium Pottery from a Prehistoric Shell Midden in the Brazilian Amazon. *Science,* Vol. 254: 1621-1624. https://doi.org/10.1126/science.254.5038.1621

Rostworowski, María. 1999. *Historia del Tahuantinsuyu.* Lima: Instituto de Estudios Peruanos.

Schreiber, Katharina J. 1992: *Wari Imperialism in Middle Horizon Peru.* Anthropological Papers of the Museum of Anthropology 87. Ann Arbor: University of Michigan.

Shady, Ruth. 2006. *Caral-Supe; La civiliazación más antigua de América.* Lima: Proyecto Especial Arqueológico Caral-Supe / INC.

Shimada, Izumi y Jorge Montenegro. 1992. El poder y la naturaleza de la élite sican: una mirada a la tumba de Huaca Loro, Batán Grande. *Boletín de Lima* 90: 67-96.

Stanish, Charles. 2005. *Ancient Titicaca. The Evolution of Complex Society in Southern Perú and Northern Bolivia.* Berkeley: University of California Press.

Tantaleán, Henry. 2021. El fenómeno Paracas: estado de la cuestión y un modelo de explicación social. *Investigaciones sociales* 44: 75-94.

Tello, Julio C. 1960. *Chavín: Cultura matriz de la civilización andina.* Lima: Universidad Nacional Mayor de San Marcos.

Uceda, Santiago. 2001. Investigations at Huaca de la Luna, Moche Valley: Religious Architecture. En *Moche Art and Archaeology in Ancient Peru,* Studies in the History of Art 66.,. Center for Advanced Studies in the Visual Arts, Symposium Papers XL. ed. Joanne Pillsbury, 47-67. Washington D.C.: National Gallery of Art.

Uribe Villegas, María Alicia, Marcos Martinón-Torres y Juan Pablo Quintero Guzmán. 2021. The Muisca Raft. Context, Materiality, and Technology. En *Precolumbian Central America, Colombia, and Ecuador. Toward an Integrated Approach,* ed. Colin Mc Ewan y John W. Hoopes, 275-303. Washington D.C.: Dumbarton Oaks.

Valdez Bubnova, Tatiana. 2020. *Los jeroglíficos de Teotihuacan. Estudio comparativo y contextos.* Cuernavaca: Colegio de Morelos.

Velásquez García, Erik. 2010. Los habitantes más antiguos del actual territorio mexicano. En Historia general de México, vol. I, 15-71. México: El Colegio de México.

Wester de la Torre, Carlos. 2016. *Chornancap; "palacio de una gobernante y sacerdotisa de la cultura Lambayeque".* Chiclayo: Ministerio de Cultura del Perú.

Whittaker, Gordon. 2012. The Names of Teotihuacan. *Mexicon,* vol. XXXIV, Núm. 3: 55- 58.

2.2. *Periodo Colonial: Conflicto, adaptación y desigual intercambio*

EMIR REITANO[1]
Universidad Nacional de La Plata
emirreitano@gmail.com

JORGE TROISI MELEAN[2]
Universidad Nacional de La Plata
jtroisimelean@gmail.com

1. INTRODUCCIÓN

¿Cómo definir al periodo colonial latinoamericano? Fue un periodo repleto de violencia, adaptación, resistencia, y profundas contradicciones. Se centró en el control europeo de tierras, recursos y mano de obra. Los conquistadores usurparon las instituciones culturales y políticas indígenas para obtener riqueza, estatus y gloria. Esta búsqueda de poder deshumanizó a los pueblos indígenas y destruyó a las sociedades anteriores a la llegada europea. La llegada de los europeos constituyó una invasión violenta que despreció las formas de vida previas. Fue el momento fundacional de la herida del mundo colonial[3].

A pesar de ello, las estructuras prehispánicas no desaparecieron. Aún a fines del periodo colonial coexistían las monedas de plata con las de cacao, y los arados tirados por animales con la agricultura de azada. Los valores de reciprocidad prehispánicos siguieron influenciando las transacciones económicas. Durante los tres siglos de dominio español, la cultura económica

---

1 Profesor Titular Historia Americana Colonial. Director del Centro de Historia Argentina y Americana. Universidad Nacional de La Plata. Miembro Correspondiente de la Academia Nacional de la Historia.

2 PhD por la Emory University. Profesor Titular Historia Económica Mundial y Asociado de Historia Americana. Universidad Nacional de la Plata.

3 Walter Mignolo, *The Idea of Latin America* (Malden: Blackwell, 2005, 77).

europea se volvió dominante y fue disolvente del sustrato nativo, pero las formas indígenas continuaron filtrándose en la superficie[4].

En las primeras décadas de la conquista, unos cuantos miles de soldados se apoderaron de la mayor parte de las regiones pobladas de América logrando consolidar el primer gran imperio ultramarino de Europa. En líneas generales, pertenecían a la baja nobleza española. Eran hidalgos, militares y marinos con pobre instrucción y una modesta condición económica, hombres solteros provenientes principalmente del sur de España.

Estos aventureros, con riesgo de muerte en guerras, naufragios, rencillas internas y enfermedades del trópico, buscaron fortuna y ascenso social dentro de la lógica del Antiguo Régimen. Toda su actividad estuvo articulada en el marco de la monarquía española. Los jefes de las expediciones eran depositarios de la autoridad del rey. Nadie podía realizar acciones sin su expresa autorización.

La iglesia también tuvo un rol destacado. A cambio de expandir el catolicismo en América, justificó moralmente la acción de la monarquía española en la ocupación y el sometimiento de los territorios del Nuevo Mundo. La estrecha relación quedó reflejada en el *derecho de patronato*, la delegación de poder que la iglesia otorgó a la corona. La violencia contra los pueblos indígenas intentó ser legitimada a través de la *Guerra Justa*.

Cuando en octubre de 1492 las naves que comandaba el Almirante Cristóbal Colón llegaron al continente que fuera luego conocido como América, se abrió un nuevo período en la historia de la humanidad. Fue un hecho que sus contemporáneos nunca pudieron dimensionar en su verdadera magnitud. A partir de ese episodio, enfermedades, ideas, alimentos y poblaciones se trasladarían entre el Nuevo Mundo y el Viejo Mundo, en un episodio que se denominaría *Intercambio Colombino*[5].

¿Quiénes se beneficiaron del intercambio? Todo el hemisferio occidental. Se introdujeron nuevos suministros de metales y nuevos cultivos básicos, como patatas, batatas, maíz y yuca, amén de otros con menor contenido calórico, como tomates, chiles, cacao, maní y piñas. El tabaco, otro cultivo del Nuevo Mundo, fue adoptado tan universalmente que se utilizó

---

4 Arnold Bauer, "The Countryside in Colonial Latin America". En *The Countryside in Colonial Latin America*, ed. por Louise Hoberman y Susan Socolow (New Mexico, Albuquerque, 1996), 19-48.

5 Alfred Crosby, *The Columbian Exchange; Biological and Cultural Consequences of 1492* (Westport: Greenwood, 1972).

como sustituto de moneda en muchas partes del mundo. El intercambio también aumentó drásticamente la disponibilidad de muchos cultivos del Viejo Mundo, como el azúcar y el café, particularmente adecuados para los suelos del Nuevo Mundo.

El intercambio también trajo pérdidas. El contacto europeo permitió la transmisión de enfermedades a comunidades previamente aisladas, lo que causó una devastación que superó con creces a la de la peste negra en la Europa del siglo XIV. Los europeos viajaron con virus y bacterias mortales, como la viruela, el sarampión, el tifus y el cólera, contra los cuales los nativos americanos no tenían inmunidad[6]. Las guerras, los desplazamientos y las enfermedades, generaron la desestructuración de las poblaciones indígenas. A partir del siglo XV, todos estos factores combinados provocaron una reducción de entre el 80 y el 95 por ciento en el número de personas aborígenes de América.

Los efectos del intercambio no se limitaron a Europa y a América. La devastación de las poblaciones nativas y el auge de cultivos financieramente lucrativos en América dieron lugar a una demanda de mano de obra que estimuló el secuestro y el movimiento forzado de más de 12 millones de africanos entre los siglos XVI y el XIX[7].

2. EL CARIBE

El 12 de octubre de 1492, luego de treinta y tres días de navegación desde España, 87 hombres en tres carabelas al mando de Colón divisaron tierra en las Islas Bahamas. Tras recorrer las islas de Cuba y Haití, Colón supo descubrir una excelente ruta de retorno que sería mantenida por todos los navegantes por más de trescientos años[8].

Un segundo viaje reflejó los propósitos coloniales de la corona española. En setiembre de 1493, diecisiete naves y mil doscientos hombres salieron desde España a América.

---

6 Crosby, *The Columbian Exchange*, 35-63.

7 Patrick Manning, "The Slave Trade: The Formal Demographics of a Global System", *Social Science History* 14(2). (Summer, 1990), 255-279.

8 Bartolomé Bennassar, *La América española y la América portuguesa (siglos XVI-XVIII)*. (Madrid: Sarpe, 1985), 60.

Hasta 1499, Colón intentó montar una empresa comercial monopólica para extraer oro bajo el sistema de *factoría*, un tipo de asentamiento de enclave. Los indígenas se levantaron en el marco de la brutalidad que dominaba los intercambios implementados para extraer oro a costa de su trabajo. El modelo de Colón entró en conflicto con el modelo colonial español y con sus propios subordinados, lo que precipitó la expulsión del Almirante del comando de la empresa, y su posterior prisión.

En 1499 se inició una nueva fase de colonización. Los españoles se iban desplazando de isla en isla a medida que los recursos se agotaban y se descubrían nuevos placeres de oro. En 1502 se produjeron los primeros ensayos de poblamiento en La Española (Haití), adonde llegaron 1.200 hombres al mando de Nicolás de Ovando, el primer gobernador. En 1503 se montó el primer ingenio azucarero, anticipando el tipo de producción que explotaría después. En el resto de las islas se institucionalizó la conquista con la fundación del *cabildo* de Puerto Rico en 1508, y los de Cuba y de Jamaica, en 1511.

Hacia 1515, entró en crisis el modelo extractivo desarrollado desde la conquista. Los yacimientos de oro comenzaron a agotarse. Mas importante aún, el declive demográfico de la población indígena fue tan acelerado que el agotamiento de esta energía humana precedió al agotamiento de los yacimientos.

La respuesta consistió en enviar expediciones para capturar mano de obra esclavizada en las islas circundantes, mientras que continuaba la acelerada ocupación de Puerto Rico, Jamaica y Cuba, donde se reprodujeron los ciclos acontecidos en La Española. Un círculo vicioso devastó a la población caribeña: los yacimientos y la mano de obra se agotaban rápidamente, los españoles se trasladaban a una nueva isla y el proceso se repetía indefinidamente. Para 1520, el Caribe que había encontrado Colón en 1492, ya no existía[9].

Un proceso de cambio en la base demográfica caribeña se fue generando. La importación de esclavizados africanos continuó a la catástrofe demográfica. Portugal y España mantenían una relación de negociación,

---

9 James Lockhart y Stuart Schwarz, *América Latina en la Edad Moderna* (Madrid: Akal, 1992), 68.

guerra y política diplomática con África occidental desde 1441, antes que cualquier otro reino europeo[10].

A pesar de todo, Santo Domingo conservó por un tiempo el aura de capital de las Indias. Su crecimiento como ciudad, la fundación de la primera catedral americana en 1504, la primera audiencia en 1511 y la creación de la primera universidad en 1538, le otorgaron un lugar de privilegio. Desde allí se financió un breve auge de la extracción de perlas en las costas de Venezuela. Ser el primer asentamiento europeo en el Nuevo Mundo, convirtió a Santo Domingo en la primera sede gubernamental. El Caribe continuó siendo por años la base de operaciones para el abastecimiento y la seguridad de las flotas que iban y venían entre España y las regiones centrales de Hispanoamérica. La exportación de azúcar y otros bienes exóticos proporcionaron al Caribe una nueva base económica.

3. LA CONQUISTA SE INSTITUCIONALIZA

Antes de que finalizara la etapa de conquista, la corona española ya estaba construyendo un sistema administrativo destinado a controlar un nuevo mundo que todavía distaba mucho de convertirse en un imperio. La relación entre la corona y el individuo que quisiese participar en una empresa en Indias, se regulaba mediante la Capitulación, un contrato mediante el cual la corona estipulaba su participación en los beneficios y otorgaba derechos al explorador, quien se comprometía a financiar la empresa.

En 1503, se fundó la Casa de Contratación, que controlaba todos los intercambios producidos entre España y las Indias. La gobernación fue la unidad política de los primeros decenios de la conquista. La corona procuró recortar la autoridad de conquistadores-gobernadores creando funcionarios reales menores.

En 1508 se creó la Gobernación de Uraba (actual Colombia) y en 1509, se fundó Santa María La Antigua (golfo del Darién), el primer asentamiento continental. Al mismo tiempo, se creó en la actual Panamá, la Gobernación de Veragua, que se dividió más tarde en Castilla del Oro, gobernada por Pedrarias Dávila, y en La Tierra Nueva de la Mar del Sur, otorgada a Núñez de Balboa hasta 1519, cuando fue asesinado por orden de Pedrarias. En ese mismo año se fundó Panamá que se convirtió en capital de Cas-

10 Herman Bennett, *African Kings and Black Slaves: Sovereignty and Dispossession in the Early Modern Atlantic* (Philadelphia: University of Pennsylvania Press, 2019).

tilla del Oro y base de lanzamiento de las expediciones hacia el sur, desde donde partieron Francisco Pizarro y Diego de Almagro hacia los Andes.

Con la creación del *Consejo de Indias* en 1524 se completó la fase inicial de estructuración institucional de las posesiones españolas en América y terminó de cristalizar el interés metropolitano en su control férreo. Todo estaba tan reglamentado y prescrito por ley que hasta se necesitaba una licencia para cazar jabalíes. Se aprobaron tantos miles de ordenanzas que sólo con dificultad fue posible codificarlas en 1680[11].

En España, se acordó la creación del cargo de Piloto Mayor que recayó en el florentino Américo Vespucio, el marino en cuyo honor los europeos bautizarían al continente. El Piloto debía llevar al día un padrón donde figurasen todos los descubrimientos que se fuesen realizando al estilo de lo que venía haciendo la corona portuguesa desde 1482. También se decidió la inmediata preparación de viajes de exploración sobre nuevas regiones en el Caribe continuando la empresa colombina y a la búsqueda del tan ansiado paso interoceánico todavía desconocido. Con el descubrimiento del Mar del Sur (océano Pacífico) por Vasco Núñez de Balboa en 1513 y, más tarde, con el paso del estrecho realizado por Magallanes, la dimensión espacial del continente se hizo una realidad.

Fue entonces que, hacia 1519, se iniciaron las grandes empresas de penetración y asentamiento en el continente americano. Nicolás de Ovando, gobernador de La Española, ordenó la región y consolidó la expansión de la población española en el Caribe. Para 1518, los habitantes españoles de Cuba pudieron acumular información suficiente para lanzarse a las grandes empresas de expansión por tierra firme[12].

4. TENOCHTITLAN: LA BASE DEL IMPERIALISMO COLONIAL

Cuba se convirtió en base de las expediciones al continente. Luego de un par de empresas exploratorias, en febrero de 1519, Hernán Cortés partió de la isla con once naves, 400 soldados españoles y 200 indígenas, rumbo a México. Aunque con las mismas órdenes de solo explorar de sus antecesores, Cortés fundó Veracruz en las costas del golfo de México. En

---

11 John Garraty y Peter Gay, *Hacia el mundo moderno* (Barcelona: Bruguera, 1985), 248.

12 Hernán Cortés, *Cartas de la conquista de México* (Madrid: Sarpe, 1985), 9.

Yucatán tuvo un enfrentamiento con nativos y secuestró a veinte, entre las que se encontraba La Malinche, quien cumpliría un rol fundamental como traductora.

En su marcha hacia Tenochtitlán, la capital del imperio azteca en el Valle de Anáhuac, Cortés venció a los tlaxcaltecas que luego se convertirían en sus aliados clave en su lucha contra los aztecas. A lo largo del siglo XV, los aztecas habían creado un imperio de conquista que exigía tributos a las ciudades-estado subyugadas. Estos tributos eran apremiantes y el espíritu de descontento estaba generalizado, especialmente en los márgenes del imperio. Cuando Cortés y sus hombres llegaron, la situación cambió. Pueblos como los tlaxcaltecas o los totonacas decidieron apoyar a los extranjeros que querían llegar a Tenochtitlán.

El emperador Moctezuma envió embajadores con obsequios para intentar que Cortés desistiera de su conquista, pero no tuvo éxito[13]. El 8 de noviembre, Cortés entró en Tenochtitlán donde fue agasajado por Moctezuma, de quien consiguió que se declarase vasallo de Carlos V. Luego lo hizo prisionero con el pretexto de que algunos españoles habrían sido asesinados en Veracruz. Dejó a Pedro de Alvarado a cargo de sus hombres en Tenochtitlán para ir a enfrentar a una escuadra que el gobernador de Cuba había enviado en su búsqueda. Cortés la venció y la convenció de que podría actuar en su favor. De regreso a Tenochtitlán, se enteró de que Moctezuma había muerto en circunstancias poco claras en una revuelta. En peligro, los españoles se vieron obligados a una peligrosa retirada conocida como la Noche triste, el 1 de julio de 1520. Al año siguiente, Cortés volvió a Tenochtitlán con una armada más poderosa. Sus aliados indígenas y sus hombres sitiaron la ciudad, hicieron prisionero a Cuauhtémoc, último emperador azteca, y consiguieron la rendición de una ciudad agobiada por el hambre y la peste.

Tras la conquista, la autoridad de Cortés no duró. En 1527, el rey creó una audiencia que tomó el poder y apresó más tarde a Cortés. En 1531 fue liberado, pero ya nunca volvió a tener cargos de autoridad en la tierra que había conquistado[14].

---

13 Emir Reitano y Julian Carrera, "América y el mundo en el siglo XVI. La formación del imperio español", en *Naufragios*, ed. por Daniela Chazarreta (La Plata: Editora Caligrafías, 2012), 208.

14 Juan Garavaglia y Juan Marchena, *América precolombina y la consolidación del espacio colonial* (Barcelona: Crítica, 2005), 145.

Las noticias de la conquista de México llegaron a Europa por la publicación de las cinco cartas enviadas por Cortés al emperador Carlos V, entre 1519 y 1526. La habilidad de Cortés para presentar relatos convincentes sobre sus hazañas fue tan importante como la propia realización de los hechos. Cortés se presentaba con la imagen de un conquistador pacífico y diplomático que ganaba nuevos reinos para el imperio y la fe cristiana[15]. Con habilidad diplomática y artimañas políticas, Cortés logró que el emperador diera por bueno lo que había sido en principio un delito de rebelión.

La victoria llevó a los españoles a considerar a su país como el legítimo sucesor del Imperio Romano. Esto resultó en la suposición de la superioridad de los europeos cristianos y la inferioridad del resto de los otros grupos étnicos, lo que se caracterizó como un orden de cosas casi natural.

Los acontecimientos de esa época fueron celebrados cientos de veces desde entonces. Las cartas de Cortés contenían información sobre cosas de las que nunca antes se había oído hablar en Europa, ni siquiera en la Biblia. La conquista de Tenochtitlán entre 1519 y 1521 fue un acontecimiento sin precedentes. Era una de las ciudades más grandes del mundo, la capital de un imperio en expansión totalmente extraño para los europeos.

La caída de Tenochtitlán sentó las bases del imperio colonial español en el continente. Era la primera vez que los europeos sometían a un estado altamente organizado fuera del mundo conocido. En el proceso, crearon la base para los primeros imperios coloniales globales. Para los mexicas que habían estado expandiendo su dominio por décadas, fue un golpe devastador[16].

5. LOS ANDES Y SUS MINI MUNDOS

El 16 de noviembre de 1532, 180 españoles, 37 caballos y un intérprete indígena se presentaron ante el emperador inca Atahualpa en la ciudad andina de Cajamarca, en el actual norte de Perú. A la cabeza del contingente, se encontraba Francisco de Pizarro, un experimentado aventurero

---

15 David Brading, *Orbe Indiano. De la monarquía católica a la república criolla, 1492-1867* (México: FCE, 1991), 40-41.

16 Stefan Rinke, "The Changing Interpretation of the Spanish Conquest in the Americas". En *World History Encyclopedia* (Oxford University Press, 3 de julio de 2023), doi: https://www.worldhistory.org/article/2250/the-changing-interpretation-of-the-spanish-conques/

español que había estado buscando un fabuloso imperio sudamericano desde hacía casi una década.

La expedición había salido de Panamá en 1531. Tras unos primeros enfrentamientos en Tumbes, que fue reducida a cenizas, la moral de Pizarro se reanimó al enterarse de que una violenta guerra de sucesión imperial mantenía enfrentados a dos hermanos, Atahualpa y Huáscar. La guerra había comenzado por la muerte del padre de ambos, el inca Huayna Cápac, a causa de la viruela, enfermedad que se había adelantado a los propios europeos en llegar al centro del imperio y causar un desastre demográfico.

En medio de una situación confusa, Pizarro y sus compatriotas atacaron al emperador y a sus seguidores desarmados. Cientos fueron asesinados. Atahualpa permaneció prisionero durante casi un año mientras sus súbditos pagaban un enorme rescate en oro y plata. A pesar de su entrega, Pizarro ordenó estrangular al *Sapa Inca* en julio de 1533. Así comenzó la legendaria conquista del Perú[17]. Los historiadores estuvieron durante mucho tiempo fascinados por la caída del estado inca del *Tawantinsuyu*[18],

Tras la conquista, Pizarro se lanzó a la empresa colonizadora. Fundó Lima, el 28 de febrero de 1535, para asegurar la comunicación con Panamá, y luego, Trujillo, algo más al norte. Diego de Almagro se lanzó a la conquista de Chile, el último confín continental.

En Perú, la administración española se estableció inicialmente en Cuzco, donde se creó el primer obispado. Cuzco era la capital del imperio inca y, para sus habitantes, el centro del mundo. Pronto Pizarro trasladó la administración a Lima, donde pronto se inició un conflicto entre españoles, que se extendió entre 1537 y 1548. En la contienda, fueron asesinados Diego de Almagro y su hijo, y el propio Francisco Pizarro. La inestabilidad gubernamental española fue moneda corriente en esa primera etapa del Perú colonial.

La puja se daba entre los conquistadores que procuraban explotar sin límites los recursos humanos y naturales del continente, y la corona, que intentaba ejercer control y centralizar la conquista. En medio de la lucha, cientos de miles de indígenas se resignaron, se rebelaron y se adaptaron a

---

17 Kris Lane, "Conquest of Peru". En *Oxford bibliographies.* 5 de mayo de 2017. doi: https://www.oxfordbibliographies.com/display/document/obo-9780199766581/obo-9780199766581-0007.xml

18 Franklin Pease, "Los Andes", en *Historia General de América Latina* (Paris: UNESCO, 2000), 156-157.

los recién llegados y a sus instituciones. Hacia 1548, la facción de los conquistadores fue derrotada y poco a poco se fue organizando un gobierno burocrático virreinal.

La conquista fue un hecho concreto pero el inmenso territorio sudamericano no pudo ser dominado totalmente por unos miles de españoles. Incluso en las áreas centrales se vivieron momentos de tensión, inestabilidad y constante disidencia.

En 1536, Manco Inca, un medio hermano de los Incas asesinados, no acató la autoridad española e inició el sitio de Cuzco que duró varios meses. Manco lideraba un gran ejército que, tras ser derrotado, se refugió en las sierras para formar el llamado imperio "neoinca" de Vilcabamba que recién fue vencido por el virrey Toledo en 1572. Esta experiencia fue la mayor expresión de resistencia andina durante la conquista. Otra manifestación de resistencia fue el *Taki Onqoy*, un movimiento político religioso que fue reprimido en 1572[19].

El dominio y la inmigración española produjeron profundas transformaciones en los Andes que se fusionaron con las formas indígenas preexistentes. Emergió un mosaico de diferentes estratos, varios de las cuales eran preexistentes a las propias formas incas. Este universo fue la base de las formas de rebelión y resistencia indígenas contra el dominio español, y la explicación también de la imposibilidad de reemplazarlo con un mundo andino unificado. Coexistieron muchos mini mundos en los Andes[20].

Nueva Granada, la actual Colombia y parte de Venezuela, fue conquistada entre 1537 y 1539 bajo la dirección del abogado andaluz Gonzalo Jiménez de Quesada. Los pueblos mapuches del centro de Chile cayeron en manos de Pedro de Valdivia y sus seguidores en la década de 1540, sólo para rebelarse en la década de 1550, una rebelión que sostuvieron durante gran parte del período colonial. Docenas de otros pueblos no conquistados sobrevivieron durante siglos en bosques y pantanos de toda la región de los Andes, pero la mayor parte de la población nativa de América del Sur, los diez o doce millones de antiguos súbditos de los incas, quedaron bajo dominio español pocos años después de la captura de Atahualpa en 1532[21].

---

19 Reitano y Carrera, "América y el mundo", 220.

20 Kenneth Andrien, *Andean Worlds: Indigenous History, Culture, and Consciousness under Spanish Rule, 1532-1825* (Albuquerque: University of New Mexico Press, 2001).

21 Lane, "Conquest of Peru".

6. DEBATE Y RESISTENCIAS

Los españoles tuvieron acceso a la mano de obra indígena a través de la *encomienda*, un sistema de reparto de trabajadores que aquellos pergeñaron en el Caribe. Las leyes de Burgos de 1512, constituyeron la primera expresión que intentó regular las relaciones entre españoles e indígenas, ante los recurrentes abusos de los colonos y las denuncias de los clérigos que los acompañaban. Con estas leyes, las encomiendas de encomenderos absentistas fueron abolidas, pero los abusos continuaron.

Los indígenas no fueron víctimas pasivas en este proceso, algunos caciques iniciaron ataques contra los españoles e intentaron confederar a todos los grupos sin éxito. La exigencia del tributo en oro no podía ser cumplida ni era tolerada, lo que generó mayor resistencia. En Cuba, los indígenas realizaron ataques sorpresivos y quemaron el primer asentamiento español.

Los españoles, en tanto, no fueron un grupo monolítico de conquistadores codiciosos que simplemente buscaban explotar y matar a los indios americanos. La conquista del Nuevo Mundo inspiró una seria controversia intelectual sobre la cristianización de los indígenas.

Como consecuencia del debate, se promulgaron las Leyes Nuevas en 1542, que intentaron infructuosamente acabar con las encomiendas. El debate alcanzó su apogeo en 1550, cuando Carlos V ordenó que un grupo de juristas y teólogos se reuniera en Valladolid para discutir el uso de la fuerza para incorporar a los indígenas al sistema español. Por un lado, estaba Juan Ginés de Sepúlveda, un destacado humanista que justificaba la conquista y la evangelización mediante la guerra, y, por el otro, fray Bartolomé de Las Casas, un firme defensor de la conversión pacífica y persuasiva.

El debate de Valladolid fue uno de los acontecimientos que marcaron época en la historia de la expansión del cristianismo en América del Sur. Giró en torno al derecho de conquista y la guerra justa, que personificaban el contraste entre el mundo indígena y el europeo. A pesar de su impacto en las generaciones europeas y latinoamericanas posteriores, el debate no logró mejorar sustancialmente la difícil situación de los indígenas. El resultado fue desacelerar el sistema de encomienda. No sorprende que el debate no se objetivara en beneficios palpables para los indígenas. En ningún momento se tuvo en cuenta su perspectiva en el asunto[22].

---

[22] Chang-Uk Byun, "The Valladolid Debate between Las Casas and Sepúlveda of 1550 on the Conquest and the Intellectual-Religious Capacity of American Indians', *Korea Presbyterian Journal of Theology* 42 (2011), 257-276.

7. EL IMPERIO ESPAÑOL SE ORGANIZA

Francisco de Toledo constituye la expresión más acabada del interés de la corona española en el férreo control de sus dominios indianos. Llegó al virreinato del Perú en 1569 con la firme convicción de pacificar definitivamente la región andina e implantar una serie de medidas para aumentar la extracción de riquezas en beneficio de la corona. En este conjunto de reformas se destacaron las que afectaban a las poblaciones indígenas, tanto para mejorar la recaudación tributaria como para regularizar la provisión de mano de obra a los centros mineros. El tributo obligaba a toda la población indígena masculina entre los dieciocho y los cincuenta años, a contribuir a las arcas reales. La forma de pago era uno de los puntos más importantes de las reformas. El virrey, para evitar los constantes abusos de los españoles, quería eliminar definitivamente los servicios personales o tributo en trabajo y consolidar el pago en dinero o especie. Para mejorar la recaudación, además de confeccionar padrones de indígenas para conocer el número de tributarios, Toledo implantó la figura del *Corregidor*. El Corregidor y el *Curaca*, líder del pueblo, designaban a las personas que cumplirían con el tributo.

El renombre de Toledo se debió a su intervención en la provisión de mano de obra para las minas. La *mita toledana* fue el gran sistema de repartimiento de mano de obra indígena que proveyó de brazos al principal centro minero de las Indias en el siglo XVI. Se sirvió de una estructura existente previa a la llegada de los españoles.

El trabajo era remunerado con un monto de dinero muy bajo que apenas alcanzaba para la manutención del mitayo en su estancia en la mina, pagar el tributo y llevar algún resto de retorno a sus comunidades. Para aumentar sus ingresos, muchos mitayos, denominados *mingas*, ofrecieron sus servicios en sus semanas de descanso[23]. En ocasiones, los mingas, pagaban al Curaca con el dinero obtenido y de ese modo quedaban exentos de cumplir con su obligación. El trabajo asalariado subsidiaba parte de la minería potosina[24].

Las reformas toledanas dieron impulso a la producción minera potosina que generó un flujo extraordinario de metálico hacia Europa, base de la industria y el comercio global. En Sudamérica, vastas regiones producían y

---

[23] Reitano y Carrera, "América y el mundo", 225.

[24] Steve Stern, *Peru's Indian Peoples and the Challenge of Spanish Conquest: Huamanga to 1640* (Madison: University of Wisconsin Press, 1982).

circulaban alrededor del abastecimiento del centro minero de Potosí, una de las ciudades más grandes del mundo en la época.

8. EL IMPACTO DESIGUAL DEL CHOQUE CULTURAL

Para los pueblos de Mesoamérica, el impacto con los españoles les abrió un mundo nuevo. Todo les resultaba extraño, desde la piel, el cabello y el vello corporal hasta la vestimenta, las herramientas, la comida y la cruz omnipresente. Barcos y animales, como los perros y los caballos, llamaron especialmente la atención. Todas las novedades quedaron plasmadas en registros históricos en forma de glifos, un lenguaje pictórico que era la contraparte de la lengua escrita de los españoles.

Las partes se encontraron con asombro, sintiéndose ambas superiores a la otra. De hecho, hasta finales del siglo XVIII, el dominio global de los europeos difícilmente era un hecho. En aquella época, alrededor de cuatro quintas partes del producto bruto mundial todavía se generaba en Asia. Los europeos poseían extensas posesiones coloniales sólo en América, y en otros lugares sólo habían establecido centros comerciales.

A principios del período moderno, la expansión imperial no era excepcional. En esa época, los imperios otomano, chino, ruso y songhay ampliaron enormemente sus dominios, al igual que los imperios inca y mexica lo habían hecho antes de la llegada de los europeos. Pero se trataba de imperios terrestres, mientras que los europeos estaban abriendo horizontes completamente nuevos al otro lado del océano.

El contacto entre culturas no se produjo con un espíritu de armonía sino bajo la bandera de la conquista bélica. Los conquistadores subrayaron que, al igual que los héroes de las novelas de caballerías medievales muy populares en aquella época, habían derrotado a un gran imperio con una fuerza insignificante. Ese mito fue transmitido de generación en generación en los libros escolares occidentales.

La Conquista fue un asunto mucho más complicado de lo que las narrativas de los cronistas occidentales elaboraron retrospectivamente. Los estudios recientes, que se basan cada vez más en fuentes indígenas, han comenzado a proporcionar un retrato más complejo de la conquista[25].

---

25 Rinke, "The Changing Interpretation".

La vitalidad civilizatoria precolombina sobrevivió. En México, los *xiuhpohualli* se mantuvieron hasta 1690. Los nahuas continuaron escribiendo sus historias mucho tiempo después de la conquista[26].

En los Andes, Felipe Guamán Poma de Ayala escribió una carta al rey de España en 1615. Se componía de 800 páginas de texto y 400 dibujos cuidadosamente elaborados. Reescribía la historia del cristianismo incluyendo a los pueblos nativos, describía las formas de vida de los pueblos andinos y finalizaba con un relato crítico de la conquista. Cientos de páginas denunciaban la explotación y los abusos. Como señala Louise Pratt, los pueblos subyugados no pueden controlar lo que la cultura dominante introduce en ellos, pero pueden determinar lo que absorben para sí, cómo lo usan y qué significación le otorgan. Con las herramientas de los europeos, Guamán Poma realizó una transculturación de su mensaje[27].

Pervivieron también agentes intermediarios nativos, como los de la Sierra Norte de Oaxaca, una región abrumadoramente indígena del México colonial. Allí, a través de la negociación política, la intermediación cultural y el ejercicio de la violencia, gobernadores indígenas vestidos con sedas españolas, asistentes de sacerdotes, intérpretes, intermediarios económicos y agentes legales, redefinieron el liderazgo nativo, provocaron rebeliones indígenas y ayudaron a forjar una cultura política ambivalente dentro del conflicto persistente entre la autonomía local y el control colonial[28].

9. HISPANOAMÉRICA Y LA GLOBALIZACIÓN TEMPRANA

Luego de la conquista, el espacio americano sirvió como ámbito de aplicación de los principios dominantes de las estructuras colonizadoras. Una vez reconocida la fachada atlántica del nuevo continente se tomó conciencia de su dimensión geográfica. Se tuvo que recurrir a una nueva forma de organización en la que se combinaron viejas representaciones aplicadas en la Península ibérica junto a un nuevo modelo de organización. Tras

---

26 Camilla Townsend, *Annals of Native America: How the Nahuas of Colonial Mexico Kept Their History Alive* (Oxford: Oxford University Press, 2016).

27 Mary Louise Pratt, *Imperial Eyes: Studies in Travel Writing and Transculturation* (London: Routledge, 1992), 4-11.

28 Yana Yannakakis, *The Art of Being In-Between: Native Intermediaries, Indian Identity, and Local Rule in Colonial Oaxaca* (Durham: Duke University Press, 2008).

la conquista, las Indias españolas tuvieron un extenso período de relativa estabilidad y lenta evolución el cual abarcó casi dos siglos. A este período James Lockhart lo denominó *Período colonial de madurez*, reconociendo que las condiciones creadas por la conquista habían logrado cierto equilibrio hegemónico[29].

La implantación de las formas de organización colonial y económica vigentes en Europa supuso una labor compleja ya que las mismas dimensiones del continente americano precisaban de una adecuación de aquellos principios surgidos bajo ópticas espaciales más reducidas. De ese modo, se instalaron en territorio americano instituciones políticas, económicas y sociales que pronto definieron sus propios ordenamientos internos.

Los tres siglos de dominación colonial provocaron en la América hispánica la transformación de su pasado indígena en nuevas estructuras sociales. Esto generó dualidades marcadas surgiendo una cultura híbrida, heredera de ese fenómeno denominado mestizaje. La América española, ofrecía un modelo de convivencia que, contando todos sus elementos de carácter negativo, igualmente serviría para mantener un delicado equilibrio de estabilidad hasta la segunda mitad del siglo XVIII.

La organización administrativa fue rápidamente resuelta. En 1535, se creó el Virreinato de Nueva España que englobaba a México, América Central, las Antillas y la zona costera de la actual Venezuela. Este orden del territorio en función de sus características físicas habría de constituir uno de los mayores cuidados de la administración colonial española. En 1543, se creó el Virreinato del Perú con capital en Lima, ordenando de ese modo la totalidad del territorio americano, aunque todavía con demasiadas áreas periféricas por definir en su administración. Se crearon también las Audiencias de Lima y Guatemala.

El espacio americano se comunicaba con el resto del mundo a través de dos vías. Una iba desde Europa al puerto novohispano de Veracruz; de allí a la ciudad de México, el eje de este circuito, para alcanzar el Pacifico por Acapulco. Los comerciantes peninsulares monopolizaban las exportaciones de los productos europeos para el consumo novohispano, y los mexicanos, controlaban la distribución de estos bienes en el mercado interno. Este eje se conectaba con Sudamérica, a través del Callao, el puerto limeño. A partir de 1565, cuando se inauguró la ruta del galeón de Manila

29 Lockhart y Schwarz, *América Latina*, 119.

que conectó las islas Filipinas con Acapulco, este eje movilizó bienes y, sobre todo, plata americana con Asia.

La otra vía iba desde España a Portobelo, Panamá, hasta alcanzar Lima. Chile se conectaba a este eje por vía Pacifico, desde el puerto de Valparaíso. Buenos Aires, en el Río de la Plata, siempre fue un factor de amenaza. Cercano al Brasil portugués, el puerto atlántico sudamericano era un centro de contrabando, tanto para el ingreso de bienes europeos, como para el egreso de plata potosina. Esporádicamente, este eje a través del Callao, conectaba Sudamérica con las islas Filipinas y con China, a través de Cantón.

En el siglo XVII, las *commodities* de las plantaciones de los europeos en ultramar se sumaron a este circuito. Estas y, sobre todo, los esclavizados, la parte sustancial del trabajo, terminaron de completar el mapa de esta temprana economía global[30].

El aporte más trascendental del bloque continental americano a esta globalización temprana fue el aporte de metales, la plata producida en Perú y en Nueva España hacia las economías de Europa y de China. Entre 1500 y 1800, América produjo 87% de la plata mundial[31]. Ruggiero Romano consideró que la exportación de plata constituyó una sustracción de riqueza que no benefició a las economías de América. Assadourian, en las antípodas, sostuvo que la plata mercantilizó el espacio peruano pues circuló para ser intercambiada por productos en los mercados internos[32]. La importancia de la minería fue fundamental. Agotado el ciclo de explotación de los placeres de oro, la minería monopolizó la atención de la corona, hizo surgir ciudades y campamentos, creó fortunas, originó fuertes desplazamientos de población e incentivó el tráfico con Europa, África y Oriente.

En términos generales, los casi tres siglos de dominio colonial español se basaron en la explotación despiadada de indígenas y esclavizados para producir plata. Se puede establecer dos tipos de producción minera bási-

---

30 Mariano Bonialian y Bernd Hausberg, "Consideraciones sobre el comercio y el papel de la plata hispanoamericana en la temprana globalización, siglos XVI-XIX", en *Historia Mexicana* 63 (Julio-septiembre 2018), 199-200.

31 Andre Gunder Frank, Reorient. *Global Economy in the Asian Age* (Oakland: University of California Press, 1998).

32 Carlos Assadourian, "La producción de la mercancía dinero en la formación del mercado interno colonial", en *Economía* 1, no 2 (1978); Ruggiero Romano, *Moneda, seudomonedas y circulación monetaria en las economías de México* (México: El Colegio de México: FCE, 1998).

ca: la de Perú y Bolivia, desde 1545, donde la producción de plata trastocó el mundo indígena a través de la migración forzada de la población y la ruptura de sus vínculos agrícolas; y la de México, con sus formas de trabajo contractual, libre y compulsivo que no destruyeron completamente los vínculos con la comunidad agrícola[33].

El impacto de la minería sudamericana comenzó hacia 1550 con el inicio de la explotación intensiva del cerro de Potosí y se prolongó hasta 1630, cuando la profundidad de los pozos y la longitud de las galerías se vieron interrumpidas por las limitaciones tecnológicas[34].

¿Quiénes se beneficiaron con esta explotación? Además de la corona que se quedaba con un quinto de la producción, alrededor de 500 propietarios que había en Potosí. La explotación se hallaba bajo el régimen de pequeña empresa y los que obtenían mayores beneficios eran los azogueros, importadores de mercurio que en algunos casos también eran propietarios de minas, y los mercaderes de plata, que compraban el metálico a los refinadores y se los vendían a las cecas, donde se acuñaban las monedas. Ellos también adelantaban crédito a los refinadores.

El boom minero de Potosí se debió en gran medida al suministro de mercurio para la amalgama traído desde la mina de Huancavélica, ubicada dentro del mismo virreinato. Las minas de plata de México, que dependían del mercurio de la mina española de Almadén y del trabajo libre, quedaron rezagadas inicialmente en su producción. Sin embargo, a partir del declive de Potosí y Huancavélica y el descenso de la población mitaya, las tendencias se fueron invirtiendo poco a poco. Para el siglo XVIII, México desplazaría a Perú como principal polo productor metalífero del mundo[35].

En México, en la región de Zacatecas, el proceso de concentración se hallaba muy adelantado a mediados del siglo XVI. Allí los mercaderes de plata fueron quienes proporcionaban el crédito. En 1629, llegaron incluso a asociarse para comprar el cargo de tesorero de la ceca de México y controlar así el precio de la plata[36].

Miles de indígenas del oeste y centro de México, atraídos por los salarios y la libertad de los requisitos de trabajo y tributos, crearon comunidades,

---

33 Kendall Brown, *A History of Mining in Latin America. From the Colonial Era to the Present* (Albuquerque: University of New Mexico Press, 2012).

34 Bennassar, *La América española*, 135-137.

35 Bonialian y Hausberg, "Consideraciones sobre el comercio", 210.

36 Bennassar, *La América española*, 139.

pueblos, instituciones y organizaciones municipales en la región de Zacatecas. Se produjo una dramática transformación cultural y un rápido mestizaje entre los indígenas en las ciudades, pero estos, a su vez, explotaron el medio urbano permitiéndose desarrollar nuevas identidades, prácticas y asociaciones indígenas, incluso cuando abrazaron el estilo de vida urbano español[37]. La minería de plata fue el motor de las economías transoceánicas y transcontinentales del Imperio español, lo que llevó a los pueblos mineros a estar entre las ciudades más importantes de Hispanoamérica.

La minería tuvo un impacto devastador en el medio ambiente. Contaminó diseminando humo de plomo y agotó los bosques a causa de las fundiciones[38].

10. LA FORMACIÓN DE LAS HACIENDAS

Durante el siglo XVII, se comprobó una depresión económica generalizada en el imperio español. Sin embargo, en tanto esa depresión consolidó en la península ibérica estructuras agrarias arcaicas, en Hispanoamérica generó el surgimiento de actividades económicas alternativas.

Cuando la producción de plata peruana evidenció claros signos de descenso y estancamiento en la segunda mitad del siglo XVII, el espacio peruano perdió su capacidad de autosuficiencia y comenzó su fragmentación, configurando nuevas realidades como la ruralización, la economía natural y la desmonetización interna[39].

La disminución de la población producto del derrumbe demográfico y los vaivenes de la actividad minera favorecieron el proceso de formación de haciendas tanto en Perú como en Nueva España. Este proceso no fue uniforme, sino que tuvo sus características de acuerdo a cada región en particular. La hacienda se replegaba sobre sí misma como sistema de autoconsumo durante los períodos de malas coyunturas económicas y se abría al mercado durante los períodos de expansión y subida de precios.

---

[37] Dana Velasco Murillo, *Urban Indians in a Silver City: Zacatecas, Mexico, 1546-1810* (Stanford: Stanford University Press, 2016).

[38] Saul Guerrero, *Silver by Fire, Silver by Mercury: A Chemical History of Silver Refining in New Spain and Mexico, 16th to 19th Centuries* (Leiden: Brill, 2017).

[39] Assadourian, "La producción".

En México, las haciendas se formaron en gran medida gracias al proceder de los caciques indígenas quienes, durante los años posteriores a la conquista, expoliaron a sus propias comunidades. Sin embargo, esa actitud les fue desfavorable muy rápidamente ya que, cuando se convirtieron en propietarios, debieron vender sus tierras a precios muy bajos durante la crisis que se produjo por el derrumbe poblacional. Surgieron de ese modo grandes propiedades rurales donde las antiguas comunidades indígenas fueron remplazadas por el ganado ovino, mular y vacuno.

El Bajío, por ejemplo, una cuenca fértil al noroeste de la Ciudad de México, se convirtió en parte de un nuevo mundo en la década de 1530, cuando los frailes franciscanos y otomís mesoamericanos construyeron Querétaro, una ciudad que rápidamente prosperó gracias a la agricultura y al comercio. Los asentamientos se aceleraron cuando las minas de plata regionales comenzaron a florecer en la década de 1550. La plata vinculó al Bajío con Europa y China; estimuló el desarrollo de una sociedad católica, patriarcal y comercial sin precedentes. Una frontera se extendió hacia el norte a través de vastas extensiones habitadas por pueblos de ascendencia europea, americana y africana. A medida que aumentaron la minería, la fabricación de telas y los cultivos de regadío, las desigualdades se profundizaron. El complejo ganadero, minero y comercial de Nueva España era de tal escala y valor que hizo que las primeras fábricas inglesas parecieran insignificantes. Para John Tutino esta región económica se convirtió en uno de los motores principales del capitalismo global[40].

La mano de obra se reclutaba a través de diversos sistemas de trabajo personal: *naborías*, en el Caribe; *yanaconas*, en la zona andina; *repartimiento* o trabajo asalariado libre, en todo el continente. Marginalmente, y en menor medida que en el siglo XIX, existió también el endeudamiento forzado. En Mesoamérica, hubo haciendas con algún grado de especialización. La producción de cochinilla o pulque tuvo una importancia muy significativa.

En Perú se crearon haciendas en base a las mercedes de tierras en cercanía de los pueblos de indígenas encomendados. La benévola legislación permitió a los encomenderos apoderarse de la tierra de las comunidades indígenas de un modo poco honorable pero tolerado por las autoridades coloniales[41]. Al sur del Perú, como también en el valle central de Chile o en Mendoza, existió un desarrollo importante de las haciendas de trigo, las

---

40 John Tutino, *Making a New World: Founding Capitalism in the Bajío and Spanish North America* (Durham: Duke University Press, 2011).

41 Bennassar, *La América española,* 147.

haciendas vitícolas y la plantación de olivares, aunque estos últimos fueron limitados durante el reinado de Felipe III quien estaba preocupado por mantener las ventas de los productos españoles en el continente.

En las áreas periféricas como en el Río de la Plata, la ocupación de tierras se hizo de manera lenta y espontánea. El ganado vacuno y equino se reprodujo con bastante rapidez en un territorio con escasa población indígena o europea. Este proceso transformó también a las sociedades indígenas de la pampa las cuales, sin ser sometidas por los españoles, se hicieron ecuestre-ganaderas.

11. EL DERRUMBE DEMOGRÁFICO Y LAS CONTRADICCIONES SOCIALES

Es difícil estimar la población nativa a la llegada de los españoles. Las estimaciones varían entre 30 y 40 millones de habitantes. El período de la conquista tuvo su mayor impacto en el abrupto descenso de la población, donde los abusos y embate microbiano tuvieron su gran cuota de responsabilidad. Es común hablar del siglo XVI como el siglo del derrumbe demográfico, del siglo XVII, como el siglo de la estabilización poblacional y del siglo XVIII, como el de consolidación y crecimiento de la población americana donde se constituyó definitivamente una sociedad mestiza y criolla por excelencia.

La sociedad colonial se constituyó como un mosaico de etnicidades mezcladas. Los *criollos* fueron quienes dieron identidad a la sociedad colonial abarcando todos los estratos sociales. Una elite europea y criolla, comercial, terrateniente e intelectual se fue consolidando a lo largo del siglo XVI y XVII en un lento proceso de maduración. Esta elite, dueña de las grandes propiedades, controlaba el comercio y el contrabando, la producción, la burocracia y gran parte de las instituciones hasta que el reformismo borbónico vino a alterar ese orden establecido.

Un poco más abajo en la pirámide social se encontraba una gran masa de mestizos que poco a poco fueron ampliando la base socioeconómica, constituyendo el grupo de campesinos, artesanos, vagabundos, peones rurales y transportistas, entre otros. Era un conjunto turbulento e inquieto que aspiraba en la mayoría de los casos a ascender en la jerarquía social y distanciarse de sus pares.

La sociedad colonial era una sociedad de castas en donde era muy complejo el movimiento estamental. Los *mestizos* eran considerados con cierto desprecio como inestables y licenciosos, en tiempos en que mucho dependía del color de la piel, de los rasgos y del status económico. Si un individuo era pobre, sin educación o marginal era considerado mestizo o pardo, en cambio si era rico, educado y buen vecino ya era considerado parte de la elite. La sociedad colonial encontró en la denominación *pardo* una especie de saco roto donde iba a parar todo lo que étnicamente no se podía clasificar con claridad en la amplia escala del mestizaje. Otra definición de aparición tardía en la colonia y utilizada por los funcionarios para identificar a los sectores bajos subalternos fue el concepto de plebe. La plebe eran los otros, los que no entraban en el conjunto de la gente de mérito, el cual estaba constituido por los vecinos principales y burócratas que tenían la autoridad y el poder en la sociedad colonial. La noción de plebe, fue utilizada por la elite para denominar a la población que ocupaba lo más bajo de la sociedad[42]. No era un grupo homogéneo. Sus miembros se ganaban la vida con variadas estrategias poco rentables y poco estables, sin estar fijos a un lugar determinado. Constituía un sujeto difícil de controlar. Los sectores bajos urbanos eran mestizos casi por definición, por más que esa categoría no figurase en los documentos clasificatorios tardocoloniales[43].

Aunque la raza, la clase y el honor fueron claros ordenadores jerárquicos, sus concepciones fueron cambiantes en términos temporales y regionales. Las elites distinguían entre un círculo privado de familia, parientes y amigos íntimos, y un mundo público donde el honor se negociaba con pares externos. Esto constituía una dicotomía porosa, donde se permitía que alguien pudiera negociar un status publico diferente al privado. Hacia fines del siglo XVIII, sin embargo, esa porosidad se fue reduciendo[44].

Los europeos pobres representaban para la justicia un verdadero problema difícil de controlar, dado que exigían que se los tratase con todas las prerrogativas reservadas a su origen, aunque su comportamiento fuera totalmente marginal. Por eso hacia el siglo XVIII, las medidas de disciplinamiento y control social se refirieron cada vez menos a la tradicional diferenciación en clases y más a las nuevas formas de agrupamiento como

---

42 Gabriel Di Meglio, *¡Viva el bajo pueblo! La plebe urbana de Buenos Aries y la política entre la Revolución de Mayo y el rosismo* (Buenos Aires: Prometeo, 2006), 19.

43 Romina Zamora, "Forasteros y migrantes. Un acercamiento a la construcción de la trama social en la ciudad de San Miguel de Tucumán en las últimas décadas coloniales" (*Anuario del Instituto de Historia Argentina* 7, 2007), 69-81.

44 Ann Twinam, *Public Lives, Private Secrets: Gender, Honor, Sexuality, and Illegitimacy in Colonial Spanish America* (Stanford: Stanford University Press, 1999).

plebe o pobres y libres. En todas ellas, la principal identificación era por oposición, es decir todos los que no pertenecían a la corporación de vecinos o a la gente de bien. De este modo, la justicia tenía una reglamentación tan laxa que estaba disponible un amplio espacio de maniobra para incluir en diferentes categorías a quien le pareciese.

Debajo en la escala social estaba la esclavitud, la que constituía en gran medida la energía muscular de la sociedad colonial. Durante el siglo XVI se introdujo la población esclavizada en Hispanoamérica, como consecuencia de que la población indígena estaba en declive y de que cada vez estaba más protegida por las Leyes Nuevas de 1542.

Son muchos los rasgos comunes para la esclavitud, pero también son muchas las diferencias que existían de acuerdo a las regiones y las diversas condiciones a través de décadas. Localizados generalmente en las grandes plantaciones del Caribe y el Brasil, los esclavizados también se encontraban en las minas, en la producción artesanal y en el trabajo doméstico, diversificando su actividad y sus tareas de acuerdo a las regiones. Constituían una población en donde las enfermedades epidémicas, el exceso de trabajo y el desgano vital llevaron a que su número no creciera significativamente de forma natural, por ello era constante el arribo de cargamentos humanos en toda América colonial. Los esclavizados no fueron los únicos ligados a ciertas ocupaciones ni tampoco excepcionales por su incapacidad de regir su propia vida. Existían también individuos atados a la tierra, sometidos a la servidumbre, obligados a servir y sujetos a rígidas reglas y jerarquía dentro de la sociedad, pero ellos se distinguieron de los esclavos en cuanto a trabajos o a derechos. La falta de vínculo social diferenciaba a los esclavos del resto de los trabajadores y por esa condición eran tan apetecibles en el mundo colonial ya que, sin las ataduras y las vinculaciones propias de los sectores libres, los esclavos dependían de la voluntad de sus amos y éstos podían utilizarlos a su propio arbitrio a un costo más bajo que con cualquier otro tipo de trabajador[45].

Los africanos se integraron al sistema colonial y pronto adoptaron la lengua, la cultura y la religión de sus propietarios. Los esclavizados aculturados nacidos en América eran denominados *ladinos* para distinguirlos de los *bozales* nacidos en África. Los ladinos fueron quienes rápidamente se adaptaron al orbe colonial dentro del espacio en que les tocara actuar, por

---

45 Herbert Klein, *La esclavitud africana en América Latina y el Caribe* (Madrid: Alianza América, 1986), 13.

ese motivo se observa que las plantaciones recurrían preferentemente a los bozales traídos directamente de África para su producción[46].

Existieron interacciones entre actores indígenas y africanos. En Puebla, por ejemplo, la creciente demanda de hombres y mujeres africanos esclavizados, junto con trabajadores indígenas en los obrajes en expansión, impulsaron la creciente industria textil de la ciudad. También existieron interacciones entre criollos y esclavizados y entre estos últimos y el clero, que mantuvo una relación contradictoria y connivente con respecto a la esclavitud. Los esclavizados urbanos, en general, mantuvieron ciertos grados de control en su vida diaria. Lo lograron a través de diversos medios, violentos y no violentos, y más consistentemente a través de redes sociales que abarcaban individuos y familias extendidas. Tales relaciones les proporcionaron más movilidad, social y literalmente, y un impulso para eventualmente adquirir un espacio o independencia más significativo y trascender la esclavitud[47].

Las identidades de los descendientes de africanos surgieron de rutas de esclavitud compartidas, de la remodelación de fronteras étnicas y de la participación en organizaciones que iban desde hermandades católicas hasta milicias coloniales. La trata de esclavos, las hermandades católicas laicas y las asociaciones africanas y el servicio militar de africanos fueron campos de experiencia cruciales y superpuestos. Los individuos operaron a través de estas organizaciones interconectadas[48].

La iglesia no se mantuvo ajena a la esclavitud. Gran parte del esplendor jesuita en Hispanoamérica se sostuvo en la masiva explotación de su mano de obra esclavizada. La expulsión de los territorios hispanos en 1767, sorprendería a los jesuitas en una virtual dependencia de una nutrida población africana. Los esclavizados constituían un factor esencial de su sistema. Casi un 30% del capital ignaciano estaba invertido en ellos.

La influencia moderadora de la Iglesia Católica, había producido un sistema más benigno que el de la América anglosajona, no porque cuestionara en algún sentido a la institución de la esclavitud sino porque procuraba brindar los requerimientos mínimos de decencia en el trato. La

---

46 Klein, *La esclavitud*, 31

47 Pablo Sierra, *Urban Slavery in Colonial Mexico: Puebla de los Ángeles, 1531-1706* (New York: Cambridge University Press, 2018).

48 Alex Borucki, *From Shipmates to Soldiers: Emerging Black Identities in the Rio de la Plata* (Albuquerque: University of New Mexico Press, 2015).

preocupación moral cristiana jesuita acabó mezclándose con su interés por el cuidado y aprovechamiento del bien de capital más valioso: el esclavo. El sistema no evitó conflictos, resistencias y negociaciones, y demuestran la no docilidad del esclavo, su protagonismo como actor social y las fisuras del sistema[49].

El colapso demográfico llevó también a que españoles y portugueses exportaran esclavos de Asia, en particular a México, donde la mano de obra era muy demandada. La red conectó el Índico y el Pacífico, especialmente durante los años de la Unión Ibérica (1580-1640), cuando los comerciantes portugueses enviaron personas esclavizadas a Manila desde India y Asia Sudoriental a cambio de la plata española.

Los filipinos compusieron la mayor parte de esta mano de obra. Como vasallos libres de la corona española, deberían haber sido clasificados como *indios*, al igual que los habitantes indígenas americanos, que gozaban de protección contra la esclavitud. Sin embargo, todos los asiáticos fueron inicialmente categorizados como chinos. De esta manera, al ser consideradas "extranjeras", estas personas podían ser legalmente esclavizados. Con el tiempo, la categoría de chino se fue entrelazando cada vez más con la del indio. Los filipinos clasificados como chinos insistían cada vez más en que ellos también eran indios, dados sus orígenes en las Filipinas españolas. Iglesia y funcionarios aceptaron gradualmente esta situación, y en 1672, la categoría indios incluyó a todos los chinos, otorgándoles así protección contra la esclavitud[50].

Fuera del orden que imponía el orbe colonial indiano, se destacaban otras sociedades indígenas más allá de las fronteras imperiales. Estas sociedades, a pesar de hacerse ecuestre-ganaderas, seguían con un estilo de vida muy similar al anterior de proceso de conquista. A veces inofensivos y colaboradores, y otras veces, violentos y agresivos, araucanos de Chile e indígenas de la pampa, siempre estuvieron dispuestos a cortar las comunicaciones entre Buenos Aires y Perú. La toma de cautivos fue moneda frecuente[51].

---

49 Jorge Troisi Melean, *El oro de los jesuitas. La compañía de Jesús y sus esclavos en la Argentina colonial* (Saarbrücken: EAE, 2012).

50 Tatiana Seijas, *Asian Slaves in Colonial Mexico. From Chinos to Indians* (Nueva York: Cambridge University Press, 2014).

51 Pierre Chaunu, *Historia de América Latina* (Buenos Aires: EUDEBA, 1985), 44.

El medio ambiente fue transformado completamente avanzando sobre las antiguas formas precolombinas. La transformación no solo fue por cuestiones productivas. En las disputas por el gigantesco proyecto de drenaje de la cuenca central de la Ciudad de México, por ejemplo, se pusieron en conflicto los modelos de gestión y urbanización españoles e indígenas. Aunque las cosmovisiones pudieron coexistir teóricamente, en la práctica no lo hicieron. A partir de 1630, los funcionarios españoles se apartaron de la política indígena de contención de las aguas y avanzaron hacia el objetivo de su eliminación[52].

12. LA CORONA Y SUS FUNCIONARIOS

Desde los comienzos de la colonización, la corona española utilizó su poder de patronazgo para pagar los servicios con cargos y no con dinero. Una de las características constantes de la administración colonial fue el temor y la desconfianza hacia los criollos y hacia los funcionarios enviados para gobernarlos. Estas actitudes fueron muy visibles durante el gobierno de los Austrias, pero durante el reformismo borbónico del siglo XVIII se incentivarían los recelos y se manifestarían de variadas formas y de manera constante.

La idea de la corona con respecto a la provisión de nombramientos en las Indias tuvo un giro fundamental hacia 1558. Siguiendo un precedente castellano, se decidió vender los cargos. Luego de ceder la mayoría de los puestos como merced, se introdujo el concepto de cargo como renta o fuente de ingresos para el Tesoro Real. Los primeros puestos que la corona vendió fueron los de escribano y alférez, los cuales podían ser ofrecidos a perpetuidad de acuerdo al precio ofrecido. Esta costumbre continuó hasta mediados del siglo XVIII cuando la mejora de las finanzas de la corona permitió poner fin a la venta de nombramientos de audiencias, gobernaciones, corregimientos, alcaldías mayores y cargos de tesorería. Sin embargo, el legado de las ventas anteriores afectó seriamente la composición de la burocracia indiana hasta fines del siglo XVIII[53].

---

52 Vera Candiani, *Dreaming of Dry Land: Environmental Transformation in Colonial Mexico City* (Stanford: Stanford University Press, 2014).

53 Mark Burkholder, "Burócratas", en *Ciudades y sociedad en Latinoamérica colonial*, ed. por Susan Socolow y Louisa Hoberman (Buenos Aires: FCE, 1986), 112-127.

Altos funcionarios y virreyes intentaron mantenerse separados del cuerpo de personas a las que gobernaban, ya que, salvo pequeñas excepciones, la mayoría de ellos eran españoles peninsulares. Los altos funcionarios eran cambiados con frecuencia para permitir un enérgico impulso en la dirección y manejo de los asuntos coloniales[54].

En teoría, la ley no hacía distinción entre peninsulares y criollos, incluso la monarquía instruyó a los virreyes para que, al cubrir las vacantes, se diera preferencia a los hombres calificados por su idoneidad nacidos en las Indias. Pero las designaciones llevadas a cabo en España caían por regla general en españoles peninsulares. Igualmente, esta política parecía necesaria en posesiones tan distantes donde los sentimientos de lealtad a la corona tendían a ser más débiles que en las viejas comunidades europeas[55].

La organización de menor a mayor de las unidades territoriales (municipios, provincias, audiencias, virreinatos e imperio) sugieren a simple vista una estructura piramidal con su cúspide en la autoridad centralizada en el mando del monarca. Burkholder nos señala que la realidad era diferente. Una imagen más exacta sería la de un conjunto de ruedas con sus ejes en las capitales de audiencias y sus rayos extendiéndose hacia las provincias. La administración imperial española estaba muy descentralizada[56].

Las fronteras imperiales, en tanto, fueron construidas gradualmente a lo largo de varios siglos por una multiplicidad de grupos y de individuos que luchaban para alcanzar sus propios intereses. En áreas poco controladas por los agentes del Estado, la frontera funcionó como un archipiélago constituido por islas ocupadas y un vasto mar vacío[57].

13. IGLESIA, PERSECUCIONES Y PERVIVENCIAS RELIGIOSAS

Las prácticas andinas sobrevivieron a lo largo de todo el periodo colonial en localidades distantes y periféricas. Las persecuciones religiosas tam-

54 De todos los virreyes que gobernaron Hispanoamérica hasta 1813 solamente cuatro nacieron en América Clarence Haring, *El imperio español en América* (México: Alianza, 1990), 276.

55 Haring, *El imperio,* 277.

56 Burkholder, "Burócratas", 109.

57 Tamar Herzog, *Frontiers of Possession: Spain and Portugal in Europe and the Americas* (Cambridge: Harvard University Press, 2015).

bién se mantuvieron, pero fueron mutando sus objetivos. En el siglo XVII, apuntaban hacia una hechicería que definían como idolatría, superstición y brujería; en el siglo XVIII, se usarían para incrementar la armonía social y reforzar la autoridad[58]. Irene Silverblatt sostiene que el origen del totalitarismo moderno estuvo en las persecuciones religiosas hispanoamericanas y no en el imperialismo europeo decimonónico que apeló a lo racial para controlar a los pueblos conquistados, como había propuesto Hannah Arendt. Entre otras regulaciones, las comunidades judías estaban prohibidas[59].

Amén de las persecuciones, la Iglesia católica emprendió múltiples actividades. En cada región fronteriza del imperio, se levantaron asentamientos que reunían a grupos indígenas bajo el liderazgo de miembros de las órdenes religiosas, generalmente, franciscanos o jesuitas. Con la dirección de estos últimos, las misiones guaraníes del Río de la Plata fueron las más grandes y prósperas de todas las misiones católicas establecidas para convertir, aculturar e incorporar a los pueblos indígenas y sus tierras a los imperios español y portugués. Las misiones no fueron solo un experimento social, fueron también una empresa económica[60].

Las órdenes religiosas no solo tuvieron un papel destacado en las misiones sino también en la "consolidación espiritual" de las ciudades. A partir de finales del siglo XVI, las ciudades se convirtieron en el hogar de la mayoría de los religiosos. Dieron forma a la vida religiosa y social de cada ciudad colonial hispana. Franciscanos, dominicos y mercedarios, y también miembros del clero secular, sirvieron como predicadores, confesores, directores espirituales, recolectores de limosnas, educadores, eruditos y patrocinadores de obras de caridad. Las órdenes católicas florecieron durante el siglo XVII y principios del XVIII[61].

---

58 Claudia Brosseder, *The Power of Huacas: Change and Resistance in the Andean World of Colonial Peru* (Austin: University of Texas Press, 2014).

59 Irene Silverblatt, *Modern Inquisitions: Peru and the Colonial Origins of the Civilized World* (Durham: Duke University Press, 2004).

60 Julia Sarreal, *The Guaraní and their Missions: A Socioeconomic History* (Stanford: Stanford University Press, 2014).

61 Karen Melvin, *Building Colonial Cities of God: Mendicant Orders and Urban Culture in New Spain* (Stanford: Stanford University Press, 2012).

Las monjas fueron actores centrales del escenario colonial[62]. En Perú, desde la fundación del primer convento en 1558, las monjas desempeñaron un papel vital en el sometimiento de los incas, la creación de una élite criolla y la reproducción de un orden colonial andino en el que los intereses económicos y espirituales estuvieran inextricablemente fusionados. Eran garantes del orden social al otorgar préstamos, administrar propiedades, contener a mujeres "rebeldes" y criar niñas. Influyeron profundamente en la cultura espiritual, literaria, económica y festiva de centros urbanos como México y Lima[63].

También las mujeres laicas en sus interacciones con el clero, los tribunales eclesiásticos, los sacramentos y los claustros, fueron vitales para el proceso gradual de creación de una cultura religiosa colonial. Dentro de estructuras eclesiásticas patriarcales en las que tenían un acceso desigual al poder, la participación de las mujeres en los asuntos de la iglesia ayudó a determinar la naturaleza misma de las tradiciones cristianas en la colonia[64].

14. EL NUEVO REFORMISMO

Durante el siglo XVIII se agudizó la tensión entre España y sus reinos. La revolución en las ideas, gestada desde fines del siglo XVII en toda Europa, repercutió notoriamente en el otro lado del Atlántico. El siglo XVIII, pródigo en contradicciones y paradojas, marcó un quiebre en la historia por haber puesto cierto freno a la intolerancia religiosa y por haber reivindicado a la libertad y la razón como bienes humanos fundamentales[65].

Con la muerte de Carlos II, el último rey de la casa de Austria en España, y la llegada al trono de Felipe V de Borbón en 1700, se inició la *Guerra*

---

62 Las religiosas llegaron a América en los primeros decenios de la Conquista y se propagaron en seguida por casi todas las regiones. Durante el período colonial todas las religiosas iberoamericanas eran monjas contemplativas que vivían en la clausura de sus monasterios. Las primeras que ingresaron al territorio fueron las de la Concepción y, más tarde, llegaron las dominicas, las clarisas, las jerónimas, las agustinas y las carmelitas.

63 Kathryn Burns, *Colonial Habits: Convents and the Spiritual Economy of Cuzco, Peru* (Durham: Duke University Press, 1999); Asuncion Lavrin, *Brides of Christ: Conventual Life in Colonial Mexico* (Stanford: Stanford University Press, 2008).

64 Jessica Delgado, *Laywomen and the Making of Colonial Catholicism in New Spain, 1630-1790* (New York: Cambridge University Press, 2018).

65 Lucía Gálvez, *Las mil y una historias de América* (Buenos Aires: Kapeluz, 1996), 252.

de Sucesión española, donde Austria, Francia e Inglaterra buscaron sacar ventajas. A partir de la Paz de Utrecht de 1713, por la cual Inglaterra reconocía el trono ganado por los borbones en España, se iniciaron una serie de cambios ideológicos, sociales, económicos y culturales en la Metrópoli que se proyectaron de manera intensa en toda Hispanoamérica. La llegada de los Borbones no cambió la fundamentación tradicional del poder, pero permitió que una facción de la elite, la regalista, intentara acentuar el absolutismo monárquico.

Las *Reformas Borbónicas* apuntaron a una liberalización de las relaciones comerciales vigentes entre la metrópoli y las colonias, marcadas por un espíritu de monopolio y paternalismo político. Fueron un intento administrativo y estatal para modernizar a una España atrasada política, económica y socialmente en relación con las otras potencias europeas del siglo XVIII. El sentido de las mismas estaba orientado a sustituir administrativamente a una clase empresarial en las colonias con una nueva burocracia, para agilizar las relaciones económicas entre América y España.

En lo administrativo, estas reformas apuntaban a una mayor centralización, buscando limitar los poderes que se habían consolidado dentro de la sociedad colonial. Fueron suprimidos y creados virreinatos, gobernaciones y capitanías generales, surgiendo en América un período de relativa desorganización en donde no se sabía en verdad cuál era la institución válida y cuál no[66].

Kuethe y Andrien han brindado una visión más matizada y compleja de las reformas. Para ellos, el conjunto de medidas que se ha dado en llamar Reformas Borbónicas fue el resultado una amalgama de decisiones contrapuestas, basadas en la toma de decisiones inmediatas y diagnósticos parciales de una inmensa monarquía en guerra permanente[67].

Las reformas conllevaron el impacto de la Ilustración a las colonias españolas. Aunque opuesto al antiguo régimen clerical y aristocrático que había ordenado la sociedad, el discurso ilustrado permeó a la intelectualidad española. Sin embargo, el choque de las viejas y nuevas formas de

---

66 Fernando Mires, *La rebelión permanente* (México: Siglo veintiuno, 1988), 61.

67 Kenneth Andrien y Allan Kuethe, *The Spanish Atlantic World in the Eighteenth Century: War and the Bourbon Reforms, 1713-1796* (New York: Cambridge University Press, 2014).

erudición no hicieron que los elementos barrocos desaparecieran del dominio intelectual[68].

Las ideas ilustradas se cruzaron también con las ambiciones imperiales, el auge científico y la cultura visual. Entre 1777 y 1816, expediciones botánicas recorrieron el imperio español en un ambicioso proyecto para estudiar la flora de América, el Caribe y Filipinas. De ese proyecto se realizaron más de 12.000 ilustraciones botánicas[69].

Europa desarrolló una "conciencia planetaria", donde la exploración interior y la inclinación a la historia natural ayudaron a la construcción de significado en escala global. Se utilizó la ciencia para articular los contactos europeos con las fronteras imperiales. Pratt señala que esta nueva conciencia planetaria fue un elemento básico en la construcción del eurocentrismo moderno[70].

Los nuevos conceptos de higiene alcanzaron a las elites ilustradas españolas que se sintieron con responsabilidad moral de aplicar innovaciones médicas para curar y prevenir enfermedades. Desde la introducción de la inoculación en Guatemala en 1780, sus esfuerzos incluyeron las primeras vacunaciones contra la viruela, nuevas estrategias para proteger a la comunidad del tifus y el sarampión, e intervenciones médicas durante el embarazo y el parto. Las culturas médicas indígenas mesoamericanas influyeron en la forma y el alcance de esas campañas regionales y también afectaron a las culturas médicas más amplias del Nuevo Mundo[71]. En el esfuerzo sanitario, no sólo incluyeron a las élites urbanas educadas. Participaron también funcionarios locales, sacerdotes rurales, campesinos y artesanos[72].

El reformismo tuvo consecuencias en variados niveles. Desde la década de 1550, las fuerzas de color libres habían ocupado un lugar destacado en las fuerzas militares de la colonia, hasta formar sus propias unidades en los siglos XVII y XVIII. Las reformas borbónicas, sin embargo, desde la déca-

---

68 Jorge Canizares-Esguerra, *How to Write the History of the New World. Histories, Epistemologies, and Identities in the Eighteenth-Century Atlantic World* (Stanford: Stanford University Press, 2001).

69 Daniela Bleichmar, *Visible Empire: Botanical Expeditions and Visual Culture in the Hispanic Enlightenment* (Chicago: University of Chicago Press, 2012).

70 Pratt, *Imperial Eyes*, 16-37.

71 Martha Few, *For All of Humanity: Mesoamerican and Colonial Medicine in Enlightenment Guatemala* (Tucson: University of Arizona Press, 2015).

72 Paul Ramírez, *Enlightened Immunity: Mexico's Experiments with Disease Prevention in the Age of Reason* (Stanford: Stanford University Press, 2018).

da de 1760, ampliaron el establishment militar y el papel de los soldados españoles nacidos en el Nuevo Mundo, a expensas de las compañías de color libres, que experimentaron una reducción tanto en número como en privilegios institucionales[73].

El nuevo clima de ideas impacto incluso en el acceso a la justicia. Hacia fines del siglo XVIII, aumentaron las demandas civiles de grupos subalternos. Esclavos, campesinos nativos y mujeres iniciaron varios litigios contra amos, líderes nativos y maridos[74].

15. LA NUEVA ORIENTACIÓN ATLÁNTICA

Las primeras medidas comerciales aplicadas fueron la baja de las tarifas aduaneras, la abolición del monopolio ejercido por Sevilla y Cádiz, la apertura de comunicaciones libres entre los puertos de la península ibérica y los del Caribe y el continente americano, la ampliación desde 1789 del comercio de esclavos, y el permiso para comerciar con las colonias extranjeras desde 1795 y en navíos neutrales desde 1797. Algunos de los motivos que llevaron a imponer este comercio se debieron a un intento por frenar el contrabando inglés, portugués y holandés en las colonias, pero también a abrir la exportación debido a la presión de los comerciantes más importantes. En términos generales, las nuevas medidas comerciales provocaron efectos exactamente contrarios a los que deseaba la corona española. Los sectores exportadores aprovechando los espacios abiertos por el *libre comercio* no disminuyeron, sino que incrementaron las relaciones con otras potencias europeas. Otro efecto negativo de las reformas fue la desarticulación de un conjunto de actividades económicas que habían prosperado gracias a las propias condiciones determinadas por el aislamiento respecto a España[75]. El comercio libre afectó la estabilidad de todo el sistema monetario del Imperio español. Para los comerciantes el reglamento de libre comercio era poco libre, pero para los artesanos y fabricantes lo era

---

73 Ben Vinson, *Bearing Arms for His Majesty: The Free-Colored Militia in Colonial Mexico* (Stanford: Stanford University Press, 2001).

74 Bianca Premo, *The Enlightenment on Trial: Ordinary Litigants and Colonialism in the Spanish Empire* (New York: Oxford University Press, 2017).

75 Mires, *La rebelión*, 63.

demasiado. La promulgación del libre comercio produjo caos financiero y quiebras en diferentes regiones[76].

A partir de 1740, la corona española conectó los puertos del Atlántico sudamericano y del Pacífico, a través del Cabo de Hornos, desintegrando el eje trasatlántico España-Portobelo-Lima. El Pacífico sudamericano se reorientó a la economía europea y el eje con Asia sufrió un golpe mortal[77]. El flujo comercial se atlantizó. A las trasformaciones hispánicas le siguieron la cooptación de los ejes por el comercio de Gran Bretaña que salió con nuevos bríos al mar, transformada por la Revolución Industrial.

Buenos Aires en el Atlántico y Valparaíso en el Pacífico fueron autorizados a entrar en el comercio directo. El comercio transformó las ciudades. Los comerciantes de Buenos Aires se convirtieron en el grupo principal de la elite de la ahora capital virreinal y próspera ciudad-puerto[78]. El Río de la Plata dejó de ser una periferia del imperio español para convertirse cada vez más en un área donde los imperios portugueses, españoles, británicos y franceses interactuaban entre sí. Montevideo y Buenos Aires compitieron por encontrar nuevos espacios en esas pujas[79].

Las transformaciones globales de fines del siglo XVIII modificaron la sociedad. En una Buenos Aires plenamente integrada al comercio atlántico, el aumento de los flujos de inmigrantes de España y de esclavos de África y Brasil provocó una caída de los salarios reales y el colapso de los gremios tradicionales. Los trabajadores y artesanos se unirían a las milicias para defender la ciudad contra las invasiones británicas en 1806 y 1807, y derrotarían un intento de golpe leal a los españoles en 1809. La administración colonial española quedó gravemente debilitada y la población urbana altamente militarizada. Una transformación política de escala llevaría a consecuencias imprevistas en las décadas siguientes[80].

---

76 Jeremy Baskes, *Staying Afloat: Risk and Uncertainty in Spanish Atlantic World Trade, 1760- 1820* (Stanford: Stanford University Press, 2013).

77 Bonialian y Hausberg, "Consideraciones sobre el comercio", 207-208.

78 Susan Migden Socolow, *Merchants of Buenos Aires 1778-1810: Family and Commerce.* (Cambridge: Cambridge University Press, 1978).

79 Fabricio Prado, *Edge of Empire. Atlantic Networks and Revolution in Bourbon Río de la Plata* (Oakland: University of California Press, 2015).

80 Lyman Johnson, *Workshop of Revolution: Plebeian Buenos Aires and the Atlantic World, 1776-1810* (Durham: Duke University Press, 2011).

16. LA EXPULSIÓN DE LOS JESUITAS Y LAS REFORMAS RELIGIOSAS

La sociedad colonial urbana se había constituido política y culturalmente gracias a la presencia jesuita tanto en la educación como en el ingreso de las ciencias al continente. Matemáticos, cartógrafos, clérigos, humanistas y educadores de la Orden estuvieron durante décadas educando tanto a las sociedades nativas como a los vástagos de la corona. Así, en 1767, pese a las protestas levantadas en Roma, los jesuitas fueron expulsados de la América Española[81]. Esta severa medida parecía ajustarse a los propósitos centralizadores de la monarquía española en manos de los borbones, ya que eran conocidas las tendencias autónomas de los jesuitas. Con una sola medida, los sectores medios hispano-criollos se quedaron sin establecimientos educativos de calidad y bajo costo, para enviar a sus hijos a estudiar. Esto los llevó a sentirse defraudados por la corona y a vivir la expulsión como una gran injusticia[82].

Con la expulsión de los jesuitas, las misiones de indígenas pasaron a ser administradas por funcionarios laicos o por otras órdenes religiosas. En todos los casos, declinaron. Aunque la corrupción y la incapacidad no estuvieron ausentes, fue más bien la intención de empujar a las empresas misioneras hacia la economía global lo que generó la decadencia[83].

Las reformas tuvieron un impacto disímil en las instituciones religiosas dependiendo de los espacios y las agencias afectadas. Para fines del siglo XVIII, la economía de los conventos de mujeres había fracasado gravemente, convirtiéndolos en un emblema de decadencia y un punto focal para intensas críticas a un régimen colonial fallido[84].

Para las órdenes religiosas masculinas, las reformas del siglo XVIII no fueron tan devastadoras como se suponía, permitiendo que mantuvieran

---

81 Los jesuitas fueron expulsados en serie del Imperio portugués (1759), Francia (1764) y el Imperio español (1767). Finalmente, el Papa Clemente XIV abolió la Compañía en 1773, sin demasiada resistencia. Los historiadores adjudicaron la expulsión a múltiples factores, principalmente los intentos de la monarquía de centralizar el poder frente a una institución que parecía responder demasiado a intereses propios o supranacionales. En 1814, el Papa Pío VII restauró a la Compañía de Jesús.

82 Mires, *La rebelión*, 63.

83 Sarreal, *The Guaraní.*

84 Burns, *Colonial Habits.*

su vitalidad hasta principios de los gobiernos post-independientes[85]. En el Río de la Plata, las reformas beneficiaron exitosamente a los franciscanos. La orden llenó los vacíos dejados por la expulsión de la Compañía de Jesús, incluso obteniendo la administración de la Universidad de Córdoba, aunque las normativas establecían que debería haber pasado a manos del clero secular. Desde la Universidad, los franciscanos ejercieron una mayor influencia a nivel social[86].

17. LA GRAN REBELIÓN ANDINA

La historia de las relaciones entre españoles e indígenas constituyó un tapiz mucho más complejo que la imagen simplificada de una historia de interminables abusos españoles. Los indígenas estaban en el corazón de la economía colonial. Constituían la mayoría de la población, producían la mayor parte de los bienes y realizaban la mayor parte del trabajo. Los burócratas que los gobernaban estaban mal pagados y, para aumentar sus ingresos, realizaban negocios ilegales con los indígenas.

Durante el período borbónico se produjo una profunda mutación en el rol de la administración colonial, debida a la intensificación de las tensiones que se generaron entre instancias imperiales, regionales y locales de gobierno, a las disputas entre el Estado y la iglesia y a la expansión de un clima de agitación rural generalizada. Las instituciones dejaron de ser los vehículos de negociación entre grupos competitivos de interés convirtiéndose en el blanco mismo de luchas verticales y horizontales que redefinirían los fundamentos ideológicos del domino español en los Andes. Se generó un proceso por el cual se constituyeron nuevos actores políticos y mediante la fuerza o la apelación legal se reafirmaron privilegios corporativos y se puso en tela de juicio el papel de los funcionarios coloniales como intermediarios entre la corona y la sociedad nativa[87].

El alzamiento central de las rebeliones andinas fue el que dirigió José Gabriel Condorcanqui, cacique de la ciudad de Tungasuca en la provincia de Tinta que adoptó el nombre de Tupac Amaru. El 4 de noviembre de

---

85 Melvin, *Building Colonial Cities'.*

86 Jorge Troisi Melean, *Socios incómodos. Los franciscanos de Córdoba en una era de transformaciones (1767-1829)* (Rosario: Prohistoria, 2016).

87 Sergio Serulnikov, *Conflictos sociales e insurrección en el mundo colonial andino: El norte de Potosí en el siglo XVIII* (Buenos Aires: FCE, 2006), 17-18.

1780 apresó al Corregidor don Antonio Arriaga y seis días después le hizo dar muerte en la plaza del pueblo, dando origen de este modo a una rebelión que rápidamente se propagó hacia el interior del espacio andino.

Funcionarios como el Corregidor frecuentemente utilizaba el repartimiento de mercancías, trato comercial con las personas bajo su jurisdicción, en forma ilegal para facilitar la recaudación de impuestos. Esta conducta era justificada como necesaria para la supervivencia del propio sistema colonial. Paralelamente, contribuía a la integración de las economías regionales en la economía mundial. Los funcionarios vivían en el cruce entre ser burócratas y empresarios[88].

Tupac Amaru tuvo como compañeros de rebelión a un indígena llamado Tomás Catari y a otro personaje analfabeto, minero y sacristán, llamado Tupac Catari que curiosamente se hacía llamar inca y virrey. Después de muchas campañas en las que los insurrectos lucharon hasta el final, las autoridades coloniales lograron sofocar la rebelión apresando a los líderes y sentenciándolos a suplicios espantosos[89].

En la *Gran Rebelión Andina* de 1780-1782, la nobleza inca, con pocas excepciones, se mantuvo fiel a la corona, aunque esto fue en parte una respuesta al hecho de que veían al líder rebelde como un usurpador de sus prerrogativas. La historia de la nobleza indígena del Cuzco es un relato de auge y ocaso, la triste paradoja de una nobleza con conciencia de sus privilegios, fiel al rey y leal a la corona, que, sin embargo, fue despojada de la protección real, asediada en sus prerrogativas y, tras la gran rebelión, vilipendiada en una campaña oficial contra todo lo que se preciara de Inca. [90]

Las rebeliones en el mundo andino de la segunda mitad del siglo XVIII fueron los últimos actos de resistencia de una sociedad que se había constituido en la misma resistencia. La resistencia de Manco Inca, líder de los incas sublevados contra las huestes de Francisco Pizarro, como también los movimientos andinos del siglo XVI ejemplificados en el Taki Onqoy, nos señalan que a partir del siglo XVII hubo indicios de que la figura del Inca se había convertido en la de un héroe mesiánico cuya resurrección tendría

---

88 Robert Patch, *Indians and the Political Economy of Colonial Central America, 1670-1810* (Norman: University of Oklahoma Press, 2013).

89 Salvador De Madariaga, *El auge y el ocaso del Imperio español en América* (Madrid, Sarpe, 1985), 232.

90 David Garrett, *Shadows of Empire: The Indian Nobility of Cusco, 1750-1825* (New York: Cambridge University Press, 2005).

peso decisivo en una transformación de la sociedad andina. El inca era una esperanza y por ello fue parangonado con Cristo o con el Rey en la mitología andina. Así se transformó en el símbolo de la identidad andina colonial cuya presencia ya era indiscutible para los líderes de los grandes movimientos del siglo XVIII. Tupac Amaru se identificó con la imagen sagrada y popular del Inca. Así las actividades subversivas de aquellos movimientos utilizaron el mesianismo del inca que se había generalizado en toda la región. El renacimiento del Inca generaría un futuro mejor[91].

18. CONCLUSIÓN

Durante el primer cuarto del siglo XIX, toda la estructura colonial hispanoamericana, levantada por más tres siglos, se derrumbó estrepitosamente. Condenada por la evolución de las nuevas ideas surgidas en el mundo y minada por sus contradicciones internas, la corona española poco pudo hacer durante su agonía. La conquista había impuesto una unidad ficticia al mantener bajo su dominio pueblos y sociedades muy diferentes, separadas por inmensas distancias imposibles de mantener bajo una estructura política homogénea. Las insurrecciones surgidas a partir de la segunda mitad del siglo XVIII, fortalecieron las rivalidades regionales pero todas ellas generaron también un único enemigo y un sentimiento anti hispánico corrió por todo el continente[92]. En cierta medida, las reformas borbónicas intentaron a poner fin a esta problemática ya que el crecimiento interno de las Indias hizo codiciables sus recursos para las potencias económicas y navales que habían surgido en Europa producto de la incipiente revolución industrial. El establecimiento de un ejército a gran escala por parte de los borbones, motivado por la amenaza exterior, era también parte de un impulso general de mayor control y descriollización de las Indias. Sin embargo, las tendencias demográficas mestizas del período colonial tardío desafiaron a la política borbónica dejando una impronta profunda en las sociedades hispanoamericanas[93].

---

91 Pease, "Los Andes", 70-74.

92 Chaunu, *Historia*, 61.

93 Lockhart y Schwarz, *América Latina*, 333.

19. BIBLIOGRAFÍA

Andrien K. y Kuethe, A. (2014). *The Spanish Atlantic World in the Eighteenth Century: War and the Bourbon Reforms, 1713-1796.* Cambridge University Press.

Andrien, K. (2001). *Andean Worlds: Indigenous History, Culture, and Consciousness under Spanish Rule, 1532-1825.* University of New Mexico Press.

Assadourian, C. (1978). La producción de la mercancía dinero en la formación del mercado interno colonial". *Economía,* 1(2), 9-56.

Baskes, J. (2013). *Staying Afloat: Risk and Uncertainty in Spanish Atlantic World Trade, 1760- 1820.* Stanford University Press.

Bauer, A. (1996). The Countryside in Colonial Latin America". En L. Hoberman y S. Socolow (Eds.). *The Countryside in Colonial Latin America* (pp. 19-48). University of New Mexico Press.

Bennassar, B. (1985). *La América española y la América portuguesa (siglos XVI-XVIII).* Sarpe.

Bennett, H. (2019). *African Kings and Black Slaves: Sovereignty and Dispossession in the Early Modern Atlantic.* University of Pennsylvania Press.

Bleichmar, D. (2012). *Visible Empire: Botanical Expeditions and Visual Culture in the Hispanic Enlightenment.* University of Chicago Press.

Bonialian M. y Hausberg, B (2018). Consideraciones sobre el comercio y el papel de la plata hispanoamericana en la temprana globalización, siglos XVI-XIX". *Historia Mexicana* 63, 199-200.

Borucki, A. (2015). *From Shipmates to Soldiers: Emerging Black Identities in the Rio de la Plata.* University of New Mexico Press.

Brading D., (1991) *Orbe Indiano. De la monarquía católica a la república criolla, 1492-1867.* FCE.

Brosseder, C. (2014). *The Power of Huacas: Change and Resistance in the Andean World of Colonial Peru.* University of Texas Press.

Brown, K. (2012). *A History of Mining in Latin America. From the Colonial Era to the Present.* University of New Mexico Press.

Burkholder, M. (1986). Burócratas. En S. Socolow y L. Hoberman (Eds.). *Ciudades y sociedad en Latinoamérica colonial* (pp. 112-127). FCE.

Burns, K. (1999). *Colonial Habits: Convents and the Spiritual Economy of Cuzco, Peru.* Duke University Press.

Byun, C. (2011). The Valladolid Debate between Las Casas and Sepúlveda of 1550 on the Conquest and the Intellectual-Religious Capacity of American Indians'. *Korea Presbyterian Journal of Theology* 42, 257-276.

Candiani, V. (2014). *Dreaming of Dry Land: Environmental Transformation in Colonial Mexico City.* Stanford University Press.

Canizares-Esguerra, J. (2001). *How to Write the History of the New World. Histories, Epistemologies, and Identities in the Eighteenth-Century Atlantic World.* Stanford University Press.

Chaunu, P. (1985). *Historia de América Latina.* EUDEBA.

Haring, C. (1990). *El imperio español en América.* Alianza.

Cortés, H. (1985). *Cartas de la conquista de México.* Sarpe.

Crosby, A. (1972). *The Columbian Exchange; Biological and Cultural Consequences of 1492.* Greenwood.

De Madariaga, S. (1985). *El auge y el ocaso del Imperio español en América.* Sarpe.

Delgado, J. (2018). *Laywomen and the Making of Colonial Catholicism in New Spain, 1630-1790.* Cambridge University Press.

Few, M. (2015). *For All of Humanity: Mesoamerican and Colonial Medicine in Enlightenment Guatemala.* University of Arizona Press.

Gálvez, L. (1996). *Las mil y una historias de América.* Kapeluz.

Garavaglia, J. y Marchena, J. (2005). *América precolombina y la consolidación del espacio colonial.* Crítica.

Garraty J. y Gay, P. (1985). *Hacia el mundo moderno.* Bruguera.

Garrett, D. (2005). *Shadows of Empire: The Indian Nobility of Cusco, 1750-1825.* Cambridge University Press.

Guerrero, S. (2017). *Silver by Fire, Silver by Mercury: A Chemical History of Silver Refining in New Spain and Mexico, 16th to 19th Centuries.* Brill.

Gunder Frank, A. (1998). *Reorient. Global Economy in the Asian Age.* University of California Press.

Herzog, T. (2015). *Frontiers of Possession: Spain and Portugal in Europe and the Americas.* Harvard University Press.

Johnson, L. (2011). *Workshop of Revolution: Plebeian Buenos Aires and the Atlantic World, 1776-1810.* Duke University Press.

Klein, H. (1986). *La esclavitud africana en América Latina y el Caribe.* Alianza América.

Lane, K. (2017). Conquest of Peru. En *Oxford bibliographies.* doi: https://www.oxfordbibliographies.com/display/document/obo-9780199766581/obo-9780199766581-0007.xml

Lavrin, A. (2008). *Brides of Christ: Conventual Life in Colonial Mexico.* Stanford University Press.

Lockhart, J. y Schwarz, S. (1992). *América Latina en la Edad Moderna.* Akal.

Manning, P. (1992). The Slave Trade: The Formal Demographics of a Global System. Social Science History, 14(2), 255-279

Meglio, G. (2006). *¡Viva el bajo pueblo! La plebe urbana de Buenos Aries y la política entre la Revolución de Mayo y el rosismo.* Prometeo.

Melvin, K. (2012). *Building Colonial Cities of God: Mendicant Orders and Urban Culture in New Spain.* Stanford University Press.

Mignolo, W. (2005). *The Idea of Latin America.* Blackwell.

Mires, F. (1988). *La rebelión permanente.* Siglo veintiuno.

Patch, R. (2013). *Indians and the Political Economy of Colonial Central America, 1670-1810.* University of Oklahoma Press.

Pease, F. (2000). Los Andes. En *Historia General de América Latina* (pp. 155-172) UNESCO.

Prado, F. (2015) *Edge of Empire. Atlantic Networks and Revolution in Bourbon Río de la Plata.* University of California Press.

Pratt, M. (1992). *Imperial Eyes: Studies in Travel Writing and Transculturation.* Routledge.

Premo, B. (2017). *The Enlightenment on Trial: Ordinary Litigants and Colonialism in the Spanish Empire.* Oxford University Press.

Ramírez, P. (2018). *Enlightened Immunity: Mexico's Experiments with Disease Prevention in the Age of Reason.* Stanford University Press.

Rinke, S. (2023). The Changing Interpretation of the Spanish Conquest in the Americas". En *World History Encyclopedia.* Oxford University Press. doi: https://www.worldhistory.org/article/2250/the-changing-interpretation-of-the-spanish-conques/

Romano, R. (1998). *Moneda, seudomonedas y circulación monetaria en las economías de México.* FCE.

Sarreal, J. (2014). *The Guaraní and their Missions: A Socioeconomic History.* Stanford University Press.

Seijas, T. (2014). *Asian Slaves in Colonial Mexico. From Chinos to Indians.* Cambridge University Press.

Serulnikov, S. (2006). *Conflictos sociales e insurrección en el mundo colonial andino: El norte de Potosí en el siglo XVIII.* FCE.

Sierra, P. (2018). *Urban Slavery in Colonial Mexico: Puebla de los Ángeles, 1531-1706.* Cambridge University Press.

Silverblatt, I. (2004). *Modern Inquisitions: Peru and the Colonial Origins of the Civilized World.* Duke University Press.

Socolow, S. (1978) *Merchants of Buenos Aires 1778-1810: Family and Commerce.* Cambridge University Press.

Stern, S. (1982). *Peru's Indian Peoples and the Challenge of Spanish Conquest: Huamanga to 1640.* University of Wisconsin Press.

Townsend, C. (2016). *Annals of Native America: How the Nahuas of Colonial Mexico Kept Their History Alive.* Oxford University Press.

Troisi Melean, J. (2016). *Socios incómodos. Los franciscanos de Córdoba en una era de transformaciones (1767-1829).* Prohistoria.

Troisi Melean, J. (2012). *El oro de los jesuitas. La compañía de Jesús y sus esclavos en la Argentina colonial.* EAE.

Tutino, J (2011). *Making a New World: Founding Capitalism in the Bajío and Spanish North America.* Duke University Press.

Twinam, A. (1999). *Public Lives, Private Secrets: Gender, Honor, Sexuality, and Illegitimacy in Colonial Spanish America.* Stanford University Press.

Velasco Murillo, D. (2001). *Urban Indians in a Silver City: Zacatecas, Mexico, 1546-1810.* Stanford University Press.

Vinson, B. (2001). *Bearing Arms for His Majesty: The Free-Colored Militia in Colonial Mexico.* Stanford University Press.

Yannakakis, Y. (2008). *The Art of Being In-Between: Native Intermediaries, Indian Identity, and Local Rule in Colonial Oaxaca.* Duke University Press.

Zamora, R. (2007). Forasteros y migrantes. Un acercamiento a la construcción de la trama social en la ciudad de San Miguel de Tucumán en las últimas décadas coloniales. *Anuario del Instituto de Historia Argentina* 7, 69-81.

2.3. Los procesos independentistas de la América española (1810-1830)

ROBERTO BREÑA[1]
El Colegio de México
rbrena@colmex.mx

1. INTRODUCCIÓN

El presente capítulo es un estudio introductorio sobre los procesos independentistas que tuvieron lugar en la América española entre 1810 y 1824. Pero no solo sobre esos tres lustros, pues también me ocuparé de la crisis de la monarquía hispánica, que comenzó en 1808, y, si bien en menor medida, de los años subsiguientes a 1824, pues, como veremos, por lo menos hasta 1830 siguieron teniendo lugar acontecimientos que se pueden enmarcar dentro de lo que cabe denominar "el periodo independentista" (de aquí que haya elegido ese año en el título). Cabe apuntar que a veces los procesos mencionados reciben el adjetivo "emancipadores", un adjetivo que también es aceptable, pues ninguno de esos movimientos se inició teniendo como objetivo la *independencia* (*i.e.*, absoluta) con respecto a la metrópoli. Ahora bien, a partir de 1810, en algunos territorios de la América española dichos procesos pronto se convirtieron en movimientos autonomistas e incluso independentistas, con variaciones importantes entre los distintos territorios que conformaban el imperio español en tierras

1 Doctor en historia del pensamiento político por la Universidad Complutense de Madrid, es profesor-investigador del Centro de Estudios Internacionales de El Colegio de México (Colmex). En esta institución imparte cursos de historia de las ideas, análisis histórico, teoría política y revoluciones atlánticas. Sus intereses académicos se han centrado en el primer liberalismo español, las independencias hispanoamericanas, las revoluciones atlánticas, la Era de las revoluciones, la historiografía contemporánea y la historia intelectual. Ha publicado y editado varios libros sobre dichos temas, además de alrededor de sesenta artículos y capítulos de libros. En 2021 aparecieron dos libros suyos: *Las revoluciones hispánicas y la historiografía contemporánea* (Bruselas, Peter Lang) y *Liberalismo e independencia en la Era de las revoluciones* (México, Colmex). El Dr. Breña ha sido profesor invitado en diversas universidades mexicanas, así como en universidades de España, Francia, Italia, Estados Unidos y Canadá.

americanas. A fin de cuentas, el resultado fue la independencia de todos los territorios continentales que formaban parte de dicho imperio. A partir de 1824, la metrópoli solamente conservó las islas caribeñas de Cuba y Puerto Rico[2].

Si la fecha final que se elige a menudo para los procesos independentistas hispanoamericanos es 1824, esto responde a que la célebre batalla de Ayacucho, que marca el final de las guerras de independencia, tuvo lugar en diciembre de ese año. Sin embargo, como sucede con muchos otros procesos históricos, en ocasiones el año en que cada uno de los movimientos independentistas hispanoamericanos se cierra o concluye es una fecha difícil de determinar con precisión. En el caso que nos ocupa, la fecha final del conjunto de procesos puede llevarse a 1825 (surgimiento de Bolivia), o a 1826 (rendición de las tropas españolas en la fortaleza de El Callao), o a 1828 (creación de Uruguay), o a 1830 (año de la desintegración de la llamada "Gran Colombia" y año también de la muerte de Simón Bolívar). En todo caso, lo importante es que durante las primeras tres décadas del siglo XIX asistimos al nacimiento de más de una decena de nuevas naciones en el continente americano (un número que aumentaría pocos lustros después cuando se desintegró la República Federal de Centro América a fines de la década de 1830). Una serie de países que no solo representan el surgimiento de nuevas entidades políticas en el panorama mundial, sino que todas ellas se convirtieron en repúblicas (con excepción del fugaz experimento imperial mexicano de 1822-1823), lo que proporcionó a Hispanoamérica ese sello republicano que la acompaña hasta la actualidad. Más adelante me ocuparé brevemente de algunas de las consecuencias de la adopción del régimen republicano para las nuevas naciones hispanoamericanas que surgieron con las independencias. Por lo pronto, cabe señalar que el apego de las élites políticas hispanoamericanas a las *formas* republicanas y liberales se mantendría invariable desde aquella época hasta la actualidad[3]. Otra cosa es que, en términos de funcionamiento político real,

---

[2] Otra cosa, por cierto, son los reconocimientos diplomáticos de los nuevos países americanos por parte de España, los cuales se hicieron esperar mucho tiempo. México fue el primero, en 1836, pero Honduras esperaría hasta 1894.

[3] Republicanismo y liberalismo son las dos ideologías políticas más importantes del periodo emancipador en la América española y, en general, a partir de la Revolución Francesa, en la lucha contra el *ancien régime*. Se trata de dos idearios que en muchos aspectos (entre ellos, de manera destacada, los de índole constitucional e institucional) a menudo se mezclan y se confunden. Esta última aclaración es importante porque cierta historiografía latinoamericana contemporánea pretende

efectivo, los principios republicanos y liberales hayan sido frecuentemente ignorados, tergiversados y manipulados en la historia del *subcontinente* hispanoamericano (pues Brasil, unos pequeños territorios en el noreste del Cono Sur, Estados Unidos y Canadá no forman parte de dicha historia)[4].

Más allá de las cuestiones precedentes, en términos de historia mundial es imposible disminuir la trascendencia de lo acontecido en la América española durante las tres primeras décadas del siglo XIX. No obstante, los procesos hispanoamericanos de independencia fueron dejados de lado o ignorados por la historiografía occidental durante mucho tiempo; por fortuna, esta situación historiográfica ha cambiado desde hace varios lustros. No solo porque desde la primera mitad de la década de 1990 la historiografía en español sobre dichos procesos ha evidenciado un auge notable (tanto en términos cuantitativos como cualitativos), sino también por el predicamento del que goza desde hace tiempo la historia atlántica y, más concretamente por la atención que han recibido las llamadas "revoluciones atlánticas" (que se enmarcan dentro de la llamada "Era de la revolución"). Aunque la lista de las revoluciones atlánticas puede extenderse considerablemente, existe un consenso historiográfico en cuanto a las cuatro "grandes" revoluciones atlánticas: el movimiento de independencia de las Trece Colonias, la Revolución Francesa, la Revolución Haitiana y los procesos independentistas hispanoamericanos (junto con la revolución liberal española de 1810-1814 y 1820-1823)[5]. Cabe añadir que la historia atlántica

---

separar ambas ideologías de manera nítida. En mi opinión, se trata de una empresa de Sísifo, al menos durante el periodo independentista hispanoamericano. Sobre este tema, escribí "Liberalismo y republicanismo durante las independencias americanas: un deslinde imposible", en *Las revoluciones hispánicas y la historiografía contemporánea (Historia de las ideas, liberalismo e Ilustración en el mundo hispánico durante la Era de las revoluciones)* (Bruselas: Peter Lang, 2021), pp. 117-136.

4 Pese a lo que ha planteado al respecto un historiador tan solvente como João-Paulo Pimenta, creo que el caso brasileño es muy distinto al hispanoamericano y merece un tratamiento aparte. Lo cual no quiere decir que la historia de la Banda Oriental (el actual Uruguay) no resulte ininteligible sin contar con el "factor brasileño-portugués", por llamarlo así.

5 Este consenso no es absoluto, como lo muestra bien un libro reciente: *Rivoluzione, 1789-1989: un'altra storia* del célebre historiador italiano Enzo Traverso (Milán: Feltrinelli, 2021). Sin mayor explicación, Traverso omite a las independencias hispanoamericanas de las revoluciones atlánticas; limitándose a los otros tres movimientos mencionados (véanse pp. 55, 121 y 334). Existen dos ediciones en español de este libro, las dos de 2022; una del Fondo de Cultura Económica y otra de Akal: *Revolución (Una historia intelectual)*. Autores anglosajones contemporáneos caen en la misma omisión; véase, por ejemplo, *The Haitian Declaration of Indepen-*

es parte de una tendencia que existe en la historiografía occidental desde hace varias décadas por abandonar los espacios locales, regionales o nacionales y abarcar cada vez más espacio, tanto geográfico como cronológico. Dentro de esta tendencia se ubican la historia internacional, la historia imperial y la historia global, entre otras.

El aumento del interés en las independencias de la América española es pues una conjunción entre lo que se puede considerar la "revolución" historiográfica que se inicia, sobre todo, con la obra del historiador franco-español François-Xavier Guerra a principios de la década de 1990, y transformaciones considerables en la historiografía occidental desde aproximadamente ese mismo periodo. Entre los representantes más importantes de la "revolución" mencionada en dicha década, además de Guerra, se cuentan historiadores como Tulio Halperin, Brian Hamnett, Jaime Rodríguez y Antonio Annino. Esta transformación historiográfica impulsada por Guerra modificaría radicalmente la manera de ver y estudiar no solo las revoluciones hispanoamericanas, sino también la matriz que les dio origen: la crisis hispánica de fines de la primera década del siglo XIX (1808), así como la guerra de independencia peninsular en contra del invasor francés (1808-1813) y la revolución liberal española (1810-1814). De hecho, a partir de su obra resulta casi imposible estudiar las independencias hispanoamericanas sin pasar revista a los acontecimientos peninsulares desde, por lo menos, 1808. Algo que no debería sorprendernos, pues todos los territorios americanos formaban parte de un solo imperio y habían formado parte de él durante cerca de 300 años, con todas las consecuencias que es posible colegir de este hecho/proceso histórico.

Es imposible en un estudio introductorio como el presente dar cuenta de todas las transformaciones que ha sufrido la historiografía sobre las independencias de la América española durante las últimas tres décadas y es imposible también integrar los avances en todas las áreas de la historia que se han visto afectadas por dichas transformaciones, así como por las nuevas corrientes que surgieron posteriormente a la obra de Guerra (quien murió en 2002). Algunas de las cuales, por cierto, han superado algunos de los presupuestos y énfasis de Guerra. Por ejemplo, darle menos importancia

---

dence: Creation, Context, and Legacy de Julia Gaffield (Charlottesville: University of Virginia Press, 2016), p. vii. La colección más completa que existe actualmente sobre las revoluciones atlánticas son los tres volúmenes que editó recientemente Wim Klooster para Cambridge University Press: *The Age of Atlantic Revolutions* (CUP, 2024).

a aspectos de los procesos emancipadores que se pueden considerar "consensuales" (elecciones, sociabilidades, opinión pública) y enfatizar el papel protagónico que tuvo a lo largo de los mismos la violencia y los conflictos de todo tipo, esencialmente, la guerra. De hecho, este uno de los campos que ha recibido más atención en los últimos años, con autores como Christon Archer, Alejandro Rabinovich, Rodrigo Moreno y Juan Luis Ossa[6].

En suma, durante los últimos tres decenios ha surgido una nueva historia política, una historia intelectual diferente, una historia social ambiciosa y una historia cultural sugerente, todas las cuales han modificado profundamente nuestra manera de acercarnos a dichas revoluciones. Asimismo, la historia desde abajo (que se confunde a veces con las historias social y cultural) y la historia de las mujeres también han puesto sobre la mesa enfoques, cuestiones y personajes que eran desconocidos o poco estudiados hasta hace poco tiempo. Además, particularmente en los últimos lustros, la historia económica y la historia militar, a la que hice referencia en el párrafo anterior, siguen modificando profundamente nuestra manera de ver y de entender los procesos independentistas hispanoamericanos[7]. En resumen, se puede decir que las distintas áreas o ramas de la historia, los diferentes presupuestos analíticos, los distintos enfoques y la panoplia de nuevos contenidos que han salido a la luz desde, digamos, 1995, nos colo-

---

6 Al respecto, conviene señalar que durante los procesos independentistas, la guerra no solo se dio entre patriotas y realistas (en última instancia, mayoritariamente entre americanos, como indicaré más adelante dentro del texto), sino que también se dio entre patriotas de distintos bandos a lo largo de los mismos (basta pensar en los casos neogranadino, chileno y rioplatense). Por lo demás, como han señalado algunos de los historiadores mencionados, si bien los procesos de independencia llegaron a su fin en 1824, la violencia y la guerra siguieron desempeñando un destacado papel en las nuevas sociedades y entre ellas. Algo que, *nolens volens*, se puede considerar un legado más de las independencias.

7 Es importante anotar que, inevitablemente dada mi formación, el presente capítulo está escrito desde mi campo de especialización: la historia política e intelectual. Sobre la historia económica española e hispanoamericana antes y después de las independencias, tan importante para entender varios aspectos de las reformas borbónicas, de algunos de los descontentos hispanoamericanos durante los procesos emancipadores y, más adelante, del escaso desarrollo económico a ambos lados del Atlántico durante la primera mitad del siglo XIX, véanse *Iberoamérica y España antes de las independencias 1700-1820 (Crecimiento, reformas y crisis)* Jorge Gelman, Enrique Llopis y Carlos Marichal (coords.) (México: Colmex/Instituto Mora, 2015) y *Latinoamérica y España 1800-1850 (Un crecimiento económico nada excepcional),* Enrique Lopis y Carlos Marichal (coords.) (Madrid: Marcial Pons/ Instituto Mora, 2009).

can el día de hoy ante unas revoluciones hispanoamericanas que resultan mucho más completas, diversas, complejas e interesantes de las que planteaba la historiografía en español alrededor de, digamos, 1975.

Antes de terminar esta introducción, conviene hacer una breve referencia a los vínculos que cabe establecer entre los procesos emancipadores de la América española y el mundo actual. No se trata solamente de la obviedad de que la América Latina contemporánea inicia su andadura independiente y, por lo tanto, *su* historia, durante esos tres lustros largos que van de 1808 a 1824 (aunque la expresión "América Latina" surgió hasta mediados del siglo XIX). Tampoco se trata de establecer causalidades directas entre eventos que tuvieron lugar hace doscientos años y las realidades políticas, sociales y económicas de los países latinoamericanos de la actualidad. Es más, creo que hay que tener mucho cuidado con establecer causalidades de esta naturaleza y de tan largo plazo, pues implicaría olvidar o poner entre paréntesis, como se hace a menudo desde ciertas posturas políticas, que los países de la región ya tienen más de 200 años de ser independientes y, por tanto, de ser responsables de su propio destino. Sin embargo, si la vida independiente de lo que ahora denominamos "América Latina" (con la enorme exclusión de Brasil), empieza en aquellos años, es válido plantear algunas "continuidades", que surgen con las independencias, ya sea parcial o totalmente, y que, de una u otra manera y bajo diversos avatares, llegan hasta nuestro tiempo.

Sin ánimo de exhaustividad y aplicando el *mutatis mutandis* que corresponde, cabe mencionar algunos aspectos (no todos ellos llegan necesariamente hasta nuestros días): la tremenda desigualdad social, unos arreglos político-sociales dictados por las élites criollas para su beneficio, el "militarismo político" derivado de las prolongadas guerras de independencia, la inestabilidad política que implicó la adopción del sistema republicano (en el cual los hispanoamericanos no tenían experiencia alguna), una situación económica interna muy desfavorable después de muchos años de guerra, una situación económica internacional adversa en aspectos importantes, una situación de la mujer que apenas recibió atención durante los procesos emancipadores (y durante las décadas subsiguientes), una violencia extra-estatal y para-estatal considerable, y, para no extenderme más, un "Estado de derecho" que lo era solo de nombre en aspectos fundamentales[8].

---

[8] Respecto a este último punto, cabe recordar que para Charles Hale, el célebre historiador de las ideas en América Latina (México, sobre todo), la distancia entre

Volveré a algunos de estos temas en el apartado 5, cuando revise someramente el legado de las guerras de independencia. Por lo pronto, el apartado siguiente, el 2, lo dedicaré a la crisis que terminó por convertirse en el origen de los movimientos de independencia en la América española: la crisis hispánica de 1808. En el número 3, me ocuparé de los años inmediatamente subsiguientes al estallido de dicha crisis y, en el 4, revisaré algunos de los acontecimientos que marcan o definen dichos movimientos, sobre todo desde una perspectiva política y militar. El apartado 6 lo dedicaré a una cuestión lingüística (la hegemonía de la lengua inglesa en la academia contemporánea en general y, en concreto, en el estudio de ciertos temas de la historia de América Latina) que me parece de la mayor relevancia historiográfica, pero a la que, por motivos que me rebasan, casi no se presta atención. El brevísimo apartado 7 es una especie de conclusión sobre el apartado anterior. Por último, incluyo una bibliografía que puede servir a los lectores para continuar o profundizar el estudio de las independencias hispanoamericanas (en ella, incluiré unas cuantas referencias sobre la revolución liberal española y sobre las revoluciones atlánticas). En consonancia con lo que planteo en los apartados 6 y 7, la mayoría de los títulos referidos está en español.

2. LA CRISIS DE LA MONARQUÍA HISPÁNICA

La crisis de 1808 no es la primera de la monarquía hispánica. Basta recordar lo sucedido a principios del siglo XVIII, a la muerte del rey Carlos II, último de los Habsburgo, y, más concretamente, el conflicto armado internacional que le siguió (la llamada "Guerra de sucesión española", 1701-1714). De esta guerra surgió una nueva dinastía, los Borbones, al frente de la corona del imperio más grande de aquel tiempo. Esta sería la dinastía que, entre otros motivos, pasará a la historia por las reformas militares, administrativas y políticas que puso en práctica a lo largo del siglo XVIII (o, en ocasiones, quiso poner en práctica). Esta serie de reformas fue plan-

las formas liberales institucionales y la práctica política era "la marca de la casa" (*the hallmark*) de la historia política latinoamericana. Véase "The Reconstruction of Nineteenth-Century Politics in Spanish America: A Case for the History of Ideas", *Latin American Research Review*, vol. 8, n. 2, verano 1973, p. 65. En español: "La reconstrucción del proceso político del siglo XIX en Hispanoamérica: un caso para la historia de las ideas", en *El pensamiento político en México y Latinoamérica (Artículos y escritos breves)*, Josefina Z. Vázquez y Gabriel Torres Puga, eds. (México: Colmex, 2010), p. 362.

teada por mucho tiempo como un "antecedente causal" de los procesos emancipadores hispanoamericanos, en la medida en que supuestamente sembraron una enorme distancia entre los españoles peninsulares y los españoles americanos, mejor conocidos como "criollos". La historiografía de los últimos años ha modificado esta perspectiva, pues si bien en algunas regiones y en algunos ámbitos este distanciamiento es claramente perceptible, no lo es en muchos otros casos. El otro "antecedente causal" que fue muy socorrido por la historiografía para explicar los movimientos independentistas fue la Ilustración. Conviene detenerse brevemente en este tema.

Pocos procesos históricos de la historiografía occidental se han transformado tanto durante las últimas décadas como la Ilustración. Desde que Jonathan Israel publicara *Radical Enlightenment* en 2002, el campo ha experimentado una serie de debates que le han dado a la Ilustración una nueva cara en poco más de dos décadas[9]. Esta "nueva cara" no lo es porque las principales hipótesis de trabajo de Israel hayan sido aceptadas acríticamente. Más bien al contrario, algunas de las principales han sido puestas en entredicho por expertos en la Ilustración de varios países y eso ha llevado a nuevos debates, nuevas hipótesis, nuevas adecuaciones y nuevas perspectivas[10]. No es este el lugar para adentrarnos en esta cuestión, pero es importante señalar que la causalidad que se estableció durante mucho tiempo entre Ilustración y revoluciones hispánicas había perdido fuerza desde fines de la década de 1980, pero fue recuperada por Israel, lo que explica que haya reaparecido. En cualquier caso, entre los expertos sobre las independencias hispanoamericanas, argumentos causales como los que sustentaban o sustentan el vínculo entre Ilustración y Revolución en el ámbito hispánico han perdido fuerza y poder persuasivo; en parte, por desarrollos que van más allá del mundo hispánico. Me refiero a los cambios que han tenido lugar en la historia intelectual de Occidente desde, aproximadamente, la séptima década del siglo pasado; pienso concretamente en la

---

9 El título completo del libro es *Radical Enlightenment (Philosophy and the Making of Modernity 1650-1750)* (Nueva York: OUP, 2001). Existe versión en español del Fondo de Cultura Económica: *La Ilustración radical (La filosofía y la construcción de la modernidad 1650-1750)* (México: FCE, 2006).

10 Me he ocupado de este tema en "Enlightenment and Counter-Enlightenment in Spanish America (Debating Historiographic Categories)", *International Journal for History Culture and Modernity*, vol. 7, 2019, pp. 344-381 (este artículo fue escrito en co-autoría con Gabriel Torres Puga) y en "El debate actual sobre la Ilustración (Discutiendo a Jonathan Israel)", en *Las revoluciones hispánicas y la historiografía contemporánea (Historia de las ideas, liberalismo e Ilustración en el mundo hispánico durante la Era de las revoluciones)* (Bruselas: Peter Lang, 2021), pp. 175-192.

historia conceptual y en la historia de los lenguajes políticos. En cualquier caso, en la actualidad los historiadores tienden a ser mucho más precavidos al momento de establecer causalidades; sobre todo cuando se trata de causalidades entre un ámbito eminentemente discursivo (los pensadores, los libros y las ideas) y un ámbito que no es eminentemente discursivo (la *praxis* político-social). El resultado, para el tema que aquí nos interesa, es que tanto las reformas borbónicas como la Ilustración han perdido capacidad explicativa para entender el origen de los procesos emancipadores de la América española[11].

En la actualidad, existe un consenso (con todas las reservas que siempre hay que tener respecto a los "consensos" historiográficos) respecto a que el origen de dichos procesos está en un hecho histórico concreto: la invasión napoleónica de la península ibérica. Esta "invasión" comenzó en el otoño de 1807, pero no se le puede denominar tal porque el ingreso de las tropas francesas en territorio español estaba amparado en el Tratado de Fontainebleau. En términos reales, aunque el despliegue de dicho ejército mostró desde un principio que no se trataba de una vía de paso para que el ejército galo llegara a Portugal (como dicho tratado estipulaba), lo cierto es que dicho ingreso se convirtió abiertamente en invasión hasta la primavera del 1808. A partir de ese momento, la monarquía hispánica entra en una crisis política, militar y territorial que, en su dimensión americana, no tendrá su desenlace sino hasta diciembre de 1824, cuando, como ya mencioné, en Ayacucho la corona española pierde los últimos territorios continentales que tenía en América.

Contrariamente a lo que se planteó durante muchísimo tiempo, esta pérdida no tenía que haber acontecido tal como sucedió y en el momen-

---

11 Dejo fuera la hipótesis que alguna vez tuvo un notable predicamento: la de que el nacionalismo surgió en la América española en el siglo XVIII y que, por tanto, desempeñó un papel en los procesos que nos ocupan. Cabe señalar que este predicamento se derivó de un solo capítulo de un solo libro: *Imagined Communities* de Benedict Anderson (Nueva York: Verso, 1983). Anderson conocía poco y mal las realidades históricas, políticas y sociales hispanoamericanas, por lo que el capítulo en cuestión ("Creole Pioneers", pp. 47-65) evidencia no pocas lagunas. Historiadores especialistas en el periodo independentista, como Halperin y Guerra, ambos mencionados en el apartado 1, repararon en las limitaciones de dicho capítulo de Anderson y, en su momento, las pusieron sobre la mesa. Sobre el tema, véase el *dossier* sobre los 40 años de *Comunidades imaginadas* en la revista *Prismas*, vol. 27, n. 2, dic. 2023.

to en que tuvo lugar[12]. Es una perogrullada, pero es incontrovertible que los acontecimientos históricos siempre pudieron haber sucedido de otro modo. Los hechos históricos adquieren, por el hecho de acaecer, un aura de inevitabilidad, que no debe obnubilarnos, pues, en sentido estricto, nada es inevitable en la historia. En el caso de las "independencias" hispanoamericanas conviene empezar diciendo que los procesos que llevaron a ellas se iniciaron con todos los territorios americanos proclamando su fidelidad al rey legítimo, Fernando VII, y jurando enemistad eterna al invasor francés. Sobre todo, después de que Napoleón obligara a Fernando a devolverle la corona a su padre, Carlos IV, y éste la pusiera a disposición de Napoleón, quien decidió otorgársela a su hermano Joseph, quien a principios de julio de 1808 se convirtió en José I, rey de España y de las Indias. Ahora bien, es cierto que al poco tiempo la fidelidad al rey depuesto se transformó en los territorios americanos; con variaciones considerables entre cada uno, pero como un resultado lógico si se considera la magnitud de la crisis por la que atravesaba la monarquía española.

Es cierto que desde 1809 se dan movimientos político-militares en varias partes de América del Sur (Chuquisaca, La Paz y Quito), lo que apunta a que los súbditos americanos no querían que las cosas siguieran como estaban en términos políticos, pero cabe insistir en que ninguno de estos tres movimientos pretendía separarse de la metrópoli, pues estaban dirigidos a buscar autonomía al interior de sus respectivos territorios, no respecto a la corona española. En todo caso, los tres fueron sofocados rápidamente. Para que algo con una clara connotación *independentista* tuviera lugar, hay que esperar hasta julio de 1811, cuando un grupo de criollos adinerados de la ciudad de Caracas decidieron romper los lazos con la metrópoli. Incluso en este caso, no todas las ciudades de la Capitanía General de Venezuela estuvieron de acuerdo con esa decisión y varias de ellas optaron por mantenerse fieles a la corona española.

Antes de proseguir, conviene hacer un breve "paréntesis territorial", para que los lectores no se pierdan a lo largo de este capítulo en términos geográficos y porque me servirá para plantear un par de puntos sobre los procesos emancipadores hispanoamericanos que con frecuencia son sos-

---

12 Considerando el apoyo de millones de americanos a Fernando VII, cabe plantear que las autoridades españolas tuvieron que cometer errores considerables para haber perdido todo su imperio continental americano en la tercera década del siglo XIX. Como todo planteamiento contrafactual o contrafáctico, este también es imposible de corroborar (solo se puede *argumentar*).

layados o incluso ignorados. Al iniciar el siglo XIX el imperio español en América se dividía en cuatro virreinatos y en tres capitanías generales. Los virreinatos eran el de la Nueva España, el del Perú, el de Nueva Granada y el del Río de la Plata. Las capitanías generales eran la de Guatemala, la de Venezuela y la de Chile[13]. Esto nos da un total de siete territorios distintos, con atribuciones, autoridades y administraciones diferentes, si bien en ocasiones con traslapes con otras subdivisiones administrativas de la corona española (las audiencias en primer lugar). Sobre lo que quiero llamar la atención es que hablar de "*la* independencia de la América española" (en singular) es casi siempre una simplificación. Aunque solo fuera porque, en términos reales, se puede hablar de siete procesos distintos. Es más, si añadiéramos el Alto Perú y la ciudad de Montevideo, que no es nada descabellado en términos historiográficos, podríamos hablar de nueve procesos distintos. Esto no es más que una advertencia o *caveat*, pero conviene tenerla en mente. Por supuesto, en un capítulo como éste es imposible hacer una relación detallada de cada uno de los siete (o nueve) procesos aludidos. Sin embargo, conviene no olvidar la pluralidad referida, pues con frecuencia se hacen generalizaciones que solamente aplican a algunos territorios, pero que muy pocas veces aplican a todos. A este respecto, por ejemplo, cabe señalar que la presencia de poblaciones indígenas considerables en algunos de esos territorios es una variable fundamental, pues incide sobre aspectos políticos, sociales y económicos. Lo mismo se puede decir sobre los esclavos, un tema muy importante de los procesos independentistas y de la Era de la revolución en general[14]. Ahora bien, es cierto que, como adelanté, todos los territorios que integraban el imperio español en América tenían elementos fundamentales en común; empezando por una historia de casi trescientos años, pero también un mismo idioma, una misma religión, una subordinación económica ante la metrópoli y un sistema legal que, en principio, era uniforme (o relativamente uniforme).

---

13 Dependiendo de la época, se pueden añadir otras capitanías generales, sobre todo en el Mar Caribe. Mi enumeración se limitó a las tres más importantes; las cuales, además, cada una a su modo, desempeñó un papel importante durante los procesos emancipadores hispanoamericanos.

14 Sobre su contribución en lo relativo al tema militar, el mejor libro sobre el tema es *Under the Flags of Freedom (Slave Soldiers & and the Wars of Independence in Spanish South America)* de Peter Blanchard (Pittsburgh: University of Pittsburgh Press, 2008). Volveré al tema de la esclavitud cuando me refiera a la desigualdad en el apartado 5.

Es también importante tener en mente cuestiones cronológicas, desechar la noción de procesos lineares y evitar plantear una supuesta concomitancia derivada de supuestos acuerdos o arreglos entre los líderes de los distintos procesos. A este respecto conviene recordar dos cosas: el tiempo que las noticias tardaban en llegar por mar desde la metrópoli a las distintas capitales (o, más aún, a las ciudades del interior) y la escasa (por complicada) comunicación que a menudo existía al interior de un mismo virreinato o capitanía general. Además, cabe recordar que estamos a principios del siglo XIX en la América española, donde la comunicación por tierra era muy lenta, adversa en varios sentidos y a menudo peligrosa. Lo anterior apunta a que las similitudes entre los distintos procesos se debían en buena medida al origen de la crisis que nos ocupa, que era de escala imperial. Ahora bien, por supuesto que existió comunicación entre algunos procesos, especialmente en América del Sur. Dicho lo anterior, las enormes distancias determinaron que territorios tan importantes como, por ejemplo, los virreinatos de Nueva España y el Río de la Plata apenas tuvieran relaciones, por los motivos que acabo de exponer[15].

Lo anterior contribuye a explicar el carácter relativamente aislado de algunos de los procesos emancipadores (pienso, por ejemplo, además de la Nueva España, en América Central, en el Alto Perú y en el territorio que ahora equivale a Paraguay). Sin embargo, en otros territorios americanos, para bien o para mal, los lazos son mucho más estrechos, como lo muestran los casos de Venezuela y Nueva Granada, del Río de la Plata y Chile en algún momento o de Buenos Aires y Montevideo, ciudades que prácticamente no dejaron de luchar entre ellas hasta la independencia de Uruguay en 1828. Ahora bien, en estos casos no solo contribuye una cierta proximidad geográfica, sino también en los primeros dos ejemplos, la labor de los dos líderes más importantes de las independencias americanas en el Cono Sur, me refiero a Simón Bolívar y a José de San Martín, a quienes regresaré en el apartado 4.

---

15 Baste una sola cita para dar una idea de lo que pretendo expresar aquí. En unos de sus escritos, el líder revolucionario rioplatense Mariano Moreno, a quien me referiré más adelante, escribe lo siguiente "¿Quién conciliaría nuestros movimientos con los de México, cuando con aquel pueblo no tenemos más relaciones que con la Rusia o La Tartaria?". *Representación de los hacendados y otros escritos* (Buenos Aires: Emecé, 1998), p. 236.

3. EL BIENIO 1808-1810 Y MÁS ALLÁ

A estas alturas historiográficas, es común considerar que el bienio 1808-1810 es fundamental para explicar las independencias hispanoamericanas. Después de aproximadamente 170 años de haber estudiado los procesos emancipadores desde una perspectiva eminentemente nacional o nacionalista por parte de cada una de las historiografías de cada uno de los países de América Latina, algunos historiadores decidieron adoptar una perspectiva hispánica para estudiar dichos procesos. Es decir, si cada uno de los territorios americanos formaba parte de un solo imperio, procedía entonces estudiar las independencias, en buena medida al menos, desde la perspectiva metropolitana, pues ahí estaba el origen de lo que primero fueron movimientos emancipadores y, más adelante y de forma paulatina, movimientos independentistas. Desde esta perspectiva, la importancia del bienio 1808-1810 apenas puede exagerarse[16]. Fue durante ese periodo que tuvieron lugar algunos de los acontecimientos ya referidos en la península ibérica y fue entonces cuando la agitación política llegó a todos los territorios del imperio español en América. Como adelanté, en un principio la respuesta fue unánime en apoyo al rey depuesto, pero pronto surgirían opciones distintas, más ambiciosas en términos políticos y, en esa medida, más distantes de la Corona.

La magnitud de la crisis en los territorios de América se explica en buena medida porque a partir de 1808 el ejército español estaba luchando contra el mejor ejército de aquel tiempo (el napoleónico) y, por tanto, en su mayoría, los americanos pensaban que la metrópoli caería, más pronto que tarde, en poder de los franceses. Por lo mismo, es perfectamente entendible que el apoyo a Fernando VII pronto diera paso a propuestas políticas que implicaban, de una u otra manera, cierto nivel de autonomía. Aunque solo fuera para mantener en depósito la soberanía real, que para los patriotas peninsulares y para los patriotas americanos de la primera hora seguía ostentando Fernando VII, era indispensable crear instancias políticas que encarnaran dicho depósito. Expresado de otro modo, ante la naturaleza y magnitud de los acontecimientos europeos, los habitantes de

16 Para los lectores interesados en el bienio, hace tiempo edité *En el umbral de las revoluciones hispánicas: el bienio 1808-1810* (México: Colmex/Centro de Estudios Políticos y Constitucionales, 2010). Véase también *1808: la eclosión juntera en el mundo hispano*, Manuel Chust (coord.) (México: FCE/Fideicomiso historia de las Américas/Colmex, 2007) y *Las experiencias de 1808 en Iberoamérica*, Alfredo Ávila y Pedro Pérez Herrero (comps.) (México: UNAM/Universidad de Alcalá, 2008).

América empezaron a pergeñar opciones representativas que les permitieran sobrevivir políticamente; sobre todo cuando la caída de la cabeza del imperio parecía inminente.

Conviene hacer aquí un breve apunte, pues en la mentalidad española de la época y como consecuencia de la Revolución Francesa, para el común de los españoles, los franceses representaban un pueblo irreligioso, prácticamente ateo. Esta no es una cuestión menor, pues era un motivo más para que la inmensa mayoría del pueblo español rechazara decididamente la presencia de Napoleón, de sus lugartenientes y de su ejército en territorio peninsular. Ahora bien, existía una minoría ilustrada, conocida por la historiografía como "los afrancesados", que pensó que José I podía ser una opción para sacar a España del marasmo en la que estaba hundida políticamente a causa de la ineptitud de Carlos IV en diversos ámbitos y más aún por todo lo que representó para la monarquía española el largo gobierno de su valido, Manuel Godoy, quien llevó en la práctica las riendas de la monarquía española entre 1792 y 1808. Entre otras cosas, se le criticaba acremente su meteórico ascenso político (que gran parte de la historiografía atribuye a su relación con la reina María Luisa), el trato que dispensó a buena parte de la nobleza española, su impericia política en algunos aspectos y, más aún, el sometimiento sin límites que manifestó ante los designios napoleónicos (cabe apuntar que, sobre esta cuestión en particular, el margen de maniobra de Godoy era bastante reducido).

A partir del inicio de la guerra contra los franceses en mayo de 1808, los eventos metropolitanos se sucedieron vertiginosamente. Como ya referí, Fernando VII fue obligado por Napoleón a devolver la corona a su padre, quien la puso a disposición del emperador de los franceses y éste la colocó en la cabeza de su hermano mayor, quien se convirtió así en José I. Es decir, en un abrir y cerrar de ojos, un francés había sido impuesto en el trono español, invasión mediante y con la fuerza de las armas como único expediente[17]. Además, la familia real es enviada al castillo de Valençay (en territorio francés). Es decir, Fernando, el rey legitimo para el pueblo español, se convirtió en prisionero de Napoleón (consentido de diversas maneras, pero prisionero al fin). Se inicia así la "leyenda", si bien capaz de

---

[17] Entre la cuantiosa bibliografía bicentenaria de la llamada por los españoles "guerra de la independencia", destaco *La guerra de Napoleón en España (Reacciones, imágenes, consecuencias)*, Emilio La Parra (ed.) (San Vicente del Raspeig: Publicaciones Universidad de Alicante/Casa de Velázquez, 2010).

mover corazones y conciencias de miles y miles de españoles y españolas, de Fernando como "el deseado", "el rey deseado".

La reacción política de los patriotas españoles deriva primero en la creación de juntas locales, después en la creación de una Junta Central en septiembre de 1808, la cual posteriormente se convertiría en una Consejo de Regencia (enero de 1810), el cual, a su vez, daría paso a la creación de unas Cortes (septiembre de 1810)[18]. Ante el avance incontenible del ejército galo a partir de que Napoleón en persona tomara las riendas de sus tropas, el puerto de Cádiz se convirtió en el único reducto que podía garantizar la existencia de un gobierno independiente. Lo anterior, gracias al apoyo de la armaba británica, pues la tradicional enemiga de España se había convertido en su aliada, así como Portugal. De hecho, fue un ejército conformado por las tres naciones el que mantuvo la lucha contra Napoleón en la península ibérica hasta 1813. Esta lucha, finalmente victoriosa, llegaría a su fin con la firma del Tratado de Valençay (diciembre de 1813), mediante el cual Napoleón reconoció a Fernando VII como rey de España. Este tratado resulta ininteligible sin saber que para entonces Napoleón ya había vivido no solo la desastrosa campaña de Rusia, sino también una onerosa derrota en la célebre batalla de Leipzig, también conocida como "batalla de las naciones" (octubre de 1813). En resumen, lo que tenemos entre 1808 y 1813 en la península ibérica es una encarnizada lucha de españoles, portugueses e ingleses en contra del ejército invasor. Una lucha en la que la sociedad española en su conjunto pagaría un altísimo precio, pues el salvajismo y la inhumanidad definieron tanto al invasor como a los hombres y mujeres que, no se olvide, estaban defendiendo su patria y su religión de una agresión externa[19]. Fue en este contexto, por cierto, en el que surgieron las primeras guerrillas de la era moderna: grupos paramilitares improvisados que no dejaron de acosar a las tropas francesas a lo largo de toda la guerra. Cabe añadir, para terminar con este tema, que esos cinco años constituyen el basamento histórico del nacionalismo español, así como el inicio de la historia moderna de España.

---

18 Las cortes son un parlamento o congreso; el nombre proviene de la historia medieval española.

19 La mejor manera de darse cuenta cabal de lo que acabo de expresar es contemplar las ochenta láminas o estampas que conforman *Los desastres de la guerra* de Francisco de Goya, que están disponibles en su totalidad en el sitio del Instituto Cervantes: https://www.cervantesvirtual.com/obra/los-desastres-de-la-guerra-coleccion-de-ochenta-laminas-inventadas-y-grabadas-al-agua-fuerte-975563/ (consulta, febrero 2024).

En términos políticos, a partir de septiembre 1810 la monarquía hispánica estaría representada por las Cortes de Cádiz. Conviene detenerse brevemente en ellas, pues representan algo completamente nuevo en la historia de la monarquía hispánica. De entrada, con las cortes gaditanas surgía, a la cabeza de la monarquía, un órgano representativo que en su primera sesión se arrogó la soberanía nacional. Es cierto que las cortes reconocían a Fernando VII como el monarca legítimo de la corona española, pero esto es algo secundario, pues por primera vez en la historia de la monarquía se puede hablar de una monarquía limitada, la cual pronto se convertiría en monarquía *constitucional*. Esto sucedería a partir del 19 de marzo de 1812, cuando la Constitución de Cádiz (también conocida como Constitución de 1812) fue proclamada.

Este extenso documento, que consta de 384 artículos, fue el intento, por parte de los diputados peninsulares y americanos que conformaban las Cortes, de mantener viva la monarquía hispánica y de salvaguardar la integridad física de la misma (pensando no solo en el territorio metropolitano, sino también en el imperio americano y, en segundo término, en las Islas Filipinas, que también estuvieron representadas). Conviene apuntar que la representación americana era significativamente menor que la peninsular (alrededor de 50 contra, aproximadamente, unos 200, dependiendo de la fecha que se elija para el recuento y de la importancia del asunto bajo discusión y votación) y que no todos los territorios americanos estuvieron representados. En todo caso, el hecho es que al iniciar la segunda década del siglo XIX, después de casi tres siglos de funcionamiento de un imperio absolutista y colonialista, se reunió un parlamento como las Cortes de Cádiz, lo que implicaba un cambio monumental en la historia de la monarquía hispánica.

Además, es muy importante señalar que las Cortes estuvieron dominadas en buena medida por un grupo político conocido como "liberales". Sus adeptos, dentro y fuera de las Cortes, se autodenominaron así y así fueron conocidos por sus rivales políticos. No es ninguna casualidad que este periodo de la historia española sea conocido como el "primer liberalismo español" o "revolución liberal española"[20]. De hecho, el término "liberal", con una connotación política, surgió en Cádiz a fines de 1810 y de ahí se difundiría al resto de Europa y del mundo. También a este respecto se pue-

---

[20] Sobre este tema y sus efectos sobre las independencias de la América española, escribí *El primer liberalismo español y las independencias hispanoamericanas, 1808-1824 (Una revisión historiográfica del liberalismo hispánico)* (México: Colmex, 2006).

de hablar de una monarquía vuelta de cabeza, pues del derecho divino de los reyes se pasó en aquel momento histórico a la soberanía nacional, a los derechos individuales, a la división de poderes, a las elecciones en sentido moderno y al constitucionalismo. Nada menos.

Es cierto que toda la obra de los liberales resultaría infructuosa, pues en la primavera de 1814 Fernando VII regresaría al trono y anuló todas las medidas que ellos habían adoptado, empezando por la Constitución de 1812. La vuelta del absolutismo significó la derrota de ese primer liberalismo peninsular y, en lo concerniente a América, significaría la vuelta de una postura igualmente absolutista respecto a los territorios ultramarinos. Ahora bien, es cierto que los liberales peninsulares, salvo contadas excepciones, mantuvieron una postura de intransigencia respecto a algunas de las demandas políticas de los americanos. No obstante, la derrota política del liberalismo peninsular y de la Constitución de Cádiz en 1814 no debe nublar su importancia en términos de la historia política e intelectual, del mundo hispánico y de Occidente. Entre otros motivos porque muestra que en los inicios de la historia moderna de España y en el inicio de los procesos que llevarían a la independencia a más de una decena de países hispanoamericanos en la tercera década del siglo XIX, el liberalismo desempeñó un destacado papel. Esto es un hecho histórico que muchos hispanoamericanos ignoran, pues consideran que el liberalismo es una doctrina política y una ideología propia de otras latitudes (básicamente, Inglaterra, Estados Unidos y Francia) y cuya historia, en esa misma lógica, es supuestamente ajena para nosotros o, al menos, distante.

El regreso de Fernando VII en mayo de 1814 al trono español, no solamente representó la vuelta del absolutismo y la derrota del liberalismo, sino también un cambio radical en cuanto a las posibilidades militares de la metrópoli de recuperar los territorios americanos que para entonces había perdido. En 1815, más de diez mil soldados desembarcan en la Tierra Firme (las costas de la actual Venezuela) bajo las órdenes del general Pablo Morillo. Como cabía esperar, estas tropas invirtieron la balanza en favor de los realistas en prácticamente todo el subcontinente (excepto, por su lejanía, en los virreinatos del Río de la Plata y de la Nueva España, aunque también en este último territorio la insurgencia perdió fuerza y cohesión a partir de 1815, pero por otros motivos, que revisaré en el próximo apartado). La nueva situación favorable a la Corona, sin embargo, no duró muchos años, pues los patriotas lograron reorganizarse en casi todo el subcontinente. Poco a poco recuperaron el terreno perdido hasta que, como quedó expresado, para 1824 lograron derrotar al último de los ejércitos realistas que representaba una verdadera amenaza para su causa.

La pérdida de todos los territorios continentales americanos para la corona española no solo fue posible por el innegable mérito de los patriotas hispanoamericanos, también es importante insistir, como quedó anotado, que las autoridades peninsulares (desde la Junta Central hasta Fernando VII, pasando por la Regencia y por las Cortes de Cádiz) no supieron calibrar lo que se estaba jugando en América y no fueron capaces de responder a los desafíos de la situación que la crisis de 1808 puso sobre la mesa y tampoco a algunas de las peticiones americanas más importantes respecto a que se les otorgaran mayores libertades políticas y económicas. Por lo demás, no pocos americanos pronto se dieron cuenta que la crisis de la monarquía era una oportunidad no solo para obtener más autonomía, sino para romper definitivamente los lazos con la metrópoli. Ahora bien, este proceso fue bastante más pausado de lo que las historiografías nacionalistas latinoamericanas plantearon durante mucho tiempo. Esto explica que en la mayoría de los casos los procesos emancipadores-independentistas hayan requerido tantos años para lograr sus objetivos. Además, a menudo se olvida o se soslaya que muchos habitantes de la América española no querían separarse de la metrópoli. De hecho, las "guerras de independencia" en el subcontinente no fueron guerras anticoloniales o anticolonialistas, sino *civiles*, es decir, un conflicto bélico entre americanos[21].

A partir de mediados de 1811, varios líderes políticos y militares de los procesos emancipadores buscaron opciones cada vez más radicales, hasta decantarse por la independencia absoluta. Ahora bien, el carácter paulatino de esta actitud es evidente con solo revisar la cronología de las declaraciones de independencia, que habría que distinguir de las independencias "efectivas", por denominarlas así (actualizo el nombre de los que ahora son actualmente países o regiones de América Latina): Venezuela (1811), Paraguay (1811), Paraguay (1813), México (1813), Argentina (1816), Chile (1818), Colombia o "Gran Colombia" (1819), Perú (1821), México (1821), parte de América Central (1821), Centroamérica (1823) y Perú (1824).

---

21 No solo porque la cantidad de peninsulares en América era reducidísima, sino también porque, como vimos más atrás, a excepción de la expedición de 1815 bajo el general Morillo, la corona española nunca estuvo en condiciones de enviar un número considerable de soldados para mantener su imperio americano, sobre todo si se tienen en mente las dimensiones geográficas de la región. Cuando, en 1820, la monarquía logró finalmente reunir un ejército muy numeroso para reconquistar los territorios perdidos en América, este mismo ejército se levantó en contra del rey en nombre del liberalismo. Aquí está el origen del llamado "Trienio liberal" (1820-1823).

Las repeticiones se explican por diferentes motivos: en 1811, Paraguay se declara independiente de Buenos Aires, no de España (una declaración que tendrá que esperar hasta 1813); los insurgentes mexicanos declaran la independencia en 1813, pero el Virreinato de la Nueva España no se separará efectivamente de España sino hasta 1821; Perú declara su primera independencia en 1821, pero ésta no será efectiva sino hasta la segunda declaración, la de 1824 (en ambos casos, gracias a la intervención de tropas provenientes de otros territorios americanos). Poco después de esa segunda declaración peruana, es proclamada la independencia de Bolivia (1825); más adelante, la de Uruguay (1828) y en 1830 surgen Colombia, Venezuela y Ecuador como países (pues, *de facto*, ya eran independientes de España; desde, cabe plantear, la batalla de Carabobo, que tuvo lugar en 1821)[22]. En todo caso y más allá de posibles adecuaciones que se puedan hacer, creo que la cronología que acabo de presentar pone de manifiesto un punto ya referido, pero que me parece muy importante: la enorme variedad que se dio al interior de la América española durante el periodo emancipador-independentista y la dificultad de establecer patrones o de hacer generalizaciones sin las debidas prevenciones o los matices que apliquen (a veces, incluso al interior de un mismo territorio).

4. LOS ACONTECIMIENTOS AMERICANOS

Mientras en la Península tenían lugar los acontecimientos referidos en los dos apartados anteriores, los territorios americanos recibían el impacto de esos acontecimientos y trataban de reaccionar de la mejor manera posible para sus necesidades, sus intereses y, en un primer momento, para su supervivencia política. Las noticias metropolitanas llegaban sin prisa, pero con relativamente pocas pausas, pues la armada británica garantizaba la comunicación entre la metrópoli y sus colonias de ultramar. Como ya

---

22 En cuanto al Alto Perú (que corresponde, *grosso modo*, a la actual Bolivia), el *Diario de un comandante de la independencia americana* de José Santos Vargas es muy útil para darse cuenta de algunas de las características del proceso emancipador e independentista en esa parte de la América española. Con frecuencia, la situación era tan caótica que los combatientes no parecían tener claro por qué o para qué luchaban. Cabe plantear que, de contar con otros testimonios de la misma naturaleza, quizás el caso altoperuano no fue muy distinto a otros. La mejor edición disponible es la de la Biblioteca del Bicentenario de Bolivia (La Paz, 2016). En cuanto a Uruguay, cabe apuntar que la Banda Oriental logró su independencia en 1828 respecto a Buenos Aires y por mediación de la diplomacia británica.

señalé, las reacciones variaron mucho de un territorio a otro; entre otros motivos, por la diferencia de las distancias desde Cádiz a los distintos puertos americanos, porque las noticias provenientes de la Península llegaban "en tropel" (*i.e.*, no individualmente y no siempre de manera ordenada) y, más importante, porque la naturaleza y los tiempos de cada proceso autonomista o independentista dependía en gran medida de variables internas, que eran las que a menudo decidían las medidas a tomar como reacción a las noticias metropolitanas.

Como quedó expresado, la primera proclamación de independencia en la América española tuvo lugar en Caracas en julio de 1811. Es decir, mientras en la Península los representantes, peninsulares y americanos, reunidos en Cádiz intentaban elaborar un documento constitucional para toda la monarquía, en América surgía la opción separatista. Es cierto que desde 1810 se habían reunido juntas en la Capitanía General de Venezuela, en el Virreinato de la Nueva Granada, en el Virreinato del Río de la Plata y en la Capitanía General de Chile que, en mayor o menor medida, no reconocían la autoridad de las autoridades designadas en la Península. Sin embargo, en ninguno de ellos se planteó la independencia absoluta. El caso novohispano, como veremos enseguida, también se inicia en 1810, pero con una naturaleza insurreccional y popular que no tuvo en los territorios anteriormente mencionados. Como sugerí más arriba con la cronología sobre las declaraciones de independencia, en la medida en que transcurre el tiempo los planteamientos emancipadores o autonómicos se van transformando en independentistas, pero este no es un proceso linear o uniforme y en algunos territorios las contramarchas son evidentes. Para no ir más lejos y como ya quedó señalado, después del regreso de Fernando VII al trono en 1814 y de la abolición por parte del monarca de toda la labor legislativa que llevaron a cabo de las Cortes de Cádiz (incluyendo, por cierto, más de cuatrocientos decretos), el enorme contingente enviado por la Corona en 1815 logró modificar la situación de tal modo que, para 1816, la reconquista española se convirtió no solo en una opción viable, sino en una realidad (con las ya mencionadas excepciones rioplatense y novohispana), si bien no por mucho tiempo, pues los patriotas americanos se reorganizaron.

Haciendo un recorrido de norte a sur, comienzo con el caso novohispano. Este proceso muestra contrastes notables con los movimientos que tuvieron lugar en América del Sur. Sin pretender ser exhaustivo, señalo a continuación algunos de ellos. En primer lugar, el movimiento emancipador novohispano se inicia en Dolores, un pequeño pueblo de provincia, no en la capital del virreinato, como sucede en varios casos sudamericanos (ya fuera capital de virreinato o de capitanía general). En segundo, al frente de él está un sacerdote, Miguel Hidalgo, que desde un principio le impone al movimiento insurreccional una impronta religiosa. Este carácter, que adquiere la insurrección desde su comienzo en septiembre de 1810, no se pierde con la muerte de Hidalgo (apresado en marzo de 1811 y fusilado en julio de ese año), sino que continúa con su sucesor al frente del movimiento, el también sacerdote José María Morelos, quien mantiene viva la llama insurgente hasta 1815, cuando es hecho prisionero y fusilado, al igual que su predecesor. A partir de este momento el movimiento insurgente novohispano no es sofocado, pero pierde mucha fuerza y es incapaz de ofensivas de envergadura. Una tercera diferencia es que, en contraste con los movimientos en América del Sur, en los cuales la élite criolla fue la protagonista de los sucesos de 1810 y, además, logró mantener un cierto control sobre el desarrollo de los acontecimientos, en la Nueva España el movimiento de Hidalgo adquirió muy pronto un carácter netamente popular, que pronto rebasó la capacidad organizativa de algunos de los líderes insurgentes más importantes, que provocó diferencias entre algunos de ellos y que llevó a que no pocos de los criollos que habían apoyado al movimiento en un primer momento, cambiaran de parecer.

A partir del fusilamiento de Morelos en 1815, el Virreinato entró en una relativa calma, que se mantendrá hasta 1820, cuando el general realista Agustín de Iturbide decidió cambiar de bando y se puso al frente del ejército que consumará la independencia de México en septiembre de 1821. Se da así el final del proceso emancipador novohispano; paradójico en más de un sentido, pues básicamente lo consumó el grupo que había luchado durante años en contra de la insurgencia. Este cambio de 90 grados, personificado por Iturbide y por muchos otros militares realistas, resulta ininteligible si se ignora que en 1820 los liberales habían regresado al poder en la Península, instaurando el ya referido Trienio liberal (1820-1823). Esta vuelta del liberalismo y de las medidas liberales que se estaban discutiendo y aplicando en las Cortes de Madrid desde julio de 1820, fueron determinantes para que Iturbide reconsiderara su posición realista, pues varias de esas medidas afectaban los intereses de la Iglesia, del ejército y de los terratenientes, tres instituciones o estamentos con los que Iturbide se identificaba plenamente.

En la América meridional las cosas fueron muy distintas. Desde la declaración de independencia por parte de la junta de Caracas en julio de 1811, la Capitanía General de Venezuela se convirtió en escenario de una cruenta guerra. Al frente del ejército patriota estuvo primero Francisco de Miranda, conocido como "El Precursor" por la larga y laboriosa labor de preparación de las independencias hispanoamericanas que llevó a cabo en varias cortes europeas durante varios lustros antes de que iniciaran los procesos emancipadores. Todo este esfuerzo resultaría infructuoso, pues Miranda fue derrotado por las tropas realistas a mediados de 1812 y, en circunstancias que siguen siendo confusas, fue entregado a las autoridades españolas por varios militares venezolanos, Bolívar entre ellos. Fue trasladado a España y encarcelado; ahí moriría en 1816.

A partir de ese momento, será Bolívar quien comande el ejército patriota en la Capitanía General de Venezuela y, con el tiempo, en otros territorios americanos. En la Nueva Granada, unida a Venezuela por motivos geo-estratégicos, la guerra contra los realistas se convirtió también en una guerra entre americanos patriotas, pues las Provincias Unidas de Nueva Granada entraron en conflicto con la provincia de Cundinamarca. En este caso, como en muchos otros a lo largo y ancho del subcontinente, lo que surgieron fueron diferencias derivadas, sobre todo, del reconocimiento o, más bien, de la falta de reconocimiento, de ciertas ciudades respecto a las capitales. La noción de la soberanía del pueblo, tan poderosa a lo largo de la Era de las revoluciones, en América con frecuencia se tradujo en soberanía de los pueblos, en plural; eso significaba que la independencia se podía declarar no solamente respecto a la metrópoli, sino también respecto a las capitales o a ciudades aledañas que pretendían imponer sus condiciones. Es así como el federalismo y su contrario, el centralismo, se convirtieron muy pronto en temas políticos fundamentales y en un motivo constante de desavenencias entre los americanos. En suma, en varias zonas del subcontinente los conflictos entre patriotas debilitaron su causa, brindando así tiempo y opciones de organización a las autoridades y a los ejércitos realistas.

Las victorias y las derrotas se suceden en la Tierra Firme durante el trienio 1812-1815, hasta que, como quedó expresado, en este último año desembarcó un ejército realista de más de 10,000 hombres. Este elevado número se explica porque la guerra en la Península en contra de los franceses había llegado a su fin y entonces fue posible que la corona española reuniera esa cantidad de soldados y los enviara a luchar en contra de los insurgentes hispanoamericanos. A partir de este momento la suerte se inclinó en favor de las fuerzas metropolitanas. A tal punto que en 1815 Bolívar tuvo que refugiarse en Jamaica, en donde escribió su célebre *Carta de Jamaica*. El general Morillo terminaría apoderándose de Bogotá en 1816. Sin embargo, Bolívar regresaría al continente, reorganizaría un ejército y vencería a los realistas unos años después. Concretamente, primero en Boyacá (1819), lo que le permitió entrar en Bogotá y concretar finalmente su sueño de unir la Capitanía General de Venezuela, el Virreinato de Nueva Granada y la Audiencia de Quito en una sola entidad política, la República de Colombia (que los historiadores denominarán "Gran Colombia", para distinguirla del país que surgirá en 1830 de la desintegración de este proyecto bolivariano). Sin embargo, las fuerzas realistas seguirían acosando a la nueva entidad política y dos años más tarde, en 1821, en Carabobo, Bolívar vuelve a enfrentarlas. Con esta victoria quedó asegurada la supervivencia de la República de Colombia, cuya existencia no sobrepasaría una década, contando a partir de dicha batalla.

Más al sur, el Virreinato del Perú se mantiene fiel a la corona española, bajo el férreo mando del virrey José Fernando de Abascal, quien estaría en su cargo hasta 1816. Sobre este importante territorio, es claro desde el principio que las élites peruanas no buscaban separarse de la metrópoli. Tendría que venir un ejército desde fuera, concretamente desde el sur, comandado por San Martín, para proclamar la independencia del Perú en 1821. Sin embargo, los patriotas perderían la capital poco después y tendría que venir otro ejército del exterior, esta vez desde el norte y comandado por Bolívar, para que finalmente se haga efectiva la independencia peruana en 1824. En ese año tuvieron lugar las dos batallas que decidirían dicha independencia, la de Junín en agosto y la de Ayacucho en diciembre. Esta última, por cierto, no fue una victoria de Bolívar, como se afirma en ocasiones, sino del mejor de sus lugartenientes, Antonio José de Sucre, por quien Bolívar sentía un especial afecto. Ayacucho no solamente selló la independencia de casi todo el Virreinato del Perú, sino que también representó, en términos prácticos, el final de las guerras independentistas en el subcontinente. Todavía habría algunas escaramuzas en el Alto Perú en los primeros meses de 1825, pero Sucre lograría finalmente pacificar la región. En agosto de ese mismo año es creada la República Bolívar, que unos meses más tarde modifica su nombre y se transforma en Bolivia. Al año siguiente, Sucre se convirtió en su primer presidente constitucional.

En la Capitanía General de Chile, el primer experimento de autogobierno se inició en septiembre de 1810 con la creación de la primera junta gubernamental del Reino de Chile (como también se conocía a la capitanía en tiempos de la Colonia). Al poco tiempo, los patriotas también comienzan a sufrir divisiones internas (concretamente, entre Bernardo O'Higgins y José Miguel Carrera), que se prolongarían por mucho tiempo. Para cuando se da un entendimiento, es demasiado tarde y los patriotas son derrotados por los realistas a fines de 1814 en la batalla de Rancagua, con la que desaparece la llamada "Patria Vieja" (1810-1814). Ahora bien, desde antes de esta derrota, el Tratado de Lircay, firmado en mayo de ese mismo año, mostraba la ambivalencia o falta de claridad de la clase dirigente chilena respecto a una independencia absoluta, pues en dicho tratado se reconocía la soberanía de Fernando VII. En todo caso, al igual que en al caso peruano, la independencia de Chile vendría de fuera. Después de la derrota de Rancagua, O'Higgins se marcha al Río de la Plata, donde entró en contacto con San Martín, quien dirigiría el ejército patriota que después de tribulaciones diversas, finalmente cruzó los Andes a principios de 1817, junto con O'Higgins y muchos otros patriotas chilenos que lo apoyaban. El ejército rioplatense-chileno derrotó a los realistas, primero en Chacabuco (febrero de 1817) y luego en Maipú (abril de 1818), sellando así la independencia chilena. La cual había sido declarada en febrero de 1818, es decir, antes de que tuviera lugar la batalla de Maipú. El primero en dirigir los destinos de la nueva nación fue Bernardo O'Higgins, quien fungiría como Director Supremo hasta 1823. Una vez lograda la independencia chilena, San Martín continuó su expedición liberadora en tierras peruanas. Entró a Lima, la capital, en julio de 1821 sin haber encontrado resistencia realista y proclamó la independencia del virreinato que alguna vez había sido el más importante del imperio español en América. Como quedó señalado, esta proclamación independentista tendría que repetirse tres años después, cuando Bolívar logró hacerla efectiva y definitiva. En todo caso, el protectorado de San Martín en Perú (1821-1822) estuvo lleno de desencuentros con peruanos e incluso con autoridades del gobierno chileno.

Por su parte, el Virreinato del Río de la Plata tiene una historia emancipadora-independentista bastante peculiar. En primer lugar, porque en 1806 y 1807 sufre un par de invasiones inglesas que muestran la vulnerabilidad de las autoridades de la Corona y, al mismo tiempo, por el destacado papel desempeñado durante dichas invasiones por los criollos rioplatenses. Quienes, a partir de entonces y ante la cobardía de las autoridades peninsulares, se percatan de sus capacidades militares y políticas para tomar sus propias decisiones. Este sentimiento de empoderamiento será muy importante cuando estalle la crisis hispánica en 1808. No será, sin embargo, sino hasta mayo de 1810 que tenga lugar la llamada "Revolución de Mayo", en la que la Junta de Buenos Aires no reconoce al Consejo de Regencia que se había integrado en la Península, que en aquel momento era la máxima autoridad metropolitana (la Regencia, cabe recordar, fue lo que se puede considerar el gobierno de transición entre la Junta Central y las Cortes de Cádiz). Entre los miembros del primer gobierno bonaerense destaca Mariano Moreno, cuyo radicalismo marcará los meses iniciales del gobierno autónomo. La carrera política de Moreno, sin embargo, será fugaz, pues, en parte por sus posturas políticas, es nombrado representante diplomático en Londres y muere en alta mar en 1811. Menciono a Moreno en particular porque es quizás el mejor ejemplo de las posturas políticas radicales de la primera época del gobierno rioplatense[23]. Un radicalismo que, se irá moderando no solo en el Río de la Plata, sino también en otras regiones hispanoamericanas, sobre todo en la medida en que los procesos emancipadores e independentistas avanzan y sus líderes enfrentan nuevas situaciones y nuevos desafíos, entre ellos los relacionados con una estabilidad y una gobernabilidad mínimas que, como cabía esperar considerando las circunstancias, probaron ser elusivas desde el comienzo.

La historia de los primeros años del gobierno autónomo fue agitada, por decir lo menos. Desde un principio, surgen querellas entre Buenos Aires, que pretendía instaurar una entidad política centralizada en todo lo que era el Virreinato del Río de la Plata, y Montevideo, que se declara realista desde el principio. Lo mismo sucede con las provincias del litoral, que no están dispuestas a aceptar el predominio bonaerense, aunque tampoco pretenden seguir dependiendo de la corona española. Aquí está la semilla de un conflicto político y militar al que ya me referí (en el caso argentino, unitarismo *vs.* federalismo), el cual recorrerá gran parte de la historia argentina del siglo XIX. De hecho, se podría plantear que en el caso rioplatense los conflictos internos fueron de tal magnitud que la independencia respecto a España se fue retrasando *sine die* (de hecho, hasta 1816). A estas divisiones hay que agregar los intentos por parte de Buenos Aires de mantener dentro de su órbita el Alto Perú, un territorio que fue parte del Virreinato del Perú durante siglos, pero que pasó a formar parte del virreinato rioplatense desde su creación en 1776. Estos intentos resultaron infructuosos y ante las derrotas sufridas frente a los ejércitos realistas a partir de 1811, los revolucionarios bonaerenses terminaron por abandonar esta pretensión a fines de 1815. Lo mismo sucedió, varios años antes, respecto a la intendencia del Paraguay, que se declaró independiente de Buenos Aires en 1811. Este territorio, aislado geográficamente, se aislaría también política y económicamente por decisión de Gaspar Rodríguez de Francia, quien, en 1814, fue nombrado dictador supremo y, en 1816, dictador perpetuo. A partir de este momento y hasta su muerte en 1840, el Paraguay no vivió la inestabilidad político-social que asolará a prácticamente toda la América española durante las primeras décadas de vida independiente; de

---

[23] Existe una buena biografía del personaje: *Mariano Moreno (De reformista a insurgente)* de Noemí Goldman (Buenos Aires: Edhasa, 2016).

hecho, logra una cierta armonía social y un modesto desarrollo económico. Lo anterior no disminuye un ápice el hecho de que era una dictadura y, como cualquier otra, no aceptó durante un cuarto de siglo ninguna expresión o manifestación de disidencia, recurriendo a la violencia cada vez que lo consideró necesario para mantener el *statu quo*[24].

Volviendo al caso rioplatense o, más bien quizá, bonaerense, cabe añadir, por último, que lo que se podría considerar la "indecisión" de la élite dirigente frente a la independencia se explica en buena medida porque la corona española fue incapaz de desembarcar contingentes en la región a lo largo del periodo emancipador, por lo que la situación resultó muy contrastante con la Capitanía General de Venezuela y con el Virreinato de Nueva Granada. A ello se añaden las pugnas al interior del virreinato a las que ya hice referencia[25]. De hecho, no sería sino hasta julio de 1816 que el Congreso de Tucumán declararía la independencia de las Provincias Unidas del Río de la Plata. Cabe apuntar que a este congreso no asistió José Gervasio Artigas, el líder patriota de la Banda Oriental (el actual Uruguay) y principal opositor del centralismo bonaerense. Tampoco asistieron representantes de las otras cuatro provincias que estaban enfrentadas con Buenos Aires desde el inicio del proceso revolucionario en la región.

---

[24] En el último capítulo de *La vie quotidienne en Amérique du Sud au temps de Bolivar 1809-1830* (Mesnil-sur-l'Estrée: Hachette, 1987; pp. 197-214), Marie-Danielle Demélas e Yves Saint-Geours no disminuyen un ápice el nivel de coerción del régimen de Rodríguez de Francia, pero afirman que, además de la tranquilidad, el país logró una cierta prosperidad (p. 103). La opinión de Barbara Potthast es similar; esta autora no soslaya tampoco los elementos dictatoriales de dicho régimen, pero deja ver con claridad que la masa de la población paraguaya se benefició de las políticas sociales y comerciales que impuso Francia. "La independencia paraguaya y la dictadura del Dr. Francia: ¿un experimento histórico?", en *Las independencias hispanoamericanas. Interpretaciones 200 años después*, Marco Palacios (coord.) (Bogotá: Editorial Norma, 2009), pp. 183-208. Cabe añadir que, durante un breve periodo, la Bolivia del presidente Andrés de Santa Cruz (1829-1839), también logró una cierta estabilidad y un cierto desarrollo. Sobre este punto, véase *La vie quotidienne en Amérique du Sud au temps de Bolivar*, pp. 177-178. Sobre este interesante personaje, véase *Andrés de Santa Cruz, caudillo de los Andes* de Natalia Sobrevilla (Lima: Instituto de Estudios Peruanos /Pontificia Universidad Católica de Perú, 2015).

[25] Un texto, coetáneo a los acontecimientos, que refleja muy bien esta desunión de los patriotas rioplatenses es el *Bosquejo de nuestra revolución* del deán Gregorio Funes (Córdoba: Universidad Nacional de Córdoba, 1961).

Ahora bien, las distintas reacciones en los territorios de la América española respondían a variables de diverso tipo. Por ejemplo, las características étnicas de cada sociedad. A este respecto, no es extraño que los dos territorios con poblaciones indígenas más numerosas (Nueva España y Perú), fueran las más reticentes a aceptar cualquier cambio político o social profundo. Asimismo, como ya apunté, las relaciones entre las capitales y otras ciudades de cada territorio (no tanto las relaciones con la metrópoli) fueron determinantes en algunos casos (Maracaibo ante Caracas, Santa Marta frente a Bogotá o Montevideo respecto a Buenos Aires, por mencionar tres ejemplos). Por último, cabe añadir que dichas relaciones dependían de factores diversos: de la composición étnica, del tipo de economía predominante en cada territorio, de los arreglos comerciales derivados del periodo colonial (sobre todo considerando las reformas borbónicas de la segunda mitad del siglo XVIII), de la capacidad de liderazgo de las diversas élites político-comerciales (locales o regionales) y de los beneficios que obtenían (o no) ciertos grupos sociales de la situación prevaleciente cuando estalla la crisis hispánica en 1808 y se intensifican las inquietudes políticas americanas hacia 1810.

En el caso de América Central, territorio al cual apenas me he referido, una autora experta en la región durante el periodo emancipador concluye que esta región del imperio español en América experimentó lo que ella denomina "una independencia de paradojas": con una población indígena muy importante, no hubo revueltas indígenas de envergadura; la región no estuvo claramente a favor de la independencia, pero tampoco era realista; participó con entusiasmo en los dos experimentos de monarquía constitucional que provenían de la metrópoli (1812-1814 y 1820-1821), pero aceptó sin mayor problema la restauración absolutista en 1814 y, años después, estableció una república federal con el mismo entusiasmo[26]. Finalmente, con escasa interferencia externa durante el periodo independiente y con la ventaja de no haber sufrido agitación interna considerable, el Reino de Guatemala se adhirió primero al imperio mexicano de Agustín de Iturbide en 1821, declaró su independencia absoluta en 1823 y, finalmente, se convirtió en la Federación de Centro América al año siguiente. Esta entidad política no solo tuvo una vida bastante corta (tres lustros exactamente: 1824-1839), sino que atravesó la misma inestabilidad política que caracterizó al resto de la América española, lo que finalmente llevó a su desinte-

---

[26] Jordana Dym, *From Sovereign Villages to National States (City, State, and Federation in Central America, 1759-1839)* (Albuquerque: University of New Mexico Press, 2006, p. 18.

gración y al surgimiento de cinco nuevos países: Guatemala, El Salvador, Honduras, Nicaragua y Costa Rica.

Como cabe colegir de los últimos párrafos, la pluralidad y la diversidad definen en buena medida lo acontecido en la América española entre 1808 y 1830. Esta fecha final, como ya adelanté, se explica, en primer lugar, por la desmembración de la "Gran Colombia", de donde surgieron tres nuevos países: Colombia, Venezuela y Ecuador. En segundo lugar, 1830 es el año en que muere Bolívar, un personaje que, por diversos motivos, merece que nos detengamos en él.

Simón Bolívar o "El Libertador" es, sin duda, el líder independentista más importante de los procesos emancipadores hispanoamericanos. Lo es no solamente porque liberó a cinco diferentes naciones del yugo español (Venezuela, Colombia, Ecuador, Perú y Bolivia), sino porque desde muy pronto tuvo claro que la separación absoluta de la metrópoli era una condición *sine qua non* para los americanos. Una claridad que no tuvieron muchos de los líderes emancipadores hispanoamericanos; por lo menos durante los primeros años, e incluso se puede hablar de lustros. Pero la importancia de Bolívar va mucho más allá, pues ningún otro personaje del periodo vio con tanta claridad lo que estaba en juego en las guerras en contra de la corona española. Su perspicacia intelectual, su amplia cultura y su capacidad analítica lo convierten, en mi opinión, en el autor que mejor que nadie supo desentrañar la complejísima situación en la que estaban envueltos los americanos en su lucha en contra de una metrópoli que, a decir de Bolívar, no había hecho prácticamente nada en favor de los americanos durante los casi trescientos años que duró el dominio peninsular sobre América. La *Carta de Jamaica* y el *Discurso de Angostura* son textos bien conocidos, pero hay que recurrir a muchos otros textos y a sus cartas privadas para poder calibrar los planteamientos que acabo de hacer[27].

Simón Bolívar es una figura de alcance universal, pero no solamente, insisto, por sus dotes políticas o militares (las cuales, por lo demás, han sido exageradas por sus panegiristas, que se cuentan por centenas). Su decepción con respecto a los resultados que obtuvo después de muchos años de luchar por independizar a América ha sido motivo de obras literarias y de películas, pero resulta realmente difícil calibrar dicha decepción desde la perspectiva de la historia intelectual. Motivos para la decepción había

---

[27] Me ocupé de esta cuestión, de manera detallada, en "Simón Bolívar, agudo analista de los dilemas americanos", en *Liberalismo e independencia en la Era de las revoluciones* (México: Colmex, 2021) pp. 157-202.

muchos. Solo en el plano, digamos, "internacional": fracasó su proyecto panamericano, fracasó su proyecto de una Confederación de los Andes y también fracasó finalmente, en 1830, su proyecto de la República de Colombia. En todo caso, su decepción y su trágico destino están lejos de ser una excepción en el contexto de las independencias hispanoamericanas. Basta echar una ojeada sobre el final de las trayectorias vitales de líderes tan connotados como Francisco de Miranda, Mariano Moreno, Bernardo O'Higgins, José de San Martín, Bernardo de Monteagudo, Antonio Nariño, Antonio José de Sucre, José Artigas o Agustín de Iturbide para darse cuenta que incluso personajes que en algún momento incidieron profundamente sobre sus respectivos procesos independentistas fueron incapaces de incidir sobre el derrotero de las nuevas naciones y, sobra decirlo quizá, fueron incapaces de construir el mínimo de estabilidad política que esas nuevas naciones requerían para tener la posibilidad de brindar verdaderas opciones de futuro a sus habitantes (o, al menos, para las mayorías en cada uno de los nuevos países)[28].

5. EL LEGADO DE LAS GUERRAS DE INDEPENDENCIA

Conviene empezar por un punto fundamental, ya mencionado: los movimientos emancipadores de la América española, una de las cuatro revoluciones atlánticas más importantes, concluyeron, si consideramos 1830 como la fecha de su terminación, con la independencia de más de una decena de nuevos países en el continente americano. Más allá de la inestabilidad política que los caracterizó durante toda la primera mitad del siglo XIX (y más allá en no pocos casos), este conjunto de repúblicas mostró un apego a los principios liberales que convirtieron a la región en un experimento político digno de ser estudiado más allá de la consabida díada caos/caudillos, que fue uno de los prismas a través del cual fue visto, durante mucho tiempo, el siglo XIX en la región (desde la perspectiva de la historia política)[29]. Ahora bien, las historiografías nacionalistas prevalecieron

---

[28] En todos los casos mencionados, llama la atención algo en lo que nadie repara: sus desilusiones, fracasos y tristes desenlaces tuvieron más que ver con sus correligionarios americanos, que con "el enemigo a vencer": los españoles.

[29] Reconocer el peso del caudillismo, pero al mismo tiempo proponer nuevas vetas interpretativas sobre la importancia del liberalismo durante esa centuria, es uno de los objetivos de los editores Eduardo Posada Carbó e Iván Jaksić en *Liberalismo*

en América Latina por mucho tiempo, lo que llevó a la historiografía de la región a perder capacidad crítica respecto a las "limitaciones" de nuestros procesos emancipadores. Repito: las nuevas sociedades siguieron siendo tan desiguales como lo fueron las sociedades coloniales. Se replicará que este es el resultado de casi todas las revoluciones que han tenido lugar en la historia de Occidente. La réplica es válida, pero eso no impide insistir en algo que se consigna rara vez: salvo muy contadas excepciones (Morelos y Artigas), los líderes de los procesos independentistas de la América española no tenían entre sus principales objetivos reducir la pobreza o la desigualdad.

Uno de los aspectos que refleja bien la "despreocupación social" de los líderes políticos y militares hispanoamericanos es que, a pesar de la retórica independentista sobre la igualdad y de varias promesas al respecto (de Simón Bolívar, entre otros), lo cierto es que la esclavitud se mantuvo en casi toda la América española hasta mediados del siglo XIX. Las excepciones a este respecto son solo tres: Chile, América Central y México. Esto sucedió, respectivamente, en 1823, 1824 y 1829. No se puede dejar de mencionar que en ninguno de esos tres territorios la cantidad de esclavos era significativa y, por lo tanto, la abolición era un paso mucho menos complicado que en aquellas sociedades en donde su número era considerable y en donde, se infiere lógicamente, tenían un peso significativo en la vida económica. En todo caso, hay que esperar hasta mediados del siglo XIX para que los demás países de la región decreten la abolición de la esclavitud[30].

Lo que tuvo lugar en términos políticos (pero con consecuencias en muchos otros ámbitos) al final de los procesos de independencia en la América española, fue el remplazo de una élite, la peninsular, por otra élite, la criolla. Con muy pocas excepciones, fueron los criollos quienes

---

y poder (Latinoamérica en el siglo XIX) (Santiago de Chile: FCE, 2011). Otro libro que también se posiciona claramente contra de las visiones tradicionales y plantea interpretaciones más diversas y ambiciosas es *Republics of the New World (The revolutionary political experiment in 19th-century Latin America)* de Hilda Sabato (Nueva York: Princeton University Press, 2018). Existe traducción al español: *Repúblicas del Nuevo Mundo (El experimento político latinoamericano del siglo XIX)* (Santiago de Chile: Random House Mondadori, 2021).

[30] Sobre este tema, véase la introducción de Celso Thomas Castilho y Marcela Echeverri al dossier "Ecos atlánticos de las abolisiones hispanoamericanas", *Historia Mexicana,* vol. 69. n. 2, oct.-dic. 2019, pp. 613-626. Cabe apuntar que en esta introducción se considera que la fecha definitiva de la abolición de esclavitud en México es 1837 (no 1829).

estuvieron al frente de los movimientos emancipadores y quienes dictaron las condiciones constitucionales e institucionales que definieron políticamente a los nuevos países. Lo anterior, por cierto, no implica en absoluto negar la "agencia" de los grupos subalternos, que desafiaron al orden establecido a menudo, pero sin poder revertir dichas condiciones. Una prueba de la capacidad de las élites criollas es que mantuvieron lo que Alain Rouquié, analista contemporáneo de la realidad social latinoamericana, denominó las "pigmentocracias" de la era colonial[31]. Un aspecto que llega hasta nuestros días en la mayor parte de los países de América y que, para cualquier observador atento, se manifiesta cotidianamente de diversas maneras. En esto, como en otros temas sociales muy importantes, los procesos de independencia fueron menos revolucionarios de lo que algunos autores sugieren o de lo que el término puede hacer creer si no pensamos en términos históricos[32]. Este carácter "no revolucionario" en términos sociales no se limita a las desigualdades que tienen un marcado carácter étnico, sino que es perceptible en otros ámbitos, algunos de los cuales inciden directamente sobre cualquier noción que se tenga sobre la "modernidad política". En palabras del mismo autor: "La rigidez y la naturaleza étnica de las estructuras sociales, la concentración de la propiedad y el débil imperio de la ley son otras tantas características de las sociedades coloniales que las revoluciones de independencia no abolieron en modo alguno."[33]

---

31 El término entrecomillado es empleado por Alain Rouquié en *Amérique latine (Introduction à l'Extrême-Occident)* (París: Éditions du Seuil, 1988), p. 105 (la edición original es de 1987). Existe versión en español: *América Latina (Introducción al Extremo Occidente)* (México: Siglo XXI, 1989); en este caso, el término aparece en la página 100. Para un planteamiento muy parecido, véase *El nacimiento de los países latinoamericanos* de David Bushnell y Neill Macaulay (Madrid: Nerea, 1989), p. 14.

32 Basta que los lectores reflexionen sobre cinco revoluciones bien conocidas en la historia de Occidente: la llamada "Revolucion Gloriosa" británica (1688), la Revolución Haitiana (1791), la Revolución Mexicana (1910), la Revolución Rusa (1917) y la Revolución Cubana (1959). Cada una de ellas fue revolucionaria en un sentido distinto y sus consecuencias políticas, sociales y económicas fueron muy diferentes, pero todas fueron "revoluciones", sin duda. Sobre algunos de los problemas historiográficos que plantea el estudio de las revoluciones modernas, hace poco escribí una breve reseña crítica sobre el libro de Enzo Traverso citado en la nota 4; la refiero para los lectores interesados: https://redaccion.nexos.com.mx/una-peculiar-manera-de-acercarse-a-las-revoluciones-de-la-era-contemporanea/

33 Alain Rouquié, *A la sombra de las dictaduras (La democracia en América Latina)* (Buenos Aires: FCE, 2011), p. 41 (modifiqué un tiempo verbal del original para dar mayor claridad a la oración).

Hay un aspecto que forma parte de los procesos independentistas y que, desde una perspectiva política e intelectual, me parece muy importante: la "explosión constitucional" que tuvo lugar a lo largo de dichos procesos, pero particularmente durante el lustro 1811-1816. Se dice pronto, pero durante esos cinco años se redactaron en el subcontinente más de treinta documentos constitucionales (no necesariamente "constituciones" en sentido estricto)[34]. Para una región que apenas estaba saliendo de cerca de trescientos años de una situación de coloniaje, político y económico, este es un logro extraordinario, sin parangón en la historia mundial. Es cierto que muchos de estos documentos no pudieron ser aplicados y que otros duraron vigentes muy poco tiempo, pero esto no disminuye su importancia desde la perspectiva de la historia político-intelectual. Además, en temas como los poderes de emergencia, la revisión constitucional y la participación electoral, los legisladores de Hispanoamérica hicieron aportaciones originales[35].

Otro elemento que debe ser tomado en cuenta al hacer un balance de las guerras de independencia es que el prolongado conflicto entre los patriotas americanos y los ejércitos realistas (conformados, mayoritariamente, por americanos, como quedó expresado) crearon una casta militar que, una vez finalizados, no aceptaría regresar a los cuarteles. De hecho, este estamento decidió jugar un papel público muy activo, lo que tendría consecuencias nefastas para el desarrollo político de la región. Como ejemplo, muy revelador, cabe mencionar que el primer presidente civil de Perú asumió el poder en 1872, esto es, medio siglo después de que el país se independizara. Esta militarización de la política se conjugó con otro aspecto que me parece fundamental para explicar la inestabilidad que asoló a los países hispanoamericanos durante las primeras décadas de vida independiente: los regímenes republicanos que decidieron instaurar. Un tipo de régimen en el cual los nuevos países no tenían experiencia alguna y que presuponían ciertas nociones sobre lo político, la vida pública y la ciudadanía que simplemente no existían en el caso de la América española[36].

---

34 Véase, en este mismo volumen, el capítulo 5.1.

35 Esta "explosión constitucional" no recibió atención historiográfica durante mucho tiempo. Esta situación empezó a cambiar desde hace aproximadamente un cuarto de siglo. Sobre este tema, un texto pionero es *En pos de la quimera (Reflexiones sobre el experimento constitucional atlántico)* de José Antonio Aguilar (México: CIDE/FCE, 2000).

36 El contraste con los Estados Unidos no puede ser mayor a este respecto. La diferencia, en este tema, tiene que ver con una experiencia política en instituciones

A esas nuevas nociones y a muchos otros aspectos del ideario liberal de la era independentista, se opuso denodadamente la Iglesia, esa poderosa institución colonial que estuvo en la base de la oposición del conservadurismo hispanoamericano a los principios liberal-republicanos, que pretendían ver la vida social de una manera distinta. Volviendo al espinoso tema del carácter revolucionario o no revolucionario de ciertos procesos históricos, es importante señalar que dicha confrontación, contra la Iglesia y contra los conservadores, refleja uno de los aspectos revolucionarios del liberalismo hispánico. Dicho brevemente: con todas las ambigüedades propias del hecho de que el liberalismo hispánico estaba surgiendo en ese mismo momento histórico, muchos de los liberales de la época pensaban que el *antiguo régimen* no podía ser superado sin enfrentar a la iglesia católica como institución y sin terminar con su poder en ámbitos extra-religiosos. Esto explica en gran medida la centralidad del tema de la Iglesia en la oposición entre liberales y conservadores (el cual, por cierto, recorre todo el siglo XIX latinoamericano).

Hay un factor más que no puede ser ignorado cuando se intentan explicar las enormes dificultades que acosaron a los países de la América española después de la independencia y que contribuye a explicar por qué los líderes independentistas no vieron cumplidos la mayoría de sus anhelos y de los objetivos que se plantearon durante la segunda y tercera décadas del siglo XIX: la situación económica internacional y, más específicamente, las condiciones comerciales bajo las que nacieron las naciones hispanoamericanas. No solamente la mayoría de las economías de la región se colapsó por la duración de las guerras independentistas, sino que, una vez terminadas, las condiciones internacionales fueron también adversas, a tal grado que prácticamente todas las nuevas naciones enfrentaron situaciones notablemente desventajosas en términos económicos.

En cuanto a posibles créditos para echar a andar las maltrechas economías del subcontinente al terminar las independencias, los banqueros británicos eran los únicos capaces de otorgar a los gobiernos de los nuevos países la liquidez requerida. Comerciantes extranjeros, sobre todo ingleses, habían impuesto condiciones leoninas a los líderes de los ejércitos patriotas por los suministros que recibieron durante las guerras de inde-

representativas que los colonos ingleses pusieron en práctica en el norte de América desde su llegada a esas tierras a principios del siglo XVII. Es decir, para cuando tiene lugar la rebelión de las Trece Colonias, esas entidades políticas tenían más de siglo y medio de experiencia con instituciones de ese tipo.

pendencia (armas en primer lugar), pero fueron los intereses que impusieron los banqueros británicos a países como Colombia y México durante la década de 1820, los que colocaron a los nuevos gobiernos en una situación de impago, justo en el momento en que intentaban despegar, tanto en términos políticos como económicos. Esta falta de numerario en un momento crítico y un comercio internacional que no fue una opción viable de desarrollo (salvo en un par de casos) crearon una situación realmente complicada para la inmensa mayoría de la población hispanoamericana. En este contexto, los comerciantes ingleses tenían la sartén por el mando. Fueron estos mismos comerciantes quienes habían contribuido al logro de las independencias; en buena medida porque sabían que los principales beneficiados en términos económicos serían ellos. Una vez obtenidas, se dio lo que cierta historiografía denominó "imperialismo informal", que determinó en gran medida el espacio comercial de la América española durante los primeros lustros de la postindependencia[37]. A este respecto, conviene señalar que si los principios económicos liberales eran expuestos y propugnados en ambos lados del Atlántico, ni la Gran Bretaña, ni los nuevos países hispanoamericanos los aplicaron. De hecho, en lo que había sido la América española, las tarifas aduaneras, los monopolios comerciales, los precios regulados, los salarios controlados y varios "residuos" más de la denostada Colonia y del denostado mercantilismo siguieron funcionado durante décadas.

La destrucción generalizada que implicaron las prolongadas guerras de independencia, la debilidad de las nuevas economías, la falta de liquidez de los nuevos gobiernos y la inestabilidad política contribuyen a explicar que a partir de las independencias la tierra se haya consolidado en la región como la principal fuente de riqueza, poder y prestigio social. De hecho, las haciendas se extienden por todas las nuevas sociedades. "Las minas agotadas, las manufacturas arruinadas, las propiedades se encierran sobre sí mismas, convirtiéndose en feudos. En medio de la inestabilidad política imperante, las estructuras se coagulan [*figent* en el original], América se

---

[37] Para calibrar estas cuestiones durante los procesos emancipadores, así como durante dichos lustros, véanse dos publicaciones recientes: "The space of imperialism: an informal consul on the banks of the River Plate 1808-1820" de Deborah Besseghini, *Nuova Rivista Storica*, CVII, n. 1, enero-abril 2023, pp. 157-206; y, de la misma autora y Ander Permanyer-Ugartemendia: "The Hispanic World at War and the Global Transformation of Commerce. Global Merchants in Spanish America: Business, Networks and Independence (1800-1830)", *Journal of Evolutionary Studies in Business*, vol. 8, n. 1, enero-junio 2023, pp. 1-42.

ruraliza…"[38]. Los presupuestos políticos liberales y su aplicación, todo lo parcial que se quiera, conllevaron una cierta modernidad política en algunos ámbitos de la vida pública, pero aspectos importantes de la vida social salen prácticamente intocados de la era independentista. Particularmente en el campo, dichos presupuestos no se materializan en términos sociales; los beneficiados son unos cuantos. En cambio, lo que se difunde es un modelo pre-capitalista de enormes propiedades agrícolas que implican un notable nivel de explotación (y cuyo objetivo, casi siempre, es el consumo interno). Este modelo definirá buena parte de las relaciones sociales en casi todas las sociedades hispanoamericanas durante mucho tiempo por venir. Un modelo, que, como señalan Demélas y Saint-Geours, era, sin proponérselo evidentemente, un caldo de cultivo para el caudillismo[39].

6. UNA CUESTIÓN LINGÜÍSTICO-HISTORIOGRÁFICA

Más allá de algunos de los puntos planteados en el apartado anterior, los movimientos independentistas de la América española representan un proceso y un periodo muy importantes de las revoluciones atlánticas, de la Era de las revoluciones y de la historia mundial del siglo XIX. Como la revolución historiográfica de los últimos lustros ha puesto de manifiesto, son prácticamente infinitas las facetas de la historia política, intelectual, social, cultural, económica, diplomática y militar de las independencias de la América española que están siendo exploradas con presupuestos distintos, con hipótesis diferentes, con documentos que casi no habían recibido atención y con objetivos novedosos. Esta historiografía está escrita, sobre todo, en español y en inglés. En relación con este punto, debido al hecho de que la revolución hispanoamericana fue la última de las "grandes" revoluciones atlánticas, se tiende a pensar que prácticamente no hizo aportaciones al pensamiento político occidental durante la Era de las revoluciones. Esta tendencia se agrava por el absoluto predominio mundial de la lengua inglesa en la academia contemporánea. Un tema historiográfico de la mayor importancia que, desafortunadamente, no recibe la atención

38 *La vie quotidienne en Amérique du Sud au temps de Bolivar*, p. 186. Sobre las adversidades políticas, económicas y sociales enfrentadas por el conjunto de los países de la América española durante las primeras décadas de vida independiente, son muy útiles los tres primeros capítulos de un libro ya citado: *El nacimiento de los países latinoamericanos* de David Bushnell y Neill Macaulay.

39 *La vie quotidienne en Amérique du Sud au temps de Bolivar*, p. 196.

debida, pues parecería que es un *fait accompli* y que, por lo tanto, debemos aceptar sus consecuencias, por más negativas que puedan ser en términos intelectuales y académicos[40].

Otro motivo que contribuye a explicar la escasa atención que se ha prestado a ciertos temas de las independencias hispanoamericanas no tiene nada que ver con cuestiones historiográficas, sino con realidades históricas que se mantienen hasta la actualidad. Me refiero a un hecho al que nunca se hace referencia, pero que a mí me parece insoslayable: al no haber ocupado y no ocupar América Latina un lugar destacado en el concierto mundial en términos políticos, geopolíticos, militares y económicos, su historia, en general, tiende a no recibir una atención considerable (fuera de América Latina). Aquí, una vez más, la historia atlántica y el creciente interés en la Era de las revoluciones han contribuido a cambiar las cosas en la historiografía occidental, si bien no radicalmente (como veremos enseguida). La razón es muy simple: es imposible adentrarse en las revoluciones atlánticas y en la Era de la revolución sin prestar atención a las revoluciones hispanoamericanas (así como a la revolución liberal española del primer cuarto del siglo XIX). Esto implica (o debiera implicar), para los profesionales de la historia, no solo leer en español, sino también conocer la producción más importante de lo que se publica en ese idioma sobre las revoluciones hispanoamericanas y sobre dicha revolución liberal (la cual, por cierto, le da su carácter netamente atlántico a esas revoluciones). Además, deberían estar al tanto de los temas más importantes que se discuten en el mundo académico que emplea la lengua de Cervantes.

Esto me lleva al corazón del tema historiográfico-lingüístico con el que cerraré este capítulo: la hegemonía del idioma inglés en el estudio de las primeras décadas del siglo XIX en el mundo hispánico (o, para el caso, de todo el resto de la historia latinoamericana). Después de más de un cuarto de siglo dedicado a este periodo, puedo afirmar que buena parte de lo mejor que se ha escrito sobre las independencias hispanoamericanas (y, está

---

40 Sobre este tema escribí, en español, un breve ensayo: "Revoluciones hispánicas e historia atlántica en español (Ensayo crítico-bibliográfico sobre un menosprecio lingüístico injustificable)", *Wirapuru (Revista latinoamericana de estudios de las ideas)*, n. 7, 2023, pp. 1-12: http://www.wirapuru.cl/images/pdf/2023/7/brena.pdf Una versión preliminar, solamente electrónica y escrita en inglés, lleva por título "*Revoluciones hispánicas* and Atlantic History: a Spanish-language interpretation and bibliography", *Age of Revolutions (An Open-Access Peer-Reviewed Journal)*, mayo de 2021: https://ageofrevolutions.com/2021/05/10/revoluciones-hispanicas-and-atlantic-history-a-spanish-language-historiographical-interpretation-and-bibliography/

de más decirlo, sobre la revolución liberal española) está escrito en lengua española. Dicho de otro modo, la calidad de una parte importante de esta producción académica está fuera de duda. Siendo así, surgen naturalmente cuestionamientos sobre aspectos fundamentales de la historiografía occidental contemporánea.

Conviene advertir que hacer historia en español en América Latina no debe implicar cerrarse al diálogo y a los intercambios con nuestros interlocutores anglófonos, pero esto se debe de hacer en ambos sentidos y en los dos idiomas. Si bien es cierto que, en este campo del conocimiento, como en cualquier otro, abrirse a otras visiones y leer en otras lenguas es fundamental, creo que también lo es no subordinar nuestras perspectivas, nuestras hipótesis de trabajo y nuestras discusiones a las necesidades, intereses y debates de la academia anglófona. No tengo absolutamente nada en contra de esta academia; en primer lugar, por su calidad en términos generales. De hecho, he escrito decenas de textos académicos en la lengua de Shakespeare. Sin embargo, este hecho no implica la aceptación acrítica de perspectivas, hipótesis y terminologías que no necesariamente son las más fructíferas y que, a menudo, responden más a ciertas modas académicas y a una peculiar manera de entender el "avance" de la carrera universitaria en dicha academia, que a genuinas preocupaciones intelectuales (las cuales a veces parecen ocupar un lugar secundario; empezando porque se soslaya o se ignora la bibliografía escrita en otros idiomas).

Lo anterior no solamente sucede con frecuencia cuando los historiadores anglófonos se ocupan de la historia de la América española o de América Latina, sino también cuando escriben sobre las revoluciones atlánticas o, más ampliamente, sobre las Era de las revoluciones. Antes de ilustrar este último punto con un par de ejemplos, cabe señalar que en este final del primer cuarto del siglo XXI, el lugar de las *revoluciones hispánicas* (es decir, de la revolución liberal española y de los procesos independentistas hispanoamericanos) en la historiografía occidental está prácticamente asegurado, por decirlo así. Sin embargo, para que esto adquiera verdadero sentido en términos académicos e intelectuales, dicho lugar no puede basarse exclusivamente en la producción que sobre el tema se ha escrito en un solo idioma, el inglés. Planteado de otra manera: una parte de la enorme producción bibliográfica que existe en español sobre el tema desde hace más de tres décadas debiera estar presente en la enorme historiografía que se produce actualmente en inglés sobre las revoluciones hispánicas, sobre las independencias hispanoamericanas, sobre las revoluciones atlánticas y sobre la Era de la revolución (la cantidad de referencias en castellano a la que estoy aludiendo, depende mucho, obviamente, del tema central bajo estudio). No es el caso en la actualidad y, hasta donde alcanzo a ver, no hay signo alguno de que esta situación vaya a cambiar en el futuro. Basta tomar al azar prácticamente cualquier libro escrito en inglés sobre las independencias hispanoamericanas durante los últimos años para percatarse de que la academia anglófona presta muy poca atención a la historiografía en español.

Para dar una idea de la magnitud de la cuestión que ahora nos ocupa en lo relativo a las revoluciones atlánticas y a la Era de la revolución, refiero brevemente el estatus de la lengua de Cervantes en dos libros recientes publicados por historiadores estadunidenses: *The Age of Atlantic Revolution* de Patrick Griffin, publicado en 2023, y *The Age of Revolutions* de Nathan Perl-Rosenthal, publicado en 2024[41]. En el libro de Griffin, encontré 8 referencias en español; el libro contiene alrededor de 1200 (el libro carece de bibliografía, pero el número de referencias lo calculo con base en las notas, que ocupan las páginas 285 a 358). En el libro de Perl-Rosenthal, encontré 30 referencias en español (sin incluir las archivísticas, cuyo número en un par de capítulos no es menor); este libro debe tener alrededor de 1000 (en este caso, las notas aparecen en las páginas 463 a 525). En total, si mis cálculos son correctos, estamos hablando de menos de 40 referencias secundarias en español, de un total aproximado de 2200. ¿Dónde están las decenas de autores y autoras, así como las centenas de libros y artículos de indiscutible calidad académica que se han escrito en español sobre las revoluciones hispánicas desde, digamos, 1990? El origen de la pregunta anterior es muy simple: de las cuatro "grandes" revoluciones atlánticas, una de ellas se llevó a cabo en español, con protagonistas, actores secundarios y actores de reparto que en su mayoría hablaban castellano y, además, con fuentes primarias que están, prácticamente todas, en el mismo idioma. Si esto es así, surge, lógicamente, otra pregunta: ¿se puede escribir hoy en día un libro sobre las independencias hispanoamericanas, sobre las revoluciones atlánticas o sobre la Era de las revoluciones que no tenga un número relativamente importante de referencias en español?

En el futuro inmediato, el inglés seguirá siendo el idioma hegemónico en la academia del mundo entero. De aquí a aceptar pasivamente que no pocos historiadores anglófonos que se ocupan de la historia de otras partes del mundo no lean en otras lenguas (o que, aparentemente, no lo hagan)

---

41 El subtítulo del primero es *The Fall and Rise of a Connected World* y, del segundo, *And the Generations who Made it.* El primero fue publicado por Yale University Press (New Haven) y el segundo por Basic Books (New York).

y que prácticamente no citen textos que no están en inglés, hay una buena brecha. Y de ahí a aceptar que no lean *en español* y que no incluyan libros *en español* en sus aparatos críticos y en sus bibliografías *cuando escriben sobre historia latinoamericana o sobre procesos históricos más amplios que incluyen al mundo hispánico*, hay una brecha gigantesca, que me parece inaceptable desde una perspectiva académica y que considero empobrecedora en términos intelectuales, pues, contrariamente a lo que pudiera pensarse por tratarse de la lengua de Shakespeare, revela un provincianismo lingüístico que, inevitablemente, tiene un correlato en términos intelectuales.

7. A MODO DE CONCLUSIÓN

Sé bien que el margen de maniobra de quienes escriben en español en la academia contemporánea es relativamente reducido. Para ser escuchados fuera del mundo de habla hispana y poder discutir con cientos de expertos y expertas de otras latitudes, tienen que dominar el inglés y escribir en esa lengua parte de su obra académica. Esto no debe ser obstáculo para denunciar, con razones y argumentos, una hegemonía lingüística que no tiene razón académica de ser más allá de ser una situación *de facto*, que no tiene una justificación intelectual más allá de permitir la comunicación internacional y que, en mi opinión, con frecuencia conlleva una serie de consecuencias negativas respecto a los objetos de estudio (en este caso, las independencias hispanoamericanas).

Lo anterior no implica o no debiera implicar encerrarnos en un compartimento español monolingüe, pero tampoco la academia de América Latina debe seguir acríticamente parámetros anglófonos, ni sucumbir a modas académicas anglófonas, ni ser menos crítica con textos por el simple hecho de estar escritos en inglés y porque son publicados por casas editoriales anglófonas (una tendencia que me parece claramente perceptible en ciertos ámbitos de la academia latinoamericana contemporánea). Insisto en un punto que los lectores no deben perder de vista: no se trata de rechazar la ingente producción académica en inglés (una producción que, repito, a menudo es de una calidad notable). El motivo de mi insistencia es muy simple: en última instancia, semejante actitud de rechazo caería en la misma miopía académica e intelectual que he tratado de poner sobre la mesa de debate en los dos últimos apartados de este capítulo.

8. BIBLIOGRAFÍA[42]

ADELMAN, Jeremy, *Sovereignty and Revolution in the Iberian Atlantic,* Londres, OUP, 2006.

AGUILAR RIVERA, José Antonio, *En pos de la quimera (Reflexiones sobre el experimento constitucional atlántico),* México, CIDE/FCE, 2000.

ARCHER, Christon (ed.), *The Wars of Independence in Spanish America,* Wilmington, SR Books, 2000.

ÁVILA, Alfredo, Jordana DYM y Érika PANI (eds.), *Las declaraciones de independencia (Los textos fundamentales de las independencias americanas), México, Colmex, 2013.*

BESSEGHINI, Deborah, "The Weapons of Revolution: Global Merchants and the Arms Trade in South America (1808-1824)", *Journal of Evolutionary Studies in Business,* vol. 8, n. 1, enero-junio 2023.

BOLÍVAR, Simón, *Fundamental,* Caracas, Monte Ávila Editores, 1992 (2 tomos).

BREÑA, Roberto, *El primer liberalismo español y las independencias hispanoamericanas, 1808-1824 (Una revisión historiográfica del liberalismo hispánico),* México, Colmex, 2006.

— *El imperio de las circunstancias (Las independencias hispanoamericanas y la revolución liberal española),* Madrid, Marcial Pons, 2014.

— *Las revoluciones hispánicas y la historiografía contemporánea (Historia de las ideas, liberalismo e Ilustración en el mundo hispánico durante la Era de las revoluciones),* Bruselas-Berlín, P.I.E. Peter Lang, 2021.

— *Liberalismo e independencia en la Era de las revoluciones (México y el mundo hispánico),* México, Colmex, 2021.

BUSHNELL, David, y Neill MACAULAY, *El nacimiento de los países latinoamericanos,* Madrid, Nerea, 1989.

DEMELAS, Marie-Danielle, e Yves SAINT-GEOURS, *La vie quotidienne en Amérique du Sud au temps de Bolívar 1809-1830,* París, Hachette, 1987.

DI MEGLIO, Gabriel, "La participación popular en las revoluciones hispanoamericanas, 1808-1816. Un ensayo sobre sus rasgos y causas", *Almanack,* n. 5, 2013.

EASTMAN, Scott, y Natalia SOBREVILLA (eds.), *The Rise of Constitutional Government in the Iberian Atlantic World,* Tuscaloosa, The University of Alabama Press, 2015.

FERNÁNDEZ SARASOLA, Ignacio, *La Constitución de Cádiz (Origen, contenido y proyección internacional),* Madrid, CEPC, 2011.

[42] Cabe anotar que no todas las referencias que aparecen en esta bibliografía aparecen citadas en el capítulo y que muchas que sí fueron citadas en el capítulo no están incluidas aquí. Consigno aquí algunas referencias que me parecen particularmente importantes en general, otras que se refieren a temas tratados en el capítulo y otras que podrían considerarse "tangenciales" (sobre temas como las revoluciones atlánticas y la Era de la revolución, por ejemplo), pero que considero muy útiles para tener una idea más rica, más diversa y más compleja sobre los processos independentistas hispanoamericanos.

GOLDMAN, Noemí, *Mariano Moreno (De reformista a insurgente)* (Buenos Aires: Edhasa, 2016).

GUERRA, François-Xavier, *Modernidad e independencias Ensayos sobre las revoluciones hispánicas*, México, FCE-MAPFRE, 1993.

— *Figuras de la modernidad: Hispanoamérica (siglos XIX-XX)*, Annick LEMPÉRIÈRE y Georges LOMNÉ (comps.), Bogotá, Taurus/Universidad Externado de Colombia, 2012.

HALE, Charles A., *El pensamiento político en México y Latinoamérica (Artículos y escritos breves)*, Josefina Z. VÁZQUEZ y Gabriel TORRES PUGA (eds.), México, Colmex, 2010.

HALPERIN DONGHI, Tulio, *Reforma y disolución de los imperios ibéricos 1750-1850*, Madrid, Alianza, 1985.

HAMNETT, Brian R., *Revolución y contrarrevolución en México y el Perú (Liberales, realistas y separatistas, 1800-1824)*, México, FCE, 2011.

— *The End of Iberian Rule on the American Continent (1770-1830)*, Nueva York, CUP, 2017.

HÉBRARD, Véronique, y, Genévieve VERDO, *Las independencias hispanoamericanas (Un objeto de historia)*, Madrid, Casa de Velázquez, 2013.

KLOOSTER, Wim, *Revolutions in the Atlantic World (A Comparative Perspective)*, Nueva York, New York University Pres, 2018.

— (ed.), *The Age of Atlantic Revolutions. Volume III: The Iberian Empires*, Cambridge, CUP, 2024.

LA PARRA, Emilio (ed.), *La guerra de Napoleón en España (Reacciones, imágenes, consecuencias)*, San Vicente del Raspeig, Publicaciones Universidad de Alicante/Casa de Velázquez, 2010.

MORENO, Rodrigo, "Los últimos golpes. Análisis comparativo de las deposiciones de los virreyes de Nueva España y Perú en 1821", *Revista de Indias*, v. LXXXI, n. 281, 2021.

OSSA SANTA CRUZ, Juan Luis, "War and Revoluction in the Southern Cone, 1808-1824", en *The Age of Atlantic Revolutions. Volume III: The Iberian Empires*, Wim Klooster (ed.), Cambridge, CUP, 2024.

PALACIOS, Marco (coord.), *Las independencias hispanoamericanas (Interpretaciones 200 años después)*, Bogotá, Grupo Editorial Norma, 2009.

PAQUETTE, Gabriel, "Cádiz y las fábulas de la historiografía occidental" en *Cádiz a debate: actualidad, contexto y legado*, Roberto BREÑA (ed.), México, Colmex, 2014.

PERALTA, Víctor, *En defensa de la autoridad (Política y cultura bajo el gobierno del virrey Abascal, Perú 1808-1816)*, Madrid, CSIC/Instituto de Historia, 2002.

PIMENTA, João-Paulo, *La independencia de Brasil y la experiencia hispanoamericana (1808-1822).*

PORTILLO VALDÉS, José María, *Crisis atlántica (Autonomía e independencia en la crisis de la monarquía hispánica)*, Madrid, Marcial Pons, 2006.

RABINOVICH, Alejandro, "El fenómeno de la guerra en Sudamérica: regiones, problemas y dinámicas. Primera mitad del siglo XIX", en *Repúblicas sudamericanas en construcción. Hacia una historia en común,* Natalia SOBREVILLA (ed.), Lima, FCE/ Universidad Nacional Mayor de San Marcos, 2021.

RIEU-MILLÁN, Marie Laure, *Los diputados americanos en las Cortes de Cádiz,* Madrid, CSIC, 1990.

RODRÍGUEZ, Jaime, *La independencia de la América española,* México, FCE/Colmex, 1996.

SABATO, Hilda, *Repúblicas del Nuevo Mundo (El experimento político latinoamericano del siglo XIX)* (Santiago de Chile: Random House Mondadori, 2021).

SANTOS VARGAS, José, *Diario de un comandante de la independencia americana,* La Paz, Biblioteca del Bicentenario de Bolivia, 2016.

SIMAL, Juan Luis, *La era de las grandes revoluciones en Europa y América (1753-1848),* Madrid, Editorial Síntesis, 2020.

TERNAVASIO, Marcela, *Gobernar la revolución: poderes en disputa en el Río de la Plata (1810-1816),* Buenos Aires, Siglo XXI, 2007.

THIBAUD, Clément, *Repúblicas en armas (Los ejércitos bolivarianos en la guerra de independencia en Colombia y Venezuela),* Lima-Bogotá, IFEA, 2003.

TORRES PUGA, Gabriel, y Roberto BREÑA, "Enlightenment and Counter-Enlightenment in Spanish America. Debating Historiographic Categories", *International Journal for History, Culture and Modernity, n. 7, 2019.*

TUTINO, John (ed.), *New Countries (Capitalism, Revolutions, and Nations in the Americas, 1750-1870),* Durham, Duke University Press, 2016.

VAN YOUNG, Eric, "Was there an Age of Revolution in Spanish America?", en *State and Society in Spanish America during the Age of Revolution,* Victor URIBE-URÁN (ed.), Wilmington, Scholarly Resources, 2001.

2.4. La formación del Estado nación en América Latina

CLAUDIA WASSERMAN[1]
UFRGS, Brasil
claudia.wasserman@ufrgs.br

1. INTRODUCCIÓN

La constitución del Estado en América Latina, la organización político-administrativa de los territorios sometidos a la dominación colonial de las potencias ibéricas entre los siglos XV y XIX, tiene su hito inicial asociado a los procesos de independencia política (1810-1825). La consolidación del Estado nacional, por su parte, responde a la creación de una "comunidad de destino" que "pertenece exclusivamente a un período particular e históricamente reciente. Es una entidad social sólo cuando se relaciona con una determinada forma de Estado territorial moderno, el Estado-nación: y no tiene sentido hablar de nación y nacionalidad fuera de esta relación" (Hobsbawm, 1990, 19). Según Anderson (1989, 73) "la convergencia del capitalismo y la tecnología [...] ha creado la posibilidad de una nueva forma de comunidad imaginada". La nación es, por tanto, un fenómeno

---

1 Doctora en Historia Social por la UFRJ. Profesora Titular de la UFRGS. Becaria del CNPq. Fue Coordinadora Adjunta del área de Historia en CAPES entre 2010 y 2017. Coordinadora del Grupo de Investigación en Estudios Americanos (CNPq). Coordinadora del Programa de Posgrado en Historia (2005-2007). Profesora visitante en la Universidad de Estocolmo (2008). Tiene experiencia en el campo de la Historia de América Latina y Brasil, trabajando en los siguientes temas: historia contemporánea de Brasil y América Latina, identidad nacional, historiografía latinoamericana, cuestión nacional, historia intelectual latinoamericana y brasileña y movimientos sociales. Ha publicado artículos y capítulos de libros en revistas internacionales y en colecciones organizadas en el extranjero. Es la coordinadora brasileña del convenio CAPES/MERCOSUR que reúne a universidades brasileñas, argentinas y uruguayas. Participa en un convenio con la Universidad de Barcelona, con un proyecto sobre Memoria y Reparación. Profesora visitante de la UB en 2022. Fue Directora del Instituto de Filosofía y Ciencias Humanas de la UFRGS entre 2017-2021. Coordinadora del proyecto "Cartografía de las memorias en disputa: manifestaciones/intervenciones contemporáneas en el espacio público".

históricamente situado en el proceso de transición al capitalismo y que tiene su origen en el poder de los nacionalismos. Su itinerario emana de la fuerza de proyectos que reivindicaban la autonomía de una determinada región, o que buscaban la unidad política y la centralización, o que evocaban la valorización cultural de determinados grupos o clases sociales (Wasserman, 2013,19-20). La consolidación del Estado nacional en los países latinoamericanos respondió a los mismos criterios que la formación de los Estados nacionales europeos, es decir, se situó históricamente en el período de transición al capitalismo y, por esta razón, sólo tiene sentido hablar de "comunidades de destino" en esta región durante el período que corresponde a la constitución de los Estados oligárquicos, en torno a 1850/70. Este periodo también corresponde al momento en que el sistema capitalista alcanzó su fase imperialista.

A la vista de estas definiciones del Estado-nación, debemos considerar los límites a la formación de Estados nacionales en los países latinoamericanos en el período inmediatamente posterior a la independencia política, debido a la violencia militar que estableció nuevos órdenes políticos y a la ausencia de criterios económicos y sociales que dieran lugar a la constitución de estas unidades nacionales integradas. Aún así, "se esperaba que de las ruinas de este régimen (colonial) surgiera un nuevo orden, cuyas líneas fundamentales habían sido previstas desde el inicio de las luchas por la independencia. Pero el nuevo orden tardó en surgir". (Halperin Donghi, 1976, 81).

En América Latina, el proceso de independencia, que dio lugar a la formación de los países de la región, se caracterizó por la existencia de fuerzas que impedían la constitución de un Estado nacional y que planteaban un problema teórico crucial: la posibilidad de organizar un Estado nacional en ausencia de un *elemento unificador*, es decir, de una comunidad de intereses que pudiera actuar con éxito en el plano político. Las fuerzas fragmentadoras eran poderosas y limitaban las posibilidades de éxito de un proyecto nacional. Más fuertes que los factores aglutinadores forjados por las metrópolis ibéricas eran las tendencias localistas y regionales heredadas de la propia influencia cultural ibérica. Las divisiones administrativas metropolitanas representaron un obstáculo para el acercamiento entre las distintas regiones coloniales y crearon regiones productivas aisladas entre sí. Los contactos entre cada región y la metrópoli eran más importantes que entre las remotas localidades de la colonia, que tenían dificultades de comunicación debido a la geografía y al atraso técnico. Los procesos de emancipación confirmaron los límites territoriales del periodo colonial y crearon divisiones internas que antes no existían. Las guerras de independencia acabaron por desorganizar una comunidad de intereses comandada por la metrópoli. La delimitación territorial de los nuevos estados se resolvió en un movimiento político-militar de larga duración.

Se formaron diecisiete repúblicas, cuyos límites territoriales estaban determinados por la unidad administrativa, comercial o militar previa a los procesos de independencia. El fracaso de los intentos de unificación, ejemplificado por el fracaso del proyecto utópico de Simón Bolívar, fue el resultado de la falta de una identidad de intereses previa a las guerras de independencia. Las divisiones coloniales eran arbitrarias y, como resultado, cuando los países se independizaron, tendieron a convertirse en Estados sin naciones. "A menudo se ha dicho que en la América hispana el Estado precedió a la nación. Sería mejor decir que las antiguas comunidades políticas —reinos y ciudades— precedieron tanto al Estado como a la nación y que la gran tarea del siglo XIX para los triunfantes vencedores de las guerras de Independencia será construir primero el Estado y luego, a partir de ahí, la nación moderna" (François-Xavier Guerra, 2001, 350). Para las clases dirigentes locales, descendientes de españoles nacidos en América, conocidas como "élites criollas", la idea de nación no tenía ningún significado; estaban limitadas geográficamente a la zona que controlaban y su poder político era local o regional sin representar ningún sentido de nacionalidad. Al implicarse en las guerras de independencia, las clases dominantes coloniales querían, por un lado, defender sus intereses frente a los comerciantes peninsulares y, por otro, impedir rebeliones populares como la de Túpac Amaru en Perú o la de Toussaint L'Ouverture en Haití.

Por esta razón, no se puede afirmar que Venezuela, Chile, Argentina, Bolivia, Guatemala, Nicaragua y los demás países de América Latina, Centroamérica y el Caribe se formaron como resultado de sentimientos nacionalistas preexistentes que determinaron la configuración territorial que prevaleció en el período inmediatamente posterior a la independencia.

La prolongación de las luchas por la independencia, la desorganización de la producción como consecuencia de las guerras, la desaparición de la metrópoli como factor aglutinador, la falta de un mercado interior y la pérdida de vínculos con el mercado internacional definieron el periodo inmediatamente posterior a las emancipaciones políticas como la "fase de la anarquía".

2. EL PERIODO DE LA ANARQUÍA

Una vez completada la emancipación política de la mayor parte de los países del subcontinente americano hacia 1825, los nuevos países experimentaron una profunda crisis como consecuencia de las guerras por la emancipación, la fragmentación de regiones antes unidas por el poder metropolitano, la desorganización de la producción agrícola, minera y ganadera, la falta de vínculos con el mercado internacional, antes intermediado por las metrópolis, y la escasez de capitales.

El fin del monopolio ibérico representó el inicio de la apertura al libre comercio, pero se produjo una fuerte caída del volumen de los intercambios internacionales. Al mismo tiempo, la crisis de la economía británica frenó la "locomotora" que tiraba de la economía mundial. Como consecuencia, la crisis impuso precios bajos y una caída de la demanda de productos primarios exportados desde el subcontinente, lo que también afectó al mercado de consumo de productos manufacturados británicos en América. En este periodo, justo después de la independencia, también se produjo una fuga de capitales.

Desde el punto de vista político, las dificultades para establecer sistemas políticos estables fueron el resultado de los conflictos entre sectores de las clases dominantes coloniales. La inestabilidad política se derivaba de las dificultades de las clases dominantes para encontrar un sustrato económico en el que pudieran integrar orgánicamente el espacio nacional como parte del mercado mundial. Así, la formación de las naciones latinoamericanas dependió también de una rearticulación de los nuevos países independientes en el mercado mundial. La región en su conjunto tenía una economía rural dispersa, relaciones de producción serviles y un mercado interior insuficiente para ofrecer estabilidad. Los Estados latinoamericanos de la primera mitad del siglo XIX estaban formados por la permanencia de las instituciones y tradiciones coloniales y por formulaciones políticas prestadas. La adopción de constituciones liberales resultó ineficaz en todas las regiones del subcontinente latinoamericano. La única institución capaz de mantener el orden en los nuevos Estados era el ejército, que actuaba como árbitro entre las fracciones de las clases dominantes que pretendían imponer la hegemonía. Los militares también actuaron como árbitros de los conflictos sociales en las regiones cuyas economías se habían deteriorado tras las guerras y defendieron invariablemente los intereses de las clases dominantes.

Este periodo de desorganización económica y política, marcado por crisis y conflictos de diversa índole, tanto civiles como fronterizos, desde las guerras por la independencia (1810/1825) hasta la segunda mitad del siglo XIX (1850/1870), se ha denominado fase de anarquía. El término, criticado por denotar prejuicios hacia los países latinoamericanos en su primera fase de vida independiente, es útil para caracterizar de forma general esta primera fase de constitución de los Estados de la región. Esta expresión, que se ha convertido en un lugar común en la historiografía latinoamericana, hace referencia a las dificultades para construir sistemas estables. La presencia del caudillismo, por ejemplo, fue muy utilizada para destacar la incapacidad política de las clases dirigentes latinoamericanas durante el siglo XIX. El fenómeno, limitado a regiones como el Río de la Plata, en particular Argentina y Paraguay, pero también Venezuela y el norte de México, se extrapoló a veces a otros países latinoamericanos y se describió como prueba de la *barbarie continental*.

Hasta mediados del siglo XIX, aunque la economía de los países latinoamericanos independientes se caracterizaba por el libre comercio, el volumen de mercancías que las clases productoras latinoamericanas esperaban vender o comprar era muy reducido. Halperin Donghi (1981, 10) presenta cifras que muestran la caída del precio de los productos primarios exportados por los países latinoamericanos: la plata cayó un 6%, el cuero, el café y el azúcar cayeron aproximadamente un 30% y el tabaco un 50%. La economía británica había sufrido un duro golpe en la década de 1820, al imponer precios bajos a los productos latinoamericanos, y las importaciones de productos manufacturados empezaban a mostrar signos de saturación. La balanza comercial negativa fue muy perjudicial para las economías latinoamericanas, ya tan sacudidas por los años de guerra y la violencia de la vida cotidiana. Sin recibir los capitales esperados de los inversores extranjeros —que vacilaban ante las dificultades de imponer órdenes políticos estables—, América Latina en su conjunto atravesaba una grave crisis económica.

En este sentido, la situación de los países varió algo, dependiendo de su capacidad productiva previa a los procesos de independencia y del tipo de inversión necesaria para mantener y/o reorganizar la producción. Una organización comercial más dinámica también contribuyó al éxito de ciertos productos como la ganadería en el Río de la Plata y el café venezolano, que también requirieron poca inversión. Lo mismo ocurrió con productos colorantes como el índigo y la cochinilla de América Central, de escaso volumen y alto valor. La minería en Bolivia, Perú y sobre todo México se vio muy afectada por la falta de inversión extranjera. Sin embargo, el estancamiento de las exportaciones fue sin duda la principal causa del desequilibrio económico de los nuevos países.

Los problemas que afectaron a la economía latinoamericana en el periodo inmediatamente posterior a la independencia fueron tres y de importancia variable según el tipo de producto: la escasez de capital necesario para implementar el volumen que se iba a exportar, la disponibilidad de mercados exteriores (problemas de demanda) y la caída del precio de los productos primarios en el mercado mundial. En el caso de la minería, por ejemplo, la demanda siempre fue creciente; sin embargo, no había capital disponible para financiar un retorno a los niveles de producción previos a la destrucción causada por las guerras. La ganadería argentina, en cambio, requería poca inversión, pero fue el producto más afectado por la inestabilidad de la demanda internacional y la caída de los precios en el período de 1820 a 1840.

La pobreza y el declive económico de los nuevos países iban de la mano de una situación política inestable. La primera etapa, y quizá la más larga, en la construcción de los Estados nacionales latinoamericanos fueron los intentos de organizar sistemas tan estables como los del periodo anterior; los líderes independentistas sentían una especie de nostalgia por la estabilidad política y administrativa de la época colonial.

La defensa del establecimiento de monarquías constitucionales en países que acababan de salir de una guerra de independencia reflejaba el deseo, por un lado, de poner fin al desorden interno y, por otro, de recibir más rápidamente el reconocimiento diplomático de la nueva situación. En 1816, en el Congreso de Tucumán (Argentina), Manuel Belgrano defendió la fórmula monárquica y, en la década de 1840, en México, por la fuerte influencia de Lucas Alamán, se planteó la posibilidad de establecer una monarquía constitucional como forma de contener la inestabilidad política. Aún así, a pesar del experimento monárquico mexicano entre 1864 y 1867, en toda la región se crearon repúblicas que pretendían representar una ruptura más explícita con el pasado imperial español.

Los sistemas constitucionales creados para transferir el poder mediante elecciones y garantizar las libertades individuales eran a menudo formales y no se respetaban en la práctica. Aún impulsados por la necesidad de romper con el pasado colonial, los gobiernos posrevolucionarios adoptaron sistemas federalistas en oposición a las estructuras políticas metropolitanas centralizadas. La adopción del sistema federalista y el establecimiento de un ejecutivo limitado por las Constituciones representó un intento de emular el modelo norteamericano, pero también se debió al deseo de romper con la realidad anterior.

Sin embargo, a partir de la década de 1820 se empezó a discutir la necesidad de centralizar el poder para hacer frente a la resistencia provincial y al localismo, que existía desde México hasta Chile, y para contener la violencia política, ganarse la confianza de los países europeos y obtener reconocimiento y financiación extranjeros.

Las dificultades económicas y la inestabilidad política y social derivadas de las luchas por el poder fueron responsables de un clima de pesimismo que, a partir de la década de 1830, afectó a la mayoría de los países latinoamericanos. Las corrientes conservadoras de las clases dirigentes tomaron el poder y dieron al gobierno de los nuevos países un carácter despótico y centralizador.

Antonio López de Santa Anna en México, Juan Manuel de Rosas en Argentina y Diego Portales en Chile fueron expresiones de esta ola conservadora que azotó a los países latinoamericanos hasta alrededor de las décadas de 1850 y 1860. En este periodo, políticos e intelectuales tenían la misma tesis sobre el poder del Estado: temían la "anarquía" y pensaban que el pueblo latinoamericano carecía de experiencia política, lo que se tradujo en el establecimiento del sufragio limitado por la posesión de bienes.

El periodo que va desde la independencia política, hacia 1815/25, hasta la constitución de los Estados latinoamericanos, hacia 1850, se caracteriza por las dificultades para establecer sistemas políticos estables.

A partir de 1850/70, según las regiones latinoamericanas, se produjo un proceso de acomodación entre las fuerzas políticas que habían luchado por el poder en la fase anterior. Según Marcello Carmagnani (1984, 19), "la reactivación económica europea y la nueva inserción de América Latina en la economía internacional no hicieron más que amplificar y reforzar ciertos fenómenos que ya venían desarrollándose desde por lo menos 1850".

Por lo tanto, se puede afirmar que las luchas referidas como signos de anarquía, entre liberales y conservadores, costa e interior, costa y sierra, eran expresiones de intereses en determinados productos, sistemas de producción o modos de producción. El problema de la constitución de los estados nacionales latinoamericanos era la hibridez de su matriz económica y social; la coexistencia de diversas relaciones sociales de producción, que iban desde la esclavitud hasta el capitalismo, pasando por diferentes modos de servidumbre, planteaba la cuestión de qué modo de producción saldría victorioso y dominante.

Los Estados formados después de la independencia carecían de un elemento unificador representado por una base productiva y una fracción de la clase que tuviera intereses nacionales y no sólo locales o regionales. Los casos discutidos a continuación son ejemplares para entender la constitución y consolidación del Estado nacional en los países latinoamericanos.

3. MÉXICO: INDEPENDENCIA DESDE ARRIBA Y DOMINIO CONSERVADOR

En México, la independencia fue el resultado del miedo a una solución radical y se caracterizó por la restauración del poder por parte de los defensores del antiguo régimen colonial. El imperio de Iturbide (1822-1823) fue una solución transitoria, pronto sustituida por la destitución militar del comandante de guarnición Antonio López de Santa Anna. En 1824, el poder pasó al Partido Liberal, representado por el presidente Guadalupe Vitoria (1824-1829), tras unas elecciones refrendadas por la primera constitución del país. La clase dirigente mexicana se dividió entre liberales y conservadores. Los primeros abogaban por la descentralización política y el federalismo, tomando como ejemplo el modelo de organización estadounidense, por lo que se les conocía como yorkinos. Los conservadores, inspirados en el modelo inglés, defendían el centralismo político y se denominaban escoceses. El partido liberal dominó la escena hasta 1834, sin conseguir, no obstante, contener la inestabilidad política. En 1834, los conservadores tomaron el poder, representados por el Presidente Antonio López de Santa Anna, con el objetivo de contener con autoridad las disputas regionales. Las diferencias entre liberales y conservadores se referían al federalismo frente a la centralización, la permanencia del monopolio español peninsular sobre el comercio de importación y exportación, la forma de apropiación de la tierra y el control de la mano de obra. Así, mientras los conservadores se aferraban a la permanencia heredada de la colonización, los liberales querían una modernización económica más parecida al desarrollo europeo. El apoyo de los conservadores al golpe militar de López de Santa Anna fue una respuesta a las disputas por el poder en México e inauguró un periodo de dominio partidista. La dictadura impuesta a partir de 1834 y la Constitución conservadora de 1836 establecieron la centralización política, la pérdida de autonomía de los estados y el derecho de voto restringido a los ciudadanos más ricos. Entre los resultados más desastrosos de la política conservadora está la retirada de Texas de la federación y la lucha campesina de 10 años en la provincia de Yucatán. Las dos regiones no aceptaron la dictadura de López de Santa Anna y menos aún la centralización que impuso. Los conservadores en el poder también fueron derrotados en la guerra contra Estados Unidos (1845-1848) por cuestiones territoriales. Al final de la guerra, Estados Unidos había incorporado casi un tercio del territorio mexicano (Texas, Arizona, California y Nuevo México).

La alternancia entre liberales y conservadores duró hasta la Constitución de 1857, que modificó la ley electoral y permitió una mayor participación del pueblo en la política, ampliando así la ciudadanía y el sentimiento de pertenencia a la nación. Benito Juárez (1858-1872) fue el responsable de las reformas que impulsaron la consolidación del Estado nacional mexicano y el inicio del proceso de extensión del modo de producción capitalista en el país.

4. ARGENTINA: GUERRAS CIVILES POR LA HEGEMONÍA DE BUENOS AIRES Y ASPIRACIONES DE AUTONOMÍA EN LAS PROVINCIAS DEL INTERIOR

Argentina también fue escenario de luchas internas en el proceso de constitución de un Estado nacional. La expresión más destacada del proceso argentino fue el surgimiento de los caudillos, que querían garantizar los privilegios de los que habían disfrutado en el período colonial y, por lo tanto, se oponían a los proyectos políticos que buscaban la organización nacional (Guazzelli, 1990, 34). Los caudillos se remontan al período colonial y estuvieron indisolublemente ligados a los procesos de apropiación de tierras en la región. El enfrentamiento entre los intereses de unificación del Estado nacional y los que pretendían la autonomía provincial se reflejó en el intento de los comerciantes bonaerenses de mantener una posición hegemónica en la exportación de cueros, tasajo, lana y otros productos provinciales y, al mismo tiempo, mantenerse a la vanguardia en el comercio de importación de productos europeos. Sin embargo, este grupo mercantil se mostró incapaz de unir las provincias gobernadas por caudillos a los intereses de la provincia de Buenos Aires y construir un gobierno centralizado. El fracaso del proyecto de centralización política se vio reforzado por las derrotas territoriales sufridas por el antiguo Virreinato del Río de la Plata durante las guerras de independencia. El Alto Perú, que pertenecía al Virreinato, fue reconquistado por los españoles, Paraguay se separó en 1813 y Uruguay en 1816. En 1820 fracasaron nuevos intentos de unificación y la victoria del federalismo reforzó el poder de los caudillos, deseosos de mantener la producción artesanal de bienes para el mercado interior.

Los caudillos del interior exigían protección aduanera para los productos provinciales e impuestos para los procedentes del extranjero, lo que disgustaba a los comerciantes de Buenos Aires. Los caudillos del litoral, por su parte, aceptaban el dominio de Buenos Aires, pero querían romper el monopolio que ésta ejercía sobre los ingresos aduaneros.

La guerra civil resultante de estos conflictos sólo fue sofocada gracias a la intervención militar de un caudillo federalista: Juan Manuel de Rosas. Representaba a los grandes terratenientes provinciales de Buenos Aires y contaba con el apoyo de los pequeños comerciantes y campesinos de la región. Rosas impulsó la incorporación de nuevas tierras para la ganadería expulsando a los indígenas que las ocupaban, trató de incorporar nuevas técnicas en la producción de cecinas y fomentó la instalación de industrias laneras. Las restricciones a la navegación en el Río de la Plata y los ataques a los unitarios provocaron simultáneamente continuas luchas internas y problemas en las relaciones internacionales, especialmente con Francia e Inglaterra. La política de Rosas también afectó a los comerciantes brasileños interesados en hacer negocios con los ganaderos uruguayos.

La disputa por la Banda Oriental (la región que hoy es Uruguay) duraba al menos diez años. Por un lado estaba Rivera, presidente de Uruguay. Por otro, Manuel Oribe, un caudillo que había recibido el apoyo de Rosas para recuperar el territorio que había perdido en 1816. Rivera recibió el apoyo de los líderes provinciales descontentos con la política de Rosas y de Brasil. En 1851, Brasil apoyó la lucha contra las pretensiones de Buenos Aires del lado del general Justo José Urquiza, caudillo entrerriano. La guerra terminó con la derrota de Rosas y la victoria del general Urquiza. El caudillo de la provincia de Entre Ríos propuso una unión federativa, pero los unitarios de Buenos Aires que habían regresado del exilio tras la derrota de Rosas se opusieron al proyecto. Buenos Aires acabó separándose de la Confederación Argentina en 1853. La capital de la Confederación se trasladó a Paraná (Entre Ríos) y Urquiza fue elegido su primer presidente.

Al mismo tiempo que el nuevo gobierno deliberaba sobre la apertura del país a la navegación extranjera, realizaba acuerdos de ayuda mutua con Brasil y recibía con los brazos abiertos a inmigrantes de todo el mundo. Urquiza intentó competir con la provincia de Buenos Aires, pero sin lograr al menos igualar condiciones con el poder porteño. Intentó varias veces reincorporar Buenos Aires y finalmente lo consiguió en 1860 en la batalla de Cépeda. El comandante porteño Bartolomé Mitre se comprometió a unirse a la Confederación, pero debido a la resistencia de Buenos Aires a cumplir los acuerdos, el problema no se resolvió hasta 1861 en la batalla de Pavón. La Confederación ya mostraba su disconformidad, Urquiza abandonó el campo de batalla y se llegó a un acuerdo de paz, que en la práctica significó un importante paso hacia la constitución del estado nacional argentino.

En 1862 Bartolomé Mitre se convirtió en presidente provisional de la Confederación, trasladó la capital a Buenos Aires e impuso el control nacional en favor de las oligarquías agroganaderas de las provincias del litoral y del grupo mercantil de Buenos Aires. Mitre aceptó compartir los derechos de aduana con las demás provincias mediante un cálculo basado en criterios de población y productividad, que seguía dejando a Buenos Aires con los mayores beneficios. Además, Buenos Aires se comprometió a asumir las deudas de las decadentes provincias del interior como si fueran deudas públicas nacionales. Así, el conflicto entre unitarismo y federalismo se resolvió a favor de este último y, aunque el proyecto de Mitre era centralizador, respetó y preservó las autonomías regionales. Trabajó a favor de la pacificación del país y de la subordinación de las provincias del interior a los negocios de importación y exportación. De esta manera, inició el proceso de consolidación del Estado nacional argentino, resolviendo los conflictos políticos y acomodando los intereses económicos.

5. CHILE: CENTRALIZACIÓN POLÍTICA TEMPRANA Y ÉXITOS ECONÓMICOS Y MILITARES DE LAS CLASES DOMINANTES

La temprana estabilidad política y social de Chile puede considerarse una excepción entre los nuevos países independientes de América Latina. Poco después de la independencia, el gobierno de O'Higgins fue acusado de autoritarismo y depuesto en 1823. Siguió un periodo de disputas internas y un breve experimento liberal y federalista bajo la presidencia de Francisco Antonio Pinto (1827-1829). El retorno conservador estuvo liderado por una coalición pro-clerical, seguidores de O'Higgins y representantes de las compañías tabacaleras. Una breve guerra civil dio la victoria a los conservadores en 1830 en la batalla de Lircay. Diego Portales, comerciante de Valparaíso, fue el organizador de la victoria conservadora y llegó a ser presidente entre 1830 y 1832. Al dominio de los conservadores se sumó la Constitución de 1833, que delegaba amplios poderes al ejecutivo, era presidencialista y permitía la reelección con mandatos de cinco años.

Hasta mediados del siglo XIX, Chile vivió un periodo de tranquilidad institucional, asegurado por el desarrollo de la minería en el norte. El creciente interés por nuevas tierras para el cultivo de cereales y la necesidad de carbón para las fundiciones de cobre llevaron al gobierno chileno a intervenir en las tierras indígenas de la etnia mapuche, situadas en el sur del país. Las comunidades indígenas fueron empujadas cada vez más al sur, hasta quedar prácticamente extinguidas en la década de 1870.

Manuel Bulnes (1841-1851) encontró el equilibrio económico del país debido al aumento de la demanda internacional de productos agrícolas, especialmente cereales, que dio un nuevo impulso a los terratenientes del centro del país. La apertura de nuevos mercados, especialmente California y Australia, propició un desarrollo acelerado del sector de los transportes y las comunicaciones.

En la segunda mitad del siglo XIX, la estabilidad de Chile se vio sacudida por las crecientes demandas liberales. Francisco Bilbao, Santiago Arcos y José Victorino Lastarria predicaban los ideales de la revolución de 1848 en Francia. Se acercaron a los artesanos de la capital, Santiago, y formaron la Sociedad de la Igualdad. Consiguieron elegir presidente al liberal Manuel Mott (1851-1861). Sus medidas disgustaron a conservadores y liberales moderados, y su gobierno estuvo bajo constante amenaza, con algunos meses de guerra civil.

El siguiente gobierno, José Joaquín Pérez, fue el resultado de una coalición entre conservadores y la Fusión liberal-conservadora fundada en 1862, e incluso los liberales históricos del Partido Radical se sintieron atraídos por Pérez. Los dos gobiernos que siguieron al de Pérez, Frederico Errázuriz Zañaratu (1871-1876) y Aníbal Pinto (1876-1881) tenían características liberales que cuestionaban el excesivo poder del ejecutivo.

Hasta los efectos de la crisis económica mundial de 1873, Chile experimentó una estabilidad económica y política prácticamente desconocida en el resto del subcontinente latinoamericano. La minería era el sector más importante, seguido por el cultivo de harina de trigo, que tenía un mercado internacional creciente. Casi media década después de la independencia, Chile era un país muy próspero y políticamente estable. El optimismo chileno sólo se vio sacudido a partir de 1870 por tres cosechas desastrosas, la competencia en la producción de cobre, un fuerte aumento del coste de la vida y las tensiones internacionales por la delimitación de las fronteras. Con Argentina, el gobierno chileno se disputaba la propiedad de la Patagonia. En este caso, el gobierno chileno aceptó los términos del Acuerdo Fierro-Sarratea, que delimitaba una gran parte de la región para Argentina y una pequeña parte para Chile. El problema internacional con

Bolivia era más complejo. El desierto de Atacama era muy importante para el desarrollo chileno. Gran parte de la región estaba en territorio boliviano y peruano. Bolivia y Perú concedieron el derecho de explotación del nitrato, un fertilizante de gran aceptación en el mercado internacional, a una empresa de capital chileno y británico, la Compañía de Salitres y Ferrocaril de Antofagasta. El rápido crecimiento de la actividad de exploración avivó la codicia de los gobiernos boliviano y peruano por la región. Perú nacionalizó sus minas de Tarapacá en 1875, y conjuntamente Bolivia y Perú impusieron un impuesto a la explotación de fertilizantes en la región explotada por los chilenos, además de amenazar con la expropiación del territorio y la nacionalización de las minas. La Guerra del Pacífico comenzó en 1879 con la invasión chilena de Antofagasta, en un momento en que la economía chilena se tambaleaba por la caída de la demanda internacional. En cuanto a la guerra, Chile estaba mejor preparado que los otros dos países contendientes, tenía un gobierno más estable y una mayor unidad nacional. Mientras que los procesos electorales chilenos transcurrieron sin sobresaltos durante los años de guerra, Bolivia y Perú se vieron sacudidos por diversos tipos de insurrección durante este periodo. La victoria chilena sobre Perú se negoció en 1883 en el Acuerdo de Ancón, otorgando a Chile el control perpetuo sobre el territorio de Tarapacá y el derecho a ocupar Arica y Tacna por un período de diez años. La disputa entre Bolivia y Chile se resolvió con el Tratado de Santiago en 1884, por el que Chile recibió todo el territorio boliviano en el desierto de Atacama, incluidos los puertos marítimos de Antofagasta, Cobija, Mejillones y Tocopilla. En 1904, Chile se comprometió a pagar a Bolivia una indemnización de trescientas mil libras esterlinas y a construir un ferrocarril que uniera Arica con La Paz, para que las mercancías bolivianas pudieran circular por el Pacífico. Bolivia quedó aislada del mar y renunció definitivamente a los territorios del desierto de Atacama.

Uno de los objetivos de la guerra fue alcanzado por Chile: el país recuperó el optimismo y aumentó su territorio en un tercio del que tenía antes, con regiones muy ricas en productos minerales. El país recuperó la estabilidad, casi perdida por la decadencia del cobre y la plata, mediante la incorporación de tierras bolivianas y peruanas y pudo así mantener la marca de originalidad frente a los demás países latinoamericanos, inestables y débilmente integrados en el siglo XIX. Así, a pesar de las disputas entre liberales y conservadores y de la guerra con sus vecinos, Chile alcanzó una estabilidad que garantizó la constitución de una comunidad de intereses nacionales.

6. PERÚ Y BOLIVIA: AISLAMIENTO ECONÓMICO Y DESARTICULACIÓN POLÍTICA Y SOCIAL

Perú y Bolivia han sido históricamente países caracterizados por la inestabilidad política y una débil integración. Las independencias peruana y boliviana, en 1821 y 1825 respectivamente, no modificaron el orden político, económico y social heredado del periodo colonial. Ambos países tuvieron una trayectoria económica común en el período inmediatamente posterior a sus emancipaciones políticas, ya que no sólo estaban estancados en sus actividades productivas, sino que también sufrían de aislamiento económico, definido por una producción agrícola autosuficiente y dificultades para establecer vínculos fuertes y duraderos con el mercado internacional.

En Perú, las actividades predominantes en la costa eran el cultivo de la caña de azúcar y el algodón, ambas fuertemente amenazadas por la liberación de esclavos durante la guerra de independencia. Por otra parte, la industria minera del país sufrió una fuerte caída con la interrupción de las exportaciones de mercurio y la abolición de la mita, una forma de explotación de la mano de obra de las comunidades indígenas. Los puertos peruanos, como el del Callao, por ejemplo, tardaron mucho en adaptarse a las exigencias internacionales, y el país, que antes dependía del puerto de Buenos Aires, pasó a depender del puerto chileno de Valparaíso, al otro lado del estrecho de Magallanes.

El aislamiento de Bolivia era más drástico. El declive de la minería había transformado Potosí de una de las ciudades más pobladas del mundo en una de las más pobres. La falta de inversiones, las guerras, el abandono de las minas y la abolición de la mita fueron factores que contribuyeron al declive y a la dificultad de la recuperación. El acceso al único puerto marítimo de Bolivia se hacía extremadamente difícil por la travesía del desierto de Atacama, y el puerto de Buenos Aires había perdido su importancia para Bolivia tras la Independencia de las Provincias Unidas del Río de la Plata. La utilización de los puertos peruanos y chilenos se veía dificultada por la inestabilidad de las relaciones entre los tres países vecinos.

Desde el punto de vista político, Perú y Bolivia también tenían muchas similitudes, sobre todo en cuanto a la inestabilidad reinante y la impotencia de los grupos rurales y mineros dominantes ante el desastre económico posterior a la independencia. En ambos países, uno de los resultados más notables de las emancipaciones fue la abolición de los impuestos indígenas y la supresión de los servicios personales. En el periodo inmediatamente posterior a las emancipaciones, ambos países fueron incapaces de hacer frente a los gastos puramente administrativos del Estado.

El resultado de la inestabilidad política de los dos países, ejemplificada en golpes de estado, varios presidentes en pocos años y constantes cambios constitucionales, fue la unión de Bolivia y Perú en una Confederación, fundada en 1836 por el presidente boliviano Andrés Santa Cruz (1829-1839). La Confederación formaba parte de la estrategia de Santa Cruz de dominar con mano de hierro los dos países y contaba con el apoyo de los grupos dominantes del sur de Perú. Sin embargo, en su contra estaban los grupos dominantes de Lima, las clases populares (amenazadas con un decreto de aumento de impuestos), el gobierno chileno (cuyos grupos comerciales se sentían amenazados en su hegemonía sobre el Pacífico), el dictador argentino Rosas, ante las amenazas de Santa Cruz de restablecer el antiguo dominio colonial de la región andina, y los propios bolivianos, porque Lima fue elegida sede central del gobierno confederado.

Chile declaró la guerra a la Confederación en 1836, seguido de Argentina en 1837. La invasión chilena de 1837 fracasó, pero al contingente de descontentos se unieron los ex presidentes peruanos Agustín Gamarra y Felipe Salaverry y el general Ramón Castilla, también de Perú. La batalla de Yungay, en 1839, puso fin a la guerra y a la Confederación.

El fracaso de este experimento demostró los límites de recuperar el poder que los dos países habían poseído durante el periodo colonial. Aunque la economía y la geografía no podían justificar tal separación, las guerras de independencia dieron lugar a una frontera tan flexible que permitió a las clases dirigentes de ambos países promover alternativamente climas de hostilidad y buena vecindad, según lo exigiera la situación social, política y económica.

A mediados del siglo XIX, impulsados por el aumento de la demanda internacional, los dos países se recuperaron en parte de la ruina económica en la que habían estado sumidos hasta entonces. El guano en Perú y la plata y el salitre en Bolivia fueron los productos responsables de la creciente ruptura del aislamiento internacional. Surgieron ferrocarriles y bancos para dar una estructura mínima a los productos de exportación, sin que la economía en su conjunto se beneficiara de estos recursos. Las tensiones políticas entre las diversas fracciones de la clase dirigente, incluida la antigua clase dominante heredera del poder en el periodo colonial, las clases económicamente ascendentes vinculadas a los productos de exportación, los agentes económicos internacionales y los militares que dominaban la escena política, seguían siendo difíciles de resolver. Además, la lenta recuperación económica de los dos países, sobre todo a causa del salitre, fue el detonante de la Guerra del Pacífico, a partir de la cual Chile se consolidó como potencia en la región.

Tanto la estabilidad política como las transformaciones económicas capaces de dar unidad a regiones tan desarticuladas sólo se hicieron realidad a lo largo del siglo XX, e incluso entonces con grandes dificultades.

7. AMÉRICA CENTRAL: FRAGMENTACIÓN POLÍTICA Y ECONOMÍAS POCO ARTICULADAS

La independencia de Centroamérica fue una consecuencia inmediata de la emancipación de México. En septiembre de 1821, la Capitanía General del Reino de Guatemala se convirtió en la República Federal de Centroamérica en virtud de un acto político-administrativo. No hubo guerra de independencia y la transición pacífica se explica porque la región no contaba con riquezas significativas para el mercado internacional. Eran economías autosuficientes, aisladas geográficamente, sin comunicación interna y con muy pocos contactos con países de economía avanzada. Torres Rivas (1977, 63) explica el proceso de fragmentación que sufrió la región tras la ruptura de los lazos coloniales y se pregunta si las idas y venidas de la anexión de Guatemala al Imperio Mexicano, la adhesión de ciudades de la actual Costa Rica al proyecto bolivariano y la anexión de El Salvador a la República Federal de Centroamérica podrían ser "síntomas de una identificación nacional aún en gestación". El vacío institucional, la desorganización económica, el desorden administrativo de todo tipo y la indefinición política, reflejada sobre todo en la pugna entre liberales y conservadores, impidieron la consolidación de Estados nacionalmente integrados.

Tras la desintegración de la Federación Centroamericana (1839), los conservadores dominaron la escena política de Guatemala, apoyados por la Iglesia y respaldados por el mantenimiento de las comunidades indígenas y la mano de obra servil. Los intentos de fomentar el cultivo del café en Guatemala fueron llevados a cabo por los gobiernos liberales cuando consiguieron romper el monopolio político de los conservadores. Sin embargo, el sistema de ocupación de la propiedad y el tipo de control laboral eran incompatibles con la producción a gran escala para la exportación.

En El Salvador, a pesar del éxito de la extracción de añil, la actividad siguió los mismos patrones precapitalistas que la producción guatemalteca. El cultivo del café, en cambio, fue responsable del desarrollo embrionario de la producción capitalista. La situación de Costa Rica presenta una diferencia fundamental, relacionada con el tipo de ocupación de la tierra. Desde el período colonial se practicaba una agricultura de subsistencia y, a partir de la década de 1830, la expansión del cultivo del café garantizó una rápida integración en el mercado mundial, sin drásticas convulsiones internas, a diferencia de lo que había ocurrido en Guatemala y El Salvador. En estos tres países, y en todos los demás de América Latina que tenían el trabajo indígena bajo servidumbre como base de sus actividades productivas y gran parte de la propiedad de la tierra en manos de la Iglesia y las comunidades indígenas, las Reformas Liberales les dieron la oportunidad de romper con los mecanismos coloniales de apropiación de la tierra y control del trabajo heredados del período colonial.

8. REFORMAS LIBERALES: APROPIACIÓN DE TIERRAS Y FORMACIÓN DE UN MERCADO LABORAL

Las *Reformas Liberales* afectaron a casi todos los países latinoamericanos, en particular a aquellos que durante el período colonial habían estado densamente poblados por poblaciones indígenas, regiones que habían sido importantes centros administrativos y de producción, donde la presencia de la Iglesia se hizo predominante en la apropiación del latifundio. Según Ciro F. Cardoso y H. Pérez Brignolli, "El proceso político de reforma liberal, a veces denominado *organización nacional* u otros nombres similares, caracteriza la fase de consolidación de los estados nacionales" (Cardoso & Brignolli, 1984, 160). El significado económico de las reformas liberales está vinculado al proceso de creación de un mercado de tierras apto para los cultivos de exportación y a la formación de un mercado de trabajo libre, desprovisto de medios de producción. Las disputas entre fracciones de la clase dominante en los nuevos países independientes de América Latina se referían precisamente al tipo de propiedad y a la forma de control del trabajo que se consolidaría en cada región. Eran disputas por el poder político que contenían proyectos socioeconómicos bien definidos.

A pesar de las diferencias entre conservadores y liberales, ambos grupos estaban formados por personas de las clases dominantes y temían la participación de las masas populares en el proceso político. La historiografía latinoamericana (Cardoso y Pérez Brignoli, 1984; Soler, 1981; Carmagnani, 1984, Safford, 1991) también señala las diferencias entre ambos grupos: los liberales eran portadores de un proyecto de cambio social que preveía la destrucción de los elementos que habían permitido la supervivencia de las sociedades coloniales. Más importante, por tanto, que discutir su carácter de clase, es entender qué cuestiones fueron planteadas por los liberales como impulsoras de lo nuevo para las sociedades latinoamericanas.

En cuanto a la política fiscal de los países latinoamericanos, los liberales pensaron en suprimir los impuestos que dificultaban ciertas actividades comerciales. Los diezmos y la alcabala, por ejemplo, fueron considerados por los liberales como indicativos de la supervivencia del mundo colonial; otorgaban demasiado poder a la Iglesia y, por tanto, debían ser abolidos. Inspirados en el liberalismo europeo, por analogía e inspiración, los liberales latinoamericanos de mediados del siglo XIX abogaban por el fin de la intervención gubernamental en ciertos asuntos económicos, como los aranceles aduaneros proteccionistas y los privilegios para las empresas públicas. La cuestión que más polarizó las opiniones entre liberales y conservadores fue el tipo de propiedad que defendía cada bando. Los liberales querían acabar con la propiedad comunal indígena y nacionalizar los bienes del clero. El poder y los privilegios de la Iglesia se consideraban perjudiciales para los negocios de exportación, la modernización económica y la idea de igualdad ante la ley. El monopolio que el clero ejercía sobre la cultura y la educación era visto por los liberales como una forma de coartar la libertad de pensamiento y expresión. Pero, sobre todo, los liberales criticaban el dominio de la Iglesia sobre amplios territorios, que consideraban perjudicial para las actividades primario-exportadoras. Las tierras ocupadas por las comunidades indígenas también eran vistas como vestigios del periodo colonial y consideradas improductivas dada la necesidad de aumentar los cultivos en la economía regional.

En algunos países, estos dos últimos aspectos se resolvieron de forma extremadamente violenta, hasta el punto de desembocar en rebeliones indígenas y llamamientos religiosos a los fieles para contener los proyectos liberales. Sin embargo, en países como Uruguay y Argentina, donde el peso del clero era reducido, en las décadas de 1820 y 1830 la primera ola liberal ya había logrado contener el poder de la Iglesia. Sin embargo, para resolver la cuestión de la apropiación de las tierras indígenas, el proceso fue violento en todos los países latinoamericanos, ejemplificado por la "Campaña del Desierto" llevada a cabo por el entonces presidente Julio Argentino Roca (1880-1886), que resultó en el exterminio de los indígenas del sur de Argentina, y las intensas luchas en el sur de Chile, que también resultaron en la masacre de los mapuches.

En todos los países latinoamericanos, el período iniciado a mediados del siglo XIX estuvo marcado por las luchas por la primacía del sector primario-exportador y el intento de hegemonía del sector de la clase dominante local que aceptaba plenamente el tipo de vinculación con los mercados mundiales establecido por la división internacional del trabajo, según la cual a los países latinoamericanos se les asignaba la tarea de producir materias primas y productos primarios y a los países centrales del capitalismo la de producir manufacturas. En este sentido, la apropiación de tierras para expandir los cultivos de exportación era una de las condiciones para satisfacer la demanda internacional, mientras que la otra era liberar mano de obra y adaptarla a las demandas del incipiente capitalismo latinoamericano.

Los procesos de extinción de *ejidos* y tierras comunales comenzaron a gestarse en Guatemala en 1871 bajo la presidencia de García Granados y Justo Rufino Barrios (1873-1885) y en El Salvador en 1876 bajo la presidencia de Rafael Zaldívar y en 1885 con el general liberal Francisco Menéndez. Algunas fueron entregadas a sus ocupantes o usuarios, siempre y cuando sembraran cierta cantidad de café, pero la mayoría fueron convertidas en terrenos baldíos. La propiedad eclesiástica, especialmente las tierras confiscadas, acabaron invariablemente en manos de la burguesía cafetera. El acceso a la tierra se hizo prácticamente imposible para campesinos e indígenas y, además, se crearon leyes para controlar la incorporación de los campesinos y su reclutamiento en el mercado laboral. En Guatemala, el Reglamento de Jornaleros (1877) estipulaba que las autoridades locales tenían derecho a obligar a los comuneros indígenas a trabajar en las granjas. El fomento de la construcción de ferrocarriles, la creación de un sistema financiero mediante la fundación de un banco nacional, entre otras, formaron el conjunto de medidas adoptadas por los gobiernos liberales. En Guatemala, la construcción del ferrocarril interoceánico entre 1878 y 1890, que unía el puerto de San José, en el Pacífico, con el de Puerto Barrios, en el Atlántico, tuvo una importancia fundamental.

En Perú, el mariscal Ramón Castilla (1845-1862), uno de los responsables de la derrota de la Confederación liderada por Andrés Santa Cruz, asumió la presidencia en medio de las guerras civiles y decretó el fin del morgadio, la abolición de la esclavitud y la eliminación de los tributos indígenas. Con recursos procedentes de la creciente demanda de guano, adoptó medidas liberales que representaban soluciones a los problemas de las élites agrarias del país. El fin del comercio de esclavos africanos, decretado en 1845 por Inglaterra, exigió cierta flexibilización de estas relaciones sociales, ya que empezaron a faltar los factores de producción. La inmigración china en el país dio lugar a la explotación intensiva de la mano de obra de los coolies (trabajadores procedentes de Asia) y la abolición de la esclavitud africana fue responsable de una necesaria inversión de capital en las plantaciones de algodón y azúcar, capital procedente de las indemnizaciones debidas a los amos de los esclavos. La eliminación de los tributos indígenas permitió a los terratenientes de la sierra peruana expropiar tierras a las comunidades, lo que obligó a los trabajadores indígenas libres a trabajar en fincas ajenas para ganarse la subsistencia.

En México, la derrota de Santa Anna inició el proceso de reformas liberales que fueron responsables de la transformación de la sociedad mexicana y del dominio que ciertas fracciones de la clase dominante ejercerían desde entonces hasta la Revolución de 1910. Las oligarquías agrarias y mineras, los grandes empresarios y el sector del transporte ferroviario fueron los principales beneficiarios del declive del proyecto conservador. Aunque liberales y conservadores formaban parte de la misma clase dominante, los segundos tenían ideas más retrógradas. Clericalistas acérrimos, centralizadores, autoritarios y herederos de la tradición colonial aristocrática, constituían un verdadero obstáculo para el desarrollo continuado de la economía de exportación y los vínculos efectivos del país con los mercados mundiales.

Dos mecanismos simultáneos constituyeron la base de las reformas liberales: la creación de un mercado de tierras apto para los cultivos de exportación y la transformación de las relaciones de producción en relaciones plenamente capitalistas, con trabajadores liberados del trabajo obligatorio y disponibles para intercambiar su fuerza de trabajo por salarios. Al mismo tiempo, también era necesario modernizar la antigua estructura de producción, con la implantación de un sistema de transportes más eficaz y la creación de un sistema financiero más adecuado para los negocios internacionales. Las leyes y medidas responsables de estas transformaciones durante el gobierno liberal del general Alvaréz se basaron en el Plan de Ayutla, lanzado al inicio de la revuelta de 1853. La Ley Juárez despojó a los eclesiásticos de sus antiguos privilegios legales y la Ley Lerdo de 1856-57 se convirtió en el instrumento para apropiarse de los bienes del clero y expropiar a las comunidades indígenas. En 1861, Benito Juárez, liberal y ex gobernador de Oaxaca, completó este capítulo de leyes agrarias con la Ley de Nacionalización de los Bienes del Clero. Estas medidas provocaron la ira de los conservadores y la pérdida gradual del apoyo popular a los liberales, ya que la plebe rural era fervientemente religiosa e, instigada por los dirigentes conservadores, llevó al país a la guerra civil. En 1857 se promulgó la Constitución Liberal y también comenzó el gobierno de Benito Juárez, que controlaba a punta de pistola el puerto de Veracruz y, por tanto, los ingresos aduaneros. En 1861, los liberales tomaron la capital, pero al año siguiente, en 1862, británicos, españoles y franceses invadieron el puerto de Veracruz exigiendo el pago de las deudas que el país había contraído con gobiernos anteriores. La Francia de Napoleón III quería algo más que el pago de las deudas, esperaba extender su dominio político-territorial sobre México. Apoyado por los conservadores y la Iglesia, el ejército francés estableció una monarquía en el país, mientras Juárez se refugiaba en el norte. El trono fue ocupado por el emperador Maximiliano de Habsburgo y satisfizo a los miembros del Partido Escocés que soñaban con una monarquía. Mientras tanto, las clases dominantes mexicanas se habían beneficiado enormemente de las primeras leyes liberales de reforma, sobre todo porque los comerciantes de la capital y de las provincias se habían convertido en propietarios de las tierras que antes habían pertenecido al clero. El descontento de la mayoría de las clases dirigentes, las dificultades de los conservadores para mantener el orden bajo la monarquía y los múltiples desórdenes que tenían lugar en Europa fueron los responsables de la retirada estratégica de los franceses. Maximiliano resistió, pero Benito Juárez regresó a la capital y a la presidencia al frente del Ejército Libertador. Ordenó el fusilamiento de Maximiliano.

Juárez fue reelegido en 1871 y murió al año siguiente, sin conseguir devolver al país la prosperidad de los años anteriores a la guerra, aunque había intentado reducir el gasto público y estimular las exportaciones de plata. Inició la difusión de la enseñanza primaria y, al mismo tiempo, creó organismos estatales para promover la economía. El continuador de su labor reformista, sobre todo en lo referente a la disolución total de las comunidades indígenas, fue el general Porfirio Díaz, quien ya en 1871 luchaba contra la elección de Benito Juárez con consignas que más tarde se volverían en su contra en 1910 (no reelección y sufragio universal).

Las contradicciones que surgieron en los primeros cincuenta años de vida independiente en Argentina estuvieron vinculadas a dos cuestiones centrales: qué grupo dominante ejercería el poder en esa sociedad y cómo se establecería la dominación. Los intereses del grupo mercantil del litoral eran típicamente capitalistas. En esta región dominaba el trabajo asalariado y los vínculos con el exterior eran fundamentales para el desarrollo económico. La fórmula del federalismo no hizo más que fortalecer estos intereses y fue responsable de la autonomía de Buenos Aires en la comercialización de productos de todo el país. Por otro lado, las provincias del interior tenían una economía basada en la subsistencia y, en el mejor de los casos, destinada al mercado interno. Las relaciones laborales no habían cambiado mucho desde el período colonial y algunas regiones que habían dado sus primeros pasos en el negocio de la exportación se vieron sorprendidas por crisis comerciales que redujeron drásticamente sus ventas. Cuando Buenos Aires abandonó la Confederación y Urquiza intentó competir con la ciudad portuaria, la comparación resultó cruel. Buenos Aires era infinitamente más rica que las otras provincias y la hegemonía del sector de la clase dominante más estrechamente ligado al modo de producción capitalista parecía inevitable después de la Batalla de Pavón.

Independientemente de las características más generales del modo de producción capitalista en cuanto a su universalización, varios factores contribuyeron a la victoria de los grupos vinculados a él y que culminarían en la consolidación nacional. En primer lugar, el propio desarrollo de los sectores productivos existentes, especialmente la producción primario-exportadora y la minería, debido al desplazamiento de las fronteras que separaban la economía exportadora de la economía no vinculada al comercio exterior. La eliminación de la población indígena, perpetrada por Julio Argentino Roca en la Campaña del Desierto, por ejemplo, y la expropiación de sus comunidades en países como México, Guatemala, y todos aquellos que tenían el trabajo indígena como base de las relaciones sociales, promovió, a partir de alrededor de 1850, un aumento muy grande de las áreas económicamente productivas.

La expansión del latifundio no sólo se dio en dirección a las tierras indígenas, sino que también incorporó tierras ocupadas, como los dominios eclesiásticos, que eran económicamente activas, pero de forma precapitalista, con mano de obra servil y producción para la subsistencia.

Aunque la ocupación de los recursos naturales, como la tierra y los productos minerales, se realizaba mediante la coerción, con muy poca innovación tecnológica y el mantenimiento de un rígido control sobre la mano de obra, la forma de gestión de la unidad de producción cambió, ya que estas oligarquías rurales y mineras estaban decididas a subsumir toda la producción y todo el proceso productivo en el proceso de comercialización, es decir, en el negocio de la exportación.

El segundo aspecto que contribuyó a los grupos vinculados al modo de producción capitalista fue la recuperación del comercio internacional. En los primeros años después de la independencia, el comercio internacional cayó bruscamente como consecuencia de la crisis que afectó a la economía británica. La recuperación económica europea no fue suficiente para volver a los niveles de comercio anteriores a la independencia. Esto se debió a que las economías latinoamericanas atravesaban una fase de reconversión, es decir, de prueba de sus productos e incluso de disputas internas entre las clases dirigentes locales. Argentina, por ejemplo, era básicamente exportadora de cecina y cuero en la década de 1840. Sin embargo, la propia ganadería argentina sufrió una transformación y la producción ovina pasó a un primer plano, pasando la exportación de lana a ocupar un lugar destacado en las exportaciones totales. Estos procesos de reconversión de las actividades productivas se han producido en todas las áreas latinoamericanas, determinados por las características de cada sistema productivo, en cuyo caso la producción simplemente se agota, o por los cambios en la demanda internacional, en cuyo caso los productos naturales son sustituidos por productos sintéticos similares y los países latinoamericanos se ven obligados a reorientar su producción o, de lo contrario, se vuelven económicamente inoperantes.

El resultado general de la reanudación de los negocios internacionales, de la reconversión de la estructura productiva, de la expansión del latifundio y de las soluciones encontradas para controlar el trabajo, fue un crecimiento de las cantidades exportadas y un aumento del valor de los productos latinoamericanos.

El aumento de la base económica de cada formación social latinoamericana y de su capacidad de desarrollo capitalista condujo a una mayor facilidad en la integración nacional y en la consolidación del Estado-nación.

Los localismos fueron el reflejo de fuentes de poder dispersas, derivadas de la heterogeneidad de la matriz económica y social. Las reformas liberales en México, Guatemala y El Salvador se encargaron de eliminar los obstáculos que el viejo orden imponía al capitalismo, mientras que la apropiación de nuevas tierras para la ganadería, la inmigración europea y la formación de una poderosa clase de terratenientes constituyeron la clave del desarrollo económico en Argentina y Costa Rica a lo largo del siglo XIX. Mientras la mayoría de las fracciones primario-exportadoras de las clases dominantes latinoamericanas tuvieron que liberar tierras inmovilizadas en manos de comunidades indígenas o eclesiásticas para satisfacer las demandas de una economía primario-exportadora, otros países como Cuba, Brasil y las Antillas se vieron obligados a liberar a sus propios trabajadores, sometidos a las leyes de la esclavitud africana en el subcontinente, para posibilitar la apropiación de tierras y la transformación de mano de obra cautiva en trabajadores libres y asalariados.

9. LA CONSOLIDACIÓN DE LOS ESTADOS NACIONALES: LAS OLIGARQUÍAS CENTRALES Y EL AVANCE DEL CAPITALISMO PERIFÉRICO

Las fuerzas centrífugas que impidieron la constitución de órdenes políticos estables y unificados en América Latina comenzaron a desaparecer con la victoria de las oligarquías primario-exportadoras, cuando éstas encontraron finalmente una condición de mercado donde sus intereses se vieron respaldados. Según Torres Rivas, "el factor decisivo para superar la inestabilidad interna fue la nueva forma de vinculación con el mercado mundial". Para él, las luchas políticas parecen explicarse por su propia dinámica, hasta que "la historia parece recobrar su racionalidad" y esto corresponde al "período en que finalmente se consolida la economía de exportación y, con ella, una racionalidad que ordena la sociedad civil a través de una implacable presencia estatal" (Torres Rivas, 1977, p. 66).

La consolidación del Estado nacional coincidió con la afirmación de un producto primario de exportación que remediaba las dificultades de organización económica de las sociedades latinoamericanas, resultado también del desarrollo de las fuerzas productivas, del desarrollo de mecanismos a través de los cuales las clases dominantes o algunas de sus fracciones lograban imponer su dominio sobre las demás.

En la segunda mitad del siglo XIX, la economía europea acababa de recuperarse de una crisis que alcanzó su punto más crítico en la década de 1840. Esta recuperación provocó un aumento de la demanda de productos primarios procedentes de América Latina y un rápido crecimiento industrial en toda Europa. Paralelamente al aumento de la demanda de productos primarios, también creció el crédito a los países latinoamericanos. Los préstamos y las inversiones fueron el motor de importantes avances en los transportes, las comunicaciones y las finanzas.

En los países latinoamericanos, el período se caracterizó por el desarrollo acelerado del sector primario-exportador, debido al desarrollo de las fuerzas productivas, la firme intervención del Estado en la economía y la recuperación europea que reactivó la demanda de productos primarios a niveles superiores a los de los años anteriores a la independencia.

Las primeras líneas ferroviarias latinoamericanas fueron construidas y explotadas por empresas locales, cuyo capital podía provenir o no del exterior, pero casi siempre eran controladas internamente. En 1857, la línea del norte argentino se construyó con capital de la región para facilitar el transporte de lana; el primer ferrocarril chileno fue obra de William Wheelwright y el capital procedía de empresarios mineros de la región norte; en Chile central y Perú, el mismo capitalista estadounidense, Henry Meiggs, inició la construcción de los primeros ferrocarriles mediante préstamos; y en México, con capital prestado por las fuerzas de ocupación francesas, el ferrocarril que unía Ciudad de México con Veracruz fue construido por una empresa privada mexicana. Conectar países de un lado a otro por medio del transporte ayuda a la integración nacional y permite crear vínculos entre partes que antes estaban poco comunicadas entre sí.

El aumento de la demanda internacional de productos primarios y las soluciones de las economías latinoamericanas a la necesidad de aumentar la producción también se tradujeron en incrementos técnicos, aunque en la mayor parte del subcontinente el aumento de la productividad se logró mediante la incorporación de tierras a los cultivos de exportación. El control de la mano de obra y la transformación de las relaciones laborales condujeron a un proceso de extensión y dominación gradual del modo de producción capitalista. Aun así, el desarrollo de las economías primario-exportadoras tuvo lugar sobre la base de actividades económicas anteriores, que se remontaban al final del período colonial. La expansión del latifundio también desempeñó un papel fundamental en el control de las poblaciones nativas e inmigrantes que, al no poder ocupar propiedades, acabaron constituyendo la mano de obra disponible para los cultivos de exportación.

En este sentido, las oligarquías se convirtieron en la clase dominante en América Latina a través de los mecanismos tradicionales de apropiación de los recursos naturales y humanos. La expansión de la demanda internacional de productos primarios y el crecimiento del latifundio no fueron acompañados inicialmente por innovaciones tecnológicas que promovieran el aumento de la productividad. Tanto en el sector rural (agricultura y ganadería) como en las actividades extractivas (minería, tintes y fertilizantes naturales), las técnicas eran rudimentarias. El objetivo era producir la máxima cantidad de bienes que pudieran comercializarse sin alterar el equilibrio interno (Carmagnani, 1984, 27).

La supervivencia de los mecanismos tradicionales de apropiación de los recursos naturales y la persistencia de una actitud coercitiva hacia el trabajo permitieron a las oligarquías maximizar sus beneficios vendiendo sus productos en el mercado internacional. Sin necesidad de invertir capital para aumentar la productividad, habiendo eliminado al "socio molesto" (expresión utilizada para describir la succión de excedentes hacia las metrópolis) y revitalizado los lazos comerciales con otros países europeos, las oligarquías latinoamericanas comenzaron a acumular capital en mucha mayor medida que la cantidad que habían acumulado con tanta dificultad al final del período colonial. Al mismo tiempo que las oligarquías establecían el control sobre los sectores productivos fundamentales en cada país, se inició un proceso de expansión de la penetración del capital internacional en América Latina. Procedente principalmente de Inglaterra, este capital se localizó en nuevos sectores económicos, o en aquellos en los que el control oligárquico era muy débil, es decir, el transporte, el comercio de exportación y las finanzas. También hubo una mayor disponibilidad de capital para préstamos a largo plazo a los gobiernos latinoamericanos. Estos préstamos permitieron aumentar los recursos financieros de los Estados y su consiguiente consolidación política. A menudo sirvieron para contener revueltas provinciales y, por tanto, desempeñaron un papel importante en la afirmación de los gobiernos centrales (Halperin Donghi, 1976, 127).

Las inversiones en los sectores de transportes, finanzas y comercio exterior también fueron fundamentales para la afirmación de las oligarquías como sectores económicamente dominantes, porque permitieron el desarrollo acelerado de las actividades primario-exportadoras. Además, estas inversiones y préstamos consolidaron el vínculo entre los países latinoamericanos y el imperialismo, actuando las oligarquías como intermediarias en este proceso.

Mientras las oligarquías controlaban las actividades primarias, los grupos extranjeros, especialmente los británicos, construyeron ferrocarriles para facilitar el transporte de productos primarios, financiaron barcos de vapor, crearon una estructura financiera con la aparición de numerosos bancos y mantuvieron el monopolio del comercio de exportación e importación. Esta división de las actividades económicas transformó a América Latina en productora de materias primas y productos alimenticios para satisfacer las necesidades de los países europeos y en consumidora de productos manufacturados europeos.

Esta nueva división internacional del trabajo implicaba un "intercambio desigual", en el sentido de que los precios de los productos exportados desde América Latina eran siempre inferiores a los precios de los productos manufacturados europeos colocados en el mercado latinoamericano y que el aumento del volumen de productos primarios, que podría compensar esta desigualdad, estaba limitado por factores de demanda y por las dificultades para aumentar la productividad en los sectores agrícola, ganadero y extractivo. Aún así, el período comprendido entre 1850 y 1880 fue sumamente positivo para las economías latinoamericanas, debido al constante aumento de los precios de los productos primarios en el mercado internacional, al incremento de la productividad por la incorporación de factores productivos y a la estabilidad de los precios de los productos manufacturados europeos. Esta mejora en las relaciones de intercambio no fue suficiente para eliminar el endeudamiento de los países latinoamericanos, ni para revertir su dependencia de la financiación externa y de la comercialización, pero fue fundamental para el crecimiento de las economías latinoamericanas y la consolidación del proyecto nacional oligárquico. La renta obtenida en el sector primario se concentró en manos de las oligarquías que mantuvieron los mecanismos tradicionales de control sobre la sociedad, promoviendo así la pauperización de los grupos dominados.

El cultivo y la exportación de café en Colombia, Venezuela, Centroamérica, Brasil y México; el desarrollo de la ganadería en Argentina y Uruguay; la expansión del cultivo de cereales en Argentina; y el aumento de los cultivos tropicales en Puerto Rico, Cuba y Perú; así como la extracción de metales preciosos, fertilizantes y tintes naturales, cambiaron el paisaje rural de los países latinoamericanos a finales del siglo XIX y promovieron un importante crecimiento urbano.

El proceso de urbanización y el desarrollo de las ciudades estuvo ligado al crecimiento de los sectores bancario, de servicios, comercial y manufacturero. Aun así, la base del poder político y social en los países latinoamericanos siguió siendo la propiedad de la tierra. Los mineros y comerciantes ricos compraban tierras y se convertían en *hacendados*.

A lo largo de este período, los cambios en las formas de propiedad y en las relaciones de producción condujeron a una *hibridación* de los sistemas de producción, característica de la forma en que se estableció el capitalismo en América Latina. El modo de producción capitalista se estableció en América Latina de una manera muy particular: subordinó otras relaciones de producción, aunque éstas fueran perjudiciales para su propio desarrollo, pero aprovechó y mantuvo intactos los lazos de dependencia personal que constituían la relación social predominante entre las clases dominante y dominada. Agustín Cueva llamó a esta forma de instauración del capitalismo la *forma oligárquica* de desarrollo capitalista, porque los elementos del viejo orden no fueron completamente destruidos y porque la instauración del capitalismo no se produce a través de una revolución burguesa (Cueva, 1977, 79).

Las oligarquías primario-exportadoras fueron las responsables de la implantación del capitalismo en los países latinoamericanos. Encontraron un sustrato económico capaz de mantener estable el orden político; estrecharon lazos con el capital monopolista, del que recibieron préstamos suficientes para obras de infraestructura; trabajaron en el aparato administrativo de la estructura estatal, para ofrecer dinamismo a los negocios de importación y exportación; y aunque *liberaron* tierras para cultivos de exportación, mantuvieron a los trabajadores bajo su control a través de diversos grados de dependencia personal, que iban desde casos de semiesclavitud hasta la esclavitud por deudas.

El periodo que comienza en torno a 1870/80 resultó ser una época de estabilidad social, económica y política. Esta estabilidad se logró gracias al dominio que las oligarquías primario-exportadoras pudieron ejercer sobre los grupos periféricos de las clases dominantes, cuyos productos no eran adecuados para el funcionamiento de una economía de exportación, y también al control sobre las clases populares.

Así, en los países latinoamericanos, el Estado nacional se consolidó cuando las economías latinoamericanas se integraron plenamente en el modo de producción capitalista. Las principales tareas llevadas a cabo por las oligarquías para el establecimiento del capitalismo fueron la constitución de la propiedad capitalista de los medios de producción y la creación de un mercado de trabajo libre, es decir, alejado de los medios de subsistencia.

Sin embargo, la situación concreta de los países latinoamericanos hizo que estas tareas no se llevaran a cabo de forma drástica, en el sentido de la destrucción completa de las relaciones sociales anteriores. En América Latina, el modo de producción capitalista no se estableció a través de una revolución democrático-burguesa y también nació subsumido en la división internacional del trabajo, lo que determinó un papel subordinado de los países latinoamericanos en el concierto internacional.

Este tipo de implantación del modo de producción capitalista provocó características singulares en la estructura social de estos países e incluso obstáculos al propio desarrollo, ejemplificados por las dificultades para diversificar la economía, el abandono del sistema primario-exportador cuando se mostró altamente inestable (especialmente en la crisis mundial de 1929) y la resistencia de las oligarquías a abandonar el poder. Para Agustín Cueva, "el Estado oligárquico fue la expresión superestructural del proceso de instauración del capitalismo como modo de producción dominante en las entidades sociales latinoamericanas" (Cueva, 1977, p. 127).

Los grupos dominantes en los países latinoamericanos se establecieron como tales durante los procesos de independencia y formación de los estados nacionales. La independencia se produjo como resultado de la madurez de la crisis de la estructura del sistema colonial, combinada con el hecho de que existían grupos sociales que controlaban el aparato productivo colonial y entraban en contradicción con las metrópolis. A la independencia siguieron luchas internas determinadas por la inmensa autonomía de los segmentos económicos: fuerzas centrífugas, caracterizadas por la dispersión de las zonas productivas y la ausencia de circulación interna.

Las disputas que se expresaban como regionales eran moldeamientos espaciales en los que se configuraban diferentes relaciones de producción y remitían al intento de imponer un grupo más vigoroso sobre los demás, o a un equilibrio entre varios grupos en aquellas regiones en las que ninguno lograba destacar.

Caracterizado por un grave estancamiento económico, la desarticulación de los centros de producción y la fuga del metal precioso circulante, el periodo de "anarquía" no hizo sino aumentar el poder de las oligarquías regionales que controlaban los centros de producción regionales desde el periodo colonial.

En contraste con la inestabilidad política que caracterizó la mayor parte del periodo de 1810 a 1870, las décadas siguientes, hasta aproximadamente 1910, fueron de consolidación política y centralización.

Desde el punto de vista político, las oligarquías debieron enfrentar una serie de obstáculos en el proceso de consolidación de los Estados nacionales, entre ellos las diversas disputas entre fracciones de la clase dominante por el poder, la resistencia de los caudillos a la integración nacional, las alternativas "jacobinas" como Artigas en Uruguay, que proponía límites al latifundio, la evasión de riquezas resultantes de las guerras, las dificultades para restablecer los vínculos con los centros hegemónicos del capitalismo y las crisis de la demanda internacional de productos primarios. Los recursos provenientes de los negocios de exportación, combinados con inversiones extranjeras en el sector de infraestructura y préstamos, permitieron ampliar los poderes de los grupos oligárquicos centrales, tornándolos dominantes.

La dominación oligárquica se garantizó aumentando el tamaño de las fuerzas armadas. En este periodo, el gasto en ejércitos modernos representaba al menos un tercio del gasto total del Estado y su finalidad primordial era defender al gobierno central como representante de todos los grupos oligárquicos del país.

Lo que la historiografía latinoamericana ha llamado la "pax oligárquica" ha sido explicado por Frank Safford de la siguiente manera: "Para los sectores altos de la sociedad, la nueva era se caracterizó más por la posibilidad de hacer dinero que por el conflicto político, más por el predominio de un serio sentido práctico que de una cruzada ideológica. Era una era de *orden y progreso*". (Safford, 1991, 104).

En este sentido, las oligarquías centrales abandonaron internamente las doctrinas liberales, manteniendo el discurso librecambista para consumo externo, y adoptaron una actitud autoritaria y "modernizadora". Los estados oligárquicos adoptaron un carácter no democrático, evidenciado por la hipertrofia del aparato represivo, e implementaron la modalidad política absolutista que tendió a imponerse en toda América Latina (Cueva, 1977, p. 127).

La dictadura de Porfirio Díaz en México (1876-1910) se convirtió en una expresión ejemplar de este proceso. El gobierno autoritario de Estrada Cabrera en Guatemala (1899-1920) proporcionó material paradigmático para la literatura de Miguel Ángel Asturias en "El Señor Presidente" (1946).

Prácticamente todos los países latinoamericanos alcanzaron este "equilibrio" alrededor de 1880, estrechamente vinculado al aumento de la demanda internacional de productos primarios y al inicio de la fase imperialista del capitalismo central. En Argentina, por ejemplo, el régimen político de las oligarquías alcanzó su madurez cuando los intereses de los grandes terratenientes del litoral, los comerciantes y los inversores en el sector del transporte confluyeron bajo el gobierno del general Julio Argentino Roca en 1880; en Perú, la dictadura de Augusto Leguía (1919-1930) representó los intereses de la economía minera, que experimentó un gran crecimiento durante este período; en Brasil, el gobierno de Campos Sales (1898-1902) inauguró un período de dominación oligárquica, representando a las oligarquías centrales (de São Paulo y Minas Gerais) en alianza con los grupos oligárquicos periféricos, consagrando los fenómenos conocidos como "política de gobernadores" y "alianza café con leche".

A pesar de que la rearticulación de la economía latinoamericana en este período se produjo sobre bases independientes de las metrópolis ibéricas, los nuevos países siguieron siendo predominantemente agrarios, basados en el latifundio, mantuvieron una hibridez en la formación social con el mantenimiento de relaciones de producción precapitalistas junto al capitalismo en expansión y crearon una nueva dependencia de centros externos de comercialización y financiación.

Aún así, las oligarquías lucharon contra la transformación completa del modo de producción y, aunque se esforzaron por apropiarse de la propiedad ajena (Iglesia y comunidades indígenas) o libre, mantuvieron e incluso redoblaron, en algunos casos, las relaciones de producción precapitalistas. Y este mantenimiento o aumento de las relaciones de producción precapitalistas pudo estar estrechamente relacionado con la gran expansión de la demanda internacional a partir de 1880 y la simultánea escasez de mano de obra, determinada por la abolición de la esclavitud o la liberación de los trabajadores serviles.

En el caso del guano en Perú, la oligarquía recurrió a la importación de mano de obra china bajo el sistema de *indentured servants* por la falta de trabajadores en la región. En las haciendas mexicanas existía una estructura extremadamente jerarquizada y una distinción entre empleados de confianza y peones. Los primeros estaban ligados al patrón por un contrato verbal de trabajo y vinculados a él por relaciones de amiguismo, mientras que los peones eran considerados incluso "hijos de la hacienda" si eran trabajadores permanentes, lo que indica el grado de paternalismo y dependencia personal presente en esta relación. En Chile, el fenómeno del *arrendamiento* estaba presente. El arrendatario también vivía en la hacienda y tenía un contrato de trabajo verbal, un tipo de relación de intermediación entre el colono y el peón. En Brasil, la abolición de la esclavitud no acabó con el trabajo esclavo en la mayor parte del país, pero para controlar la falta de trabajadores, incluso antes de la abolición de la esclavitud, las oligarquías recurrieron a la inmigración europea. Las relaciones laborales de los *socios* en las plantaciones de café del sudeste de Brasil eran típicamente precapitalistas. Para abastecer los centros mineros bolivianos, chilenos y peruanos, el sistema utilizado era el *enganche*, que consistía en atraer a campesinos y pequeños propietarios con deudas, que quedaban vinculados indefinidamente a los dueños de las minas.

En todos los casos, es evidente la permanencia o reactivación del pasado colonial en la estructura social de la segunda mitad del siglo XIX. En cuanto a la mano de obra, los latifundios controlaban a su población interna, menos mediante el trabajo asalariado y más mediante mecanismos serviles, que combinaban elementos represivos y paternalistas. Además de estos métodos para importar trabajadores y mantenerlos en el latifundio, las oligarquías exigían una jornada laboral más larga a cambio de la misma remuneración en forma de salario, especie o condonación de la deuda, con el fin de aumentar los ingresos obtenidos del comercio de exportación. En estos casos, la acumulación de capital se realizaba mediante la redoblación de la explotación y la "evolución" se producía mediante la extracción de plusvalía absoluta, lo que revela el carácter reaccionario de la apropiación de los excedentes.

Otro hecho que atestigua el carácter reaccionario del desarrollo latinoamericano es que se produce sin la introducción de conocimientos, técnicas e instrumentos verdaderamente modernos. La producción primaria es, en su mayor parte, extensiva y la técnica predominante en las minas de plata es la anticuada precipitación por amalgama de mercurio.

Las oligarquías pudieron, por tanto, realizar un esfuerzo productivo y acumular capital a partir de la exportación de productos primarios, sin por ello cambiar completa y radicalmente las relaciones sociales de producción en el latifundio, que servían de base a toda la renta, prestigio y poder que las oligarquías acumulaban.

El predominio de las relaciones de producción precapitalistas impidió también que todo el esfuerzo productivo extensivo se tradujera en el surgimiento de una nueva sociedad. La creciente prosperidad de los terratenientes latinoamericanos se reflejó en la construcción de suntuosas viviendas en las ciudades y en la transformación de sus casas de campo en verdaderos palacios.

Las ciudades, sin embargo, mantenían sus problemas tradicionales: altas tasas de mortalidad, frecuentes epidemias y un nivel de vida muy bajo para las clases trabajadoras. La expansión de los servicios urbanos y de la burocracia estatal, así como la implicación de las oligarquías en actividades no agrícolas como la banca y el comercio, tenían como único objetivo optimizar la producción primaria, y aunque eran responsables de la diversificación económica y social, éste no era el objetivo preciso de las oligarquías. El núcleo de los intereses oligárquicos seguía centrado en la tierra, y ésta era un polo de atracción para los sectores (sobre todo mineros y comerciantes) que se habían enriquecido por otras vías.

El latifundio proporcionaba más prestigio que ingresos y era el elemento básico a través del cual se organizaba el poder; las demás actividades —burocracia, comercio, manufacturas y bancos— eran un complemento de la actividad que hacía posible la dominación total sobre los hombres: la propiedad de la tierra.

Del punto de vista económico, la oligarquía impuso serios límites al desarrollo de un mercado interior, debido al empobrecimiento de las clases trabajadoras y al mantenimiento de los trabajadores rurales atados a la tierra. Hubo una atrofia de las actividades destinadas al consumo interno, que se correlacionó con la hipertrofia del sector destinado a la exportación de productos primarios.

Así, el mercado interno latinoamericano se convirtió en una extensión del mercado externo. El intercambio desigual de productos primarios por productos manufacturados fue responsable de otra singularidad en la estructura nacional de los países latinoamericanos. La estrecha alianza de las oligarquías con el capital extranjero, en forma de préstamos a los gobiernos, construcción de obras de infraestructura y participación en los beneficios aduaneros, condujo a un proceso de desnacionalización económica y a una deformación aún mayor del aparato productivo nacional, ya que las inversiones se realizaron preferentemente en sectores interesantes para el capital monopolista, contribuyendo a la succión de excedentes.

Las oligarquías ejercieron su dominio no sólo en el ámbito socioeconómico, sino que también dejaron su tradicional impronta en los sectores político, cultural e ideológico.

En 1880, dos tercios de toda la población latinoamericana eran analfabetos. El ínfimo número de matriculados en las universidades indicaba que el acceso a la cultura estaba reservado a los miembros de las oligarquías. En las zonas más densamente pobladas, áreas de control cultural para las clases dominantes, el porcentaje de alfabetizados era ligeramente superior y una proporción más significativa de los que llegaban a la edad adulta había asistido a la escuela primaria.

Los contenidos de la escuela primaria e incluso de las universidades contribuyeron a crear una mentalidad estrechamente oligárquica: se consideraban herederos de los conquistadores y se proponían mantener los privilegios procedentes de la sociedad colonial.

10. CONCLUSIÓN

A pesar de la ocurrencia de algunas revueltas obreras, campesinas y de grupos urbanos, el período oligárquico fue una época de extrema estabilidad política y social, porque las oligarquías habían sabido frenar y al mismo tiempo contemplar el desarrollo de las contradicciones generadas por este tipo de establecimiento capitalista. Los principios del liberalismo, generalmente aceptados por las clases dominantes latinoamericanas, se limitaban únicamente al libre comercio, mientras que los fundamentos del poder político se basaban en formas de mediación extremadamente autoritarias. Incluso en la transición del sistema censitario de sufragio a un sistema universal, sólo se admitió a la población masculina adulta y alfabetizada, que no superaba el veinte por ciento de toda la población de cada país. En la práctica, esta transformación electoral, reclamada por los grupos que poco a poco empezaban a criticar el sistema oligárquico, independientemente de su contenido innovador, no hizo sino aumentar el poder político de las zonas rurales. Los terratenientes empezaron a manipular las listas electorales según su conveniencia, reduciendo así el peso de los grupos urbanos durante mucho tiempo. Por esta razón, todos los movimientos antioligárquicos de las ciudades exigieron el fin del fraude electoral y una reforma completa del sistema electoral. La máxima expresión de esta tendencia fueron las consignas utilizadas en el proceso revolucionario mexicano: "¡Sufragio libre y No reelección!".

La crisis del Estado oligárquico se produjo en todos los países latinoamericanos con mayor o menor intensidad a partir de 1910 aproximadamente, año del estallido de la Revolución Mexicana, considerada por algunos latinoamericanistas como el inicio del siglo XX en América Latina.

11. BIBLIOGRAFÍA

ANDERSON, Benedict. Comunidades Imaginadas. São Paulo. Companhia das Letras, 1989.

CARDOSO, Ciro F.; BRIGNOLI, Héctor P. História econômica da América Latina. Rio de Janeiro: Graal, 1984.

CARMAGNANI, Marcello. Estado y sociedad en América Latina 1850-1930. Barcelona: Crítica, 1984.

CHIARAMONTE, José Carlos. Mercaderes del Litoral. Economia y Sociedad en la Provincia de Corrientes, Primera Mitad del Siglo XIX. Buenos Aires, Fondo de Cultura Económica, 1991.

CUEVA, Agustín. El desarrollo del capitalismo en América Latina. México: Siglo XXI, 1977.

GUAZZELLI, César. A crise do sistema colonial e o processo de independência. In: WASSERMAN, Claudia (Org.). História da América Latina. Porto Alegre: Editora da Universidade, 1990, p. 120-177.

GUERRA, François-Xavier. Modernidad e Independencias. Ensayos sobre las revoluciones hispânicas. MADRID, Editorial MAPFRE, 2001.

HALPERÍN DONGHI, Tulio. História da América Latina. Rio de Janeiro, Paz e Terra, 1982.

HALPERÍN DONGHI, 1976 (fl. 02); 1981 (fl. 04), Torres Rivas (1977, 63) (fl. 11) → TORRES-RIVAS, Edelberto. Sobre a formação do Estado na América Central. São Paulo: Centro de Estudos de Cultura Contemporânea, 1977.

HOBSBAWM, Eric J. Nações e Nacionalismo Desde 1780. Rio de Janeiro: Paz e Terra, 1990.

PASO, Leonardo. Los Caudillos y la Organización Nacional. Buenos Aires, Futuro, 1965.

SAFFORD, Frank. Política, ideologia y sociedad in BETHELL, L. HALC, América Latina independiente, 1820-1870. Barcelona: Crítica, 1991.

WASSERMAN, Claudia. Nações e nacionalismos na América Latina. Desde Quando? Porto Alegre, Editora da UFRGS, 2013.

2.5. Principios del siglo XX: de las estructuras postcoloniales a la modernidad (1900-1930)

GUILLEMETTE MARTIN[1]
Université de Montréal
guillemette.martin@umontreal.ca

1. INTRODUCCIÓN

Hacia mediados del siglo XIX (1830-1870), tras las luchas llevadas a cabo por las poblaciones de la región latinoamericana para conseguir su independencia y construir estructuras nacionales propias, los países latinoamericanos atravesaron varias décadas de profunda inestabilidad política e incertidumbre económica. En este periodo, predominaban sistemas aún en etapas proto-industriales, regímenes políticos autoritarios dominados por los caudillos y sociedades étnica y económicamente fragmentadas. A excepción destacada de Brasil, donde el imperio se mantuvo hasta 1889, y Chile, "el panorama político de finales del siglo XIX [era] el de una total anarquía" (Dabène, 2020: 6)[2].

No es sino hasta bien entrado el siglo XX cuando se observa una mayor estabilidad política en los países latinoamericanos, aunque sea de forma relativa. Esta estabilidad coincidió con un significativo crecimiento de las exportaciones y una mayor integración de las economías al sistema económico mundial. Sin embargo, este proceso también consolidó una depen-

---

1 Guillemette Martin es doctora en Historia por el Instituto de Altos Estudios de América Latina (IHEAL-Universidad París III-Sorbonne Nouvelle) y archivista (Université de Montréal). Fue académica de tiempo completo en el Departamento de Historia de la Universidad Iberoamericana (Ciudad de México) del 2017 al 2022. Radica actualmente en la ciudad de Montreal, en Quebec (Canadá), donde se dedica a la archivística local y a la difusión de la historia.

2 Para un resumen del caudillismo latinoamericano en las últimas décadas del siglo XIX, ver el primer capítulo del libro de Olivier Dabène, *América Latina en el siglo XX*, Madrid, Síntesis, 2012.

dencia hacia las economías extranjeras que perdurará en el continente hasta los inicios del siglo XXI[3].

Derivado de lo anterior, el proceso modernizador conllevó la reconfiguración de los sistemas políticos y una serie de transformaciones sociales y culturales profundas.

En las páginas siguientes, nos adentraremos en un recorrido histórico que abarca diversas de estas transformaciones, desde la consolidación de la inserción de las economías latinoamericanas en el *sistema económico global* hasta la *crisis de los regímenes oligárquicos* y el surgimiento de nuevos poderes políticos en la mayoría de los países de la región. Este periodo se ve también marcado por acontecimientos notables y sin precedentes, como la famosa *Revolución Mexicana*, así como las menos conocidas, pero igualmente significativas *revoluciones estudiantiles*, especialmente en los países andinos y del Cono sur. Además, se destacan los impactos multifacéticos del *primer conflicto mundial*, que no solo afectaron las economías locales, sino que también contribuyeron a redefinir las *identidades nacionales*. Esta redefinición, a su vez, pone de manifiesto importantes preocupaciones relacionadas con las *desigualdades sociales, económicas y raciales* presentes en las sociedades latinoamericanas. En respuesta a estas inquietudes, surgieron movimientos sociales y culturales como el *indigenismo*, el *antiimperialismo* y las *movilizaciones obreras*.

A través de la exploración de estos temas, las páginas siguientes ofrecerán una reflexión sobre la aparente contradicción entre la creciente integración de las economías latinoamericanas en la arena internacional y el fortalecimiento de dinámicas políticas, sociales y culturales propias de la región.

---

3 «Il faut d'emblée reconnaître que l'impulsion de la modernisation économique de l'Amérique latine a une origine externe. La croissance des économies européenne et nord-américaine provoque une robuste et rapide demande de matières premières dont l'Amérique latine se trouve être bien dotée. Les pays qui, les premiers, parviennent à stabiliser leur vie politique sont les mieux placés pour répondre à la demande. Au Brésil, au Mexique, en Argentine et au Chili, l'État consolidé est en mesure de créer les conditions propices au développement économique. D'autres pays, comme le Venezuela ou le Guatemala, qui traversent de longues périodes de stabilité dues à la domination de *caudillos*, connaissent de spectaculaires progrès économiques. Ils inspirent confiance et le commerce comme les investissements étrangers s'y dirigent avec enthousiasme. Dans tous les cas, la stabilité politique et la croissance se renforcent mutuellement» (Dabène, 2020: 18).

2. AMÉRICA LATINA Y LA MODERNIZACIÓN DEL SIGLO XX

2.1. Transformaciones económicas y auge demográfico

Si bien la integración de las economías latinoamericanas al sistema económico mundial no es un fenómeno reciente[4], el auge de la demanda de materias primas por parte de los mercados europeos y norteamericanos durante la segunda Revolución Industrial marcó un crecimiento sin precedentes para las economías exportadoras de la región latinoamericana. A finales del siglo XIX e inicios del siglo XX,

> chaque pays se spécialise dans une production. Classiquement, trois groupes de production ont été repérés —produits agricoles (Argentine, Uruguay), produits agricoles tropicaux (Brésil, Colombie, Équateur, Amérique centrale et Caraïbes) et minerais (Mexique, Chili, Pérou, Bolivie)—, certains pays comme le Venezuela et le Mexique ayant une production variée. (Dabène, 2020: 19)

De manera más específica, a partir de 1880 se observaba un notable aumento en la producción en las zonas templadas, con exportaciones de maíz, de lana y carne, mientras que las exportaciones desde las zonas tropicales experimentaron un crecimiento más lento. Colombia y Venezuela se especializaron en las exportaciones de café, Ecuador encontró cierta prosperidad gracias a las exportaciones de cacao, que financiaron en gran medida el desarrollo urbano de Guayaquil. Por otro lado, los países de América central, a través de las actividades de la *United Fruit Company,* incrementaron las exportaciones de plátano. En Brasil, las exportaciones de algodón y azúcar disminuyeron en favor de las exportaciones de café. Mientras tanto, Argentina consolidaba su posición como exportador de carnes secas y cuero, desarrollando una agricultura extensiva en la región de la Pampa. Gracias a las inversiones extranjeras y al desarrollo de nuevas técnicas, Chile se convirtió en el primer exportador mundial de cobre. Además, el acceso a nuevas tierras después de la Guerra del Pacífico (1879-1883) impulsó el crecimiento de las exportaciones de salitre. México, también exportador de minerales, diversificó su oferta comercializando una amplia variedad de productos, como cerveza, tabaco, frutas y fibra de henequén, principalmente hacia los Estados Unidos.

---

[4] En el libro ya mencionado, Olivier Dabène nos recuerda la comercialización de los productos mineros y del azúcar durante el periodo virreinal (Dabène, 2020: 19).

Fuertemente respaldado por la inversión de capitales externos[5], el sistema económico exportador de los países latinoamericanos conllevó una marcada dependencia hacia los mercados extranjeros, dando lugar al desarrollo de una economía de enclave, particularmente notable en las economías basadas en la plantación, como es el caso de Brasil y Colombia. Esta dinámica tendrá repercusiones significativas cuando las economías europeas y norteamericanas entrarán en crisis durante la Primera Guerra Mundial, como se verá más adelante.

El auge exportador de las economías latinoamericanas propició el desarrollo de una extensa red ferroviaria, mayormente financiada por capitales extranjeros, principalmente británicos. Esta infraestructura tuvo un impacto profundo en las geografías nacionales y en la distribución de la población en toda la región. Es relevante destacar que, a principios del siglo XX, la mayoría de los países latinoamericanos experimentaron un notable crecimiento demográfico, impulsado por mejoras en las condiciones de vida, avances en medicina e higiene, así como por la llegada masiva de migrantes europeos. Desde 1900, los países latinoamericanos conocieron un crecimiento demográfico superior al de cualquier otra región del mundo, con la llega de aproximadamente 12,7 millones de migrantes europeos entre 1881 y 1930[6], procedentes principalmente de España, Italia y Portugal. Entre los países receptores más destacados se encontraban Argentina en primer lugar, seguido Uruguay y el sur de Brasil. En contraste, México, Perú y América central recibieron relativamente pocos migrantes europeos durante este periodo. Esta migración fue principalmente urbana, contribuyendo al crecimiento de las ciudades latinoamericanas, aunque de manera heterogénea.

México presentaba un 75% de población rural a principios del siglo XX, al igual que Perú, donde solamente un 15% de la población residía en áreas urbanas. Por otro lado, en Argentina, el 53% de la población vivía en ciudades en la década de 1920, mientras que, en Chile y Uruguay, el 43% y el 35% respectivamente, se encontraba en entornos urbanos. En algunas ciudades como Buenos Aires y São Paulo, la población llegó a triplicarse entre finales del siglo XIX y mediados de los años 1910.

---

5 Se calcula por ejemplo que, a inicios del siglo XX, más de la mitad de los capitales invertidos en la industria chilena eran británicos.

6 Las cifras demográficas citadas en este apartado se basan en la siguiente referencia: Bethell Leslie, *Latin America: economy and society, 1870-1930,* Cambridge, Cambridge University Press, 1989.

Estas ciudades se convirtieron en las vitrinas y escenarios de modernización para sociedades en plena transformación, con un crecimiento significativo de la población obrera y la aparición de nuevos grupos emprendedores[7].

2.2. Del dominio oligárquico a la era del reformismo

La acelerada transformación de las economías nacionales, el crecimiento demográfico y urbano, junto con la aparición de nuevas clases sociales, tanto obreras como emprendedoras, generaron el surgimiento de demandas políticas por parte de estos grupos emergentes. Esta dinámica desencadenó una crisis en los regímenes oligárquicos establecidos.

En Argentina, el desarrollo económico y demográfico del puerto de Buenos Aires se atribuye a la llegada de migrantes obreros, quienes trajeron consigo desde Europa nuevas ideas políticas y una conciencia aguda de las luchas obreras y sociales. La efervescencia política y la prosperidad material de la capital contrastaban con el atraso en el resto de las provincias, lo que generó tensiones. En 1912, el país adoptó la Ley Sáenz-Peña, que otorgaba el derecho al voto a todos los ciudadanos argentinos varones mayores de 18 años. Esta ley facilitó la participación electoral de las clases medias y obreras, impulsando el cambio político en Argentina. Hipólito Yrigoyen, líder de la Unión Cívica Radical (UCR) y presidente del país de 1916 a 1922 y de 1928 a 1930, encarnó este cambio en gran medida. Yrigoyen gobernó en medio de profundas tensiones nacionales, entre huelgas obreras, la reforma universitaria de 1918 y el impacto de la Primera Guerra Mundial, como se verá más adelante. A pesar de estos desafíos, Yrigoyen inauguró una serie de reformas sociales, incluida la adopción del salario mínimo y la prohibición del trabajo infantil.

---

7 "Within Latin America the rapid growth of the export economies led to subtle but important transformations in the societies. First in sequence and importance was the modernization of the upper-class elite, given new economic incentives, landowners and property owners were no longer content to run subsistence operations on their haciendas; instead, they sought opportunities and maximized profits. This led to an entrepreneurial spirit that marked a significant change in the outlook and behavior of the continent's elite groups. Cattle raisers in Argentina, coffee growers in Colombia and Brazil, sugar barons in Cuba and Mexico—all were seeking efficiency and commercial success. They were no longer a relatively enclosed, semifeudal elite; they became aggressive entrepreneurs". (Skidmore, 2005:46)

El vecino uruguayo también experimentó una serie de reformas sociales significativas durante el mandato de José Batlle y Ordóñez, líder del Partido Colorado, de tendencia liberal. Como presidente de Uruguay de 1903 a 1907 y posteriormente de 1911 a 1915, Batlle y Ordóñez llevó a cabo una reforma integral de la economía nacional, implementando políticas industrializadoras y varias nacionalizaciones. Estas reformas se acompañaron de avances sociales como la instauración de una jornada laboral de 8 horas y la legalización del derecho de huelga. Con la promulgación de la Constitución de 1917, Uruguay estableció el sufragio universal, ampliando así la participación política de todos los ciudadanos.

En Ecuador, la denominada *Revolución Juliana* de 1925 condujo al gobierno a una junta de militares jóvenes, cuyo objetivo era derrocar la antigua oligarquía liberal que había estado en el poder desde 1895. Con el respaldo de los obreros y la población en general, esta primera junta de gobierno implementó una serie de reformas educativas y financieras de gran trascendencia. Estas reformas fueron consolidadas con la elección del presidente Isidro Ayora, quien dio inicio a un proceso de modernización económica en el país.

A cambio, el proceso reformista en Colombia fue más tardío. Hasta la década de 1930, el Partido Liberal se mantuvo dividido y el panorama político estaba dominado por los conservadores, quienes reprimían los movimientos sociales. Se tuvo que esperar hasta 1934, con la llegada al poder de Alfonso López Pumarejo, para que se comenzara a cuestionar el orden oligárquico y se adoptaran las primeras reformas laborales.

En Brasil, tras la instauración de la República en 1889 y la adopción de la Constitución de 1891, se inició lo que se conoció como la política del *café com leite* ("café con leche"), en la que las oligarquías de los Estados de São Paolo (productor de café) y Minas Gerais (zona lechera) dominaban el poder presidencial. La descentralización política iniciada con la República implicó para cada estado brasileño la construcción de un aparato político sólido, con cierta autonomía económica. En los primeros años de la década de 1920, Brasil experimentó una breve ola reformista con el levantamiento armado de los *tenentes,* un grupo de jóvenes oficiales del ejército que se oponían a la sucesión presidencial. Aunque el *tenentismo* sufrió una violenta represión por parte de la oligarquía en el poder, dejó una marca significativa en la historia política brasileña de la primera mitad del siglo XX.

En Chile, al igual que en el resto de América Latina, la política del siglo XIX se caracterizó por la tensión entre grupos liberales y conservadores.

Hasta los años 1880, el gobierno chileno expendió su territorio, primero mediante la conquista de las fértiles tierras de la Araucanía, habitada por la población mapuche del sur del país, y luego a través de la anexión de los territorios peruanos de Tacna y Arica después de la Guerra del Pacífico contra Perú y Bolivia, que tuvo lugar entre 1879 y 1883. Fortalecida por estas conquistas territoriales, la República Parlamentaria establecida en 1891 entró gradualmente en un estancamiento político, hasta la ascensión al poder de Arturo Alessandri en 1920. Líder de una alianza entre fuerzas progresistas como el Partido Demócrata, el Partido Radical y el Partido Liberal, Alessandri inauguró un periodo de inestabilidad ministerial en Chile. A pesar de ello, logró ser restablecido en el poder en 1924, iniciando así una serie de reformas sociales en el país.

El caso de Venezuela se aparta un tanto de la tendencia de movimientos reformistas y democratización política que se observa en otros países de la región, debido a la preponderancia del petróleo en la economía nacional. Tras la expulsión del dictador Cipriano Castro en 1908, Juan Vicente Gómez ejerció el poder de manera dictatorial hasta 1935. Los inicios de la explotación petrolera y la concesión de contratos a compañías británicas y estadounidenses permitieron al país experimentar una fase de prosperidad económica, pero esto se dio con una ausencia casi total de libertades públicas.

2.3. La Revolución Mexicana

La Revolución Mexicana, que comenzó oficialmente el 5 de noviembre de 1910 con la proclamación del Plan de San Luis Potosí por el terrateniente y líder político Francisco I. Madero, y culminó, en su fase armada, con la adopción de la Constitución de 1917, es sin duda el acontecimiento histórico más estudiado y representado en la historia de México, y uno de los más significativos en la trayectoria contemporánea de los países latinoamericanos. Desde la década de 1970, la Revolución Mexicana ha ejercido una cierta fascinación sobre los historiadores extranjeros, entre ellos el estadounidense John Womack[8], el austriaco Friedrich Katz[9] y el historiador británico Alan Knight, quien ha producido una monumental historia

---

8 Womack, John. *Zapata and the Mexican Revolution.* New York: Random House, 1969.

9 Katz, Friedrich. *The Life and Times of Pancho Villa,* Stanford: Stanford University Press, 1998.

de 1200 páginas sobre esta etapa de la historia mexicana[10]. La Revolución Mexicana también ha dejado un legado fundamental en los debates historiográficos nacionales, tanto en estudios generales[11] como en enfoques más regionales y locales. La creación del Instituto Nacional de Estudios sobre las Revoluciones (INHERM)[12] en 1956 por el gobierno mexicano ilustró esta voluntad de preservar la memoria y los estudios de una etapa fundadora de la sociedad mexicana contemporánea, cuyo legado queda patente en el espacio iconográfico y artístico nacional[13].

La etapa revolucionaria en México surgió inicialmente como un movimiento antirreeleccionista, después de más de tres décadas de poder oligárquico liderado por Porfirio Díaz, cuyo régimen era conocido como el *Porfiriato* (1877-1910). Díaz se dedicó a modernizar e industrializar el país, atrayendo capitales europeos y desarrollando la industria, la red ferroviaria y la producción nacional, en detrimento de la población rural, que quedó sumida en la pobreza[14]. Tras treinta y cinco años en el poder, la oligarquía porfirista y positivista mantenía un sistema político envejecido y cada vez más criticado, tanto por los campesinos empobrecidos por el desarrollo latifundista como por la clase media, cuyo nivel de vida se deterioraba constantemente. Cuando Porfirio Díaz buscó reelegirse en 1909, los conflictos políticos latentes en la sociedad mexicana estallaron. Francisco I. Madero fundó el Partido Nacional Antirreeleccionista y proclamó el Plan de San Luis Potosí al año siguiente, el primer manifiesto del proceso insurrec-

---

10 Knight, Alan. *The Mexican Revolution,* volume 1, *Porfirians, Liberals, and Peasants,* and Volume 2, *Counter-revolution and Reconstruction.* Lincoln and London: University of Nebraska Press, 1986.

11 Para un acercamiento a la historiografía mexicana sobre la Revolución, recomandamos la lectura de los trabajos de los historiadores mexicanos Javier Garciadiego, Alvaro Matute y Jean Meyer: Garciadiego Dantán Javier. *Introducción histórica a la Revolución mexicana.* México D.F.: COLMEX, SEP, 2006; Matute Álvaro. *La Revolución Mexicana: actores, escenarios y acciones; vida cultural y política,* 1901-1929. México: Instituto Nacional de Estudios Históricos de la Revolución Mexicana, 1993; Meyer, Jean. *La Revolución Mexicana, 1910-1940.* México D.F.: Tusquets, 2004 (Primera edición: 1973).

12 https://inehrm.gob.mx/

13 Ver por ejemplo el fascinante acervo fotográfico de Gustavo Casasola, actualmente conservado en la mediateca del INAH (Instituto Nacional de Antropología e Historia): https://mediateca.inah.gob.mx/islandora_74/islandora/object/fondo%3Asinafo_a

14 Hale, Charles A. *The Transformation of Liberalism in Late Nineteenth-Century Mexico.* Princeton: Princeton University Press, 1989.

cional mexicano. El levantamiento armado comenzó al mes siguiente en varios puntos de la República: Pascual Orozco y Francisco (Pancho) Villa unieron sus tropas en el norte del país, mientras que Emiliano Zapata lideraba la revuelta campesina en el sur. Campesinos y obreros se unieron a las guerrillas y lograron tomar Ciudad Juárez, lo que permitió a Madero establecer allí un gobierno provisional, oficializando así el movimiento. Porfirio Díaz se vio obligado en firmar el Tratado de Ciudad Juárez al año siguiente, renunciando oficialmente al poder y exiliándose en Francia.

Las elecciones organizadas en octubre de 1911 consagraron la victoria de Francisco I. Madero, entonces único líder de la Revolución. Sin embargo, pronto tuvo que enfrentarse al descontento tanto de los porfiristas como de los revolucionarios que exigían tierras. Las tropas de Pascual Orozco se alzaron en el norte y las de Emiliano Zapata en el sur. Con la adopción del Plan de Ayala el 28 de noviembre de 1911, las demandas campesinas, resumidas en el lema "Tierra, Libertad, Justicia y Paz", parecieron ser escuchadas. El Plan proponía la restitución, dotación y nacionalización de tierras, montes y aguas. Sin embargo, las profundas divisiones continuaron en varios puntos del país.

El 22 de febrero de 1913, Madero y su vicepresidente fueron asesinados por orden del general Victoriano Huerta, quien se autoproclamó jefe de Estado. Huerta representó en gran medida la contrarrevolución: suprimió la libertad de prensa, eliminó a varios de sus opositores y declaró ilegal el movimiento obrero, lo que provocó la ira de varias facciones revolucionarias. En marzo de 1913, Venustiano Carranza proclamó el Plan de Guadalupe, llamando al derrocamiento de Huerta: este fue el momento en que los diferentes líderes revolucionarios lograron unirse.

Una vez derrocado Victoriano Huerta, el frente unido de los revolucionarios se fragmentó y en 1915 comenzó una verdadera guerra civil, esta vez de alcance nacional. Como señala el historiador Javier Garciadiego, "las diferencias socio geográficas (de México) se tradujeron en profundas divergencias políticas, ideológicas y militares" (Garciadiego, 2008: 427). Mientras Emiliano Zapata defendía principalmente intereses agrarios en el Estado de Morelos, Francisco Villa en el norte contaba con un apoyo más amplio entre campesinos pobres, mineros y obreros. Mientras tanto, Venustiano Carranza y Álvaro Obregón lideraban un proyecto constitucionalista para reorganizar la República, basándose en el respaldo de la clase media. Después del fracaso de la tentativa de negociación entre las distintas facciones en la Convención de Aguascalientes de octubre de 1914, la guerra civil finalmente culminó en la victoria de las tropas de Venustiano

Carranza, quien se convirtió en el nuevo líder de la Revolución y fue oficialmente reconocido por el vecino estadounidense.

La primera gran iniciativa de Venustiano Carranza fue la elaboración de una nueva Constitución en 1917.

> La Constitución de 1917 puede ser vista como un "parteaguas": consumación ideológica de la revolución y fundamento normativo del nuevo Estado. Con ella el proceso revolucionario, esencialmente destructivo, pasó a convertirse en gobierno constructivo y regulador. Asimismo, si la lucha armada había sido hecha por gente proveniente del mundo rural, los diputados que delinearon el México futuro fueron elegidos por y entre gente urbana" (Garciadiego, 2008: 449).

Esta constitución de 1917, si bien fue más reformista que realmente revolucionaria, marcó un hito en la transformación de la sociedad mexicana. Introdujo cambios significativos como la restitución de tierras, la distribución de terrenos a comunidades sin tierras, la transferencia de tierras estatales y la expropiación de grandes latifundios. Además, promovió la secularización de la educación y estableció una legislación laboral. A pesar de estas significativas reformas, el descontento persistió, tanto entre los líderes revolucionarios renuentes a abandonar las armas como entre los campesinos que consideraban las reformas demasiado lentas. Ante el último levantamiento del antiguo aliado Álvaro Obregón, Carranza se vio obligado a huir y finalmente fue asesinado por sus enemigos.

La presidencia de Álvaro Obregón (1920-1924) marcó para México un período de pacificación y prosperidad económica, impulsado por las exportaciones petroleras y la preservación de las inversiones extranjeras en el país. La Ley de Ejidos, adoptada en 1920, representó la restitución de la tierra a las comunidades indígenas como parte de la lucha contra los latifundios. Tras un mandato de cuatro años, Obregón entregó la presidencia a Plutarco Elías Calles, quien continuó el proyecto de transformación del país dictado por la Constitución de 1917 y emprendió una feroz guerra contra los católicos. La llamada "Ley Calles", oficialmente conocida como "Ley de Tolerancia de Cultos", limitó de facto el poder del clero en México. Como consecuencia, México rompió relaciones con la Santa Sede y se desató en gran parte del país un nuevo conflicto armado, esta vez entre el gobierno y milicias armadas católicas, conocido como la Guerra Cristera (1926-1929)[15].

---

[15] Meyer, Jean. *La cristiada: La guerra de los cristeros,* Ciudad de México: Siglo XXI Editores, 1997 [1973].

La Revolución mexicana dejó un impacto profundo en los distintos países latinoamericanos, efecto que fue amplificado por la campaña de propaganda continental organizada por el gobierno revolucionario mexicano. Pronto se enviaron intelectuales y delegaciones estudiantiles a Perú, Chile y Argentina, mientras México se convirtió en un refugio para intelectuales, militantes y artistas en exilio[16].

3. AMÉRICA LATINA Y LOS IMPACTOS DE LA PRIMERA GUERRA MUNDIAL

Durante el Centenario del primer conflicto mundial (1914-1918), entre los años 2014 y 2018, se observó un notable incremento en los estudios que analizaban el impacto de la Gran Guerra en las economías y sociedades latinoamericanas. Un ejemplo destacado fue la antología coordinada en 2013 por el historiador Jay Winter, titulada *The Cambridge History of the First World War,* que incluyó un capítulo dedicado específicamente a los efectos del conflicto en América Latina (Compagnon, 2013: 533-555). En esta misma línea, durante la década de 2010, se publicaron numerosos estudios que exploraron de manera original cómo la Primera Guerra Mundial influyó en las economías y sociedades latinoamericanas[17].

3.1. Impacto político y consecuencias diplomáticas

La Primera Guerra Mundial (1914-1918), inicialmente etiquetada como un "conflicto europeo" por la prensa latinoamericana, tuvo un impacto inmediato en las posturas diplomáticas de los países de la región. Al respecto, se evidenció una marcada disyuntiva entre aquellos con una fuerte presencia europea desde el siglo XIX, como Argentina, Brasil y, en cierta medida, México, y aquellos con una menor migración europea, como Ecuador, Bolivia y las naciones centroamericanas.

---

16 Entre ellos se encontraban por ejemplo la poeta chilena Gabriela Mistral, el intelectual argentino Manuel Ugarte y el poeta peruano José Santos Chocano.

17 Entre muchos ejemplos, ver el libro del historiador francés Compagnon, Olivier. *América Latina y la Gran Guerra. El adiós a Europa.* Buenos Aires: Crítica, 2014. Ver también los estudios reunidos en el libro colectivo Compagnon, Olivier; Foulard, Camille; Martin, Guillemette y Tato, María Inés (dir.). *La Gran Guerra en América Latina. Una historia conectada.* México: Centro de Estudios Mexicanos y Centroamericanos, 2018.

Cuando estalló el conflicto europeo en el verano de 1914, los países latinoamericanos optaron por declarar su neutralidad, una posición que mantuvieron hasta la entrada de Estados Unidos en la guerra en 1917. Hasta ese momento, la guerra parecía ser un asunto distante del Viejo Mundo, que nos les afectaba directamente. Específicamente, México, Cuba y los países de América central se vieron relativamente poco afectados por el conflicto en sus etapas iniciales, ya que su principal actividad comercial se centraba en Estados Unidos. Por otro lado, para los países del Cono sur que mantenían relaciones económicas con Alemania, Francia e Inglaterra, romper la neutralidad habría significado perder un importante socio comercial, por lo que esta opción no era viable. Además, países como Brasil y Argentina, que albergaban importantes comunidades europeas, no podían arriesgarse a entrar en conflicto con estas poblaciones al romper relaciones diplomáticas con uno u otro de los beligerantes.

Sin embargo, la entrada de Estados Unidos en el conflicto en 1917[18] marcó un cambio significativo en las posturas diplomáticas adoptadas por los diferentes gobiernos latinoamericanos. Debido a su dependencia de Estados Unidos, Cuba y los países centroamericanos (Panamá, Costa Rica, Nicaragua, Guatemala y Honduras) pusieron fin a su neutralidad y declararon la guerra a Alemania. Brasil también se sumó a esta declaración, pero por motivos distintos. En primer lugar, Brasil se vio afectado por la guerra submarina llevada a cabo por Alemania, que resultó con el hundimiento de tres de sus barcos comerciales. Además, el país buscaba mantener una relación privilegiada con Estados Unidos para obtener un mayor apoyo y desempeñar un papel más relevante en la política sudamericana, especial-

---

18 Cabe recordar que uno de los motivos por los cuales la potencia norteamericana decidió salir de la neutralidad y declarar la guerra a Alemania el 2 de abril de 1917, tuvo que ver directamente con el vecino mexicano, con el famoso asunto del telegrama Zimmermann. El 16 de enero de 1917, el secretario de Relaciones Exteriores alemán Arturo Zimmermann envió un telegrama a Heinrich Von Eckardt, su embajador en México, para que éste propusiera una alianza estratégica al gobierno de Venustiano Carranza (Carranza había mantenido la neutralidad del país hasta entonces). El telegrama ofrecía a México una alianza militar con Alemania y en contra de los Aliados, con la promesa de ayudar México a recuperar los territorios que perdió en el siglo XIX, si México empezaba una guerra en su frontera con los Estados Unidos. El telegrama fue interceptado por los servicios de inteligencia británicos, quienes revelaron lo que se estaba tramando al gobierno estadounidense. Carranza rechazó la oferta alemana y mantuvo la neutralidad de México en el conflicto, pero el incidente fue decisivo en la decisión de Estados Unidos de entrar al conflicto.

mente frente a su poderoso vecino, Argentina. Aunque Brasil declaró la guerra a Alemania, su participación concreta en el conflicto fue limitada. Primero, su declaración de guerra llegó poco tiempo antes del final del conflicto. Además, las tropas brasileñas enviadas para integrar la *Royal Air Force* británica se vieron diezmadas por un brote de influenza en el barco que las transportaba a Europa. A pesar de esta participación fallida en el conflicto, la declaración de guerra de Brasil a Alemania fue significativa ya que garantizó al país un lugar en las negociaciones de paz de 1919.

Bolivia, Perú, la República Dominicana, el Salvador y Ecuador rompieron sus relaciones diplomáticas con Alemania, aunque no llegaron a declarar la guerra. Por otro lado, Argentina, Chile, Venezuela, Colombia y Paraguay optaron por mantener su neutralidad en el conflicto.

El caso argentino, analizado minuciosamente por María Inés Tato[19], revela una problemática más compleja. El estallido del conflicto en 1914 desencadenó una movilización significativa en la sociedad argentina, con la creación de asociaciones dedicadas a recaudar fondos para las víctimas, la organización de mítines pacifistas y otras actividades de solidaridad. La presencia de numerosos europeos inmigrantes en el país, llegados desde la segunda mitad del siglo XIX, sin duda contribuyó a esta movilización, al mantener viva la conciencia sobre lo que sucedía en el viejo continente. A nivel político, sin embargo, el presidente Yrigoyen (1916-1922, en su primer mandato) mantuvo una postura de neutralidad diplomática que contrastaba con la movilización de la población. A partir de 1917, esta neutralidad se convirtió en un conflicto interno para el gobierno argentino, que enfrentó tanto la presión de Estados Unidos para entrar a la guerra como la de su propia población. En Argentina se abrió una brecha entre los neutralistas, a favor de mantener la neutralidad, pero acusados de simpatizar con Alemania, y los rupturistas, partidarios de unirse a los aliados en el conflicto. Estos últimos agruparon a la oposición política al presidente Yrigoyen, que incluía conservadores, demócratas progresistas y algunos radicales.

Esta contienda política amplificó, en realidad, un enfrentamiento ideológico nacional sobre la identidad argentina: mientras que los partidarios de unirse a la guerra en el bando aliado revelaban un profundo apego cul-

---

19 Tato, María Inés. *La trinchera austral: La sociedad argentina ante la Primera Guerra Mundial.* Buenos Aires: Prohistoria Ediciones, 2017.

tural a Europa y a lo que ésta representaba[20], para los neutralistas se trataba principalmente de defender a Argentina y luchar contra el imperialismo estadounidense.

En efecto, el primero conflicto mundial implicó para los países latinoamericanos posicionarse no solo respecto a las antiguas potencias europeas, cuyo prestigio quedó enterrado en las trincheras, sino también frente a los Estados Unidos, que salieron reforzados tanto políticamente como económicamente de la Gran Guerra.

3.2. El auge exportador de las economías latinoamericanas

La Primera Guerra Mundial marcó un punto de inflexión crucial en el crecimiento de las economías latinoamericanas, como se ha detallado en trabajos exhaustivos de académicos como Bill Albert y Paul Henderson (Albert y Henderson, 1988), Víctor Bulmer-Thomas (Bulmer-Thomas, 1994) y Rosemary Thorp (Thorp, 1986), entre otros.

Una de las primeras repercusiones económicas del conflicto en América Latina se evidenció en el ámbito monetario:

> A fin de promover el comercio en el planeta, durante la segunda mitad del siglo XIX, Gran Bretaña había logrado, progresivamente, erigir un sistema monetario basado en el patrón oro, del que ella era una suerte de líder y garante. Al envolverse en la guerra contra las potencias centrales su gobierno suspendió la convertibilidad de su moneda al oro y prohibió las salidas de oro del país. Esta medida fue imitada por muchas de las demás naciones, colapsando el sistema trabajosamente levantado antes [...]. (Contreras, 2018: 175)

Ante el abandono del patrón oro y la amenaza de un posible colapso de los sistemas monetarios nacionales, los países latinoamericanos se vieron obligados a implementar una serie de medidas bancarias.

Por otro lado, la integración de las economías latinoamericanas en la economía mundial durante la segunda mitad del siglo XIX provocó que el estallido de la Primera Guerra Mundial y la posterior transformación de las economías beligerantes en Europa y Estados Unidos tuvieran un impacto decisivo en las economías de América Latina.

---

20 La Primera Guerra Mundial reactivó en América Latina esta dialéctica decimonónica entre «civilización» y «barbarie», al poner en jaque el «modelo civilizatorio» europeo.

El estallido del conflicto en 1914 tuvo un impacto prácticamente inmediato en la economía brasileña, con una disminución del capital en circulación debido a la reducción de las exportaciones de café. En ese momento, se observó un rezago en el desarrollo industrial de Brasil, provocado por las dificultades para importar materiales industriales y tecnológicos. Argentina y Chile también enfrentaron situaciones similares en el sector industrial, con la diminución del comercio con Europa y escasez de mano de obra. En el caso de Perú, la reducción de las exportaciones de materias primas hacia Europa desencadenó una grave crisis económica, un aumento del desempleo y la caída de los ingresos fiscales del Estado.

Sin embargo, si bien el primer conflicto mundial tuvo repercusiones negativas para las economías latinoamericanas al comienzo de la guerra, sus efectos a mediano y largo plazo fueron notablemente diferentes. A medida que la guerra se prolongaba y se establecían las trincheras a partir de 1915, los países beligerantes se vieron obligados a reorganizar sus economías, convirtiéndolas en economías de guerra. Al mismo tiempo, reiniciaron sus importaciones de materias primas desde América Latina para abastecer sus mercados internos. Los países europeos comenzaron a importar materias primas estratégicas como petróleo, salitre, cobre, lana, así como alimentos, principalmente carne, azúcar y cereales. Esto llevó a un aumento significativo de las exportaciones de México (petróleo), Perú (lana de oveja y alpaca, cobre), Chile (salitre, para la fabricación de explosivos) y Argentina (carne y cereales), que lograron beneficiarse del conflicto.

A cambio, los países exportadores de productos que no eran considerados indispensables para la guerra experimentaron graves crisis económicas al ver una drástica disminución en sus exportaciones hacia Europa. Este escenario se manifestó especialmente en los países exportadores de café, como Colombia, Venezuela y Brasil. Este último comenzó a diversificar sus exportaciones como respuesta al conflicto.

Por otro lado, las importaciones de productos manufacturados desde Europa también disminuyeron, lo que obligó a los países latinoamericanos a iniciar un proceso de sustitución de estas importaciones. Esto, a su vez, contribuyó al desarrollo industrial de estos países. Mientras que, para algunos países como Chile, este proceso representó la consolidación de una tendencia que ya se había iniciado antes del conflicto, para otros países era una novedad.

Otro impacto económico significativo del primer conflicto mundial en América Latina fue el comienzo de una transformación en las inversiones extranjeras. La guerra marcó el inicio de un nuevo papel desempeñado por los capitales estadounidenses en los países del sur. Para 1918, Estados Unidos había concentrado más del 45% de las exportaciones latinoamericanas, en comparación con menos del 30% en 1913 (Compagnon, 2013). Sin embargo, si bien la Primera Guerra Mundial marcó el inicio de una mayor presencia de Estados Unidos en las economías latinoamericanas, no provocó cambios drásticos en los sistemas económicos nacionales. Los países latinoamericanos continuaron dependiendo en gran medida de sus exportaciones de materias primas y de las importaciones de productos manufacturados. Asimismo, los socios comerciales se mantuvieron en su mayoría sin cambios: aproximadamente el 70% del comercio exterior de los países latinoamericanos seguía siendo con Estados Unidos, Gran Bretaña, Alemania y Francia, aunque Estados Unidos adquirió una posición más prominente en la mesa de negociación comercial debido al aumento de sus inversiones en América Latina. (Bulmer-Thomas, 1994).

3.3. La consolidación de la hegemonía estadounidense[21]

El periodo que abarca desde el primer conflicto mundial hasta la crisis de 1929 presenció una consolidación sin precedentes de la hegemonía estadounidense en los países latinoamericanos. Desde el siglo XIX, con la promulgación de la famosa "Doctrina Monroe" en la década de 1820, Estados Unidos amplió su influencia en todo el continente, adoptando una política de rechazo sistemático a las intervenciones europeas en la región. La derrota de España en Cuba en 1898 y la anexión de Puerto Rico marcaron el inicio de la hegemonía estadounidense en América Latina, fortalecida por el retroceso temporal de las potencias europeas en el continente durante el primer conflicto mundial y por la elección del joven presidente Theodore Roosevelt en 1901. Con la llegada de Roosevelt al poder, la doctrina Monroe tomó un giro claramente expansionista, evidenciado en el *Corolario Roosevelt* ("*The Roosevelt Corollary to the Monroe Doctrine*"), presentado en 1904. Esta declaración justificaba la intervención

[21] Es de señalar que la presencia diplomática y económica de los Estados Unidos en los asuntos internos de los países latinoamericanos ha sido ampliamente estudiada. Entre muchas referencias, podemos mencionar las siguientes: Smith, Joseph. *The United States and Latin America. A History of American Diplomacy, 1776-2000,* New York, Routledge, 2005; Smith, Peter H. *Talons of the Eagle: The Us-Latin American Relations Dynamics,* New York, Oxford University Press, 3e ed., 2007; Tulchin, Joseph S., *The aftermath of war: World War I and U.S. Policy toward Latin America,* New York, New York University Press, 1971.

de Estados Unidos en los asuntos internos de los países latinoamericanos en caso de "*Chronic wrongdoing, or an impotence which results in a general loosening of the ties of civilized society*". Complementado por la política del "*Big Stick*" implementada tres años antes, mediante la cual Estados Unidos se arrogaba el derecho de intervenir militarmente en cualquier asunto interno de una potencia extranjera, la diplomacia estadounidense pasó de la neutralidad defensiva de la Doctrina Monroe a una actitud mucho más ofensiva e intervencionista.

La adopción del *Corolario Roosevelt* estuvo fuertemente influenciada por un conflicto que involucró a Venezuela con varias potencias europeas entre 1902 y 1903. Tras este incidente, en el cual Venezuela se vio obligada a priorizar el pago de sus deudas con Alemania, Italia y Gran Bretaña, sobre las deudas con Estados Unidos, el *Corolario Roosevelt* fue impulsado por el deseo de evitar que las potencias europeas volvieran a tener prioridad en los asuntos latinoamericanos.

A partir de los años 1900, la hegemonía estadounidense se consolidó aún más, especialmente en los países de América central, mediante las actividades de la *United Fruit Company*. Esta empresa, fundada en 1899 con el propósito de administrar la producción y exportación de productos vegetales desde los países centroamericanos, adquirió vastos territorios con su propio sistema ferroviario y naval, ejerciendo una influencia significativa en los asuntos políticos internos de la región. Un ejemplo ilustrativo es la situación de Nicaragua en los años 1910 y 1930, siendo este el primer país donde la intervención militar estadounidense culminó en la ocupación del territorio nacional.

Desde la década de 1910, Estados Unidos ejercía control sobre sectores productivos claves en Nicaragua. El interés por este país de América central se fundamentaba en su ubicación estratégica entre Honduras y Costa Rica, así como en la presencia de un gran lago y del río central, lo que lo convertía en una ubicación ideal para la construcción de un canal destinado a acortar los traslados marítimos del comercio internacional[22]. A partir de 1911, los bancos estadounidenses asumieron el control de las finanzas de Nicaragua, mediante la gestión del Banco Nacional Nicaragüense y el control de las aduanas, lo que marcó el inicio de una nueva fase en la historia diplomática de Estados Unidos, conocida como la *Diplomacía del Dólar*. Esta intervención estadounidense en Nicaragua se vio exacerbada por

[22] El famoso canal se inauguró finalmente en 1914 en Panamá.

enfrentamientos locales entre grupos conservadores (favorables a Estados Unidos) y liberales (antiimperialistas), así como las injerencias de otras potencias extranjeras como Japón, Francia y Gran Bretaña.

Con el objetivo de salvaguardar sus intereses económicos en Nicaragua y hacer frente a las diversas oposiciones, Estados Unidos decidió una intervención militar en 1912, para respaldar al bando conservador. Esta intervención pronto se transformó en una ocupación militar que perduró hasta 1925, momento en el cual Estados Unidos consideró la posibilidad de retirar sus tropas.

Pero en 1925, el gobierno revolucionario de México intervino en el conflicto al enviar armas a la oposición liberal nicaragüense debido a afinidades ideológicas. En respuesta, Estados Unidos desplegó nuevamente tropas para respaldar al gobierno conservador de Nicaragua, dando inicio a una nueva ocupación que se prolongaría hasta 1933. Esta invasión estadounidense de 1926 fue ampliamente denunciada en Europa y América Latina por su claro carácter imperialista. En este contexto, Augusto Sandino logró unir a una oposición guerrillera contra la alianza política de liberales y conservadores respaldada por Estados Unidos en Nicaragua, denunciando la invasión norteamericana. A pesar de contar con una pequeña tropa de menos de 100 hombres, Sandino recibió el apoyo de numerosos intelectuales y asociaciones antiimperialistas de América Latina. Inició una guerrilla contra los intereses estadounidenses en Nicaragua, atacando propriedades de la *United Fruit Company* y plantaciones de café. Durante este conflicto, los sandinistas recibieron respaldo del gobierno revolucionario mexicano y del *Comité Manos Fuera de Nicaragua*, fundado en 1928 en México y conformado por intelectuales y artistas como Diego Rivera y Frida Kahlo. Durante varios años, la "guerra de liberación" sandinista movilizó a intelectuales y grupos políticos liberales latinoamericanos, convirtiéndose en un símbolo de resistencia al imperialismo estadounidense.

En 1933, la presidencia de Franklin D. Roosevelt marcó un cambio en la diplomacia estadounidense, con el inicio de la *"Good Neighbour Policy"*. Ese mismo año, Estados Unidos retiró sus tropas de Nicaragua sin lograr capturar a Sandino, pero asegurando el ascenso al poder de Anastasio Somoza García. Somoza mandaría a asesinar a Sandino al año siguiente, inaugurando un período de cuarenta años de dictadura de la dinastía Somoza en Nicaragua.

4. "SALVAR LA NACIÓN"[23]: HACIA LA CONSOLIDACIÓN DE UNA NUEVA IDENTIDAD

Como resultado natural de la creciente intervención de Estados Unidos en los asuntos internos de los países latinoamericanos surgieron en América Latina diversos movimientos culturales, literarios y filosóficos entre los años 1900 y 1930. Estos movimientos estaban orientados hacia el "rescate" y la valoración de las identidades nacionales, con un marcado trasfondo antiimperialista. Estas transformaciones ideológicas e identitarias tuvieron su origen en una serie de factores, incluyendo el declive de las oligarquías tradicionales del siglo XIX, la crisis del liberalismo y del positivismo decimonónicos, así como la emergencia de nuevos actores sociales como los obreros, la población indígena y estudiantil. Además, las convulsiones políticas y sociales desencadenadas por el impacto de la Primera Guerra Mundial y de la Revolución Rusa también contribuyeron significativamente a este proceso.

4.1. Indigenismo y nacionalismo cultural

Entre los grandes movimientos intelectuales e identitarios desplegados en América Latina a principios del siglo XX destaca el *indigenismo*, el cual adoptó diversas formas: el ensayo literario, el estudio antropológico y el discurso político. Aunque la apreciación del elemento indígena en las culturas latinoamericanas no era novedosa a principios del siglo XX, su creciente difusión en la literatura, las artes y la esfera política marcó un hito en la definición de la identidad nacional para los países latinoamericanos. Si este movimiento experimentó diversos desarrollos significativos en prácticamente todos los países de América Latina, fue en el Perú donde alcanzó algunas de sus expresiones más notables.

A finales del siglo XIX, en el Perú, se evidenció el desarrollo incipiente de una literatura indigenista, marcado por la publicación de obras literarias destacadas, como la novela *Aves sin nido* (1889) de la autora cuzqueña Clorinda Matto de Turner. En esta obra, denunciaba los abusos perpetrados por la oligarquía terrateniente de la sierra y las autoridades eclesiásticas contra las poblaciones indígenas del sur andino. Asimismo, el poeta

---

[23] "Salvar la nación" es el título de un libro de la historiadora argentina Patricia Funés, publicado en 2006: Funés, Patricia. *Salvar la nación. Intelectuales, cultura y política en los años veinte latinoamericanos*. Buenos Aires, 2006.

peruano Manuel González Prada desempeñó un papel activo en el avance del indigenismo al publicar varios textos que abordaban la oposición entre blancos e indígenas, el papel de estos últimos en la riqueza colonial, y criticando enérgicamente al régimen republicano por perpetuar las desfavorables condiciones económicas y sociales de la población indígena en el Perú. A partir de los años 1900, surgió una vertiente más política del indigenismo con la fundación de la Asociación Pro-Indígena por parte de los periodistas Pedro Zulen y Dora Mayer. Esta asociación abogaba por los derechos de la población indígena, brindándole asesoría legal gratuita, elaborando informes sobre su situación en cada provincia del Perú y fomentando el debate público sobre las injusticias raciales en el país. Con delegados en cada provincia, el Comité logró una significativa movilización hasta su disolución en 1916. A pesar de las críticas posteriores por parte de los intelectuales de la *Generación del Centenario*[24], quienes consideraban las acciones del comité como paternalistas y poco transformadoras, es innegable que sentó bases importantes para reflexiones posteriores.

A partir de los años 1920, el indigenismo peruano experimentó un cambio hacia perspectivas más económicas y agrarias, principalmente gracias a los escritos de José Carlos Mariátegui. En su obra *7 ensayos de la realidad peruana,* publicada en 1928, este intelectual marxista destacó el vínculo orgánico entre el surgimiento del indigenismo y la situación agraria del país, especialmente en lo que respecta al régimen de propiedad de la tierra. Mariátegui introdujo así un enfoque indigenista de corte socialista-marxista, que integraba los reclamos sociales y raciales con la realidad económica del Perú. Paralelamente, el historiador y antropólogo Luis Valcárcel contribuyó al desarrollo del indigenismo peruano, particularmente en la región del Cuzco, con sus investigaciones sobre la historia prehispánica y su fascinación por el imperio inca[25]. Valcárcel promovió la noción de un "renacimiento" indígena, defendiendo la idea de una superioridad del indígena sobre el blanco, de la sierra sobre la costa y de Cuzco sobre Lima.

---

24 La expresión «Generación del Centenario» hace referencia a la generacion de intelectuales que escribieron en los años 1910 a 1920, años de conmemoración del primer Centenario de las Independencias en América Latina y periodo propicio a una reflexión renovada en torno a las identidades nacionales. En el Perú, esta generación fue integrada por importantes escritores e intelectuales como José Carlos Mariátegui y Luis Valcárcel.

25 Cabe recordar que el «descubrimiento» del sitio arqueológico de Macchu Picchu tuvo lugar en 1911, dando inicio a una fascinación por los vestigios prehispánicos en esta parte del mundo.

Esta oposición binaria fue central en su obra *Tempestad en los Andes,* publicada en 1927.

Si bien el caso peruano destaca como un ejemplo notable de la articulación ideológica entre indigenismo, agrarismo, pasado prehispánico y renovación identitaria, no es único. En México, la obra del antropólogo Manuel Gamio también fue profundamente influenciada por los descubrimientos arqueológicos en el país y el reciente fenómeno revolucionario, lo que resultó en el manifiesto *Forjando Patria,* publicado en 1916, que estableció las bases del indigenismo revolucionario en México. Este enfoque ha sido objeto de críticas por parte de algunos autores mexicanos, quienes consideraban el indigenismo nacional como un proyecto "modernizador", orientado hacia la "occidentalización" de la población indígena. Esta interpretación se debía en gran medida a la prominencia del mestizaje en la filosofía indigenista de la época, lo cual contrasta notablemente con el caso peruano.

En efecto, el indigenismo de los años 1920 en México se fundamentó en gran medida en una visión positiva del mestizaje como pilar de la identidad nacional mexicana, tal como lo expuso José Vasconcelos en su influyente obra *La Raza cósmica,* publicada en 1925. Este ensayo filosófico es sin duda uno de los más importantes producidos en América Latina en el siglo XX. Vasconcelos postula la existencia de una "quinta raza", la "raza cósmica", que sería la raza mestiza nacida en América Latina. Según su visión, la región sería la cuna de una nueva civilización y raza, impulsada por la educación. Se trataría de una raza "síntesis" o "integral" que resolvería la dispersión de la humanidad, llevándola hacia una mayor armonía.

En la gran mayoría de los países latinoamericanos, el indigenismo surgió como parte de una transformación más amplia hacia el nacionalismo cultural, una característica distintiva de las primeras décadas del siglo XX. Hasta ese momento, la conexión entre el arte y la reflexión identitaria era bastante limitada. Sin embargo, a principios del siglo XX, y aún más notablemente a partir de la década de 1920, el arte se convirtió en un vehículo para el discurso identitario y la construcción de un imaginario nacionalista.

Las principales expresiones estéticas y artísticas de la década de 1920 fueron agrupadas bajo el amplio concepto de "vanguardias", que buscaba afirmar un arte nacional propio y una identidad cultural latinoamericana liberada de las influencias europeas. Según el historiador chileno Eduardo Devés Valdés (Devés Valdes, 2004), el movimiento de las vanguardias se enmarcó en tres momentos históricos interrelacionados: el cuestionamiento de la identidad tras la Primera Guerra Mundial, particularmente ante la "destrucción de la civilización europea" en las trincheras (Compagnon, 2014); las Revoluciones mexicana y rusa, junto con las grandes expectativas sociales que generaron; y la modernización técnica, que implicó el desarrollo de nuevos medios de comunicación. En las vanguardias latinoamericanas se manifestaron cuatro ideas principales: un anhelo de renovación de las tradiciones literarias y artísticas; una búsqueda de la realidad social, incluyendo la dimensión indígena; un impulso por avanzar junto al mundo y no quedarse rezagado; y un deseo de emancipación de los modelos antiguos y ajenos a la realidad nacional (Devés Valdés, 2004)[26].

En los años 1920 se publicaron numerosos manifiestos vanguardistas, incluyendo aquellos del chileno Vicente Huidobro, quien abogaba por el "creacionismo estético", así como los del *grupo Martín Fierro* en Argentina, cuya revista homónima publicó a varios autores de la joven generación de escritores argentinos, entre ellos Jorge Luis Borges. La publicación de los famosos *Veinte poemas de amor y una canción desesperada* de Pablo Neruda en 1924 también puede considerarse en cierta medida un manifiesto vanguardista.

En Brasil, el movimiento vanguardista fue encabezado por Oswald de Andrade y su *manifiesto antropófago* de 1928, el cual giraba en torno a la idea de que la cultura brasileña se conformaba a partir de la suma de influencias europeas, indígenas y africanas.

Por otro lado, en México, si bien no se quedó atrás en cuanto a la renovación cultural y estética a principios de siglo, estas transformaciones se manifestaron de manera diferente. De hecho, artistas que surgieron tras la Revolución, como Diego Rivera, percibían a las vanguardias latinoamericanas como un movimiento cosmopolita y aristocrático, demasiado distante del nacionalismo y del pueblo. Diego Rivera, junto con otros artistas y muralistas como José Clemente Orozco y David Alfredo Siqueiros, abogaban por un arte popular al servicio de las clases obreras, plasmado en grandes murales financiados por el gobierno revolucionario mexicano. En estas obras se enfatizaba la identidad nacional, el ser indígena, la movilización obrera y la revolución, considerándolas como los pilares de la modernidad no solo en México, sino en toda América Latina.

---

[26] Sobre las vanguardias en el arte latinoamericano, véanse también capítulos 6.1 y 6.2 de este libro.

4.2. Los movimientos estudiantiles

Las primeras décadas del siglo XX en América Latina estuvieron marcadas por importantes movimientos estudiantiles que pronto se unieron a los movimientos obreros, reflejando el profundo descontento de las sociedades frente al poder establecido. Estos movimientos estudiantiles fueron uno de los primeros síntomas de una profunda crisis de la oligarquía decimonónica en todos los países latinoamericanos. Propusieron una nueva visión del mundo, de la sociedad, del Estado y de la nación, revelando así las profundas transformaciones identitarias en curso. Además, estas movilizaciones estudiantiles fueron momentos de intensos intercambios entre los países latinoamericanos, dando lugar a la formación de redes y organizaciones latinoamericanas, lo que marcó un hito en la organización de las sociabilidades latinoamericanas (Marsiske, 2006).

A principios del siglo XX, las universidades de América Latina continuaban siendo en gran medida bastiones del conservadurismo. Caracterizadas por estructuras elitistas, donde la selección de docentes y estudiantes estaba predominantemente limitada a los círculos oligárquicos, estas instituciones contribuían a la perpetuación de las desigualdades sociales. Sin embargo, hacia finales del siglo XIX, la consolidación de las clases medias y obreras, junto con las transformaciones económicas, sociales y políticas previamente mencionadas, crearon las condiciones para el colapso del antiguo sistema académico.

No es coincidencia que el movimiento estudiantil latinoamericano estallara primero en Argentina, donde el conservadurismo arraigado en las instituciones universitarias contrastaba cada vez más con el creciente poder de las clases medias, especialmente evidente con la llegada al poder de Hipólito Yrigoyen en 1916.

El punto de partida de las revoluciones estudiantiles en América Latina se marcó con el emblemático movimiento de la *reforma de Córdoba* en 1918, también conocida como la "Reforma universitaria de 1918". Este movimiento surgió a partir de huelgas estudiantiles iniciadas en la Universidad Nacional de Córdoba, Argentina. Fundada por los jesuitas, la Universidad de Córdoba era una institución antigua y prestigiosa, caracterizada por una gestión clerical y elitista a principios del siglo XX. Durante este periodo, la universidad fue un bastión de la lucha contra el socialismo, con el apoyo del obispo local. Los profesores eran designados entre las familias de la alta sociedad y la enseñanza seguía una línea clásica y conservadora. En este contexto adverso, los estudiantes de la Universidad de Córdoba, pronto seguidos por estudiantes de otras universidades del país, se alzaron contra las autoridades universitarias y su estructura oligárquica y clerical. Con el respaldo de la Federación Universitaria de Buenos Aires, lograron extender su movimiento a nivel nacional. Ante las tensiones, el presidente Yrigoyen optó por organizar nuevas elecciones para los cargos directivos de la universidad, resultando en la elección de un conservador como rector. Ante la falta de cambios significativos, los estudiantes decidieron ocupar la universidad y propusieron asumir las funciones directivas y docentes, prescindiendo de las antiguas autoridades. Con el tiempo, el movimiento adquirió un carácter político y los estudiantes recibieron apoyo de partidos políticos populares y sindicatos, en una gran movilización de carácter anticlerical, antimperialista y antimilitarista. El 21 de junio de 1918, el movimiento se formalizó con la proclamación del "Manifiesto de Córdoba", que resonó en toda América Latina y marcó el inicio de una movilización estudiantil en toda la región.

Con Argentina, México y Perú destacaron como dos de los países con los mayores movimientos universitarios. En el caso del Perú, el movimiento estudiantil cobró impulso con las huelgas realizadas por los estudiantes de la Universidad Mayor de San Marcos. Bajo el liderazgo de Víctor Raúl Haya de la Torre, la Federación de Estudiantes demandó la renuncia de ciertos profesores y la participación de los estudiantes en la gestión administrativa de la universidad. En 1920, se llevó a cabo el primer congreso nacional estudiantil del Perú en la ciudad del Cuzco. El propósito de este congreso era promover la adopción en el Perú de las ideas derivadas de la reforma de Córdoba, con el principio de *asistencia libre* (abierta a estudiantes de todas las clases sociales) *y cogobierno* (entre estudiantes y autoridades universitarias tradicionales). Rápidamente, el movimiento se radicalizó y Haya de la Torre se vio obligado a exiliarse en México, donde fundó el APRA (Alianza Popular Revolucionaria Americana) en 1924.

En México, el líder estudiantil peruano encontró un terreno propicio para sus ideas, ya que en este país el movimiento estudiantil se había convertido en política de Estado. En 1918, bajo el liderazgo de José Vasconcelos, se estableció la Federación de Estudiantes del Distrito Federal. El objetivo era fomentar una clase estudiantil autónoma y bien formada, con aspiraciones internacionales. Para alcanzar estas metas de proyección internacional, se organizó en 1921 el Congreso Internacional de Estudiantes de México, inaugurado por el propio José Vasconcelos, quien en ese momento era rector de la Universidad Nacional Autónoma de México. Para el gobierno mexicano, este evento representaba la oportunidad de fomentar una simbiosis entre el movimiento estudiantil nacional y el poder revolucionario. Para Vasconcelos, el Congreso era la culminación del proyecto de unidad latinoamericana. En este encuentro participaron representantes de casi todos los países latinoamericanos, así como federaciones estudiantiles de Suiza, Alemania, Japón, Estados Unidos y Noruega.

Este Congreso marcó el inicio de una serie de encuentros estudiantiles latinoamericanos y la movilización de las federaciones estudiantiles nacionales. En Cuba, en 1923, se llevó a cabo el Primer Congreso Nacional de Estudiantes, presidido por Julio Antonio Mella y con una orientación ideológica comunista.

En Venezuela, la Federación de Estudiantes inició un movimiento político de oposición a la dictadura de Juan Vicente Gómez en 1928. La represión fue brutal, con el encarcelamiento de los líderes estudiantiles, lo que provocó una movilización solidaria de las federaciones estudiantiles de toda América Latina.

Con la excepción de Ecuador y Brasil[27], los países latinoamericanos experimentaron profundas transformaciones debido a los movimientos estudiantiles. A partir de los años 1920, la "juventud" emergió como un sujeto sociopolítico y un agente de cambios en las naciones. Además, se fueron estableciendo redes de intelectuales y estudiantes latinoamericanos, a través de viajes, congresos, intercambios de correspondencia y publicaciones. En torno a esta postura reformista antiimperialista, se gestó una nueva forma de sociabilidad latinoamericana, impulsada por ideas socialistas, y a partir de la década de 1930, se produjo una articulación con los movimientos obreros.

4.3. Los movimientos obreros

Los movimientos estudiantiles desarrollados a lo largo de las primeras décadas del siglo XX se beneficiaron de un sólido respaldo por parte de los grupos obreros, cuya movilización también experimentó un proceso notable de estructuración en este periodo. El auge de las exportaciones en los países latinoamericanos a inicios del siglo XX conllevó un incremento significativo de la clase obrera. Países como Brasil y Argentina recibieron a numerosos migrantes europeos, quienes llegaron con nuevas ideas y una

27 A diferencia de la monarquía española, la monarquía portuguesa no estableció universidades importantes en Brasil durante el periodo colonial. Esto explica por qué, a principios del siglo XX, el mundo académico brasileño todavía era muy limitado.

formación ideológica marcada por el anarquismo, el anarcosindicalismo y los ideales de la Revolución Rusa de 1917.

El movimiento obrero en América Latina estuvo estrechamente vinculado a las estructuras económicas de la región, con un importante poder sindical en sectores clave como los ferrocarriles y los muelles, fundamentales para las exportaciones. Fue en estos ámbitos donde, desde finales del siglo XIX, surgieron las movilizaciones obreras más radicales. Poco a poco, se fueron estableciendo centros de ayuda mutua, fondos de apoyo a las huelgas y sindicatos, mientras las huelgas generales y la represión estatal se sucedían.

Durante las tres primeras décadas del siglo XX, varios países latinoamericanos fueron testigos de una serie de huelgas generales. En Brasil, las huelgas generales organizadas en São Paolo y Rio de Janeiro fueron especialmente importantes, con demandas de aumentos salariales. El Estado respondió reprimiendo este movimiento, declarando el estado de sitio en 1918. En les años 1919 y 1920, se registraron 64 huelgas en Brasil, hasta la creación del Partido Comunista Brasileño en 1922.

En Chile, el movimiento obrero comenzó realmente con la huelga general de 1907, que también fue reprimida violentamente por el gobierno. Esta huelga culminó en la masacre de más de 3 000 trabajadores de las minas de salitre de Iquique ese mismo año. Dos años después, en 1921, se fundó la Federación de Obreros chilenos, el brazo sindical del Partido Comunista Chilena.

En Argentina, la primera huelga general de importancia tuvo lugar en 1902, movilizando a más de 20 000 trabajadores. Durante la Primera Guerra Mundial, el movimiento obrero se amplió, junto con el incremento de las huelgas. Se estima que para el año 1919, hubo 367 huelgas en Buenos Aires, como consecuencia de la «Semana trágica», una represión brutal llevada a cabo por el gobierno de Yrigoyen contra los huelguistas del 7 al 14 de enero de 1919, resultando en el asesinato de alrededor de 700 personas y miles de arrestos.

Posteriormente, la década de 1920 se caracterizó por la formación de un nuevo tipo de organización sindical, con la creación de las Federaciones Obreras Nacionales, que agrupaban a sindicatos de diferentes sectores productivos. Por ejemplo, en 1916 se fundó la Federación Obrera de Chile, que llegó a reunir hasta 140 000 miembros en 1924; en 1925, se estableció la Confederación Nacional de los Obreros de Cuba, que representaba a trabajadores del azúcar, tabaco y ferrocarril. En 1928, surgió la Federación Obrera de Venezuela, que agrupaba a 34 sindicatos, mientras que, al año siguiente, bajo el impulso de José Carlos Mariátegui, se fundó la Confederación General de Trabajadores del Perú.

Nuevamente, el caso mexicano es bastante particular, ya que el movimiento obrero estaba estrechamente controlado por el gobierno revolucionario. Los miembros de la Casa del Obrero Mundial, fundada en 1912 con una visión anarcosindicalista, participaron activamente en los «batallones rojos» que combatieron contra las tropas rurales de Pancho Villa y Emiliano Zapata durante la Revolución. En 1918, se estableció la Confederación Regional Obrera Mexicana (CROM), que agrupaba varios sindicatos del país y adoptaba una visión más reformista, buscando negociar con el gobierno. Fundada por Luis N. Morones, la CROM llegó a contar con hasta 2 millones de miembros en 1927, convirtiéndose en una verdadera fuerza político, hasta su división interna en 1936.

A pesar de estas diferencias, los movimientos obreros latinoamericanos compartieron una ambición común: unificar a los diferentes sindicatos y sectores productivos nacionales en una lucha conjunta. Asimismo, progresivamente manifestaron un distanciamiento del anarcosindicalismo del siglo XIX, al adoptar un discurso más claramente marxista e antiimperialista en las primeras décadas del siglo XX. Estas organizaciones tenían como objetivo desempeñar un papel no solo social, sino también político, como lo demuestra el caso de la CROM mexicana, que se convirtió en la base social del Partido Revolucionario Institucional, especialmente durante los años de la presidencia de Lázaro Cárdenas, de 1934 a 1940.

Por último, es importante señalar que a estas movilizaciones obreras nacionales se sumaron varios esfuerzos de unificación a nivel continental. Por ejemplo, en 1929 se constituyó la Asociación Continental de Trabajadores, que agrupaba a federaciones obreras de Argentina, Uruguay, Paraguay, Bolivia, Perú, México, Costa Rica, Brasil y Guatemala.

5. CONCLUSIÓN

A lo largo de las tres primeras décadas del siglo XX, los países latinoamericanos fueron testigos de profundas transformaciones que abarcaron todos los aspectos de la vida nacional. Los sistemas económicos nacionales consolidaron sus exportaciones, intensificando la dependencia a las economías extranjeras, en un sistema cada vez más dominado por la economía estadounidense. El antiguo sistema oligárquico, positivista y liberal del siglo XIX gradualmente cedió paso a gobiernos modernizadores, radicales, reformistas e incluso revolucionarios. Los espacios sociales, anteriormente dominados por las oligarquías conservadoras, comenzaron a abrirse a otros sectores de la población, como estudiantes y obreros. Esta efervescencia de principios de siglo dio lugar a una renovación cultural, estética e incluso filosófica, reflejada en el surgimiento de un discurso identitario nacionalista y antiimperialista, y en una producción cultural rica y diversa.

Las décadas siguientes confirmaron en gran medida esta tendencia, acompañadas de otras transformaciones importantes relacionadas con el impacto de la crisis económica de 1929. Esta crisis significó para los países latinoamericanos una disminución en sus exportaciones y el inicio del sistema de *industrialización por sustitución de las importaciones.* A nivel social y político, estas transformaciones llevaron a la ascensión al poder de nuevas fuerzas políticas vinculadas a la creciente presencia de obreros, sindicatos y estudiantes en el panorama nacional, marcando así el surgimiento del populismo.

6. BIBLIOGRAFÍA

Albert, Bill y Henderson, Paul. *South America and the First World War: the impact of the war on Brazil, Argentina, Peru and Chile.* New York: Cambridge University Press, 1988

Bethell, Leslie. *The Cambridge History of Latin America.* Vol. IV: *c. 1870-1930.* Cambridge: Cambridge University Press, 1986.

Bulmer-Thomas, Víctor. *La historia económica de América Latina desde la independencia.*
México: FCE, 1998.

Compagnon, Olivier. «Latin America», in Jay Winter (dir.), *The Cambridge History of the First World War,* vol. I *(Global War).* Cambridge: Cambridge University Press, 2013, pp. 533-555.

Compagnon, Olivier. *América Latina y la Gran Guerra. El adiós a Europa.* Buenos Aires: Crítica, 2014.

Compagnon, Olivier; Foulard, Camille; Martin, Guillemette y Tato, María Inés (dir.). *La Gran Guerra en América Latina. Una historia conectada.* México: Centro de Estudios Mexicanos y Centroamericanos, 2018.

Contreras, Carlos. "La Primera Guerra Mundial y la economía peruana, 1914-1925" *en* Compagnon, Olivier; Foulard, Camille; Martin, Guillemette y Tato, María Inés (dir.). *La Gran Guerra en América Latina. Una historia conectada.* México: Centro de Estudios Mexicanos y Centroamericanos, 2018, pp. 171-201

Dabène, Olivier. *América Latina en el siglo XX.* Madrid: Síntesis, 2012.

Devés Valdés, Eduardo. *El pensamiento latinoamericano en el siglo XX: entre la modernización y la identidad.* Buenos Aires: editorial Biblos, 2004.

Drinot, Paulo y Knight, Alan (ed.). *The Great Depression in Latin America.* Duke University Press: 2014.

Funés, Patricia, *Salvar la nación. Intelectuales, cultura y política en los años veinte latinoamericanos.* Buenos Aires, 2006.

Garciadiego, Javier. *Introducción histórica a la Revolución mexicana.* México D.F.: COLMEX, SEP, 2006

Garciadiego, Javier. "La Revolución" *en* Pablo Escalante Gonzalbo, Bernardo García Martínez *et alii.* (editores), *Nueva historia mínima de México ilustrada.* México: Secretaria de Educación del Gobierno del Distrito Federal, El Colegio de México, 2008, pp. 393-468.

Hale, Charles A. *The Transformation of Liberalism in Late Nineteenth-Century Mexico.* Princeton: Princeton University Press, 1989.

Katz, Friedrich. *The Life and Times of Pancho Villa.* Stanford: Stanford University Press, 1998.

Knight, Alan. *The Mexican Revolution,* volume 1, *Porfirians, Liberals, and Peasants,* and Volume 2, *Counter-revolution and Reconstruction.* Lincoln and London: University of Nebraska Press, 1986.

Marsiske, Renate. *Movimientos estudiantiles en la historia de América Latina: Argentina, Perú, Cuba y México, 1918-1929.* México: UNAM, 2006, vol. 3

Matute, Álvaro. *La Revolución Mexicana: actores, escenarios y acciones; vida cultural y política,* 1901-1929. México: Instituto Nacional de Estudios Históricos de la Revolución Mexicana, 1993

Meyer, Jean. *La Revolución Mexicana, 1910-1940.* México D.F.: Tusquets, 2004 (Primera edición: 1973).

Meyer, Jean. *La cristiada: La guerra de los cristeros,* Ciudad de México: Siglo XXI Editores, 1997 [1973].

Skidmore, Thomas Elliott y Smith, Peter H. *Modern Latin America.* New York: Oxford University Press, 2005 (6th ed.).

Tato, Maria Ines. *La trinchera austral: La sociedad argentina ante la Primera Guerra Mundial.* Buenos Aires: Prohistoria Ediciones, 2017.

Thorp, Rosemary. "Latin America and the international economy from the First World War to the World Depression" *en* Leslie Bethell. *The Cambridge History of Latin America.* Vol. IV: *c. 1870-1930.* Cambridge: Cambridge University Press, 1986, pp. 57-79

Womack, John. *Zapata and the Mexican Revolution.* New York: Random House, 1969.

Bibliografía complementaria

Halperin Donghi, Tulio. *The contemporary history of Latin America,* London, MacMillan, 1993.

Melgar Bao, Ricardo. *El movimiento obrero latinoamericano. Historia de una clase subalterna.* Madrid: Alianza América, 1988, pp. 211-243.

Miller, Nicola. *In the shadow of the State: intellectuals and the quest for national identity in Twentieth-century Spanish America.* London:Verso, 1999.

Miller, Nicola. *Reinventing Modernity in Latin America: Intellectuals Imagine the Future, 1900-1930.* New York: Palgrave MacMillan, 2008.

Smith, Joseph. *The United States and Latin America. A History of American Diplomacy, 1776-2000,* New York, Routledge, 2005.

Smith, Peter H. *Talons of the Eagle: The Us-Latin American Relations Dynamics.* New York: Oxford University Press, 3e ed., 2007.

Tulchin, Joseph S., *The aftermath of war: World War I and U.S. Policy toward Latin America.* New York: New York University Press, 1971.

2.6. Los populismos de las décadas de 1930/1950

MOIRA MACKINNON[1]
Universidad Nacional de Tres de Febrero, Argentina
mmackinnon@untref.edu.ar

1. INTRODUCCIÓN

El populismo —a través de sus líderes, discursos, partidos-movimiento, gobiernos, políticas— ha sido parte del escenario político de América Latina desde al menos mediados del siglo XX: Lázaro Cárdenas en México, Getulio Vargas en Brasil, Juan Domingo Perón en Argentina, son los más conocidos[2]. Después de los populismos clásicos, hubo dos oleadas más de populismos: en la década de 1990 emergieron los así llamados populismos neoliberales o neopopulismos (por ejemplo, el Fujimorismo en Perú, Fernando Collor de Mello en Brasil, Carlos Menem en Argentina) y, en las primeras décadas del siglo XXI, los populismos radicales (los casos de izquierda son Hugo Chávez en Venezuela, Evo Morales en Bolivia y Rafael Correa en Ecuador; Néstor y Cristina Kirchner en Argentina y "Lula" da Silva en Brasil; de derecha: Jair Bolsonaro en Brasil).

---

1 Moira Mackinnon es Profesora e Investigadora en el Departamento de Historia, Universidad Nacional de Tres de Febrero, Buenos Aires. Es Licenciada en Sociología (Universidad de Buenos Aires) y Ph.D. en Sociología (University of California, San Diego). Ha publicado sobre el Partido Peronista, populismo, y el parlamento argentino y chileno a principios del siglo XX. Agradezco los comentarios de Mario Petrone.

2 Los casos de Velasco Ibarra en Ecuador y Haya de la Torre (y su partido la Alianza Popular Revolucionaria Americana, APRA) en Perú, aunque poseen varios rasgos populistas, son más discutibles desde la historiografía. Una larga lista de personas y regímenes políticos de América Latina han sido caracterizados como populistas desde Batlle en Uruguay, Yrigoyen en Argentina, Alessandri en Chile a principios del siglo XX; Guatemala durante los períodos de Arévalo y de Arbenz, Chile durante el Frente Popular y los gobiernos de Ibañez, Perú en las primeras etapas del APRA y el gobierno de Belaúnde Terry; la figura de Gaitán y también el gobierno de Rojas Pinilla en Colombia; el breve periodo de Bosch en República Dominicana, Cuba entre 1934 y 1958, Bolivia con Paz Extensoro durante la revolución de 1952, etc.

La novedad es que, en tiempos recientes, el populismo también ha emergido en países con democracias consolidadas en Europa (Francia, Italia, España, Alemania) y Estados Unidos, y crecen los análisis de casos en Asia y África (de la Torre, 2015, 2019; Rovira Kaltwasser, Taggart, Ochoa Espejo y Ostiguy 2017, Ostiguy, Panizza y Moffitt 2021). En consecuencia, la relevancia política y académica del populismo ha ido en ascenso. Surge un interés renovado por los rasgos, la naturaleza, las causas y los efectos de este fenómeno que se ha convertido en uno de los ítems principales de la agenda política global y una cuestión central para el análisis político comparado. Además, es uno de los conceptos más debatidos y polémicos de las ciencias sociales. De allí que merezca ser estudiado, discutido, dilucidado.

Para ir despejando y entendiendo las complejas pero interesantes y ricas aristas de los populismos clásicos, este capítulo está organizado de la siguiente manera: a continuación, en la primera parte del capítulo, se hará una revisión de los principales abordajes y perspectivas teóricas sobre el concepto respetando su aparición en el tiempo, desde los años 1950 del siglo pasado hasta la actualidad. Se verá que, en la estela de cada oleada de populismo, surgieron nuevos estudios y teorías para explicar su reaparición, su naturaleza, sus rasgos principales. La segunda parte del capítulo se referirá a la experiencia histórica de los tres casos clásicos emblemáticos: Vargas en Brasil, Perón en Argentina y Cárdenas en México. Estos se analizarán en términos comparativos, a través de tres rasgos propuestos como cruciales del populismo clásico.

2. LAS PERSPECTIVAS

El populismo es uno de los términos más controvertidos de las ciencias sociales: no existe una definición consensuada entre los académicos que lo estudian; por lo tanto, tampoco hay una teoría general o aceptada del fenómeno. El populismo suele tener un efecto polarizante sobre la sociedad y la política: donde hay gobiernos o movimientos populistas se encuentran también anti-populistas y anti-populismo; es decir, una oposición intensa (tan intensa como el mismo populismo). Además, en América Latina, generalmente el populismo es considerado un fenómeno negativo y los que son denominados populistas, no se llaman populistas a sí mismos. A su vez, los analistas del mundo académico a veces cargan las tintas normativas al estudiarlo y definirlo. Veamos ahora los diferentes abordajes de los fenómenos populistas y las teorías que los sustentan.

Los primeros académicos que estudiaron a los populismos fueron en su mayoría sociólogos, por ello llamaremos a su perspectiva la perspectiva sociológica-histórica. Ilustraremos esta perspectiva con dos autores clásicos: Gino Germani y Francisco Weffort. En su mayoría, los autores de esta perspectiva consideraban que el surgimiento del populismo estaba relacionado con los rasgos de una etapa histórica especifica (los procesos acelerados de la industrialización, la diferenciación social, la urbanización), aunque ponían el énfasis en aspectos diferentes. Sobre la base de la teoría de la modernización, Germani[3] sostenía que los populismos aparecían en sociedades de capitalismo tardío, en la transición de una sociedad tradicional a una moderna ante un proceso de cambio demasiado rápido y una falta de canales institucionalizados (mecanismos de integración tales como sindicatos, escuelas, legislación social, partidos políticos, sufragio, consumo de masa) capaces de absorber estos grupos sucesivos y de proporcionarles medios de expresión adecuados. Para este autor, la transición desde una mentalidad tradicional forjada en una matriz autoritaria y paternalista a una moderna basada en individuos autónomos y libres produce un estado de anomia ante la falta de canales institucionales apropiados. Salidos de la pasividad de la mentalidad tradicional pero aun incapaces de llevar a cabo ninguna acción colectiva autónoma, estas masas son vistas como potencialmente explosivas. El líder populista logra crear vínculos poderosos y directos con esas masas disponibles como apoyo electoral, pero también logra atraer a otros grupos como el ejército y los industriales. Estas masas son consideradas "en disponibilidad" y su comportamiento se interpreta en términos de irracionalidad y de heteronomía. Para Germani, los movimientos nacionales-populares son "la forma peculiar de intervención en la vida política nacional de los estratos tradicionales, en curso de rápida movilización en los países de industrialización tardía"; es decir, cuando el grado de movilización rebasa la capacidad de los mecanismos de integración. Califica a estos movimientos como autoritarios (pero no fascistas) sobre todo porque afirmaba que la participación (en el caso del peronismo) implica el ejercicio de cierto grado de libertad efectiva, en la vida cotidiana, descono-

---

3 En esta línea aunque con matices propios, también podemos mencionar a Torcuato di Tella (1977) y a S. Stein (1980). Germani y Di Tella comparten un enfoque similar: las transiciones para ambos son momentos de tensión estructural que llevan a la emergencia de fenómenos como el populismo. Estas tensiones del cambio acelerado generan dos actores importantes: las masas, de las que se ocupa en mayor medida Germani, y las elites con las que completa el cuadro Di Tella.

cido e imposible en la situación anterior (volveremos sobre este punto en la segunda parte) (Germani 1962, Mackinnon y Petrone 1998).

En la década de los 60, la creciente influencia de los estudios sobre la dependencia y el marxismo selló la suerte de la teoría de la modernización. El conjunto de los trabajos surgidos de esta confluencia viró su atención hacia las condiciones históricas que hacían posible el surgimiento de la coalición populista[4]. Nos interesan aquí los autores que entendieron el surgimiento de los populismos centrándose en dos procesos subyacentes: la industrialización tardía y una crisis de hegemonía burguesa que permanecía irresuelta desde el quiebre institucional de 1930. Como lo afirmaban los estudios sobre la dependencia, la crisis del orden comercial internacional en 1930 y del desarrollo agro-exportador disparó la industrialización por sustitución de importaciones. Pero el crecimiento del sector manufacturero no fue el resultado de un triunfo de intereses urbanos industriales por sobre intereses rurales propietarios, no se produjo una revolución industrial sobre la base de la reconsolidación de un nuevo bloque hegemónico. Intensificándose hacia mediados de la década del 30, esta "industrialización sin revolución industrial" fragmentó la clase dominante en lugar de reconsolidarla sobre fundamentos nuevos, más burgueses. Así los países de la región se enfrentaron a una crisis de hegemonía que debilitó los patrones establecidos de la representación institucional. Las clases dominantes no lideraron un proyecto de industrialización nacional, en su lugar lo hicieron distintos grupos que detentaban el poder del estado pero que, según el caso, venían de afuera de la elite. La rigidez del sistema político y la incapacidad de los actores políticos de dirigir la crisis favorece la emergencia de una figura carismática que, junto con distintas elites, los recluta y manipula. Así, estos autores rechazaban el marco dicotómico de la teoría de la modernización, y volvían su mirada hacia una base estructural alternativa de las relaciones sociales: la construcción y desconstrucción de alianzas en la sociedad civil (Adelman, 1992). Volveremos al tema de las elites políticas en la segunda parte cuando examinemos los casos.

Para Weffort (1998), quien aborda el fenómeno desde el proceso de crisis política y desarrollo económico que se abre con la revolución de 1930 en Brasil, el populismo fue la expresión del período de crisis de la oligarquía y el liberalismo, del proceso de democratización del Estado, y una de

---

4 Otros autores que escribieron desde esta perspectiva fueron Cardoso y Faletto en su libro seminal *Desarrollo y Dependencia* (1969), Weffort (1998), Ianni (1977), Murmis y Portantiero (1971).

las manifestaciones de las debilidades políticas de los grupos dominantes urbanos al intentar sustituir a la oligarquía en las funciones de dominio político. Pero, sobre todo, el populismo fue la expresión de la irrupción de las clases populares en el proceso de desarrollo urbano e industrial de esos decenios, única fuente social posible de poder personal autónomo para el gobernante y, en cierto sentido, la única fuente de legitimidad posible para el propio estado. Postulando la noción de "Estado de compromiso", Weffort sostiene que la derrota de las oligarquías no afectó de manera decisiva el control que ellas mantenían sobre los sectores básicos de la economía. Esto llevó a que el nuevo gobierno, luego de la rebelión de 1930, tuviera que moverse dentro de una complicada red de compromisos y conciliaciones entre intereses diferentes y a veces contradictorios. Ninguno de los grupos participantes —las clases medias, los grupos menos vinculados a la exportación, los sectores vinculados a la agricultura del café— ejercía con exclusividad el poder ni tenía aseguradas las funciones de hegemonía política. El autor aduce que este equilibrio inestable entre los grupos dominantes y, básicamente, esta incapacidad de cualquiera de ellos de asumir, como expresión del conjunto de la clase dominante, el control de las funciones políticas, constituye uno de los rasgos notorios de la política brasilera del período. Así, este "Estado de compromiso", que es al mismo tiempo un Estado de masas, es expresión de la prolongada crisis agraria, de la dependencia social de los grupos de clase media, de la dependencia social y económica de la burguesía industrial y de la creciente presión popular.

Una segunda generación de estudios sobre populismo en América Latina, realizados desde una perspectiva económica, apareció a fines de la década de 1980. Los autores que escriben dentro de esta perspectiva se centran en las políticas económicas de los gobiernos para definirlos como populistas[5]. Por ejemplo, Dornbusch y Edwards (1991) advierten sobre las consecuencias negativas de la macroeconomía del populismo que definían de la siguiente manera: "un enfoque de la economía que pone el foco en el crecimiento y la redistribución del ingreso y le quita importancia a los riesgos inflacionarios, el déficit financiero, las restricciones externas y la reacción de los agentes económicos a las políticas agresivas anti mercado". Desde el punto de vista económico, se les critica que apliquen políticas económicas redistributivas o expansivas que aumentan el gasto público, generan indisciplina fiscal que lleva a la inflación, y políticas de sesgo estatizante para lograr apoyo electoral.

---

5 Jeffrey Sachs (1990), Rudiger Dornbusch y Sebastian Edwards (1991).

La crítica que se le comenzó a hacer a estas perspectivas (la sociológica-histórica con sus variantes y la económica) en la década de los 1990 fue que el populismo no podía ser asociado a una etapa histórica determinada o a ciertas políticas económicas, por un lado porque siguió surgiendo y existiendo después de los procesos de modernización y democratización; y por otro, porque en los 1990 justamente surgían gobiernos que combinaban un discurso populista con políticas económicas que favorecían al mercado, como las de los neopopulistas, o sea totalmente opuestas a las de los populistas clásicos. En un trabajo anterior (Mackinnon y Petrone, 1998), nos preguntábamos si "populismo" era una categoría histórica, aplicable solo a un tiempo y espacio determinados, o una categoría analítica que podía abarcar un fenómeno populista más amplio que se manifestaba en diferentes sociedades y épocas. Esta última era la aspiración de los influyentes artículos escritos por Roberts (1998) y Weyland (2001) quienes sugerían extender el uso del término desde los populismos clásicos a los nuevos fenómenos políticos, los populismos neoliberales o neopopulismos (Fujimori en Perú, 1990-2000; Color de Melo en Brasil, 1990-1992; Menem en Argentina, 1989-1999). Se proponían liberar el concepto de las políticas económicas específicas aplicadas por los gobiernos populistas clásicos y tomar la dimensión política como la principal. Este enfoque político marcó un cambio, una vuelta de tuerca, que formó parte de un proceso más general que ya venía dándose de "cambio de paradigmas" en el sentido de que ya no se pensaba en lo político como resultado de procesos económicos y/o de las relaciones entre fuerzas sociales. Mas bien se postulaba que lo político era relativamente autónomo y que podía tener efectos sobre lo económico; era en todo caso, una relación que se movía en ambas direcciones.

Esta tercera perspectiva, predominante entre politólogos y sociólogos que estudian el populismo en América Latina, definía al populismo entonces, como un fenómeno primordialmente político[6]. Encontramos énfasis diversos pues los autores identifican rasgos núcleos diferentes en sus definiciones. Así, un autor definía al populismo "como una estrategia política a través de la cual los líderes personalistas buscan o ejercitan el poder de gobierno basados en el apoyo directo, no mediado ni institucionalizado de un gran número de seguidores que son principalmente desorganizados" (Weyland, 1996, 2001). Esta definición hace hincapié en el verticalismo

---

6 Algunos autores que podemos incluir en esta perspectiva son los siguientes: Roberts, Weyland, de la Torre, Panizza, Levitsky y Way (2010), Levistky y Loxton (2013), Peruzzotti (2008).

de los movimientos populistas, en los que existe un líder personalista por encima de todo, que se relaciona con sus seguidores de manera directa debilitando las instituciones de mediación representativa (elementos éste último presente en estudios anteriores de experiencias populistas). Otro autor propuso tres rasgos centrales a fin de trascender los límites espacio-temporales: la noción de "sectores subalternos" como más apropiada que el énfasis convencional sobre la clase trabajadora dada al creciente informalidad y heterogeneidad de la fuerza laboral y la disminuida centralidad política de los trabajadores organizados en América Latina; un discurso anti-elitista y/o anti-establishment que involucraba ideologías movilizadoras; y el énfasis sobre las relaciones directas entre los lideres y sus seguidores destacando la debilidad de los canales institucionalizados de representación política (Roberts, 1998).

Los estudios sobre populismo como fenómeno político han puesto en el centro del análisis el estudio de la crisis de representación. El populismo llega al gobierno como respuesta a una crisis de representación, ya sea aquella de la primera incorporación de ciudadanos largamente excluidos de la década de los 1930-40 o, como en tiempos más recientes, como reacción a sistemas políticos que no responden a las necesidades de sus ciudadanos, que se han olvidado de representar (Panizza 2005, 2009; Roberts 2015, de la Torre 1998, 2019). Se entendía al populismo como discursos y estrategias políticas que aspiran a provocar una ruptura en sistemas institucionales a través de la polarización de la sociedad en dos campos antagónicos (de la Torre 2000, 2008); y que la movilización populista podía derivar en distintos tipos de organización partidaria y social sobre todo por la naturaleza y el grado de conflicto entre los movimientos populistas, la elite y los poderes extra partidarios (Roberts 2006, 2019).

En el contexto del surgimiento de los populismos radicales de principios del siglo XXI (Chávez en Venezuela, Evo Morales en Bolivia y Correa en Ecuador, entre otros) surgió una nueva e influyente teoría, un segundo enfoque, dentro de la perspectiva política: la del análisis del discurso de Ernesto Laclau. Aunque Laclau escribió por primera vez sobre el populismo en 1977, fue en su libro *La razón populista* de 2005 que elaboró su teoría del fenómeno. La idea central del autor que después van a tomar la mayoría de los autores que estudian populismo y adaptar de distintas maneras (Roberts 2019), es la del populismo como una particular lógica de articulación política. Laclau afirma que a partir de la formación de una cadena equivalencial (es decir, de un conjunto de demandas no satisfechas) se crean las condiciones para la creación discursiva del enemigo, de una frontera interna entre pueblo y poder establecido que, a su vez, construye la identidad del pueblo en esa democracia radical creada por la ruptura populista (Laclau 2005). La presencia del líder constituye la unidad imaginaria de individuos heterogéneos (Panizza 2005). Desde este punto de vista, no importan los contenidos sino la articulación formal del antagonismo; es decir, la división antagónica del espacio político entre "el pueblo" y "la elite" o "el establishment".

Un tercer enfoque del populismo, dentro de la perspectiva política, es el ideacional (una definición minimalista de uso particularmente extendido en el análisis de casos europeos). Estos autores[7] entienden al populismo como una ideología poco densa, anclada en un conjunto de ideas que considera que la sociedad está dividida en dos campos enfrentados y que la política debe ser una expresión de la voluntad general del pueblo (Mudde 2004). El populismo, sostienen estos autores, puede ser de izquierda o de derecha y puede estar organizado de arriba-abajo o de abajo-arriba, pero para mantener su naturaleza populista debe sostener la distinción maniquea entre "pueblo puro" y "elite corrupta" como elemento central de su discurso. Al usar la noción de "ideología poco densa" (y siguiendo a Laclau), postulan que los populismos casi siempre se combinan con ideologías muy diferentes tales como liberales, conservadoras, nativismo o americanismo (Mudde y Rovira Kaltwasser 2012).

Cuando se observa en perspectiva histórica el desarrollo del pensamiento académico sobre el concepto "populismo", se puede advertir un proceso de progresivo despojamiento de atributos originalmente asociados a él. Es decir, el término "populismo" se fue independizando de determinados procesos socioeconómicos (las migraciones a las ciudades, la urbanización, la industrialización); asimismo se independizó del momento ISI (industrialización por sustitución de importaciones) y también de las alianzas entre distintas clases sociales ante la crisis de hegemonía en América Latina de mediados del siglo XX; luego, dejó de ser meramente sinónimo de políticas económicas 'estatistas redistributivas irresponsables y del derroche fiscal'. Después de soltarse del contexto económico, de la sociedad y de determinadas políticas económicas, para algunos autores, le llegó también la hora de liberarse de sus marcas originales en la política. Para ellos, el populismo ya no equivaldría a un estilo político o a una estrategia política de acumulación y/o ejercicio del poder de carácter plebiscitario que debilita las instituciones de mediación política, ni tampoco una forma específica de movilización política sino un conjunto de ideas. Así, en tiempos recientes

---

7 Mudde (2004), Rovira Kaltwasser et al (2017), Hawkins y Rovira Kaltwasser (2017).

el término populismo flota en lo alto, sobre corrientes de aire, lejos de la experiencia histórica.

Las definiciones minimalistas permiten que los conceptos "viajen" a través del tiempo y el espacio, facilitando la comparación. Pero, por otro lado, esta situación invita a la pregunta siguiente: ¿Cuál es el límite de la generalidad de una definición? Sabemos que una definición siempre deja fuera, arbitrariamente o según criterios explicitados, algunos rasgos; pero, si el concepto es tan amplio que engloba a tantos casos ¿no pierde utilidad? ¿Qué datos históricos estamos perdiendo, qué información estamos dejando afuera (transformaciones sociales, tipos de liderazgo, formas de movilización política, rasgos de los partidos-movimiento que la sustentan) al haber alejado tanto el concepto de los casos? ¿O es más importante la capacidad de comparación provista por una definición más amplia que permite comparar casos en distintos continentes?

En tiempos recientes, sin embargo, han emergido dos enfoques que demuestran que ese concepto que volaba tan alto y lejos de los casos parece estar volviendo a captar más rasgos en el análisis de los referentes empíricos. El cuarto enfoque político es el discursivo-performativo[8]. Esta corriente aspira, en primer lugar, a integrar la teoría abstracta y formalista de Laclau (o la dimensión lógico-discursiva) con el abordaje performativo (o la dimensión socio-cultural y estilística) del populismo y, en segundo lugar, en el proceso, 'bajar a tierra' el trabajo de dicho autor (Ostiguy, Paniza, Moffit 2021). Así, argumentan que, para Laclau, no existe nada que contenga significado fuera del discurso, pero para ellos, el populismo no puede ser reducido a un discurso (y tampoco a una estrategia). Sostienen que no es suficiente el estudio de las palabras, sino que también deben ser incluidos los aspectos performativos de la práctica populista como los discursos políticos y las performances transgresoras de 'baja cultura' en las que la relación entre líder y pueblo es co-constitutiva (Ostiguy 2017). Los autores de esta perspectiva estudian las condiciones sociales y culturales en las que se produce la identificación, los aspectos performativos de la praxis del populismo: 'el tipo de palabras' utilizadas en los actos, el registro, la forma en que se actúan los actos discursivos, la forma informal o vernácula en que muchos populistas se visten, el componente afectivo el cual, con frecuencia es apasionado, encarnado, y emocional. Se debe entonces, examinar el discurso en el sentido amplio de las praxis creadoras de signi-

---

8 Ostiguy (2017), Moffit (2016), Ostiguy, Panizza, Moffit, (2021). Otros autores: Aboy Carlés (2001), Aboy Carlés y Melo (2014), Casullo (2019).

ficado, pues sostienen que el populismo implica una particular politización discursiva de los clivajes sociales.

Para terminar esta revisión panorámica de los diferentes abordajes del populismo, nos referiremos a la quinta y última perspectiva política reciente que hace hincapié en la multidimensionalidad del concepto populismo y, por lo tanto, aboga por una conceptualización compleja del mismo (de la Torre 2022, Diehl, 2022). De la Torre argumenta que el populismo no puede ser reducido a un conjunto de ideas sobre la política (Mudde 2004), o un estilo de comunicación (Moffit 2016) o a relaciones desorganizadas y no mediadas entre lideres y seguidores (Weyland, 2001). Mas bien, sostiene, el populismo no es un concepto binario sino una gradación, lo cual significa que no es necesario que haya coherencia entre los diferentes elementos del populismo tales como una ideología, un estilo o una organización y que debe prestarse atención a la forma de hacer política. Ambos autores proponen que el populismo debe analizarse a través de tres dimensiones políticas: la ideológica, la comunicacional y la organizacional sin reducirlo a solo uno de sus componentes. Además, una definición compleja resuelve el problema de las definiciones minimalistas que pueden excluir componentes cruciales o casos (de la Torre 2022).

En esta travesía por los enfoques sobre populismo, vemos que no hay consenso sobre la definición de populismo ni sobre la forma de construirla: como tipos ideales, como definiciones mínimas, o como definiciones cumulativas (de la Torre y Anselmi, 2019, Roberts 2019). Los académicos ponen el énfasis en elementos diferentes cuando conciben y definen al populismo como un discurso, una forma de organización o de movilización política, un estilo de liderazgo, una estrategia política para llegar al poder y gobernar, un conjunto de políticas económicas, o una ideología o conjunto de ideas. Los últimos enfoques parecen indicar que estamos volviendo a una definición de populismo que integra distintas dimensiones del fenómeno, aunque el debate seguramente continuará.

A fin de dar un panorama completo, hemos revisado los enfoques sobre populismo desde los iniciales de los 1950 y 1960 que se dedican a los populismos clásicos hasta los más actuales que estudian a los populismos radicales surgidos a comienzos del siglo XXI. A continuación, se pondrán a los populismos clásicos nuevamente en el centro de la escena y, siguiendo un enfoque similar al último, es decir el que aboga por un concepto complejo de populismo de varias dimensiones, revisaremos los tres casos emblemáticos de América Latina a través del prisma de un tipo ideal.

3. LAS EXPERIENCIAS HISTÓRICAS

El año 1930 fue un parteaguas para todos los países de América Latina. La crisis del 30 fue a la vez una crisis del liberalismo, de representación y participación que se combinó con la crisis económica de 1929; es decir que combinó problemas económicos con aspectos políticos e ideológicos. Las circunstancias colocaban desafíos nuevos para los cuales las elites que gobernaban no tenían soluciones: se necesitaba responder a los problemas económicos que la crisis generaba (por ejemplo, el deterioro de los términos de intercambio, la sobre producción de materias primarias que no se podían ubicar en el mercado internacional). Tampoco resolvían la crisis de representación: gran parte de la población estaba excluida del escenario político, sobre todo los pobres rurales cuyos votos eran controlados por los terratenientes y los jefes políticos. En estas primeras décadas del siglo se estaba produciendo el pasaje de la política de notables a la política de masas. La clase trabajadora urbana de reciente aparición por la incipiente industrialización y el sector de empleados públicos urbanos de clase media baja por la expansión del estado eran clases en disponibilidad política, no estaban representados. Por otro lado, las experiencias del fascismo en Europa (1922-1945) y en menor medida, la revolución rusa de 1917, ofrecían modelos ideológicos alternativos a la democracia liberal, cuestionada por el descalabro de la primera guerra mundial (1914-1918) y la crisis (como, por ejemplo, democracias orgánicas o corporativas con representación de grupos de intereses económicos o profesionales). Así, después de la crisis de 1930 se abre un abanico de diferentes salidas, de cambios de régimen político en América Latina: dictaduras (como la de Somoza en Nicaragua o Trujillo en República Dominicana), democracia (como en Chile que después de 1935 se estabiliza y culmina en los Frentes Populares) y populismo (como en México, Brasil, Argentina).

3.1. Los casos de Brasil, México y Argentina

A continuación, presentaremos un rápido pantallazo de los tres países populistas para contextualizar algunos debates y preguntas. En Brasil, apoyado por elites políticas disidentes de tres Estados (Minas Gerais, Rio Grande do Sul y Paraíba) y sectores de los *tenentes* (jóvenes oficiales anti-oligárquicos), Vargas llega al poder en 1930 a través de un movimiento armado. La gran movilización política y organización de sindicatos y movimientos políticos, por primera vez de masas, por parte de grupos de izquierda (comunistas, *tenentes*) y de derecha (fascistas, integralistas) que se desató en los años siguientes es tomada como excusa por Vargas para volverse cada vez más autoritario hasta que ejecuta el golpe del Estado Novo en 1937, interrumpiendo la frágil democracia brasilera. El Estado Novo, garantizado por las fuerzas armadas, perduró hasta 1945 cuando el fin de la Segunda Guerra mundial trajo un retorno a la democracia. En este período se desarrolló un proceso de fuerte centralización del poder (hasta ese momento los Estados tenían un alto grado de autonomía: por ejemplo, podían pedir préstamos externos, tenían su propia policía estadual, etc.), se crearon organismos de control de la producción de café y otros productos y se restringieron las libertades (por ejemplo, se creó el Departamento de Prensa y Propaganda, DIP).

En Argentina, las elites que habían aceptado la Ley Sáenz Peña de 1912 (que había llevado al triunfo de Hipólito Yrigoyen en las elecciones presidenciales de 1916 y de 1928), pusieron un punto final a la experiencia democrática con el primer golpe militar en 1930. El golpe restauró a los conservadores en el poder, junto con el fraude electoral. El dinamismo económico (en particular de la segunda mitad de la década de 1930) llevó a un aumento de la agitación social que chocaba con el orden paternalista y tradicional que impregnaba las relaciones de trabajo, por un lado, y con el estancamiento y la fragmentación a nivel político, por otro (Torre, 1990). En 1943 se produce un nuevo golpe militar del que va a surgir Juan Perón como el dirigente más destacado. En 1945, luego de ser depuesto por desavenencias militares internas, es "rescatado" por la movilización obrera en octubre y se abre la posibilidad de un proceso electoral. Ante la imposibilidad de llegar a un acuerdo con la Unión Cívica Radical, Perón se inclina hacia una fuente de apoyo alternativa: el movimiento obrero. En febrero de 1946 gana las elecciones y se convierte en presidente.

México llega a la década del 30 de una manera diferente. Allí se ha producido una revolución entre 1910 y 1917 que cambia el curso de la historia de la nación mexicana. Significó la muerte de un millón y medio de personas y una gran conmoción económica y social. Para fines de la década de 1920 las autoridades centrales lograban neutralizar a los gobernadores y caudillos regionales a través del PNR (Partido Nacional Revolucionario, formado por Calles en 1929) y controlar al movimiento obrero a través de la Confederación Regional Obrera Mexicana (CROM). Pero, aunque las luchas se habían detenido y la economía capitalista se reconstruía pues Calles había forjado una alianza con el capital extranjero y la burguesía nacional, las promesas de la revolución no habían llegado aún a los campesinos, sector predominante de la fuerza trabajadora que había sido movilizada durante los años revolucionarios (el 70% aproximadamente seguía sin tierras) (Hamilton 1985). Y, aunque se había sancionado un Código de

Trabajo en 1931, éste no convencía a los trabajadores industriales quienes tampoco habían sido incorporados políticamente aún. Hacia principios de la década de 1930, declina la influencia y el poder de la CROM, se quiebra su alianza con el Estado, y comienza a surgir un nuevo movimiento obrero nacional, más independiente, más cercano a su base de masas y que expresaba una ideología política más clasista (Collier y Collier, 1991). En 1934, Lázaro Cárdenas gana las elecciones.

3.2. Análisis de las experiencias históricas

Ahora bien, echemos un vistazo a las experiencias históricas del populismo clásico en América Latina. Creemos, junto con el último de los enfoques mencionados en la primera parte de este capítulo, que es mejor no reducir al populismo a un componente específico; así, proponemos revisar los tres casos nacionales a través de un tipo ideal pensado para el populismo clásico.

¿Cuáles son los rasgos fundamentales de los populismos clásicos? ¿Qué los hace populistas? En primer lugar, este capítulo sostiene que el populismo forma parte de la tradición democrática de América Latina en los términos del debate actual sobre este tema (ligado en general a los populismos radicales) (por ejemplo, Panizza, 2005, De la Torre, 2019, Peruzzotti, 2021). Ahora bien, que pertenezca a la tradición democrática no quiere decir que no tenga al mismo tiempo rasgos autoritarios. En los casos nacionales de las tres olas de populismo (populismo clásico, neopopulismos y populismos radicales) siempre se encuentran tensiones entre democracia liberal y los gobiernos y movimientos populistas; y el debate sobre esta relación (en particular desde la aparición de los populismos radicales) es encendido. En todo caso, es en el estudio de los casos mismos —no solo en declaraciones teóricas— desde donde se podrá argumentar en una dirección u otra. Entonces, en este capítulo se toma como supuesto que, para ser populistas, los líderes y sus partidos-movimiento tienen que haber llegado al poder a través de elecciones competitivas y razonablemente limpias lo cual supone un contexto democrático, acorde con sus tiempos. Como sabemos, la experiencia de la democracia cambia según el paso del tiempo, y se debe caracterizar desde el contexto de la época, no desde la actual. En segundo lugar, como indicamos, se debe recordar que es en esta época cuando las sociedades se están transformando en sociedades de masas con política de masas.

Entonces, en un contexto democrático y de política de masas, proponemos que los rasgos centrales de los populismos clásicos como tipo ideal son los siguientes: a. la implementación de políticas sociales y reformas políticas inclusivas; es decir, se sanciona legislación social que protege a los trabajadores y se acepta y regula la presencia de los sindicatos; se expande el sufragio y se limpian los procesos relacionados con el empadronamiento, la votación y el reconocimiento de los candidatos triunfadores, incorporando a sectores largamente excluidos del sistema político. Esto vuelve más representativos a los procesos electorales: de pronto, las elites deben prestar atención a las demandas y problemas de los votantes de clases trabajadoras (y campesinas, según el caso) para conseguir sus votos pues los necesitaban para ganar elecciones. b. la movilización de los sectores subalternos o populares para asegurarse apoyo electoral, y cierta transversalidad de clase (o alianzas entre clases). Los sectores subalternos —en particular los trabajadores industriales, pero también los campesinos y sectores populares en general— son parte fundamental del apoyo de los populismos. No solo los apoyaron en actos y movilizaciones, sino que sus dirigentes fueron incluidos en las listas de los partidos-movimiento como candidatos a legisladores y a otros cargos provinciales y nacionales. c. el último rasgo, *last but not least,* es la existencia de líderes carismáticos, elocuentes y magnéticos, que atraían a multitudes y polarizaban a sus sociedades.

Entonces, si los populismos clásicos califican como tales por implementar procesos de inclusión social y política, movilizar a sectores subalternos y tener lideres carismáticos, ¿qué podemos decir al respecto de nuestros tres casos paradigmáticos?

Por ejemplo, podríamos preguntarnos, estrictamente hablando ¿cuándo hay populismo en Brasil? ¿Cuándo es populista Vargas? Si un rasgo crucial de los populismos clásicos es la inclusión social y política, revisemos brevemente estos dos procesos. Respecto a la inclusión social: desde la "revolución" de 1930 se sancionó en Brasil una amplia legislación en este sentido: por ejemplo, en 1932 se decretó la jornada de ocho horas en el comercio y la industria, se reglamentó el trabajo de mujeres y menores, se comenzó a crear la justicia laboral para resolver pleitos judiciales entre empleados y patrones, desde 1933 también se crean los Institutos de la previsión social, las Juntas de Conciliación y Juicio. Dicha legislación culmina en la Consolidación de las Leyes de Trabajo en 1943 que codificaba todas las leyes laborales y sindicales de la época (aunque quedaron afuera los trabajadores rurales, los autónomos y los domésticos). Habría que tener en cuenta que todas las leyes se hicieron a través de comisiones técnicas, no a través del Congreso. El tema central de la estrategia política del gobierno fue el sindical: el estado brasilero los reconoció y reguló creando protección y equilibrando los tantos entre patrones y obreros, pero ejerció un gran control sobre los sindicatos[9] (por ejemplo, intervenía en su funcionamiento interno, sus delegados asistían a las reuniones, las decisiones de las asambleas debían ser aprobadas por el Ministerio, estaba prohibida la huelga, los trabajadores pagaban un impuesto sindical lo cual facilitó el desarrollo del *peleguismo*[10], pues el impuesto garantizaba la supervivencia del sindicato, no necesitaba atraer a los trabajadores) (Fausto, 2003).

Ahora bien, una forma de medir la inclusión política es a través de la proporción de la población que votaba. No podemos hablar de inclusión política durante el Estado Novo porque los procesos mencionados en el párrafo anterior tomaron lugar en el contexto de un gobierno autoritario, desde 1937 hasta 1945 Vargas gobierna sin partidos y sin Congreso, no se vota porque no hay elecciones. También se produce durante el Estado Novo el desarrollo de su liderazgo carismático y la construcción de su figura como protector de los trabajadores a través de un aparato de prensa que ensalzaba su figura y apelaba a las masas populares urbanas. Se cumplen casi todos los requisitos para ser populista, pero no todos.

Según el tipo ideal propuesto, Vargas es verdaderamente populista cuando gana las elecciones en un contexto democrático de competencia partidaria en diciembre de 1950 y gobierna Brasil hasta su suicidio en 1954. La Constitución de 1946 conservó las conquistas sociales del periodo anterior y garantizó los derechos civiles y políticos tradicionales. Podían votar todos los ciudadanos, hombres y mujeres, mayores de 18 años de edad[11]. Subsistía, sin embargo, la prohibición del voto de los analfabetos, una limitación importante porque, en 1950, 57% de los habitantes aún no sabían leer o escribir, es decir que dejaba afuera a la mayoría de la población (Mu-

9 Se consideró que el sindicato no debía ser propiamente un organismo de representación de los intereses obrero-patronales, sino un organismo de cooperación con el Estado (Murilo, 1995), consultivo y de colaboración del poder público (Fausto, 2003); en otras palabras, los sindicalistas actuaban más como representantes del Estado (y de su propio interés) ante los sindicatos que representantes de los obreros ante el Estado y los patrones. Decreto de marzo de 1931.

10 Los *pelegos* se aprovechaban del sistema, adulaban al gobierno o al patrón y descuidaban la defensa de los intereses de los trabajadores, eran los grandes aliados del gobierno y de los patrones de quienes también recibían favores (Murilo, 1995).

11 La constitución de 1934 determinaba la obligatoriedad del voto solo para aquellas mujeres que ejercieran una función pública remunerada (Fausto, 2003), pero esta constitución nunca se aplicó.

rilo, 1995). Como el analfabetismo se concentraba en las zonas rurales, el campo continuaba fuera del proceso formal de inclusión política, de participación. Hasta 1964 hubo libertad de prensa y de organización política. Para la coyuntura electoral de 1945, se crearon y organizaron dos partidos políticos desde el Estado, antes de que Vargas fuera depuesto: el Partido Social Democrático (PSD) formado sobre las fuerzas políticas locales dominantes en cada Estado y el partido Trabalhista Brasileiro (PTB) creado sobre la estructura sindical corporativa. El tercer partido importante era la Unión Democrática Nacional (UDN), partido de la antigua oposición liberal de las elites estaduales. Por primera vez en la historia de Brasil existen partidos nacionales con programas, no partidos estaduales como durante la Primera República ni movimientos nacionales pero no organizados en partidos como los de la década de 1930 (Murilo, 1995). Sin duda, Vargas contaba con apoyo popular: la ola de dolor e ira demostrados en los días posteriores a su muerte dieron amplio testimonio en ese sentido.

Argentina tenía una sociedad más urbanizada y mayor número de obreros y empleados sobre el total de la población (Devoto y Fausto, 2008). Con la creación de la Secretaría de Trabajo y Previsión, Perón empezó a responder a las demandas que desde hacía tiempo un movimiento obrero organizado le planteaba a un Estado que ponía oídos sordos. Respecto del requisito de la inclusión social, en 1945, Perón sancionó un decreto (luego convalidado por el Congreso) que incluía numerosas normas sancionadas desde el golpe de 1943 que beneficiaban a los trabajadores: mejora de las condiciones de trabajo, extensión de las convenciones colectivas, generalización de las vacaciones pagadas, inclusión de los asalariados de la industria y el comercio en el sistema jubilatorio, aguinaldo (un sueldo anual complementario), indemnizaciones por despido, accidentes de trabajo, salario mínimo. Se crearon los tribunales de trabajo y, a través de políticas de un incipiente Estado Benefactor, cambio y mejoró la vida de las clases trabajadoras (Torre, 2002). La norma más importante fue la ley de asociaciones profesionales. Por primera vez en Argentina hubo una ley que reconocía y regulaba la actividad de los sindicatos. También sancionó (en 1944) el Estatuto del Peón que fijaba salarios mínimos, descanso dominical, vacaciones, condiciones de higiene y alojamiento para los trabajadores del campo. Al mismo tiempo que Perón restringía la autonomía del movimiento obrero (a diferencia del de México donde éste era más independiente) limitando el derecho a la huelga, removiendo a dirigentes independientes, y cancelando sindicatos rivales, los cambios que generó transformaron las relaciones de poder dentro de las empresas recortando la autoridad patronal y fuera de ellas, donde significaron el reconocimiento a los trabajadores como actores sociales y políticos valiosos y fundamentales para el desarrollo de la vida económica y política de la nación (James, 1988).

Respecto de la inclusión política: el voto nunca estuvo restringido en Argentina, fue universal masculino desde las primeras décadas del siglo XIX[12]. De todas formas, el mejoramiento de las condiciones del sufragio y el voto femenino aumentaron la participación. Eva, Esposa de Juan Domingo Perón, impulsó la ley de sufragio femenino que se aprueba y promulga en 1947, las mujeres votan por primera vez en elecciones nacionales en 1951 cuando comienza la segunda presidencia de Perón. A diferencia de Brasil, en Argentina (y México) había tradición partidaria, contaba con partidos antiguos y consolidados. A los ya existentes se agrega el Partido Peronista (luego Justicialista), una coalición formada por una escisión de la UCR (la Junta Renovadora), el Partido Laborista (formado por sindicalistas) y una fracción menor de independientes. A diferencia de Brasil donde Vargas crea dos partidos (uno de políticos y otro de sindicalistas) y de México donde se organiza un partido con cuatro sectores (sindicalistas, campesinos, 'sectores populares' y militares), Perón insiste con un formato de partido unificado hasta que hacia 1950-52 se reconocen las diferencias y el partido se divide en tres ramas (rama femenina, rama masculina y rama sindical). Perón fue depuesto en septiembre de 1955 por un golpe militar.

En México la novedosa Constitución de 1917, en su artículo 123, aseguraba ciertos derechos y garantías a los trabajadores que facilitaban el camino hacia la sanción de legislación laboral. Cárdenas llegó a la presidencia en 1934, respaldado por la facción reformista que ascendía en su partido y con un programa que proponía reformas sustantivas (a diferencia de los sectores que apoyaban al más conservador Calles a quien, a su vez, Cárdenas debe ganarle una pulseada para retener el poder interno en su gobierno). Lo va a lograr a medida que las medidas radicales de su gobierno a favor de campesinos y obreros urbanos polarizan la escena y llevan al movimiento obrero de posturas independientes y de no colaboración con el gobierno a formar parte de su alianza (los campesinos y sus organizaciones

---

12 La ley Sáenz Peña de 1912 sancionó el voto secreto y obligatorio, un padrón permanente de votantes basado en el padrón militar, el sufragio universal masculino sin restricciones de alfabetismo o censitarias, y un cuerpo judicial que debía supervisar el proceso electoral. También sancionaba el sistema de lista incompleta según el cual el partido mayoritario en una provincia tendría dos tercios de las bancas en el Congreso nacional y el partido minoritario, un tercio, lo cual democratizaba el sistema anterior en que el partido ganador se quedaba con todas las bancas.

lo apoyaron desde el principio). Cárdenas fue quien más tierra distribuyó a los campesinos desde el inicio de la revolución y apoyó la propiedad colectiva de los ejidos. Respecto de los trabajadores industriales, apoyó la socialización de los medios de producción en empresas que no se avinieran a hacer convenios colectivos razonables, que los trabajadores hicieran huelgas por aumentos de sueldo y que el Estado jugara un rol activo en la resolución de conflictos entre capital y trabajo (Collier y Collier, 1991). En 1938 se reorganiza el partido: el PRN (Partido Revolucionario Nacional) pasa a llamarse PRM (Partido de la Revolución Mexicana) y se incorporan formalmente cuatro sectores a su estructura (el movimiento obrero urbano, el movimiento campesino, los "sectores populares" y, por un tiempo, un sector militar). El apoyo de trabajadores y campesinos fue crucial para que Cárdenas pudiera gobernar con autonomía de los dirigentes políticos regionales, reforzar la institución de la presidencia, y llevar a cabo sus reformas. Algo que diferencia a Cárdenas del resto es que logró entregar el poder sin un conflicto mayor, institucionalizó el juego político.

En cuanto a la inclusión política: en México tampoco había restricciones de alfabetización o censitarias sobre el voto; es decir que era "universal masculino" (votaban los hombres mayores de edad) desde las reformas liberales de mediados del siglo XIX. El Congreso discute un proyecto sobre sufragio femenino y se aprueba, pero Cárdenas no lo promulga. El derecho al voto de las mujeres fue sancionado en 1953 y votaron por primera vez en 1955 en elecciones legislativas.

Respecto de la movilización, sin duda los trabajadores y campesinos fueron movilizados en México; en Argentina los trabajadores y sectores populares en general también fueron movilizados. Y en Brasil se movilizó sin duda a los sectores urbanos. Quizás la prueba más importante de ello sea que en México dirigentes campesinos y obreros fueron como candidatos en las listas del PRM en la segunda mitad de la década de los 30. En Argentina los trabajadores figuraron en las listas legislativas provinciales y nacionales del Partido Peronista desde la primera elección en febrero de 1946 y en las siguientes fue aumentando su número. El PRM, el Partido Peronista y el PTB son partidos-movimiento distintos del formato clásico de partido pero a través de ellos la elite buscó y cultivó el apoyo del movimiento obrero, y del campesinado en el caso de México, y les dio un lugar en las listas partidarias. Se formaron vínculos tan estrechos entre partido y sindicatos que en Argentina eran los sindicatos quienes salían a buscar el apoyo electoral, es decir que cumplían las funciones que normalmente cumple un partido (Collier y Collier, 1991). No es lo mismo ser movilizado por sindicatos que están dentro de un partido que solamente desde el Estado. En Brasil el que moviliza (y controla) es el Estado pues los sindicatos tienen poco poder, allí la política era más cupular. Sin embargo, algunos autores han destacado la fuerte movilización y radicalización de sectores del movimiento obrero y del PTB que se desata primero en 1945 (cuando Vargas desde 1943 busca activar al movimiento obrero al entender que se abriría el juego político) y también después de 1946 ante la presidencia de la coalición conservadora (es decir, no pro-obrera) de Dutra (French, 1998, Collier y Collier, 1991). También se desarrolla, como en México y Argentina, desde este último período hasta principios de los años 60, un proceso de polarización de la escena política que desemboca en el golpe de 1964.

Veamos ahora el tercer rasgo. Las tres experiencias históricas son casi inimaginables sin sus líderes y los líderes son inimaginables sin las multitudes que los apoyaban y legitimaban. Estos años —las décadas de 1930, 1940, 1950— como indicamos más arriba, son los tiempos en que surge la política de masas, momentos en que la gente se agolpa en las calles, cines, teatros, plazas durante actos, mítines, protestas, concentraciones, a veces para aclamar a su líder, pero también para protestar, hacer pedidos, hacer huelga, apoyar políticas del gobierno (educativas, nacionalizaciones, etc.), celebrar las nuevas fechas cívicas. Eran reuniones multitudinarias que al principio creaban asombro y también temor entre los habitantes de las ciudades. Weber dice que el carisma es esa cualidad extraordinaria de una personalidad, por cuya virtud se la considera en posesión de fuerzas sobrenaturales o sobrehumanas, o al menos excepcionales y en consecuencia obtienen reconocimiento como jefe, caudillo, guía o líder (Weber,1944:193). En sus discursos, estos líderes nombraban las faltas sociales y políticas de las democracias de aquel entonces, ausencias que antes debían ser calladas, y prometían remediar esas faltas, establecer esos derechos. En general lo hicieron, pero ese liderazgo fue posible por la presencia de las multitudes que los legitimaron e inclinaron el fiel de la balanza.

Un ejemplo de este tipo de liderazgo es el siguiente episodio, aunque habría que recordar que había muchos otros menos dramáticos pero iguales en lo esencial: en octubre (en este caso de 1947, pero esta escena se repite todos los octubres), se celebra un gran acto en la Plaza de Mayo en Buenos Aires. Allí, Perón le pregunta a los trabajadores: "Todos los 17 de octubre he prometido rendir cuentas a éste, mi pueblo, y preguntaros, como lo hago hoy, si estáis conforme con lo que realizo… Un estrenduoso SI partido de todos los rincones de la plaza dio clara respuesta a la pregunta del primer mandatario" (Mackinnon, 2002). Los discursos encendidos de Vargas los 1 de mayo (y sus acciones desde 1945 sobre todo) y los de Cárdenas en torno a la nacionalización del petróleo mexicano, sus viajes sin antecedentes por todo el país, su estilo personal de gobernar, expresaban a su manera este tipo de liderazgo nuevo.

Los populismos fueron un tipo de solución a la crisis de 1930, líderes modernizadores que buscaron soluciones a su manera, algunos más o menos autoritarios, más o menos democratizantes, más o menos revolucionarios. Generalmente se ha estudiado más a las bases sociales de los populismos y menos a las elites. Sin embargo, en los orígenes de los populismos se encuentra —como hemos visto— una crisis en las elites junto con una crisis de representación sobre todo de los sectores populares. Esta crisis de las elites lleva al surgimiento de liderazgos nuevos. Vargas es nuevo en la dimensión de sus ideas pero viene del establishment social y político; de todas maneras su presencia (la de la Alianza Liberal) en las elecciones de 1930 indica que en el vértice las clases tradicionales ya no están firmes como antes. Perón, en cambio es un militar, externo al establishment y representa mejor ese nuevo tipo de liderazgo. Y cuando surgen estos lideres, las elites tradicionales pierden el control como en Brasil y Argentina. En México hay continuidad dentro del proceso revolucionario, pero discontinuidad respecto de las políticas predominantes.

4. CONCLUSIÓN

Para finalizar, un comentario sobre populismo y su relación con la democracia y el autoritarismo, el tema sobre el que más se publica y discute en el ámbito académico desde la llegada de los llamados populismos radicales. Una forma de pensar la relación entre populismo y democracia es colocar el foco en el tipo de régimen político: estos populismos se apartan de lo que, por ejemplo Dahl (1997), considera los requisitos de un régimen democrático ya que tienden a restringir las libertades políticas de la oposición (por ejemplo, en el Estado Novo no había elecciones, Perón restringió el acceso de la oposición a la prensa, Cárdenas manejó discrecionalmente algunas estructuras políticas). Si en cambio, se coloca el foco en la ampliación del acceso a bienes y garantías a la población general, sobre todo a los sectores subalternos, lo que se observa es un proceso de democratización. Aquí vale la pena mencionar a Gino Germani (1962) quien, a poco del derrocamiento del peronismo, afirma que los trabajadores quizás perdieron las libertades abstractas, participar en la gran política, pero ganaron libertades más concretas, una participación efectiva como poder organizarse, litigar en los tribunales, plantarse ante la gerencia de las empresas. Se trata de un proceso de democratización social que bien puede coexistir con un atrofiamiento de las reglas de la competencia política, procesos que son vividos como de opresión por clases medias y altas y de libertad por las clases subalternas.

5. BIBLIOGRAFÍA

Aboy Carlés 2001. *Las dos fronteras de la democracia argentina. La reformulación de las identidades políticas de Alfonsín a Menem.* Buenos Aires: Homo Sapiens.

Aboy Carlés, Gerardo yJulián Melo. 2014. "La democracia radical y su tesoro perdido: Un itinerario intelectual de Ernesto Laclau." *Postdata* 19 (2): 395-427.

Adelman, Jeremy 1992. "Reflections on Argentine Labour and the Rise of Peron." En *Bulletin of Latin American Research,* Vol. 11, No. 3.

Cardoso, Fernando H. y Enzo Falletto. 1969. *Desarrollo y Dependencia en América Latina. Ensayo de interpretación sociológica.* Mexico: Siglo XXI.

Casullo, María Esperanza. 2019. *¿Porqué funciona el populismo? El discurso que sabe construir explicaciones convincentes de un mundo en crisis,* Siglo XXI Editores.

Collier, Ruth Berins y David Collier. 1991. *Shaping the Political Arena, Critical Junctures, the Labor Movement, and Regime Dynamics in Latin America.* Princeton: Princeton University Press.

Dahl Robert [1973] 1997. *La Poliarquía: Participación y Oposición.* Madrid: Tecnos.

De la Torre, Carlos y Enrique Peruzzotti. (2008). *El Retorno del Pueblo. Populismo y nuevas democracias en América Latina,* FLACSO, Quito: Ministerio de Cultura.

De la Torre, C. [2000] 2010. *Populist Seduction in Latin America.* Athens: Ohio University Press.

De la Torre C. (Comp) (2019). *Routledge Handbook of Global Populism,* Routledge, RU y Nueva York.

De la Torre, Carlos. 2022. "The Complex Constructions of the People and the Leader in Populism." *Polity,* vol 54, No. 3.

Devoto, Fernando y Boris Fausto 2008. *Argentina Brasil 1850 2000. Un ensayo de historia comparada.* Buenos Aires: Editorial Sudamericana.

Di Tella, Torcuato [1973] 1977. "Populismo y reformismo." *En Populismo y contradicciones de clase en latinoamerica,* Ianni (Comp). Mexico: Serie Popular Era.

Diehl, Paula. 2022. "For a Complex Concept of Populism." *Polity,* 54.

Dornbusch Rudiger y Sebastian Edwards. 1991. *The macroeconomics of Populism in Latin America.* Chicago: University of Chicago Press.

Fausto, Boris. 2003. *Historia Concisa de Brasil.* Buenos Aires: Fondo de Cultura Económica.

Germani, Gino. 1962. "Clases Populares y Democracia Representativa en América Latina." En *Desarrollo Económico,* Vol. 2, No. 2, Buenos Aires: IDES.

Hawkins, Kirk A. y Carlos Rovira Kaltwasser. 2017. "The Ideational Approach to Populism." *Latin American Research Review,* 52(4), pp. 513-528.

Hamilton, Nora. 1983. *México: Los límites de la autonomía del estado.* Meexico: Ediciones Era.

Ianni, Octavio. [1973] 1977. *Populismo y contradicciones de clase en latinoamerica.* Mexico: Serie Popular Era.

James, Daniel. [1990, 1988] 2010. *Resistencia e Integración. El Peronismo y la clase trabajadora argentina, 1946-1976.* Buenos Aires: Siglo XXI Editores.

Laclau, Ernesto. [1978] 1986. *Política e ideología en la teoría marxista. Capitalismo, fascismo, populismo.* Buenos Aires: Siglo XXI Editores.

Laclau, Ernesto. 2005. *La razón populista.* México: Fondo de Cultura Económica.

Levitsky, Steven and Lucan A Way. 2010. *Competitive Authoritarianism: Hybrid Regimes after the Cold War.* New York: Cambridge University Press.

Levitsky, Steven y James Loxton. 2013. "Populism and Competitive Authoritarianism in the Andes." *Democratization* 20, No. 1: 107-136.

Mackinnon, Moira y Mario Petrone. 1998. Introducción: "Los complejos de la Cenicienta." En

Mackinnon y Petrone (Comps), P*opulismo y Neopopulismo en América Latina. El Problema de la Cenicienta,* Buenos Aires EUDEBA (Editorial Universitaria de Buenos Aires).

Mackinnon, Moira (2002). *Los años formativos del Partido Peronista (1946-1950*). Buenos Aires: Instituto di Tella y Siglo XXI Editores.

Moffit, Benjamin. 2016. *The Global Rise of Populism: Performance, Political Style and Representation.* Stanford, CA: Stanford University Press.

Mudde Cas and Carlos Rovira Kaltwasser. 2012. *Populism in Europe and the Americas: Threat or Corrective to Democracy?* Cambridge: Cambridge University Press.

Mudde, Cas. 2004. "The Populist Zeitgeist." En *Government & Opposition* 39, no. 3 (2004): 541-63.

Murilo de Carvalho, José. 1995. *Desenvolvimiento de la Ciudadanía en Brasil,* Colegio de México, México: Fondo de Cultura Económica.

Murmis, Miguel y Juan Carlos Portantiero. 1971. *Estudio sobre los orígenes del peronismo.* Buenos Aires: Siglo XXI.

Ostiguy, Pierre, Francisco Panizza & Benjamin Moffitt (eds) (2021). Populism in Global Perspective. A Performative and Discursive Approach. New York: Routledge, 2021.

Pierre Ostiguy and Benjamin Moffitt. 2021. "Who Would Identify With An 'Empty Signifier'?: The Relational, Performative Approach to Populism." En Populism in Global Perspective. A Per- formative and Discursive Approach, eds. Pierre Ostiguy, Francisco Panizza, and Benjamin Moffitt, London: Routledge, 47-73.

Panizza, Francisco [2005] 2009. "Introducción. El populismo como espejo de la democracia" en *El populismo como espejo de la democracia,* Fondo de Cultura Económica, México.

Panizza, Francisco. 2009. "Nuevas Izquierdas y democracia en America Latina." En *Revista CIDOB* d' *Afers Internacionals,* num. 85-86, p.85-88.

Panizza, Francisco. 2013. "What do we mean when we talk about populism?" En *Latin American Populism in the Twenty-First Century,* De la Torre C. y Arnson C. J. (Eds.), Washington DC: Woodrow Wilson Center Press, Baltimore, The John Hopkins University Press.

Peruzzotti, Enrique. 2021. "Teoría democrática populista de Laclau y sus limitaciones: analizando al populismo como un ejercicio de poder gubernamental." En Moira Mackinnon, *Los Populismos de América Latina. Dossier. POLHIS (Revista Bibliográfica del Programa Interuniversitario de Historia Política),* Año 14, No. 27.

Roberts Kenneth [1995] 1998. "El neoliberalismo y la transformación del populismo en América Latina. El caso peruano." En MacKinnon y Petrone (comps.), P*opulismo y Neopopulismo en América Latina. El Problema de la Cenicienta.* Buenos Aires: EUDEBA (Editorial Universitaria de Buenos Aires).

Roberts, Kenneth. 2006. "Populism, Political Conflict, and Grass-roots Organization in Latin America." *Comparative Politics,* 38(2): 127-48.

Roberts, Kenneth. 2015. "Populism, Political Mobilizations, and Crises of Political Representation." En *The Promise and Perils of Populism: Global Perspectives,* Carlos de la Torre (Comp), Lexington, KY: University of Kentucky Press.

Roberts, Kenneth. 2019. "Left, Right and the populists structuring of political competition." En *Routledge Handbook of Global Populism,* edited by Carlos de la Torre, UK y New York: Routledge.

Sachs, Jeffrey. 1990. *Social Conflict and Populist Politics in Latin America,* San Francisco: ICS Press.

Rovira Kaltwasser, Carlos, Paul Taggart, Paulina Ochoa Espejo, Pierre Ostiguy. 2017. *The Oxford Handbook of Populism.* Oxford: Oxford University Press.

Stein, Steve. 1987. "Populism and Social Control." En Eduardo P. Archetti, Paul Camack and Bryan Roberts (eds), *Sociology of Developing Societies, Latin America,* Macmillan.

Weffort, Francisco. 1998. "El populismo en la política brasileña". En P*opulismo y Neopopulismo en América Latina. El Problema de la Cenicienta,* Mackinnon Moira y Petrone Mario (comps.), Buenos Aires: EUDEBA (Editorial Universitaria de Buenos Aires).

Weffort, Francisco. 1968. "Clases populares y Desarrollo social (Contribución al estudio del "populismo)." En *Revista Paraguaya de Sociologia,* Centro Paraguayo de Estudios Sociologicos, Año 5 No. 13.

Weffort, Francisco [1967] 1998. "El populismo en la politica brasileña." En Mackinnon y Petrone (Comps.) P*opulismo y Neopopulismo en América Latina. El Problema de la Cenicienta.* Buenos Aires: EUDEBA (Editorial Universitaria de Buenos Aires).

Weyland, Kurt. [2001] 2004. "Clarificando un concepto cuestionado: 'el populismo' en el estudio de la política latinoamericana" en *Releer los populismos,* K. Weyland, C. de la Torre, G. Aboy Carlés y Hernán Ibarra. Ecuador: Diálogos, CAAP.

2.7. Las dictaduras en el Cono Sur

MARIANA JOFFILY[1/2]
UDESC, Brasil
mariana.joffily@gmail.com

GABRIELA ÁGUILA[3]
Universidad Nacional de Rosario, Argentina
gbaguila@gmail.com

1. INTRODUCCIÓN

Entre las décadas de 1960 y 1980 el extremo sur de América Latina fue escenario de las más cruentas dictaduras militares que conoció la región. En el contexto de la guerra fría, e inspiradas por las doctrinas contrainsurgentes y de seguridad nacional de origen francés y estadounidense, las Fuerzas Armadas en Brasil, Chile, Uruguay y Argentina ocuparon el poder y pusieron en marcha procesos represivos a escala masiva para erradicar la intensa movilización social y política que había caracterizado a cada uno de estos países desde la década de 1960, activada entre otros elementos por la revolución cubana y el avance de las viejas y nuevas izquierdas.

---

1 Profesora en el departamento y programa de posgrado en Historia de la Universidad del Estado de Santa Catarina (UDESC). Tiene una maestría en la Universidad Paris IV Sorbonne, un doctorado de la Universidad de San Pablo y un posdoctorado de la Brown University (beca Capes / Fulbright). Es autora del libro *En el centro del engranaje,* (2013), que recibió el Premio Memorias Reveladas del Archivo Nacional. Es investigadora de productividad en CNPq.

2 Las autoras han publicado dos capítulos en clave comparativa, uno sobre Brasil y Argentina (Águila y Joffily 2023) y otro sobre Chile y Argentina (Joffily y Águila 2023). Este capítulo retoma y amplía las discusiones desarrolladas, para abarcar a los tres casos nacionales.

3 Profesora titular de Historia Latinoamericana Contemporánea de la Universidad Nacional de Rosario (UNR), investigadora del Consejo Nacional de Investigaciones Científicas y Técnicas y doctora en Historia por la UNR. Autora de *Dictadura, represión y sociedad en Rosario* (2008) e *Historia de la última ditadura militar* (2023); compiladora de *Represión estatal y violencia paraestatal en la historia reciente argentina* (2016) y *La represión como política de Estado* (2020).

Para la misma época, había gobiernos autoritarios o dictatoriales también en Paraguay, Perú, Bolivia, Ecuador y una década después tocaría el turno a Centroamérica con la instauración de dictaduras militares con decidida participación estadounidense en Guatemala, El Salvador y Honduras, como respuesta a los procesos de insurgencia armada impulsados por la revolución sandinista de 1979 y la crisis imperante en la región. Así, la presencia de las Fuerzas Armadas en la vida política, la violencia represiva y el terror institucionalizado denotarían la historia de gran parte de los países del área en la segunda mitad del siglo XX, con su brutal secuela de muertos y desaparecidos, campos de concentración, cárceles y exilios.

Intervenciones militares o violencia estatal no eran, empero, novedad en el subcontinente. El siglo XX latinoamericano estuvo atravesado por la violencia política, social y étnica, por represiones a gran escala, la persecución hacia grupos y sujetos específicos -militantes políticos, pero también jóvenes, campesinos, trabajadores, hacia los pobres en general o la violencia endémica dirigida hacia los grupos indígenas-, el autoritarismo y las restricciones a los derechos ciudadanos.

En tal sentido, el ejercicio de la violencia estatal desbordó temporalmente a las dictaduras militares del período de la "seguridad nacional" y además se verificó en otros casos donde se mantuvieron, al menos formalmente, las reglas democráticas. No hay más que aludir aquí a la historia de México, un país que no sufrió dictaduras pero que sin embargo exhibió unos niveles de autoritarismo y represión estatal altísimos desde los años 70, con la cifra de desaparecidos más elevada de la región; la situación en Venezuela y Colombia, donde gobiernos constitucionales reprimieron a organizaciones y movimientos de izquierda, encarcelando, asesinando y desapareciendo a numerosos opositores políticos; u observar el presente de muchos de nuestros países -en una etapa histórica donde las dictaduras militares parecen haber quedado muy atrás en el tiempo- en los que la represión estatal está muy lejos de haber desaparecido.

Aún sin perder de vista estos elementos que permiten conectar la historia latinoamericana a través de distintos procesos de violencia política y represiva, el objetivo de este capítulo es realizar un análisis en clave comparada de las dictaduras del Cono Sur instaladas en las décadas de 1960 y 1970, apuntando a explicar sus rasgos comunes y sus especificidades, entre ellos el papel de la Fuerzas Armadas, los golpes de Estado, sus objetivos y estrategias, el ejercicio de la violencia y el legado de las violaciones a los derechos humanos.

2. LA DICTADURA MILITAR EN BRASIL, 1964-1985

La crisis política que provocó el derrocamiento de un gobierno democráticamente electo en Brasil se remonta a la renuncia del presidente Jânio Quadros en 1961. Pero, antes de eso, la frágil e inestable democracia establecida después de la dictadura del Estado Novo (1937-1945) había sido escenario de tentativas de ruptura democrática: en las conspiraciones de 1955 y en las rebeliones militares de Jacareanga en 1956 y de Aragarças en 1959. La crisis sucesoria abierta por la renuncia de Jânio Quadros, en 1961, no impidió la asunción del vicepresidente João Goulart, en un creciente clima de efervescencia política y de polarización ideológica en torno a las reformas de base propuestas por el gobierno. Mientras que las centrales sindicales, las ligas campesinas, el movimiento estudiantil y otros sectores apoyaban las reformas y realizaban campañas de concientización popular, grupos ligados a las elites financieras y empresarias unían esfuerzos en la campaña de desestabilización del gobierno de Goulart, sostenida por el Instituto de Investigaciones de Estudios Sociales y en el Instituto Brasileño de Acción Democrática. Estos segmentos, aliados a la alta cúpula militar, obtuvieron apoyo del gobierno de los Estados Unidos que desplegó, en secreto, la Operación Brother Sam, previendo apoyo logístico a las fuerzas militares en caso de necesidad. Las Marchas con Dios por la Familia y por la Libertad y los titulares y editoriales publicados por los grandes medios de prensa exigiendo la salida de João Goulart, revelaron una base de sustentación en los sectores de clase media conservadora. Cuando el golpe tomó cuerpo con la movilización de las tropas militares, el Congreso Nacional contribuyó a su éxito al realizar una sesión en plena madrugada declarando vacante el puesto de la presidencia, a pesar de la presencia física de João Goulart en territorio nacional, en la madrugada del 2 de abril de 1964.

La duración de la dictadura que se instaló después del golpe sorprendió a los aliados de la primera hora del derrocamiento de João Goulart. En los más de veinte años que siguieron, hubo persecución a los adeptos del presidente depuesto y crecientemente a opositores de diversos matices, inclusive aliados golpistas disconformes con su alejamiento del poder por las fuerzas que asumieron el gobierno. El mantenimiento del funcionamiento del Congreso Nacional -ampliamente purgado y, en algunos momentos críticos, suspendido-, no impidió la militarización de la seguridad pública y de la justicia. El sistema bipartidista, que sustituyó a la miríada de partidos políticos previos al golpe, respaldó el progresivo establecimiento de una legislación autoritaria, legitimando el poder arbitrario e institucionalizando el nuevo orden. Aunque el país hubiese atravesado períodos autoritarios en otros momentos de la historia, la estructura de espionaje y de represión política que sería erigida, no poseía precedentes. Hasta entonces, la experiencia operativa de combate a oponentes políticos se había concentrado en organismos civiles: los Departamentos de Orden Político y Social (DOPS), existentes desde los años 1920-1930 en diferentes capitales del país y muy activos durante la dictadura del Estado Novo (1937-45). El Servicio Federal de Informaciones y Contrainformaciones (SFICI), base del Servicio Nacional de Informaciones, existía desde 1956. En términos de legislación, podemos citar la ley contra el anarquismo de 1921, la famosa "Ley Celerada", de 1927, que permitía la clausura de entidades de la sociedad civil y de sindicatos y la ley de seguridad de 1935, primera de una serie destinada garantizar el "orden social" (Patto Sá Motta 2020, 129).

Por otro lado, el hecho de haber sido el primer país de la región en instalar una dictadura de Seguridad Nacional y la ausencia de grupos de izquierda armada que constituyesen una amenaza real al nuevo orden autoritario, contribuyen a explicar no solo la preocupación sino también la posibilidad de mantener elementos de un orden supuestamente democrático. Además de eso, los diferentes sectores que conformaron la coalición golpista no coincidían en aquel momento en el proyecto de implementar una dictadura, realidad que se fue configurando como resultante de las disputas de los grupos que ocuparon el poder. Pero incluso aquellos que se oponían a un endurecimiento del régimen, temerosos de la reanudación de la ebullición social anterior al golpe, no combatieron frontalmente el autoritarismo creciente. Puede argumentarse, también, que en la tradición política de Brasil se evitó el conflicto abierto, sobre todo si los opositores pertenecían a las capas media y alta (Patto Sá Motta 2020).

La represión política se dividió en dos fases, una concentrada en los años posteriores al golpe y otra en el período comprendido entre 1968 y 1979. La periodización clásica de los años de la dictadura brasileña tiene, en efecto, ciertos marcos divisorios: el golpe de 1964, cuando asume el general Castelo Branco (abril de 1964 a marzo de 1967); la imposición del Acto Institucional nº 5 (AI-5) en 1968, bajo el gobierno del general Costa e Silva (marzo de 1967 a agosto de 1969), ley que significó un considerable endurecimiento de la dictadura, sobre todo durante los años de la presidencia del general Emilio Garrastazu Médici (octubre de 1969 a marzo de 1974); el anuncio en 1974 del presidente general Ernesto Geisel (marzo de 1974 a marzo de 1979) del inicio de una distensión del régimen, dirigida al restablecimiento de la democracia; la Ley de Amnistía, promulgada en 1979, bajo la presidencia del general João Batista Figueiredo (marzo de 1979 a marzo de 1985); y el pasaje del poder a un presidente civil, en 1985.

La fase que va de 1964 a 1968 estuvo marcada por una serie de crisis políticas y disputas por el poder, inclusive en el interior de las Fuerzas Armadas, en el seno de las cuales había un grupo de presión clamando por mayor represión y dureza contra los adversarios del régimen. Desde el punto de vista de la represión política, fue el momento de grandes purgas en las Fuerzas Armadas, de intervención de los sindicatos y entidades estudiantiles, de revocación de mandatos de parlamentarios; afectó sobre todo a personas ligadas al gobierno depuesto y a los movimientos sociales (líderes estudiantiles, sindicalistas, políticos de partidos de izquierda). Este conjunto de acciones fue conocido como "Operación Limpieza", e incluyó la improvisación de lugares de detención que alojaron a los millares de perseguidos, en locales como el Estadio Caio Martins y navíos de la Marina, en Río de Janeiro. Hubo también violencia policial considerable en la contención de manifestaciones estudiantiles y de huelgas obreras y diversas denuncias de torturas por todo el país (Moreira Alves 1984; Comisión Nacional de la Verdad 2014). En ese momento se dictaron el Acto Institucional nº 2, que estableció la Justicia Militar como fuero para juzgar crímenes de naturaleza política y el Decreto-ley nº 314, de 1967, primera Ley de Seguridad Nacional de la dictadura. El recrudecimiento del autoritarismo por un lado llevó a una disminución de las movilizaciones populares y, por otro, al fin de las ilusiones de políticos aliados al golpe de ascender al poder por medio de la democracia que habían ayudado a derrumbar.

Antes del montaje de organismos represivos propiamente dichos, hubo un esfuerzo de crear un poderoso sistema de inteligencia estatal. El primer organismo del cual los golpistas se dotaron, ya en 1964, fue el Servicio Nacional de Informaciones (SNI), una versión más centralizada del antiguo SFICI. El SNI respondía directamente al presidente de la República y tenía poderes de vigilancia de la sociedad brasileña mucho más aventajados y diversificados que su predecesor, visto que poseía agencias regionales en distintos puntos del país y estatus de ministerio. Dos años más tarde fue instituido el Centro de Informaciones del Exterior (CIEx), encargado de monitorear las actividades políticas de brasileños en el exterior y de extranjeros en el interior del país. En 1967, la estructura de espionaje fue incrementada con las Divisiones de Seguridad e Informaciones (DSIs), ligadas a los ministerios civiles y con las Asesorías de Seguridad e Informaciones (ASIs), que actuaban al interior de las universidades y empresas estatales.

Si esas agencias se limitaban a proveer informaciones al SNI, los organismos de informaciones de las Fuerzas Armadas, igualmente creados o reformulados en esos años, desarrollaron funciones operativas, sobre todo después del AI-5. El Ejército se dotó en 1967 del Centro de Informaciones del Ejército (CIE) y la Aeronáutica, al año siguiente, del Servicio de Informaciones de la Aeronáutica, rebautizado Centro de Informaciones de la Aeronáutica (CISA) en 1970. La Marina poseía desde 1955 el Servicio de Informaciones de la Marina (SIM), transformado en 1957 en Centro de Informaciones de la Marina (CENIMAR) y reformulado en 1971, para incorporar tareas relativas a la represión política (Antunes 2008; D'Araujo et al. 1994; Fico 2001). Los DOPS, policía política ya existente en diversas ciudades, fueron muy activos durante la dictadura militar pero paulatinamente se tornaron una fuerza auxiliar en la medida en que se erigió una estructura de organismos militares especializados en la represión política.

El período considerado más brutal fue el que siguió a la inauguración del AI-5 en 1968, que suprimió el *habeas corpus* y abrió amplias posibilidades para nuevas purgas, cesantías, intervenciones y censura a los medios de comunicación. En ese momento comenzaron a funcionar organismos represivos creados expresamente para combatir la disidencia política, en especial las organizaciones clandestinas de izquierda. Un primer núcleo, formado por civiles y militares pero comandados por oficiales del Ejército, fue montado en San Pablo en 1969, la "Operación Bandeirante". Reunía a elementos provenientes de las tres fuerzas armadas (Ejército, Marina y Aeronáutica), del DOPS, del SNI, de la Policía Federal y de la Secretaría de Seguridad Pública (Policía Civil, Fuerza Pública y Guardia Civil). Su misión consistía en "destruir o por lo menos neutralizar" a las organizaciones clandestinas de izquierda. El experimento fue replicado en diversas capitales del país, estructurado en un organismo de planeamiento, el Centro de Operaciones de Defensa Interna (CODI) y en uno de operaciones, el Destacamento de Operaciones de Informaciones (DOI).

El sistema DOI-CODI resolvía las limitaciones de los DOPS, por ser de naturaleza militar y, aunque contase con la presencia de policías civiles, estaba totalmente integrado a la jerarquía de la fuerza terrestre, comandado por el CIE y sin las restricciones operativas de las estructuras estaduales. Por otro lado, el DOPS pasó a actuar de manera complementaria, encargándose de legalizar a los presos clandestinos y remitiéndolos a la Justicia Militar, cuando estos ya no eran más útiles para los DOI. En algunos casos, particularmente en San Pablo, donde era muy potente, el DOPS también realizaba operaciones semejantes a las que conducía el DOI. La estructura represiva también estuvo integrada por la Escuela Nacional de Informaciones, fundada en 1971 para formar agentes de información y represión para actuar en Brasil y en los países vecinos. Finalmente, la Policía Federal se encargaba de controlar las fronteras y la Justicia Militar condujo a la prisión a activistas políticos contra los cuales fueron promovidos procesos supuestamente legales.

A pesar de la legislación autoritaria impuesta por sucesivos decretos, leyes y actos institucionales, el aparato represivo actuó mucho más allá de los límites ya amplios de la legalidad. Las agencias militares operaban en instituciones de las Fuerzas Armadas, pero conducían operaciones clandestinas y administraban casas de tortura por fuera de las instituciones del Estado. Simulaban enfrentamientos para justificar asesinatos bajo tortura, despedazaban cuerpos y los cortaban en pedazos para evitar el reconocimiento por parte de familiares, enterraban clandestinamente a sus víctimas en fosas comunes. También infiltraban a sus agentes en organizaciones de izquierda, así como ex-militantes presos y torturados que pasaban a trabajar para los organismos represivos. La violencia política en ese momento se dirigió principalmente hacia militantes y partidarios de organizaciones clandestinas de izquierda, armadas o no, cuya actuación más concreta se remonta a 1968. De 1972 a 1975 hubo un combate feroz a los guerrilleros de la región de Araguaia, redundando en diversos casos de violencia y tortura contra campesinos de la región. A pesar del anuncio, en 1974, de la distensión "lenta, gradual y segura" por parte del general presidente Ernesto Geisel, considerado el inicio de una nueva fase de la dictadura, en esos años, llegando a 1976, se produjo una persecución sistemática hacia militantes de los partidos comunistas, con la ejecución de parte de los miembros de sus comités centrales.

Los llamados años de plomo convivieron con lo que se conoce como "milagro económico" (1968-1973), un período de fuerte crecimiento de la economía, pero acompañado de un significativo aumento de las tasas de concentración de renta, muy bien representados en la imagen del ministro de la Economía, Antônio Delfim Neto que decía que era necesario hacer crecer el pastel para después repartirlo. La política salarial de los militares representó una disminución del salario mínimo, lo que contribuyó a contener la inflación, en cambio para los sectores medios el período —que coincidió con una coyuntura económica internacional favorable, con el aumento de las exportaciones e inversiones extranjeras— significó un aumento del poder de compra, garantizando cierto nivel de apoyo para la dictadura de parte de sectores civiles.

El país pasaría por un largo proceso de transición, marcado por una disputa entre los movimientos sociales —estudiantil, sindical, por la amnistía política, contra el coste de la vida— que retoman sus organizaciones de base a fines de los años 1970 y el esfuerzo de los militares de tutelar el proceso transicional y la propia democracia. El período estuvo marcado por la Ley de Amnistía de 1979 que permitía el regreso de los exiliados políticos, al mismo tiempo que garantizaba la impunidad de los agentes represivos. La transferencia del poder de las manos de los militares a los civiles se dio después de las potentes huelgas de la región obrera del Gran San Pablo —en las cuales despuntó la figura de Luís Inácio Lula da Silva— y del movimiento masivo por elecciones directas, conocido como *Directas ya!*

La disputa tuvo un saldo contrastado. Por un lado, una transición bajo el signo de la continuidad: auto-amnistiados, los militares pasarían el poder en 1985, después de elecciones indirectas por un Congreso purgado, a un político civil que había sido parte del partido que sostuvo a la dictadura[4]. Por otro, el saldo de las movilizaciones populares se materializaría pocos años después en el proceso de la Constituyente. De hecho, la Constitución de 1988 —apodada "ciudadana"— movilizó a los movimientos sociales, incluidos varios novedosos, incorporando pautas bastante progresistas. Con todo, mantuvo intactas la militarización de la policía, la impunidad de los agentes represivos y el papel de las Fuerzas Armadas en la protección del orden interno del país. Los años 90 vieron nacer en Brasil las primeras políticas de memoria desarrolladas por el Estado, que culminarían con los trabajos de la Comisión Nacional de la Verdad (CNV), creada en 2011 bajo la presidencia de Dilma Rousseff, seguida de una profusión de comisiones estatales, municipales y sectoriales, dispersas por todo el país, lo que condujo a un amplio debate sobre el período autoritario.

3. LA DICTADURA MILITAR EN CHILE, 1973-1990

El 11 de septiembre de 1973 las Fuerzas Armadas chilenas perpetraron el golpe de Estado que puso fin a más de 40 años de democracia, y clausuró violentamente la breve experiencia de gobierno de la Unidad Popular (UP). La coalición de izquierdas, encabezada por el socialista Salvador Allende, había llegado al poder en noviembre de 1970 luego de triunfar por un ajustado margen sobre los partidos de la derecha en las elecciones realizadas en septiembre de ese año, con un programa que se proponía llevar a cabo un original experimento de transición pacífica al socialismo. Durante sus casi mil días de gobierno se implementaron amplias reformas

---

4 El presidente electo, Tancredo Neves, fuerte líder del proceso de transición a la democracia, falleció antes de su toma de posesión dejando el cargo vacante para su vice, José Sarney.

económicas y sociales, que incluyeron la nacionalización de las riquezas básicas (el cobre, el salitre, el hierro, el carbón) y de la banca privada, pasando de manos del capital estadounidense y chileno al control del Estado; la profundización del proceso de reforma agraria que benefició a miles de campesinos y trabajadores agrarios y terminó por desarticular la gran propiedad latifundista y una serie de medidas de redistribución del ingreso en favor de los asalariados. A la par, hizo erupción una imprevista "revolución desde abajo" (Winn 2013), un formidable proceso de movilización y organización popular con tintes revolucionarios, protagonizada por obreros, campesinos y pobladores urbanos y alentado por el Movimiento de Izquierda Revolucionario (MIR), socialistas, comunistas y sectores de la izquierda cristiana, que expresaba las vastas expectativas de cambio social y político y aceleró las transformaciones impulsadas por el gobierno. Los trabajadores llevaron adelante grandes movilizaciones y conflictos en la producción y los servicios y tomaron el control de cientos de fábricas y empresas demandando su expropiación al Estado, mientras los campesinos ocuparon los fundos que trabajaban en el sur y en el valle central y los pobladores de la periferia de las grandes ciudades tomaron los terrenos donde estaban asentados, en un proceso que en algunos casos empezó durante la campaña electoral de 1970 y se profundizó en los meses siguientes, desbordando los tiempos y estrategias previstas por el gobierno.

Desde el momento mismo en que se conoció el resultado de las elecciones y el triunfo de Salvador Allende, se organizó una ofensiva golpista en su contra por parte de sectores de la derecha (desde el Partido Nacional hasta la organización terrorista Patria y Libertad), a la que se sumó el boicot parlamentario a las iniciativas de la UP, las presiones económicas y diplomáticas de los Estados Unidos, las acciones encubiertas de la CIA y el sabotaje a la economía del capital chileno y extranjero, buscando afectar el rumbo del gobierno, agudizar la crisis económica y crear una imagen de ingobernabilidad que favoreciera la intervención directa de las Fuerzas Armadas. El punto de inflexión de esa campaña de desestabilización económica y política fue el paro patronal de octubre de 1972, organizado por el movimiento gremialista (que incluía a comerciantes, transportistas y pequeños y medianos productores) con el objetivo de paralizar el transporte y el comercio y generar un escenario de crisis que llevara a los militares a dar un golpe de Estado. La medida contó con el apoyo de los sectores medios crecientemente derechizados, como las mujeres que venían protagonizando marchas de cacerolas vacías (Power 2008) y sectores estudiantiles, y fracasó por la resistencia de los trabajadores organizados en consejos comunales, cordones industriales y Juntas de Abastecimiento y Producción —el denominado "poder popular" (Gaudichaud 2016)—, que mantuvieron en funcionamiento el transporte y la economía durante el lock-out patronal.

Con todo, las crecientes dificultades económicas azuzadas por el comportamiento de los empresarios (desinversión, desabastecimiento, fuga de capitales), así como las presiones reivindicativas de los sectores populares afectados por la crisis y las tensiones y divisiones internas en la UP, pusieron en jaque y debilitaron al gobierno de Allende. Luego de las elecciones parciales de marzo de 1973, donde la UP obtuvo más votos que en 1970, la oposición se unificó tras la alternativa golpista.

El profesionalismo militar llevó al presidente Allende a convocar a las Fuerzas Armadas a sumarse al gabinete y co-gobernar en coyunturas de crisis como una garantía para preservar el orden político-institucional, pero también a recurrir a medidas de excepción (como el estado de emergencia en muchas provincias) que aumentaron la presencia y el control militar sobre el territorio. Esto se profundizó con la aprobación de la Ley de control de armas en octubre de 1972 y su aplicación a partir de marzo de 1973, un nuevo dispositivo legal que dotó de autonomía a las autoridades militares para iniciar de oficio investigaciones por eventuales delitos contemplados en la Ley y efectuar allanamientos, detenciones y controles en todo el país (Valdivia 2014).

Si bien la facción constitucionalista o prescindente era mayoritaria, las Fuerzas Armadas no eran homogéneas y en su interior crecieron posiciones favorables al golpe de Estado, tal como se evidenció con el Tanquetazo, una intentona golpista ejecutada por sectores del ejército en junio de 1973 y abortada por los militares constitucionalistas, aunque a partir de aquí se operó una purga de los partidarios del profesionalismo militar y se generalizaron las posiciones golpistas. En un contexto de aguda crisis política, en agosto el comandante en jefe del Ejército, el general Prats, fue reemplazado por el general Augusto Pinochet y el 11 de septiembre las Fuerzas Armadas cohesionadas tras un proyecto común ocuparon rápidamente todo territorio nacional y llevaron a cabo la toma del poder (Huneuus 2016).

El golpe de Estado encabezado por el general Pinochet —cuya imagen más difundida fue el cruento bombardeo al Palacio de la Moneda y la resistencia y muerte del presidente Allende— se caracterizó por niveles muy elevados de violencia. En los primeros meses, la represión tuvo un carácter general, masivo e indiscriminado (Goicovic 2013), produciendo un número muy alto de víctimas entre los sectores políticos y sociales que habían apoyado al gobierno de la UP: militantes de base de la izquierda, obreros, campesinos, pobladores urbanos. Se trató de un accionar represivo de alta visibilidad, con ejecuciones sumarias y exhibición o abandono de cadáveres y el uso sistemático de la tortura sobre los detenidos, con miles de presos políticos alojados en centros de detención o campos de prisioneros como el Estadio Nacional, Pisagua o Dawson, cárceles o lugares remotos de confinamiento. Por su parte, la dictadura ilegalizó a los partidos de la UP, a la Central Única de Trabajadores y las confederaciones obreras, restringió la actividad sindical y los derechos ciudadanos, todo lo que produjo la desarticulación de las bases de apoyo de la izquierda e imposibilitó las resistencias, además de generar un flujo enorme de exiliados.

La siguiente etapa estuvo denotada por la centralización de la actividad represiva con la creación de la Dirección de Inteligencia Nacional (DINA), que comenzó a operar entre fines de 1973 y 1974. Estaba a cargo de Manuel Contreras, un alto oficial del Ejército formado en inteligencia en Estados Unidos, que organizó una policía secreta que respondía directamente a Pinochet, abocada a la lucha contrasubversiva. La DINA reemplazó a los diversos organismos de inteligencia militares y policiales que existían antes del golpe de Estado, implementando una represión más selectiva dirigida contra las direcciones políticas en la clandestinidad del Partido Socialista (PS) y el Partido Comunista (PC) y del MIR, caracterizada por el uso de prácticas clandestinas y de campos de concentración (Tejas Verdes, Londres 38, Villa Grimaldi, entre otros), donde actuaban grupos operativos encargados del secuestro, la tortura, la ejecución y la desaparición de personas (Seguel 2022).

Las violaciones masivas a los derechos humanos cometidas por las fuerzas militares y policiales y los agentes de la DINA generaron críticas en sectores muy influyentes como la Iglesia católica chilena pero también el rechazo de la comunidad internacional, impulsadas por las denuncias realizadas por exiliados y organizaciones humanitarias y también por el impacto de los asesinatos en el exterior de personas muy conocidas, como sucedió con el general Prats en un atentado explosivo en la Argentina en septiembre de 1974 o con el ex canciller de Salvador Allende, Orlando Letelier, en Washington D.C., en septiembre de 1976, vinculados a la Operación Cóndor. Este último hecho tuvo hondas repercusiones en los Estados Unidos, donde se inició una causa judicial para esclarecerlo, y contribuyó a la disolución de la DINA y la creación en 1977 de la Central Nacional de Informaciones (CNI), en un intento por legalizar el ejercicio de la represión y restringir las prácticas clandestinas y la desaparición de personas. Finalmente, el gobierno dictó una Ley de Amnistía en 1978 para los delitos por razones políticas entre septiembre de 1973 y marzo de 1978, que benefició a los miembros de las Fuerzas Armadas y de seguridad e impidió su investigación y penalización.

La violenta represión discurrió paralelamente a la personalización del poder en Pinochet, quien removió a los oficiales de alto rango al momento del golpe y concentró los cargos de comandante en jefe del ejército, jefe de la junta de gobierno y, desde 1980, presidente de la república y centralizó el aparato represivo en sus manos (DINA / CNI). Si el proyecto político de la primera etapa —la fase reactiva— fue la eliminación de la UP y la desarticulación de sus bases de apoyo social y político (Garretón 1988), a partir de 1974-1975 se pasó a una fase fundacional, en la que se diseñó e implementó un nuevo proyecto que se fundaba en el autoritarismo político, la economía neoliberal, una sociedad jerarquizada y una cultura conservadora (Gazmurri 2001).

Un elemento fundamental de este proyecto fue la estrategia económica implementada hacia 1975 cuando la Junta Militar entregó el Ministerio de Economía a un grupo de economistas monetaristas formados en la Escuela de Chicago de Milton Friedman[5]. A partir de allí se implementó un plan económico de shock antiinflacionario y políticas de liberalización y apertura de la economía, a través de un proceso amplio de privatizaciones y de reducción del sector público (que sin embargo no incluyó al cobre, nacionalizado en la época de la UP y mantenido en manos del Estado), de favorecimiento de las actividades primarias de exportación y del gran capital financiero e internacional. La aplicación del plan neoliberal, caracterizado por sus resultados como un "milagro económico", tuvo profundos efectos sobre la estructura económica además de altos costos sociales (Boisard 2021).

Este nuevo modelo económico se articulaba con un nuevo modelo social, que contemplaba la reducción del papel del Estado en lo social y la preeminencia del mercado, la despolitización, la desmovilización y la fragmentación de las demandas, el predominio de valores conservadores, el anticomunismo y el individualismo (Valdivia 2010) y también con un nuevo modelo político autoritario, que eliminaba a los partidos políticos, fortalecía el papel del poder municipal y el rol tutelar de las Fuerzas Armadas. A partir de 1978 se puso en marcha un proceso de institucionalización del régimen militar que culminó con el dictado de una nueva Constitución en 1980 —aprobada por un plebiscito que confirmó a Pinochet en su cargo

5 Véase Capítulo 3.3, Pensadores Liberales de la Economía Latinoamericana.

hasta 1990— que establecía un sistema político autoritario, la restricción de los derechos políticos y una fuerte autonomía de las Fuerzas Armadas, que se erigían en garantes del orden constitucional.

Hacia 1981-1982 se inició una crisis económica que afectó duramente a los sectores populares, a las clases medias y a algunos sectores empresarios, impulsando conflictos sindicales que tuvieron alta adhesión y una reanimación del movimiento estudiantil, que puso en evidencia el deterioro de las bases de sustentación del régimen. En esos años también se reactivó la actividad de los partidos políticos todavía ilegalizados (socialistas, comunistas, demócrata-cristianos), luego de un proceso de recomposición de sus direcciones en el exilio y en el país, y hacia mediados de los años 80 surgió una oposición armada a la dictadura —la organización más importante fue el Frente Manuel Rodríguez, ligado al PCCh— que realizó algunas acciones espectaculares, entre ellas el intento de asesinato de Pinochet en 1986. La respuesta de la dictadura fue dictar el estado de sitio y reprimir con dureza las protestas sociales y políticas lo que, junto con la recuperación económica, le permitió superar la crisis.

Para 1988 el gobierno militar convocó a un nuevo plebiscito, en el que la ciudadanía debía pronunciarse por sí o no por la candidatura de Pinochet a las elecciones siguientes. La oposición decidió participar y constituyó la "Concertación por el No", una coalición de 16 partidos de centro y de izquierda, dirigidos por la Democracia Cristina y el PS, que sería la base de los gobiernos de la Concertación que gobernarán el país en las décadas posdictatoriales. La exitosa campaña en la calle y en los medios de comunicación impulsó una amplia participación electoral y culminó con el triunfo del No por el 54% (frente al 43% del Sí). La transición hacia la democracia estaba en marcha.

En las elecciones de 1989, el candidato de la derecha pinochetista por la Unión Demócrata Independiente fue el ex ministro de economía Hernán Büchi, mientras que por la Concertación de Partidos por la Democracia se presentó el demócrata cristiano Patricio Aylwin, quien ganó por el 55% de los votos. Si bien finalizó la dictadura, los gobiernos de la Concertación aceptaron el marco institucional del pinochetismo y la transición derivó en una democracia tutelada por las Fuerzas Armadas y con amplios espacios de poder para los militares, tal como lo evidencia el hecho de que Pinochet siguió siendo su comandante en jefe (y luego, desde 1998, senador vitalicio). Asimismo, los gobiernos posdictatoriales mantuvieron en vigencia la Constitución de 1980, aunque se aprobaron reformas que limitaron los enclaves autoritarios, y se dio continuidad al modelo económico neoliberal.

En lo que refiere a las violaciones a los derechos humanos cometidas por las Fuerzas Armadas en los años de la dictadura, en abril de 1990, Patricio Aylwin creó la Comisión de la Verdad y la Reconciliación, presidida por el jurista Raúl Rettig, que elaboró un informe sobre la base de más de 3000 denuncias presentado en 1991. A diferencia de la Argentina, en Chile la búsqueda de verdad sobre las violaciones a los derechos humanos no fue acompañada por procesos de justicia, en tanto siguió en vigencia la Ley de Amnistía de 1978 que impedía juzgar los crímenes cometidos. Ello fue así hasta los años 1990 con el procesamiento y condena de Manuel Contreras por el asesinato de Orlando Letelier y, en particular, luego de la detención de Pinochet en Londres en 1998, cuando se inició un lento camino de juzgamientos y condenas a responsables de delitos contra los derechos humanos durante la dictadura (Dutrenit Bielous & Varela Petito 2005). En los años 2000, otras dos comisiones enfrentaron el tema de la prisión política y de la tortura: 2003 bajo la presidencia de Ricardo Lagos, con la Comisión Nacional sobre Prisión Política y Tortura y en 2010 bajo la presidencia de Michelle Bachelet, con la Comisión Asesora Presidencial para la Calificación de Detenidos Desaparecidos, Ejecutados Políticos y Víctimas de Prisión, Política y Tortura.

4. LA DICTADURA MILITAR EN ARGENTINA, 1976-1983

El 24 de marzo de 1976 las Fuerzas Armadas argentinas ocuparon el poder siguiendo un camino similar al de Brasil, Uruguay y Chile. Y, aunque el golpe de Estado no puede escindirse de ese marco regional caracterizado por dictaduras militares y procesos de violencia represiva a gran escala, la intervención de las Fuerzas Armadas en la vida política no era nueva en tanto desde 1930 en adelante el país había experimentado al menos un golpe de Estado por década.

El período anterior a ello fue de enorme complejidad en términos sociales y políticos, cuyo punto de inicio puede ubicarse en 1955, con el derrocamiento del gobierno peronista y la larga proscripción política de su líder y del partido que representaba la mayoría del voto popular en la Argentina o, si ponemos el foco en el actor militar, a mediados de los años 60. En junio de 1966 un golpe de Estado puso a las Fuerzas Armadas en el poder, unificadas ideológicamente y doctrinariamente tras el anticomunismo propio de la Guerra Fría y las nuevas doctrinas de guerra contrainsurgente de matriz francesa y estadounidense difundidas desde los años 50 y 60, que otorgaron centralidad a la seguridad nacional y la lucha contra el "enemigo interno" (Pontoriero 2022). En congruencia con estas formulaciones ideológicas, la denominada "Revolución Argentina" (el nombre que le dieron los golpistas al nuevo régimen militar) tuvo un carácter marcadamente represivo y orientado al control social: prohibió la actividad político-partidaria, restringió el accionar sindical interviniendo organizaciones gremiales y prohibiendo el derecho de huelga, impuso la censura y el oscurantismo cultural, intervino las universidades nacionales y persiguió a los jóvenes, sus costumbres y sus ámbitos de sociabilidad, a la vez que puso en marcha una amplia legislación de tinte anticomunista y endureció las penas para las actividades consideradas subversivas.

Las restricciones impuestas por el régimen militar instaurado en 1966 fueron paulatinamente enfrentadas por un conjunto de acciones y movimientos antidictatoriales, que se volvió visible hacia 1968-1969 en particular con las grandes movilizaciones registradas en algunas ciudades del interior del país, como Córdoba y Rosario. A partir de ese momento y hasta mediados de la década siguiente, se desplegó un ciclo de alta conflictividad social y política con actores, demandas y repertorios de acción variados y novedosos en sus contenidos y formas: la activación de los sectores obreros, dotado de nuevas direcciones con carácter antiburocrático y clasista y nuevos métodos de lucha; la creciente agitación entre los sectores medios y universitarios; el desarrollo de expresiones de la denominada "nueva izquierda" y, para 1970, el surgimiento de las organizaciones armadas —las más importantes fueron el Partido Revolucionario de los Trabajadores-Ejército Revolucionario del Pueblo (PRT-ERP), de extracción marxista y Montoneros, de la izquierda peronista—.

A diferencia del curso seguido por la dictadura brasileña a fines de los años 60, el gobierno militar argentino se encontró jaqueado por múltiples movilizaciones y protestas sociales y políticas y por su propia crisis interna, y debió convocar a elecciones vetando la posibilidad de que se presentara el líder del movimiento en el exilio, Juan Domingo Perón. Éstas se realizaron en marzo de 1973, resultando ganador por un amplio margen de votos su candidato Héctor J. Cámpora. La hegemonía del peronismo se confirmó y amplificó luego de su renuncia y la realización de nuevas elecciones en septiembre de ese año cuando más del 60% del electorado consagró la fórmula presidencial Juan Domingo Perón-María Estela Martínez de Perón.

Así, en un clima de enorme fervor popular, el peronismo volvió al poder luego de casi dos décadas de proscripción política, dando inicio a un período complejo y contradictorio, caracterizado por las extendidas y rápidamente frustradas expectativas en el nuevo gobierno, la profundización de la crisis económica y la agudización de la conflictividad laboral, y la creciente violencia política resultante de las disputas entre las diversas facciones dentro del peronismo (exacerbada tras la muerte del presidente Perón en julio de 1974), las acciones de las organizaciones político-militares y los atentados, amenazas y asesinatos perpetrados por comandos armados de la derecha —entre ellos la Alianza Anticomunista Argentina, o Triple A— contra militantes o simpatizantes de la izquierda. La respuesta del gobierno encabezado por la viuda de Perón fue el endurecimiento de los instrumentos legales que penaban las actividades subversivas, como la ley 20.840 de Seguridad Nacional, y el dictado de medidas de excepción como el estado de sitio en noviembre de 1974 (y que se mantuvo vigente hasta 1984), que operaron de sostén legal a la violencia estatal ejecutada por las fuerzas represivas policiales y militares.

En este marco, la presencia e injerencia política de las Fuerzas Armadas se volvió un elemento recurrente en el panorama nacional, en particular por su participación en la denominada lucha contra la subversión. En febrero de 1975 el gobierno peronista autorizó al Ejército a llevar adelante el Operativo Independencia, una campaña represiva destinada a eliminar el foco guerrillero instalado por el PRT-ERP en Tucumán un año antes, utilizando estrategias clandestinas (secuestros y torturas, instalación de centros clandestinos de detención, desaparición de personas), de guerra psicológica y de acción cívica. El accionar represivo se extendió al resto del país a partir de octubre de 1975, cuando se promulgaron los denominados "decretos de aniquilamiento", que facultaban a las Fuerzas Armadas a ejecutar "las operaciones militares y de seguridad que sean necesarias a efectos de aniquilar el accionar de los elementos subversivos en todo el territorio". Asimismo, se estableció una división del territorio nacional en cinco zonas donde se ubicaban las principales autoridades militares (equivalentes a los cuerpos de Ejército en términos geográficos y de mandos), divididas en subzonas y áreas, que definieron los límites territoriales de los circuitos represivos, los recursos utilizados y las fuerzas actuantes (Águila 2013).

Hacia 1975 la profundización de la crisis económica -expresada en elevados índices de inflación, la desaceleración del crecimiento industrial y la caída de los salarios reales- exacerbó las protestas obreras y sindicales. La elevada conflictividad social, en un contexto de enorme descrédito del gobierno peronista y de debilidad de la oposición político-partidaria, aceleró los contactos entre sectores empresarios y políticos con las Fuerzas Armadas para una nueva salida golpista, que finalmente se concretó el 24 de marzo de 1976. El gobierno quedó en manos de una Junta integrada por los comandantes en jefe del Ejército, la Marina y la Aeronáutica quienes, a diferencia de lo que estaba sucediendo en Chile donde el poder se personalizó en la figura de Pinochet, ejercieron un poder colegiado con representación de las tres armas, con primacía del Ejército. La primera Junta Militar, conducida por el general Jorge Rafael Videla, gobernó el país entre 1976 y 1981. Entre 1981 y 1983 se sucedieron otras tres Juntas también encabezadas por generales del Ejército: Eduardo Viola (entre abril y diciembre de 1981), Leopoldo Fortunato Galtieri (desde diciembre de 1981 a junio de 1982) y Reynaldo Bignone (de junio de 1982 hasta diciembre de 1983).

Si bien la represión había comenzado antes del golpe de Estado, su magnitud y escala se amplificó notablemente a partir de 1976. El plan represivo fue diseñado, coordinado y ejecutado por las Fuerzas Armadas y contó con la participación activa de policías y fuerzas de seguridad y de los servicios de inteligencia que actuaban en la órbita militar, policial y gubernamental. La extendida presencia del Ejército en todo el territorio nacional se combinó con una intervención no menos activa de las otras dos fuerzas (Marina, Aeronáutica), si bien más acotada en términos de jurisdicciones territoriales, en un despliegue represivo que recurrió a métodos clandestinos, legales y paralegales.

El circuito clandestino estuvo denotado por el accionar de grupos de tareas y los centros clandestinos de detención. Los primeros estuvieron integrados por miembros de las Fuerzas Armadas y las policías quienes, luego de la detección realizada por los organismos de inteligencia, eran los encargados de secuestrar a hombres y mujeres en operativos realizados en lugares de trabajo, domicilios particulares o en las calles, derivar a las y los prisioneros a los distintos centros de detención clandestina, torturarlos para conseguir información y eventualmente hacer desaparecer los cadáveres. Se sabe que funcionaron alrededor de unos seiscientos lugares de detención dispersos entre varias provincias, la mayoría de los cuales fueron utilizados en los primeros años (1976-1978), y coexistieron con el sistema carcelario, donde muchos sobrevivientes del circuito clandestino pasaron años en calidad de presos legales.

El accionar represivo incluyó varias fases que iban desde la localización de las potenciales víctimas hasta ciertas prácticas para deshacerse de los cuerpos (Olmo 2002). Una modalidad reiterada fueron los "enfrentamientos" fraguados, es decir fusilamientos de personas inermes quienes, previo paso por los centros clandestinos de detención en donde habían sido torturados, eran asesinados y arrojados sus cadáveres en la vía pública. Si bien en algunos centros clandestinos, en particular de la ciudad de Buenos

Aires, se recurrió a "vuelos de la muerte" (es decir, la eliminación física de muchos prisioneros trasladados en aviones militares desde los centros clandestinos, sedados o inconscientes, y arrojados a las aguas del Río de la Plata), los indicios dan cuenta de que la mayoría de los cadáveres fueron enterrados sin identificación (como NN, "ningún nombre" o "no name") en cementerios o en otros predios (terrenos baldíos o dependencias militares) e incluso incinerados. La descripción de tales procedimientos refiere a una de las modalidades preferencialmente usadas en la represión en la Argentina —y sin dudas su marca más perdurable— que fue la desaparición de personas. La condición de *desaparecidos* implicaba no sólo la ilegalidad de las prácticas represivas, sino el borramiento de las huellas, el ocultamiento deliberado de los cuerpos, de las identidades de las víctimas y de los registros de aquella actuación esencialmente clandestina (Calveiro 1998).

Las Fuerzas Armadas y los civiles que apoyaron el golpe de Estado se fijaron objetivos muy ambiciosos, en primer lugar, recomponer el orden y la dominación social y política, erradicando a través del uso de la violencia la intensa movilización que había denotado al período precedente para dar paso a una sociedad disciplinada y desmovilizada e instaurar un orden político autoritario y estable tutelado por los militares. A ello se sumaron otros: reestructurar la economía a través de la implementación de un modelo basado en el libre mercado, la apertura de la economía, el favorecimiento al capital financiero y los grupos más concentrados; reorganizar el funcionamiento del Estado, reduciendo al mínimo su intervención; introducir cambios profundos en el sistema político, limitando el rol de los partidos políticos; disciplinar al movimiento obrero y las direcciones sindicales; restaurar los valores tradicionales y la moral cristiana en la educación, la cultura y la vida social, entre otros. Sin embargo, la implementación de políticas y estrategias para conseguir estos propósitos mostró vaivenes y contradicciones, en tanto no fue un régimen homogéneo (Canelo 2009) y existieron diferencias, tensiones y proyectos diversos que dividieron al gobierno y limitaron la eficacia de las medidas implementadas.

Es posible distinguir distintos períodos o fases por las que transitó el gobierno militar (Águila 2023). El período encabezado por el general Videla (1976-1981) se caracterizó por un amplio y sistemático accionar represivo concentrándose la mayor cantidad de detenciones, desapariciones y asesinatos. Al mismo tiempo fue el momento de mayor aceptación social hacia el régimen y los militares tuvieron un amplio margen de maniobra para poner en marcha su proyecto, mientras las expresiones de resistencia activa y organizada fueron exiguas y corrieron a cargo de grupos minoritarios, en particular en torno a la denuncia por las violaciones a los derechos humanos. El consenso inicial comenzó a erosionarse en la coyuntura de fines de 1980 y comienzos de 1981 asociado a un visible deterioro de la economía y, a partir de la asunción de una nueva Junta Militar presidida por el general Viola, se inició una fase dominada por la interna militar y los cuestionamientos de la sociedad civil a la política económica, las restricciones a la actividad política o los "excesos" represivos.

La situación política y el clima social se modificaron sustancialmente en abril de 1982 cuando el gobierno militar inició un conflicto bélico contra Gran Bretaña por la posesión de las Islas Malvinas (o Falklands), que terminó en una rápida derrota argentina y el desprestigio de las Fuerzas Armadas. Junto con el incremento de las protestas sociales, uno de los datos significativos de este período fue la reanimación de la actividad político-partidaria cuando el último presidente militar, el general Bignone, anunció el llamado a elecciones para fines de 1983. En este nuevo contexto y si bien los organismos de derechos humanos venían actuando desde 1977, con enormes dificultades y riesgos, la cuestión de los derechos humanos adquirió una importancia política determinante, mientras las autoridades militares sufrían una creciente pérdida de legitimidad a causa de la crisis económica, aparecían más y más evidencias de los crímenes cometidos (como las tumbas de cadáveres no identificados, NN, en muchos cementerios que se localizaron en 1982-1983) y los reclamos de los organismos pudieron articularse con otras demandas de la oposición antidictatorial (Franco 2018).

Por otra parte, se convirtió en un problema central para el gobierno democrático instalado en diciembre de 1983 y para los que le sucedieron, que debieron ocuparse del problema de los derechos humanos y de la situación de las desprestigiadas Fuerzas Armadas, a la par que el movimiento de derechos humanos siguió exigiendo al Estado por la aparición con vida de las personas desaparecidas, la liberación de los presos políticos, conocer el destino de los menores apropiados y castigar a los responsables de tales delitos (Águila y Alonso 2021).

En una primera etapa, entre 1983 y 1985, Argentina se convirtió en un caso modelo y pionero en el contexto latinoamericano y global con la constitución de la Comisión Nacional sobre la Desaparición de Personas (CONADEP) en 1983 y, sobre todo, con la realización del Juicio a las Juntas militares en 1985. Pocos días después de asumir la presidencia de la Nación por el voto mayoritario de la ciudadanía, en diciembre de 1983, el presidente radical Raúl Alfonsín (1983-1989) derogó por inconstitucional la ley de autoamnistía que habían dictado las Fuerzas Armadas un mes antes de las elecciones y ordenó enjuiciar a siete jefes guerrilleros del Ejército Revolucionario del Pueblo y de Montoneros por actos de violencia cometidos desde 1973 y a las tres primeras Juntas de la dictadura por homicidio, privación ilegítima de la libertad y torturas. Si bien esta formulación que equiparaba a las "violencias de ambos signos" desplegadas durante los años 70 (también conocida como "teoría de los dos demonios") había estado presente durante los años dictatoriales, a partir de este momento se convirtió en un elemento fundante de las políticas de Estado.

La CONADEP fue creada por el presidente Alfonsín como una comisión "de notables" (estaba integrada por personalidades de prestigio y relevancia nacional, activistas en derechos humanos y periodistas y la presidió el escritor Ernesto Sábato) y su objetivo era investigar y recabar información respecto de distintos hechos de violaciones a los derechos humanos cometidas por las Fuerzas Armadas entre 1976 y 1983. Recibió miles de testimonios y denuncias de víctimas, familiares y organizaciones de derechos humanos, que constituyeron la base principal del informe que recopiló datos respecto de casi 9000 detenidos-desaparecidos, centros clandestinos de detención y represores. El denominado Informe *Nunca Más* fue presentado a la ciudadanía en septiembre de 1984; constituyó el primer documento oficial en el cual se aceptaba la existencia de violaciones a los derechos humanos durante la dictadura y tuvo un rol central en la introducción del tema en la agenda pública, tanto como en la conformación de un amplio consenso para llevar adelante la penalización a los responsables de delitos de lesa humanidad (Crenzel 2008).

El hecho más resonante de la política de derechos humanos de esos primeros años de gobierno democrático fue la realización del Juicio a las Juntas Militares, que se llevó a cabo entre abril y diciembre de 1985, donde se enjuició a los ex comandantes por asesinatos, torturas y otros contemplados en el Código Penal argentino, culminando con la condena a prisión perpetua de la mayoría de ellos y la apertura de un plazo para presentar nuevas demandas en la justicia civil contra otros perpetradores. El Juicio generó malestar en las Fuerzas Armadas y la respuesta del gobierno de Alfonsín fue la Ley de Punto Final votada en diciembre de 1986, que limitaba las acciones penales aunque tampoco conformó a los militares. En 1987 un grupo de oficiales de jerarquía media llevó adelante un levantamiento que revivió el temor de un nuevo golpe de Estado y finalizó en la sanción de la Ley de Obediencia Debida, que absolvía al personal y policial con rangos inferiores de cualquier responsabilidad en los hechos de represión pasados, en tanto se consideraba que había actuado en cumplimiento de órdenes de sus superiores. Con la aprobación de las leyes de Punto Final y

Obediencia se inició una segunda etapa caracterizada por las políticas regresivas, la impunidad y el olvido, culminando con el indulto por parte del presidente Menem en 1990 a los excomandantes que habían sido condenados en el Juicio a las Juntas. Es país tuvo que esperar hasta los años 2000 para que el indulto fuera anulado por la Suprema Corte argentina, lo que abrió un nuevo y amplio ciclo de procesos judiciales, revirtiendo el cuadro de impunidad de la década anterior.

5. COMPARANDO LAS TRES DICTADURAS

¿Cómo pensar comparativamente a las dictaduras acá delineadas? En lo que se refiere a la duración, hay más distinciones que semejanzas. La dictadura brasileña inauguró el ciclo de regímenes autoritarios de Seguridad Nacional del Cono Sur, y duró 21 años, el triple de la argentina[6]. La dictadura chilena empieza un tanto más tarde que la brasileña, en 1973 y duró 17 años, pero habría de extenderse por mucho más tiempo que las otras dos —la argentina termina en 1983, la brasileña en 1985—, cerrando su ciclo recién en 1990.

El período previo a las dictaduras en los tres países fue enmarcado por una fuerte conflictividad política, pero hay una diferencia importante a ser señalada. En Brasil y Chile, gobiernos progresistas —João Goulart y Salvador Allende— buscaban implementar proyectos políticos populares, y en el caso chileno uno declaradamente socialista. En Argentina, al contrario, el gobierno de Isabel Perón —por su filiación con la derecha peronista— respondió con una política conservadora y represiva frente a la movilización social, permitiendo una actuación más intensa de las fuerzas militares y de seguridad en el control social y abriendo espacio para una legislación que les permitió, aún en democracia, un accionar más intenso y amplificado.

Respecto a la presencia de las Fuerzas Armadas en la política a lo largo del siglo XX, podemos decir que hay una graduación. En Chile, al menos desde la década de 1930, los militares habían definido una clara

6 La diferencia de duración es significativa, pero hay que considerar que Argentina pasó por otra dictadura militar entre 1966 y 1973, en un período cercano al que se produjo el golpe brasileño. Pero no la incluimos en esta comparación considerando las importantes diferencias en términos de objetivos, proyectos y prácticas represivas.

separación entre la actividad política y el cumplimiento de sus funciones profesionales, que no impidió la difusión de un fuerte anticomunismo y de las doctrinas contrainsurgentes de matriz francesa y estadounidense (Seguel 2022) y la intervención en la represión social y política. De este modo, las Fuerzas Armadas se apegaron a una actitud de prescindencia política y respeto al orden legal e institucional. En Brasil, desde la proclamación de la República, en 1889, las Fuerzas Armadas tuvieron una presencia constante en el escenario político, en particular en la dictadura del Estado Novo (1937-1945), las conspiraciones de 1955, las rebeliones militares (1956 y 1959), además de manifiestos públicos en momentos de crisis políticas. En Argentina, las Fuerzas Armadas tuvieron igualmente una constante presencia política durante gran parte del siglo XX, interviniendo de manera aún más intensa y directa en el escenario político-institucional a través de recurrentes golpes de Estado (1930, 1943, 1955, 1962, 1966, 1976), con un saldo de 25 años de los militares en el poder y 14 dictadores-presidentes.

Las dictaduras de seguridad nacional, insertas en el cuadro regional e internacional de la Guerra Fría, aunque de manera particular en cada país, tuvieron en la Doctrina de Seguridad Nacional de origen estadounidense y las teorías francesas de guerra revolucionaria importantes pilares de orientación (Sala 2022). Hubo influencias y apoyo de los Estados Unidos en todos los golpes (Joffily 2018), sin embargo esa participación fue innegablemente mayor en Chile, donde la CIA puso en práctica un amplio programa clandestino de desestabilización del gobierno de Allende, desarrollando estrategias testadas previamente en el golpe brasileño.

Conforme los preceptos de la teoría de la guerra revolucionaria francesa la represión fue, en las tres dictaduras militares, dirigida e implementada por las Fuerzas Armadas y policiales, o sea por instituciones y organismos represivos que existían antes de los golpes de Estado. El Ejército desempeñó un papel clave por su amplia presencia territorial, los servicios de inteligencia asumieron una centralidad particular y las policías se involucraron activamente en el ejercicio represivo, pero también se verificaron ciertas especificidades en el diseño de los organismos y dispositivos represivos utilizados. En Brasil y Chile se crearon organismos especialmente dirigidos a la represión política, siendo los más conocidos el DOI-CODI brasileño y la DINA chilena. Las estrategias, aunque muy semejantes en el abanico de opciones —secuestros, torturas, asesinatos, desapariciones, prisiones— y de los trazos generales de militarización de la seguridad pública o de la lógica del enemigo interno, se diferenciaron en escala y orientaciones. Tomando apenas las cifras de muertos y desaparecidos, tenemos un número oficial para Brasil de 191 muertos y 243 desaparecidos políticos —que no contabilizan individuos asesinados como resultado de conflictos en el campo en el período, calculados en 1.196 entre 1961 y 1988, ni de muertes producidas entre poblaciones indígenas estimadas de modo bastante conservador en al menos 8.360—, en Chile, la Comisión Valech contabilizó 3.065 muertos y desaparecidos y en Argentina los grupos de defensa de derechos humanos estiman alrededor de 30 mil víctimas.

La represión en Brasil y Argentina se hizo de manera menos visible que la chilena en los primeros meses del golpe contra Allende, cuando se realizaron detenciones en masa y fusilamientos, en una demostración pública que sería remplazada por una represión más selectiva y discreta. En la comparación, Argentina se destaca por un número de víctimas fatales sensiblemente más amplio, así como por la elección de la desaparición forzada como estrategia represiva predominante. Es importante también mencionar que hubo colaboraciones entre los tres países, conduciendo a la vigilancia cruzada de exiliados, operaciones bilaterales de detención y tortura de militantes políticos y la conocida la Operación Cóndor, creada en Chile en 1975, que reunió a diversos países de América del Sur y contó con apoyo del aparato tecnológico estadounidense (Slatman 2016).

En lo que concierne a los gobiernos, Chile se diferencia de los demás países debido al personalismo de la dictadura de Augusto Pinochet, pues en las otras dictaduras se respetó el sistema de las juntas militares —con representantes de las tres Fuerzas Armadas— y con alternancia en el poder del mandatario. Por otro lado, la dictadura brasileña contrasta con las demás por mantener, aunque limitado en distintos aspectos, el funcionamiento de dispositivos de la democracia liberal —congreso activo, elecciones (indirectas)—, acompañado de un esfuerzo intenso de legitimación legislativa del orden autoritario. En el campo económico, el trazo en común es el favorecimiento al capital financiero y los grupos más concentrados y la apertura al capital extranjero. Brasil y Chile experimentaron lo que se llamó "milagros económicos", en el caso de Brasil acompañado de un período de mayor presencia del Estado en la economía y en el caso de Chile, del experimento neoliberal llevado a cabo por los economistas apodados de *Chicago boys.* Brasil y Argentina —con mayor intensidad— vivieron períodos de crisis económicas que contribuyeron a la impopularidad de los regímenes autoritarios en sus últimos años. El fenómeno de la concentración de renta y de la caída del poder adquisitivo de los sectores populares se verificó en los tres países.

En los procesos de transición tuvieron un fuerte impacto los legados de cada dictadura y la manera en que serían procesados en el período posterior. Argentina fue la primera a volver a un régimen de democracia constitucional, tras la desmoralizante derrota de las Fuerzas Armadas en la guerra de Malvinas, que precipitó la transición del gobierno militar hacia un gobierno civil. Brasil vivió un largo período de transición, anunciada en 1974 como inicio de la distensión, marcada por la Ley de Amnistía de 1979 y finalmente concretada en 1985 con la elección indirecta de un presidente civil. La dictadura chilena todavía perduraría hasta 1990, cada vez más aislada en la región pero con fuerza para mantener su hegemonía en el país. Con la derrota frente al imperio británico, los militares argentinos no pudieron imponer sus reglas en la transición y tuvieron que aceptar la investigación de la CONADEP y luego el Juicio de las Juntas en 1985. En Brasil, la transición tutelada por los militares les garantizó una impunidad que sigue vigente, pero se conquistó una importante ruptura legal con la Constitución de 1988. En Chile, la dictadura logró institucionalizarse en la Constitución de 1980 y las Fuerzas Armadas —así como la figura de Pinochet— siguieron muy presentes en la escena nacional. Si por un lado la tutela militar se impuso sobre la transición brasileña y chilena, Chile y Argentina tuvieron comisiones por la verdad, con procesos disímiles, pero que les distancia de Brasil, que solamente pasaría por esa experiencia décadas más tarde.

6. CONCLUSIÓN: EL EJE COMÚN

Pese las diversas y significativas diferencias señaladas, los puntos comunes se imponen: la conflictividad política del período previo al golpe, las inspiraciones doctrinarias internacionales, el anticomunismo, el rol protagónico del Ejército, la participación de las élites civiles, la articulación entre las fuerzas militares y policiales, las estrategias represivas, el objetivo de refundación nacional y de erradicación de las movilizaciones políticas del campo de la izquierda, la fuerte impronta en la configuración política y social y el trauma social producido. En los tres países, los legados de las dictaduras siguen presentes en la vida política, alimentando los debates públicos, definiendo las posiciones ideológicas de distintos sectores sociales y políticos, lo que demuestra el impacto y el peso de esas experiencias autoritarias en su historia reciente.

7. BIBLIOGRAFÍA

ÁGUILA, Gabriela; ALONSO, Luciano. Procesos, actores y dinámicas sociopolíticas en la transición a la democracia en Argentina. In: MOLINERO, Carme; YSÀS, Pere (Orgs.). *De dictaduras a democracias*. Portugal, España, Argentina, Chile. Granada: Comares, 2020, p. 111-145.

AGUILA, Gabriela; JOFFILY, Mariana. Ações repressivas e violencia estatal. In: LVOVICH, Daniel; MOTTA, Rodrigo Patto Sá (Eds.). *As ditaduras argentina e brasileira em ação*: violencia represiva e busca de consentimiento. Belo Horizonte: Editora UFMG; Los Polvorines: Ediciones UNGS, 2023, p. 79-110

ÁGUILA, Gabriela. *Historia de la última dictadura militar.* Argentina, 1976-1983. Buenos Aires: Siglo XXI, 2023.

ÁGUILA, Gabriela. La represión en la Argentina: modalidades, dinámicas regionales y efectos sociales. In: ÁGUILA, Gabriela; ALONSO, Luciano (Orgs.). *Procesos represivos y actitudes sociales:* entre la España franquista y las dictaduras del Cono Sur. Buenos Aires: Prometeo, 2013.

ALVES, Maria Helena Moreira, *Estado e oposição no Brasil (1964-1984)*, Petrópolis: Vozes, 1984.

ANTUNES, Priscila, Ditaduras militares e institucionalização dos serviços de informações na Argentina, no Brasil e no Chile, en Fico, Carlos *et al.* (org.), *Ditadura e democracia na América Latina*, Rio de Janeiro: FGV, 2008.

BOISARD, Stephane. O modelo econômico chileno: um esquema perverso. In: RAMÍREZ, Hernán; FRANCO Marina (Orgs.). *Ditaduras no Cone Sul da América Latina.* Um balanço historiográfico. Rio de Janeiro: Civilização Brasileira, 2021.

CALVEIRO, Pilar. *Poder y desaparición.* Los campos de concentración en la Argentina. Buenos Aires: Colihue, 1998.

CANELO, Paula. *El proceso en su laberinto.* La interna militar de Videla a Bignone. Buenos Aires: Prometeo, 2008.

CHIRIO, Maud y JOFFILY, Mariana, Moderniser la répression politique: la stratégie de formation de l'homme de renseignement sous la dictature brésilienne, en *Histoire@ Politique*, Nº 34, 2018.

COMISIÓN NACIONAL DE LA VERDAD, *Informe Final*, vols. 1 e 2, Brasília, Presidencia da República, 2014.

CONFINO, Hernán Eduardo. Las redes montoneras en el exilio. Revolución, solidaridad y derechos humanos (1974-1980). In: AGUILA, Gabriela; GARAÑO, Santiago; SCATIZZA, Pablo. (Orgs.). *La represión como política de Estado.* Buenos Aires: Imago Mundi, 2020, p. 257-270.

CRENZEL, Emilio, "Enfrentando el retroceso. Justicia, verdad y memoria en la Argentina reciente", en Águila, Gabriela *et al.* (org.), *La Historia Reciente en Argentina. Balances de una historiografía pionera en América Latina*, Buenos Aires: Imago Mundi, 2018.

CRENZEL, Emilio. *La Historia política del Nunca Más.* Buenos Aires: Siglo XXI, 2008.

DELACROIX, Christian. A história do tempo presente, uma história (realmente) como as outras? *Revista Tempo & Argumento*, v. 10 n. 23 (2018): Edição Especial III Seminário Internacional História do Tempo Presente.

DUTRÉNIT BIELOUS, Silvia y VARELA PETITO, Gonzalo. Dilemas políticos y éticos en torno a las violaciones a los derechos humanos en el Cono Sur. *América Latina Hoy*, v. 40, 2005.

FICO, Carlos. *O grande irmão*: da operação *Brother Sam* aos anos de chumbo. Rio de Janeiro: Civilização Brasileira, 2008.

FRANCO, Marina, *Un enemigo para la nación. Orden interno, subversión y guerra (1973-1976)*, Buenos Aires: F.C.E., 2012.

FRANCO, Marina. *El final del silencio.* Dictadura, sociedad y derechos humanos en la transición (Argentina, 1979-1983). Buenos Aires: F.C.E., 2018.

GARAÑO, Santiago y Pertot, Werner, *Detenidos-aparecidos. Presas y presos políticos de Trelew a la dictadura,* Buenos Aires: Biblos, 2007.

GARAÑO, Santiago, "Las formas de represión política en el "teatro de operaciones" del Operativo Independencia (Tucumán, 1975-1977)", en ÁGUILA, Gabriela, GARAÑO, Santiago y SCATIZZA, Pablo (Orgs.), *Represión estatal y violencia paraestatal. Nuevos abordajes a 40 años del golpe de Estado.* La Plata: FAHCE, 2016.

GARRETÓN, Manuel. La evolución política del régimen militar chileno y los problemas en la transición a la democracia. In: O´DONNELL, Guillermo et al. (comps.). *Transiciones desde un Gobierno Autoritario.* América Latina, v. 2, Buenos Aires: Paidós, 1988.

GODOY, Marcelo, *A casa da vovó: Uma biografia do DOI-Codi 1969-1991, o centro de sequestro, tortura e morte da ditadura militar*, São Paulo: Alameda, 2014.

GOICOVIC, Igor. Terrorismo de Estado y resistencia armada en Chile. El MIR, entre la Dictadura y la Transición (1973-1994). In: ÁGUILA, Gabriela; ALONSO, Luciano. (Orgs.) *Procesos represivos y actitudes sociales: entre la España franquista y las dictaduras del Cono Sur.* Buenos Aires: Prometeo, 2013.

HARMER, Tanya. *Allende's Chile and the Inter-American Cold War.* Chapel Hill: University of North Carolina Press, 2011.

HOBSBAWM, Eric. *A era dos extremos.* São Paulo: Companhia das Letras, 1995.

HONEUUS, Carlos. *El régimen de Pinochet.* Santiago: Sudamericana, 2000.

JOFFILY, Mariana. A política externa dos EUA, os golpes no Brasil, no Chile e na Argentina e os direitos humanos. *Topoi.* Revista de História, Rio de Janeiro, v. 19, n. 38, 2018.

JOFFILY, Mariana; ÁGUILA, Gabriela. Ditaduras na América do Sul entre as décadas de 1960-1980. In: ARAÚJO, Maria Paula; PIMENTEL, Izabel; ARAÚJO, Rafael (Eds.). *História política da América do Sul nos séculos XX e XXI,* (no prelo).

KORNBLUH, Peter. *The Pinochet File.* Nova York: New Press, 2013. (e-book).

LÖWY, Michel. *O marxismo na América Latina*: uma antologia de 1909 aos dias atuais. 5ª ed., São Paulo: Perseu Abramo, 2016.

LVOVICH, Daniel; MOTTA, Rodrigo Patto Sá (Orgs.). *As ditaduras argentina e brasileira em ação.* Belo Horizonte: Editora UFMG, Los Polvorines: Ediciones UNGS, 2023.

MARTINS FILHO, João Roberto, "A educação dos golpistas: cultura militar, influência francesa e golpe de 1964", en *The cultures fo dictatorship: historical reflections on the brazilian golpe of 1964*, Universidade de Maryland, 2004.

MAZZEI, Daniel, *Bajo el poder de la caballería. El Ejército argentino (1962-1973)*, Buenos Aires: Eudeba, 2012.

MONTAÑO, Eugenia Allier. Ética y política en el historiador del tiempo presente. In: ORTEGA, César; OVALLE, Camilo Vicente, (Orgs.) *En la cresta de la ola.* México: UNAM, Bonilla Artiga, 2020, pp. 175-194.

MOTTA, Rodrigo Patto Sá (Org.). *Ditaduras militares.* Brasil, Argentina, Chile e Uruguai. Belo Horizonte: Editora UFMG, 2015.

MOTTA, Rodrigo Patto Sá, *Em guerra contra o perigo vermelho,* São Paulo: Perspectiva/ Fapesp, 2002.

MOTTA, Rodrigo Patto Sá. 2020. "La violencia política en el Brasil republicano: un análisis de las leyes y las instituciones represivas (1889-1988)". *Boletín Del Instituto De Historia Argentina Y Americana Dr. Emilio Ravignani,* n.º 53 (julio). https://doi.org/10.34096/bol.rav.n53.8010.

NOVARO, Marcos. *Cables secretos.* Buenos Aires: Edhasa, 2011.

OLMO, Darío. Reconstruir desde restos y fragmentos. El uso de los archivos policiales en la antropología forense en Argentina. In: DA SILVA CATELA, Ludmila; JELIN, Elizabeth (Orgs.). *Los archivos de la represión:* Documentos, memoria y verdad. Buenos Aires: Siglo XXI, 2002.

PADRÓS, Enrique Serra y SLATMAN, Melisa, "Brasil y Argentina: modelos represivos y redes de coordinación durante el último ciclo de dictaduras del Cono Sur. Estudio en clave comparativa y transnacional", en JENSEN, Silvina y LASTRA, Soledad (eds.), *Exilios: militancia y represión. Nuevas fuentes y nuevos abordajes de los destierros de la Argentina de los años setenta.* La Plata: EDULP, 2014.

PADRÓS, Enrique Serra; A ditadura brasileira de Segurança Nacional e a Operação 30 horas: intervencionismo ou neocisplatinização do Uruguai? *Ciências e Letras,* Porto Alegre, n. 37, jan.-jun. 2005, p. 227-249.

PADRÓS, Enrique Serra; SLATMAN, Melisa (Orgs.). Dossier: coordinaciones represivas en el Cono Sur de América Latina (1964-1991). TALLER (SEGUNDA ÉPOCA). *Revista de Sociedad, Cultura y Política en América Latina.* v. 1, n. 1, 2012.

PEREIRA, Antony. *Ditadura e repressão.* O autoritarismo e o estado de direito no Brasil, no Chile e na Argentina. Rio de Janeiro: Paz e Terra, 2010.

PONTORIERO, Esteban, "De la guerra (contrainsurgente): la formación de la doctrina antisubversiva del Ejército argentino (1955-1976)", en ÁGUILA, Gabriela, GARAÑO, Santiago y SCATIZZA, Pablo (Orgs.), *Represión estatal y violencia paraestatal. Nuevos abordajes a 40 años del golpe de Estado.* La Plata: FAHCE, 2016.

PONTORIERO, Esteban. *La represión militar en la Argentina (1955-1976).* Los Polvorines: UNGS, Posadas: UNAM; La Plata: UNLP, 2022.

POWER, Margaret, *La mujer de derecha.* El poder femenino y la lucha contra Salvador Allende, 1964-1973. Santiago: Centro de Investigaciones Diego Barros Arana, 2008.

RAPOPORT, Mario; LAUFER, Rubén. Os EUA diante do Brasil e da Argentina: os golpes militares da década de 1960. *Revista Brasileira de Política Internacional*, v. 43, n. 1, 2000.

REINA, Eduardo, *Cativeiro sem fim: as história de bebês, crianças e adolescentes sequestrados pela ditadura militar do Brasil*, Alameda, São Paulo, 2019.

ROBIN, Marie-Monique. *Escuadrones de la muerte.* La escuela francesa. La Plata: De la Campana, 2014.

ROLLEMBERG, Denise; QUADRAT, Samantha Viz (Orgs.) *A construção social dos regimes autoritários.* Brasil e América Latina. Rio de Janeiro: Civilização Brasileira, 2010.

ROSTICA, Julieta Carla. La coordinación represiva entre Argentina, Guatemala, Honduras y El Salvador (1976-1983). Avances, dificultades y desafíos. In: AGUILA, Gabriela; GARAÑO, Santiago; SCATIZZA, Pablo. (Orgs.). *La represión como política de Estado.* Buenos Aires: Imago Mundi, 2020, p. 243-256.

ROUSSO, Henry. *A* última catástrofe*: a história, o presente, o contemporâneo.* Rio de Janeiro: FGV, 2016.

SALA, Laura Yanina. La Doctrina de Seguridad Nacional em América Latina. Un repaso por los estudios clásicos y sus críticos. *e-l@tina.* Revista electrónica de estudios latinoamericanos, v. 20, n. 80, 2022.

SCATIZZA, Pablo, "Un Comahue no tan frío. La Norpatagonia argentina en el proyecto represivo de la dictadura militar (1975-1983)", en *Izquierdas*, Nº 23, 2015.

SCHMIDLI, William Michael. *The Fate of Freedom Elsewhere.* Human Rights and U.S. Cold War Policy toward Argentina. Ithaca: Cornell University Press, 2013.

SCHMITZ, David F. *The United States and Right-wing Dictatorships.* 1965-1989. Cambridge: Cambridge University Press, 2006.

SECRETARÍA DE DERECHOS HUMANOS, *Camponeses mortos e desaparecidos: excluídos da justiça de transição,* Secretaria de Direitos Humanos, Brasília, 2013.

SEGUEL, Pablo. *Soldados de la represión.* Anticomunismo, seguridad nacional y contrasubversión en las Fuerzas Armadas chilenas, 1970-1975. Santiago: Universidad Alberto Hurtado, 2022.

SIMON, Roberto. *O Brasil contra a democracia.* São Paulo: Companhia das Letras, 2021.

SLATMAN, Melisa. El Cono Sur de las dictaduras, los eslabonamientos nacionales en el interior de la Operación Cóndor y las particularidades del caso argentino. In: AGUILA, Gabriela; GARAÑO, Santiago; SCATIZZA, Pablo (Orgs.). *Represión estatal y violencia paraestatal en la historia reciente argentina.* Nuevos abordajes a 40 años del golpe de Estado. La Plata: Facultad de Humanidades y Ciencias de la Educación Universidad Nacional de La Plata, 2016. p. 465-489.

TELES, Edson, *O abismo na História. Ensaios sobre o Brasil em tempos de Comissão da Verdade.* São Paulo: Alameda, 2018.

VALDIVIA ORTIZ DE ZÁRATE, Verónica. "¡Estamos en guerra, señores!". El régimen militar de pinochet y el "pueblo", 1973-1980. *Historia,* n. 43, 2010.

VALDIVIA ORTIZ DE ZÁRATE, Verónica. Chile: ¿un país de excepción? La Ley de Control de Armas y la máquina represiva puesta en marcha. In: PINTO, Julio

(Org.). *Fiesta y drama*: nuevas historias de la Unidad Popular. Santiago: Lom, 2014, p. 205-230.

WINN, Peter. *La revolución chilena.* Santiago: Lom, 2013.

YANKELEVICH, Pablo y JENSEN, Silvina, “México y Cataluña: el exilio en números”, en *Exilios. Destinos y experiencias bajo la dictadura militar,* Buenos Aires: Libros del Zorzal, 2007.

Parte 3
Economía

Coordinadora:
Maria Cristina Cacciamali

3.1. Ideas de desarrollo económico en las Américas: de la herencia ibérica a nuestro propio pensamiento

LUIZ GUILHERME DE OLIVEIRA[1]
Universidad de Brasilia (UnB)
Email: lgoliveira@unb.br

MOISÉS BALESTRO[2]
Universidad de Brasilia (UnB)

1. INTRODUCCIÓN

Este capítulo aborda la trayectoria de las ideas de desarrollo económico de pensadores e intelectuales latinoamericanos españoles y portugueses relacionados con los procesos de independencia de los países latinoamericanos. La primera parte explora el sistema económico en el período escolástico, en España y Portugal, analizando las similitudes y diferencias entre ambos en la formación de instituciones en este "espacio ibérico". A continuación, se ve la trayectoria e innovación de las primeras ideas económicas en las colonias y el inicio de los movimientos independentistas.

2. EL SISTEMA ECONÓMICO EN EL UNIVERSO IBÉRICO: EL PERÍODO ESCOLÁSTICO

Al analizar la trayectoria histórica y económica de las colonias latinoamericanas, es necesario comprender la lógica de la dinámica económica ibérica, y cómo se constituyó en el período previo a la Revolución Industrial y al Liberalismo Económico inglés. Es importante destacar que el período de expansión marítima, liderado por Portugal y España, fue fundamental

---

1 Profesor de la Universidad de Brasilia (UnB), Programa de Postgrado en Desarrollo, Sociedad y Cooperación Internacional (PPGDSCI).

2 Profesor de la Universidad de Brasilia (UnB), Programa de Postgrado en Ciencias Sociales – Estudios Comparados sobre las Américas (PPGECsA).

para la consolidación del universo occidental tal como lo conocemos hoy, además de ser un factor determinante para la viabilidad económica del primero. Revolución industrial. La naturaleza colonial de América Latina la hizo parte de un sistema mundial mercantil que dio forma a la génesis del capitalismo (Gunder Frank, Andre, 1998).

El período de expansión marítima ibérica se consolidó a finales del siglo XV y alcanzó su apogeo durante los siglos XVI y XVII. A partir de los siglos XVIII y XIX, la lógica de organización económica del universo ibérico, considerando Colonia y Metrópoli, fue a por medio de una crisis de identidad, posicionándose siempre entre una visión industrial más liberal o una visión más basada en la continuidad del centralismo estatal y la continua profundización de una relación económica de explotación de la Metrópoli con la Colonia.

Para pensar la lógica del funcionamiento de las colonias portuguesas y españolas en América, es necesario pensar en la lógica económica del universo ibérico, su funcionamiento, su estructura social e institucional. Al mismo tiempo, no hay que perder el foco en el contexto histórico de la entonces reciente unificación religiosa y territorial de estos países (Portugal y España) durante los siglos XII y XIV.

Una característica importante de la lógica económica ibérica siempre ha sido la fuerte centralidad del poder estatal (o real). En el caso portugués, autores de la época como Álvaro Pais (1332) y posteriormente João Sobrinho (1483) y Diogo Lopes Rebelo (1496) dejaron claro que la centralidad del poder real (Estado) debía extenderse a toda la sociedad, extrapolando políticas y extendiéndose a la lógica de las relaciones económicas. Estos autores fueron de gran importancia para la constitución de un cuerpo institucional sólido, las "Ordenações", que terminaron configurando la dinámica socioeconómica del espacio portugués en América. Al mismo tiempo, es claro que este cuerpo institucional jurídico fue una variación del "Corpus Juris Civilis" justiniano donde, a su vez, el papel institucional de la Iglesia estaba muy bien consolidado.

Comprender el funcionamiento de la Colonia y su relación con la Metrópoli significa tener que conocer, e interpretar, la relación entre religión y poder estatal presente en las dinámicas de poder.

Como plantea Morse (1988, pg.54), en el caso español es necesario entender "la tradición 'medieval' originada en las Siete Partidas, un conjunto de leyes recopiladas en el reinado de Alfonso el Sabio (iniciado hacia 1260), que definía a los sujetos políticos no como "individuos", sino por su ubicación social y su misión cristiana; el gobernante, aunque no era responsable ante ellos de los procedimientos formales, estaba obligado en conciencia a hacer cumplir las leyes de Dios públicamente reconocibles". En el caso brasileño, el marco institucional presente en el período colonial comenzó con la consolidación de las "Ordenações Afonsinas" (1446), las "Ordenações Manuelinas" (1521) y las "Ordenações Filipinas" (1603). Las "Ordenanzas" regularon los procesos políticos y económicos, resaltando siempre la importancia del Estado como actor importante en el entramado que constituía la sociedad. En ambos casos, la relación entre Estado e Iglesia es clara, así como la materialización de un carácter institucional derivado de dicha relación. Aquí está presente el enfoque teórico de carácter histórico institucionalista[3].

Por otro lado, al observar el caso de la expansión marítima ibérica, y en particular Portugal, debemos considerar que este proceso fue el resultado de una lógica de aprendizaje lenta y gradual similar al proceso de aprendizaje que ocurrió en las economías de industrialización tardía, por ejemplo, de la puesta al día que se deriva de la imitación perfeccionada (Lee, 2019). Portugal llegó a Canarias en 1345 y a Madeira en 1348, por lo que este esfuerzo por "avanzar más allá del mar" no necesariamente surgió de forma disruptiva de las "Grandes Navegaciones" del siglo XV, sino de una lógica de desarrollo del aprendizaje, y logros técnicos paulatinos que permitieron, a su vez, un proceso continuo de innovaciones incrementales que posibilitaron los resultados exitosos de la apuesta por la innovación que fueron las grandes navegaciones. Fueron los astilleros portugueses, respondiendo a las demandas de los navegantes de alta mar que no podían hacer frente a los vientos del Atlántico frente a las costas africanas, los que iniciaron esta transformación industrial y comercial (Munro, 2010). El proceso fue el resultado de una innovación incremental basada en la vela triangular del barco costero árabe. El barco árabe era un barco muy pequeño conocido como dhow, mientras que la innovación incremental portuguesa logró la misma estructura de velas para un barco mucho más grande (de 40 a 200 toneladas) con mástiles mucho más grandes; carabelas (Munro, 2010).

---

3 Para la discusión sobre el institucionalismo histórico ver: Hamilton, W. (1932); Comunes, J. (1931); Neale, W. (1987).

3. EL PERÍODO ESCOLÁSTICO

La discusión sobre comercio y "manufacturas/artes" siempre ha sido un tema importante en la discusión económica durante los siglos que conformaron la relación Metrópoli/Colonia. A finales del siglo XVI, Giovanni Botero (1588) ya destacaba la importancia del Estado para inducir el proceso de expansión económica, principalmente a través de otras formas de acumulación y producción. El siglo XVII fue rico y diverso en la producción de reflexiones económicas que resaltaron la importancia de mantener una agenda productiva que permitiera "desprenderse" de la trampa constituida por la riqueza de las colonias. Para la mayoría de estos autores, la importancia se centró en la necesidad de incorporar las artes (o manufacturas) a la agenda productiva de las metrópolis. A principios del siglo XVII Antonio Serra (1615) en "Breve Tratado sobre las causas que pueden hacer que los reinos sin minas abundan en oro y plata" destaca la importancia de las "manufacturas/artes" como elemento capaz de compensar la ausencia de oro y plata o incluso como elemento importante para equilibrar una balanza de pagos deficitaria. En este sentido, otros autores como Duarte Gomes Solis (1622) en "Discurso sobre Comercio de las Indias", el Padre Antonio Vieira (1646) en "Razones señaladas a El Rey D. João IV", Frei Pantaleão Rodrigues (1650) en "Tratado de justa exacción de tributo", Manuel Severim Faria (1655) en "De los medios con que Portugal puede crecer" y Duarte Ribeiro de Macedo (1675) con "Discurso sobre la introducción de las artes", destacaron, con gran sofisticación, la importancia de considerar la "manufactura/artes" como un elemento estratégico para el crecimiento de la metrópoli.

Es necesario reflexionar sobre las motivaciones que indujeron a los Estados ibéricos a renunciar a la "ventana de oportunidad" brindada por las "manufacturas/artes", y mantener su foco en el proceso de exploración del extractivismo y del "agroindustrial exportador" de la caña de azúcar. En este punto, también es interesante considerar una interpretación schumpeteriana, donde la idea de *lock-in* está presente, induciendo una opción por opciones de menor riesgo frente a inversiones con retornos dudosos (o no tan significativos, como lo fueron los rendimientos de las inversiones en la exploración de colonias).

Otros puntos importantes también están presentes en los análisis escolásticos, principalmente en las reflexiones de la Universidad de Salamanca y la Universidad de Évora. De ellos, un punto de reflexión que merece destacarse es la discusión sobre el funcionamiento del mercado y los factores que determinan el precio. Como podemos ver en Cardoso (2001), Luis

Molina (1597) fue el autor que más destacó en el estudio de los precios justos al poner en discusión aspectos relacionados con la felicidad de una comunidad, el mercado, la justicia distributiva y la ética y la justicia.

Estos aspectos, la relación entre el Estado y los factores, especialmente éticos, que determinan la justicia dejan una huella clara sobre los mecanismos que guiaron los criterios económicos en su momento.

4. EL UNIVERSO IBÉRICO. ESPAÑA Y PORTUGAL: DINÁMICAS SIMILARES EN PROCESOS DIFERENTES

Aunque la centralidad del poder estatal, fomentada por las instituciones religiosas, era común en el universo ibérico, los procesos de producción, acumulación y ocupación no fueron necesariamente similares entre Portugal y España.

La ocupación española de Mesoamérica y la región de los Andes requirió una acción más coordinada que la ocupación portuguesa, dada la complejidad cultural de las sociedades nativas que ocuparon la región. Al mismo tiempo, la lógica de producción y acumulación también era distinta de la lógica portuguesa. En el caso español, la disrupción de las diversas sociedades mesoamericanas fue bastante intensa. Debemos tener claro que en esta época, en el siglo XVI, se produjo un fuerte choque civilizacional entre la sociedad occidental (ibérica) y la población de los pueblos originarios, donde las diferencias están presentes en toda la lógica y tejido social. Elliott (1984) destaca en cifras la reducción de la población en el altiplano mexicano, la cual disminuyó en más del 90% en el periodo comprendido entre 1519 y 1580. Según el autor, en el caso de los Andes la reducción, aunque drástica, fue menor intenso.

En el caso portugués, las cifras de reducción poblacional de los pueblos originarios son menos precisas, en parte debido a la menor complejidad de los pueblos originarios establecidos en la región. En cualquier caso, el impacto fue bastante significativo.

Como se vio anteriormente, un punto importante, que une la lógica de la ocupación española y portuguesa, se refiere al papel central del Estado. En ambos casos, el poder estatal centraliza las acciones económicas, aunque con dinámicas productivas diferentes. En el caso español se organiza una estructura económica esencialmente, pero no exclusivamente, extractiva, donde la relación con aquellas sociedades originarias está muy presente. En el caso portugués, lo que se observa es un proceso de ciclos productivos de carácter furtadiano (Furtado, 1959), donde paulatinamente actividades económicas son sustituidas por otras que no siempre tienen la misma dinámica y no se establecen en el mismo lugar. Así, es posible verificar que el primer ciclo de exploración, extractivo, del palo de Brasil tiene una lógica de organización productiva distinta del ciclo productivo de la caña de azúcar. En el caso de la caña de azúcar llama la atención la organización y volumen de producción establecido en la colonia, una vez más resulta interesante la interpretación schumpeteriana. La escala de producción gana volumen verdaderamente industrial con turnos de producción que permiten un proceso operativo ininterrumpido. Esta forma de producción "agroindustrial" es posible gracias a un proceso de organización del trabajo basado en la comercialización del trabajo esclavo, de origen africano. Aquí podemos ver que el Estado portugués tiene control sobre toda la cadena productiva, ya que las actividades comerciales y esclavistas también son portuguesas[4].

A pesar de los diferentes procesos productivos entre España y Portugal, un punto sigue siendo similar entre los dos países: la fuerte centralidad estatal. Esta centralidad requiere, a su vez, la creación de una amplia capacidad de control y seguimiento de las actividades realizadas en las colonias. Por tanto, es necesario crear un aparato público fuerte, con administradores y gestores altamente cualificados. Es importante tener presente que la distribución global de las colonias es, en ese momento, un proceso sin precedentes en la historia occidental. De este modo, las metrópolis (Portugal y España) se ven obligadas a crear importantes competencias para ejercer este control y seguimiento. La creación de este aparato de gestión pública, retomando la perspectiva schumpeteriana de innovación, pero de carácter procesual, se convierte en una característica importante de la lógica económica ibérica, como destaca Faoro (1958) cuando discute, de manera muy crítica, sobre la lógica estatal.. Sin embargo, esta lógica estatal es fundamental para el funcionamiento económico del proyecto colonial (Oliveira, 2018; Oliveira et al., 2020).

---

4 Según Miller (1988), el volumen de esclavos africanos comercializados con el Brasil colonial fue del orden de 23 a 25 millones de personas. Molinero, J. (1988).

5. DISRUPCIÓN Y DIFERENTES MODELOS DE CRECIMIENTO Y ACUMULACIÓN

Por otro lado, observando la dinámica económica y social en el resto del universo occidental en el período, es posible verificar puntos de ruptura que terminan definiendo rumbos y lógicas económicas diferentes a las diseñadas en el universo ibérico. Como ya se destacó, la relación entre Estado e Iglesia está muy presente, materializándose en la definición de las "reglas del juego". Naturalmente, el advenimiento de la Reforma Protestante de Lutero en 1517 trajo al escenario político del mundo occidental una ruptura religiosa que, a la postre, acabó materializándose en un cambio institucional, es decir, para una parte importante de los países occidentales, las "reglas del juego" se modifican, aportando una nueva lógica a la relación entre sociedad, individuos, Estado e Iglesia.

El universo anglosajón tuvo dos rupturas importantes y complementarias. La primera fue la Reforma Religiosa, que tuvo un fuerte impacto social. El segundo fue el advenimiento de la Revolución Gloriosa (1688), que trajo importantes consecuencias para la estructura del tejido productivo y político de Inglaterra. Como afirma Polanyi (2000) y, posteriormente, Wood (2015), las condiciones que permitieron la primera Revolución Industrial inglesa son bastante singulares y peculiares.

Alejados del proceso de producción y acumulación de la relación "Metrópoli-Colonia", propia del universo ibérico, el camino elegido por el universo anglosajón fue hacia el proceso de profundización de las "manufacturas/artes". La reflexión sobre el individualismo en las relaciones económicas, junto con el contexto político, resultante de las rupturas Reforma Religiosa/Revolución Gloriosa, dieron como resultado los orígenes del pensamiento político y económico, principalmente de corte liberal. La lógica que se impone proviene de una búsqueda constante de racionalidad/individualidad/beneficio.

Es en este contexto que el primer Germina la Revolución Industrial, cuya materialización se caracteriza por el "Tratado de Methuen" (1703) que regula las relaciones comerciales entre Inglaterra y Portugal. El "Tratado" explica las diferencias en los modelos económicos, poniendo en discusión lo que más tarde se conoció, a través del trabajo de Ricardo (1817), como ventajas ricardianas de la especialización productiva. Iniciar un proceso de división internacional del trabajo o de la producción. Al mismo tiempo, observando el trabajo de Smith (1771) podemos comprobar la existencia de un fuerte argumento a favor del proceso de individualización de la producción y autorregulación del mercado. Como afirma Cardoso (2001), citando a Albert Hirschman (1977), "el principal impacto de La riqueza de las naciones fue establecer una poderosa justificación económica para la búsqueda del interés personal individual, mientras que en la literatura anterior (…) el énfasis era sobre los efectos políticos de esta búsqueda"[5].

Evidentemente, las reflexiones sobre precio y mercado llevadas a cabo por los escolásticos de las Universidades de Salamanca y Évora, que se materializaron en las obras de Luis Molina (1597), quedaron superadas con la consolidación de la I. Revolución Industrial y, en particular, de las obras de Adam Smith (1759 y 1771).

Sin duda, el proceso "manufactura/artes" se consolida como un paradigma técnico productivo, superando definitivamente la lógica de explotación "Metrópoli/Colonia". Bertola y Ocampo (2015) aclaran esta situación al presentar un desacoplamiento de la producción en dos países occidentales y colonias latinoamericanas desde la 1ª Revolución Industrial. Sin embargo, la lógica liberal no se impone del todo a la lógica de la organización productiva ibérica. Sebastião José de Carvalho e Melo (Marqués de Pombal) reintroduce discusiones sobre industrialización de "Economic Writings of London" (1741). A partir de 1779, con la fundación de la "Real Academia de Ciencias de Lisboa", las discusiones sobre Economía Política cobraron mayor impulso. Aquí, autores como Guimarães Moreira en "El espíritu de la economía política naturalizada en Portugal" (1781) defienden un proceso de industrialización con menor intervención pública, pero con el Estado todavía presente. Como afirma Cardoso (2001), para Moreira el "Estado no debe obligar, sino ordenar; el Estado no debe obligar, sino favorecer y premiar" (Cardoso, 2001, p. 59). Posteriormente, Rodrigues Brito "Memorias políticas sobre las verdaderas bases de la grandeza de las naciones" (1803) defiende la idea del Estado para sustituir al mercado cuando este no presenta condiciones de equilibrio. En el mismo sentido, José Acúrsio das Neves en "Memoria sobre los medios de perfeccionamiento de la industria portuguesa, considerada en sus mejores ramas" (1820) defiende el papel de impulso del Estado en áreas consideradas estratégicas. Señalando así un fuerte límite a la adhesión del universo ibérico a la doctrina liberal anglosajona. Al final, queda claro, como afirma Véliz (1980), el papel central del Estado en la lógica de construcción del capitalismo ibérico y su desarrollo natural en las economías coloniales latinoamericanas. Esta "organicidad", en palabras de Holanda (1936), constituye un

---

5 Hirschman, A. (1977, pg. 100).

elemento central en la consolidación de las sociedades latinoamericanas y su relación con las sociedades ibéricas.

6. TRAYECTORIA E INNOVACIÓN: LAS PRIMERAS IDEAS ECONÓMICAS EN LAS COLONIAS Y EL INICIO DE LOS MOVIMIENTOS INDEPENDENTISTAS

La herencia colonial de América Latina y su muy tardía industrialización en relación con los países actualmente desarrollados y su dependencia intelectual del continente europeo tienden a eclipsar los aportes realizados por los intelectuales latinoamericanos a la reflexión sobre el desarrollo de sus respectivos países. En términos estructurales, los siglos XVIII y XIX revelaron un cambio en los patrones de dependencia económica. Desde el inicio de la colonización española y portuguesa hasta finales del siglo XVIII, la economía de estos países tuvo un sistema tributario colonial con fuertes regulaciones, monopolios y licencias comerciales definidas por las metrópolis (Bertola y Ocampo, 2013). El régimen de propiedad en las economías coloniales también era bastante errático, con autoridades discrecionales en los imperios portugués y español, un alto nivel de corrupción con la persistencia de la esclavitud y un sistema de castas. En los países exportadores de productos agrícolas con sociedades agrarias, el mercado de tierras estaba muy poco desarrollado. A partir del siglo XIX, los países latinoamericanos constituyeron una economía dependiente y periférica articulada con la dinámica de acumulación de capital en los países capitalistas centrales. A pesar de algunos esfuerzos de industrialización con los ingenios azucareros y la industria textil, los países son esencialmente exportadores de materias primas y consumidores de productos importados. A diferencia de la economía colonial, las jóvenes repúblicas ahora podían exportar directamente a los mercados europeos sin la intermediación de las metrópolis.

En su diversidad y heterogeneidad, América Latina atravesó dos momentos de gran efervescencia con ideas e instituciones originales para su desarrollo. La primera se produjo en los años de los movimientos independentistas en las primeras décadas del siglo XIX. El segundo ocurrió con las experiencias de industrialización a partir de la década de 1930 mediante la sustitución de importaciones en países como México, Brasil y Argentina (Durán y Balestro, 2023). El primer momento fue clave para la construcción ideacional de la especificidad del desarrollo de los países latinoamericanos, a pesar de ser políticamente frágiles por la ausencia de un Estado moderno capaz de liderar y crear los incentivos necesarios para el desarrollo económico. El segundo momento permitió una coalición entre élites políticas, intelectuales y parte de las élites económicas capaces de construir un relativo consenso en relación con la industrialización de los países.

Considerando los aportes del pensamiento económico ibérico en la sección anterior, esta sección explora las ideas sobre el desarrollo económico de los intelectuales latinoamericanos durante los procesos de independencia a lo largo del siglo XIX y principios del XX. Un primer punto común de estos pensadores y libertadores es el peso dado a la integración económica de los países. La unidad latinoamericana estuvo presente en José Artigas, Simón Bolívar, José Martí y otros.

Brasil fue una excepción en cuanto a la importancia otorgada a la integración del continente. José Bonifácio, el principal intelectual del proyecto de nación para Brasil poco después de la independencia del imperio portugués, veía con miedo los movimientos independentistas republicanos. Dos posibles razones para esto son la extensión territorial de Brasil mucho mayor que la de sus vecinos y el hecho de que el país siguió un régimen monárquico después de su independencia en 1822. Además, es necesario considerar la continuidad de las animosidades heredadas del dominio colonial portugués. Además de no ser republicanas, las élites económicas y políticas brasileñas continuaron con una economía basada en el trabajo esclavo.

La idea de independencia brasileña es casi una continuidad de las bases políticas y económicas de la economía colonial con la combinación de monarquía y esclavitud. Un escenario muy diferente ocurre con la experiencia de José Artigas en Uruguay. Además de defender la integración latinoamericana, Artigas defendió la reforma agraria y el proteccionismo industrial. Con la reforma agraria, las oligarquías rurales de la economía colonial perdieron poder, al mismo tiempo que la protección de la naciente industria evitaría la dependencia total del imperio británico (Abdala, 1982). Algunas medidas de Artigas en 1815 fueron la libre navegación de los ríos para estimular un fuerte intercambio interprovincial y la protección de la industria naciente, exactamente como se hizo en Estados Unidos y Alemania al comienzo de la industrialización.

La normativa aduanera propuesta en 1815, antes de la invasión extranjera del Uruguay en 1816, proponía las siguientes medidas para la importación y exportación (Abdala, 1982). En el caso de las importaciones, las medidas aduaneras fueron:

a) la no tributación de bienes para la salud pública, educación, instrumentos de guerra, oro y plata;

b) impuestos bajos sobre los bienes de consumo popular;

c) altos impuestos a los productos manufacturados que compiten con los productos nacionales;

d) Para el mercado interno son preferibles las frutas y productos de las Américas.

En el caso de las exportaciones, nula tributación y bajos impuestos para los productos nacionales y altos impuestos para el oro y la plata.

Es posible comparar estas propuestas con las aportaciones de List y Hamilton. En el caso de las exportaciones, sin tributación y con impuestos bajos para los productos nacionales y altos impuestos para el oro y la plata, es posible comparar estas propuestas con los aportes de List y Hamilton. Al comentar sobre los impuestos a las importaciones, Hamilton (1791) está lejos de ser un proteccionismo vulgar.

Al igual que Artigas, hubo varias mediaciones fiscales para poner los impuestos al servicio de la industria manufacturera. Hamilton señala algunas medidas que han tenido éxito en otros países: a) impuestos a artículos extranjeros que tienen equivalentes nacionales cuya producción es fomentada por el gobierno, b) prohibición de la exportación de materias primas utilizadas en la producción manufacturera, c) exención de impuestos sobre materias primas utilizadas en la fabricación, entre otros. De una manera más completa y elaborada, List (1909) presenta los siguientes méritos de un sistema industrial que aún están muy vigentes. El primero es el efecto indirecto de la manufactura local en la agricultura, el comercio y la navegación del país. El segundo mérito es indicar los medios para construir una industria nacional y, finalmente, el tercer mérito es la idea de una nación donde se toman en cuenta los intereses y condiciones nacionales.

No menos importante fue la propuesta de reforma agraria de Artigas. En palabras de Artigas en el 'Reglamento provisional para el fomento de la campaña Octubre de 1815' en el artículo sexto, 'los negros libres, los zambos de esta clase, los indios y los criollos pobres, todos pueden ser premiados con beneficios de estadía'., si con su trabajo y hombría de bien propenden a su felicidad, y a la de la provincia. La reforma agraria fue una condición importante para la industrialización en países del este de Asia como Taiwán, Corea del Sur e incluso Japón, y esto contrasta con América Latina que, con excepción de México, tuvo reformas agrarias tímidas después del inicio de la industrialización (Kay, 2002).

Fermín de Vargas, uno de los luchadores por la independencia de Colombia, consideró que la importancia del desarrollo económico no se limitaba a la agricultura. Para él, las colonias deberían tener un desarrollo equilibrado en todos los ámbitos: agricultura, industria y comercio por razones económicas y sociales (Popescu, 1997).

Es necesario señalar que la idea de manufactura todavía estaba muy ligada al trabajo de los artesanos en los sectores textiles, la acuñación, con excepción de la producción de azúcar. Los ingenios azucareros eran lo más parecido a la manufactura capitalista racional en el siglo XIX. Es necesario recordar que las fábricas brasileñas y cubanas tenían una racionalidad de producción económica muy cercana a la manufactura capitalista ya en los siglos XVII y XVIII, como se mencionó anteriormente. Según Moreno Fraginals (2001), los ingenios sufrieron transformaciones tecnológicas desde el molino de energía de matriz animal, molino parcialmente mecanizado al molino mecanizado.

La manufactura a gran escala en las jóvenes repúblicas y el imperio brasileño era esencialmente azúcar, ron, tabaco, lana y algodón, productos de cuero, monedas de oro y plata y algunos tipos de cerámica (Gómez-Galvariato, 2008). Los mercados para estas manufacturas eran diversos, desde pueblos hasta ciudades más grandes del continente americano, Europa e incluso partes de Asia y África.

Para Fermín de Vargas, el desarrollo equilibrado debe ir acompañado de un plan de expansión de las actividades económicas hacia el interior del país. Fue muy crítico con la insensibilidad de los gobiernos que se olvidaban de las tierras del interior, como en el momento de la conquista del continente (Popescu, 1997). La construcción de carreteras que unieran el interior con las costas del mar con una política de infraestructuras combinada con una planificación económica fue parte ineludible del desarrollo de las colonias. Curiosamente, una de las sugerencias de Vargas fue el uso de las fuerzas armadas en la construcción de carreteras. Sugirió que mil seiscientos soldados de la guarnición de Santa Fe aprovecharían mejor su tiempo trabajando en la apertura y construcción de nuevos caminos. Un dispositivo que fue utilizado en varios países a lo largo del siglo XX.

La planificación económica propuesta por Fermín de Vargas tenía un componente clave de desarrollo urbano y la formación de una fuerza laboral sana y bien educada. Vale la pena recordar que Alfred Marshall menciona la importancia de la salud y el vigor de la población y la educación en el libro cuatro de su obra maestra Principios de economía de 1890. Para mejorar la calidad de los habitantes de las ciudades, sugiere fomentar la inmigración, fomentar los matrimonios a través de reformas agrarias y desarrollo de diversas industrias, medidas de salud pública con campañas contra enfermedades (lepra y sarampión), desarrollo de la medicina y construcción de hospitales. Tales medidas contribuirían a un aumento de la población necesario para el desarrollo económico (Popescu, 1997). Incentivar la educación fundamental con escuelas del interior del país también fue parte de las ideas programáticas de Fermín de Vargas.

Incluso antes que Fermín de Vargas, otro colombiano, Narváez y la Torre, enfatiza la importancia de iniciar el establecimiento de manufacturas en las colonias. Llamó la atención sobre la necesidad de producir y procesar algodón trayendo mano de obra especializada desde España. Narváes y la Torre consideró un gran ahorro para el reinado español si el algodón y el producto final pudieran fabricarse en la colonia a precios más bajos, sin los altos costos de transporte entre Europa y el nuevo continente, seguros marítimos, tiempos de espera en puertos entre otros.. Ante los riesgos de difundir ideas que podrían fortalecer las economías de las colonias, renuncia a la industrialización por razones que serían convenientes para la economía de la metrópoli (Popescu, 1997).

Manuel Belgrano, nacido en 1770 en Buenos Aires, puede considerarse un precursor del pensamiento desarrollista en Argentina. Belgrano fue político, economista y militar. De manera similar a lo que reforzaría la Escuela Histórica Alemana, Belgrano tenía una visión orgánica de la economía en la que el progreso material no podía separarse del progreso social y ambos iban de la mano del progreso cultural. Como nos recuerda Shionoya (2001), la escuela histórica alemana tiene una perspectiva organicista con una cosmovisión (*Weltanschauung*) políticamente orientada hacia la industrialización tardía de una Alemania menos desarrollada. Al igual que Artigas y Fermín de Vargas, Belgrano defendió la educación pública. La escuela es un medio para la prosperidad del Estado. La obra quedará sin efecto si el principio de la educación como medio para el progreso no constituye una máxima de política educativa. Más específicamente, Belgrano destacó la educación técnica en los campos de la agricultura y el comercio. Sería un espacio en el que los jóvenes trabajadores podrían aprender los principios generales y lecciones prácticas de las artes agrícolas. En el comercio, Belgrano llamó la atención sobre la creación de una escuela de marina mercante, dada la ubicación privilegiada de Buenos Aires y otros puertos del país. Fruto de su determinación se creó un curso de marina mercante en la Academia Náutica Argentina (Popescu, 1997).

Aunque tuvo contacto indirecto con la obra de Adam Smith, su formación económica estuvo fuertemente influenciada por Quesnay y la escuela fisiocrática durante sus estudios en Francia. Esto se hace evidente cuando afirma que la agricultura es el verdadero destino de la humanidad, siendo la más extensa y esencial de todas las artes (Popescu, 1997). A pesar de la fuerte influencia fisiocrática, Belgrano destacó la necesidad de protección gubernamental para las nacientes industrias del lino, el algodón, la lana y el cuero. En este sentido, el punto de partida de la industrialización de Belgrano no difirió de la trayectoria de industrialización de la mayoría de los países, comenzando por las industrias textiles y de productos de cuero.

De acuerdo con Manuel Belgrano, otro pensador económico porteño durante la joven república argentina fue Esteban Echeverría, nacido en 1805. Cuando estudiaba en Francia, entró en contacto con autores como Montesquieu, Sismondi, Saint Simon, entre otros, que se oponían entre sí. Otros a la doctrina del liberalismo clásico.

Utilizando el marco de lo que sería el escolasticismo latinoamericano, Echeverría mezcla un racionalismo tomista con algunos exponentes de la Ilustración como Herder y Vico. En línea con la Escuela Histórica Alemana, considera la sociedad como una estructura orgánica y muy diferente de la filosofía atomista del siglo XVIII centrada en el individuo. Lejos de ser una aglomeración de individuos, la sociedad se constituye a partir de relaciones recíprocas en el espacio y el tiempo.

Para él, la unión orgánica y fundamental de la sociedad descansa en la idea de nacionalidad. Sin nacionalismo no hay cultura. Atado por la idea tomista, el sentimiento nacional es una imposición de la ley divina. Un punto que también converge con la Escuela Histórica Alemana es su concepto de libertad económica. La libertad de uno es limitada, pues solo puede llegar hasta donde no perjudique la libertad del otro. Por tanto, si la iniciativa privada no es suficiente, es necesario que intervenga el Estado. La intervención para Echeverría no es algo estatista, sino que constituye un esfuerzo colectivo para lograr un propósito compartido por muchos; el progreso y crecimiento de la nación. En consecuencia, acepta o rechaza la intervención en función de cuánto sirva para alcanzar el objetivo del progreso. La acción estatal necesita responder a la teleología de este objetivo trascendente.

El objetivo supremo es el bienestar de la comunidad nacional o la producción de riqueza nacional. Si la iniciativa privada choca o es insuficiente para satisfacer los intereses colectivos, entonces es deber del Estado actuar estimulando o moderando esta iniciativa (Popescu, 1997). Otro aspecto que coincide con Schmoller (1915) tiene que ver con los propósitos de las políticas sociales como forma de asegurar el mejoramiento moral, físico e intelectual de las clases más pobres. Una frase de Echeverría se asemeja al concepto de cohesión social de Durkheim. Según él, el Estado nacional "debe examinar cuidadosamente la solidaridad moral del destino de sus hijos porque profesa el principio moral de solidaridad de todos sus miembros" (apud Popescu, 1997). Al asociar la solidaridad social a una ley divina, rechaza las condiciones de explotación laboral por parte de las clases ociosas. Echeverría utiliza un principio moral religioso para defender los derechos de quienes trabajan. En virtud de la ley de Dios y de su naturaleza, el trabajador tiene los mismos derechos que los demás.

Al igual que otros pensadores económicos latinoamericanos del siglo XIX, Echeverría destaca la importancia de un plan económico, enfatizando el desarrollo de medios de transporte, la lucha contra la sequía y las plagas (énfasis en la actividad agrícola), la formación profesional y un tipo de formación científica. Organización de trabajo. Su programa social incluye política fiscal y política de asistencia social. Los salarios deben tener tres características para su determinación: satisfacer las necesidades, considerar el sacrificio y la eficiencia. Para ser justos, el salario debe proporcionar al trabajador las condiciones para alimentarse adecuadamente, educar a sus hijos, estar protegido de enfermedades e imprevistos y, finalmente, garantizar una vejez tranquila.

A pesar de los importantes avances intelectuales asociados con los movimientos independentistas de las colonias latinoamericanas, no pudieron romper los grilletes todavía asociados con las instituciones coloniales. Como advierte Mariátegui (2009), a pesar de la influencia de las ideas de la revolución francesa en las elites políticas que lideraron los procesos independentistas en América Latina, tales procesos constituyen una inserción subordinada en la división internacional del trabajo en función de las necesidades del desarrollo capitalista de las metrópolis. Como en la relación entre colonias y metrópolis, la división internacional del trabajo guiada por los países capitalistas occidentales implicaba la misma opción de que los países exportaran materias primas e importaran bienes manufacturados.

Uno de los pensadores que mejor captó, incluso a través del conocimiento de la experiencia de su propio país, el paso de la dominación colonial a una inserción subordinada en la división internacional del trabajo fue José Martí. Unos años antes de la independencia política de Cuba de España en 1895, EE.UU. buscó una especie de 'buen gobierno' para los países latinoamericanos con la adopción de una moneda común basada en el patrón plata, criterios de propiedad intelectual y un sistema de arbitraje internacional para resolver disputas. Entre los países americanos. Como advirtió Martí a diplomáticos de otros países, se trataría de una integración subordinada con los países latinoamericanos al tener que someter su política exterior comercial a la voluntad de EE.UU., renunciando a su independencia y soberanía (Lamrani, 2014).

En Nuestra América, obra que reúne cartas y artículos de José Martí, hay una clara opción por la integración económica entre los países latinoamericanos como una forma de posicionarse frente a los países occidentales. En tus palabras,

> ¿Y han de poner sus negocios los pueblos de América en manos de su único enemigo, o de ganarle tiempo, y poblarse, y unirse, y merecer definitivamente el crédito y respeto de naciones, antes de que ose demandarles la sumisión el vecino a quien, por las lecciones de adentro o las de afuera, se le puede moderar la voluntad, o educar la moral política, antes de que se determine a incurrir en el riesgo y oprobio de echarse, por la razón de estar en un mismo continente, sobre pueblos decorosos, capaces, justos, y como él, prósperos y libres? (Nuestra América, p. 68).

Como nos recuerda Barbosa dos Santos (2012), Martí ve la autonomía de los países latinoamericanos como una forma de afirmar el carácter del continente para realizar un potencial civilizatorio único, pero con alcance universal. El programa defendido por Martí incluye reforma agraria, salarios justos y un mayor equilibrio entre clases sociales.

7. CONCLUSIÓN

Al observar a los países de industrialización tardía exitosos, vemos que no solo aceptaron sus especificidades, sino que hicieron de sus diferentes trayectorias una ventaja decisiva al combinar su legado institucional con estrategias de desarrollo y visión de futuro. Tales fueron los casos de Alemania, Japón, Corea del Sur y China, por citar algunos ejemplos.

Sin embargo, en los países latinoamericanos tenemos lo que Mangabeira Unger (2018) llama "colonización mental". Para el autor, la región padece dos tipos de conformismo: i) el conformismo de aceptar las ventajas comparativas que ofrece y reserva un supuesto destino; y ii) el conformismo de imitación imposible que busca (no) resolver problemas copiando las instituciones y prácticas de los países desarrollados. Este conformismo terminó cegando a las élites económicas y políticas ante las contribuciones de la civilización ibérica en América Latina, haciéndolas mirar al liberalismo económico de Smith y Ricardo como el único camino posible hacia el progreso económico. Al mismo tiempo, estas mismas élites no eran conscientes del bloqueo institucional caracterizado por la fuerte presencia del Estado en la acción económica de los países de la región. Así, a lo largo de los siglos XIX y XX, nos convertimos en "liberales nacionalización", la más pura materialización del "ornitorrinco" de Francisco de Oliveira (2003).

Al recuperar las ideas económicas de los pensadores ibéricos y del período independentista, este capítulo revela pistas sobre una visión del desarrollo que tiene mucho en común con otras experiencias de industrialización y desarrollo tardíos. En las economías coloniales y en los procesos de independencia, las ideas sobre las artes de fabricación y la organización industrial de las fábricas, las capacidades administrativas de los estados coloniales, la centralidad del estado para dirigir la acumulación de riqueza con la planificación económica, la reforma agraria y la educación universal. Varios de estos puntos se materializan en las institucionalidades de las economías de la región, reconocerlas y buscar sinergias entre ellas es quizás uno de los primeros pasos para superar el actual estado de inercia presente en los países latinoamericanos.

Finalmente, la trayectoria intelectual e institucional de la economía en América Latina revela más aspectos y sutilezas que la basada en la visión tradicional de una estructura colonial estructurada a partir de la esclavitud y el retraso en relación con el proceso de industrialización.

8. BIBLIOGRAFÍA

ABDALA, Miguel H. (1982) José Artigas, revolucionário latino-americano in Investigación Económica 162, octubre-diciembre, pp. 197-217.

BARBOSA DOS SANTOS, Fabio L. (2012). Em torno ao pensamento econômico de José Martí: premissas ideológicas e horizonte civilizatório de uma utopia latinoamericana radical in OIKOS, Volume 11, n. 1, pp. 127-138.

BÉRTOLA L.; OCAMPO J.A. O desenvolvimento econômico da América Latina desde a independência. São Paulo: Elsevier (2015).

BRITO, Rodrigues Brito (1803). "Memórias Políticas sobre as Verdadeiras Bases da Grandeza das Nações e principalmente Portugal. Lisboa, Portugal. Banco de Portugal, 1992.

CARDOSO, J.L. História do Pensamento Económico Português. Temas e Problemas. Lisboa/Portugal, 2001.

COMMONS, J.R. Institutional Economics: its place in political economy. New York: MacMillan, 1934.

ELLIOT, J.H. A conquista espanhola e a colonização da América, em: BETHELL, L. (org.) América Latina Colonial vol. 1, São Paulo, SP. Ed. Edusp, 1984.

FARIA, Manuel Severim (1655). Dos meios com que Portugal pode crescer em grande número de gente, para aumento da milícia, agricultura e navegação. Em: Antologia dos Economista Portugueses - Século XVII. Lisboa, Portugal. Biblioteca Nacional, 1924.

FAORO, R. Os donos do Poder, formação do patronato político brasileiro. Porto Alegre, RS. Editora Globo, 1958.

FURTADO, C. Formação Econômica do Brasil. Rio de Janeiro, RJ. Ed. Fundo de Cultura, 1959.

GUNDER FRANK, Andre (1998) ReORIENT: global economy in the Asian Age, Berkeley, University of California Press.

HAMILTON, Alexander (1791) Report on Manufactures disponível em https://founders.archives.gov/documents/Hamilton/01-10-02-0001-0007

HAMILTON, W.H. Institutions. In: SELIGMAN, E.R.A.; JOHNSON, A. (Orgs.) Encyclopaedia of Social Sciences, v.8, p.84-9, New York, MacMillan, 1932.

HIRSCHMAN, A. The passions and the interest: political arguments for capitalism before its triumph. New Haven, USA. Princeton University Press, 1977.

HOLLANDA, S. B. Raizes do Brasil. Rio de Janeiro, RJ. Ed. José Olympio, 1936.

KAY, C. (2002). Why East Asia overtook Latin America: Agrarian reform, industrialisation and development. Third World Quarterly (Vol. 23). https://doi.org/10.1080/01436590220000366 49

LAMRANI, Salim (2014) José Martí y las conferencias internacional y monetaria: Alegato por la independencia económica de Nuestra América disponível em http://www.josemarti.cu/dossier/jose-marti-y-las-conferencias-internacional-y-monetaria-alegato-por-la-independencia-economica-de-nuestra-america/

LEE, Keun (2019) The Art of Economic Catch-Up, Cambridge, Cambridge University Press.

LIST, Friedrich (1909) The National System of Political Economy, trans. Sampson S. Lloyd, London, Longmans and Green.

MACEDO, Duarte Ribeiro (1675). Discurso sobre a introdução das artes no Reino. Em: Antologia dos Economista Portugueses - Século XVII. Lisboa, Portugal. Biblioteca Nacional, 1924.

MARIÁTEGUI, José Carlos (2009) Siete ensayos de interpretación de la realidad peruana, Madrid, Red Ediciones S.L.

MARTÍ, José (2005) Nuestra América, Caracas, Fundación Biblioteca Ayacucho.

MELO, Sebastião José de Carvalho (1741). "Escritos Econômicos de Londres". Lisboa, Portugal. Biblioteca Nacional, 1986.

MOLINA, Luís (1597). La Teoria del Justo Precio. Madri, Espanha. Ed. Nacional, 1981

MOREIRA, Guimarães Moreira (1781). "O espírito da economia política naturalizada em Portugal" Em: Memórias Económicas Inéditas (1780-1808). Lisboa, Portugal. Academia de Ciências de Lisboa, 1987.

MORSE, R.M. O espelho de prospero. Cultura e ideias nas Américas. São Paulo/SP. Ed. Cia das Letras, 1988.

MUNRO, John (2010) Tawney's Century, 1540-1640: The Roots of Modern Capitalist Entrepreneurship in Landes, David S.; Mokyr, Joel e Baumol, William J. (edit.) The invention of enterprise: entrepreneurship from ancient Mesopotamia to modern times, Princeton, Princeton University Press.

NEALE, W. Instituições. Em: SALLES, A.O.T.; PESSALI, H.F.; FERNANDÉZ, R.G. (orgs) Economia Institucional. São Paulo, SP, Ed. Unesp, 1987.

NEVES, José Acúrsio (1820). "Memória sobre os meios de melhorar a indústria portuguesa, considerada nos seus melhores ramos". Porto, Portugal. Ed. Afrontamento, 1994.

NORTH, D. Instituições, mudança institucional e desempenho econômico. São Paulo/SP. Ed. Três Estrelas, 2018.

OLIVEIRA, F. Crítica à razão dualista. O ornitorrinco. São Paulo/SP, Ed. Boi Tempo, 2003.

OLIVEIRA, L.G. Developmentalism and the Latin American State: the "statecentric logic". International Journal of Science and Research (IJSR), v. 7, n. 9, p. 1242-1247, 2018.

OLIVEIRA, L. G.; MEDEIROS, P. V. M.; DAROIT, D.; MELO, S. W. C.. Determinants of Portuguese Iberian Capitalism. IJAERS - International Journal of Advanced Engineering Research and Science, v. 7, p. 289, 2020.

PAIS, Álvaro (1332). Du Statu et Planctu Ecclesiae. Ulm, 1474; Lião, 1517; Veneza, 1560. Trad. Portuguesa: Estado e Pranto da Igreja. Lisboa: Instituto Nacional de investigação Cietífica, 1988-1990, trad. De Miguel Pinto de Meneses. Excertos selecionados in: Barbosa, J.M. (ed), Lisboa, Portugal. Ed. Verbo, 1992.

POLANYI, K. A grande transformação. As origens da nossa época. Rio de Janeiro, RJ, Ed. Campus, 2000.

POPESCU, Oreste (1997) Studies in the History of Latin American Economic Thought, London, Routledge.

RICARDO, David (1817). Princípios de Economia Política e de Tributação. Lisboa, Portugal. Ed. Fundação Calouste Gulbekian, 1983.

REBELO, Diogo Lopes (1496). Liber de Republica gubernanda per regem. Trad. Portuguesa: Do Governo da República pelo Rei. Lisboa, Portugal. Ed. Instituto de Alta Cultura, 1951.

RODRIGUES, Fr. Pantaleão (1650). Tratado de justa exacção do tributo. Trd. Portuguesa in Amzalak, Moses B. Lisboa, Portugal. 1957.

RUIZ, Clemente e Balestro, Moises (2023) Latin America: Learning and Fictional Expectations in Industrial Development. In: Patrizio Bianchi; Sandrine Labory; Philip R Tomlinson. (Org.). Handbook of Industrial Development, 1ed., Cheltenham, Edward Elgar, p. 37-53.

SCHMOLLER, Gustav Friedrich (1915) On Class Conflicts in American Journal of Sociology, Volume 20, NO 4, pp. 504-531.

SERRA, Antonio. (1615) Breve Tratado das causas que podem fazer os reinos desprovidos de minas ter abundância de ouro e prata. Curitiba, PR, Ed. Segesta, 2002.

SHIONOYA, Yuichi (2001) The German Historical School: the historical and ethical approach to economics, London, Routledge.

SMITH, Adam (1759) Teoria dos Sentimentos Morais. São Paulo, SP. Editora Martins Fontes, 1999.

SMITH, Adam (1771) Inquérito sobre a Natureza e as causas da Riqueza das Nações. Lisboa, Portugal. Ed. Fundação Calouste Gulbekian, 1981.

SOBRINHO, Fr. João (1483). De justitia comulativa et arte campsoria seu cambiariis acalearum ludo. Trad. Portuguesa: Da justiça Comulativa in: Amzalak, M.B., Lisboa, Portugal, 1945.

SOLIS, Duarte Gomes (1622) Discursos sobre los comércios de las Indias, donde se tratan matérias importantes de Estado, y guerra. Lisboa, Portugal. Nova edição in Anais do Instituto Superior de Ciências Económicas e Financeiras, vol. X, 21-263, Lisboa, Portugal, 1942.

UNGER, Roberto M. (2018) Depois do colonialismo mental: repensar e reorganizar o Brasil, São Paulo, Autonomia Literária.

VELIZ, C. The Centralist Tradition of Latin America. Princeton University Press, 1980.

VIEIRA, Pr Antonio Vieira (1646). Razões apontadas a El-Rei D. João IV a favor dos cristãos-novos, para se lhes haver de perdoar a confiscação de seus bens que entrassem no comércio deste reino. Em: Obras Escolhidas, Lisboa, Portugal. Clássicos Sá da Costa, 1951.

WOOD, E.M. The Pristine Cultural of Capitalism. A Historical Essay on Old Regimes and Modern States. New York, NY. Ed. Verso 2015.

3.2. La CEPAL: Importancia y Limitaciones en el Desarrollo Económico

MARIA CRISTINA CACCIAMALI[1]

Universidad de São Paulo

cacciamali@usp.br

1. INTRODUCCIÓN

La Comisión Económica y Social para América Latina y el Caribe (CEPAL) es un importante organismo de la Organización de las Naciones Unidas (ONU), con sede en Santiago de Chile, que tiene como misión diagnosticar, analizar, elaborar y proponer políticas públicas para superar las restricciones estructuralesconómicas y sociales de la región que limitan su avance hacia mejores condiciones de vida para sus poblaciones. La historia institucional de la CEPAL comienza a mediados del siglo XX, con la misión de sugerir una política económica para superar el estancamiento económico de la región en la inmediata posguerra, pero aún destaca su importancia en el diagnóstico y organización de la información de cada país y de la región, así como también se marca hasta ahora en la detección, análisis y elaboración de teorías y propuestas específicas y originales para América Latina y el Caribe (ALC).

---

1 Maria Cristina Cacciamali is PhD in Economics from the Faculty of Economics, Management and Accounting (FEA) of the University of São Paulo (USP), postgraduate at the Massachusetts Institute of Technology (MIT/USA) Visiting professor at the University of New Mexico (UNM/USA), Universidade do Porto (UP/Pr), Instituto Politécnico Nacional (IPN/Me) e Institute des Hautes Ètude de l'Àmerique Latine (IHEAL/Fr) and first level researcher of CNPq (Brazilian National Council for Scientific and Technological Development). Currently she teaches and does research at the University of São Paulo (Graduate and Undergraduate Programs); leads the Group of International Studies and Comparative Policies (Nespi-USP/CNPq); and was visiting professor at the Universidad de la República (UDELAR - Graduate Program on International Relations) in Uruguay teaching Economia Política en América Latina. She received the awards Haralambos Simeonides from the National Association of Graduate Studies in Economics and waas recognized as the Best Economist of Labor Economics from the Order of Economists of Brazil, Professor Emérito -Prolam/USP.

Después de la Segunda Guerra Mundial, en 1946, la economía mundial se reorganizó, dada la destrucción económica y las transformaciones sociales y políticas infligidas por la guerra. Europa reconstruía su economía y sus instituciones, desgarradas por el conflicto. En África y Asia se consolidaban las guerras coloniales, muchos países obtenían la independencia y se convertían en nuevos actores de la escena internacional, junto a América Latina, cuyos países se independizaron en el siglo XIX.

En este escenario internacional, la ONU creó como parte de los esfuerzos políticos internacionales para construir, junto con otras instituciones como el Banco Mundial y el Fondo Monetario Internacional, un entorno de paz y diálogo internacional para evitar nuevos conflictos mundiales.

Para descentralizar las estrategias de desarrollo y garantizar que la reorganización del sistema internacional fuera inclusiva, la ONU formó 5 Comisiones: la Comisión Económica para Europa; para África; para América Latina; la Comisión Económica y Social para Asia Occidental; y la Comisión Económica y Social para Asia y el Pacífico[2]. Estas Comisiones tenían como objetivo contribuir al desarrollo económico de cada región, coordinar las acciones encaminadas a promoverlo y reforzar las relaciones económicas de los países entre sí y con las demás naciones del mundo.

En este contexto, especialmente entre 1940 y 1960, intelectuales de las ciencias sociales, especialmente economistas y sociólogos, adhiriéndose a la ideología de la época de valorizar los estudios sobre el desarrollo económico, defendieron concepciones de que éste —entendido como aumento del PIB (Producto Interior Bruto), modernización de las estructuras sociales y políticas y mayor bienestar social— podría ser alcanzado por los países insuficientemente desarrollados mediante la industrialización y la expansión del capitalismo[3].

CEPAL se creó en 1948[4], con sede en Santiago de Chile, con la oposición de Estados Unidos, que quería una organización panamericana. Quie-

---

2 La Comisión Económica para América Latina incorporó posteriormente el objetivo de elaborar directrices para el desarrollo social, y para el Caribe, por lo que se añadió el término social al término económico, así como el nombre de la región del Caribe.

3 Por ejemplo, economistas como Rosenstein-Rodan, Raúl Prebisch, Arthur Lewis, Albert Hirschman y Celso Furtado son exponentes de este marco teórico.

4 Resolución 106 (VI) del Consejo Económico y Social de la ONU, de 25 de febrero de 1948, que empezó a funcionar ese mismo año. Esta resolución fue derrotada con la abstención de voto de los Estados Unidos, que querían estructurar el Con-

nes proponían la creación de la CEPAL argumentaban que la región tenía características económicas, institucionales y sociales únicas en relación con los países más ricos e industrializados, debido a su forma de colonización y a su singular inserción en la división internacional del trabajo, que había creado una estructura productiva diferente. Por lo tanto, necesitaba un pensamiento económico propio para elaborar diagnósticos y estrategias de desarrollo para los países de la región, especialmente en relación con el imperativo de aumentar la productividad mediante el proceso de industrialización, oponiéndose a las propuestas de política económica liberal defendidas por los representantes estadounidenses en el Consejo Económico y Social de la ONU.

Durante este período, el ex director del Banco Central de Argentina, Raúl Prebisch, uno de los inspiradores de la creación de la CEPAL y mentor intelectual de la institución, fue invitado a actuar como consultor de esta Comisión En 1949, Prebisch presentó el estudio: *El desarrollo económico de América Latina y algunos de sus principales problemas* —un texto seminal que se conoció como *Manifiesto de la CEPAL*. En él, Prebisch[5] analizaba el funcionamiento de la política económica en América Latina, criticaba la ley de las ventajas comparativas en el comercio internacional, hegemónica en el pensamiento económico de la época, y analizaba los límites estructurales al desarrollo de la región en el marco de su inserción en la economía mundial.

La CEPAL organizó un equipo de latinoamericanistas dedicados al análisis económico y de políticas públicas, con nombres como el del brasileño Celso Furtado, la economista luso-brasileña Maria da Conceição Tavares, y los chilenos Osvaldo Sunkel y Aníbal Pinto, por ejemplo. El objetivo era establecer un modelo analítico para examinar los problemas económicos,

---

sejo Económico y Social Interamericano (CIES), de carácter liberal (reducción de las barreras aduaneras, que según esta ideología obstaculizaban el comercio entre las naciones de las repúblicas americanas y el desarrollo).

En la resolución 1984/67, de 27 de julio de 1984, el Consejo decidió que la Comisión pasara a denominarse Comisión Económica para América Latina y el Caribe.

5 Raúl Prebisch (1901-1986), economista argentino de singular trayectoria internacional, fue director del Banco Central de su país, profesor de la Universidad de Buenos Aires, director de la Comisión Económica para América Latina y el Caribe (CEPAL) y de la Conferencia de las Naciones Unidas sobre Desarrollo y Comercio (UNCTAD). Gunnar Myrdal le propuso para el primer Premio Nobel de Economía.

institucionales y sociales de los países subdesarrollados, especialmente en América Latina.

Este paradigma alcanzó su punto álgido en los años 1950 y 1960 y se prolongó hasta finales de los años 1970. A partir de entonces, el agotamiento del proceso de sustitución de importaciones en los países de la región, la crisis de la deuda externa de los años 1980, la transformación tecnológica y los cambios en el escenario internacional llevaron a modificar la agenda de investigación y las recomendaciones de política económica de la Comisión.

Así, en los años 1970, la CEPAL se centró en el análisis y reorientación de los estilos de desarrollo para lograr una menor desigualdad en la distribución del ingreso y en la necesidad de diversificar las exportaciones para evitar crisis de escasez de divisas; en la década siguiente, la atención se centró en la superación del problema del endeudamiento externo a través de un ajuste de largo plazo con aumento de las exportaciones y del crecimiento económico; en los años 1990, los estudios se centraron en la transformación productiva con equidad ante la reorganización de la división internacional del trabajo y la pérdida de competitividad de los productos industriales; y en los años 2000, la principal preocupación fue la inserción internacional de los países de la región y la globalización, la superación del alto grado de desigualdad de ingresos, la superación de la pobreza, la identificación y reconocimiento de los movimientos identitarios y la formulación de políticas específicas para reducir sus desventajas económicas y sociales en general[6]. Más recientemente, la preocupación se ha centrado en las cuestiones medioambientales y el crecimiento sostenible.

Los intelectuales de la CEPAL utilizaron la metodología histórico-estructuralista e hicieron hincapié en la industrialización sustitutiva de importaciones dirigida por el Estado para superar el subdesarrollo[7]. Los enfoques teóricos económicos y sociales se sitúan en la vertiente heterodoxa de las ciencias sociales, inspirados inicialmente por el pensamiento económico keynesiano y las escuelas históricas del institucionalismo alemán y norteamericano, y más recientemente influidos por los postkeynesianos, las recientes teorías del comercio internacional y la organización industrial, y el nuevo institucionalismo[8].

---

6 Adaptado y completado por la autora a partir de Ricardo Bielschowsky, 1998.

7 La industrialización por sustitución de importaciones fue un proceso aplicado en vários países, como, Alemania, Corea, Nigéria, Índia, Iran y otros.

8 Bielschowsky (1998).

Las ideas cepalinas también contribuyeron a los debates sobre la inflación, los precios agrícolas, la importancia de la diversificación de las exportaciones para equilibrar la balanza de pagos, la composición e insuficiencia de la demanda interna, el endeudamiento externo, la integración económica y la importancia de la inversión en tecnología, lanzando interpretaciones para la formulación de políticas públicas en la región.

2. CICLO ECONÓMICO, CONCEPTO CENTRO-PERIFERIA

La industrialización comenzó en la región latinoamericana a finales del siglo XIX y se intensificó en la década de 1930 debido a la crisis mundial de 1929, que creó fuertes restricciones al comercio internacional y al cambio de divisas e impulsó el sector de bienes de consumo interno. Además, esta última década fue importante por los cambios culturales y la creciente urbanización, que pusieron en tela de juicio el modo de vida y la capacidad de los dirigentes vinculados al sector agrario para gestionar el modelo económico vigente: la exportación primaria. El ascenso de las clases medias urbanas alteró la base social del poder político, y el Estado empezó a dotarse mejor con la creación de diferentes ministerios, como el de Agricultura y el de Comercio, por ejemplo. Pero fue al final de la Segunda Guerra Mundial cuando surgieron oportunidades concretas para poner en marcha un proceso de industrialización, a pesar de la oposición estadounidense. Estados Unidos se abstuvo en la votación sobre la constitución de la CEPAL en el CES. Como ya se ha dicho, sus representantes eran partidarios de una Comisión Panamericana, denominada Consejo Económico y Social Interamericano (CIES), que debería guiarse por el libre comercio entre las naciones latinoamericanas, cuyos tarifas aduaneras, conforme este planteamiento, obstaculizaban los intercambios e impedían la especialización de los bienes y servicios en función de las ventajas comparativas de cada país, bloqueando el progreso.

Al finalizar la Segunda Guerra Mundial, los países latinoamericanos, además de reorganizar las relaciones políticas y comerciales internacionales, necesitaban encontrar una solución para revertir la pobreza de la región. Algunos países, como México y Brasil, intentaron aumentar la productividad del sector agrícola, pero otros, como Argentina y Uruguay, mantuvieron el patrón anterior y sufrieron sucesivas crisis de balanza de pagos. En este contexto, la creación de la CEPAL y el papel de Prebisch fueron fundamentales.

La construcción del pensamiento de la CEPAL parte del *modus operandi* de las políticas económicas de las economías latinoamericanas orientadas al mercado mundial y construye un análisis teórico en un contexto histórico específico. El objetivo era dar respuestas a los trabas estructurales que eran, y son, característicos no sólo de las sociedades latinoamericanas, sino de todas las sociedades subdesarrolladas[9].

Prebisch utiliza[10] y adapta el concepto de centro-periferia para comprender y analizar la inserción de los países latinoamericanos en la división internacional del trabajo y sus características como países subdesarrollados. Según la CEPAL, desarrollo y subdesarrollo son el resultado del mismo proceso capitalista y de su sistema de relaciones de subordinación económica entre los países. El subdesarrollo no era una transición hacia el desarrollo, sino que se percibía como una realidad histórica específica[11] que requería una teorización propia o al menos adaptada, y si no se realizaban cambios estructurales, podía convertirse en un estado permanente. Fue la industrialización y la conversión del comercio internacional lo que provocó cambios estructurales.

Los países del centro son economías en las que las relaciones y técnicas de producción capitalistas se introdujeron primero en Inglaterra y Francia, y más tarde en países como Estados Unidos, Alemania y Japón. Estos países producen y exportan bienes industriales, tienen una estructura productiva diversificada, son productores de tecnología y tienden a una difusión homogénea del progreso técnico en toda su estructura productiva, además de ser economías con una elevada productividad del trabajo. Los países periféricos son todo lo contrario. Son economías que permanecen atrasadas institucional, organizativa y tecnológicamente, producen y exportan alimentos, materias primas en general y minerales, tienen una estructura productiva poco diversificada y especializada en productos de exportación, y existe una difusión heterogénea del progreso técnico que crea una estructura polarizada entre un sector exportador tecnológicamente avanza-

---

9 Las concepciones de la CEPAL y la Teoría de la Dependencia —de raíces latinoamericanas— se extendieron a Asia y África, con aportaciones autóctonas, véase Samir Amin, por ejemplo. Ha guiado las agendas y los debates sobre el desarrollo económico durante unos 40 años. Véase, por ejemplo, AMIN, 1973.

10 Los economistas de Europa del Este y algunos economistas de la teoría del desarrollo (Development Economics) utilizaron el término periferia para referirse a las regiones subdesarrolladas de Europa, Europa del Este y Europa Sudoriental.

11 FURTADO, 1963. Un modelo divergente es ROSTOW, Walt Whitman (1916-2003), 1960.

do y con alta productividad y el resto de la economía tecnológicamente atrasada y con menor productividad del trabajo a distintos niveles (heterogeneidad estructural). A los primeros se les denominó desarrollados, mientras que a los países periféricos se les llamó subdesarrollados.

Esta configuración de países desiguales es el resultado de la inserción de los países en el comercio internacional, en el cual los países subdesarrollados no rompieron sus lazos coloniales de subordinación, presentando adaptaciones a los diferentes momentos históricos, pero nunca se alejaron de un modelo económico primario exportador. El desarrollo y el subdesarrollo se crean a partir de un único proceso, ya que se derivan del funcionamiento de una única economía mundial[12]. Desde el punto de vista económico defendido por Prebisch, el centro y la periferia eran el resultado histórico de la desigual difusión del progreso técnico en la economía mundial, dando lugar a diferentes estructuras productivas y a sus propios papeles en el comercio internacional.

El concepto de centro-periferia permitió a Prebisch realizar un análisis de la evolución económica de estos dos grupos de países y constatar que los niveles de renta per cápita crecían más rápidamente en los países del centro que en los de la periferia. A este hecho contribuyeron: la diferencia en los niveles medios de productividad del trabajo a favor del centro, y un deterioro de la relación de intercambio frente a los productos exportados por los países periféricos, que transfería los resultados de productividad de la periferia al centro.

3. CICLO ECONÓMICO Y DESIGUALDAD

Las causas del fenómeno anterior se debían a los efectos del ciclo económico en los dos grupos de países. Las evidencias empíricas detectadas por Prebisch cuestionan la teoría de la división internacional del trabajo, defendida por los países hegemónicos para no alterar el *status quo*. Según esta concepción, el progreso técnico de los centros fluiría hacia la periferia bajando los precios de los productos industriales, debido al aumento de su productividad media del trabajo. Así, los productos primarios de la periferia, con menor productividad, tendrían mayor poder adquisitivo con el tiempo, a medida que el progreso técnico avanzara en el centro. Así que, no habría necesidad de modificar el papel de los países en la división inter-

12 FURTADO, Celso, 1963.

nacional del trabajo y se produciría una tendencia a la convergencia de la renta per cápita del centro y la periferia.

La crítica a esta teoría por parte de la CEPAL y las nuevas propuestas de interpretación del subdesarrollo dieron lugar a una escuela de interpretación del subdesarrollo genuinamente latinoamericana y que fue adoptada también en diferentes regiones, como África y Asia.

Prebisch detectó tres mecanismos vinculados al comercio internacional que conducen a un desarrollo desigual entre el centro y la periferia. En su artículo de 1949 demuestra que, desde finales del siglo XIX, los precios de los productos primarios exportados por la periferia crecen menos que los precios de los productos industriales exportados por el centro. Se produce un deterioro de la relación de intercambio de los productos exportados por la periferia frente a los productos industriales importados del centro. Esto se debe a que las ganancias de productividad laboral de los productos industriales debidas a la incorporación del progreso técnico no se repercuten en los precios respectivos. La consecuencia es que, con el tiempo, una unidad de bienes exportados compra menos bienes industriales, por lo que habría que aumentar constantemente las exportaciones de bienes primarios para satisfacer las necesidades de bienes industriales de los países periféricos, situación inviable debido a las diferencias entre las elasticidades-renta de los productos del centro y de la periferia, como veremos más adelante.

Según él, el movimiento cíclico de la economía conduce a un deterioro de la relación de intercambio[13]. En la fase descendente del ciclo, la caída de los precios de los productos primarios fue mayor que su subida en la fase ascendente. Al contrario de lo que ocurrió con los productos industriales. En la fase descendente, los precios de los productos industriales fueron casi rígidos, gracias al poder de mercado de las empresas que mantuvieron sus beneficios y a la mayor organización de los trabajadores que aumentaron los salarios en la fase ascendente y los mantuvieron en la fase descendente. Hay que señalar, sin embargo, que la diferencia en la veloci-

---

13 Prebisch sostenía que la economía evolucionaba con movimientos cíclicos, tanto en lo que respecta a la economía mundial como a la nacional, por diferentes motivos. Comenzó en el centro y la periferia tuvo una reacción adaptativa. Estados Unidos, debido a su importancia económica, había sustituido a Inglaterra como centro de irradiación del ciclo en la economía mundial. Su política proteccionista de la época, con un bajo coeficiente de importación, era responsable, según el autor, de los desequilibrios de la balanza de pagos de los países periféricos.

dad de crecimiento de la productividad hace que las rentas per cápita sean aún más desiguales. Los beneficios del progreso técnico se concentran en los centros industriales (Rodríguez, 1981, p. 40).

La tercera limitación a la superación del subdesarrollo, causa de los desequilibrios de la balanza de pagos de los países latinoamericanos, se debió a la industrialización, que se puso en marcha debido a las restricciones a la importación, ya fuera durante la Primera Guerra Mundial, tras la crisis de 1929 o después de la Segunda Guerra Mundial. Este proceso requirió importaciones cada vez más costosas de bienes industriales por el deterioro de los términos de intercambio y porque no generó suficientes divisas debido al bajo coeficiente de importación de Estados Unidos en ese momento. Además, como veremos más adelante, el crecimiento de las importaciones fue relativamente mayor que el de las exportaciones.

Otra causa añadida por Prebisch es la diferencia entre las elasticidades de renta de la demanda de bienes industriales y de bienes primarios[14]. A medida que aumenta la renta mundial, disminuye la demanda relativa de bienes primarios y aumenta la demanda relativa de bienes industriales. La demanda mundial crece, cambia su composición y se diversifica a medida que aumentan la productividad y la renta en todo el mundo. En este escenario, la demanda de bienes industriales tiene una elasticidad renta mayor que uno y la elasticidad renta de los bienes primarios es menor que uno. En otras palabras, por cada unidad monetaria creada en la economía mundial, una proporción mayor se gasta en bienes industriales que en bienes primarios.

La creciente demanda de bienes industriales implica un aumento de estos bienes en la estructura productiva, así como una reasignación del empleo en este sector, creciendo ambos a tasas superiores a las del sector primario. Esto tiende a crear un excedente estructural de mano de obra en la periferia, dadas las restricciones a la movilidad internacional de la mano de obra y la incapacidad del sector exportador para absorber a toda la Población Económicamente Activa (PEA). A su vez, el excedente de mano de obra presiona a la baja los salarios y los precios de los bienes primarios. El diagnóstico es que la dinámica global del sistema capitalista entre centro y periferia conduce a un desarrollo económico desigual. La desigualdad estructural que lleva a un crecimiento desigual de la productividad, el deterioro de los términos de intercambio y la brecha en el ingreso per cápita

---

14 SINGER (1950) también detectó este fenómeno.

retroalimentan las diferencias en términos dinámicos entre desarrollados y subdesarrollados (Rodríguez, 1961).

Las limitaciones estructurales del subdesarrollo podrían ser superadas cambiando la composición de su estructura productiva, desencadenando un proceso de industrialización que tendría que ser inducido por el Estado, dado que las burguesías nacionales no tendrían la capacidad financiera ni siquiera los intereses políticos y económicos para proyectos a largo plazo. Un cambio del "desarrollo hacia fuera" al "desarrollo hacia dentro", en la jerga cepalino.

Por lo tanto, sería necesario cambiar el papel del Estado interviniendo más directamente en la economía para promover la creación de sectores industriales y realizar inversiones en sectores básicos y obras de infraestructura.

4. LÍMITES AL PROCESO DE INDUSTRIALIZACIÓN

La baja renta per cápita y la desigualdad de la región limitaban la escala de las empresas industriales[15], lo que motivó a Prebisch a abogar por la creación de un mercado común latinoamericano. La necesidad de intensificar el intercambio industrial entre los países latinoamericanos indicaba este camino[16], ya que los países obtendrían mercados más amplios y ganancias de escala, e incluso la posibilidad de exportar productos industriales, lo que reduciría la vulnerabilidad externa. Prebisch no recomendaba invertir en todo tipo de manufacturas en todos los países, lo que daría lugar a pequeñas empresas, sino que cada país pudiera especializarse en función de sus recursos naturales, la calidad de su mano de obra y las exigencias de sus propios mercados, y proveerse de los bienes que necessitava de los países de la región, o del resto del mundo si éstos no podían suministrárselos. Las circunstancias políticas dieron lugar a una acción más modesta, una zona de libre comercio, creando la Asociación Latino-Americana de Libre

---

15 Esta limitación también fue diagnosticada por Nurkse, que sostenía que el mayor obstáculo para el desarrollo era el reducido tamaño del mercado nacional, resultado del bajo nivel de ingresos de la población, que desalentaba la inversión de capital. (Glosario) Esto podría romperse invirtiendo en diversas industrias, ampliando el mercado interior y las inversiones. NURKSE, 1957.

16 RUIZ, José Briceño; LOMBAERDE, Philippe de, 2018.PREBISCH, Raúl, 1982. Furtado, ya fuera de la CEPAL, defendió la teoría de la integración económica, véase Furtado, 1983, incorporando argumentos políticos y culturales.

Comercio (ALALC), que empezó a funcionar en junio de 1961 y acabó desempeñando un papel secundario en la región.

La industrialización en América Latina se mostró incapaz de absorber el crecimiento de la PEA, de repartir más equitativamente las ganancias del progreso técnico, de reducir el desempleo estructural y de generar inflación. Y tras la primera etapa de sustitución de bienes de consumo, se hicieron patentes las dificultades de una mayor complejidad de la producción, la necesidad de mercados más amplios y un mayor volumen de capital.

La industrialización seguía siendo el camino hacia el desarrollo, según Prebisch (1963), pero requería un Estado activo y un esfuerzo para acumular capital, redistribuir la renta, reforma agraria y atraer capital extranjero. La concentración de la renta, según Prebisch, derivaba principalmente del privilegio de los terratenientes, de ahí la importancia de la reforma agraria, entre otras cosas para aumentar la oferta de alimentos y aumentar el ingreso en la agricultura a fin de integrar a la población rural en un mayor consumo de bienes industriales, incrementando los mercados internos. La entrada de capital extranjero era necesaria para aumentar la productividad y el ahorro nacionales, pero debía seleccionarse cuidadosamente. Además, era necesario impulsar el ahorro interno reduciendo las importaciones de bienes de consumo conspicuo y el gasto militar, y transformar este ahorro y los recursos extranjeros en importaciones de bienes de capital.

A parte de, surgieron otros problemas, como las continuas crisis de la balanza de pagos, debidas a la necesidad de importar bienes de capital. Como hemos visto, éstos crecían a un ritmo más rápido que las exportaciones, que seguían muy concentradas en los bienes primarios, lo que provocaba déficits externos y crisis monetarias, más aún cuando las exportaciones caían. Además, las importaciones generaban empleo en el centro y no en la periferia, contribuyendo al desempleo estructural en la periferia y ayudando a empeorar la relación de intercambio.

Otra distorsión del proceso de sustitución de importaciones se refiere a la utilización de técnicas intensivas en capital en ambientes económicos caracterizados por la abundancia de mano de obra, es decir, una utilización inadecuada de la tecnología existente dadas las características de las economías periféricas que no producían tecnología. Tras de, la producción a gran escala, derivada de la tecnología creada en el centro, en relación con el bajo nivel de renta per cápita, frente a un mercado de baja demanda, condujo a un exceso de oferta de bienes y a una infrautilización del capital. Sin olvidar que la alta densidad de capital en un entorno de baja renta per cápita reduce la capacidad de ahorro de la periferia y restringe el proceso de acumulación.

Un último factor restrictivo se refería a la insuficiencia de las infraestructuras de la periferia, dado que estas inversiones se habían realizado principalmente para los bienes primarios y su exportación.

Todas estas restricciones no impidieron que los mayores países latinoamericanos pusieran en marcha procesos de industrialización exitosos, especialmente en las primeras etapas del proceso. En este proceso, el valor añadido de la industria manufacturera aumentó significativamente su participación en el PIB e impulsó el crecimiento del PIB a tasas superiores a las de los países centrales, como se muestra en las tablas 1 y 2.

Tabla 1. Tasa de Crecimiento del PIB por países seleccionados (1929-1980)

Países	1929-1939	1939-1945	1945-1957	1957-1967	1967-1974	1974-1980
Brasil	3,1	4,0	6,6	5,4	9,8	7,0
México	2,3	5,2	6,2	6,5	6,9	6,5
Argentina	1,4	2,4	4,0	3,2	4,7	1,8
Chile	0,8	3,4	3,4	4,3	1,7	3,8
Uruguai	1,0	1,5	4,2	0,0	2,0	4,7
Colômbia	3,8	2,6	4,9	4,7	6,3	4,8
Peru	1,6	2,2	5,6	5,8	4,5	3,7
Venezuela	3,6	5,2	10,3	7,6	5,1	2,8
A. Central	1,7	1,2	5,9	5,6	5,2	2,6
A. Latina	2,1	3,4	5,5	5,0	6,7	5,2

Fuente: Bertola; Ocampo (2019).

Tabla 2. Participación industrial manufacturera en el PIB y tasa de crecimiento (%) por países seleccionados

Países	1950	1974	1980	1950-1974	1974-1980
Brasil	21,0	30,6	30,9	8,7	6,7
México	17,2	23,5	23,9	8,0	6,7
Argentina	23,8	31,6	27,5	4,9	-0,6
Chile	25,6	25,9	22,2	3,4	1,2
Uruguai	18,9	22,2	22,4	2,3	4,9
Colômbia	16,1	22,7	21,6	6,7	4,0
Peru	15,1	20,0	18,9	6,7	1,8
Venezuela	12,1	16,4	16,4	7,9	5,0
A. Latina	19,9	27,2	26,5	7,5	5,4

Fuente: Bértola; Ocampo (2019).

Sin embargo, el proceso de industrialización no fue lo suficientemente fuerte ni generalizado como para absorber la mano de obra disponible en las actividades de mayor productividad como asalariados registrados de acuerdo a la legislación laboral vigente. Aumentó la proporción de trabajadores informales y la agricultura tradicional siguió siendo significativa en la región, como muestra la tabla 3.

Tabla 3. Proporción relativa del empleo no agrícola, agrícola tradicional y el subempleo urbanos por países seleccionados (1950-1980)

	Emprego não Agrícola		Informal Urbano		Agrícola Tradicional		Subemprego Total	
Países	**1950**	**1980**	**1950**	**1980**	**1950**	**1900**	**1950**	**1980**
Brasil	39,2	68,1	10,7	16,5	37,6	18,9	48,3	35,4
México	35,4	61,5	12,9	22,0	44,0	18,4	56,9	40.4
Argentina	72,0	84,9	15,2	21,4	7,6	6,8	22,8	28,2
Chile	62,9	77,2	22,1	21,7	8,9	7,4	31,0	29,1
Uruguai	77,8	82,3	14,5	19,0	4,7	8,0	19,2	27,0
Colômbia	39,2	64,9	15,3	22,3	33,0	18,7	48,3	41,0
Peru	36,0	57,5	16,9	19,8	39,4	31,8	56,3	51,6
Venezuela	51,1	79,4	16,4	18,5	22,5	12,6	38,9	31,1
A. Latina	44,1	67,1	13,5	19,4	32,6	18,9	46,1	38,3

Fonte: Bértola; Ocampo (2019).

5. EL ENFOQUE ESTRUCTURALISTA DE LA INFLACIÓN

La inflación es una de las características estructurales de muchos países latinoamericanos, debido principalmente a la excesiva emisión monetaria o a la devaluación del cambio para proteger a los exportadores. Este fenómeno se agravó durante la industrialización por el Proceso de Sustitución de Importaciones inducido por el Estado, alcanzando niveles hiperinflacionarios como se observa en el tabla 4.

Tabla 4. Inflación por décadas por países seleccionados. (Índice de Precios al Consumidor) (1940-1995)

Países	1940	1950	1960	1970	1980	1990-1995
Brasil	13,0	21,0	45,0	37,0	605,0	1270,0
México	11,0	8,0	3,0	17,0	69,0	12,0
Argentina	36,0	31,0	21,0	142,0	787,0	43,0
Chile	18,0	38,0	27,0	175,0	20,0	19,0
Uruguai	5,0	17,0	48,0	53,0	63,0	62,0
Colômbia	3,0	7,0	12,0	21,0	24,0	25,0
Peru	15,0	8,0	9,0	32,0	1224,0	113,0
Venezuela	8,0	2,0	1,0	9,0	25,0	45,0

Fuente: Thorpe (1998).

Entre finales de los años 1950 y los años 1960, hubo una polarizada disputa pública y académica en América Latina sobre las causas y las formas de combatir la inflación: Monetaristas vs. Estructuralistas.

Para los primeros, las causas de la inflación son básicamente monetarias. El gobierno, al emitir dinero debido a déficits presupuestarios o a la expansión del crédito, genera inflación, ya que crea un exceso de oferta de dinero, que se transforma en exceso de demanda de bienes y servicios, que no se satisface debido a la inelasticidad de la oferta de bienes, elevando los precios y restableciendo el equilibrio en otro nivel de precios, según la ecuación de la teoría cuantitativa de la moneda.

El monetarismo hace hincapié en que un entorno de precios y cambio estables es una condición necesaria y previa para el crecimiento económico sostenible. Así, de forma estilizada, se preconizaba que el combate contra la inflación consistía en restringir la oferta de medios de pago y de crédito y suprimir las fuentes de aumento autónomo de los costes. La restricción de los medios monetarios es un instrumento para suprimir la inflación de la demanda y eliminar la inflación de los costes, dando mayor flexibilidad a las variaciones del nivel de precios para reducir los efectos sobre la producción.

La lucha contra la inflación debe ajustar el crecimiento de la oferta monetaria al crecimiento de la producción real. En otras palabras, una reducción de la oferta monetaria reducirá la demanda de bienes y servicios, aumentará las stocks y desincentivará las actividades productivas, lo que a su vez reduce la demanda de factores de producción y sus respectivos precios, dando lugar a una reducción de los costes de producción y de los precios de los bienes y servicios finales de la cadena de producción. Las expectativas inflacionistas disminuyen y corroboran el proceso de enfriamiento o reversión de la inflación. Esta visión mecanicista debe estar mediatizada por las estructuras de mercado, el sistema financiero, el apalancamiento y el comportamiento de los precios de los activos financieros, que podrían comprometer la eficacia del ajuste[17]. Además, el éxito de la política anti inflacionista estará supeditado a la confianza que depositen en el gobierno los agentes económicos[18].

Para los cepalinos (estructuralistas), no había consenso sobre la importancia, las causas y los remedios para contener la inflación. Para los llamados miembros "jóvenes" de la CEPAL —Furtado, Noyola Vásquez y otros— no era aceptable la estrategia monetarista de estabilización consistente en luchar contra la inflación a costa de frenar el crecimiento económico, afectando al proceso impulsor de las transformaciones estructurales. Noyola Vázquez, según Bielschowski, fue el primero en presentar un enfoque completo de la teoría de la inflación desde un punto de vista estructuralista[19], complementado posteriormente por Sunkel.

Según Noyola Vásquez, la inflación se derivaba del propio proceso de desarrollo, de los desequilibrios sectoriales de la economía entre la oferta y la demanda de bienes y servicios, y de la devaluación del cambio como consecuencia del desequilibrio de la balanza de pagos.

---

17 RESENDE, A. L, 2017.

18 Hay desacuerdo entre los monetaristas sobre la aplicación de la contracción monetaria a lo largo del tiempo para reducir los costes sociales —gradual o de choque.

19 Bielschowsky, 1995, pp. 23-24.

El autor clasifica las causas de la inflación en tres grupos: básicas, de propagación y de devaluación monetaria. El primero procede del exceso de demanda de bienes y servicios frente a la inelasticidad de la oferta en el mundo de la producción, que genera un aumento de los costes y se traslada a los precios. El segundo grupo está formado por los cambios en los precios relativos que, a través de la expansión pasiva del dinero, impulsan la inflación, generando una correlación positiva entre el proceso de crecimiento y la inflación. Así, según este autor y otros, debe permitirse un cierto nivel de inflación durante el proceso de crecimiento económico. Y el tercer factor, la devaluación del cambio, que surge de los desequilibrios periódicos de la balanza comercial, bien por el deterioro de la relación de intercambio en el comercio internacional, bien por la baja elasticidad-renta de los productos exportados frente a la alta elasticidad-renta de los importados, provoca inflación por el aumento de los bienes importados.

Para Cepalinos, la inflación también establece un conflicto distributivo, considerado como un mecanismo que propaga la inflación, un mecanismo de "inflación inercial", es decir, las acciones emprendidas por los agentes económicos con la expectativa de mantener o aumentar su participación en el producto total en presencia de la inflación. Los empresarios quieren mantener sus beneficios y anticipar los precios de los bienes y servicios; los trabajadores buscan mantener sus salarios mediante negociaciones que culminan en huelgas; y el gobierno busca mantener su parte de ingresos por impuestos, tarifas públicas y precios. Este comportamiento alimenta la inflación[20].

En este escenario, la inflación en los países periféricos se denominó "inflación estructural", intrínseca al crecimiento de los países latinoamericanos que, por sus características histórico-estructurales, provocaba necesariamente desequilibrios en la estructura productiva y en la balanza comercial. Había que analizar las restricciones estructurales y superar la inflación mediante medidas correctoras específicas[21]. El desequilibrio entre la oferta y la demanda de bienes y servicios no puede corregirse sólo por el lado de la demanda, sino también por el de la oferta. Por ello, el objetivo debe ser romper la rigidez de la oferta invirtiendo en las actividades económicas que escasean y reducir los mecanismos de propagación.

20 SUNKEL, Osvaldo. In Bielschowsky, 1995, pp. 307-345.

21 SUNKEL, Osvaldo. In Bielschowsky, 1995, pp. 307-345.

El enfoque de Noyola Vásquez para controlar la inflación, apoyado por Furtado, creó disensiones dentro de la CEPAL, especialmente con Prebisch, que pretendía mantener la legitimidad de la institución ante la ONU y los gobiernos de los países de la región, en un escenario dominado por las políticas propuestas por el Fondo Monetario Internacional (FMI). Las tensiones en torno a las medidas propuestas por Noyola y sus seguidores para contener la inflación culminaron con su salida de la CEPAL y la de Furtado[22].

Prebisch no aceptaba la idea de que un margen de inflación era inevitable para mantener el proceso de desarrollo, dado el perjuicio que causaba a los más pobres. Según Dosman[23], Prebisch estaba "tan convencido de los perjuicios que la inflación causa a los países latinoamericanos que, por principio, soy reacio a discutir medidas para corregir ciertas consecuencias del proceso inflacionista" y "preferiría dedicar toda nuestra atención a la elaboración de una política para reducir la inflación y estabilizar las economías sin perjudicar los incentivos al crecimiento económico."

La prioridad de combatir la inflación acerca parcialmente a Prebisch a los monetaristas. Según Furtado[24], esta prioridad surgió de la repulsa de Prebisch a la actuación del gobierno peronista[25] en particular, pero también de otros gobiernos de la región, que solían financiar los déficits públicos mediante la emisión de moneda primaria. La política económica correcta, según él, era equilibrar el gasto público con los ingresos, incluido el ahorro externo, evitando así las presiones del exceso de demanda.

6. DISIDENCIA DE LA CEPAL: LA TEORÍA DE LAS RELACIONES DE DEPENDENCIA

Creado en el marco intelectual de la CEPAL, los disidentes de esta orientación se integraron en el Centro de Estudios Socioeconómicos de la Universidad de Chile (CESO) y, a partir de los años 1960, comenzaron a desarrollar una teoría de las relaciones de dependencia latinoamericana,

---

22 Según Furtado: "La decisión que tomé de dejar la CEPAL fue menos fruto de la decepción que de la constatación de que el proyecto en el que me había embarcado ocho años antes estaba agotado". Furtado, Celso, 1985, pp.201.

23 DOSMAN, Edgar J, 2011, pp.308.

24 FURTADO, Celso, 1985, pp.184.

25 Prebisch era un opositor al gobierno peronista.

con un enfoque marxista alternativo al adoptado por los Partidos Comunistas de la región.

Los autores principales son inicialmente los brasileños Teotônio dos Santos, Ruy Marini y Vânia Bambirra[26], compañeros de trabajo y amigos íntimos, comprometidos políticamente en movimientos para superar el capitalismo en la región y avanzar hacia el socialismo, militaron en diferentes organizaciones revolucionarias y pasaron por sucesivos exilios tras el golpe militar en Brasil en 1964 y en Chile en 1973. En el Centro, los acompañaron Orlando Caputo, Sergio Ramos y Roberto Pizarro, de Chile, y José Martínez, de Perú. Más tarde, André Gunder Frank, que no formaba parte del equipo del Centro, también fue reconocido como otro teórico importante en esta línea de pensamiento.

La crítica política a los dependentistas se dirigió principalmente a los partidos comunistas de América Latina, que propugnaban una alianza con fracciones de la burguesía nacional progresista, tejida dentro de una ideología nacional-desarrollista, para superar el subdesarrollo y lograr la transición al socialismo. En el ámbito político, los estudios sobre las relaciones de dependencia en los países subdesarrollados adquirieron mayor repercusión en la década de 1970 en Chile, en el contexto del éxito electoral del partido Unidad Popular, cuando se vislumbró la perspectiva de una transición al socialismo dentro de las reglas de un régimen democrático-burgués ("a la chilena"). Lo que caracterizó a los dependentistas durante el período de Allende (1970-1973) fue su intensa práctica política, cuya crítica a la dolorosa experiencia con los militares chilenos les ayudó a consolidar su teoría con un enfoque transformador.

La crítica económica se dirigió principalmente a la CEPAL. La industrialización en América Latina, según la corriente dependentista, se inició en un período histórico (finales del siglo XIX a 1930) en el que la economía mundial ya estaba establecida bajo la hegemonía de poderosos grupos económicos y fuerzas imperialistas, inicialmente Inglaterra, seguida por los países europeos y Japón, y posteriormente Estados Unidos, que impusieron una división del trabajo en la que el sistema dependiente se ajustó y conformó al espacio económico mundial dejado abierto por los países del centro industrializado.

---

26 DOS SANTOS (2000).

La dependencia expresa subordinación, la concepción de que el desarrollo de estos países está sujeto (o limitado) por el desarrollo de otros países. La subordinación no se forjó por la condición agrario-exportadora o la herencia precapitalista de los países subdesarrollados, sino por su inserción en el capitalismo mundial por el imperialismo[27]. Surgió una división del trabajo característica como resultado de la configuración histórica de centros de producción de materias primas y agrícolas en los países subdesarrollados y centros de producción manufacturera en los países desarrollados. Además, en los países subdesarrollados, la expansión del capitalismo crea una combinación de actividades económicas, sectores y expresiones culturales con tecnologías modernas combinadas con otras con tecnología tradicional o más atrasada. Este diseño fue interpretado bajo la llamada *Teoría del Desarrollo Desigual y Combinado*[28], originalmente concebida por Trotsky[29], y adaptado al desarrollo histórico latinoamericano.

En este contexto, los dependentistas desafían a la CEPAL, afirmando que no existen condiciones para la formación de un capitalismo autónomo en América Latina, dada una serie de restricciones. Entre ellas, señalan una principal. El proceso de acumulación pasa por el exterior, ya que es allí donde se asienta el sector de bienes de capital, cuyas mercancías deben ser importadas por la periferia o bien introducidas por inversiones de capital extranjero. Hay que señalar, sin embargo, que el sector de bienes de consumo, producto inicial de la industrialización, puede ser domestico r. Las divisas generadas por el sector exportador, debido a la desigualdad de los términos de intercambio, no bastaban para mantener el proceso de industrialización, comprando los bienes de capital necesarios, lo que implicaba crisis en la balanza de pagos y profundización de la dependencia.

Esta especificidad, según esta línea de pensamiento, distingue al capitalismo dependiente, que además de resaltar este vínculo de subordinación al capital extranjero, también enfatiza la desnacionalización del capital nacional a través de las remesas de utilidades, regalías, compra de patentes, compra de tecnología sobrevaluada y muchas veces obsoleta, entre otras

---

27 El periodo anterior al imperialismo ratificó los rasgos relacionados con el imperialismo y se caracterizó por el desarrollo de la región en un contexto de capitalismo colonial-mercantil, que aún no había sido completamente superado a mediados del siglo XX.

28 LÖWY, Michael, 1995.

29 Lev Davidovich Bronstein, más conocido como León Trotsky (1879-1940), uno de los líderes de la revolución rusa.

cosas. Además, muchos países subdesarrollados contraen préstamos a interés excesivos en el mercado internacional que, dependiendo de determinadas circunstancias, pueden ser difíciles de pagar. Estas características también aumentan la dependencia.

Octavio Rodríguez (2001) refuta las críticas de los dependentistas a la concepción de la CEPAL de la dependencia como un fenómeno externo. Según él, una parte sustancial del estancamiento de América Latina es el resultado de comportamientos internos, como la mala asignación de recursos y la falta de ahorro. Nosotros añadiríamos algunos más al argumento de Rodríguez, como la mala gobernanza pública en todos los niveles de gobierno, la escasa constancia de las políticas públicas y la falta de inversiones estratégicas en infraestructuras, sistemas escolares, ciencia básica y tecnología, por ejemplo.

Otra categoría de análisis establecida por Ruy Marini a principios de los años 1970 para entender la subordinación y la dificultad de progreso económico y social en América Latina se refiere a la *superexplotación del trabajo*. Esta categoría de análisis está relacionada con el origen y funcionamiento de la acumulación capitalista en esta región, pero, en nuestra opinión, podría extenderse a otros países periféricos. En resumen, Marini afirma que la plusvalía generada en la periferia tuvo que ser compartida con el capital transnacional, inicialmente en el ámbito del modelo agrario-exportador(plusvalía absoluta), pero que este mecanismo no se rompió con el proceso de industrialización (plusvalía relativa) y la entrada del capital extranjero. Así, la compensación para la burguesía nacional se obtiene a través de la explotación máxima de la fuerza de trabajo nacional: largas jornadas de trabajo, salarios por debajo del valor de la fuerza de trabajo, impidiendo que esta clase se reproduzca en circunstancias apropiadas, e intensificación del trabajo siempre que sea posible, como en trabajos fraccionados entre grupos de trabajadores.

Finalmente, los dependentistas neo marxistas concluyen que la dependencia al capital, finanzas y tecnología extranjera nos impide superar la condición de subdesarrollo. Además, en América Latina, la clase política está poco articulada y carece de un proyecto común, por lo que es incapaz de superar al mercado. Igualmente, en general, existe una voluntad de ser socio minoritario del capital internacional. Los proyectos populistas o democráticos a lo largo de la historia del siglo XX no tuvieron fuerza para superar los intereses de esta asociación o de los monopolios, aunque se concibieron proyectos con actores latinoamericanos como los del ISEB

(Instituto Superior de Estudos Brasileiros) y la CEPAL[30]. La conclusión que se extrae de esta teoría es que la superación del subdesarrollo implicaría romper con la dependencia y no modernizar e industrializar la economía, lo que podría implicar incluso romper con el propio capitalismo[31].

Al mismo tiempo, a finales de los años sesenta del siglo pasado, Cardoso y Faletto desarrollaron una interpretación transdisciplinaria, inspirada en los escritos de Marx[32], aunque varios autores la consideran un enfoque weberiano[33]. En la época en que se escribió el artículo, Cardoso, brasileño, y Faletto, chileno, trabajaban para una organización de las Naciones Unidas vinculada a la CEPAL, el Instituto Latinoamericano de Planificación Económica y Social (ILPES), también en Santiago de Chile.

Inicialmente, criticaron el enfoque dualista de las teorías del desarrollo económico más reconocidas en la época, incluida la CEPAL y los dependentistas, oponiéndose a la concepción dual de la estructura económica de la región. Según Cardoso y Faletto, las características estructurales no deben verse como opuestas. Se trata más bien de un mayor o menor *continuum* en las variables que expresan las desigualdades de un país periférico, por ejemplo, en los niveles de productividad, empleo, ocupaciones, niveles de renta, acceso a los bienes públicos etc. Esta brecha entre sectores avanzados (modernos) y atrasados (tradicionales) se crea por el proceso de desarrollo interno, no por la entrada de empresas internacionales. Las tensiones entre los dos modos de producción y de vida son menos pronunciadas que los transmisores de su continuidad. En otras palabras, entendemos que para los autores existe un entrelazamiento entre los dos sectores, por un lado, las reacciones de los componentes atrasados y, por otro, los esfuerzos de expansión de las partes más avanzadas. A esto se añade el hecho de que las diferencias entre ambos sectores se atenúan, e incluso pueden disolverse, por la difusión generalizada de las aspiraciones de modernidad de la población latinoamericana.

Una segunda crítica fundamental a las teorías del desarrollo, por los autores, es que sólo hacen hincapié en las estructuras y el comportamiento de

---

30 En Brasil destaca la FNI (Federación Nacional de Industria), fundada durante la dictadura de Getúlio Vargas (1882-1954) en los años 40, con destacados ideólogos como Roberto Simonsen y Euvaldo Lodi.

31 Cuba fue un modelo a seguir en esta línea de pensamiento.

32 CARDOSO, Fernando Henrique; FALETTO, Enzo, 1969.
CARDOSO, Fernando Henrique; FALETTO, Enzo, 2008. pp. 4-20.

33 Por ejemplo, LIMONGI, Fernando, 2012.

las variables económicas, cuyo dinamismo altera el estado de desarrollo del país (PIB, productividad, salarios etc.) y provoca cambios en la estructura social y las relaciones de dominación. Estas teorías no tenían en cuenta las relaciones imperialistas entre países, ni las relaciones asimétricas entre clases y grupos sociales.

Cardoso y Faletto sostuvieron que el desarrollo debe analizarse a partir de un proceso social. En otras palabras, debe tener en cuenta las condiciones históricas específicas en su totalidad —económicas y sociales— implícitas a nivel interno e internacional; y analizar simultáneamente los conflictos de clase y los movimientos sociales (objetivos, valores e ideología). El análisis debe tener en cuenta estos dos conjuntos en sus determinaciones recíprocas[34].

La intención de los autores es volver a la tradición de la economía política clásica del siglo XIX y analizar la dominación de forma sincrónica a la expansión económica. También entienden que las estructuras sociales se transforman continuamente por los movimientos sociales, los conflictos y la lucha de clases, y no un estado permanente, diferenciándose así de los dependentistas. En su contra, la primordialidad del análisis de los aspectos estructurales económicos puede llevar a interpretar que las situaciones de dependencia son estables y permanentes, y que su reproducción genera necesariamente mayor subdesarrollo y dependencia. Según Cardoso y Faletto, en un momento histórico dado, pueden existir posibilidades históricas, socioeconómicas y políticas que indiquen alternativas a la dependencia existente.

La metodología que adoptan es histórico-estructural. Entendemos que los autores parten de la hipótesis de que en las sociedades capitalistas las estructuras sociales no se basan en relaciones de igualdad y/o cooperación, sino en asimetrías sociales y formas de dominación y subalternidad dentro de la organización social e internacional. Por lo tanto, para diagnosticar la dinámica (o no) de los países en desarrollo, es necesario analizar la estructura económica (producción, instituciones) y las relaciones externas que regulan la distribución de la riqueza y la renta para comprender las desigualdades, por un lado, y los estudios sobre los mecanismos y procesos

---

34 Inspirándose en Marx, Cardoso y Faletto analizan estructuras y procesos, buscando "una comprensión global y dinámica de las estructuras sociales, en lugar de fijarse únicamente en dimensiones específicas del proceso social. Nos oponemos a la tradición académica que concibe la dominación y las relaciones socioculturales como 'dimensiones' independientes". CARDOSO Y FALETTO (2008, p. 6).

de explotación y dominación que contribuyen al mantenimiento (o no) de las estructuras existentes, por otro. Como afirman Cardoso y Faletto: "*una perspectiva que, poniendo de relieve las condiciones concretas mencionadas —que son de carácter estructural— y destacando el mobiliario de los movimientos sociales —objetos, valores e ideologías— analiza las primeras y las segundas en sus determinaciones recíprocas*" (CARDOSO; FALETTO (1969), reproducido en Bielshowsky (2000), p. 503). A esto nos referimos: a una interpretación realizada utilizando categorías analíticas apropiadas del proceso histórico.

Basado en la elección en diferentes momentos de categorías analíticas históricamente referenciadas que caracterizan situaciones internas y externas, el desarrollo es el resultado de la interacción de los intereses y valores materiales de diferentes grupos y clases sociales cuyos "*conflictos, conciliación o superación dan vida al sistema socioeconómico*". (Idem). La estructura socioeconómica y política cambia en la medida en que "*los diferentes grupos y clases sociales consiguen imponer sus intereses y su dominación al conjunto de la sociedad*". (Ibidem).

Nuestra interpretación es que los cambios en la estructura económica son resultado de este proceso sociopolítico y, a su vez, estos últimos cambios pueden alterar la propia estructura económica.

Sin duda, las estructuras socioeconómicas y políticas existentes pueden restringir las posibilidades de cambio en los países en desarrollo y tender a perpetuarlas, pero también pueden detectarse cambios si se producen mudanzas en las estructuras sociopolíticas y productivas. En este proceso, las clases subalternas crean otras necesidades e intereses económicos y políticos que pueden hacer tambalear los intereses dominantes que sustentan las estructuras de dominación y dar lugar a transformaciones económicas y políticas, capitaneadas muchas veces por líderes políticos a menudo populistas y antirrepublicanos[35].

A título ilustrativo, analicemos un periodo concreto desde esta perspectiva. Las dos Grandes Guerras y la crisis de 1929 abrieron brechas en la dominación de los países centrales del mundo (Estados Unidos, Inglaterra y Japón), el desgaste económico y la legitimidad, al mismo tiempo que una nueva expresión económica se forma: la Unión de Repúblicas Socialistas Soviéticas (URSS)[36]. Estos hechos no sólo permitieron la aparición de una

---

35 Por ejemplo, Perón en Argentina, Vargas en Brasil y Cárdenas en México.

36 Tras su debacle en 1991 pasó a llamarse Rusia, después de la revolución de 1917 llamabase URSS.

ideología favorable al desarrollo económico y social, sino que también impulsaron la independencia de numerosas colonias de África y Asia.

Fue posible prever y establecer un escenario socioeconómico y político diferente con la creencia, en aquel momento, en cambios en las relaciones de dependencia, la prosperidad económica y el bienestar de la población.

En esta construcción de un nuevo orden mundial, la industrialización que despegó en América Latina a partir de los años 1930, y más intensamente después de la Segunda Guerra Mundial, cobró impulso, como vimos anteriormente, con la acción decisiva de la CEPAL. En los países donde este cambio fue más pronunciado, el empresariado nacional e internacional encontró una mano de obra urbana disponible, generó una clase obrera organizada, paralelamente al surgimiento y/o expansión de líderes políticos y empresariales industrialistas con intereses materiales nacionalistas, muchas veces en conflicto[37] con los intereses de la oligarquía agro extractivista, centrada en el mercado externo.

Estas transformaciones sociales se tradujeron en el fortalecimiento de ideologías, partidos y políticos de izquierda (alineados o no con la URSS), muchos de los cuales hicieron hincapié en el giro a la izquierda y en los resultados positivos de la revolución cubana (1959) para las transformaciones socioeconómicas y políticas integradoras. En la década de 1960 estalló en Francia un movimiento alternativo de izquierdas que contaminó a los países vecinos, y en Estados Unidos se produjo un auge a favor de los derechos civiles de los afrodescendientes y la victoria de un presidente de origen irlandés, católico y demócrata.

La situación externa e interna llevó, entre mediados de los años 1960 y 1970, a que varios países latinoamericanos llegaran al poder presididos por partidos de izquierda/progresistas, elegidos por el voto popular (democracias de izquierda), como Brasil, Argentina, Chile, Perú, Ecuador y Bolivia, entre los principales. Esta situación política en la región provocó fuertes reacciones de Estados Unidos y posibilitó alianzas internas, con composiciones específicas para cada país de la región, pero generalmente entre la tecnoburocracia estatal, el empresariado nacional y multinacional con el apoyo decisivo de las Fuerzas Armadas (FAs). Los gobernantes en esos años sufrieron golpes de estado y las instituciones democráticas fueron sustitui-

---

37 No necesariamente, en el caso de São Paulo, Brasil, la crisis del café de 1929 precipitó la migración del capital del sector agrícola al manufacturero. DEAN, WARREN.

das por juntas militares dictatoriales en todos los países mencionados. En otros países, en los que no se produjeron golpes de Estado, hubo conflictos entre facciones de izquierda y conservadores, como en México, donde los gobiernos del Partido Revolucionario Institucional (PRI) reprimieron duramente los movimientos guerrilleros estudiantiles de izquierda que cuestionaban la longevidad del partido y la falta de democracia; y en Colombia, donde, tras un conflicto armado entre socialistas y conservadores (1948-1964), se establecieron al menos dos movimientos guerrilleros en la década de 1960 (las Fuerzas Armadas Revolucionarias de Colombia (FARC) y el Ejército de Liberación Nacional (ELN)), que no fueron completamente eliminados hasta 2023. La represión de las dictaduras militares dominó, encarceló, torturó, exilió y asesinó a miembros de movimientos de oposición, intelectuales, sindicalistas y guerrilleros, provocando la interrupción de los regímenes democráticos, recuperables en la mayoría de los países a partir de la década de 1980. Se produjo una ruptura generacional irrecuperable en los segmentos políticos e intelectual, es debido a la pérdida de experiencia y prácticas acumuladas.

Los cambios de régimen, de democracias a dictaduras militares, no alteraron el proceso de industrialización de la región de forma homogénea, dado que una parte considerable de los dictadores militares tenían tendencias nacionalistas, pero otros con una tendencia más liberal iniciaron reformas en esta dirección, como en Chile y Argentina[38]. Sin embargo, cada vez resultó más imposible de mantener ante las crisis internacionales, la falta de divisas para importar maquinaria, equipos e insumos, la creciente brecha tecnológica, la alta inflación y la falta de competitividad del sector industrial (incentivos equivocados para los sectores económicos)[39] ante un orden mundial internacional y tecnológico cambiante, con la entrada de otros actores internacionales importantes, como China. Al mismo tiempo, la absorción de la mano de obra por el sector productivo no era suficiente en términos de oferta de mano de obra, a pesar de que el crecimiento económico había creado un número considerable de puestos de trabajo. Y aunque, en 1979, el nivel de renta real aumentó para todos los estratos de renta, los niveles superiores crecieron más rápidamente que los inferiores, lo que implicó un aumento de los índices de concentración de rendimiento en la región.

---

[38] Véase, adelante, 3.3, *Pensadores Liberales en la Economía Latinoamericana*

[39] Los incentivos económicos se concedieron principalmente a los sectores que alimentaban el mercado interno, más que a los sectores de exportación.

El momento histórico de mantener un proceso de industrialización por sustitución de importaciones en América Latina, liderado por el Estado según las líneas diseñadas en las décadas posteriores a la Segunda Guerra Mundial, no logró innovarse. En las décadas de 1960 y 1970, mantuvo las viejas prácticas corporativas y proteccionistas que pudieron ser útiles durante el período de la "industria infante", pero que demostraron ser ineficaces e ineficientes frente a la competencia internacional. Este periodo llegó a su fin en los años de 1980,, con la crisis de la deuda externa y la falta de alternativas para continuar en esta dirección.

7. CONCLUSIONES: TRANSFORMACIONES Y PERSPECTIVAS

Como se ha visto, la política de industrialización basada en el proceso de sustitución de importaciones inducido por el Estado no amenazó con el fin del subdesarrollo. En la década de 1970, la utilización y expansión de un paradigma tecnológico en decadencia, la imposibilidad de aumentar y diversificar las exportaciones y la escasa inversión en capital humano impidieron superar las restricciones estructurales históricas de los países, como la concentración del ingreso y la riqueza, la pobreza, el rezago tecnológico, el déficit educativo, el déficit de la balanza de pagos y la inflación, entre otras.

El escenario internacional cambió en los años setenta del siglo pasado e impuso fuertes límites al crecimiento de los países periféricos, especialmente de América Latina, y a sus posibilidades de industrialización más compleja.

Las fuerzas políticas se desplazaron hacia el conservadurismo a finales de los años de 1970, el ascenso de Margaret Thatcher en Inglaterra y Ronald Reagan en Estados Unidos son señas de identidad del periodo y de la implantación de una agenda liberal, que durante las siguientes décadas se extendió por todo el mundo. Los partidos comunistas, socialistas, verdes y progresistas en general perdieron terreno, mientras que los movimientos y partidos políticos más derechistas se reorganizaron y surgieron con nuevos actores políticos, y la base social de la lucha de clases cambió. Grupos de mujeres, primero en Europa y Estados Unidos, seguidos por movimientos de afrodescendientes en este último país, LGBT y pueblos indígenas iniciaron agendas identitarias con demandas propias poco reconocidas por los partidos políticos existentes. Las agendas políticas universales perdieron fuerza frente a estas demandas, fragmentándose así el conjunto de las fuerzas progresistas y perdiéndose en parte las agendas que aglutinaban a los movimientos de masas, excepto en algunos países europeos.

Desde el punto de vista socioeconómico, cambios paralelos a los anteriores repercutieron en la escena internacional. En los años 1970 se produjeron dos crisis del petróleo provocadas por el aumento de los precios dirigido por la Organización de Países Exportadores de Petróleo (OPEP). Para los países no productores de petróleo[40], esto supuso un aumento considerable del gasto en importaciones de esta fuente de energía y una crisis de la balanza comercial. El aumento de las divisas de los países de la OPEP inundó el mercado financiero, especialmente en Europa, de dinero barato, fomentando los préstamos a los países subdesarrollados, lo que condujo a un endeudamiento excesivo en décadas posteriores, especialmente en América Latina.

El paradigma tecnológico empezó a alejarse del petróleo y del acero para orientarse hacia la electrónica, las tecnologías de la información y la comunicación y otras fuentes de energía. Estos cambios fueron acompañados por la pérdida de fuerza sindical en los procesos de negociación capital-trabajo, debido a la recesión sincrónica en los países desarrollados a finales de los años 1970, el alto desempleo y el crecimiento de partidos políticos conservadores que abogaban por una política económica menos estatista, una legislación laboral menos protectora y reformas de las pensiones con el fin de reducir el déficit público, bajar los costes laborales y, por tanto, los costes de producción, además de no alimentar la inflación.

También, la desregulación y expansión de los mercados financieros y su diversificación retiraron inversiones de la economía real debido a su rentabilidad y facilidad de aplicación. El proceso de financiarización de la economía repercutió en la evolución de los niveles de empleo, que se ajustaron a patrones más bajos.

Y a principios de los años de 1980, la política de dólar fuerte aplicada por Estados Unidos agravó la deuda externa y los intereses que debían pagar los países de la región. Esta deuda, a menudo contraída, como en el caso de Brasil, para acelerar el proceso de sustitución de importaciones destinado a inversiones en bienes intermedios y de capital, se volvió excesiva ante las condiciones financieras del país[41].

---

40 Este fue un periodo mucho exitoso para Venezuela y México, y menos exitoso para Ecuador, por la calidad de su petróleo.

41 Otros países utilizaron los recursos para importaciones de bienes de consumo y gastos de consumo corriente.

El resultado de este contexto fue un acelerado proceso inflacionario, déficits externos que debían ser cubiertos por las exportaciones, recesión económica, altos niveles de desempleo, aumento de la pobreza y un fuerte atraso tecnológico en la región. Para superar su endeudamiento, las economías de América del Sur se volcaron a la exportación de los productos abundantes y competitivos en su estructura productiva, es decir, los bienes primarios. México, por su parte, se centró en un modelo de exportación secundaria basado en las industrias de maquila[42].

Se adoptaron políticas liberales para desmantelar el Proceso de Sustitución de Importaciones, que había quedado obsoleto ante la nueva situación nacional e internacional. Se redujeron los aranceles aduaneros, se privatizaron empresas estatales, se flexibilizó la legislación laboral y se aplicaron otras medidas propuestas por el Consenso de Washington[43]. Después de casi 50 años, la región se rindió a las recomendaciones de la política económica liberal estadounidense.

Las llamadas reformas "neoliberales" se aplicaron de forma heterogénea y a ritmos diferentes en los distintos países. México y Argentina, por ejemplo, iniciaron sus reformas en los años ochenta del siglo pasado, mientras que Brasil no lo hizo hasta la década siguiente. En común, se inició un proceso de desindustrialización, corroborado por la apertura comercial, que permitió la entrada de bienes más competitivos, especialmente los exportados por China, y por las recesiones de las economías regionales.

En los años 2000-2010, las sociedades latinoamericanas experimentaron otra combinación favorable de escenarios domésticos e internacionales, *boom de las commodities,* fuerzas políticas nacionales y un sustrato económico

---

42 Apoyado por la inversión extranjera, los bajos aranceles aduaneros y la proximidad a la frontera con los Estados Unidos.

43 Las recomendaciones se refieren a diez medidas elaboradas por una comisión de economistas, en su mayoría estadounidenses, destinadas a superar la crisis económica en los países latinoamericanos, en un primer momento, y más tarde, a través del FMI, para todos los países subdesarrollados. Pretendían mejorar el entorno económico para la globalización, con medidas para liberalizar los mercados, reducir el tamaño del Estado y aumentar la apertura al exterior. Estos son los principios básicos de la economía ortodoxa. Favorecían sobre todo a la economía estadounidense. Son: Disciplina fiscal; Reordenación de las prioridades del gasto público; Reforma fiscal; Liberalización del sector financiero; Mantenimiento de tipos de cambio competitivos; Liberalización del comercio; Atracción de inversiones extranjeras directas; Privatización de empresas estatales; Desregulación de la economía; Protección de los derechos de autor.

favorable que permitió la posibilidad de salir del subdesarrollo. El gran aumento de las exportaciones de materias primas en el periodo generó elevados superávits comerciales en la región, junto con la elección de gobiernos progresistas ("ola rosa") y una aspiración generalizada de la población al progreso económico, lo que proporcionó las condiciones para poner en marcha un programa de desarrollo económico y social sostenible Sin embargo, no se aprovechó la oportunidad, ya que los gobiernos optaron por el gasto público en aumentos salariales del sector público, del salário minimo privado, infraestructuras no articuladas y programas sociales para superar la pobreza, generalmente aplicados a través de diversos y múltiples programas de transferencia de ingreso[44]. En lugar de combinarlos con programas para elevar la calidad de la educación, las infraestructuras y la logística estrategicas, aumentar el valor añadido de las exportaciones de productos primarios e impulsar los sectores económicos que presentaban transborde "hacia adelante y hacia atrás"[45].

La desaceleración de las economías centrales y de China, especialmente el principal socio económico de muchos países de la región, debido a las crisis financieras (2008-2012) y posteriormente a la crisis sanitaria (Covid, 2019-2022), y la ausencia de un proyecto y programas de desarrollo están restringiendo las posibilidades de cambiar las relaciones de dependencia en 2023, a pesar de una segunda "ola rosa" de líderes. Se están repitiendo errores del pasado, falta de articulación de un plan de desarrollo a largo plazo, basado en el mejoramiento de la educación básica, y en las ventajas competitivas creadas en la región, creando transbordes, encadenamientos hacia adelante y hacia atrás en las cadenas productivas y aumentando el valor agregado de las exportaciones, paralelamente con inversiones en educación de calidad e infraestructura-logística y un comportamiento macroeconómico adecuado al nuevo orden internacional.

8. BIBLIOGRAFÍA

AMIN, Samir. *O desenvolvimento desigual*: ensaio sobre as formações sociais no capitalismo periférico. Rio de Janeiro: Forense, 1973.

---

44 Tales como la construcción de vivienda popular, aumento real del salario mínimo, movilidad urbana para la mayoría de la población, crédito popular, entre otros.

45 Además de problemas como el aumento de la corrupción, el incremento del narcotráfico y la creciente implicación del crimen organizado en la política de las naciones.

BIELSCHOWSKY, Ricardo. *Cincuenta años del pensamiento de la Cepal*: una reseña. 1998. Disponível em Microsoft Word - S41POB-L1935e-P.doc (cepal.org). Acesso em 04/02/2023.

BIELSCHOWSKY, Ricardo. *Pensamento econômico brasileiro: o ciclo ideológico do desenvolvimentismo*. Rio de Janeiro: IPEA/INPES, 1988.

CARDOSO, Fernando Henrique; FALETTO, Enzo. *Dependencia y desarrollo en América Latina*: México, DF: Siglo Veintiuno Editores. 1969.

CARDOSO, Fernando Henrique; FALETTO, Enzo. *Dependência e desenvolvimento na América Latina: ensaio de interpretação sociológica*. 6ª edição. Rio de Janeiro: Zahar Editores, 1981.

CARDOSO, Fernando Henrique; FALETTO, Enzo. "Dependência e desenvolvimento na América Latina", *In: BELCHOWSKY, Ricardo, Cinquenta anos de pensamento na CEPAL*, Rio de Janeiro: Editora Record, 2000.

CARDOSO, Fernando Henrique; FALETTO, Enzo. Repensando dependência e desenvolvimento na América Latina. In SORJ, Bernardo, CARDOSO, Fernando Henrique; FONT, Maurício, orgs. *Economia e movimentos sociais na América Latina [online]*. Rio de Janeiro: Centro Edelstein de Pesquisa Social, 2008. Disponível em: SciELO Books.

CEPAL. *Estúdio económico de América Latina*, 1949. Disponible en: https://repositorio.cepal.org/handle/11362/1003.

COUTO, Joaquim Miguel. "Raúl Prebisch e a concepção e evolução do sistema centro-periferia". *Revista de Economia Política*, vol. 37, nº 1 (146), pp. 65-87, janeiro-março/2017

DOSMAN, Edgar J. *Raúl Prebisch (1901-1986):* A Construção da América Latina e do Terceiro Mundo. Rio de Janeiro: Contraponto. Centro Internacional Celso Furtado; 2011.

DOS SANTOS, Theotônio, *Teoria da Dependência: balanço e perspectivas*. Rio de Janeiro: Ed. Civilização Brasileira, 2000.

FURTADO, Celso. *Desenvolvimento e subdesenvolvimento*. 2ª. Ed. Rio de Janeiro: Ed. Fundo de Cultura.1963.

FURTADO, Celso. *Teoria do desenvolvimento econômico*. São Paulo, Abril Cultural, 1983.

FURTADO, Celso. *Fantasia organizada*. 5ed. Rio de Janeiro: Paz e Terra, 1985.

LIMONGI, Fernando. "Fernando Henrique Cardoso: teoria da dependência e transição democrática". *Novos estudos*. CEBRAP, nº 94, 2012.

LÖWY, Michael. "Teoria do desenvolvimento desigual e combinado". *Actuel Marx*, vol. 18, 1995. Tradução de Henrique Carneiro. (99+) A teoria do desenvolvimento desigual e combinado | renato anacleto - Academia.edu, consultado em 5 de maio de 2023.

FONT, Maurício, org. *Economia e movimentos sociais na América Latina [online]*. Rio de Janeiro: Centro Edelstein de Pesquisa Social, 2008. Disponível em: SciELO Books.

NURKSE, Ragnar. *Problemas da formação de capital em países subdesenvolvidos*. Editora Civilização Brasileira. Rio de Janeiro. 1957.

PREBISCH, Raúl. *El desarrollo económico de la América Latina y algunos de sus principales problemas.* 1949. Disponible en: https://repositorio.cepal.org/handle/11362/2039.

PREBISCH, Raúl. "El mercado común latinoamericano". In: Bielschowsky, Ricardo. *Cincuenta años del pensamiento de la CEPAL:* textos seleccionados. Santiago de Chile: Fondo de Cultura Económica, 1998b, v. 1. p. 325-348.

PREBISCH, Raúl. "Hacia una teoría de la transformación", *Revista de la CEPAL*, n.10, abril, pp. 165-216.1980

RESENDE, André Lara. *Juros, moeda e ortodoxia: teorias monetárias e controvérsias políticas.* São Paulo: Portfolio-Penguim, 2017.

RODRÍGUEZ, Octavio. *Teoria do subdesenvolvimento da CEPAL.* Rio de Janeiro: Forense-Universitária, 1981.

RODRÍGUEZ, Octavio. "Prebisch: actualidad de sus ideas básicas", *Revista de la Cepal*, n. 75, diciembre, pp. 41-5 2001.

ROSTOW, Walt Whitman. *The stages of economic growth: a non-communist manifesto.* New York: Cambridge University Press,1960.

RUIZ, José Briceño; LOMBAERDE, Philippe de. Regionalismo latino americano. Producción de conocimientos y creación e importación de teoría. *Civitas*, Porto Alegre, v. 18, n. 2, p. 262-284, mayo-ago. 2018: https://www.researchgate.net/publication/326884534_Regionalismo_latino-americano_producao_de_saber_e_criacao_e_importacao_de_teoria

SANTOS Teotônio dos, *Teoria da Dependência:* balanço e perspectivas. Rio de Janeiro: Ed. Civilização Brasileira, 2000.

SINGER, Hans. W. "The distribution of gains between investing and borrowing countries", *American Economic Review*, vol.XL, n.02, may, pp.473-485, 1950.

SUNKEL, Osvaldo. A Inflação chilena: um enfoque heterodoxo. In: Bielschowsky, Ricardo. *Cincuenta años del pensamiento de la CEPAL:* textos seleccionados. Santiago de Chile: Fondo de Cultura Económica, 1998b, v. 1.

SUNKEL, Oswaldo. *Desarrollo desde dentro* —enfoque para América Latina—, México: Fondo de Cultura Económica, 1991.

9. GLOSARIO

Círculo vicioso de la pobreza. Concepto creado por el economista Ragnar Nurske (1907-1959) en el marco de la teoría del desarrollo económico. El círculo vicioso de la pobreza es un conjunto de elementos interdependientes que organizan la estructura económica de un país de tal manera que lo mantienen permanentemente en un estado de pobreza. Los principales elementos (económicos, políticos y culturales) de este círculo son los relacionados con los impedimentos a la formación de capital. Hay factores del lado de la demanda y de la oferta de capital. Del lado de la oferta: partimos de un bajo nivel de productividad; esto lleva a una renta real baja; el ahorro es bajo y no permite la formación de capital, lo que nos lleva al principio del ciclo. Por el lado de la demanda: el nivel de productividad es bajo, por lo que la renta real es baja; el poder adquisitivo se reduce; el incentivo para invertir se comprime; por lo que la capacidad de acumulación no es significativa, lo que nos lleva al inicio del ciclo.

Industria infante. Argumento económico para justificar medidas proteccionistas, especialmente para los países subdesarrollados. También se conoce como "industria incipiente". Estos conceptos fueron difundidos por los economistas Stuart Mill (1806-1873) y Friederich List, (1789-1846) y posteriormente utilizados por las teorías del desarrollo económico, y practicados por diversos gobiernos para justificar aranceles y subsidios para iniciar procesos de industrialización en esos países. Para el primer autor, la protección se justificaba temporalmente para superar las diferencias de productividad de una industria que había comenzado antes en un país, normalmente extranjero, frente a la menor productividad de esa industria en el territorio nacional, que había iniciado la producción más tarde. Se trataba de una medida proteccionista para permitir la nacionalización de dicha industria en varios países que no estaban preparados para producir inmediatamente al nivel de productividad de las primeras industrias. List, por otra parte, también defendía que la protección debía retirarse gradualmente a medida que la industria nacional se independizaba. Creía que una nación podía sacrificar parte de su consumo actual para tener una mayor prosperidad futura con empresas más productivas. Sin embargo, ambos defendían que la protección debía tener una duración limitada y que los productores nacionales no debían esperar que la protección durara más de lo necesario para ser competitivos.

Inelasticidad. Concepto económico que se refiere al hecho de que la cantidad demandada u ofrecida de un bien es poco sensible a las variaciones de precio. En términos matemáticos, es la relación entre la variación porcentual de la cantidad (demandada u ofrecida) y la variación porcentual del precio respectivo. Este coeficiente debe ser inferior a 1 para definir si un punto de las curvas de oferta o demanda es inelástico. Como este cambio porcentual siempre será negativo en el caso de la demanda, el análisis se realiza tomando el resultado de dicho coeficiente en módulo, es decir, en valor absoluto.

Maquila. Una empresa opera en la modalidad de maquila cuando importa insumos, materiales y equipos sin impuestos ni aranceles para producir una parte del proceso productivo (transformación, elaboración, reparación, etc.) de un bien para exportarlo a otro país que lo finalizará y lo pondrá en el mercado. Los gobiernos recurren a esta práctica para fomentar el desarrollo de un determinado territorio.

Metodología histórico-estructuralista. trata de comprender la totalidad de un ambiente económico, político e social, considerando que los procesos en la jerarquía de poder internacional, históricos y sociales y el poder nacional influyen en el funcionamiento de la economía y de la sociedad Sostiene que las leyes generales no siempre explican las situaciones concretas. Deriva de la economía política clásica y actualmente puede considerarse una metodología i transdisciplinar.

3.3. Pensadores Liberales en la Economía Latinoamericana

WAGNER TADEU IGLECIAS[1]
Universidad de Sao Paulo, Brasil
wi6@usp.br

América Latina, tal como la conocemos hoy, es una invención europea. Surgida en el siglo XVI a partir de la expansión marítima de Portugal y España, se incorporó a la economía europea de la época bajo la condición de subalternidad. Más de cinco siglos después, la región sigue sometida a una estructura global de la división internacional del trabajo fuertemente jerarquizada, que le confiere el papel de proveedora de bienes primarios y de mano de obra poco cualificada y, por tanto, de bajos sueldos. Además, sigue dependiendo de las fluctuaciones de los flujos de capital exterior y de unas relaciones de intercambio casi siempre desfavorables, que dificultan la acumulación de ahorro interno y la diversificación de su estructura productiva.

Marcada, por un lado, por la destrucción, a través del proceso de colonización, de un amplísimo abanico de sociedades originarias y, por otro, por casi cuatro siglos de esclavitud —que se entrelazan con el propio desarrollo del sistema capitalista— América Latina sigue teniendo una gran parte de su población viviendo por debajo del umbral de la pobreza, acosada por la inseguridad alimentaria y con un acceso precario a los servicios públicos de salud, saneamiento básico y transporte. Si a esto añadimos los millones de personas que no tienen una educación de calidad, un trabajo formal, buenas condiciones de vivienda o derecho a la seguridad social, tenemos una visión general de las condiciones de vida de una parte considerable de los latinoamericanos (y también de los caribeños). Países como Brasil, Ecuador, Colombia, Costa Rica, Guatemala, Honduras y Panamá figuran entre las naciones más desiguales del mundo, junto con Sudáfrica, Botsuana,

---

1 Doctor en Sociología y Profesor del Programa de Postgrado en Integración Latinoamericana (PROLAM-USP) y de la Escuela de Artes, Ciencias y Humanidades (EACH-USP) de la Universidad de São Paulo.

Mozambique, Namibia, la República Centroafricana, Zambia y Zimbabue, entre otros[2].

En 2022, la región sólo representaba el 5,26% del Producto Interior Bruto mundial, según el Fondo Monetario Internacional (FMI): una década antes había alcanzado el 7,95%. La caída ocurrió principalmente a causa de la recesión económica de Brasil en esos tiempos[3] [4]

Ese mismo año, los principales productos exportados por América Latina al mundo, según el país, fueron petróleo, mineral de hierro, cobre, oro, gas natural, madera y celulosa, soja, carne, frutas y café, entre otras *commodities*. Las excepciones fueron las manufacturas producidas por Brasil y comercializadas con sus vecinos sudamericanos y la amplia gama de productos elaborados en México por empresas extranjeras con fábricas en ese país, las llamadas *maquilas*, y exportados al mercado estadounidense, en particular equipos eléctricos y electrónicos, vehículos e instrumental médico y hospitalario.

Según la World Intellectual Property Organization (WIPO), América Latina y el Caribe representaron sólo el 1,61% de los nuevos registros de patentes industriales a nivel mundial en 2021, superando sólo a África con el 0,61% del total. A modo de comparación, en el mismo año Asia (67,6%), América del Norte (18,5%) y Europa (10,5%) lideraban ese ranking, consolidado desde hace al menos una década bajo el liderazgo asiático y la participación casi irrelevante de América Latina y el Caribe[5]. De hecho, las cifras muestran el bajo nivel de innovación tecnológica de la región, alimentando un círculo vicioso de subordinación y dependencia de las economías desarrolladas.

---

2 THE WORLD BANK. Gini index. Disponível em: <https://data.worldbank.org/indicator/SI.POV.GINI>

3 INTERNATIONAL MONETARY FUND. Regional Economic Outlook for the Western Hemisphere. Disponível em: <https://www.imf.org/en/Publications/REO/WH/Issues/2022/04/22/regional-economic-outlook-for-western-hemisphere-april-2022>

4 A esto hay que añadir la crisis derivada de la pandemia de Covid-19, que no sólo ralentizó las economías de la región, sino que hizo que América Latina registrara el mayor número de víctimas mortales del mundo, en términos relativos, según la Organización Mundial de la Salud. WORLD HEALTH ORGANIZATION. WHO Coronavirus (COVID-19) Dashboard. Disponível em: <https://covid19.who.int/table>

5 WORLD INTERNATIONAL PROPERTY ORGANIZATION. Disponível em: <https://www3.wipo.int/ipstats/keysearch.htm?keyId=203>

Los datos sobre productividad laboral en América Latina y el Caribe son también muy desfavorables en comparación con otras regiones del mundo, como la región asiática y el Pacífico, según señala la Organización Internacional del Trabajo (OIT) en un estudio de 2022 que aborda variables como el ámbito y el entorno competitivo; las capacidades de absorción y adaptación tecnológica; las habilidades y competencias laborales; la innovación; la organización del trabajo; y el contexto institucional. Según la agencia de la ONU, la persistencia —y profundización— de la brecha de productividad con otros países y regiones con mayor desarrollo económico señala la extrema necesidad de crear políticas de desarrollo productivo y de impulso a la productividad en la región. Según el organismo, entre 1990 y 2020, incluso entre los países que lograron los mejores resultados a nivel regional, las tasas de crecimiento de la productividad laboral estuvieron por debajo de las de las economías de la OCDE y muy por debajo incluso de regiones más dinámicas como Asia Oriental (OIT, 2022).

Los ciclos de crecimiento económico de América Latina, por el contrario, han estado casi siempre vinculados al incremento de los precios de sus productos en los mercados internacionales, desde las primeras décadas del siglo XIX hasta nuestros días, al margen de grandes avances tecnológicos o aumentos de productividad. Los casos de Brasil (café, azúcar, algodón, soja), Argentina (carne y trigo), Perú (guano y salitre), Chile (cobre) y Venezuela (petróleo) son sólo algunos ejemplos de ello, en diferentes momentos de los últimos doscientos años. Y ejemplos que no representaron necesariamente una mejora sustancial de las condiciones de vida de la mayoría de la población. Los periodos de crecimiento económico asociados a una mayor inversión en políticas públicas y a la ampliación de los derechos sociales fueron aquellos en los que el Estado desempeñó un papel protagonista en la inducción del desarrollo. Esto pudo verse, por ejemplo, durante el período de Getúlio Vargas en Brasil en los años 30 y 40, en el gobierno de Lázaro Cárdenas en México entre 1934 y 1940, o en el primer gobierno de Juan Domingo Perón en Argentina entre 1946 y 1952.

En sus dos siglos de historia independiente, América Latina se ha enfrentado al dilema de construir modelos orientados a diversificar su estructura productiva, ampliar el mercado interno y distribuir la renta a través de la rectoría del Estado, por un lado, y priorizar sus vocaciones económicas originales, es decir, el libre comercio basado en la exportación de bienes primarios, por otro. En otras palabras, el debate está marcado por la centralidad del Estado como principal instrumento responsable del crecimiento económico y el desarrollo social frente a la primacía del mercado como instrumento para alcanzar la prosperidad colectiva. En este sentido, este capítulo se propone discutir el papel de los economistas latinoamericanos de formación liberal en el debate sobre el rumbo de la economía en nuestros países y en nuestra región, es decir, cómo han tratado de orientar a los gobiernos de diferentes países y en diferentes momentos a lo largo de los últimos doscientos años a seguir un camino basado en la visión de que los agentes privados son más capaces que el Estado para impulsar el crecimiento y el desarrollo, mismo en países periféricos y subordinados en la estructura económica mundial.

1. SIGLO XIX: CONSOLIDACIÓN DE LOS ESTADOS NACIONALES Y LIBERALISMO ECONÓMICO

El pensamiento liberal latinoamericano del siglo XIX tuvo fases distintas. Desde las luchas anticoloniales hasta el abolicionismo, el federalismo y el propio liberalismo económico. En diferentes momentos, las ideas liberales fueron defendidas por sectores de la burguesía local, en oposición a las oligarquías rurales y al clero. Se ocuparon de diversas cuestiones, como el desarrollo económico y la estabilidad de las instituciones políticas. Combatieron y fueron combatidos por gobernantes autoritarios. Entre sus partidarios había intelectuales y activistas políticos vinculados a diversas órdenes masónicas europeas, como en los tiempos de las luchas independentistas, a pensadores influidos por los grandes economistas europeos de los siglos XVIII y XIX.

Los movimientos independentistas de América Latina, por ejemplo, se inspiraron en los profundos cambios que se estaban produciendo en Europa en la segunda mitad del siglo XVIII. Inglaterra estaba llevando a cabo su Revolución Industrial, remodelando la economía mundial en sus más variados aspectos, con la consolidación de la división internacional del trabajo concéntrica y jerárquica, tal como existe aún hoy. Francia, por su parte, vivía desde al menos 1780 el proceso revolucionario que pondría fin a lo que quedaba de su régimen feudal, constituyendo, para muchos, el hito histórico más importante de la sociedad occidental moderna bajo la dirección de la burguesía. Y al otro lado del Atlántico Norte, en Estados Unidos, se consolidaba al mismo tiempo la Revolución Americana, con la declaración de independencia de las Trece Colonias Británicas en 1776, cuyas implicaciones futuras para ese país serían también cruciales en la historia latinoamericana.

A las idas y venidas de la Revolución Francesa siguió la Guerra Peninsular entre la Francia restaurada de Napoleón I e Inglaterra, en el marco de las Guerras Napoleónicas, con el bloqueo continental como telón de fondo y la Península Ibérica como principal teatro de operaciones. La invasión de España y Portugal por las tropas francesas produjo, entre muchas consecuencias, dos hechos muy particulares: José Bonaparte fue entronizado en 1808 como rey de España, mientras que la familia real portuguesa se vio obligada a refugiarse ese mismo año en su mayor y más rica colonia, Brasil.

La capitulación militar, política y económica de ambos países aceleró los procesos de independencia en las colonias latinoamericanas. Estos procesos fueron muy diferentes de una colonia a otra, de un virreinato a otro, de una capitanía a otra. Pero fueron, por regla general, liderados por élites económicas locales ansiosas de poder tomar en sus manos la gobernabilidad de esos territorios y definir, sin la interferencia de las antiguas metrópolis, el rumbo de la integración de esos nacientes países a la economía mundial, en ese entonces ya bajo dominio británico. También es importante recordar que las élites criollas de la América española y las élites brasileñas no estaban interesadas en un proceso de independencia como el que estaba teniendo lugar en Haití, liderado por negros esclavizados que al mismo tiempo declaraban, con todas las armas a su alcance, la ruptura con Francia y la abolición de la esclavitud. Por el contrario, se trataba de unir fuerzas para liberarse de España y Portugal, tomando el control del proceso político pero manteniendo casi intactas las estructuras económicas y sociales existentes hasta entonces.

Países recién independizados como las Provincias Unidas del Río de la Plata (Argentina) en 1816, México en 1821, Brasil en 1822 y Perú en 1824 figuraban entre las colonias más prósperas de América en las primeras décadas del siglo XIX. Estados Unidos, en cambio, no alcanzaría el liderazgo económico en la región hasta varios años después, con el fin de la Guerra de Secesión (1861-1865), la abolición de la esclavitud y la combinación de capital industrial y capital financiero en un proyecto nacional que sentaría las bases de la impresionante proyección económica, política y militar que el país alcanzaría a principios del siglo XX.

Entre las élites que gobernaban los recién creados países latinoamericanos en las primeras décadas del siglo XIX, existía una gran simpatía por el liberalismo económico que emanaba de las burguesías europeas, especialmente en relación con el libre comercio. Hubo un coro de apoyo al fin de las restricciones heredadas del periodo mercantilista y a la expansión de los derechos individuales. En la práctica, la revolución tecnológica que supuso la Revolución Industrial rediseñó la logística mundial y, en consecuencia, el comercio global. Representó una especie de "segunda conquista", como dice Lynch (1992), en la que la participación de las antiguas potencias coloniales ibéricas fue irrelevante y en la que la recién liberada América Latina fue un vasto territorio para la expansión de los intereses económicos de las potencias europeas de la época, especialmente Inglaterra.

Sin embargo, el siglo XIX en América Latina fue un periodo de numerosos desafíos para los países emergentes. A la explotación colonial ibérica de los trescientos años anteriores se sumó la dominación europea y, sobre todo, británica. Diversas cuestiones relacionadas con la construcción de un proyecto nacional estaban sobre la mesa: centralismo o federalismo, acceso a la tierra, fin de la esclavitud, relaciones Estado-Iglesia, modelos educativos, integración regional, diversos contenciosos con las naciones vecinas, necesidad de consolidar las instituciones políticas, creación y consolidación de fuerzas armadas nacionales, modelos de conducción de la política económica, política exterior y relaciones comerciales con el exterior, etc. Estas cuestiones enfrentaban principalmente a liberales y conservadores y a menudo desembocaban en guerras civiles y conflictos armados que contribuían a agravar los problemas preexistentes.

Los intelectuales liberales de la América Latina de entonces se inspiraban en los principales pensadores europeos de la época en lo que se refería a la economía. Consideraban que el liberalismo económico, que se había difundido sobre todo desde Inglaterra, era el camino adecuado para integrar la región en la economía mundial y mejorar las estructuras productivas y las condiciones de vida locales. Por supuesto, cada uno de ellos analizó las cuestiones económicas, así como las sociales y políticas, en función de las condiciones nacionales en las que se encontraban. Si Brasil, por ejemplo, atravesó la primera mitad del siglo XIX bajo una monarquía parlamentaria, Argentina, sumida en la rivalidad entre Buenos Aires y las provincias del interior, ni siquiera contaba entonces con una constitución aceptada por todas las fuerzas políticas del país. Si Venezuela, envuelta en diversas crisis políticas, conoció periodos de auge económico con la producción y exportación de cacao y café, Perú vivió el auge del guano entre 1840 y 1860, y después la prosperidad del salitre, por lo que se vio arrastrado a una guerra con Bolivia contra Chile (1879-1884) que le sumió de nuevo en una grave crisis económica.

Casi cien años antes, en el cambio del siglo XVIII al XIX, prácticamente toda América Latina ya había conocido *An inquiry into the Nations and Causes of the Wealth of the Nations* (La riqueza de las Naciones), la obra cumbre del economista escocés Adam Smith, publicada por primera vez en 1776. Sus ideas encontraron favor entre la burguesía latinoamericana y contribuyeron a fomentar el caldo ideológico y discursivo de los procesos de independencia. A pesar de escritas por un pensador escocés y centrarse en los intereses de Gran Bretaña, estas ideas atrajeron a las élites económicas que querían librarse de las ataduras de los españoles y portugueses que, a finales del siglo XVIII, intentaban restablecer en América Latina los cimientos del antiguo colonialismo ibérico a través de un costoso sistema fiscal y un entramado de regulaciones comerciales.

Gran parte del siglo XIX en América Latina estuvo marcado por los esfuerzos por consolidar los estados nacionales. Países como Argentina, Colombia y México se enfrentaron a décadas de inestabilidad política, llegando este último a librar una guerra con Estados Unidos y perdiendo cerca de la mitad de su territorio (Guerra México-Estados Unidos, 1846 a 1848), mientras Argentina vivía un prolongado periodo de guerras civiles hasta 1876 y, en Colombia, los conflictos entre fracciones de sus élites no sólo se prolongaron durante todo el siglo XIX, sino hasta los primeros años del siglo XX.

En muchos de los conflictos de ese periodo, facciones liberales y conservadoras de la burguesía local se enfrentaron por el destino de sus jóvenes países, como ya se ha mencionado. Así ocurrió, por ejemplo, en Centroamérica, donde la idea de crear una federación que uniera a Guatemala, El Salvador, Honduras, Nicaragua y Costa Rica no prosperó por mucho tiempo. Inspirándose en la Constitución española de Cádiz de 1812, los liberales centroamericanos intentaron establecer un único país en el istmo centroamericano, gobernado desde Guatemala, pero que en realidad tuviera en cuenta las aspiraciones de las élites locales. El experimento duró de 1823 a 1839, cuando la reacción conservadora implosionó en una guerra civil entre los dos bandos. Hubo otros intentos de crear una federación en 1842 y 1896, pero fracasaron.

El Brasil Imperio, por su parte, a menudo presentado como ejemplo de consolidación territorial y estabilidad institucional y política, también se enfrentó a diversas rebeliones locales en el siglo XIX, como la Revuelta de Malês (1835), la de Cabanagem (1835-1840), la Guerra de Farrapos (1835-1845), la Balaiada (1838-1841), la Sabinada (1837-1838) y la Insurrección de Praieira (1848-1850), entre otras. Mientras que Malês, Cabanagem y Balaiada fueron movimientos populares, de esclavizados o pobres en general, que luchaban por mejores condiciones de vida, Sabinada, Farrapos y Praieira fueron insurrecciones provinciales marcadas por disputas entre las élites locales y diversas formas de insatisfacción con el gobierno central del país. También cabe destacar la Confederación del Ecuador (1824), un levantamiento separatista y republicano surgido del descontento de la élite pernambucana con la centralización del poder en manos de Pedro I en los primeros meses del Brasil independiente.

En este sentido, la historiografía latinoamericana del siglo XIX señala que para la mayoría de los países de la región fue un período de relativo estancamiento económico en medio de diversos episodios marcados por la inestabilidad política, en contraste con las aspiraciones y expectativas de sus elites económicas en el momento de las proclamaciones de independencia (Donghi, 2005; Bulmer-Thomas, 1998).

Apesar del fin definitivo del comercio metropolitano y de la diversificación de las relaciones económicas hacia otras nacionesdel mundo, como Inglaterra, Francia y Estados Unidos, el crecimiento económico de América Latina fue desigual entre los países y sus regiones internas. Algunos territorios más conectados con los centros dinámicos de la economía mundial de la época se habrían beneficiado más de la nueva condición política de América Latina que otros más interiores.

Hay, sin embargo, un punto crucial a mencionar aquí: a pesar de la concepción por parte de las élites económicas locales de que España y Portugal poco o nada tenían que ver con las ideas progresistas de una Europa representada por los ideales de la Revolución Francesa, la Revolución Industrial y el liberalismo económico, y que por ello sería necesario cortar lazos con esas antiguas potencias coloniales y decretar la independencia, lo cierto es que internamente, en cada uno de los nuevos países surgidos de ese proceso, poco o casi nada se hizo por la realización de los derechos civiles, políticos y sociales más allá de esas propias élites.

La esclavitud es un ejemplo paradigmático de este fenómeno: Colombia (1851), Argentina (1853), Venezuela (1854) y Perú (1855) tardaron años en abolirla y sufrieron graves crisis políticas porque sus gobiernos no indemnizaron a los antiguos propietarios de esclavos. Por no hablar de Brasil, que sólo lo hizo mucho más tarde (1888), en vísperas del siglo XX, a pesar de los esfuerzos del brasileño Joaquim Nabuco, uno de los mayores abolicionistas de América Latina. Y en los países donde el trabajo esclavo fue abolido poco después de la independencia, como Chile (1823) y México (1829), las condiciones de vida de la mayoría de la población se mantuvieron próximas a la extrema pobreza durante todo el siglo XIX. En otras palabras, además de una distribución muy desigual del crecimiento económico entre los países latinoamericanos y entre sus regiones internas, también se produjeron graves distorsiones en términos de distribución entre los distintos sectores de la población.

Y aquí radica la contradicción fundamental que marca el liberalismo en sentido amplio (tanto económico como político) en América Latina: una gran distancia entre la estrategia discursiva de las élites locales y la vida real de la mayoría de la población. El *laissez faire, el laisse passer* que preconizaban a menudo no se materializaba ni siquiera en su relación con el Estado, tantas veces utilizado para garantizar los intereses privados o corporativos y frenar las demandas populares. Y a esto se añade la cuestión estructural que ha marcado la inserción de las economías latinoamericanas en la economía capitalista moderna desde el siglo XIX, una economía subordinada y subalterna que apenas permite políticas distributivas para los más pobres.

Conservadores y liberales, que en muchos de los países de la región compitieron a lo largo de ese siglo por el mando del Estado, ya fuera en enfrentamientos moderados o en guerras civiles extremadamente violentas, eran muy similares en cuanto a la participación de los más pobres en la vida política y al papel del Estado en la promoción del desarrollo social. En otras palabras, aunque diferían en cuanto al alcance y el ritmo de las reformas económicas que pondrían fin de una vez por todas al legado colonial, liberales y conservadores estaban muy próximos en su rechazo a las demandas populares de mejores condiciones de vida.

En cualquier caso, aunque dependientes del aparato estatal en defensa de sus intereses privados, las elites económicas latinoamericanas han seguido defendiendo los supuestos del liberalismo económico durante doscientos años. Son curiosos, por ejemplo, los intentos de explicar el "atraso" de nuestros países en relación con el desarrollo económico de Estados Unidos a principios del siglo XX a partir de argumentos racialistas o culturalistas, tendencia probablemente inaugurada por la obra *Facundo: Civilización o Barbarie,* del argentino Domingo Sarmiento, allá por 1845 y repetida innumerables veces por otros pensadores latinoamericanos en las décadas siguientes. En esta obra, Sarmiento asociaba el gobierno del dictador Juan Manuel de Rosas con el caudillismo y una sociedad de base rural y rasgos precapitalistas, frente a una Europa cosmopolita y desarrollada. Perseguido y exiliado por el gobierno de Rosas, apoyó activamente el levantamiento militar encabezado por el general Urquiza, que puso fin a la dictadura de Rosas, y pocos años después él mismo, Sarmiento, se convirtió en presidente de Argentina. Entre sus principales logros figura la reforma educativa del país, que consideraba un paso fundamental para que el país rompiera con las ataduras de su pasado colonial y oligárquico.

Un tema muy controvertido del liberalismo económico trasladado a este lado del Atlántico fue la propiedad de la tierra. Si, por un lado, José María

Luis Mora (1794-1850), considerado el padre del liberalismo mexicano, denunciaba que gran parte de las tierras cultivables de su país estaban, a mediados del siglo XIX, en manos de la Iglesia y debían ser arrendadas por el Estado y vendidas a pequeños propietarios, iniciativas como la Ley de Tierras, implantada en 1850 en Brasil, favorecían la creación o ampliación de latifundios, en detrimento de la pequeña y mediana propiedad rural.

Al mismo tiempo, en Estados Unidos se discutía la importancia de los programas gubernamentales de distribución de tierras a los pequeños propietarios, y en 1862 el presidente Abraham Lincoln firmó la *Homestead Act*, que concedía tierras públicas a los pequeños propietarios y fue una iniciativa fundamental para la configuración de la economía estadounidense en las décadas siguientes, aunque a menudo a costa de la usurpación de tierras indígenas. Esta práctica se vio en Argentina, poco después, en la Campaña del Desierto, dirigida por el general Julio Roca entre 1878 y 1884, que usurpó territorios indígenas inmemoriales para convertirlos en grandes latifundios rurales agroexportadores.

Como sabemos, el acceso a la tierra es una cuestión que se remonta a la época colonial en toda América Latina, con diversas consecuencias para la formación económica, política y social de los países de la región, como señaló, por ejemplo, José Carlos Mariátegui (2004) al retratar la lógica del *gamonalismo* en Perú. Y esta es también una de las características del liberalismo económico latinoamericano, construido durante siglos sobre hechos como la destrucción de las sociedades originarias, la esclavitud negra e indígena y el latifundio.

Otra construcción fundamental del liberalismo latinoamericano del siglo XIX fue el debate sobre la relación entre el Estado y la Iglesia. Muchos, como el citado Mora, así como el ecuatoriano Juan Montalvo (1832-1889), abogaron por la separación formal de ambas instituciones y por el avance de los sistemas educativos laicos. El chileno Francisco Bilbao (1823-1865), por su parte, sostenía que las desgracias de nuestros países estaban directamente relacionadas con la herencia cultural española que elevó a la Monarquía y a la Iglesia a la condición de dueñas de la formación económica, política y cultural de Hispanoamérica. Para él, por consiguiente, una educación republicana libre del dogma católico sería una estrategia fundamental para construir sociedades basadas en la igualdad política. En este sentido, Mora coincide con él al responsabilizar a las élites económicas y eclesiásticas privilegiadas de los principales problemas que vivía México en las primeras décadas del siglo XIX. Su compatriota José Victorino Lastarria (1817-1888) tuvo una posición similar a la de Bilbao, otra figura destacada del liberalismo latinoamericano del siglo XIX. Propugnó la desespañolización de la sociedad chilena —con la consiguiente separación del Estado y la Iglesia— la lucha contra los gobiernos autoritarios de la época y, como programa político para la transformación de Chile, la institución de la enseñanza laica y profesional, la reforma del Código Civil con la extensión de diversos derechos a la mujer y la creación de un banco estatal destinado a promover el crédito público.

El argentino Juan Bautista Alberdi (1810-1884) fue actor y testigo de las polémicas que atravesaron el debate liberal en América Latina durante el siglo pasado. Jurista, escritor, economista y periodista, perteneció a la Generación de 1837, de la que también formó parte Domingo Sarmiento. Inspirado en *La Riqueza de las Naciones* de Adam Smith, Alberdi creía que una ecuación que combinara trabajo productivo, capital e infraestructura, la creación de un mercado interno, la inclusión social y política de los sectores populares y la estabilidad institucional era la clave para superar el atraso de la Argentina de su época.

Mientras pensadores como Alberdi debatían las causas del atraso económico de sus países, y otros como Bilbao y Mora atribuían al poder de las clases eclesiásticas una parte importante de los problemas de sus naciones, también hubo liberales que abogaron por el **federalismo**. Entre ellos, Justo Arosemena (1817-1896), considerado el padre de la nacionalidad panameña, que criticó el centralismo colombiano del siglo XIX, al que estaba vinculado Panamá, desde la perspectiva y particularidades del istmo centroamericano. O los parlamentarios federalistas de la Asamblea Constituyente de 1823 en Brasil, como Silva Lisboa, Ferreira França y Carneiro Cunha, entre otros, que buscaron garantizar en el texto legal cierta autonomía para las entonces provincias brasileñas, incluso en el régimen monárquico que poco antes se había convertido en la variable definitiva de la indepen dencia del país. También hubo un breve período federalista en Colombia entre 1863 y 1886 (Estados Unidos de Colombia), que fue derrotado por el centralismo comandado por las oligarquías conservadoras y la Iglesia.

Las ideas liberales tuvieron una fuerte presencia en la segunda mitad del siglo XIX en América Latina. Y a menudo guiaron la política económica. En el México de don Porfirio Díaz (1876-1880 y 1884-1911), un régimen político implacable con sus opositores y siempre crítico con el ex presidente Benito Juárez, el país sufrió décadas de desarrollo económico, en un típico proceso de modernización conservadora que, si por un lado dinamizaba y diversificaba la estructura productiva, por otro mantenía en la pobreza a gran parte de la población. El régimen *porfirista* dio prioridad a la atracción de la inversión extranjera y también a los sectores exportadores. Y combatió la organización política de los trabajadores. Integró al país al mercado estadounidense mediante la construcción de ferrocarriles, lo que también contribuyó a crear un mercado interno relativamente integrado entre el interior del país y las regiones costeras.

En el sector de minería, la estrategia de revitalización consistió en atraer capital extranjero. Empresas mineras estadounidenses se instalaron en el país y empezaron a producir minerales procesados para exportarlos a su país de origen. El sector petrolero también se desarrolló atrayendo capital privado. Otros sectores industriales del país, especialmente en la región fronteriza con su vecino del norte, se desarrollaron mediante la regulación estatal, pero principalmente con capital privado. Sin embargo, la larga permanencia de Díaz en el poder, junto con las demandas latentes de los trabajadores rurales y urbanos y las aspiraciones de nuevos sectores de la clase media urbana, acabarían formando el caldo de insatisfacción que desembocó en la Revolución Mexicana de 1911, que puso fin no sólo a su gobierno sino también al modelo económico liberal que había implantado.

En Argentina, el liberalismo económico de la segunda mitad del siglo XIX fue el sello distintivo de los gobiernos del Partido Autonomista Nacional (PAN), que gobernó el país entre 1874 y 1916. Aunque percibidos por los historiadores como conservadores en términos políticos, dado que los políticos del PAN eran caudillos locales que llegaron al poder con fuertes sospechas de fraude electoral, clientelismo y persecución de opositores, sus gobiernos fueron considerados liberales en la medida en que priorizaron el sector externo y la exportación de bienes primarios producidos a gran escala en el país. En este caso, destacó la ganadería y sus subproductos, así como la profundización de las relaciones comerciales con Inglaterra, convirtiendo a Argentina en una de las economías más importantes del mundo de la época. Conocida como la "Belle Époque", el importante crecimiento de la economía argentina en las últimas décadas del siglo XIX experimentó periodos diferenciados, con las mayores tasas de crecimiento de la historia del país en la década de 1870, alimentadas por los préstamos británicos y un fuerte impulso exportador, seguidas de la crisis bancaria de la década de 1890, que se tradujo en una importante pérdida de confianza internacional y en una profundización de la dependencia del capital extranjero[6]. Cabe destacar en este punto la visión pesimista del ya citado economista argentino Juan Bautista Alberdi, quien a mediados del siglo XIX

---

6 LENZ, Maria Heloisa, 2006.

preveía un triste y difícil destino para el liberalismo económico en su país dado el centralismo de Buenos Aires en la conducción de la política económica. Aunque no vio el surgimiento de la "Belle Époque" argentina, que aparentemente contradecía sus predicciones, Alberdi vería probablemente confirmadas sus tesis tras la crisis financiera del país en la década de 1890.

Países como Perú, Chile y Venezuela también vivieron largos periodos de liberalismo económico en la segunda mitad del siglo XIX. Funcionarios gubernamentales y economistas dieron prioridad al comercio exterior y a la atracción de inversiones para desarrollar sus economías locales. Así ocurrió en Venezuela, incluso antes del descubrimiento de sus enormes yacimientos de petróleo, con la producción y exportación de café, y en Perú con el descubrimiento de dos productos que significarían dos ciclos virtuosos para la economía del país: el guano en 1845 y el salitre en 1866. En todo caso, la euforia económica proporcionada por la exportación de estos dos minerales sólo se materializó para los grandes productores y exportadores y para el sector bancario que financió estas transacciones comerciales. Como había sucedido en tantas otras ocasiones no sólo en la historia peruana sino en la latinoamericana en general, el modelo primario-exportador produjo riqueza concentrada y sus beneficios, en general, no fueron percibidos por la población en general. Lo mismo ocurrió en Chile, que experimentó un auge exportador de trigo, plata y cobre en la segunda mitad del siglo XIX, seguido del descubrimiento del salitre tras la Guerra del Pacífico (1879-1883). El aumento de los ingresos de exportación aportó cierto desarrollo industrial al país, sin por ello crear las condiciones para una ruptura con el modelo primario-exportador, que se reiteró en el siglo XX en favor de una dependencia casi total del cobre.

2. LA CRISIS DEL LIBERALISMO Y LA RETRACCIÓN DEL PENSAMIENTO ECONÓMICO LIBERAL

Con la crisis económica mundial de las décadas de 1920 y 1930, cuyo vértice y acontecimiento histórico más conocido fue el crack de la Bolsa de Nueva York en 1929, los países más desarrollados de la época abandonaron el libre comercio y abrazaron cada vez más la receta keynesiana. Mientras gran parte de Europa avanzaba hacia el fascismo, al otro lado del Atlántico Estados Unidos redefinía el papel del Estado como inductor de la recuperación económica. Fue durante el gobierno de Franklin Roosevelt (1933-1945) cuando se puso en marcha el *New Deal*, un paquete de medidas económicas anticíclicas destinadas a estimular la actividad económica.

Medidas como la construcción de grandes proyectos de infraestructuras que crearon puestos de trabajo e impulsaron la industria de la construcción, así como las subvenciones a la producción agrícola y la creación de un sistema de seguridad social, fueron algunas de las medidas más importantes y conocidas de este programa.

En América Latina, la crisis del libre comercio significó el cierre de los mercados de exportación y la necesidad de redefinir el papel del Estado en la gestión de la economía. Los gobiernos liberales de las últimas décadas del siglo XIX y las primeras del XX fueron sustituidos por gobiernos intervencionistas, que desarrollaron políticas dirigidas a impulsar las economías nacionales mediante iniciativas de sustitución de importaciones. El desarrollismo nacional, cronológicamente coincidente con los llamados gobiernos populistas, representó un periodo de fuerte intervención estatal en las más variadas esferas económicas y de reflujo de los ideales liberales.

Aun así, en algunos países de la región, el pensamiento liberal siguió presente en el debate público, como en el famoso enfrentamiento en Brasil entre el industrial Roberto Simonsen y el economista Eugenio Gudin a mediados de los años 1940. Para el primero, el país debía acelerar su proceso de industrialización, basado en una asociación entre el Estado y la burguesía industrial, mientras que para el segundo, la salida de la crisis económica de Brasil pasaba por priorizar las ventajas comparativas del país, especialmente su vocación agrícola. También defendió la igualdad de trato entre el capital nacional y el extranjero y el fin de cualquier tipo de restricción a la remesa de beneficios de las multinacionales que operan en el país a sus sedes centrales.

A mediados del siglo XX, el pensamiento estructuralista ocupó lugar central en el debate económico de la región. Basada en una crítica a la teoría de las ventajas comparativas de David Ricardo, la **Comisión Económica para América Latina y el Caribe** (CEPAL)[7] se convirtió en una poderosa usina de ideas económicas creada en América Latina por economistas y científicos sociales latinoamericanos. La institución ejerció una enorme influencia sobre los diferentes gobiernos de los distintos países de la región y defendió, entre otras cosas, la necesidad de la integración económica regional, la diversificación de la estructura productiva de la región y el cambio de posición de América Latina en la economía mundial. Al mismo tiempo, nació la Teoría de la Dependencia, tanto en su variante integracio-

---

[7] Véase, atrás Capítulo 3.2, sobre la CEPAL

nista como marxista. Para esta última, no había otro camino que romper con los centros dinámicos del capitalismo mundial, mientras que para la primera, más interesaba aprovechar las oportunidades y brechas que surgían de esa misma relación para buscar el desarrollo y reducir la distancia con los países desarrollados.

Lo cierto es que entre las décadas de 1940 y 1970, el pensamiento económico liberal tuvo poco protagonismo en América Latina. Por supuesto, aquí y allá se discutían textos y se escuchaban ecos de Mont Pèlerin, y las ideas de Hayek, Popper y Mises, entre otros, circulaban en algunos círculos académicos y empresariales de la región. Sin embargo, las ideas del librecambismo del siglo XIX tuvieron poca repercusión en sociedades periféricas y muy desiguales como las latinoamericanas, en un momento en que las clases trabajadoras y los sectores progresistas veían aumentar su poder político. Sólo resurgirían en un contexto de profundas transformaciones del capitalismo a nivel global que pusieran a prueba el intervencionismo estatal. Y sólo podrían ser implementadas por regímenes de excepción en los que la resistencia popular no pudiera materializarse.

3. LA CRISIS DEL DESARROLLISMO NACIONAL

El fin del patrón oro, decretado por la administración de Richard Nixon en 1972, seguido de las dos crisis del petróleo en 1973 y 1979, y el cambio en la política monetaria de la Reserva Federal con la llegada de Ronald Reagan a la Casa Blanca, provocaron la crisis terminal del modelo nacional-desarrollista en América Latina. Por un lado, un insumo fundamental para las economías de países como Brasil, Argentina y Chile, el petróleo, vio incrementado su precio en los mercados internacionales de manera muy significativa, mientras que, por otro lado, EE.UU. redujo la liquidez global al aumentar la rentabilidad para quienes optaron por financiar su deuda pública, encareciendo la refinanciación de las deudas en dólares contraídas años antes por diversos gobiernos de la región.

Tanto desde el punto de vista productivo como financiero, la mayoría de las economías latinoamericanas se vieron penalizadas por estos y otros cambios que se produjeron en la década de 1970. Ante el fracaso de las políticas inductoras del crecimiento, los economistas liberales recuperaron importancia en el debate público de la región y volvieron a poner sobre la mesa sus medidas pro-mercado como remedio a una crisis económica que combinaba, en muchos países de la región, estancamiento con inflación.

La crisis de la deuda externa en 1982 fue otro hito en el fortalecimiento de los liberales en el debate económico. En agosto de ese año, el gobierno mexicano declaró una moratoria unilateral de los pagos a los acreedores internacionales. Junto con la nacionalización del sistema bancario del país, la crisis alcanzó enormes proporciones y se extendió a otros países de la región, en lo que los economistas suelen denominar "efecto contagio". Uruguay y Argentina, y luego Brasil, Chile y Venezuela, seguidos de Bolivia y Perú, también declararon su incapacidad para hacer frente a los préstamos que habían adquirido previamente en el mercado internacional y, en aquel momento, incrementados por los elevados tipos de interés que se convirtieron en la referencia a raíz de la nueva estrategia de la FED.

El hundimiento de América Latina a principios de los años 80 abrió la posibilidad de una ronda de intervenciones del FMI en las economías de cada país insolvente. A cambio de los préstamos, la institución exigió una reorientación radical de la gestión de la economía, con recortes del gasto público, del coste de la máquina pública y de las inversiones. Además, el Banco Mundial concedía fondos a los países a través de proyectos de desarrollo económico y social previamente diseñados por el organismo, y correspondía a los gobiernos latinoamericanos ponerlos en práctica. Los proyectos del Banco Mundial aparecían a menudo como paliativos puntuales y puntuales a la crisis social provocada por el colapso de los países de la región y la aplicación de las medidas económicas restrictivas del Fondo Monetario.

A mediados de los años setenta, el modelo de desarrollo nacional ya mostraba signos de agotamiento, como se ha mencionado anteriormente. Pero las salidas a la crisis que se avecinaba diferían de un país a otro. Chile, tras el golpe de Estado que puso fin anticipadamente al gobierno de Allende, se transformó en una especie de laboratorio de la ideología neoliberal desarrollada en la Universidad de Chicago bajo la dirección del profesor Milton Friedman. El rediseño radical de la financiación de sectores como la educación, la sanidad y la seguridad social sólo fue posible gracias a que el país estaba en dictadura. En la segunda mitad de esa década, con el golpe militar que acabó con el gobierno de Isabel Perón, también se aplicó en Argentina un programa neoliberal de choque, pero sin el mismo éxito que la aplicación de reformas pro mercado en el vecino Chile.

Es importante señalar que meses antes del 11/09/1973, en que se interrumpió experimento socialista en Chile, ya circulaba entre los economistas de ese país un documento titulado "*El Ladrillo*", que proponía brevemente un choque ultraliberal a la economía del país a través de las siguientes medidas: reducción del tamaño del Estado mediante la privatización de empresas públicas; creación de un sistema privado de pensiones; desregulación de la legislación laboral; apertura radical del comercio; desregulación orientada a estimular a los inversores extranjeros; tipo de cambio flotante; fin de las políticas de subsidios; fin del control de precios; reforma fiscal orientada a eximir a las empresas y a las clases sociales más pudientes; traspaso, a manos privadas, de sectores tan diversos como la electricidad, el saneamiento básico, la educación, la sanidad y las infraestructuras. El documento había comenzado a elaborarse antes de las elecciones presidenciales de 1969 por economistas chilenos que habían realizado sus estudios de postgrado en la Universidad de Chicago y, a su regreso al país, se convirtieron en profesores de la Universidad Católica de Chile y ayudaron al entonces candidato Jorge Alessandri, derrotado en las urnas por Allende. El programa se aplicó finalmente con el golpe militar encabezado por Augusto Pinochet. Milton Friedman, incluso, visitó Chile en 1975 y recomendó al general que acelerara el ritmo de las reformas. El PIB del país cayó un 13,3% ese año, pero se recuperó poco después y alcanzó un crecimiento del 7% en 1977[8]. El economista austriaco Friedrich Hayek, otra inspiración para los economistas del choque neoliberal chileno, también visitó el país en 1977 y 1981. Aquella generación de jóvenes economistas latinoamericanos formados en Estados Unidos y que, al regresar a su país, empezaron a aplicar reformas favorables al mercado, se conoció como los "Chicago Boys".

En Argentina, el choque neoliberal fue introducido por el gobierno militar a partir de 1976. José Martínez de Hoz, economista y abogado cuya familia estaba vinculada a la Sociedad Rural Argentina, aplicó un programa basado en una política monetaria contractiva, la apertura comercial, la desregulación bancaria y la atracción de capitales extranjeros. Contó con el apoyo del FMI a través del mayor préstamo jamás concedido a un país latinoamericano. Y con un régimen político implacable con sus opositores. Pero a diferencia de Chile, donde las radicales medidas de ajuste económico produjeron los efectos deseados por sus creadores, en Argentina las ya difíciles condiciones económicas de finales de los 60 y principios de los 70 empeoraron tras las medidas neoliberales. Si, por un lado, el monetarismo de Hoz puso el broche de oro al frágil desarrollismo nacional argentino, por otro deterioró rápidamente las principales bases de la economía del país. El vertiginoso aumento de la deuda externa, la persistencia de la in-

---

[8] FOLHA DE SÃO PAULO, 2019.

flación y la caída del poder adquisitivo de la mayoría de la población fueron tres de las señas de identidad de las reformas neoliberales adoptadas entonces por el país[9]. A ello se sumó la llamada "*plata dulce*", que consistió en una avalancha de créditos en dólares para las empresas nacionales, su alto nivel de endeudamiento y su posterior moratoria, que tuvo que ser asumida por el Estado, convirtiendo a Argentina en pocos años en uno de los países más endeudados del mundo. Es más, en un país cuya moneda se ha devaluado más de un 2000% en media década y que se ha desindustrializado en gran medida y ha vuelto al modelo agropastoral.

Brasil y México, por su parte, adoptaron otro enfoque ante la crisis de los años setenta: se centraron en el fortalecimiento del Estado como inductor del crecimiento económico. En Brasil, el gobierno del general Ernesto Geisel (1974-1979) creó el Segundo Plan Nacional de Desarrollo, mientras que en México, el presidente Luis Echeverría creó el programa "*Desarrollo Compartido*". En ambos casos, los fondos públicos financiaron la creación o expansión de empresas estatales. Mientras países como Argentina y Chile apostaron por la apertura comercial radical, la desregulación de los derechos sociales y las privatizaciones, Brasil y México redoblaron su apuesta por el Estado. Cabe destacar que en ambos países las cosas no siempre fueron así: Roberto Campos había sido el hombre fuerte de la economía brasileña al inicio del gobierno militar unos años antes, y siempre había defendido el fiscalismo como principal herramienta para combatir la inflación. Y en México, el Presidente Echeverría tuvo que decretar, pocos meses antes de dejar el cargo, la libre flotación del peso frente al dólar ante las presiones de los economistas liberales y de las grandes empresas.

El colapso generalizado de las economías latinoamericanas en la década siguiente puso a todos los países de la región en la misma forja: la rígida disciplina fiscal y monetaria del FMI. En Brasil, durante el primer gobierno civil tras la dictadura militar, se intentó aplicar el Plan Cruzado, de perfil heterodoxo y cuya principal marca en la memoria popular fue el control de precios. Sin embargo, ese intento fracasó y en las elecciones presidenciales de 1989, las primeras en 28 años, Fernando Collor salió victorioso con un radical programa neoliberal de choque para la economía brasileña.

En México, un año antes, Carlos Salinas de Gortari había derrotado al centro-izquierdista Cuahutemóc Cárdenas y también comenzó a adoptar una amplia gama de medidas económicas favorables al mercado. El rele-

---

9 PÁGINA 12, 2021.

vo de los viejos líderes políticos del Partido Revolucionario Institucional (PRI) en México desde entonces ha sido curioso. Nacidos de las prácticas clientelares y corporativistas de un partido que se había mantenido en el poder durante décadas, fueron sustituidos paulatinamente al frente del Estado mexicano por jóvenes economistas con posgrados en Estados Unidos.

En Venezuela, a pesar de la permanencia en el poder de las viejas direcciones puntofijistas, ligadas a los dos partidos tradicionales de la burguesía local (Acción Democrática y Comité de Organización Política Electoral Independiente - COPEI), ocurría lo mismo, con el acuerdo entre el socialdemócrata Carlos Andrés Pérez y el FMI y la aplicación de profundas medidas de ajuste económico. Y ejemplos como estos se repitieron en toda la región, de Bolivia a Ecuador, de Perú a Centroamérica. Finalmente, después de décadas, el liberalismo económico parecía tener todas las condiciones dadas para aplicar su receta.

Cabe destacar que las principales universidades estadounidenses han sido fundamentales desde finales de los años sesenta en la formación de economistas latinoamericanos que, tras obtener sus títulos de maestría y doctorado, han pasado a ocupar puestos clave en la gestión de las economías de diversos países de la región. Como señalan Montecinos y Markoff en relación al caso chileno, sólo durante el gobierno de Jorge Alessandri (1958-1964) el presupuesto del país fue manejado por un economista. Antes de eso, sólo abogados e ingenieros ocupaban los puestos de alto rango en las áreas de economía y planificación. Y ésta fue una tendencia que se implementaría en toda América Latina en las décadas siguientes. En opinión de los autores, la aparición de economistas en los altos cargos de la gestión pública en la región conlleva un gran simbolismo y, junto a los conocimientos técnicos que aportan a la maquinaria estatal, también está surgiendo una cultura política transnacional en la que los economistas desempeñan un papel casi sacerdotal[10].

También hay que señalar que muchos de los gestores de las economías nacionales de la región se formaron en Estados Unidos en las últimas décadas, especialmente en universidades vinculadas a lo *mainstream* económica creada en los años setenta (conocidos genéricamente como los "**Chicago Boys**"). Entre ellos se encuentran ministros de economía, presidentes de bancos centrales e incluso presidentes de la República. Estos fueron los casos de los ex presidentes Salinas de Gortari y Ernesto Zedillo en México,

---

10 MONTECINOS, Verónica; MARKOFF, John, 1994.

quienes se doctoraron en las universidades de Harvard y Yale, respectivamente. En Chile, el reconocido economista José de Gregorio fue funcionario de carrera del FMI y ex presidente del Banco Central a principios de los 90, mientras que Jorge Cauas (Columbia) y Sergio de Castro (Chicago) fueron los dos primeros ministros de Economía del gobierno de Pinochet. En Brasil, el fenómeno se ha repetido, ya que varios altos funcionarios del Banco Central y del Ministerio de Hacienda que han servido a los gobiernos desde los años noventa han desarrollado una carrera académica en universidades de Estados Unidos. Como señalan Montecinos, Markoff, Álvarez y Wolfson en un estudio comparativo de Argentina, Brasil, Chile, Colombia, México y Uruguay, la profesionalización de los economistas latinoamericanos ha ido de la mano en las últimas décadas de las conexiones institucionales de estos profesionales con sus instituciones de origen y la academia estadounidense. Según los autores, la progresiva sustitución de la perspectiva estructuralista por la estrategia "pro-mercado" dio un creciente reconocimiento social a los economistas liberales que adoptaron valores, teorías y métodos basados en los modelos estadounidenses de formación y carrera[11].

A la atracción de jóvenes economistas por las universidades estadounidenses, como clara estrategia de difusión de los valores liberales en el debate económico, se suma la creación y profusión de *think tanks* liberales que emplean desde hace años a economistas latinoamericanos. O instituciones del mismo tipo creadas en las últimas décadas en la propia América Latina. Por regla general, elaboran estudios e investigaciones orientados a defender el libre mercado, difunden las ideas de pensadores como Adam Smith, Hayek y Friedman y tratan de sensibilizar a la opinión pública, la prensa, las universidades y los gobiernos sobre las reformas favorables al mercado. Se denominan *institutos liberales y foros para la libre empresa* y son escenarios de producción de pensamiento económico liberal en la región. Entre decenas de organizaciones de este tipo, podemos mencionar, por ejemplo, el Instituto Liberal, fundado en Brasil en 1983, el Centro de Difusión del Conocimiento Económico, creado en 1984 en Venezuela, la Fundación Libertad, fundada en 1988 en Argentina, el Instituto Libertad y Desarrollo, creado en 1991 en Chile, el Instituto Millenium, fundado en 2005 en Brasil, la Fundación Libertad, creada en Panamá en 2006, y el Instituto Cultural Ludwig von Mises, fundado en 2014 en México.

---

11 MONTECINOS, Verónica; MARKOFF, John; ÁLVAREZ RIVADULLA, Maria José; WOLFSON, Leandro, 2012.

Por ende, pero no menos importante, cabe mencionar que los bancos privados y los fondos de inversión que operan en los mercados latinoamericanos también son agentes de difusión de ideas liberales relevantes en el debate público, especialmente entre la prensa económica, las escuelas de economía y negocios y los sectores gubernamentales vinculados a la gestión económica. La publicación de boletines de análisis de la coyuntura económica y los debates periódicos sobre la conducción de la economía tienen lugar en los bancos privados y en los fondos de inversión importantes financiadores.

4. LAS REFORMAS NEOLIBERALES

Con la crisis de la deuda externa, el Fondo Monetario Internacional y el Banco Mundial empezaron a condicionar la concesión de préstamos o la financiación de programas sociales a la adopción de políticas de ajuste económico estructural, con el fin de generar superávits fiscales mediante recortes del gasto público, la financiación de políticas sociales y las inversiones. La privatización de las empresas estatales fue de la mano de la apertura comercial mediante la reducción de los aranceles a la importación de bienes y servicios extranjeros y la desregulación general de las economías con el objetivo de atraer capital extranjero. El trípode apertura / privatización / desregulación caracterizó lo que se conoció como *reformas neoliberales* en la región.

La década de 1990 consolidó el modelo neoliberal en toda la región, desde México hasta Argentina, e incluso fue implementado con mayor énfasis por gobiernos de líderes anteriormente más identificados con el campo progresista, como Fernando Henrique Cardoso en Brasil y Carlos Menem en Argentina. Incluso en Chile, tras el fin de la dictadura militar, las bases del modelo neoliberal fueron mantenidas por los gobiernos de la *Concertación* (formada por la alianza entre socialistas y democristianos).

El simulacro de Estado del bienestar creado en América Latina durante las décadas anteriores fue abandonado definitivamente en los años noventa. La región se vio inmersa en el decálogo del Consenso de Washington y sus gobiernos trataron de superar los males históricos con las recetas propugnadas por *mainstream* económica occidental, especialmente la estadounidense. Se trataba de priorizar el control de la inflación, el equilibrio de las cuentas públicas, el pago de la deuda externa, la gestión de la deuda interna, el endeudamiento de empresas y familias y la baja competitividad de las economías de la región, entre otros muchos problemas. Con la excepción de Cuba, muy probablemente todos los demás países latinoamericanos de la época estaban bajo gobiernos que adoptaron, en mayor o menor medida, medidas como la privatización de empresas estatales, la apertura comercial y financiera y la desregulación general de la economía. La disciplina fiscal, la reducción o focalización del gasto público en programas de sanidad y educación, la liberalización de los tipos de cambio, los elevados tipos de interés y las desgravaciones fiscales para las empresas y las clases altas fueron medidas adoptadas prácticamente en toda América Latina en los años noventa. Además, se adoptaron las políticas sociales recomendadas por el Banco Mundial, especialmente los programas de transferencias monetarias de emergencia destinados a aliviar la pobreza extrema, que continuarían y se ampliarían posteriormente, incluso bajo los gobiernos progresistas del inicio del siglo XXI.

A la conversión de Cardoso, Menem y Andrés Pérez a la receta reformista se sumaron otros líderes como Alberto Fujimori, Sánchez de Losada, Luis Lacalle y Ernesto Zedillo, por citar sólo algunos presidentes latinoamericanos de la época. Con Ronald Reagan y Margareth Thatcher, que también habían sido pioneros en aplicar reformas, repectivamente en los Estados Unidos y el Reino Unido, la ola neoliberal barrió el mundo ex soviético, tras la caída del Muro de Berlín y el fin de la URSS. Países como Rusia, Polonia, Hungría, Bulgaria y Ucrania establecieron asociaciones con el FMI y el Banco Mundial y también aplicaron reformas favorables al mercado. Naciones del mundo anglosajón como Australia, Nueva Zelanda y Canadá han adoptado alguna forma de reforma estatal desde la perspectiva de la *New Public Managament.*

Quizá hoy resulte difícil imaginar la fuerza de la ortodoxia económica en América Latina en las dos últimas décadas del siglo pasado. Pero entre sus defensores se encontraban viejos y nuevos líderes políticos, pequeños y grandes empresarios, universidades y prensa, hasta el punto de reunir bajo una misma bandera a personalidades tan dispares como el laureado escritor peruano Mario Vargas Llosa, derrotado en las elecciones presidenciales de Perú en 1990 por un hasta entonces desconocido Alberto Fujimori, y el ex presidente de Coca-Cola en México, Vicente Fox, elegido diez años después para la presidencia de su país.

Aunque hayan alcanzado ciertas metas, dependiendo de cada nación, como una baja en las tasas de inflación o cierto equilibrio fiscal, las reformas neoliberales en América Latina han estado lejos de producir prosperidad y menos aún de redefinir la forma de inserción de las economías de la región en el mundo. Tampoco diversificaron la estructura productiva de sus países ni alcanzaron los niveles de crecimiento económico que se dieron y se siguen dando en Asia, en naciones como China, Corea del Sur, Vietnam etc., que adoptaron un modelo de transición económica diferente al neoliberal, aunque en la onda liberalizadora global. La pobreza extrema fluctuó en América Latina a lo largo de esa década, pero pasó del 15% de la población latinoamericana en 1991 al 14% en 2000[12]. [13]El Coeficiente de Gini en el mismo periodo pasó de 0,517 en 1991 a 0,529 en 2000[14]. [15]

Las tensiones sociales se han agravado en varias partes de la región, como el levantamiento indígena que llevó a la destitución del presidente Jamil Mahuad en Ecuador en 2000, las protestas de "Que se vayan todos" en Argentina en 2001 o los levantamientos populares bolivianos de la Guerra del Agua en 2000 y la Guerra del Gas en 2003. A pesar de contar con amplias condiciones políticas para implementar su agenda en prácticamente toda la región, y con un amplio apoyo de Estados Unidos y de instituciones multilaterales como el FMI y el Banco Mundial, los economistas liberales no han logrado hacer de América Latina una región más próspera, menos pobre y menos desigual después de una década.

5. AMÉRICA LATINA: IDEAS LIBERALES EN EL SIGLO XXI

La primera década y media del siglo XXI fue conocida en América Latina por la llamada "Ola Rosa", es decir, el ciclo de gobiernos de diversos tintes izquierdistas que se inició con la victoria de Hugo Chávez en Venezuela en 1998. Le siguieron Lula (2002) en Brasil y Néstor Kirchner (2002) en Argentina. Luego Tabaré Vasquez (2005) en Uruguay, Evo Morales (2006)

---

12 LATINOMETRICS. Disponível em: <https://i.redd.it/1u5mzpoutay71.jpg>

13 El Banco Mundial define el umbral de pobreza extrema como un ingreso de hasta 2,15 dólares por persona y día. El Instituto Brasileño de Geografía y Estadística, por su parte, define la pobreza extrema como ganar menos de 1,90 dólares por persona y día.

14 THE ECONOMIST, 2012.

15 El coeficiente de Gini es un indicador creado en 1912 por el matemático italiano Conrad Gini para medir el grado de concentración de la renta en un determinado grupo de individuos, midiendo las diferencias de renta entre los estratos más pobres y más ricos de la población en una escala que va de 0 a 1. Cuanto más se acerque el índice a cero, más igualitario es ese grupo y cuanto más se acerque a 1, más desigual.

en Bolivia, Daniel Ortega (2006) en Nicaragua, Rafael Correa (2007) en Ecuador y Mauricio Funes (2009) en El Salvador. Todos ellos fueron elegidos defendiendo la redención de la deuda social agravada por dos décadas de economía neoliberal, así como los valores de la soberanía nacional y la integración regional. Sus respectivos proyectos políticos han durado mucho tiempo, ya sea mediante la reelección o la elección de partidarios, como ocurrió en Uruguay, Venezuela, Brasil y Argentina.

La "Ola Rosa" se benefició en gran medida del crecimiento de la economía china durante ese período. El llamado "boom de las commodities" tuvo impactos económicos positivos en toda América Latina, sobre todo en los países con gobiernos progresistas, que invirtieron una parte importante del crecimiento de sus economías en políticas sociales expansivas. Los altos índices de popularidad resultantes de estas medidas garantizaron un largo ciclo político a fuerzas políticas como el Partido de los Trabajadores (PT) en Brasil, el Partido Socialista Unido de Venezuela (PSUV) en Venezuela y el Movimiento al Socialismo (MAS) en Bolivia, además de asegurar importantes victorias electorales al kirchnerismo en Argentina y al Frente Amplio en Uruguay.

El descenso de la demanda de China, unido al bajo crecimiento económico y al aumento de las tasas de inflación en los últimos años, así como el desarrollo de nuevas estrategias discursivas, mediáticas y electorales por parte de la derecha y la extrema derecha, han provocado un desgaste político a los gobiernos de izquierda de la región. Y en algunos casos han perdido el poder, como en las elecciones de Mauricio Macri en Argentina en 2015, Luis Lacalle Pou en Uruguay en 2020 y Guillermo Lasso, en Ecuador, en 2021. A esto se suma el impeachment de Dilma Rousseff en 2016 en Brasil y la reversión completa de su agenda económica hacia reformas neoliberales, a partir del gobierno de Michel Temer (2016-2018) y luego con el gobierno de Jair Bolsonaro (2019-2022).

El regreso de los neoliberales al poder, sin embargo, ha tenido consecuencias diferentes de un país a otro. En Brasil, los gobiernos de Temer y Bolsonaro han sido capaces de implementar una serie de agendas que no tuvieron la fuerza para ser implementadas durante los gobiernos de Collor y Cardoso en la década de 1990, como el cambio del marco regulatorio para la exploración de petróleo, la reforma laboral y la autonomía del Banco Central. En Argentina, el gobierno de Macri fracasó en la lucha contra la inflación y en la gestión de la deuda pública. En Uruguay, el gobierno de Lacalle Pou tampoco ha logrado revertir la popularidad del izquierdista

Frente Amplio y ha empezado a centrarse en estrechar lazos económicos con China, en detrimento de sus relaciones con sus socios del Mercosur.

6. CONCLUSIONES

América Latina entró en la tercera década del siglo XXI inmersa en sus dilemas históricos: pobreza, desigualdad, bajas tasas de crecimiento, inserción subordinada en la economía mundial (a menudo relacionada con el prolongado estancamiento de la productividad local), retraso tecnológico respecto a los países desarrollados, inestabilidad política y un sinfín de problemas más. Por el momento, la región parece estar experimentando una nueva ronda de progreso, aunque con gobiernos de izquierda más moderados en comparación con los de la década de 2000. Gobiernos que ni siquiera parecen predispuestos a enemistarse con sectores económicos y políticos cuyos intereses no difieren de la ideología neoliberal. Aunque no parece tener una tradición tan larga y diversa en la producción de ideas económicas como el campo progresista, la derecha latinoamericana sigue estando muy presente en el debate público sobre el rumbo de la economía en la región.

Algunos de los postulados defendidos por los economistas ortodoxos en los últimos treinta o cuarenta años parecen haber calado en varios países de la región, influyendo en candidatos a cargos electos, gestores públicos, académicos y una parte significativa de la opinión pública. La disciplina fiscal y el equilibrio de las cuentas públicas, la creación de normativas atractivas para la inversión privada y una gestión centrada en ofrecer servicios al ciudadano-cliente son algunas de ellas. Merece la pena reflexionar sobre si estas y otras prioridades han permitido mejorar las condiciones generales de las economías y sociedades latinoamericanas. En un dilema que a menudo enfrenta la caída de la inflación tras la adopción de medidas ortodoxas y el crecimiento económico tras la aplicación de medidas anticíclicas, América Latina sigue confrontada a sus problemas históricos.

7. BIBLIOGRAFÍA

BULMER-THOMAS, Victor. La Historia Económica de América Latina desde la Independencia. Trad. de Monica Utrilla de Neira. México: Fondo de Cultura Económica, 1998.

DONGHI, Tulio Halperin. Historia Contemporanea de América Latina. Lima: Alianza Editorial, 2005.

FOLHA DE SÃO PAULO. Como a Escola de Chicago transformou o Chile em laboratório do neoliberalismo. 23/03/2019. Disponível em: <https://economia.uol.com.br/noticias/bbc/2019/03/23/bolsonaro-no-chile-como-a-escola-de-chicago-transformou-pais-latino-americano-em-laboratorio-do-neoliberalismo.htm>

INTERNATIONAL MONETARY FUND. Regional Economic Outlook for the Western Hemisphere. Washington D.C, 2022. Disponível em: <https://www.imf.org/en/Publications/REO/WH/Issues/2022/04/22/regional-economic-outlook-for-western-hemisphere-april-2022>

LATINOMETRICS. Disponível em: <https://i.redd.it/1u5mzpoutay71.jpg>

LENZ, Maria Heloisa. Crise e negociações externas da Argentina no final do século XIX: o início da insustentabilidade do modelo aberto. Economia e Sociedade, Campinas, v. 15, n. 2 (27), p. 375-399, ago. 2006.

LYNCH, John. Las revoluciones hispanoamericanas 1808-1826. Trad. Javier Alfaya y Barbara McShane. Barcelona: Editorial Ariel, 1976.

MARIÁTEGUI, José Carlos. Sete Ensaios de Interpretação da Realidade Peruana. Trad. de Salvador Obiol de Freitas e Caetano Lagrasta. 2ª. ed. São Paulo: Alfa Omega, 2004.

MONTECINOS, Verónica; MARKOFF, John. El irresistible ascenso de los economistas. Desarrollo Económico, Vol. 34, n. 133 (Apr-Jun, 1994), pp. 3-29.

MONTECINOS, Verónica; MARKOFF, John; ÁLVAREZ RIVADULLA, Maria José; WOLFSON, Leandro. Los economistas de América Latina y de Estados Unidos: convergencia, divergencia y conexión. Desarrollo Económico, Vol 51, n. 204 (Ene-Mar 2012), pp. 543-579.

ORGANIZAÇÃO INTERNACIONAL DO TRABALHO. Transición digital, cambio tecnológico y políticas de desarrollo productivo en ALC: Desafíos y oportunidades. Lima: OIT, Oficina Regional para América Latina y el Caribe, 2022. 87 p. Disponível em <https://www.ilo.org/wcmsp5/groups/public/—americas/— rolima/documents/publication/wcms_847153.pdf>

PÁGINA 12. El modelo econômico de Martinez de Hoz. 28/03/2021. Disponível em: <https://www.pagina12.com.ar/331557-el-modelo-economico-de-martinez-de-hoz>

THE ECONOMIST. Gini back in the bottle. 11/10/2012. Disponível em: https://www.economist.com/special-report/2012/10/11/gini-back-in-the-bottle

THE WORLD BANK. Gini index.

Disponível em: <https://data.worldbank.org/indicator/SI.POV.GINI>

WORLD INTERNATIONAL PROPERTY ORGANIZATION. Disponível em: <https://www3.wipo.int/ipstats/keysearch.htm?keyId=203>

3.4. La economía agrícola latinoamericana actual

AMAURY PATRICK GREMAUD[1]
Universidad de São Paulo, Brasil
agremaud@usp.br

1. INTRODUCCIÓN

El territorio de la región de América Latina y el Caribe (ALC) representa el 14,0% de la superficie mundial y abarca 20.523.017 km^2. El 38% de la tierra disponible se utiliza para la agricultura (9,5% para cultivos y 28,5% para pastos) y el 46,4% es el área selvática en el ano de 2021[2]. La región representa 16,1% del área agrícola utilizada en todo el mundo, recibe el 30% de las precipitaciones mundiales y proporciona el 33% de los recursos hídricos del mundo. América Latina y el Caribe representa el 14% de la producción mundial y el 23% de las exportaciones de productos agrícolas, pesqueros y acuícolas mundiales. América Latina y el Caribe aporta aun el 28% de la participación ganadera mundial, desempeñando un papel clave en la seguridad alimentaria y nutricional mundial. Produce más del 50% de la soja mundial, especialmente en Brasil y Argentina, que también son importantes productores de maíz. El café también tiene una importante participación latinoamericana en la producción mundial y este producto es la base económica de varios países, especialmente en

[1] Doctor en Economía por la Universidad de São Paulo (USP - Brasil). Actualmente es profesor del Departamento de Economía de la USP y Coordinador del curso de Finanzas y Negocios de la misma Universidad, también trabaja en el Programa de Posgrado en Integración Latinoamericana (PROLAM USP). Fue Coordinador del curso de economía y Director de la Escuela Técnica y de Gestión de la USP, también fue Director de Evaluación de la Educación Básica del Instituto Nacional de Estudios e Investigaciones Educativas del Ministerio de Educación de Brasil y Director General de ESAF - Escuela de Administración de Finanzas del Ministerio de Finanzas de Brasil.

[2] Para todo el mundo el área selvática en 2021 correspondía a 31,2% En 1990 el área selvática de América latina correspondía a 53.3% del área de tierra total de la región (ver gráfico 2). Los datos están en world bank database (https://data.worldbank.org/).

Centroamérica, la caña de azúcar es otro producto importante y su producción siendo destinada tanto a la producción de azúcar como para su uso como combustible.

En América Latina y el Caribe, la producción agropecuaria y pesquera ha crecido en promedio un 2,51 % anual (en dólares constantes de 2010) de 2000 hasta 2022. El sector agroalimentario parece ser más resilente que el resto de los sectores económicos, que se han visto fuertemente afectados por la pandemia de COVID-19. Las previsiones eran de colapso de los Sistemas Agroalimentarios pero el sector ha respondido bien a los desafíos sanitarios, logísticos y financieros. A pesar de los efectos de la crisis de la pandemia, la región se encamina a paso firme a transformarse en la mayor productora de alimentos en el mundo. (CEPAL, FAO e IICA., 2021 p. 15)

La agricultura en ALC representa en 2022, 6,5% del PIB de los países de ALC en promedio, ácima dela participación en escala global que fue de 4,3%. Pero, los 6,5% de promedio subestima la importancia de la agricultura en la región: no apenas existen países con mucho mayor participación como Haiti (20%), Nicaragua (16), Dominica (15,8), Honduras (12,6), Bolivia (12,5) o Paraguay (11%); como la agricultura ocupa un lugar más importante en la economía cuando las actividades anteriores y posteriores se suman a la producción primaria[3]. En las actividades anteriores tenemos la producción y comercialización de tractores y maquinaria agrícola, semillas, fertilizantes, fitosanitarios y productos veterinarios. Se trata de un ámbito en el que, si las empresas nacionales de menor porte tienen algún espacio, sin embargo, las grandes empresas multinacionales han sabido hacerse indispensables, aun mas con la reciente irrupción de los OMG (organismos modificados genéticamente), que mejoran las condiciones de producción en sistemas que generalmente son bastante extensos. Prácticamente el mismo se dice para las actividades posteriores: las industrias de descascarillado, los mataderos y las plantas frigoríficas siempre han sido intermediarios esenciales para la exportación de cereales, café y carne. Así, como las plantas de molienda de soja, actualmente ay una amplia gama de industrias agroalimentarias, que transforman los productos para adaptarlos a los patrones de consumo urbanos. Se desarrolla también un sector de intermediarios, empacadores y transportistas, cuando los productos tienen

---

[3] Los datos para la agricultura corresponde a las divisiones 1-5 de la CIIU (clasificación industrial estandarizada internacional e incluye la silvicultura, la caza y la pesca, además del cultivo de cosechas y la cría de animales).

que viajar lejos, como las fresas de México o las manzanas de Chile. De esta manera, el sector agrícola representa más del 20% del PIB en la mayoría de las economías de ALC, según OCDE/FAO 2019.

Por lo gráfico 1 se observa la participación de la agricultura en el PIB de algunos de los países de ALC y su promedio e por ello se observa las diferencias entre los países e como esta contribución disminuyó en comparación con el período de los años 60, una tendencia general en los países de la región y que está de acordó con el patrón normal de desarrollo económico con el aumento de la complexidad e de la diversificación productiva de las economías.

Gráfico 1. LAC - países seleccionados - Agricultura - valor agregado (% PIB) 1960-2022

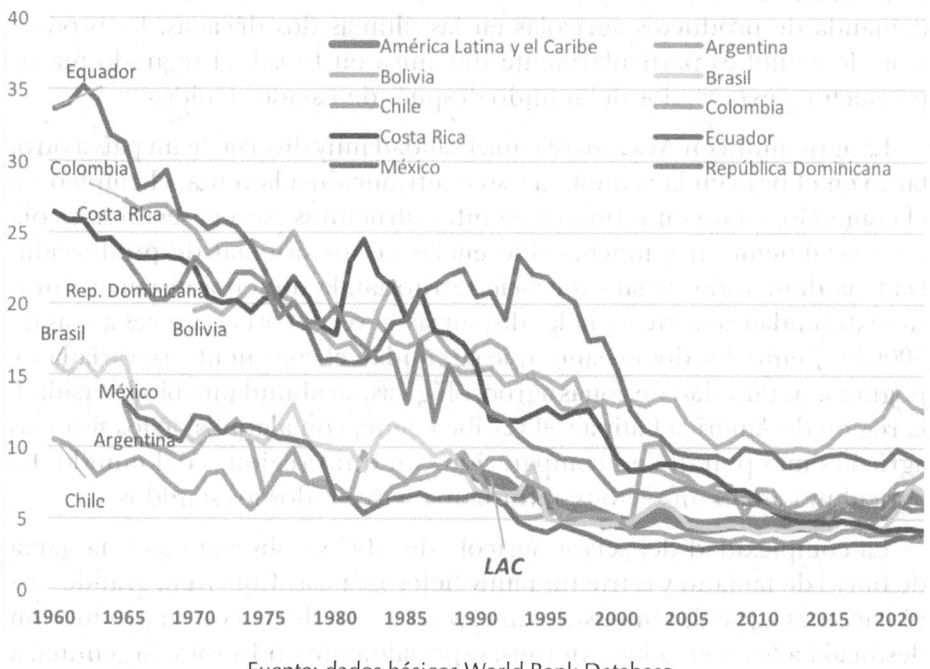

Fuente: dados básicos World Bank Database.

Brasil es el mayor exportador de productos agrícolas y alimentarios de la región, seguido de Argentina, México, Chile, Ecuador y Perú, pero algunos países latinoamericanos también son importantes importadores de productos agroalimentarios, como los países del Caribe que dependen de las importaciones para satisfacer sus necesidades alimentarias; México, que se encuentra entre los mayores importadores mundiales de maíz, soja, lácteos y carnes, y Brasil, uno de los mayores importadores mundiales de trigo. En general, el superávit del comercio agrícola en la región ha crecido en los dos últimos decenios; alcanzó más de US$ 100.000 millones en la década pasada. La región es uno de los principales exportadores mundiales de cereales y semillas oleaginosas, así como café y azúcar. Además, la región representa el 44% de las exportaciones mundiales de carne vacuna y el 42% de la producción de pollo. Por las estimativas de OCDE/FAO (2019) los países de ALC representarán más del 25% de las exportaciones mundiales de productos agrícolas, pesqueros y acuícolas en los próximos años.

En la región de América Latina y el Caribe, además de los productos agrícolas para exportación y la producción de alimentos para el abastecimiento interno, también se destaca la producción de biocombustibles. Principalmente el etanol y el biodiesel han contribuido al aumento de la demanda de productos agrícolas en las últimas dos décadas. La producción de etanol es particularmente dinámica en Brasil, el segundo mayor productor y exportador del mundo después de Estados Unidos.

La agricultura en ALC abarca una realidad muy diversa de un país a otro, tanto en el peso en la economía y su contribución a la renta, el empleo y a el comercio, como en términos de infraestructuras para el sector agrícola y, especialmente, hay muchas diferencias en los sistemas de producción. Dada la dimensión de su superficie territorial, la inmensa distancia entre sus extremidades norte y sur, las distancias (a veces cortas, a veces a más de 5000 km) entre los dos océanos que circundan el continente, su variada topografía, su variedad de zonas agroecológicas, su abundante biodiversidad, la región de América Latina y el Caribe cuenta con algunos de los sistemas agrícolas más plurales en comparación con otras regiones del mundo. La agricultura es ahí un sector contrastado en casi todos los sentidos.

La complexidad del sector agrícola de ALC se observa con una gama de fincas de tamaño y estructura muy heterogéneas. Conviven, grandes explotaciones agrícolas intensivas en capital y tecnología con su producción destinada a los mercados externos, especialmente en Brasil y Argentina, a lo lado de economías de subsistencia que sustentan largas populaciones en estado de pobreza; algunas explotaciones sobrevivieran y vienen de longas tradiciones pre-colombianas, otras son fruto de conflictos y de tomadas de tierras con diferentes historias y repercusiones sociales. Aun, las pequeñas estructuras y las granjas familiares son muy importantes en muchos países de la región. La OCDE/FAO (2019) estima que el 50% de la producción total de alimentos en la región de América Latina y el Caribe proviene de los 15 millones de pequeñas explotaciones agrícolas de la región, con pequeña capitalización y mui expuestas a las intemperies de lo clima y de los mercados. Fincas inmensas o pequeñas, más o menos sofisticadas, con mayor o menor uso de herramientas tecnológicas, con mejor o menor productividad y con mayor o ninguna atención a cuestiones ambientales, con trabajo familiar o asalariado, por veces un trabajo digno y por otras no digno y aun poblaciones rurales sin tierra y alijadas de los circuitos económicos más dinámicos, conviven en un amplio mosaico en permanente movimiento muchas veces tensionado.

La populación de la región de América Latina y el Caribe era de 659,310 mil personas en 2022, así el promedio de la densidad de la populación de la región era de 33 personas por kilómetro, abajo del promedio global de 61 personas por kilómetro. De otra parte, la populación rural estimada en 2022 era de 18% de la populación total mientras, el promedio global es de 41%. Lo que indica un éxodo rural más significativo en la región. Pelas estimativas de Banco Mundial, en 2021 la agricultura empleaba al 15% de la fuerza laboral total en la región de América Latina y el Caribe, y esta proporción fue de más de 20% del empleo femenino en países como Bolivia, Ecuador, Haití y Perú. Una tendencia significativa actualmente es la feminización del empleo agrícola en muchos de los países de la región.

Dos cuestiones importantes que afectan los países de ALC son la desnutrición y la pobreza. El número de personas desnutridas alcanza a los 39,3 millones y este problema está más relacionado con la asequibilidad de los alimentos que con su disponibilidad física, ya que la región tiene un excedente de productos agrícolas y alimentarios (FAO, 2018). La pobreza, incluso la pobreza rural, ha disminuido en la región entre 1996 y 2012, pero desde entonces se ha producido un estancamiento de esta pobreza aun en niveles elevados en las zonas rurales. Desde 2015, la brecha entre los pobres rurales y urbanos se ha ampliado cuando se tienen en cuenta la clamada pobreza multidimensionales, en que otras dimensiones no monetarias de la pobreza como el acceso a servicios básicos son incluidos (CEPAL, 2018).

El desempeño ambiental del sector es una cuestión que también es muy presente en la actualidad. La erosión del suelo, el uso de insumos contaminantes y la deforestación son temas que están sobre la mesa hace algunos años y se tornaran más presentes en función de las presiones internacionales y cuando estés problemas pasaran a manifestar-se en regiones donde había, ate entonces, pocas preocupaciones, como en la Amazonía. Por el

Grafico 2, los países de ALC en promedio aun poseen un bajo índice de deforestación se comparado con el resto del mundo, pero la tendencia en las últimas décadas ha sido negativa.

Gráfico 2. Área selvática (% del área de tierra) World, Latin America & Caribe y otras áreas seleccionadas (1990-2021)

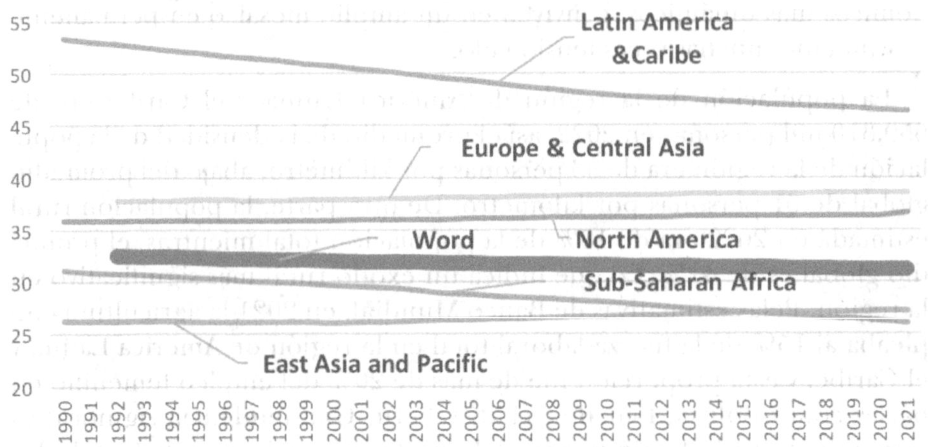

Fuente: dados básicos World Bank Database.

Otras preocupaciones son crecientes como la preservación de la biodiversidad y las emisiones derivadas del transporte de los productos agropecuarios mas también de su producción. En el grafico 3 están las emisiones de metano procedentes de la actividad agrícola en ALC, que son emisiones originadas por animales, desechos animales, producción de arroz, quema de residuos agrícolas (no energéticos, in situ) y, especialmente importante, la quema de sabanas. Estas se sitúan en torno de los 700 millones de ton. métricas de equivalente CO2, frente a un total mundial estimado en 3.530 millones de toneladas. El problema es que estos números son crecientes e se deben al aumento del plantel de animales, pero también a las quemas de sabanas en la región, como ocurre en el "cerrado" brasileiro.

Gráfico 3. World, Latin America & Caribbean Emisiones agrícolas de gas metano (2020) (miles de ton. métrics de equivalente - CO_2)

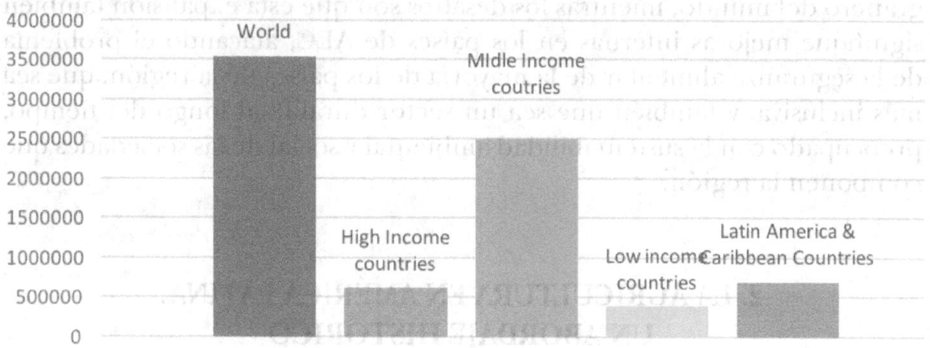

Fuente: dados básicos World Bank Database.

La agricultura siempre ha sido un sector productivo muy importante en el desarrollo socioeconómico de América Latina. También hubo muchos debates sobre el papel que debía jugar la agricultura latinoamericana. Existe una gran controversia sobre la abundancia de recursos naturales en América Latina y si son una bendición o una maldición (Pamplona y Cacciamalli, 2017). La abundancia de factores naturales es considerada por muchos como una gran oportunidad y que las economías latinoamericanas deberían aprovechar estas ventajas; de lo contrario esta abundancia es vista por otros como algo que, a depender de la forma como se maneja los recursos, podría obstaculizar el desarrollo del continente (Acosta, 2011). Los problemas son debidos: i) a los efectos nocivos que la excesiva especialización provoca en él tejido económico y que este puede perder su necesaria complexidad, o que caracteriza a las economías desarrolladas; ii) a la propia forma de utilizar estos recursos —las relaciones laborales que pueden dar lugar a un mercado de trabajo muy desequilibrado—, la cuestión de la apropiación de los recursos, la propiedad y el acceso a estos recursos también puede ser muy injusta y la propia sobreexplotación de los recursos tienen eminentes implicaciones ecológicas y de justicia intergeneracional con consecuencias sociales, polarizando e trayendo danos a la sociedad de una manera permanente. Así, junto a la defensa de un uso intensivo de los recursos naturales, colocando a la agricultura, y en especial al agronegocio, en el centro del desarrollo latinoamericano, existen visiones, como las teorías neoextractivistas (Gudynas, 2009; Mckay et al. 2022), que plantean grandes problemas en la explotación desinhibida de estos recursos.

Los desafíos de la agricultura latino americana y caribeña son de mantener una producción e productividad elevada, de modo a continuar a ser el granero del mundo, mientras los desafíos son que esta expansión también signifique mejoras internas en los países de ALC, atacando el problema de la seguranza alimentar de la mayoría de los países de la región, que sea más inclusiva, y también que sea un sector durable al longo del tiempo, preocupado con la sustentabilidad ambiental y social de las sociedades que componen la región.

2. LA AGRICULTURA EN AMÉRICA LATINA: UN ABORDAJE HISTÓRICO

Antes que los europeos hayan conquistado la región de ALC se cultivaban productos originarios y que después se difundirán por otros continentes como el maíz, la papa, la yuca, la calabaza, los frijoles, los tomates, el cacao, algunas pimientas (como la malaquita) entre otros. Los colonizadores también aportaran nuevos productos para las Américas, como azúcar, café, arroz, plátanos, trigo.

La heterogeneidad también era una característica, con estructuras mayores, algunas parecidas con haciendas estatales de grandes dimensiones, otras menores con producción colectivas y también grandes extensiones donde el extractivismo predominaba. De acurdo con Merlet (2010, 43) "Cuando los europeos "descubrieron" las Américas hace poco más de cinco siglos, las civilizaciones agrarias se habían estado desarrollando allí durante más de 5.000 años. El continente era muy heterogéneo. Sociedades agrarias complejas, basadas en el cultivo de maíz, papa, muchos otros cultivos secundarios y la cría de unos pocos animales domésticos, con estados sólidamente estructurados, coexistieron con grupos socialmente indiferenciados de cazadores-pescadores-recolectores que ocupaban grandes áreas con muy poca población y una agricultura complementaria basada en la yuca. La colonización europea ha sacudido considerablemente esta estructura. Desde el principio, los europeos expresaron su deseo de dominación mediante una redefinición de las reglas de acceso a la tierra". (2010, 43)

La conquista se llevó a cabo ignorando boa parte de los vínculos de propiedad das tierras indígenas pre-colombiano: las expulsiones, la caza al indio, las muertes son características de la colonización que se perpetuaran con las independencias y no sé a terminado. La colonización tuvo una consecuencia demográfica: debido a la violencia de los colonizadores, pero también debido a las epidemias, la población se desplomó. La mano de obra, mucho más que las tierras (que cambiaran de manos), se está convirtiendo en el recurso escaso que se necesita para poder explorar las riquezas del nuevo mundo. Los españoles se asentaron principalmente donde existían civilizaciones agrarias desarrolladas antes de la conquista, donde la densidad de población era alta y la mano de obra relativamente abundante. Confinan a las comunidades campesinas indígenas a "reducciones", es decir, pequeñas áreas que generalmente son poco fértiles, y las someten al pago de fuertes tributos y a la provisión de trabajo no voluntario. Donde las poblaciones eran más escasas, o donde habían sido virtualmente destruidas por el impacto de la colonización, los españoles y portugueses recurrieron a la importación masiva de mano de obra, esclavos negros oriundos de África. En estas localidades la agricultura de plantación se construyó en muchos lugares, sobre la base de la esclavitud. (Merlet 2010)

En el momento de la independencia de la mayoría de los países de ALC, ocurrida a principios del siglo XIX, la dualidad en la economía agrícola ya era clara, especialmente en los grandes países latinoamericanos. Desde el período colonial, pero con mayor intensidad en la fase independiente del siglo XIX, la ocupación de las llamadas "grandes fronteras agrícolas" (p.ex. Argentina, golfo de México, el sur de Brasil — en el siglo XX el centro del territorio brasileño, el cerrado, llegando en las fronteras amazónicas) sigue siendo clave para la ocupación de novas culturas en gran escala y pastoreo. Esta ocupación se hace con latifundios, exportadores, y en algunas regiones la colonización con minifundios o áreas campesinas aún están presente. Son requisiticos de antiguas colonizaciones, inclusive pre colombianas, articulaciones que se mantuvieran desde el periodo colonial y nuevos procesos de colonización.

En el siglo XIX se produjo un importante movimiento migratorio hacia América Latina, procedente principalmente de Europa, pero también de Asia. Este movimiento crece a medida que disminuyen los flujos de esclavos procedentes de África. Parte de esta población se destina a las regiones urbanas, pero otra parte se constituirá como mano de obra en grandes fincas, otra parte ocupará tierras de menor tamaño, en procesos de colonización, algunos incluso promovidos por los estados nacionales. Los movimientos migratorios internos también destacan y adquieren dimensiones significativas, especialmente en el siglo XX. En todo caso, en los siglos XIX y XX, el dualismo fue una de las características de las economías agroexportadoras latinoamericanas (Lambert, 1963).

La noción de economía agroexportadora que caracteriza a las economías de la región de América Latina y el Caribe se basó en el hecho de que el desarrollo de estos países, ahora independientes, dependía en gran medida de las exportaciones de unos pocos productos primarios. Con base en la teoría clásica del comercio internacional (y también en modelos neoclásicos, como los de Heckesher-Ohlin), los países latinoamericanos tenían ventajas comparativas al especializarse en la producción de unos pocos productos de origen natural (junto a los productos agrícolas también había productos minerales) donde tenían su mayor productividad e se usaría el factor de producción que tenían en abundancia, esta sería la base de su desarrollo y fue la forma en que estos países históricamente participaron en la llamada división internacional del trabajo: esencialmente la producción e exportación de materias primas intensivas en recursos naturales y la importación de manufacturas.

En la Tabla 1 se muestran los principales productos de exportación de América Latina y también su concentración, debido a la importancia de los principales productos de exportación en la lista de exportación. La tabla también muestra el destino de estas exportaciones, que en ese momento transitaban de Europa para los Estados Unidos.

Tabla 1. Productos de exportación: concentración y destino (1913)

País	Primer producto	%	Segundo producto	%	Mercado principal
Argentina	Maíz	22,5	Trigo	20,7	GB
Bolivia	Estaño	72,3	Plata	4,3	GB
Brasil	Café	62,3	Caucho	15,9	EUA
Chile	Nitratos	71,3	Cobre	7	GB
Colombia	Café	37,2	Oro	20,4	EUA
Costa Rica	Plátano	50,9	Café	30,5	EUA
Cuba	Azúcar	72,5	Tabaco	19,5	EUA
Ecuador	Cacao	64,1	Café	5,4	Francia
El Salvador	Café	72,6	Metales	15,9	EUA
Guatemala	Café	84,8	Plátano	5,7	Alemania
Haití	Café	64,2	Cacao	6,8	Francia
Honduras	Plátano	50,1	Metales	25,9	EUA
México	Plata	30,3	Cobre	10,3	EUA
Nicaragua	Café	64,9	Meales	13,8	EUA
Panamá	Plátano	65	Coco	7	EUA

País	Primer producto	%	Segundo producto	%	Mercado principal
Paraguay	Yerba Mate	32,1	Tabaco	15,8	—
Perú	Cobre	22	Azúcar	15,4	GB
Puerto Rico	Azúcar	47	Café	19	EUA
Rep. Dominicana	Cacao	39,2	Azúcar	34,8	EUA
Uruguay	Lana	42	Carne	24	Alemania
Venezuela	Café	52	Cacao	21,4	Francia

Fuente: Datos básicos Bulmer Tomas (1988).

El dualismo que caracteriza a estas economías radica en el hecho de que, en general, tenemos dentro de estas economías, por un lado, una parte de las estructuras productivas, las explotaciones más grandes, las haciendas modernas y más productivas, que concentran la producción de unos pocos productos fuertemente dirigidos a la exportación. De otra parte, una economía de subsistencia montada sobre pequeñas producciones, dirigidas a la autosuficiencia y de muy baja productividad que generaba poco excedente para ser comercializado internamente y satisfacer las necesidades de consumo alimentario de estas sociedades, que en este momento también iniciaban un proceso de urbanización. Parte del consumo de estas sociedades, incluidos los alimentos, se obtenía de las importaciones. Otro problema como destaca Furtado (1969) es la baja relación entre los dos sectores, el impacto del crecimiento del sector exportador sobre el restante de la economía, dependía de las relaciones de producción y de situaciones peculiares a cada país, pero normalmente eran bajas.

Para muchos historiadores y analistas (como Furtado, 1969) este estilo de desarrollo caracterizó a las economías latinoamericanas hasta al menos mediados del siglo XX y fue objeto de controversia, especialmente sobre su capacidad para superar eficazmente el subdesarrollo de los países latinoamericanos. Por un lado, las críticas se basaron en los temas de justicia social y desigualdad, enfatizando la concentración de la tierra y la explotación de la fuerza de trabajo de estas economías. Desde el punto de vista del desarrollo económico las observaciones críticas sobre estas economías provenían principalmente del pensamiento estructuralista y de los autores de la Comisión Económica para América Latina (CEPAL), pero no solo de estos que señalaban diferentes problemas y cuestiones en estas economías y que defendían, además de los cambios políticos, un proceso de diversificación productiva en América Latina. En términos económicos, las críticas al modelo agrario exportador de la primera mitad del siglo XX son interesantes de seguir en la medida en que, en parte, dan lugar a posiciones críticas sobre una posible retomada del modelo agroexportador latino americano en la actualidad (Mesquita, Merlo, Gremaud, 2021)

Tavares (1983) analiza las economías agroexportadoras y destaca la separación entre una estructura productiva concentrada en unos pocos productos primarios exportables y un patrón de consumo que sólo puede efectuarse mediante una agenda de importación fuertemente diversificada y llena de productos manufacturados. Tal separación conduce a una gran vulnerabilidad de las economías latinoamericanas y a graves problemas inclusive de seguranza alimentar se hay algún problema con el circuito exportación-importación. Esto ocurrió en las guerras mundiales, mismo que la capacidad productiva latino americana non tiñese sido afectada y mismo que se consiguiese hacer las exportaciones con precios razonables, los países tenían dificultades de importación, en función del esfuerzo de guerra de los países centrales y acaban por ter problemas en las importaciones y en el consumo. El exceso de especialización en pocos productos primarios tornaba la economía muy vulnerable.

La misma autora también argumenta que las economías agroexportadoras serían estructuralmente vulnerable no sólo por esta heterogeneidad entre producción y consumo, sino también por las fluctuaciones en los precios de los pocos productos exportables, además de destacar el deterioro de los términos de intercambio de estas exportaciones, y que se conoció como la tesis de Prebisch-Singer (dada la convergencia con los trabajos del economista Hans Singer con los del argentino Raul Prebisch en la CEPAL). La tesis del deterioro de los términos de intercambio, es decir, de la tendencia relativa a la baja de los precios de exportación en comparación con los de las importaciones de las economías latinoamericanas, terminaría por poner en duda la distribución de las ganancias del comercio internacional en el largo plazo cuando los países se concentran y especializan en las exportaciones de pocos productos primarios. La baja demanda a largo plazo de productos primarios, en comparación con los productos manufacturados, relacionada con una elasticidad-ingreso de la demanda de parte de los productos primarios inferior a uno, es una de las bases de la hipótesis Prebisch-Singer.

Estos son algunos de los problemas de una economía especializada en la producción de pocos bienes primarios, con alta heterogeneidad interna, lo que dificultó su desarrollo y, como se destaca en otro texto de Furtado (1966), llevó a la economía a crisis sistemáticas. Tales crisis sistemáticas se tradujeron en una tendencia crónica de desequilibrio externo, desempleo, inflación y, en última instancia, subdesarrollo.

La realidad de los países latinoamericanos en esta fase agroexportadora y sus problemas para el desarrollo han sido ampliamente debatidos en la literatura. Bulmer-Thomas (1998) hizo un balance de las economías latinoamericanas y llegó a la conclusión de que si, los países de ALC experimentaban un crecimiento sostenido por las exportaciones de algunos productos básicos. Sin embargo, este crecimiento fue menor al de los países centrales, salvo excepciones como Argentina y Uruguay, que resultaron de diferenciaciones dentro del modelo agroexportador, tales como: la mayor diversificación de las exportaciones, aunque sean primarias; cierta "suerte" en la llamada "lotería de las commodities" por el hecho de que sus exportaciones primarias no tienen las características típicas que llevarían a una tendencia de deterioro de sus precios; o un vínculo más estrecho entre el sector exportador y los sectores internos de estas economías. En estos casos, aunque con una serie de problemas, economías como la argentina antes de la década de 1930 tenían un crecimiento económico per cápita compatible con el desarrollo delas economías más avanzadas, pero no la gran mayoría de las economías latinoamericanas.

La salida para los problemas que enfrentaban las economías agroexportadoras latino americanas así pasaba de políticas de defesas de la economía agrícola (ate entonces ejecutadas por parte de los gobiernos, como la difusión de obras de infraestructura, entre las cuales la difusión de los ferrocarriles y la disminución de los costos de transporte y las políticas de almacenaje de modo a disminuir la volatilidad de los precios), para políticas de diversificación productiva, inclusive agrícola. La CEPAL entendió que el Estado debería asumir un papel en la canalización de este proceso a través de políticas de desarrollo productivo favorables a la industria. En varios países de la región el desarrollo de las economías nacionales a través de la industrialización fue adoptado como una política de Estado, en lo que se conoció como industrialización dirigida por el Estado, o industrialización por sustitución de importaciones (ISI).

A pesar de que la agricultura ha dejado de ser el centro de atención de las políticas públicas e incluso de la estrategia de desarrollo de parte de los países latinoamericanos en el pos II Guerra Mundial, la agricultura y la ganadería, siguen siendo elementos importantes en el proceso de desarrollo económico, ahora con un sesgo industrializador. Esta industrialización difícilmente podría tener lugar sin la ayuda del buen desempeño de la agricultura. Porque era desde el sector agrícola que el trabajo, el capital y las divisas fluirían, a nivel nacional, hacia los nuevos sectores productivos (también provenían del exterior). Así, la agricultura, que recibe menos atención, debe producir más para abastecer a los nuevos sectores urbanos, debe proporcionar insumos y alimentos a precios bajos, generalmente con menos gente, porque hay un éxodo rural hacia los sectores urbanos, y esta industria también necesita divisas para permitir la adquisición de maquinaria y equipo y las exportaciones agrícolas continúan importantes. Por lo tanto, se presionó a la agricultura para que siguiera exportando y comenzara a producir internamente alimentos e materias primas como el algodón.

La presión sobre la agricultura también significó presiones en términos de tierras, nuevamente se retoma el tema de la frontera agrícola, se buscan nuevas áreas para la exposición de las grandes empresas. Sin embargo, la disputa entre los productos exportables y la producción dirigida al mercado interno también ejerce presión no solo sobre la dirección productiva de estas grandes empresas, con la necesidad de mejorar la producción de unidades productivas más pequeñas. Así, la colonización a menor escala, la agricultura familiar, vuelven al debate, no solo desde su perspectiva de justicia social, sino también desde el punto de vista productivista, en vista de la vocación de estos sectores para la producción de alimentos para el mercado interno, la pregunta que surge es apoyar la capacidad de generar excedentes en estos sectores, además, por supuesto, de la cuestión del acceso a la tierra. En este sentido, también en muchos países ha vuelto a la idea de la reforma agraria y en algunos pocos países esta llego a ser llevada adelante.

De otra parte, a lo lado de continuidad de expansión de grandes emprendimientos, “en el siglo XX, la reconstrucción de un campesinado en las zonas fronterizas agrícolas fue una respuesta a las tensiones, que los grupos dominantes y los poderes fácticos apoyaron, más o menos conscientemente. La colonización puede ser organizada por el Estado, o puede provenir de mecanismos más espontáneos, la mayoría de las veces articulados en torno a la construcción de infraestructura. Estas familias campesinas de los frentes fronterizos producen una parte importante de los alimentos que necesitan los países. La frontera agrícola sirve como válvula de escape para los conflictos por la tierra. Este nuevo campesinado es poco visible, “marginal” en el sentido de que se instala en los márgenes del territorio desarrollado. Es el resultado de procesos migratorios individuales o familiares, sin la compleja estructura social que caracteriza a las comunidades agrarias en las antiguas zonas de asentamiento. Sin embargo, con el paso de las décadas, se ha vuelto cada vez más importante numéricamente, e incluso la mayoría entre la población. campesinas en muchos países". (Merlet, 2010, pg.45)

La presión ejercida sobre el sector agropecuario hizo que en torno del último cuarto del siglo XX el sector agropecuario se viera sometido a un intenso proceso de modernización, que implicó la expansión de la producción en muchas regiones debido a la expansión de las fronteras agrícolas, pero también hubo una gran intensificación de la productividad agrícola en la región, tanto en cultivos tradicionales como en nuevos cultivos como la soja y los frutales. Este aumento de la productividad se produjo principalmente debido a un proceso de mecanización y química de la agricultura, con el uso de aubos y plaguicidas, así como técnicas de mejora de semillas y plántulas, reestructuración de suelos, etc.

Esta modernización permitió que la agricultura aumentara la producción, aumentando la generación de alimentos y materias primas en América Latina, así como recoloco algunos de los paises latinoamericanas en posiciones destacadas en el comercio internacional de productos agrícolas y animales. Por otro lado, la modernización también ha convertido al sector agropecuario en un demandante de manufacturas como maquinaria agrícola, fertilizantes y otros productos químicos. Sin embargo, esta modernización fue considerada por muchos analistas como una modernización conservadora (Chonchol, 1994) o dolorosa (Graziano da Silva, 1982) debido a ciertos impactos socioeconómicos.

Esta modernización agrícola ha significado una mejora incluido en las condiciones de producción de parte de las propiedades agrícolas más pequeñas, productoras de alimentos dirigidas al mercado interno, pero una buena parte de las ganancias se reservaron para las grandes explotaciones agrícolas, muchas de las majores fincas comenzaron a asociarse con otros sectores (inclusive financieros) y grandes empresas ampliando el poderoso agronegocio latinoamericano. Además de la concentración económica, los cambios en el mercado de trabajo agrícola también han acompañado esta modernización. La reducción del trabajo permanente y su intensa sustitución por trabajos temporales, como la expansión de lo que en Brasil se llama de "boia-fria"[4], destacando la precarización del trabajo rural.

La modernización de la agricultura latinoamericana ha sido acompañada de grandes cambios internacionales, hay un crecimiento económico,

---

[4] Trabajador rural itinerante que se dedica a tareas temporales sin relación laboral y que generalmente come la "boia" (comida) que trae de su casa al lugar de trabajo.

comercial y, sobre todo, financiero, con fuerte internacionalización de las actividades y hay un proceso de desregulación de los mercados — es lo que se entiende por "globalización". Visiones más liberales llegan a América Latina y promueven reformas en estas economías, haciendo que se dejen de lado viejos esfuerzos de reestructuración productiva e industrialización. Dado el buen desempeño de partes del sector agropecuario y las nuevas demandas en los mercados internacionales de commodities y bienes intensivos en recursos naturales (con un impacto positivo en sus precios), producto del crecimiento de países asiáticos como China e India, se volvió a contar con un gran apoyo político para que América Latina se restableciera, nuevamente a partir de las tesis de las ventajas comparativas y del llamado *consenso de las commodities,* las economías basada en la producción y exportación de materias primas (Svampa, 2013).

Esta reanudación de la agricultura —del agronegocio— y de las exportaciones de productos naturales en América Latina a finales del siglo XX y las décadas iniciales del siglo XXI marcó los debates sobre el desarrollo de los países latinoamericanos y el papel de la agricultura en esto. Irma Reveles (2006) hace un balance de esta retoma del modelo agroexportador en América Latina a comienzos del siglo XXI: "los datos sectoriales sobre el aumento global en la producción y productividad, así como en la balanza comercial del conjunto son positivos. Y que, en efecto, son evidencia del enorme esfuerzo de las diferentes categorías de productores por adscribirse a las nuevas reglas del juego. En ese sentido el desempeño es digno de reconocimiento. (...) [Pero] en esas zonas prósperas y altamente competitivas, los trabajadores agrícolas se aplican al aumento de la producción y productividad en detrimento de sus ingresos, su salud e incluso poniendo en riesgo su vida. (....) La cara oculta del modelo de los agronegocios consiste en la radicalización de la estructura productiva regional, donde el sector más amplio de entidades productivas —explotaciones de mediana y pequeña escala, de tipo capitalista y campesino— va cediendo su espacio en los mercados a una elite de empresas y corporaciones que participan en los diferentes niveles de las cadenas agroalimentarias".

3. DIFERENTES ASPECTOS DE LA AGRICULTURA LATINOAMERICANA EN SIGLO XXI

3.1. Crecimiento de la producción y la productividad

En los últimos veinte años, siguiendo una tendencia que remonta al proceso de modernización de finales del siglo pasado, se ha observado una tendencia creciente en el valor agregado del sector agropecuario latinoamericano. El valor añadido de la agricultura, la silvicultura y la pesca en los países de América Latina y el Caribe representa el 10% del valor añadido global en 2022. Los principales países productores de América Latina se muestran en la tabla 2, Brasil representa el 30% de la agricultura latinoamericana, seguido de México, Argentina y Colombia. Entre los años 2000 y 2022, el crecimiento fue bastante fluctuante, pero el promedió de ALC se situó alrededor del 2,5% anual (el crecimiento mundial fue del 2,7%). El gráfico 4 muestra algunos países con tasas medias muy significativas, como República Dominicana, Paraguay y Chile, que alcanzan más de 3,5% de crecimiento anual. Brasil, el mayor productor regional, también tuvo una tasa de crecimiento promedio significativa (3,2 % a.a.).

Tabla 2. Países de América Latina y Caribe: Agricultua, silvicultura y pesca, valor añadido - 2022 (US $ a precios actuales)

World	4.375.412.730.750
Latin America & Caribbean	441.450.763.083
Brazil	130.819.611.965
Mexico	59.122.038.073
Argentina	41.906.614.728
Colombia	28.536.560.987
Venezuela, RB (para el año de 2015)	24.247.014.258
Peru	19.006.143.387
Chile	10.669.477.288
Ecuador	10.172.241.000
Guatemala	8.841.515.858
Dominican Republic	6.571.532.919
Bolivia	5.487.272.058
Uruguay	5.175.486.497
Cuba	5.069.200.000
Paraguay	4.588.949.314
Caribbean small states	4.126.367.647
Haiti	4.106.478.393

Honduras	3.987.703.277
Costa Rica	2.866.737.095
Nicaragua	2.630.369.979
Panama	2.004.467.000

Fuente: Dados básicos worldbankindicators.

Gráfico 4. Países de ALC: promedio de la tasa de crecimiento anual del valor añadido agrícola, forestal y pesquero (2000-2022)

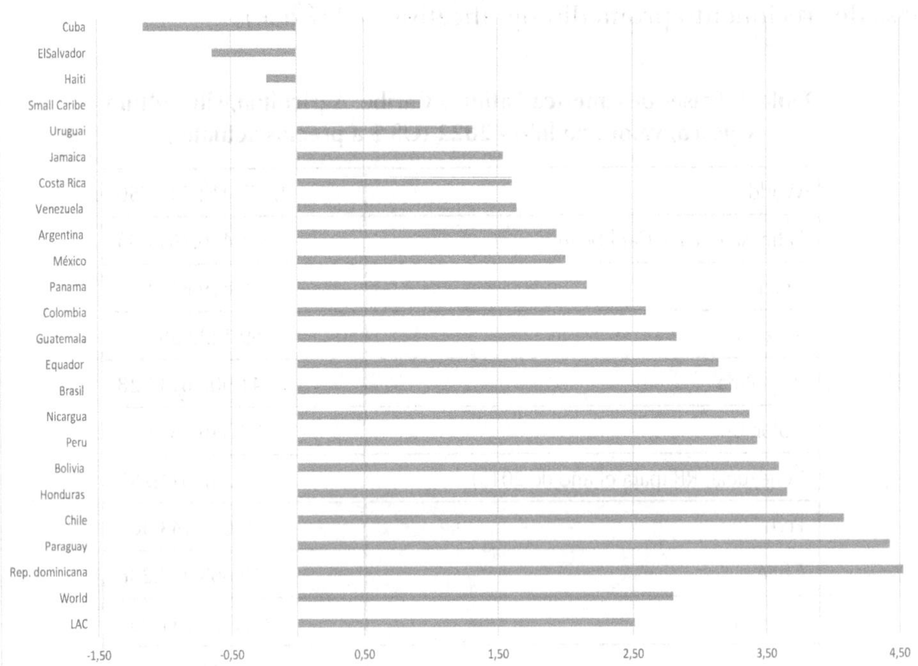

Fuente: datos básicos worldbankdatabase.

Este aumento de la producción se debe más al aumento de la productividad que al aumento de la ocupación de nuevas tierras. En cuanto a la utilización de la tierra, se observa especialmente el fenómeno de un uso más intensivo, con un aumento de las cosechas dobles o triples en el mismo año y en la misma superficie, con o sin rotación de cultivos.

Según la OCDE/FAO (2019): "En América Latina y el Caribe, la productividad total de los factores (PTF) en el sector agrícola creció a una tasa anual de 2,1% entre 1991 y 2015, 0,5 puntos porcentuales más que el promedio mundial, pero 1,3 puntos porcentuales menos que en el noreste de Asia, la región de más rápido crecimiento del mundo en ese momento. Dentro de la región, el crecimiento de la PTF en el sector agropecuario es bastante mixto: uno de los más bajos del mundo en el Caribe, alcanzó el 3,0% en Brasil, el país con mejor desempeño después del noreste asiático (3,4%), donde creció aproximadamente la mitad de rápido que la PTF agrícola brasileña en las décadas de 1970 y 1980". El crecimiento de la productividad, con tasas decrecientes en el período y con diferencias entre regiones y fincas, también se encuentran en otros estudios. Según Ferreira et al. (2016) "Se puede observar que todos los países presentaron una variación positiva de la PTF para el período comprendido entre 1961 y 2010, es decir, presentaron un crecimiento del producto, así como un progreso técnico positivo. La mayor variación de la PTF corresponde a Brasil, 55,73%; la variación más baja se registró en Trinidad y Tobago, 42,06%. Sin embargo, el cambio en la eficiencia técnica estaba disminuyendo para casi el 50% de todos los países".

Nim-Pratt et al. (2015) muestran "que entre 1980 y 2012, la producción agrícola regional por trabajador y la PTF aumentaron 82 y 45 por ciento, respectivamente, reduciendo la diferencia entre la PTF en ALC y en los países de la OCDE. Este mejor desempeño de la agricultura fue el resultado del rápido crecimiento en el uso de fertilizantes, el aumento en la productividad de la tierra y el crecimiento en el uso del capital que amplió el área cultivada por trabajador. El aumento de la productividad de la población animal, el rápido crecimiento de la utilización de piensos y del número de animales por trabajador han aumentado la participación del ganado en la producción total y también han contribuido significativamente a la mejora de los resultados de la agricultura. Los patrones de crecimiento observados a nivel nacional sugieren que los países que aumentaron los insumos por trabajador han aumentado la PTF a un ritmo mayor que los países con acceso limitado al capital y a la tierra. Como resultado de estos patrones de crecimiento, el mejor desempeño en la región ha amplificado las diferencias en la productividad laboral entre países".

Según la OCDE/FAO (2019) el crecimiento de la productividad en la región proviene de tres fuentes:

- investigación y desarrollo (I&D),
- inversión en un entorno propicio para la agricultura y
- apoyo específico a los agricultores.

También según la OCDE/FAO (2019) "La inversión pública en investigación y desarrollo agrícola ha jugado un papel clave en el aumento de la productividad del sector agrícola latinoamericano. A pesar de las fluctuaciones en las décadas de 1980 y 1990, el gasto público en investigación y desarrollo en agricultura muestra una tendencia positiva a largo plazo. En 2013, la región gastó USD 5.100 millones (precios de 2011, PPA) en investigación y desarrollo agrícolas, de los cuales poco más del 50% se destinó a Brasil". Instituciones como EMPRAPA (Brasil), INIA (Chile), INTA (Argentina) e INIFAP (México), en asociación o no, con la iniciativa privada forran fundamentáis na elevación de la productividad de la agricultura y de la ganadería en América Latina. El impacto de la investigación y el desarrollo pueden aumentar cuando se crea un entorno propicio para la agricultura. Entre estos figuran el fortalecimiento de la educación rural y los servicios de extensión agrícola, y la infraestructura rural que mejora el acceso a los mercados, nacionales e internacionales. El apoyo directo a la agricultura, a través de políticas de precios, almacenamiento, seguros y créditos, para la inversión en nuevas tecnologías y para la producción, cosecha y almacenamiento también fueron elementos donde el Estado estuvo presente en todos los países de América Latina y permitió la expansión del sector agropecuario.

3.2. Trocas internacionales

Para algunos de los países de la región, la expansión agrícola también ha significado una expansión de sus exportaciones. A pesar de la desaceleración del crecimiento del volumen del comercio agrícola mundial en las últimas décadas, las exportaciones agrícolas de la región de ALC han aumentado constantemente, superando a otras regiones del mundo. El superávit del comercio agrícola en la región de ALC aumentó de 12.000 millones de dólares en 1996-98 a 60.000 millones de dólares a finales del decenio. Este superávit se debe principalmente a América del Sur, especialmente a países como Brasil y Argentina, como se puede observar en el Gráfico 5, ya que América Central y el Caribe, incluido México, tienen un déficit comercial agrícola. Brasil es el tercer mayor exportador mundial de productos agrícolas, Argentina ocupa el décimo lugar. Ambos tienen un papel importante en las exportaciones mundiales de soja, maíz, aceites vegetales, azúcar, aves y carne bovina Aunque mucho más bajo en valor que Argentina o Brasil, las exportaciones agrícolas de Chile se han triplicado en las últimas dos décadas con frutas, aves y pescados.

Gráfico 5. Balanza comercial agrícola por subregión de América Latina y el Caribe, en valor constante (mrd USD)

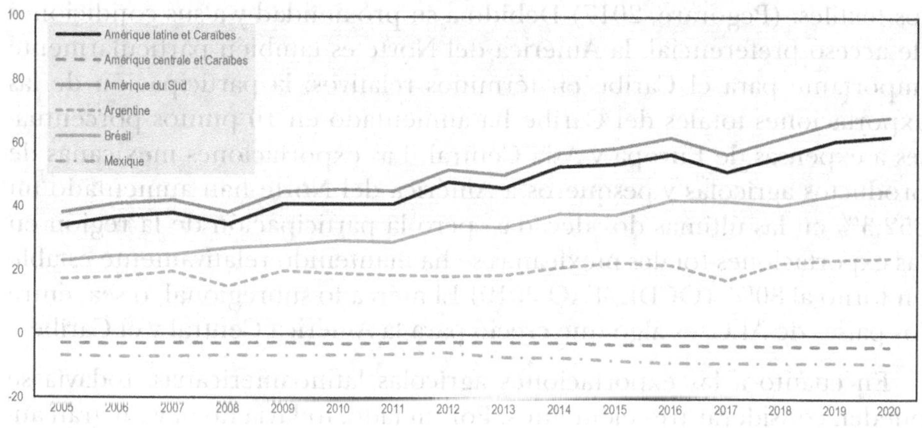

Fuente: OCDE/FAO.

En cuanto a los destinos de exportación, se han producido cambios importantes en las últimas dos décadas. Mientras un crecimiento relativamente modesto de las exportaciones de productos agrícolas y pesqueros de ALC a Europa y Asia Central, se acompaña el fortalecimiento del mercado del restante de Asia, especialmente el auge del mercado chino. Según Pegorare et all (2017), la importancia del comercio agrícola latinoamericano con China no es, de hecho, la misma para todos los países. los países del MERCOSUR (Mercado Común del Sur) forran los que más se beneficiaron de la expansión del comercio con China, con la exportación intensiva de bienes de seguridad alimentaria, como granos, aceites, carnes frescas y carnes procesadas, así como productos lácteos. Sin embargo, los principales destaques entre los principales productos comercializados fueron los de la cadena de la soja, como granos, harina y aceite, producidos principalmente por Brasil, Argentina y, en menor medida, por Paraguay, Uruguay y Bolivia (O'Connor, 2013). En los países del Mercosul también hubo un aumento de la participación del Oriente Medio como destino de sus exportaciones.

América del Norte (Estados Unidos y Canadá) es un mercado cada vez más importante para las exportaciones agrícolas y pesqueras de algunas subregiones de América Latina y el Caribe en términos absolutos. Con respecto al TLCAN, el grupo ha integrado exitosamente las economías de México, Estados Unidos y Canadá. En lo que respecta a la agricultura, México exporta, especialmente a los Estados Unidos de América, frutas y hortalizas, café, ganado en pie y productos textiles. Y importa granos y otros alimentos de EE.UU., como la soja y sus derivados, la carne, el algodón y los textiles. (Pegorare, 2017) Debido a su proximidad y a sus condiciones de acceso preferencial, la América del Norte es también particularmente importante para el Caribe en términos relativos: la participación de las exportaciones totales del Caribe ha aumentado en 10 puntos porcentuales a expensas de Europa y Asia Central. Las exportaciones mexicanas de productos agrícolas y pesqueros a América del Norte han aumentado un 352,3% en las últimas dos décadas, pero la participación de la región en las exportaciones totales mexicanas se ha mantenido relativamente estable en torno al 80%. (OCDE/FAO 2019) El mercado subregional, o sea, entre los países de ALC, es algo que creció para la América Central y el Caribe

En cuanto a las exportaciones agrícolas latinoamericanas, todavía se pueden considerar tres elementos. Por un lado, todavía no hay un gran aumento la participación de los productos agropecuarios elaborados en el total de las exportaciones agropecuarias. América Latina continúa especializándose en la exportación de productos a granel. Indicando que los países latinoamericanos están aún poco integrados en las cadenas mundiales de valor agroalimentario, debido en parte a las numerosas medidas no arancelarias vigentes. Una de las principales dificultades para la expansión de las exportaciones agrícolas latinoamericanas es el crecimiento de las medidas proteccionistas. Los países latinoamericanos han tomado medidas para expandir el multilateralismo y el libre comercio de productos agrícolas, pero han sufrido muchos obstáculos con medidas arancelarias y subsidios a los productores internos en varias regiones del mundo. La negociación de acuerdos bilaterales de libre comercio también ha sido importante en algunas situaciones para permitir la expansión del comercio exterior agrícola en los países latinoamericanos.

Por último, la evolución de los precios internacionales de los productos agrícolas. Se argumenta que la tendencia negativa de los términos de intercambio que propugnaban varios analistas para la economía agroexportadora latinoamericana a principios del siglo XX debería ser reconsiderada a principios del siglo XXI ante el aumento de la demanda de nuevos consumidores como China e India. Otra posición que también reconsidera la tesis de Prebisch-Singer se refiere a la composición del nuevo arancel de exportación con una participación en algunos países menos concentrada en unos pocos productos agrícolas, además de que estos productos en algunos casos son diferentes a los exportados en el siglo XX La tesis del deterioro de los términos de intercambio depende de cuatro elementos: a) baja diversificación del arancel de exportación, aunque se concentre en productos primarios; b) que estos productos tengan una demanda con elasticidad ingreso menor a 1; c) que los productos se comercialicen en entornos competitivos; d) que en la base del proceso de producción de estos bienes existan condiciones de producción en situaciones acordes con los llamados modelos a la Lewis[5] (donde no hay límites de oferta en parte de los factores de producción). Así, las preguntas que se plantean son: i) si la expansión de la demanda resultante del consumo asiático altera la tesis del deterioro de los términos de intercambio y; ii) si el nuevo arancel de exportación tiene (al menos en parte) las condiciones planteadas anteriormente, que se asemejan o no al arancel de exportación de las economías agroexportadoras del siglo pasado.

De acuerdo con un análisis de Erten y Ocampo (2013), el crecimiento sostenido de la demanda de materias primas en países emergentes como India y China indujo un proceso de "súper ciclo" de precios de las materias primas desde principios de la década de 2000. Lo que se asiste es una sucesión de ciclos de precios. Ocampo (2017) el precio medio de las materias primas (excepto el petróleo) en el "súper ciclo" reciente suele ser inferior al precio medio del "súper ciclo" anterior, lo que daría aliento a la tesis de Prebisch-Singer. A partir de 2020, volveremos a ver un aumento de los precios agrícolas después de una caída en la década anterior. Según la CEPAL (2022) "los precios de los commodities agrícolas aumentaron un 30% entre julio de 2020 y el mismo mes de 2021 debido a que la demanda de alimentos iba por delante de la recuperación por el lado de la oferta. (…) Los altos precios son para países, empresas y productores de diferentes productos un alivio después de cinco años, entre 2015 y 2020, de precios bajos (…) Sin embargo, esta situación se verá mitigada por un aumento de los costos, debido a un aumento en los precios de los fertilizantes y la energía. (…) Los impactos específicos de este nuevo incremento de precios varían en función del nivel del análisis (subregión, país, territorio, hogar) y de la perspectiva (productor o consumidor)".

---

5 Arthur Lewis, economista norte-americano que publicó en 1954 lo que iba a ser su obra de economía del desarrollo más influyente, "*Desarrollo económico con suministros ilimitados de mano de obra*" donde introdujo lo que se llamó el Modelo de Sectores Duales, o el "Modelo de Lewis"

3.3. *Estructura productiva: agricultura empresarial x agricultura familiar*

La estructura productiva de la agricultura latinoamericana es heterogénea y siempre ha sido marcada pela dualidad. Sin embargo, ha evolucionado de manera diferente en los distintos países. La ampliación de producción, de la productividad y de las ventas al exterior se hace sobre todo en las grandes explotaciones agrícolas orientadas a la exportación y con un uso intensivo de capital, estas coexistan con un gran número de pequeñas explotaciones agrícolas, muchas de la cuáles de subsistencia con gran densidad de mano de obra más que abarcan una parcela más reducida de las tierras.

Según Leporati et al (2014), con datos del primero decenio del siglo XXI: "En promedio, las explotaciones agrícolas familiares representan al 81,3% del total de fincas de la región, cifra que en términos generales se replica por subregión. El predominio evidente de la agricultura familiar en el número de explotaciones se constata además en todos los países en donde se dispone de información, siendo cercano al 80% de las explotaciones en la mayor parte de ellos, con extremos que oscilan entre un 46,9% en Uruguay a un 97,2% en Honduras. (...) [Sin embargo], cerca de un 23% de la superficie agrícola de ALC está en manos de la agricultura familiar, proporción que varía desde un 13,2% en países andinos y un 34,6% en los países del Cono Sur". Las tierras más concentradas se hacen particularmente evidente en los rubros de exportación, siendo los principales: soja y granos (trigo); biocombustibles (caña de azúcar); productos de exportación tradicionales (azúcar, café, frutos tropicales); productos de exportación no tradicionales (frutas frescas, verduras, etc.); y productos forestales (madera y celulosa). La agricultura en unidades menores, la agricultura familiar, se dedica al autoconsumo y principalmente a la producción destinada al mercado interno, siendo particularmente importante para la seguridad alimentaria de los países.

En el siglo XXI se ha observado diferentes fenómenos en cuanto a la estructura de la tierra agrícola en América Latina tanto concentración como fragmentación. Las economías de escala, la sucesión, la urbanización y el desarrollo de los mercados de tierras explican los fenómenos, los cuales pueden ocurrir simultáneamente dentro de los países a depender de las regiones nacionales.

Según OCDE/FAO (2019), ha predominado una concentración de la tierra en países como Paraguay, Argentina, Uruguay, Chile y Venezuela; por otro lado, una fragmentación de la tierra en países como Brasil, Perú, México, Costa Rica, Nicaragua y El Salvador. Sin embargo, hay que tener cuidado con algunos de los fenómenos de fragmentación. En casos como Brasil, México o Argentina, más non apenas ahí, las grandes fincas, por ejemplo, por sucesión, acaban dividiéndose en unidades productivas más pequeñas. Muchos de estos nuevos propietarios de unidades más pequeñas comienzan a alquilar sus tierras, dejándolas en manos de grandes empresas que agrupan unidades más pequeñas pero que a su vez componen grandes empresas, territorialmente contiguas o no.

Según Baquero y Gomez (2014) "la concentración no está ligada a la concentración de la tenencia de la tierra, sino más bien al uso de la misma. Si bien en algunos países se observan grandes transacciones de tierra, en muchos casos la concentración está más ligada al uso de tierra que a la transferencia de títulos. Los productores se convierten en arrendatarios de las grandes empresas, o practican agricultura de contrato. Ejemplos de este fenómeno son los "pools" de maquinaria en la Argentina y la producción pecuaria en el Brasil. Otro caso notable es México, donde existen fuertes restricciones para el mercado de tierras. Sin embargo, hay una concentración importante en algunos rubros, como fruta o café, dominados por pocas empresas de capitales extranjeras"

La economía de las grandes explotaciones, o de la agroindustria latinoamericana, se ha vuelto más compleja. Existe una conexión más fuerte con las empresas que suministran productos agrícolas, así como con las empresas que procesan o comercializan estos productos. Algunas de estas empresas, nacionales o extranjeras, terminan adueñándose del agronegocio, no solo de una unidad productiva sino a veces de muchas de ellas. No es raro que las empresas financieras o los fondos de inversión participen y controlen el negocio. De acuerdo con Desjardins et al (2014), en América Latina se desarrolla una amplia gama de formatos de agronegocios, "están experimentando una reconfiguración de estas formas de agricultura corporativa, una reconfiguración que desafía a la comunidad científica. De hecho, son lugares para el desarrollo de formas empresariales en las que predominan dos modalidades bastante nuevas en la agricultura: la tierra, utilizada en cantidad, a menudo se alquila, y las lógicas financieras a veces prevalecen sobre la lógica productiva, debido a los objetivos de los accionistas y a la participación de los actores en la búsqueda de rendimientos a corto plazo (propietarios de tierras, inversores, asesores, etc.)".

La internacionalización es un fenómeno claro en esta agricultura corporativa, pero es importante tener en cuenta que "en algunos países de la región hay una fuerte presencia de empresarios y empresas latinoamericanas que invierten en tierras en países dentro de la misma región. Estos empresarios cuentan con respaldo de sus respectivas embajadas en los países. Ejemplos para este tipo de situaciones son la presencia de empresarios brasileños en Bolivia, Colombia y el Paraguay. Esta regionalización del mercado de tierra debe ser reflejada como una categoría bajo el concepto de extranjerización" (Baquero y Gomez, 2014)

Por otro lado, tenemos un gran número de unidades productivas más pequeñas, que ocupan un espacio menor, pero que cubren una parte importante de la población rural. Los pequeños productores, tienen su mano de obra formada en el ámbito familiar, en general operan con un alto grado de diversificación y un bajo grado de especialización. Sin embargo, hay excepción a la regla, en Colombia, Guatemala, Ecuador, Brasil y México también hay algunos pequeños productores especializados en productos agrícolas como café, cacao, plátanos y naranja. Otras están especializadas en productos lácteos, frutas, hortalizas y legumbres, que realizan convenios con redes de distribución o servicios públicos para la colocación de sus productos. En verdad, este mundo también es bastante heterogéneo en América Latina.

Segundo Leporati et allí (2014), "la heterogeneidad existente al interior de la agricultura familiar respecto de su potencial productivo y su participación en los mercados se origina en la existencia de una disímil dotación de recursos productivos, capital e infraestructura, como también en el acceso a bienes y servicios públicos. Esta diversidad ha conducido a la elaboración de tipologías de productores destinadas a facilitar el diseño de políticas y programas adecuados a las necesidades de desarrollo de los principales segmentos que forman parte integrante de este sector. De acuerdo a FAO/BID (2007), se distinguen tres segmentos al interior de la agricultura familiar:

- Segmento de subsistencia: orientado al autoconsumo, con recursos productivos e ingresos insuficientes para garantizar la reproducción familiar, lo que lo induce hacia la asalarización, cambio de actividades o migración, mientras no varíe su acceso a activos.
- Segmento en transición: Orientado a la venta y autoconsumo, con recursos productivos que satisfacen la reproducción familiar. Experimenta problemas para generar excedentes que le permitan el desarrollo de la unidad productiva.
- Agricultura familiar consolidada: Cuenta con recursos de tierra de mayor potencial, tiene acceso a mercados (tecnología, capital, productos) y genera excedentes para la capitalización de la unidad productiva".

Esta agricultura familiar consolidada en transición representa, con variaciones entre países, alrededor del 40% de las unidades y también ha mostrado un crecimiento en la producción. Según Pegorare et al (2017) "la solución de desarrollo dominante para este grupo en los últimos años ha sido: el uso de programas gubernamentales de subsidios a la producción; la compra de productos; la formación de asociaciones y cooperativas para competir a gran escala con los grandes productores, reduciendo los costos para llegar a mercados que requieren un abastecimiento programado; la agregación de valor a los productos, a través de la agroindustrialización y la obtención de sellos, certificados y prácticas de producción basadas en criterios ambientales, sociales y de salud (por ejemplo, agroecológicos y orgánicos)".

Aun con el aumento de la oferta de alimentos por parte de los pequeños productores, Pegorare et all (2017) sintetiza los principales desafíos que los pequeños agricultores aún deben superar en América Latina: (1) prácticas productivas inadecuadas y falta de adopción de nuevas tecnologías, causadas principalmente por el bajo nivel educativo del productor; (2) pasividad y/o falta de participación de los productores en los diferentes proyectos e iniciativas, ya que, no pocas veces, los pequeños agricultores se colocan en una situación de clientelismo para organizarse, obtener asistencia técnica/financiamiento y vender sus productos; (3) la inestabilidad y fragilidad de la situación laboral de los pequeños productores, que a menudo cultivan para subsistir y son rehenes de trabajos temporales, a menudo análogos a la esclavitud; (4) la falta de políticas locales apropiadas para el desarrollo y la extensión rural.

3.4. Condiciones de vida en el campo: la populación, los hogares y la pobreza rural

La populación rural de la región de América Latina y el Caribe era de 121,167 mil personas en 2022, 18% de la populación total mientras, el promedio global era de 41% en este mismo año. El gráfico 6 muestra que la población rural de América Latina, después de crecer a casi 130 millones de personas a principios de la década de 1990 del siglo pasado, tiene sus números en términos absolutos disminuyendo en la actualidad, debido a la caída en las tasas de crecimiento vegetativo y en el proceso de emigración. Este éxodo rural es un sello distintivo de América Latina que se remonta a antes de mediados del siglo XX, pero que continúa ocurriendo en la actualidad.

Gráfico 6. ALC populaçión rural absoluta y relativa (1960-2022)

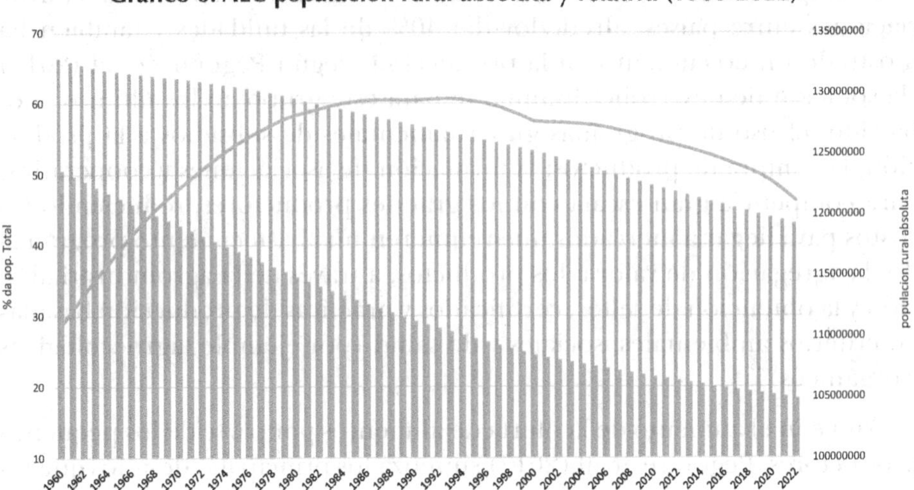

Fuente: datos básicos world bank database.

Segundo CEPAL, FAO e IICA (2017) en 2014, en ALC había aproximadamente 30 millones de hogares rurales, poco más del 25 % de todos los hogares. Esta proporción de hogares rurales ha disminuido ligeramente en comparación con principios de siglo. Aunque la mayoría de los hogares rurales, en términos absolutos, se encuentran en Brasil (9,5 millones) y México (11,2 millones), los hogares rurales siguen siendo parte integral de la economía regional. En más de la mitad de los países los hogares rurales representaban más de un tercio de todos los hogares; incluso en 2014, en Honduras, esta cifra alcanza el 50 %. La región registró también un aumento del 40 % en la proporción de hogares rurales encabezados por mujeres, demostrando que el éxodo rural es en grand parte masculino.

De otra parte, también según CEPAL, FAO e IICA (2017) y conforme el grafico 7, nos hogares agrícolas se observa una transición desde actividades agrícolas a no agrícolas. Entre 2002 y 2014, la ALC rural vio disminuir sus sectores agrícolas (asalariados y autónomos) en más de una quinta parte, mientras que el sector no agrícola asalariado aumentó en 50 % y el número de hogares clasificados como inactivos creció aproximadamente un tercio. Esto es parte de la llamada desruralización o nova ruralidad que se verifica en América Latina.

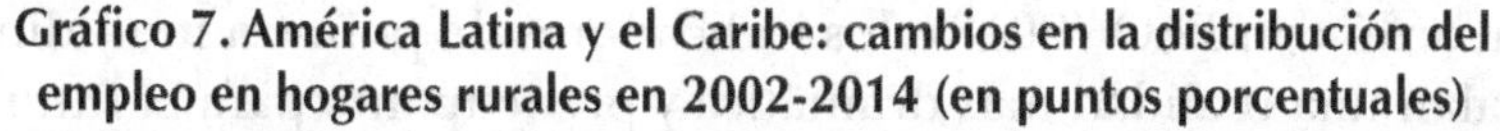
Gráfico 7. América Latina y el Caribe: cambios en la distribución del empleo en hogares rurales en 2002-2014 (en puntos porcentuales)

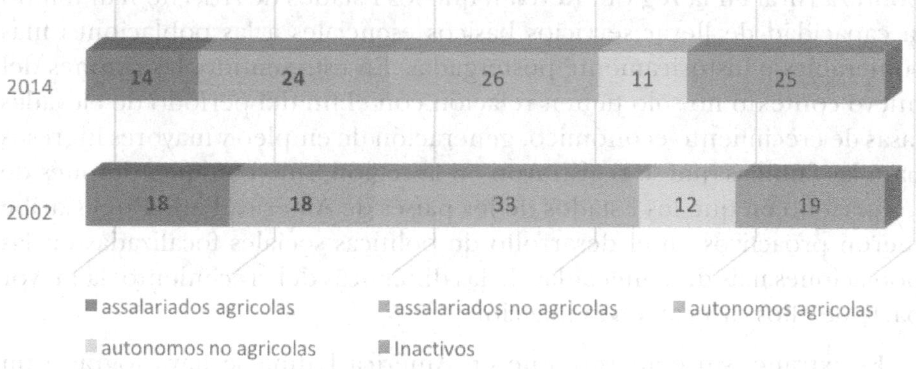

Fuente: CEPAL, FAO e IICA (2017).

Conviene también destacar que el nivel de pobreza de la populación y de los hogares rurales es aún muy alto: 48,6% de la populación rural en 2018. En otras palabras, casi uno de cada dos pobladores rurales se encuentra en situación de pobreza, y uno de cada cinco pobladores rurales pasa hambre (pobreza monetaria extrema) (CEPAL 2018).

Entre 1990 y el 2014 la región tuvo un ciclo exitoso en la reducción de la pobreza, reduciendo la pobreza monetaria rural en cerca de 20 puntos porcentuales, de un 65,2% a un 46,2%, y la pobreza extrema rural de 40,1% a 27,5%. Sin embargo, a partir de 2012 se inicia un período de estancamiento que luego devino en el incremento de la pobreza y la pobreza extrema. La pobreza rural en 2017 aumentó a 48,6%. Con ello, este ano de 2017, considerando el tamaño y distribución de la población regional, hay casi 60 millones de pobres y 27 millones de pobres extremos en las zonas rurales de América Latina.

Esta reducción de la pobreza rural se debe, por un lado, al propio crecimiento económico y al crecimiento de la productividad que se produce incluso en el sector agrícola y en las rentas agrarias. Una parte, aunque pequeña, del aumento de los ingresos del sector agrícola afectó a la población rural. Aun teniendo en cuenta el deterioro del mercado de trabajo rural, los ingresos agrícolas de parte de los hogares sufrieron cierto aumento. Del otro lado, las políticas públicas de lucha contra la pobreza han tenido un efecto muy positivo en la población rural. Las trasferencias condicionadas alcanzarán los hogares rurales en la mayoría de las regiones Las propias políticas agrícolas también han beneficiado a parte de la población rural.

De acordó con FAO (2018), los indicadores de pobreza multidimensional señalan una realidad más dramática y preocupante para el futuro de la pobreza rural en la región. Revelan que los Estados de ALC no han tenido la capacidad de llevar servicios básicos esenciales a las poblaciones más vulnerables e históricamente postergadas. En este sentido, las razones del nuevo contexto no solo tienen relación con el fin del período de elevadas tasas de crecimiento económico, generación de empleo y mayores ingresos para las familias que se registraron en la región, sino con que, después de un período en que los Estados de los países de América Latina y el Caribe fueron proactivos en el desarrollo de políticas sociales focalizadas en las poblaciones más desconectadas de las dinámicas del crecimiento, la mayor parte de ellos cayeron en la inacción.

Es extraño, sin embargo, que en América Latina se haya logrado un amplio crecimiento de la producción y productividad agrícola, pero aún existen serios problemas de acceso a estos productos. Según Martinez et al (2009) "Tras un prolongado período de importantes avances en los ámbitos social y económico em América Latina y el Caribe, grandes grupos poblacionales aún viven en situación de inseguridad alimentaria y sufren de desnutrición crónica. Esto es el resultado de inequidades persistentes en la distribución de ingresos y en el acceso a sistemas y redes de protección social, lo que se traduce em una falta de alimentación suficiente y nutritiva para los hogares más vulnerables en diferentes áreas marginales de los países de la región, que impide un normal desarrollo de las personas afectadas. La producción de alimentos ha crecido de manera sostenida en la región y a mediados de esta década sobrepasaba en más de 40% los requerimientos de la población. Sin embargo, 45 millones de personas todavía no tenían acceso suficiente, en tanto 4 millones de los niños y niñas menores de cinco años de la región tenía bajo peso para la edad y más de ocho millones mostraban baja talla".

En ocasiones, como en el periodo post pandemia, el tema de los precios de los alimentos amplifica el problema, la especialización en productos agropecuarios exportables por parte de las grandes empresas agropecuarias y el hecho de que la producción de alimentos se concentre en unidades más pequeñas que no siempre son capaces de poner en el mercado productos en cantidad suficiente o costos asequibles son importantes, pero, nuevamente según Martínez et al. (2009), "para mejorar la capacidad de acceso a los alimentos y reducir la desnutrición crónica, los gobiernos de la región necesitan fortalecer sus políticas de protección social, con enfoques integrados orientados hacia la reducción de la inseguridad alimentaria y la desnutrición, como parte de una estrategia de desarrollo a largo plazo".

El crecimiento económico y agrícola que ocurrió en América Latina por sí solo no es suficiente para garantizar una sociedad más equitativa. De una parte, no grantiza que las pequeñas explotaciones familiares se beneficien del mismo modo que las grandes empresas agrícolas. Una serie de barreras, algunas de ellas estructurales, siguen impidiendo que las pequeñas explotaciones familiares se integren efectivamente en los mercados agrícolas dinámicos, un reto que los gobiernos tendrán que afrontar mejorando su acceso a los servicios públicos y privados, así como a los mercados de insumos, productos y financieros. Según OCDE/FAO (2019), para lograr un crecimiento agrícola verdaderamente inclusivo, es posible que los gobiernos deban adoptar una variedad de estrategias, incluida la continuación de los programas de protección social y los programas dirigidos a las pequeñas explotaciones familiares, pero también el fortalecimiento de los vínculos con las cadenas de valor mundiales, la reducción de las desigualdades entre agricultores y agricultoras y el aumento de las oportunidades para los jóvenes de las zonas rurales.

3.5. Explotación agrícola y medio ambiente

La expansión de la frontera agrícola en América Latina, como se muestra en el gráfico 3, ha llevado a la deforestación, pero el área selvática en ALC sigue siendo proporcionalmente bastante significativa en comparación con el resto del mundo. En todo caso, la primera preocupación por la explotación agrícola en América Latina és su relación con la deforestación. Otro elemento importante se refiere a la calidad del suelo cultivado en América Latina, más del 90 por ciento de las tierras de cultivo de América Latina se consideran tierras de alta calidad aptas para la agricultura, muy por encima del promedio mundial del 80 por ciento. Sin embargo, la región también se enfrenta a problemas de degradación de la tierra vinculados, entre otras cosas, al agotamiento de los nutrientes naturales, la salinización, la erosión y la desertificación. Debido a la alta proporción de tierras agrícolas ubicadas en pendientes, Centroamérica es particularmente vulnerable a la erosión, más casi el 20% de los suelos de América Latina están en riesgo de erosión.

La degradación de las zonas ocupadas tiene razones naturales como lluvias, vientos e incluso incendios de origen natural, este tipo de degradación puede ter amplificado debido a los cambios climáticos que se notan desde hace tiempo en la región, como la intensificación de fenómenos como el niño. Estos cambios pueden incluso añadir nuevos problemas como el aumento de las mareas y los cambios en las temperaturas, con efectos sobre la productividad y las formas de producción. Pero parte considerable de los problemas se deben a la intervención humana. Los debates sobre la forma del cultivo y la explotación de la tierra son conocidos desde hace mucho tiempo, así como las críticas a prácticas como de las "queimadas", el pastoreo excesivo y la mala gestión de las tierras cultivables.

La lucha contra la erosión, la postrificación, la salinización y la pérdida de nutrientes fue abordada por las técnicas modernizadoras de la agricultura latinoamericana. La forma de hacer frente a estos problemas ambientales en algunas situaciones puede haber demostrado ser bastante efectiva, recuperando parte de los suelos y su ecosistema. Pero hay tres problemas asociados. Por un lado, son procesos que requieren capital, por lo tanto, no accesible para todos, especialmente para los pequeños productores, lo que requiere la participación del Estado en las actividades. Otro tema es que muchas veces la recuperación se hace parcialmente, se corrige la erosión, o se recuperan los nutrientes, pero el ecosistema no se recupera del todo, por lo que la recuperación parcial puede tener efectos impredecibles a largo plazo, dado que el sistema biológico de la localidad no se ha recuperado, sino que se ha reestructurado, en condiciones diferentes a las originales, a menudo introduciendo nuevos elementos en el entorno con consecuencias que no siempre son previsibles.

Por último, una parte importante de este intento de conservación se realiza utilizando productos químicos modernos, que incluso pueden intensificar otros problemas derivados del propio proceso de modernización agrícola, derivados de la interferencia de plaguicidas y fertilizantes no naturales que tienen sus efectos en otros ambientes más allá de la tierra, como en el agua de los ríos, lagos, También existen importantes interrogantes sobre los efectos de estos plaguicidas e otros productos químicos, asociados al crecimiento del uso de organismos genéticamente modificados sobre los productos, sus derivados y la salud de la población. La resistencia al uso de este tipo de incremento actualmente merece la atención de varias agencias relacionadas con la salud pública y puede ser objeto de sanciones e impedimentos. Por otro lado, existe un mercado separado para los productos que no hacen uso de este tipo de mecanismos, que ya está siendo bien explorado en varias regiones de ALC.

Las tierras de regadío representan el 8% del total de tierras de cultivo en América del Sur y el 7% en América Central, más del 90% de la agricultura em ALC es de secano. Los proyectos de irrigación eran en el pasado mas frecuentes en América Latina, siguen existiendo en regiones específicas y también merecen cierta atención dado su alto nivel de pérdidas y desperdicios. A pesar de que América Latina está relativamente bien dotada de recursos hídricos, la presión sobre los recursos hídricos va aumentar con la urbanización y el uso del recurso de forma cada vez más intensa. La agricultura representa 2/3 de las extracciones de agua dulce en América Latina y el Caribe. El tema que se plantea, además de compartir el uso del agua por parte de la agricultura con otros sectores, es la preservación de este recurso, con los problemas de pérdida de calidad del agua, dejando de ser potable, además de los efectos de la sedimentación de los ríos y de las reservas.

Por otro lado, América Latina recibe el 30% de las precipitaciones del mundo, la pregunta que se hace es cuál es el efecto del cambio climático, por ejemplo, en el régimen de lluvias en la región. Más allá, ¿cual los efectos del cambio climático sobre la agricultura de ALC? Sin embargo, ¿debemos hacer la pregunta inversa, cual es el efecto da producción agrícola da ALC en las mudanzas climáticas?

Algunos países latinoamericanos afirman su contribución positiva a la reducción, por ejemplo, de la generación de gases de efecto invernadero debido a la sustitución de combustibles fósiles por energías renovables como la hidroeléctrica y los biocombustibles, pero hay que prestar atención a los efectos del crecimiento de la ganadería y su contribución a la generación de gases nocivos. Además de la continuidad de las prácticas de quema y deforestación y sus consecuencias. En el Gráfico 4 presentamos algunos datos que muestran que América Latina tiene una posición intermedia en la emisión de estos gases más estas emisiones están aumentando.

Según OCDE/FAO (2019) hay varios ejemplos que demuestran que la productividad agrícola puede crecer de manera sostenible, gracias a las prácticas de agricultura climáticamente inteligente. La agricultura climáticamente inteligente se basa en tres pilares: (a) aumentar de manera sostenible la productividad y los ingresos, (b) adaptarse y aumentar la resiliencia al cambio climático, y (c) reducir o eliminar las emisiones de gases de efecto invernadero, cuando sea posible. Sin embargo, en general, el hecho de que las prácticas de agricultura climáticamente inteligente estén disponibles no significa que los agricultores tengan fácil acceso a ellas y las adopten. Los gobiernos deben garantizar el acceso a estas tecnologías, especialmente para los pequeños agricultores, y desarrollar incentivos apropiados para alentar a las explotaciones agrícolas a gran escala a adoptar este tipo de prácticas. El diseño de estrategias y programas de agricultura climáticamente inteligente no son tareas fáciles, ya sea desde el punto de vista técnico, institucional o financiero. Sobre todo, parece haber da necesidad de una fuerte voluntad política para hacer frente al cambio climático, para integrar esta perspectiva en la política agrícola.

4. CONCLUSIÓN

Los desafíos de la agricultura latino americana y caribeña son de mantener una producción e productividad elevada, de modo a continuar a ser el granero del mundo. Mientras los desafíos son que esta expansión también signifique mejoras internas en los países de América Latina y Caribe. Es necesario, de una parte, que la actividad productiva agropecuaria, se integre con el restante de los sectores de la economía, de modo a ampliar la compleja trama de relaciones intersectoriales que caracterizan las economías más desarrolladas, garantiendo una mayor estabilidad y menor vulnerabilidad a estas economías

De otra parte, hay que buscar ser el granero del mundo más también de los propios países de ALC. Se hace necesario atacar el problema de la seguranza alimentar de la mayoría de los países de la región. Ampliar la producción de alimentos con la involucración de pequeñas, medias o grandes unidades productivas, garantiendo el acceso a precios razonables internamente y con prevenciones para ocurrencias climáticas o mercadológicas, es otra tarea que la agricultura y los entes públicos deben coordinar. La agricultura latino americana también tiene que buscar ser más inclusiva, ella misma, y también permitir que las sociedades, en que son sectores claves, también sean mas inclusivas. Que colaboren con el fin del hambre y con la diminución dela pobreza y de la desigualdad que caracteriza la región.

Por fin, que sea un sector durable al longo del tiempo, preocupado con la sustentabilidad ambiental y social de las sociedades que componen la región.

5. BIBLIOGRAFÍA

ACOSTA, A. (2009), *La maldición de la abundancia,* Quito, Abya-Yala, 2009.

BAQUERO, Fernando Soto e GÓMES, Sergio (eds.) (2014), *Reflexiones sobre la concentración y extranjerización de la tierra en América Latina y el Caribe.* Santiago de Chile: FAO, 2014.

BULMER THOMAS, Victor. (1998) *La Historia Económica de América Latina desde la independencia.* Ciudad de México: Fondo de Cultura, 1998.

CEPAL (2018) *Panorama Social de América Latina 2017.* Santiago: CEPAL, 2018.

CEPAL (2022) Evolución de los precios de los recursos naturales de exportación de América Latina y el Caribe *Boletin nº 3 División de recursos naturales,* mayo 2022.

CEPAL, FAO e IICA (2017), *Perspectivas de la Agricultura y del Desarrollo Rural en las Américas: una mirada hacia América Latina y el Caribe 2017-2018.* CEPAL, FAO e IICA.San José, C.R.: IICA, 2021.

CEPAL, FAO e IICA (2021), *Perspectivas de la Agricultura y del Desarrollo Rural en las Américas: una mirada hacia América Latina y el Caribe 2021-2022.* CEPAL, FAO e IICA.San José, C.R.: IICA, 2021.

CHONCHOL, Jacques (1994) *Sistemas agrarios en América Latina. De la etapa prehispánica a la modernización conservadora.* Ciudad de México: Fondo de Cultura Económica, 1994.

ERTEN, Bilge; OCAMPO, José Antonio. (2013) Super cycles of commodity prices since the mid-nineteenth century. *World Development,* 44, 14-30, 2013.

FAO, OPS, WFP y UNICEF. (2018). *Panorama de la seguridad alimentaria y nutricional en América Latina y el Caribe 2018.* Santiago, FAO, 2018.

FAO. (2018) *Panorama de la pobreza rural en América Latina y el Caribe 2018.* Santiago, FAO, 2018.

FERREIRA, Caliane Borges; ARAUJO, Jair Andrade; TABOSA, Francisco José Silva e LIMA, João Ricardo Ferreira de (2016) Produtividade Agrícola nos Países da América Latina. *Revista de Economia e Sociologia Rural* Vol. 54, Nº 03, Jul/Set 2016.

FURTADO, Celso. (1966) *Subdesenvolvimento e estagnação na América Latina.* Rio de Janeiro: Lia Editora, 1966.

FURTADO, Celso. (1969) *Formação Econômica da América Latina.* Rio de Janeiro: Lia Editora, 1969.

GRAZIANO DA SILVA, José Francisco *A modernização dolorosa: estrutura agrária, fronteira agrícola e trabalhadores rurais no Brasil* Rio de Janeiro: Zahar Editores, 1982.

GUDYNAS, E. (2009) "Diez tesis urgentes sobre el nuevo extractivismo", In: *Extractivismo, política y sociedad,* Quito, CAAP-CLAES, 2009.

LAMBERT Jacques (1963) *Amérique latine Structures sociales et institutions politiques* Paris Presses universitaires de France 1963.

LEPORATI, Michel; Salomón SALCEDO, Byron JARA, Verónica BOERO y Mariana MUÑOZET (2014), "La agricultura familiar en cifras", in SALCEDO, S. and L. GUZMÁN (eds.), *Agricultura Familiar en América Latina y el Caribe: Recomendaciones de Política,* FAO: Santiago de Chile, 2014.

MARTINEZ, Rodrigo; PALMA, Amalia; Eduardo ATALAH, Anna Christina PINHEIRO (2009) *Inseguridad alimentaria y nutricional en América Latina y el Caribe.* Santiago de Chile: CEPAL, PMA: 2009.

McKAY Ben M., ALONSO-FRADEJAS, Alberto y EZQUERRO-CAÑETEM, Arturo (coord.) (2022) *Extractivismo agrario en América Latina.* Ciudad Autonoma de Buenos Aires: CLACSO; Canada: University of Calgary; Social Sciences and Humanities Research Council, 2022.

MERLET, Michel (2010). Différents régimes d'accès à la terre dans le monde: Le cas de l'Amérique latine. *Mondes en développement,* Vol. 151, N 3. pp. 35-50. https://doi.org/10.3917/med.151.0035.

MESQUITA, Romeu B.; MERLO, Edgard M. e GREMAUD, Amaury P. (2021) Panorama do Comércio Exterior Brasileiro: Evolução dos Principais Parceiros e Produtos (1997-2020) *Cadernos Prolam/USP-Brazilian Journal of Latin American Studies*, v. 20, n. 39, p. 414-440, jan./jun. 2021 ISSN: 1676-6288.

NIN-PRATT, A., C. FALCONI, C.E. LUDENA, P. MARTEL. 2015. Productivity and the performance of agriculture in Latin America and the Caribbean: from the lost decade to the commodity boom. *Inter-American Development Bank Working Paper* No. 608 (IDB-WP-608), Washington DC, nov. 2015.

OCAMPO, José Antonio. (2017) Commodity-Led Development in Latin America. *Revue internationale de politique de développement*, n. 9, outubro de 2017.

OCDE/FAO (2019), *Perspectives agricoles de l'OCDE et de la FAO 2019-2028*, Éditions OCDE, Paris/FAO, Rome, https://doi.org/10.1787/agr_outlook-2019-fr.

PAMPLONA, João Batista; CACCIAMALI, Maria Cristina. (2017) O paradoxo da abundância: recursos naturais e desenvolvimento na América Latina. *Estudos Avançados*, 31(89), 251-270, 2017.

REQUIER-DESJARDINS, Denis Martine GUIBERT et Ève Anne BÜHLER (2014) La diversité des formes d'agricultures d'entreprise au prisme des réalités latino-américaines, *Économie rurale* [En ligne], n.º 344, nov/déc 2014,.

REVELES, Irma Lorena Acosta (2006) Balance del modelo agroexportador en América Latina al comenzar el siglo XXI *Mundo Agrario*, vol. 7, núm. 13, 2006.

SVAMPA, Maristella Noemi. (2013) Consenso de los commodities y lenguajes de valoración en América Latina. *Revista Nueva Sociedad*, n. 244, marzo/abril, 2013.

TAVARES, Maria da Conceição. (1983) *Da substituição de importações ao capitalismo financeiro: ensaios sobre economia brasileira*. 11ª ed. Zahar, 1983.

3.5. Regímenes Laborales en América Latina. Interpretaciones Históricas y Actuales

ROBERTO VÉRAS DE OLIVEIRA[1]
Universidade Federal da Paraíba, Brasil
roberto.veras.2002@gmail.com

1. INTRODUCCIÓN

América Latina, que en su período colonial fue una base importante de acumulación primitiva de capitales para el Viejo Continente, desarrolló un proceso particular de modernización, industrialización, urbanización y asalarización que caracterizaron la expansión global de este modo de producción.

Los estándares de desarrollo que se impusieron a los países de la región no han logrado superar los males sociales heredados del período colonial, entre ellos la pobreza, las desigualdades sociales y la racialización de las oportunidades de acceso al trabajo, al ingreso y al bienestar social. Por el contrario, estos problemas se reproducen cada vez que innovaciones técnico-productivas y reconfiguraciones institucionales marcan nuevos ciclos económicos, políticos y sociales, aunque en condiciones diferentes para cada país.

Básicamente, se está cuidando de un proceso de industrialización y modernización socioeconómica de carácter tardío y, según algunos, dependiente; un proceso de asalarización limitado y segmentado, que ha supuesto la coexistencia con formas de inserción laboral no asalariadas,

---

1 Profesor Titular del Departamento de Ciencias Sociales y del Programa de Posgrado en Sociología de la Universidad Federal de Paraíba (UFPB). Realizó una pasantía postdoctoral en la Universidad de California, Los Ángeles. Es becario de productividad del CNPq. Coordina el Laboratorio de Estudios e Investigaciones en Políticas Públicas y Trabajo (LAEPT/UFPB) y el Centro de Investigación y Extensión en Trabajo (LABORES/UFPB). Es miembro de la Coordinación Nacional de la Red de Estudios Interdisciplinarios y Monitoreo de las Reconfiguraciones Laborales (REMIR). Es autor (junto con Gerry y Janine Rodgers) de "Unequal development and labour in Brazil", publicado en 2023, por Routledge (publicación más reciente). Correo electrónico: roberto.veras.2002@gmail.com

configurando un marco de relaciones laborales muy heterogéneo y segmentado; un proceso de construcción de formas restringidas de protección social, que sobre todo no ha logrado salvaguardar, de la inseguridad, de la precariedad y, a menudo, de la pobreza absoluta, a gran parte de las familias trabajadoras (ya sea totalmente excluidas del mercado laboral o incluso accediendo a él a través de vínculos híbridos y precarios).

En intensa interacción con el pensamiento principalmente europeo y norteamericano, generaciones de investigadores sociales construyeron interpretaciones sobre los procesos históricos que afectaron a la región. No es, por tanto, inoportuno reconocer que la América Latina ha sido una base intelectual y empírica para la producción de un pensamiento que, aunque teórica y metodológicamente diverso, es robusto, creativo y auténtico. Uno de los ángulos que siempre se ha destacado en particular ha sido (y sigue siendo) el que se refiere centralmente al trabajo, al empleo, al mercado de trabajo, a los patrones de relaciones laborales, que a su vez están fuertemente asociados a los modelos de producción, a las innovaciones tecnológicas, a las transformaciones sociales e institucionales. Este es el prisma que informa este texto. Nuestro objetivo es ofrecer un panorama de los principales aportes que históricamente han influido en los estudios sobre el tema del trabajo en América Latina, especialmente desde el punto de vista de los procesos de su inserción en el desarrollo capitalista mundial.

Este texto se divide en tres partes principales, además de esta Introducción y la Conclusión. En la primera se presenta un panorama de los enfoques sobre el tema del trabajo que más marcaron el debate latinoamericano en el período desarrollista. En la segunda, a partir de ese esfuerzo de recuperación de los estudios enfocados en el tema del trabajo en América Latina, se pasa a analizar el contexto informado por la globalización y la reestructuración productiva. La tercera parte busca resaltar brevemente las condiciones estructurales que configuran los patrones de relaciones laborales en América Latina, las cuales continúan reproduciéndose, al mismo tiempo que se metamorfosean a partir de variaciones coyunturales y de la incorporación de innovaciones tecnológicas y organizativas en la gestión de la producción y del trabajo.

2. ENFOQUES DEL TRABAJO EN AMÉRICA LATINA EN EL CONTEXTO DESARROLLISTA

En esta parte revisaremos en sus líneas fundamentales algunos de los principales enfoques que, con énfasis en el tema del trabajo, se produjeron en América Latina durante el período desarrolista (de los años 1940 a los 1980), a partir de las formulaciones seminales de CEPAL. De ahí en adelante, el rescate involucra temas como excedente laboral estructural, migración interna, marginalidad, sector informal, circuito inferior de la economía, estrategias de supervivencia, entre otros. A continuación, presentamos nueve enfoques.

2.1. La CEPAL y la noción de excedente estructural de mano de obra

En la concepción engendrada por Raúl Prebisch, Celso Furtado, Maria da Conceição Tavares, Aníbal Pinto, Osvaldo Sunkel, entre otros exponentes del pensamiento de la Comisión Económica para América Latina y el Caribe (CEPAL)[2], el tema del desarrollo (y del subdesarrollo) se articula en torno al desafío central de la industrialización periférica.

William Arthur Lewis (Lewis, 1954), desde una perspectiva crítica al enfoque neoclásico, llamó la atención sobre la oferta ilimitada de mano de obra en las economías atrasadas, que presentaban una peculiaridad en comparación con las economías desarrolladas: la existencia de una dualidad entre la subsistencia y el sector capitalista moderno. Esta dualidad favorecería un proceso de acumulación acelerado: partiendo del entendimiento de que el salario promedio tendería, en estas condiciones, a acercarse a los ingresos del sector de subsistencia, favoreciendo la generación de una mayor ganancia en el sector moderno, dada su mayor productividad; el ahorro resultante serían la base para nuevas inversiones que, al acelerar el crecimiento económico, promoverían un desplazamiento cada vez mayor de trabajadores del sector de subsistencia hacia el sector moderno. Como resultado, el excedente estructural de mano de obra tendería a eliminarse, al igual que la naturaleza dual del propio mercado laboral. El sector tradicional jugaría el papel de proveedor de mano de obra para el sector moderno, lo que debería ser una situación de transición, hasta el momento en que la economía se "desarrolle".

La visión de la CEPAL, en clara oposición al pensamiento ortodoxo y a la teoría del desarrollo de Rostow, se ha opuesto desde el principio al optimismo de Lewis. Según Vergnhaninia y Biancarelli (2020, pp. 5-6), para Prebisch, "la absorción del exceso de mano de obra en el sector moderno se ve mitigada por la posibilidad de que el excedente generado por el sec-

---

2 Sobre la CEPAL, véanse Capítulos 3.1 y 3.2

tor capitalista no se convierta en ahorro-inversión, sino que se oriente hacia el consumo conspicuo de las minorías de ingresos más altos". El crecimiento acelerado no se produciría como tendencia y el excedente de mano de obra, subutilizado por el sector moderno, se convertiría en desempleo encubierto, subempleo y marginación. Para los investigadores de la Cepal, dadas las evidencias empíricas, especialmente a partir de los años 1960, los ritmos y patrones de crecimiento y de industrialización adoptados en América Latina no habrían sido capaces de eliminar la dualidad que se había constituido en la economía, gracias a sus limitaciones estructurales para absorber el excedente estructural de mano de obra. Como consecuencia, la dualidad/heterogeneidad de la estructura productiva tendería a reproducirse, convirtiéndose en una característica estructural de las sociedades subdesarrolladas.

Según Baltar y Manzano (2023), para el pensamiento de la Cepal, el subdesarrollo no es una etapa del desarrollo, sino una estructura socioeconómica marginal que se inserta de manera subordinada en una división internacional del trabajo cuyas dinámicas están controladas por los procesos de acumulación de capital de las economías centrales, y una de las principales manifestaciones de este subdesarrollo sería la constitución de un excedente de mano de obra.

2.2. Naturaleza limitada del mercado laboral, incluso en países que han avanzado con la industrialización

El segundo impulso a la industrialización, que tuvo lugar en la década de 1950, luego de la fase de "sustitución de importaciones", involucró a un grupo restringido de países de la región y se sustentó en tres pilares: el capital privado nacional, el capital estatal y el capital multinacional, con predominio de este último. El resultado fue una brecha creciente entre un polo dinámico, integrado en la economía mundial y dotado de algunos mecanismos de protección social, y el resto de la economía, que implicaba una gama heterogénea de modelos productivos y laborales, permaneciendo en una relación de dependencia con el polo dinámico y en condiciones sociales precarias. En la década de 1970, países como Brasil y México contaban con importantes y complejos parques industriales. Según Lipietz (1989), Brasil, Corea del Sur, México y Polonia se convirtieron en los ejemplos más importantes de Países Recién Industrializados (NIC), pero que estructuraron sus economías sobre la base de la "taylorización primitiva" y el "fordismo periférico".

Para Lipietz (1997), la "taylorización primitiva" resultó de una combinación de principios tayloristas y una mecanización relativamente escasa, cuando en las relaciones laborales prevalecía una estrategia "sanguinaria", en el sentido de Marx. Respecto al "fordismo periférico", los autores explican que "como el fordismo, se basa en la conexión de la acumulación intensiva y el crecimiento de los mercados finales", sin embargo, "permanece periférico" porque "en los circuitos mundiales de ramas productivas los empleos calificados (sobre todo en la ingeniería) permanecen ampliamente externos a esos países", sino también porque "las salidas corresponden a una combinación específica entre el consumo local de las clases medias, el consumo creciente de bienes durables por los trabajadores y la exportación a bajo precio hacia los capitalismos centrales" (Lipietz, 1997, pp. 19-20). Sobre Brasil en particular, comenta:

> Brasil inició su industrialización más pronto y con más éxito que la India, según un modelo un poco diferente. El golpe de estado militar de 1964 suprimió de hecho las ventajas sociales de la legislación de Vargas. En consecuencia, la "organización científica del trabajo" (taylorismo) se desarrolló sin otro límite que la dependencia tecnológica; y la represión sangrienta al sindicalismo ofreció al capital una fuerza de trabajo "flexible". A finales de los años 60 y en los primeros años 70, el Brasil desarrolló una industria muy competitiva, terminó su sustitución de importaciones y desarrolló sus exportaciones industriales. Los beneficios de esta taylorización primitiva fueron reinvertidos en el desarrollo de un fordismo periférico dualista. Una fracción de la población (la nueva clase media) se estableció en un modo de vida cuasi-fordista, los asalariados se beneficiaron en la segunda mitad de los años 70 del crecimiento de la productividad, resultante de la mecanización y de la racionalización. Esta fracción comprendía la mayor parte del "sector formal" [...]. Por otra parte, un inmenso sector de asalariados permaneció excluido de los beneficios del milagro brasilero: los excampesinos "lewisianos", los trabajadores informales, los trabajadores formales mal pagados de las pequeñas empresas (Lipietz, 1997, p. 20).

2.3. La cuestión de la migración interna en evidencia

Para Muñoz y Oliveira (1972), el fenómeno de la migración interna en América Latina tuvo gran influencia en el crecimiento de las ciudades. Al producirse una redistribución geográfica de las poblaciones, ésta se produjo de manera estrechamente vinculada a cambios en la estructura social, con implicaciones demográficas, económicas y políticas. Los autores llaman la atención sobre la necesidad de adoptar una perspectiva histórica para el análisis del fenómeno, teniendo en cuenta su correspondencia con las diferentes fases del proceso de desarrollo, con énfasis en los procesos de industrialización y urbanización.

Según un estudio de Urzúa (1980, pp. 39-40),

> Los altos índices de crecimiento de la población latinoamericana y los aumentos en la densidad de la misma han ido acompañados de una redistribución masiva de la población y, especialmente, de una rápida urbanización y una alta concentración urbana. Así, si con fines comparativos definimos como urbanos los lugares con 20.000 habitantes o más, la proporción de la población total residente en ellos aumenta aproximadamente de 26 por ciento en 1950 al 46 por ciento en 1970, absorbiendo el 65 por ciento em 1950 del crecimiento de la población total de la región durante el mismo período.

Gatica (1980), a su vez, destaca cuán preocupantes fueron para los gobiernos de la región, especialmente entre las décadas de 1950 y 1970, las características y modalidades del proceso de urbanización ocurrido en las últimas décadas: "un ritmo veloz que se acompaña de patrones concentradores de la población, de las actividades económicas y las oportunidades sociales" (p. 81).

El estudio de Muñoz y Oliveira (1972) indica que los movimientos migratorios característicos del contexto de industrialización y urbanización en América Latina no se limitan al desplazamiento del campo a la ciudad. En parte, la trayectoria migratoria ocurre por etapas, originándose en el campo, pasando por pequeñas ciudades y de allí hacia grandes centros, por lo que también involucra momentos de desplazamiento urbano-urbano. También es posible observar flujos migratorios rural-rural (por ejemplo, dejando áreas de producción agrícola de subsistencia por otras de producción sobre bases capitalistas).

Siguiendo con Muñoz y Oliveira (1972, p. 258),

> El crecimiento demográfico de las ciudades, causado en parte por la migración no puede ser objeto de estudio aislado en tanto que se le pueda relacionar con aspectos tales como el crecimiento del empleo industrial, la terciarización, la marginalidad, la formación de grupos y clases sociales, la acción de éstos en el plano político, etc.

Brandão Lopes (1971), en Brasil, ya había asociado los flujos migratorios con los movimientos de mano de obra. Según él, resultaron del movimiento de trabajadores de regiones menos desarrolladas hacia otras más integradas al mercado y, en consecuencia, de una condición no salarial para la incorporación de parte de los inmigrantes como trabajadores asalariados.

2.4. La marginalidad como población "sobrante" o "no funcional"

En la década de 1960 se produjo una gran agitación en el pensamiento latinoamericano, cuando surgió un fuerte cuestionamiento del paradigma de la "modernización", según el cual los países subdesarrollados seguirían los pasos de los países desarrollados en la transición de la sociedad tradicional a la moderna. El tema de las "poblaciones marginales" se ha convertido en un objeto central de reflexión para un número creciente de analistas, desde diferentes perspectivas. En ese momento, José Nun (entonces profesor de Berkeley) fue invitado a coordinar el proyecto "Marginalidad en América Latina" (financiado por la Fundación Ford e inicialmente apoyado por Cepal y Desal[3]). En la región predominaban dos visiones principales sobre el tema de la "marginalidad", según Nun: una apoyada por Desal, de orientación cristiana, que asociaba la pobreza con una crisis moral; la otra se basaba en el pensamiento de la Cepal. Pronto se constituyó un campo articulado en torno a la perspectiva marxista, aunque comprendiendo posiciones contradictorias, como (además del propio Nun) Aníbal Quijano, Fernando Henrique Cardoso, Francisco de Oliveira, Lúcio Kowarick, Reginaldo Prandi, Paul Singer, Milton Santos, entre otros.

Nun (1969) planteó como punto de partida un esfuerzo por diferenciar los conceptos de Marx de *superpoblación relativa* y *ejército de reserva industrial.* Mientras que el primero (SPR), según Nun, se refería a la teoría general de las poblaciones, inserta en la teoría del materialismo histórico; el segundo (EIR) sería su expresión particular en el modo de producción capitalista. La SPR en cada tipo de sociedad, según subraya, puede establecer una relación "afuncional" o "disfuncional" en relación con el modo de producción dominante, y esta posición puede variar (por razones económicas y no económicas) a lo largo del tiempo.

La confusión entre estos conceptos, según Nun, deriva de la falta de distinción entre el proceso de generación de la SPR y los efectos que ésta provoca en el sistema, dado que en el modo de producción capitalista no toda la SPR se constituye como EIR. Este error habría tenido su origen en el propio Marx, quien habría sufrido una inflexión en su pensamiento a partir de la obra "Grundrisse". Aunque Marx haya previsto otra fase del capitalismo después de la fase competitiva, en "El capital" no habría dado consecuencias a tal vislumbre, manteniendo una indistinción entre los dos conceptos. Con esto terminó restringiendo su análisis del modo de produc-

3 Desarrollo Social de América Latina.

ción capitalista a su fase competitiva, tomando la SPR sólo por sus efectos (como reserva de fuerza laboral y como efecto de bajar los salarios), es decir, como EIR. Sin embargo, mientras que en la fase competitiva la SPR juega un papel absolutamente funcional en el sistema, no ocurre lo mismo en el capitalismo monopolista, pudiendo partes de ellos asumir la condición de afuncionales o disfuncionales.

Esta es la base del concepto de "masa marginal". Nun parte de la observación de que, en la fase monopólica del desarrollo capitalista, segmentos de la SPR se habrían vuelto no funcionales y disfuncionales en relación con este sector, convertido en hegemónico (cuando la distinción entre el proceso que genera y el efecto que causa se habría hecho más evidente). Como los sectores competitivos no fueron eliminados en esta etapa, segmentos de la SPR pueden ser tanto trabajadores activos para este sector como EIR para el sector monopolista. En América Latina, con el capitalismo tardío y dependiente, coexistirían tres procesos distintos de acumulación: a) el del capital comercial (que también subordina las formas de producción no capitalistas); b) el del capital industrial competitivo; y c) el del capital industrial monopolista.

Quijano ([1970] 2014), aunque siguiendo un razonamiento diferente, llegó a resultados similares. Parte de la observación de que, en el marco de las transformaciones estructurales entonces en curso en la economía latinoamericana, estaba ganando relevancia un sector de la fuerza laboral que había perdido su vínculo orgánico con la forma dominante de organizar la actividad económica. La economía regional (de desarrollo tardío y dependente) se había convertido cada vez más en el resultado de una composición entre relaciones de producción capitalistas y precapitalistas, donde las primeras combinaban elementos del capitalismo comercial, industrial competitivo e industrial monopolista.

En una visión de largo plazo de las transformaciones que ha experimentado la economía latinoamericana, el autor observa que la transición de una fase a otra del proceso de expansión capitalista fue siempre abrupta y fragmentaria. Los nuevos elementos surgidos comenzaron a combinarse con la estructura anterior, lo que condujo a la reorganización del conjunto bajo una nueva hegemonía, plasmada en una formación socioeconómica estructuralmente dependiente, desigual y combinada. Con ello, rechaza una interpretación dualista de esta formación. La novedad, en el contexto de los años 1960, sería el surgimiento de la fase monopolística del capitalismo en la región y con ella el surgimiento de lo que se llama el "polo marginal".

Para el autor, la empresa monopólica (en la industria y también en los servicios) genera un nivel de fuerza laboral más calificado y restringido, aumentando su distancia en relación con la mayoría de la población activa (donde predominan niveles más bajos de calificación). Esto crea un mercado laboral en el que los niveles más altos tienden a excluir a la mayoría de la fuerza laboral y sus niveles intermedios no tienen la estabilidad ni la capacidad de expansión necesarias. Como consecuencia, surge un "mercado marginal", un "excedente", el "polo marginal", desde el punto de vista del sector hegemónico. Desde el punto de vista de los sectores intermedios, este segmento sería "flotante", constituyendo una "mano de obra marginada", que funcionaría como un ejército de reserva industrial.

¿Por qué, entonces, no quedarse con la formulación original de Marx de la EIR (con sus componentes de poblaciones *flotantes*, *latentes* e *intermitentes*, más el *lumpenproletariado* y los *pauperizados*)? Para el autor, lo que era transitorio (estar disponible para el capital) se hizo permanente (estar excluido). En otras palabras, desde el punto de vista del capital monopolista, el trabajo "marginal" sería excedente. Una parte de la población, que constituye lo que se llama una "mano de obra marginada", habría perdido permanentemente la posibilidad de ser absorbida por el sector monopolista, aunque conservando el estatus de EIR en relación con el capital competitivo. Otra parte, llamada "población marginal", también quedaría excluida del nivel competitivo del propio capitalismo latinoamericano.

2.5. Reafirmación de la marginalidad como ejército industrial de reserva

Mientras Nun (1969) y Quijano ([1970] 2014) buscaban demostrar que, en la fase monopolista del capitalismo, la "masa marginal" o el "polo marginal" (según cada uno de ellos llamó al excedente de mano de obra generado en este proceso) se habían convertido en "afuncionales", "disfuncionales", "sobrantes", en relación con los sectores capitalistas hegemónicos; Cardoso (1971) reafirmó la validez del concepto de EIR como base explicativa suficiente para las masas no integradas directa e inmediatamente a la empresa capitalista.

Cardoso (1971) cuestiona particularmente a Nun (1969). Sostiene que, si hubo una "ruptura epistemológica" en el pensamiento económico de Marx, ésta se produjo en "El capital", y no en "Grundrisse", ya que este último es anterior a aquél. Según él, está claro que en el modo de producción capitalista SPR y EIR son sinónimos. Una teoría de la población general (en la que Nun situaría el enfoque de la SPR) encontraría apoyo en

Althusser, no en Marx. El concepto de SPR, para Marx, estaría restringido a ciertos y determinados modos de producción.

Para Cardoso, con la acumulación capitalista, el crecimiento absoluto del capital total (constante + variable) implica un crecimiento del capital variable y, por tanto, de la fuerza de trabajo absorbida, pero en proporción decreciente respecto al capital constante (cambiando, por tanto, la composición orgánica del capital). Esto crea un excedente de fuerza de trabajo. En otras palabras, el capitalismo crea su propio "excedente necesario", independientemente del crecimiento absoluto de la población (como Marx criticó a Malthus), siendo esta una característica sólo del capitalismo maduro (cuando cambia la composición orgánica del capital). Con ello, el capitalismo se libera del crecimiento natural de la población y de la vinculación de parte de los trabajadores a otros modos de producción (vínculo a la tierra, etc.). Las proporciones de trabajadores activos y de reserva fluctúan según la dinámica de la acumulación.

Finalmente, para Cardoso, el concepto de *masa marginal* no sólo no se sostiene dentro del mismo marco teórico que el del EIR (el de la teoría de la acumulación), sino que el crecimiento de esta población excedente en el capitalismo monopolista es discutible. El enfoque de Nun se basaría en tendencias catastrofistas en materia de creación de empleo.

Kowarick (1975) también rechaza las conclusiones de Nun y Quijano. Se centra en el proceso de marginación en las zonas urbanas, en la forma en que los grupos marginales se insertan en la división social del trabajo, en el contexto del proceso de acumulación de capital. Sostiene que, en el caso de América Latina, el desarrollo capitalista tiene particularidades: el proceso de asalarización ocurre de manera limitada, la liberación de fuerza laboral de segmentos "tradicionales" va más allá de su nivel de absorción como trabajadores asalariados, y parte de estas poblaciones "tradicionales" liberadas dan lugar a nuevas relaciones de producción "arcaicas", en forma de "autoempleo", especialmente en el sector terciario. En otros casos, el desarrollo capitalista no llega a desmantelar las formas tradicionales de producción (agricultura de subsistencia, artesanía, industria doméstica). Pero esta situación no implica la configuración de dos estructuras, ya que una sola dinámica, la de acumulación de capital, contiene ambas. Incluso en la fase monopolística de la acumulación de capital, cuando prevalecen las tecnologías ahorradoras de mano de obra, este modo de producción coexiste con formas de producción precapitalistas.

La misma dinámica de acumulación de capital articula (estructural y orgánicamente) un nivel limitado de asalarización, nuevas formas "arcaicas" de producción (autoempleo) y también nuevas formas tradicionales de producción que aún no han sido desmanteladas. En otras palabras, la marginalidad es inherente al capitalismo; el capitalismo dependiente (como el de América Latina) produce un tipo particular de marginalidad. En el caso particular de América Latina, es importante tratar la marginalidad dentro del marco estructural de la dependencia (tal como fue concebida por la Teoría de la Dependencia).

Como resultado de este debate, varios autores se convencieran de que el capitalismo dependiente en América Latina produce un tipo particular de poblaciones marginadas, que sin embargo se encuentran insertas subalternamente en la dinámica de la acumulación capitalista. Oliveira (1972) se ha consolidado como una de las aproximaciones más expresivas a este argumento. Al analizar el proceso de industrialización en Brasil, bajo la influencia del pensamiento marxista y adoptando una visión crítica respecto al carácter dualista del pensamiento de la Cepal, el autor buscó demostrar la existencia, en ese proceso, de una verdadera simbiosis entre lo "moderno" y lo "atrasado". Como en una "unidad de opuestos", el primero en su crecimiento se alimentaba del segundo. Esta habría sido una forma de ajustar la economía brasileña a las nuevas demandas de la acumulación global. El autor destaca la posición funcional de los sectores no capitalistas (especialmente la agricultura de subsistencia y la mayor parte del sector de servicios) para la acumulación interna de capital. Contra la idea de que la agricultura de subsistencia (considerada un sector atrasado) sería un obstáculo para el desarrollo, contraargumenta que la economía brasileña venía presentando tasas de crecimiento económico superiores al promedio mundial. También rechazó la idea de un crecimiento explosivo en las ciudades como un fenómeno marginal, así como la visión del contingente de trabajadores informales en las ciudades como meros "consumidores de plusvalía". Tampoco en este caso no habría obstáculo para el proceso de acumulación. Por el contrario, propuso que el autoempleo mal remunerado generado en las ciudades transfería continuamente valor al sector capitalista, en una especie de "acumulación primitiva" permanente.

2.6. *Enfoque de la informalidad como excedente estructural de mano de obra*

El enfoque de la *informalidad*, tras ser enunciado por la primera vez como "oportunidades de ingresos informales", por Keith Hart en un estudio de 1971 (publicado en Hart 1973), y luego incorporado por la

OIT[4] como “sector informal”, a través del informe de la Misión de Kenia, de 1972 (ILO, 1972), adquirió reconocimiento mundial, tanto en el ámbito político como académico.

Todavía en la primera mitad de los años 1970, la categoría de “sector informal” llegó a la América Latina, a través del Programa de Empleo para América Latina y el Caribe (Prealc/OIT). El Prealc tuvo el mérito de resignificar el debate sobre la informalidad, adaptándolo a las condiciones del desarrollo capitalista en América Latina. Bajo la influencia del pensamiento de la Cepal, el sector informal urbano (SIU), como se le denominó, fue concebido como resultado del modelo de desarrollo basado en la sustitución de importaciones que se instauró en la región entre las décadas de 1930 y 1940. A pesar del avance de la industrialización y de la modernización de su economía, este modelo fue incapaz de absorber trabajadores en la medida en que estos fueran liberados de sus formas tradicionales de producción, generando así un excedente de mano de obra. Para aquellos excluidos del sector moderno, seguía existiendo la opción de buscar empleo e ingresos fuera del sector formal, mediante la creación propia de empleos de baja productividad, lo que resultó en la configuración de una estructura productiva heterogénea (intersectorial e interregional) y de un mercado de trabajo urbano segmentado.

Para uno de los principales formuladores de este enfoque, Victor Tokman (Tokman, 1977a), se estableció en la región, a grandes rasgos, un mercado laboral “formal” o “moderno”, asociado a empresas organizadas, por un lado, y un “mercado laboral informal”, por otro. Éste estaba compuesto básicamente por los trabajadores “cuentapropistas”, los trabajadores de empresas muy pequeñas o con bajo nivel de organización, sujetos a intensa competencia, los trabajadores familiares no remunerados y los trabajadores de servicios personales de baja productividad. Según los exponentes del Prealc, las características principales del sector informal urbano son las siguientes: la relativa facilidad de entrada (determinada más por redes de relaciones personales que por la posesión de capital humano y económico); el uso de tecnologías simples; el predominio de una fuerza laboral poco calificada; la prevalencia de unidades de producción de pequeño tamaño, poco organizadas y sujetas a mercados competitivos; la poca separación entre capital y trabajo; el predominio de bajos niveles de remuneración; los salarios no son la forma más común de remunerar el trabajo, aunque la producción se dirige principalmente al mercado; la fragmentación de

4 Organización Internacional del Trabajo.

la oferta de las mercancías es tal que ningún productor puede determinar los precios, por lo que no obtiene ganancias extraordinarias; dadas estas características, la capacidad de acumulación y, por tanto, de expansión del sector informal es restringida. Pero, en lugar de analizarse desde una perspectiva "dualista", la SIU debe ser considerada en sus conexiones con el sector formal (Souza y Tokman, 1976; Tokman, 1977a y 1977b).

Desde esta perspectiva, el énfasis estuvo en los procesos productivos y en las causas estructurales de la informalidad en la región, así como en sus características y funcionamiento, con el objetivo de anticipar tendencias y, de ahí, poder apoyar la formulación de políticas públicas más efectivas. El objetivo era evitar abordar el sector informal desde el ángulo de su "potencial productivo" (hipótesis de la autonomía), como el Programa Mundial de Empleo de la OIT, y sus características de "subordinación y dependencia" (hipótesis de la heteronomía), énfasis en los enfoques marxistas en América Latina. Sin embargo, se destacó el carácter de una "subordinación heterogénea" (Tokman, 1978). Los dos sectores, formal e informal, deben considerarse ante todo complementarios, con áreas de intersección e intercambiabilidad.

Tokman (1987) señala que, entre 1950 y 1980, la participación del sector informal en la fuerza laboral no agrícola en América Latina sólo disminuyó del 30,7% al 28,7%, a pesar del crecimiento económico observado en la región durante este período (en particular, verificado en Brasil, México, Panamá, Costa Rica, Colombia y Venezuela). Por otro lado, el mismo autor señala que la década de 1980 presentó un comportamiento diferente: la crisis internacional y las políticas de ajuste fiscal que golpearon duramente a la mayor parte de la región propiciaron el crecimiento del sector informal, así como el desempleo abierto. Para Tokman (1987, p. 528), "entre 1980 y 1985 el empleo del sector informal aumentó 39%, mientras que el empleo no agrícola sólo creció 17%". Tokman (1987, pp. 520-521) también señala que, mientras que en años anteriores prevalecía una imagen más homogénea del sector informal, con el tiempo su carácter heterogéneo se hizo cada vez más evidente:

> Si se considera la forma de organización como la variable principal para definir una actividad informal, se debe establecer una diferencia entre las unidades que usan mano de obra adicional (ya sea pagada o no) y las que constituyen actividades realizadas por una sola persona. Además, aunque en promedio es escaso el capital no se distribuye equitativamente entre todas las actividades informales. En algunas, como por ejemplo los servicios domésticos y los vendedores callejeros, se requiere escaso o ningún capital y en otras, como las de los taxistas o de los pequeños talleres, se emplea mayor capital. Por lo tanto, el ingreso proveniente de las actividades informales está restrin-

gido en algunas oportunidades a la remuneración del trabajo en tanto que en otras también incluye retribución al capital.

El citado autor, empero, también muestra que en la región se había establecido una estrecha relación entre el sector informal y las condiciones de pobreza: "En 1980 entre 75 y 80% de los empleados del sector informal recibía ingresos inferiores al mínimo" (Tokman, 1987, p. 529).

2.7. *La teoría de los dos circuitos*

El geógrafo Milton Santos rechaza los enfoques de la *marginalidad* y de la *informalidad*, al mismo tiempo que propone su propia perspectiva (Santos, 1978). Para él, el crecimiento económico y la expansión urbana fueron acompañados, en América Latina, por el crecimiento de la pobreza y la desigualdad. El autor advierte que, para comprender el fenómeno, es necesario ir más allá de las estadísticas (inadecuadas, imprecisas, insuficientes) y de una perspectiva conservadora (a veces centrada en el tema de la educación, otras en la explosión demográfica).

En contra de Nun, considera que lo que él llama *masa marginal* juega un papel en el proceso de acumulación de capital en su actual fase monopolística, al contribuir a la reducción de los salarios. También cuestiona la noción de informalidad, considerando que estos segmentos tienen su propia organización y leyes. Prefiere la noción de *pobreza*, sobre todo vista desde el ángulo de los efectos de la modernización en la economía urbana de los países pobres. A partir de ahí, formuló su teoría de los dos circuitos de la economía.

Su atención se centra en la relación entre el EIR (población pobre) y la economía global (economía moderna). Con la modernización tecnológica, propiciada por el capitalismo monopolista y que implica un cambio en la composición técnica del capital, se produce una economía del trabajo, generando subempleo, desempleo y marginalidad. La aplicación de la teoría del EIR a los países subdesarrollados, sin embargo, requiere una adaptación: estar sin empleo no significa estar fuera de la economía, dada la configuración de dos sistemas, el *superior* y el *inferior*.

El circuito superior sería formado por actividades capitalistas, intensivas en capital, basadas en la modernización tecnológica (importada e imitativa), formando monopolios. Además, cuenta con un gran apoyo del Estado, utiliza principalmente relaciones de trabajo asalariado y busca mantener relaciones impersonales con su clientela, con el objetivo de acumular capital. Por otro lado, la población pobre, no integrada en este circuito, se ve obligada, por tanto, a recurrir a sistemas de producción y distribución específicos, basados en la creación de pequeñas unidades de producción, basadas en el crédito personal y directo. Así se constituye el circuito inferior de la economía, formado por actividades de pequeña escala (comercio, servicios, producción industrial y artesanal), posicionadas a nivel local, basadas en mano de obra intensiva, cuyos productos están dirigidos a las poblaciones pobres y cuyas actividades se anclan en relaciones personales con la clientela. No cuentan con apoyo gubernamental (al contrario, pueden ser objeto de persecución y represión) y no están orientadas a la acumulación de capital (cuando esto ocurre, es ocasional).

La economía del circuito inferior sería, según el autor, explotada por el circuito superior (especialmente a través del comercio, en el que el comercio mayorista disfruta de una posición estratégica), produciendo así un efecto de drenaje de excedentes para la acumulación de capital. El circuito inferior actuaría extendiendo el modo de producción capitalista entre la población pobre a través del consumo.

Aunque considera que cada circuito forma un subsistema, el autor rechaza la perspectiva dualista, ya que están intrínsecamente conectados, siendo el circuito inferior dependiente de lo superior. De ahí la importancia de buscar explorar las conexiones entre ellos. Las combinaciones que los involucran varían según el lugar. Hay, por otro lado, un flujo de personas que cruzan los dos circuitos: parte de la población del circuito inferior trabaja temporalmente en el circuito superior y viceversa. El autor considera también que no existe un circuito intermedio (las clases medias utilizan uno u otro).

El circuito inferior es, por tanto, también producto de la modernización y también está en constante transformación. Ambos tienen el mismo origen y están interconectados.

2.8. La informalidad como sector subordinado e intersticial

María Cristina Cacciamali (Cacciamali, 1982) entabla un diálogo crítico con el enfoque Prealc e abre su propio camino de interpretación sobre el tema de la informalidad. En cuanto a las características generales del sector informal, converge con lo acumulado en el ámbito de la OIT (PME y Prealc): el productor directo cuenta con instrumentos de trabajo y/o un stock de bienes para realizar su trabajo; se emplea a sí mismo, además del trabajo familiar y/o ayudantes; combina el trabajo directo con actividades de gestión; utiliza el dinero generado en la actividad, doblemente, para el consumo individual y familiar y para el mantenimiento de la actividad económica; la actividad está impulsada por el flujo de ingresos que proporciona al trabajador y a su familia, y no por una tasa de rentabilidad competitiva (base de la acumulación de capital); el trabajo se puede dividir en fracciones, pero esto no impide que el trabajador aprenda todo el proceso de producción y comercialización que implica su actividad. Además, según el autor, estas actividades están fuera o lejos del alcance de la regulación e inspección estatales, en los ámbitos tributario, laboral, sanitario y otros. Esta situación se ve favorecida por el hecho de que generalmente se encuentran dispersas geográficamente, por el desconocimiento, por parte de los segmentos informalizados, de las diversas regulaciones, por la incidencia de la corrupción burocrática, por los costos de los trámites administrativos para la legalización de la actividad y por el posible costo de oportunidad para la mano de obra auxiliar que allí se emplea.

Cacciamali (1982) señala que el trabajo por cuenta propia tiene mayor peso en las regiones menos desarrolladas desde el punto de vista capitalista, donde ocupa un lugar destacado en la producción de bienes de consumo, como alimentos, calzado, muebles y servicios domésticos. Pero también tiene presencia en las regiones más desarrolladas, donde encuentran condiciones para establecerse preferentemente en el sector servicios.

Según la autora, el sector informal se bifurca en dos grupos de actividades: uno, preponderante, que se guía por la mera garantía de supervivencia de los trabajadores y sus familias, compuesto por actividades marcadas por bajas remuneraciones y vulnerabilidad e inestabilidad; y otro, que está asociado a servicios más calificados o nichos de mercado específicos, como profesionales independientes, pequeños comerciantes, proveedores de servicios técnicos, entre otros, con mayores niveles de ingresos. Así, el sector informal no se limita a la producción de bienes y servicios de baja calidad, utilizando técnicas tradicionales y dirigidos a consumidores de bajos ingresos. Por el contrario, se integra a la dinámica productiva capitalista, desarrollándose y modernizándose con ella.

En cualquier caso, el sector informal, en opinión de la autora, ocupa los espacios económicos permitidos, dejados abiertos por la dinámica capitalista, en un movimiento de retracción o expansión según dicha dinámica. Cuando la actividad capitalista avanza en un territorio previamente dominado por el trabajo informal, los trabajadores informales empleados allí se convierten en asalariados en las nuevas unidades de producción, pasan a otra actividad informal o continúan en la misma, pero en otra zona, quedan desempleados o se ven obligados a abandonar temporal o permanentemente la producción. Por otro lado, su existencia y desarrollo dependen de la iniciativa, perseverancia y creatividad de los individuos y sus familias (no absorbidos por el sector formal). De este modo, se delimita el carácter simultáneamente *subordinado* e *intersticial* del sector informal.

Para Cacciamali (1982), la subordinación de las actividades informales a las formales (que conduce constantemente a la destrucción y recreación de las primeras) se refiere a las dinámicas de ocupación de espacios económicos, la posesión de materias primas y equipos, el acceso a tecnología, el acceso al crédito, las condiciones de las relaciones de intercambio, los vínculos más concretos de subcontratación, como en el ámbito de la producción y la circulación. Al considerarse subordinado al sector capitalista, el sector informal debe analizarse centrándose en sus vínculos dinámicos con el proceso de acumulación (cuando, como resultado de tal proceso, se encuentra continuamente desplazado y recreado).

Con este razonamiento, en parte inspirado en el marxismo, el enfoque de Cacciamali (1982) sobre la naturaleza y la dinámica de las actividades informales se basó en la crítica de las visiones dualistas, destacando el carácter interdependiente de los dos sectores y la posición subordinada de lo informal en comparación con lo formal. De esta manera, comparte la visión general de la OIT sobre la informalidad, que cuestiona el dualismo "tradicional-moderno", reemplazándolo por la configuración "sector formal-sector informal". Pero se aparta de esta visión al considerar que el sector informal se constituye en una relación "subordinada" e "intersticial" con la producción capitalista, y no en paralelo y de forma autónoma con respecto a ella. Por otro lado, no se alinea con la teoría marginalista del sesgo marxista, ya que no está de acuerdo con la tesis de la afuncionalidad/ disfuncionalidad de este sector para la producción capitalista, ni (en el otro extremo) con la defensa categórica de su funcionalidad.

2.9. El prisma de las estrategias de supervivencia

El abordaje de poblaciones que sobreviven de actividades informales ya había sido foco de estudios antropológicos, como el de Keith Hart (Hart, 1973), quien en sus investigaciones en la periferia de Accra, en Ghana, dio el puntapié inicial al abordaje de la informalidad; pero también como el de Luiz Antônio Machado da Silva (Silva, 1971), quien en sus investigaciones de maestría se dedicó a estudiar lo que llamó (de forma pionera en América Latina) el "mercado no formal", en contraposición al "mercado formal", en *favelas* brasileñas. Sin embargo, la atención a las estrategias de supervivencia de las poblaciones pobres en América Latina sólo se consolidó unos años después, especialmente a partir de enfoques antropológicos.

Uno de los primeros esfuerzos en esta dirección llegó con el estudio de Larissa Adler de Lomnitz (Lomnitz, 1975), quien realizó una inmersión etnográfica en la periferia de la Ciudad de México, guiada por la pregunta "¿cómo sobreviven los marginados?". Era necesario intentar comprender qué hacían para sobrevivir en las condiciones tan adversas en las que se encontraban inmersos: "Los marginados sobreviven, comen, se visten, pagan renta, se casan y tienen hijos. Es necesario, por lo tanto, que en la ciudad exista un nicho ecológico, creado en parte por ellos mismos, que haya resuelto positivamente el problema de adaptación a un medio urbano hostil" (Lomnitz, 1975, p. 26). Sobre una base económica precaria, estas poblaciones construyeron una estructura social específica, que se encarga de proporcionarles un mínimo de subsistencia. La autora destacó las "redes sociales de asistencia mutua", basadas en el "intercambio recíproco" y tejidas informalmente a través de relaciones familiares, de compañerismo, de vecindad y de amistad: "Proponemos que estas redes de intercambio representan el mecanismo socioeconómico que viene a suplir la falta de seguridad social, remplazándola con un tipo de ayuda mutua basado en la reciprocidad" (Lomnitz, 1975, p. 26). En alusión a las categorías analíticas de Karl Polanyi, observa que en tales condiciones la *reciprocidad* (basada en la ayuda mutua entre parientes y vecinos) puede coexistir con el intercambio *mercantil*. En otras palabras, el comportamiento económico de los marginados es complejo e implica simultáneamente su inclusión en varios sistemas de intercambio, ya sean tradicionales o modernos. Otra categoría sobre la que llama la atención es la *unidad doméstica*. Mientras que en las zonas rurales esto significaba el grupo social formado por todas las personas que vivían en una misma vivienda; en las zonas urbanas, donde el espacio es mucho más restringido, un mismo grupo doméstico puede refugiarse en viviendas contiguas o vecinas, con vidas económicas relativamente independientes, configurando así un nuevo tipo de agrupación social. Así, la unidad doméstica puede incluir una familia nuclear o un grupo de familias nucleares unidas por relaciones de parentesco y pueden vivir en la misma unidad residencial o en unidades vecinas. En cuanto a las funciones domésticas compartidas, esto puede incluir: "preparación de las comidas, cuidados de los niños, cooperación en los gastos rituales, ayuda mutua en numerosos detalles de la vida diaria" (Lomnitz, 1975, p. 107).

Susana Torrado (Torrado, 1980), en un estudio sobre Chile, aborda las "estrategias de vida familiar", que prefiere a las "estrategias de supervivencia familiar" (de las que fueron pioneros, según la autora, Joaquín Duque y Ernesto Pastrana, en un estudio de 1973). Busca comprender mejor las relaciones entre lo micro y lo macrosocial (refiriéndose al modo de producción capitalista y a las formaciones sociales concretas que se constituyen a partir de él). Para ello, atribuye importante relevancia a las nociones de clases sociales (y segmentos de clases) y al proceso de reproducción de la fuerza laboral. Dado el mecanismo que asegura la existencia de la fuerza de trabajo a disposición del capital, cuando éste paga a cambio el mínimo necesario para su reproducción intergeneracional (de la fuerza de trabajo), queda una parte de esta reproducción que es asumida por los propios trabajadores, a través de la transferencia de algunos de sus costos a formas de producción no capitalistas y al trabajo doméstico (destinado a producir valores de uso, bienes y servicios), entre otros mecanismos. Así, el conocimiento de las condiciones de explotación laboral en cada sociedad específica es clave para estudiar las estrategias de vida de las familias trabajadoras.

Elizabeth Jelin (Jelin, 1984), centrándose en Argentina, sitúa el tema de las estrategias de supervivencia en un marco más amplio que se refiere a la creciente atención a los procesos de reproducción social de la fuerza laboral y, en América Latina, al vínculo entre los procesos y estilos de desarrollo (marcados por la dependencia externa) y la constitución de nuevos grupos sociales (marginales). Ella muestra que una atención más centrada en la organización económica y social de estos grupos ha llevado al reconocimiento en esta organización de una cierta autonomía, al estar dotados de una dinámica de constitución y desarrollo, que ganó mayor protagonismo con el enfoque del "sector informal". Esto llevó a estudios sobre la organización del consumo colectivo de estos grupos (uso del suelo, transporte, vivienda, servicios de salud, etc.) y la dinámica interna de la organización doméstica, como dimensiones fundamentales de la existencia social de estos grupos. La autora incorpora la noción de "unidad doméstica" (fuertemente ligada a la noción de familia, pero distinta de ella) como base para un análisis centrado en el tema de la reproducción (biológica, cotidiana y social) de las familias, tomándola como la organización social responsable de las actividades vinculadas al mantenimiento cotidiano y a la reproducción generacional de la población. En sus palabras:

> Empíricamente, la mayoría de las unidades domésticas está compuesta por miembros emparentados entre sí, pero el grado de coincidencia entre la unidad doméstica y la familia, y más aún, la definición social de la amplitud (en términos de lazos de parentesco) del grupo co-residente, varían notoriamente entre sociedades y a lo largo del ciclo de vida de sus miembros (Jelin, 1984, p. 16).

Para ella, este tipo de enfoque plantea un gran desafío para distinguir entre el mundo doméstico y el mundo privado. Esto también está asociado con distinciones en las formas de integración social y económica entre hombres y mujeres. En general, las mujeres están vinculadas al espacio doméstico y privado y los hombres al mundo público.

Cecilia Cariola (Cariola, 1989), centrándose en las poblaciones periféricas de Caracas, Venezuela, también utiliza la noción de unidades domésticas y destaca las redes informales de apoyo como mecanismos de supervivencia desarrollados por sectores populares urbanos, lo que los convertirían en "actores activos", en lugar de sujetos pasivos funcionales a la lógica del capital. Muchos otros estudios siguieron este camino, manteniendo más o menos convergencias entre ellos. Entre otros, Bilac (1978), Motta y Scott (1983), Hintze (1987). Para un enfoque reciente, véase, por ejemplo, Hernández, Law y Auyero (2002).

3. NUEVOS ENFOQUES DEL TRABAJO EN AMÉRICA LATINA EN EL CONTEXTO DE LA GLOBALIZACIÓN

El contexto de globalización (asociado a procesos de reestructuración productiva y a la incorporación de políticas neoliberales por parte de los gobiernos de la región) trajo nuevos desafíos a los estudios sobre el trabajo en América Latina. Surgieron nuevos enfoques, así como complementos, resignificaciones o rechazos de enfoques anteriores. Así, ganaron evidencia nociones como flexibilización de las relaciones laborales, economía informal, neoinformalidad, proceso de informalidad, trabajo no clásico, economía popular, economía solidaria, entre otras. Aquí seleccionamos siete enfoques.

3.1. Reestructuración productiva y relaciones laborales flexibles

A raíz de la tesis de la *acumulación flexible*, defendida desde una perspectiva global con gran énfasis, entre otros autores, por Harvey (1989), como un nuevo momento del desarrollo capitalista, se estableció en América Latina todo un campo de abordaje sobre cómo esta situación tuvo repercusiones en la región. Las reflexiones sobre los procesos de flexibilización involucraron los procesos de trabajo, los mercados laborales, los patrones de organización del sistema de producción, las tecnologías, los productos y los patrones de consumo.

Respecto a la flexibilidad laboral, Enrique de la Garza Toledo (Toledo, 1997) llama la atención al hecho de que este concepto no tiene un significado unívoco y puede indicar al menos tres perspectivas teóricas. La primera se relaciona con la tradición neoclásica, según la cual flexibilizar significa fundamentalmente la eliminación de barreras que impiden que los mecanismos de mercado determinen el precio y las condiciones de uso del factor trabajo, facilitando contrataciones y despidos para que se adapten al equilibrio entre la oferta y la demanda de trabajadores, individualizando los métodos de pago según la productividad marginal. Una segunda perspectiva se inscribe en la matriz posfordista, que incluye las corrientes regulacionistas (Boyer y Saillard, 2005), de la especialización flexible (Piore y Sabel, 1984) y neoschumpeteriana (Freeman, 1974), cuyo punto común es la comprensión de que hemos llegado al fin de la producción en masa estandarizada y avanzamos hacia un nuevo paradigma productivo o un modo de regulación más o menos flexible. A diferencia de la perspectiva neoclásica, ésta propone la flexibilidad del proceso de trabajo sin implicar, sin embargo, la desregulación del mercado laboral ("flexibilidad negociada")[5]. La tercera perspectiva está relacionada con las nuevas doctrinas empresariales de organización del trabajo, que también critican el taylorismo, especialmente basado en las ideas de *calidad total* y *just-in-time*, haciendo hincapié en aspectos como la participación e implicación de los trabajadores en la empresa, así como la diversificación de tareas y la inversión en formación. Para el toyotismo, el individualismo debe ser sustituido por la idea de grupo, la empresa debe identificarse como comunidad y la acción debe guiarse según valores y no sólo según su utilidad.

A partir de los años 1980, según Toledo (1997), estas corrientes se fusionaron, formando tres formas predominantes de flexibilización de las relaciones laborales: una de tipo "pretaylorista", practicada por pequeñas y medianas empresas no modernizadas, que no obedecen a un proyecto organizativo; otra de tipo "toyotista", que implica consensos y acuerdos entre trabajadores y patrones; y una tercera, centrada en el mercado laboral, que debería denominarse predominantemente y con más propiedad "desregulación de la demanda y la oferta de empleo". El autor también

---

5 "Los Regulacionistas no declaran a priori a los sindicatos como elementos de rigidez sino les proponen pasar de una estrategia defensiva con respecto de la flexibilidad a otra ofensiva, propositiva de cómo mejorar el proceso productivo, buscando ciertas protecciones en cuanto al empleo o desempleo y el reparto de las ganancias obtenidas por el incremento en la productividad" (Toledo, 1997, p. 137).

hace referencia a las siguientes formas de flexibilidad laboral, en cuanto al aspecto sobre el que incide: *numérica* o *externa* (relacionada con el empleo), *funcional* o *interna* (relacionada con el uso del trabajo en el proceso de trabajo) y *salarial* (en cuanto a la forma de remuneración basada en la productividad)[6].

3.2. Los informales como "héroes económicos"

En 1986, "El otro Sendero: la revolución informal" fue publicado por el economista peruano Hernando de Soto, entonces miembro del Consejo de Planificación y Desarrollo de la ONU e investigador del Instituto Libertad y Democracia – ILD.

El autor cuestionó la idea de que la informalidad sea sinónimo de pobreza y marginalidad. También rechazó el argumento de que las causas del subdesarrollo radican en imposiciones externas y que no hay compatibilidad en la profunda cultura peruana con el espíritu emprendedor. Por el contrario, en línea con el pensamiento liberal, su entendimiento es que la informalidad es principalmente el resultado de una excesiva regulación estatal del mercado, en lugar de considerarla como un mecanismo de supervivencia en respuesta a la incapacidad de la economía para crear suficientes empleos.

Como subraya Vargas Llosa en el prólogo del libro (Llosa, 1986), la economía informal sería la respuesta popular espontánea y creativa de los pobres a la incapacidad del Estado para satisfacer sus necesidades y aspiraciones más básicas. El "costo de la legalidad" haría imposible para muchos registrar formalmente sus negocios, dejando a los pobres que inventen una fuente de trabajo y permanezcan al margen de la ley. En estas condiciones, carecen de capital, capacitación técnica, crédito, seguros, apoyo institucional y están sujetos a todo tipo de riesgos, dependiendo únicamente de su voluntad de sobrevivir.

En lugar de ser considerado únicamente como un productor con productividad inferior, para De Soto (1986), el "empresario informal" debería

---

6 "En síntesis, la flexibilidad del trabajo como forma sería la capacidad de la gerencia de ajustar el empleo, el uso de la fuerza de trabajo en el proceso productivo y el salario a las condiciones cambiantes de la producción, pero esta forma puede tener varios contenidos, dependiendo de las concepciones que están detrás, pero sobre todo de las interacciones entre los actores, instituciones, normas y culturas dentro y fuera del trabajo" (Toledo, 1997, p. 142).

ser visto sobre todo como un "héroe económico", capaz de sobrevivir y permanecer activo en el mercado, a pesar de la persecución estatal. En un contexto de surgimiento del paradigma neoliberal, el libro rápidamente ganó reconocimiento internacional y ayudó a establecer una perspectiva empresarial de la informalidad.

De Soto (1986) aun rechazó la denominación dualista implícita en la idea de "sector", prefiriendo la expresión "informalidad", ya que no se trata de un sector separado de la sociedad, sino una "zona gris" de actividades económicas, con una extensa frontera con el mundo legal, donde los individuos se refugian cuando los impuestos exceden sus beneficios. Desde esta perspectiva, la informalidad pasa a ser vista como positiva, con optimismo, y debe dar lugar a acciones de "incentivos", y no a "normas opresivas", pues se trata de una "fuerza muy poderosa", con un potencial de desarrollo que aún no se ha explotado lo suficiente.

La visión de que el Estado es un obstáculo radica en la idea de que este impone una excesiva regulación económica, burocracia e impuestos. El Estado se muestra ineficiente, al ser incapaz de hacer que los países superen su condición de subdesarrollo. Sostiene el autor que más burocracia e impuestos contribuyen a generar corrupción e ineficiencia, además de favorecer a las élites económicas ya existentes en el país. Por lo tanto, aboga por una menor regulación estatal y una mayor libertad de competencia en el mercado, con el fin de estimular una asignación más eficiente de las fuerzas productivas y el desarrollo económico.

Para el autor, el Perú y toda América Latina nunca tuvieron una economía verdaderamente de mercado, que recién comenzó a hacerse presente con la economía informal (aunque de manera salvaje).

3.3. La informalidad como trabajo asalariado encubierto

A partir de un nuevo contexto global inaugurado entre los años 1970 y 1980, basado en profundas transformaciones en los sistemas de producción y en las relaciones laborales, se presentaron nuevos puntos de vista sobre el problema de la informalidad. En un campo opuesto al de Hernando de Soto, surgió en el mismo período un polo interpretativo sobre el tema en sintonía con una perspectiva neomarxista. Entre los principales autores se encontraban Manuel Castells, Alexandro Portes, William Haller y Lauren Benton. Portes y Castells (1989) señalan un crecimiento inusitado de la informalidad en el mundo de esa época (incluidos los países desarrollados), como resultado de la reestructuración productiva, la globalización y el avance del pensamiento neoliberal. La expansión de las prácticas de subcontratación a escala global hizo crucial identificar los vínculos de subordinación y continuidad entre lo formal y lo informal, así como el desvelamiento de formas de empleo asalariado encubierto. Para eludir cualquier perspectiva dualista, estos autores proponen sustituir la noción de "sector" por la denominación de "economía informal", considerando informales todas las actividades no reguladas por el Estado. Por tanto, la regulación se convierte en el criterio fundamental para definir la informalidad. De esta manera, este problema comienza a ser visto desde una perspectiva más universalista, desligándose de una situación particular provocada por los procesos de modernización de la periferia capitalista, pudiendo referirse también a la llamada "economía sumergida" presente en los países más desarrollados y a la llamada "economía secundaria" de países entonces considerados socialistas (Pérez-Sainz, 1998). Portes y Haller (2004) se posicionan en clara oposición a la perspectiva liberal que, como De Soto, defiende la reducción de la presencia de regulaciones estatales en el mercado. Para los autores, la regulación es fundamental, ya que de lo contrario la distinción entre los dos sectores, "formal" e "informal", se difuminaría aún más y se acercaría más a la economía informal. Desde esta perspectiva, la informalidad se concibe como un proceso que se constituye y se modifica socialmente.

Desde esta perspectiva, Portes y Benton (1987) criticaron las tesis del Prealc. El artículo presenta una problematización sobre las interpretaciones de la absorción laboral en América Latina. Según su evaluación, tales enfoques se centraron en la observación de la baja tasa de absorción de mano de obra por parte del sector industrial formal, gracias a la dependencia tecnológica y a las distorsiones en la estructura productiva, cuyo centro dinámico era intensivo en capital y tecnología y ahorrador de mano de obra. Sin embargo, en opinión de los autores, tal argumento no logra explicar el hecho de que si la industria moderna es incapaz de generar suficientes empleos, ¿por qué continuaron llegando nuevos inmigrantes en masa a las ciudades, a pesar de su aparente incapacidad para conseguir trabajo? En general, ¿cómo sobrevivieron todas estas personas cuando su número seguía aumentando y su único recurso parecía ser empleos "inventados" con productividad mínima? En contra de este punto de vista, los autores argumentaron que era necesario considerar que la tasa de absorción de mano de obra en el sector moderno era significativamente más alta que las sugeridas por las estadísticas oficiales: además de los contratos formales había un contingente significativo de contratos informales (realizados mediante contratación directa y subcontratación). Ante el aumento del costo de la mano de obra, los empleadores recurrieron cada vez más al sector informal. La combinación de abundancia de mano de obra y sindicatos débiles resultó en un alto grado de informalidad. En otras palabras, una parte significativa de la fuerza laboral urbana, realmente empleada en la industria moderna, fue registrada oficialmente como fuera de ella y contada como parte de la masa "subutilizada". Así pues, lo que se observó no fue la idea de un empleo estancado en un enclave industrial dominado por el capital extranjero, como sugerían la teoría de la dependencia y el Prealc. Por el contrario, había de hecho una situación de importante absorción de mano de obra por parte del sector moderno, pero en condiciones muy diferentes de las asociadas con el surgimiento del proletariado formal en los países avanzados. Las principales formas de inserción en el sector informal se darían, según este entendimiento, a través de dos canales: "el contrato directo en términos informales; estos trabajadores se conocen como 'eventuales' en varios países latinoamericanos" e "la subcontratación de producción o comercialización a distintas empresas informales" (Portes y Benton, 1987, p. 121).

Tokman y Klein (1988), a su vez, rebatieron a Portes y Benton (1987) y defendieron el modelo interpretativo Prealc. Los primeros consideraban que los segundos veían la informalidad como una forma de uso de mano de obra, y no como una forma de producir (definida por capital escaso, tecnología rudimentaria, desconexión de los circuitos financieros formales). Como resultado, cometieron el error de interpretar cualquier interacción entre los sectores moderno e informal como empleo encubierto. A esto contrapusieron los siguientes argumentos: la forma de producir es el factor diferenciador entre lo formal e lo informal (siendo el registro formal una característica derivada y secundaria), por lo que el foco debe permanecer en las unidades productivas informales, y no en el empleo informal; no todos los trabajadores ocasionales son informales (y viceversa), sino sólo aquellos contratados por el sector informal; no todos los trabajadores por cuenta propia que venden productos en el sector moderno son en realidad empleados (disfrazados) de estas empresas, ya que la dependencia no los convierte en empleados, ni elimina su condición de empresario (que asume los riesgos para su negocio); medir a los empleados en el sector informal por exclusión de la cobertura del seguro social es conceptualmente inadecuado; los motivos de la migración son muchos y sobre todo se basan en las ventajas que ofrece la ciudad (más oportunidades y mejores ingresos, incluso en el sector informal).

Portes (1989), en su réplica, admite que en muchos puntos no habría desacuerdo. Está de acuerdo en que no todos los trabajadores informales trabajaron en conjunto con el sector moderno. Sin embargo, insiste en que, para Klein y Tokman (1988), el sector informal se define según la forma de producir, correspondiente a las actividades más atrasadas. Con tal definición, se mantendría una concepción dualista en la que la actividad informal era equivalente al sector atrasado tradicional y en la que todas las relaciones laborales en la empresa de alta tecnología eran necesariamente "formales". Para él, la posición dualista presenta las siguientes desventajas: la imposibilidad de saber cómo funcionan realmente las empresas formales y la heterogeneidad de las relaciones laborales que existen al interior de ellas; la incapacidad de estimar el sesgo en las estadísticas oficiales de empleo (aceptando sin cuestionar la información estadística de que todos los empleados de estas empresas serían trabajadores formales, cuando existen diferencias significativas entre los trabajadores contratados regularmente y los llamados trabajadores informales); la imposibilidad de comparar la dinámica del trabajo en América Latina con la de los países capitalistas más avanzados, donde las actividades informales (definidas por la ausencia total o parcial de regulación estatal) no sólo proliferan, sino que a menudo se asocian con el desarrollo de la industria moderna (ejemplos: Tercera Italia y Silicon Valley de California); la falta de percepción de la importancia del Estado frente al fenómeno de la informalidad. El carácter informal o no de una actividad depende menos de sus características intrínsecas que de su situación con respecto a la regulación estatal. La comprensión de esta geometría variable de las relaciones entre Estado, empresas y trabajadores desaparece cuando la informalidad se identifica exclusivamente con formas retrógradas de producir.

3.4. Actualización de los enfoques de la informalidad en América Latina

A partir de las transformaciones desencadenadas por la reestructuración productiva, la globalización y las políticas neoliberales, Cacciamali (2000) propuso la noción de "proceso de informalidad". Esto sería generado, sobre todo, por la dinámica de las grandes empresas que, a escala global, comenzaron a centrarse cada vez más en la flexibilización de la fuerza laboral. La autora observa, sin embargo, que los asalariados no registrados y los trabajadores por cuenta propia, aunque juntos forman parte del proceso de informalidad, tienen diferentes determinantes del ingreso y, por lo tanto, deben analizarse por separado. Mientras que para los primeros, los mecanismos del mercado laboral son fundamentales; para los segundos, sopesan sus acciones en el mercado orientadas a la supervivencia, buscando explorar espacios no ocupados por empresas capitalistas, mientras que sus ingresos dependen esencialmente de su ocupación y de los ingresos de sus clientes (compuestos principalmente por trabajadores asalariados).

Pérez-Sainz (1995, 1996a, 1996b y 1998) dio notoriedad en América Latina a la expresión "neoinformalidad", destacando un nuevo impulso y nuevas manifestaciones del fenómeno en la región. El autor destaca tres escenarios de neoinformalidad. El primero estaría conformado por la "economía de la pobreza", centrada en la subsistencia, que a pesar de ser una expresión de la informalidad tradicional se habría visto incrementada con el proceso de exclusión producido por la globalización, situación en la que los llamados "nuevos pobres" se suman a este segmento. La segunda, denominada "informalidad subordinada al sector de transables", sería un producto directo de la globalización, especialmente de la deslocalización productiva de empresas de los países centrales en busca de insumos, servicios y mano de obra ofrecidos en forma más barata y flexible en los países periféricos. Estas empresas, bajo una dinámica de ramificación en las regiones donde se establecen (especialmente a través de sucesivos procesos de subcontratación), se introducen y forman intrincadas relaciones con la economía informal. El tercer escenario sería producto de la configuración de agrupaciones de pequeñas y microempresas, caracterizadas por una cierta división del trabajo, que incluye también establecimientos informales, que se establecen sobre una base socioterritorial y se benefician del capital social de la comunidad donde están ubicados. Así, una de las expresiones de la neoinformalidad sería la reconfiguración del espacio socioproductivo, que indican los tres escenarios, especialmente el segundo y el tercero. En Pérez-Sainz (1998), el autor concluye, sin embargo, que el concepto de informalidad, y hasta neoinformalidad, ya no sería capaz de explicar las nuevas realidades del mundo productivo y del trabajo, reemplazándolo por heterogeneidad. Autores brasileños, como Dedecca y Baltar (1997), Lima y Soares (2002), Krein y Proni (2010), Véras de Oliveira (2011), Araújo (2011), asociaron el término "nueva informalidad" principalmente a los procesos de subcontratación provocados por la reestructuración productiva y la flexibilización y desregulación de las relaciones laborales que de ellas resultaron.

3.5. Trabajo clásico y trabajo no clásico

Para Toledo (2017), más que el surgimiento de una "nueva informalidad" (sobre todo cuando los trabajadores de las empresas formales que, sin embargo, no tienen acceso a derechos laborales, son considerados informales), lo que se consideraba formalidad cambió, diferenciándose de las condiciones clásicas de trabajo. En términos del autor, "esta es la nueva situación, empresas formales con un nuevo concepto de trabajo no informal sino con una nueva formalidad que se contrapone a aquella del trabajo clásico" (Toledo, 2017, p. 51). El trabajo no clásico es visto como "un servicio que se puede comprar y vender", sujeto a reglas que oscurecen la relación salarial.

Por otro lado, la solución dada por la OIT, en 2002[7], al sustituir la noción de "sector informal" por la de "economía informal", diversificando y ampliando las formas de conceptualizar y medir la informalidad, habría implicado, según el autor, una expansión por suma entre actividades no registradas y trabajadores sin acceso a las leyes laborales. Así, en nombre de la facilidad de medición, se produjo una yuxtaposición de dos universos diferentes de relaciones de producción, haciendo superficial el concepto de informalidad:

> En la visión sociodemográfica las variables que definen al Trabajo son las mismas independientemente del tipo de relación social de producción, esta perspectiva facilita el juntar en un mismo concepto de trabajo universos que pueden ser muy diferentes, puesto que las diferencias entre unos y otros no serían de calidad sino de grado, excepto cuando las variables son dicotómicas —por ejemplo, estar inscrito en la seguridad social o no. Lo restante es describir la edad, el género, la escolaridad o bien las horas de jornada laboral, el salario, el tener vacaciones, de una fuerza de trabajo ya dicotomizada por tener servicios de salud por ser trabajador o no, o en trabajar en negocios registrados o no (Toledo, 2017, p. 56).

Toledo (2017) señala que, ante esta situación, se han planteado "conceptos alternativos", con el objetivo de profundizar el tema de la informalidad. Entre ellos, el del "trabajo decente", al que a las dimensiones de derechos laborales y seguridad social se le sumó el del "diálogo social" (referido a los derechos colectivos, especialmente la contratación colectiva, la asociación y la huelga, pero que se restringió a los sectores asalariados). Otro fue el concepto de "trabajo atípico", que se centra en relaciones laborales inestables y desprotegidas. También "trabajo inestable", asumiendo que su contraparte, el trabajo estable, resulta de un sistema constituido e integrado por reglas comunes, al modo funcionalista. Aún "exclusión", que implica una pérdida de solidaridad y de derechos, así como el "trabajo no estructural", resultante de la ruptura de redes y reglas, y el "trabajo

---

[7] International Labour Conference 90th Session 2002-2002 (Report VI Decent work and the informal economy). Disponible: rep-vi.pdf (ilo.org). Acceso en: noviembre de 2023.

precario", que combina dimensiones como la inestabilidad, la volatilidad, la flexibilidad, la desprotección social y económica y el control laboral. Sin embargo, al insistir en el enfoque sociodemográfico del trabajo, tales intentos de profundización conceptual se vieron frustrados. Según él, en ninguno de estos intentos se aborda en profundidad el tema de las relaciones sociales de producción.

Para Toledo (2017), los empleados formales se refieren a una situación de explotación y control gerencial sobre el proceso de trabajo. En cuanto a las microempresas, en lugar de una clara lógica acumulativa, sólo puede referirse a las condiciones de reproducción del pequeño propietario, de su familia y sus empleados. En los servicios destaca la presencia del cliente en el momento de la producción, implicando diferencias (en la relación trabajador-cliente) cuando se trata de servicios capitalistas y no capitalistas. En otras palabras, "las mismas variables de salario, jornada laboral, edad, escolaridad, calificación, experiencia en el trabajo adquieren diferentes significados, dependiendo de las relaciones sociales de producción en las que se encuentran". Por lo tanto, "resulta impertinente comparar simplemente los niveles de variables como las mencionadas para todo tipo de trabajo, haciendo abstracción de las relaciones sociales de producción, como se hace en el común de los estudios sobre informalidad" (Toledo, 2017, p. 59).

El autor evalúa que no es apropiado utilizar el concepto de nueva informalidad para interpretar estas nuevas relaciones de producción precarias en el capitalismo avanzado, ya que se refieren más específicamente a una nueva formalidad precaria. En sus palabras, "la tendencia del capitalismo actual no es hacia la antigua informalidad sino hacia una nueva formalidad con desprotecciones al establecer los gobiernos formas diversas de registro de estos trabajadores con permisos de trabajo" (Toledo, 2017, p. 67). Tanto el enfoque clásico de la informalidad como el nuevo no logran alcanzar la complejidad de las transformaciones en las relaciones de producción (por ejemplo, no toman en cuenta la intervención del cliente en muchos de los servicios), limitándose a un énfasis operacional cuantitativo, más confuso que el que ayuda a entenderlos. Ante esto, serían más pertinentes los conceptos de *trabajo clásico*, que no es el típico ni el estándar, sino aquél cuyo paradigma es el trabajo en la industria clásica; y de trabajo no clásico, como el que involucra al cliente en el proceso productivo o circulatorio y es dedicado a la "producción inmaterial" (en términos de Marx), de interacciones y signos: "se trata de ir al fondo de cómo están cambiando las relaciones de producción y posteriormente como esto se refleja en condiciones de trabajo y no a la inversa" (Toledo, 2017, p. 69).

3.6. Rupturas en los enfoques sociológicos del trabajo en América Latina

Abramo y Montero (1997) llaman la atención sobre las rupturas en el pensamiento sociológico centrado en los estudios del trabajo, en un contexto marcado, por un lado, por el establecimiento de regímenes autoritarios y su colapso años o décadas después y, por otro, por un cambio en el paradigma productivo y en la organización social del trabajo, asociada a la globalización de las formas capitalistas de producción. En ese momento se creó la Asociación Latinoamericana de Sociología del Trabajo y la Revista Latinoamericana de Estudios del Trabajo (1993).

Si en un primer período, entre los años 1950 y 1960, la sociología del trabajo tomó como central el tema de la modernización, correspondiente a los procesos que conducirían a la transición de una sociedad agraria y tradicional a una sociedad urbana e industrial, cuándo se dan las condiciones para que la clase trabajadora se ajuste a tal proceso; en el segundo, situado entre las décadas de 1970 y 1980, ganó relevancia, en un escenario de polarización entre democracia y dictadura, los procesos de reorganización sindical y las políticas obreras; y, en el tercero, iniciado en la transición de los años 1980 a los 1990, en el ámbito de los procesos de ajuste estructural e inserción de los países de la región a la economía globalizada, el foco estuvo en las implicaciones de estos procesos sobre las situaciones laborales.

En el primer período predomina un vínculo entre el enfoque sociológico y la perspectiva de la economía del desarrollo, guiándose fuertemente por una perspectiva estructuralista determinista (inspirada en el paradigma de la CEPAL): "sin duda, la presencia de trabajadores y sindicatos fue vista como una de las fuerzas emergentes en esta sociedad en transformación, producto, fundamentalmente, del acelerado proceso de industrialización y urbanización", así se hizo a través del sindicalismo y los conflictos laborales como factor de legitimación del Estado populista y su proyecto industrializador. (Abramo y Montero, 1997, p. 79).

> En otras palabras, en esa matriz de pensamiento las características estructurales del proceso de industrialización (su carácter débil, poco integrado y tardío) lo hacían incapaz de producir los sujetos sociales considerados típicos de las sociedades modernas. La clase trabajadora "producida" por la industrialización latinoamericana era relativamente pequeña, en extremo condicionada por su origen rural reciente, muy apegada a los valores tradicionales del campo y con gran dificultad de inserción en la sociedad industrial. Eso dificultaba y casi imposibilitaba la estructuración de formas de acción colectivas mínimamente eficaces, así como comportamientos más "adecuados" al proceso de modernización de la sociedad (Abramo y Montero, 1997, p. 80).

En cuanto al segundo período, en diálogo con la historia, la ciencia política, la antropología social y las teorías de los movimientos sociales, se produce una primera ruptura en la sociología del trabajo latinoamericano, en un movimiento de redescubrimiento de los actores sociales, con enfoques centrados en los sindicatos, partidos políticos y sus relaciones con el Estado, pero desde una perspectiva diferente a la del período anterior. El contexto es de frustración con el proyecto populista y reformista y el desarrollismo nacional: "un elemento central de esta ruptura es la crítica al paradigma que postulaba al Estado (y la institucionalidad de él derivada), como campo fundamental de constitución de las clases sociales (positiva y/o negativamente)" (Abramo y Montero, 1997, p. 82). De ahí el énfasis en la autonomía de las dinámicas sociales y, en consecuencia, de los actores sociales:

> Surgen interpretaciones que atribuyen las características del movimiento obrero latinoamericano menos a los "límites objetivos" puestos por la naturaleza misma de la sociedad y del proceso de industrialización, y más a factores políticos, tales como las orientaciones de los sindicatos o partidos y las opciones históricas de los sujetos sociales en determinadas coyunturas. Se recupera así una noción menos determinista de la historia, se afirma el peso de la contingencia, se extiende el campo de acción posible de los sujetos (y su responsabilidad en el desarrollo de los acontecimientos) (Abramo y Montero, 1997, p. 82).

Respecto al tercer período, sigue un esfuerzo por la recuperación del rol de sujetos de los actores sociales, pero también se embarca en una discusión sobre los procesos de trabajo en contextos de innovación tecnológica y organizacional en la producción (cuando se profundiza el diálogo con la economía, teorías de gestión, ingeniería de producción, entre otras disciplinas). Se discuten las implicaciones para las situaciones laborales del agotamiento del modelo de industrialización por sustitución de importaciones, la crisis económica y la reestructuración productiva, cuando se recupera un nuevo énfasis en la economía en detrimento de la política, con menor énfasis en el papel de los sujetos y, en consecuencia, del sindicalismo: "El actor por excelencia pasa a ser el empresario privado, más particularmente la gerencia de las empresas, en especial de aquellas modernizadas, globalizadas, insertas en la economía internacional" (Abramo y Montero, 1997, p. 86). En este momento, según las autoras, emergen dos tendencias principales. Una vertiente vuelve a poner en el centro de la discusión la cuestión de la modernización.

> Sin embargo, se trata ahora de una modernización identificada no con una idea de cambio social sino con la adecuación necesaria a un nuevo patrón, un nuevo *one best way* (el paradigma "posfordista", la *lean production*, el

> modelo japonés). La investigación conducida bajo esa perspectiva se vuelca hacia el examen de hasta qué punto ese modelo está siendo implantado en América Latina y el Caribe y lo que falta para llegar allí (Abramo y Montero, 1997, p. 86).

La otra vertiente, encaminada a profundizar los caminos teóricos abiertos en el período anterior, sigue tratando el entorno productivo como un espacio de conflictos. Con ello, resalta la acción de los sujetos y da carácter de proceso social e históricamente determinado a los procesos de transformación de la tecnología y de la organización del trabajo.

> Esa segunda postura es más relativista, y no acepta la inexorabilidad de un nuevo *one best way* que, discutible en los países desarrollados, mucho más lo sería en América Latina. Su preocupación ha sido fundamentalmente buscar la singularidad de las experiencias observadas, haciendo énfasis en las diferencias y las particularidades (entre empresas, sectores y países) de las dinámicas de transformación productiva en curso, pensadas no como etapas distintas de un mismo proceso cuya direccionalidad está dada, sino como distintas alternativas de restructuración, que pueden tener efectos económicos, sociales y políticos también distintos (Abramo y Montero, 1997, p. 87).

Leite (2012) llama la atención sobre otro tema de creciente relevancia en los estudios sobre el trabajo en América Latina, la cuestión de género. Refiriéndose al paso de la segunda a la tercera fase de la trayectoria de esta disciplina en la región, según la misma periodización de Abramo y Montero (1997), la autora comenta:

> Siguiendo las orientaciones de las miradas de género ya presentes en la sociología del trabajo latinoamericana desde el final del periodo anterior, los estudios que a él se dedicaron, se orientaron especialmente hacia las posibilidades de inserción de las mujeres y de disminución de las formas de discriminación de género en el mercado de trabajo, abiertas por la nueva realidad. Aunque algunas hayan apuntado a una posibilidad de ablandamiento de la discriminación a causa de los nuevos requisitos de la tecnología y de la organización del trabajo, que tenderían a privilegiar características del trabajo más asociadas a la fuerza de trabajo femenina (como la mayor aptitud para la polivalencia, mayor capacidad de comunicación y mayor escolaridad), la reproducción de los procesos de discriminación en los nuevos ambientes de trabajo se hizo patente (…), a semejanza de lo que ocurría en los países más desarrollados. Muy interesantes fueron también los estudios que sacaron a la luz que la incorporación de las mujeres en sectores modernizados de la economía latinoamericana, como la agroindustria chilena y las maquilas mexicanas, se hacía de forma bastante precaria: bajos salarios, ausencia de contratos, imposibilidad de sindicalización (…) (Leite, 2012, p. 34).

El tema del género asociado al trabajo se ha convertido, especialmente desde la década de 1980, en uno de los principales focos de los estudios de sociología del trabajo y de los estudios del trabajo en general en América Latina. Produjo, a su vez, un gran impacto en las interpretaciones ya establecidas sobre las clases sociales, el mercado laboral, la informalidad, las calificaciones profesionales, la acción colectiva, la economía popular, entre otros.

3.7. Enfoques de economía popular y economía solidaria

Si bien se refieren a la misma población, "economía informal" y "economía popular" implican visiones diferentes, según Giraldo (2017). Respecto a la informalidad, no habría una definición teórica, sino definiciones estadísticas. A falta de un marco teórico, se concibe como una economía periférica, que se articula alrededor de una economía central. Según el autor, comprende así un enfoque dual: precapitalista/capitalista, tradicional/moderno, marginal/central, ejército de reserva/trabajadores asalariados, excluidos/incluidos, economía informal/formal. Desde esta perspectiva, la informalidad es considerada, según Giraldo (2017), en un sentido residual, frente a la formalidad.

Para el mismo autor, hay una tendencia a caracterizar la informalidad como pobreza, mientras que hay trabajadores de la economía formal tan pobres como muchos de los de la economía informal, así como entre estos últimos hay quienes no son exactamente pobres. Asociar informalidad a pobreza implica el mismo prejuicio al que se refiere la asociación entre economía popular y reproducción de la vida, en lugar de acumulación de capital, cuando también hay ahorro (generación de excedentes). Por otro lado, la informalidad sugeriría que es una realidad informe, sin estructura. Pero, contrario a esto, la economía popular implica estructuras y normas propias, que involucran la distribución del territorio, mecanismos de financiamiento, división del trabajo, manejo del tiempo, formas de protección, liderazgo, entre otros aspectos (económicos, sociales y políticos).

También existe, para Giraldo (2017), una percepción de que sectores de la economía popular son solidarios. Sin embargo, en la realidad no es así ya que la mayoría de sus actividades se enmarcan en una feroz competencia, aunque sí lo son cuando enfrentan adversidades en común. Incluso en el caso de la economía social y solidaria, que resalta el principio de solidaridad, sus actividades no pueden superar la feroz competencia en la que están insertas, además de que sus procesos cooperativos están plagados de contradicciones internas, "que sólo pueden ser superadas con niveles de politización que permitan darle una perspectiva diferente a la cotidianidad económica" (Giraldo, 2017, p. 49). El individualismo es una de las características de la economía popular, aprovechada por el neoliberalismo para fomentar entre sus componentes la visión emprendedora, la ilusión de ser "empresario", cuando en realidad está formada por trabajadores precarios en la mayoría de los casos.

El autor propone, ante estos argumentos, que las políticas públicas dirigidas a la economía popular deben partir de su reconocimiento como sector productivo. Sus miembros son ciudadanos que también producen para la sociedad, pero que no reciben a cambio la debida compensación. Para él, lo que rige las relaciones comerciales no son intercambios de equivalentes, sino una jerarquía social, que resulta en diferentes procesos de valoración del trabajo de unos y otros, generando una distribución desigual del excedente económico (procesos tales que no son explicables, por tanto, sólo por relaciones de mercado). En cuanto a los términos de intercambio entre la economía popular y el resto de la economía, se establecen sobre una base desfavorable para la primera (comprar más caro y vender más barato). Además, hay fugas de gasto monetario de la economía popular en forma de ingresos extraídos por el capital. Este proceso empeoró con las privatizaciones y la desregulación económica provocadas por el neoliberalismo.

Así, los trabajadores de la economía popular se encuentran en la base de la jerarquía popular, también en relación con otros segmentos de trabajadores y, por tanto, se caracterizan por la ausencia de derechos sociales. En el mejor de los casos, son beneficiarios de asistencia social, lo que alimenta prácticas clientelistas, que implican una relación de deuda hacia el agente intermediario de la asistencia (jefe político), a menudo cargada en términos de lealtad política. La economía popular se encuentra al margen del contrato social que implica el pago de impuestos directamente relacionados con las actividades que genera y, por otro lado, es beneficiaria de derechos sociales.

Gago (2014), en un estudio centrado en la economía informal en los barrios periféricos de Buenos Aires, proyecta una reflexión más amplia sobre el arraigo del neoliberalismo en las subjetividades populares y su persistencia en América Latina, a pesar de las diferentes formas de reacciones populares ante tal fenómeno (especialmente en el contexto de los gobiernos progresistas que se establecieron en la región en las primeras décadas del siglo XXI). En una perspectiva que busca analizar el fenómeno del neoliberalismo "desde abajo" en la región, como "racionalidad" que arraiga en toda la sociedad, incluidas las clases populares (inspirada en Pierre Dardot y Christian Laval), cuestiona una noción simplificada de neoliberalismo, asociado a la dicotomía mercado-Estado. Esto se refiere a una astucia del neoliberalismo, que se deriva de su capacidad para metamorfosearse. Lo que ella llama "economías barrocas" implica una visión pluralizada del neoliberalismo, reconociendo significados más allá de sus características más resaltadas (privatización, desregulación, mercantilización, etc.), lo que se hace posible desde el prisma de la "pragmática popular". El neoliberalismo desde abajo comprende ambivalencias y disputas, donde su hegemonía no se consuma del todo, al mismo tiempo que abre el camino para su penetración. En este sentido, destaca el proceso de financiarización de la vida popular. A través de diversas formas de deuda, com la mediación de instituciones financieras formales e informales, se establecen mecanismos de explotación de las economías domésticas, de las formas de autogestión y de las redes de trabajo popular. Incluso a través de políticas de subsidio social para "sectores vulnerables", los propios derechos sociales se financiarizan, promoviendo la "ciudadanía a través del consumo" (con efectos de sustitución y desplazamiento de la institución de los derechos laborales).

Un número significativo de investigadores, de otra parte, enfatiza el carácter *solidario* de las experiencias de formas de economía popular, asociándola a prácticas que fortalecen el capital social y a la formación de una identidad colectiva, que, a diferencia de la competencia individualizada de las pequeñas empresas, busca constituir redes colectivas horizontales. Desde esta perspectiva, estos estudios priorizan nociones como *economía solidaria, cooperativismo* y *asociacionismo, empresas recuperadas, autogestión, gestión participativa,* entre otras. Según Leite (2015, p. 20), en América Latina se configuraron tres miradas principales sobre el tema. Una, ejemplificada por Razeto (1993), aunque difiere de la experiencia socialista, la defiende como una forma de producción y consumo que conducirá a la superación del capitalismo. Otra, ilustrada por Coraggio (2000), lo ve como una economía de supervivencia para las clases populares, pero que puede conducir a la superación del capitalismo. La tercera, con Quijano (2002), es más crítica y prefiere resaltar las contradicciones de experiencias concretas. En común, la economía solidaria se concibe como una alternativa de inclusión social y productiva de sectores marginados de la población, guiándose por principios morales de carácter solidario. En términos de Singer (1998), la economía solidaria se inspira en la búsqueda de alternativas no individualistas y no capitalistas al desempleo. Tales experiencias utilizan, en la lectura de Gaiger (2009, p. 86), "recursos y relaciones mercantiles, no mercantiles y no monetarias", así como "rechazan la escisión entre lo económico y lo social y buscan conciliar la eficiencia con cooperación productiva".

4. LA REALIDAD DEL TRABAJO EN AMÉRICA LATINA: ENTRE INNOVACIONES Y CONTINUIDADES

A través de categorías como *marginalidad, pobreza, sector informal, economía informal, circuito inferior, flexibilización, heterogenización, subcontratación, precariedad, economía popular, economía solidaria*, entre otras, generaciones de científicos sociales latinoamericanos, desde diferentes ángulos disciplinares y perspectivas teórico-metodológicas, vienen desde hace décadas destacando y analizando un contexto histórico regional marcado por condiciones de inserción laboral heterogéneas, segmentadas, excluyentes y desprotegidas, delimitadas a su vez por clivajes de género, étnico-raciales, generacionales, regionales, etc.

En contextos que oscilan entre regímenes autoritarios y democráticos, políticas más promercado o más orientadas a cuestiones sociales, que ofrecen diferentes condiciones para promover el empleo, la distribución del ingreso, la protección social y la acción colectiva, la trayectoria de las condiciones concretas del trabajo en América Latina se desarrollan con variaciones (políticas y/o económicas) pero con una línea de continuidad.

Al menos en el horizonte inmediato, no hay señales de transformaciones de carácter más estructural en la región. Ciertamente, las adversidades de la vida laboral para grandes porciones de la población latinoamericana persistirán. Esto, si no se ven agravadas por crisis como la ocurrida durante la pandemia de Covid-19, desencadenada en 2020. En aquel momento, las economías y los mercados laborales sufrieron severas recesiones, golpeando más gravemente a los segmentos más vulnerables de trabajadores (OIT, 2020; Cepal/OIT, 2020).

Un estudio de Cepal / OIT (2023) señala que la recuperación del considerable shock causado por la pandemia en América Latina ha sido parcial, incompleta y heterogénea. Según el mismo estudio, en cuanto a la incidencia de la informalidad en la estructura ocupacional de la región (agrupando principalmente los trabajadores por cuenta propia y los empleados no registrados sin acceso a sistemas de protección laboral) se mantuvo, entre 2021 y 2022, alrededor del 50% de los ocupados. Las predicciones del estudio sobre el futuro del trabajo en la región no son optimistas:

> La mejora observada en los mercados laborales entre 2020 y 2022 es consecuencia de una recuperación cíclica del crecimiento económico que no se espera que sea sostenible en el tiempo. De hecho, la Comisión Económica para América Latina y el Caribe (Cepal) proyecta un crecimiento de la economía regional de un 1,2% para 2023, lo que sin duda redundará también en un menor dinamismo de la generación de empleo, en tanto que el aumento

del número de ocupados se estima que será inferior al 2%. Junto con el menor incremento del empleo, se prevé un deterioro de la calidad de este, con menores niveles de protección social y con un crecimiento de la ocupación en sectores menos productivos, lo que se traducirá en aumentos de los niveles de pobreza y desigualdad de la región (Cepal /OIT, 2023, p. 5).

Incluso mediante la incorporación de innovaciones tecnológicas a la economía de la región, se establecen, aparentemente, más un circuito de retroalimentación de la precariedad estructural que un camino para superarla. Esto ha sido particularmente cierto con respecto a la proliferación de empresas de aplicaciones digitales en diversos sectores de la economía de la región. Las plataformas digitales y el modelo de negocio que representan son una de las expresiones más evidentes de los avances de la economía digital, basada en las nuevas tecnologías de la información y la comunicación, que están pasando a formar parte de la vida cotidiana de un número cada vez mayor de personas en todo el mundo. Su extensión a varios sectores de la economía, que ha cobrado un impulso extraordinario tras la pandemia de Covid-19, tiene implicaciones para la organización de las empresas y la forma de gestionar el trabajo.

Las plataformas de trabajo digitales son clasificadas por la OIT en dos grupos principales: las basadas en la propia Internet, llamadas *online web-based platforms* (que realizan servicios de traducción, jurídicos, financieros y de patentes, diseño y desarrollo de software, análisis de datos, moderación de contenidos, transcripción de vídeo, etc.); y las basadas en la ubicación, denominadas *location-based platforms* (servicios de taxi, de reparto, domésticos, de cuidados, de educación, de salud, jurídicos, etc.) (OIT, 2021).

En todas estas variantes, bajo condiciones de contratación desfavorables para los trabajadores que trabajan en ellas (contrato de adhesión, trabajo como "freelance", trabajo bajo demanda, gestión algorítmica), el modelo de negocio representado por las plataformas digitales fomenta globalmente condiciones de trabajo precarias, que se han visto agravadas por la pandemia de Covid-19 (Fairwork, 2020). En estudios sobre el tema, con diferentes énfasis, se han presentado un sinfín de términos asociados al fenómeno del trabajo mediado por plataformas digitales, entre ellos: *uberización del trabajo, trabajo algorítmico, trabajo plataformizado, gig work, crowdworking, trabajo bajo demanda, trabajo digital basado en la web, trabajo digital basado en ubicación, trabajo en la nube,* entre otros.

Las conexiones entre plataformas de trabajo digitales e informalidad/ informalización han sido un elemento de reflexión en los estudios latinoamericanos sobre el tema. En estos casos, hay, de entrada, un gran contingente de personas desalentadas, desempleadas, empleadas sin registro, autoempleadas, subempleadas, que viven con sus familias al borde de la supervivencia. Con los recursos tecnológicos y organizativos disponibles, las plataformas de trabajo digitales han podido organizar y colocar bajo su gestión centralizada a porciones crecientes de este contingente, movilizando sus motivaciones, deseos y expectativas y, así, canalizando su capacidad de iniciativa en favor de los objetivos de estas empresas. Al lograr el éxito en este emprendimiento, horizontalizan y nivelan las oportunidades de inserción ocupacional e ingresos de estos segmentos de trabajadores, cuyos individuos, grupos familiares y comunidades ya vivían en la zona gris donde lo formal y lo informal son realidades muy cercanas, intercambiables e intrincadas. Es así como la difusión de las plataformas digitales de trabajo, por un lado, se beneficia de una condición de existencia social marcadamente informal. Por otro lado, al implementar una gestión centralizada del trabajo de grandes contingentes de trabajadores precarios, potencia el tránsito permanente, inestable e intrincado entre lo formal y lo informal, que los caracteriza, brindando a estos segmentos oportunidades de inserción ocupacional e ingresos sobre bases informales. La difusión de las plataformas digitales de trabajo contribuye así para aumentar la informalidad, cambiando su forma de ser. También fomentan la informalidad/informalización al contribuir, cuanto más avanzan en los mercados donde operan, a la desestructuración de actividades previamente reguladas, total o parcialmente.

En un reciente estado del arte realizado sobre el trabajo en plataformas digitales en Brasil, Argentina, Colombia y México, con especial foco en las plataformas de repartidores (Bridi, Véras de Oliveira y Mora Salas, en prensa), encontramos que los enfoques de estos estudios se circunscriben al perfil de los trabajadores, modelos de gestión y condiciones de trabajo, formas de resistencia y acción colectiva y/o experiencias de regulación pública de la actividad, etc. Hay, sin embargo, una reflexión insuficiente sobre los procesos sociales a través de los cuales las plataformas digitales se han ido difundiendo (endogenizando) en estos territorios, sin la cual no es posible comprender mejor sus implicaciones respecto de la reestandarización de las relaciones laborales en estos contextos.

5. CONCLUSIÓN

Las dinámicas sociales del trabajo, sus particularidades y similitudes, especialmente cuando se comparan con las de los países del Norte Global, siguen siendo objeto de preocupación para las nuevas generaciones de investigadores sociales que estudian la región. Estas realidades y las comunidades científicas que se centran en ellas continúan alimentando una producción intelectual de carácter interdisciplinario, diversa en cuanto a sus referencias teórico-metodológicos y muchas veces comprometida en cuanto al propósito de contribuir a la búsqueda de soluciones a los problemas sociales identificados.

6. BIBLIOGRAFÍA

ABRAMO, Laís; MONTERO, Cecília. Origen y evolución de la sociología del trabajo en América Latina. En: TOLEDO, Enrique de la Garza. *Tratado latinoamericano de sociología del trabajo.* México, D.F.: Flacso, 1997.

ARAÚJO, Ângela. O Trabalho flexível e a informalidade reconfigurada. En: Véras de Oliveira, Roberto; GOMES, Darcilene; TARGINO, Ivan (eds.). *Marchas e contramarchas da informalidade do trabalho: das origens às novas abordagens.* João Pessoa: Editora Universitária da UFPB, 2011.

BALTAR, Paulo; MANZANO, Marcelo. El problema de la informalidad ocupacional en la periferia del capitalismo. En: VÉRAS DE OLIVEIRA, Roberto; VARELA, Paula; CALDERÓN, Ana María (Eds.). *Informalidad en América Latina: ¿Un debate actual.* Alicante: Universidad de Alicante, 2023.

BILAC, Elisabete Dória de. *Famílias de trabalhadores: estratégias de sobrevivências.* São Paulo: Símbolo, 1978.

BOYER, Robert; SAILLARD, Yves (Eds.). *Régulation theory: The state of the art.* London / New York: Routledge, 2005.

BRANDÁO LOPES, Juarez. *Desenvolvimento e mudança social.* São Paulo: Companhia Editora Nacional, 1971.

BRIDI, Maria Aparecida; VÉRAS DE OLIVEIRA, Roberto; MINOR, Mora Sales. El capitalismo de plataforma en América Latina: estado del arte. *Revista Brasileira de Sociologia* (en prensa).

CACCIAMALI, Maria Cristina. *Um estudo sobre o setor informal urbano e formas de participação na produção.* [Tesis de doctorado] Universidade de São Paulo, São Paulo, 1982.

CACCIAMALI, Maria Cristina. Globalização e processo de informalidade. *Economia e Sociedade,* Campinas, 14, 153-74, 2000.

CARDOSO, Fernando Henrique. Comentário sobre os conceitos de superpopulação relativa e marginalidade. En: F. H. Cardoso, J. A. Giannotti, H. M. Lacey, F. C. Weffort (Eds.). *Estudos 1: Teoria e método em sociologia.* CEBRAP/Editora Brasileira de Ciências, São Paulo, Brasil, pp. 99-130, 1971.

CARIOLA, Cecília (1989). Introdución. En: Cecília Cariola *et al.* (Eds.). *Crisis, supervivência e sector informal.* Caracas: ILDIS-CENDES.

CEPAL / OIT. Hacia la creación de mejor empleo en la pospandemia. *Coyuntura Laboral en América Latina y el Caribe*, N. 28 (LC/TS.2023/70), Santiago, 2023.

CEPAL / OIT. La dinámica laboral en una crisis de características inéditas: desafíos de política. *Coyuntura Laboral en América Latina y el Caribe - CEPAL*, N. 23 (LC/TS.2020/128), Santiago, noviembre, 2020.

CORAGGIO, José Luís. Da economia dos setores populares à economia do trabalho. En: KRAYCHETE, Gabriel; LARA, Francisco; COSTA, Beatriz (Eds.). *Economia dos setores populares: entre a realidade e a utopia*. Petrópolis, RJ, Vozes. 2000.

DEDECCA, Claudio; BALTAR, Paulo. Mercado de trabalho e informalidade nos anos 1990. *Estudos Econômicos*, São Paulo, 27(especial), 65-84, 1997.

FAIRWORK. Annual Report, 2020 (https://fair.work/en/fw/publications/fairwork-2020-annual-report/).

FREEMAN, Christopher. *The economics of industrial innovation*. Harmondsworth: Penguin Books, 1974. p. 225- 282.

GAGO, Verónica. La razón neoliberal: economías barrocas y pragmática popular. Tinta Limón, 2014. 32opp.

GAIGER, Luiz Inácio. Antecedentes e expressões atuais da economia solidária. *Revista Crítica de Ciências Sociais*, 84: 81-99, 2009,

GAIGER, Luiz Inácio. Informalidade, trabalho e economia solidária. Brasília: IPEA, 2021. http://repositorio.ipea.gov.br/bitstream/11058/10659/1/bmt%2071_informalidade.pdf

GATICA, Fernando. La urbanización en America Latina: 1950-1970: patrones y áreas críticas. En: ALBERTS, Joop; VILLA, Miguel (Eds.). *Redistribucion espacial de la poblacion en America Latina*. Santiago: CELADE, 1980.

GIRALDO, César. La economía popular carece de derechos sociales. En: Cesar Giraldo (Ed.). *Economía popular desde abajo*. Bogotá: Biblioteca Vetices Colombianos, 45-66, 2017.

HART, Keith. Informal income opportunities and urban employment in Ghana. *The Journal of Modern African Studies*, 11(1), 61-89, 1973.

HARVEY, David. *The condition of postmodernity: un inquiry into the origins of cultural change*. Blackwell: Cambridge (USA) / Oxford (UK), 1989.

HERNÁNDEZ, Maricarmen; LAW, Samuel; AUYERO, Javier. How do the urban poor survive? A comparative ethnography of subsistence strategies in Argentina, Ecuador, and Mexico. *Qualitative Sociology*, 45, pages 1-29, 2022.

HINTZE, Susana. Crisis y supervivencia: estrategias de reproducción. *Revista la Ciudad Futura*, N. 8/9, Buenos Aires, 1987.

HINTZE, Susana. *La política es un arma cargada de futuro: La economía social y solidaria en Brasil y Venezuela*. Buenos Aires: CLACSO/CICCUS, 2010.

INTERNATIONAL LABOUR ORGANIZATION (ILO). Employment, incomes and equality: A strategy for increasing productive employment in Kenya. Genebra: ILO, 1972.

INTERNATIONAL LABOUR ORGANIZATION (ILO). World Employment and Social Outlook: the role of digital labour platforms in transforming the world of work. Geneva: International Labour Office, 2021.

JELIN, Elizabeth. *Familia y unidad domestica: mundo público y vida privada.* Buenos Aires: Estudios CEDES, 1984.

KOWARICK, Lúcio. *Capitalismo e marginalidade na América Latina.* Rio de Janeiro: Paz e Terra, 1975.

KREIN, José Dari; PRONI, Marcelo Weishaupt. Economia informal: aspectos conceituais e teóricos. Brasília: OIT\9, *Documento de Trabalho,* n. 4, 2010.

LEITE, Márcia de Paula. Los desafíos actuales de la sociología del trabajo en América Latina. *Sociología del Trabajo, Nueva Época,* N. 75, 2012, pp. 29-52.

LEITE, Márcia de Paula. *O trabalho na economia solidária: entre precariedade e emancipação.* São Paulo: FAPESP/Annablume, 2015.

LEWIS, Arthur. Economic development with unlimited supplies of labour. *The Manchester School,* v. 22, n. 2, p. 139-191, 1954.

LIMA, Jacob Carlos; SOARES, Maria José Bezerra. Trabalho flexível e o novo informal. *Caderno CRH,* 37, 2002.

LIMA, Jacob Carlos; VÉRAS DE OLIVEIRA, Roberto. O empreendedorismo como discurso justificador do trabalho informal e precário. *Revista Contemporânea,* 11(3), 905-932, 2021.

LIPIETZ, Alain. Fordismo, fordismo periférico e metropolização. *Ensaios Fundação de Economia e Estatística,* ano 10, v. 2., Porto Alegre, 1989.

LIPIETZ, Alain. El mundo del postfordismo. *Ensayos de Economía,* Vol. 7. N. 12, 1997.

LLOSA, Vargas. Prólogo. En: SOTO, Hernando de. *El otro sendero: la revolución informal.* Lima: Instituto Liberdad y Democracia, 1986.

LOMNITZ, Larissa A. de. *Como sobreviven los marginados.* Ciudad de México: Siglo XXI Editores SA, 1975.

MOTTA, Roberto; SCOTT, Parry (Eds.). (1983). *Sobrevivência e fontes de renda; estratégias das famílias de baixa renda no Recife.* Recife, PE: Sudene, Editora Massangana.

MUÑOZ, Humberto; OLIVEIRA, Orlandina. Migraciones Internas y Desarrollo: Algunas Consideraciones Sociológicas. *Demografía y Economía,* V. 2, 1972.

NUN, José. Superpoblación relativa, ejército industrial de reserva y masa marginal. *Revista Latinoamericana de Sociología.* Buenos Aires, 5(2), 1969.

OIT. Panorama Laboral en América Latina y el Caribe 2020. Lima: OIT, diciembre, 2020.

PÉREZ SÁINZ, Juan Pablo. ¿Es necesario aún el concepto de informalidad? *Revista Perfiles Latinoamericanos,* 7(13), p. 55-71, 1998.

PÉREZ SÁINZ, Juan Pablo. *De la finca a la maquila.* San José, Costa Rica: Facultad Latinoamericana de Ciencias Sociales (FLACSO), 1996a.

PÉREZ SÁINZ, Juan Pablo. Globalización y neoinformalidad en América Latina. *Nueva Sociedad,* 135, 36-41, 1995.

PÉREZ SÁINZ, Juan Pablo. *Informalidad urbana en América Latina. Enfoques, Problemáticas e Interrogantes.* Caracas: FLACSO-Editorial Nueva Sociedad, 1991.

PÉREZ SÁINZ, Juan Pablo. *Neoinformalidad en Centroamérica.* San José, Costa Rica: FLACSO, 1996b.

PÉREZ SÁINZ, Juan Pablo; MORA SALAS, Minon. Exclusión social, desigualdades y excedente laboral: Reflexiones analíticas sobre América Latina. *Revista Mexicana de Sociología,* 68(3), 431-465, 2006.

PIORE, Michael J.; SABEL, Charles F. *The second industrial divide.* New York: Basic Books, 1984.

PORTES, Alejandro. La informalidad como parte integral de la economía moderna y no como indicador de atraso: respuesta a Klein y Tokman. *Estudios Sociologicos,* 7(20), 1989.

PORTES, Alejandro; BENTON, Lauren. Desarrollo industrial y absorción laboral: una reinterpretación. *Estudios Sociologicos,* 5(13), 1987.

PORTES, Alejandro; CASTELLS, Manuel. World underneath. the origins, dynamics and effects of the informal economy. En: Alexandro Porters, Manuel Castells e Lauren Benton (Eds.). *The informal economy. studies in advanced and less developed countries.* Baltimore: Johns Hopkins University Press, 1989.

PORTES, Alejandro; CASTELLS, Manuel; BENTON, Lauren (Eds.). *The informal economy. studies in advanced and less developed countries.* Baltimore: The Johns Hopkins University Press, 1989.

PORTES, Alejandro; HALLER, William. *La economía informal.* Santiago (Chile): CEPAL, 2004.

QUIJANO, Aníbal. *"Polo marginal" y "mano de obra marginal".* Buenos Aires: CLACSO, 2014 [1970].

QUIJANO, Aníbal. Sistemas alternativos de produção? En: SOUZA SANTOS, Boaventura (Ed.). *Produzir para viver.* São Paulo: Civilização Brasileira, 2002.

RAZETO, Luis. *Los caminos de la economía de la solidaridad.* Ediciones Vivarium, Santiago de Chile, 1993.

SANTOS, Milton. *Pobreza urbana.* São Paulo: Hucitec; Recife: UFPE, 1978.

SILVA, Luis A. Machado da. *Mercados metropolitanos de trabalho e marginalidade.* [Tesis de maestria] Universidade Federal do Rio de Janeiro, Brasil, 1971.

SINGER, Paul. *Globalização e desemprego: diagnóstico e alternativas.* Contexto: São Paulo, 1998.

SOTO, Hernando de. *El otro sendero: la revolución informal.* Lima: Instituto Liberdad y Democracia, 1986.

SOUZA, Paulo Renato; TOKMAN, Victor. El sector informal urbano en América Latina. *Revista Internacional del Trabajo,* V. 94, N. 3, nov.-dec, 1976.

TOKMAN, Victor. *Dinamica del mercado de trabajo urbano: el sector informal urbano en America Latina.* PREALC/ OIT, abril, 1977a.

TOKMAN, Victor. *An exploration into the nature of informal-formal sector interrelationships, monograph on employment.* Lima: PREALC/ OIT, abril, 1977b.

TOKMAN, Victor. El sector informal: quince años después. *El Trimestre Económico,* Vol. 54, N. 215(3), Julio-Septiembre de 1987, pp. 513-536.

TOCKMAN, Victor; KLEIN, Emilio. Sector informal: una forma de utilizar el trabajo como consecuencia de la manera de producir y no viceversa —a propósito del artículo de Portes y Klein. *Estudios Sociologicos,* vol. 6, n. 16, 1988.

TOLEDO, Enrique de la Garza. La Flexibilidad del Trabajo en América Latina. *Revista Latino Americana de Estudios del Trabajo,* São Paulo, año 03, n. 05, 1997.

TOLEDO, Enrique de la Garza. Crítica del concepto de informalidad y la propuesta del trabajo no clásico. *Trabajo,* 9(13), enero-junio, tercera época, 2017.

TORRADO, Susana. *Sobre los conceptos de "estrategias familiares de vida" y "proceso de reproducción de la fuerza de trabajo": notas teórico-metodológicas.* Buenos Aires: Centro de Estudios Urbanos y Regionales (CEUR), 1980.

URZÚA, Raúl. Determinantes y Consecuencias de la Distribución Espacial de la Población en América Latina. En: ALBERTS, Joop; VILLA, Miguel (Eds.). *Redistribucion espacial de la poblacion en America Latina.* Santiago: CELADE, 1980.

VÉRAS DE OLIVEIRA, Roberto. Para discutir os termos da nova informalidade: sobre sua validade enquanto categoria de análise na era da flexibilização. En: Roberto Véras de Oliveira; Darcilene Gomes e Ivan Targino (Eds.). *Marchas e contramarchas da informalidade do trabalho: das origens às novas abordagens.* João Pessoa: Editora Universitária da UFPB, 2011.

VERGNHANINI, Rodrigo; BIANCARELLI, André Martins. Distribuição de renda, crescimento econômico e mudança estrutural na tradição do estruturalismo: uma sistematização em quatro momentos. *Revista de Economia Contemporânea,* 24(1): p. 1-25, 2020.

7. ESTUDIOS COMPLEMENTARIOS

ABRAMO, Laís; MONTERO, Cecília. Origen y evolución de la sociología del trabajo en América Latina. En: TOLEDO, Enrique de la Garza. *Tratado latinoamericano de sociología del trabajo.* México, D.F.: Flacso, 1997.

TOKMAN, Víctor E. Informalidad en América Latina: balance y perspectivas de políticas. *Realidad, Datos y Espacio - Revista Internacional de Estadística y Geografía,* Vol. 2 Núm. 3 septiembre-diciembre 2011.

TOLEDO, Enrique de la Garza. Los estudios laborales en América Latina al inicio del siglo XXI. *CIENCIA@UAQ.* Vol. 2, Num. 2, 2009.

Parte 4
Geopolítica

Coordinador:
Henry Salgado Ruiz

4.1. Geopolítica de las Drogas Ilícitas en América Latina

HENRY SALGADO RUIZ[1]
Pontificia Universidad Javeriana, Colombia
salgadoh@javeriana.edu.co

1. INTRODUCCIÓN

La comprensión de la geopolítica de las drogas ilícitas en América Latina obliga a un análisis de las políticas que los Estados han formulado e implementado para combatir los distintos eslabones que constituyen la industria del narcotráfico (oferta, tráfico, consumo, lavado de activos y blanqueo de dineros); a revisar la evolución y dinámica actual del comercio internacional de las drogas, en sus niveles nacionales, transfronterizos y transoceánicos; y a explicar el porqué de su crecimiento y éxito en el marco de políticas antidrogas predominantemente prohibicionistas y represivas. Estas políticas se originaron con la adscripción de los Estados de la región al sistema internacional de fiscalización de sustancias —que se integró en las convenciones y tratados de la Organización de las Naciones Unidas de 1961, 1972 y 1988— y con su inserción a la guerra internacional contra las drogas que Richard Nixon declaró hace ya más de cincuenta años. También implica conocer cuál es la relación que tiene el Estado —y los actores políticos y económicos que lo controlan— con el crimen organizado, analizar los niveles de connivencia existentes entre altos funcionarios públicos y las redes del narcotráfico, conocer el impacto de la violencia que han ejercido los narcotraficantes para presionar y evitar la toma de decisiones políticas que los afectan, y revisar las acciones institucionales existentes y su efectividad contra el lavado de activos y el blanqueo de dineros.

---

1 Director del Programa de Sociología de la Facultad de Ciencias Sociales de la Pontificia Universidad Javeriana. Sociólogo de la Universidad Nacional de Colombia, maestro en Ciencias Sociales con mención en Estudios Amazónicos en la FLACSO —sede Ecuador y PhD en Antropología en la Universidad de Montreal (Canadá)—. Correo electrónico: salgadoh@javeriana.edu.co

En coherencia con estos elementos, en este capítulo se han trabajado tres acápites que permiten comprender la geopolítica actual de las drogas ilícitas en la región. En primer lugar, se presenta una revisión exhaustiva de la política antidrogas que los Estados del área han formulado e implementado desde comienzos del siglo XX. En un recorrido de un poco más de 100 años, se muestra que es a partir de la década de los años sesenta del siglo pasado que los Estados adoptaron políticas centradas en la criminalización y persecución de los actores involucrados en la producción, distribución y consumo de drogas ilícitas y se plantea que estas políticas prohibitivas, no han mitigado ni resuelto el suministro y demanda de drogas ilícitas y han terminado por beneficiar al narcotráfico y generar consecuencias negativas en la salud, el medio ambiente y los derechos humanos, entre otras.

El segundo acápite se centra el tema de la producción, tráfico y consumo de clorhidrato de cocaína, por ser esta el corazón de la geopolítica de las drogas en América Latina. En esta parte se explica la evolución y dinámica actual del comercio internacional de la cocaína y se muestra como la cruzada internacional contra las drogas ha permitido, no sólo un nuevo posicionamiento geoestratégico de los Estados Unidos en la región, después de la guerra fría, sino también, un proceso de narcotización de las agendas gubernamentales e implementación de una estrategia de *securitización* de la política antidrogas por parte de los Estados de la región. Con esta estrategia se ha dado una respuesta militar a los problemas socioeconómicos y políticos, agudizando los conflictos armados internos, las violaciones a los derechos humanos y las infracciones al Derecho Internacional Humanitario y provocando mayor inestabilidad institucional y altos niveles de corrupción. En este acápite se plantea que, pese a que las cifras crecientes del mercado de las drogas ilícitas no reflejan ningún éxito de la guerra contra las drogas, los Estados de la región, lejos de revisar sus políticas y repensar sus estrategias de lucha contra los narcóticos, han continuado con ellas.

Para explicar el porqué de la persistencia en una política antidrogas prohibicionista que, evidentemente ha terminado por agregarle valor y estabilizar el mercado del clorhidrato de cocaína, en el último acápite, revisamos la relación entre el Estado y el crimen organizado. En este punto demostramos que el narcotráfico no puede existir sin importantes niveles de cooperación y protección estatal y que, para ello, por la vía de la violencia, la corrupción y la inserción en las redes clientelares, que históricamente han existido en América Latina, el narcotráfico se ha insertado en las estructuras de poder subnacionales y nacionales y consolidado gobernanzas criminales que le permiten su funcionamiento y la legalización de sus capitales.

Este trabajo se elaboró usando fuentes de la Organización de las Naciones Unidas en sus informes mundiales sobre drogas y revisando los textos académicos más prominentes que han abordado el tema de la política antidrogas, el narcotráfico y las gobernanzas criminales en América Latina. La idea fuerza que atraviesa este análisis que presentamos a continuación es que mientras siga predominando el paradigma prohibicionista para enfrentar el tema de las drogas ilícitas, el narcotráfico seguirá creciendo y legalizando sus capitales y para garantizar su funcionamiento y éxito continuará corrompiendo la institucionalidad, incidiendo en las esferas institucionales donde se toman las decisiones públicas en materia de lucha contra drogas y usando el recurso de la violencia para proteger sus intereses.

2. LA POLÍTICA ANTIDROGA Y SU ENFOQUE PROHIBICIONISTA EN AMÉRICA LATINA

Los Estados Latinoamericanos han formulado e implementado políticas antidrogas desde las primeras décadas del siglo XX. Las primeras legislaciones centraron sus sanciones regulatorias y disciplinarias en las personas que consumieran, produjeran o traficaran con marihuana, nicotina, cloroformo, cocaína, codeína, ergotina, estramonio, opio, morfina, extracto de adormidera, tintura de hachís, cafeína, ácido salicílico, entre otras sustancias. En Argentina, la Ley 11.309 de 1924 castigaba únicamente la introducción clandestina, la venta y la prescripción indebida de estas sustancias, con una pena de entre seis meses y dos años de prisión. En Colombia, la Ley 11 de 1920 sancionaba el tráfico o consumo con multas pecuniarias y en México, las primeras regulaciones se dieron en 1916, 1923 y 1927, y en ellas se contemplaban prohibiciones que no alcanzaban a tipificar delitos concretos ni penas de privación de libertad (Uprimny, Guzmán, & Norato, 2012, 19). Se trataba de políticas que buscaban, sobre todo, evitar el abuso de drogas estupefacientes o adictivas.

Las cifras existentes en materia de producción y tráfico de drogas ilícitas para esos años son muy precarias y no expresan, en rigor, una "problemática de drogas" en la región. Los estudios de Gootenberg (2007, 312-351) y UNODC (2009, 82-84) reportan que los datos de cultivos legales de coca en Bolivia y Perú, entre 1900 y 1930, no superaron las 1000 toneladas y el total de producción de clorhidrato de cocaína (también legal) fue de 32.5 toneladas métricas, que eran exportadas a los Estados Unidos y Europa. En materia de consumo de estas sustancias no se tienen registros para esos primeros años del siglo pasado. Es importante, entonces, preguntarse sobre el por qué de estas prematuras legislaciones latinoamericanas en materia de drogas ilícitas; ¿por qué se formuló política pública frente a un tema que evidentemente no era conflictivo institucionalmente ni significativo socialmente? Los expertos en política pública plantean, que para que un problema particular sea calificado e identificado como "público", digno de atención, asunto de interés para incluirlo en una agenda de Gobierno, elevarlo a tema de Estado y formular política pública al respecto, debe ser lo suficientemente conflictivo y visible, de aceptabilidad social y política, y percibido como un asunto institucionalmente manejable y que requiere urgente solución. Sin embargo, insistimos, este no fue el caso en América Latina frente al tema de las drogas ilícitas en las primeras décadas del siglo XX (Gerston, 1997; Majone, 2006 Casar &. Maldonado, 2010).

Para explicar estas tempranas políticas antidrogas en América Latina, se puede plantear, en primer lugar, que ello se debió a la adherencia de algunos de estos países a la Convención de la Haya de 1912, en la cual, las partes firmantes, acordaron limitar el uso de los narcóticos para fines solamente médicos, restringir la manufactura y el comercio de esas drogas a tales usos, cooperar para hacer efectivas dichas restricciones, cerrar los establecimientos para su consumo, penalizar su posesión y prohibir su venta a personas no autorizadas (Thoumi, 2009, 44). Y, en segundo lugar, en términos sociológicos, políticos e históricos, esto se puede explicar también a partir del imaginario de "progreso" que tenían las oligarquías latinoamericanas a comienzos del siglo XX y que los llevó a sumarse de manera mecánica a políticas y normatividades internacionales, incluso en temas que no eran de su competencia, como las Convenciones Internacionales del Opio de 1912 y 1925. Este imaginario y concepción ideológica de progreso predominante, consistía en fortalecer un Estado racional-moderno ligado a los paradigmas occidentales, en clonar en las nacientes ciudades latinoamericanas el estilo de vida norteamericano y europeo y en estructurar sociedades y sujetos orientados por preceptos morales y de comportamiento conservadores, heredados del catolicismo y la época señorial colonial. (Bonilla, 1980; Ocampo, 1984; Zabaleta, 1986, Escobar, 1996; Álvarez S & Escobar A & Dagnino, 1998; Castro & Restrepo, 2008).

Para el periodo 1930-1970 no se tienen cifras significativas en materia de producción, tráfico o consumo de estupefacientes en América Latina. Los estudios mencionados anteriormente (Gootenberg, 2007, 312-351; UNODC, 2009, 82-84) no registran aumento en los cultivos legales de hoja de coca entre Bolivia y Perú y, por el contrario, en el tema de producción de cocaína, para 1948, reportan solamente 1.5 toneladas métricas. Lo que existía para los años sesenta y setenta era producción de marihuana que se exportaba a los Estados Unidos. Según Ruiz (1978), la producción nacional de marihuana en Colombia para finales de los años setenta ascendía a 15.000. toneladas por año, en una extensión total de 30.000 hectáreas. Para tener una idea de la producción de este cultivo durante la década de los setenta, es necesario señalar que de las 12.8 mil toneladas de marihuana consumidas por los norteamericanos durante el período 1977-1980, Colombia participó con el 66%. (Ruiz, 1978, 158).

Luego, para la década de los ochenta, en materia legislativa, se observa la ampliación progresiva del espectro penal a la prohibición y represión de cada uno de los eslabones de la cadena del narcotráfico (producción, tráfico, lavado de activos y consumo de sustancias sicoactivas). Este endurecimiento penal se debe a que todos los países latinoamericanos se adscribieron al sistema internacional de fiscalización de sustancias, que se integró en las convenciones y tratados de la Organización de las Naciones Unidas de 1961, 1972 y 1988 (UNODC, 2013) y se sumaron a las directrices trazadas desde los Estados Unidos que, en materia de drogas, comenzaron desde que Richard Nixon declaró el abuso de drogas como el "enemigo público número uno" y emprendió una ofensiva contra las drogas a nivel mundial (Nixon, 1971). Esta adhesión a las convenciones internacionales y la subordinación a las directrices de los Estados Unidos tuvo importantes impactos en la política antidrogas de cada uno de los países latinoamericanos y obligó a cada uno de ellos a crear un nuevo andamiaje institucional, jurídico y militar para responder a la guerra contra las drogas. Según Melvin Burka (2016), los gobiernos de Colombia, Perú y Bolivia gastaron, entre 1985 y 1995, US$3 billones de dólares cada año para combatir las drogas (Burka, 2016, 493-517).

Cada país hizo énfasis en su política antidrogas en temas que los afectaban y que estaban relacionados con el rol que ocupaban en la agroindustria del narcotráfico. En Colombia, Perú y Bolivia, por ejemplo, la política antidrogas se centró en la producción, sin que ello signifique que se desprotegieran temas relativos al tráfico o al consumo. Igual ocurrió en las legislaciones del cono sur, que también abordan todos los eslabones de la cadena del narcotráfico, aunque centraron su fuerza en el tráfico, distribución y consumo Para estos años, se incrementaron las sanciones jurídicas y se criminalizaron a todos los agentes que han intervenido en los diferentes eslabones de la cadena del narcotráfico, principalmente, a aquellos que han estado involucrados con la oferta (campesinos, indígenas y afrodescendientes) y a aquellos que las consumen (Ver Gráfico 1). El estudio de Chaparro, Pérez, & Youngers (2017, 67) plantea que la población carcelaria para finales del siglo XX aumentó en 10 países latinoamericanos, como consecuencia de la aplicación de los nuevos artículos penales en materia de drogas y, además se señala en este trabajo, que esta población superaba a los condenados por otros delitos.

Gráfico 1. Evolución comparativa del número de artículos penales

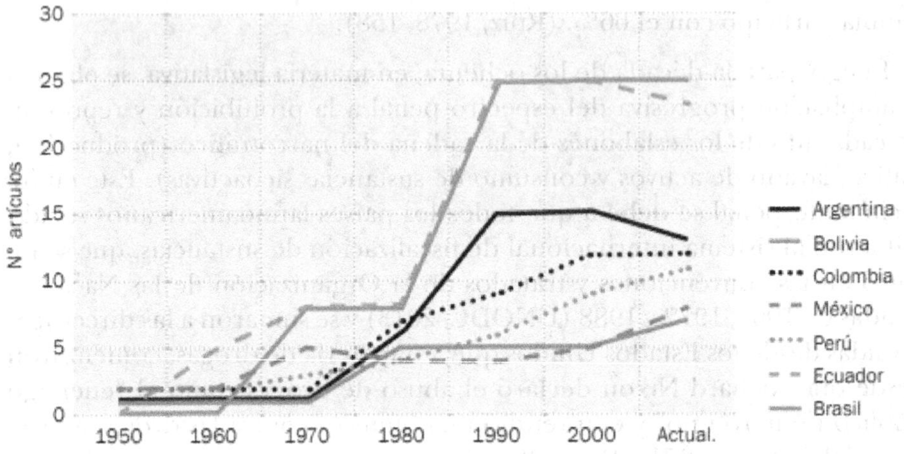

Fuente: Uprimny, Guzmán, & Norato, 2012, 21.

Para ilustrar al lector sobre los ajustes que se dieron en la política antidroga a finales del siglo XX y comienzos del XXI en la región, luego de sumarse a la cruzada internacional contra las drogas, en la Tabla I presentamos una breve síntesis legislativa de once países latinoamericanos que firmaron la Convención Única de 1961 sobre Estupefacientes —que es uno de los tratados internacionales fundamentales en el control de drogas— y que son, en la actualidad, como se verá más adelante, parte activa de la geopolítica de las drogas ilícitas de la región[2].

2 Esta síntesis legislativa fue elaborada a partir de la revisión de documentación oficial de cada uno de los países mencionados, del texto del Monroy (2013) y de las páginas web de CEDD, TNI y WOLA.

Tabla 1

País	Marcos legislativos de la Política Antidrogas
MÉXICO	La legislación mexicana sobre penalización de las drogas está amparada en la Ley General de la Salud y reforzada por el Código Penal Federal mexicano entre los art. 193 y 199. El Código Penal, penaliza la producción, elaboración, tráfico, transporte y comercio de narcóticos, a quien sea detenido con enseres y objetos procedentes del delito o a quien extraiga e introduzca al país dichas sustancias. En 2009 entró en vigor el Decreto del narcomenudeo que determina sanciones para el tráfico a pequeña y gran escala, y anula toda sanción legal por la posesión de determinada cantidad de droga para el consumo personal.
BRASIL	La legislación brasileña sobre drogas está regulada por la Ley de Drogas (Ley No 11.343/2006). Esta ley establece penas para actividades relacionadas con drogas ilícitas y busca distinguir entre usuarios y traficantes. El tráfico, producción y comercialización de las drogas ilícitas está penalizado con prisión hasta de 25 años. La legislación ha incluido cambios que tienen que ver con el incremento de seguridad y monitoreo en los cultivos de coca y con la cantidad de la dosis personal, que es determinada por un juez.
COLOMBIA	En Colombia, la Ley 30 de 1986, conocida como Estatuto Nacional de Estupefacientes, es la que regula y penaliza la producción, tráfico, comercialización y consumo de sustancias ilícitas. La Corte Constitucional mediante la sentencia C-221 de 1994 despenalizó el consumo de la dosis personal amparado bajo el derecho a la salud y el libre desarrollo de la personalidad. A finales de 2009, durante una enmienda constitucional, el Congreso colombiano modificó el art. 49 de su carta magna y prohibió el porte y consumo de sustancias estupefacientes a lo largo y ancho del territorio nacional. Adicionalmente, en 2011 se aprobó la Ley 1453, que eliminó la disposición del Código Penal que exceptuaba la penalización del porte de sustancias psicoactivas en cantidad de dosis personal. Con estas reformas parecía que Colombia volvía a la penalización del porte de la dosis personal para consumo. Sin embargo, nuevamente la Corte Constitucional mediante sentencia C-574 de 2011, aclaró el panorama normativo nacional, al reafirmar que en Colombia no es posible, desde el punto de vista constitucional, penalizar el porte para consumo, incluso cuando se trata cantidades superiores a la dosis personal. Este criterio ha sido asumido por la Corte Suprema de Justicia en sus fallos recientes.
ECUADOR	La legislación vigente en el Ecuador en materia de penalización de drogas ilícitas reside en la Ley 108 de 1990, mejor conocida como Ley de Sustancias Estupefacientes y Psicotrópicas. La Ley castiga a quien elabore, produzca, fabrique o prepare sustancias ilícitas, quien ejerza labor intermediaria, transporte y trafique la mercancía o sea sorprendido con tenencia y posesión de estas sustancias. En febrero de 2014 se promulgó el Código Orgánico Integral Penal (COIP), mediante el cual se derogó la penalidad de la Ley 108, es decir más del 60 por ciento de sus normas. Con el COIP se reformaron todos los tipos penales de drogas para admitir criterios de mayor proporcionalidad, ya que Ecuador había pasado a ser uno de los países que establecían las penas más altas en la región. En el 2020 se derogó el COIP y entró en vigor la "Ley Orgánica de Prevención Integral del Fenómeno

País	Marcos legislativos de la Política Antidrogas
ECUADOR (cont.)	Socio Económico de las Drogas y de Regulación y Control del Uso de Sustancias Catalogadas Sujetas a Fiscalización". Entre las reformas que establece esta Ley, se incluye la despenalización de la tenencia o posesión de fármacos que contengan el principio activo del cannabis o derivados, con fines terapéuticos, paliativos, medicinales o para el ejercicio de la medicina alternativa.
PERÚ	La legislación peruana penaliza la producción, tráfico y posesión no autorizada de sustancias controladas. Gran parte de la legislación al respecto estaba contenida en el Código Penal de 1991 entre los art. 296 y 302 bajo el epígrafe de Tráfico Ilícito de Drogas. En los años siguientes la legislación sufrió varias modificaciones, aumentando penas, quitando y agregando figuras. El 17 de junio de 2003, se promulgó la ley 28002 que modifica los artículos 296 a 299 del Código Penal. De todas las normatividades que existen en América Latina sobre tráfico de drogas, Perú es el único que proclama la cadena perpetua a quien intervenga y coopere en lavado de activos y narcoterrorismo.
BOLIVIA	La Ley de Lucha contra el Tráfico Ilícito de Sustancias Controladas (Ley N° 913 de 16 de marzo de 2017) es la que rige la política antidrogas en Bolivia y fue la que derogó la Ley 1008 de 1988 o Ley del Régimen de Coca y Sustancias Controladas, la cual, en su art. 35 prohibía la posesión y consumo de sustancias ilícitas. El consumo de la hoja de coca con fines ancestrales y terapéuticos está legalizado. La Ley 913 tiene como objeto promover, proteger y garantizar el derecho a la vida, la salud pública, la seguridad y soberanía del Estado, en la lucha contra el tráfico ilícito de sustancias controladas, para el Buen Vivir.
VENEZUELA	En Venezuela existe una amplia normatividad en materia de penalización de drogas. En septiembre de 1993, el Congreso aprobó la Ley Orgánica sobre Sustancias Estupefacientes y Psicotrópicas que contiene disposiciones sobre el comercio, expendio, industria, fabricación, transformación, preparación, suministro, transporte, penas y multas de drogas psicotrópicas y estupefacientes, sus derivados, sales y solventes. Dicha Ley establece en sus art. 75 y 76 la penalización parcial de la posesión y consumo de la dosis personal. La posesión para el uso personal se castiga con la remisión a tratamiento, lo que puede todavía dar lugar al internamiento obligatorio en centros especializados.
ARGENTINA	En Argentina, la Ley Nacional de Estupefacientes (Ley 23.737) es central en la regulación de drogas ilícitas. La legislación establece penas para la producción, tráfico y tenencia de drogas. Ley sobre Tenencia y Tráfico de Estupefacientes, incorpora algunas ideas del Código Penal, entre ellas, multas para quienes cometiesen negligencia y abuso con las sustancias medicinales y para quienes siembren y cultiven plantas ilícitas, produzcan y fabriquen estupefacientes y los comercialice, distribuya o almacene. El Gobierno nacional promulgó en el 2017 la ley que habilita el uso medicinal del cannabis y sus derivados. La norma publicada en el Boletín Oficial mediante el decreto 266/2017 permite el uso médico y terapéutico o paliativo del dolor con la marihuana, autoriza su importación y habilita a organismos del Estado a cultivar plantas para proveer a los usuarios. La ley fue impulsada por diferentes organizaciones que defienden la utilización del aceite cannábico para el tratamiento de diferentes patologías, como las que sufren los niños con epilepsia refractaria.

País	Marcos legislativos de la Política Antidrogas
CHILE	En Chile la Ley 20.000 de 2005 regula el control y tráfico ilícito de estupefacientes y sustancias psicotrópicas. Al igual que en otras leyes, se castiga con prisión a la persona que fabrique, transforme, prepare y comercie sustancias ilegales. La Ley hace una distinción clara entre microtráfico y narcotráfico; el primero de ellos se refiere al tráfico de pequeñas cantidades que se venden en las calles para el consumo individual, mientras que el narcotráfico es la producción y tráfico de grandes cantidades de drogas que va desde la extracción de la hoja hasta la distribución del alcaloide.
URUGUAY	La primera ley que existió al respecto y sobre la cual se fundamenta el marco legal vigente en Uruguay es la Ley 14.294 de 1974 o Ley de Estupefacientes, mejor conocida como Ley de la Dictadura. Dicha ley, que prohíbe la plantación y cultivo de cualquier planta que genere filiación psicotrópica, avala el consumo de estas mismas con fines terapéuticos o científicos. En el art. 31 de dicha ley se estipula que queda exento de cualquier castigo quien tuviese en su posesión una cantidad destinada al consumo personal. La Ley 17.016 de 1998 produjo un cambio en la concepción de la posesión de la dosis mínima puesto que no detalló el límite de drogas para el consumo personal en términos de cantidad. Uruguay se ha caracterizado por un nivel de tolerancia social y por una política orientada a minimizar los riesgos y reducir los daños del consumo de drogas. El 20 de diciembre de 2013, después de haber sido previamente aprobado por las dos cámaras del Parlamento uruguayo el proyecto de ley para la regulación del cannabis, el presidente José Mujica promulgó la Ley 19.172 que regula la producción, el mercado y el consumo de cannabis, promoviendo al mismo tiempo la información, educación y prevención sobre el uso problemático de este producto. Uruguay se ha convertido así en el primer país del mundo en legalizar y regular esta sustancia.
PARAGUAY	En Paraguay la Ley vigente es la 1340 del año 1988 que lleva por título "Que modifica, adiciona y actualiza la Ley 357, "Que reprime el tráfico ilícito de estupefacientes y drogas peligrosas y otros delitos afines y establece medidas de prevención y recuperación de farmacodependientes". La historia del cultivo y la exportación de cannabis en el Paraguay, así como del procesamiento y triangulación de drogas de tráfico ilícito, se remonta a finales de los años sesenta, cuando comenzó el cultivo de cannabis en la frontera nororiental con Brasil, en el departamento de Amambay.

Como se puede observar en esta apretada síntesis legislativa (Tabla 1), lo que unifica a estas políticas antidrogas es su enfoque, que se caracteriza por ser predominantemente prohibicionista y represivo, aunque en la mayoría de estos países, es necesario precisar esto, ya desde finales de los años noventa se encuentra cierta flexibilidad hacia la regulación del consumo. Esta relativa permisividad, no obstante, aún no ha logrado romper con las dinámicas institucionales de estigmatización y criminalización hacia los usuarios de drogas ilícitas. En el trabajo sobre el consumo de sustancias estupefacientes que realizó CEDD-CIDE en ocho países de América Latina, se llama la atención en que, incluso en los países donde el consumo de dichas sustancias no es criminalizado por su normatividad, con frecuencia los consumidores han sido tratados como criminales (CEDD-CIDE, 2014).

Estas políticas fueron formuladas e implementadas, como ya se anotó, bajo la influencia de las convenciones internacionales y las directrices estadounidenses y se centraron en la criminalización y persecución de los actores involucrados en la producción, tráfico y consumo de drogas ilícitas. Los estudios de Molano (2017) y Beckmann (2021) plantean que estas políticas no sólo expresan la dependencia y subordinación de los países latinoamericanos a los Estados Unidos, sino que se trata también de un enfoque que ha sido compartido por sus élites políticas y los sectores sociales que representan. Comprender esta corresponsabilidad de la región con este enfoque, subrayan estos autores, es clave para entender la predominancia del prohibicionismo en el contexto actual.

Estas políticas, que surgen del consenso internacional de la lucha antinarcótica, han conducido a una creciente militarización en la región y, lejos de resolver el problema, lo han complejizado y han terminado por profundizar los conflictos armados internos, las violaciones a los derechos humanos, las infracciones al Derecho Internacional Humanitario y provocar mayores niveles de inestabilidad y corrupción institucional en la mayoría de los países de la región. Desde el punto de vista de la salud pública, algunos investigadores señalan que estas políticas prohibitivas han obstaculizado la implementación de estrategias más efectivas, basadas en la reducción de daños y la atención a problemas de salud mental asociados con el consumo de drogas y, en términos socioeconómicos y de política agraria, han impedido la resolución de los múltiples problemas que enfrentan los campesinos, indígenas y afrodescendientes afectados por los cultivos de uso ilícito. En este contexto, algunos países latinoamericanos están trabajando en la búsqueda de alternativas a las políticas prohibitivas y explorando nuevos enfoques basados en la regulación, la descriminalización y la legalización de ciertas drogas. Estas estrategias buscan cambiar el paradigma actual y abordar el tema de las drogas desde una perspectiva más integral, considerando factores sociales, económicos, políticos y de salud pública (Inkster & Comolli, 2013; CEDD-CIDE, 2014; Thoumi, 2015).

3. LA GUERRA CONTRA LAS DROGAS Y EL BOOM DEL NARCOTRÁFICO EN AMÉRICA LATINA

Desde los años setenta el narcotráfico tuvo un auge inusitado a nivel internacional. Para esos años, los tradicionales estupefacientes presentes en el mercado internacional (Cannabis, Cocaína y Heroína), comenzaron a competir con las nuevas drogas, denominadas de *diseño o sintéticas*, que surgieron de la manipulación química de átomos, moléculas y compuestos de uso habitual en la industria farmacéutica (Escohotado, 2008). Para los años 80 y 90, los cultivos de hoja de coca y la producción de cocaína aumentaron significativamente en el área andina. Como se puede observar en el Grafico 2, Colombia pasó de tener 42.400 hectáreas de hoja de coca en 1989 a 163.289 en el año 2000, arrojando una producción potencial de cocaína para ese año de 695 toneladas métricas[3]. Perú y Bolivia, aunque descendieron en el área de cultivos de coca, para el año 2000 presentaron una producción de cocaína de 141 y 43 toneladas métricas, respectivamente (ODCCP, 2002, 58).

Gráfico 2

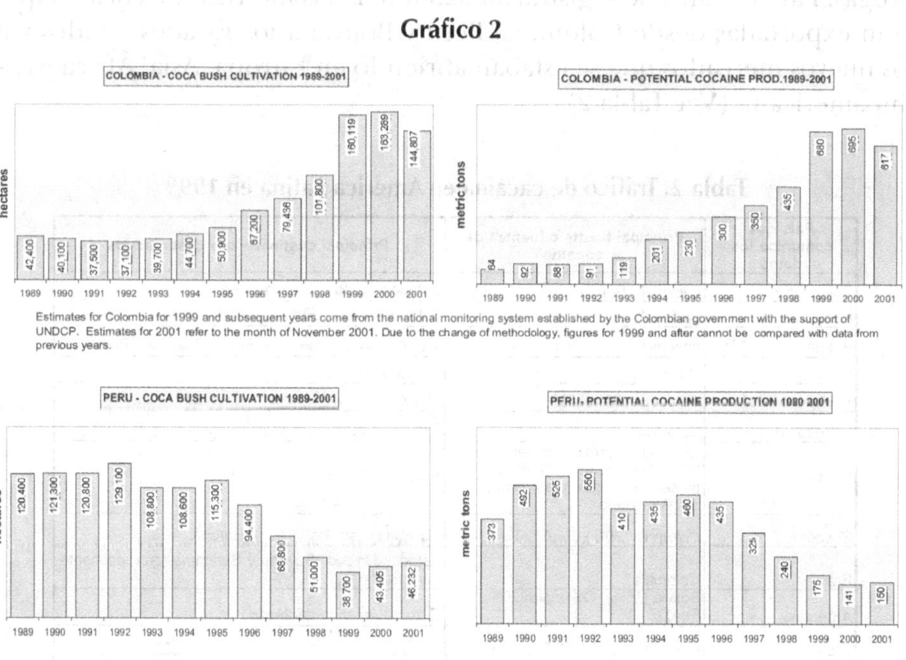

3 Este aumento en Colombia se debe a que los narcotraficantes, que trabajaban con la hoja de coca desde los años setenta —y dependían para el procesamiento de clorhidrato de cocaína, de un 35% de la hoja de coca procedente de Bolivia y de un 55% de la proveniente del Perú (55%) (Arrieta, 1991:58)— decidieron en los años ochenta estimular los cultivos de hoja coca localmente (principalmente en la región amazónica colombiana) y, con ello, reducir los costos y riesgos en el procesamiento y transporte del alcaloide (Salgado, 2012, 184).

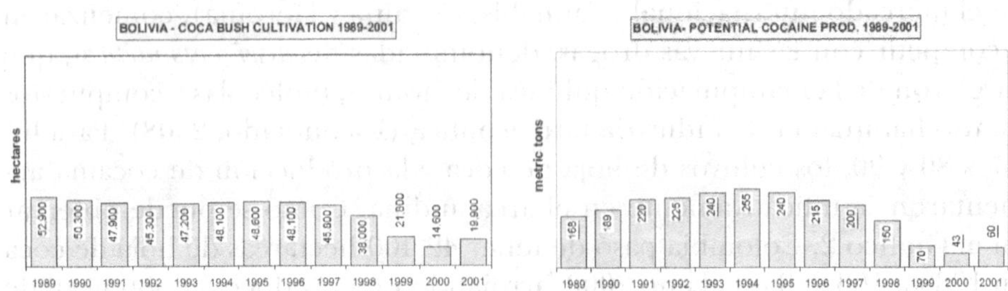

Fuente: ODCCP, 2002, 58.

En el año de 1999 se aprecia, así mismo, un proceso importante de inserción de los países del área andina al mercado internacional de las drogas. Para ese año, se registraron 925 toneladas métricas de cocaína que eran exportadas desde Colombia, Perú y Bolivia a los Estados Unidos y a los nuevos mercados que se estaban abriendo en Europa, Asia, África y Latinoamericana (Ver Tabla 2).

Tabla 2. Tráfico de cacaína en América Latina en 1999

País que comunica los datos	Principal fuente o fuentes de cocaína	Principal destinatario o destinatarios
Colombia	nacional, Bolivia, Perú	Estados Unidos, Europa, México
Perú	nacional	Estados Unidos, Europa, Asia
Bolivia	nacional (92%); Perú (8%)	México, Chile, Argentina, Brasil, Colombia, Paraguay
México	Colombia	Estados Unidos
América central	Colombia (70%-100%)	México, Estados Unidos
Venezuela	Colombia	Estados Unidos, Europa
Caribe	Colombia (aproximadamente el 90%), por conducto de otros países del Caribe y por conducto de Venezuela	Estados Unidos
Ecuador	Colombia (80%), Perú (20%)	Australia, Estados Unidos, Europa, Asia
Brasil	Colombia	Estados Unidos, Guyana y Suriname (principalmente para Europa)
Argentina	Bolivia (75%), Colombia (20%), Perú (5%)	Europa, América del Norte
Uruguay	Bolivia (90%), Colombia (10%)	Europa
Paraguay	Bolivia y Perú	Europa, África

Fuente: ODCCP, 2001, 131.

El informe de UNODC del 2001 reporta un total de 200 millones de personas usuarias de drogas ilícitas a nivel mundial para el año 2000: 144 millones de consumidores de cannabis, 14 millones de consumidores de cocaína, 29 millones de anfetaminas y 13,5 millones de opiáceos (de los cuales 9 millones consumían heroína) (ODCCP, 2001, 7). Este crecimiento del mercado ilegal de drogas —tanto analgésicas como estimulantes y alucinógenas— se dio en un escenario mundial de marcos normativos predominantemente prohibitivos y en un contexto de globalización, caracterizado por el avance tecnológico y el aumento de la interconexión entre países y regiones, que facilitó las rutas de comercio y comunicación y permitió que las redes de tráfico de drogas se expandieran y operaran a nivel internacional de manera más eficiente. También se dio en un contexto creciente de desigualdades socioeconómicas, de agudización de conflictos armados en diferentes regiones, de inestabilidades y debilidades institucionales y de corrupción gubernamental en varios países.

La cruzada internacional contra las drogas ilícitas que, desde Nixon, ha tenido como objetivos principales la reducción del suministro de drogas ilegales y de su demanda a nivel mundial —a través de la incorporación de leyes, acciones militares y penas más duras—, desde su inició ha mostrado su fracaso. Las cifras crecientes del narcotráfico no reflejan, sin duda alguna, ningún éxito de la lucha antinarcóticos. Sin embargo, los Estados Unidos y los países latinoamericanos, lejos de revisar sus políticas y repensar sus estrategias de lucha contra los narcóticos, han continuado con ellas. Estados Unidos desde los años ochenta condicionó las relaciones de apoyo y colaboración con la región e impuso medidas como el otorgamiento de certificaciones, que dependían del endurecimiento de las políticas contra las drogas ilícitas y de la muestra de resultados, de la instalación de bases militares, la instrucción a las fuerzas de seguridad y de la imposición de estrategias de intervención gubernamental y territorial como el Plan Colombia, el Plan Dignidad, el Plan Mérida y la Iniciativa Regional Andina (Labiano, 2020).

La inserción de los países de América Latina a la guerra contra las drogas fue, sin duda alguna, una imposición de Estados Unidos, no obstante, cada uno de los países de la región canalizó esta inserción desde sus propios intereses políticos y económicos; cada país tuvo razones domésticas para vincularse a la cruzada antinarcóticos (Bagley 1998, Tokatlian 1997, Mitchell 1998, Desch 1998). Finalmente, la guerra contra las drogas fue el nuevo nombre que adquirió la intervención de los Estados Unidos en América Latina, después de la guerra fría, y la que narcotizó las agendas gubernamentales de la región y le permitió a cada uno de sus países asumir esta guerra como un tema de Seguridad Nacional e iniciar un proceso de "securitización" de sus políticas. Este proceso consiste, según los expertos en seguridad, en impulsar desde el gobierno una estrategia discursiva para presentar ante el público la existencia de supuestas amenazas (militares o no militares) y usar esto como pretexto para desplegar medidas de emergencia y cuyos resultados se expresan en el fortalecimiento de la Fuerza Pública, en el incremento armamentista y en el endurecimiento del marco normativo (Buzan, Waever & Wilde,1998; Buzan & Waever, 2003; Flores-Macías, 2018).

En este contexto de consenso internacional de lucha antinarcóticos y *securitización* de la política antidrogas en la región, los problemas relacionados con la violencia delincuencial, el desempleo, la corrupción y la presencia de actores armados ilegales, entre otros, fueron explicados desde el narcotráfico y, para hacerle frente a este tema, se impulsaron desde los Estados Unidos las estrategias de intervención gubernamentales y territoriales mencionadas anteriormente. El Plan Colombia (1999-2015) tuvo una inversión de US$9.600 millones por parte del Gobierno de los EEUU y una inversión doméstica de US$131.000 millones, el Plan Mérida tuvo en 13 años una inversión de US$3.300 millones y el Plan Dignidad en Bolivia contó con una inversión cercana a los US$1.000 millones en 1999. Con estas inversiones se le dio una respuesta militar a los problemas socioeconómicos y políticos de México y de la región andina; se financiaron las bases militares estadounidenses ubicadas en Manta (Ecuador) Aruba y Curazao; se fortaleció significativamente la capacidad militar de estos países, se involucró a Panamá y Brasil en la "guerra antinarcóticos"; y se impulsó la Iniciativa Regional Andina —IRA—. Esta iniciativa fue una estrategia estadounidense para crear en la región las condiciones políticas y militares necesarias para la implementación progresiva de la Alianza de Libre Comercio para la Américas —ALCA— y bloquear las iniciativas democráticas que se estaban jalonado desde Argentina, Chile, Nicaragua, Bolivia, Ecuador y Venezuela.

En esta lucha antinarcóticos, durante la primera década del siglo XXI, se incrementaron las acciones orientadas a contrarrestar la producción y el tráfico de cocaína: se intensificaron las jornadas de erradicación forzada de cultivos de uso ilícito y de destrucción de laboratorios para el procesamiento de pasta básica de cocaína y clorhidrato de cocaína, se adelantaron acciones de luchas contra el microtráfico en las ciudades, aumentaron las incautaciones de cargamentos de drogas, se incrementaron las detenciones y extradición de narcotraficantes y se crearon estrategias para atacar y destruir las redes del narcotráfico a nivel internacional (UNODC, 2011). Según UNODC (2011) para el período 2000-2010 el área de cultivos de coca se redujo en un 33% y las incautaciones de cocaína a nivel mundial en el año 2009 fueron de 732 toneladas métricas (ver Gráfico 3).

Gráfico 3. Incautaciones mundiales de cocaína[a] (1999-2009)

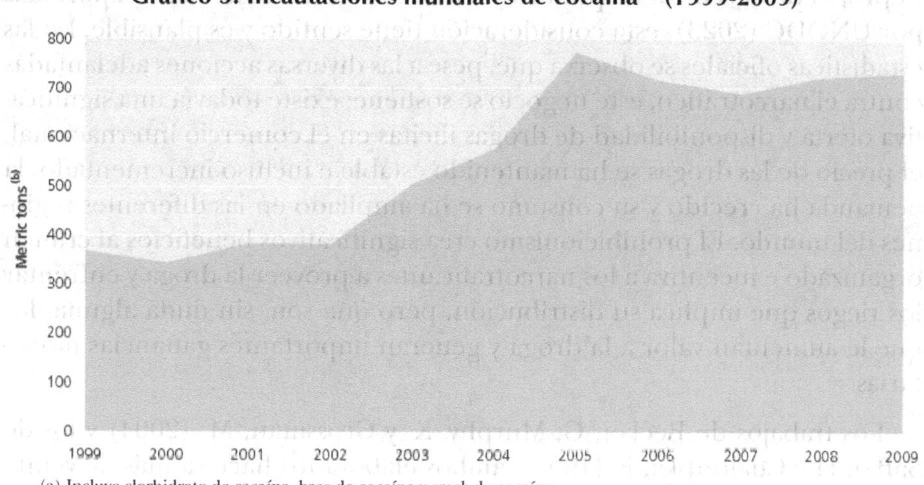

(a) Incluye clorhidrato de cacaína, base de cocaína y crack de cocaína.
(b) Convulsiones según lo informado (sin ajuste por punibilidad).

Fuente: UNODC, 2011, 116.

Pese a estas acciones y cifras reportadas en materia de oferta e incautaciones, para este decenio no se afectaron significativamente ni las dinámicas de producción de cocaína en la región andina ni su demanda a nivel mundial (Inkster & Comolli, 2013). La producción de cocaína para el periodo1999-2009 continuó su aumento y Colombia, Perú y Bolivia siguieron liderando el mercado mundial de cocaína. La cocaína producida en Colombia se destinó principalmente al consumo en Norte América y Europa y la de Perú y Bolivia a los países del cono Sur y de allí a las nuevas rutas creadas para abrir mercados en Asia y África, como se aprecia en la Tabla II. Según UNODC, en el año 2009 se consumieron a nivel mundial 440 toneladas métricas de cocaína, de las cuales, alrededor del 63% se consumieron en América, 29% en Europa, 5% en África, 3% en Asia y 1% en Oceanía (UNODC, 2011, 119). Se estima en el informe de UNODC del 2011 que entre 14.2 y 20.5 millones de personas consumieron cocaína a nivel mundial.

3.1. Dinámica actual del narcotráfico en Latinoamérica

Aunque es muy difícil encontrar elementos probatorios que permitan afirmar que las políticas antidrogas, que se han formulado e implementado desde Estados Unidos y Latinoamérica, han sido pensadas como una estrategia que termina por beneficiar al narcotráfico, desde una perspectiva propia de la economía política y a la luz de las cifras actuales reportadas por UNODC (2023), esta consideración tiene sentido y es plausible. En las estadísticas oficiales se observa que, pese a las diversas acciones adelantadas contra el narcotráfico, este negocio se sostiene: existe todavía una significativa oferta y disponibilidad de drogas ilícitas en el comercio internacional, el precio de las drogas se ha mantenido estable e incluso incrementado, la demanda ha crecido y su consumo se ha ampliado en las diferentes regiones del mundo. El prohibicionismo crea significativos beneficios al crimen organizado e incentiva a los narcotraficantes a proveer la droga y enfrentar los riegos que implica su distribución, pero que son, sin duda alguna, los que le aumentan valor a la droga y generan importantes ganancias monetarias.

Los trabajos de Becker, G; Murphy, K. y Grossman, M. (2004) y los de Saffer, H y Chaloupka, F. (1995), ambos elaborados hace ya más de veinte años, plantean que el comportamiento de los precios de la producción y demanda de las drogas ilícitas ha demostrado que todas las medidas restrictivas orientadas a controlar la oferta, el tráfico y el consumo de estupefacientes lo que han provocado es el aumento de sus precios en el mercado. Estas medidas han terminado por agregarle valor a la mercancía, en este caso, a la pasta básica de cocaína y al clorhidrato de cocaína. Plantean estos estudios que es precisamente la condición de ilegalidad del negocio la que permite que las políticas que las combaten generen efectos positivos en el precio del producto ofrecido. Las conclusiones de estos estudios siguen vigentes y esto se constata en el análisis de las cifras actuales.

Si en el período 2000-2010 se observaba cierto decrecimiento en las áreas de cultivo de coca y en la producción de cocaína, para el período 2011-2021 se puede visualizar una dinámica progresiva de crecimiento anual. En el Gráfico 4 se observa que los cultivos de hoja coca llegaron a 315.500 hectáreas en el año 2021, lo que representa un importante aumento del 35% con respecto al 2020 y una producción total de cocaína de 2.034 toneladas métricas (UNODC, 2023, 158). Este fuerte crecimiento de la oferta ha estado acompañado de un aumento similar de la demanda y, muchas regiones, han registrado un incremento constante de los consumidores de cocaína en la última década, siendo Colombia el que aporta a este mercado internacional el 80% de la cocaína que se consume a nivel mundial. Según este informe, alrededor de 298 millones de personas consumieron drogas durante el último año a nivel global, un 23% más que en 2010, y estima que, en 2021, 36 millones de personas consumieron anfetaminas, 22 millones cocaína y 20 millones habían consumido sustancias tipo "éxtasis" (UNODC; 2023)[4].

Gráfico 4. Cultivo mundial de plantación de coca, incautaciones de cacaína y producción de cocaína

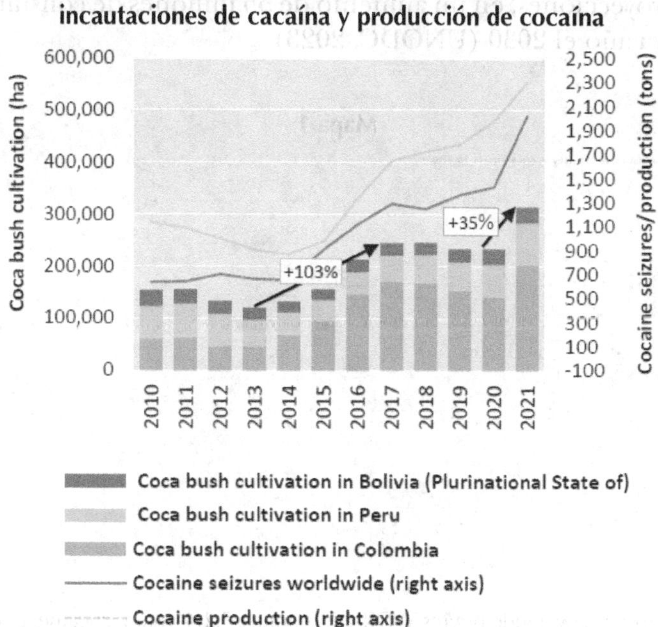

Fuente: UNODC, 2023, 158.

A nivel del tráfico (ver Mapa 1), este informe señala que Colombia sigue dominando las rutas hacia América del Norte —diversificando sus corredores en Centroamérica— y que las rutas hacia Europa han evolucionado. Los puertos del Mar del Norte, como Amberes, Rotterdam y Hamburgo, han desplazado a los tradicionales puntos de entrada de la cocaína que llega a Europa Occidental, que eran España y Portugal (Ver Mapa 2). El papel dominante que tenían los puertos de Colombia como punto de partida, parece estar disminuyendo y, dice el informe, los traficantes transitan cada vez más su producto por Centroamérica y otros países de Sudamérica, incluyendo a Ecuador, que juega un rol central como país de tránsito y nuevo productor. La cocaína procedente de Perú y Bolivia (ver Mapas 3 y 4) se

4 Un tema fuerte actualmente es la compra de drogas ilícitas por internet, desde la red oscura (Darknet) y las plataformas de los medios sociales, sobre todo, de cannabis, cocaína y éxtasis (UNODC, 2023, 129-132)

transporta cada vez más a través de Brasil y la ruta del Cono Sur, donde la hidrovía Paraná-Paraguay es fundamental (Ver mapa 5). Este informe advierte, además, que existe un gran potencial de expansión del mercado de la cocaína desde el cono sur hacia África y Asia, que puede materializarse, según las proyecciones, en un aumento de 55 millones de consumidores de cocaína para año el 2030 (UNODC, 2023)

Mapa 1

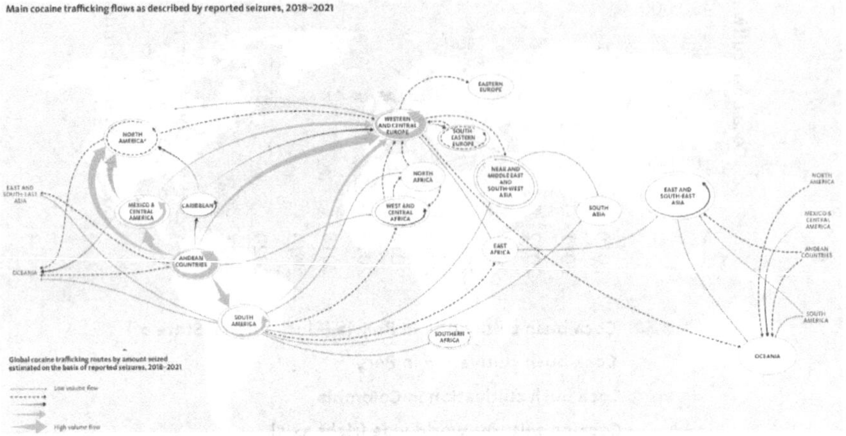

Main cocaine trafficking flows as described by reported seizures, 2018–2021

Fuente: https://www.unodc.org/res/WDR-2023/annex/7.2.4_Main_cocaine_trafficking_flows_as_described_by_reported_seizures_20182021.pdf

Mapa 2

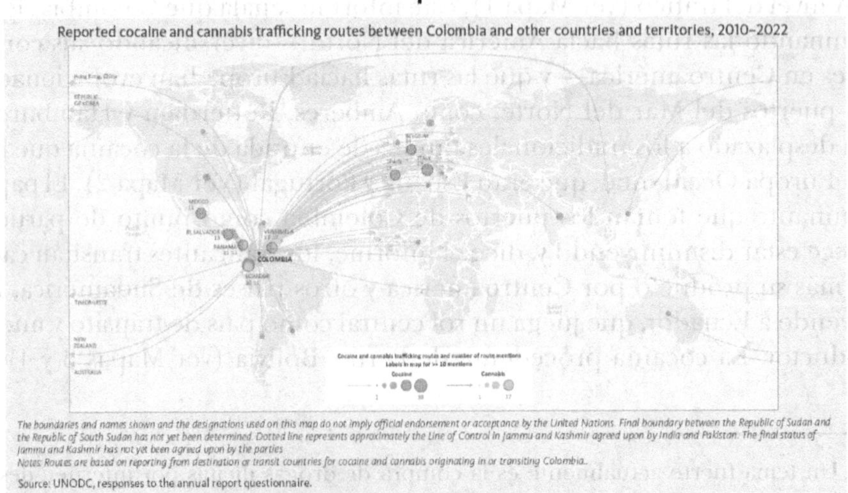

Fuente: UNODC, 2023, 84.

Mapa 3

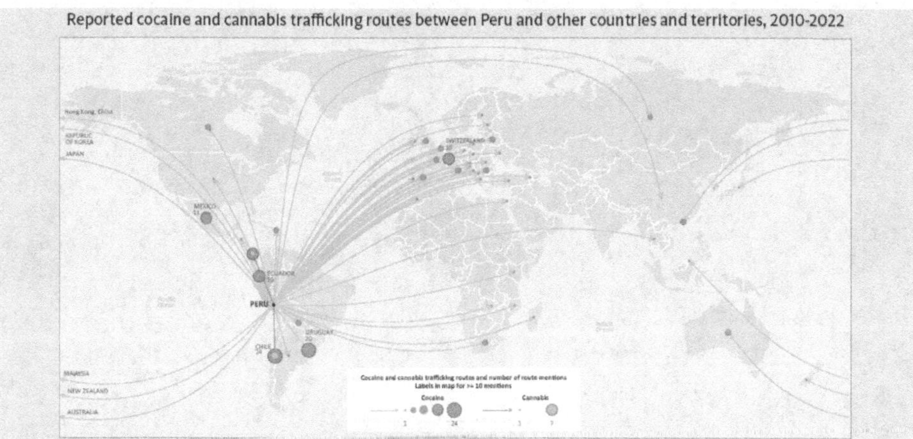

The boundaries and names shown and the designations used on this map do not imply official endorsement or acceptance by the United Nations. Final boundary between the Republic of Sudan and the Republic of South Sudan has not yet been determined. Dotted line represents approximately the Line of Control in Jammu and Kashmir agreed upon by India and Pakistan. The final status of Jammu and Kashmir has not yet been agreed upon by the parties.
Note: Routes are based on reporting from destination or transit countries for cocaine and cannabis originating in or transiting Peru.
Source: UNODC, responses to the annual report questionnaire.

Fuente: UNODC, 2023, 84.

Mapa 4

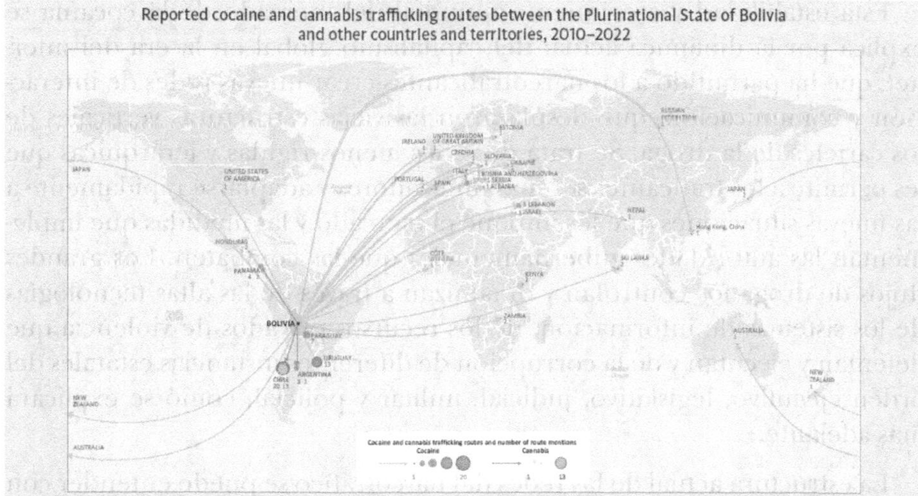

The boundaries and names shown and the designations used on this map do not imply official endorsement or acceptance by the United Nations. Final boundary between the Republic of Sudan and the Republic of South Sudan has not yet been determined. Dotted line represents approximately the Line of Control in Jammu and Kashmir agreed upon by India and Pakistan. The final status of Jammu and Kashmir has not yet been agreed upon by the parties.
Note: Routes are based on reporting from destination or transit countries for cocaine and cannabis originating in or transiting the Plurinational State of Bolivia. The Plurinational State of Bolivia notes that the cannabis trafficking route to Panama does not exist or is not recognized since it does not have any case reports from the Plurinational State of Bolivia to Panama, and since, due to its geographical location, the Plurinational State of Bolivia is a transit country for cannabis.
Source: UNODC, responses to the annual report questionnaire.

Fuente: UNODC, 2023, 85.

Fuente: UNODC, 2023, 83.

Esta estabilidad y crecimiento mundial del mercado de la cocaína se explica por la dinámica actual del capitalismo global en la era del internet, que ha permitido a los narcotraficantes crear nuevas redes de interacción y comunicación, que desplazaron las viejas estructuras verticales de los carteles de la droga. Se trata de redes menos rígidas y jerárquicas que les permite a los traficantes ser más innovadores y adaptarse rápidamente a las nuevas situaciones que les impone el mercado y las medidas que implementan las autoridades gubernamentales que las combaten. Los grandes flujos de droga los controlan y dinamizan a través de las altas tecnologías de los sistemas de información, de los recursos privados de violencia que detentan y ejecutan y de la corrupción de diferentes instancias estatales del orden ejecutivo, legislativo, judicial, militar y policial, como se explicará más adelante.

La estructura actual de las redes del narcotráfico se puede entender con el siguiente gráfico:

Gráfico 5. Ejemplo de una red de grupos criminales

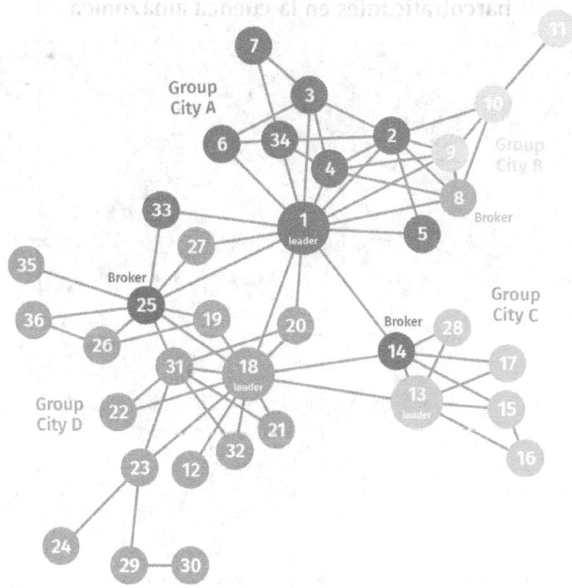

Fuente: UNODC, 2023.

Los carteles *de Sinaloa* y *Jalisco Nueva Generación* (CJNG), por ejemplo, controlan grandes corredores de Centro América, se han insertado en la región andina y dependen de grupos criminales locales y pandillas callejeras para distribuir cocaína en México y Norte América. El grupo brasileño *Primeiro Comando da Capital* (PCC) ha ampliado su presencia en otros países sudamericanos, en África y Europa y controla varias rutas del suministro de cocaína. Estos grupos, a su vez, se conectan con estructuras mafiosas de Afganistán, Turquía, Italia, los Balcanes y Holanda, que reciben la droga y la distribuyen en Europa, África y Asia (UNODC, 2023). Son muchos los grupos que interactúan y se coordinan en estas redes. UNODC presenta en su informe el siguiente mapa de actores armados ilegales que actúan en tres países (Colombia, Perú y Bolivia) de la cuenca amazónica:

Mapa 6. Ecosistema transnacional de grupos narcotraficantes en la cuenca amazónica

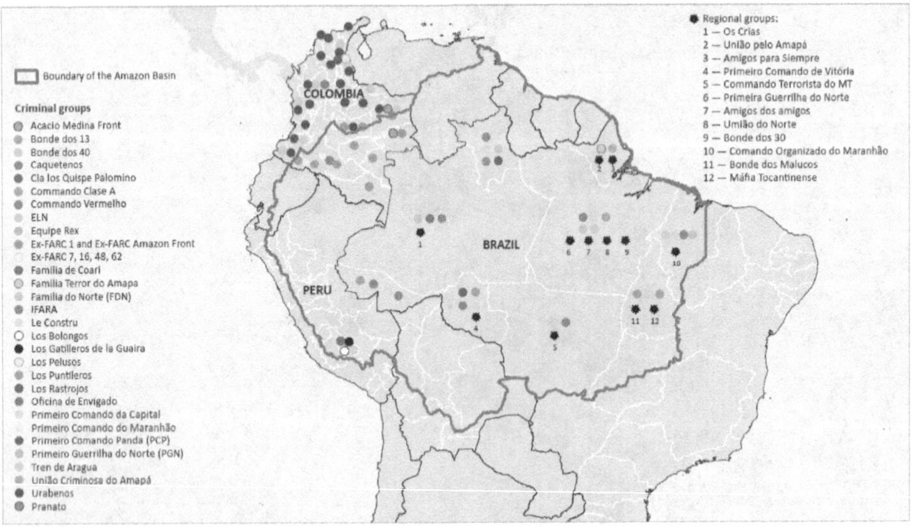

The boundaries and names shown and the designations used on this map do not imply official endorsement or acceptance by the United Nations.

Sources: *Cartografias das violências na região amazônica* (Fórum Brasileiro de Segurança Pública, 2021); InSight Crime (2022); and Amazon Network of Georeferenced Socioenvironmental Information (RAISG, 2022).

Fuente: UNODC, 2023, 89.

4. EL ESTADO Y EL NARCOTRÁFICO EN AMÉRICA LATINA

El análisis sobre el Estado y el crimen organizado en Latinoamérica es un tema complejo que ha generado un amplio debate en la comunidad académica. Los estudios más prominentes que han trabajado la relación Estado-Crimen organizado coinciden en señalar que cada vez es más evidente que el narcotráfico no puede existir sin importantes niveles de cooperación y protección estatal. De lo contrario, ¿cómo explicar el creciente comercio internacional de drogas ilícitas que se ha descrito anteriormente? ¿Cuál es la relación que tiene el Estado —y los actores políticos y económicos que lo controlan— con el crimen internacional organizado?

En diferentes países de América Latina, en Estados Unidos y Europa existen investigaciones judiciales que involucran con el narcotráfico, entre otros, a agentes de la fuerza pública, jueces, magistrados de las altas cortes, fiscales y congresistas. Los narcotraficantes, sin duda alguna, requieren de la complicidad y cooperación de agentes estatales, en diferentes escalas, para crecer, reproducirse y operar con éxito: requieren de la flexibilización del control de las rutas (marítimas, aéreas y terrestres) para transportar las drogas ilícitas a nivel nacional, transfronterizo y transoceánico; necesitan funcionarios judiciales que obstruyan los procesos e investigaciones jurídicas que enfrentan y que los saquen de las cárceles o que les permitan operar desde ellas; requieren de congresistas que formulen, impulsen y defiendan leyes que expresen sus intereses y que favorezcan la consolidación de espacios que faciliten sus transacciones financieras, el lavado de activos y el blanqueo de dineros. Diversos estudios demuestran la connivencia entre altos funcionarios públicos y las redes del narcotráfico y, también, los altos niveles de violencia que han ejercido los narcotraficantes, a nivel social, para presionar o evitar decisiones gubernamentales que los afectan, y, a nivel político e institucional, para eliminar físicamente o excluir de las instancias de decisión estatal a quienes se oponen a sus intereses y persiguen judicialmente a los funcionarios que están aliados con el crimen organizado. (Arias & Goldstein, 2010; Bailey & Taylor, 2009; Bagley, 2012; Garay, L. J. & Salcedo-Albarán, 2012; Duncan, 2014; Bergman, 2018; Trejos & Ley, 2020).

Esta relación entre el Estado y el narcotráfico tiene lugar en un capitalismo global, caracterizado por un desarrollo acelerado de nuevas tecnologías de la información, del incremento no controlado de grandes transacciones financieras y de la consolidación de corporaciones globales. Para su funcionamiento, el capitalismo moderno exige de los Estados su adhesión y aplicabilidad normativa a protocolos internacionales legales de carácter contable, financiero y de seguridad —formalizados en acuerdos y tratados— con el fin de garantizar la fiabilidad de la circulación y flujo de capitales. Sin embargo, como señala Appadurai (2001; 2007) con la globalización se ha generado una crisis de circulación provocada por lo que él denomina "*dislocaciones*" entre distintos tipos de flujos (flujos de imágenes, de ideologías, de bienes, de personas, y de riqueza). Afirma Appadurai que la lógica de la circulación contemporánea no ocurre de manera sincronizada —como se ha concebido teórica y normativamente— sino que se ha diversificado y dislocado cada vez más en su ámbito espacial, en su legibilidad semiótica, en su velocidad y ritmo de movimiento y en los caminos por donde se mueve y construye para moverse. A esta nueva dinámica de circulación dislocada se han integrado los flujos globales de capital que proceden, entre otras fuentes, del comercio ilegal de armas, de personas y de drogas ilícitas.

Este ímpetu desenfrenado del capital global, que se mueve sin restricciones ni límites y que ha permitido la fusión de capitales legales e ilegales, ha generado profundas tensiones en los Estados que, en sus narrativas, se presentan como reguladores de la economía y del crimen organizado, desde sus políticas antidrogas, pero que, en la práctica, actúan en connivencia con *zonas grises* en donde los criminales y los agentes estatales se cruzan y confabulan para garantizar el funcionamiento del narcotráfico y la legalización de sus capitales (Castell, 2001; Appadurai, 2007; Trejos & Ley, 2020). Es importante señalar que estas *zonas grises* se han consolidado históricamente en Latinoamérica y han dado lugar a la emergencia de *Gobernanzas Criminales* (Arias, 2006; Arias, 2017; Gillies, 2018; Durán-Martínez, 2018; Bergman, 2018; Trejos & Ley, 2020)

Para entender la emergencia de estas gobernanzas criminales, es necesario tener presente que el narcotráfico en América Latina se consolidó territorialmente. Progresivamente el narconegocio fue cooptando las estructurales locales del poder —apoyándose para ello en la violencia extrema y las redes clientelares que han predominado en los estados subnacionales de América Latina— y comenzó desde allí a disputarle a los Estados centrales el control de lo político. Para las redes del narcotráfico no fue difícil anclarse y coordinar acciones con las redes clientelares subnacionales y nacionales que, históricamente y de *facto* ya habían abierto el camino para el manejo privado de las estructuras del poder. De hecho, los estudios sobre el clientelismo en América Latina han demostrado que desde tiempos republicanos hasta el presente se han gestado *pactos territoriales*, suscritos entre entidades públicas locales, clase política tradicional, empresarios, comerciantes, terratenientes y elites religiosas, que han servido para formalizar contratos políticos y económicos, administrar y canalizar recursos públicos con sus aliados y acordar tiempos de manejo y sucesión del poder político de las estructuras locales del poder (municipales, departamentales y nacionales) (Eaton, 2010; Hilgers, 2012; Pansters, 2018; González T, 2019).

Guillermo O'Donnell (2004, 2002), en sus estudios sobre la democracia en América Latina, destaca la existencia de poliarquías imperfectas y del manejo patrimonial de las estructuras del poder, donde la "democracia" coexiste con desafíos significativos en términos de (in)efectividad de lo legal. Para este analista, en la región se consolidaron históricamente dos órdenes institucionales que están profundamente imbricados y relacionados: el primer orden político e institucional es el *autoritario subnacional*, donde el Estado de derecho ha perdido gran parte de su esencia y se materializa en poderes privados fácticos que inciden en las ramas estratégicas del poder (el legislativo, el ejecutivo y el judicial) y en todos los niveles del gobierno, incluyendo los órganos de control. Se trata de un orden que subordina las decisiones institucionales y las políticas públicas a los grupos de poder subnacional (económicos y políticos). Y el segundo orden político e institucional es el *nacional*, que sigue en sus narrativas legislativas y constitucionales, cumpliendo su labor de encubrimiento de relaciones de poder asimétricas que están al servicio de intereses políticos y económicos privados. Se han consolidado, entonces, dos órdenes políticos que coexisten y se alimentan mutuamente en lo que O'Donnell, denomina "*las zonas marrones*" y que define como: "*sistemas sub-nacionales de poder con base territorial y un sistema legal, informal pero eficaz, que coexiste con un régimen que al menos en su centro político es democrático*" (O'Donnell, 2002, 305-336).

Las nuevas clases políticas y económicas subnacionales, fortalecidas con las redes del narcotráfico, fueron conquistando espacios importantes en las instancias nacionales, disputándole el sistema de privilegios a las burguesías tradicionales e imponiendo prácticas autoritarias e ilegales en el manejo de los asuntos públicos. Los estudios de Garay, L. J. & Salcedo-Albarán (2012), Duncan (2014), Arias (2017); Flom, 2019 y Trejos & ley (2020) demuestran que el narcotráfico introdujo enormes volúmenes de capital a nivel institucional, en los niveles subnacionales y nacionales, y ha incidido en los procesos electorales, inaugurado nuevas alianzas y coaliciones políticas, e impuesto, como premisa y norma cotidiana, la corrupción gubernamental, las transgresiones normativas, la impunidad y los abusos del poder[5].

Progresivamente se ha consolidado la Gobernanza Criminal en América Latina. Agentes criminales, autoridades de la fuerza pública y miembros de clase política se han integrado e insertado en las estructuras subnacionales y nacionales del poder, mediante prácticas ilegales y legales (pero ilegitimas) y han puesto a su servicio las reglas políticas establecidas institucionalmente para formular e implementar políticas públicas que responden a sus intereses particulares, pero que, en una suerte de encubrimiento, son presentadas como favorables al conjunto de la sociedad. En un inters-

---

5 O'Donnell (2002) identificó como características de los abusos del poder estatal y su ejercicio al servicio de intereses particulares las siguientes: (a) promulgación de leyes discriminatorias a grupos vulnerables; (b) aplicación discrecional de la ley en beneficio de los privilegiados y aplicación de procedimientos legales que garantizan la impunidad; (c) menosprecio institucional a algunos sectores sociales; (d) creación de trabas burocráticas y económicas para acceder al poder judicial e iniciar procesos jurídicos trasparentes y (e) flagrantes y permanentes acciones ilegales por parte de funcionarios públicos y la no investigación de dichas acciones.

ticio poroso entre lo legal y lo ilegal, la institucionalidad latinoamericana ha sido usada y funcionalizada para potenciar economías ilícitas y niveles avanzados de corrupción. El informe final de la Comisión para el Esclarecimiento de la Verdad, la Convivencia y la No Repetición de Colombia, por ejemplo, destaca que el poder político y el modelo de Estado han sido funcionales al narcotráfico. Esto lo evidencia la Comisión al analizar la entrada del narcotráfico a la política, al revisar las falencias institucionales para la investigación de dineros y de rentas ilegales y al investigar la relación entre la fuerza pública y los grupos criminales (Comisión, 2022)

El crimen organizado se ha fundido progresivamente con las clases políticas, con los partidos políticos y con las clases económicas empresariales; el narcotráfico hace parte actualmente de las élites en el poder, participa en las decisiones políticas, en el diseño de las políticas públicas, en la toma de decisiones y controla grandes capitales, medios de producción e importantes medios de comunicación (Insight Crime, 2016). Señala Gibson (2006), que la clave del éxito de cualquier estrategia política por parte de las élites autoritarias subnacionales es el monopolio de vínculos entre lo nacional y lo subnacional. El predominio en la política a nivel subnacional frecuentemente exige no solo prevalecer en el contexto político institucional local, sino también controlar los vínculos entre diferentes niveles de decisión política y organización territorial. Los intereses subnacionales y nacionales tienen una relación simbiótica e involucran a los altos gobiernos nacionales, a los congresos nacionales, a las gobernaciones y a las alcaldías. Al respecto dice Gibson: *"En la interconectividad de un sistema nacional de gobernanza territorial el poder subnacional es un prerrequisito para el poder nacional y una herramienta para los que detentan el poder nacional. Este poder local se convierte en un trampolín para los aspirantes a cargos nacionales y en una base de apoyo una vez están en el cargo"* (Gibson, 2006, 204-237).

Insight Crime (2016) plantea que, en materia de lavado de activos, las organizaciones criminales han invadido las economías subnacionales de muchos países latinoamericanos, adquiriendo grandes extensiones de tierra, monopolizando los productos locales, apoderándose de proyectos de obras públicas y de vivienda y creando conglomerados económicos. En algunos casos, han emergido como una nueva élite política y económica, con legitimidad social. En otros, trabajan muy de cerca con los poderes económicos tradicionales. En esencia, dice Insight Crime, son organizaciones que han diversificado sus portafolios de negocios y en ocasiones se han vuelto actores integrales en la ejecución de programas de desarrollo. Son actores fundamentales en planes de inversión rural, en proyectos agroindustriales, de turismo, de bienes raíces, de minería y otros proyectos económicos de capital intensivo. Sus intereses frecuentemente se entrecruzan con intereses gubernamentales y de grupos económicos privados mediante una enmarañada red de asociaciones y alianzas que tienen bajo su control. Su participación y la inyección de recursos les dan sostenibilidad a dichos proyectos y muchos analistas económicos consideran esas inyecciones de capital como bastiones de desarrollo económico.

De igual manera el sector financiero juega un rol clave en lo que tiene que ver con blanqueo de dineros ilegales. Existen investigaciones académicas que ha explorado la relación entre este sector y el narcotráfico y han mostrado cómo los flujos financieros asociados con el narconegocio han sido canalizados a través de sistemas financieros *offshore*, conocidos como *paraísos fiscales*, para ocultar la verdadera fuente y naturaleza de los fondos. En los paraísos fiscales se blanquea el dinero generado por las economías ilícitas, se crean empresas fantasmas, fideicomisos y fundaciones, para dificultar el rastreo de activos relacionados con el narcotráfico, y se establece un alto nivel de confidencialidad bancaria que impide conocer el origen y la legalidad de los capitales depositados en ellos (Baker, 2005; Shaxson, 2011; Levi, 2015).

Según el informe del 2022 de la Junta Internacional de Fiscalización de Estupefacientes (JIFE, 2022), en un documento del 2011 las Naciones Unidas consideraron que los importes disponibles para el blanqueo a través del sistema financiero equivalían al 2,7% (2,1% a 4,0%) del PIB mundial, es decir, 1,6 billones de dólares en 2009. Si solo se tuvieran en cuenta los flujos relacionados con el tráfico de drogas y otras actividades delictivas organizadas transnacionalmente, anota el Informe de la JIFE, los ingresos conexos habrían ascendido a unos 650.000 millones de dólares anuales en la primera década del nuevo milenio, lo que equivaldría al 1,5% del PIB mundial, u 870.000 millones de dólares en el 2009. Corresponden a las drogas ilícitas, en este cálculo, alrededor del 20% (17% a 25%) del producto total del delito, aproximadamente la mitad del producto de la delincuencia organizada transnacional y entre el 0,6% y el 0,9% del PIB mundial (JIFE, 2022, 7).

La JIFE en su informe del 2022 explora la cuestión de los flujos financieros ilícitos relacionados con el tráfico de drogas, a través de una serie de estudios de casos, y examina el impacto de esos flujos financieros en el desarrollo, en la estabilidad política, económica y social, y en la seguridad. Así mismo, presenta a los Estados miembros un conjunto de recomendaciones para combatir institucionalmente este delito y les hace un llamado para mejorar sus acciones institucionales contra el lavado de activos y el blanqueo de dineros. Según se desprende de este Informe, son muy precarios los resultados que los Estados reportan en esta materia. ¿Por qué esta precariedad en América Latina? En lo que se refiere al control de la oferta, el tráfico y el consumo de drogas ilícitas, como se demostró anteriormente, el enfoque prohibicionista de la política antidrogas terminó por beneficiar el comercio internacional de drogas, que es donde se origina el flujo financiero de los capitales ilícitos. Y, en lo que respecta al lavado de activos y blanqueo de dinero, la consolidación de las gobernanzas criminales en América Latina, en los niveles subnacionales y nacionales, explica la precariedad de los resultados reportados por los Estados de la región en esta materia ante la JIFE.

5. CONCLUSIÓN

Para comprender la geopolítica de las drogas ilícitas en América Latina, se han trabajado en este documento tres elementos que están profundamente imbricados y que tienen una relación simbiótica: la política antidrogas vigente en cada uno de los países de la región, la dinámica actual del narcotráfico y las gobernanzas criminales que están insertas en las estructuras subnacionales y nacionales del poder de los países del área. A modo conclusión, se sintetiza lo que se desprende de este documento para cada uno de estos elementos:

En materia de política antidrogas, cada Estado de la región elabora informes que dan cuenta de sus acciones emprendidas para combatir el narcotráfico: reportan en cifras el número de hectáreas de cultivos de uso ilícito erradicadas de manera forzada, el número de laboratorios de procesamiento de pasta básica de cocaína y clorhidrato de cocaína destruidos, las acciones adelantadas en las ciudades contra narcomenudeo y el microtráfico, el número de incautaciones de cargamentos de drogas adelantadas en los niveles terrestre, marítimo y aéreo, el número de detenciones y extradiciones de agentes vinculados a las diferentes eslabones de la cadena del narcotráfico y el número de acciones adelantadas contra redes del narcotráfico, sus rutas y sus transacciones financieras. Sin embargo, revisando los informes mundiales de drogas presentados anualmente por las Naciones Unidas, se observa que las acciones emprendidas por los Estado de la región contra los narcóticos no son significativas ni han afectado la industria del narcotráfico: en el informe mundial de drogas del 2023 se observa que existe todavía una significativa oferta y disponibilidad de drogas ilícitas en el comercio internacional, que el precio de las drogas se ha mantenido estable e incluso incrementado, que la demanda ha crecido y su consumo se ha ampliado en las diferentes regiones del mundo. La política antidrogas en América Latina, eminentemente prohibicionista, nunca ha entregado resultados exitosos con respecto al objetivo que orienta su mandato, que es reducir el suministro de drogas ilegales y su demanda.

Pese a que las cifras crecientes del comercio internacional de drogas reflejan el fracaso de la política antidrogas vigente en la región, llama la atención que en más de cincuenta años que lleva la cruzada internacional contra las drogas, ni Estados Unidos ni los países latinoamericanos se han detenido a revisar sus políticas y repensar sus estrategias de lucha contra los narcóticos. La insistencia en conservar este tipo de política indica que, para los Estados Unidos, la guerra contra las drogas es la nueva estrategia geopolítica de intervención imperial en la región, después de la guerra fría y, para los países latinoamericanos, una estructura de oportunidad para dar respuesta militar a los problemas socioeconómicos y políticos que enfrentan, fortalecer su política armamentista y endurecer sus marcos normativos.

Los estados de la región se presentan en sus narrativas como instancias autónomas que, en defensa de la sociedad, regulan y combaten el crimen organizado, pero, en la práctica, actúan en connivencia con *zonas grises* en donde los criminales y los agentes estatales se cruzan y confabulan para garantizar el funcionamiento del narcotráfico y la legalización de sus capitales. Progresivamente en América Latina se fueron consolidando gobernanzas criminales. Agentes criminales, autoridades de la fuerza pública y miembros de clase política se integraron y se insertaron en las estructuras subnacionales y nacionales del poder, mediante prácticas ilegales y legales (pero ilegitimas) y han puesto a su servicio las reglas políticas establecidas institucionalmente para formular e implementar políticas públicas quc rcsponden a sus intereses particulares, pero que, en una suerte de encubrimiento, son presentadas como favorables al conjunto de la sociedad. En un intersticio poroso entre lo legal y lo ilegal, la institucionalidad latinoamericana ha sido usada y funcionalizada para potenciar economías ilícitas y niveles avanzados de corrupción.

Mientras el paradigma prohibicionista siga orientando la política antidrogas en América Latina y no se implementen nuevas políticas que enfrenten el tema de las drogas de manera integral y permitan la regularización y legalización de las drogas, el narcotráfico seguirá incidiendo en las políticas públicas, inyectando sus capitales en las macroeconomías de la región, corrompiendo las instituciones encargadas de combatirlo, usando la violencia como estrategia de presión y financiando ejércitos privados para la protección de sus intereses.

6. BIBLIOGRAFÍA

Álvarez S & Escobar A & Dagnino E (Ed.) 1998. Cultures of Politics and Politics of Cultures. Revisioning Latin American Social Movements. Boulder, Colorado: Westview Press.

Appadurai, Arjun. 2001. La Modernidad desbordada. Dimensiones culturales de la globalización. FLACSO, Argentina: Ediciones TRILCE S.A. – Fondo de Cultura Económica.

Appadurai, Arjun. 2007. El rechazo de las minorías. Ensayo sobre la geografía de la ira. Barcelona: Tusquets Editores S.A.

Arias, Enrique D. and Daniel Goldstein. 2010. Violent Democracies in Latin America. Durham, NC: Duke University Press.

Arias, Enrique Desmond. 2006. "The Dynamics of Criminal Governance: Networks and Social Order in Rio de Janeiro," Journal of Latin American Studies 38(2): 293-325.

Arias, Enrique Desmond. 2017. Criminal Enterprises and Governance in Latin America and the Caribbean. New York: Cambridge University Press.

Arrieta, Carlos et al. 1991. Narcotráfico en Colombia. Dimensiones políticas, económicas, jurídicas e internacionales. Bogotá: Uniandes - Tercer mundo Editores.

Bagley, Bruce. 1998. "Hablando duro: la política internacional antinarcóticos de los Estados Unidos en los años noventa." En *Colombia y Estados Unidos, Problemas y Perspectivas*, editado por Juan Gabriel Tokatlian, 103-118. Bogotá: Colciencias, Iepri y Tercer Mundo Editores.

Bagley, Bruce. 2012. Drug-trafficking and Organized Crime in the Americas. Washington, DC: Woodrow Wilson Center Update on the Americas.

Bailey, John & Matthew M. Taylor. 2009. "Evade, Corrupt, or Confront? Organized Crime and the State in Brazil and Mexico," Journal of Politics in Latin America 1(2): 3-29.

Baker, R. W. 2005. Capitalism's Achilles Heel: Dirty Money and How to Renew the Free-Market System. John Wiley & Sons.

Becker, G., Murphy, K. & Grossman, M. (2004) The economic theory of illegal goods: the case of drugs. NBER working paper series No. 10976. 37 pp. https://ideas.repec.org/p/nbr/nberwo/10976.html

Becker, Gary, Kevin Murphy & Michael Grossman. 2004. "The Economic Theory of Illegal Goods: The Case of Drugs." National Bureau of Economic Research (NBER) Working Paper Series No. 10976, 2004. 37 pp. Enlace: https://ideas.repec.org/p/nbr/nberwo/10976.html

Beckmann, Nicolas Alexander. 2021. "Luces para entender el prohibicionismo: los orígenes sudamericanos de la 'guerra contra las drogas'." Revista de Estudios Sociales

77 (2021). Publicado el 28 de agosto de 2021. URL: http://journals.openedition.org/revestudsoc/49969.

Bergman, Marcelo. 2018. More Money, More Crime: Prosperity and Rising Crime in Latin America. Oxford: Oxford University Press.

Bonilla, Heraclio. 1980. Un siglo a la deriva. Ensayos sobre el Perú, Bolivia y la Guerra. Instituto de Estudios Peruanos, Lima, Perú.

Burka, Melvin. 2016. "Visiones e ilusiones del tráfico ilícito de droga y la guerra contra las drogas en el siglo XX." Institut français d'études andines- Open Edition Books, págs 493-517.

Buzan, Barry, Ole Waever & Jaap Wilde. 1998. Security: A New Framework for Analysis. Boulder: Lynne Reinner.

Buzan, Barry & Ole Waever. 2003. Regions and Powers: The Structure of International Security. Cambridge: Cambridge University Press.

Casar, María Amparo & Maldonado Claudia. 2010. "Formación de agenda y procesos de toma de decisiones. Una aproximación desde la ciencia política". En: Problemas, decisiones y soluciones. Enfoques de política pública, 207-238. México: fce/cide;

Castells Manuel. 2001. "La conexión perversa: La economía criminal global". En: La era de la información. Economía, sociedad y cultura. Fin del Milenio. Volumen 3. Siglo XXI Editores. Capítulo 3, Pp 199-243.

Castro-Gómez Santiago & Restrepo Eduardo (Ed.) 2008. Genealogías de la Colombianidad. Formaciones discursivas y tecnologías de gobierno en los siglos XIX y XX (pp. 10-40). Bogotá: Editorial Universidad Javeriana, Instituto de Estudios Sociales y Culturales Pensar.

CEDD-CIDE. 2014. Pérez C. Catalina (CIDE) & Youngers Coletta (WOLA), editoras. En busca de los derechos: Usuarios de drogas y las respuestas estatales en América Latina. México: Colectivo de Estudios Drogas y Derecho/Centro de Investigación y Docencia Económicas. ISBN 978-607-9367-15-2. Julio de 2014.

Chaparro, Perez, & Youngers. 2017. Castigos Irracionales. Leyes de Drogas y Encarcelamiento en América Latina. CEDD: México.

Comisión de la Verdad. 2022. "Hay futuro si hay verdad. Hallazgos y recomendaciones de la Comisión de la Verdad de Colombia." Tomo II Informe Final de la Comisión para el Esclarecimiento de la Verdad, la Convivencia y la No Repetición. Bogotá, Colombia: Primera edición.

Desch, Michael. 1998. "La política exterior estadounidense de la posguerra fría y América Latina." En *Colombia y Estados Unidos, Problemas y Perspectivas,* editado por Juan Gabriel Tokatlian, 65-102. Bogotá: Colciencias, Iepri y Tercer Mundo Editores.

Duncan, Gustavo. 2014. Más que plata o plomo. El poder político del narcotráfico en Colombia y México. Bogotá: Debate.

Durán-Martínez, Angélica. 2018. The Politics of Drug Violence: Criminals, Cops and Politicians in Colombia and Mexico. Oxford: Oxford University Press.

Eaton, Kent. 2010. "The Downside of Decentralization: Armed Clientelism in Colombia," Security Studies 15(4): 533-562.

Escobar, Arturo. 1996. La Invención del Tercer Mundo. Construcción y deconstrucción del desarrollo. Bogotá: Editorial Norma.

Escohotado, Antonio. 2008. Historia general de las drogas. Fenomenología de las Drogas. Complementada por el apéndice. Madrid: Espasa Calpe.

Flom, Hernán. 2019. "State Regulation of Organized Crime: Politicians, Police, and Drug Trafficking in Argentina." Latin American Politics and Society 6(3): 104-128.

Flores-Macías, Gustavo A. 2018. "The Consequences of Militarizing Anti-Drug Efforts for State Capacity in Latin America: Evidence from Mexico," Comparative Politics 51(1): 1-20

Garay, L. J. & Salcedo-Albarán, E. 2012. Narcotráfico, corrupción y Estados. Cómo redes ilícitas reconfiguran instituciones en Colombia, Guatemala y México. Random House. México D.F., México, septiembre.

Gerston, Larry N. 1997. Public Policy Making. Process and Principles. Nueva York: M. E. Sharpe.

Gibson, Edwuard. 2006. "Autoritarismo subnacional: estrategias territoriales de control político en regímenes democráticos". Desafíos, vol. 14, enero-junio, 2006, pp. 204-237. Universidad del Rosario Bogotá, Colombia

Gillies, Allan. 2018. "Theorising State-Narco Relations in Bolivia's Nascent Democracy (1982-1993): Governance, Order and Political Transition," Third World Quarterly 39(4): 727-746.

González Tule, L. A. (Ed.) 2019. Clientelismo, Patronazgo y Corrupción en Colombia y México. Barranquilla: Universidad del Norte, Colombia.

Gootenberg, Paul. "Cocaine in Chains: The Rise and Demise of a Global Commodity, 1860-1950". En From Silver to Cocaine, editado por Steven Topik, Carlos Marichal y Zephyr Frank, 321-351. Durham y Londres: Duke University Press, 2007.

Hilgers Tina, ed. 2012. "Clientelism in Everyday Latin American Politics". New York: Palgrave Macmillan.

Inkster, Nigel & Comolli, Virginia. 2013. "Drogas, inseguridad y estados fallidos. Los problemas de la prohibición." Bogotá, Colombia: The International Institute for Strategic Studies(IISS) y Universidad de los Andes.

Insight Crime. 2016. https://es.insightcrime.org/investigaciones/elites-y-crimen-organizado-marco-conceptual/

JIFE. 2022. "Informe de la Junta Internacional de Fiscalización de Estupefacientes correspondiente a 2021". Viena: Naciones Unidas.

Labiano, Virginia. 2020. "Estilos estatales de regulación de las drogas ilegales en Sudamérica." Revista Mexicana de Ciencias Políticas y Sociales, Universidad Nacional Autónoma de México. Nueva Época, Año l xv, núm. 240 (septiembre-diciembre de 2020): 89-118. ISSN-2448-492X. doi: http://dx.doi.org/10.22201/fcpys.2448492xe.2020.240.67073.

Levi, M. 2015. The Offshore World: Understanding and Tackling Money Laundering and Tax Havens. Journal of Money Laundering Control, 18(3), 228-251.

Majone, Giandomenico. 2006. "Agenda Setting". En: The Oxford Handbook of Public Policy, editado por Michael Moran, Martin Rein y Robert E. Goodin, 228-250. Oxford: Oxford University Press.

Mitchell, Christopher. 1998. "Una Espiral descendiente? Sobre cómo se elabora la política de los Estados Unidos hacia Colombia." En *Estados Unidos Potencia y Prepotencia*, editado por Luis Alberto Restrepo, 1-38. Bogotá: Iepri, Pnud y Tercer Mundo Editores.

Molano Cruz, Giovani. 2017. "A View from the South: The Global Creation of the War on Drugs." Contexto Internacional 39, no. 3 (2017): 633-653. https://doi.org/10.1590/s0102-8529.2017390300009.

Monroy Díaz, Javier. 2013. "La penalización de drogas en América Latina desde el marco legal y constitucional" URVIO, Revista Latinoamericana de Estudios de Seguridad, núm. 13, junio, 2013, pp. 127-136. Quito - Ecuador: Facultad Latinoamericana de Ciencias Sociales.

Nixon, Richard. 1971. "Remarks About an Intensified Program for Drug Abuse Prevention and Control." 17 de junio. Disponible en: https://www.presidency.ucsb.edu/documents/remarks-about-intensified-program-for-drug-abuse-prevention-and-control

O'Donnell Guillermo. 2002. "Las poliarquías y la (in)efectividad de la ley en América Latina," en J. Méndez, G. O'Donnell y P.S. Pinheiro, orgs. 2002. La (In)efectividad de la ley y la exclusión en América Latina (Buenos Aires y Barcelona: Editorial Paidós: 2002) p.305-336.

O'Donnell Guillermo. 2004. "Democracia y Estado de Derecho". Journal of Democracy, Volumen 15, n. 4 (Octubre 2004) p.32-46.

Ocampo, José A. 1984. Colombia y la Economía Mundial. 1830-1910. Siglo XXI Ed. Bogotá, Colombia.

Oficina de las Naciones Unidas de Fiscalización de Drogas y Prevención del Delito (ODCCP). 2001. *Tendencias Mundiales de las Drogas Ilícitas. Estudios de la OFDPD sobre Drogas y Delitos. 2001. Estadísticas.* New York: Publicaciones Naciones Unidas.

Pansters, Wil. 2018. "Drug Trafficking, the Informal Order, and Caciques. Reflections on the Crime-Governance Nexus in Mexico," Global Crime 19 (3-4): 315-338.

Pérez Correa, Catalina & Coletta Youngers, eds. En busca de los derechos: usuarios de drogas y las respuestas estatales en América Latina. México: Colectivo de Estudios Drogas y Derecho/Centro de Investigación y Docencia Económicas, 2014. https://idpc.net/es/publications/2014/05/en-busca-de-los-derechos-usuarios-de-drogas-y-las-respuestas-estatales-en-america-latina (consultado el 10 de julio de 2015), pp. 65-79.

Ruiz H. Hernando. 1979. "Implicaciones sociales y económicas de la producción de la marihuana en Colombia". En Marihuana: ¿legalización o represión? Bogotá. ANIF.

Saffer, Henry & Frank J. Chaloupka. 1995. "The Demand for Illicit Drugs." National Bureau of Economic Research (NBER) Working Paper No. w5238. Enlace: https://papers.ssrn.com/sol3/papers.cfm?abstract_id=225302

Salgado, R. Henry. 2012. "El Campesinado de la Amazonia colombiana: construcción territorial, colonización forzada y resistencias." Tesis Doctoral, Departamento de

Antropología, Universidad de Montreal, Canadá. https://papyrus.bib.umontreal.ca/xmlui/bitstream/handle/1866/9115/Salgado_Henry_HS_2012_these.pdf?sequence=6

Shaxson, Nicholas. 2011. Treasure Islands: Uncovering the Damage of Offshore Banking and Tax Havens. Public Affairs.

Thoumi, Francisco E. 2009. "La normatividad internacional sobre drogas como camisa de fuerza." Nueva Sociedad. Nuso Nº 222 (julio-agosto 2009): 41-59. ISSN: 0251-3552. [En línea] <www.nuso.org> (consultado en 2023).

Thoumi, Francisco. 2015. Debates y paradigmas de las políticas de drogas en el mundo y los desafíos para Colombia. Bogotá: Publicaciones ACCE.

Tokatlian, Juan Gabriel. 1997. "Drogas psicoactivas ilícitas y política mundial: la indudable e inestable internacionalización de Colombia." En *Colombia: entre la inserción y el aislamiento. La política exterior colombiana en los años noventa,* editado por Socorro Ramírez y Luis Alberto Restrepo, 179-201. Bogotá: Iepri, Siglo del Hombre Editores.

Trejos Guillermo & Ley Sandra. 2020. Votes, drugs, and violence: the political logic of criminal wars in Mexico. Cambridge University Press, New York

United Nations Office for Drug Control and Crime Prevention (ODCCP). 2002. *Global Illicit Drug Trends* 2002. OFDPD Studies on Drug and Crime Statistics. New York: United Nations Publication.

United Nations Office on Drugs and Crime (UNODC). 2008. World Drug Report 2008. Vienna: United Nations Publication, 171-22.

United Nations Office on Drugs and Crime (UNODC). 2009. A Century of International Drug Control 1909 2009. This report is an extended version of Chapter 2 of the World Drug Report 2008. Vienna: United Nations Publication.

United Nations Office on Drugs and Crime (UNODC). 2011. World Drug Report 2011. Viena: United Nations Publication.

United Nations Office on Drugs and Crime (UNODC). 2013. The International Drug Control Conventions. Viena: United Nations Publication.

United Nations Office on Drugs and Crime (UNODC). 2023. World Drug Report 2023. Viena: United Nations Publication.

Uprimny, Guzmán, & Norato. 2012. La adicción punitiva. La desproporción de leyes de drogas en América Latina. Documentos 3 CEDD – Dejusticia, Bogotá.

Zavaleta, M. Rene. 1986. Lo nacional-popular en Bolivia. Siglo XIX Ed. México.

4.2. Antropologías latinoamericanas: nación, racismo y colonialismo interno

JOSE ANTONIO FIGUEROA[1]
Universidad Central del Ecuador
jafigueroa@uce.edu.ec

1. INTRODUCCIÓN

El presente capítulo propone una lectura de la antropología latinoamericana a partir de unas reflexiones sobre las definiciones ontológicas y los ajustes epistemológicos y metodológicos que esta disciplina ha realizado frente a los complejos desafios que representam las articulaciones de los sectores minorizados y racializados a los estados nacionales. Daremos especial importancia a la tensión visible entre la defensa de las diferencias étnico-culturales por parte de la antropología y las desigualdades sociales, económicas y políticas que afectan a los sectores racializados en su relación con los estados nacionales latinoamericanos. En este sentido nos enfocaremos en el modo como la antropología se ha definido frente a las relaciones que indígenas, afrodescendientes e incluso sectores mestizos han tenido con los estados nacionales en un proceso que inicia entre fines del Siglo XIX y principios del Siglo XX, cuando predominaban las premisas del racismo biológico, y continúa hoy, cuando las desigualdades de los sectores minorizados y racializados se profundizan al tiempo que se exaltan las diferencias en contextos multiculturalistas.

---

1 Ph. D. Estudios Culturales Latinoamericanos y Literatura Hispanoamericana por la Universidad de Georgetown y Ph.D en Antropología Social Universidad Rovira I Virgili, Tarragona, España. Profesor e Investigador de la Facultad de Ciencias Sociales y Humanas Universidad Central. Ha enseñado en distintas universidades como la Universidad de Hannover, Alemania, la de Michigan y Georgetown en Estados Unidos, la FLACSO, Universidad Andina, Universidad Católica en Ecuador, así como en la Universidad Nacional, Universidad Javeriana y Universidad de los Andes en Bogotá. Trabaja temas de racismo y violencia en una perspectiva transdisciplinar en la que combino antropología, literatura e historia. Tiene más de cincuenta artículos y cinco libros publicados. Entre los libros están Republicanos Negros, Crítica, Planeta, Bogotá 2022, Realismo mágico, vallenato y violencia política en el Caribe Colombiano, icanh, Bogotá 2009.

A partir de la referencia a los de casos de Cuba, México, Argentina, Perú y Ecuador, se mostrarán los modos como la antropología se ha posicionado frente a las relaciones entre los estados nacionales latinoamericanos y las poblaciones racializadas y minorizadas en un ciclo que va entre fines del siglo XIX y la contemporaneidad. En este sentido se contemplarán tres momentos claves de la antropología continental: el del predominio del racismo biológico y su impacto en la antropología física y el evolucionismo entre fines del siglo XIX e inicios del Siglo XX; el proyecto de integración nacional de los sectores racializados y minorizados impulsados desde el indigenismo mexicano y el período contemporáneo cuando predomina el multiculturalismo y el neoliberalismo. El artículo cierra con un contraste de las corrientes del republicanismo popular que muestran los reclamos por la igualdad social por parte de los sectores racializados y minorizados, como una posibilidad de releer desde una perspectiva emancipatoria el derecho a la defensa de las diferencias junto al reconocimiento del derecho a la igualdad socio económica y política por parte de esos sectores.

2. ANTROPOLOGÍA, COLONIALISMO Y LA INVENCIÓN DEL "OTRO"

La antropología moderna surge a mediados del siglo XIX cuando una serie de transformaciones sociales inherentes a la consolidación de la industrialización en el capitalismo central hicieron que en el campo del conocimiento surgieran las disciplinas y las profesiones (Wallerstein, 1996). En este proceso, liderado por una burguesía y un colonialismo consolidados, a la antropología moderna le correspondió el papel de estudiar las sociedades y los grupos considerados "otros"; es decir, poblaciones enteras ubicadas tanto al interior de los países del capitalismo central, como en los continentes periferizados donde se consolidaba la expansión colonial.

La conversión en "otros", de amplios estamentos poblacionales, fue un fenómeno que ocurrió tanto al interior del capitalismo central como en las regiones periferizadas durante el transcurso del colonialismo al neocolonialismo. Así, junto al disciplinamiento inherente a la industrialización, que impuso hábitos como la familia nuclear burguesa, el patriarcalismo sustentado en la separación de los roles femeninos y masculinos, ciertos patrones en torno a la higiene y la administración de los horarios, también se impuso una división internacional de carácter racial en el que vastas poblaciones del mundo periferizado fueron clasificadas de acuerdo con premisas fundamentadas en la diferenciación racial y cultural. La antropología jugó un papel clave en los procesos de clasificación y ordenamiento de los estamentos poblacionales considerados racial o culturalmente "otros", tanto al interior del capitalismo central, como en las periferias neocoloniales (Krotz, 1993).

Así, en el capitalismo central gitanos, nacionalidades minorizadas, sectores empobrecidos, o delincuentes, fueron convertidos en "otros" antropológicos, y fueron clasificados, estudiados e intervenidos bajo categorías racializadas que constituirían las bases de la antropología física (Lombroso, 2006; Lombroso, 2001; Figueroa, 2022). Simultáneamente la antropología se consolidaba como un campo específico de estudio de las poblaciones nativas y de los sectores racializados de África, Asia y América Latina, destinados al trabajo precario en territorios concebidos como proveedores de materias primas para el capitalismo en expansión.

En el caso específico de América Latina, hacia la segunda mitad del siglo XIX, cuando aún se vivían los efectos de las guerras independentistas, el continente empezaba a sufrir los embates de un modelo neocolonial liderado inicialmente por Inglaterra y Francia, y luego por la nueva potencia imperial, los Estados Unidos. Al interior de los países, las nuevas condiciones neocoloniales presionaban por la imposición de un modelo de extracción primaria en el que a sectores como indígenas, afrodescendientes y campesinos les fueron asignados los roles más bajos en la nueva estructura global creada por el neocolonialismo; en este sentido la historia de la antropología puede leerse en los ajustes demográficos, sociales y culturales que el capitalismo moderno exigía en los países centrales y en los periféricos con el objetivo de lograr la consolidación de un modelo industrial, neocolonial y extractivo. Este proyecto, sin embargo, ha sido resistido por los estamentos populares racializados desde diversas corrientes como el marxismo, el liberalismo radical y desde lo que la historia social y la filosofía política han denominado republicanismo popular (Coronel, 2023; Guanche, 2017; Coronel y Cadahia, 2018; Sanders, 2009; Figueroa, 2022)

De otro lado, el capitalismo sufrió una transformación estructural en la segunda mitad del siglo XX. La consolidación del neoliberalismo impuso el dominio de las trasnacionales y una flexibilización económica encaminada a permitir el libre flujo del capital acumulado en el norte global (Harvey, 2005) lo cual hizo que las estructuras de los estados nacionales latinoamericanos heredadas del siglo XIX tuvieran que adaptarse a las nuevas condiciones (Rojas Villagra, 2015). Como veremos, las complejas relaciones entre los sectores racializados y minorizados y los estados nacionales, que desde la fundación de las repúblicas estuvieron caracterizadas por luchas y conflictos vinculados a su integración o a su marginación nacional, en las últimas décadas se han decantado en una serie de transformaciones jurídicas que proclaman el carácter pluricultural y plurinacional de algunos estados latinoamericanos (Tubino, 2005). En este capítulo se discuten algunos de los principales debates de la antropología contemporánea en torno a la compleja relación entre estados nacionales y sectores racializados y minorizados.

Seguidamente propongo una lectura diacrónica de la antropología latinoamericana, contextualizada en las complejas relaciones entre estados nacionales y sectores minorizados a nivel continental; posteriormente propongo leer estas relaciones en el contexto actual, en el que el predominio del neoliberalismo y el postmodernismo promueven la reivindicación de las diferencias étnicas y culturales, mientras se profundizan los conflictos políticos y económicos del capitalismo tardío.

Las relaciones entre sectores minorizados y estados nacionales se discutirán en los contextos de dominio del racismo biológico, de los indigenismos y del relativismo cultural posmoderno contemporáneo.

3. LA ANTROPOLOGÍA LATINOAMERICANA: DE LA CONSTRUCCIÓN DE LAS NACIONES A LAS RETÓRICAS GLOBALISTAS

Varios autores que han tomado como referencia las transformaciones que a mediados del siglo XIX ocurrieron en el campo del conocimiento en países como Francia, han mostrado cómo se constituyeron o redefinieron una serie de disciplinas y profesiones como respuesta a las exigencias de la sofisticada división del trabajo que se producía en el capitalismo central (Wallerstein, 1996; Bourdieu, 1995).

El surgimiento de nuevos campos disciplinares y las transformaciones de aquellos que provenían de la antigüedad son efectos de la especialización y la profesionalización inherentes a la consolidación del capitalismo central y a la imposición de la hegemonía burguesa. Tradiciones humanistas provenientes de la antigüedad como las letras, la filosofía o la historia se reorganizaron hasta llegar a constituirse como nuevos campos profesionales con un preciso objeto de estudio, unas metodologías definidas, al tiempo que hacían uso de unas perspectivas teóricas y epistemológicas que las legitimaban y fundamentaban; al mismo tiempo, se conformaron nuevas disciplinas y nuevas profesiones con sus respectivos ajustes ontológicos, metodológicos y epistemológicos como sucedió con la economía, la sociología o la lingüística. Los ajustes ontológicos permitieron definir los objetos de estudio, las metodologías y las distintas perspectivas teóricas que los sustentaban.

La antropología tuvo desde sus orígenes como objeto principal el abordaje de las "culturas otras". La definición de este objeto algunos autores la exploran en un gran arco temporal que va desde la antigüedad en los relatos de viajes como los de Heródoto, las reflexiones comparativas que hizo Platón en los viajes que emprendió luego de la muerte de Sócrates o las reflexiones sobre el sí mismo propuestas por Tucídides, hasta las reflexiones y comparaciones entre los pueblos hechas por Las Casas, Vitoria, Diderot o Rousseau, que inician en el amplio circuito de viajes y encuentros con los que se inaugura la edad moderna (Palerm, 1974; Duchet, 1976). En todo caso, podemos decir que la antropología en estricto sensu, al igual que otras disciplinas y profesiones, se constituye desde mediados del siglo XIX, cuando ensayos como el de La Desigualdad de las Razas Humanas de Gobineau, se convirtieron en tratados con pretensiones de cientificidad que establecían diferencias estructurales entre los grupos humanos, mediante diferenciaciones raciales que naturalizaban el orden colonial.

Tomemos en cuenta que los países metropolitanos en los cuales la antropología se consolidó fueron Francia, Inglaterra y posteriormente los Estados Unidos, protagonistas del neocolonialismo que se expande en el siglo XIX junto a la industrialización.

En términos ideológicos, el dominio burgués impuso una serie de valores que colocaban como modelo universal al hombre blanco, rico, letrado, proveniente del norte global, junto a la familia nuclear que le sustentaba. Este modelo jugó un papel fundamental en la elaboración de las nociones económicas, políticas y culturales que articulaban las divisiones entre "lo normal" y "lo patológico" (Durkheim, 2001), y ocuparían un lugar central en las emergentes ciencias sociales, las cuales perviven hasta hoy de manera matizada. La antropología tuvo desde sus orígenes coloniales la misión de estudiar lo que el nuevo sistema de conocimiento catalogaba como "anormalidades" raciales o étnicas tanto al interior de los propios países colonialistas, como en las poblaciones nativas de los continentes y países sometidos al dominio colonial. El enfoque estrictamente racializado que caracterizó la antropología en sus orígenes se iría matizando hacia una deriva más cultural que pondría énfasis en el conocimiento de sociedades consideradas étnicamente diferentes respecto al blanco, rico y heteronormativo habitante del norte global que se definía como representante de lo universal.

En el caso de América Latina tres grandes factores contribuyen a la creación de las antropologías nacionales en un amplio espectro que va desde el siglo XIX hasta la actualidad: en primer lugar, los procesos de redescubrimiento de las jóvenes repúblicas, impulsados por las élites y viajeros nacionales e internacionales a través de expediciones científicas y militares a lo largo del siglo XIX (Muratorio, 1994). Un segundo gran momento, ocurre entre fines del siglo XIX y la década de los treinta del siglo XX, cuando una serie de factores obligan a los estados latinoamericanos a debatir la incorporación a la nación de sectores minorizados y racializados como los indígenas y los negros. Este es el momento del surgimiento de los indigenismos, los negrismos, los tropicalismos, en el marco de la consolidación de las teorías del mestizaje (De la Cadena, 2004). Un tercer momento, va desde los años setenta cuando en varios países se fundan departamentos de antropología en el contexto de una alta politización, hasta el aparecimiento del multiculturalismo que empieza a manifestarse a partir de la década de los ochenta del siglo XX, durante la consolidación del neoliberalismo en la región (Alcina French, 1990). El impacto de la antropología en el multiculturalismo es muy significativo sobre todo si se tiene en cuenta el papel que ha tenido en las nuevas constituciones promulgadas a fines del siglo XX, las cuales han declarado a varios países como interculturales y plurinacionales.

Luego de las independencias en los países latinoamericanos se implementaron proyectos culturales, que estimulaban la realización de expediciones geográficas y naturales, tanto con fines económicos como culturales, envueltas en las retóricas de un segundo descubrimiento. Elites intelectuales y científicas nacionales e internacionales emprendieron una especie de redescubrimiento de las naciones mediante exploraciones, excursiones y misiones geodésicas encaminadas a reforzar las identidades nacionales, a descubrir las riquezas necesarias para el nuevo ciclo del capital, y fueron incorporadas como parte de la consolidación de la hegemonía de los nuevos imperios en expansión. En el proceso de consolidación del capitalismo central y del nuevo modelo de centro y periferia la academia metropolitana fue creando desde la segunda mitad del siglo XIX la imagen de América como lugar de investigación lo cual fue un antecedente fundamental en la construcción de la antropología como campo disciplinar. De acuerdo con Noyola Rocha (1987: 135) "Los países de América, así como todos aquellos territorios que en algún momento de su historia fueron colonias, han sido objeto de estudio por parte de antropólogos de los países metropolitanos, quienes formaron una tradición de estudios americanistas sobre el origen del hombre americano, los grupos lingüísticos, los mitos y religiones aborígenes, el estudio de los códices y estelas precolombinas. Trabajo encomiable, de viajeros y eruditos que establecieron los cimientos del conocimiento antropológico occidental sobre el continente americano. Estos estudios culminaron con la organización de los congresos internacionales de americanistas, a partir de 1875, alentados por la Societé Américaine de France, institución que aglutinó la investigación sobre los diferentes aspectos de las culturas aborígenes de América."

Como veremos, todo ese arco temporal está caracterizado por las conflictivas relaciones entre estado nación y sectores racializados: mientras en el siglo XIX las elites se empeñaban en construir unos patrones de identidad que giraban alrededor suyo, se invisibilizaban los importantes legados políticos y culturales que los sectores racializados y minorizados habían construido durante las guerras independentistas o en las luchas a favor de repúblicas democráticas e incluyentes (Sanders, 2008; Coronel, 2023; Lasso, 2006; Figueroa, 2022). De otro lado, a partir de la segunda década del siglo XX, surgen importantes proyectos intelectuales y culturales como los indigenismos, los tropicalismos o los negrismos que buscaban, no sin ambigüedades, la integración de los sectores minorizados a los estados nacionales; estos proyectos colapsarían luego de la segunda guerra mundial y de la expansión de la hegemonía norteamericana en el contexto de la guerra fría. El tercer momento que se vive a partir de los años setenta del siglo XX, muestran el paso del paradigma de clases como eje principal en torno al cual se organizaban los antagonismos políticos, a un multiculturalismo que enfatiza en las particularidades de los movimientos sociales y coloca un gran énfasis en las identidades culturales y en las diferencias que éstas tienen respecto a los estados nacionales. Paradójicamente, este paradigma que supone la ampliación de los derechos de los sectores minorizados y racializados ha venido acompañado de la consolidación del neoliberalismo económico y de la imposición de un modelo neo extractivista que recae con especial fuerza en esos sectores (Figueroa, 2021). A nivel regional, en las últimas décadas constatamos cómo mientras indígenas, negros y otros sectores minorizados cumplen un papel protagónico en las marchas y movilizaciones contra el neoliberalismo, al mismo tiempo se consolidan tendencias posmodernas que mediante retóricas provenientes del esencialismo culturalista enfatizan en la supuesta otredad de esos sectores, respecto a los estados nacionales.

En América Latina, la creación de la antropología como disciplina mediante programas, departamentos y profesiones se ha dado de manera muy diferenciada en los distintos países y este proceso cubre una amplia temporalidad que va desde la segunda mitad del siglo XIX hasta la actualidad cuando continúan creándose departamentos y carreras. Sin embargo, a pesar de que, en sentido estricto, no es posible hablar de una antropología latinoamericana (Restrepo, 2021), sí hay un acumulado de analogías y presupuestos que permiten identificar especificidades en comparación con las antropologías metropolitanas concentradas en Estados Unidos, Francia e Inglaterra (Jimeno, 2004). De igual manera, a pesar de que existen polos que han sido influyentes como México o Perú, donde al inicio de la conquista española estaban ubicadas los imperios precolombinos más expandidos, las historias de las antropologías latinoamericanas son nacionales e, incluso encontramos un desarrollo profundamente desigual al interior de los propios países. Seguidamente haré referencias a las antropologías nacionales de ciertos países como Argentina, Méjico, Cuba, Perú y Ecuador tomando como eje la conflictiva relación entre los sectores minorizados y racializados y los estados nacionales, como una constante que marca la vida de esta disciplina, desde sus predecesoras hasta las escuelas actuales.

4. VIAJEROS, COLECCIONISTAS Y ANTROPOLOGÍAS EMERGENTES

Durante los ciclos posteriores a las independencias en varios países de América Latina empezó lo que podría llamarse "un segundo descubrimiento", el cual vino acompañado de una producción intelectual y cultural encaminada a legitimar la hegemonía de las nuevas elites en los espacios nacionales recién fundados[2]. En varios casos estos proyectos se implementaron mediante campañas militares que evocaban la conquista del siglo XVI. A lo largo de las Américas, mientras sectores racializados como los indígenas y los negros cumplían papeles protagónicos en las agendas políticas, participando activamente en las disputas políticas como las que se daban entre liberales y conservadores, por su lado, las elites implementaban distintos mecanismos encaminados a excluir a estos estamentos de los imaginarios nacionales en construcción. El caso más emblemático y fundacional es sin duda Haití, donde esclavizados negros lideraron el doble proceso de emancipación de la esclavitud y de conquista de la independencia nacional derrotando al imperio francés, lo que hizo que potencias como los Estados Unidos y Francia se encargaran de promover su bloqueo y ais-

---

[2] Sobre las independencias, véase capítulo 2.3

lamiento bajo el supuesto de contener una guerra racial (James, 2010). La reacción imperial ante la revolución haitiana sería emulada después por las nacientes repúblicas latinoamericanas en donde las nuevas elites asumieron la retórica de la guerra de razas como un argumento para reactivar la dominación étnica de carácter colonial (Figueroa, 2022).

Paradójicamente, la revolución haitiana sirvió para promover el "miedo al negro" y a "la guerra de razas" así como para criminalizar a la población afrodescendiente en las Américas, lo cual constituiría uno de los fundamentos de la antropología física que se desarrolla a partir de la segunda mitad del siglo XIX en Europa y en Estados Unidos, con un impacto significativo en la antropología latinoamericana.

Uno de los países en los cuales hubo una nítida conexión entre las herencias del miedo al negro y la antropología fue en la Cuba de la segunda mitad del siglo XIX e inicios del siglo XX, donde ésta disciplina tuvo un interesante y complejo vínculo con áreas como la criminalística, el derecho y la medicina sin existir como carrera profesional. De igual manera, la trayectoria de la antropología cubana evidencia las conflictivas conexiones entre los sectores racializados y minorizados con los estados nacionales latinoamericanos. Mientras en la segunda mitad del siglo XIX los afrocubanos jugaban un papel protagónico en la simultánea lucha contra la esclavitud y por la soberanía nacional, entre mediados del siglo XIX y principios del siglo XX, la antropología cubana pasó de enfocarse en la construcción de un patrimonio arqueológico y etnohistórico basado principalmente en las casi extintas poblaciones nativas a la invención del negro como problema. Las ideas antropológicas sobre la población afrocubana se nutrieron del positivismo racista y del evolucionismo que se consolidó a partir de mediados del siglo XIX en Europa, Estados Unidos y en la propia América Latina (Figueroa, 2022).

Entre los antecedentes de la antropología cubana estuvieron la fundación del Papel Periódico de la Habana en 1790 por parte de la Sociedad Económica de Amigos del País: "la primera publicación cubana que recogió noticias antropológicas del acontecer mundial y nacional" (Lozano Zamora 2013 66). En estos trabajos se recogían temas relacionados a costumbres de diversos pueblos, pero también tuvo un importante peso los ensayos de "Antropología Frenología, Zoología, Botánica y Geografía" (Ibid). En 1861 se creó la Real Academia de Ciencias Médicas, Físicas y Naturales de La Habana y en 1877 se creó la sociedad antropológica cubana.

Una de las figuras más relevantes de la historia de la antropología cubana fue Aristide Mestre, quien había sido médico, antropólogo y naturalista. Desde sus inicios la disciplina estuvo marcada por el darwinismo y las teorías de supervivencia y la antropometría (Naranjo Orovio, 1998: 305; Figueroa, 2022). El núcleo teórico de la antropología cubana estaba a tono con la dominación colonial y justificaba el reforzamiento de la esclavitud que se dio en la isla luego de la revolución haitiana: en el siglo XIX las elites cubanas reforzaron la esclavitud con el objetivo de satisfacer la amplia demanda de azúcar y tabaco proveniente de los Estados Unidos. El mercado del azúcar y el tabaco de los Estados Unidos había caído una vez los haitianos rompieron la esclavitud y expulsaron a los colonos franceses. Otro de los problemas abordados desde la antropología cubana fue el de las correlaciones entre raza y enfermedad que jugaba un papel importante en la economía esclavista (Pruna Goodgall, 2002:476).

A pesar del evidente interés de la antropología en sus inicios en temáticas relacionadas con la población negra, así como en los esclavizados, la sistematicidad y unidad de la disciplina en torno al tema negro se da luego de hechos como la abolición de la esclavitud en 1886, la independencia de España en 1898 y la fundación de la república en 1902, cuando la carrera de antropología se reorganiza y se enfoca en una perspectiva racializada y criminalista hacia la población afrodescendiente. La disciplina, reorganizada durante la primera ocupación norteamericana de la isla, tuvo como uno de sus ejes centrales posicionarse ante los desafíos que representaba para las elites la inserción de los negros a la república temprana. Una muestra del papel de la antropología ante los reclamos de participación amplia y democrática en la recién fundada república por parte de los afrocubanos se expresa en las dos primeras obras del antropólogo Fernando Ortiz, marcadas por el racismo de César Lombroso y por la etnografía colonial africana, Los Negros Brujos, publicada en 1906 y Los Negros Esclavos, publicada en 1916. Estas obras muestran cómo la antropología ayudó a criminalizar la imagen de los negros cubanos que habían liderado los procesos de independencia nacional, además de haber derrotado a la esclavitud, por lo que exigían una participación democrática en la república recién fundada. Insertas en la larga tradición de la antropología física y la antropología criminal, las dos primeras obras de Ortiz muestran como la antropología se articuló con el derecho y la medicina, mientras promovían la difusión masiva de los estereotipos raciales contra la población afrocubana. Las primeras obras de Ortiz se pueden leer como contraparte a la sistemática campaña racista contra los afrocubanos que se tradujo en su marginación de los beneficios prometidos en la república, en la criminalización de los denominados negros brujos que se hizo extensiva contra la población afrocubana, lo cual culminó en la prohibición del Partido Independiente de

Color en 1910 y en la posterior masacre que sufrió la población afrocubana en 1912 (Figueroa, 2022).

En países como Argentina, en un proceso que guarda analogías con la expansión colonial contra los pueblos indígenas que tuvo lugar en los Estados Unidos, la consolidación del estado nacional se hizo mediante acciones etnocidas contra las poblaciones indígenas. Así, como sostiene Briones, siguiendo a Maybury Lewis:

> "Como en los Estados Unidos, el avance del estado argentino presupone una táctica militar de establecimiento de líneas de fortines o fuertes durante el siglo XIX en lo que aún se consideraba "territorio indígena". Enfocadas principalmente en los territorios del Chaco. La Pampa, en Patagonia, la búsqueda de la eliminación de las "fronteras interiores", vino acompañada de "matanzas sistemáticas de los grupos "rebeldes", deportaciones y radicaciones compulsivas de las familias cautivadas" (Maybury-Lewis 1998 en; Briones, 2020).

La prolongación de las formas de la conquista en la construcción republicana del territorio argentino habría sido incluso aún más radical que la que se dio en Estados Unidos, ya que en el país suramericano, no se revaloró la imagen indígena, no hubo tratados territoriales, estados federados indígenas, ni reservaciones que se ampliarían en el tiempo y mas bien se crearon. "... espasmódicamente reservaciones, misiones o colonias para indígenas que sólo excepcionalmente conllevarán el reconocimiento de alguna forma de propiedad de la tierra y los recursos." (Briones, 2020:20). Incapaz de diseñar políticas de incorporación de las poblaciones indígenas en la temprana republica argentina se implementó entre los mapuche una política de enclaustramiento en fronteras y guetos, de estigmatización étnica, folclorización y patrimonialización, (Briones, 2020:20).

Otros casos como los de México y Perú muestran cómo las antropologías latinoamericanas encontraron importantes antecedentes en el coleccionismo, la arqueología empírica, la fundación de museos, el reconocimiento y revaloración de fuentes escritas de la conquista y la colonia temprana; estas actividades culturales se fortalecieron después de las independencias nacionales y se revigorizaron en la segunda mitad del siglo XIX. En el caso de Méjico la antropología se constituyó explícitamente en medio de las transformaciones que ocurrieron luego de la revolución y que nacionalizaron una tradición construida en un diálogo estrecho con las academias norteamericana y europea. En este sentido "La antropología oficial mexicana nace como esfuerzo por nacionalizar una disciplina ya cimentada en el país, pero que obedecía a un impulso externo, con investigadores extranjeros e infraestructura instalada en varios países europeos, como Francia y Alemania. Sus estudios se publicaron en los idiomas de sus respectivas academias" (Noyola Rocha, 135).

En México, la importancia que tuvieron los imperios precolombinos hizo que ya desde el siglo XVI se empezara una labor de recolección de fuentes del pasado azteca y maya, como las que hizo Bernardino Sahagún en la Historia general de las cosas de Nueva España y el Códice Florentino (Palerm, 1997:40). Otra importante fuente de conocimiento del México precolombino es la Historia Antigua de México, escrita por el jesuita Francisco Xavier Clavíjero publicada a finales del siglo XVIII en la que se perfila la construcción de una conciencia criolla, vinculada al pasado mexicano (Robichaux, 2015). La recolección de documentos del pasado se sistematizó a lo largo del siglo XIX, después de los procesos de independencia cuando se da la creación de museos que constituirían los sitios en los que se dieron los primeros cursos y se promovió la investigación de la antropología.

Hacia fines del siglo XIX, hubo una serie de factores que obligaron a los estados nacionales latinoamericanos a cuestionar la marginación simbólica de los acervos culturales nacionales que se había impuesto sobre los sectores racializados durante la fundación de las repúblicas. Distintos factores regionales y globales crearon las condiciones para que los sectores indígenas, negros y, en países como Ecuador, un sector como montuvios, empezaran a formar parte de los proyectos culturales nacionales.

Entre estos factores se pueden mencionar los conflictos entre liberales y conservadores en los cuales los sectores indígenas y negros tuvieron un claro protagonismo (Coronel, 2022); de igual manera ese protagonismo se reveló en la revolución mejicana que puso a los campesinos e indígenas en la primera página de la historia nacional (Womack, 1969);. La revolución mexicana estimuló el aparecimiento de las primeras escuelas profesionales de antropología en Méjico y produjo el indigenismo como una corriente que tendría un impacto sin precedentes a nivel regional. Otro factor crucial fue el aparecimiento de partidos de izquierda que cumplieron papeles protagónicos en los levantamientos campesinos e indígenas que ocurrieron a lo largo del continente en contra de las condiciones adversas de los modelos agrarios dominantes. De igual importancia son las transformaciones en el capitalismo central y la crisis del modelo oligárquico estimulada en gran medida por avances químicos y tecnológicos que condujeron a la sustitución de productos como el caucho, la tagua o el guano.

En este contexto se establecieron complejas y ricas relaciones entre los indigenismos y las izquierdas aglutinadas en torno a los partidos socialistas y comunistas, y mediante experimentaciones estéticas y políticas, en países como México, Perú o Ecuador, entre las décadas de los años veinte y los años cincuenta, se produjo una estimulante producción cultural y política que en algunos casos incluso fue de carácter institucional.

En el caso de Méjico la antropología se construyó en el período comprendido entre el largo régimen de Porfirio Díaz entre 1876 y 1911 y la instauración del régimen vinculado a la revolución mejicana que transformó al país en la primera década del siglo XX. La antropología mejicana que se construye entre el porfiriato y la revolución marca el conflictivo transcurso de la construcción de una imagen nacional centrada en el hispanismo hasta los anhelos revolucionarios de construir una nación mestiza en la cual la figura del indígena ocupaba un lugar central. Este proceso empieza a cambiar a partir de la década de los setenta del siglo pasado, cuando en Méjico, al igual que en distintos países, el aparecimiento del neoliberalismo se acompañó de la crítica a los estados nacionales y se forjó la concepción del indígena como un estamento colocado de manera esencial en las antípodas del estado nación. Es importante tomar en cuenta que si bien la antropología mejicana logró construir un acento nacional, la disciplina ha tenido vínculos estrechos con la academia norteamericana y europea tanto por razones geopolíticas como por su cercanía a los Estados Unidos y por la especificidad de la historia colonial que contribuyó a que países como Francia tuvieran un gran peso en la historia del siglo XIX. La antropología mexicana ha tenido también un importante vínculo con la antropología latinoamericana donde ha ejercido una gran influencia.

Otro rasgo interesante de la antropología mejicana es el de la existencia de una antropología estatal, anclada a las políticas oficiales que se han diseñado antes, durante y después de la revolución, junto a una antropología académica que se desarrolla posteriormente vinculada a las universidades y de la que podría incluso decirse que ha tenido una influencia relativamente menor (Vásquez León, 2014).

Durante el porfiriato, en el campo del conocimiento se impuso el positivismo que junto al evolucionismo darwiniano y spenceriano se convirtieron en doctrinas que hicieron uso de tradiciones racistas para justificar el estado de dominación de las poblaciones indígenas. En este período se hizo una amplia campaña de creación de repositorios, archivos y colecciones que se construyeron mediante trabajos históricos, arqueológicos y botánicos que alimentaron al museo nacional que había sido fundado en 1825 (García y Suarez, 1987, 25). El museo incentivó las primeras clases de antropología, historia, etnología, historia e idiomas mexicanos a partir de 1903 (García y Suarez, 1987, 26). En este período se daba valor al indígena del pasado, mientras el indígena del presente estaba reducido a miradas estereotipadas que buscaban justificar su papel subordinado en la nación, al mismo tiempo que se implementó un monumentalismo sobre el cual se intentaba fundamentar la nación en un formato de exaltación y sublimación idealizada de los héroes nacionales (García y Suarez, 1987, 33). En palabras de Reynoso Jaimes "Se habló entonces del pueblo azteca como el antepasado directo de la nación mexicana, recuperando su iconografía para elaborar los nuevos símbolos republicanos (el águila y la serpiente en el escudo nacional) se exaltaron las manifestaciones artísticas y arquitectónicas de las antiguas culturas como ejemplo de la grandeza originaria de los habitantes de América. El indio ejemplar era el indio histórico. En cambio, las comunidades indígenas de carne y hueso sufrieron un ataque sistemático de parte de la legislación liberal contra su autonomía política, su organización económica, su cultura comunal y sus usos y costumbres. En algunos casos la ofensiva amenazaba con el exterminio, como lo padecieron los mayas y los yaquis. El indio bueno era el indio muerto" (Reynoso, 2013: 344)

Al igual que en Cuba, antropólogos físicos como Armand de Quatrefages tuvieron un papel muy importante en los estudios pioneros que llevaron a cabo antropólogos mejicanos como Leopoldo Batres quien se había propuesto el estudio y la clasificación de los grupos humanos de acuerdo con sus caracteres "exteriores, anatómicos, fisiológicos y patológicos" (García y Suarez, 1987, 54).

Durante el porfiriato se fundó la Escuela Internacional de Arqueología y Etnología Americanas, la cual fue apoyada por los gobiernos de México, Francia, Prusia y los Estados Unidos, país que participó a través de las universidades de Harvard, Columbia y Pennsylvania y "Entre 1911 y 1914, la escuela tuvo como directores a los mas celebres americanistas de aquel tiempo: Eduard Seler, Franz Boas, George Engerrand y Alfred Tozzer; desde 1914 y hasta el momento de ser clausurada en 1920, debido a las consecuencias de la Primera Guerra Mundial, la dirigió Manuel Gamio (Comas 1948 en: Noyola Rocha, 1987: 139).

La transición entre el porfiriato y la revolución vino marcada por la presencia de una antropología internacional y por el deliberado intento de construir una antropología adaptada a las condiciones del país. En este sentido, es interesante ver lo que ocurrió con Franz Boas y Manuel Gamio, el primero, la figura más importante de la antropología norteamericana y protagonista de la fundación de la antropología profesional mexicana, y

Gamio, quizá la figura más importante de la antropología mexicana desde sus inicios.

Boas llegó a México en 1910 con el compromiso de investigar en Arqueología, etnología, lingüística y antropología física y dictó los cursos de "etnografía general, estadística antropométrica y métodos de estudios de las lenguas americanas" en la Escuela Nacional de Altos Estudios (García y Suárez, 1987: 59). Fue además miembro fundador de la Escuela Internacional de Arqueología y Etnología Americanas y firmó sus estatutos junto a "Eduardo Seler, representante del gobierno de Prusia; Louis Capitan, representante del gobierno de Francia; el doctor George Gordon, de la Universidad de Pennsylvania; Roland Burrage Dixon, de la Universidad de Harvard; y Ezequiel Adeodato Chávez, del gobierno de México". (García y Suárez, 1987:30).

Boas representaba el particularismo y el relativismo histórico como corriente desarrollada en Estados Unidos en oposición al evolucionismo, que entendía la cultura como "... un conjunto de prácticas, tanto materiales como intelectuales, que respondían a circunstancias y vicisitudes históricas" (Reynoso, 2013:339), además cuestionó el presupuesto de que hubieran culturas superiores a otras y estimuló la implementación de trabajo de campo y trabajos de archivo.

Franz Boas supo de Manuel Gamio a raíz de la publicación de un articulo que éste había escrito, producto de una investigación que había hecho en Zapatecas en 1908; el artículo inicialmente fue leído por la arqueóloga norteamericana Zelia Nuttal, quien se lo recomendaría a Boas. Así Gamio recibió una beca para Columbia en 1909 donde realizó su doctorado bajo la dirección de Boas (Rivemar Perez, 1987: 106).

De acuerdo también con Pérez la obra de Gamio sintetiza la tensión entre la formación antropológica culturalista norteamericana y la necesidad de nacionalizar el pensamiento antropológico: "... hacia 1911 el culturalismo estadounidense influyó en nuestro país a través de uno de los más importantes representantes de la antropología mexicana: Manuel Gamio, quien retomó sus enseñanzas y las conjugó con la visión propia que sobre la problemática antropológica tenía, para crear así una corriente original marcada por las discusiones antropológicas y los acontecimientos políticos de aquel entonces." (Rivermar Perez: 1987: 96).

De otro lado, el estado fue fundamental en la construcción, consolidación y expansión del indigenismo como política mejicana durante todo el período que va del porfiriato a la revolución y al periodo pos revolucionario; entre 1906 y 1951 se crearon instituciones como la Junta para el

Mejoramiento de la Raza Tarahumara, la Sociedad Indianista Mexicana, la Dirección de Antropología, el Departamento de Educación y Cultura Indígena, La Casa del Estudiante Indígena, el Departamento Autónomo de Asuntos Indígenas, el Instituto Nacional de Antropología e Historia, la Dirección General de Asuntos Indígenas, el Instituto Nacional Indigenista, que sería reemplazado por la comisión para el desarrollo de los pueblos indígenas, y la Escuela Nacional de Antropología e Historia (Reynoso, 2013:334).

En su prestigiosa tesis doctoral 'La población del valle de Teotihuacan', Gamio (1922) retoma de Boas el particularismo histórico e implementó un trabajo de campo en los grupos entendidos como totalidades, pero a diferencia del antropólogo norteamericano incluyó su proyecto claramente a favor del mestizaje preconizado por la revolución: "Si se ha de estudiar a la población indígena y conocer íntimamente sus percepciones del mundo y de la vida, es con el propósito de estar en mejores condiciones de aculturarlos e incorporarlos gradualmente a la cultura occidental, no eliminándolos, sino fundiendo lo mejor de su cultura, aquellos elementos dignificantes de los indígenas, con los de la cultura occidental. El objetivo de dicho proyecto era la consolidación de la nación mexicana, que ya no sería indígena ni europea, sino mestiza, "hecha de hierro y bronce confundidos". En esta idea radica la política indigenista del Estado mexicano posrevolucionario" (Reynoso, 2013: 342). En contra de la corriente heredera del colonialismo que construía al indígena como el otro de la nación por sus supuestas inclinaciones atávicas a la agresividad y la violencia, Gamio propuso la integración nacional del indígena, privilegiando los elementos culturales y lingüísticos que podrían ser determinados a partir de estudios rigurosos como los que planteaba la tradición boasiana (Reynoso 336).

La obra de Gamio influyó las siguientes generaciones de antropólogos como Gonzalo Aguirre Beltrán, Juan Comas y Alfonso Caso, y en su crítica al positivismo del porfirato y en la búsqueda de la construcción de un lenguaje nacional se articuló a otros influyentes proyectos que trascendieron la propia antropología y se insertaron en el vasto campo de la cultura. El indigenismo cubrió una producción desde campos como la educación, el ensayo, las artes visuales, hasta el cine, el teatro y la literatura, entre otros, como puede verse en una amplia gama de autores y autoras como Jose Vasconcelos, Pedro Enrique Ureña, Frida Kahlo, Diego de Rivera, Fernando de Fuentes, Jose Clemente Orozco, entre muchos.

La historia de la antropología mejicana ha estado también marcada por las tensiones entre las aspiraciones de la incorporación nacional acentuadas por la antropología mejicana y los estudios particulares y específicos que encontraron su fuente nutricia en el culturalismo y el relativismo cultural propio de la antropología norteamericana. Otro de los antropólogos norteamericanos que marcaron una gran influencia en la antropología mejicana fue Robert Redfield quien hizo un extenso trabajo de campo, estableció unas claras distinciones entre la modernidad y la tradición a partir de la dicotomía de lo folck y lo urbano y reforzó las nociones autocontenidas del concepto de comunidad. Sin embargo, los trabajos y conceptos desarrollados por Robert Redfield, proveniente de los Estados Unidos donde se había impuesto una política de reservas para las poblaciones indígenas derrotadas, mostraban sus límites en México donde el principal desafío era el de la incorporación de las vivos y dinámicos pueblos indígenas al estado nación. En este contexto se producen las cercanías y distancias entre Robert Redfield y Manuel Aguirre Beltrán, como ejemplo del problemático desplazamiento del culturalismo y el relativismo norteamericano a Latinoamérica.

Entre los conceptos más importantes desarrollados por Robert Redfield está el del *continuum* entre lo *folk* y lo urbano, y un esfuerzo por definir con precisión uno de los ejes centrales de las sociedades indígenas como es el concepto comunidad, mientras Aguirre Beltrán mediante su trabajo en torno a las "regiones de refugio", realiza un contrapunteo entre las comunidades y las denominadas sociedades modernas, con el fin explícito de identificar los mecanismos que permitieran incorporar a los indígenas a la sociedad nacional en el marco pos revolucionario, abarcando su "... totalidad biológica, psicológica, social, económica y cultural de la unidad regional" (Aguirre Beltrán, 29, 1991), mediante campañas educativas, la reforma agraria y los trabajos en el campo de la higiene (Aguirre Beltrán, 30, 1991). El contraste entre un concepto de comunidad aislado y otro motivado por la incorporación es lo que lleva a Aguirre Beltrán "... a reforzar su rechazo a propuestas como la de Robert Redfield pues él juzga que Redfield y su concepto de comunidad folk contempla a las comunidades como entidades aisladas, autónomas, autocontenidas (Jimeno, 2004:14-15).

A pesar de las diferencias entre la búsqueda de un proyecto nacional por parte de la antropología mejicana y los intereses más profesionalizantes exhibidos por los antropólogos norteamericanos, hubo importantes convergencias entre el proyecto de mestizaje y los conceptos desarrollados por una antropología marcada por los estudios particulares y por el relativismo. Esto puede verse en el concepto de aculturación, que coincidía con la promoción del mestizaje por parte de la antropología mejicana. Como señala de la Cadena "Vinculada a las discusiones más tempranas sobre la influencia de "los blancos" en las culturas indígenas de los Estados Unidos (Radin 1913), en 1936, la American Anthropological Association (AAA) incluyó los "estudios de aculturación" como un campo legítimo de la antropología, al cual definió como "la investigación de las culturas de los nativos que participan de la vida civilizada". Legitimada como "aculturación", la noción latinoamericana de mestizaje abrió entonces su camino hacia la academia norteamericana y sus fondos de investigación" (De la Cadena, 2007: 34).

De igual manera, las discusiones en torno a la relación entre los indígenas y los estados nacionales formaba parte de los intereses nacionales de los Estados Unidos, como lo muestran la creación de un subcomité para estudios de aculturación en el Social Science Research Council (SSRC), en 1935, como parte de las "... asociaciones (que) buscaban coordinar sus recursos e investigaciones con las necesidades políticas del gobierno de los Estados Unidos como indica la Oficina de Asuntos Interamericanos, cuyo director era Nelson Rockefeller. Con fondos de esta institución, el norteamericano John Collier acompañó a los antropólogos mexicanos, en los años cuarenta, en la fundación del Instituto Indigenista Interamericano. Su misión era "realizar investigación sobre los "problemas indios" en países del hemisferio occidental" (Patterson 1995: 95 en: De la Cadena, 2007: 35).

A partir de los años setenta los intentos de incorporación del indigenismo al estado nacional entran en una crisis que podría ubicarse como parte de la gran crisis de los metarrelatos. El crecimiento del neoliberalismo que había tenido grandes antecedentes en Puerto Rico en la década de los cincuenta y había entrado ya de manera definitiva en el continente tras el golpe de estado contra Salvador Allende vino acompañado de una crisis de instancias como la clase, o el estado nación que sacudió los proyectos de integración y consolidó la imagen del indígena como la otredad de los estados nacionales en medio de la revigorización del paradigma del relativismo. En el caso de Méjico puede verse en el paso del indigenismo al neoindigenismo o indianismo sintetizado en trabajos como el de José Alcina French (1990), donde autores como Roberto Cardoso de Oliveira, Oscar Arze Quintanilla, Juan M. Ossio, Guillermo Bonfil Batalla y el propio José Alcina Franch, enfatizan en los elementos étnicos de los indígenas que les opone tanto al mestizaje como al progreso, a la integración y al marxismo. Según Alcina French el neoindigenismo o indianismo:

> "...se fundamenta en la visión cósmica de la vida y del mundo que para el indio significa el equilibrio y la armonía entre los distintos elementos de la naturaleza, de la cual él mismo es parte integrante. El indianismo es tam-

> bién la búsqueda y la identificación con el pasado histórico, pues pasado y presente forman un todo inseparable basado en la concepción colectivista del mundo... Es así como el indianismo empieza a identificarse con un proyecto civilizatorio diferente del occidental, caracterizado por el capitalismo a ultranza, el desarrollismo y el consumismo hasta su extremo más alto, la degradación contaminante del medio ambiente... El indianismo como base ideológica de la acción política se halla enfrentado a un marxismo revolucionario, matizado quizá de un cierto culturalismo que constituye generalmente la base ideológica de los movimientos indios de México y América Central" (Alcina Franch 1990, 15). (Figueroa, 2009)

Las transformaciones epistemológicas que empiezan en la década de los setenta se profundizan luego de la caída del muro de Berlín y de la Unión Soviética, cuando varias constituciones incorporan una perspectiva multiculturalista e incluso a grupos como los afrodescendientes se les construye con atributos de otredad inspirados en las sociedades indígenas (Restrepo, 2002). En este contexto se consolida la influencia continental de un relativismo derivado de las formas específicas como la academia norteamericana se apropió de los debates del poscolonialismo y varias de las corrientes antropológicas asumieron la histórica problemática de la inserción de los sectores "otrificados", desde el afianzamiento de las distancias entre los estados y los sectores étnicos.

Otro país en el que el indigenismo tuvo una importante presencia fue el Perú, donde, de manera similar a Méjico, la antropología nacional tuvo una fuerte articulación a la academia internacional, especialmente la norteamericana, pero en contraste, en este país el indigenismo se desarrolló en un contexto fuertemente politizado y en medio de una revolución a la postre fracasada.

La historia del indigenismo peruano nos revela el desarrollo de un movimiento intelectual y político que se constituye frente a las mismas inquietudes que surgen en las primeras décadas del siglo XX, en torno a la incorporación al estado nacional de los sectores etnizados y minorizados. De acuerdo con Gonzales Alvarado (2008) el fracaso que significó para el Perú la Guerra del Pacífico (1879-1883), develó la marginación de la población indígena de los ideales republicanos y precedió una oleada de levantamientos y de movilizaciones que protagonizaron estos sectores, lo que hizo que un contingente de intelectuales empezara a reflexionar y a proponer acciones concretas sobre los indígenas.

El indigenismo se conformó como un abanico de respuestas al quiebre del modelo oligárquico que caracterizó una buena parte del siglo XIX y a los urgentes reclamos por transformar un modelo de estado nación cuya estructura racializada había formado un modelo dual en el que por un lado estaba la capital, Lima, ubicada en la costa y una sierra donde se concentraba la mayor población indígena y a la que se le valoraba casi que exclusivamente como proveedora de mano de obra. Las propuestas emanadas del indigenismo iban desde el romanticismo liderado por Ricardo Palma, el anarquismo de Gonzáles Prada y Abelardo Gamarra, el positivismo de Javier Prado y Manuel Villarán, el espiritualismo de Alejandro Deustua, el arielismo de Víctor Andrés Belaunde, José De La Riva Agüero, Francisco y Ventura García Calderón, los colónidas como Abraham Valdelomar, Federico More, los socialistas José Carlos Mariategui, Eudocio Ravines, Ricardo Martínez de la Torre, así como Víctor Raúl Haya de la Torre, Luis Alberto Sánchez y Manuel Seoane del partido APRA (Gonzales Alvarado, 2008: 142). Mientras, en el campo de la literatura sobresalen una serie de autores cuya obra ha forjado importantes diálogos con la antropología como son Clorinda Matto de Turner, Ciro Alegría, Manuel Scorza y José María Arguedas.

Los dos indigenistas más influyentes del Perú, José Carlos Mariátegui y José María Arguedas, cuya obra puede leerse como forjada en un claro diálogo entre la antropología, la política y el campo amplio de la cultura, tienen como uno de sus ejes principales la articulación de los indígenas al estado nacional peruano y evidencian como "... la conformación nacional de los Estados latinoamericanos impregna el surgimiento y el desarrollo de las antropologías latinoamericanas y en sentido amplio es el gran telón de fondo frente al cual dialogan en la región los antropólogos y los Otros" (Jimeno, 2004: 38). Del mismo modo, ejemplifican cómo, a diferencia de las antropologías metropolitanas que diseñaron el trabajo de campo y la etnografía bajo las premisas del viaje hacia los otros, la antropología latinoamericana fue construida y diseñada por investigadores ciudadanos quienes, según Jimeno (2004, 39) "... buscan modificar las leyes nacionales, el contenido de la propia memoria histórica nacional y hacen necesario replantear conceptos como los de comunidad, etnia o identidad, como lo subrayó Das (1998). También empujan a redefinir y ampliar el contenido de la democracia y de la diversidad cultural en el Estado nacional".

Sin embargo, la antropología latinoamericana también nos muestra cómo incluso la condición de investigador ciudadano tiene que matizarse si se toma en cuenta que la naturaleza interno colonial de los países latinoamericanos genera claras diferencias entre los investigadores del centro que pueden ejercer plenamente la condición de ciudadanía e investigadores ubicados en la periferia de esos países. Esto se evidencia en Perú en autores como José Carlos Mariategui y José María Arguedas cuya obra muestra como la condición de ciudadano investigador se complejiza cuando quienes investigan viven también una condición de excentricidad en sus propios países: ambos son nacidos en zonas alejadas de Lima, lo cual es particularmente importante si se toma en cuenta el carácter centralizado que tiene el Perú, y ambos tienen además un importante componente de mestizaje, biológico o cultural. En este sentido, tanto Mariátegui como Arguedas, manifiestan una paradójica condición de la "otredad" constitutiva de la antropología y nos recuerdan que en el Perú, al igual que en Méjico, la alteridad tuvo un rol central en la conformación de los sustratos culturales de lo que sería la nación, en gran medida porque desde sus inicios una elite indígena tuvo un importante papel cultural y político, como se ve en grandes figuras como Guamán Poma de Ayala, Santa Cruz Pachacutic Yamqui o el Inca Garcilazo de La Vega, entre otros (Degregori, 2007: 304).

En el caso de José Carlos Mariategui, vale recordar que éste nació en Moquegua y tuvo una infancia marcada por la pobreza, la marginalidad, por el abandono de su padre y por la condición étnico racial de su madre mestiza. Un accidente de juventud le convirtió en un autodidacta y llegó a Lima donde trabajo de linotipista y desde temprano empezó a publicar ensayos marcados por la crítica al positivismo, el romanticismo y el misticismo. Estableció un nexo de colaboración con otros jóvenes provenientes de provincia como "Valdelomar de Pisco, Cesar A. Rodríguez y Percy Gibson de Arequipa, además de César Vallejo de Santiago de Chuco" (Campuzano Arteta, 2017: 42). También tuvo contactos con anarquistas como Manuel González Prada quien lo introdujo en la problemática indígena. Hacia 1918 ya mostraba una clara inclinación a las ideas socialistas lo que le valió un exilio que lo llevó a Italia, entre 1919 y 1923, donde maduró su formación política. Su vida transcurrió entre los gobiernos de la República Aristocrática y el oncenio de Leguía, que marcó el paso del modelo oligárquico a un desarrollismo, marcado por el autoritarismo y la exclusión de las mayorías (Burga y Galindo, 1986).

Varios acontecimientos fueron claves en el giro ideológico de Mariátegui hacia la izquierda y a favor del campesinado: la serie de protestas y levantamientos campesinos como el que lideró Rumi Maqui entre 1915 y 1916, las protestas contra Leguía que tuvieron especial manifestación en Lima, las protestas estudiantiles en la universidad de San Marcos a favor de una reforma universitaria y los levantamientos obreros en favor de la jornada de ocho horas de trabajo (Nodari, 2018). De otro lado, su estadía en Italia le permitió comparar la situación del campesinado indígena peruano y las dificultades de conformación del sentido nacional en ambos países a partir de su contacto y de lectura de obras de marxistas italianos como

Labriola, Croce, Gramsci y Gobetti, quienes reflexionaban sobre las diferencias estructurales entre el norte y el sur de Italia y los desafíos que esto significaba para la construcción de la nación y para el diseño de proyectos revolucionarios. (Nodari, 2018).

El conocimiento de la realidad italiana marcada por el contraste entre un norte industrializado y un sur hegemonizado por sectores tradicionalistas del ejército, la iglesia y el poder gamonal fueron fundamentales en la fundación del Partido Socialista Peruano en 1927, mostrando claras diferencias y distancias respecto a la Internacional Comunista Soviética, así como en la elaboración del influyente libro Los 7 ensayos de la realidad Peruana que publicara en en 1929; tanto el partido como el libro tuvieron como eje central la relación entre el sector indígena peruano y el estado nacional. (De Gregori, 2007; Jimeno, 2004). La obra de Mariategui cumpliría desde entonces un papel crucial en el pensamiento social peruano y en especial en la antropología profesional que se desarrollaría desde mediados del siglo XX.

La antropología peruana seria oficialmente fundada en la década de los cuarenta y su reconocimiento profesional tuvo una conexión especialmente fuerte con el pensamiento social peruano, que incluía el ensayo, la sociología y la literatura de los distintos indigenismos que surgieron desde inicios del siglo XX y con la antropología norteamericana que en el contexto de la entreguerras había consolidado los estudios de área, y dentro de éstos, la importancia adjudicada al pasado precolombino y a la existencia del incanato dio al Perú tuvo un peso determinante sobre otras tradiciones antropológicas nacionales de la región y del continente (De la Cadena, 2020: 36).

La antropología peruana se fue profesionalizando entre 1940 y 1960. El primer departamento se fundó en 1941 en la Universidad de San Antonio Abad en el Cuzco y en 1946 se fundó otro en la Universidad de San Marcos. Una de las figuras extranjeras más influyentes en la profesionalización de la antropología peruana fue el antropólogo y etno-historiador ucraniano, nacionalizado norteamericano, John Victor Murra quien tuvo una gran amistad con José María Arguedas, una de las figuras fundamentales de la antropología y la literatura peruana. Bajo recomendación de Arguedas, Murra reconoció la importancia que tenían las visitas coloniales como fuente que consolidaría sus estudios iniciales en la etnohistoria, los cuales serían además centrales en la fundación de los estudios andinos gravitantes en torno al Perú (Barnes, 2019).

En pleno proceso de conformación de los estudios de área en los Estados Unidos de la posguerra, el amplio trabajo de Murra, y especialmente su trabajo *El control vertical de un máximo de pisos ecológicos*, sería fundamental en el reconocimiento del papel de la etnohistoria, del incanato y del Perú, en la antropología regional, así como en la definición del área andina, lo cual produjo una amplísima escuela de estudios que cubrió a Bolivia, Ecuador y Colombia, mediante trabajos de investigadores como Tom Zuidema, Tristan Platt y Olivia Harris; en el Ecuador, el antropólogo Frank Salomon, estudiante de Murra, acuñaría la noción de microverticalidad como la estrategia ecológica que habrían utilizado los grupos de los andes septentrionales, ubicados en geografías en las que las distancias entre los indígenas eran menos extensas.

Por otro lado, la figura de José María Arguedas muestra cómo la antropología peruana, al igual que otras antropologías latinoamericanas trasciende los propósitos de la definición profesional del campo mientras interroga el papel de las nacionalidades y pueblos indígenas en los estados nacionales. De igual manera su obra antropológica y literaria puede ser leída como una de las más lúcidas críticas a la "negación de la coetaneidad" (Fabian, 1983) constitutiva tanto de las antropologías metropolitanas como las del sur global, las cuales perpetúan la premisa relativista de la existencia de contradicciones y diferencias estructurales entre los estados nacionales latinoamericanos y los sectores racializados o etnizados.

De acuerdo a De la Cadena "Arguedas fue identificado como un incitador de "lo andino", una noción desacreditada por muchos intelectuales como un simple indigenismo romántico y culturalista...", y "su producción antropológica ha tenido poca influencia y es actualmente ignorada. Su trabajo literario, sin embargo, continúa levantando polémica entre científicos sociales y políticos" (de la Cadena, 2020: 37). Considero, sin embargo, que la afirmación sobre la poca influencia de Arguedas en el campo antropológico debe matizarse si se toma en consideración el gran impacto de Arguedas en el campo amplio de la cultura y de la teoría social latinoamericana, así como el lugar central que ocupa en los currículos de los Estudios Culturales que promueven puntos de convergencia entre la antropología y campos como la literatura, la filosofía o la historia. Incluso, para su alumno Rodrigo Montoya "José María Arguedas... ha sido el antropólogo más importante de su generación y uno de los más grandes escritores peruanos". (Montoya, 2012: 61)

De igual manera, es importante ver que la disociación entre la obra "antropológica" y la obra "literaria" de Arguedas, no es muy clara, dado que Arguedas ejemplifica de manera dramática la condición señalada por antropólogos como Krotz (1993) y Jimeno (2004) de la cercanía entre los antropólogos y sus realidades como un distintivo de las antropologías del sur. Esta condición en el caso de Arguedas se complejiza más si tomamos en cuenta las distintas experiencias de marginalidad que vivió, así como las estrategias fenomenológicas con las que las enfrentó y que le permitieron construir una amplia obra antropo-literaria, encaminada a mostrar cómo los indígenas tuvieron una participación protagónica en la modernidad y en la construcción del mestizaje del mundo andino.

Al igual que Mariátegui, Arguedas, nacido en Andahuaylas vivió la marginación regional, promovida por los estereotipos anti indígenas que se han forjado contra la sierra peruana, desde la capital Lima. Hijo de familias pertenecientes a las elites blancas regionales, Arguedas quedó huérfano de madre a los dos años y a partir del nuevo matrimonio de su padre sufrió malos tratos por parte de su madrasta y desde niño su relación afectiva fue con los indígenas con quienes convivió, aprendió el kichwa al mismo tiempo que el castellano y fue testigo de la violencia que se ejercía contra ellos por parte del gamonalismo.

Influido por Murra, Arguedas inicia su formación como antropólogo en 1946 en la Universidad de San Marcos donde se había licenciado en literatura. Durante la década de los 30s enseñó literatura en el Cuzco, donde tuvo muchos estudiantes indígenas lo que le motivó a usar el quichua en sus clases, así como leyendas, poesía, cantos y mitos indígenas (Montoya, 2012: 64) En la década de los 50 inició sus investigaciones etnológicas de carácter profesional, en 1957 sacó el título de bachiller en etnología y se doctoró en antropología en 1963. En todo ese período fue combinando su producción antropológica y literaria, las cuales tenían mucho en común: mientras en su producción literaria, aborda temáticas como la migración indígena y el retorno de los migrantes a las comunidades, la violencia rural y urbana racializada, las fiestas locales y regionales, y las tensiones inherentes a los procesos de mestizaje que vivían los indígenas, en su obra antropológica analiza los procesos de "formación de la cultura indoamericana", como se titula una de las obras que recoge parte de su producción antropológica y en la que se muestra cómo los indígenas lideran procesos de mestizaje que conducen a la construcción de sociedades económica y culturalmente fuertes, capaces de resistir los embates del racismo y el colonialismo, como lo muestra en sus estudios sobre la zona de Huamanga.

En la obra de Arguedas quizá más significativo que un débil impacto en la antropología sobresalen las ambigüedades y contradicciones con las que los representantes de las ciencias sociales peruanas acogieron en un período su amplia producción, como ocurrió en la mesa redonda que organizó el Instituto de Estudios Peruanos el 23 de junio de 1965 en torno a su novela Todas las Sangres. En esa mesa en la que participaron Jorge Bravo Bresani, Alberto Escobar, Henry Favre, José Matos Mar, José Miguel Oviedo, Sebastian Salazar Bondy y Aníbal Quijano, este grupo de intelectuales, atrapados en la convicción historicista de que los indomestizos, los cholos, constituían una etapa que tendría que terminar en el proceso de campesinización de los indígenas, no podían aceptar "... que, aunque bajo diferentes etiquetas, los "cholos" habían existido históricamente "entre", en vez de "moviéndose hacía", por casi quinientos años, desde la invasión española de los Andes hasta los años sesenta del siglo XX". En ese sentido no podían aceptar la existencia plena de Demetrio Rendón Willka, el personaje indomestizo principal de la novela porque "... no era sólo una contradicción: no era posible... Willka emergió de la genealogía del mestizaje para contradecir su teleología, al proponer que las formas de ser indígenas, en lugar de asumir el movimiento progresivo de la historia de la modernidad, tenían su propia historicidad, a pesar del innegable poder del capitalismo industrial". (De la Cadena, 2020: 41). Las consecuencias de la negación de la obra de Arguedas serían terribles: "... todos los participantes de la Mesa de Redonda ridiculizaron el proyecto de Arguedas. Preso de la depresión desde su juventud, Arguedas se suicidó pocos años después del episodio de la mesa redonda. Algunos expertos identificaron esta discusión como una de las causas del suicidio de este escritor". (De la Cadena, 2020: 41-42).

Es llamativo que uno de los más acérrimos críticos de la novela en la mesa redonda haya sido Aníbal Quijano, para quien la novela presentaba una noción "no muy clara" de la realidad ya que no expresaba "un coherente manejo de los tiempos históricos en los que se desarrolla" (Quijano, 56). Al referirse a las incongruencias de la novela Quijano anotaba el peso que Arguedas seguía asignando a las castas en el contexto rural, cuando estas estaban destinadas a desaparecer por la estructura de las clases y la novela no planteaba nada respecto a esa transición. A Quijano el protagonista Demetrio Rendón Willka, le resultaba incómodo porque mantenía una serie de rasgos identitarios indígenas a pesar de la evidente determinación de la modernidad. Atrapado en un historicismo que prefiguraba la inevitable disolución del indígena, Quijano manejaba un paradigma que no le permitía aceptar la posibilidad de que Rendón Willka y el sector indígena impulsaran un proyecto de cambio y de modernización política y económica que no riñera con características culturales específicas de la condición de indígena (cfr. De la Cadena, 2020), lo cual es paradójico si vemos que unos años después Quijano se convertiría en una de las figuras radicales del paradigma poscolonial que reclamaría la reivindicación del particularismo indígena desde una perspectiva neo relativista que analizaremos con cuidado más adelante.

La radicalidad del debate que se dio en torno a *todas las sangres*, puede tomarse como un precedente de lo que sucedería con la antropología peruana. En los años sesenta y setenta del siglo pasado, en Perú, como en otros países latinoamericanos, la antropología se encontraría atrapada en los grandes debates de la izquierda y un importante sector escogió por el abandono de la profesión, mientras la irrigación de la violencia liderada por sendero luminoso durante los ochenta y noventa, debilitaría el trabajo de campo y la práctica etnográfica. A partir de los años ochenta, la antropología en el Perú se abrió hacia nuevas temáticas como los nuevos movimientos sociales, las problemáticas ambientales, o el género, al tiempo que los indígenas como sujetos de estudio privilegiados del campo, entraban en un proceso de consolidación y fortalecimiento de sus organizaciones políticas, obligando la transformación de las retóricas y las prácticas profesionales. En este contexto, el desempeño profesional se amplió a trabajos con Organizaciones no Gubernamentales, a consultorías y a asesorías a los movimientos con los que se desempeñan los profesionales. Al mismo tiempo, la antropología empezó a experimentar acercamientos inter y transdisiciplinares y a asumir desafíos similares a los que tiene que enfrentar en otros países, como veremos con más detalla con el caso de Ecuador.

En Ecuador, las conexiones entre los orígenes de la antropología y las relaciones entre el estado nacional y los sectores racializados se pueden leer a partir del contraste con tradiciones provenientes del conservadurismo y las que se construyen como herencias de la revolución liberal, de la constitución de la izquierda y de los importantes ciclos de movilización llevados a cabo por los sectores subalternizados, indígenas, negros y montuvios, en la primera mitad del siglo XX (Figueroa, 2022; Coronel, 2023). Mientras el realismo social produjo una rica producción estética y política que proponía cambiar el lenguaje nacional a partir del reconocimiento del papel protagónico de los indígenas y afrodescendientes en la construcción de la nación, mediante una articulación compleja entre la literatura, las artes plásticas y la sociología, la antropología de manera paulatina, desde principios del siglo XX, ayudó a construir a los indígenas y negros como los otros de la nación mediante una estrategia en la que se superpusieron el coleccionismo, la antropología física y la etnología con un importante peso del conservadurismo. En sus inicios entre la década de los veinte y la de los sesenta, la antropología ecuatoriana tuvo una primera profesionalización en torno a la antropología física, la arqueología y la etnología, en la cual tuvo un gran peso el conservadurismo impuesto por Jacinto Jijón, mientras a partir de los años cuarenta hubo un importante sector articulado a la antropología mexicana, que tuvo un carácter aplicado; en una segunda fase, cuando se crea la antropología profesional en la década de los setenta, el papel rector fue asumido por un sector progresista de la iglesia católica con ciertas cercanías a la Teología de la liberación que introdujo con fuerza una versión del relativismo cultural con tonos de conversión que refuerza la concepción de los indígenas, los montuvios y los afrodescendientes como los otros de la nación.

En la primera mitad del siglo XX, hubo un amplio ciclo de movilizaciones populares asociadas a la revolución liberal y al aparecimiento de las izquierdas y en ese momento la sociología, los estudios jurídicos y la literatura asumieron como uno de sus ejes constitutivos la relación entre los estados nacionales y los sectores etnizados (Figueroa, 2022; Coronel; 2022). Una serie de eventos como la revolución liberal, la guerra de guerrillas de los afroesmeraldeños contra la reactivación de la plutocracia después del asesinato de Eloy Alfaro, la revolución juliana y el aparecimiento de los partidos de izquierdas, evidenciaban un ciclo de movilización política, protagonizado por indígenas, negros y montubios.

En este contexto abogados indigenistas como Pío Jaramillo Alvarado y sociólogos como Ángel Modesto Paredes, quienes estaban atentos a los debates que se llevaban a cabo en el Perú en torno a las ideas de José Carlos Mariategui y Víctor Rául Haya de la Torre, reflexionaban y actuaban "... sobre la conformación de mecanismos de participación política y estrategias de redistribución que pudieran ciudadanizar al indio en un momento en que estaba en disputa entre conservadores y socialistas la salida a la crisis del Estado oligárquico y el modelo de movilización social que se encontraría a la base del sistema de partidos políticos" (Coronel, 2023: 325-326).

En el ámbito de la literatura y de la cultura en general, movimientos como el indigenismo y el realismo social, se encontraban comprometidos en cambiar las condiciones objetivas y subjetivas de la dominación étnico racial y económica que afectaba a los sectores racializados. El realismo social en la literatura se nutrió de la historia y de prácticas etnográficas asociadas a la militancia política, lo que daba bases empíricas a la producción ficcional y ensayística que tomaba como uno de los ejes más importantes a indígenas, negros y montuvios. Muchos de estos activistas pertenecían también a esos sectores, como fue el caso del escritor afroesmeraldeño Adalberto Ortiz autor de la novela Juyungo, en la que el protagonista Asención Lastra, sirve para reivindicar el protagonismo que tuvieron los afroesmeraldeños en el liberalismo radical y en los intentos de construir una nación basada en las premisas de la igualdad cívica y racial luego del asesinato de Eloy Alfaro (Figueroa, 2022). La obra de Ortiz se inserta en un amplio movimiento cultural en el que convergen la literatura y la antropología, y donde un importante grupo de literatos hombres y mujeres, blanco mestizos, afrodescendientes e indígenas como Adalberto Ortíz, Nela Martínez, Joaquín Gallegos Lara, Demetrio Aguilera Malta e incluso pintores como Owaldo Guayasamín y Eduardo Kingman, asumieron experimentaciones narrativas que daban cuenta de los modos como indígenas y negros respondían a los desafíos y transformaciones sociales impulsadas por el liberalismo y por la izquierda desde inicios del siglo XX.

En este contexto, la antropología ecuatoriana, paradójicamente, se fundaba consolidando la imagen de los sectores racializados, especialmente indígenas y negros, como los otros de la nación a través de estrategias profesionales que incluyeron, la arqueología, la antropología física, el coleccionismo y, posteriormente una antropología profesional que asumió el relativismo cultural; la historia de la antropología ecuatoriana también nos muestra grandes cercanías de la disciplina con corrientes cercanas al catolicismo. De igual manera, un importante grupo de antropólogos formados en México, conformaban una tradición preocupada por la inclusión de los indígenas al estado nacional; el principal ámbito de este sector estuvo por fuera de la academia y vinculados a la antropología aplicada.

De acuerdo con Segundo Moreno (2006), la antropología ecuatoriana ha atravesado tres momentos: el primero serían los antecedentes formados entre finales del siglo XVIII y el siglo XIX, cuando se pasa de la colonia temprana a la república y encontramos importantes legados intelectuales en las obras de Juan de Velasco, Pedro Vicente Maldonado, Eugenio Espejo y Juan León Mera quienes contribuyeron a la creación de un pensamiento ilustrado y romántico protonacional y nacional; un segundo momento marcado por el positivismo sociológico y el indigenismo, que estuvo representado por figuras como Pío Jaramillo Alvarado, Belisario Quevedo, Gonzalo Rubio Orbe, Piedad y Alfredo Costales y Antonio Santiana; para este momento se constituyó también una corriente próxima al difusionismo y la arqueología, representada por Jacinto Jijón y Caamaño, Olaf Holm y Emilio Estrada y finalmente, una etapa de profesionalización que empieza con la creación del departamento de antropología en la Universidad Católica del Ecuador en 1971 (Moreno, 1992; Barba y Vera, 7: 2022), a esto seguirá la creación de los departamentos de antropología en la Universidad Salesiana en 1990, en la universidad San Francisco en 2016, y los programas de posgrados en la FLACSO a partir de 1990.

En sus inicios la antropología ecuatoriana incorporó y promovió la imagen de los indígenas como sujetos del pasado, como vestigios arqueológicos o como unidades particulares discretas culturalmente, lo que señala un contraste entre la construcción de la antropología como campo disciplinar y la movilización social que lideraron indígenas y afrodescendientes en la primera mitad del siglo XX.

El coleccionismo, la arqueología, la antropología física y la etnología marcaron la primera fase de la antropología profesional que puede ubicarse entre los años 20 y los años sesenta del siglo XX. Uno de los proyectos pioneros fue la fundación del Museo Nacional de Arqueología en 1925, bajo la coordinación del arqueólogo Alemán Max Uhle; el museo sufrió un incendio en 1929, por lo que permaneció cerrado hasta 1933, cuando fue reabierto bajo la dirección del coleccionista e historiador conservador Jacinto Jijón y Caamaño, quien sería relevado por el médico, coleccionista y arqueólogo Antonio Santiana. Max Uhle abrió la primera cátedra de arqueología en 1925, como parte de la facultad de Filosofía, letras y ciencias de la educación, la que dictó hasta 1933 cuando abandonó el país; a su salida, la cátedra fue asumida por Jacinto Jijón y Caamaño hasta 1935 cuando la facultad fue cerrada (Barba y Vera, 2002, 244).

El conde Jacinto Jijón y Caamaño fue un aristócrata, conservador y católico, cuya obra intelectual y política antagonizaba las herencias de la revolución liberal, de la izquierda y del indigenismo. A través del uso del difusionismo y del evolucionismo Jijón y Caamaño construyó una narrativa que sostenía que los fundamentos de la nación estaban en el hispanismo y no en los reinos indígenas de los Quitus, Shyris, Caras e Incas como se había sostenido desde la obra del jesuita Juan de Velazco (Prieto, 2004: 98); de igual manera, Jijón argumentaba en la "superioridad" de la "raza" y la "cultura" hispana sobre la lengua, la biología y la cultura indígena (Prieto, 2004:108). La búsqueda de un patrón hispanista opuesto al indigenismo y a la izquierda se articula en el caso de Jijón con un proyecto político que promovía una mirada escéptica sobre los sectores subalternizados, especialmente las poblaciones indígenas, a las que definía como naturalmente necesitadas de tutoría (Figueroa 2000).

Jijón y Caamaño fue uno de los fundadores del Partido Conservador en 1925; esto se dio tres meses después de la revolución Juliana, dirigida por un sector militar del liberalismo, opuesto al liberalismo oligárquico que se había empoderado en el país después del asesinato del líder del liberalismo radical, Eloy Alfaro. La disputa de Jacinto Jijón contra el liberalismo, el indigenismo y la izquierda, se inspiraba doctrinalmente en la Encíclica Rerum Novarum de León XIII y su reivindicación del hispanismo y su disputa contra la historia de Juan de Velasco, al igual que el marco que guiaba su quehacer arqueológico y etnológico era el marco ideológico de la confrontación de los conservadores a las propuestas de la izquierda que venían consolidándose a partir de la fundación del partido socialista en 1926. En su obra, Jacinto y Jijón elaboró una visión esencialista del indígena que buscaba afianzarlos en el lugar que el régimen oligárquico les había asignado, principalmente como mano de obra gratuita para las haciendas y los espacios extractivos que daban fundamento a las economías de enclave. La obra Política Conservadora, con una primera edición en 1929, aparece como el correlato político de las nociones antropológicas desarrolladas por Jijón, y mediante las cuales cubre un amplio espectro de razonamientos y proposiciones en torno a la población indígena, entre las cuales sobresale su supuesta necesidad de tutelaje, su incapacidad del manejo racional de los recursos monetarios, incluidos los créditos y su supuesta propensión al alcoholismo.

Frente a una vigorosa movilización, Jijón reclamaba por un reforzamiento del atavismo, como forma de detener los complejos avances que se daban asociados a la revolución liberal y a la izquierda:

> "Conocemos de haciendas en que el patrón, por motivos humanitarios o por interés propio, resolvió no concertar más peones, pero tuvo que ceder ante la reiterada y tenaz insistencia de estos que, por luengos meses, no cesaron de porfiar para que se los concertase. Aun en nuestros oídos resuenan los desgarradores lamentos y hasta tumultuosas manifestaciones de los trabajadores de cierto fundo, cuyo nombre no recuerdo, o no quiero recordar, porque habiéndoseles, intempestivamente, duplicado el jornal, se imaginaban que les iban a suprimir los socorros y anticipos, preferían, según su decir, que se les aumentase la jornada, que se les quitase todo salario en dinero, pero que se les diese socorro y se les concediese anticipos.
>
> El peón debe encontrar algo bueno en este contrato, cuanto tanto lo ama.
>
> Otra edificante y verídica historia nos resta referir. En determinadas haciendas, es costumbre dar periódicamente, una cantidad de granos a los empleados, al igual que a los conciertos, pues bien, un educado en la Capital, al contratarse, pidió que se le entregase su valor en dinero, más, en cuanto tuvo familia, solicitó el favor contrario, el de someterse a la costumbre general" (Jijón, 1943: 541-542).

La antropología de Jijón operaba como un claro ejemplo de negación de la coetaneidad de los indígenas (Fabian, 1983) quienes, a pesar de tener una participación activa en la política nacional (Coronel, 2023) se les definía como naturalmente inclinados a la costumbre y a la defensa de instituciones como el concertaje, en la cual se fundamentaba la economía precarista de la hacienda.

Otro de los pioneros de la antropología ecuatoriana fue el médico Antonio Santiana, colaborador cercano de Jacinto Jijón, quien realizó investigaciones de antropología física, arqueología y etnología. Entre los tópicos que investigó estaban el poblamiento antiguo americano, estudios de antropología física encaminados a definir las características de la "raza india" mediante técnicas comparativas de craneología, estudios sanguíneos, osteología, al mismo tiempo que lideró discusiones sobre el lugar de las "razas" primitivas de América, y estimuló el estudio del folclor, en un gran acervo de revistas nacionales e internacionales como la Revista Archivos de la Facultad de Ciencias Médicas de la Universidad Central, Humanitas —Boletín ecuatoriano de antropología—, Anthropos, o el Boletín Bibliográfico[3].

De acuerdo con Barba y Vera (2022), Santiana, médico de profesión, entró a la antropología bajo la tutoría de Jacinto Jijón, e hizo de la antropología física, la arqueología y la etnología, los campos en los que coincidieron sus conocimientos médicos y antropológicos. A lo largo de los años 40 realizó estudios de antropología física desde el área de anatomía de la Universidad Central y en 1946 inauguró la cátedra de Antropología y Arqueología y asumió los cursos que había dictado Max Uhle entre 1925 y 1933. En 1947, organizó la Asociación Ecuatoriana de Antropología (AEA) y en 1948 asumió la cátedra titular de Etnología y Arqueología, después de competir con ella con el antropólogo Aníbal Buitrón, y en ese mismo año se le asignó la dirección del Museo de Arqueología (Barba y Vera, 2022: 242-249). En 1950, bajo la dirección de Santiana se crea el Instituto de Antropología de la Universidad Central y se reinaugura el museo que se le había encargado, así como la cátedra de antropología en la Facultad de Filosofía de la Universidad Central —UCE—. Durante los años 50 y 60 se fundó el Instituto de Antropología de la UCE, y en 1964 se creó una cátedra de antropología y una especialización en antropología y sociología, vinculada a la facultad de Ciencias Básicas, la cual fue cerrada en 1967, luego de la muerte de Antonio Santiana, y de un proceso de reestructuración vinculado a una serie de presiones de un grupo de estudiantes que no veían con buenos ojos la participación financiera de instituciones norteamericanas; en esos proyectos, y luego de que se unieran sociología y ciencias políticas,

---

3 https://revistadigital.uce.edu.ec/index.php/CIENCIAS_MEDICAS/article/view/196/187

de manera inexplicada, se marginaría el área de antropología (Barba y Vera, 2002: 100-102).

De manera paralela a la turbulenta institucionalización de la antropología, en la Universidad Central tuvo presencia una corriente de la antropología aplicada cercana a los debates que ocurrían en México y Estados Unidos, en la cual sobresalieron figuras como Aníbal Buitrón, Gladys Villavicencio y Hugo Burgos, así como una corriente de los estudios del Folklore, asociados al investigador brasileño Carvalho Neto, la cual tuvo además una gran influencia del relativismo cultural. Buitrón fue el primer antropólogo graduado en el país, ya que recibió un máster en antropología por la Universidad de Chicago. Previamente había trabajado con John Víctor Murra y John Collier, con quien publicaría un texto profusamente ilustrado con fotografías, El Valle del Amanecer, donde muestra la forma como los indígenas otavaleños desarrollaban sus capacidades de adaptación a los retos de la modernidad e impulsaban un proceso de crecimiento económico. Gladys Villavicencio, la primera antropóloga profesional del Ecuador, se formó en la Escuela Nacional de Antropología e Historia de México, bajo la dirección de Aguirre Beltrán, de quien utilizó y amplió la noción de regiones de refugio, al tiempo que "... presentó una serie de ideas interesantes que adelantaron los estudios sobre los procesos de etnogénesis en los Andes ecuatorianos, y avanzó algunas propuestas que se desmarcaban en parte de las políticas de integración a través de la aculturación impulsadas en ese momento por el III (Instituto Indigenista Interamericano) y su director, el también ecuatoriano Gonzalo Rubio Orbe" (González, 2023: 180). Por su parte, el trabajo más representativo de Hugo Burgos, *Relaciones Interétnicas en Riobamba*, se enfocó también en las conflictivas relaciones que han existido históricamente entre indígenas y blanco mestizos en esa parte del país. Aunque tuvieron un impacto importante en la historia de la disciplina, estos antropólogos no tuvieron una presencia sistemática en la academia ecuatoriana.

Al enfocarnos en la creación de las carreras y departamentos de antropología a partir de la década de los setenta del siglo XX, se puede decir, de acuerdo con Martínez Novo (2007, 341), que en la creación de los departamentos de antropología convergieron la izquierda, los jesuitas y los Salesianos, en un momento de un giro de la iglesia hacia la opciones favorables a los sectores empobrecidos, como resultado del Concilio Vaticano II y de la II Conferencia del Episcopado latinoamericano que había tenido lugar en Medellín en 1968. La carrera de antropología de la Pontificia Universidad Católica fue fundada como parte de la Facultad de Ciencias Humanas, con los departamentos de Filosofía, Antropología, Sociología y Psicología, bajo el lema de ecuatorianizar la universidad, defendido por el rector, el Jesuita Hernán Malo. Durante los tres primeros años el departamento de antropología conservó un vínculo estrecho con el programa de filosofía, que había surgido del filosofado San Gregorio, donde se formaban los jesuitas (Barba y Vera, 2022: 113-114) y se constituyó plenamente al tercer año cuando ya se contaba con una planta docente perteneciente al campo. De acuerdo con Martínez Novo (2007) las líneas de investigación que se consolidaron fueron la de estudios del campesinado, que estaba articulado a debates impulsados desde la sociología marxista ecuatoriana y latinoamericana, aplicada al contexto de las reformas agrarias que se daban en el país en los años 60 y 70. A diferencia de lo ocurrido en el Perú, se desarrolló una línea de investigación en estudios amazónicos y "Los investigadores amazonistas ligados a la Universidad Católica, a diferencia de algunos autores extranjeros que buscaban en la Amazonia culturas relativamente aisladas que ayudaran a comprender la diversidad del ser humano y su adaptación al medio ambiente, trataron de entender la articulación entre el Oriente y los procesos de colonización y penetración estatal y capitalista (Salazar, 1986; Bustamante, 1988)" (Martínez Novo, 2007: 342). Sin embargo, hay que decir que en la década de los ochenta y una parte de los noventa, una figura importante en la línea de investigación de estudios amazónicos fue Jorge Trujillo quien introdujo una línea articulada al antropólogo anarquista Pierre Clastres y a la arqueóloga y antropóloga Betty Meggers, así como la importancia que se dio a toda una serie de estudios vinculados a la antropología francesa que mediante autores como Pierre Descola, daban elementos para una visión de las comunidades amazónicas como entidades autónomas política y económicamente.

Otra línea importante fue la de la antropología religiosa, liderada por Marco Vinicio Rueda, sacerdote jesuita, quien además de sus intereses por la religiosidad popular y por rescatar la etnografía como parte de sus críticas al ensayismo (Martínez Nuovo, 2007), también practicaba el budismo y seguía la línea establecida desde Hernán Malo, quien exaltaba el trabajo de campo como una crítica a las teorizaciones de "gabinete", al tiempo que propendía a identificar el "complejo socio cultural ecuatoriano" (Malo, 1988, p. 492, en Barba y Vera, 2022), mediante el trabajo de campo y el estudio antropológico.

De igual manera, el direccionamiento de Hernán Malo establecía un distanciamiento con la izquierda política, apostaba por el criterio científico en oposición al ensayo y por la compenetración con la comunidad, en un proceso evocativo de la conversión:

> "No bien terminada esta semana de gracia académica, los estudiantes de Ciencias Humanas harán quince días de investigación en una comunidad indígena bajo el asesoramiento de un antropólogo de prestigio interamericano. No irán a predicar doctrinas subversivas, su tarea será compenetrarse de todo ese nuevo mundo étnico-religioso que constituyen nuestros indígenas y analizarlo con criterio científico". (Malo, 1988, p. 492, en Barba y Vera, 2022: 132).

De igual manera, el análisis del antropólogo José Juncosa sobre los orígenes de la carrera de antropología de la Universidad Salesiana es muy ilustrativo respecto a los vínculos estructurales entre los procesos de investigación y el tipo de ética que se impulsa desde directrices católicas progresistas. También muestra las convergencias de la ética católica con las corrientes neoindigenistas que empezaban a surgir desde México, las cuales tienen un gran peso en las corrientes autonomistas que dominan en el movimiento indígena ecuatoriano en las últimas décadas bajo la premisa de diferencias estructurales entre el sector indígena y el estado nacional. De acuerdo con Juncosa la carrera de antropología aplicada, liderada por los Salesianos, surgió inspirada bajos los paradigmas del indigenismo crítico: "El enfoque que, en sus inicios, definió de manera más profunda y decisiva las opciones epistémicas, éticas y políticas de la Carrera de Antropología Aplicada se inspiró en la vertiente de la antropología latinoamericana ligada al indigenismo crítico, indigenismo de autonomía o nuevo indigenismo" esta tendencia se oponía "... a las pretensiones de integración del indigenismo de los años treinta, apostando por el contrario por "... la autonomía y la autogestión territorial de los pueblos indígenas" (Juncosa, 102: 2022). Las corrientes autonomistas también fueron impulsadas por un sector izquierdas, desencantado de lo que el investigador del Centro Andino de Acción Popular, Francisco Rhon Dávila llamaba "las explicaciones rígidas y teóricas del marxismo ortodoxo" (Martínez Nuovo, 2007:341).

Estas corrientes antropológicas han tenido un impacto significativo en las formas de organización indígena ya que muchos dirigentes del movimiento indígena ecuatoriano han sido formados tanto en las universidades y en institutos interculturales bilingües en los cuales antropologías cercanas a las distintas órdenes religiosas como los salesianos, los dominicos, los jesuitas e incluso vertientes como el instituto Lingüístico de Verano han tenido un papel hegemónico.

Hay que resaltar, sin embargo, que los desafíos del autonomismo fueron detectados y advertidos por otros antropólogos como Diego Iturralde quien argumentaba que las diferencias étnicas eran "un legado del colonialismo, el colonialismo interno y el dominio de las élites y del estado,

(y) resultarían en una opresión mayor de los campesinos" (Martínez Nuovo, 2007: 346.) mientras el antropólogo Hugo Burgos definía "la minga (trabajo comunal) y las fiestas religiosas populares como mecanismos de dominación". (Martínez Nuovo, 2007: 346). Sin embargo, el autonomismo terminó imponiéndose y se consolidó a partir de los años noventa, cuando el paradigma de clases entró en una crisis definitiva, al tiempo que se imponía la lógica globalista que atacaba los fundamentos de los estados nacionales y profundizaban las últimas herencias de la incorporación de los indígenas a los estados nacionales. Esta nueva noción posmoderna y neoliberal se impuso en una antropología que incorporó las vertientes esencialistas de los estudios culturales y poscoloniales provenientes de la versión norteamericana de los estudios culturales que promueve la imagen de distancias ontológicas entre los grupos indígenas y los estados nacionales.

5. ESENCIALISMO ANTROPOLÓGICO Y REPUBLICANISMO POPULAR

A partir de los años setenta un grupo de académicos introdujeron en la academia norteamericana nuevos paradigmas que buscaban visibilizar actores, temáticas, problemas y enfoques provenientes del sur global y que no formaban parte de las narrativas reconocidas en las academias dominantes. Intelectuales como Edward Said, Ranajit Guja y Gayatri Spivak se enfocaron en estudios sobre las condiciones del colonialismo que habían silenciado la voz de sectores subalternizados como los campesinos, las mujeres o los sectores racializados. De otro lado, en Inglaterra, a partir de la posguerra una serie de académicos influidos por el marxismo como E.P. Thompson, Richard Hogart, Raymond William y Stuart Hall, entre otros, llevaron a cabo una serie de estudios que resaltaban el protagonismo de sectores como los obreros, los migrantes negros o las mujeres, creando las bases para el aparecimiento de los estudios culturales, que resaltaba el protagonismo de sectores populares, a la vez que daban una centralidad a la cultura incluyendo sus elementos materiales y simbólicos. En este contexto un grupo de latinoamericanistas ubicados principalmente en universidades norteamericanas radicalizaron el reconocimiento de los sectores populares y a partir del abordaje de las condiciones del colonialismo interno que caracteriza a los países de América Latina, establecieron una equivalencia entre modernidad y colonialismo (Quijano, 1991; Mignolo, 1995). Un amplio grupo de intelectuales provenientes de distintos campos como la crítica literaria, la historia y la antropología, formularon una crítica de la modernidad y radicalizaron perspectivas en la que se construían a sectores minorizados y racializados como los indígenas y los negros, como la alteridad radical y como portadores de racionalidades y prácticas alternativas a la modernidad, lo cual tuvo un especial impacto en el ámbito de una antropología continental cercana a las prácticas de negación de la coetaneidad (Fabian, 1984) de los sectores minorizados y racializados.

En un influyente trabajo, los antropólogos Eduardo Restrepo y Arturo Escobar (2005), siguiendo la tesis de Aníbal Quijano, establecieron una conexión intrínseca entre modernidad y colonialidad al tiempo que sostenían que esta conexión subsumía a la antropología ya que la modernidad y la colonialidad, subalternizan y dominan a los sectores excluidos, lo cual podía evidenciarse en la historia de las antropologías metropolitanas, especialmente en las de Estados Unidos, Francia e Inglaterra. A partir de una propuesta epistemológica y política encaminada a romper los vínculos entre la antropología y el colonialismo Restrepo y Escobar (2005) propusieron situar el conocimiento antropológico en un lugar distinto al de la modernidad, dando un lugar prioritario a los sectores subalternizados y racializados, en tanto portadores de saberes y alternativas a la modernidad. Fundamentados en lo que entienden como específico de las formas de conocimiento de los sectores racializados y minorizados Restrepo y Escobar propusieron una transformación de la antropología convencional, a la que ubicaban del lado de la modernidad y la colonialidad, para lo cual desacreditaban lo disciplinar del campo y proponían que fuera sustituido por lo indisciplinar, lo cual concebían como cercanos a las formas de saber de los sectores subalternizados, insertos en las formas no académicas. En su propuesta establecían una clara dicotomía entre los saberes indígenas y los saberes académicos, profundizando las supuestas diferencias ontológicas entre indigenas y la modernidad.

6. CONCLUSIÓN

A medida que se ha ido profundizando la crisis de los estados nacionales como resultado de las presiones de la globalización, en América Latina se han ido consolidando una serie de discursos y prácticas políticas que incentivan el autonomismo y la separación de los sectores racializados, desde relecturas y actualizaciones de las teorías relativistas que, como vimos, se originan desde inicios del siglo XX. Mientras a lo largo del siglo XX, la historia de la antropología está atravesada por conflictos entre miradas que afianzan el distanciamiento de indígenas y negros de los estados nacionales mediante el recurso de la "negación de la coetaneidad" y proyectos que explícitamente buscan la integración como sucedió con una parte importante de la tradición antropológica mejicana, en los últimos años un importante sector de la antropología latinoamericana recontextualiza las premisas de un relativismo radical que busca afianzar las distancias entre los sectores minorizados y racializados.

Sin embargo, al hacer dialogar la antropología con disciplinas como la historia social, o la filosofía política, las enunciadas diferencias ontológicas entre los estados nacionales y los sectores indígenas y negros se matizan. Una serie de contribuciones insertas dentro de lo que grosso modo podemos llamar republicanismo popular, validan la importancia de la voz de los subalternos, en el sentido en que es reclamado por las derivas latinoamericanistas de los estudios culturales, poscoloniales y subalternos, pero, a diferencia de estos enfoques, estudios como los de Sanders (2009); Coronel (2022); Coronel y Cadahia (2019); Figueroa (2022); Guanche (2017); Fernández y Hall (2023); Flores (2022), muestran que los sectores indígenas y negros han jugado papeles protagónicos en la construcción de las modernidades latinoamericanas, y han formulado sus reclamos a favor de la igualdad en el contexto de proyectos políticos marcados por conceptos de democracia popular.

En un estudio anterior (Figueroa, 2022), en el que comparé dos grandes movimientos liderados por afrodescendientes en Cuba y Ecuador, pude comprobar cómo estos sectores lideraron la lucha contra la esclavitud y contra sus remanentes como el racismo a partir de una forma expresión de una doble consciencia (Du Bois, 2007), en la que se involucran elementos particulares y elementos universales, dando forma a lo que denominé universalismo situado. Las luchas de los afrodescendientes de Ecuador y Cuba se insertaron en las oleadas del liberalismo radical que se conformó en la segunda mitad del siglo XIX, y que se materializaron en una serie de exigencias políticas que involucraban los niveles fenomenológicos de las vidas de individuos y grupos golpeados por los estereotipos de un racismo anclado tanto a premisas biológicas como culturales. Al analizar las agendas políticas populares de los afrodescendientes de ambos países se evidencia que los sectores populares luchan por construir ideales de carácter universal, lo que contradice los supuestos particularistas en los que se fundamentan las derivas latinoamericanistas de los estudios poscoloniales. La activa participación de afrodescendientes e indígenas en ejércitos independentistas o en las milicias que se formaron en el contexto de las guerras entre liberales y conservadores, reflejada en reclamos y peticiones concretas, problematiza la tesis posmoderna de la distancia estructural entre los sectores racializados y los estados nacionales. Esto se evidencia también en el protagonismo que actualmente tiene el indigenado en el proyecto nacional popular de Bolivia, en los grandes levantamientos populares liderados por los indígenas en Ecuador o en el apoyo amplio que afrocolombianos han dado al gobierno de Gustavo Petro, hasta el punto de conquistar la vicepresidencia del país en la figura de Francia Márquez.

7. BIBLIOGRAFÍA

Alcina Franch, José ed. Indianismo e indigenismo en América. Madrid: Sociedad Quinto Centenario. Alianza, 1990.

Arguedas, José Maria y otros 1985. He vivido en vano? Mesa redonda sobre todas las sangres. 23 de Junio de 1965, IEP: Lima.

Barba Villamarín, Daysi Daniela y Vera Toscano María Piedad. 2022 Configuración del campo disciplinar de la antropología sociocultural alrededor de su profesionalización en el Ecuador, (1940-1980). Puce. Quito.

Barnes, Mónica, 2019. John Víctor Murra, los años tempranos. Boletín de Etnohistoria, 2. Lima: Perú.

Beltrán Aguirre, Gonzalo 1991 Regiones de refugio: el desarrollo de la comunidad y el proceso dominical en meztizoamérica Universidad Veracruzana: Gobierno del Estado de Veracruz Instituto Nacional Indigenista: Fondo de Cultura Económica

Bordieau, Pierre (1995) *Las Reglas del Arte. Génesis y estructura del campo literario.* Barcelona: Anagrama.

Briones, Claudia 2020. "Construcciones de aboriginalidad en Argentina" en: *Antropologías hechas en la Argentina* Guber Rosana, Ferrero, Lía. Asociación Latinoamericana de Antropología.

Burga, Manuel y Galindo, Flores 1986. Apogeo y crisis de la República Aristocrática, p. 127. 140-144). Boletín del Instituto Riva-Agüero. Lima

Campuzano Arteta, Álvaro 2017. La modernidad imaginada. Arte y Literatura en el pensamiento de José Carlos Mariátegui (1911-1930). Iberoamericana Vervuert: México.

Coronel, Valeria. 2022. "*La última guerra del siglo de las luces": La Revolución Liberal. Republicanismo Popular y radicalismo democrático en la formación del estado nacional ecuatoriano.* Colección Atrio, Flacso Ecuador. Quito.

— 2019. "The Ecuadorian Left during Global Crisis: Republican Democracy, Class Struggle and State Formation (1919-1946)". En: *Words of Power, the Power of Words The Twentieth-Century Communist* Discourse in International Perspective Edited by Giulia Bassi Edizioni Università di Trieste.

Coronel Valeria y Cadahia Luciana. 2018. "Populismo republicano: más allá de 'Estado versus pueblo'". En: *nuso,* n.° 273, Fundación Friedrich Ebert Stiftung.

De la Cadena, Marisol 2004. *Indígenas Mestizos, Raza y Cultura en el Cuzco.* Lima: IEP.

De la Cadena, Marisol. 2007. "La producción de otros conocimientos y sus tensiones: ¿de la antropología andinista a la interculturalidad?" en: De Gregori *Saberes periféricos: ensayos sobre la antropología en América Latina* /Lima, IEP.

Domenech, Antoni. 2017. *La Democracia Republicana Fraternal y el Socialismo con Gorro Frigio*, Editorial de Ciencias Sociales, La Habana, Barcelona.

Du Bois W.E.B. 2007. *The Souls of Black Folk*, Oxford University Press, New York.

Duchet, Michel 1976. *Antropología e Historia en el Siglo de las Luces*. México: Siglo XXI.

Durkheim, Emile 2001. *Las Reglas del Método Sociológico*. México: Fondo de Cultura Económica.

Fabian, Johannes. 1983. *Time and the other: how anthropology makes its object*. New York: Columbia University Press.

Figueroa, Jose Antonio. 2022. *Republicanos Negros, guerras por la igualdad, racismo y relativismo cultural*. Bogotá: Planeta.

Figueroa, Jose Antonio, 2023. "El Partido Independiente de Color: humanismo negro, racismo biológico y relativismo cultural". En: *Anti-Racismo y Republicanismo Negro en Cuba*. Yulexis Almeida, Jose Antonio Figueroa, Jochen Kemner (comps). Clacso, Buenos Aires.

Figueroa Pérez, Jose, 2021. Guerra privatizada, capitalismo lumpen y racismo en la frontera Ecuador-Colombia. *URVIO. Revista Latinoamericana De Estudios De Seguridad*, (31), 78-89

Figueroa Jose Antonio 2000. *Del nacionalismo al exilio interior, el contraste de la experiencia modernista en Cataluña y los andes americanos*. Convenio Andrés Bello: Bogotá.

García Mora, Carlos y Suarez Cortés, Blanca 1987 *La Antropología en México: un panorama histórico*. Instituto Nacional de Antropología e Historia, Mexico, D.F.

González Díez, Javier 2023. "La formación de una antropóloga indigenista: Gladys Villavicencio entre Ecuador y México" en: Bravo, Berenice (coord.) Huellas e itinerarios. Mujeres antropólogas de la Escuela Nacional de Antropología e Historia (1939-2020). México: Instituto Nacional de Antropología e Historia.

González, Osmar 2008 "Indigenismo, Nación y Política. Perú, 1904-1930". *Revista Intellectus* / Ano 07 Vol I.

Guanche, Julio César. 2017a. "Quienes somos todos?" Prólogo a *La democracia Republicana fraternal y el socialismo con gorro frigio*. Editorial de Ciencias Sociales, La Habana

Tomas Fernández y Alexander Hall, 2023. "Del independentismo al republicanismo popular Pensadores negros en Cuba por la ampliación de los derechos sociales en la República". En: *Anti-Racismo y Republicanismo Negro en Cuba*. Yulexis Almeida, Jose Antonio Figueroa, Jochen Kemner (comps.). Clacso, Buenos Aires.

Harvey, David 2005. *Breve Historia del Neoliberalismo*. Madrid: Akal.

Helg, Aline. 1997. "Race and Black Mobilization in Colonial and Early Independent Cuba: A Comparative Perspective". En: *Ethnohistory*, vol. 44, n.° 1 (Winter, 1997), pp. 53-74

Hernández Gonzáles, Manuel. 2006. "Estudio Introductorio", de: Trujillo y Monagas José. 2006. *Los criminales de Cuba*. Ediciones Idea: Las Palmas de Gran Canaria. España.

James, C.L.R. 2010. *Los Jacobinos Negros.* Fondo Editorial Casa de las Américas. La Habana, Cuba.

Jimeno, Miriam. 2004. "La vocación critica de la antropología latinoamericana" *Maguaré* 18: 33-58

Juncosa, José Enrique 2022. "La Carrera de Antropología Aplicada de la Universidad Politécnica Salesiana: lo aplicado como impronta del conocimiento antropológico" Noemí Freidenberg y José Enrique Juncosa (Coordinadores). *Antropología Aplicada. Escenarios y experiencias en América Latina.* Quito, Abya Yala-UPS.

Krotz, Esteban 1993 La producción de la antropología en el Sur: características, perspectivas, interrogantes En: *Alteridades,* vol. 3, núm. 6, pp. 5-11

Lasso, Margarita. 2006. "Race war and Nation in Caribbean Gran Colombia, Cartagena, 1810-1832". En: *American Historical Review.* Vol. 111, n.° 2, 2006, 331-361.

Lombroso, Cesare. 2006. *El Atlas Criminal de Lombroso.* Sociedad Española de Criminología y Ciencias Forenses. Escuela de Criminología de Catalunya. Editorial Maxtor, España.

Lombroso-Ferrero, Gina. (1911) 2009. "Criminal Man According to the Classification of Cesare Lombroso", [EBook #29895] start of this project gutenberg ebook criminal man *

Lozano Zamora, Andrés. 2013 "La antropología en Cuba: retos, realidades y perspectivas". *Batey: Revista Cubana de Antropología Sociocultural.* Vol. III Número 3. Universidad Geonel Rodríguez Cordoví" Las Tunas

Martínez Novo, Carmen, 2007, Antropología Indigenista en el Ecuador desde la Década de 1970: Compromisos Políticos, Religiosos y Tecnocráticos. En: *Revista Colombiana de Antropología.* Bogotá: ICANH.

Mbembe, Achile. 2011. *Necropolítica seguido de Sobre el Gobierno Privado Indirecto* Melusina, España.

— 2016. *Crítica de la razón negra. Ensayos sobre el racismo contemporáneo.* Futuro Anterior, Ned, Barcelona. España.

Minda Pablo. 2021. "Hacia una historia ambiental de Esmeraldas. El impacto de las economías extractivas". Tesis Doctoral en Estudios Latinoamericanos. Universidad Andina Simón Bolívar.

Morelli, Federica. 2016. "Guerras, libertad y ciudadanía. Los afrodescendientes de Esmeraldas en la Independencia". En: *Revista de Indias* (vol. lxxvi, n.° 266): 83-108

Moreno Yánez, Segundo 2006 pensamiento antropológico ecuatoriano. Banco Central del Ecuador, Quito.

Gianandrea Nodari, 2018. Mariátegui antes de Mariátegui. El viaje a Italia y el fin de la "edad de la piedra", 1919-1923, Izquierdas, 39, 147-181

Muratorio, Blanca 1994. *Imágenes e imagineros. Representaciones de los indígenas ecuatorianos, siglos XIX y XX.* Quito: FLACSO.

Mignolo, Walter. The Darker Side of the renaissance. Literacy, Territoriality and Colonization. University of Michigan Press. USA

Naranjo Orovio, Consuelo. 1998. "Immigration, 'Race' and Nation in Cuba in the Second Half of the 19th Century". En: *Ibero-amerikanisches Archiv,* Neue Folge, vol. 24, n.° 3/4, pp. 303-326. Iberoamericana Editorial Vervuert.

Noyola Rocha, Jaime 1987, "La visión integral de la sociedad nacional (1920-1934)", en Carlos García Mora (coord.), *La antropología en México. Panorama histórico. 2. Los hechos y los dichos (1880-1986),* INAH, México, pp. 133-222.

Palerm, Angel 1974. *Historia de la etnología. Los precursores,* Centro de Investigaciones y Estudios Superiores en Antropología Social, México: Universidad Iberoamericana.

— 1997 *Introducción a la teoría etnológica.* Universidad Iberoamericana: México.

Prieto Mercedes. 2004. *Liberalismo y Temor.* Flacso- Abya Yala. Quito, Ecuador.

Pruna Goodgall, Pedro. 2002. *La Real Academia de Ciencias de La Habana, 1861-1898,* Consejo Superior de Investigaciones Científicas, Madrid.

Quijano, Aníbal, 1991 (2014). "Colonialidad del poder, eurocentrismo y América Latina". En: Cuestiones y horizontes: de la dependencia histórico-estructural a la colonialidad/descolonialidad del poder. Buenos Aires: CLACSO.

Restrepo, Eduardo. 2021. Hacer antropología hoy desde América Latina: apuntes en torno a la reinvención de nuestras antropologías. Global Anthropological Dialogues - Dossier Anthropology on Latin America and the Caribbean today: New Theoretical and Methodological Challenges pp. 1-12

Restrepo, Eduardo 2002. Políticas de la alteridad: etnización de 'comunidad negra' en el Pacífico sur colombiano. Journal of Latin American Anthropology, 7 (2), 34-58.

Rivemar Pérez, Leticia 1987, "En el marasmo de una rebelión Cataclísmica (1911-1920)", en Carlos García Mora (coord.), La antropología en México. Panorama histórico. 2 Los hechos y los dichos (1880-1986), México, D. F., Colección Biblioteca del INAH, Instituto Nacional de Antropología e Historia.

Reynoso Jaime, Irving 2013 "Manuel Gamio y las bases de la política indigenista en México" en: *Andamios.* vol.10 no.22 Ciudad de México

Robichaux, David (2015) "Nación, desindianización y la búsqueda de nuevos paradigmas. Un breve recorrido por la antropología mexicana. *Perfiles de la Cultura Cubana,* núm. 18. Cuba: Instituto Cubano de Investigación Cultural Juan Marinello.

Roche y Monteagudo, Rafael. 1908. *La Policía y sus Misterios,* Imprenta la Prueba, La Habana.

Rojas Villagra, Luis 2015 Neoliberalismo en América Latina: Crisis, tendencias y alternativas. Buenos Aires: CLACSO.

Sanders James, E. 2009. "'Ciudadanos de un Pueblo Libre'. Liberalismo popular y raza en el suroccidente de Colombia en el Siglo xix". En: *Historia Crítica,* n.° 38, mayo-agosto, pp. 172-203, Bogotá.

Trujillo y Monagas José. 2006. *Los criminales de Cuba.* Ediciones Idea: Las Palmas de Gran Canaria, España.

Tubino, Fidel. 2005. "La praxis de la interculturalidad en los Estados Nacionales Latinoamericanos" *Cuadernos Interculturales,* vol. 3, núm. 5, julio-diciembre, 83-96 Universidad de Playa Ancha Viña del Mar, Chile

Vázquez León, Luis. 2014. *La historia de la etnología. La antropología sociocultural en México*, Primer Círculo, México.

Wallerstein, I (coord.) 1996 *Abrir las Ciencias Sociales: Informe de la Comisión Gulbenkian para la reestructuración de las ciencias sociales.* México: siglo XXI.

Womack, John, 1969. *Zapata y la Revolución Mexicana.* Fondo de Cultura Económica, México.

4.3. Las Formaciones Urbanas de Latinoamérica

JÚLIO CÉSAR SUZUKI[1]
Universidad de São Paulo
jcsuzuki@usp.br

SUZANA MARIA LOUREIRO SILVEIRA[2]
Universidad de São Paulo
suzana.silveira@usp.br

1. INTRODUCCIÓN

Las formaciones urbanas en América Latina tienen historias muy diversas que dificultan su lectura como un todo, no sólo porque los procesos colonizadores español y portugués fueron diferentes, sino también por las geografías muy específicas de cada aglomeración, además de una historia de varios siglos en la que el contenido de lo que es ciudad y urbano se ha transformado radicalmente.

El objetivo de este análisis, basado en la complejidad de las historias y geografías de la región, es comprender la formación urbana en América Latina, en busca de su universalidad, destacando al mismo tiempo las par-

---

1 Licenciado en Geografía por la Universidad Federal de Mato Grosso (1992), Licenciado en Letras por la Universidad Federal de Paraná (2004) y por la Universidad de São Paulo (2023) y Licenciado en Química por el Instituto Federal de São Paulo (2021), Máster (1997) y Doctor (2002) en Geografía Humana por la Universidad de São Paulo y Profesor Asociado en Fundamentos Económicos, Sociales y Políticos de la Geografía por la Facultad de Filosofía, Letras y Ciencias Humanas de la Universidad de São Paulo (2021). Actualmente es Profesor de la Universidad de São Paulo y del Programa de Postgrado (Maestría y Doctorado) en Integración Latinoamericana (PROLAM/USP).

2 Doctoranda en el Programa de Postgrado en Integración Latinoamericana de la Universidad de São Paulo, vinculada a la línea de investigación Sociedad, Economía, Estado y Medio Ambiente (PROLAM/USP). Becaria de la Fundación Paulista de Investigación (FAPESP) - Grant # 22/16822-9, São Paulo Research Foundation (FAPESP). Máster en Derecho por la Pontificia Universidad Católica de Campinas (PUCC). Especialista en Sociología Urbana por la Universidad Estatal de Río de Janeiro (UERJ).

ticularidades y singularidades necesarias, con un enfoque en las ciudades, las redes y las jerarquías urbanas.

Para esta propuesta, será fundamental establecer un entramado de múltiples dimensiones, en el que estén presentes lo económico, lo político, lo social, lo cultural y lo ambiental, tejiendo la historia y la geografía específica y general en la lectura de las formaciones urbanas.

A partir de un enfoque interdisciplinario entendido a través de los debates de la Teoría Social Latinoamericana[3], se pretende presentar una aproximación teórica a las formaciones urbanas y a la constitución de la categoría "ciudad latinoamericana" como elemento que ha tomado protagonismo desde el ciclo fundacional en el período colonial. La interdisciplinariedad se muestra como un enfoque capaz de dilucidar tendencias y problemas regionales, lo que permite una recuperación del pensamiento social crítico en América Latina, tal como lo propone el teórico Lúcio Oliver Castilla (2008).

De esta forma, el análisis permea los debates teóricos formulados en el contexto de la historia de la urbanización en América Latina, buscando una síntesis de los problemas del desarrollo urbano en la región a partir de una investigación comparativa de los procesos de colonización española y portuguesa.

La composición de autores movilizados para la discusión teórica de la urbanización latinoamericana presenta contribuciones basadas en la problemática del suelo y la constitución de aglomeraciones urbanas en el ciclo de fundaciones de las ciudades latinoamericanas en el marco de los procesos de colonización, restringiéndose al período colonial. El diagnóstico formulado a partir del pensamiento latinoamericano sobre lo urbano se centra en la centralidad y el papel de la ciudad en el contexto del proyecto colonial, como en las propuestas de Luis José Romero (2009) y Ángel Rama (2015), que han analizado en profundidad los problemas relacionados con la cuestión urbana y de la tierra.

---

3 Desde una perspectiva interdisciplinaria, cabe destacar a pensadores latinoamericanos que han desarrollado estudios desde una perspectiva interdisciplinaria, a saber: José Carlos Mariátegui, Florestan Fernandes, Pablo González Casanova, Raúl Prebisch, Octavio Ianni, José Luis Romero, Ángel Rama. Aunque sean disciplinares, otros autores han superado las limitaciones compartimentadas para crear un marco teórico interdisciplinar, como Ruy Mauro Marini, Aníbal Quijano, José Aricó y Sergio Bagu.

Este texto es el resultado de discusiones teóricas sobre la comprensión de la urbanización latinoamericana, que han permitido avanzar en la comprensión de la relación entre las dimensiones de la apropiación de la tierra y la urbanización en América Latina. El objetivo es establecer un diálogo interdisciplinario basado en las humanidades y las ciencias sociales, con vistas a analizar la constitución del signo de la ciudad latinoamericana, haciendo hincapié en los procesos coloniales en el pensamiento latinoamericano.

Por considerarse interdisciplinario, este estudio toma como punto de partida el enfoque de la producción social del espacio presentado por Mark Gottdiener en *A produção social do espaço urbano,* quien, utilizando referencias teóricas marxistas, expone la interpelación del orden espacial en los más diversos problemas de la sociedad. Esta obra se enfrenta a la necesidad de una "reconceptualización total de la ciencia urbana"[4]. Sin embargo, es necesario establecer una advertencia con respecto a la temporalidad abordada en la obra de Gottdiener y en el estudio tratado en este texto. Si, por un lado, el texto presentado se dirige a la crítica de la economía política, por otro, la obra de Gottdiener se centra en el debate sobre lo urbano forjado en los años sesenta analizando la posguerra y la constitución del Estado del Bienestar. Sin embargo, especialmente en lo que se refiere a las relaciones de propiedad, el Estado y el debate sobre la dominación social, el enfoque del autor es significativamente importante para el análisis que aquí se presenta.

Así, el abordaje metodológico de este texto, cuyo enfoque es exploratorio, parte de una revisión de la literatura crítica, sistematizando algunas interpretaciones de los procesos de urbanización impuestos en el transcurso del proyecto colonial español y portugués; asimismo, se recopilaron fuentes bibliográficas con temáticas específicas relativas a la ciudad y la urbanización en América Latina.

El texto se estructura en dos secciones más, además de las consideraciones finales. En la sección 1, *Colonización de América Latina: la génesis de las aglomeraciones urbanas,* se aborda la formación y concepción de América Latina desde una perspectiva territorial, centrándose en el proceso de colonización. En la sección 2, *Formaciones urbanas contemporáneas: significados de las formaciones territoriales nacionales,* la centralidad del análisis será la estandarización de los procesos de conformación de las ciudades en América

4 Mark Gottdiener, A produção social do espaço urbano. (São Paulo: Editora da Universidade de São Paulo, 2016), p. 29.

Latina bajo el yugo de modelos foráneos similares para definir sus fisonomías. Así, las consideraciones finales presentan la caracterización en términos geohistóricos como elementos interrelacionados en el debate sobre las formaciones urbanas y la integración en América Latina.

2. COLONIZACIÓN DE AMÉRICA LATINA: LA GÉNESIS DE LAS AGLOMERACIONES URBANAS

Las aglomeraciones urbanas formadas en el período colonial, bajo dominio español y portugués, tenían densas marcas de su significación como puntos fundamentales del proceso colonizador, como deja claro Richard M. Morse al tratar específicamente del caso hispano, pero cuya comprensión es también apropiada para la situación lusitana: "A colonização era, portanto, em grande parte, um trabalho de 'urbanização', isto é, uma estratégia de povoamento nuclear para a apropriação de recursos e a implantação de jurisdição [...]"[5].

La importancia de los asentamientos urbanos para la colonización también es destacada por Jhon Williams Montoya Garay, quien incluso menciona la existencia de otras potencias europeas además de España y Portugal operando en América Latina:

> La urbanización de América, contrario a la de Europa, Asia y África, es una urbanización joven, pues acaso dos ciudades precolombianas (Cusco y Tenochtitlán-Ciudad de México) perduran luego de la Conquista y, además, fueron profundamente transformadas en función del nuevo orden. El resto de las ciudades fueron fundadas y desarrolladas por los conquistadores y respondieron principalmente a las lógicas de cada imperio: la expansión territorial de la evangelización católica en la América hispana; la dinámica extractiva, comercial y naviera de la América portuguesa; y las Antillas, que incluían también el comercio, el desarrollo de asentamientos agrícolas y el deseo de implantar utopías en el Nuevo Mundo[6].

---

5 Richard M. Morse, O desenvolvimento urbano da América espanhola colonial, in Leslie Bethell (Org.), *América Latina Colonial*, tradução de Mary Amazonas Leite de Barros e Magda Lopes, (São Paulo: EDUSP, 2012), v.2, 69.

6 Jhon Williams Montoya Garay, Sistemas urbanos y globalización, el estado actual de la red de ciudades en América Latina y el Caribe, in Francisco Maturana Miranda; Jhon Williams Montoya Garay (Orgs.), Sistemas urbanos en América Latina, el Caribe y Estados Unidos: un balance en los albores del siglo XXI (Bogotá: Universidad Nacional de Colombia, 2021), 34.

Otro autor que destacó la importancia de los asentamientos urbanos para la colonización fue J. H. Elliott en su análisis de la conquista española de América en los siglos XVI y XVII, tanto para los hispanos como para los lusitanos:

> El énfasis del gobierno local en la ciudad era característico de la vida en las Indias en general. Desde el punto de vista de la ley, en las Indias incluso los colonos españoles que vivían en el campo sólo existían en relación con su comunidad urbana. Eran *vecinos* (ciudadanos) del asentamiento urbano más cercano, y era la ciudad la que definía su relación con el Estado. Esto era mucho más acorde con las tradiciones del mundo mediterráneo; y a pesar de la creciente importancia de los latifundios en la América española, los centros rurales nunca alcanzaron la importancia que tuvieron en Brasil, aunque aquí también las ciudades ejercieron una influencia preponderante[7].

Existe, sin embargo, una gran diferencia entre los dos principales procesos colonizadores, España y Portugal, en cuanto a las culturas y geografías encontradas en el Nuevo Mundo. Mientras que los españoles se encontraron con civilizaciones con grandes aglomeraciones urbanas y sistemas de comunicación formando redes, los portugueses entraron en contacto con pueblos cuyas construcciones eran mucho más transitorias, ya que los materiales utilizados, en lugar de las rocas encontradas en las construcciones mayas, aztecas e incas, eran principalmente madera, lianas y hierba, que se deterioran muy rápidamente, resistiendo en situaciones muy concretas hasta unas pocas decenas de años, especialmente en un contexto de precipitaciones y humedad altas y medias, como es común en la Selva Amazónica y en la Selva Atlántica.

Como síntesis de estas posiciones interpretativas, como señalan las historiadoras Maria Lígia Prado y Gabriela Pellegrino, en *História da América Latina*, al inicio de la conquista de América ya se podía constatar la presencia de poblaciones originarias (indígenas) nómadas y seminómadas "vivendo da caça e da coleta; [bem como] havia populações sedentarizadas que aprenderam a dominar a natureza, cultivando a terra, sofisticando a cultura material e construindo imponentes cidades, como uma complexa estrutura social e política"[8].

---

7 J. H. Elliott, A Espanha e a América nos séculos XVI e XVII, in Leslie Bethell (Org.), *América Latina Colonial*, tradução de Maria Clara Cescato, (São Paulo: EDUSP, 2012), v.1, 294.

8 Maria Lígia Prado e Gabriela Pellegrino, em *História da América Latina* (São Paulo: Contexto, 20), p. 18.

La génesis de las aglomeraciones urbanas, demarcada temporalmente en el período colonial, entre los siglos XVI y XIX, impone la consideración inicial de dos movimientos determinantes: el primero, la invasión (o conquista) y el segundo, la colonización. Esta demarcación no es sólo histórica y temporal, sino que determinó el establecimiento de las primeras formas de apropiación europea de porciones de tierra en América, dando lugar al proceso de urbanización americana.

Como señalan los geógrafos María Asunción Martín Lou y Eduardo Múscar Benasayag en *Proceso de urbanización en América del Sur*[9], desde la perspectiva de los colonizadores, a través de la llamada *conquista*, se aseguraba la posesión de la tierra, en la medida en que la colonización posibilitaba la expedición a nuevas porciones de tierra, así como su asentamiento y establecimiento en los espacios. Así, para Lou y Benasayag, los antecedentes urbanos implican considerar tanto la fase de invasión europea como la de colonización como etapas que constituyen el germen de un nuevo proceso de urbanización, ya que:

> [...] se asentaría sobre un territorio ocupado con anterioridad por grupos precolombinos, estableciendo las bases para una concentración de asentamientos humanos totalmente diferentes a los ya existentes. La urbanización del continente sudamericano recibió su impulso inicial desde la península ibérica, moldeado con posterioridad por efecto de las fuerzas del mercantilismo europeo en su expansión hacia ultramar[10].

En cierto modo, comprender la conformación de las porciones territoriales de las Américas como punto de partida para la construcción de la categoría de ciudad latinoamericana requiere recurrir a la discusión de los procesos de colonización a partir de su historicidad y estructuración socioeconómica determinada por la reproducción de las relaciones sociales y las abstracciones formuladas a partir de la noción de propiedad privada, en la que la producción del espacio urbano se circunscribe a la especificidad histórica del capitalismo latinoamericano.

En este sentido, para el historiador argentino José Luis Romero, *en América Latina —las ciudades y las ideas—*, la comprensión de una realidad a partir de la construcción de sus valores, en lo que respecta a la discusión de América Latina y su relación con los momentos históricos de los últimos

---

9 María Asunción Martín Lou e Eduardo Múscar Benasayag, *Proceso de urbanización em América del Sur* (Madrid: Editorial Mapfre, 1992), p. 91.

10 María Asunción Martín Lou e Eduardo Múscar Benasayag, *Proceso de urbanización em América del Sur* (Madrid: Editorial Mapfre, 1992), p. 96.

cinco siglos, que han dado lugar a la instauración de los proyectos de colonización, las revoluciones liberales y la perspectiva de la ideología de la Ilustración, prácticamente encuentra una "razón" legitimadora en lo que se ha concebido como la "historia de las ideas", limitada a servir de adaptación y conformación al modelo europeo[11].

Ángel Rama, escritor y crítico literario uruguayo, en "*A cidade das letras*", apuntaba la idea de que la ciudad en América Latina (entre los siglos XVI y XX) fue concebida como una "labor del intelecto", entendida como "sueño de un orden"[12]. La palabra clave "orden" se convierte en la noción que desarrollan activamente "las tres grandes estructuras institucionalizadas (la Iglesia, el Ejército y la Administración)"[13]. De este modo, tanto Romero como Rama parten de establecer un análisis del proceso de formación basado en la invasión de los europeos y la imposición de un modelo de organización de la sociedad.

En otras palabras, cuando se trata de la formación de la sociedad capitalista en la periferia del sistema mundial, existe un condicionamiento que determina la vocación ideológica de la formación espacial de América con el pretexto de la necesidad de urbanización de las ciudades moldeadas por los planes y proyectos arquitectónicos europeos. En términos de Romero, la ciudad fue "un instrumento que posibilitó la expansión hacia la periferia", pero también se constituyó como "un instrumento que se decidió utilizar para consolidar la expansión y garantizar sus frutos"[14]. Entendiendo la toma del territorio de América como parte de un proceso totalizador, el historiador argentino afirma que:

> Se le dio un fundamento jurídico y teológico, construido sobre montañas de argumentos; pero el conquistador vivió su propio fundamento, que era indiscutible porque se basaba en un acto de voluntad y era, en última instancia, sagrado. Tomó posesión del territorio concreto, donde se pusieron sus pies y se construyó la ciudad; pero además del territorio conocido, también tomó posesión intelectual de todo el territorio desconocido, repartiéndolo sin conocerlo, indiferente a los errores de cientos de leguas que pudieran existir en las concesiones. Las jurisdicciones quedaban así establecidas de derecho

---

11 José Luis Romero. *América Latina —as cidades e as ideias—*, tradução de Bella Josef, (Rio de Janeiro: Editora UFRJ, 2009), p. 50.

12 Ángel Rama, *A cidade das letras* (São Paulo: Boitempo, 2015), p.21.

13 Ángel Rama, *A cidade das letras* (São Paulo: Boitempo, 2015), p.24.

14 José Luis Romero. *América Latina —as cidades e as ideias—*, tradução de Bella Josef, (Rio de Janeiro: Editora UFRJ, 2009), p. 59.

> antes que de hecho. El establecimiento era siempre formal al mismo tiempo que real; pero lo formal excedía el alcance de lo real[15].

El proceso de ocupación territorial de América encuentra en el ciclo de fundaciones la expresión de una mentalidad fundadora, como la denomina Romero, en la que las formalidades y solemnidades de los actos fundacionales se repiten entre el primer y el tercer cuarto del primer siglo de colonización como patrón. En este sentido, Romero afirma que el marco institucional es común: se basa en una legislación homogénea, costumbres muy arraigadas y prescripciones y prácticas similares, si no idénticas."[16]

Rama[17] presentó un rico diálogo con la obra de Romero (*La ciudad y las ideas*), dando continuidad a los estudios sobre la ciudad latinoamericana. Según Rama, la ciudad de la América colonial formaba parte del sueño europeo de crear un nuevo orden en un continente supuestamente nuevo, más perfecto que la realidad original. De este modo, las ciudades coloniales de América fueron creadas a partir de la inspiración de las ciudades europeas, pero acabaron distanciándose de la realidad urbana medieval de Europa al ajustarse a realidades muy diferentes del modelo de ciudad existente en la metrópoli.

La ciudad colonial se organizó como un espacio urbano basado en los requerimientos comerciales, religiosos, militares y administrativos del proceso colonial. De esta forma, la vida americana fue destruida y reconstruida a través del proceso de invasión y conquista europea bajo una idealización colonial reproducida en las ciudades idea, que materializó un orden social jerárquico reproducido en la formación espacial de las ciudades fundadas por los colonizadores. Rama observa el papel central de las ciudades en el proceso colonial destacando la traducción del orden colonial al espacio latinoamericano.

Para Rama, "la traducción del orden social en un orden físico" implicó la estipulación de un "diseño urbano previo, a través de lenguajes simbóli-

---

15 José Luis Romero, *América Latina —as cidades e as ideias—*, tradução de Bella Josef, (Rio de Janeiro: Editora UFRJ, 2009), p. 79.

16 José Luis Romero, *América Latina —as cidades e as ideias—*, tradução de Bella Josef, (Rio de Janeiro: Editora UFRJ, 2009), p. 79.

17 Ángel Rama, *A cidade das letras*, tradução de Emir Sader (São Paulo: Boitempo, 2015).

cos sujetos a concepción racional"[18]. De este modo físico-arquitectónico, la ciudad de América, la ciudad colonial hispana y portuguesa, resultó de un diseño como si de un tablero de ajedrez se tratase, reproduciendo las ciudades barrocas (modelo que, en mayor o menor medida, continúa hasta nuestros días), aunque, en el caso portugués, el diseño rara vez se realizó, si bien la retilización de las calles fue frecuente.

Aunque el diseño podría adoptar otra forma geométrica, como círculos concéntricos en los que estarían representados los distintos estratos sociales y por los que no cambiaría la norma central que guiaría el movimiento, ya que la jerarquía situaría el poder en el punto central, la representación de la idea de un "tablero de ajedrez", como señaló Rama, reflejaría los principios básicos del juego: "unidad, planificación y orden estricto, que reflejaban una jerarquía social". En cualquier caso, tanto la idea de los círculos concéntricos como la del tablero de ajedrez representaban la idealización de una razón ordenadora, ya que "exigía que el plano urbano se trazara con *cordel y regla*, como suelen decir las instrucciones reales a los conquistadores"[19].

Así, la conformación de la ciudad colonial en América puede traducirse en la estructuración de un modelo perteneciente a la racionalización del espacio como resultado del proceso de colonización europea en América, cuyo principio rector conserva un sistema de transmisiones, como explica Rama:

> [...] de arriba abajo, de España a América, desde la cabeza del poder —a través de una estructura social que él impone— hasta la constitución física de la ciudad, de modo que la distribución del espacio urbano asegure y preserve la forma social. Pero aún más importante es el principio postulado en las palabras del rey: antes de cualquier realización, la ciudad debe ser pensada, lo que permite evitar irrupciones circunstanciales ajenas a las normas establecidas, desluciéndolas o destruyéndolas. El orden debe establecerse antes de que la ciudad llegue a existir, para evitar futuros desórdenes, lo que alude a la peculiar virtud de los signos que permanecen inalterables a lo largo del tiempo y siguen rigiendo la vida cambiante de las cosas dentro de marcos rígidos[20].

---

18 Ángel Rama. *A cidade das letras*, tradução de Emir Sader (São Paulo: Boitempo, 2015), p. 25.

19 Ángel Rama. *A cidade das letras*, tradução de Emir Sader (São Paulo: Boitempo, 2015), p. 25.

20 Ángel Rama. *A cidade das letras*, tradução de Emir Sader (São Paulo: Boitempo, 2015), p. 25.

En el desarrollo histórico del capitalismo en las Américas, la cuestión de la tierra y la organización de los centros urbanos condicionaron la forma y la estructura de la propiedad de la tierra delineada en la especificidad del proceso de acumulación y expoliación, que representaron instrumentos de los procesos de colonización, constituyendo la fundación de las ciudades coloniales como mecanismos de poder e implementación de un ordenamiento del sistema colonial. Debido a la historicidad de la colonización, la cuestión territorial ocupó un lugar central en ambos proyectos coloniales, destacando así la importancia de las fundaciones y el establecimiento físico de unidades de administración y gestión político-administrativa, que se hizo explícita en el ciclo de fundaciones de ciudades, dijo Romero:

> El establecimiento físico de las ciudades fue un factor decisivo en la ocupación del territorio americano por los conquistadores europeos. Y no sólo en lo que respecta a las zonas de influencia de cada ciudad, sino también al conjunto, porque las ciudades fueron organizadas como una red urbana por la autoridad centralizada de las metrópolis [...] El acto de ocupación fue el resultado de la propia fundación de las ciudades[21].

Sin embargo, una peculiaridad en términos de urbanización fue la dinámica de la economía colonial, especialmente en lo que respecta a la ocupación y explotación de los recursos minerales (inicialmente centrada en la América española) y la agricultura, basada en los ingenios de caña de azúcar como forma de contratación agrícola (en el caso de la América portuguesa, en las urbanizaciones de Salvador, Recife y Olinda).

> Las aglomeraciones estaban marcadas por la concentración de la vida religiosa, así como por la presencia de la actividad mercantil, siendo una referencia importante de lo urbano no industrial y mediando un contexto socioeconómico extremadamente rural, aunque en algunas regiones, particularmente en el nordeste de Brasil, el procesamiento de la caña de azúcar podría considerarse una de las actividades más modernas de los siglos XVI y XVII en relación con lo que se hacía en el mundo; mientras que el campo, con la primacía de la mano de obra esclava, era donde se localizaba la producción de riqueza[22].

Si la noción de ciudad, resultado de los primeros ciclos fundacionales, tuvo éxito en el proceso de ocupación y colonización americana, el triunfo, entre otros factores, estuvo intrínsecamente relacionado con la tensión en-

---

21 José Luis Romero, *América Latina —as cidades e as ideias—*, tradução de Bella Josef, (Rio de Janeiro: Editora UFRJ, 2009), p. 89.

22 Julio Cesar Suzuki e Everaldo B. Costa, Algomerações urbanas brasileiras dos séculos XIX e XX: significados na produção do território (*Meridiano*, Revista de Geografia, 2012), v. 1, p. 234

tre la idea de civilización (presente en la polis) y barbarie (presente en los espacios no urbanizados), que luego, especialmente en la época contemporánea, tomará formas como atraso y avance, desarrollo y subdesarrollo o no desarrollo, entre otras.

En cualquier caso, aunque la creación de ciudades o áreas urbanas supuso la deconstrucción de estructuras preexistentes, lo cierto es que no sólo las zonas y redes indígenas, espacios de cultivo, intercambio y trabajo, fueron efectivamente utilizadas por los colonizadores, permitiendo a la ciudad establecer la "acumulación a través de la concentración de los recursos y riquezas existentes" que posteriormente se producirían[23].

Romero establece una clasificación de los modelos de ciudad que pueden analizarse a lo largo de los cinco siglos transcurridos desde los primeros movimientos de ocupación territorial en América. Con el ciclo de las primeras fundaciones, Romero denominará *ciudades nobles de Indias* a las aglomeraciones urbanas que se formaron a partir de la conformación de una sociedad eminentemente barroca[24]. Aunque la fundación de cada ciudad se basó en "tesis generales" y de acuerdo con "determinadas circunstancias concretas", las dificultades impuestas por la complejidad física seguían siendo una realidad, pero también de otro orden, la dificultad de "transformar una ideología en una política", algo que superaba la dificultad de "trasladar el proyecto del papel al suelo"[25].

> Cuando el conquistador se convirtió en colonizador, el aspecto más poderoso de la nueva mentalidad fue la ideología del ascenso social. Se trataba sin duda de una ideología, porque encarnaba una imagen de la sociedad y del papel y las posibilidades que tenía el individuo. Había que utilizar la socie-

---

23 Ángel Rama. *A cidade das letras,* tradução de Emir Sader (São Paulo: Boitempo, 2015), p. 33.

24 Sobre la idea de ciudad barroca, véase: J. H. Parry, *The cities of the Conquistadores* (Londres, Hispanic & Luso Brazilian Counclils, 1961); Rodolfo Quintero, *Antropología de las ciudades latino-americanas (Caracas, Universidad Central de Venezuela, 1964);* James R. Scobie, *Argentina: A city and a Nation* (Nova York, Orxford University Press, 1964); Jorge E. Hardoy (org), Urbanization in Latin America: Approachs and Issues (Garden City-NY, Anchor Books, 1975); Jorge E. Hardoy e Richard P. Schaedel (ogs), *Las ciudades de América Latina y sus áreas de influencia a través de la historia e asentamientos urbanos y organización sociopoductiva en la história de América Latin*a (Buenos Aires, Ediciones Siap, 1975 e 1977)

25 José Luis Romero, *América Latina —as cidades e as ideias—*, tradução de Bella Josef, (Rio de Janeiro: Editora UFRJ, 2009), p. 103

> dad para que el colonizador se enriqueciera y alcanzara una posición social respetable, de modo que se conociera su condición de amo[26].

En la segunda mitad del siglo XVIII, con el avance de las expansiones comerciales, en un momento entendido por Romero como resultado de la mentalidad nobiliaria, es decir, "a medida que los colonizadores se convertían en nobles, se inclinaban a reproducir, de alguna manera, el modelo de la corte peninsular"[27], las ciudades, constituidas por ideales peninsulares, basados en intereses tanto económicos como sociales, Esta situación cambiaría a medida que "peninsulares ilustrados o simplemente comerciantes que llegaron cuando se estableció el libre comercio identificaron la libertad mercantil como progreso y se mostraron progresistas hasta que descubrieron las repercusiones que esta actitud podía tener en las colonias", marcando transformaciones cada vez más significativas[28].

Teniendo en cuenta los factores que se iban estableciendo (transformación del conquistador en colonizador y de éste en noble), además de la expansión mercantilista, la población de la colonia comenzó a organizarse en grupos sociales diferenciados (indígenas sobrevivientes, pueblos secuestrados y traídos de África para ser esclavizados y una incipiente elite criolla, sobre todo blanca, que ya se orientaba a integrarse en los cargos burocráticos de las instituciones coloniales y también en el comercio local)[29]. Se produjo un cambio sustancial en la estructura social de la colonia, ya que "dejó de ser la de los colonizadores y las clases dominantes para formar un entramado diferente: la sociedad se hizo criolla y sus diversos grupos cambiaron consecuentemente en número y, en consecuencia, en sus relaciones recíprocas"[30].

> Ciertamente, la sociedad latinoamericana reveló entonces que había experimentado una transformación silenciosa y que toda ella había comenzado a *acriollar*. Sin embargo, no todos los sectores aprovecharon el cambio de la misma manera. Fue la burguesía urbana, cada vez más inequívocamente

---

[26] José Luis Romero, *América Latina —as cidades e as ideias—*, tradução de Bella Josef, (Rio de Janeiro: Editora UFRJ, 2009), p. 146

[27] José Luis Romero, *América Latina —as cidades e as ideias—*, tradução de Bella Josef, (Rio de Janeiro: Editora UFRJ, 2009), p. 151

[28] José Luis Romero, *América Latina —as cidades e as ideias—*, tradução de Bella Josef, (Rio de Janeiro: Editora UFRJ, 2009), p. 153

[29] La burguesía criolla estaba formada por descendientes de españoles nacidos en América.

[30] José Luis Romero. *América Latina —as cidades e as ideias—*, tradução de Bella Josef, (Rio de Janeiro: Editora UFRJ, 2009), p. 146

criolla, la que ganó de inmediato una posición de liderazgo y constituyó, a finales del siglo XVIII, la primera elite social arraigada que habían conocido las ciudades latinoamericanas. Sus miembros sabían que no estaban de paso, que su destino no era regresar a las metrópolis para disfrutar de la riqueza que allí habían obtenido, sino permanecer en sus ciudades e imponerles sus proyectos económicos, sus formas de vida y su mentalidad. Se sentían comprometidos con su ciudad y su región y por eso asumieron con firmeza el papel de élite: poco después pensaron en la independencia política y la lograron mediante revoluciones urbanas que ellos mismos encabezaron[31].

Los proyectos coloniales portugués y español implicaron movimientos similares en términos de urbanización latinoamericana (es decir, resultado del proyecto colonial), aunque el desarrollo urbano de las ciudades tuvo diseños y vocaciones diferentes a lo largo de la transformación urbana. Las ciudades desempeñaron un papel similar en el proyecto colonial en términos de organización del modelo de colonización, asumiendo el carácter de locus del poder colonial, como puede verse en la lectura que Murilo Marx hace de la situación de la colonización portuguesa en palabras de Júlio César Suzuki:

> En términos generales, del siglo XVI al XVIII, sobre todo, las aglomeraciones urbanas fueron el centro del poder colonial. Incluso con el advenimiento de la Independencia (1822), las transformaciones políticas y económicas del periodo imperial y los enfrentamientos sociopolíticos durante la Proclamación de la República (1889), estas aglomeraciones siguieron concentrando actividades religiosas y comerciales, principalmente de bienes no producidos en la región, sobre todo esclavos, en aquellos espacios donde la dinámica económica permitía la acumulación de riqueza suficiente para su adquisición [...][32].

En el caso de la América colonizada por Portugal, que actualmente comprende el territorio de Brasil, el período colonial (1500-1822) se refiere al período histórico y temporal de expansión del área ocupada por la corona portuguesa y que se caracterizaría como la "génesis de la formación de la red urbana; cuando las aglomeraciones pasaron a reunir condiciones sustantivas para el ejercicio de actividades agrarias, posibilitando una transformación de la relación jerárquica entre el campo y las aglomeracio-

---

31 José Luis Romero. *América Latina —as cidades e as ideias—*, tradução de Bella Josef, (Rio de Janeiro: Editora UFRJ, 2009), p. 154

32 Júlio Cesar Suzuki e Everaldo B. Costa, Aglomerações urbanas brasileiras dos séculos XIX e XX: significados na produção do território (Meridiano, Revista de Geografia, 2012), v. 1, p. 233.

nes urbanas"[33]. Este movimiento continuó durante todo el Imperio (1822-1889) y el inicio de la República (desde 1889).

Así, debido al cambio político-económico, pero también al físico-territorial, se pasó de la relación de dependencia a la interdependencia de la ciudad con respecto al campo, ya que éste, sobre todo debido a las relaciones económicas que se hicieron más complejas a raíz del arraigo del capitalismo como modo de producción imperante, es decir, el campo también dependía de la dinámica establecida en las aglomeraciones urbanas, ya que éstas pasaron a "materializar las condiciones para el desarrollo de la actividad agraria, como molinos de granos, revendedores de herramientas de trabajo, bancos, empresas de transporte, entre otras"[34].

3. FORMACIONES URBANAS CONTEMPORÁNEAS: SIGNIFICADOS DE LAS FORMACIONES TERRITORIALES NACIONALES

El problema de la tierra, y por lo tanto de las formaciones urbanas en América Latina, *transversaliza* discusiones relevantes en términos de las diversas epistemologías latinoamericanas. Históricamente, el debate sobre la cuestión de la conformación territorial está en el centro de las relaciones derivadas de la colonización, así como en los debates teóricos formulados por pensadores del siglo XIX, como Simón Bolívar[35] y José Martí[36], quienes se propusieron establecer parámetros y lineamientos sobre la cuestión nacional en América Latina, que implicaba la superación de la configuración colonia-metrópoli con miras a la conformación de un Estado-nación, como puede verse en los documentos incluidos en la *Carta de Jamaica*, formulada por Bolívar en 1815, y en la obra *Nuestra América*, publicada originalmente en 1891.

---

33 Júlio Cesar Suzuki e Everaldo B. Costa, Aglomerações urbanas brasileiras dos séculos XIX e XX: significados na produção do território (Meridiano, Revista de Geografia, 2012), v. 1, p. 230.

34 Júlio Cesar Suzuki e Everaldo B. Costa, Aglomerações urbanas brasileiras dos séculos XIX e XX: significados na produção do território (Meridiano, Revista de Geografia, 2012), v. 1, p. 230.

35 Simón Bolívar, *Escritos Políticos.* (Campinas: UNICAMP, 1992).

36 José Martí, *Nossa América.* (São Paulo: Hucitec, 1991).

Para la emancipación de las colonias y la superación del sometimiento colonial, la idea de asociación, idealizada por los libertadores, se presentaba como un elemento inherente que daría lugar a un proyecto encaminado a la unidad de lo que más tarde se llamaría América Latina[37].

En la América colonizada española, la detención del Rey de España fue uno de los desencadenantes de los movimientos independentistas y, al eliminar la Monarquía española de Carlos IV, Napoleón impulsó las fuerzas que condujeron a la independencia de la América española, en la que hubo una actuación consecuente de Gran Bretaña, al igual que en el caso portugués, con la partida del Rey João VI para Brasil, proceso que creó las condiciones para la independencia de la América portuguesa, el futuro Brasil[38].

La noción de Estado se aproxima a la idea de promulgar una constitución, porque establece un orden jurídico, y no es casualidad que a veces se hable de la constitución como de una carta política. Según el historiador Clement Thibaud, en *En busca de la República Federal: el primer constitucionalismo en la Nueva Granada,* con el escenario de crisis de la monarquía a principios de 1808, hubo un temor por parte del poder real y de las élites respecto a las condiciones y regulaciones derivadas del mestizaje algo que tocaba directamente al poder establecido en las colonias, reflejado en las características demográficas y jurídicas de la Nueva Granada, dado que las relaciones sociales estaban fundadas en la esclavitud, la existencia de grupos indígenas y jerarquías de grupos sociales basadas en relaciones de sangre[39].

Con la consolidación de las primeras independencias en el siglo XIX, Romero, en su clasificación de la relación entre la constitución de las ciu-

---

37 A pesar de la importancia del nombre “América Latina”, este texto no entra en el debate sobre su constitución, para más información véase: Maria Lígia Prado e Gabriela Pellegrino, Introdução em *História da América Latina* (São Paulo: Contexto, 20), p. 7-10; Leslie Bethell, O Brasil e a ideia de “América Latina” em perspectiva histórica. (Rio de Janeiro, Revista de estudos Históricos, 2009) vol. 22, n. 44, p. 289-321 e Arturo Ardao, *Génesis de la idea y el nombre de América Latina,* (Caracas, Centro de Estudios Latinoamericanos Rómulo Gallegos, 1980), p. 262.

38 Osvaldo Coggiola, D*o moderno ao Contemporâneo, uma história do mundo na Era do Capita*l. (São Paulo, Editora da Física, 2019), p. 285-286.

39 Clément Thibaud. En busca de la República Federal: el primer constitucionalismo en la Nueva Granada. *In*: ANNINO, Antonio; TERNAVASIO, Marcela (eds.). *El laboratorio constitucional ibero-americano — 1087/1808-1830.* Frankfurt a. M., Madrid: Vervuert Verlagsgesellschaft, 2012.

dades y la estructura social de la América colonial, afirma la existencia de una imposición para modificar la estructura social de las *ciudades criollas*. La capa social constituida por la elite de la burguesía criolla, que impulsó los movimientos independentistas, allanó el camino para la formación de lo que se denominó el "nuevo patriciado". Arraigado en la necesidad de insertar la idea de nación y de nacionalidades, el nuevo patriciado supuso para las *ciudades patricias* el desarrollo del "experimento fundamental del proceso constitutivo de cada país y, en su marco, se consolidó la nueva clase dominante, con su peculiar forma de vivir y de pensar"[40]. La ciudad siguió siendo el lugar en el que vivían y pensaban las élites sociales, ahora nacionales.

La independencia condujo a deshacer los puntos aglutinantes de la sociedad *criolla*, lo que se evidenció en las guerras por la emancipación y las guerras civiles, resaltando la tensión entre la "plebe urbana" y las burguesías *criollas*. En todo caso, Romero señaló que el cambio sustancial en el cuadro presentado hasta entonces se debió al "brote de esa sociedad rural que había surgido a fines del siglo XVIII y que de pronto encontró una misión en las circunstancias posrevolucionarias"[41]. La sociedad rural se vio así "convocada a participar en la lucha por el poder y las ideologías". Marta Herrera Ángel, en *Ordenar para controlar*, afirma que en los estudios urbanos sobre la América colonizada por España se hace menos hincapié en las aglomeraciones nucleares rurales, lo que significa que no se explica el papel de los núcleos rurales en el proceso de estructuración de la sociedad colonial[42]. Así, mientras "América Latina había sido un mundo de ciudades", en el período post-independencia, el campo emergió como un espacio de poder, pero sobre todo de concentración de poder, dada la cantidad de tierras a ocupar y de relaciones de producción a realizar. Así, las ciudades fueron perdiendo protagonismo, en cierto modo, como decía Romero:

> Con la expresión de un sistema económico, o mejor dicho, de un sistema productivo que veía en las ciudades el sinuoso mecanismo intermediario, la sociedad rural emergió como factor de poder. Sin embargo, pronto se hizo

---

40 José Luis Romero. *América Latina —as cidades e as ideias—*, tradução de Bella Josef, (Rio de Janeiro: Editora UFRJ, 2009), p. 209.

41 José Luis Romero. *América Latina —as cidades e as ideias—*, tradução de Bella Josef, (Rio de Janeiro: Editora UFRJ, 2009), p. 212

42 Martha Herrera Ángel, *Ordenar para controlar: ordenamiento espacial y control político en las llanuras del Caribe y en los Andes centrales neogranadinos, siglo XVIII* (Bogotá, Instituto Colombiano de Geografia y Historia, 2002) p. 27-53.

> evidente que su objetivo no era aniquilar las ciudades, sino apoderarse de ellas, quizá con la esperanza de que se sometieran a sus normas. Por supuesto, así fue en parte. Las ciudades se realizaron en cierta medida, pero sólo en su apariencia, en sus costumbres y normas, en su adhesión declarada a ciertos hábitos regionales. Básicamente, la sociedad rural volvió a reducirse gradualmente a los esquemas urbanos. Incluso las costumbres y normas volvieron a ser urbanas al poco tiempo, tanto si era Paéz como Rosas quien dominaba la ciudad[43].

Sin embargo, el cambio más evidente en el plano físico de las ciudades americanas no se produjo hasta la década de 1880, con el advenimiento de la fase de la *ciudad burguesa,* en palabras de Romero, siendo uno de los principales factores el aumento de la población, que diversificó las funciones que se venían desempeñando hasta entonces, impulsando cambios en el paisaje urbano, las costumbres y las formas de racionalizar el espacio por parte de los distintos grupos sociales. Romero advierte que hubo un conjunto considerable de aspectos que no cambiaron, especialmente en las extensas áreas rurales y centros urbanos, por lo que "fueron las ciudades las que se transformaron, y en particular las grandes ciudades", y que los cambios estuvieron relacionados con la "transformación sustancial que se produjo en ese período en la estructura económica de casi todos los países latinoamericanos y que tuvo particular repercusión en las capitales, puertos y ciudades"[44], especialmente en las ciudades productoras de bienes y materias primas que serían enviadas/exportadas al mercado mundial.

Entre las nociones de desarrollo industrial y el diseño, estructura social y fisonomía de las ciudades, surgió la necesidad de incorporar normas o modelos parisinos de organización de los centros urbanos, relacionados con la emergencia de la modernización en las aglomeraciones urbanas latinoamericanas, como afirma Romero:

> El audaz principio de la modernización de la ciudad consistió en romper el antiguo centro urbano, tanto para ensanchar sus calles como para establecer fáciles comunicaciones con las nuevas zonas edificadas. Sin embargo, dentro de este esquema se introdujo una vocación barroca —un barroco burgués— que se manifestó en la preferencia por edificios públicos monumentales de

---

43 José Luis Romero. *América Latina —as cidades e as ideias—*, tradução de Bella Josef, (Rio de Janeiro: Editora UFRJ, 2009), p. 213

44 José Luis Romero. *América Latina —as cidades e as ideias—*, tradução de Bella Josef, (Rio de Janeiro: Editora UFRJ, 2009), p. 221

> amplia perspectiva, monumentos erigidos en lugares destacados y también suntuosos edificios privados de aire señorial[45].

En *Revolución burguesa en el mundo,* José Luis Romero resume de la siguiente manera cómo los orígenes de la burguesía están relacionados con la naturaleza de las comunas municipales:

> La gran burguesía se deslizó progresivamente de sus vinculaciones urbanas y comenzó a integrarse en una clase que tenía continuidad u homogeneidad dentro de las unidades territoriales supraurbanas: reinos y señoríos. Y allí donde la gran burguesía urbana no encontró esa posibilidad, intentó la superación de sus limitaciones procurando crear alrededor de las ciudades un ámbito de influencia económica en principio, pero muy pronto política también, como lo buscó la gran burguesía de las ciudades italianas y alemanas. Con ello, las comunidades urbanas, como tales, comenzaron a debilitarse; pero la gran burguesía —y especialmente los sectores más poderosos de ella— no se debilitó independientemente y, sobre todo, adquirió una creciente influencia cerca de los poderes territoriales[46].

La masificación que ya existía en las ciudades burguesas adquirió un nuevo matiz a partir de 1929 (especialmente con la crisis y el crack de la bolsa de Nueva York), como señaló Romero al presentar la idea de *ciudades masificadas.*El escenario y el destino de América Latina se alteraron significativamente con la crisis de los años 30, las condiciones del mercado (interno), y directamente, del mercado internacional, implicaron un período de escasez. Hubo un conjunto de cambios significativos tanto en los instrumentos del mercado financiero como en los del mercado monetario, lo que llevó a cambios significativos en la relación capital-trabajo. Romero señala el desarrollo de las ciudades latinoamericanas en el sentido de establecer las primeras industrias para sustituir importaciones[47].

Al igual que ocurrió en los dos últimos cuartos del siglo XVIII, se produjo una explosión social tras la crisis de 1930, constituyendo "una ofensiva del campo contra la ciudad, que se manifestó en forma de una explosión urbana que transformaría las perspectivas de América Latina"[48]. La trans-

---

45 José Luis Romero. *América Latina —as cidades e as ideias—*, tradução de Bella Josef, (Rio de Janeiro: Editora UFRJ, 2009), p. 310

46 José Luis Romero. *Revolución burguesa en el mundo feudal* (Buenos Aires: Sudamericana, 1967), *p. 448.*

47 José Luis Romero. *América Latina —as cidades e as ideias—*, tradução de Bella Josef, (Rio de Janeiro: Editora UFRJ, 2009), p. 354

48 José Luis Romero. *América Latina —as cidades e as ideias—*, tradução de Bella Josef, (Rio de Janeiro: Editora UFRJ, 2009), p. 355

formación en las ciudades fue significativa, implicando la construcción de centros industriales para los países y la región.

En esta época, se observa una fusión de grupos populares e inmigrantes que, aglutinados por el éxodo rural, comenzaron a ocupar la periferia, como muestra Romero:

> En el siglo XX, casi todos los países latinoamericanos experimentaron, con mayor o menor intensidad, una explosión demográfica y social cuyos efectos no se hicieron esperar. [...] el crecimiento de la población tenía una clara tendencia a seguir aumentando; [...] poco después comenzó a producirse un intenso éxodo rural que trasladó a un gran contingente de la población a las ciudades; la explosión sociodemográfica se convirtió en explosión urbana[49].

De esta forma, Romero continuará presentando la situación de las aglomeraciones urbanas en términos de convergencia de la dinámica de las actividades económicas de cada centralidad, como puede verse en las consideraciones de Júlio César Suzuki y Everaldo Batista Costa:

> La distinción entre los significados sociopolíticos y económicos de las aglomeraciones se intensifica gradualmente, distanciándose aún más las metrópolis de la influencia que ejercen sobre las ciudades medianas y pequeñas, a medida que pasan a comandar la red urbana brasileña, cuyos ejes y nodos se densifican, sobre todo en la segunda mitad del siglo XX. Así, la jerarquía urbana queda conformada por unas pocas metrópolis nacionales, inicialmente Río de Janeiro y São Paulo, y posteriormente Salvador, Belo Horizonte, Porto Alegre, entre otras; metrópolis regionales, como Cuiabá, en el estado de Mato Grosso; y ciudades medianas y pequeñas[50].

La redefinición de la ciudad en relación con el campo, en términos de su significado en la determinación de la lógica orientadora del proceso social, revela mucho sobre los cambios sociales y económicos que tuvieron lugar en América Latina durante el siglo XX, redefiniendo zonas de atracción y reconfigurando el significado de las ciudades en redes urbanas de cobertura parcial en los territorios nacionales en consolidación.

---

49 José Luis Romero. *América Latina —as cidades e as ideias—*, tradução de Bella Josef, (Rio de Janeiro: Editora UFRJ, 2009), p. 310

50 Julio Cesar Suzuki e Everaldo B. Costa, Aglomerações urbanas brasileiras dos séculos XIX e XX: significados na produção do território (*Meridiano*, Revista de Geografia, 2012), v. 1, p. 233.

4. CONCLUSIÓN

Las transformaciones por las que atraviesa América Latina aún interfieren radicalmente en la definición de las jerarquías urbanas nacionales, en las que las dificultades en las relaciones entre los Estados aún apuntan a una compleja y difícil integración latinoamericana, aunque es la dirección necesaria a fortalecer para definir fuerzas políticas que superen las influencias exógenas de la región en el diseño de políticas y acciones importantes para superar las dificultades que aquejan a sus ciudades y campos.

5. BIBLIOGRAFÍA

Ángel Rama. *A cidade das letras,* tradução de Emir Sader (São Paulo: Boitempo, 2015).

Arturo Ardao, *Génesis de la idea y el nombre de América Latina,* (Caracas, Centro de Estudios Latinoamericanos Rómulo Gallegos, 1980).

Jhon Williams Montoya Garay, Sistemas urbanos y globalización, el estado actual de la red de ciudades en América Latina y el Caribe, *in* Francisco Maturana Miranda; Jhon Williams Montoya Garay, *Sistemas urbanos en América Latina, el Caribe y Estados Unidos*: un balance en los albores del siglo XXI (Bogotá: Universidad Nacional de Colombia, 2021), 27-59.

J. H. Elliott, A Espanha e a América nos séculos XVI e XVII, in Leslie Bethell (Org.), *América Latina Colonial,* tradução de Maria Clara Cescato, (São Paulo: EDUSP, 2012), v.1, 283-337.

José Luis Romero. *América Latina —as cidades e as ideias—*, tradução de Bella Josef, (Rio de Janeiro: Editora UFRJ, 2009).

José Luis Romero. *Revolución burguesa en el mundo feudal* (Buenos Aires: Sudamericana, 1967).

Julio Cesar Suzuki e Everaldo B. Costa, Aglomerações urbanas brasileiras dos séculos XIX e XX: significados na produção do território (*Meridiano,* Revista de Geografia, 2012), v. 1, p. 229-249.

Leslie Bethell, O Brasil e a ideia de "América Latina" em perspectiva histórica (Rio de Janeiro, *Revista de estudos Históricos,* 2009) vol. 22, n. 44, p. 289-321.

María Asunción Martín Lou e Eduardo Múscar Benasayag, *Proceso de urbanización em América del Sur* (Madrid: Editorial Mapfre, 1992).

Maria Lígia Prado e Gabriela Pellegrino, em *História da América Latina* (São Paulo: Contexto, 2020).

Mark Gottdiener, *A produção social do espaço urbano.* (São Paulo, EDUSP, 2016).

Martha Herrera Angel, *Ordenar para controlar: ordenamiento espacial y control político en las llanuras del Caribe y en los Andes centrales neogranadinos, siglo XVIII* (Bogotá, Instituto Colombiano de Geografia y Historia, 2002)p. 27-53.

Osvaldo Coggiola, D*o moderno ao Contemporâneo, uma história do mundo na Era do Capita*l. (São Paulo, Editora da Física, 2019).

Richard M. Morse, O desenvolvimento urbano da América espanhola colonial, in Leslie Bethell (Org.), *América Latina Colonial*, tradução de Mary Amazonas Leite de Barros e Magda Lopes, (São Paulo: EDUSP, 2012), v.2, 57-97.

4.4. Religiones de matriz africana: Introducción al pensamiento a dos religiones brasileñas (Candomblé y Umbanda)

JONATHAN HERNANDES MARCANTONIO[1]
Pontificia Universidade Católica de São Paulo, Brasil
jhmarcantonio@gmail.com

1. INTRODUCCIÓN

Aunque en Latinoamérica la religiosidad esté dominada por la tradición occidental, es decir, de origen judeocristiano, hay mucha influencia de la religiosidad africana. En todo el continente hay diversas manifestaciones de ella, pero sería poco provechoso, en un texto de carácter introductorio, mezclarlas todas. Es más fructífero, en este momento, comprender las características principales de dos religiones que este autor conoce bastante a fondo: el Candomblé y la Umbanda. A partir de esas dos manifestaciones nacidas en Brasil, el lector puede adentrarse en el conocimiento de aquello que, para los que están distantes de Latinoamérica o de África, es en general muy desconocido: las religiones de matriz africana. Con tal objetivo, este trabajo seguirá el siguiente camino: se empieza por comprender el pensamiento religioso que impregna la práctica del Candomblé en Brasil, después se explica la Umbanda como religión y, por último, consideramos sus aproximaciones y rasgos distintivos.

A partir de esas religiones, con sus características, el investigador más interesado podrá introducirse en otras religiones de matriz africana de América, que tendrán su rama común a las detalladas a continuación.

---

1 Doctor en Derecho por la Pontificia Universidad Católica de São Paulo. Investigador invitado en el Institut für Philosophie und Geisteswissenschaft de la Freie Universität Berlin-Alemania. Profesor universitario

2. ORÍGENES EN BRASIL

Si bien es verdad que la mentalidad judeocristiana pueda anular o extirpar otras formas de religión derivadas de distintos pueblos y etnías, tampoco se es posible presuponer que las manifestaciones religiosas de diferentes tradiciones y orígenes coexistan democráticamente, como si a aceptar que cada una de estas religiones ocupe su lugar en el espacio de forma igualitaria, o que no exista una influencia recíproca en la construcción y transformación de sus dogmas, ritos y creencias, como ocurre en cualquier proceso antropológico de transformación. (APPIAH: 2010).

En los países latinoamericanos, la construcción de la religiosidad nacional pasa por una compleja historia de diferentes formas de interacción. En todos ellos, la historiografía atribuye a esta complejidad el mismo hito fundacional: la llegada de los europeos. A partir de ese momento, la construcción y el desarrollo de la religiosidad se basan en contextos regionales particulares, que, sin embargo, tienen equivalentes actores: europeos, africanos esclavizados y pueblos originarios.

En el caso de Brasil, la acción europea se dio predominantemente a través de Portugal, que en la época tenía la hegemonía económica y técnica, además de una vasta experiencia en el comercio marítimo (FAUSTO: 2001). Con un enorme y complejo mercado de esclavos, Brasil se vio inundado por un enorme contingente de africanos procedentes de diferentes partes del continente (SILVA: 2003)[2].

Desde el punto de vista religioso, todo este movimiento de exploración dio lugar, en un primer momento, a dos nuevas religiones. Religiones genuinamente brasileñas que, en su filosofía y práctica, mezclaban elementos del catolicismo con los rituales del culto *Ẹ̀sìn ìbílẹ̀*, un culto africano a los *Òrìṣà* (Dioses) desde la perspectiva predominante, pero no exclusiva, del pueblo *Yorùbá*. Este culto africano en sí mismo es más difícil de comprender desde el punto de vista occidental, porque se basa esencialmente en un culto a la ascendencia, algo perseguido y demonizado desde el Imperio Romano (COULANGES: 1864) (GAARDER et ali: 1989), pero que es tradicción todavía en religiones orientales. En Brasil, sin embargo, debido a elementos y contextos muy específicos, el culto africano conservó su filosofía hasta el punto de que la disfrazaron o incorporaron elementos católicos a su culto —a veces intencionadamente, a veces no— dando la impresión a los ojos prejuiciosos de Occidente de que se estaban "civilizando".

---

[2] Sobre esclavitud, véase capítulo 1.6, atrás.

El candomblé nació precisamente de esta mezcla. Los primeros registros de cultos de candomblé y sus templos (llamados terreiros, o *Ilé Asé*) datan del siglo XIX, y en el estado de Bahía, como *Opô Afonja* y *Casa Branca*, como se les llama, con rápida proliferación entre los demás estados brasileños a partir de entonces. Hoy en día, los seguidores del Candomblé van más allá de los afrodescendientes. El candomblé tiene seguidores de todas las procedencias: europeos, africanos, asiáticos, etc.

La Umbanda, por su parte, nació a principios del siglo XX en el estado de Río de Janeiro. Con una mayor influencia católica en su filosofía, Umbanda también añade elementos del culto de *Òrìṣà*, pero de modo diferente. También tiene seguidores que van desde los descendientes de africanos esclavizados hasta los descendientes de europeos y asiáticos.

Una vez presentados estos elementos introductorios, este trabajo seguirá el siguiente camino: (a) Comenzaremos a comprender el pensamiento religioso que impregna la práctica del candomblé en Brasil, para luego (b) entender la umbanda como religión, y finalmente (c) hacer debidas aproximaciones o distinciones.

3. CANDOMBLÉ: UNA RELIGIÓN NATURAL

A diferencia de las religiones de tradición judeocristiana, el Candomblé no se presenta como una religión moral. Esto significa que la teología del candomblé no se basa en definir los gestos y las cosas a partir de un determinado marco de valores, de modo que las acciones humanas y/o las cosas producidas por los seres humanos impregnen la dicotomía de correcto/incorrecto, bueno/malo, etc. Por el contrario, el fundamento teológico del candomblé se estructura entre el *equilibrio* y el *desequilibrio* del individuo con su propio destino y con la naturaleza (PRANDI: 2004). Esto no quiere decir que no haya valores que guíen el comportamiento de sus adeptos, ni que estos valores sean diferentes de los de la tradición cristiana dominante en Brasil, el catolicismo.

Lo que se afirma, eso sí, es que todos los rituales del Candomblé pretenden guiar a sus adeptos, cada uno dentro de su propia historia, o camino —en una traducción libre del término *Yorúbá, Odú*— a lo largo de la trayectoria de la vida de ese adepto. En el Candomblé no prevalece una orientación de la vida basada en un *Juicio Final*, o en acciones después de la muerte. El objetivo de toda acción religiosa es mejorar la vida del adepto, ya sea en términos materiales, emocionales o de salud. En el Candomblé existe un vínculo inexorable y continuo entre el mundo material y el espiritual, siendo uno reflejo y consecuencia del otro, en una dialéctica que dura toda la vida y que se sustenta y justifica en la ascendencia de cada persona (BENISTE: 1997).

Otro punto interesante sobre la cuestión de la religión natural puede ser analizado a partir de lo que VERNANT (1999) menciona en el contexto de la Mitología Griega, y que, en este puntio, también se aplica a la mentalidad propia del Candomblé. Los *Òrìṣàs*, como los Dioses Griegos, poseen poder y control sobre los elementos de la Naturaleza, tanto Terrestre como Humana y, sobre todo, cohabitan el Mundo junto con los Humanos. No hay omnisciencia, omnipresencia u omnipotencia en los *Òrìṣàs*, sino la *sabiduría* y la *inmortalidad* de sus propias características, así como la responsabilidad que llevan en ayudar a los seres humanos a vivir y caminar en su senda en la Tierra, pero no tienen el control absoluto sobre nuestras acciones. Pueden ofrecernos sabiduría, hospitalidad y comprensión, pero sus acciones en el mundo siempre serán humanas. El candomblé también estructura y basa sus valores y prácticas religiosas en *mitos africanos* sobre los dioses que componen su panteón.

Aunque ya existan varios escritos sobre el candomblé, esta religión no tiene un libro de texto —como el cristianismo, por ejemplo— en su práctica religiosa. Todos los mitos y valores se transmiten por tradición oral. La doctrina religiosa pretende garantizar a sus adeptos el equilibrio en sus vidas, basado en el equilibrio energético.

Por eso, cuando una persona, adepta o no, acude al Candomblé, se comprueba en primer lugar si está equilibrada energéticamente. Esto se hace a través del juego de las conchas (*búzios*), en el que el sacerdote encargado del templo (*Ilé Asé*) consulta al Oráculo para averiguar si existe un desequilibrio y, en caso afirmativo, cómo restablecer el mencionado equilibrio en el caso de la persona en cuestión.

En función de la respuesta, existen básicamente tres formas posibles de restablecer este equilibrio: (1) *A través de las hierbas*, cuando se macera un determinado conjunto de hierbas para que de ellas se extraiga un caldo, con el que se bañará la persona atendida; (2) *A través de los alimentos*, cuando se prepara un determinado conjunto de granos y alimentos típicos, hervidos, asados o tostados, y se pasan estos alimentos por el cuerpo de la persona atendida, a partir de cánticos y oraciones específicas, en el ritual candomblé más conocido, llamado *Ebó*. Finalmente (3) *a través del sacrificio de animales*, cuando la energía vital del animal sacrificado es representada por la sangre para ser depositada en una representación material de entidades, o en el propio alimento. Una advertencia es importante con respecto a este sacrificio. Los sacrificios no incluyen animales salvajes, sino que se limitan básicamente a gallinas y cabras. En cualquier caso, los animales sacrificados no deben ser maltratados, y su sacrificio debe ser respetuoso y lo menos doloroso posible. Además, los animales proceden de centros de cría y no pueden capturarse en libertad. Es más, toda la carne de los animales sacrificados es consumida por los propios miembros de la casa en sus comidas habituales. Las tres formas de restablecer el equilibrio no son alternativas ni se excluyen mutuamente. Puede ser necesario combinar dos o más de ellas, a determinar por el oráculo del "Jogo de Búzios".

Por tratarse de una religión de curación a través del equilibrio energético, los rituales de equilibrio pueden ser realizados por cualquier persona, independientemente de su religión. La mentalidad del candomblé es extremadamente tolerante con otras religiones, así como con todos y cada uno de los grupos sociales, especialmente con las minorías, sobre todo porque fue fundada por africanos esclavizados que vivían al margen de la sociedad de la época.

Sin embargo, para convertirse en adepto de la religión es necesario someterse al ritual de iniciación. En este ritual, el adepto se recluye en una habitación y, durante 21 días, se mantiene alejado de la vida social y cotidiana, siendo atendido durante este tiempo por ciertas personas específicamente designadas para ello. A lo largo de estos 21 días, el adepto [es] sometido a oraciones diarias, baños de hierbas y otros rituales, con el fin de prepararlo no sólo para la vida mundana, sino también para la vida religiosa que está a punto de comenzar.

El ciclo religioso que comienza con la iniciación se renueva de 1 a 3 años, el adepto necesita retirarse de nuevo, esta vez por menos tiempo, para reequilibrarse y fortalecerse en el aprendizaje religioso. Estos ciclos de recogimiento, como se les llama, son exclusivos de los adeptos. El grupo de adeptos conforma la comunidad o sociedad del *terreiro*, con normas de comportamiento, vestimenta y una fuerte jerarquía basada en cargos espirituales específicos y antigüedad. Los no iniciados está vedado, por ejemplo, entrar en determinadas zonas de un templo de Candomblé.

Por último, es importante destacar que, a pesar de que el Estado brasileño, como tantos otros de Latinoamérica, es un Estado laico, el Candomblé sufre persecución social por parte de otros grupos religiosos, especialmente de los cristianos neopentecostales locales[3]. Se trata de una religión que

3 Sobre los neopentecostales, véase, adelante, capítulo 4.7

trae consigo una gran cantidad de prejuicios e intolerancia, ya sea por su origen por negros esclavizados o por el desconocimiento de los aspectos del sacrificio de animales realizado religiosamente. Por otro lado, el Estado brasileño, mediante leyes e incluso sentencias del Tribunal Supremo, ha garantizado formas de proteger y preservar esta religión[4].

4. UMBANDA: UNA RELIGIÓN SINCRÉTICA Y ESPIRITISTA

Si, por un lado, el Candomblé surgió de los negros esclavizados y con fuerte influencia de la tradición religiosa de los *Yorubás,* aunque con influencia del catolicismo, la matriz de la Umbanda es más polisémica y se originó inicialmente como disidencia del *Espiritismo,* doctrina religiosa francesa creada por Alan Kardec en el siglo XIX, de matriz cristiana, que se difundió con fuerza en Brasil en el siglo XX.

El Espiritismo cree que nuestras almas son eternas y que el acto de vivir en el mundo material, la llamada *encarnación,* se basa en misiones u objetivos que nuestras almas deben cumplir para su propia evolución o iluminación. En este sentido, la función del Espiritismo es ayudar a aquellas almas que no han cumplido sus objetivos en la vida a alcanzar la ansiada iluminación espiritual. Para ello, las personas que practicaban el espiritismo se apoyaban en espíritus iluminados o entidades espirituales que se comunicaban con el mundo material a través de *médiums,* es decir, personas *encarnadas* que "prestaban sus cuerpos y sentidos para que estas almas pudieran aconsejar y dirigir a las almas no iluminadas". Este fenómeno se denomina *incorporación.*

Acuñado en el siglo XIX, el espiritismo de la época tenía una cosmovisión basada en una fuerte perspectiva eurocéntrica y neocolonial, lo que se traducía en el hecho de que los espíritus "iluminados", también llamados *entidades* o *guías,* eran todos de origen europeo y en su mayoría traían historias de sus respectivas vidas, en las que eran médicos, abogados, profesores, etc.

A principios del siglo XX, en Río de Janeiro, uno de los médiums espirituales brasileños era Zélio Fernandino de Morais. Como otros médiums, Zélio también tenía guías que se incorporaban a su cuerpo, pero había

---

4 Por ejemplo, en cuanto a los sacrificios de animales, véase la Sentencia del Tribunal Supremo de Brasil (STF) en STF/RE 494601

una diferencia significativa. A diferencia de las otras entidades, las que se incorporaban a Zélio no eran de origen europeo: o bien eran entidades de las almas de negros esclavizados ancianos —aquellos que consiguieron superar las penurias de la esclavitud y murieron de viejos—, los llamados *Pretos-velhos*, o bien eran espíritus de origen indígena que resistieron a la invasión y al colonialismo europeos y por eso perdieron la vida —los llamados *Caboclos*.

Al no ser aceptados inicialmente en el círculo religioso del espiritismo, Zélio Fernandino de Morais decidió iniciar una nueva religión, con una matriz espiritista que, sin embargo, integraba elementos traídos cultural y religiosamente por los negros esclavizados y los pueblos nativos. De esta mezcla nació la Umbanda.

La Umbanda sufrió muchas transformaciones a lo largo de los siglos XX y XXI, incorporando cada vez más prácticas del candomblé, a menudo adaptadas a sus rituales. Originalmente, sin embargo, la Umbanda se basaba en consultas espirituales con sus entidades o guías. No había sacrificios de animales y, de forma sincrética, buscaba una analogía entre los santos católicos y los orixás del Candomblé.

Los terreiros Umbanda no se basan en la jerarquía del Candomblé. Tampoco hay rituales de iniciación como en el Candomblé. Normalmente, sus adeptos se dividen en *médiums*, los que incorporan a las entidades, y los que ayudan durante el trabajo de consulta, sin hacer las incorporaciones.

Es por la cercanía de Umbanda a los rituales del candomblé y el origen de sus entidades es por lo que también se la llama una religión "afrobrasileira". Debido a este estatus, también sufre el prejuicio social de otras religiones en Brasil, especialmente las religiones cristianas pentecostales, por lo que es necesario gozar de protección jurídica especial, para que exista una efectiva libertad de creencia y culto, tal y cual ocurre con las demás religiones de matriz africana en Latinoamérica.

5. CONCLUSIÓN

De forma introductoria, este texto presentó la forma de pensar de las religiones afrobrasileñas, a partir de un breve contexto histórico de su surgimiento.

Una vez enunciados estos elementos, este texto intentó sistematizar el pensamiento religioso que impregna la práctica del Candomblé en Brasil, así como la de la Umbanda como religiones, abarcando no sólo sus distintos orígenes, sino también sus rasgos distintivos.

Como adepto e iniciado del Candomblé, este autor optó por no presentar los detalles del funcionamiento del ritual, que es bastante complejo y, para un primer contacto, podría causar extrañeza e incluso alguna incomprensión. Lo más importante es que se conozca la existencia y la tradición que hay en las religiones de matriz africana y su efectiva presencia en Latinoamérica. El lector que desee profundizar en ese estudio debe hacerlo con respeto, y ya informado de que se trata de religiones de tradición oral, en las cuales los textos escritos son importantes para la visión humana-científica, pero su estudio debe pasar por la observación y la vivencia.

6. BIBLIOGRAFÍA

APPIAH, Kwame Anthony. *In my father´s house: Africa in the philosophy of culture.* 1997. Nova York. W.W.Norton & Company.

— *The honour code: how moral revolutions happen.* 2010. Nova York. W.W.Norton & Company.

BASTIDE, Roger. *Le candomblé de Baia (rite nagô).* 2000. Paris. Mouton & Co.

BENISTE, José. *História dos Candomblés do Rio de Janeiro.* 2020. 2 ed. Rio de Janeiro. Bertrand Brasil.

— Òrun Àiyé: O encontro de dois mundos – O sistema de relacionamento Nago-Yorubá entre o céu e a terra. 2004. 4 ed. Rio de Janeiro. Bertrand Brasil.

COULANGES, Fustel. *La cité antique.* 1864. Paris. Legare.

FAUSTO, Boris. *História concisa do Brasil.* 2021. São Paulo. EdUsp.

GAARDER, Jostein; HELLERN, Victor; NOTAKER, Henry.*The bool of religions.* 1989. London. Gyldendal Nork Forlag.

LIMA, Vivaldo Costa. *O candomblé da Bahia na década de 1930.* In Revista de Estudos avançados da Universidade de São Paulo v. 18. n. 52. 2004. pp. 201-23.

MOURA, Carlos Eugênio Marcondes de (Org.). *As senhoras do pássaro da Noite.* 1994. São Paulo. EdUsp.

PARÉS, Luis Nicolau. A formação do candomblé: História e ritual da nação jeje na Bahia. 2007. São Paulo. Unicamp.

PRANDI, Reginaldo. *O Brasil com axé: O candomblé e umbanda no mercado religioso.* In Revista de Estudos avançados da Universidade de São Paulo v. 18. n. 52. 2004. pp. 223-38.

SANTOS, Juana Elbein dos. *Os nagô e a Morte: Pàde, Àsèsè e o Culto Égun na Bahia.* 1993. 6 ed. Rio de Janeiro. Vozes.

SILVA, Alberto da Costa e. Um rio chamado Atlântico: A África no Brasil e o Brasil na África. 2003. Rio de Janeiro. Nova Fronteira.

TERRA, João Evangelista Martins. O Deus dos Indo-Europeus: Zeus e a proto-religião dos Indo-europeus. 2001. 2 ed. São Paulo. Loyola.

VERNANT, Jean-Pierre. *L'univers, les dieux, les hommes.* 1999. Paris. Seuil.

4.5. El catolicismo en América Latina. Desde mediados del siglo XIX a la actualidad

DIEGO MAURO[1]
CONICET/Universidad Nacional de Rosario, Argentina
diegomauro79@gmail.com

1. INTRODUCCIÓN

Durante buena parte del siglo XX, la historia del catolicismo se escribió bajo la influencia de la teoría clásica de la secularización. Dicha teoría partía de postular la incompatibilidad esencial entre la modernidad y la religión y, por tanto, consideraba que las religiones y sus instituciones estaban destinadas a atravesar procesos de decaimiento y declinación en el mundo contemporáneo. En las versiones más extremas, dichas teorías llegaban a proponer su desaparición. Aunque las bases del paradigma eran mucho más ideológicas que científicas, su influencia fue tan grande entre los científicos sociales de la segunda mitad del siglo XX, que se convirtió en un sentido común muy difícil de cuestionar. La historia no fue la excepción. En consecuencia, las historias del catolicismo post independentista en América Latina se poblaron de calificativos como crisis, retroceso o declive, etiquetas que aludían a una edad de oro perdida en tiempos coloniales frente al avance de la fuerza destructiva de la secularización. La narrativa dominante repitió una y otra vez el mismo argumento: durante el siglo XIX y buena parte del XX, la Iglesia había acabado por sucumbir ante los ataques del liberalismo, el cientificismo positivista, el ateísmo y el anticlericalismo. El fenómeno en cuestión, además, se presentaba como natural y auto-explicado puesto que, a fin de cuentas, era lo que tenía que ocurrir según las prognosis teóricas de la idea misma de secularización.

---

1 Investigador del CONICET y coordinador del Doctorado en Historia de la Universidad Nacional de Rosario, Argentina. Contacto: diegomauro79@gmail.com

En las décadas finales del siglo XX, los problemas de esta explicación comenzaron a acumularse y a generar preguntas. En buena medida porque, como era a todas luces innegable, las religiones no habían desaparecido. El catolicismo tampoco. Las soluciones teóricas, no obstante, tardaron en llegar porque al igual que lo ocurrido en la sociología y la ciencia política, los historiadores optaron por apelar a hipótesis auxiliares y a la construcción de explicaciones *ad hoc* antes que por cuestionar la teoría. Dicho mal y pronto: decidieron barrer la tierra debajo de la alfombra. El resultado fue un modelo explicativo singular, fuertemente rupturista, que calificó cada aparición en la esfera pública de los católicos o la Iglesia como un renacimiento. Esta opción permitía salvar la teoría: los católicos efectivamente habían declinado y entrado en crisis durante algún momento del siglo XIX, como la secularización vaticinaba, pero, por diferentes razones a desentrañar, habían logrado resurgir y volver a la escena durante el XX. No se negaba la presencia católica en la vida social, cultural y política pero se la convertía en una "anomalía", vista, en todo caso, como un fenómeno de índole excepcional más o menos circunstancial. Como el último estertor de un final que, en todo caso, se había pospuesto.

Una veloz recorrida por la historiografía latinoamericana muestra que el argumento *ad hoc* se aplicó en casi todos los países de manera bastante semejante, incluso en aquellos que tenían dinámicas sociales o políticas muy diferentes como México, Brasil Argentina o Uruguay[2]. En Argentina, se consideró que la Iglesia católica había sufrido una dura derrota en la década de 1880 a manos del liberalismo laicista del gobierno de Julio Argentino Roca. Para algunos la crisis había empezado antes, con las leyes laicas del gobierno de Nicasio Oroño en la provincia de Santa Fe en 1860. De igual manera, en México, supuestamente, las leyes laicas sancionadas en tiempos de Benito Juárez sumergieron a la Iglesia en una profunda

2 Desde una perspectiva historiográfica que da cuenta de los debates ver: Lida, M. (2007). La Iglesia católica en las más recientes historiografías de México y Argentina. Religión, modernidad y secularización. *Historia Mexicana*, 56 (4), 1393-1426. https://www.jstor.org/stable/25139755; Mauro, D. (2016). Catolicismo y secularización en Argentina y Uruguay: 1900-1950. Perspectivas y debates para una historia comparada. *Anuario*, 28, 5-14. https://anuariodehistoria.unr.edu.ar/index.php/Anuario/article/view/184; Mauro, D. (2018) Debates en la historiografía del catolicismo argentino. En J. De la Cueva Merino (Ed.) (2018).*De la historia eclesiástica a la Historia religiosa* (pp. 153-171). Universidad de Alcalá de Henares. https://conicet-ar.academia.edu/DiegoMauro/; Cloclet, A. R. y Di Stefano, R. (Eds.) (2020).*Catolicismos en perspectiva histórica. Argentina y Brasil en diálogo.* Teseo. https://www.teseopress.com/catolicismos/

decadencia. En una misma sintonía, la separación de la Iglesia y el Estado en Uruguay y Chile en las primeras décadas del siglo XX se interpretó en una clave semejante: el catolicismo se replegaba en la esfera privada ante la imposibilidad de hacer frente a la modernidad política y social. Dichas afirmaciones terminantes condujeron luego paradójicamente a la afirmación especular contraria. Al período de declives y crisis le seguía una etapa de renacimientos y resurgimientos más o menos intensos, principalmente en las décadas de 1930 y 1940, cuando la Iglesia católica se volvió particularmente visible en las calles a través de organizaciones de masas como la Acción Católica y la realización de grande eventos.

En este capítulo, proponemos un relato diferente y más modulado de los cambios. Además, ensayamos una explicación distinta que abreva en las versiones más recientes de la teoría de la secularización. Estas versiones, surgidas de la crisis e implosión del paradigma anterior, comparten aspectos esenciales que, parafraseando al sociólogo italiano Luca Diotallevi, permiten hablar de la emergencia de un "nuevo paradigma". Por un lado, quedó demostrado que la incompatibilidad entre modernidad y religión era un presupuesto ideológico y no una constatación empírica. De hecho, el catolicismo, como veremos en este capítulo, creció y prosperó en la modernidad absorbiendo dichas lógicas, reproduciéndolas y amplificándolas de manera sinérgica. Es más, como ha señalado el historiador Cristhopher Bayly, pocas veces se construyeron tantos templos, capillas y santuarios a nivel mundial como en el siglo de la impiedad y la secularización[3]. Algo similar ocurrió en buena parte de América Latina, donde el catolicismo vivió en las décadas finales del siglo XIX un período de auge y fuerte expansión institucional y material, a tono con una nueva concepción de Iglesia. Que las autoridades eclesiásticas hayan tenido un discurso lacrimógeno y antimoderno por esos años, algo que ha confundido mucho a los historiadores, no debe hacernos dudar de la modernidad de sus lógicas organizativas, asociativas y políticas, ni de su ciclo alcista y expansivo. Por otro lado, en la misma tónica, el cambio de prisma permitió comprender que lo que los historiadores influidos por la teoría clásica de la secularización habían visto como crisis, derrotas y retrocesos eran en realidad procesos profundos de cambio y transformación, de relocalización y reconfiguración de lo religioso y sus instituciones. En modo alguno, los indicios de una futura extinción. En palabras del sociólogo belga Karel Dobbelaere, un proceso

3 Bayly, C. (2010). *El nacimiento del mundo moderno, 1780-1914.* Siglo XXI.

multidimensional de adaptación e interrelación con la modernidad, el liberalismo político y el Estado nación[4].

El resultado de este cambio de óptica produjo entre los historiadores una revolución: las crisis se convirtieron en transformaciones y pronto pudieron iluminarse muchos procesos que el viejo paradigma sencillamente ignoraba u obturaba. El resultado fue una nueva historia de la Iglesia católica en América Latina que, en sintonía con la que también comenzaba a escribirse en Europa y Estados Unidos, permitió comprender mejor el cambio y la novedad a partir de procesos estructurales de más larga duración[5]. En esta clave interpretativa, proponemos a continuación un recorrido por la historia del catolicismo latinoamericano centrado en cuatro momentos fundamentales: el surgimiento de la nueva Iglesia católica romana y su relación con América Latina (1870-1920); la construcción de un catolicismo de masas y la búsqueda de una tercera vía política y económica (1930-1950); el *aggiornamento* de la Iglesia latinoamericana en tiempos de ebullición política e ideológica (1960-1980) y, finalmente, la reconfiguración de una Iglesia post guerra fría encabezada a nivel global por el papa Francisco (2007-2024).

2. LA NUEVA IGLESIA LATINOAMERICANA

Las grandes transformaciones políticas y económicas del XIX plantearon desafíos enormes a la Iglesia católica. Después de un período de cierta apertura, las revoluciones de 1848 hicieron cambiar de orientación a Pío

4 Dobbelaere, K. (1994). *Secularización: un concepto Multi-dimensional.* Universidad Iberoamericana; Cox, J. (2003). Master Narratives of Long-term Religious Change. En H. McLeod y W. Ustorf (Eds.). *The Decline of Christendom in Western Europe, 1750-2000* (pp. 201-217). Cambridge University Press.Una síntesis de los debates teóricos sobre la secularización en: Mauro, D. y Martínez, I. (2015). *Secularización, Iglesia y política en Argentina. Balance teórico y síntesis histórica.* FHUMYAR Ediciones. https://conicet-ar.academia.edu/DiegoMauro

5 Botti, A., Montero F. y Quiroga, A. (Eds.) (2013). *Católicos y patriotas. Religión y nación en la Europa de entreguerras.* Silex; Clark, C. y Kaiser, W. (2003). *Culture Wars. Secular-Catholic Conflict in Nineteenth Century Europe.*Cambridge University Press; Filoramo, G. y Menozzi, D. (Edts.) (2009). *Storia del cristianesimo. L´etá contemporanea.* Laterza; Di Stefano, R. (2011). Por una historia de la secularización y la laicidad en la Argentina. *Quinto Sol,* 15 (1), 1-31 y Di Stefano, R. (2014). La excepción argentina. Construcción del Estado y de la Iglesia en el siglo XIX.*Procesos. Revista Ecuatoriana de Historia,* 40, 91-114.

IX. El papado rechazó de raíz todos los cambios en curso y los condenó sin miramientos. En este contexto, mientras trataba de sostener los Estados Pontificios, comenzó a buscar un acercamiento con América Latina que, entre otras cosas, le ayudara a construir nuevas bases de poder. Algo que en las décadas anteriores se había visto truncado por la resistencia de España a aceptar las independencias de las jóvenes repúblicas. Por entonces, América Latina reunía a un cuarto de los católicos del mundo y Pío IX, que la había conocido de primera mano como parte de la delegación romana encabezada por Monseñor Juan Muzi en la década de 1820, era consciente de su importancia geopolítica en tiempos de fuertes turbulencias. Conviene no olvidar que, por entonces, dos papas, Pío VI y Pío VII, ya habían conocido el cautiverio. El primero murió preso en 1799 en Francia y el segundo permaneció detenido varios años en Fontainebleu hasta que regresó a Roma en 1814.

Durante las décadas de 1850 y 1860, la Santa Sede intentó salir del asedio diplomático y firmó concordatos con Bolivia (1851), Costa Rica (1852), Haití (1860), Ecuador (1861), Honduras (1861), Nicaragua (1861), El Salvador (1862) y Venezuela (1862). En las décadas siguientes, durante el pontificado de León XIII, volvieron a firmarse concordatos con Ecuador (1881) y Guatemala (1884) y luego con Colombia en dos oportunidades (1887 y 1891). Asimismo, en 1857, Pío IX fundó el Colegio Pío Latinoamericano con el objetivo de formar élites más homogéneas y estrechar relaciones con los prelados del otro lado del Atlántico. El proceso de romanización de la Iglesia no fue unidireccional: también desde América Latina se buscó el acercamiento a Roma como un modo de resolver tensiones locales y, según los casos, mantener cierta autonomía de los gobiernos. Sin ir más lejos, la creación del mencionado Colegio Pío Latinoamericano debió mucho a la acción de clérigos chilenos y argentinos, deseosos por amortiguar el legado regalista del período colonial[6].

Por otro lado, en continuidad con la política del papa Gregorio XVI, Roma alentó un nuevo impulso misionero en manos de las congregaciones religiosas e intentó impulsar cultos universales como el del Sagrado

---

[6] Sobre el debate de la romanización en el siglo XIX latinoamericano: Ramón Solans, F. (2020). *Más allá de los Andes. Los orígenes ultramontanos de una Iglesia latinoamericana (1851-1910).* Universidad del País Vasco; Martínez, I. (2020). ¿Gobierno liberal contra la Iglesia ultramontana? La diplomacia romana y el Episcopado argentino ante el desafío del Estado (1880-1883).*Rivista di Storia del Cristianesimo*, 17 (2), 385-406 y Santirocchi, I. (2015) *Questão de Consciência: os ultramontanos no Brasil e o regalismo do Segundo Reinado (1840-1889)*, Fino Traço.

Corazón. Aunque la política de homogeneización devocional tuvo un impacto entre moderado e incierto, la llegada de religiosos y religiosas fue un proceso fundamental en la reconfiguración de la Iglesia en América Latina. Por su puesto, en esas décadas, muchas de estas iniciativas se vieron limitadas por el continuo retroceso militar del papado, cuya preocupación central era la búsqueda de alianzas con potencias europeas y la obtención de fondos para sostener su defensa en el campo de batalla. Todo este esfuerzo no pudo detener lo inevitable y concluyó con la derrota militar de los Estados Pontificios, primero en 1859, cuando perdió 2/3 de su territorio, y finalmente en 1870 con la caída de Roma. En ese momento, muchos consideraron que el Vaticano tenía los días contados. Para el propio Pío IX todo era una tragedia y así lo vieron también muchos católicos en América Latina. No obstante, las circunstancias, en realidad, vistas en perspectiva histórica distaban mucho de ser tan desastrosas. Fundamentalmente, porque la derrota militar permitía dejar atrás lógicas institucionales y políticas caducas y abrir la oportunidad de profundizar muchos de los proyectos de cambio iniciados por Gregorio XVI y Pío IX, tendientes a reconfigurar al catolicismo como una verdadera comunidad transnacional de fieles. Una apuesta que, entre otras cosas, permitía a la Santa Sede tomar prudente distancia de los vaivenes de la política europea para edificar un papado de nuevo tipo, concebido más que como la monarquía de un Estado absolutista, en constante crisis y conflicto, como la jefatura de un imperio espiritual universal, colocado por sobre las partes, y asentado sobre nuevas bases de poder. Precisamente, uno de los planos en los que estos cambios se hicieron más evidentes fue en el creciente culto a la figura del papa, que se tradujo en peregrinaciones a Roma y, por primera vez, en tiempos de Pío IX, en la difusión a gran escala de imagen. Dicha devoción por la figura papal fue clave en la transformación del papado[7]. En América Latina, los católicos mexicanos fueron los que más se movilizaron en un primer momento, durante el exilio de Pío IX en 1849 en Gaeta. En ese entonces, también los arzobispos de Bahía, Lima y Santiago de Chile pidieron por el papa. Este último, Rafael Valdivieso, con el fin de movilizar a los fieles, recordó que Pío IX había visitado Chile tres décadas antes. Hasta entonces, la figura del papa había sido una realidad bastante distante e incluso desconocida para los católicos latinoamericanos. En la década de 1860 las cosas comenzaron a cambiar y las muestras de apoyo al papa se multiplica-

---

7 Sobre la difusión del culto papal y las transformaciones en Roma: Viaene, V. (Ed.) (2005). *The papacy and the New World. Vatican Diplomacy, Catholic Opinion ant International Politics at the Time of Leo XIII*, 1878-1903. Leuven University Press.

ron de la mano del accionar de los delegados apostólicos Mariano Marini (Argentina, Chile, Bolivia, Paraguay y Uruguay) y Mieczyslaw Ledochowski (Nueva Granada: conformada por Colombia y Panamá entre 1831 y 1858). A su vez, en esas décadas, los franceses y belgas reinstalaron la práctica medieval del Óbolo de San Pedro, que lentamente fue extendiéndose al resto de Europa y poco a poco a América Latina. En perspectiva, se trataba de un sistema tributario desterritorializado, que anticipó la lógica de la Iglesia global que estaba por venir. En este marco, en contra de muchos de los pronósticos apocalípticos que circulaban sobre el futuro de la Santa Sede, con la llegada de León XIII en 1878 a la silla de Pedro, el proceso de transformación del papado se aceleró y, lo más importante, cambió el sentido de la percepción que se tenía de él. Los cambios dejaron de ser vistos como meros retrocesos que, en lo posible, habría que revertir en el futuro, para pasar a aceptarse como cambios irreversibles. Hasta cierto punto, cambios necesarios y en algunos casos positivos.

En América Latina, el impacto de los reacomodamientos romanos se hizo sentir con fuerza. Por supuesto, en aquellos países donde las estructuras eclesiásticas tenían un largo pasado colonial como Perú las nuevas ideas tuvieron mayores resistencias que en países como Argentina o Uruguay, donde la Iglesia no tenía esa historia detrás. Pero, más allá de esto, con el transcurso de las décadas la romanización avanzó igualmente en todos los países porque, como argumentan los historiadores en nuestros días, no era un mero proyecto unidireccional desde el centro a la periferia, sino el resultado de la convergencia de fuerzas que también provenían de muchos puntos de América Latina. El Óbolo de San Pedro tuvo un impacto si se quiere menor, puesto que apenas se organizaron algunas pocas colectas, pero el apoyo al proyecto del Colegio Pío Latinoamericano fundado en 1857 resulta emblemático. Lejos de ser visto como un instrumento de disciplinamiento romano, su conformación debió mucho a la labor del sacerdote chileno José Ignacio Eyzaguirre y a la presencia argentina. En el largo plazo, el rol de esta institución fue clave en la construcción de la nueva Iglesia latinoamericana: entre 1858 y 1950 recibió a 1500 sacerdotes, 173 de los cuales llegaron a ser obispos y 7 cardenales[8]. Muchos de ellos, fueron los que, a su vez, impulsaron luego la realización del Congreso Plenario Latinoamericano en 1899. En un indicador de los cambios en curso, 59 obispos provenientes de América Latina participaron por primera vez

---

8 Ramón Solans, F. (2020). *Más allá de los Andes. Los orígenes ultramontanos de una Iglesia latinoamericana (1851-1910).* Universidad del País Vasco, p. 18.

de las cesiones de un Concilio, el realizado en el Vaticano entre 1869 y 1870. Si bien, es cierto, en ese momento solo uno se había formado en el Colegio, algo lógico dado los tiempos, al menos seis ya habían estudiado en Roma y muchos estaban haciéndolo o planificaban viajar para iniciar sus estudios en la nueva institución

En paralelo, el acercamiento a Roma fue, además, una resultante de muchos vectores entrecruzados, derivados de los conflictos que se generaron en el marco de la construcción de los Estados nacionales. En un primer momento, los conflictos en cuestión, salvo en el caso de México, no fueron particularmente virulentos ni derivaron en guerras culturales como en Europa, pero a comienzos de la década de 1870 un liberalismo de tono más anticlerical, que ya se había hecho presente en Colombia, llegó al poder en diversos países y aceleró el proceso de vinculación internacional de los católicos. En Venezuela, Guatemala y Colombia varios clérigos debieron exiliarse. En Argentina, la sanción de las leyes laicas en la década de 1880 condujo a la expulsión del delegado apostólico Luigi Mattera y a la ruptura de relaciones diplomáticas con el Vaticano. En Chile medidas similares también generaron roces importantes, aunque en este caso sobre todo a nivel de los párrocos. Las excepciones de la época fueron Ecuador, al frente de Gabriel García Moreno, reconocido por el propio papa Pio IX como un defensor de la Iglesia, y Colombia después del retorno de los conservadores al poder en 1885.

Los conflictos, sin embargo, bien pueden considerarse una tormenta de verano. A finales del siglo XIX, las relaciones habían mejorado en casi todos los casos. Por un lado, esto se debía en muchos países a la necesidad de contar con herramientas para contener el conflicto social, que adquiría nuevas tonalidades ideológicas de la mano del surgimiento de corrientes anarquistas y socialistas entre los trabajadores. En casos como el de Argentina o Uruguay, el desafío era también buscar rasgos que ayudaran a la construcción de una identidad nacional frente a las grandes oleadas inmigratorias. Por otro lado, el cambio de orientación en Roma con la llegada de León XIII volvía más sencillo el acercamiento. Como adelantamos, León XIII dejó de lado las lamentaciones de su antecesor y su intransigencia defensiva para tender diversos puentes con la modernidad política y los Estados nación. En sus encíclicas planteó que la Iglesia debía concebirse como un poder espiritual, y no ya como un Estado territorial, y alentó una cierta reconciliación con las repúblicas, la idea de nación y la democracia. Según León XIII, el problema no eran esos artefactos modernos sino los excesos, porque, como enseñaba la escolástica tomista, todo podía tener un rostro malo y uno bueno. Esto permitió pasar de la condena cerrada en tiempos de Pío IX al debate sobre la evaluación y calificación de cada fenómeno político en curso y, por tanto, de pronto, nada estaba vedado del todo a los católicos por principio. El desafío era ahora catolizar esos procesos más que impedirlos. Además, con su encíclica *Rerum Novarum* (1891), puso a la cuestión social y obrera en el centro de sus preocupaciones y alentó la formación de sindicatos y movimientos católicos en manos de los laicos. Además, las soluciones católicas al conflicto social no eran revolucionarias sino más bien de impronta paternalista, lo quera era visto con buenos ojos por clases dirigentes de los jóvenes Estados latinoamericanos.

Por otro lado, desde el punto de vista de la Iglesia, los cambios fortalecían al catolicismo desde abajo. Por esos años en casi todos los países se multiplicaron los círculos de obreros católicos, la prensa religiosa e infinidad de asociaciones de diferente tenor. El primer Círculo de Obreros se fundó en Chile en 1878 y en 1883 se creó la Unión Católica. En Argentina, en 1884 se celebró el primer congreso católico del que surgió una formación política llamada como su homóloga chilena: Unión Católica. Algunos años después se fundó en Buenos Aires el primer círculo católico de obreros, el denominado Círculo Central en 1892. En Uruguay, en 1888 se colocó la placa fundacional del primer círculo y al año siguiente se realizó el primer congreso católico. En Brasil, tras el cimbronazo que supuso la instauración de la República y la separación de la Iglesia y el Estado en 1889, las asociaciones católicas florecieron al igual que la prensa. En Ecuador, el primer Círculo se creó en 1894 y en Colombia, más tardíamente, en 1911. En Perú el proceso fue paulatino: en 1896 se creó el de Arequipa, en 1899 el de Cusco y en la década de 1910 los de Lima y Ayacucho.

En buena parte de América Latina, la Iglesia vivió un verdadero boom asociativo que convivió con la expansión del accionar de religiosos y religiosas y un proceso de fuerte desarrollo de las estructuras eclesiásticas, principalmente en los países del sur y en el Brasil republicano[9]. En estos casos, donde las infraestructuras eclesiásticas heredadas del período colonial eran escasas, las comisiones pro templo, surgidas desde abajo en cada localidad, cumplieron un rol muy importante, al que se sumó el aporte es-

---

9 Ayrolo, V. y Anderson J. (Edts.) (2016). *Historia de clérigos y religiosas en las Américas. Conexiones entre Argentina y Brasil (siglos XVIII y XIX)*. Teseo.https://www.editorialteseo.com/archivos/14520/historia-de-clerigos-y-religiosas-en-las-americas/

tatal, a través del presupuesto de culto y de fondos y partidas excepcionales aprobadas por los gobiernos[10][11].

En este contexto de reconfiguración se realizó en 1899 en Roma el Primer Congreso Pío Latinoamericano con la participación 155 clérigos y 53 obispos. De estos últimos 13 ya se habían formado en dicha institución. El encuentro se realizó a puertas cerradas. Lo importante, de todas maneras, no fue el contenido de las sesiones sino la construcción de lazos y vínculos transnacionales entre los católicos del continente entre sí y con la Santa Sede. Por primera vez, las élites católicas se vieron cara a cara para pensar el presente y los desafíos de la Iglesia en sus países así como en América Latina. Un anticipo, si se quiere, de las entidades colegiadas que surgirían varias décadas después.

Mirando todos estos procesos juntos, a principios del siglo XX, el escenario era mucho más auspicioso que tres o cuatro décadas antes para los católicos. Por un lado, Roma había logrado reponerse de la derrota militar y el fin de los Estados Pontificios. León XIII no había renunciado a ellos (algo que recién ocurriría en 1929 con la firma de los Pactos de Letrán entre la Santa Sede y el gobierno italiano) pero había aceptado la situación y, lo más importante, había puesto en marcha un proceso profundo de transformación de la Iglesia. Su futuro no estaba ya atado al intento de recuperar los territorios en la península itálica para volver a participar del juego de las alianzas, la guerra y las finanzas europeas, sino en sentar las bases de una comunidad global de fieles con el Vaticano como centro y el papa como jefe espiritual. Además, con el fin de lograrlo los católicos habían puesto en marcha herramientas fundamentales tendientes a volver más uniformes las élites dirigentes de la Iglesia de América Latina. En este sentido, como ya señalamos, Pío IX y León XIII dieron pasos claves a través de la creación del Colegio Pío Latinoamericano y la realización del mencionado Congreso en Roma. Ambas iniciativas, no obstante, conviene volver a destacarlo, no habían surgido en un principio de Roma sino de los prelados latinoamericanos. De nuevo: la romanización no era ese proceso lineal centro-periferia sino una dinámica mucho más sofisticada en la que confluían agencias diversas y variadas.

Por otro lado, a finales del siglo XIX y principios del XX, con excepción de México que pronto viviría una revolución y una guerra civil prolongada

---

10 Sobre el papel de los religiosos en las Independencias, véase, atrás, capítulo 2.3

11 Lynch, John (2012). *Dios en el Nuevo Mundo. Una historia religiosa de América Latina.* Crítica.

y el Uruguay signado por el reformismo laicista encabezado por José Batlle y Ordóñez, la mayoría de los países habían dejado atrás los conflictos suscitados por la construcción de los Estados nacionales y su necesidad de regular dimensiones básicas de la vida social como los nacimientos y defunciones, los matrimonios y la educación común. Además, en un nivel más capilar, el catolicismo florecía y crecía sostenidamente en la sociedad: las congregaciones religiosas fundaban misiones en las fronteras indígenas y se asentaban en la educación primaria y secundaria, las parroquias se multiplicaban y la construcción de los templos movilizaba a los católicos de las grandes ciudades tanto como a los de las más alejadas localidades rurales. El laicado, por su parte, estaba en un período de ebullición asociativa reflejado en el ocaso de las viejas cofradías coloniales y el surgimiento de un universo nuevo de instituciones que iban desde ateneos culturales, círculos de obreros y mutuales, hasta congresos de discusión e incluso, en algunos países, partidos políticos que querían entrar al juego republicano. En breve, todo esto comenzaría a reflejarse en los espacios públicos de los grandes centros urbanos del continente, donde las multitudes católicas se convirtieron en una postal permanente, y en el surgimiento de organizaciones de masas como la Acción Católica llamadas a marcar la vida de la Iglesia del siglo XX.

3. EL CATOLICISMO DE MASAS EN AMÉRICA LATINA

Durante las primeras décadas del siglo XX, el catolicismo latinoamericano continuó expandiéndose y fortaleciéndose. Si bien en tiempos de Pío X, Roma buscó ajustar algunos resortes y retrotraer las cosas, en los hechos el proceso de transformación iniciado en tiempos de Pío IX y León XIII siguió su curso en América Latina. Las organizaciones del catolicismo social vivieron décadas de esplendor en un marco de creciente conflictividad social. En Argentina, durante esos años los sindicatos y las sociedades de resistencia organizaron las primeras huelgas generales y conformaron la Federación Obrera Regional Argentina. En Chile, particularmente en Valparaíso, las huelgas de estibadores adquirieron una escala nueva y, sumadas a los conflictos en Santiago, marcaron el camino para el surgimiento de la Federación Obrera de Chile tiempo después. En México, por su parte, por esos años, la presencia anarquista en el norte del país se hizo sentir con fuerza, al igual que los conflictos campesinos debido a la apropiación de las tierras comunales durante los gobiernos de Porfirio Díaz.

Es cierto que el sindicalismo católico nunca pudo consolidarse y competir de igual a igual con otras orientaciones ideológicas (socialistas, anarquistas, sindicalistas revolucionarios, comunistas), pero, aún así, los logros de los católicos sociales fueron importantes. En primer lugar, porque, a pesar de todo, consiguieron poner en marcha cientos de Círculos de Obreros y mutuales católicas, cajas rurales e incluso bancos, orientados a alcanzar la conciliación de clases y la justicia social. El objetivo último era lograr un cierto equilibro entre la voracidad del capital y las condiciones de vida de los trabajadores. En Argentina, en la década de 1920, la Federación de Círculos de Obreros contaba ya con un centenar de entidades y más de veinte mil socios. En Uruguay, el segundo banco en importancia emergería nada más ni nada menos que del propio catolicismo social. En Brasil, los círculos surgieron un poco después, sobre todo a partir de 1920. Durante la década siguiente, en parte debido al impacto de la crisis económica de 1929, adquirieron mayor presencia y comenzaron a nuclearse en federaciones, como ocurrió en 1935 con la de Río Grande, una de las principales. De igual manera, en Chile, el catolicismo social también comenzó a despegar a comienzos del siglo XX y los círculos, que venían de finales del siglo XIX, se multiplicaron. En una prueba de la pujanza del movimiento en la región, en 1919 la Federación de Círculos de Obreros de la Argentina realizó el Primer Congreso de los Católicos Sociales de América Latina, con representantes locales y de Chile, Uruguay y Paraguay. Aunque también habían prometido participar delegaciones de Bolivia, Perú y Brasil finalmente por diferentes motivos no se hicieron presentes. Un caso aparte es el de México, donde los católicos, a pesar de sus tempranos éxitos —contaban en 1910 con una Federación de Círculos que reunía a 12 mil socios y más de cuarenta entidades— sufrieron los vaivenes del proceso revolucionario y desde la década de 1920 la persecución política que terminaría en las cruentas guerras cristeras.

En todos los casos, el aspecto tal vez más relevante fue la influencia de muchas de sus ideas y proyectos en la discusión intelectual y política. En las legislaturas, algunos de sus proyectos contaron incluso, en determinadas circunstancias, con el apoyo de socialistas y conservadores, y, a mediano plazo, fueron una de las principales usinas ideológicas de la legislación social que tímidamente se fue sancionando en las décadas siguientes: la jornada laboral de ocho horas, el descanso dominical, la incorporación de algún tipo de seguro médico y la creación de un sistema de jubilaciones.

En paralelo, el proceso de expansión de las estructuras diocesanas se afianzó. En algunos casos, se pusieron en marcha verdaderas cruzadas para la construcción de templos y capellanías, sobre todo en los países con mayor impacto inmigratorio. Por ejemplo en Argentina, en la región pampeana los cambios fueron dramáticos y las estructuras eclesiásticas crecieron a un ritmo vertiginoso. En la diócesis de Buenos Aires, entre 1880 y 1920 se establecieron 86 nuevas parroquias y en la provincia de Santa Fe se pasó de ocho en la década de 1890 a unas setenta en 1910. A ellas se sumaban además unas cincuenta viceparroquias. En México, el crecimiento también fue impresionante: entre 1878 y 1895 se duplicó el número de parroquias a nivel nacional pasando de poco menos de cinco mil a más de nueve mil quinientas[12].

En las regiones de frontera, las congregaciones religiosas fueron fundamentales poniendo en marcha misiones volantes para llegar a cada rincón. En el sur argentino los salesianos asumieron el rol principal mientras en el norte dicho lugar fue ocupado por los franciscanos. En la amazonia peruana, a partir de 1880, lo que había sido una actividad misionera más bien episódica se convirtió en una fuerza permanente que contó con el apoyo de la Santa Sede y el Estado. A finales del siglo XIX, el Estado peruano estableció tres prefecturas apostólicas con el apoyo de Roma, a las que se sumaron agustinos, dominicos y franciscanos. En Brasil en 1880 había sólo siete órdenes religiosas masculinas y 11 femeninas. En la década de 1890 entraron 13 más y 20 en la década siguiente. El proceso no se detuvo: entre 1910 y 1930 ingresaron sesenta más. En México, a finales del siglo XIX se instalaron jesuitas, pasionistas, josefinas, claretianos y salesianos. La mayoría de ellos en tareas de índole educativa o misional[13].

---

12 Sobre el catolicismo social y la expansión parroquial: Martín, M. (2020). *Los católicos y la cuestión obrera. Entre Rosario y Buenos Aires (1892-1919).*Imago Mundi; Amaral, D. (2018) *Catolicismo e trabalho. A cultura militante dos trabalhadores de Belo Horizonte (1909-1941).*Editora Prismas; Blancarte, R. (1992). *Historia de la Iglesia católica en México.* FCE; Lida, M. (2015). *Historia del catolicismo en la Argentina. Entre el siglo XIX y el XX.* Siglo XXI; Di Stefano, R. y Zanatta, L. (2010). *Historia de la Iglesia argentina,* Sudamericana; Mauro, D. (2018). *De los templos a las calles. Catolicismo, sociedad y política en Santa Fe, 1900-1937.* Prohistoria;Monreal, S. (2009). Catolicismo social en el cono sur: genealogía de un ideario. En: J. Fernando Berríos, Jorge y D. García (Eds.) (pp. XXXX). *Catolicismo social chileno. Desarrollo, crisis y actualidad.* Ediciones Universidad Alberto Hurtado.Rodríguez, A. (Eds.) (2013).*Estudios de Historia Religiosa argentina* (siglos XIX y XX). Prohistoria.

13 Suárez, A., Carranza, B., Facciola, M. Fernández Fastuca, L. (2020). *Religiosas en América Latina. Memorias y contextos.* UCA-CONICET.https://repositorio.uca.edu.ar/bitstream/123456789/10510/1/religiosas-america-latina-memoras.pdf;Sánchez, r. (2022).

Al mismo tiempo, a lo largo de estas décadas se vivió un creciente fervor católico en los espacios públicos de las principales ciudades del continente. El culto a la Virgen María en sus diferentes advocaciones fue uno de los grandes motores de un catolicismo cada vez más popular y masivo. El fenómeno no fue ajeno al proyecto de Roma que desde la declaración del dogma de la Inmaculada Concepción en 1854 venía apuntalando a los santuarios marianos y alentando las peregrinaciones, consciente de su importancia política en el contexto de auge de los Estados nación, el liberalismo y la incipiente democracia electoral. León XIII, incluso, había relanzado el culto eucarístico y con ese propósito había llevado a cabo en Lille en 1881 el primer Congreso Eucarístico internacional. A partir de entonces, estos encuentros fueron adquiriendo una magnitud cada vez mayor hasta convertirse en la primera mitad del siglo XX en uno de los eventos católicos más importantes a nivel mundial[14]. A diferencia de los santuarios a la Virgen que solían estar en zonas rurales o en las afueras de las grandes urbes, los Congresos Eucarísticos permitían a la Iglesia inundar de católicos las calles de las principales ciudades. El propósito era claro, llevar el culto eucarístico y el fervor religioso a los centros de la modernidad según el proyecto de León XIII de catolizar el mundo más que rechazarlo. En América Latina, el culto a la Virgen ya gozaba de gran popularidad de modo que la convergencia de esta realidad con el proyecto romano se tradujo en un poder de convocatoria enorme que sorprendió incluso a los organizadores más optimistas. Las multitudes católicas inundaron las ciudades a lo largo y ancho del continente. Las coronaciones a las imágenes marcaron los momentos de mayor fervor popular de aquellos años. En México, la coronación de la Virgen de Guadalupe en 1895, que contó con el apoyo del Estado, fue un hito que perduró en la memoria colectiva del país. Aunque más modesta, también las coronaciones de la vírgenes de Luján e Itatí en

---

14 Sobre los Congresos Eucarísticos: Núñez Bargueño, N. (2019). Croyances, espaces et politique dans l'Espagne du XXe siècle: les Congrès Eucharistiques Internationaux. *Cahiers de civilisation espagnole contemporaine*, 23. http://journals.openedition.org/ccec/9044, https://doi.org/10.4000/ccec.9044; Lida, M. (2009).Los Congresos Eucarísticos en la Argentina del siglo XX. *Investigaciones y ensayos*, 58, 285-324. https://iye.anh.org.ar/index.php/iye/article/view/156; Mauro, D. y Ramón Solans, F. (2018). Católicos en calles. Ciudad y religión en las primeras décadas del siglo XX (España, Argentina y Uruguay).*Itinerantes*, 8, 5-16. https://revistas.unsta.edu.ar/index.php/Itinerantes/article/view/5/8

Argentina, en 1887 y 1891 tuvieron un importante poder de convocatoria para la época[15].

Analizando el fenómeno en perspectiva histórica, la ebullición religiosa en las calles tenía que ver tanto con las formas de vivir la fe en América Latina como con la emergencia de un catolicismo que entre 1870 y 1910 había ganado densidad y materialidad. La Iglesia había dejado de ser un archipiélago de diócesis dispersas en un continente inmenso y diverso para adquirir un cierto espesor. Aunque con diferencias regionales importantes, la Iglesia había ido edificando un entramado de asociaciones, organizaciones, entidades e instituciones de diferente calibre y tenor firmemente implantadas en la sociedad. Además, el catolicismo de finales del siglo XIX podía apelar a una identidad global más desarrollada, de base local pero de proyección transnacional, con un espejo puesto en Roma y en diversos centros europeos importantes como París, Madrid o Lovaina, y otro en la propia América Latina que empezaba a mirarse a sí misma. En este sentido, se trataba, además, de un catolicismo no solo mucho más denso por abajo sino también por arriba. En la mayoría de los casos, y sobre todo tras el Concilio Plenario de 1899, comenzaron a organizarse incipientes episcopados y a realizarse reuniones periódicas donde los obispos de cada país discutían el futuro de las respectivas Iglesias nacionales. En Argentina tras la primera reunión de 1889, los obispos comenzaron a encontrarse con más frecuencia en la década siguiente. En 1902 tuvieron la primera reunión trienal que se repetiría en 1905 y 1909. A partir de 1920 las reuniones se realizaron, aunque con algunos interregnos, casi todos los años. En México, los obispos tenían una larga historia de reuniones y encuentros, que, no obstante, se profundizó en la segunda mitad del siglo XIX. Por entonces, los mexicanos contaban ya con cinco concilios provinciales realizados. En este sentido, no sorprende que en 1928 cuando los católicos de la diócesis de Santa Fe en Argentina decidieron coronar a la Virgen de Guadalupe, recibieran numerosos peregrinos llegados desde México y un telegrama del papa felicitándolos por defender la fe católica en el mundo.

15 Di Stefano, R. y Ramón Solans, F. (Edits.) (2016). *Marian Devotions. Political Mobilization and Nationalism in Europe and America.* Palgrave-Macmillan; Brading, D. (2002). *La Virgen de Guadalupe. Imagen y tradición.* Taurus; Mauro, D. (2020). *Devociones marianas. Catolicismos locales y globales en la Argentina. Desde el siglo XIX a la actualidad.* Prohistoria.

En 1934, Buenos Aires captó las miradas de los católicos a nivel mundial al convertirse en sede de uno de los eventos católicos más importantes: el XXXIV Congreso Eucarístico Internacional. Se trataba del primero que se realizaba en América Latina, y el segundo en América, tras el concretado en 1926 en la ciudad de Chicago en Estados Unidos. La elección de la ciudad de Buenos Aires daba cuenta de la importancia que la Iglesia argentina había adquirido, algo impensado un siglo atrás, y, al mismo tiempo, volvía a dejar en claro que América Latina era una pieza fundamental del rompecabezas católico global. El evento reunió a un millón de personas en las calles de la ciudad. Los cronistas de todos los signos políticos e ideológicos se rindieron ante la magnitud del suceso. Las repercusiones sorprendieron incluso a los organizadores argentinos y a la Santa Sede, que no estaban del todo convencidos de alcanzar un éxito de tamaña envergadura. A partir de entonces, Buenos Aires, y a través de ella la Iglesia latinoamericana, se aseguraron un lugar de primer orden en el mapa del catolicismo global.

4. EL TIEMPO DE ORDENAR

Para la Santa Sede, el fortalecimiento del catolicismo latinoamericano era una muy buena noticia. Sin embargo, no todo era un lecho de rosas desde el punto de vista del papado. La ebullición asociativa que se había puesto en marcha en las décadas finales del siglo XIX planteaba también desafíos nuevos que ya Pío X había querido encarar sin suerte entre 1903 y 1914. En todos los planos se generaban interrogantes y si bien la flexibilidad auspiciada por León XIII había sido clave para que los católicos pudieran organizarse y militar social y políticamente, crecía la incertidumbre sobre cuáles eran los límites de esa militancia en la Iglesia. En el plano de las estructuras eclesiásticas la centralización y homogeneidad seguían consolidándose, pero entre los laicos la autonomía era mucho más grande. ¿Podían formar partidos católicos y participar abiertamente en la política liberal, democrática y republicana? ¿Los sindicatos debían ser interclasistas, como aspiraba el catolicismo social en sus orígenes, o podían reunir solo a trabajadores? ¿Las asociaciones de trabajadores católicas podían organizar huelgas y alentar conflictos? ¿Qué tanto podían los laicos y sus organizaciones trabajar en conjunto con liberales, socialistas o incluso comunistas? ¿Qué atribuciones tenían los asesores espirituales en las diferentes instituciones del laicado? ¿Cuál era la injerencia de los obispos? A todo esto se sumaba la pregunta por las mujeres católicas. ¿Podían formar parte de estas entidades en igualdad de condiciones? ¿Qué áreas de la militancia social y política estaban vedadas a las laicas y religiosas? Por otro lado, las preguntas no eras solo teóricas. Los conflictos, primero tenues y localizados, fueron multiplicándose en buena parte de las diócesis avanzado el siglo XX. En Buenos Aires, por ejemplo, tras innumerables tensiones, el Arzobispado disolvió la democracia cristiana en 1919 en medio de un gran revuelo. En Uruguay, los católicos tenían un partido político, la Unión Cívica, pero no estaba claro hasta qué punto esa posibilidad podía replicarse en otros lugares. En Argentina, igualmente, el Partido Constitucional y la Liga Democrática Cristiana se sacaron chispas a principios del siglo XX y, en parte, fueron dichos roces los que limitaron la proyección de ambas experiencias[16]. Más al ras del suelo, los conflictos entre los obispos y los laicos eran moneda corriente. En la diócesis de Santa Fe, por ejemplo, tras varias idas y venidas, la comisión directiva del Círculo de Obreros local renunció debido a la presión del obispo, aunque intentó retomar el control de la entidad años después. En México, en un contexto totalmente diferente, las jerarquías de la Iglesia tampoco tuvieron suerte a la hora de controlar el movimiento católico que derivó, entre otras cosas, en un enfrentamiento armado en la década de 1920: la llamada guerra cristera[17].

En este contexto, tanto los episcopados nacionales como la Santa Sede comenzaron a imaginar modelos organizativos para encuadrar a los laicos en estructuras centralizadas y sometidas a la autoridad de los obispos. El primero de estos modelos fue el de la Unión Popular Católica creada en Italia en tiempos de Pío X. En una encíclica clave, *Il fermo proposito*, Pío X llamó a los católicos a unirse para triunfar. El modelo, poco a poco, comenzó a aplicarse en otros países europeos y latinoamericanos. En realidad, en los hechos, la Santa Sede no tenía en claro todavía cuál debía ser el formato adecuado, ni en general ni en particular, de modo que en los diferentes país y regiones se optó por una lógica de prueba y error. Lo que sí estaba claro era el propósito final: centralizar, verticalizar y de esa manera disciplinar a los movimientos católicos de laicos que abarcaban a infinidad de iniciativas y entidades. En América Latina, el modelo de la Unión Popular se fue adoptando con variaciones, pero recuperando su estructura básica compuesta por tres ramas: la Unión de Damas, la Unión Económico-Social y la Unión de la Juventud. Todo lo existente debía encuadrarse en alguna de estas estructuras que respondían a una comisión central de dirigentes católicos subordinados a los obispos, tanto en cada diócesis, como a nivel

---

16 Zanca, J. (2006). *Los intelectuales católicos y el fin de la cristiandad (1955-1966)*. FCE; Castro, M. y Mauro, D. (2019) (Edts.). *Católicos y política en América Latina antes de la Democracia Cristiana (1880-1950)*. EDUNTREF.

17 Meyer, J. (1985) *La cristiada. La guerra de los cristeros*. Siglo XXI.

nacional. A su vez, cada rama debía generar estructuras específicas, las denominadas juntas y consejos, tanto a nivel parroquial y diocesano como en el plano nacional. Si bien en un primer momento los avances fueron lentos, en tiempos de Benedicto XV, entre 1914 y 1922, se aceleraron los procesos. En Uruguay, la Unión Económica Social planteó debates interesantes que, sin embargo, se vieron eclipsados por la fuerza social del reformismo batllista en el gobierno. En este contexto, la Unión Cívica, por su parte, nunca logró despegar electoralmente y se mantuvo en una posición totalmente marginal. En Argentina, la Unión Popular Católica se instituyó en 1919 con el ambicioso objetivo de encauzar a las más de 2500 entidades católicas existentes. El resultado fue bastante pobre. A finales de la década de 1930 estaba claro que el proyecto de las uniones populares no había logrado consolidarse en Argentina y tampoco en buena parte de América Latina[18]. En algunos casos, su funcionamiento se había visto entorpecido por la resistencia de los laicos a someter sus asociaciones a dicho marco. En otro, por las rivalidades dentro de los episcopados. A esto, además, había que sumar las diferentes concepciones que existían sobre los alcances del catolicismo social y la participación política. En algunos países, la Unión Popular incluyó una rama partidaria, tal como vimos sucedió en Uruguay, pero en otros se edificó con el objetivo explícito de acabar con los partidos católicos existentes, como en Argentina, desatando roces y conflictos. No obstante, marcó un rumbo y, sobre todo, fue acostumbrando a los dirigentes del laicado a un contexto de menos autonomía y a la necesidad de negociar cotidianamente sus proyectos con asesores, párrocos y obispos.

Donde las Uniones Populares alcanzaron más logros fue, en realidad, en el plano ideológico e intelectual. En el seno de las ramas económico-sociales comenzó a construirse una suerte de tercera vía política antiliberal a distancia de las salidas socialista y comunista por un lado y fascista por el otro. A este camino del medio se le llamó corporativismo católico, una posición que el papa Pío XI (1922-1939) oficializó en su encíclica *Quadragesimo Anno* en 1931[19]. Por su puesto existieron matices y muchos católicos

[18] Sobre el proceso de centralización: Menozzi, D. (2016).*I papi e il moderno. Una lettura del cattolicesimo contemporaneo (1903-2016).* Morcelliana. Una síntesis sobre la Unión Popular Católica en: Vidal, G. (2009). La Unión Popular Católica Argentina: su creación y funcionamiento en Córdoba. *Revista de la Escuela de Historia,* 8 (1). http://www.scielo.org.ar/pdf/reh/v8n1/v8n1a05.pdf

[19] El listado completo de los Pontificados de la Iglesia Católica se encuentra en la página Web del Vaticano: https://www.vatican.va/content/vatican/es/holy-father.html

optaron igualmente por el fascismo, pero en general, recuperando las palabras de Pío XI, coincidieron en que la Iglesia debía buscar un camino particular basado en la crítica al liberalismo en el plano social, político y económico. En esta perspectiva, para los católicos la sociedad no podía pensarse como una mera sumatoria de individuos, eventualmente devenidos ciudadanos, como la entendía el liberalismo, sino como un entramado de índole orgánico, compuesto por cuerpos, entidades, grupos y asociaciones de naturaleza colectiva que conformaban una totalidad: el pueblo. Lo que debía representarse políticamente entonces, por tanto, no eran los individuos sino los intereses de estos diferentes sectores y, finalmente, la unidad misma del pueblo. Solo una alquimia exitosa en este plano podía asegurar el bien común y la justicia social. Aunque no se resolvió técnicamente cómo hacerlo, fueron décadas de intensa discusión sobre modelos parlamentarios no liberales, basados en intereses sociales, fuerzas vivas y grupos de distinta índole[20]. Por otro lado, si bien los católicos habían ido avanzando hacia posturas más proclives a la intervención estatal de la economía, al menos dentro del catolicismo social, mantuvieron el llamado principio de subsidiariedad, a través del cual criticaban al estatismo tanto en su versión fascista como comunista, incluso si consideraban que las relaciones entre capital y trabajo debían regularse a través de organismos legales de conciliación y arbitraje capaces de restituir el principio de justicia.

A partir de esta primera gran experiencia de centralización del laicado que duró, según los países, una o dos décadas, en los años treinta, la Iglesia avanzó hacia la concreción de un nuevo modelo de verticalización, ahora más definitivo: la Acción Católica. El sucesor de Benedicto XV(1914-1922), Pío XI (1922-1939) no solo buscó sentar las bases de una tercera posición ideológica, sino que se preocupó también por superar el estancamiento de la Unión Popular, que había quedado a mitad de camino y, en muchos países, asociada a enfrentamientos y conflictos. Por otro lado, su estructura había generado tensiones también con la propia la Iglesia como institu-

---

20 Sobre el corporativismo católico del período de entreguerras:Menozzi, G. y Filoramo, G. (2009). *Storia del cristianesimo. L´eta contemporanea.* Laterza; Zanca, J. (2013) *Cristianos antifascistas. Conflictos en la cultura católica argentina.* Siglo XXI; Mauro, D. (2020). La democracia cristiana en Argentina. Formaciones políticas, partidos y vínculos trasnacionales (1912-1967). *Ayer,* 118. Asociación de Historia Contemporánea. https://ri.conicet.gov.ar/handle/11336/154261; Mauro, D. (2015). I popolari en Argentina. Luigi Sturzo y el antifascismo católico de entreguerras. *Anuario del IEHS,* 29-30, 267-287. https://ri.conicet.gov.ar/handle/11336/51230; Zanatta, L. (2022). *Historia de América Latina. De la colonia al siglo XIX.* Siglo XXI.

ción, por lo que durante la segunda mitad de la década de 1920, Pio XI impulsó el debate sobre un nuevo modelo que terminó de tomar forma entre 1927 y 1929 en la Acción Católica Italiana. La nueva entidad tenía cuatro ramas, dos de hombres (adultos y jóvenes) y dos de mujeres (adultas y jóvenes), y su implantación debía calcar la estructura parroquial y diocesana. En cada parroquia los católicos tenían que crear cuatro juntas y lo mismo ocurrió hacia arriba en diócesis, arquidiócesis y países. En América Latina se impuso finalmente este modelo, frente a otros posibles como el belga que incorporaba ramas especializadas por ambiente (como la Juventud Obrera Católica).

En contraste con lo que había ocurrido con las Uniones Populares, la Acción Católica se construyó en la mayoría de los países a buen ritmo y con menos dificultades. En parte, precisamente, porque el fallido intento anterior había allanado el camino. En Argentina y Chile, la Iglesia la puso en marcha en 1931 y en Uruguay en 1934. En México se dio una de las fundaciones más tempranas en 1929, aunque entidades anteriores como la Asociación Católica de la Juventud se subordinaron más adelante. En Colombia, el Episcopado la instituyó en 1933. Hacia 1940 los números de afiliación, aunque probablemente exagerados, mostraban un éxito significativo. La Acción Católica se convirtió en la principal organización católica latinoamericana en las décadas de 1930 y 1940, hasta que comenzó a estancarse y declinar durante los años cincuenta. El saldo sin embargo debe considerarse positivo desde el punto de vista de las jerarquías de la Iglesia. Tras varios intentos infructuosos, en los años treinta y cuarenta lograron encauzar al grueso de la militancia católica laica e hicieron de la Acción Católica una gran formadora de cuadros políticos y sociales que volcaron su labor al interior de partidos políticos, universidades, asociaciones culturales y científicas, entidades deportivas y dependencias estatales. Los católicos fueron muy influyentes en el diseño de las políticas sociales, previsionales y de infraestructura y vivienda en la mayoría de los gobiernos que, después de la crisis de 1930, comenzaron a impulsar medidas de corte proto-keynesianas. Al menos en Brasil, México, Argentina, Chile y Uruguay. La Acción Católica también tuvo un impacto significativo en la politización de las mujeres católicas, muchas de las cuales se convirtieron en dirigentes e intelectuales tras socializarse en dichos espacios. Por supuesto, el accionar de la organización también desató conflictos importantes en algunas coyunturas. En México, la creación de la Acción Católica, que en un primero momento pareció venir de la mano de la distención con el gobierno, pronto se vio afectada por la denominada segunda guerra cristera, en el marco de una guerra civil que se resistía a terminar. Si bien en los años treinta las relaciones con el presidente Lázaro Cárdenas fueron mucho mejores que con Plutarco Elías Calles, su posibilidad de intervenir públicamente siguió siendo limitada. En Uruguay el escenario tampoco era favorable, aunque durante el gobierno de Gabriel Terra entre 1934 y 1938 las relaciones con la Iglesia católica mejoraron ostensiblemente. En Argentina, donde la Acción Católica había vivido una edad de oro en los años treinta y cuarenta, hacia finales del segundo mandato de Juan Perón terminó envuelta en un conflicto abierto con el gobierno que la tuvo movilizada en las calles a favor del golpe de estado de 1955[21].

Más allá de estas circunstancias, mirando en perspectiva desde principios de siglo, el proceso de reordenamiento y verticalización del laicado había sido sorprendente. También a nivel de los episcopados que en 1955 lograron converger en una estructura latinoamericana: la Conferencia Episcopal de América Latina (CELAM), cuyo primer germen había sido medio siglo atrás el congreso de 1899 en Roma. Dinámicas similares se vivían también en los diferentes países que dieron vida a sus Conferencias Episcopales por esos años. Desde Roma, por su parte, buscando afianzar el proceso, el papa Pío XII creó la Comisión Pontificia para América Latina. Asimismo, en el plano del catolicismo social, en 1954 se realizó en Chile el Primer Congreso Latinoamericano de Sindicalistas Cristianos con presencia de trece países y el apoyo de la Confederación Internacional de Sindicatos Cristianos (CISC). En la ocasión, entre las resoluciones del congreso se destacó la creación de la Confederación Latinoamericana de Sindicalistas Cristianos (CLASC), que fijó su sede en Santiago de Chile.

Esta Iglesia latinoamericana sin embargo no duraría demasiado. En breve, la emergencia de las tensiones del mundo bipolar y la guerra fría, volverían a plantear desafíos a la Iglesia romana y latinoamericana que se traducirían en uno de los acontecimientos más emblemático del catolicismo del siglo XX: el Concilio Vaticano II, cuya principal réplica en América Latina fue la II Conferencia del Episcopado Latinoamericano realizada en Medellín, Colombia, en 1968.

---

[21] Meyer, J. (2005). *La iglesia católica en México, 1929-1965*. Documento de trabajo del CIDE. https://cide.repositorioinstitucional.mx/jspui/bitstream/1011/169/1/000060392_documento.pdf; Caetano, G. (2013) (Edt.). *El "Uruguay laico": matrices y revisiones (1859-1934)*. Taurus.

5. LA EBULLICIÓN DEL CATOLICISMO LATINOAMERICANO TRAS EL CONCILIO VATICANO II

Sobre el Concilio Vaticano II han corrido ríos de tinta. Convocado por Juan XIII (1958-1963) en 1959, se llevó a cabo entre 1962 y 1965. Si bien muchas veces se lo ha visto como el generador de los cambios, en realidad, debe comprendérselo mejor como un emergente de los debates teológicos y políticos que venían llevándose a cabo desde las décadas anteriores. Al menos desde los años treinta y cuarenta numerosos teólogos estaban convencidos de la necesidad de abandonar las ideas del siglo XIX y remozar la doctrina católica. La apertura y el *aggiornamento* teológico propuesto en los principales documentos del Concilio tenían el objetivo de "actualizar" la Iglesia, a la luz de las necesidades de la sociedad de la época. Por un lado, se reformó la liturgia para volverla más cercana a los fieles. Por otro, se rechazó cualquier forma de coerción en la difusión de la religión católica, lo que se conoció como libertad religiosa. Dicha definición implicaba dejar atrás las lógicas integristas que habían crecido junto al nacionalismo católico y llevado a la Iglesia a la órbita de las Fuerzas Armadas en muchos países. Se alentó también el acercamiento con los otros cristianismos y se abandonó la retórica defensiva instaurada por Pío IX (1846-1878) y el Concilio Vaticano I. El mundo no debía ser visto ya como una fuente de amenazas que había que repeler sino como un universo con el que interactuar y convivir[22]. En América Latina, sin embargo, para muchos católicos los documentos conciliares, si bien valiosos, tenían sabor a poco. En la Iglesia brasileña por ejemplo, las Comunidades Eclesiales de Base, que proponían una versión horizontal de la idea de Pueblo de Dios, se habían multiplicado en la década de 1960 y tenían una presencia amplia y capilar en todo el país. Lo que el Concilio alentaba en el plano teórico, la Iglesia brasileña lo estaba llevando a cabo de una manera concreta hacía ya tiempo. Además, en muchos países, el modelo de la Acción Católica italiana había comenzado a abandonarse en favor del surgimiento de ramas especializadas que no remitían a la estructura eclesiástica sino a los ambientes de trabajo de los fieles. Algo que también se había producido en Europa. Así surgieron, por ejemplo, las ramas de estudiantes secundarios y universitarios y las ramas

---

[22] Sobre el Concilio Vaticano II y su recepción latinoamericana: Alberigo, G. (2005). *Breve historia del Concilio Vaticano II(1959-1965).* Sígueme; Pattin, S. (2019). *Entre Pedro y el Pueblo de Dios. Las concepciones de autoridad en el catolicismo argentino (1962-1976).* Prohistoria.

rurales y obreras. En Argentina, la Juventud de Estudiantes Católicos se creó en 1953 y la de universitarios en 1956. Poco después, hizo su aparición el Movimiento Rural de Acción Católica en 1958 tras una década de progresivo acercamiento al mundo rural. En Brasil, las Juventudes de Estudiantes tanto secundarios como universitarios surgieron en 1950 y en los años sesenta se expandió en el mundo rural el Movimiento de Educación de Base inspirado en la pedagogía de Paulo Freire y dirigido por militantes católicos. En Uruguay, como en Argentina, la primera rama especializada fue la Juventud Obrera Católica (1938) mientras que la Juventud Universitaria fue reconocida en 1965. También en México, en un contexto de distención con el gobierno, la tendencia a la especialización se hizo notar ya hacia finales de los años treinta debido al rol adquirido por el Secretariado Social. En ese momento, además, se intensificaron los debates sobre la necesidad de crear ramas campesinas capaces de diseñar políticas específicas para el sector, fundamentalmente al interior de la Asociación Católica de la Juventud Mexicana, una entidad que se había creado en 1913 y que había sido absorbida en 1930 por la Acción Católica. De esta vertiente, crítica con el cardenismo en los años treinta, surgirían luego, ya en los años cincuenta, posiciones de denuncia de la situación campesina.

En todos estos casos, muchos de los laicos que integraban estas entidades comenzaron a participar más activamente en defensa de las clases populares urbanas y rurales. Lo mismo ocurrió con sacerdotes, religiosos y religiosas. En Argentina, por ejemplo, algunos de ellos decidieron, como había ocurrido también en Francia, trabajar como obreros para vivir en carne propia la opresión. Otros, de la mano de las misiones de los años cincuenta y sesenta, tras volcarse al Movimiento Rural de Acción Católica, impactados por la pobreza y la marginalidad de los campesinos pobres del nordeste argentino, optaron por mudarse a dichas regiones y vivir en las mismas condiciones de los campesinos. En Brasil los procesos fueron similares, y muchos se involucraron en la defensa de las comunidades indígenas del Amazonas, en contra de la violencia generada por las políticas desarrollistas autoritarias aplicadas en la región. Para hacerse una idea, a mediados de los años setenta, Brasil contaba con unas cincuenta mil comunidades de base que involucraban a cerca de dos millones de fieles. En Nicaragua, por su parte, en 1965, el sacerdote Ernesto Cardenal comenzó a trabajar con los campesinos de las islas de Solentiname en el lago Nicaragua. La experiencia encontraría pronto eco en otras partes. En Chile, donde los católicos contaban con un partido electoralmente potente, surgido de la unión de la Falange Nacional y los conservadores socialcristianos, mucha de esta participación se canalizó a través de la propia democracia cristiana, cuyo programa incluía, por ejemplo, la estatización de los sectores estratégicos de la economía y una reforma agraria. En 1961, el PDC recibió el apoyo de la Conferencia Episcopal gracias a las gestiones del obispo de Talca, Manuel Larraín, y llegó al poder en 1964.

En este contexto, no debe sorprendernos que la recepción del Concilio en América Latina haya adquirido un tono más radical y político que en Europa. Por otro lado, el propio Pablo VI (1963-1978) pareció acompañar esta hermenéutica latinoamericana con la publicación de una de las encíclicas más comprometidas del catolicismo del siglo XX: *Populorum Progressio*. En la II Conferencia del Episcopado Latinoamericano realizado en 1968 en Medellín, los obispos latinoamericanos se reunieron con el objetivo de mirar la realidad latinoamericana a la luz del Concilio. Finalmente, fueron bastante más allá e incorporaron el debate sobre el desarrollo y la dependencia, el planteamiento de la salvación como liberación en la historia y la sacramentalidad de la Iglesia desde la pobreza, es decir, un compromiso explícito con los pobres y marginados. En este sentido se subrayó la dimensión inherentemente política de la fe y la relación entre desarrollo y salvación. Una premisa ya tematizada por el sacerdote y economista Joseph Lebret en los años cincuenta. Por supuesto, no todo era nuevo en Medellín, algunos de estos tópicos habían sido discutidos durante el concilio, tal el caso de la opción por los pobres, pero no habían logrado alcanzar los consensos suficientes como para plasmarse en alguno de los documentos finales. Por eso, en Medellín, la Iglesia latinoamericana hizo bastante más que adecuarse a lo ocurrido poco antes en Roma. En cierto modo, realizó su propio Concilio desde la lógica de ver-juzgar-actuar, planteando una agenda propia y soluciones específicas centradas en la realidad latinoamericana y en las demandas de los países del entonces llamado Tercer Mundo[23].

Como era esperable las tensiones irrumpieron con fuerza. Por un lado, comenzó a tomar forma una vertiente que luego sería conocida como teología de la liberación. Dicha vertiente abrevaba en un conjunto de escritos

---

[23] Una buena síntesis de los debates en: Touris, C. (2021) *La constelación tercermundista. Catolicismo y cultura política en la Argentina, 1955 y 1976*, Biblos y Morello, G. (2007). El Concilio Vaticano II y su impacto en América Latina: a 40 años de un cambio en los paradigmas en el catolicismo.*Revista mexicana de ciencias políticas y sociales*, 199, 81-104. https://www.scielo.org.mx/pdf/rmcps/v49n199/0185-1918-rmcps-49-199-81.pdf; Tahar Chaouch, M. (2007). La teología de la liberación en América Latina: una relectura sociológica. *Revista mexicana de sociología*, 69 (3), 427-456. https://www.scielo.org.mx/pdf/rms/v69n3/v69n3a2.pdf

y reflexiones teológicas desarrolladas a comienzos de los años setenta por figuras como el peruano Gustavo Gutiérrez, los brasileños Leonardo Boff, Frei Betto y Hugo Assman, los salvadoreños Jon Sobrino e Ignacio Ellacuría y los argentinos Enrique Dussel, Rubén Dri, Juan Carlos Scannone y Lucio Gera. Para estos teólogos, el pecado no era algo confinado a la esfera privada y moral sino que tenía también una dimensión social, puesto que era un emergente de las injusticias estructurales de la sociedad. Por tanto, la redención religiosa no era solo individual sino fundamentalmente colectiva y, más aún, comunitaria. Además, desde este punto de vista, la pobreza material era vista como el reflejo de un pecado social producto de la ruptura de la solidaridad y la comunión con Dios. En esta dirección, Jon Sobrino insistía en recordar que Jesús no había muerto sino que había sido asesinado por el poder de su época. Muchos llegaron incluso a reivindicar el análisis marxista de la realidad, algo que encendió todas las alarmas en Roma y Estados Unidos. Si bien la mayoría de estos teólogos y teólogas aclaraban que no adoptaban al marxismo como ideología política, sino como teoría social, la distinción servía de poco para tranquilizar a las clases dominantes de las principales potencias capitalistas[24]. El nuevo clima se hizo notar en la Confederación Latinoamericana del Sindicalismo Católico que, tras el VI Congreso realizado en 1971, se declaró contraria a todo paternalismo, a toda acción reformista y reivindicó una senda revolucionaria y no confesional. A partir de entonces, la entidad cambió de nombre y pasó a llamarse Central Latinoamericana de Trabajadores (CLAT).

Desde la vereda de enfrente, en respuesta, grupos tradicionalistas como Tradición, Familia y Propiedad, y los sectores católicos más vinculados a las Fuerzas Armadas de varios países vía los vicariatos castrenses, se posicionaron en clara oposición. Para ellos la nueva teología era el resultado de la infiltración marxista y de la influencia del guevarismo y la revolución cubana (1959) en América Latina. Entre los referentes de esta tendencia se encontraba el arzobispo y cardenal colombiano Alfonso López Trujillo para quien las corrientes más renovadoras subvertían el cristianismo y lo reducían a mera política izquierdista. En Argentina, el arzobispo de Paraná, Adolfo Tortolo, alentaba una mirada similar. También, en cierto modo, lo hacía el Arzobispo de Buenos Aires, Antonio Caggiano. Entre ambos ex-

---

24 Löwy, M. (1999). *Guerra de Dioses. Religión y política en América Latina.* Siglo XXI; Berryman, P. (2003). *Teología de la liberación. Los hechos esenciales en torno al movimiento revolucionario en América latina y otros lugares.* Siglo XXI. Levine, D. (1981). *Religion and Politics in Latin America. The Catholic Church in Venezuela and Colombia.* Princeton Legacy Library.

tremos, la mayoría de los obispos y una parte importante de los dirigentes del laicado latinoamericano buscó sendas intermedias, proclives a aceptar reformas paulatinas y moderadas inspiradas en vertientes teológicas no tan identificadas con la acción política inmediata[25].

La convivencia no sólo fue difícil, sino que en muchos casos derivó en enfrentamientos violentos que dejaron literalmente muertos y heridos. En Brasil, tras el golpe de estado de 1964, la Conferencia Episcopal se dividió entre los sectores conservadores que agradecían a los militares por salvar al país del "comunismo" y los progresistas, encabezados por Hélder Câmara, quien dejó Río de Janeiro para liderar la lejana arquidiócesis de Olinda y Recife[26]. En ese marco, Câmara impulsó entre los obispos del noreste la concreción de una reforma agraria. Por esos años, entre mediados de los sesenta y mediados de los setenta, la Iglesia contabilizó más de cien detenciones de clérigos, varios casos de torturas y siete muertos. Por su parte, en Nicaragua, la Iglesia realizó un Encuentro Pastoral en 1969 para debatir el futuro de la Iglesia a la luz de Medellín. Si bien el grueso de los obispos se mostró reticente a los cambios y alineado con la nueva elección fraudulenta de Anastasio Somoza, existía también un grupo de clérigos y laicos que empujaban en la dirección contraria. La polarización de ahondó. Las jerarquías, empero, comenzaron a distanciarse del gobierno y para 1978 ya formaban parte de la oposición. En Argentina, los grupos más consustanciados con Medellín se reunieron en San Miguel en 1969 para reafirmar el camino de opción por los pobres. De la vereda de enfrente, los grupos tradicionalistas y algunos francamente integristas como los liderados por el provicario Victorio Bonamín también estrecharon relaciones. Los enfrentamientos se profundizaron en sintonía con el clima de polarización y violencia que vivió el país en los años setenta, principalmente durante la cruenta dictadura militar iniciada en 1976. Muchos sacerdotes y laicos debieron exiliarse y no pocos sufrieron persecución, hostigamiento y cárcel. Algunos incluso fueron asesinados como el obispo de La Rioja, Enrique Angelelli y el sacerdote villero Carlos Mujica en Buenos Aires. Durante el año 1976, también resultaron asesinados tres sacerdotes y dos seminaristas

---

25 Menozzi, D. (1988). Opposition to the Council (1966-1984). En G. Alberigo, J-P. Jossua y J. Komonchack (Edts.). *The reception of the Vatican II.* Catholic University Press.

26 Löwy, M. (2009). El cristianismo de la liberación y la izquierda en Brasil. *Anuario del IEHS,* 24, 465-476. http://anuarioiehs.unicen.edu.ar/2009.html

palotinos en la Iglesia de San Patricio en Buenos Aires y dos monjas francesas[27].

En el Salvador, en 1977 fue asesinado el sacerdote Rutilio Grande, cura párroco de El Paisanal, tras apoyar las huelgas organizadas por la Federación Cristiana de Campesinos de El Salvador. Su muerte impactó profundamente en el obispo Óscar Romero, recientemente canonizado por el papa Francisco, quien comenzó a denunciar públicamente la represión y a hablar de la existencia de una forma legítima de violencia que podía ejercerse en contra de una "agresión injusta". Finalmente también caería asesinado en 1980 durante la celebración de una misa. Profundamente conmovidos, sus seguidores se reunieron en una entidad llamada Coordinadora Nacional de la Iglesia Popular, pero fueron duramente perseguidos por el gobierno y cuestionados por el Episcopado. La represión continuó y se cobró la vida de varios católicos, sacerdotes y laicos. En 1989, en la Universidad Centroamericana de orientación jesuita perdieron la vida seis sacerdotes, entre ellos el teólogo Ignacio Ellacuría, y cuatros mujeres que trabajan en la institución. En Guatemala, las muertes de religiosos y religiosas superó las tres decenas entre 1977 y 1984. Allí, la represión se ensañó con el obispo Juan Gerardi y la Iglesia de la diócesis de Quiché, alineada con la Conferencia de Medellín.

Los enfrentamientos atravesaron todo el universo religioso, al punto que también las devociones marianas se convirtieron en catalizadoras de las tensiones. En Argentina, al santuario a la Virgen de Luján, en la provincia de Buenos Aires, peregrinaban tanto los sectores integristas, agitando la bandera de un nacionalismo católico de impronta militarista, como los grupos progresistas que llevaban consignas sociales y políticas de tintes liberacionistas. En el Santuario de la Virgen de Guadalupe, en Santa Fe, en 1980, los roces condujeron incluso a que grupos anticomunistas autodenominados católicos robaran la corona de la Virgen, que databa de 1928, para exigir la renuncia del obispo Vicente Zaspe, debido a sus posturas a favor de la lucha por los derechos humanos.

---

27 Cattoggio, S. (2016). *Los desaparecidos de la Iglesia. El clero contestatario frente a la dictadura.* Siglo XXI; Levine, D. (2009). Violencias y religiones en América latina. *Anuario del IEHS*, 24, 445-463. http://anuarioiehs.unicen.edu.ar/2009.html; Bohoslavsky, E., Franco, M., Iglesias, M. y Lvovich, D. (Eds,). *Problemas de historia reciente del Cono Sur* (Volumen 1 y 2), Prometeo-UNGS; Bilbao, L. y Lede, A. (2015). *Profetas del genocidio. El vicariato castrense y los diarios del obispo Bonamín en la última dictadura militar.* Sudamericana.

En la década de 1980 las tensiones y los conflictos continuaron en Centroamérica pero disminuyeron en los países del cono sur[28]. Por un lado, en parte, porque la represión afectó seriamente la vida de las organizaciones de laicos y a las congregaciones religiosas. Los exilios internos y externos, el hostigamiento y el miedo desarticularon muchas de las experiencias católicas de base en Argentina, Chile, Brasil y Uruguay. Por otro, porque desde Roma, con la llegada de Juan Pablo II al papado, se desalentaron las posturas más comprometidas con la teoría de la dependencia y las clases populares que provenían de tiempos de Juan XXIII y Pablo VI. Si bien es cierto que ya en 1975 Pablo VI había subrayado la necesidad de evitar cualquier forma de violencia, preocupado por un posible desborde por izquierda del catolicismo, la reacción contundente comenzaría a partir de 1978 con la llegada Joseph Ratzinger al Santo Oficio, tras la elección de Karol Wojtyla como Juan Pablo II (1978-2005). Los teólogos de la liberación fueron investigados y en algunos casos condenados u obligados a guardar silencio. En 1985, por ejemplo, Leonardo Boff fue citado a Roma y la Congregación para la Doctrina de la Fe lo encontró culpable de difundir el relativismo institucional y moral. En 1992 volvió a ser investigado y decidió abandonar el sacerdocio. De igual manera, el superior de la Compañía de Jesús, Pedro Arrupe, hizo públicas sus reservas sobre el análisis marxista que, en su opinión, incorporaba la teología de la liberación. Además, simbólicamente Juan Pablo II fue contundente con sus gestos, como cuando reprendió con el dedo en alto públicamente al sacerdote Ernesto Cardenal en Nicaragua tras bajar del avión, debido a su participación en el gobierno revolucionario.

En este marco, la III Conferencia del Episcopado Latinoamericano en Puebla en 1979 intentó buscar un camino intermedio. Lejos de las definiciones de 1968, pero también de los deseos de los sectores más tradicionalistas y refractarios a los cambios, buscó limar las puntas más filosas del cristianismo liberacionista pero sin ceder totalmente a las posturas reaccionarias. Finalmente, Puebla mantuvo la opción ahora preferencial por los pobres aunque en el marco una versión teológica nueva, para algunos más descafeinada, que se conoció como teología de la cultura. No era tan así:

[28] Fabris, M. (2012). *Iglesia y democracia. Avatares de la jerarquía católica en la Argentina posautoritaria.* Prohistoria; Esquivel, J. (2009). Estado e Iglesia católica en la Argentina reciente: los términos de una compleja relación. *Ayer,* 73, 103-132; Camusso, M.; Gallo, M. (Edts.) (2015). *De la dictadura a la democracia. La Iglesia católica en América Latina durante el pontificado de Juan Pablo II (1978-2000). Mediaciones y transiciones pacíficas.* Cátedra Pontifica UCA y Konrad Adenauer Stiftung.

la teología de la cultura planteaba una visión propia sobre las cosas y retomaba mucho del catolicismo liberacionista y la teología de la liberación aunque, es cierto, sin el tono político combativo de 1968. A esta altura, tras una década y media de duros enfrentamientos, la Iglesia latinoamericana estaba en crisis y exhausta, llena de heridos y no pocos muertos. El catolicismo latinoamericano no se repondría de esta situación. Como muestran todas las estadísticas de afiliación religiosa, a partir de entonces, buena parte de las clases populares fueron encontrando en otros cristianismos, especialmente en los evangélicos pentecostales y neopentecostales, así como en otras religiones, como las afroumbandistas, interlocutores más adecuados para sus búsquedas religiosas y espirituales.

En este nuevo contexto, signado por la crisis de la teología de la liberación y de muchas de sus expresiones organizativas, los teólogos argentinos del pueblo ganaron posiciones y ofrecieron una nueva hoja de ruta para el catolicismo latinoamericano, más compatible con las vertientes culturalistas europeas y el contexto que se abría con las recuperaciones de la democracia, el giro ideológico en Roma y las resoluciones tomadas en Puebla. La articulación entre las teologías del pueblo y la cultura era posible porque desde dicho prisma, el pueblo era una categoría teológica y cultural que no podía reducirse a los determinantes socioeconómicos y menos aún a la lucha de clases propuesta por el marxismo. Poco a poco se asentaban las bases del camino que la Iglesia latinoamericana seguiría en los años ochenta y noventa.

En este clima intelectual propiamente argentino pero cada vez más en sintonía con lo que ocurría en la Iglesia latinoamericana se formaría Jorge Bergogilio, el futuro papa Francisco.

6. CONCLUSIÓN: FRANCISCO Y LA ROMANIZACIÓN QUE SE AVECINA

En 2013 cuando Jorge Bergoglio, arzobispo de Buenos Aires, fue elegido papa la Iglesia católica atravesaba un momento de profunda crisis. A los casos de abuso sexual se sumaban las sospechas de corrupción en el Banco del Vaticano (el denominado Instituto para Obras de la Religión) y el descenso de fieles en todo el mundo y, muy especialmente, en América Latina. En la década de 1950, los católicos representaban un noventa por ciento en América Latina; en 1995 todavía eran alrededor de un 80 por ciento. Cuando Francisco se sentó en la silla de Pedro, ese número oscilaba en torno al 60%. Por otro lado, los cristianos evangélicos superaban ya el 20% del total[29].

En este sentido, la elección de Bergoglio, quien ya había sido papable en 2005, sugiere que los cardenales eran conscientes de la crisis del centro y de la imposibilidad de abordarla desde allí. "Fueron a buscar un papa al fin del mundo" dijo Bergoglio el mismo día de su elección. En este sentido, su ascenso evidencia además de la crisis del centro, el retroceso cuantitativo y político de la Iglesia europea. En 2013, a pesar de los problemas, América Latina era el principal reservorio de fieles (con cerca del 40% del total) y contaba con la Iglesia, probablemente junto a la africana, más dinámica, capaz de ofrecer dirigentes a la altura de los enormes desafíos por delante. Además, la latinoamericana era una Iglesia que, más allá de los sonantes casos de abuso sexual en Chile y Argentina, se había visto mucho menos afectada que la estadounidense, la canadiense o la irlandesa por dicha situación. Por otro lado, en la elección de Bergoglio su origen argentino no fue un aspecto menor. De hecho, uno de los principales activos con que contaba el entonces Arzobispo de Buenos Aires residía precisamente en su vinculación con la teología del pueblo, y su relación posterior con las organizaciones de curas villeros y de opción por los pobres de Buenos Aires. Por otro lado, había reafirmado su compromiso con los marginados, las periferias y el ambiente durante la V Conferencia del Episcopado Latinoamericano y del Caribe en Aparecida, Brasil, donde tuvo un rol clave en la preparación del documento final (2007). A diferencia de Ratzinger, cuyo pasado estuvo marcado por su enfrentamiento con la teología de la liberación, Bergoglio podía abrevar en una de las corrientes del catolicismo liberacionista sin ninguna sospecha de marxismo pero con la dosis suficiente de preocupación por las clases populares como para que su llegada a la silla de Pedro fuero un cambio sustancial, reconocible y visible para todos. Los primeros gestos de Francisco buscaron reforzar esto. Tras ser elegido, antes de dar la bendición a quienes estaban en la plaza San Pedro,

---

29 Steil, C., Toniol, R. (2013). O catolicismo e a Igreja Católica no Brasil a luz dos dados sobre religiao no censo de 2010. *Debates do NER*, 24, 223-243. Parker, C. (2005). ¿América Latina ya no es católica? Pluralismo cultural y religioso creciente. *América Latina Hoy*, 41, 35-56. Mallimaci, F.; Giménez Béliveau, V.; Esquivel, J.C. & Irrazábal, G. (2019). *Sociedad y Religión en Movimiento. Segunda Encuesta Nacional sobre Creencias y Actitudes Religiosas en la Argentina.* CEIL-CONICET. http://www.ceil-conicet.gov.ar/wp-content/uploads/2019/11/ii25-2encuestacreencias.pdf;De Roux, R. (2017). La Iglesia católica en América Latina a la hora del papa Francisco. *Caravelle*, 108. http://journals.openedition.org/caravelle/2244

Francisco expresó: "Os pido que recéis al Señor para que me bendiga". Luego, rechazó vivir en el Palacio Apostólico para alojarse en la más modesta sede de Santa Marta y su primer viaje fue a Lampedusa para solidarizarse con los migrantes africanos. Por otro lado, su perfil se ajustaba a las necesidades del momento. A diferencia de Ratzinger, el nuevo papa no era un intelectual ni un hombre apegado al ceremonial y las tradiciones, sino una cura de acción y visión política, más sencillo y austero, con una amplia experiencia de gestión en una diócesis importante y desafiante como la de Buenos Aires.

Un siglo y medio antes, incluso cuando la Santa Sede había comenzado a dar los primeros pasos para la creación del Colegio Pío Latinoamericano, hubiera resultado impensable un papa latinoamericano. A mediados del siglo XX, cuando la Conferencia del Episcopado Latinoamericano ya había tenido su primera reunión, había quienes imaginaban ese escenario en el futuro. El presbítero argentino Leonardo Castellani se atrevió incluso a ponerlo por escrito en un texto de ficción. Medio siglo después, a comienzos del tercer milenio, la idea ya no solo no era disparatada sino que se había convertido en una posibilidad cierta, al punto que el mismo Bergoglio logró colarse como figura papable frente a Ratzinger en las deliberaciones de 2005. Una prueba más de que el proceso de centralización y al mismo tiempo transnacionalización del catolicismo se había seguido desarrollando con fuerza en América Latina.

En estos once años en Roma, Francisco logró relanzar al papado en términos sociales y políticos *aggiornando* la teología del pueblo latinoamericana a las necesidades del siglo XXI y profundizando la propia globalización de la curia romana[30]. Un dato significativo: Francisco nombró más cardenales extra europeos que europeos[31]. El proceso, en cierto sentido, recuerda en términos institucionales y geopolíticos al encabezado por León XIII a finales del siglo XIX. En parte, gracias a estas posturas, en estos once años, la Iglesia ha recobrado peso en términos de influencia política a nivel mundial. Asimismo, poco a poco, así como América Latina supo ocupar un lugar cada vez más relevante en la Iglesia durante el siglo XX, Francisco

---

30 Mauro, D. y Torres, A. (Edts.) (2023). *Construir el Reino. Política, historia y teología en el papado de Francisco.* Prohsitoria.

31 Colegio cardenalicio actualizado: todos los cardenales de la Iglesia. *Religión Digital,* 10/11, 2023. https://www.religiondigital.org/5w/cardenales-lista-actualizada-Colegio-cardenalicio-purpurados-consistorio-papas-vaticano-iglesia_0_2454954494.html

da señales claras de cambio mirando cada vez más hacia Asia. Basta mirar los nombramientos cardenalicios. En estos años designó veinte nuevos cardenales en Asia, veinte en África, diecinueve en América Latina y once en Norteamérica. Por otro lado, los acuerdos con el gobierno chino para la designación conjunta de obispos, sus viajes a Japón, Tailandia, Corea del Sur, Bangladés, Myanmar y Kazajistán así como su reciente visita a Mongolia dejen entrever hacia donde se orientará, poco a poco, la romanización del catolicismo de los próximos años.

El futuro dirá si el proceso logra avanzar tanto como lo hizo a lo largo del siglo XX en América Latina y si la Iglesia que proyecta Francisco prospera o, por el contrario, sucumbe a los embates de sus opositores tanto dentro como fuera del catolicismo.

7. BIBLIOGRAFÍA

Alberigo, G. (2005). *Breve historia del Concilio Vaticano II(1959-1965).* Sígueme.

Amaral, D. (2018) *Catolicismo e trabalho. A cultura militante dos trabalhadores de Belo Horizonte (1909-1941).*Editora Prismas.

Ayrolo, V. y Anderson J. (Edts.) (2016). *Historia de clérigos y religiosas en las Américas.*

Conexiones entre Argentina y Brasil (siglos XVIII y XIX). Teseo.https://www.editorialteseo.com/archivos/14520/historia-de-clerigos-y-religiosas-en-las-americas/

Bayly, C. (2010). *El nacimiento del mundo moderno, 1780-1914.* Siglo XXI.

Berryman, P. (2003).*Teología de la liberación. Los hechos esenciales en torno al movimiento revolucionario en América latina y otros lugares.* Siglo XXI.

Bilbao, L. y Lede, A. (2015). *Profetas del genocidio. El vicariato castrense y los diarios del obispo Bonamín en la última dictadura militar.* Sudamericana.

Blancarte, R. (1992). *Historia de la Iglesia católica en México.* FCE:

Bohoslavsky, E., Franco, M., Iglesias, M. y Lvovich, D. (Eds,). *Problemas de historia reciente del Cono Sur* (Volumen 1 y 2), Prometeo-UNGS.

Botti, A., Montero F. y Quiroga, A. (Eds.) (2013). *Católicos y patriotas. Religión y nación en la Europa de entreguerras.* Silex.

Brading, D. (2002). *La Virgen de Guadalupe. Imagen y tradición.* Taurus.

Caetano, G. (2013) (Edt.). *El "Uruguay laico": matrices y revisiones (1859-1934).* Taurus.

Camusso, M.; Gallo, M. (Edts.) (2015). *De la dictadura a la democracia. La Iglesia católica en América Latina durante el pontificado de Juan pablo II (1978-2000). Mediaciones y transiciones pacíficas.* Cátedra Pontifica UCA y Konrad Adenauer Stifung.

Castro, M. y Mauro, D. (2019) (Edts.). *Católicos y política en América Latina antes de la Democracia Cristiana (1880-1950).* EDUNTREF.

Cattoggio, S. (2016). *Los desaparecidos de la Iglesia. El clero contestatario frente a la dictadura.* Siglo XXI.

Clark, C. y Kaiser, W. (2003). *Culture Wars. Secular-Catholic Conflict in Nineteenth Century Europe.*Cambridge University Press.

Cloclet, A. R. y Di Stefano, R. (Eds.) (2020). *Catolicismos en perspectiva histórica. Argentina y Brasil en diálogo.* Teseo. https://www.teseopress.com/catolicismos/

Cox, J. (2003). Master Narratives of Long-term Religious Change. En H. McLeod y W. Ustorf (Eds.). *The Decline of Christendom in Western Europe, 1750-2000* (pp. 201-217). Cambridge University Press.

De Roux, R. (2017). La Iglesia católica en América Latina a la hora del papa Francisco. Caravelle, 108. http://journals.openedition.org/caravelle/2244

Di Stefano, R. (2011). Por una historia de la secularización y la laicidad en la Argentina. *Quinto Sol,* 15 (1), 1-31.

Di Stefano, R. (2014). La excepción argentina. Construcción del Estado y de la Iglesia en el siglo XIX.*Procesos. Revista Ecuatoriana de Historia,* 40, 91-114.

Di Stefano, R. y Ramón Solans, F. (Edits.) (2016). *Marian Devotions. Political Mobilization and Nationalism in Europe and America.* Palgrave-Macmillan.

Di Stefano, R. y Zanatta, L. (2010). *Historia de la Iglesia argentina,* Sudamericana.

Dobbelaere, K. (1994). *Secularización: un concepto Multi-dimensional.* Universidad Iberoamericana.

Esquivel, J. (2009). Estado e Iglesia católica en la Argentina reciente: los términos de una compleja relación. *Ayer,* 73, 103-132.

Fabris, M. (2012). *Iglesia y democracia. Avatares de la jerarquía católica en la Argentina posautoritaria.* Prohistoria.

Filoramo, G. y Menozzi, D. (Edts.) (2009). *Storia del cristianesimo. L´etá contemporanea.* Laterza.

Levine, D. (1981). *Religion and Politics in Latin America. Teh Catholic Church in Venezuela and Colombia.* Princeton Legacy Library.

Levine, D. (2009). Violencias y religiones en América latina. *Anuario del IEHS,* 24, 445-463. http://anuarioiehs.unicen.edu.ar/2009.html;

Lida, M. (2007). La Iglesia católica en las más recientes historiografías de México y Argentina. Religión, modernidad y secularización. *Historia Mexicana,* 56 (4), 1393-1426. https://www.jstor.org/stable/25139755

Lida, M. (2009).Los Congresos Eucarísticos en la Argentina del siglo XX. *Investigaciones y ensayos,* 58, 285-324. https://iye.anh.org.ar/index.php/iye/article/view/156;

Lida, M. (2015). *Historia del catolicismo en la Argentina. Entre el siglo XIX y el XX.* Siglo XXI.

Löwy, M. (1999). *Guerra de Dioses. Religión y política en América Latina.* Siglo XXI.

Löwy, M. (2009). El cristianismo de la liberación y la izquierda en Brasil. *Anuario del IEHS,* 24, 465-476. http://anuarioiehs.unicen.edu.ar/2009.html

Lynch, John (2012). *Dios en el Nuevo Mundo. Una historia religiosa de América Latina.* Crítica.

Mallimaci, F.; Giménez Béliveau, V.; Esquivel, J.C. & Irrazábal, G. (2019). Sociedad y Religión en Movimiento. Segunda Encuesta Nacional sobre Creencias y Actitudes

Religiosas en la Argentina. CEIL-CONICET. http://www.ceil-conicet.gov.ar/wp-content/uploads/2019/11/ii25-2encuestacreencias.pdf;

Martín, M. (2020). *Los católicos y la cuestión obrera.* Entre Rosario y Buenos Aires (1892-1919).Imago Mundi.

Martínez, I. (2020). ¿Gobierno liberal contra la Iglesia ultramontana? La diplomacia romana y el Episcopado argentino ante el desafío del Estado (1880-1883).Rivista di Storia del Cristianesimo, 17 (2), 385-406

Mauro, D. (2015). I popolari en Argentina. Luigi Sturzo y el antifascismo católico de entreguerras. Anuario del IEHS, 29-30, 267-287. https://ri.conicet.gov.ar/handle/11336/51230

Mauro, D. (2016). Catolicismo y secularización en Argentina y Uruguay: 1900-1950. Perspectivas y debates para una historia comparada. Anuario, 28, 5-14. https://anuariodehistoria.unr.edu.ar/index.php/Anuario/article/view/184

Mauro, D. (2018) Debates en la historiografía del catolicismo argentino. En J. De la Cueva Merino (Ed.) (2018).*De la historia eclesiástica a la Historia religiosa* (pp. 153-171). Universidad de Alcalá de Henares. https://conicet-ar.academia.edu/DiegoMauro/

Mauro, D. (2018). *De los templos a las calles. Catolicismo, sociedad y política en Santa Fe, 1900-1937.* Prohistoria.

Mauro, D. (2020). *Devociones marianas. Catolicismos locales y globales en la Argentina. Desde el siglo XIX a la actualidad.* Prohistoria.

Mauro, D. (2020). La democracia cristiana en Argentina. Formaciones políticas, partidos y vínculos trasnacionales (1912-1967). *Ayer,* 118. Asociación de Historia Contemporánea. https://ri.conicet.gov.ar/handle/11336/154261

Mauro, D. y Martínez, I. (2015). *Secularización, Iglesia y política en Argentina. Balance teórico y síntesis histórica.* FHUMYAR Ediciones. https://conicet-ar.academia.edu/DiegoMauro

Mauro, D. y Ramón Solans, F. (2018). Católicos en calles. Ciudad y religión en las primeras décadas del siglo XX (España, Argentina y Uruguay).*Itinerantes,* 8, 5-16. https://revistas.unsta.edu.ar/index.php/Itinerantes/article/view/5/8

Mauro, D. y Torres, A. (Edts.) (2023). *Construir el Reino. Política, historia y teología en el papado de Francisco.* Prohsitoria.

Menozzi, D. (1988). Opposition to the Council (1966-1984). En G. Alberigo, J-P. Jossua y J. Komonchack (Edts.). *The reception of the Vatican II.* Catholic University Press.

Menozzi, D. (2016). *I papi e il moderno. Una lettura del cattolicesimo contemporaneo (1903-2016).* Morcelliana.

Menozzi, G. y Filoramo, G. (2009). *Storia del cristianesimo. L´eta contemporanea.* Laterza.

Meyer, J. (1985) *La cristiada. La guerra de los cristeros.* Siglo XXI.

Meyer, J. (2005). *La iglesia católica en México, 1929-1965.* Documento de trabajo del CIDE.https://cide.repositorioinstitucional.mx/jspui/bitstream/1011/169/1/000060392_documento.pdf

Monreal, S. (2009). Catolicismo social en el cono sur: genealogía de un ideario. En: J. Fernando Berríos, Jorge y D. García (Eds.). Catolicismo social chileno. Desarrollo, crisis y actualidad. Ediciones Universidad Alberto Hurtado.

Morello, G. (2007). El Concilio Vaticano II y su impacto en América Latina: a 40 años de un cambio en los paradigmas en el catolicismo.*Revista mexicana de ciencias políticas y sociales,* 199, 81-104. https://www.scielo.org.mx/pdf/rmcps/v49n199/0185-1918-rmcps-49-199-81.pdf;

Núñez Bargueño, N. (2019). Croyances, espaces et politique dans l'Espagne du XXe siècle: les Congrès Eucharistiques Internationaux. Cahiers de civilisation espagnole contemporaine, 23. http://journals.openedition.org/ccec/9044, https://doi.org/10.4000/ccec.9044;

Parker, C. (2005). ¿América Latina ya no es católica? Pluralismo cultural y religioso creciente. América Latina Hoy, 41, 35-56.

Pattin, S. (2019). Entre Pedro y el Pueblo de Dios. Las concepciones de autoridad en el catolicismo argentino (1962-1976). Prohistoria.

Ramón Solans, F. (2020). *Más allá de los Andes. Los orígenes ultramontanos de una Iglesia latinoamericana* (1851-1910). Universidad del País Vasco.

Rodríguez, A. (Eds.) (2013).Estudios de Historia Religiosa argentina (siglos XIX y XX). Prohistoria.

Santirocchi, I. (2015) Questão de Consciência: os ultramontanos no Brasil e o regalismo do Segundo Reinado (1840-1889), Fino Traço.

Steil, C., Toniol, R. (2013). O catolicismo e a Igreja Católica no Brasil a luz dos dados sobre religiao no censo de 2010. *Debates do NER,* 24, 223-243.

Suárez, A., Carranza, B., Facciola, M. Fernández Fastuca, L. (2020). *Religiosas en América Latina. Memorias y contextos.* UCA-CONICET.https://repositorio.uca.edu.ar/bitstream/123456789/10510/1/religiosas-america-latina-memoras.pdf;Sánchez, r. (2022).

Tahar Chaouch, M. (2007). La teología de la liberación en América Latina: una relectura sociológica. *Revista mexicana de sociología,* 69 (3), 427-456. https://www.scielo.org.mx/pdf/rms/v69n3/v69n3a2.pdf

Touris, C. (2021) *La constelación tercermundista. Catolicismo y cultura política en la Argentina, 1955 y 1976,* Biblos.

Viaene, V. (Ed.) (2005). *The papacy and the New World. Vatican Diplomacy, Catholic Opinion ant International Politics at the Time of Leo XIII,* 1878-1903. Leuven University Press.

Vidal, G. (2009). La Unión Popular Católica Argentina: su creación y funcionamiento en Córdoba. *Revista de la Escuela de Historia,* 8 (1). http://www.scielo.org.ar/pdf/reh/v8n1/v8n1a05.pdf

Zanatta, L. (2022). *Historia de América Latina. De la colonia al siglo XIX.* Siglo XXI.

Zanca, J. (2006). *Los intelectuales católicos y el fin de la cristiandad (1955-1966).* FCE.

Zanca, J. (2013) *Cristianos antifascistas. Conflictos en la cultura católica argentina.* Siglo XXI.

8. BIBLIOGRAFÍA COMPLEMENTARIA

Di Stefano, Roberto (2010). Religion, Politics and Law in 19th Century Latin America. Rechtsgeschichte. Legal History, 16, 117-120.https://dialnet.unirioja.es/descarga/articulo/3207737.pdf

Lynch, D. (2012). New Worlds. A Religious History of Latin America. Yale University Press.

Castro, M. y Mauro, D. (2019) (Edts.).Católicos y política en América Latina antes de la Democracia Cristiana, 1880-1950. EDUNTREF. https://www.academia.edu/44983077/Cat%C3%B3licos_y_pol%C3%ADtica_en_Am%C3%A9rica_Latina_antes_de_la_democracia_cristiana_1880_1950_

Di Stefano, R. y Ramón Solans, F. (Edits.) (2016). Marian Devotions. Political Mobilization and Nationalism in Europe and America. Palgrave-Macmillan.

Lida, M. (2018). Catholic Social Movements Face Modernity. En The Routledge History of Latin American Culture. Routledge.https://www.taylorfrancis.com/books/edit/10.4324/9781315697253/routledge-history-latin-american-culture-carlos-manuel-salomon

Löwy, M. (1996). The War of Gods: Religion and Politics in Latin America. Verso.

4.6. La politización evangélica en América Latina

MARCOS CARBONELLI[1]
Conicet/Unaj, Argentina
mcarbonelli@conicet.gov.ar

1. INTRODUCCIÓN

Desde hace cuatro décadas, el tablero político latinoamericano contabiliza un nuevo actor. Tras revolucionar el paisaje religioso, las iglesias evangélicas ensayan diferentes proyecciones en el espacio público, presentando demandas, tejiendo alianzas y trazando antagonismos.

En sentido estricto, no es un fenómeno novedoso. Los evangélicos hacen política en América Latina desde hace por lo menos dos siglos, desde los tiempos de la conformación de los Estados nación. En sus orígenes se adscribieron a una militancia de corte liberal, preocupada por la libertad religiosa en un entorno hostil, signado en la mayoría de los casos por la afinidad entre élites políticas y militares y jerarquías católicas. Justamente por su carácter minoritario, las demandas evangélicas ocuparon en ese momento los márgenes de la sociedad política, ajenas a las grandes competencias por el poder y extremadamente dependientes de alianzas circunstanciales.

Lo que ha cambiado a partir de los 80' es el volumen del intervencionismo evangélico en la política regional. Un repaso de la producción académica y mediática nos ofrece una multiplicación de incursiones en di-

---

[1] Doctor en Ciencias Sociales, por la Universidad de Buenos Aires (UBA), magíster en Ciencia Política por la Universidad de San Martín (UNSAM) y licenciado en Ciencia Política por la Universidad de Buenos Aires. Investigador Independiente del Consejo Nacional de Investigaciones Científicas y Técnicas (CONICET). Docente regular en el Instituto de Ciencias Sociales de la Universidad Nacional Arturo Jauretche y en la maestría en Teoría Política y Social de la Facultad de Ciencias Sociales (UBA). Trabaja temas de religión, política y metodologías de investigación, sobre los que ha dictado cursos y publicado artículos, capítulos y libros, en español y portugués. Coordina actualmente el Programa Sociedad Cultura y Religión del Centro de Investigaciones Laborales (CEIL- CONICET), período 2024- 2025.

ferentes países. No es casual ni anecdótico el momento en que se inició este proceso. La proyección política evangélica es hija de la recuperación democrática en América Latina, porque solo gracias a este nuevo contexto fue posible cuestionar las barreras explícitas e implícitas que impedían el proselitismo religioso y las mutaciones en el plano de las filiaciones identitarias.

Los primeros abordajes politológicos consideraron este fenómeno como una anomalía, como un hecho que, o bien estaba destinado a desaparecer o bien resultaba una manifestación del "atraso" o de las dificultades de los países latinoamericanos para atenerse al itinerario de la modernidad. Un itinerario guionado (teóricamente) por el paradigma de la secularización y la autonomía de lo político frente a los resabios de los atavíos tradicionales. Por fortuna, planteos provenientes del campo de la socio-antropología de la religión contradijeron estos postulados y mostraron que los intercambios entre lo político y lo religioso no son una "excepción" ni una "anomalía" latinoamericana sino, por el contrario, un hecho regular de la modernidad, que no puede ni quiere renunciar a la regulación del hecho religioso ni a las transferencias de legitimidades con este mundo de sentido (Giumbelli 2002, Mallimaci 2008).

No hace falta referenciarse en el régimen teológico de Teherán para encontrar casos de imbricación manifiesta entre lo político y lo religioso. En la Francia de la laicité, hay feriados por motivos religiosos y el Estado sostiene (y monitorea) comités interreligiosos que gravitan en las vidas comunales (Martínez Ariño, 2016). También se puede citar sin dudas el caso de Estados Unidos, una nación donde las referencias a lo trascendente empapan las alocuciones habituales de presidentes y candidatos y donde las colectividades religiosas constituyen uno de los grupos de interés que presentan demandas, sostienen candidaturas y presionan en los debates mediante el lobby (Gagné 2020)

Entonces, la incidencia pública evangélica que se despliega en estas décadas no es ni una anomalía ni algo estrictamente novedoso. Representa más bien un formato de articulación político- religioso complejo, con aristas y dimensiones que es preciso profundizar hermenéuticamente para calibrar su potencia y, fundamentalmente, para precisar su relación con el estado de salud de las democracias de la región.

A estos fines, el planteo de este manuscrito es el siguiente. En el primer apartado nos concentramos en las razones de la explosión demográfica del mundo evangélico (fundamentalmente el pentecostalismo) entre los creyentes de América latina. No se puede comprender la potencia política de lo evangélico sin primero precisar su eficacia simbólica en el terreno de las afiliaciones. A continuación dividiremos el análisis de las diferentes formas de politicidad evangélica en tres instancias: el terreno de las competencias electorales, las intervenciones en el espacio público y, finalmente, las mediaciones en el campo de las políticas públicas. En el quinto apartado reflexionaremos sobre la incidencia de esas diferentes modalidades de politización evangélica en la vida democrática latinoamericana y en las conclusiones trazaremos una agenda preliminar para este campo de estudios.

2. RAZONES DE UN CAMBIO RELIGIOSO

Basta un repaso de algunos datos estadísticos para acreditar al evangelismo como vector del cambio más incisivo en la historia del escenario religioso latinoamericano. Brasil, el país que supo ser la reserva católica mundial hoy ostenta un tercio de evangélicos en la población total. En países centroamericanos como Honduras, Nicaragua y Guatemala, los guarismos evangélicos superan el 40%. En 2008 los evangélicos constituían el 9 % de la población total en Argentina. A 2018 (últimos datos ofrecidos por el CEIL- CONICET) ascienden al 15, 3%.

En suma, nos encontramos con un fenómeno religioso que denota un crecimiento irregular (no en todos los países los evangélicos crecen en iguales proporciones y al mismo ritmo), pero sostenido. Se trata de un avance a expensas del catolicismo, que se hace fuerte entre los sectores populares (aunque en los últimos años se ha expandido con éxito a clases medias y altas) y que guarda en la variante pentecostal su eje dinamizador, su motor.

¿Cuáles son las razones de la eficacia simbólica del evangelismo pentecostal? ¿Por qué desplaza al catolicismo y se convierte en una experiencia religiosa de las más vigorosas y dinámicas de la actualidad? Una de las hipótesis con mayor rendimiento explicativo pertenece a Seman (2021), quien fundamenta la expansión pentecostal en su exitoso diálogo con la matriz popular de creencias latinoamericanas. El antropólogo argentino la caracteriza como “cosmológica, holística y relacional”. Lo cosmológico alude a una visión del mundo según la cual lo sagrado es un nivel más de la realidad. Lo divino no es trascendente sino más bien inmanente, porque interviene en todos los planos de la vida (afectivo, laboral, económico, profesional). Es un elemento que no actúa en el “más allá” sino en el “más acá”, impregnando de magia lo cotidiano.

Por su parte, la perspectiva holista remite al principio de unidad entre lo físico y lo moral, donde la racionalidad, las emociones, lo religioso y lo carnal no son compartimentos estancos sino elementos complementarios. En este punto, las creencias populares se distancian de la cartesiana división entre cuerpo y alma, materia y espíritu. El cuerpo es manifestación y prolongación del alma, así como la materia encarnación del espíritu. El orden de las cosas es la extensión de los principios de lo sagrado, no una versión decadente e impura, destinada a perecer. Finalmente, la experiencia relacional alude a una noción de persona que se distancia de las versiones radicalizadas del individualismo para dar paso a una figura cuya razón de ser responde a su posición en un haz de relaciones jerarquizadas.

A la luz de estas características, la sintonía se vuelve clarividente si se tiene en cuenta que la propuesta pentecostal subraya la noción del milagro, no como algo excepcional sino como una presencia de lo divino encarnado en la cotidianidad. Conseguir trabajo, liberarse de un vicio, recomponer los vínculos familiares son pensados y vividos por los creyentes como auténticos milagros, como manifestaciones de Dios. Frente a la burocratización y racionalización católica, el discurso y la pastoral pentecostal introducen lo mágico en el aquí y ahora.

Un segundo punto de afinidad remite a la continuidad trazada entre restauración espiritual y material. Cuando se adhiere al evangelio y la persona se convierte, “cuando se es para Cristo”, todas las dimensiones físicas, materiales, espirituales se rehabilitan y se reconstruyen. Tras la conversión, en los templos pentecostales gravita un rediseño del yo en forma de cuidado: el cuerpo se asea, se perfuma, se viste con sus mejores galas, cuida la dicción. Las redes del templo (que mezclan vecinos y familiares) ayudan a conseguir trabajo, a pagar deudas, a cambiar las sociabilidades. La transformación en el plano subjetivo y en la presentación del yo es tan radical que materializa un testimonio inspirador.

Los elementos teológicos y pastorales descritos hasta el momento son potenciados por un tercer factor, de índole organizacional: en su génesis, las iglesias pentecostales observan una dinámica más horizontal que las estructuras católicas (irreversiblemente piramidales) y que muchas iglesias protestantes clásicas, como las luteranas o calvinistas. La consolidación del pastor y su poder para formar una iglesia, un ministerio, una comunidad, no están supeditados a nombramientos, formaciones en seminarios ni subordinaciones a jerarquías. Responden más bien a un carisma de tipo emotivo: que los seguidores crean que la vida del pastor se presentifica la divinidad; que su vida es testimonio de un cambio de proporciones solo imputables al poder de Dios. Aunque requiere actualización permanente, la primacía del carisma personal por sobre el tradicional o el burocrático, otorga un mayor margen de acción a la hora de renovar e innovar en el plano eclesial: fundar una nueva iglesia, crear un nuevo ministerio, ungir como pastor a un colaborador/a. En esta secuencia, un dato no menor es el acceso femenino al pastorado: si bien es muy habitual la figura de la pastora acompañando a su marido, cierto es que en el mundo evangélico pentecostal las mujeres pueden protagonizar roles importantes que no tienen correlato en el mundo católico, por ejemplo.

La cuarta razón del éxito pentecostal se afinca en su adaptación milimétrica al lenguaje comunicacional de la modernidad. La dinámica organizacional que venimos describiendo facilita un ajuste a las narrativas modernas centradas en la experiencia. Desde una perspectiva etnográfica, los cultos pentecostales tiene más puntos de contacto con un show que con el formato sacro de los cultos preconciliares. El canto, la alabanza, la música incitan a una expresión del cuerpo que no es monopolizada por el pastor, sino que atraviesa la participación de la feligresía, que canta, baila, da testimonio, aplaude, se emociona. El culto pentecostal subraya la emoción como un punto fuerte, no para banalizarla sino para marcar que allí se manifiesta Dios y el Espíritu Santo. Y esa experiencia fuerte, que moldea subjetividades, no queda encapsulada en el momento del estar en el templo, sino que transita y se recrea en las diferentes esferas de la praxis donde el creyente actúa: en su casa, en su trabajo, en tránsito por la calle. Esto es posible por el desarrollo de un amplísimo y siempre renovado set de soportes materiales, que comprenden desde bandas de rock cristiano hasta bestseller editoriales, pasando por programas televisivos, radiales y todo tipo de merchandising (Cfr. Semán y Gallo 2008, Algranti 2011, Mosqueira 2022).

No se puede soslayar una quinta causalidad: el cambio de mentalidad que protagonizaron las jerarquías eclesiales evangélicas entre finales de los setenta y principios de los ochenta. Diferentes especialistas en la historia de las teologías evangélicas (Deiros 1987, Wynarczyk 2009, Pérez Guadalupe 2008) señalan que en dicho momento se produjo una transición en el espacio intramuros de las iglesias evangélicas y pentecostales: lo mundano pasó a ser conceptualizado como un terreno de conquista para la empresa divina. Esta cosmovisión, conocida como post- milenarista, se propuso básicamente revertir la relación entre el creyente y las esferas de la praxis terrenal: el Reino de Dios ya no era una entelequia abstracta, futura y trascendental sino una dimensión de la realidad entremezclada con el presente. La pasividad dió paso al protagonismo: el creyente debía intervenir, con su agencia redentora en los diferentes espacios en los que le tocaba vivir, para "ganarlos para Cristo". De la pasividad y la espera, a la conquista. Para Marostica (1997) en este cambio radical de cosmovisión y de manera de habitar lo mundano, gravitó un recambio generacional: pastores vernáculos, nacidos y criados en sociedades latinoamericanas, reemplazaron a las jerarquías eclesiales monopolizadas por misioneros extranjeros, en su mayoría, oriundos de Europa y EEUU. Fueron los primeros los que elaboraron una nueva narrativa para habitar sociedades que ya no eran tan hostiles, merced al proceso de democratización generalizado.

Finalmente, como una sexta causa, es imperioso subrayar un elemento contextual/ estructural: la participación política evangélica, en sus diferentes dimensiones y articulaciones, es heredera del proceso de recuperación/ consolidación democrática que se inició en la región en los tempranos años ochenta. Habría resultado imposible que los evangélicos hubieran levantado la voz, se hubieran organizado, tomado la calle, presentado listas y candidaturas y finalmente, accedido a cargos de no haber mediado un cambio de contexto socio-político radical, que habilitó todas estas acciones. Cuando la región estuvo dominada por dictaduras o por regímenes democráticos imperfectos, restrictivos o solo de fachada, en la mayoría de los casos esto significó graves problemas para las minorías religiosas, puesto que los regímenes de facto fueron propensos a adoptar la identidad católica como un componente clave de la identidad nacional, y por lo tanto, consideraron a las expresiones religiosas diversas como foráneas y amenazantes; una cosmovisión que se materializó en persecuciones y restricciones severas.

Aunque la recuperación democrática no significó un cambio radical en la regulación del hecho religioso ni tampoco la instauración de la igualdad plena de los cultos, es innegable que su mera existencia y la intensidad con la que las sociedades civiles la abrazaron habilitó narrativas vigorosas: la libertad de expresión, la libertad de creencias, el respeto a las minorías, el valor de la pluralidad. Y los evangélicos, como otras minorías también postergadas (como las étnicas y las sexuales) se valieron de las herramientas discursivas y de los dispositivos jurídicos repuestos para visibilizarse e iniciar un camino de integración ciudadana.

3. MILITANTES DE LA FE

Hemos presentado en el apartado anterior las razones de la proyección evangélica en la arena electoral: las lideranzas evangélicas se involucran en la lid partidaria en procura de una modificación societal radical. Cuando nos adentramos en la cuestión estratégica, en decir, en los planteos mediante los cuales las lideranzas evangélicas materialización sus incursiones, la casuística muestra una variedad de modalidades y resultados.

El caso de Brasil sobresale en la literatura, ya que contabiliza el mayor número de evangélicos con acceso a las magistraturas más importantes de un sistema político. Entre los ejemplos más renombrados pueden citarse la elección del obispo Anthony Garotinho como gobernador del Estado de Río de Janeiro en 1998 y su posterior candidatura como presidente en 2002, la competencia entre dos evangélicas —Rosángela Matheus (esposa de Garotinho) y Benedicta da Silva— por la gobernación del Estado de Río de Janeiro en 2002 (con resultado favorable para la primera), y la elección del obispo Marcelo Crivela, líder de la Iglesia Universal del Reino de Dios(IURD), como senador en el mismo período. En lo que concierne estrictamente a las elecciones parlamentarias, estudios como los de Campos Machado (2006) y Silveira Campos (2005) establecen una tendencia ascendente, con la elección de cuarenta y cuatro diputados federales evangélicos en 1998 y sesenta y uno en 2002. Finalmente, Mariano y Pierucci (1996) señalan el desenvolvimiento de líderes y pastores pentecostales favorables a la elección de Collor de Melo en las elecciones presidenciales de 1989, y Silveira Campos (2005) da cuenta del importante rol asumido por la IURD en las elecciones presidenciales de 2002, cuando su cúpula dirigencial pactó con Lula da Silva un apoyo electoral estratégico, que culminó con la designación de José Alencar como vicepresidente

El número de escaños conseguidos por las denominaciones evangélicas en algunos estados como Río de Janeiro o Río Grande do Sul, e inclusive en el Congreso Nacional durante las décadas del noventa y del dos mil, llevaron a la prensa y a la dirigencia política tradicional a referirse a la constitución de una "bancada evangélica", en tanto grupo orgánico dotado de intereses y modalidades de acción propios. Según analistas especializados (Mariano 2001, Freston 2001, Oro 2006) este avance cuantitativo se funda en un proceso de profesionalización de las iglesias evangélicas y neopentecostales en su proyección en la esfera pública, bajo un modelo de inserción de carácter corporativo.

En los comienzos de la era democrática, los pastores y los líderes evangélicos incursionaron en la política a título individual. Pero ya en la década del noventa, son las iglesias, en tanto corporaciones, las que "producen" a sus propios líderes políticos, a partir de mecanismos de selección, formación y seguimiento de sus candidatos, la mayoría de ellos pastores. Los "políticos de Cristo" —dirigentes formados al interior de las iglesias—, *"se ven (...) como portadores de una misión divina, para la cual fueron llamados, con el fin de promover una especie de exorcismo de la vida política nacional"* (Silveira Campos, 2005: 159).

Esta postura redentora se complementa, por un lado, con la búsqueda de beneficios directos para los proyectos de la iglesia de pertenencia, a partir de la gestión parlamentaria; por el otro, con la presentación de proyectos legislativos basados en cuestiones morales y éticas (Campos Machado 2006), que procuran diferenciar a las/os políticas/os evangélicas/os de la clase política tradicional y expandir su visión doctrinal a diversas áreas de la gestión pública.

La estrategia desarrollada por las iglesias neopentecostales y evangélicas en Brasil no ha sido entonces la de formar partidos confesionales stricto-sensu, sino la de posicionar a sus candidatos en diferentes estructuras partidarias, para potenciar de esta manera las posibilidades de obtener bancas en las legislaturas estaduales y nacionales. En otras palabras, la politización del campo evangélico en Brasil se cristalizó en un modus operandi bajo el cual las iglesias evangélicas asumieron decididamente el rol de "partidos paralelos".

Por su parte, en Colombia (otro caso encumbrado) las mega iglesias pentecostales se comportaron organizacionalmente como partidos políticos confesionales, compitiendo en elecciones y estableciendo alianzas entre sí o con estructuras partidarias seculares (Cepeda van Houten, 2007. Se destacan los casos del Partido Nacional Cristiano (PNC), que guarda como comunidad de referencia la Misión Carismática Internacional; el Compromiso Cívico y Cristiano con la Comunidad (C4), que proviene de La Cruzada Estudiantil y Profesional de Colombia; y el Movimiento Independiente de Renovación Absoluta (MIRA), cuyas raíces se extienden en la Iglesia de Dios Ministerial de Jesucristo Internacional. Bajo esta lógica, Claudia Rodríguez Castellano, líder de la Misión Carismática Internacional fue candidata presidencial por el PNC. En 1991 resultó electa como Senadora de la República, cargo al que volvió a acceder en 2006, tras una alianza celebrada por su partido, el PNC y Cambio Radical. En el historial político del PNC también se cuentan la obtención de un escaño en la Cámara de Representantes en 1998, y en el Senado Nacional en el 2000. A su tiempo, el hijo del pastor fundador de la Cruzada Estudiantil y Profesional de Colombia y líder de dicha comunidad, Jimmy Chamorro, resultó tres veces electo Senador de la República, en el período comprendido entre 1994 y 2006. En el proceso electoral de 1998, el C4 integró una alianza con el Partido Conservador cuyo candidato a presidente era Andrés Pastrana. Esta acción dio cuenta de su independencia del resto de las corrientes políticas neopentecostales (Cepeda van Houten, 2007).

Si Colombia y Brasil constituyen los casos exitosos, Perú y la Argentina se presentan en la vereda opuesta y su análisis en profundidad obliga a matizar las ideas de un proyecto político irrefrenable y todopoderoso.

A comienzos de los noventa y en medio de una crisis política de proporciones causada por las huellas del conflicto interno con Sendero Luminoso e índices altísimos de inflación, referentes de iglesias evangélicas muy importantes del Perú decidieron apoyar al candidato outsider: Alberto Fujimori. Lo hicieron a partir de una lógica de frentes: un núcleo de líderes evangélicos fueron miembros activos de Cambio 90, el partido creado a los fines de la postulación de Fujimori, y lo hicieron mediante la afiliación de miembros de las iglesias y el recorrido de los sectores periféricos del país, en tanto estrategia proselitista. Como resultado del proceso electoral, dieciocho parlamentarios evangélicos (catorce diputados y cuatro senadores) pasaron a formar parte del nuevo Congreso de la República, a los que se suma la asunción a la vicepresidencia segunda del pastor bautista Carlos García (López Rodríguez, 2004: 23).

Tras el denominado "autogolpe" de 1992 y el inicio del proceso de centralización al interior de la política fujimorista, se producen múltiples fraccionamientos en el conjunto de parlamentarios y militantes evangélicos. Algunos optaron por abandonar su banca e ingresar a las filas de otros partidos políticos, mientras que un segundo sector permaneció y se constituyó en soporte ideológico del régimen, con declaraciones que afirmaban, por ejemplo, la concreción de un plan divino en la presidencia del líder de Cambio 90 (López Rodríguez 2004). Al final de cuentas, el balance para la proyección evangélica fue negativo, porque aquellos que desertaron del proyecto inicial jamás recuperaron un volumen político semejante, mientras que los que siguieron afiliados al régimen fueron alcanzados por su enorme descrédito, que se acentuó con el juicio político a su líder.

La política evangélica argentina entre siglos adquirió formatos antagónicos, pero sin alcanzar aun objetivos contundentes. El final del siglo XX fue protagonizado por la experiencia de los partidos confesionales: el Movimiento Cristiano Independiente (MCI), en la provincia de Buenos Aires y el Movimiento Reformador Independiente (MRI) en la provincia de Córdoba. En ambos casos se trataba de agrupaciones conformadas por pentecostales que se lanzaban al mundo de la política con la idea de redimir y reconstruir dicha esfera de la actividad humana (afectada en su cosmovisión por el mal pecaminoso de la corrupción), valiéndose de los principios bíblicos como ejes medulares de esta tarea. En el orden estratégico, estos dirigentes procuraban afianzar sus bases electorales al interior de las congregaciones evangélicas, por lo que organizaban campañas en los templos, presentándose como los portadores de una misión que resultaba complementaria a la ejercida por los especialistas religiosos, y que se fundaba en la aplicación de principios y criterios extraídos del Antiguo Testamento ("reconstruccionismo bíblico", en términos de Wynarczyk, 2010: 98-99). En virtud de lo que señalábamos más arriba, en su primera experiencia en el terreno partidario los líderes evangélicos emularon la estrategia de sus pares brasileños, procurando hacer de las iglesias *qua* instituciones la base de su maquinaria política y de su caudal de votos.

En las elecciones generales de 1993 los resultados obtenidos por estas fuerzas fueron magros. En razón de ello, en las candidaturas a la Asamblea Constituyente de 1994 el MCI complejizó su plataforma política, presentando la demanda de igualdad religiosa en Argentina. En efecto: si bien el contexto democrático allanó los canales de la publicitación de la disidencia religiosa, el andamiaje jurídico que garantizaba la hegemonía católica seguía intacto, tal como lo había perfeccionado la dictadura.

Para desarrollar esta estrategia política más ambiciosa, orientada a la representación electoral de una minoría discriminada y a la movilización de fieles en torno a su programa (Wynarczyk, 2009), los dirigentes del MCI se contactaron con sus pares de las federaciones y con pastores reconocidos en el ambiente evangélico. Sin embargo, pese a las reuniones y presentaciones en los templos, los votos de los hermanos en la fe volvieron a serles esquivos.

Una nueva derrota en las elecciones de 1995 provocó el desmembramiento del MCI y una fracción del espacio fundó el Movimiento Reformador (MR), que abandonó definitivamente la idea de un partido confesional y apostó por una política de alianzas, comportándose como un espacio evangélico dentro de estructuras políticas "seculares". Incluyó en su programa la búsqueda de la justicia social, la lucha contra la corrupción y la reivindicación de los intereses del pueblo. La afinidad de este ideario con la tradición peronista habilitó su acercamiento a diferentes formaciones de dicho partido y esta sintonía explica la participación de varios pastores y líderes evangélicos en la disputa por la titularidad del poder ejecutivo de los municipios del conurbano bonaerense bajo los colores del histórico partido de masas argentino (Carbonelli 2020)

De forma paralela, se gestaba un proyecto alternativo liderado por la diputada Cynthia Hotton. Proveniente de una familia de renombre dentro del espacio evangélico vernáculo, su militancia en espacios de derecha seculares le valió un escaño en el Congresso Nacional y fue a partir de allí que procuró construir una base de sustentación propia, mediante la formación de un espacio político interconfesional, "Valores para mi país". El mismo sostenía una plataforma moral muy marcada, con posicionamientos contrarios a la ola de derechos sexuales y reproductivos que tenían lugar en ese momento en el país, concretamente la sanción de la ley que habilitaba el matrimonio entre personas del mismo sexo y más tarde, la legalización del aborto. Si bien alcanzó notoriedad pública como emprendedora moral (Becker 2009), todos los intentos ensayados para constituirse en la representante de los creyentes cristianos y monoteístas conservadores fracasaron y tras su paso en el Congreso y pese a varios intentos, no pudo volver a alcanzar un cargo electivo hasta el momento.

Como puede verse, el repaso de estas experiencias arroja diferencias sustantivas en materia de resultados. Y ese diferencial pone en cuestión el funcionamiento stricto sensu de la traducción directa de las afiliaciones religiosas en conductas políticas, lo que se conoce como "voto evangélico". Sin negar el peso de esta identidad religiosa ni la capacidad de tracción de las lideranzas religiosas, es conveniente situar y contextualizar estas dinámicas si lo que se busca es mensurar y establecer su peso específico. En sintonía con el planteo de Freston (2001) y de Pérez Guadalupe (2018), a la hora de explicar la dispar potencia política evangélica en el terreno electoral latinoamericano es conveniente repasar el estado de situación de los sistemas políticos de cada país, sus reglas y sus actores principales, léase, los partidos políticos. Allí donde el sistema político goza de buena salud, donde los partidos políticos tradicionales son fuertes y longevos, las proyecciones partidarias evangélicas cuentan con menos chances de penetrar "puras" dicho espacio.

Sirva a modo de ejemplo el contrapunto entre Brasil y Argentina. En el país de tradición lusitana, el sistema de boletas cerradas, pero no bloqueadas (el votante puede elegir entre candidatos de diferentes partidos cuyos apoyos se suman, fomentando la personalización) resulta un incentivo para que las estructuras partidarias salgan a la búsqueda de figuras mediáticas capaces de arrastrar votos para ellos y para todo el partido. Si a estos elementos adicionamos la personalización de la política fomentada por el voto electrónico y que Brasil no cuenta aún con partidos fuertes y longevos, capaces de ordenar internamente sus cuadros y de sedimentar adhesiones masivas en el largo plazo (el PT tiene apenas 30 años), el terreno que se configura es el más fértil para que minorías organizadas cobren preponderancia en esa coyuntura. Bajo estas lógicas, las iglesias actúan como ya vimos como auténticos partidos paralelos, generando adhesiones en las bases, formando y monitoreando cuadros, negociando lugares con las estructuras seculares.

A diferencia de su vecino, el sistema político argentino impone varas altas y poco amigables para la penetración de outsiders. La combinación entre sistema plurinominal de listas cerradas y bloqueadas y el formato competitivo de las primarias fortalece aún más el monopolio de los partidos en la estructuración de la oferta electoral. Si a estos elementos sumamos que no existe un clivaje religioso fundante en la historia del sistema partidario argentino, lo que se constata es la imposibilidad de las identidades religiosas para filtrar el cuarto oscuro de manera directa. Otras demandas, otros clivajes son los que estructuran la contienda electoral argentina: la evaluación de la gestión del oficialismo, la economía, el desempleo, la corrupción, la inflación, las simpatías políticas pre- existentes, etc. En definitiva, en Argentina impera un sistema político con actores fuertes, reglas difíciles para outsiders y estructurado en torno a discusiones endógenas (léase, agenda propia).

4. EMPRENDEDORES MORALES

El fin de la sociedad de bienestar habilitó un escenario de reconfiguraciones identitarias, también en América Latina. Sin negar el antagonismo radical entre capital y trabajo (y por ende, la centralidad de la categoría "clase" para entender conflictos constitutivos), cierto es que el último cuarto del siglo resultó el momento de emergencia de reivindicaciones allende el mundo del trabajo: el género, la etnia, las formas lingüísticas. Todas ellas pujaron por el reconocimiento del Estado y del resto de la sociedad, innovando en gran medida en sus modos de presentación pública y en sus repertorios de acción colectiva.

El mundo religioso no fue la excepción y el contexto de recuperación democrática al que aludimos más arriba también allanó el camino para que las identidades religiosas se manifestaran y buscaran corregir el orden social pre- existente. Dada la asociación histórica entre status quo y jerarquía eclesial católica, el camino del reclamo fue coherentemente protagonizado por las comunidades evangélicas. En primera instancia sus movilizaciones se orientaron a la sanción de un nuevo estatus jurídico que acordara derechos y garantizara libertad e igualdad religiosa, incentivados por los escenarios de reforma constitucional que acompañaron en no pocos países la recuperación democrática. Tal como aconteció con la proyección partidaria, también aquí se registraron diferentes resultados. Por caso, la ley de cultos sigue siendo una asignatura pendiente en Argentina (Cfr. Carbonelli y Jones 2015), mientras que en Colombia, la reforma constitucional de 1991 descatolizó al Estado y habilitó el reconocimiento legal de otras iglesias cristianas.

Estas acciones se engloban en lo que podemos denominar como el primer ciclo de movilización evangélica en la modernidad tardía latinoamericana. Pero en la actualidad estamos en presencia de un segundo ciclo, centrado en la oposición a la extensión de derechos sexuales y reproductivos y en la defensa, por consiguiente, de un orden moral considerado intangible y fundado en principios divinos. En particular los grupos evangélicos se han pronunciado contra el matrimonio entre personas del mismo sexo, la legalización del aborto y la potestad del Estado para impartir educación sexual en las escuelas; tres agendas que están en el centro del activismo feminista y por la diversidad sexual en Latinoamérica. Por oposición, han defendido a la heterosexualidad como única forma posible para la vinculación sexo- afectiva de dos personas, la premisa que la vida humana se inicia desde la concepción y, finalmente, la responsabilidad absoluta e inalterable de los padres en lo que concierne a la educación sexual de sus hijos. En este apartado, nos interesa profundizar en el repertorio de acción colectiva, sus argumentos esgrimidos en los debates y el impacto de ambos elementos en la trama de relaciones político- religiosas en la región.

El primer punto saliente de la intervención pública de grupos evangélicos en estas controversias públicas resulta su decisión de aliarse con los sectores más conservadores del campo católico, un movimiento que dio paso a lo que Morán Faúndes, (2017) categorizó como ecumenismo neoconservador. Espacios religiosos que compiten entre sí por el mantenimiento y el aumento de su feligresía en un juego de suma cero (lo que pierde el catolicismo lo gana el evangelismo y viceversa), decidieron suspender su rivalidad intrínseca para enfrentar juntos a un adversario a su juicio mucho más dañino y mucho más potente como es el caso de la ideología de género.

El segundo elemento resulta el carácter reactivo de la acción de grupos evangélicos conservadores. Cuando el feminismo puso en escena toda su capacidad de movilización callejera y toda su creatividad a la hora de producir intervenciones públicas que llamaran la atención de las audiencias públicas y, fundamentalmente, de la clase política, lo que los evangélicos conservadores hicieron (en tándem con sus aliados católicos) fue desplegar acciones confrontativas en cada una de esas mismas arenas públicas. Así fue como grupos religiosos conservadores también organizaron movilizaciones callejeras, asistieron a programas de televisión y de radio, pagaron publicidad en la vía pública, organizaron reuniones con diputados y senadores que tenían entre sus manos la ley, armaron hashtag en twitter y debatieron en redes sociales. Y no solo eso: sus intervenciones fueron más lejos y hasta organizaron recursos de amparo ante la justicia con el fin de bloquear permisos para matrimonios o abortos legales. Todo esto sin dejar de lado los rituales religiosos, emplazados en el espacio público como un escudo espiritual contra el avance de la "ideología de género".

Pero aún mas interesante que los repertorios de acción colectiva y su oscilación entre lo imitativo y lo original resultan los argumentos esgrimidos por estos actores en las controversias públicas citadas. La mayoría de las posiciones fueron deliberadamente trabajadas por fuera de la gramática del discurso religioso y su apelación a dogmas y principios bíblicos. Esta modalidad de religión pública fue bautizada por Vaggione (2005) como secularismo estratégico y remite a una decisión de estas agencias de adaptar sus discursos a las exigencias y modalidades del tiempo moderno democrático, a los fines de aumentar su eficacia y su capacidad de interpelación.

Como ejemplos de argumentos diseñados bajo la matriz del secularismo estratégico podemos mencionar el esfuerzo por rebatir las cifras de mortalidad femenina por abortos mal practicados y, fundamentalmente, la discusión bioético filosófica en torno al estatus de sujeto conferido al feto. Valiéndose de argumentos extraídos de corrientes bioeticistas, los grupos religiosos conservadores defendieron la idea que es posible hablar de vida humana desde la fecundación; una vida revestida de derechos y que comprende un individuo singular, distinto a la mujer que lo cobija en su vientre. De allí la emergencia del lema "Salvemos las dos vidas" que se usó en las campañas pro- vida en varios países y que por un lado reivindica la idea que en un embarazo hay dos subjetividades y que, por el otro, asume la preocupación por la suerte de las mujeres que transitan situaciones de embarazo no deseado.

También a la denominada "defensa de las dos vidas" se añadieron argumentos de orden jurídico. Por ejemplo, quienes se opusieron al aborto en el ciclo de debate 2018- 2021 en Argentina subrayaron la adhesión a tratados internacionales por parte del Estado Argentino con estatus constitucional y que varios de ellos, como el Pacto de San José de Costa Rica, menciona la protección estatal a la vida humana "desde la concepción". Bajo esta lógica, postularon que el proyecto de ley sobre la IVE (interrupción voluntaria del embarazo) era inconstitucional. Esta interpretación no tuvo eco ni en los tribunales menores ni en la Corte Suprema de Justicia de la Argentina.

Esta perspectiva se articula con una mirada global y con la defensa de valores considerados parte del patrimonio cultural de las naciones latinoamericanas. Mientras los y las partidarios/as dela IVE señalan que la mayoría de los países del denominado mundo desarrollado legalizaron el aborto hace décadas, los y las opositores/as señalan esa misma realidad para marcar que se trata de una estrategia global orientada al control de natalidad de los pueblos en vías de desarrollo y a la eugenesia. Este último punto resulta interesante, porque transparenta la simetría que señalábamos más arriba: tanto el movimiento feminista como la oposición conservadora religiosa inscriben las acciones de sus adversarios en el marco del accionar de una fuerza global conspirativa. Así, entre los círculos feministas es común referirse a las conexiones de la Iglesia Católica local con las directivas del Vaticano y, en los últimos tiempos, al crecimiento de las iglesias evangélicas como parte de un plan orquestado desde EEUU para frenar "la marea verde". De forma especular, en los grupos opositores también se alude con frecuencia al supuesto financiamiento que los movimientos feministas reciben por partes de ONG internacionales, Estados europeos y de América del Norte y que confirman la tesis del control de natalidad global

En las intervenciones de actores evangélicos en el debate en torno a la despenalización del aborto Carbonelli y Bossio (2023) identificaron dos tipos de trabajo sobre el vínculo representativo, que a su tiempo condensan apuestas e impugnaciones. El primero de ellos se orienta hacia la sociedad civil y resulta una apuesta orientada a constituirse en los portavoces de otros actores, imposibilitados de hacerse presente de manera radical en el debate. El segundo se orienta a la sociedad política y condensa tanto una mirada crítica sobre la representación formal protagonizada por los políticos profesionales como una visión normativa acerca de los requisitos de una correcta representación.

En la tradición católica existe una matriz discursiva que construye públicamente a la Iglesia como "la voz de los que no tienen voz". Este discurso fungió en diferentes momentos históricos como un mecanismo de representación oficioso, ficcional, de los postergados de la sociedad: campesinos, migrantes, población vulnerable. En este contexto de debate este guión se retoma para posicionar a los grupos "pro vida" (católicos y evangélicos) como los defensores públicos de los no nacidos. Bajo este registro, se construye retóricamente una primera representación ficcional: los grupos celestes se auto-representan como los defensores públicos de los intereses de los embriones, que no pueden manifestarse pero que bajo su perspectiva sí son sujetos de derechos.

La segunda apuesta representativa se encuentra más próxima a las identificaciones de la comunidad religiosa. Es la que construyen los liderazgos religiosos cuando se erigen públicamente como representantes de sus espacios religiosos de origen. En este registro, cuando les tocó intervenir en el debate argentino, las federaciones evangélicas como ACIERA (Alianza Cristiana de las Iglesias Evangélicas de la Argentina)y FECEP (Federación Confraternidad Evangélica Pentecostal) lo hicieron en nombre de "los evangélicos". Así como en el ejemplo anterior, el propio esfuerzo representativo construye en simultáneo el sujeto que apuesta representar, en la apelación a la jerarquía como expresión cierta del sentir de toda una población de creyentes se manifiesta la construcción retórica de una comunidad ficticia, que entra en tensión con los procesos de individuación y des-institucionalización religiosa que subrayan hace décadas numerosos estudios en el campo de la socioantropología de la religión.

La tercera apuesta representativa dialoga directamente con una de las fuentes teórico-prácticas de la democracia contemporánea: la expresión de las mayorías, la idea de una voluntad popular. En varias intervenciones públicas, líderes evangélicos en Colombia, en Argentina, en Costa Rica mencionaron la existencia de una mayoría de la ciudadanía, que comparte valores morales, pero que no obstante es sistemáticamente postergada por los intereses exclusivos de una minoría a la que se define como progresista, mediática y equipada con ideologías extranjeras. Incluso la idea de mayoría celeste fue instalada en las redes sociales a modo de hashtag. Así como en el debate en torno al matrimonio igualitario en Argentina circuló el slogan "somos mayoría los que queremos mamá y papá", en esta controversia en particular la alusión a una multitud fue puesta en escena en los medios de comunicación, procurando que tuviera correlato con la presencia en las calles de militantes celestes.

Más allá de las particularidades de cada uno de estos formatos representativos orientados a la sociedad civil, se encuentran atravesados por un denominador común: en términos de Boltanski (1990) condensan maniobras de engrandecimiento, orientadas a des-particularizar el reclamo y conectarlo con emociones, sujetos y entidades de carácter más universal y/o colectivo. Siguiendo estos aportes provenientes de la sociología pragmática francesa, afirmamos que estas apuestas representativas también adquirieron el cariz de pruebas de fuerzas, orientadas a robustecer la posición pro- vida y equiparla con más recursos a la hora del debate público, en sus múltiples y exigentes planos.

5. ENGRANAJES DEL ESTADO

Tanto la proyección en el campo partidario como la participación en controversias públicas configuran modalidades político- evangélicas que se encuentran en el centro del debate académico- político, por su alto nivel de visibilidad y porque son objeto de constante tematización de parte de sus adversarios políticos, el feminismo y sectores progresistas. Sin embargo, esta espectacularización no debe hacernos perder de vista que existe un tercer rol, inscripto en el orden de lo cotidiano, y que remite al creciente involucramiento de agencias evangélicas en la planificación, ejecución y evaluación de políticas públicas.

Para entender esta tercera modalidad de politización evangélica es preciso retomar la propuesta de integridad entre restauración espiritual y material propia de las formaciones religiosas cristianas que estamos analizando. Además de la distribución de los bienes sagrados, la propuesta religiosa evangélica siempre incluye la restauración material de los sujetos que arriban a sus templos. Muchos de ellos llegan desencantados de la burocracia y verticalidad de otras formas religiosas (como el catolicismo), pero también sumamente golpeados por las dinámicas salvajes del capitalismo.

Bajo esta perspectiva, en las pequeñas y grandes urbes de América Latina es posible observar cómo las iglesias evangélicas y pentecostales despliegan una amplia gama de actividades sociales que comprenden desde bolsas de trabajo, y talleres de oficio, hasta programas contra la violencia de género y merenderos. En algunos abordajes, como es el caso del consumo problemático de droga, las iglesias evangélicas han sido pioneras (Algranti y Mosqueira 2018), anticipándose por décadas a la tematización estatal y desarrollando una expertise que a su tiempo fue valorada y copiada por programas oficiales.

Como señalan los trabajos de Brenneman (2012) para el caso de El Salvador, y de Vital da Cunha (2018) y Teixeira (2011) para el caso de Brasil,la agencia evangélica se ha demostrado particularmente eficaz en territorios donde se ha producido el desplazamiento del Estado por parte de bandas criminales. Allí, las iglesias evangélicas orquestan dinámicas pacificadoras, "pactos de no agresión" que redundan en garantías informales para los vecinos de las favelas.

Un caso paradigmático (aunque no el único) resulta el de la Bolsa Familia, un plan asistencial organizado por el Partido de los Trabajadores durante la presidencia de Lula, que acercaba alimentos y recursos esenciales a las familias más vulnerables. En su implementación casa por casa, familia por familia, las iglesias evangélicas jugaron un rol clave. Este agenciamiento religioso en el plano de la gestión pública también nos muestra que en su derrotero político los evangélicos se han posicionado de manera diversa: fueron anti lulistas, lulistas y post lulistas. A partir de una lectura de mediano plazo, este dato constituye una advertencia para no encasillar el análisis bajo una imputación de conservadurismo raso y tomar nota de las complejidades de su presencia en los problemas de gobernabilidad y representación en el Brasil.

En definitiva, el trabajo social ejercido permanentemente por las iglesias evangélicas configura una red asistencial autogestiva de la que participan tanto fieles como vecinos del barrio, quienes las integran a sus repertorios de supervivencia cotidiana, otorgando paralelamente una legitimidad de origen fundamental. Carbonelli (2020) denomina anclaje territorial a la gravitación de la acción social evangélica en la trama asociativa barrial. Implica una manera de habitar un espacio geográfico mediante una dinámica pastoral que se imbrica de manera profunda, "densa" en las problemáticas cotidianas de sus habitantes. La noción de "anclaje" remarca que dicha penetración no es ni esporádica ni oportunista, sino que responde a planificaciones y decisiones racionalizadas en el largo plazo. Siguiendo a Segato (2007:72) el término "territorial" comprende una apropiación y delimitación espacial a partir del despliegue de marcadores culturales. Como marca esta autora, no se trata sólo de una apropiación de un espacio físico, sino también una pastoral que se extiende sobre el campo de las subjetividades, esto es, el cuerpo de los creyentes y no creyentes que circulan o interactúan con las redes orquestadas a partir de agencias religiosas.

Ahora bien, el anclaje territorial evangélico no acontece en un vacío sociológico, sino que encuentra condiciones de posibilidad en la intersección de procesos societales y culturas políticas. La crónica debilidad de los Estados latinoamericanos a la hora de intentar llegar con aparatos y dispositivos propios al territorio incentiva a las élites políticas a adoptar una racionalidad estrictamente pragmática: las redes religiosas asistenciales no deben ser desarticuladas bajo ningún punto de vida, porque su reemplazo es considerado una demanda de tiempo y de recursos que excede los costos aceptables para una propuesta política con aspiraciones electorales. A su vez, esta postura estratégica se nutre de una lógica de la subsidiariedad (Esquivel 2008) que legitima la intermediación de actores religiosos en la implementación de políticas públicas, bajo la premisa que estas redes asistencialistas religiosas reconstituyen el lazo entre el poder público y los sectores ciudadanos más desprotegidos. Por intermedio de los comedores y granjas de rehabilitación subsidiados, los actores políticos mantienen su vínculo con las demandas generadas permanentemente desde la sociedad civil, y reproducen la naturalización de la acción social de las diversas comunidades religiosas.

Esquivel (2008) ancla el origen de este pensamiento en el marco axiológico del catolicismo, más precisamente, a la Doctrina Social de la Iglesia Católica[2], la cual fomenta el protagonismo de los sectores de la sociedad civil y sólo permite la intervención del Estado cuando la actividad de los primeros no garantice el Bien Común. Esta cosmología condena la intervención directa del Estado y legitima las mediaciones religiosas en el plano social. Burity (2006) marca un proceso semejante para el caso brasilero (donde la Iglesia Católica y diversas iglesias evangélicas participan de políticas de asistencia de alcance nacional), conectándolo a su tiempo con importantes transformaciones en el plano de las corrientes ideológicas. En efecto: para este autor la transferencia de recursos, lógicas y responsabilidades desde el Estado hacia las agencias religiosas también se explica por la hegemonía de corrientes de pensamiento que apuestan a la descentralización, a la jerarquización de la sociedad civil en la toma de decisiones y al achicamiento del Estado, y que han atravesado tanto a sectores de izquierda como de derecha en pos de la eficiencia, la transparencia y el control ciudadano (Burity 2006:101)

Existe un último elemento que también explica la creciente penetración evangélica y que remite a la matriz de relaciones político- religiosas pre-existente y centrada en el catolicismo. Durante su hegemonía, los Estados fueron solidarios en lo que respecta a la cobertura espiritual de la ciudadanía. Además del sostenimiento económico y el financiamiento de seminarios y parroquias, cabe destacar la figura de las capellanías católicas en cárceles y fuerzas de seguridad, donde los especialistas católicos contaron con salarios oficiales. Una vez consolidada la expansión evangélica, tanto a nivel demográfico como en lo que concierne a la penetración de las diferentes esferas de la praxis, los referentes evangélicos se valieron de la trama preexistente para invocar ellos también el principio de la cobertura espiritual asistida por el Estado, esgrimiendo el cuantioso número de evan-

2 Sobre la doctrina católica, véase, atrás, 4.6

gélicos en las filas militares y la gobernabilidad que su agencia garantizaba en las cárceles.

Para cerrar, cabe destacar que las situaciones generadas por la pandemia del Covid/2019 y las estrategias de confinamiento impuestas por los Estados latinoamericanos (con diferente grado de acatamiento por parte de la sociedad civil) en los años de 2020/2021 volvieron a exhibir la capilaridad del trabajo social de los evangélicos en la región y sus crecientes mediaciones en el campo de las políticas públicas. Las iglesias funcionaron en diferentes puntos como centros de vacunación y de aislamiento, mientras que sus especialistas también ejercieron un importante rol como difusores de las estrategias de prevención. La atención espiritual fue catalogada como servicio esencial por varios Estados en razón de demandas poblacionales crecientes, y estas credenciales intensificaron la notoriedad de la cuestión de la ciudadanía religiosa y las obligaciones gubernamentales al respecto.

6. GRAMÁTICAS DE LA PARTICIPACIÓN POLÍTICA EVANGÉLICA Y SU INCIDENCIA DEMOCRÁTICA

Nuestra categorización de la politización evangélica en tres grandes dimensiones- la electoral, los posicionamientos en el espacio público y las mediaciones en el mundo de las políticas públicas- responde a dos criterios epistemológicos complementarios. Por un lado, evitar reduccionismos e identificar la especificidad de cada esfera donde los evangélicos se involucran políticamente, con sus aportes y límites respectivos. Por el otro, delinear la incidencia de la política evangélica en el derrotero democrático regional. Consideramos que el primer objetivo fue abordado con suficiencia en apartados anteriores. Resta ahondar en el vínculo entre lo evangélico y lo democrático.

Dicha intersección fue frecuentemente tematizada bajo la categoría de amenaza. Los fundamentos de esta apreciación (usual en académicos, militantes y agentes mediáticos) anidan en la consideración negativa sobre el tipo de iniciativas y demandas presentadas por candidatos y funcionarios y movilizaciones evangélicas. En muchísimos casos se trató de una agenda moral antagonista y orientada a bloquear la extensión de DDSSyRR en nombre de valores alternativos.

Sin negar el objetivo que motoriza estas empresas políticas y sus potenciales efectos, a la hora de establecer si los evangélicos son una amenaza para la democracia regional es conveniente introducir una serie de matices. El primero tiene que ver con la potencia real de estos proyectos. Por caso, la innegable capacidad de las iglesias para organizar marchas multitudinarias en oposición a determinados proyectos de corte progresista (la legalización del aborto, del consumo de algunas drogas, el matrimonio entre personas del mismo sexo, etc.) dio paso a incursiones electorales de parte de algunos de líderes, quiénes aducían ser los representantes de un colectivo postergado. Pero cuando estos mismos líderes quisieron traducir su poder de convocatoria en las urnas, los resultados fueron muy distintos. Los casos de Francisco Alvarado en Costa Rica y de Cynthia Hotton en Argentina grafican los límites que impone la política profesional a las intenciones de invadirla desde la exterioridad religiosa. La emergencia de una minoría activa y polemizante, no predice de manera correcta —en todos los casos y en todas las circunstancias— una potencia electoral, por la sencilla razón (varias veces advertida por estudios especializados en Ciencia Política, cfr. Aytac y Stockes 2021) que tomar la calle y pronunciarse no resulta un acción simétrica, en términos de costos y de implicancia subjetiva, a la de ir a votar. Mientras la primera pertenece al terreno de las minorías intensas y de su expresión identitaria en el espacio público, la segunda aún representa una caja negra donde las filiaciones religiosas se mezclan con otras identidades (raciales, ideología, de género, etc.) en un juego de determinaciones e indeterminaciones que se resetea en cada circunstancia electoral.

Los estudios de Carbonelli (2012, 2014) sobre las carreras políticas de pastores con intenso trabajo social en el Conurbano Bonaerense (Argentina) grafican otro ejemplo de transferencias fallidas. Carbonelli da cuenta de su legitimidad territorial, es decir, del apoyo que estos agentes religiosos consiguen de parte vecinos y funcionarios, interesados estos últimos en la mediación religiosa para la efectivización de políticas públicas. Sin embargo, cuando estos mismos pastores, incentivados por el apoyo local y por sus conexiones con la política, ensayan incursiones electorales son derrotados duramente por las maquinarias políticas locales, acreedoras de una expertise hasta el momento insuperable.

Dos elementos más nos sirven para matizar la idea de lo evangélico como un poder irrefrenable. Los análisis politológicos y sociológicos suelen adoptar una perspectiva unidireccional, orientada al examen de la proyección de lo religioso (en este caso, lo evangélico) en el campo de la política. Sin dudar de las credenciales de esta vía de análisis, sugerimos adicionar una segunda mirada analítica: aquella que persigue las huellas que la dinámica de lo político deja en el campo religioso. El camino autoritario del Fujimorismo y su dramática disolución- juicio político mediante, cristalizó en huellas negativas para el campo evangélico peruano: fragmentación, acusaciones de colaboracionismo y la pérdida de la potencia política de principios de los noventa. Otro tanto ocurrió en Brasil con los pastores involucrados en escándalos de corrupción en los primeros años de los dos mil: también fueron alcanzados por la ola de descrédito y solo la dinámica denominacional y el volumen de especialistas religiosos con vocación política rescató al colectivo religioso de un impacto negativo mayor. Estos dos casos, entre otros, nos muestran que el involucramiento en la política profesional por parte de agentes "externos" no es inocuo. En el mediano o largo plazo, la política también invade con sus propias lógicas a lo religioso, tensionándolo e inclusive, desgarrándolo.

Los límites de la expansión política evangélica también echan raíces en una dinámica paradojal: la misma lógica organizacional que favorece el crecimiento demográfico evangélico atenta contra su performance política. Las iglesias evangélicas crecen por fisión anárquica antes que por las directivas de un centro de poder (Semán 2021).La ausencia de una estructura piramidal fortalece su adaptación eficaz a las necesidades de la feligresía, pero constituye un obstáculo para la organización política;un arte que requiere coordinación, verticalismos, objetivos y acciones homologadas. Las iglesias están más acostumbradas a una lógica cuentapropista que a las alianzas y a la negociación política. Es por ello que la prematura etiqueta de movimiento social se muestra insuficiente a la hora de mensurar con justeza el potencial político de estas comunidades.

Ahora bien, los evangélicos no conforman una amenaza *perse* para las democracias regionales no sólo porque carecen del poder suficiente para infringir daño. Su presencia también asume un carácter virtuoso para la vitalidad del régimen. En primer término, porque sus emprendimientos políticos constituyen válvulas expresivas de sectores amplios de la población a los que no se les puede negar el derecho a la manifestación de ideas, *so pena* de contradecir el espíritu mismo del régimen. En otras palabras, si el pluralismo es un pilar de las democracias, resulta inadmisible la censura o la persecución de proyectos de índole religiosa en el espacio público. Este es el eje del célebre debate entre Charles Taylor y Jürgen Habermas, saldado a favor del segundo ¿es posible seguir llamando democrático a un régimen político donde se le pide a una parte de la población que niegue sus creencias (y los posicionamientos que de ellas derivan) a la hora de participar en el ágora?

Por otro lado, el empleo de argumentos seculares en estas mismas movilizaciones da cuenta, no sólo de la adaptación de estos grupos a las exigencias argumentales de la democracia, sino también de un mecanismo mediante el cual se elevan los parámetros de la discusión. Tal como muestra el estudio de Carbonelli *et al* (2023), que grupos religiosos conservadores como los evangélicos ensayen diferentes formatos argumentativos (la apelación a la representación de una mayoría moral, el uso del lenguaje de los DDHH), lejos de ser una incoherencia o un riesgo, configura una instancia de prueba y reflexión para el régimen democrático, *in toto*. ¿Por qué? Porque obliga a sus actores y participantes a reflexionar de una manera sofisticada sobre los fundamentos que ordenan el vivir juntos. En suma, y tal como afirma Vaggione (2013) para las democracias vigentes la politización religiosa, aun en clave conservadora, tiene un saldo positivo en tanto constituye un fenómeno que no sólo canaliza la expresión de la disidencia. También legitima el carácter irremediablemente dinámico de un orden social en constante transformación.

Finalmente, cabe subrayar el aporte insoslayable realizados por las iglesias evangélicas en materia de gobernabilidad. Tal como establece Luna (2020), la salud democrática regional se encuentra ligada de manera indisoluble a las capacidades estatales. Dados los problemas estructurales que acreditan los Estados latinoamericanos en la implementación de políticas públicas eficaces y localizadas, la acción territorial de las iglesias se revela fundamental, porque su mediación resulta clave a la hora de diagnosticar problemas, identificar demandas, monitorear situaciones y efectivizar la "bajada" de recursos, desde las alturas de las oficinas de la administración pública al llano de barrios, favelas y villas. Inclusive garantizan un mínimo de orden social en espacios impenetrables para las fuerzas federales, como es el caso de pabellones carcelarios dominados por la lógica narco o paramilitar. Para la población que habita estos territorios y estos problemas, la acción social recurrente de las iglesias evangélicas configura una red de supervivencia legítima que se adiciona a otras y que en su conjunto habilitan lo que Rubin *et al* (2014) llaman ciudadanía vivida, es decir, el acceso real a derechos y su correspondencia material, más allá de los formalismos.

7. CONCLUSIONES

La dinámica de crecimiento y expresión política evangélica y el estado actual de las democracias latinoamericanas configuran, en su conjunción, un escenario abierto que alimenta una agenda a desarrollar. Retomando una vez más nuestra propuesta de división dimensional de la politicidad evangélica, la proyección electoral de este grupo religioso se ofrece como un fenómeno interesante, a la luz de los cambios registrados en los signos políticos gubernamentales. ¿Cómo se comportarán las iglesias y los fieles evangélicos frente a este tablero fragmentado de derechas radicales, progresismos y autoritarismos? ¿Constituirán bastiones electorales, proveerán cuadros o protagonizarán una crítica social a escala?

¿Qué sucederá en el plano de la disputa por la extensión de derechos en el espacio público? El retorno del debate sobre el estatus del aborto en EEUU y en Argentina augura nuevos capítulos de confrontación en torno a los lineamientos del orden moral. ¿Reeditarán las jerarquías evangélicas su alianza con el catolicismo en las controversias venideras? ¿Alzarán su voz por nuevos tópicos, como el daño ambiental, el analfabetismo y la inclusión social o se centrarán exclusivamente en la agenda moral?

Finalmente cabe preguntarse por la incidencia de la mediación religiosa territorial en la construcción de ciudadanía. Si los procesos descritos más arriba se acentúan en vez de menguar… ¿Cómo impacta en la conciencia ciudadana el hecho que la provisión de recursos y el acceso a derechos provenga de manos religiosas y no estatales? ¿Cómo se reconfigura el lazo social si el Estado se retira (o es retirado) de los territorios y en el antagonismo/negociación con fuerzas ilegales sólo quedan las iglesias? ¿Cuál será la huella cívica de este proceso en curso?

Estos son algunos de los interrogantes que la politización evangélica habilita en el complejo escenario político contemporáneo. Despejarlos requerirá de abordajes interdisciplinares y de una continua vigilancia epistemológica sobre sentidos comunes y prejuicios.

8. BIBLIOGRAFÍA

Algranti, J. (2011). La religión como cultura material: socio-génesis de los circuitos editoriales en el mundo católico y evangélico. *Horizontes antropológicos, 17*, 67-93.

Algranti, J., & Mosqueira, M. (2018). Sociogénesis de los dispositivos evangélicos de “rehabilitación” de usuarios de drogas en Argentina. *Salud colectiva, 14*, 305-322.

Aytac, S. E., & Stokes, S. (2021). *¿Para qué molestarnos en hacer oír nuestras voces?: Las razones que nos llevan a participar en elecciones y protestas.* Buenos Aires: Siglo XXI Editores.

Becker, H. (2009). Outsiders. Buenos Aires: Siglo XXI.

Boltanski, Luc. (1990). *El amor y la justicia como competencias: tres ensayos de sociología de la acción.* Buenos Aires: Amorrortu.

Brenneman, R. (2012). *Homies and hermanos: God and gangs in Central America.* OUP USA.

Burity, J. (2006), *Redes, parcerias e participação religiosa nas políticas sociais no Brasil.* Recife: Fundação Joaquim Nabuco/Editora Massangana.

Campos Machado, Maria das Dores. (2006). *Política e Religião. A participação dos evangélicos nas eleicoes.* Río de Janeiro: Editora FVG.

Carbonelli, M. (2012). En el evangelio y en el partido: trayectorias políticas de pastores en el Gran Buenos Aires. *Revista Colombiana de Antropología, 48*(2), 89-113.

Carbonelli, M (2014). Los evangélicos en la arena política del conurbano; dilemas y horizontes de una apuesta religiosa territorial. *Revista Mitológicas, 29.*

Carbonelli, M., & Jones, D. E. (2015). Igualdad religiosa y reconocimiento estatal: instituciones y líderes evangélicos en los debates sobre la regulación de las actividades religiosas en Argentina, 2002-2010. *Revista mexicana de ciencias políticas y sociales, 60*(225), 133-160.

Carbonelli, M. (2020). *Los evangélicos en la política argentina: crecimiento en los barrios y derrotas en las urnas.* Buenos Aires: Editorial Biblos.

Carbonelli M, Pineda Sancho A, León Carvajal A y García Bossio M.P (2023). La politización religiosa y sus retos para la democracia. En *Derechos en cuestión. Amenazas y desafíos para las democracias.* Buenos Aires: CLACSO, 431-521.

Carbonelli, M., & García Bossio, M. P. (2023). Religion and Democracy in Argentina. Religious opposition to the legalization of abortion. *Religions, 14*(5), 563.

Cepeda van Houten, Álvaro (2007). *Clientelismo y fe: dinámicas políticas del pentecostalismo en Colombia.* Bogotá: Universidad de San Buenaventura.

Cunha, C. V. D. (2018). Pentecostal cultures in urban peripheries: a socio-anthropological analysis of Pentecostalism in arts, grammars, crime and morality. *Vibrant: Virtual Brazilian Anthropology, 15,* e151401.

Deiros, P. (1987). *Los evangélicos y el poder político en América Latina.* Buenos Aires: Nueva Creación.

Martínez Ariño, J. (2016). Grupos religiosos y gobierno local en interacción: Un estudio de caso en Francia. *Sociedad y religión, 26*(46), 201-223.

Esquivel, J.C (2008). Laicidad, secularización y cultura política: las encrucijadas de las políticas públicas en Argentina, *Laicidad y libertades,* nº 8: 69-101.

Freston, Paul (2001). *Evangelicals, and politics in Asia, Africa and Latin America.* New York: Cambridge University Press.

Gagné, A. (2020). L'influence politique de la droite chrétienne aux États-Unis et au Canada. *Nouveaux Cahiers du socialisme,* (23), 87-93.

Giumbelli, Emerson (2002). *O Fim Da Religiao dilema da libertade religiosa no Brasil e na Franca.* Attar editorial: Sao Paulo.

López Rodríguez, Darío (2004). *La seducción del Poder. Evangélicos y Política en el Perú de los Noventa.* Lima: Ediciones Puma del Centro de Investigaciones y Publicaciones (CENIP).

Luna, J P (2020). Estado en América Latina: problemática y agenda de investigación. *Nuevos enfoques para el estudio de los Estados latinoamericanos,* vol. 1, p. 113-38.

Mallimaci, Fortunato (2008). Excepcionalidad y secularizaciones múltiples: hacia otro análisis entre religión y política. En F. Mallimaci (editor). *Religión y política. Perspectivas desde América Latina y Europa* (pp. 117-137). Buenos Aires: Biblos.

Mariano, Ricardo y Pierucci, Antonio (1996). O envolvimiento dos pentecostais na eleicão de Collor. En A. Pierucci, R. Prandi (comp.). *A realidade social das religiones no Brasil* (pp. 163-191). Sao Paulo: HUCITEC.

Mariano, Ricardo (2001) *Análise sociológica do crecimiento pentecostal no Brasil.* Tesis de Doctorado en Sociología, Universidad de São Paulo, São Paulo.

Marostica, Matt (1997). *Pentecostal and politics; the creation of the Evangelical Christian Movement in Argentina, 1983-1993.* Ph. D. dissertation (in Political Science)-Political Sciences Departament. University of California. Berkeley.

Morán Faúndes, J. M. (2017). De vida o muerte: patriarcado, heteronormatividad y el discurso de la vida del activismo" Pro-Vida" en la Argentina. *De vida o muerte,* 1-256.

Mosqueira, M. A. (2022). *Santa rebeldía: juventudes evangélicas en el Gran Buenos Aires.* Buenos Aires: Biblos.

Oro, Ari Pedro (2006). A Igreja Universal e a política. J. Burity y M. Campos Machado (org.). *Os votos de Deus: evangélicos, política e eleições no Brasil.* Recife: Fundação Joaquim Nabuco- Ed. Massangana.

Pérez Guadalupe, J. L (2018). ¿Políticos evangélicos o evangélicos políticos? Los nuevos modelos de conquista política de los evangélicos, en Perez Guadalupe y Grundberger, S (eds). *Evangélicos y poder en América Latina.* Lima: Konrad Adenauer Stiftung, pp. 11-106.

Rubin, J. W., Smilde, D., & Junge, B. (2014). Lived Religion and Lived Citizenship in Latin America's Zones of Crisis: Introduction. *Latin American Research Review, 49*(S1), 7-26.

Segato, R. L. (2007). *La nación y sus otros: raza, etnicidad y diversidad religiosa en tiempos de políticas de la identidad.* Buenos Aires: Prometeo Libros Editorial.

Semán, P., & Gallo, G. (2008). Rescate y sus consecuencias: cultura y religión: sólo en singular. *Ciencias sociales y Religión, 10*(10), 73-84.

Semán, P. (2021). *Vivir la fe: Entre el catolicismo y el pentecostalismo, la religiosidad de los sectores populares en la Argentina.* Siglo XXI Editores.

Silveira Campos, Leonildo (2005). De "políticos evangélicos" a "políticos de Cristo": la trayectoria de las acciones y mentalidad política de los evangélicos brasileños en el paso del siglo XX al siglo XXI. *Ciencias Sociales y Religión,* 7, 157-186.

Teixeira, C. P. (2011). De" corações de pedra" a "corações de carne": algumas considerações sobre a conversão de "bandidos" a igrejas evangélicas pentecostais. *Dados, 54,* 449-478.

Vaggione, Juan Marco (2005). Los roles políticos de la religión. Género y Sexualidad más allá del Secularismo. En M. Vasallo (comp.). *En Nombre de la Vida.* Córdoba. CDD.

Vaggione, Juan Marco. (2013). Política y Religión. Desafíos y tensiones desde lo sexual. En Salazar Ugarte, Pedro y Capdeville, Pauline (coord). *Para entender y pensar la laicidad II.* UNAM: México DF, pp. 213-251

Wynarczyk, Hilario (2009). *Ciudadanos de dos mundos. El Movimiento evangélico en la vida pública argentina 1980-2001.* San Martín: UNSAM EDITA de Universidad Nacional de San Martín.

Wynarczyk, Hilario (2010). *Sal y luz a las naciones. Evangélicos y política en la Argentina (1980-2001).* Buenos Aires: Siglo XXI.

4.7. *Multipolarización: las nuevas relaciones con Asia*

THOMAS LAW
PUC/USP, Ibrachina, Brasil[1]
thomas@thomaslaw.com.br

LUCAS FERNANDES DA COSTA[2]
Universidade de São Paulo, Brasil
lucasfdacostaadv@gmail.com

1. INTRODUCCIÓN

La multipolarización, en el contexto geopolítico actual, emerge como un fenómeno significativo que redefine las dinámicas de poder a nivel mundial. Este fenómeno se caracteriza por la presencia y la influencia de múltiples polos de poder, en contraste con la anterior hegemonía unipolar[3]. La transición hacia un orden multipolar ha desencadenado transformaciones sustanciales en las relaciones internacionales, afectando la toma de decisiones políticas, la economía global y la dinámica de la seguridad internacional[4].

En este escenario, es imperativo analizar las razones subyacentes que han propiciado la multipolarización. La disminución de la influencia unilateral de ciertos actores, combinada con el ascenso de nuevas potencias, ha alterado la ecuación geopolítica de manera fundamental. Factores eco-

---

1 Doctor en Derecho Internacional por la PUC/Brasil. Actualmente en estagio posdoctoral en la Universidad de São Paulo (USP), Brasil. Presidente del Instituto Sociocultural Brasil-China.

2 Doctor en Ciencias Humanas (Integración Latinoamericana) por la USP, Brasil. Actualmente en estagio posdoctoral en la Universidad de São Paulo (USP), Brasil

3 CREUTZFELDT, Benjamin. China en América Latina: seguimiento de la evolución. *CS*, n. 14, p. 19-45, 2014. p. 20-21.

4 RIKLES, Carlos Daniel Malamud. China y América Latina:¿qué esperan los unos de los otros? *Anuario Asia-Pacífico*, n. 1, p. 103-114, 2006. p. 108-109.

nómicos, tecnológicos y políticos convergen para moldear un panorama en el que diversas naciones contribuyen al diseño del nuevo orden mundial[5].

Además, es esencial comprender cómo la multipolarización impacta directamente en la autonomía y la capacidad de decisión de los países. Este cambio de paradigma no solo redefine las relaciones entre las potencias tradicionales, sino que también abre espacios para que países emergentes y en desarrollo desempeñen un papel más relevante en la configuración de políticas globales[6].

Al explorar la contextualización de la multipolarización, se busca desentrañar las complejidades de las interacciones entre los diferentes polos de poder. La comprensión de este contexto no solo proporciona una visión clara de los desafíos actuales, sino que también sienta las bases para explorar las oportunidades que se presentan en un mundo multipolar. Este análisis se convierte en el punto de partida esencial para abordar la interacción específica de estas dinámicas con las relaciones de América Latina con Asia, un aspecto fundamental que este capítulo abordará en profundidad[7].

La importancia de las relaciones con Asia en el contexto de la multipolarización radica en la emergencia de este continente como un actor central en la configuración del nuevo orden mundial. Asia, hogar de economías pujantes y potencias globales, desempeña un papel crucial en la redefinición de las dinámicas internacionales. Este papel no solo se limita a lo económico, sino que abarca áreas como la política, la seguridad y la innovación tecnológica[8].

Desde una perspectiva económica, la ascensión de Asia ha sido extraordinaria. Países como China e India han experimentado un crecimiento económico vertiginoso, convirtiéndose en motores principales de la economía global. La interconexión de las economías asiáticas con otras regiones del mundo ha creado una red compleja de relaciones comerciales, inver-

---

5 ROETT, Riordan. China's deepening ties with Latin America: A work in progress. In: *A Handbook of China's International Relations.* Routledge, 2012. p. 200-208. p. 203-204.

6 OVIEDO, Eduardo. Las relaciones entre China y América Latina: una visión contextualizadora. *Colección de Estudios Iberoamericanos*, p. 36-65, 2016. p. 38-39.

7 LOBATO, Montserrat Pintado. Las relaciones entre China y América Latina y el Caribe?Un nuevo modelo de cooperación o una forma de neocolonialismo. *América Latina en la turbulencia global: oportunidades, amenazas y desafíos*, p. 79-89, 2013. p. 82-83.

8 CREUTZFELDT, Benjamin. Ob. cit. p. 23.

siones y cooperación financiera, lo que contribuye significativamente a la estabilidad y el desarrollo global[9].

En el ámbito político, la influencia de Asia se refleja en su participación activa en foros internacionales y en la búsqueda de soluciones a desafíos globales. La diplomacia asiática ha adquirido una relevancia cada vez mayor, con países de la región desempeñando papeles clave en la mediación de conflictos y la promoción de la gobernanza global. La voz de Asia resuena en temas que van desde el cambio climático hasta la seguridad cibernética, demostrando su impacto en la agenda mundial[10].

La seguridad también se ve moldeada por las relaciones con Asia en el contexto multipolar. La presencia de potencias nucleares y tensiones regionales resalta la complejidad de la seguridad global. Además, la cooperación en temas de seguridad, incluida la lucha contra el terrorismo y la gestión de crisis, se vuelve esencial en un mundo donde los desafíos trascienden las fronteras nacionales[11].

Finalmente, la innovación y la tecnología son áreas donde Asia despierta un interés significativo en el contexto multipolar. Con avances tecnológicos rápidos, la región se ha convertido en un centro de investigación y desarrollo, influyendo en sectores que van desde la inteligencia artificial hasta la biotecnología. La colaboración en estas áreas no solo impulsa la competitividad global, sino que también plantea desafíos éticos y de seguridad que deben abordarse de manera conjunta[12].

En resumen, la importancia de las relaciones con Asia en la era de la multipolarización abarca dimensiones económicas, políticas, de seguridad y tecnológicas, haciendo indispensable un análisis detallado de la interacción entre las distintas regiones del mundo para comprender y enfrentar los desafíos y oportunidades emergentes.

En el marco de la multipolarización, es fundamental definir los objetivos y el alcance de este estudio, que busca comprender las nuevas dinámicas de las relaciones internacionales, específicamente en el contexto de las interacciones entre América Latina y Asia. Este análisis se propone explorar en profundidad los cambios estructurales que han llevado a la

---

9 RIKLES, Carlos Daniel Malamud. Ob. cit. p. 111-112.

10 ROETT, Riordan. Ob. cit. p. 205.

11 OVIEDO, Eduardo. Ob. cit. p. 41-42.

12 LOBATO, Montserrat Pintado. Ob. cit. p. 85.

configuración de un orden multipolar, centrándose en la relevancia de las relaciones con Asia en este escenario dinámico[13].

1.1. Objetivos del estudio

Analizar los Fundamentos de la Multipolarización: Este estudio se propone examinar las raíces y motivaciones detrás del surgimiento del orden multipolar, identificando factores económicos, políticos y sociales que han contribuido a la disolución de la anterior hegemonía unipolar.

Evaluar el Rol de Asia en la Configuración Multipolar: Se busca comprender en detalle cómo las naciones asiáticas, lideradas por potencias como China e India, han desempeñado un papel crucial en la transformación de las dinámicas globales, tanto en el ámbito económico como en el político.

Examinar el Impacto en las Relaciones Bilaterales: El estudio se centra en las relaciones específicas entre América Latina y Asia, evaluando cómo la multipolarización ha afectado la naturaleza y la dirección de estas interacciones. Se explorarán cambios en términos de comercio, cooperación diplomática y proyectos conjuntos.

1.2. Alcance del estudio

Geográfico: El enfoque geográfico abarcará América Latina y Asia, destacando las interacciones entre estas dos regiones en un contexto multipolar. Se examinarán casos de estudios específicos para ilustrar tendencias y patrones.

Temporal: El estudio abarcará un período significativo, desde los antecedentes de la multipolarización hasta las tendencias actuales, con el objetivo de proporcionar una visión integral de la evolución de las relaciones en un mundo cambiante.

Multidisciplinario: Se emplearán enfoques multidisciplinarios, integrando análisis económicos, políticos, culturales y de seguridad para obtener una comprensión holística de la dinámica multipolar y su impacto en las relaciones entre América Latina y Asia.

En síntesis, este estudio pretende arrojar luz sobre los fenómenos subyacentes a la multipolarización, con un enfoque específico en las relaciones

---

[13] Idem. Ob. cit. p. 86-87.

entre América Latina y Asia, contribuyendo así a la comprensión más amplia de las transformaciones en el escenario internacional contemporáneo.

2. ANTECEDENTES DE LA MULTIPOLARIZACIÓN

2.1. Evolución del orden mundial

La evolución del orden mundial hacia una configuración multipolar ha sido un proceso complejo, influenciado por diversos eventos históricos y cambios estructurales en la dinámica internacional. En las décadas posteriores a la Segunda Guerra Mundial, el escenario estaba dominado por la bipolaridad, con dos superpotencias, Estados Unidos y la Unión Soviética, disputando la supremacía global. Sin embargo, a medida que avanzaba el siglo XX, esta bipolaridad comenzó a dar paso a un panorama más diverso[14].

El colapso de la Unión Soviética a finales de la década de 1980 marcó un hito crucial en la transición hacia la multipolarización. La desaparición del bloque comunista no solo puso fin a la Guerra Fría, sino que también dejó espacio para la emergencia de nuevas potencias y la reconfiguración de las alianzas geopolíticas. Estados Unidos, aunque mantuvo su posición como superpotencia, ya no monopolizaba la toma de decisiones globales de la manera que lo hizo durante la Guerra Fría[15].

La globalización, impulsada por avances tecnológicos y económicos, también desempeñó un papel significativo en la creación de un orden multipolar. Las interconexiones económicas y la rápida difusión de la información transformaron el mundo en una red compleja de relaciones, donde las naciones emergentes ganaron protagonismo en el escenario internacio nal. El auge económico de países asiáticos, en particular, ha contribuido de manera destacada a esta transformación[16].

Otro factor crucial en la evolución hacia la multipolarización es la creciente importancia de organizaciones internacionales y regionales. Instituciones como la Unión Europea, la ASEAN y el BRICS han ganado influencia, actuando como actores clave en la toma de decisiones y promoviendo

---

14 GÜRCAN, Efe Can. *Multipolarization, south-south cooperation and the rise of post-hegemonic governance.* Routledge, 2019. p. 14-15.

15 Idem. Ob. cit. p. 15.

16 Idem. Ob. cit. p. 15-16.

la cooperación multilateral. Este cambio hacia un sistema más descentralizado ha redistribuido el poder de manera más equitativa entre diversas regiones[17].

Es importante señalar que la multipolarización no implica necesariamente la desaparición de desafíos globales, sino más bien la necesidad de abordarlos de manera colaborativa. Problemas como el cambio climático, la pobreza y los conflictos transnacionales requieren la participación coordinada de múltiples actores, lo que destaca la interdependencia inherente en un mundo multipolar[18].

En resumen, la evolución del orden mundial hacia la multipolarización ha sido impulsada por la transformación de antiguas estructuras, eventos históricos clave y la emergencia de nuevas potencias. Este cambio ha generado un entorno internacional más complejo y matizado, donde la interconexión y la cooperación son esenciales para abordar los desafíos contemporáneos.

2.2. Factores impulsores de la multipolarización

La multipolarización, como fenómeno en constante evolución, se encuentra intrínsecamente vinculada a una serie de factores impulsores que han moldeado la transformación del orden mundial. Estos factores, interrelacionados y complejos, han desempeñado un papel determinante en la transición de un sistema bipolar a uno multipolar, marcando una nueva era en las relaciones internacionales[19].

2.2.1. Transformaciones económicas y comerciales

La ascensión de potencias económicas, especialmente en Asia, ha sido un catalizador fundamental de la multipolarización. China e India, entre otros, han experimentado un crecimiento económico exponencial, alterando significativamente el equilibrio de poder. La globalización ha facili-

---

17 Idem. Ob. cit. p. 16.

18 Idem. Ob. cit. p. 17.

19 GNERRE, Orazio Maria et al. US INTERNATIONAL POLICY BETWEEN THE NEO-MONROISM AND WORLD OPENNESS: THE IX SUMMIT OF THE AMERICAS IN THE AGE OF MULTIPOLARIZATION. *Przegląd Geopolityczny*, n. 41, p. 90-102, 2022. p. 91.

tado la interconexión de economías, creando una red económica mundial que no solo depende de los tradicionales centros occidentales, sino que también abraza la diversidad de actores económicos emergentes[20].

2.2.2. Avances tecnológicos y conectividad

El desarrollo tecnológico acelerado ha contribuido a la descentralización del poder en el escenario internacional. La revolución digital, la inteligencia artificial y las comunicaciones instantáneas han reducido las barreras geográficas y fortalecido la capacidad de países antes considerados periféricos para participar activamente en la toma de decisiones globales. La capacidad de acceso a la información y la innovación tecnológica se han convertido en factores clave para determinar la influencia en un mundo multipolar[21].

2.2.3. Cambios en la configuración política y diplomática

La multipolarización también ha sido impulsada por transformaciones en la configuración política y diplomática. La formación de bloques y alianzas regionales, como la Unión Europea, la ASEAN y el BRICS, ha creado contrapesos significativos a la influencia unilateral. La diplomacia multilateral y la búsqueda de intereses compartidos se han vuelto esenciales para abordar problemas globales, rompiendo con la lógica de confrontación inherente a la bipolaridad de la Guerra Fría[22].

2.2.4. Desafíos transnacionales y la necesidad de colaboración

La multiplicidad de desafíos globales, desde el cambio climático hasta la seguridad cibernética, demanda una respuesta colectiva. La interdependencia de las naciones en un mundo multipolar resalta la necesidad de colaboración en la resolución de problemas que trascienden las fronteras nacionales. La incapacidad de un solo actor para abordar estos desafíos

---

20 Idem. Ob. cit. p. 91-92.

21 Idem. Ob. cit. p. 92.

22 Idem. Ob. cit. p. 92-93.

refuerza la importancia de una estructura multipolar para la estabilidad y la seguridad globales[23].

2.2.5. Cambios en la estructura demográfica

La demografía también desempeña un papel en la redistribución de poder. El crecimiento poblacional en ciertas regiones, como Asia, ha contribuido al dinamismo económico y político de estas áreas, otorgándoles una mayor voz en los asuntos internacionales[24].

En conjunto, estos factores impulsores han convergido para crear un entorno propicio para la multipolarización. La interacción compleja de elementos económicos, tecnológicos, políticos y demográficos ha dado forma a un escenario global donde la diversidad y la colaboración son elementos fundamentales en la redefinición del orden mundial. Este análisis de los factores impulsores proporciona una base sólida para comprender la dinámica actual de las relaciones internacionales en un contexto multipolar en constante evolución.

2.3. Cambios en la dinámica global

La transición hacia un orden mundial multipolar ha sido impulsada por una serie de cambios profundos en la dinámica global. Estos cambios, en su conjunto, han dado forma a un escenario internacional más complejo y diverso, rompiendo con las estructuras previamente dominadas por la bipolaridad de la Guerra Fría. Analizar los cambios en la dinámica global es esencial para comprender la naturaleza y el alcance de la multipolarización actual[25].

---

23 SARTAJ, Reza. The US/Russia/China in new global system of international relations. *International Journal of Business Management and Entrepreneurship,* v. 1, n. 3, p. 29-34, 2022. p. 30-31.

24 Idem. Ob. cit. p. 32.

25 ŠTERBENC, Primož. The Emergence of the Multipolar Global Order and the Role of the People's Republic of China. *Management,* v. 16, n. 1, p. 31-38, 2021. p. 32-33.

2.3.1. Desplazamiento de centros de poder

Uno de los cambios más notables en la dinámica global ha sido el desplazamiento de los centros de poder. Si bien Estados Unidos y Europa occidental mantenían históricamente una posición dominante, el ascenso de potencias en Asia, como China e India, ha reconfigurado el mapa geopolítico. Esta redistribución de influencia ha generado un equilibrio más equitativo, donde múltiples actores contribuyen significativamente a la toma de decisiones globales[26].

2.3.2. Multiplicidad de actores y organizaciones

La dinámica global se ha visto alterada por la multiplicidad de actores y organizaciones que desempeñan roles cruciales. Organizaciones regionales y grupos de naciones, como la Unión Europea, la ASEAN y el BRICS, han emergido como actores con influencia propia. Esta diversidad de participantes introduce un componente de complejidad y multilateralismo en la toma de decisiones, alejándose de la antigua lógica bipolar[27].

2.3.3. Interconexión económica y dependencia global

La economía global ha experimentado una transformación significativa con la creciente interconexión entre las naciones. La dependencia económica mutua, impulsada por la globalización, ha creado una red compleja de relaciones comerciales e intercambios financieros. La ascensión de mercados emergentes ha desafiado la hegemonía económica tradicional, contribuyendo a la configuración de un orden multipolar donde diversas economías desempeñan roles clave[28].

2.3.4. Transformaciones tecnológicas y ciberseguridad

El avance tecnológico ha sido un motor clave de la multipolarización. El desarrollo de tecnologías de la información, inteligencia artificial y ciberseguridad ha nivelado el campo de juego, permitiendo a países con capacidades tecnológicas avanzadas influir en la toma de decisiones globales.

---

26 Idem. Ob. cit. p. 33.

27 Idem. Ob. cit. p. 33-34.

28 Idem. Ob. cit. p. 34.

La competencia por la supremacía tecnológica ha añadido una dimensión estratégica a la dinámica multipolar[29].

2.3.5. Desafíos globales y necesidad de cooperación

La aparición de desafíos globales, como el cambio climático, la pandemia de COVID-19 y las amenazas cibernéticas, ha destacado la necesidad imperativa de cooperación internacional. Estos problemas trascienden las fronteras nacionales y requieren respuestas concertadas, subrayando la interdependencia en un mundo multipolar. La capacidad de abordar estos desafíos también se ha convertido en un factor determinante en la configuración del nuevo orden mundial[30].

En conjunto, estos cambios en la dinámica global han convergido para impulsar la multipolarización, marcando el fin de la era de la bipolaridad y dando paso a un escenario donde la diversidad de actores, la interconexión económica y los desafíos globales moldean las relaciones internacionales. Este análisis detallado de los cambios en la dinámica global proporciona una comprensión más profunda de la complejidad de la transición hacia un orden multipolar en el siglo XXI.

3. EL PAPEL DE ASIA EN LA MULTIPOLARIZACIÓN

3.1. Ascenso económico de Asia

El ascenso económico de Asia ha sido un fenómeno trascendental en la reconfiguración del orden mundial hacia una estructura multipolar. La región, que alguna vez fue percibida como un receptor de ayuda externa, se ha transformado en un motor económico global, desafiando las concepciones tradicionales y redefiniendo la distribución de la influencia económica a nivel internacional[31].

---

29 BUENO, Gatsby; HAZ, Lídice. Ciberseguridad post Covid-19 y su impacto en las pymes del Ecuador. *Pro Sciences: Revista de Producción, Ciencias e Investigación*, v. 6, n. 46, p. 103-120, 2022. p. 104-105.

30 Idem. Ob. cit. p. 111-112.

31 JUNG, Hsiung-Shen; CHEN, Jui-Lung. Impact of the US "Indo-Pacific strategy" and "Pivot to Asia" and China's "belt and road initiative" on Sino-US political and economic relations. *International Business Research*, v. 12, n. 6, p. 11-22, 2019. p. 11-12.

3.1.1. China como motor económico global

El epicentro de este ascenso económico es, sin duda, China. Con un crecimiento económico sostenido durante décadas, el país ha superado obstáculos para convertirse en la segunda economía más grande del mundo. Su estrategia de apertura al comercio internacional y la inversión en infraestructuras ha contribuido no solo al desarrollo interno sino también a la transformación de la economía global. La *Belt and Road Initiative* (BRI) es un ejemplo paradigmático de cómo China busca fortalecer la conectividad económica y comercial a nivel mundial[32].

3.1.2. Diversificación y desarrollo en Asia

Además de China, otros países asiáticos han experimentado un crecimiento económico significativo. India, por ejemplo, ha emergido como una potencia económica en constante expansión, especialmente en sectores como la tecnología de la información y los servicios. Japón, Corea del Sur y naciones del sudeste asiático también han desempeñado papeles destacados en la creación de una dinámica económica regional robusta. La diversificación económica en Asia ha contribuido a su capacidad para resistir choques económicos globales y ha fortalecido su posición en la escena mundial[33].

3.1.3. Redefinición de las cadenas de suministro y comercio

El ascenso económico de Asia ha impulsado la reconfiguración de las cadenas de suministro y el comercio internacional. La región se ha convertido en un nodo central en la red de intercambios comerciales, aprovechando sus ventajas competitivas en la producción manufacturera y la tecnología. Esta redefinición no solo ha beneficiado a los países asiáticos, sino que también ha tenido un impacto directo en la toma de decisiones económicas a nivel mundial[34].

---

32 LEGRÁ, C. Elaine Valton et al. La geopolítica de Asia-Pacífico: dinámicas y disputas tecnológicas entre Estados Unidos y China. *Revista Política Internacional*, v. 5, n. 2, p. 6-18, 2023. p. 7-8.

33 Idem. Ob. cit. p. 9.

34 Idem. Ob. cit. p. 9-10.

3.1.4. Implicaciones para América Latina

El ascenso económico de Asia tiene implicaciones significativas para América Latina. La región ha encontrado en Asia un mercado clave para sus productos, impulsando las exportaciones y fomentando la cooperación económica. Sin embargo, también plantea desafíos, especialmente en términos de competencia en los mercados globales y la necesidad de diversificar las economías latinoamericanas para adaptarse a la nueva dinámica económica mundial[35].

3.1.5. Innovación y desarrollo tecnológico

Asia no solo ha sido un actor destacado en términos de crecimiento económico, sino que también ha emergido como líder en innovación y desarrollo tecnológico. Países como Corea del Sur y Japón son reconocidos por sus avances en sectores de alta tecnología[36]. China, por su parte, ha invertido considerablemente en investigación y desarrollo, liderando en áreas como inteligencia artificial, telecomunicaciones y energías renovables[37]. Este impulso tecnológico asiático contribuye no solo al desarrollo económico de la región sino también a su influencia global[38].

En conclusión, el ascenso económico de Asia ha sido un factor central en la multipolarización del orden mundial. La capacidad de la región para liderar el crecimiento económico, diversificar las economías y fomentar la innovación ha alterado las dinámicas económicas globales y ha redefinido el papel de Asia en el escenario internacional del siglo XXI.

3.2. Influencia política en asuntos globales

El ascenso económico de Asia ha venido acompañado de una creciente influencia política en los asuntos globales, marcando una transición significativa en la dinámica de poder a nivel internacional. La región no solo se ha consolidado como un motor económico, sino que también ha emergido

---

35 LEGRÁ, C. Elaine Valton et al. La geopolítica de Asia-Pacífico: dinámicas y disputas tecnológicas entre Estados Unidos y China. *Revista Política Internacional,* v. 5, n. 2, p. 6-18, 2023. p. 7.

36 Idem. Ob. cit. p. 8-9.

37 Idem. Ob. cit. p. 10.

38 Idem. Ob. cit. p. 11-12.

como un actor político clave, participando activamente en la toma de decisiones y la configuración de la agenda global[39].

3.2.1. Diplomacia activa y participación en organismos internacionales

Asia ha adoptado una postura de diplomacia activa, participando de manera cada vez más destacada en organismos internacionales y foros multilaterales. China, en particular, ha buscado fortalecer su presencia en instituciones como las Naciones Unidas, el G20 y la Organización Mundial del Comercio (OMC). Esta participación no solo refleja el peso político de la región sino que también busca influir en la formulación de políticas globales[40].

3.2.2. Mediación en conflictos regionales e internacionales

El ascenso político de Asia se manifiesta en su capacidad para desempeñar roles de mediación y resolución de conflictos. En la región, la diplomacia asiática ha intervenido en disputas territoriales y tensiones históricas, buscando estabilidad y cooperación. Además, Asia ha extendido su influencia en conflictos más allá de sus fronteras, participando en negociaciones internacionales para abordar crisis y promover la paz[41].

3.2.3. Desarrollo de alianzas estratégicas

La región asiática ha forjado alianzas estratégicas que refuerzan su influencia política. Acuerdos como la Asociación de Naciones del Sudeste Asiático (ASEAN), la Organización de Cooperación de Shanghai (OCS) y el BRICS son ejemplos de la consolidación de relaciones políticas y económicas que buscan contrarrestar la influencia unilateral y fomentar un orden mundial más equitativo[42].

---

39 MERINO, Gabriel Esteban; BILMES, Julián; BARRENENGOA, Amanda. Economía en el (des) orden mundial: ascenso de China, estancamiento del Norte Global y nuevo paradigma tecno-económico en disputa. *Cuadernos*, n. 5, p. 5-25, 2023. p. 6.

40 Idem. Ob. cit. p. 6-7.

41 Idem. Ob. cit. p. 7.

42 Idem. Ob. cit. p. 8.

3.2.4. Participación en temas globales sensibles

Asia ha asumido un papel destacado en la gestión de temas globales sensibles, desde la seguridad cibernética hasta el cambio climático. La región, con su diversidad de perspectivas y experiencias, aporta a la discusión global soluciones innovadoras y enfoques pragmáticos. Esta participación activa refleja la necesidad de una colaboración más inclusiva y diversificada en la toma de decisiones a nivel mundial[43].

3.2.5. Desafíos en la construcción de una identidad global

A pesar de los logros políticos, Asia enfrenta desafíos en la construcción de una identidad global colectiva. Las diferencias históricas, culturales y políticas entre los países asiáticos han generado tensiones en la búsqueda de objetivos comunes. Superar estas divergencias y construir una plataforma unificada es esencial para maximizar la influencia de Asia en los asuntos globales[44].

En síntesis, el ascenso político de Asia ha alterado significativamente la distribución de poder en la arena internacional. La región no solo se ha convertido en un actor económico clave, sino que también desempeña un papel crucial en la toma de decisiones políticas y la configuración de un orden mundial multipolar que refleja la diversidad y la interdependencia de las naciones a nivel global.

3.3. Contribuciones a la multipolarización

El ascenso de Asia a una posición central en la multipolarización global va más allá de su impacto económico y político; se manifiesta también en las diversas contribuciones que la región aporta al nuevo orden mundial. Estas contribuciones abarcan desde el fomento de la cooperación regional hasta la promoción de valores culturales, consolidando la posición de Asia como un actor fundamental en la construcción de un escenario internacional más complejo y equitativo[45].

---

43 Idem. Ob. cit. p. 8-9.

44 Idem. Ob. cit. p. 9-10.

45 VADELL, Javier Alberto. El Foro China-CELAC y el nuevo regionalismo para un mundo multipolar: desafíos para la Cooperación Sur-Sur. *Carta Internacional*, v. 13, n. 1, p. 6-37, 2018. p. 8.

3.3.1. Integración regional y cooperación multilateral

Asia ha liderado la integración regional y la cooperación multilateral, elementos esenciales en la configuración de un orden multipolar. Organizaciones como la ASEAN han promovido la paz, la estabilidad y el desarrollo económico en la región, sirviendo como ejemplo de cómo la colaboración entre naciones puede generar beneficios mutuos. La cooperación multilateral asiática se extiende también a iniciativas como el Foro de Cooperación Económica Asia-Pacífico (APEC) y el Tratado Integral y Progresista de Asociación Transpacífico (CPTPP), consolidando la participación activa de Asia en la construcción de estructuras regionales y globales más inclusivas[46].

3.3.2. Desarrollo sostenible y reducción de la brecha de desarrollo

El ascenso económico de Asia ha llevado consigo un compromiso significativo con el desarrollo sostenible y la reducción de la brecha de desarrollo. Países como China han demostrado un fuerte compromiso con la erradicación de la pobreza y el impulso de iniciativas de desarrollo económico inclusivo. Asimismo, la región ha sido pionera en la implementación de tecnologías y políticas que buscan abordar desafíos medioambientales y promover prácticas sostenibles, contribuyendo así a la construcción de un orden mundial más equitativo y consciente del medio ambiente[47].

3.3.3. Fomento de la diversidad cultural y soft power

Asia, con su rica diversidad cultural, ha promovido la importancia de la soft power en las relaciones internacionales. A través de expresiones culturales como el cine, la música y la gastronomía, la región ha proyectado una influencia global que va más allá de los confines geográficos. Este soft power no solo promueve la comprensión mutua entre las naciones, sino que también desafía la idea de una cultura global homogénea, destacando la riqueza y la variedad de las identidades culturales asiáticas[48].

---

[46] Idem. Ob. cit. p. 8-9.

[47] Idem. Ob. cit. p. 9.

[48] Idem. Ob. cit. p. 9-10.

3.3.4. Innovación y contribuciones tecnológicas

Asia se ha consolidado como un epicentro de innovación y desarrollo tecnológico, desempeñando un papel clave en la construcción de la vanguardia global. Países como Japón y Corea del Sur son reconocidos por su liderazgo en sectores de alta tecnología, mientras que China ha emergido como un gigante en áreas como inteligencia artificial, telecomunicaciones y energías renovables. Estas contribuciones tecnológicas no solo fortalecen la posición económica de Asia, sino que también influyen en la dirección de la innovación a nivel mundial[49].

3.3.5. Diplomacia de desarrollo y asistencia internacional

Asia ha adoptado una diplomacia de desarrollo proactiva, extendiendo asistencia internacional a países en desarrollo y desempeñando un papel fundamental en la lucha contra desafíos globales. La Iniciativa de la Franja y la Ruta (BRI) de China, por ejemplo, ha buscado mejorar la conectividad infraestructural y promover la cooperación económica en diversas regiones. Esta diplomacia de desarrollo contribuye a la creación de vínculos internacionales más sólidos y refuerza la posición de Asia como un actor comprometido con el bienestar global[50].

En resumen, las contribuciones de Asia a la multipolarización abarcan una amplia gama de aspectos, desde la promoción de la cooperación regional hasta la difusión de la diversidad cultural y el impulso de la innovación tecnológica. Estas acciones no solo han alterado las dinámicas globales, sino que también han influido en la narrativa y la dirección de la comunidad internacional en el siglo XXI.

4. DESAFÍOS Y OPORTUNIDADES PARA AMÉRICA LATINA EN EL CONTEXTO MULTIPOLAR

4.1. Desafíos en la adaptación a un escenario multipolar

América Latina se enfrenta a una serie de desafíos significativos en la adaptación a un escenario multipolar, donde Asia desempeña un papel

[49] Idem. Ob. cit. p. 10.

[50] LÁVUT, Anna A. La iniciativa China" La franja y la ruta" y los paises de America Latina y el Caribe. *Iberoamerica*, n. 2, p. 42-67, 2018. p. 43-44.

central. Estos desafíos abarcan desde la redefinición de alianzas estratégicas hasta la gestión de tensiones comerciales y la competencia por recursos, marcando un período de ajuste para la región en este nuevo panorama global[51].

4.1.1. Reconfiguración de alianzas estratégicas

La transición hacia un orden multipolar plantea la necesidad de reconfigurar las alianzas estratégicas de América Latina. Tradicionalmente vinculada a potencias occidentales, la región debe diversificar sus relaciones y establecer conexiones más sólidas con países asiáticos. Esto implica el desafío de equilibrar las relaciones existentes con nuevas asociaciones, adaptándose a la realidad de un mundo donde la influencia no está cen tralizada en un solo eje[52].

4.1.2. Tensiones comerciales y competencia económica

La creciente influencia económica de Asia también trae consigo tensiones comerciales y la necesidad de competir en mercados globales más dinámicos. América Latina enfrenta el desafío de fortalecer su competitividad y diversificar sus exportaciones para aprovechar las oportunidades en Asia, al mismo tiempo que se gestiona la competencia con economías asiáticas en sectores clave. La diversificación de la economía y la promoción de la innovación se vuelven imperativas en este contexto[53].

4.1.3. Gestión de recursos y desarrollo sostenible

La competencia por recursos naturales, como energía y materias primas, es un desafío crítico en un mundo multipolar. América Latina, con abundantes recursos, debe gestionar de manera eficiente su explotación y al mismo tiempo abordar cuestiones de sostenibilidad ambiental. La región se encuentra en la encrucijada de equilibrar el desarrollo económico

---

51 ORTIGOZA, Marianela Acuña et al. Ruta de la seda. Nuevas alianzas para la participación de América Latina. *Revista Venezolana de Gerencia*, v. 23, n. 83, p. 530-542, 2018. p. 531.

52 Idem. Ob. cit. p. 532-533.

53 Idem. Ob. cit. p. 534.

con la preservación del medio ambiente, especialmente considerando la demanda asiática por estos recursos[54].

4.1.4. Desafíos geopolíticos y seguridad

La reconfiguración del orden mundial también plantea desafíos geopolíticos y de seguridad para América Latina. Tensiones en otras partes del mundo pueden tener ramificaciones en la región, y la competencia entre grandes potencias puede afectar la estabilidad regional. América Latina debe desarrollar estrategias de política exterior que le permitan mantener su autonomía y seguridad en un contexto de mayor complejidad geopolítica[55].

4.1.5. Impacto en la identidad y cultura regional

El cambio hacia un escenario multipolar también puede tener implicaciones en la identidad y la cultura de América Latina. La influencia de diversas potencias, incluyendo las asiáticas, puede afectar la preservación de la diversidad cultural y la identidad regional. La región enfrenta el desafío de mantener su riqueza cultural mientras se adapta a la influencia global diversificada[56].

4.2. Oportunidades para la cooperación y el desarrollo

A pesar de los desafíos, la transición hacia un escenario multipolar también presenta oportunidades para América Latina en términos de cooperación y desarrollo. La región puede aprovechar estas oportunidades para fortalecer su posición en el ámbito global y diversificar sus vínculos económicos y políticos[57].

---

[54] Idem. Ob. cit. p. 536.

[55] Idem. Ob. cit. p. 537-538.

[56] Idem. Ob. cit. p. 539.

[57] Idem. Ob. cit. p. 539-540.

4.2.1. Diversificación de socios comerciales

La multipolarización ofrece a América Latina la oportunidad de diversificar sus socios comerciales, reduciendo la dependencia de mercados tradicionales. Establecer vínculos más estrechos con economías asiáticas puede abrir nuevos mercados para las exportaciones latinoamericanas y fomentar una mayor integración económica global[58].

4.2.2. Cooperación en desarrollo sostenible

La demanda asiática de recursos naturales brinda la oportunidad de establecer acuerdos de cooperación en desarrollo sostenible. América Latina puede trabajar en conjunto con países asiáticos para gestionar de manera responsable los recursos naturales, promoviendo prácticas sostenibles y contribuyendo al cumplimiento de objetivos ambientales globales[59].

4.2.3. Participación en iniciativas multilaterales

La participación activa en iniciativas multilaterales puede ser una oportunidad estratégica para América Latina. La región puede contribuir a la formulación de políticas y estrategias globales, participando en foros como el G20 y otros organismos multilaterales. Esto fortalecería su influencia en la toma de decisiones a nivel mundial[60].

4.2.4. Desarrollo de capacidades tecnológicas

La cooperación con Asia también puede impulsar el desarrollo de capacidades tecnológicas en América Latina. La transferencia de tecnología y la colaboración en investigación y desarrollo pueden ser pilares fundamentales para fortalecer la innovación en la región, mejorando su competitividad en sectores tecnológicos emergentes[61].

---

58 MENA, Francisco Carrión. LOS PROCESOS DE REGIONALIZACIÓN EN AMÉRICA LATINA: RETOS Y OPORTUNIDADES DE LA COMUNIDAD IBEROAMERICANA: PERSPECTIVA DESDE LA CAN. *Iberoamérica y el nuevo regionalismo*, p. 101-122, 2016. p. 101.

59 Idem. Ob. cit. p. 102-103.

60 Idem. Ob. cit. p. 104.

61 Idem. Ob. cit. p. 110.

4.2.5. Fortalecimiento de la identidad y cultura

En lugar de ver la influencia global como una amenaza para la identidad y la cultura, América Latina puede aprovecharla como una oportunidad para fortalecer su diversidad cultural. El intercambio cultural con Asia y otras regiones puede enriquecer la identidad latinoamericana, promoviendo la comprensión mutua y la cooperación en el escenario global[62].

4.2.6. Colaboración en ciencia y educación

La cooperación en ciencia y educación puede ser una piedra angular para el desarrollo sostenible. Establecer programas conjuntos de investigación, intercambios académicos y colaboraciones en el ámbito educativo puede fortalecer las capacidades intelectuales de América Latina. La formación de profesionales altamente capacitados en campos científicos y tecnológicos impulsaría la innovación regional y contribuiría al avance global del conocimiento[63].

En conclusión, los desafíos y oportunidades que presenta la transición hacia un orden multipolar requieren que América Latina adopte estrategias flexibles y proactivas. La región puede capitalizar las oportunidades para diversificar sus relaciones y fomentar el desarrollo sostenible, al tiempo que enfrenta los desafíos geopolíticos y económicos inherentes a este nuevo escenario global.

4.3. Desafíos en la construcción de una identidad regional frente a la influencia asiática

La influencia creciente de Asia en el escenario global plantea desafíos particulares para América Latina en la construcción y preservación de su identidad regional. Estos desafíos no solo involucran la preservación de la riqueza cultural latinoamericana, sino también la gestión de las dinámicas sociales, económicas y políticas que pueden surgir ante la creciente presencia asiática en la región[64].

---

62 Idem. Ob. cit. p. 114-115.

63 Idem. Ob. cit. p. 117-118.

64 CHAVES GARCÍA, Carlos Alberto. Aproximación teórica y conceptual para el análisis de la Alianza del Pacífico. *Desafíos*, v. 30, n. 1, p. 21-45, 2018. p. 22.

4.3.1. Preservación de la diversidad cultural

Uno de los desafíos fundamentales radica en la preservación de la diversidad cultural latinoamericana en un entorno globalizado. La influencia asiática, si no se gestiona adecuadamente, podría generar tensiones en la identidad regional. Es imperativo desarrollar estrategias que fomenten la valoración y promoción de las distintas expresiones culturales latinoamericanas, garantizando que la influencia externa no erosioné la riqueza de la herencia cultural[65].

4.3.2. Integración de valores y tradiciones

La integración de valores y tradiciones asiáticas en la vida cotidiana de América Latina puede generar cambios significativos en la forma en que la sociedad se percibe a sí misma. La coexistencia de diversas influencias culturales puede ser una oportunidad para enriquecer la identidad regional, pero también plantea el desafío de encontrar un equilibrio que permita la integración sin comprometer la autenticidad cultural[66].

4.3.3. Desafíos socioeconómicos y desigualdades

La creciente presencia asiática también podría intensificar desafíos socioeconómicos y desigualdades en América Latina. Si no se gestionan de manera adecuada, las relaciones económicas asimétricas podrían generar tensiones y contribuir a disparidades regionales. Es crucial desarrollar políticas que promuevan una integración económica equitativa, evitando la concentración de beneficios en determinados sectores o grupos sociales[67].

4.3.4. Adaptación a modelos de desarrollo alternativos

La influencia asiática trae consigo modelos de desarrollo alternativos que desafían las concepciones tradicionales. América Latina se enfrenta al reto de adaptarse a enfoques económicos y políticos diferentes, evaluando cómo pueden ser incorporados de manera efectiva en su propia estructura. La capacidad de adaptación a nuevas ideas y prácticas de desarrollo será

---

65 Idem. Ob. cit. p. 22-23.

66 Idem. Ob. cit. p. 24.

67 Idem. Ob. cit. p. 26.

esencial para aprovechar las oportunidades que surgen de la cooperación con Asia[68].

4.3.5. Desafíos en la autonomía política y geopolítica

El fortalecimiento de relaciones políticas con Asia puede tener implicaciones en la autonomía política y geopolítica de América Latina. La región se encuentra en la encrucijada de equilibrar alianzas estratégicas con diferentes regiones sin comprometer su independencia. La gestión hábil de relaciones políticas será esencial para garantizar que la región no se vea atrapada en tensiones geopolíticas externas que podrían afectar su estabilidad y autonomía[69].

4.3.6. Construcción de una narrativa regional positiva

América Latina enfrenta el desafío de construir una narrativa regional positiva que celebre su diversidad y resiliencia. En un contexto multipolar, donde las impresiones globales a menudo son dominadas por actores poderosos, es esencial que la región articule su propia historia y visión del mundo. Esto implica no solo resistir las influencias externas que podrían distorsionar la imagen del continente, sino también promover una imagen auténtica y positiva de sí misma[70]. La idea de que existe una naturaleza intocable (que a la vez es explotada por empresas no-latinoamericanas) y un pueblo no tan capacitado para el trabajo tecnológico es la fórmula ideal para que América Latina siga siendo la región empobrecida por su voluntad y eternamente encargada de la función global de suministrar *raw material*, la materia prima básica de poco valor agregado.

4.4. Oportunidades para la creación de vínculos y cooperación cultural

A pesar de los desafíos en la construcción de una identidad regional frente a la influencia asiática, las oportunidades para la creación de vínculos y la cooperación cultural son inmensas y estratégicas. América Latina tiene la posibilidad de aprovechar estas oportunidades para fortalecer su

---

68 Idem. Ob. cit. p. 31.

69 Idem. Ob. cit. p. 34-35.

70 Idem. Ob. cit. p. 38.

identidad única en un contexto multipolar, construyendo puentes culturales significativos y fomentando la comprensión mutua entre las diversas regiones del mundo[71].

4.4.1. Colaboración en ciencia y educación

La colaboración en ciencia y educación emerge como un componente esencial para fortalecer los lazos culturales y promover la comprensión mutua. Facilitar intercambios académicos, programas de investigación conjunta y colaboraciones en instituciones educativas puede no solo impulsar el conocimiento y la innovación, sino también tejer una red sólida de relaciones intelectuales que trascienda las fronteras culturales[72].

4.4.2. Desarrollo de iniciativas culturales conjuntas

El impulso de iniciativas culturales conjuntas se revela como una estrategia fundamental para preservar y enriquecer la identidad regional. Proyectos que celebren la diversidad cultural latinoamericana y asiática, como festivales, exposiciones y programas artísticos conjuntos, pueden construir un tejido cultural compartido que trascienda las diferencias, promoviendo la apreciación mutua y la colaboración duradera[73].

4.4.3. Fortalecimiento de organizaciones culturales regionales

El fortalecimiento de organizaciones culturales regionales emerge como un catalizador clave para la promoción de la identidad latinoamericana. Estas organizaciones pueden desempeñar un papel crucial en la preservación de la diversidad cultural, la promoción del diálogo intercultural y la defensa de la autonomía cultural de la región. Al apoyar estas instituciones, América Latina puede construir una plataforma robusta para la promoción y preservación de su riqueza cultural en el escenario global[74].

---

[71] VATTUONE, Ximena RONCAL. Desafíos de la integración en América Latina en un escenario de pre-inicio del Nuevo Orden Mundial. *Mujer y Políticas Públicas,* v. 1, n. 1, p. 15-31, 2022. p. 15-16.

[72] Idem. Ob. cit. p. 19-20.

[73] Idem. Ob. cit. p. 24-25.

[74] Idem. Ob. cit. p. 28-29.

En conclusión, el desafío de construir una identidad regional resiliente en medio de la influencia global diversificada puede ser abordado de manera efectiva mediante la colaboración cultural y educativa. América Latina tiene la oportunidad no solo de resistir las influencias externas que podrían erosionar su identidad, sino también de utilizar la diversidad cultural como un activo estratégico para fortalecer sus vínculos con Asia y otras regiones del mundo. Al fomentar la cooperación y el intercambio en los ámbitos académico y cultural, la región puede construir puentes significativos que promuevan un entendimiento profundo y enriquecedor entre las distintas culturas, contribuyendo así a la construcción de un mundo multipolar basado en la diversidad y el respeto mutuo.

5. PERSPECTIVAS FUTURAS Y ESTRATEGIAS PARA AMÉRICA LATINA EN EL CONTEXTO MULTIPOLAR

El panorama multipolar plantea diversas perspectivas y desafíos para América Latina, pero también abre oportunidades estratégicas para el desarrollo sostenible, la cooperación regional y la consolidación de su posición en el escenario global. Para abordar de manera efectiva esta realidad cambiante, es esencial que la región adopte estrategias innovadoras y adaptativas que promuevan un crecimiento equitativo y fortalezcan su participación activa en el ámbito internacional[75].

5.1. Estrategias para la integración económica y comercial

5.1.1. Diversificación de exportaciones

América Latina puede fortalecer su posición en el comercio global diversificando sus exportaciones y productos. Identificar sectores clave en los que la región tiene ventajas competitivas y promover la innovación en estas áreas puede aumentar su atractivo para los mercados asiáticos y otros mercados emergentes[76].

---

75 SCHULZ, Juan Sebastián. La Nueva Ruta de la Seda en América Latina y el Caribe:¿Oportunidad multipolar o nueva colonialidad dependiente? In: *el@ tina.* Universidad de Buenos Aires. Facultad de Ciencias Sociales. Instituto de Investigaciones Gino Germani, 2021. p. 1-4. p. 1-2.

76 MARCHINI, Geneviève. La Alianza del Pacífico a ocho años de su creación. Balance crítico y perspectivas. *Anuario Latinoamericano-Ciencias Políticas y Relaciones*

5.1.2. Alianzas comerciales estratégicas

La formación de alianzas comerciales estratégicas con países asiáticos y otros actores clave puede ser esencial para fortalecer la integración económica. Acuerdos bilaterales y multilaterales bien estructurados pueden facilitar el intercambio de bienes y servicios, al tiempo que promueven el desarrollo conjunto de infraestructuras y la colaboración en sectores estratégicos[77].

5.1.3. Promoción de inversiones extranjeras

Facilitar un entorno propicio para las inversiones extranjeras es crucial para aprovechar las oportunidades de crecimiento económico. América Latina puede implementar políticas que fomenten la inversión en sectores estratégicos, garantizando la sostenibilidad y el beneficio mutuo. La colaboración con inversionistas asiáticos puede ser especialmente fructífera en áreas como la infraestructura, tecnología y energías renovables[78].

5.2. Fortalecimiento de la cooperación regional

5.2.1. Integración y colaboración en infraestructuras

La cooperación regional en el desarrollo de infraestructuras puede potenciar la conectividad y la integración económica. Proyectos conjuntos que mejoren la infraestructura de transporte, energía y comunicaciones pueden facilitar el flujo de bienes y servicios entre los países latinoamericanos y fortalecer su posición en la cadena de valor global[79].

5.2.2. Cooperación en desafíos comunes

América Latina puede abordar desafíos comunes, como la pobreza, el cambio climático y la seguridad regional, mediante la cooperación re-

---

Internacionales, v. 7, p. 75-109, 2019. p. 76-77.

77 Idem. Ob. cit. p. 78.

78 Idem. Ob. cit. p. 81.

79 PIRES, Marcos Cordeiro. EURASIA Y AMÉRICA LATINA EN UN MUNDO MULTIPOLAR (SERBIN, Andrés). *Mundo e Desenvolvimento: Revista do Instituto de Estudos Econômicos e Internacionais*, v. 3, n. 4, p. 234-237, 2020. p. 234-235.

gional. La implementación de estrategias conjuntas y el intercambio de mejores prácticas pueden generar soluciones más efectivas y fortalecer la resiliencia de la región frente a retos emergentes[80].

5.2.3. Fortalecimiento de organismos regionales

El fortalecimiento de organismos regionales, como la Comunidad de Estados Latinoamericanos y Caribeños (CELAC) y la Unión de Naciones Suramericanas (UNASUR), puede potenciar la voz y la influencia de América Latina en asuntos globales. Reforzar estos organismos como plataformas para la coordinación y toma de decisiones regional puede consolidar la posición de la región en la arena internacional[81].

5.3. Promoción de la innovación y el desarrollo tecnológico

5.3.1. Inversión en investigación y desarrollo

El fomento de la innovación y el desarrollo tecnológico requiere una inversión significativa en investigación y desarrollo. América Latina puede establecer políticas que incentiven la inversión privada y pública en sectores tecnológicos emergentes, fortaleciendo así su capacidad para competir en un entorno global cada vez más tecnológico[82].

5.3.2. Colaboración en ciencia y tecnología

La cooperación en ciencia y tecnología con países asiáticos puede acelerar el progreso regional. Establecer programas conjuntos de investigación, intercambios académicos y colaboraciones en proyectos innovadores puede no solo impulsar el avance tecnológico en la región, sino también fortalecer las relaciones entre las comunidades científicas de América Latina y Asia[83].

---

80 Idem. Ob. cit. p. 235.

81 RABELO, Felipe Nagual Paranhos. Alcance y perspectivas de UNASUR y CELAC como expresiones de la resiliencia y autonomía del regionalismo latinoamericano. *Boletim de Conjuntura (BOCA)*, v. 15, n. 43, p. 194-220, 2023. p. 195-196.

82 Idem. Ob. cit. p. 199.

83 Idem. Ob. cit. p. 205.

5.4. Desarrollo de estrategias diplomáticas flexibles

5.4.1. Diplomacia multidireccional

Una estrategia diplomática que considere múltiples direcciones puede ser clave para equilibrar las relaciones con diversas potencias. América Latina puede adoptar un enfoque diplomático equitativo, manteniendo relaciones cercanas con actores asiáticos, europeos y norteamericanos para maximizar su influencia en asuntos globales[84].

5.4.2. Participación activa en foros internacionales

La participación activa en foros internacionales, como las Naciones Unidas, el G20 y la Organización Mundial del Comercio, puede fortalecer la voz de América Latina en la toma de decisiones globales. Contribuir a la formulación de políticas y la búsqueda de soluciones a desafíos globales puede consolidar la posición de la región como un actor proactivo y comprometido[85].

5.5. Promoción de la educación y la cultura

5.5.1. Fomento de programas educativos

Promover programas educativos que fomenten el entendimiento intercultural y el aprendizaje de idiomas asiáticos puede ser crucial. Estos programas no solo facilitarían la comunicación y colaboración, sino que también prepararían a la juventud latinoamericana para desafíos y oportunidades en un entorno globalizado[86].

5.5.2. Colaboración en industrias creativas

La promoción de la colaboración en industrias creativas puede ser una forma efectiva de preservar y promover la identidad cultural latinoamericana. Proyectos conjuntos en cine, música, literatura y arte pueden no solo

---

84 Idem. Ob. cit. p. 213.

85 Idem. Ob. cit. p. 217-218.

86 VATTUONE, Ximena Roncal. Caminos latinoamericanos hacia la integración autónoma. *Revista Conjeturas Sociológicas*, p. 4-36, 2020. p. 14.

fortalecer los lazos culturales, sino también generar oportunidades económicas y comerciales[87].

5.6. Adaptación a desafíos geopolíticos y ambientales

5.6.1. Estrategias para abordar tensiones geopolíticas

La región debe desarrollar estrategias para abordar posibles tensiones geopolíticas derivadas de la competencia entre grandes potencias. El diálogo constructivo, la mediación y la búsqueda de soluciones diplomáticas pueden ser cruciales para preservar la estabilidad regional en un contexto multipolar[88].

5.6.2. Enfrentamiento del cambio climático

El cambio climático representa un desafío global urgente. América Latina puede desempeñar un papel proactivo en la lucha contra este fenómeno, colaborando con países asiáticos en la implementación de prácticas sostenibles, la adopción de energías renovables y la conservación ambiental[89].

6. CONCLUSIÓN

La adaptación a un entorno multipolar requiere una evaluación constante de las estrategias adoptadas y la disposición a ajustarlas según evolucionen las dinámicas globales. América Latina debe ser flexible en su enfoque, aprovechando las oportunidades emergentes y respondiendo de manera efectiva a los desafíos futuros[90].

En síntesis, el diseño e implementación de estrategias efectivas para América Latina en el contexto multipolar requiere una combinación de perspectivas económicas, diplomáticas, tecnológicas, culturales y medioambientales. La región tiene la oportunidad de aprovechar su diversidad y

---

87 Idem. Ob. cit. p. 22.

88 Idem. Ob. cit. p. 27-28.

89 Idem. Ob. cit. p. 30-31.

90 Idem. Ob. cit. p. 33-35.

riqueza para construir un futuro sólido y resiliente en un mundo cada vez más complejo y dinámico.

7. BIBLIOGRAFÍA

BUENO, Gatsby; HAZ, Lídice. Ciberseguridad post Covid-19 y su impacto en las pymes del Ecuador. *Pro Sciences: Revista de Producción, Ciencias e Investigación,* v. 6, n. 46, p. 103-120, 2022.

CHAVES GARCÍA, Carlos Alberto. Aproximación teórica y conceptual para el análisis de la Alianza del Pacífico. *Desafíos,* v. 30, n. 1, p. 21-45, 2018.

CREUTZFELDT, Benjamin. China en América Latina: seguimiento de la evolución. *CS,* n. 14, p. 19-45, 2014.

GNERRE, Orazio Maria et al. US INTERNATIONAL POLICY BETWEEN THE NEO-MONROISM AND WORLD OPENNESS: THE IX SUMMIT OF THE AMERICAS IN THE AGE OF MULTIPOLARIZATION. *Przegląd Geopolityczny,* n. 41, p. 90-102, 2022.

GÜRCAN, Efe Can. *Multipolarization, south-south cooperation and the rise of post-hegemonic governance.* Routledge, 2019.

JUNG, Hsiung-Shen; CHEN, Jui-Lung. Impact of the US "Indo-Pacific strategy" and "Pivot to Asia" and China's "belt and road initiative" on Sino-US political and economic relations. *International Business Research,* v. 12, n. 6, p. 11-22, 2019.

LÁVUT, Anna A. La iniciativa China" La franja y la ruta" y los paises de America Latina y el Caribe. *Iberoamerica,* n. 2, p. 42-67, 2018.

LEGRÁ, C. Elaine Valton et al. La geopolítica de Asia-Pacífico: dinámicas y disputas tecnológicas entre Estados Unidos y China. *Revista Política Internacional,* v. 5, n. 2, p. 6-18, 2023.

LOBATO, Montserrat Pintado. Las relaciones entre China y América Latina y el Caribe?Un nuevo modelo de cooperación o una forma de neocolonialismo. *América Latina en la turbulencia global: oportunidades, amenazas y desafíos,* p. 79-89, 2013.

MARCHINI, Geneviève. La Alianza del Pacífico a ocho años de su creación. Balance crítico y perspectivas. *Anuario Latinoamericano-Ciencias Políticas y Relaciones Internacionales,* v. 7, p. 75-109, 2019.

MENA, Francisco Carrión. LOS PROCESOS DE REGIONALIZACIÓN EN AMÉRICA LATINA: RETOS Y OPORTUNIDADES DE LA COMUNIDAD IBEROAMERICANA: PERSPECTIVA DESDE LA CAN. *Iberoamérica y el nuevo regionalismo,* p. 101-122, 2016.

MERINO, Gabriel Esteban; BILMES, Julián; BARRENENGOA, Amanda. Economía en el (des) orden mundial: ascenso de China, estancamiento del Norte Global y nuevo paradigma tecno-económico en disputa. *Cuadernos,* n. 5, p. 5-25, 2023.

ORTIGOZA, Marianela Acuña et al. Ruta de la seda. Nuevas alianzas para la participación de América Latina. *Revista Venezolana de Gerencia,* v. 23, n. 83, p. 530-542, 2018.

OVIEDO, Eduardo. Las relaciones entre China y América Latina: una visión contextualizadora. *Colección de Estudios Iberoamericanos*, p. 36-65, 2016.

PIRES, Marcos Cordeiro. EURASIA Y AMÉRICA LATINA EN UN MUNDO MULTIPOLAR (SERBIN, Andrés). *Mundo e Desenvolvimento: Revista do Instituto de Estudos Econômicos e Internacionais*, v. 3, n. 4, p. 234-237, 2020.

RABELO, Felipe Nagual Paranhos. Alcance y perspectivas de UNASUR y CELAC como expresiones de la resiliencia y autonomía del regionalismo latinoamericano. *Boletim de Conjuntura (BOCA)*, v. 15, n. 43, p. 194-220, 2023.

RIKLES, Carlos Daniel Malamud. China y América Latina:¿qué esperan los unos de los otros? *Anuario Asia-Pacífico*, n. 1, p. 103-114, 2006.

ROETT, Riordan. China's deepening ties with Latin America: A work in progress. In: *A Handbook of China's International Relations*. Routledge, 2012. p. 200-208.

SARTAJ, Reza. The US/Russia/China in new global system of international relations. *International Journal of Business Management and Entrepreneurship*, v. 1, n. 3, p. 29-34, 2022.

SCHULZ, Juan Sebastián. La Nueva Ruta de la Seda en América Latina y el Caribe:¿Oportunidad multipolar o nueva colonialidad dependiente? In: *el@ tina*. Universidad de Buenos Aires. Facultad de Ciencias Sociales. Instituto de Investigaciones Gino Germani, 2021. p. 1-4.

ŠTERBENC, Primož. The Emergence of the Multipolar Global Order and the Role of the People's Republic of China. *Management*, v. 16, n. 1, p. 31-38, 2021.

VADELL, Javier Alberto. El Foro China-CELAC y el nuevo regionalismo para un mundo multipolar: desafíos para la Cooperación Sur-Sur. *Carta Internacional*, v. 13, n. 1, p. 6-37, 2018.

VATTUONE, Ximena Roncal. Caminos latinoamericanos hacia la integración autónoma. *Revista Conjeturas Sociológicas*, p. 4-36, 2020.

VATTUONE, Ximena RONCAL. Desafíos de la integración en América Latina en un escenario de pre-inicio del Nuevo Orden Mundial. *Mujer y Políticas Públicas*, v. 1, n. 1, p. 15-31, 2022.

4.8. *Nuevos Movimientos Sociales en América*

ALDO OLANO ALOR[1]
Doctor en Estudios Latinoamericanos (Perú)
aldo.olano@hotmail.com

1. INTRODUCCIÓN

En octubre del 2019 se dio inicio a un nuevo ciclo político en la historia reciente de América Latina/Abya Yala, de manera particular en aquellos países que durante las tres últimas décadas habían estado bajo el dominio casi indiscutible del llamado modelo neoliberal. Sobre la base de estos acontecimientos, podemos afirmar que lo sucedido hasta mediados del 2021 en Chile, Colombia, México, Ecuador, Perú, Paraguay, Cuba, Puerto Rico y Bolivia, aunque por otras razones en este último, nos ha demostrado el potencial transformador que existe entre importantes sectores de la sociedad, los mismos que durante mucho tiempo atrás habían sido negados en sus posibilidades de alentar el cambio en el continente.

Pueblos originarios y afrodescendientes, mujeres, jóvenes, artistas, ambientalistas y personas de sexualidad diversa fueron convocados por múltiples razones, y entre todos ellos dieron forma a una protesta social tan amplia y profunda que sacudió las estructuras en los países mencionados, cuyos Estados eran vistos y considerados como inmunes a cualquier tipo de protesta. En tal sentido, en este capítulo se realiza un análisis de los llamados estallidos sociales ocurridos en los países de América Latina durante el periodo mencionado, y para avanzar en su comprensión recurrimos no tanto a referentes ampliamente utilizados por los analistas que enmarcan sus estudios en las falencias de la democracia liberal, los intelectuales y pensadores liberales hay que decirlo, sino recurriendo a los principios enarbolados por quienes consideramos han contribuido a organizar las nuevas teorías de los movimientos sociales latinoamericanos.

---

1 Doctor en Estudios Latinoamericanos, Universidad Andina Simon Bolívar, Ecuador. Bachiller en Ciencias Sociales por la Universidad Mayor de San Marcos, Perú. Investigador independiente. Especialista en Nuevos estudios internacionales latinoamericanos, pensamiento decolonial y relaciones internacionales

Esto significa adentrarnos en las reivindicaciones planteadas por la diversidad de actores que han abandonado su rol de objetos en la elaboración de teorías y análisis, para constituirse en sujetos que han asumido un comportamiento frente al orden establecido, desigual y discriminador, basados en su capacidad para organizarse sobre la base de principios construidos colectivamente. Esa es la razón por la que hemos optado trabajar en los tres acápites que componen el capítulo con los feminismos situados en Abya Yala y su relación con las demandas promotoras de un mayor respeto por la diversidad de género, los ambientalismos latinoamericanos y su oposición a uno de los regímenes globales más poderosos de los tiempos recientes, el régimen internacional para el desarrollo y sus políticas de la gobernanza ambiental y de los recursos naturales. Por último, nos propusimos aprender de los movimientos de jóvenes quienes en toda su diversidad mostraron su disposición a confrontar un orden que los ha condenado a ser los Ni-Ni, calificativo que solo agrava la discriminación de la que han sido objeto en las últimas décadas.

Aquí debemos tener en cuenta que los actores sociales y políticos mencionados mantienen una característica en común: actores y demandas están entrecruzados. Es decir, ambos se enmarcarían en un patrón social caracterizado por lo que las feministas afro-estadounidenses, y quizá forzando el sentido original del concepto, definieron como interseccionalidad. Según nuestro modo de ver, la constitución de las nuevas identidades sociales y políticas en el continente pasan justamente por la confluencia de aspectos que anteriormente y de manera errónea habían estado separados en el análisis: sexo, género, raza, naturaleza, clase, edad, territorio entre otros aspectos que hoy les dan forma a los nuevos movimientos sociales en Abya Yala. Las demandas adquirieron sentido a pesar de su diversidad y posibilitaron una agenda donde algunos de sus aspectos más relevantes aún esperan ser resueltos.

Después de todo, vivimos un momento muy particular que se enmarca en una trayectoria histórica-estructural caracterizada por su larga duración y es debido a ello que traemos a colación la consigna más pronunciada en las calles de las ciudades chilenas, cuando en medio de las imponentes movilizaciones sociales se escuchaba la frase pronunciada de manera original por una joven estudiante de la Universidad de Chile: “No son treinta pesos, son treinta años” a lo que debemos sumarle el hecho real de que han sido “treinta años de injusticias, de desigualdad, de abuso. Treinta años de un modelo económico que nos ha dejado en la pobreza. Treinta años de un gobierno que no nos representa”.

2. EL FEMINISMO SITUADO EN ABYA YALA: SEXO, GÉNERO Y POLÍTICA

Lo primero que quisiéramos trabajar en este capítulo, está relacionado con el surgimiento de una serie de corrientes teóricas y movimientos sociales que han dado forma a lo que podríamos ir definiendo como feminismos situados en Abya Yala, los cuales se enmarcarían no solo en una crítica muy bien fundamentada a los feminismos occidentales, sobre todo a su pretendida universalidad, sino más bien se sumarían a las perspectivas con que se ha organizado el pensamiento decolonial latinoamericano. Allí es donde se posibilita encontrar su relación con las teorías poscoloniales del feminismo de la subalternidad y el feminismo anticolonial, teniendo al componente antirracista que sin ser el único, ha logrado constituirse en uno de los más relevante para entender la capacidad movilizadora de los feminismos situados en distintas partes del planeta.

Habiendo sido las reivindicaciones de las mujeres elementos potenciadores de los movimientos sociales y feministas que luchan por el reconocimiento de la desigualdad que traen consigo los elementos de raza, clase, sexo y género, quisiéramos iniciar señalando la presencia dinamizadora de unas propuestas contenidas en lo que es posible definir como feminismos de los pueblos originarios de Abya Yala. Todos estos pueblos se encuentran ubicados a lo largo y ancho del continente, tanto en territorio continental como el insular, siendo parte inherentes de los territorios ancestrales ya sean andinos o amazónicos, en la Patagonia o en la Sierra Madre de México, entre las montañas de Centroamérica o en las islas de El Caribe, en las llanuras colombo-venezolanas o las pampas del Cono Sur.

El origen de los feminismos de los pueblos de Abya Yala es rastreable en unos momentos muy particulares de la trayectoria histórica e intelectual de los movimientos sociales en el continente. En primer lugar, debemos mencionar que se está viviendo en medio del fragor organizativo y de lucha contra las dictaduras en Sudamérica, las guerras civiles en América Central o la presencia del dominio colonial y neocolonial en el Caribe. En segundo lugar, quisiéramos rescatar las experiencias de lucha de las organizaciones de mujeres en contra del patriarcado y la desigualdad de sexo y género existentes en las organizaciones y movimientos de las que formaban parte.

Así es posible comenzar a inferir los orígenes de lo que desde finales del siglo XX ha sido conocido como feminismos de los pueblos originarios, también reconocidos como feminismos indígenas, y porque estos aportes también se tomaron en cuenta para la formación del pensamiento decolonial latinoamericano. El de los pueblos originarios es un tipo local de feminismo que desde sus orígenes se basa en una forma temprana de interseccionalidad, pues es bastante claro que al lado de un importante conjunto de demandas enmarcadas en la lucha contra el autoritarismo militar y las políticas represivas con las que buscaban contener al movimiento popular en los momentos de transición a la democracia liberal, sus reivindicaciones también permitieron visibilizar sus reclamos contra la racista discriminación de las mujeres de los pueblos a los que pertenecen, al tiempo que confrontaban la desigualdad económica y social de la que sufrían por su origen.

Con relación a lo primero, quizá fue su presencia sexo a sexo en la lucha durante los momentos antidictatoriales más duros previos al regreso de la democracia, por ejemplo, lo sucedido en Bolivia, Perú y Ecuador, lo que impulsó el deseo de organizarse de manera autónoma. La declaración emanada de un evento de mujeres realizado en enero de 1980 en Bolivia, podemos verla como un primer documento donde se encuentra esta voluntad por alcanzar un reconocimiento inaugural del movimiento de mujeres de los pueblos originarios andinos, puesto que allí se estableció que su fundación estuvo "Plenamente legitimada por su participación en los bloqueos de caminos, huelgas de hambre, marchas y otras formas de acción colectiva de los campesinos" (CNMCIOB-BS, 2020).

Lo segundo se produce contra algo bastante común entre los movimientos sociales de distintas partes del mundo, esto es, la lucha contra la patriarcal organización y conducción de los movimientos sociales, sobre todo cuando estuvieron influenciados por la tradición sindical que solo veía las diferencias entre el patrono y el trabajador. Sucede cuando ellas mismas reconocen sus diferencias con los compañeros de las confederaciones de trabajadores, muchas de estas originadas en el permanente deseo de los dirigentes por intervenir o controlar las decisiones que se tomaban entre las mujeres. Al patriarcalismo de los sindicatos se les sumó el de los partidos políticos, los cuales con su tradición ya sea indigenista, nacional-populista o marxista revolucionaria buscaron también controlar toda forma de organización femenina.

Por ello, las organizaciones de mujeres corrieron con el grave riesgo de perder la autonomía que reclamaban desde su fundación, y este temor se acrecentaba por el masculino reclamo de centralizar la conducción de todas las organizaciones sociales (Montes, 2011) pues se argumentaba que era la forma organizativa más idónea para avanzar en la transformación del orden existente. En medio de la disputa por darles sentido a las actividades que las mujeres de los pueblos originarios realizaban, las cuales incluían la activa participación en la protesta social, obtuvieron algo muy importante en su permanente lucha contra el patriarcado: la neutralización de la influencia mantenida por los liderazgos masculinos para así abrirle paso a un compartir responsabilidades independientes del sexo o del género.

Otro feminismo que ha potenciado la organización social de las mujeres en América Latina es aquel que podríamos definir como afrolatinocaribeño-americano, el cual ha hecho presencia en territorios de Caribe e importantes regiones del territorio continental donde está asentada la población afrodescendiente. Sin demeritar lo que viene sucediendo en toda Abya Yala, Puerto Rico, Cuba, República Dominicana, Jamaica, Brasil y Colombia son por ahora los espacios geográficos donde mayor presencia tienen estas nuevas expresiones de entender el feminismo contemporáneo con su componente racial, de género, sexo y clase al tiempo que han logrado darle forma a un activismo que ha trascendido las fronteras de los Estados-nación donde se manifiestan.

Aquí resulta necesario establecer ciertos vínculos ideológicos con el feminismo de los pueblos originarios, los cuales han sido rastreados por la filósofa cubana Maydi Estrada Bayona (2019) investigadora que desde una perspectiva de análisis basada en la interculturalidad crítica, nos habla que además de los componentes con los cuales se dio forma a las conocidas teorías de la interseccionalidad en el feminismo afroestadounidense, entre las mujeres de los pueblos originarios y de las comunidades afrodescendientes en Abya Yala es necesario valorar su tradición organizativa basada en los saberes ancestrales y las espiritualidades de las que son portadoras. La diversidad epistémica y espiritual participa en la elaboración de las demandas feministas localizadas en el continente y territorio insular, y con ella se fortalece la capacidad movilizadora de quienes se oponen al orden patriarcal y racista, en síntesis, el orden de la colonialidad del poder aún dominante en América Latina.

Estas expresiones dan forma a los nuevos feminismos latinoamericanos que igualmente se asocian a unas variantes muy activas al interior de la globalidad neoliberal. Podríamos mencionar al feminismo lesbiano, cuya lucha incluso confronta la homofobia de las militantes feministas asimiladas al sistema en el cual surgieron, el feminismo chicano enarbolado por las descendientes de los mexicanos migrantes a Estados Unidos, las cuales deben luchar contra el patriarcado aún vigente al interior del capitalismo avanzado y donde aún funciona el colonialismo interno, como también enfrentar los estereotipos con que se ha construido la figura de la mujer latina en aquel país.

Tenemos también al feminismo islámico, cuya labor se ha centrado en dos aspectos fundamentales: el primero ha sido destacar las enseñanzas de igualdad entre hombre y mujer establecidas en el Corán y profundizar en la crítica de la patriarcal lectura de sus enseñanzas, lo segundo es deconstruir parte del imaginario que las culturas occidentales elaboraron sobre la mujer en el mundo islámico. Con todos estos referentes, más otros que solo mencionaremos como los feminismos africanos, el de la diversidad sexual y de género, es que se ha dado forma al feminismo del Tercer Mundo, el mismo que, y de acuerdo con la socióloga y activista afrocolombiana Betty Ruth Lozano, se caracteriza por su riguroso cuestionamiento al

> universalismo del feminismo blanco eurocéntrico, el heterosexismo y la colonización y la colonialidad. Estos feminismos no son, de ninguna manera, ni una copia ni una extensión de los feminismos europeos y norteamericanos. Se plantean otras ancestralidades enraizadas en las luchas de las mujeres inmigrantes, pobres, lesbianas, trans, racializadas y definen una genealogía propia que reconoce parte de la historia de lucha de todas las mujeres en el mundo. Asimismo, pretenden responder a sus contextos de colonialismo y colonialidad que implican opresiones de raza, clase, sexo, discapacidad, pero se niega a aceptar la definición que el feminismo occidental construye en torno a las mujeres del Tercer Mundo (Lozano, 2019).

En las propuestas que dan forma al feminismo del Tercer Mundo, con todas las limitaciones que podemos observar en esta última categoría, se rescatan e incorporan los aportes de pensadoras ubicadas en distintas partes del planeta, y en todas ellas observamos la interseccionalidad que condiciona el pensamiento y la acción de las mujeres subalternas en su lugar de origen, de manera particular en los territorios que han dado forma desde tiempo muy antiguos a Abya Yala. Lo ancestral de estas propuestas es producto de tradiciones históricas e intelectuales muy particulares que les permiten distanciarse del feminismo universalista generado por el pensamiento occidental.

Por ello es comprensible y nos ayuda a entender el escaso arraigo del feminismo radical en el continente, teniendo en cuenta sus cercanías epistémicas con el feminismo occidental en su versión más excluyente y dogmática, el mismo que afirma la necesidad de la diferencia sobre la base de principios inmersos en la lógica capitalista que acompaña la globalidad liberal. Por ejemplo, la importancia que le dan a la llamada meritocracia o la búsqueda de la independencia económica sobre la base de acciones cada vez más individualizadas (Butler, 2015), la aceptación de las políticas de acción afirmativa, sobre todo los mecanismos de discriminación positiva en aras de ascender en la escala económica-social o su rechazo a las demandas de los movimientos de mujeres trans, producto de la unilateral y sectaria apropiación del sexo mujer y del género femenino.

Por ello nos planteamos algunas preguntas que nos ayuden a continuar el debate sobre los temas anteriormente planteados ¿es posible el logro de las reivindicaciones de las mujeres en Abya Yala sin la presencia de hombres caracterizados también por su diversidad? ¿será suficiente acabar con la discriminación en los ingresos para ponerle fin a una desigualdad que tiene mucho más de histórica y estructural, donde a nuestro modo de ver confluyen elementos tan o más importantes que el salario?

Al mismo tiempo debemos reflexionar sobre otros aspectos igualmente relevantes para las movilizaciones sociales feministas que se dieron desde octubre del 2019, las cuales nos permitieron constatar la elaboración de múltiples demandas contenidas en el accionar de los actores y de las que se obtuvieron unas propuestas dirigidas a entender y revertir un sistema cuya presencia en Abya Yala se remonta a la formación misma del sistema colonial hispanoamericano: el patriarcado. Esto es posible de afirmar pues consideramos que el punto de partida fue la violenta implantación dese comienzos del siglo XVI de una ideología que condensaba el sexismo, la misoginia y el machismo, sin obviar el racismo y la jerarquización social de los que también era portadora, es decir, con la tradición judeocristiana como base del después bien difundido pensamiento occidental, es que se le dio forma a la versión colonial de aquel sistema que ya funcionaba en Europa desde varios siglos atrás.

Entre otras más, estas serían algunas de las razones por las que distintas manifestaciones también se organizaron teniendo en cuenta la necesidad de iniciar el desmonte de un sistema que beneficia de manera exclusiva a los hombres heterosexuales y cisgénero. Ahora sabemos que los beneficios de aquellos se han obtenido en desmedro de otras expresiones ahora contenidas en la diversidad sexual y de género, y por ello lograron condicionar acciones con las cuales fue posible dinamizar y ampliar la protesta a sectores que en otros momentos se vieron imposibilitados de hacer sentir sus voces.

En tal sentido, las críticas a la dominación patriarcal se hicieron sentir desde el momento en que los grupos más afectados por la persistencia de este sistema salieron a manifestarse siendo parte de la multitud movilizada, o también por medio de actuaciones o puestas en escena de obras de creación colectiva donde confluían distintas expresiones artísticas como la danza, la música y el teatro, tanto de personas como de marionetas. Quizá una de las presentaciones más dicientes de lo que venimos afirmando se observaron en las protestas realizadas en Colombia, donde el grupo de baile La Mariconería, integrado en su totalidad por mujeres trans y travestis, fueron capaces de neutralizar con su arte el accionar de las fuerzas represivas del Estado agrupadas en el ESMAD.

Así es que producto de la importante movilización de colectivos de distinto tipo y orientación ideológica, pudimos enterarnos de la fortaleza que mantiene la heteronormatividad en un conjunto de preceptos constitucionales y normas legales que actúan en favor de un sistema que ha naturalizado la desigualdad en el continente. A pesar de las visibles grietas que la lucha de estos movimientos ha generado al interior del sistema aún dominante, el patriarcado impide el logro de derechos amparándose en principios cuya anacrónica legitimidad está seriamente cuestionada, por ejemplo, el que sus defensores sigan argumentando que su accionar se basa el sostenimiento de la moral y las buenas costumbres, que son provida y que su comportamiento está dirigido a contrarrestar el incremento de las enfermedades de transmisión sexual.

Por ello las dificultades que aún existen para la promulgación de leyes de identidad de género, la oposición al matrimonio igualitario y adopción de menores por parte de parejas diversas, más aún cuando estas propuestas se legitiman en procesos electorales no exentos de desigualdad en su realización. Cosa similar sucede con las leyes penales que evitan mayores sanciones para los crímenes basados en el odio hacia el diferente, ya sea por su lugar de procedencia, actividad que realiza, la raza, el sexo o su orientación sexual.

Por ello, los renovados movimientos sociales latinoamericanos han puesto sobre la mesa la necesidad de trabajar en la elaboración de normas legales que permitan la administración comunitaria de justicia con perspectiva de género. Cosa similar proponen distintas organizaciones cuando se comprometen en trabajar por la elaboración de programas educativos aplicables todo nivel, donde se tengan en cuenta los problemas generados por la elaboración de políticas y difusión de discursos con un claro contenido xenófobo, racista, homo o transfóbico. Esto último adquiere mayor relevancia cuando nos enteramos de que la comunidad de mujeres trans sufre la violencia de género con mayor virulencia que cualquier otro colectivo, desde la forma más temprana de violencia que es ejercida por la familia como el entorno más cercano que debería proteger a sus miembros, hasta la violencia estatal por medio de los agentes policiales, aparte de la permanente y violenta discriminación en el campo de la educación y el empleo.

Al mismo tiempo, los movimientos sociales de la tercera década del siglo XXI se enriquecen con la presencia de una propuesta teórica que busca darle un contenido más diverso a la lucha contra el patriarcado, donde los hombres heterosexuales asumen un rol radicalmente distinto al asignado por las jerarquías que configuran el sistema dominante. Las nuevas masculinidades buscan transformar el orden patriarcal existente, y se han convertido en un factor que alimenta la movilización social en el continente, sobre la base de establecer criterios que contribuyan al resquebrajamiento de un orden que igualmente les perjudica.

3. AMBIENTALISMO Y NUEVOS MOVIMIENTOS SOCIALES

En momentos en que de manera oficial se proclama el inicio del Antropoceno, es decir, nuestro ingreso en una nueva época geológica marcada por el inexorable impacto de las múltiples actividades que los seres humanos han realizado en contra del planeta a lo largo de toda su historia, se presentan importantes luchas regionales y globales en contra de las políticas que han agravado el ya reconocido cambio climático. Vivimos una situación que tendió a agravarse en los últimos 250 años que justo es el periodo marcado por el predominio del capitalismo y la civilización/cultura occidental, la cual, y haciendo gala de una supuesta superioridad epistémica basada en una burda expresión de la razón instrumental, consideró que la depredación del entorno era un mecanismo con el cual acceder a una mejora considerable en nuestra calidad de vida.

Luego de que la naturaleza fuera vuelta mercancía y el daño apareciera ya como irreversible es que se produce la reaparición de visiones que cuestionan aquel modelo de bienestar basado en la destrucción de la naturaleza y de todas de vida allí contenidas. Por ello, en las últimas décadas hemos podido observar un importante activismo social y político en aras de darle un giro a nuestra relación con la naturaleza, el cual se organiza alrededor de la necesidad de establecer una forma de vida más compatible con el entorno. Por ello la importancia que han adquirido las demandas que sostienen el derecho a vivir en un ambiente sano y exento de explotación, como factores potenciadores de un alto número de movilizaciones sociales en distintas partes del mundo, lugares donde observamos la activa participación de movimientos igualmente caracterizados por la diversidad epistémica de las que distintas civilizaciones son aún portadoras.

Abya Yala/América Latina no ha sido ajena a este impulso movilizador que el ambientalismo ha generado, con las particularidades propias de un continente en permanente ebullición, y donde tenemos en cuenta que el extractivismo se ha constituido en el modelo predominante para la captación de rentas por parte del Estado, puesto que sigue siendo ampliamente utilizado con las consecuencias ambientales que ya todos conocemos y sufrimos con distinta intensidad. Por ello quisiéramos empezar señalando el impacto que ha generado en la región, la implementación de políticas impulsadas por una serie de instituciones multilaterales, es decir, la influencia que aún mantiene un conjunto de ideas al interior de sistema internacional y regional reformado en las últimas décadas con la finalidad de adecuarlo a la ideología neoliberal.

El Grupo de las Naciones Unidas para el Desarrollo Sostenible, GNUDS, sería la expresión de esa institucionalidad que promueve un modelo económico ajeno a los intereses de múltiples civilizaciones que habitan territorios de diversa ancestralidad, el cual se origina en un concepto tan ampliamente difundido en las tres últimas décadas: gobernanza, de manera particular la ambiental y la de los recursos naturales. Con ambos tipos de gobernanza es que hemos ingresado en un periodo marcado por el predominio de un renovado extractivismo, el del siglo XXI, con el cual se le da continuidad al que fuera implantado en Abya Yala desde inicios del siglo XVI.

La gobernanza ambiental y de los recursos naturales es parte inseparable de las nuevas teorías del desarrollo que inundan los espacios académicos y políticos del multilateralismo neoliberal, aquellas que están fundamentadas en una perspectiva mercado-céntrica y mercado-externista como caminos conducentes a una mayor acumulación de bienes materiales. La oposición a las teorías del desarrollo internacional y regional, las mismas que promueven una intensificación de la extracción de materias primas para así tener mayor presencia en el mercado mundial, emergen como parte importante del nuevo pensamiento ambiental latinoamericano y dinamizan importantes movilizaciones de pueblos y civilizaciones en contra de lo que en otro trabajo hemos denominado el extracto-desarrollismo (Olano, 2021).

La particularidad de las propuestas enmarcadas en el nuevo pensamiento ambiental que atraviesa la movilización social en el continente es que se presenta tanto en las zonas rurales como urbanas, pues el nuevo modelo no diferencia a sus víctimas solo por el lugar que habitan. De la misma manera, podríamos también hablar de una interseccionalidad ambiental pues aquí también observamos el entrecruzamiento de condiciones relacionadas con la clase, raza, sexo, género, territorio. Por ejemplo, podemos mencionar el negativo impacto ambiental que el extractivismo genera en los territorios habitados por los pueblos mapuches, sobre todo mujeres clasificadas por la jerga multilateral como vulnerables por ser indígenas, quienes se han visto afectados en sus ancestrales formas de vida debido a la presencia cada vez más expansiva de empresas de origen sobre todo chileno, las cuales basan su prosperidad en la destrucción de los bosques nativos y la siembra masiva de especies foráneas como el pino y el eucalipto.

No está demás señalar que el monocultivo forestal trae consigo la incesante contaminación de las fuentes de agua históricamente utilizados por los pueblos mapuches, además del aniquilamiento de un importante número de especies con las que se organizó el ecosistema de la Patagonia. Sumado a ello se tiene la permanente vocación del Estado-nación chileno por la construcción de represas y centrales hidroeléctricas, para lo cual, y con la finalidad de subsanar el déficit energético que ya adquirió un carácter estructural en Chile, se desvía el curso de los ríos o se utiliza el agua de los inmensos lagos que se encuentran en ese territorio con la finalidad de producir la energía, cuyo desbocado e irracional consumo solo agrava el estrés hídrico que sufre ese país.

Con estas acciones, muchas de ellas impulsadas o legitimadas por el ideario y las instituciones del desarrollo sostenible, se han inundado las tierras donde se adelantaban actividades agrícolas o eran considerados territorios sagrados, podríamos decir que en la cosmogonía mapuche cumplían la misma función, con un grado de afectación bastante alto pues ante la irremediable pérdida de las fuentes con que se garantiza la vida material y espiritual, la consecuencia ha sido un mayor empobrecimiento y, en el peor de los casos, el desplazamiento forzado de población hacia lugares donde adelantar sus formas de vida. La respuesta de los pueblos mapuches ante tantas agresiones ha sido una activa y poderosa movilización social, cuyos objetivos más inmediatos fueron la recuperación de los territorios ancestrales y la expulsión de los invasores agentes económicos.

Algo similar se presenta en los territorios donde habitan los pueblos originarios quechuas y collas, estos últimos también conocidos como aimaras por el idioma en que se comunican. Siendo pueblos que habitan espacios pertenecientes a distintos Estados, los quechuas están repartidos por Colomba, Ecuador, Perú, Bolivia, Chile y Argentina mientras que los collas residen en Bolivia, Perú y Chile, se han visto afectados en su bien vivir a partir del ingreso en los territorios ancestrales de las empresas mineras tanto nacionales como extranjeras. Las prácticas extractivistas se han acentuado a partir del incremento en la demanda de materias primas tradicionales y no tradicionales por parte de los países tanto de la vieja como de la nueva industrialización, cuya absurda y ridícula competencia por ver quien logra dominar el mercado mundial solo agrava una dramática situación para la sobrevivencia misma del planeta.

Además, con los avances científicos y tecnológicos de las últimas décadas se observa el profundo interés corporativo por los nuevos productos primarios, también conocidos como nuevos materiales y que son ampliamente utilizados en las nuevas ramas que han ido surgiendo dentro del sector industrial de las economías capitalistas avanzadas. Por ejemplo, los nanomateriales que se obtienen del carbón, el silicio, el oro y la plata, los llamados materiales inteligentes o los materiales compuestos, todos ellos caracterizados por su baja densidad, alta resistencia y conductividad para ser ampliamente utilizados en la industria electrónica o la ciencia médica, en la industria de la alta competencia deportiva o la disputa aeroespacial.

Ahora que se impulsa la transición energética y la búsqueda de fuentes de energía renovable por parte del capitalismo verde y su paradigma orientador, el desarrollo sostenible, podemos ver como uno de los minerales que más abunda en el continente, el litio ha pasado a ser objeto de una seria disputa entre los Estados y las corporaciones mineras, la cual pasa por el control de los territorios donde se encuentra este mineral. Ante el implacable avance de las concesiones mineras bajo el principio de que solo el Estado nación puede otorgar los permisos para la explotación de los recursos naturales, al fin de cuentas se les considera mercancías, la defensa del territorio y de los bienes terrenales emerge como principio aglutinador de estos movimientos.

Aquí observamos una de las principales causas para el fortalecido resurgimiento de la organizada y activa respuesta de los movimientos sociales de los pueblos originarios en Abya Yala, de manera particular en Chile, Bolivia y Argentina, en menor medida en Perú y México, para confrontar la amenaza que supone la explotación a gran escala de un mineral que se promociona como parte de una solución sostenible y a su vez definitiva para frenar la contaminación ocasionada por el uso intensivo de combustibles fósiles en el transporte público y privado, también para el almacenamiento de energía cuando se habla de la generada por el viento o la luminosidad solar.

En momentos que el estrés hídrico y los problemas tienden a agravarse en muchas regiones del planeta, ocasionados por la explotación a gran escala de los nuevos minerales y las tierras raras, desde las academias e instituciones eco capitalistas comienza a promoverse con mucha intensidad la idea de que los vehículos eléctricos pueden ayudar a combatir el cambio climático, la solución final sobre la base de ir mercantilizando su presumida capacidad de funcionar con cero emisiones de gases contaminantes. Lo mismo sucede con la generación de energía eólica o la construcción de paneles solares, pues allí no se incorpora la gestión de los bienes terrenales en su fabricación.

Por ello se propone frenar la renovada razón ecocida de la que es portadora el capitalismo globalizado y su propuesta de desarrollo sostenible, un tipo de racionalidad que busca la incesante acumulación de dinero utilizando distintos medios, ya sea la contaminación con metales pesados de las fuentes hídricas, la masiva deforestación de los bosques nativos o la comercialización en el mercado mundial de bienes terrenales de alto valor obtenidos de manera ilícita. Aquí cabe la extracción ilegal y la venta de minerales y piedras preciosas como el oro y los diamantes, lo cual es posible con la organización y funcionamiento de redes criminales de carácter transnacional que funciona sobre la base de una estrecha asociación entre lo público y lo privado, con el rol determinante que juegan el capital financiero y paraísos fiscales como Washington, Londres, Bruselas o Toronto.

Estos son los motivos para que desde los principios articuladores de la movilización social en Abya Yala se plantee la reorganización del Estado con la finalidad de darle derechos a la naturaleza, además de reconocer el carácter plurinacional e intercultural de las sociedades que confluirían en ese nuevo tipo de pacto político. Aquellos serían los principios fundamentales de una nueva sociedad política con los cuales se les daría un contenido distinto a los Estados en el continente, y con las particularidades que cada una de las sociedades plurinacionales pueda tener es que lograría afianzarse una filosofía del sur, el Bien vivir para los pueblos de Abya Yala, tan actual y necesaria para los momentos en que se reflexiona sobre la existencia misma de los seres humanos en el planeta.

Una prioridad es enfrentar las consecuencias del régimen internacional del desarrollo, de la sobrevalorada gobernanza ambiental y de los recursos naturales más ahora que observamos en distintos medios académicos y políticos la realidad del cambio climático y sus consecuencias que se manifiestan, por ejemplo, en los incendios forestales, tornados e inundaciones que azotan con cada vez mayor intensidad América del Norte o Australia, los violentos tifones en Asia o en los 61672 muertos ocasionados por la ola de calor en Europa occidental durante el verano del año 2022. Estos eventos o cifras a las que hacemos mención nos demuestran que las poblaciones en situación de vulnerabilidad no solo se encuentran en el llamado Tercer Mundo, por ello la necesidad de acciones a escala global que nos involucren de manera algo imperativa en un cambio de nuestra forma de vida. Es quizá la última oportunidad que nos queda ante una catástrofe planetaria que ya se hizo realidad.

4. JÓVENES Y RAZÓN LIBERTARIA. LA INTERNACIONALIZACIÓN DE LA PROTESTA

Indiscutiblemente, los jóvenes han logrado constituirse en actores sociales y políticos fundamentales en este proceso que se inició en octubre del 2019. Su masiva participación en la protesta social ha sido la prueba definitiva de que muchas cosas no estaban funcionando de acuerdo con lo contenido en las políticas de los Estados nación, en los discursos oficialistas o lo informado por la oficiosa prensa concentrada en manos de los intereses corporativos. La afectación en la calidad de vida de los jóvenes en Abya Yala está relacionada con múltiples causas, de las cuales pasaremos a mencionar las más relevantes para luego revisar las nuevas expresiones en que se manifestaron los jóvenes durante las grandes movilizaciones que sacudieron al continente.

Sin duda, el desempleo es uno de los mayores males que afectan a la población joven. La tasa de desempleo juvenil en la región fue del 20,5% en el 2022, y según la Organización Internacional del Trabajo, ha estado muy por encima de la tasa de desempleo general que fue del 7,2% en ese mismo año (OIT, 2023). Sumado a ello y como algo que afecta la calidad de vida de los jóvenes trabajadores, se tiene el alto grado de precariedad e inestabilidad en el empleo. Lo primero se manifiesta en la negación de los derechos laborales a quienes se incorporan al mercado laboral o ya son parte de este, lo cual se hace visible en la nula incorporación de los trabajadores a la seguridad social, ya sea en la parte de atención en salud o aportes para una futura pensión de vejez.

Lo segundo es la posibilidad de ser despedido en el momento en que el empleador tome la decisión de manera muy unilateral o arbitraria. Ni que decir del derecho al descanso o licencias médicas ante una enfermedad o accidente de trabajo. No hay trabajo en el sector formal de la economía por razones que podríamos decir son de carácter estructural, y ante una realidad que se demuestra de manera cotidiana en el vivir de una población tan numerosa, urbana y rural por igual, las salidas resultan ser muy escasas y ante ello solo queda el acceder a formas de subempleo ya sea por ingresos o por horas trabajadas.

Aunque se ha puesto muy de moda en distintos escenarios políticos y académicos hablar del emprendimiento como la forma más idónea de insertarse en el mercado laboral, esto significa reforzar un mecanismo que agrava las diferencias pues a la vez que diluye responsabilidades en la generación de empleo productivo entre quienes mantienen el control en la toma de decisiones económicas y políticas, las incrementa entre quienes tienen menos capacidad de influir en un sistema donde sus necesidades no son tomadas en cuenta. La formación de un "empresario de sí mismo" ha devenido un aspecto central en la economía política del neoliberalismo en lo relacionado con la generación de empleo, y con el discurso del éxito se afianza un tipo de cultura y subjetividad que alienta no solo la reducción del Estado y sus posibilidades ya no hablemos de intervenir, sino también de regular su funcionamiento. Es ahora bajo la idea de que es un hecho real la "concreción de una comunidad económico-empresarial y de una sociedad postsalarial" (Quijano, 2022).

Aquí se observa como una de las nuevas ideologías orientadoras de nuestra participación en el mercado laboral, el exitismo, busca legitimarse a escala local y regional cuando

> Estados, Gobiernos, instituciones, agentes, organizaciones, corporaciones, banca multilateral, organismos supranacionales, gremios económicos, sistemas de cooperación internacional, sector educativo, ONG... han construido profundos discursos, amplias campañas y una multiplicidad de pronunciamientos en favor del empresario de sí mismo, de la cultura empresarial y en general de formas disímiles de emprendimiento asumidas como novedoso eslabón de la evolución del desarrollo contemporáneo (Quijano, 2022).

Al mismo tiempo, desempleo y subempleo se ven alentados por una deficiente educación tanto en los métodos de enseñanza como en su contenido, y afecta tanto la educación básica como la superior, mejor dicho, la educación en todos sus niveles y modalidades, donde la educación administrada por el Estado termina siendo la más vilipendiada por quienes son férreos opositores de lo público-estatal. Los jóvenes en Abya Yala no encuentran en su paso por las aulas, estímulos suficientes como para profundizar en el aprendizaje de lo que realmente necesitan, y ante ello observamos el desencanto que trae consigo un considerable incremento en la deserción, los bajos niveles en los indicadores de carácter cuantitativo que los difusores de la colonialidad del saber han elaborado o el simple rechazo a incorporarse en las instituciones encargadas de administrar este proceso.

De igual manera y ante el incesante avance de las modernas tecnologías de la información y de la comunicación, se consolida el rechazo a quienes expresen la intención de fortalecer o ampliar su conocimiento con la idea de que aún puede hacerse algo por la sociedad de manera solidaria. Se entiende en la medida que el individualismo más el exitismo del que hemos hablado líneas arriba, han surgido como la ideología que justifica la existencia de ganadores y perdedores, en un contexto marcado por la firme creencia en determinados sectores de la clase política, medios decisores de política económica y de la sociedad que las leyes del mercado premian a los más eficientes.

Peor aun cuando hemos llegado a unos momentos en que se habla de la posibilidad real de convivir en un mundo cada vez más interconectado, lo que ha traído consigo un cambio en las prioridades de las personas. No quisiéramos salir del tema que venimos trabajando, pero creemos importante decir que para muchos jóvenes de hoy, se ha vuelto más relevante volverse tendencia o viralizarse en cualquiera de las redes o plataformas que pululan en el ciberespacio, por medio del exacerbado culto al cuerpo, la frivolidad más rampante en lo que son bailes o canciones o la expresa voluntad de mostrarse siempre feliz en cualquier escenario, así sea de realidad aumentada. Ante estos cambios culturales, en gran medida promovidos por los grandes medios a través de la llamada televisión basura, se presenta la llegada de situaciones emocionales algo complicadas en un contexto marcado por el predominio del mercado en la atención de salud.

Por ejemplo, el hecho de haberse agravado la soledad y tristeza de la mayor parte de los jóvenes usuarios que no pueden acceder a tales niveles de éxito, peor aun cuando las afecciones emocionales han tendido a incrementarse producto de los encerramientos forzosos a que nos vimos sometidos durante casi dos años, junto a otras consecuencias que han comenzado a manifestarse con mayor intensidad desde la segunda mitad del 2022. Fueron un par de años donde tuvimos la suma de todos los miedos, hábilmente instrumentalizados por gobernantes en problemas, dueños de laboratorios y directivos de las instituciones multilaterales, y me refiero a la OMS en particular, quienes hicieron de los medios de comunicación su mejor arma para avanzar en la implementación de lo que Boaventura de Sousa Santos ha definido como el fascismo social.

Ante ello, la condena de los más perjudicados por un evento epidemiológico cuyo origen real es aún desconocido, se convirtió en el arma predilecta de los gobiernos de distinta orientación ideológica ante su demostrada incapacidad para plantear soluciones distintas a las formuladas por los círculos de poder actuantes a escala global. La gobernanza global de la salud se impuso por medio de la negación de todo tipo de saber que cuestionara el dominio que adquirió el saber alopático. Los Estados adquirieron una centralidad pocas veces vista en el manejo de las instituciones locales y regionales, con lo cual fue posible vivir en estado de excepción durante largos periodos de tiempo, donde la anulación de derechos básicos fue permanente y justificada por la irresponsabilidad, según argumentó el discurso dominante, de aquellos ciudadanos que sin entender la gravedad de su comportamiento fueron quienes más hicieron por expandir el virus.

Pero no todo estará perdido si rescatamos aquellos gritos que vienen contribuyendo al agrietamiento de un sistema que ante cada desafío nos hace ver sus debilidades, más aún cuando la desenfrenada represión termina siendo el mecanismo más utilizado por los Estados nación para defender la democracia, la libertad y, sobre todo, las propiedades de la "gente de bien" ante la ofensiva de los "vándalos", los bárbaros del mundo actual y del discurso que busca ser hegemónico. La consecuencia de una situación tan adversa para los jóvenes en el continente ha generado, por ejemplo, la posibilidad de distintas coaliciones basadas en relaciones de carácter horizontal, entre las más relevantes estaría el agrupamiento de diversidades de todo tipo. Hombres y mujeres procedentes de distintos sectores sociales, sobre todo son parte de las nuevas clases populares urbanas o descontentas nuevas clases medias, quienes mostrando una disposición pocas veces visto de confrontar el orden establecido, lograron poner en jaque a distintos gobiernos tal como sucedió en Chile, Colombia y Ecuador, o contribuyeron de manera fundamental en la caída de otro como pasó en Perú en noviembre del 2020.

Basados en la necesidad de abrirse camino por cuenta propia es que estos movimientos comienzan a utilizar renovados mecanismos en su organización con la finalidad de dinamizar su presencia en la protesta social, y hacer sentir sus demandas en medio de tanta desventura. Por ello y utilizando las mismas redes con que se ha desvirtuado el relacionamiento social en el mundo contemporáneo, las TIC ya no son los medios predilectos para únicamente transmitir la protesta, sino que han incrementado las posibilidades organizativas de los distintos movimientos que han surgido en la región, contribuyendo así a darle forma a lo que hemos denominado una nueva forma de cooperación sur-sur. La organizada resistencia de los movimientos juveniles en todo el continente fue posible, en gran medida, por los intercambios realizados a escala regional entre sus integrantes para así confrontar a los cuerpos represivos del Estado, o adelantar el correspondiente auxilio médico a quienes eran lesionados por la violenta respuesta estatal.

Aquí podemos hablar de una multiplicidad de organizaciones donde ya se hace notar la realización de un nuevo orden político y social fundado en principios que cuestionan, por ejemplo, las jerarquías aun existentes al interior de organizaciones que no fueron capaces de trascender las visiones y prácticas organizativas de unos momentos ya superados, que en gran y legítima medida condicionaron su formación décadas atrás. Entonces, lo primero a destacar es la organización heterárquica del movimiento producto, en gran medida, de aquella diversidad que lo caracteriza, nuevamente la interseccionalidad, lo cual trajo consigo que ciertos tipos de liderazgos fueran también puestos en cuestión.

La heterarquía potenció la organización juvenil al verse como el cimiento de una nueva forma de democracia, posible de ser construida con la activa participación de quienes más han sentido los efectos de un modelo que apuntó a desregular todo tipo de relaciones, pues como sabemos, el neoliberalismo no solo piensa en una nueva política consistente en la organización de una economía de mercado, sino también propuso darle forma a una sociedad de mercado total en momentos que el poder imperial podía hacer y deshacer sin demasiados impedimentos (Lander, 2002).

Esto último nos explica la importancia adquirida por las ideas dirigidas a repensar, por ejemplo, las nociones de comunidad o aquellas propuestas que se constituyen en nuevos puntos de agenda que son debatidos en las asambleas sociales organizadas con ese fin. Los dos ejemplos que veremos a continuación son la prueba de que un nuevo tipo de sociedad política es posible donde se construye de manera comunitaria la noción de ciudadanía. Lo pudimos ver en Bogotá con las asambleas populares convocadas por las primeras líneas en el que había pasado a llamarse el Portal de la Resistencia, líneas en su mayor parte conformadas por jóvenes pero que igual lograron convocar a un gran número de madres de familia, a los habitantes de las urbanizaciones y vecinos de los barrios circundantes, trabajadores de la zona industrial como también estudiantes de distinto nivel.

También tuvimos el Parlamento Indígena y Popular como uno de los puntos más altos de la gran movilización social en Ecuador, un momento histórico en que se constituyó lo que el pensador y activista social uruguayo Raúl Zibechi denominó la Comuna de Quito. Por ello, el Parlamento Indígena y Popular debe entenderse como

> una minga colectiva que busca soluciones al país, integrada por todos los sectores sociales afectados por el capitalismo. Esta diversidad fue la nota do-

> minante en la primera sesión. Estudiantes de melenas verdes, campesinos, agricultores, sindicalistas, artesanos, feministas, colectivos LGBT, además de cañeros y floricultores y hasta periodistas organizados, componen una diversidad imposible de homogeneizar. Todas y todos expresaban los agravios que sufrían (Zibechi, 2019).

Este sería otro ejemplo de cómo la asamblea popular se ha constituido en el escenario donde se dirime la apuesta por un cambio real en las formas de vida que la globalidad en su actual fase de existencia ha propuesto como los componentes en el unidireccional camino a la felicidad. Economía, política y sociedad de mercado que el capitalismo neoliberal ha implantado, en muchos casos violentando sus propios y tan pregonados principios de democracia, igualdad y libertad.

5. CONCLUSIÓN

En un contexto regional y global marcado por la permanencia de múltiples desigualdades, algunas de ellas agravadas por la permanencia de un sistema de alcance planetario que ha hecho del machismo, la misoginia y el sexismo una fuente inagotable en la generación de recursos, entonces se hizo necesario pensar un conjunto de propuestas y acciones como la forma más adecuada de revertir la instrumentalización de los componentes sexo y género, al interior de este sistema definido como patriarcal. Desde los feminismos situados en Abya Yala, se han elaborado las propuestas y adelantado las acciones con las que fue posible darle un vigoroso protagonismo a quienes confrontan el patriarcado en todas sus expresiones. Es así como desde la región, podemos decir que se establecieron mecanismos dirigidos también a darle nueva forma y contenido a las maneras de combatir el capitalismo y sus políticas durante la actual fase de la globalidad neoliberal.

La respuesta al extractivismo promovido como camino al desarrollo ha adquirido un carácter regional, pero no debemos olvidar que es un modelo actuante a escala global, que genera innumerables víctimas entre las distintas civilizaciones que conforman la humanidad, incluidas las del capitalismo avanzado. Por ello, el ambientalismo situado con el cual se le ha dado un impulso muy fuerte a los nuevos movimientos sociales en Abya Yala debe tomarse en cuenta al momento de debatirse las alternativas al desarrollo, salirse de él o una forma de enfrentarlo en tanto mecanismos dirigidos a mitigar el cambio climático, causa posible de una futura destrucción del planeta.

El posdesarrollo exige cambios de fondo y por ello demandamos la presencia de lo que podríamos llamar una diversidad epistémica en la elaboración e implementación de las políticas realmente públicas, pues con ello se les daría una mayor participación a las comunidades sociales de distinto tipo, igualmente portadoras de saberes con los cuales se pueden mitigar los negativos efectos que trae consigo la racionalidad ecocida aún dominante en la globalidad neoliberal. No es suficiente con adherir al paradigma del desarrollo sostenible promovido por las instituciones multilaterales agrupadas en el GNUDS, pues la gobernanza global del ambiente y de los recursos naturales solo agrava una situación ya de por sí difícil para quienes sufren de manera directa el impacto de la extracción de bienes terrenales.

La presencia de los movimientos juveniles en el periodo de la mayor protesta social habida en la región durante las últimas décadas, también nos mostró que es posible adelantar acciones en contra de aquellas formas culturales que se han encargado de endiosar la acumulación de dinero o el consumo desmesurado de bienes de lujo como medios destinados a alcanzar la felicidad. Pero al mismo tiempo ha sido la manifestación de un descontento acumulado por las políticas que abiertamente discriminan a quienes menor capacidad de respuesta han tenido frente a la implementación de políticas que abiertamente les han perjudicado. De alguna manera, esto último también ha conllevado la disposición a preguntarse sobre las causas de la agobiante desigualdad, el significado de la dignidad y la noción de futuro para quienes hoy son identificados de manera muy despectiva como los Ni-Ni.

Frente a la mercantilización del espíritu por parte de quienes se han constituidos en sujetos encargados de agravar o visibilizar la desigualdad simbólica y material, aquí es donde las redes sociales ahora digitales han jugado un rol muy negativo, hemos visto como las nuevas músicas y bailes urbanos contemporáneos, las danzas ancestrales, los títeres rebeldes y la mariconería, el concierto de los mil violines o el regreso de la música latinoamericana vía los conciertos de Quilapayún o Inti Illimani, pasan a ser actores fundamentales en los escenarios en que se ha realizado la protesta social. Podemos afirmar, que lo urbano y lo rural se unificaron para darle forma a un potencial transformador que se mantiene vigente.

Por ellos nos reafirmamos en que los distintos acontecimientos habidos durante los últimos años en Abya Yala nos han mostrado la posibilidad real de poner el mundo al revés, lo que para múltiples civilizaciones ancestrales en el continente, pueblos originarios y comunidades afrodescendientes por igual, les significaría retomar su orden gravemente afectado por la forzosa implementación de un sistema algunas de cuyas características han sido objeto de nuestro análisis y cuestionamientos en este capítulo.

6. BIBLIOGRAFÍA

Butler, J. (2015). *Cuerpos aliados y lucha política: Hacia una teoría performativa de la asamblea.* Barcelona: Paidós.

Estrada, M. (2019) Mujeres en el entretejido de saberes ancestrales: el diálogo de las espiritualidades liberadoras afro-latino-caribeña e indígenas. *Cuadernos del Caribe.* No. 26.

Lander, E. (2002). La utopía del mercado total y el poder imperial. *Revista Venezolana de Economía y Ciencias Sociales,* vol. 8, núm. 2,

Lozano, B. (2019). *Aportes a un feminismo negro decolonial. Insurgencias epistémicas de mujeresnegras-afrocolombianas tejidas con retazos de memorias.* Quito: ediciones Abya-Yala.

OIT. (2023). *Tendencias Mundiales del Empleo Juvenil.* https://www.ilo.org/global/about-the-ilo/newsroom/news/WCMS_853133/lang–es/index.htm

Olano, A. (2021). *Política comunitaria y desarrollo internacional. Una propuesta desde los pueblos originarios andinos.* Bogotá: Universidad Externado de Colombia.

Quijano, O. (2022). *Darse cuenta, Falacias del emprendimiento y los negocios culturales.* Popayán: Editorial Universidad del Cauca.

Zibechi, R. (2019). *De la Comuna de Quito al estallido en Chile [Ecuador, 1ª parte]* En https://www.entrepueblos.org/news/de-la-comuna-de-quito-al-estallido-en-chile-ecuador-1a-parte/

Parte 5
Derecho

Coordinadores:

Paula Andrea Ramírez Barbosa

Thomas Law

5.1. La formación Constitucional de Hispanoamérica: las primeras constituciones

FARID BENAVIDES
Universidad Católica de Colombia
Email: faridbenavides@gmail.com

1. INTRODUCCIÓN

La historia constitucional latinoamericana tiene un interés para la historia constitucional general, en tanto muestra los esfuerzos de los políticos de la región para establecer sociedades bien ordenadas y para garantizar el ejercicio de los derechos de la ciudadanía, al menos de quienes caían bajo esa categoría. En las últimas décadas se han producido transformaciones constitucionales de suma importancia en la región, pasando de estados de derecho liberales a estados sociales y democráticos de derecho e, incluso, a estados plurinacionales (Bonilla Maldonado, 2016). Sin embargo, es preciso ir un poco más atrás para poder entender cómo se llegó a esos nuevos modelos constitucionales, con el reconocimiento de las sociedades plurinacionales y con el establecimiento de mecanismos para la protección de los derechos humanos.

Se suele tomar la constitución de los Estados Unidos como el modelo de documento constitucional por excelencia. Igualmente, se suele citar a la constitución de Cádiz como una de las fuentes en las cuales se basaron los primeros constituyentes para poder estructurar sus sociedades. Al mismo tiempo se cita a la Revolución francesa y al pensamiento iluminista como la base para muchas de las normas que finalmente son incluidas en las constituciones o en los documentos constitucionales de las nacientes repúblicas. Sin embargo, se pasa por alto el papel que cumplió la Revolución haitiana en servir de ejemplo para las revoluciones en los otros países y, sobre todo, como una nueva República gobernada por los antiguos esclavos y no por quienes se habían beneficiado del poder colonial, como sí ocurrió en las otras repúblicas que se independizaban (Trouillot M.-R., 2000; Trouillot M. R., 2015).

Los desarrollos constitucionales de los últimos años, tanto a nivel normativo como jurisprudencial, hacen que América Latina se convierta en un lugar de interés para analizar el desarrollo constitucional y su importancia para el fortalecimiento o el debilitamiento del Estado de Derecho. Pero, sobre todo, para comprender sus contribuciones al derecho constitucional y al establecimiento de un estado de derecho, primero, y de un estado social de derecho, posteriormente.

En los análisis de la historia constitucional de la región se suele sostener que se trataba de una serie de documentos meramente normativos, sin efecto práctico en la realidad y de constituciones sin mecanismos de estabilidad normativa, lo que las hace muy fáciles de cambiar y, a la vez, hace que se produzcan muchas constituciones y muchas transformaciones del estado en cortos periodos de tiempo (Gargarella, 2013). En este texto me ocupo de mostrar el desarrollo constitucional de los países latinoamericanos en los primeros años de la independencia. Quiero destacar cómo poco a poco se va alejando del modelo de una constitución conservadora hasta incorporar la idea liberal de la economía y del estado en las constituciones de la mitad del siglo XIX.

2. DE LA DISPUTA POR LA NATURALEZA DE LA CONQUISTA A LA INFLUENCIA DE LA CONSTITUCIÓN DE LOS ESTADOS UNIDOS DE AMÉRICA Y DE LA DE CÁDIZ EN LAS PRIMERAS CONSTITUCIONES

Los países de América Latina cayeron bajo el dominio español desde la llegada de Cristóbal Colón a lo que es hoy la República Dominicana. Los territorios de las Américas representaban un reto para la doctrina legal y moral española, en tanto era necesario justificar no sólo la presencia española en la región, sino también el dominio de los españoles por encima de los habitantes de los territorios de las Américas. Esto es, era necesario justificar por qué la Corona española se apropiaba de las tierras que pertenecían a los habitantes originarios de esta región.

2.1. La naturaleza del "indio"

El año 1492 marca el momento en que tuvo lugar el encuentro colonial en América. Este significó la eliminación de una cultura y la transformación de otra. El derecho se volvió central en la transformación de las identidades en el nuevo mundo. Los pueblos indígenas se fusionaron y su identidad como pueblo Nasa, Pueblo Pijao, Pueblo Quimbaya, etc., se perdió y en su lugar obtuvieron la identidad de un indio. El *indio* fue creado en el derecho y en la discusión doctrinal sobre la naturaleza del indio y sobre la justificación de la conquista española.

La Conquista no fue sólo un acto físico de violencia contra los pueblos indígenas. La dominación no llegó sólo con el uso de la fuerza militar. Los españoles trajeron consigo una cosmovisión que veía a América como un lugar que debía estar dentro del imaginario europeo. Un discurso que dividía el mundo entre hombres civilizados y salvajes estuvo en la base de los primeros relatos sobre América. El derecho necesariamente refleja ese imaginario, y por ello es importante analizar los artefactos jurídicos que fueron utilizados durante la colonia para controlar al indio. Los pueblos indígenas eran vistos de diferentes maneras, desde el buen salvaje hasta los niños necesitados de protección. Pero el primer encuentro está lleno de relatos sobre la naturaleza de aquellos seres humanos que iban entrando en el imaginario de los conquistadores. Las ideas europeas sobre la civilización, como los modales y la vestimenta, se impusieron a los indios y de esa manera se transformaron en súbditos del Rey. Pero uno de los aspectos más importantes que destacaron los españoles fue el hecho de que los pueblos indígenas carecían de derecho europeo, es decir, carecían de la estructura jurídica y los artefactos que los europeos conocían y utilizaban en Europa. Para civilizar a estos pueblos decidieron traer una estructura legal similar al derecho europeo, pero que reconocía el hecho de que era un derecho para aplicar a los salvajes. Las Leyes de Indias son un primer intento de constituir al indio a través del derecho.

La Corona española no estaba segura de la naturaleza del indio y de la legitimidad de la Conquista. Bartolomé de las Casas y Juan Ginés de Sepúlveda, basándose en las ideas de Aristóteles y Francisco de Vitoria, discutieron la naturaleza de la Conquista y los habitantes que encontraron los españoles cuando llegaron al territorio de América. Pero la discusión no giraba en torno a la protección de los indios, sino más bien a un proceso de violencia epistémica que comenzó con el encuentro colonial. Nombres, lugares, identidades, subjetividades, todos ellos fueron cambiados para ajustarse al imaginario español. Es interesante que el debate no se decidió realmente y que ambos pensadores pudieron cantar una victoria en la discusión. Esto sólo demuestra que finalmente se decidió la naturaleza del indio, era súbdito de la corona española, ya sea como individuo libre, en el sentido feudal; o como siervo, en el sentido aristotélico. La incorporación definitiva del indio al derecho se puede ver en los testamentos otorgados por ellos durante la conquista, aunque algunos de ellos carecían de propiedades para dejar a sus hijas e hijos. Los testamentos marcan la incorporación jurídica de la violencia epistémica ejercida contra los indios, porque las subjetividades jurídicas occidentales están reemplazando a las antiguas, las que tenían antes del encuentro colonial. El encuentro significó dos universos que intentaban establecer un diálogo entre ellos, pero la incapacidad de los españoles para comprender el universo de los indios se resolvió simplemente eliminando este último. Los nuevos significados que estaban viendo, las nuevas personas que estaban conociendo, todo ello fue visto desde la perspectiva del turista: enfatizando lo exótico, tratando de poner lo que veían dentro de los marcos de la mente colonial. Como resultado, surgieron dos nuevos pueblos en el territorio de América: el indio y el europeo.

El des/encubrimiento y la Conquista provocaron una profunda transformación en las cosmovisiones de los europeos y de los pueblos indígenas, pero el hecho de que los europeos vieran el mundo con una mentalidad moderna, es decir con la idea de que la naturaleza debía ser dominada y torturada si era necesario para conocer todos sus secretos, determinó el destino de los pueblos indígenas como subalternos y desiguales en un diálogo intercultural. Como ha escrito Barona, "en el espacio de las mentalidades y de la vida cotidiana la empresa expresó la superioridad del hombre europeo respecto de los sujetos que dominaba, a través de una obligación moral para con los polos en disputa, e impuso una hegemonía cultural y social. donde los roles y los actores no podían ser otros que esos" (Barona Becerra, 1993, p. 6).

Así, autores como Ginés de Sepúlveda y Bartolomé de las Casas se embarcaron en una disputa, conocida como la disputa de Valladolid, para justificar la presencia española en la región y para legitimar el dominio español. Ginés de Sepúlveda se valió de la teoría de la guerra justa para justificar el despojo de las tierras indígenas por parte de los españoles. Para ello afirmaba que los indígenas carecían de humanidad y, por tanto, no se podía ejercer derecho alguno sobre estas tierras. Para Sepúlveda, la guerra contra los indígenas no era solo para convertirlos en sujetos de la corona de Castilla y Aragón, sino para educarlos en la fe católica y evitar que idolatraran lo que los españoles denominaban falsos ídolos.

La disputa se basó en las ideas del dominico salmantino Francisco de Vitoria quien, adoptando la teoría de la guerra justa, y corrigiendo el aristotelismo que está en su base, rechazó los argumentos que conducen a hacer uso de la guerra para combatir los pecados de los indígenas. Por el contrario, Vitoria acudió al derecho de comercio y de la explotación de las tierras para justificar el dominio español (Castilla Urbano, 2013).

En la discusión sobre América se puso en duda la legitimidad de la Conquista. Partiendo de la idea de que los indios eran gente libre, no podrían haber estado sometidos al poder de los Conquistadores, al menos no como esclavos. Pero, si podían estar bajo servidumbre como personas libres, entonces los españoles tenían que justificar el deber del indio de servir a la Corona española. Es en este punto que los españoles tuvieron que resolver las tensiones entre evangelización y conquista. Basados en la teoría de la guerra justa, los españoles sostenían que la única razón que justificaba la dominación de los indios era su negativa a aceptar la fe católica. Si los indios estaban dispuestos a recibir y escuchar a los misioneros católicos podían y debían permanecer libres y España debía respetar su derecho a no ser invadida.

Los debates emergentes transformaron sus puntos de vista medievales y la forma en que veían a los indios. Francisco de Vitoria, catedrático de Teología de la Universidad de Salamanca, fue uno de los principales contribuyentes a este debate, pues fijó los términos de la discusión y dio un significado que influyó en la comprensión de la legitimidad de la conquista. La legislación aprobada en 1542 marca el inicio de la ejecución de la nueva mentalidad vitoriana en la solución de los problemas americanos. Vitoria rechazó al Papa y al Imperio como fuentes legítimas para explicar los títulos que tenía España en América. Al hacerlo, estaba rechazando y transformando radicalmente la forma en que los pensadores medievales pensaban sobre el universo. Después de analizar varios argumentos, Vitoria concluyó escribiendo que el único título válido era el derecho natural y divino a difundir el evangelio. Concebía a las personas como parte de una comunidad que no sólo era nacional, sino que formaba parte de la humanidad en su conjunto, y es esta pertenencia a la humanidad la que dio a España el derecho de aplicar el derecho de los pueblos en sus colonias (Hanke, 1988; Hanke, 1985). Su argumentación tomó el punto de vista de las "víctimas" de la dominación infiel. Dado que el título se basaba en el derecho a difundir el evangelio, los españoles podían representar con legitimidad al Papa, y el Papa podía decidir que los gobernantes indios no podían gobernar a sus pueblos porque, como decía Tomás de Aquino, la Iglesia podía privar a los infieles del dominio y jurisdicción sobre los cristianos. La intervención armada española también fue autorizada porque actuaron en defensa de la humanidad, en este caso, de los indios que fueron víctimas de sus propios gobernantes (Vitoria, 1998).

2.2. *Las promesas de igualdad de la constitución de Cádiz*

La colonización española se hizo entonces con buena consciencia, como parte de una suerte de misión civilizadora y como el ejercicio de un derecho de comercio. Sin embargo, se estableció una desigualdad entre los habitantes de las Américas, hijos de españoles, y los españoles nacidos en la Península. Al mismo tiempo, en España las ideas de la Revolución Francesa iban entrando al territorio, lo que condujo a la expedición de la Constitución de Cádiz en 1812. Esta norma se considera como *el acta de nacimiento del constitucionalismo hispanoamericano* (Demélas, 2010). Como lo señala Stoetzer:

> La Constitución de Cádiz constituyó el fundamento real del que partieron los movimientos constitucionales en Hispanoamérica, la fuente también para nuevas instituciones y órganos administrativos. Finalmente, el movimiento liberal de los «doceañistas» fue el iniciador de muchas medidas económicas y sociales como fue el derogar el servicio obligatorio de los indios (mita) y sus tributos, las ventajosas reformas agrarias de dar tierras a los indios, aunque excluyendo el latifundio, y también el hacer efectiva la división de las tierras comunitarias por medio de las Diputaciones provinciales.
>
> En última instancia, la Constitución de Cádiz cooperó a la emancipación del Imperio español en América, por lo que resultó un instrumento político nocivo para los intereses de España. Los principios que contenía tenían que tender a la disolución una vez que fueran aplicados en sus conclusiones lógicas, sobre todo en vista de que la Carta seguía apoyando el centralismo borbónico. De aquí que los países de la América española deban en muchos respectos, reconocimiento a la Constitución de Cádiz por el papel que jugó en la consolidación de su independencia (Stoetzer, 1962, p. 662).

Sin embargo, las primeras constituciones latinoamericanas le preceden y, por tanto, es más sensato sostener que unas y otras beben de la misma fuente, que son las ideas de la revolución francesa. Por ello es equivocado, como lo sostiene Stoetzer, afirmar una sola influencia en las primeras constituciones latinoamericanas, sobre todo si se tiene en cuenta que la propia Constitución de Cádiz es el resultado de las influencias de los Estados Unidos y de Francia.

Pese a ello, la Constitución de Cádiz tuvo influencia en el movimiento de independencia de las colonias americanas, por cuanto prometía la igualdad entre los habitantes, blancos, de las dos regiones. El artículo 1° señalaba que la Nación española es el resultado de la unión de los españoles de ambos hemisferios y el artículo 5° que son españoles todos los hombres, libres nacidos y residentes de los dominios de las Españas y los hijos de estos. Para los delegados de las Cortes en Cádiz, siguiendo las ideas del iluminismo europeo, todos los territorios españoles eran parte de la

Corona y esta unión debía transferirse a la Nación, en tanto el representante del pueblo y un tercer estado, como lo proclamaba Sieyes (Sieyes, 2019 (1789)). Siguiendo estas ideas se incorpora una noción de soberanía nacional, que no popular, que se definía como un cuerpo moral formado por los españoles de ambos hemisferios. "La facultad más importante de la soberanía consistía, a juicio de los liberales, en el ejercicio del poder constituyente, es decir, en la facultad de dar o reformar la norma jurídica del Estado: la Constitución. Esta facultad debe recaer en unas cortes especiales sin participación alguna del monarca. De este modo distinguía, siguiendo a Sieyes, entre las leyes constitucionales y las leyes ordinarias" (Varela Suanzes-Carpegna, 1987).

De este modo, la lealtad a la corona se transfería a la Nación. La Constitución de Cádiz representaba un avance en las ideas liberales que ya empezaban a cobrar fuerza en la región y que estaría en la base del movimiento de independencia, que inicialmente no buscaba separar a las colonias de España sino obtener la igualdad que se había prometido al plasmar las ideas iluministas en la Constitución. Este documento estimuló las ideas de los independentistas, que veían posible obtener para sí las promesas de igualdad de la modernidad.

2.3. La influencia de los revolucionarios franceses y estadounidenses

Demélas identifica 77 textos constitucionales em los cuales, bajo los modelos de las revoluciones francesa y de los Estados Unidos, las elites criollas de América Latina buscaban organizar el nuevo régimen bajo el modelo de la soberanía popular, y ya no bajo la del rey absoluto. La idea de soberanía no es necesariamente la de la unidad de la nación, como en Francia, sino soberanías locales. Y por eso vemos que diferentes ciudades, como Tunja, Cundinamarca, Caracas y Quito, lanzan sus propias constituciones (Demélas, 2010).

Algunos rasgos de estas primeras constituciones muestran las disputas políticas que se daban en la época: entre lo local y lo nacional, que lleva a la disputa entre el federalismo y el centralismo; entre lo laico y lo religioso, que lleva a mezclas interesantes como la declaración de la religión católica como la religión de la nación, al tiempo que se garantiza la libertad de cultos, o el sufragio universal, pero limitado a los hombres, blancos y propietarios. O la garantía de los derechos, pero sin mecanismos especiales para hacerlos realmente efectivos, algo que solo se implementa con el derecho de amparo que introduce la Constitución Mexicana de 1917. Demélas concluye su texto sosteniendo que "[l]os primeros constitucionalistas hispanoamericanos parecen haber sido más que todo preocupados por fundar la legitimidad de la existencia de los nuevos Estados y los nuevos poderes, por lo cual las condiciones de existencia de estos importaban menos que la promulgación de los derechos y la afirmación de nuevas formas de soberanía. Pero estos precursores que buscaban fijar su creación estatal descuidaron con las consecuencias ya conocidas interrogarse sobre las modalidades del ejercicio del poder. La necesidad por reconocimiento internacional y la necesidad de regular las relaciones con los países vecinos daban a la constitución el rol de un signo exterior de respetabilidad estatal, lo que no bastaba para asegurar «la obediencia espontánea» de los nuevos ciudadanos a la ley, un asunto aún por resolver" (Demélas, 2010, p. 68).

La Revolución de los Estados Unidos, por la cual las colonias inglesas en América se independizaron del Reino Unido, sirvió de referente a todas las naciones latinoamericanas. Los grandes aportes del constitucionalismo de los Estados Unidos son los siguientes: i) la idea de una constitución escrita para limitar la acción del gobernante, teniendo en cuenta que el constitucionalismo inglés se caracteriza por no tener un documento escrito que se ocupe de la estructura del estado; ii) la formula republicana de los pesos y contrapesos, que va más allá de la simple formula de separación de poderes; iii) el federalismo, por el cual hay una limitación del poder central y se le otorgan ciertos poderes al poder local; iv) el presidencialismo, que limita la acción de los parlamentos y que le da un mayor poder al gobierno, por encima de los otros poderes; v) la garantía de los derechos, como una limitación a la acción del gobierno y del estado; El control de constitucionalidad, aunque este es más bien el desarrollo de la Corte Suprema de los Estados Unidos, como resultado del caso *Marbury v Madison* (1803); y, finalmente, el impulso de la democracia como forma de gobierno, lo que es el resultado de entender la soberanía como un poder del pueblo y no como un poder nacional (Buergenthal, García Laguardia, & Piza Rocafort, 1987).

Tal vez uno de los rasgos principales del constitucionalismo de los Estados Unidos es la existencia de una constitución escrita y rígida, esto es, difícil de reformar. Esto hace que se convierta en un documento estable, pero, al mismo tiempo, les da un poder extraordinario a los jueces que, por la vía del control constitucional, en tanto guardianes de la constitución, pueden ejercer un poder extraordinario de reforma de manera no democrática. Los primeros países latinoamericanos que establecieron el control constitucional por parte de los jueces fueron Argentina y México. En Argentina se siguió de una manera más apegada al modelo de los Estados Unidos y con una Corte Suprema de características muy similares. En el caso mejicano se hizo por la vía del derecho de amparo.

2.4. Los proyectos constitucionales latinoamericanos

En su análisis de la historia constitucional latinoamericana, Gargarella identifica tres proyectos: i) el relacionado con el imperio español, esto es, un proyecto esencialmente conservador; ii) el inspirado en la Revolución de los Estados Unidos, de tipo liberal; y iii) el proyecto de rasgos republicanos, inspirado en la Revolución francesa (Gargarella, 2015). Los modelos constitucionales no fueron puros, sino que se caracterizaron por un acuerdo mixto, en el que los rasgos conservadores convivían, de mala manera, con los rasgos liberales. Por ejemplo, se establecía la división de poderes, pero con un ejecutivo fuerte, que contaba con poderes excepcionales. O, frente a una defensa acérrima de la propiedad privada, se establecía un catálogo amplio de derechos sociales (Gargarella, 2013; Loveman, 1997; Loveman, 1994).

En todo caso, el constitucionalismo latinoamericano posibilitó, tal y como lo señala Clavero, la incorporación de los territorios indígenas en sus fronteras. Y ello permitió instaurar un modelo de control de la población blanca sobre la población indígena o sobre la gente negra que habitaba en los territorios lejanos de los centros del poder político. "El hecho es que por Latinoamérica una serie notable de Constituciones ha ido recorriendo, con uno u otro lenguaje, un trayecto desde el registro y la garantía de la propiedad comunitaria indígena al de la consideración de los pueblos indígenas como sujetos de jurisdicción propia y hasta de un derecho de libre determinación pasando por el reconocimiento de sus lenguas y culturas en pie incluso presuntamente de igualdad con la española o portuguesa dominante. Esto último, lo que ha venido a llamarse multiculturalismo constitucional y pluralismo jurídico, es lo más generalizado hoy. En sí, tampoco vamos a sobrevalorarlo pues el respeto de culturas y costumbres no pone en cuestión el extremo esencial de disposición de territorios y recursos por parte indígena. Recordemos que unos proyectos imperiales ya eran, aunque sin el lenguaje de hoy, Multiculturales" (Clavero, 2017).

3. LA INVENCIÓN DE LA NACIÓN Y EL CONSTITUCIONALISMO RADICAL

Benedict Anderson sostuvo que las naciones latinoamericanas desarrollaron un proyecto de construcción nacional antes que Europa, y en ese sentido critica a quienes sostienen que América Latina importó el modelo de Europa (Anderson, 2003). Pero la nación latinoamericana que describe Anderson no es una comunidad imaginada que lo incluya todo. Al contrario, es una nación de hombres que se vieron como españoles en América, y luego, cuando las Cortes de Cádiz no garantizaron la igualdad prometida, se percibieron como una nación independiente, una nación de latinoamericanos, pero no una nación de indios o negros. Los pueblos indígenas y afrodescendientes fueron incluidos, pero en una posición subalterna, en una dialéctica de inclusión/exclusión.

A diferencia de Argentina y México, las élites colombianas procedían principalmente de la profesión jurídica. En la Nueva Granada no existía tradición militar, por lo que la unificación del país y el proceso de construcción nacional no dependieron de guerras civiles y poder militar (Pérez Rivera, 2007). En Colombia, por ejemplo, hubo una combinación de guerras civiles y elecciones, pero al final no fue la *manu militar* la que inició el proceso de construcción de la nación. El derecho y la profesión jurídica se convirtieron en factores importantes en este proceso (Posada Carbó, 1996).

Dado que las élites procedían principalmente de la profesión jurídica, una cultura nacional se sustentaba en textos escritos y, de esa manera, la ley y los artefactos legales representaban la idea de una comunidad imaginada tal como la imaginaban las élites blancas. La existencia real de la nación no necesariamente coincidía con su imaginación, pero la ley muestra a la nación tal como era imaginada, independientemente de que el proyecto de construcción de la nación pudiera fracasar debido a la fragmentación de la soberanía, como sucedió con las diferencias entre las naciones tal como la imaginaron las elites andinas y la nación como la imaginaron las elites caribeñas en Cartagena de Indias (Múnera, 2005; Múnera, 1998).

El proceso de construcción de una nación fue inclusivo/exclusivo, es decir, uno en el que los pueblos indígenas fueron parte de un proceso simbólico que los imaginó como iguales ante la ley y que los trató como ciudadanos desiguales sin derecho a ser reconocidos como naciones indígenas y, por tanto, sin posibilidad de tener derechos especiales. La República, bajo Santander, tenía una visión de la nación como blanca y mestiza, y con la necesidad de incorporar la economía colombiana al mercado mundial. Según las élites blancas colombianas, para tener progreso y civilización era necesario tener otro tipo de súbditos, porque las "razas" que habitaban el país eran incapaces de civilizarse y liderar el camino del progreso. Para civilizar el país se llevó a cabo un proceso de borrado de la memoria similar al proceso colonial. Se crearon artefactos legales para eliminar los resguardos y convertir a los indios en ciudadanos y propietarios individuales. Los resultados fueron la eliminación de las comunidades indígenas y su transformación en campesinos y terrajeros. El discurso político antes de la Independencia siguió siendo el mismo después de las luchas por la independencia, dejando a los pueblos indígenas como sujetos coloniales. Pedro Fermín de Vargas, escribiendo en Colombia alrededor de la década de 1790, sostuvo:

> Para el aumento de nuestra agricultura sería igualmente necesario hispanizar a nuestros indios. Su indolencia general, su estupidez y la insensibilidad que muestran hacia todo lo que conmueve e inspira a otros hombres, hacen pensar que provienen de una raza degenerada que empeora a medida que se aleja de su origen... Sabemos por repetidas experiencias que, entre los animales, las razas mejoran al cruzarlas, e incluso se puede decir que esta observación se ha hecho igualmente entre los pueblos de que hablamos, ya que las castas intermedias que provienen de la mezcla de indios y blancos son peldaños. En consecuencia...sería muy deseable que los indios fueran extinguidos, fusionándolos con los blancos, declarándolos libres del tributo y otras cargas fiscales que les son propias, y dándoles derechos de propiedad sobre sus tierras. La codicia por sus propiedades llevará a muchos blancos y mestizos a casarse con mujeres indias... (Safford, 1991, p. 8).

Desde el inicio de la República encontramos diferentes discursos sobre la nación en América Latina. Sin embargo, los discursos de las élites están enfatizando la estupidez de los indios y la necesidad de tenerlos bajo control. El liberalismo y las políticas liberales fueron vistos como la marca de la civilización (Safford, 1991, p. 16). Estas políticas económicas estuvieron marcadas por un profundo racismo y con la intención de asimilar a los indios a campesinos y quitarles sus tierras, todo esto mediante el uso de la ley. Manuel Ancizar, uno de los miembros de las élites blancas en Bogotá, escribió sobre este proceso de asimilación:

> ...la raza indígena constituye el menor número de habitantes, siendo admirable la rapidez con que se ha cruzado y absorbido por los europeos, ya que hace medio siglo la provincia de Tunja representaba una masa compacta de indios y muy pocas familias españolas. Hoy se constata en la nueva generación la mejora progresiva de las castas: los niños son blancos, rubios, de rasgos finos e inteligentes y con cuerpos mejor formados que sus mayores (Safford, 1991, p. 28).

Los pueblos indígenas fueron objeto de políticas diseñadas para lograr su integración en una sociedad que se percibía a sí misma como blanca. Estas políticas implicaron transformaciones simbólicas y privaciones materiales. En el caso de los afrocolombianos, la integración económica era parte de la misma agenda, pero a un nivel inferior, principalmente porque carecían de tierras que quitarles y porque el proceso simbólico se percibía como exitoso.

El modelo radical se caracteriza por robustecer el poder de la ciudadanía, por medio del fortalecimiento del legislativo y se respetaban los derechos de la mayoría, lo que le otorgaba un fuerte contenido democrático. Como lo muestra Gargarella, la euforia de las revoluciones americanas llevó a los independentistas a adoptar modelos radicales de constituciones, y despertó reclamos en la ciudadanía que antes no se habían formulado, sobre todo, reclamos de igualdad social, alentados, entre otras, por la retórica revolucionaria (Gargarella, 2005). En las primeras constituciones se adopta la retórica de la Revolución Francesa y, por ello, es común encontrar en ellas menciones a la voluntad popular, a la soberanía del pueblo y al contrato social. Conforme a estas ideas, los constitucionalistas americanos promovieron en los textos constitucionales de las primeras revoluciones (1810-1820) la idea de la igualdad de todos los seres humanos, la idea del autogobierno y la autoridad de la voluntad popular.

Esto debería haber llevado a la idea de una democracia directa, pero dadas las dificultades para llevarla a cabo, los primeros constituyentes se inclinaron por una democracia representativa, pero con una estrecha relación entre los representantes y los representados, para que estos conservaran el control popular. Los revolucionarios escapaban del imperio español y por ello no querían instaurar un nuevo monarca elegido popularmente. Por ello diseñaron diversas fórmulas para el control del poder ejecutivo y para un mayor poder al Congreso, en tanto sede de la soberanía nacional.

Adicionalmente, se caracterizan por ser constituciones federales, para tener una democracia más directa y local. Esto se ve en el texto de la Constitución Federal de Venezuela del 21 de diciembre de 1811:

> En todo lo que por el Pacto Federal no estuviere expresamente delegado a la Autoridad general de la Confederación, conservará cada una de las Provincias que la componen, su Soberanía, Libertad e Independencia: en uso de ellas, tendrán el derecho exclusivo de arreglar su Gobierno y Administración territorial, bajo las leyes que crean convenientes, con tal que no las sean comprehendidas en esta Constitución, ni se opongan o perjudiquen a los mismos Pactos Federativos que por ellas se establecen. Del mismo derecho gozarán todos aquellos territorios que por división del actual o por agregación a él, vengan a ser parte de esta Confederación cuando el Congreso General reunido les declare la representación de tales o la obtengan por aquella vía y forma que él establezca para las ocurrencias de esta clase cuando no se halle reunido.
>
> Hacer efectiva la mutua garantía y seguridad que se prestan entre sí los Estados, para conservar su libertad civil, su independencia política y su culto religioso es la más sagrada de las facultades de la Confederación, en quien reside exclusivamente la Representación Nacional. Por ella está encargada de las relaciones extranjeras, de la defensa común y general de los Estados Confederados, de conservar la paz pública contra las conmociones internas

> o los ataques exteriores, de arreglar el comercio exterior y el de los Estados entre sí, de levantar y mantener Ejércitos, cuando sean necesarios para mantener la libertad, integridad, e independencia de la Nación, de construir y mantener bajeles de guerra, de celebrar y concluir tratados y alianzas con las demás Naciones, de declararles la guerra y hacer la paz, de imponer las contribuciones indispensables para estos fines, u otros convenientes a la seguridad, tranquilidad y felicidad común, con plena y absoluta autoridad para establecer las Leyes generales de la unión, juzgar y hacer ejecutar cuanto por ellas queda resuelto y determinado.
> El ejercicio de esta autoridad confiada a la Confederación, no podrá jamás hallarse reunido en sus diversas funciones. El Poder Supremo debe estar dividido en Legislativo, Ejecutivo y Judicial y confiado a distintos Cuerpos independientes entre sí, en sus respectivas facultades.
> Los individuos que fueren nombrados para ejercerlas, se sujetarán inviolablemente al modo y reglas que en esta Constitución se les prescriben para el cumplimiento y desempeño de sus destinos[1].

4. LA DEFENSA DEL PASADO POR MEDIO DE UN CONSTITUCIONALISMO CONSERVADOR

En el período 1810-1830 las antiguas colonias españolas obtienen su independencia y se concentrar en escoger la mejor forma de gobierno para las repúblicas nacientes. Las nuevas constituciones les otorgan un poder amplio a los poderes ejecutivos y se le daba primacía a la religión católica, por encima de los derechos de la ciudadanía. Por ello, este modelo se ha identificado como uno de tipo conservador. Había otro tipo de proyectos, como el radical y liberal que tenían un contenido diferente.

Este tipo de constitucionalismo se denomina también perfeccionista, ya que combina el autoritarismo político con la imposición de valores morales. Una vez disipada la euforia independentista y frente a los intentos de reconquista de España, surge un constitucionalismo más conservador y que resalta la idea de un ejecutivo fuerte. Se trata de un modelo que quiere conservar las viejas estructuras, dentro de un marco de independencia política. Son varios los elementos que caracterizan a este tipo de constitucionalismo:

---

1 https://www.cervantesvirtual.com/obra-visor/constitucion-federal-de-los-estados-de-venezuela-21-de-diciembre-1811/html/86de8dbc-4b14-4131-a616-9a65e65e856a_2.html Última visita el 25 de enero de 2024.

i) El perfeccionismo moral, lo que los llevaba a rechazar las teorías revolucionarias provenientes de Francia y el principio del individualismo;

ii) El elitismo político, lo que choca con el principio de que todos los hombres nacen iguales. Para ello, las elites políticas reivindicaban la igualdad, pero también la necesidad de capacidades especiales para poder hacer frente a los retos del gobierno. El elitismo político aparecía como natural frente a la necesidad de controlar a las masas. Como respuesta a los reclamos de mayor poder local y de un gobierno federal, los conservadores abogaron por un poder centralizado y, en consecuencia, por menos poder para las elites locales, lo que implicaba, en la práctica, un rechazo a la soberanía del pueblo. Así, se proponía un Senado hereditario que protegiera los derechos de las elites y la existencia de un ejecutivo fuerte, que se pudiera imponer al poder popular. Como modelos de constituciones conservadoras se citan la de Chile de 1833 que consagró el estado de sitio y la de Colombia de 1886.

Una de las figuras que destaca en esta visión conservadora del poder es Simon Bolívar. Para Gargarella, "Bolívar fue una figura crucial en la lucha por la independencia en toda la región, y también alguien que estuvo profundamente involucrado en la vida constitucional América Latina desde el principio. En esta doble condición, Bolívar insistió al afirmar que las nuevas naciones tenían que utilizar todas sus energías constitucionales en una sola dirección única. Creía que los latinoamericanos tenían que poner la Constitución al servicio de la lucha por la independencia. La Constitución debía contribuir a consolidar el triunfo que los estadounidenses obtuvieron, con enormes dificultades, en sus batallas armadas. Para Bolívar, la consolidación de la independencia fue el gran objetivo político del tiempo. Sin embargo, también creía que la región seguía utilizando la Constitución de manera equivocada, como si ese objetivo principal ya estuviera alcanzado. (...) Para él, estaba claro que la única respuesta constitucional sensata, frente a La crisis militar que afectó a la región, fue una que revirtió lo que los venezolanos habían hecho en 1811. Es decir, para él, una respuesta constitucional razonable a la crisis requería la concentración de la autoridad. Por lo tanto, era necesario crear un Poder ejecutivo dotado de extraordinarias facultades militares y políticas, políticamente no responsable y capaz de elegir su propio sucesor" (Gargarella, 2013, p. 3).

iii) El perfeccionismo y el intervencionismo moral se garantizaban por medio del ejercicio de la propiedad privada en conexión con los derechos de ciudadanía.

5. EL BALANCE ENTRE LA ANARQUÍA Y LA TIRANÍA EN EL CONSTITUCIONALISMO LIBERAL

Los criollos estuvieron expuestos a las ideas de la Ilustración y al hecho de que el proceso en España, que condujo a las Cortes de Cádiz y más tarde a la Constitución de Cádiz de 1812, sí declaró la igualdad formal para todos los súbditos, y de esa manera puso en una posición incómoda con respecto a la población de las Américas. Una de las razones por las que los negros del norte de Colombia decidieron luchar por la independencia fue el hecho de que vieron que las promesas de las Cortes de Cádiz podían ser una respuesta a sus reclamos de igualdad y derechos. Pablo Morillo utilizó el fracaso de las élites en el reconocimiento de estos derechos como una forma de ganar apoyo para su proceso de reconquista de estos territorios (Múnera, 2005).

El proceso de Independencia no comenzó con el propósito de crear una nación. El proceso se inició por la influencia de la Revolución de los esclavos en Haití, la Revolución Francesa y la Revolución Americana. La traducción del documento titulado "Derechos de los hombres", de Antonio Nariño, fue un elemento central en la independencia de Colombia. Sin embargo, en el discurso de los libertadores no hubo ninguna mención a una independencia total de Colombia de España. En Cartagena, el 11 de noviembre de 1809, y en Bogotá el 20 de julio de 1810, el propósito de los movimientos de criollos estuvo encaminado a cambiar el mal gobierno y mantener la lealtad al Rey.

Si definimos la nación como el lugar al que una persona tiene lealtad, parece claro que los criollos que querían la transformación del status quo en 1810 no estaban pensando en una nueva comunidad imaginada a la que pudieran jurar lealtad. El movimiento independentista en América Latina no provocó transformaciones radicales en la región. Si queremos hablar de nacionalismo en América Latina, este no fue el caso del movimiento de independencia en Colombia, porque los líderes del movimiento querían ser parte de España. El comienzo de la lucha por la independencia fue una lucha por seguir al caudillo, no por imaginar una comunidad de iguales (Campa, 1968, p. 120).

La construcción de la nación en América fue resultado de procesos de construcción de la nación en España. En la Constitución de Cádiz de 1812, tras las revueltas en América Latina, el gobierno español declaró la igualdad de todos los españoles nacidos en España o nacidos en América. En un periódico publicado en Lima, que no necesariamente reflejaba la opinión de los españoles en España pero sí la de los criollos blancos, encontramos que la nación se define como "la reunión de todos los españoles de ambos hemisferios y por eso Por eso ésta es nuestra patria común". En el discurso de los criollos no hubo ningún intento, al inicio del movimiento, de independencia o de creación de una nueva nación. Esto se encuentra claramente en uno de los primeros documentos en los que los criollos expresaron su intención de hacer realidad las promesas de la Revolución Francesa. Camilo Torres en su Memorial de Agravios (1809) dice que "las Américas no están hechas de extranjeros a la Nación española". y "Los americanos son tan españoles como los herederos de don Pelayo" (Hernández de Alba, 1965):

> Las Américas, Señor, no están compuestas de extranjeros a la nación española. Somos hijos, somos descendientes de los que han derramado su sangre por adquirir estos nuevos dominios a la corona de España; de los que han extendido sus límites, y le han dado en la balanza política de la Europa, una representación que por sí sola no podía tener. Los naturales conquistados y sujetos hoy al dominio español, son muy pocos o son nada, en comparación de los hijos de europeos, que hoy pueblan estas ricas posesiones. La continua emigración de España en tres siglos que han pasado, desde el descubrimiento de la América: la provisión de casi todos sus oficios y empleos en españoles europeos, que han venido a establecerse sucesivamente, y que han dejado en ella sus hijos y su posteridad: las ventajas del comercio y de los ricos dones que aquí ofrece la naturaleza, han sido otras tantas fuentes perpetuas, y el origen de nuestra población. Así, no hay que engañarnos en esta parte. Tan españoles somos, como los descendientes de Don Pelayo, y tan acreedores, por esta razón, a las distinciones, privilegios y prerrogativas del resto de la nación, como los que, salidos de las montañas, expelieron a los moros, y poblaron sucesivamente la Península; con esta diferencia, si hay alguna, que nuestros padres, como se ha dicho, por medio de indecibles trabajos y fatigas, descubrieron, conquistaron y poblaron para España este Nuevo Mundo.

De estos discursos independentistas se desprende claramente que el movimiento no comenzó como parte de un movimiento para la construcción de una nueva nación, sino más bien como parte de la construcción de la nación española. Es importante notar que los criollos se referían a miembros de la nación española, es decir, españoles nacidos en ambos lados del océano. Esto quiere decir que quienes nacieron en África o estuvieron en América antes de la presencia española no podían ser parte de la nación hispanoamericana, no eran españoles y por lo tanto no podían ser parte de la nueva nación española (Soler, 1980). El movimiento revolucionario no logró una independencia real de España y, en cambio, abrió a la región a la penetración inglesa. Para Bushnell este hecho explica el fin de la esclavitud en regiones como Antioquia, en el norte de Colombia, porque la incorporación de esta región al sistema-mundo requería nuevas formas capitalistas de trabajo y no coloniales. Bushnell lo ha escrito en los siguientes términos: "Cuando adoptaron el principio de nacimiento libre, los antioqueños podían suponer que —junto con la creciente población negra y pardo (marrón) libre— un número suficiente de descendientes libres de esclavos estarían dispuestos a trabajar. de salarios en la industria minera para satisfacer sus necesidades laborales" (Bushnell, 1993, p. 42). Los pueblos indígenas, como nacidos en América, pasaron a formar parte de la retórica de la independencia, pero eso no significó que fueran parte de la nación ni que mejoraran su situación material o simbólica. Los criollos españoles en América utilizaron la historia de opresión sobre los indios como parte de su retórica contra la Corona española; en este caso los criollos secuestraron la condición de los pueblos indígenas como víctimas del poder colonial español (Koenig, 1994, p. 236). En un panfleto del movimiento independentista, vemos que los criollos transformaron su dominación y explotación de los indios en dominación y explotación de la Corona española contra los españoles en América: "Con horror quitamos de nuestra vista los 300 años de opresión, miserias, sufrimiento de todo tipo, que nuestro país acumuló ante la ferocidad de sus conquistadores y gobernadores españoles, cuya historia la posteridad no podía leer sin ser admirada de sus sufrimientos" (Koenig, 1994, p. 242).

Como resultado de las desiguales relaciones comerciales entre las colonias y España, el movimiento por la autonomía se convirtió en un movimiento por la independencia de España. Ante la falta de gobierno en España, los españoles en América asumieron el discurso de la soberanía popular como parte del control de estos territorios no sólo frente a Francia sino también porque el poder soberano, es decir el Rey de España, no podía gobernar en América. Es en este momento cuando la burguesía y los aristócratas decidieron declarar su independencia de España. Pero este movimiento no es de independencia de unidades particulares como tales, como escribe Anderson, sino un movimiento de las Américas en su conjunto. El movimiento independentista quedó así bajo el lema de *Nuestra América.* Desde el punto de vista de Anderson, podría entenderse como la semilla de la nación en las repúblicas americanas. Sin embargo, cuando vemos con más detalle qué pueblo formaba parte de *Nuestra América* —en el entendimiento de Bolívar y San Martín— vemos fácilmente que solo los criollos blancos estaban incluidos en esta comunidad. Es en este momento que los hispanoamericanos, que antes se veían a sí mismos como españoles nacidos en América, se vieron a sí mismos como hispanoamericanos, es decir, americanos con raíces en España. La patria fue así concebida dentro de los confines más amplios de América, y no dentro de los límites de las unidades administrativas.

Sin duda, el movimiento de independencia es un movimiento por la independencia de *Nuestra América* y esa conciencia se refleja en los intentos de Bolívar y San Martín de liberar todo el continente, desde Argentina hasta México. Debido a la colonialidad de poder, establecida por España desde el inicio del poder colonial en América, los pueblos indígenas y negros fueron excluidos. Respecto a los negros el reclamo se basó en su identidad como extranjeros, es decir, como africanos. Y respecto a los pueblos indígenas fueron excluidos por ser niños, por ser incivilizados. Alba define el destino de los pueblos indígenas de la siguiente manera: "la conquista fue obra de los indios, la independencia fue obra de los españoles" (Alba, 1968). Cabe mencionar que algunos grupos indígenas no vieron el proceso de independencia como una mejora en su situación, sino que lo vieron como algo incluso peor que la dominación española. Por esa razón, en el sur de Colombia, en la región de Nariño, algunos pueblos indígenas apoyaron a la Corona española y lucharon contra las tropas de Bolívar (González González, 1997; Rappaport, 1994).

En el discurso de los revolucionarios la palabra ciudadano se encuentra como parte de la retórica para conseguir el apoyo de las masas (Hernández de Alba, 1981). Pero esta evocación de la palabra ciudadano apela a la conciencia de los españoles en América como ciudadanos españoles. Como he mencionado anteriormente, en el movimiento por la independencia total la cuestión se transformó en una cuestión de ciudadanía para los españoles en Nuestra América. En 1830, Simón Bolívar mostró esta identidad de ciudadanía como parte del discurso de la nación en Colombia, pero dirigió su mensaje sólo a los criollos blancos, quienes extendieron el poder colonial sobre negros e indios y que fueron parte de la incorporación de las nuevas repúblicas. en el sistema-mundo capitalista.

El modelo liberal buscaba limitar los poderes de las distintas ramas del estado, y trataba de encontrar un equilibrio entre la anarquía y el autoritarismo. Ponía una especial atención en la protección de los derechos individuales, y se les considera como inviolables, dado que son anteriores y están por encima del poder del estado. Como lo señala Rolla, "[d]entro del impulso revolucionario producido por los movimientos de independencia, las ideas liberales dejaron huellas evidentes en los primeros textos constitucionales de América latina, que se dirigen, sobre todo, a la introducción de correctivos a la concentración del poder, bien a través del reconocimiento del principio de la separación de poderes, bien mediante el criterio de la alternancia en el gobierno en virtud de la prohibición de reelección de los cargos. El principio del poder limitado se encuentra, por ejemplo, en los arts. 13 y 14 de la Constitución de Perú de 1839, en el Título V, art. 2 de la Constitución de Venezuela de 1819, en el art. 22 de la Constitución de Argentina de 1853, o en el preámbulo de la Constitución de Chile de 1828. Asimismo, la afirmación de la soberanía popular y el principio representativo se recogieron en el art. 40 de la Constitución de México de 1917, en el art. 12 de la Constitución de Perú, en el art. 1 de la Constitución argentina, y en el art. 21 de la Constitución chilena. Por otro lado, se reconocieron los tradicionales derechos del individuo: desde la libertad personal y del domicilio, hasta el derecho a la propiedad, o desde la libertad de las comunicaciones, hasta la de manifestación del pensamiento" (Rolla, 2012).

La primera Constitución colombiana, aprobada en 1819, constituía un estado liberal en el que la propiedad y los derechos individuales eran rasgos definitorios del sistema. Esta es una constitución liberal que enfatizaba la idea de Colombia como una nación independiente de España y de cualquier tipo de dominación extranjera. Es interesante notar que los criollos eran conscientes del carácter simbólico de la nación, creando nuevas tradiciones que celebraban la idea de la nueva república y la nueva nación. En el artículo 13 de la Ley Fundamental de la Unión de los Pueblos de Colombia, aprobada el 18 de julio de 1821, encontramos lo siguiente:

> Artículo 13. Habrá perpetuamente una fiesta nacional por tres días en que se celebre el Aniversario:
>
> 1. De la emancipación e independencia absoluta de los pueblos de COLOMBIA.
> 2. De su unión en una sola República, y establecimiento de la Constitución.
> 3. De los grandes triunfos e inmortales victorias con que se han conquistado y asegurado estos bienes.

En las primeras constituciones Colombia se presenta enfáticamente como una nación independiente. El artículo 1° de la Constitución de 1821 establece que la nación colombiana es independiente de cualquier potencia extranjera y que la soberanía reside en la Nación. Esta Constitución estableció un sistema de democracia representativa con una idea muy limitada de representación. Para poder votar, los votantes debían tener propiedades y estar alfabetizados (a partir de 1840). Pero no todos podían ser representantes del pueblo, porque a las condiciones de tener propiedades y estar alfabetizados, el artículo 87 de la Constitución añadió el requisito de ser profesor de una ciencia, lo que al final significa que sólo las elites podían representar al pueblo.

Los pueblos indígenas fueron incluidos en la nación como excluidos, como sujetos de una política para constituir su identidad como individuos. La legislación apuntaba a cambiar su estatus y convertirlos en sujetos liberales para controlar mejor sus tierras y convertirlos en una clase social de campesinos, con acceso individual a la tierra y con derechos individuales. La ley no los veía como un pueblo con títulos colectivos y con una relación diferente con la tierra, porque eso impediría la colonización interna y la incorporación del país al sistema-mundo moderno/capitalista.

El artículo 78 de la Constitución colombiana de 1863, una de las constituciones más liberales del siglo XIX, permite al Estado tener una legislación especial respecto de los pueblos indígenas. Pero lo interesante del texto de esta constitución es que le da representación a aquellos lugares donde residen personas civilizadas, es decir, no basta con estar en Colombia para poder tener los derechos asociados a la ciudadanía, es necesario estar un colombiano civilizado para contar como una persona que podría tener representación en el Congreso. Según este artículo, sólo aquellos territorios con más de 25.000 habitantes civilizados podrían tener derecho a tener representantes en el Congreso. Para civilizar a los pueblos indígenas, la Constitución de 1863 dispuso que el gobierno federal tendría el poder de enviar misiones y civilizarlos, pero para hacerlo el gobierno federal necesitaría contar con la autorización de los estados y establecer una política de colonización interna.

Las constituciones liberales se caracterizan por los siguientes elementos:

i) La neutralidad religiosa. En muchas constituciones se limita el poder de la iglesia católica y se establece una separación clara entre la iglesia y el Estado.

ii) La separación de poderes y los pesos y contrapesos para proteger los derechos de los individuos.

iii) La economía liberal exigía un estado no interventor, esto es, se le concebía como un estado maniatado.

Gargarella resume este modelo de la siguiente manera: “En América Latina, los primeros pasos constitucionales de los liberales fueron tímidos y temerosos. Normalmente, los liberales latinoamericanos siguieron constituciones como la de Cádiz 1812, que dio apoyo a una lenta retirada del modelo conservador. Este último modelo sugería menos poderes para el

Ejecutivo, más controles y autoridad para el órgano parlamentario y más espacio para los derechos individuales (Breña 2006). Constituciones como las de Argentina 1826, Chile 1828, Nueva Granada 1830 o 1832, México 1824, Perú 1823 y 1828 y Uruguay 1830 representan ejemplos muy moderados de tales tendencias. Sin embargo, más adelante, los liberales de la región promoverían más Constituciones poderosas: Constituciones que estaban más fuertemente comprometidas con los derechos del individuo, más enfáticos en su defensa del federalismo y la descentralización de poderes y más firmes en su defensa de los controles institucionales internos" (Gargarella, 2013, p. 17).

6. CONCLUSIONES

El derecho condensa la forma en que las élites imaginan la nación, y por eso es importante tenerlos en cuenta para cualquier análisis de la historia de la nación en América Latina. Las constituciones son documentos importantes porque se supone que presentan la forma en que la nación y el estado deben organizarse y relacionarse entre sí. En las constituciones vemos normas que tratan de la estructura, pero también de los derechos y de una imagen del pueblo regido por esa constitución. En el caso de las Leyes de Indias, por ejemplo, la imagen que los españoles tenían del indio era de inferioridad y, por tanto, de alguien necesitado de protección y control. El discurso del cristianismo frente a la idea del salvaje desalmado fue importante en la justificación de la conquista y colonización de América, como lo mostré anteriormente a propósito del debate entre Juan Ginés de Sepúlveda y Bartolomé de Las Casas.

El positivismo jurídico es parte de la constitución de la nación colombiana, ya que la ley terminó reflejando el tipo de nación que las élites estaban construyendo. Durante el proceso de independencia Simón Bolívar escribió sobre la forma en que veía a la nación y a los indios dentro de la nación. En la Carta de Jamaica escribió sobre la necesidad de civilizar al indio:

> Es una gran idea pretender crear en el Nuevo Mundo una nación con un vínculo que ate a todas las partes entre sí y con el todo. Dado que tiene el mismo origen, lengua, costumbres y religión, debería tener el mismo gobierno en una confederación de todos los estados que se creen (...)

Y en el Decreto que determina la libertad de todos los esclavos, escribe:

> Los salvajes que habitan en estas zonas serán civilizados y nuestras posesiones aumentarán con la adquisición de La Guajira (...)

> De ahora en adelante habrá una sola clase de hombres, todos serán ciudadanos".

Las políticas durante la colonia llevaron a la incorporación de los indios como salvajes y por tanto como herejes. Pero durante la República el discurso de ciudadanía fue resultado de la incorporación del indio a la nación. Esa incorporación no fue igualitaria y el tipo de ciudadanía no era el reservado para las clases propietarias blancas. Dada esta inferioridad, las costumbres indígenas fueron olvidadas o silenciadas, o en el mejor de los casos, simplemente toleradas, siempre y cuando se ajustaran a la idea de justicia de la "mayoría blanca". La idea dominante era la del monismo jurídico, es decir, los artefactos jurídicos mostraban que el derecho moderno era el único tipo de derecho que podía aceptarse, mientras que otras prácticas jurídicas se aceptaban sólo como parte de las costumbres, como un residuo de un pasado primitivo.

Durante la colonia, algunos pueblos indígenas resistieron a los ejércitos españoles y escaparon a la selva. Para incorporarlos, la Corona envió misiones religiosas, para civilizarlos e incorporarlos. Clendinnen muestra los efectos de tal política en Yucatán y Bonilla los muestra para el caso colombiano, especialmente en la región del río Amazonas (Clendinnen, 2003; Bonilla, Los Conquistados. 1492 y la Población Indígena de las Américas, 1992). Después de la independencia, el gobierno republicano mantuvo la política de enviar misioneros a las selvas y reservó el control legal a otros súbditos, especialmente criollos blancos e indios "civilizados". Durante el siglo XX, el derecho penal cobró importancia, porque permitió el control de los pueblos indígenas mediante la criminalización y el tratamiento como niños. Bolívar y las élites que lucharon por la independencia sí tenían un proyecto de nación, no limitado a los límites de las naciones actuales, sino que alcanzaba todo el territorio de América Latina. Para Bolívar y estas élites los pueblos indígenas debían ser civilizados antes de poder ser parte de la nación, es decir, no estaban incluidos en la nación como ciudadanos sino como objetos de control y educación. Dada su falta de ciudadanía sus tierras deberían pasar al Estado, quien les dará un uso correcto y adecuado. El pacto constitucional de las élites no cambió de manera significativa el trato que recibieron los indios y los negros durante la colonia.

Con el comienzo del gobierno independiente, las nuevas repúblicas tuvieron que mirar a otros lugares para determinar el tipo de legislación que querían tener. El derecho colonial no estaba disponible por la intención de mostrar un mundo independiente, pero una ruptura total también era imposible, por la necesidad de tener algún tipo de continuidad jurídica y burocrática que pudiera mostrar al mundo que eran civilizados y, en consecuencia, que merecían ser tratados como naciones independientes. El derecho indígena y africano ni siquiera fue discutido como posible modelo, porque no tenían estatus simbólico y, por lo tanto, no podían ser parte de la constitución de una nación civilizada. De la Constitución de Cádiz de 1812, las nuevas Repúblicas tomaron la idea de soberanía, la organización del parlamento, las garantías individuales —que no derechos— y la moralidad que estaba plasmada en los textos de las constituciones. La Constitución estadounidense y el Derecho alemán fueron modelos de legislación que se utilizaron o se utilizarían para organizar el sistema jurídico de las nuevas Repúblicas.

El Acta Constitucional de 1811 (27/1811 de noviembre) estableció, por primera vez, la posibilidad de enviar misioneros a tomar tierras indígenas. Sin embargo, las nuevas repúblicas no vieron esas tierras como habitadas sino como *terra nullius*, es decir, vacías y sin dueños y, por lo tanto, disponibles para la apropiación privada en el sentido lockeano (Locke, 1993, p. 325). En el texto de la ley queda claro que las élites veían a la nación como blanca, por su carácter civilizado, y por eso su propósito era importar extranjeros para habitar estas tierras y civilizar a los indios. A los pueblos indígenas que habitaban estas tierras, las élites le reconocieron su derecho, como antiguos dueños, a recibir religión y civilización y a ser tratados como personas educadas, a menos que demostraran lo contrario con su comportamiento salvaje y hostil. En aquellas regiones donde había pueblos que podían considerarse civilizados, las élites dictaminaban sobre la posibilidad de tener comercio y tratados con ellos, y al final atraerlos a la religión correcta. Las élites abandonaron algunas de las instituciones del sistema colonial, principalmente porque les beneficiaba a ellas y a la vieja aristocracia. Una de esas instituciones es el sistema de herencia, que no permite el libre albedrío, como en Estados Unidos, pero establece un complicado sistema de herencia que pone a la familia en el centro de la institución (Mirow, 2001; Pérez Rivera, 2007).

En el momento exacto en que el país intentaba reincorporarse a la economía-mundo con una política de libre mercado y eliminación de barreras comerciales, las élites liberales crearon los artefactos legales necesarios para permitir que la inversión extranjera llegara a Colombia y explotara sus recursos. La idea de los baldíos, la constitución de los pueblos indígenas como individuos, las transformaciones en los regímenes legales para permitir la adquisición de tierras, todos fueron elementos que las elites utilizaron como parte del proyecto de construcción de la nación. Dado que los *indios* fueron excluidos, queda claro por qué era más probable que los extranjeros se convirtieran en ciudadanos reales, siempre que fueran blancos y tuvieran propiedades.

La Constitución de 1886 guarda sorprendente silencio con respecto a los pueblos indígenas. Pero tal silencio no debería llevarnos a pensar que no existe ninguna disposición relativa a los pueblos indígenas. De hecho, la Constitución de 1886 se aparta de la idea de una nación unificada y por lo tanto tener una disposición sobre personas que realmente no pertenecían a la nación significaría reconocer el carácter fragmentado de la agrupación política colombiana. En cambio, las élites blancas regularon el destino de los pueblos indígenas de una manera diferente. En la Ley 153/1887 y la Ley 89/1890, basándose en el modelo de la normativa del Cauca, las élites clasificaron a los indios de la siguiente manera: civilizados, semicivilizados y bárbaros. Para estos últimos, la ley preveía misiones civilizadoras, es decir, sacerdotes, generalmente dominicos, con el encargo de llevarlos a la civilización. Una vez traídos al mundo civilizado, podrían estar bajo el control de la ley nacional, porque eso significaría que pertenecían a la nación colombiana. Para los indios civilizados se utilizó el derecho penal. Para aquellos semicivilizados y bárbaros se creó la educación desde niños, pero, como lo muestra Clendinnen, este trato paternalista no necesariamente significó que fueran tratados con respeto, porque frecuentemente se usaban castigos duros como lo muestra Bonilla para los capuchinos que controlaban las misiones. en la selva amazónica de Colombia (Bonilla V. D., 1972).

7. BIBLIOGRAFÍA

Alba, V. (1968). *Nationalists without nations: The oligarchy versus the People in Latin America.* New York: Frederick A. Praeger Publishers.

Anderson, B. (2003). *Immagined Communities.* London: Verso.

Barona Becerra, G. (1993). *Legitmidad y sujeción. Los paradigmas de la "Invención de América".* Bogotá: Instituto Colombiano de Cultura.

Bonilla Maldonado, D. (2016). *El constitucionalismo en el continente americano.* Bogotá: Siglo del Hombre / Universidad de los Andes.

Bonilla, H. (1992). *Los Conquistados. 1492 y la Población Indígena de las Américas.* Bogotá: Tercer Mundo.

Bonilla, V. D. (1972). *Servants of God or masters of men? the story of a Capuchin mission in Amazonia.* New York: Harmondsworth Penguin.

Buergenthal, T., García Laguardia, J. M., & Piza Rocafort, R. (1987). *La constitución norteamericana y su influencia en Latinoamérica: 200 años, 1787-1987.* San José: Instituto Interamericano de Derechos Humanos.

Bushnell, D. (1993). *The Making of Modern Colombia. A nation in spite of itself.* Berkeley: University of California Press.

Campa, R. (1968). *Il potere politico nell'America Latina.* Milano: Edizione di Comunitá.

Castilla Urbano, F. (2013). *l Pensamiento De Francisco De Vitoria. Filosofía Política E Indio Americano.* Barcelona: Anthropos.

Clavero, B. (2017). Constitucionalismo y colonialismo en las Américas: el paradigma perdido en la historia constitucional. *Revista de Historia del Derecho No. 53 (Enero-Junio),* 23-9.

Clendinnen, I. (2003). *Ambivalent Conquest: Maya and Spaniard in Yucatán, 1517-1570.* Cambridge: Cambridge University Press.

Demélas, M. D. (2010). Las primeras constituciones de la América Española (c. 1810-1830). *Revista de Historia Americana y Argentina No. 45,* 47-70.

Gargarella, R. (2005). *Los fundamentos legaes de la desigualdad. El constitucionalismo en América (1776-1860).* Madrid: Siglo XXI Editores.

Gargarella, R. (2013). *Latin American Constitucionalism, 1810-2010. The engine room of the Constitution.* Oxford: Oxford University Press.

Gargarella, R. (2015). La "Sala de Máquinas" de las constituciones latinoamericanas. Entre lo viejo y lo nuevo. *Nueva Sociedad No. 257 (julio-agosto),* 96 - 106.

González González, F. (1997). *Para leer la política: ensayos de Historia Política Colombiana.* Bogotá: Cinep.

Hanke, L. (1985). *La Humanidad es una: estudio acerca de la querella que sobre la capacidad intelectual y religiosa de los indígenas americanos sostuvieron en 1550 Bartolome de las Casas y Juán Ginés de Sepúlveda.* México: Fondo de Cultura Económica.

Hanke, L. (1988). *La lucha por la justicia en la conquista de América.* Madrid: Ediciones Istmo.

Hernández de Alba, G. (1981). *Como nació la Republica de Colombia segunda serie (1812-1817)..* Bogotá: Banco de la República.

Koenig, H.-J. (1994). *En el camino hacia la Nación. Nacionalismo en el proceso de la formación del Estado y de la Nación de la Nueva Granada, 1750-1856.* Bogotá: Banco de la República.

Locke, J. (1993). *Political Writings.* London: Penguin.

Loveman, B. (1994). *The Constitution of Tyranny: Regimes of Exception in Spanish America.* Pittsburg: Pittsburg University Press.

Loveman, B. (1997). *The Politics of Antipolitics: The Military in Latin America.* Lanham, Maryland: Rowman & Littlefield Publishers.

Mirow, M. (2001). Borrowing Private Law in Latin America: Andres Bello's Use of the Code of Napoleon in Drafting the Chilean Civil Code. *61 La. L. Rev. 291 Louisiana Law Review (Winter),* 291-329.

Múnera, A. (1998). *El fracaso de la nación. Región, clase y raza en el Caribe colombiano (1717-1821).* Bogota: Banco de la Republica / El Ancora Editores.

Múnera, A. (2005). *Fronteras Imaginadas. La construcción de las razas y de la geografía en el siglo XIX colombiano.* Bogotá: Planeta.

Pérez Rivera, H. E. (2007). *El tránsito hacia el Estado Nacional en América Latina en el siglo XIX: Argentina, México y Colombia.* Bogotá: Universidad Nacional de Colombia.

Posada Carbó, E. (1996). Civilizar las Urnas: conflicto y control en las elecciones colombianas 1830-1930. *Boletín Cultural y Bibliográfico Nro. 39 Vol. XXXII,* 3-25.

Rappaport, J. (1994). *Cumbe Reborn. An Andean etnography of history.* Chicago: Chicago University Press.

Rolla, G. (2012). La evolución del constitucioanalismo en América Latina y la originalidad de las experiencias de justicia constitucional. *Anuario Iberoamericano de Justicia Constitucional No. 16,* 329-351.

Safford, F. (1991). Race, Integration, and Progress: Elite Attitudes and the Indian in Colombia, 1750-1870. *Hispanic American Historical Review 71,* 1-33.

Sieyes, E.-J. (2019 (1789)). *¿Qué es el Tercer Estado?* Madrid: Biblioteca Omegalfa.

Soler, R. (1980). *Idea y Cuestion Nacional Latinoamericanas. De la Independencia a la emergencia del imperialismo..* México: Siglo XXI.

Stoetzer, O. C. (1962). La Constitución de Cádiz en la América Española. *Revista de Estudios Políticos No. 126,* 641-664.

Trouillot, M. R. (2015). *Silencing the past. Power and the production of history.* New York: Beacon Press.

Trouillot, M.-R. (2000). *Hiati: State against Nation.* New York: Monthly Review Press.

Varela Suanzes-Carpegna, J. (1987). La Constitución de Cádiz y el liberalismo español del siglo XIX. *Revista de las Cortes Generales No. 10,* 27-109.

Vitoria, F. d. (1998). *Sobre el Poder Civil. Sobre los Indios. Sobre el Derecho de la Guerra.* Madrid: Tecnos.

5.2. El conjunto normativo de las Dictaduras de los años 1970 y la justicia de Transición

IGNACIO BERDUGO GÓMEZ DE LA TORRE[1]
Universidad de Salamanca, España
berdugo@usal.es

1. INTRODUCCIÓN

Como académico y como ciudadano, siempre me han preocupado las cuestiones de legitimación del poder punitivo del Estado, tanto de su origen como de su ejercicio, lo que me ha llevado a reflexionar, en más de una ocasión, sobre el uso desviado de poder, sobre el terrorismo de Estado y sobre la justicia transicional.

Las páginas que siguen pretenden llevar a cabo una aproximación a estas cuestiones en los países de un marco geográfico que para mí tiene un especial significado, América Latina, y centrar mi análisis en un tiempo muy concreto, las décadas de los setenta y ochenta del pasado siglo, en el que las noticias que de allí llegaban condicionaban y marcaban a nuestra generación. Entendí que el primer paso necesariamente era delimitar los países concretos en los que iba a centrar mi investigación. Pronto llegué a la conclusión de que era especialmente representativo el examen de las dictaduras militares de Argentina (1976-1984), Brasil (1964-1985), Chile (1973-1990) y Uruguay (1973-1984), que, junto a Bolivia (1968-1982) y Paraguay (1954-1989), fueron socios fundacionales de la conocida como "Operación Cóndor." Estas dictaduras constituyen una realidad, política y normativa, idónea para el objetivo que se buscaba alcanzar, una aproximación al panorama político y jurídico de las dictaduras militares de América Latina, plasmaban un proyecto regional y la no limitación de medios para

---

[1] Catedrático de Derecho Penal de La Universidad de Salamanca. Ex-Rector de la misma Universidad. Doctor Honoris Causa en múltiples universidades. Fue cooperador internacinoal en la reforma penal de El Salvador y Costa Rica, entre otros. Fue Director del Centro de Estudios Brasileños de la Universidad de Salamanca.

alcanzarlo. Muchos son los elementos comunes de estas dictaduras militares[2], el factor cronológico, una análoga pretendida justificación, el apoyo de un determinado sector de la población, las políticas de sistemática represión y también, al final, el paso a regímenes formalmente democráticos en marcos normativamente delimitados, que condicionan una posible justicia transicional.

Una primera aproximación evidencia el peso en todas ellas de componentes de la política internacional de aquel momento y que con mayor o menor intensidad se proyectaban sobre la realidad nacional de todos estos países.

En el marco de la Guerra Fría hay que situar las consecuencias de la revolución cubana, con el derrocamiento de Fulgencio Batista y el alineamiento del régimen castrista en el bloque liderado por la entonces Unión Soviética, lo que, además de otras consecuencias como el frustrado desembarco anticastrista en Playa Girón, o la crisis de los misiles, trajo consigo el bloqueo comercial a la isla por parte de Estados Unidos medida esta que aún perdura. Pero el problema general que ocasionaba el triunfo de la guerrilla liderada por Castro era el riesgo de un efecto multiplicador en otros países de la región, en los que la desigualdad social, uno de sus signos de identidad, unida a inestables y corruptos gobiernos y en algunos casos a dictaduras familiares, junto a una fuerte presencia de intereses económicos de multinacionales norteamericanas, creaba un caldo de cultivo particularmente propicio para seguir el ejemplo cubano[3]. De hecho, en los

---

[2] En las páginas que siguen me referiré a los cuatro primeros países y excluiré de este estudio al Paraguay, de la dictadura de Stroessner y a la Bolivia de Hugo Banzer. El primero que venía desde la década de los cincuenta y que obedece a factores distintos de los que aquí se expondrán. Aunque eso sí, compartirá la lesión de los Derechos Humanos como uno de sus signos de identidad. Tiene alto interés el trabajo de STABILI, 2012, pp. 137-162.
Sobre el general Hugo Banzer, dictador en Bolivia primero, 1971-1978, y presidente electo años más tarde, 1997-2001 y sobre los gobiernos militares de esta época, puede consultarse, el Informe que en 2015 elaboró Amnistía Internacional y que lleva por título "Derecho a la verdad, a la justicia y a la reparación de las víctimas de graves violaciones de los derechos humanos, cometidas durante los gobiernos militares en Bolivia (1964-1982)". Ver texto en https://www.amnesty.org/es/documents/amr18/1291/2015/es/

[3] Los países firmantes del pacto de la "Operación Cóndor", no son las únicas dictaduras que en ese periodo histórico hubo en América Latina, siempre mayoritariamente con el denominador común del apoyo de los gobiernos estadounidense. Muy reveladora es la conocida cita de la conversación entre el presidente

países objeto de este análisis van a surgir movimientos guerrilleros, antes o después de los golpes militares, en unos casos, Argentina y Uruguay como justificación del golpe, en otros Brasil y Chile, como reacción frente al golpe militar.

Es importante tener presente que el acceso al poder de los militares contó con el apoyo de importantes sectores de la población, en especial de los más poderosos económicamente, o de multinacionales con significativas inversiones y millonarios beneficios en la región, que veían peligrar sus intereses si se llegaba a implantar un modelo como el cubano. Pese a ello, dado que el poder estaba en manos de las Fuerzas Armadas, prefiero referirme a estas dictaduras como dictaduras militares y no emplear el término dictadura cívico-militar, que a veces se utiliza cuando se habla de ellas.

Esta nueva situación amenazaba con poner en peligro la influencia de los Estados Unidos en la región y otorgar una expansión no prevista en el reparto global a la Unión Soviética. Especialmente revelador del potencial de la influencia cubana en América Latina fue el viaje de Fidel Castro al frente de una numerosa delegación por toda la región, con especial trascendencia política y mediática en Argentina y Chile[4]

Todas estas razones llevaron a una activa política estadounidense para evitar ese riesgo, al comienzo de los sesenta fue la Alianza para el Progreso, encaminada al desarrollo económico de la región y a garantizar la permanencia de los regímenes formalmente democráticos[5] y más adelante a su

---

Eisenhower y su secretario de Estado, cuando este le comunicó el fallecimiento en un hospital del canal de Panamá del dictador nicaragüense Anastasio Somoza, le dijo, que daba igual porque era un hijo de puta, y el presidente le respondió, "Si, pero era nuestro hijo de puta". El episodio aparece recogido en la espléndida novela del nicaragüense Sergio Ramírez, "Margarita está linda la mar". Mayoritariamente, teniendo como referencia al primer Somoza, la frase se atribuye al presidente Roosevelt, con motivo de la visita del primero de los Somoza a los Estados Unidos. Por cierto, cuando el segundo de los Somoza muere en un atentado, ya en el exilio en la capital de Paraguay, Henry Kissinger la repite refiriéndose a él.

4 En noviembre de 1971, Fidel Castro donde permaneció durante casi un mes apoyando con su vista al presidente Allende. Años antes, en mayo de 1959, había efectuado un largo viaje por América, iniciado en Estados Unidos y de allí a Argentina, y a Brasil.

5 La Alianza para el Progreso fue un programa de apoyo al desarrollo de los países latinoamericanos creado por el presidente Kennedy con la finalidad de frenar la creciente influencia de Cuba en la región. Un buen ejemplo, al final sin éxito, fue el apoyo en 1964 al gobierno del presidente chileno Frei, para financiar su

apoyo político y económico a los golpes de Estado protagonizado por las Fuerzas Armadas, formando cuadros en la Escuela de las Américas en el canal de Panamá en una ideología radicalmente anticomunista sobre la base de la conocida como doctrina de la Seguridad Nacional y en la necesidad de abordar lo que se consideraba una nueva forma de guerra contra un enemigo interior, que precisaba también de nuevas estrategias y medios para ser abordada y triunfar en el conflicto[6]. Este contexto condujo a que Estados Unidos asumiera un papel de impulsor de políticas coordinadas en la región, que pasó en un primer momento por la Conferencia de Ejércitos Americanos, la CEA[7], y más tarde por la ya mencionada Operación Cóndor.

En 1975 el entonces coronel, Manuel Contreras[8], jefe de la chilena DINA, invitó a sus colegas de Argentina, Brasil, Paraguay y Uruguay, a participar en una reunión a celebrar en Santiago de Chile, con el fin de articular políticas comunes. Todos estos países compartían el denominador común de tener gobiernos militares, caracterizados por unas Fuerzas Armadas orientadas hacia el interior, más que a la defensa de sus fronteras, e ideológicamente por entender que había que vencer al comunismo con la fuerza de las armas. La reunión se celebró los últimos días de noviembre de ese año y en la misma se establecieron las bases de colaboración entre los responsables de seguridad de los seis países y puede considerarse como el acto fundacional de la conocida como "Operación Cóndor[9]." Tras esta invitación estaba el apoyo de la CIA y los vínculos que ya había creado la CEA·

"revolución en libertad", ver la información que proporciona ROJAS, Hugo & SAFTHOE, Miriam, 2022, pp. 59 y ss.

6 Presenta mucho interés la lectura del artículo de ALDA MEJÍAS, Sonia, 2013, pp. 25 y ss., subraya la importancia de información como arma frente a esta nueva guerra y la tortura como medio para obtenerla y poder destruir al enemigo.

7 En 1960 fue creada la Conferencia de los Ejércitos americanos, ideológicamente anticomunista, con una presencia muy activa de los Estados Unidos, está detrás de la Operación Cóndor

8 Manuel Contreras, que llegó a ser general del ejército chileno es uno de los nombres estrechamente unido a la represión. Contacto directo con la CIA, entre sus condenas la más relevante fue la que le consideraba autor del asesinato de Letelier, embajador en Estados Unidos del gobierno del presidente Allende.

9 En 1992, se encontraron en Lambaré, ciudad paraguaya próxima a Asunción, los conocidos como "Archivos del terror," que con carácter general permiten reconstruir el alcance del terror de Estado, en Paraguay y en muchos de los países de América Latina y muy especialmente del alcance de la "Operación Cóndor", ver las páginas que dedica a estos archivos, STABILI, Maria Rosaria, 2012, 61, pp. 143 y ss.

Los "Archivos del Terror" evidencian no ya el apoyo estadounidense, sino también la posterior incorporación de otros países a la "Operación Cóndor,"[10] y las líneas de esta colaboración entre los países firmantes. Estas, de acuerdo con los documentos del archivo y los desclasificados de la CIA pueden establecerse en tres niveles: 1. Intercambio de información. 2. Operaciones conjuntas, intercambio de prisioneros, localización y detención. 3. Formación de escuadrones, a menudo con mercenarios que efectuaban la eliminación física[11]

Las consecuencias de esa colaboración se plasmaron en las políticas de represión que a continuación se exponen y fueron puestas en evidencia en el contenido de los informes que en estos países elaboraron años más tarde las Comisiones de la verdad[12]

2. UN POCO DE HISTORIA. EL ACCESO AL PODER DE LAS FUERZAS ARMADAS Y LA BÚSQUEDA DE LEGITIMACIÓN

El acceso al poder de las Fuerzas Armadas en los cuatro países objeto central de este análisis, se asienta en situaciones nacionales de crisis, no plenamente coincidentes, sobre las que se proyectan los factores internacionales antes expuestos. Frente a ellas las Fuerzas Armadas, con el apoyo de determinados sectores del poder político y económico, se van a presentar como los únicos posibles salvadores.

En Argentina y Uruguay, además de crisis económica había existido y, en especial en Argentina, continuaba existiendo, una importante actividad de guerrillas. En Brasil y Chile, no se daba en origen esa situación como causa determinante del golpe militar, sino que se pretendía impedir el riesgo que, para algunos sectores de la población, conllevaba el acceso, que en

---

10 En completo estudio sobre antecedentes, ceración y acciones de la Operación Cóndor, FERREIRA NAVARRO, Marcos, 2014, 9, p. 164, afirma que Perú y Ecuador y grupos paramilitares cubanos contrarios a la Cuba socialista, parece que tuvieron algún vínculo con los socios iniciales.

11 Sobre l estas actividades vid. FERREIRA NAVARRO, Marcos, 2014, 9, pp. 166 y ss.

12 Así tiene particular relevancia el contenido del BRASIL, 2017, cuyo capítulo 6, pp. 255 y ss., lleva por título "Conexiones internacionales: la alianza represiva en el Cono Sur y la Operación Cóndor".

el caso chileno ya había tenido lugar, del socialismo al poder, la conocida como "vía chilena al socialismo"

En Argentina el periodo que sigue al golpe de Aramburu, que, en 1955, llevó al exilio a Perón, se caracterizó por un elevado grado de inestabilidad, con sucesivos gobiernos, algunos como el de Ongania de carácter militar y con la aparición de varios grupos que optaron por la lucha armada [13], como vía para alcanzar el poder o de condicionar sus decisiones. Dentro de ellos el más importante, vinculado al ala izquierda del peronismo fueron los "Montoneros", en un primer momento integrados en la estructura del peronismo.

En este tiempo de notable inestabilidad, acrecentado tras la muerte de Perón apareció un nuevo actor, la triple A, de ideología ultraderechista y directamente relacionado con López Rega, que recurría a la violencia como medio para pretender alcanzar sus objetivos[14].

La situación de violencia se acrecentó durante el caótico gobierno de la viuda de Perón, con el incremento de atentados y actos de violencia tanto por parte de los Montoneros como de la Triple A. Paralelamente altos cargos de las Fuerzas Armadas conspiraron para hacerse con el poder[15] con el apoyo de un sector empresarial, de la Iglesia católica y de los Estados Unidos. De alguna forma era un golpe de Estado anunciado que finalmente se materializó en marzo de 1976[16]

En esta situación las Fuerzas Armadas se van a presentar como remedio para

13 Ver por todos l buena síntesis de MORENO OCAMPO, Luis, 2022, pp. 93 y ss. el capítulo que dedica a "el nacimiento de la guerrilla (1966-1973)"

14 López Rega, conocido como "El Brujo", fue un personaje clave de la Argentina de los años setenta. Secretario de Perón, a su muerte mano derecha de su viuda y presidenta, creador de la Triple A, de ideología ultraderecha. Cuando cae en desgracia huyó del país. Años más tarde en 1986 extraditado por Estados Unidos. Encarcelado muere en 1989. Ver AMATO, Alberto, 2022.

15 Son especialmente reveladoras las palabras de Videla, en octubre de 1975, en la XI Conferencia de Ejércitos Americanos realizada en Montevideo:" Si *es preciso, en la Argentina deberán morir todas las personas necesarias para lograr la paz del país*". Ver LEIDEL, Seteffen, 2004, Recuperado de: https://www.dw.com/es/la-guerra-sucia-disfraz-del-genocidio/a-1089871

16 Entre la numerosa bibliografía sobre la dictadura militar, por todos puede consultarse la obra de AGUILA, Gabriela, 2023.

> Restituir los valores esenciales que sirven de fundamento a la conducción integral del Estado, enfatizando el sentido de moralidad, idoneidad y eficiencia, imprescindibles para reconstituir el contenido y la imagen de la Nación, erradicar la subversión y promover el desarrollo económico de la vida nacional basado en el equilibrio y participación responsable de los distintos sectores a fin de asegurar la posterior instauración de una democracia republicana, representativa y federal, adecuada a la realidad y exigencias de solución y progreso del Pueblo Argentino[17].

En Uruguay, en la década de los sesenta, en el marco de una crisis económica que hundía sus raíces en la década anterior y con influencia de la revolución cubana, se creó el "Movimiento de Liberación Nacional Tupamaros." Al comienzo, por el contenido de sus primeras acciones, este movimiento era conocido como el "Robin Hood de América", su paso a acciones de contenido político, llevó al presidente Pacheco Areco a decretar reiteradamente el estado de sitio, a encomendar al ejército la lucha contra los tupamaros[18] y a crear la Junta de comandantes en Jefe. El paso siguiente en el protagonismo político del ejército fue la declaración por el Parlamento de que el país estaba en Estado de guerra. La situación era de una profunda crisis institucional, de hecho, las Fuerzas Armadas estaban jugando un papel político que excedía al que históricamente habían desempeñado en la conocida como la Suiza de América.

En 1973, se materializó el golpe militar, cuando ya estaban derrotados militarmente los tupamaros, pero continuaba el protagonismo del ejército y el descrédito de las instituciones. El proceso que concluye en el golpe, se inició en el mes de febrero, con la firma del conocido como "Acuerdo de Boiso Lanza," en el que se encomendaba al Ejército, "*la misión de brindar seguridad al desarrollo nacional*" y se procedía a crear el Consejo de Seguri-

---

17 Ver texto completo en REPÚBLICA ARGENTINA. JUNTA MILITAR, 1980, p. 13. En concreto el apartado denominado "Bases para la intervención de Fuerzas Armadas en el Proceso Nacional". Importa señalar como en toda la documentación oficial de las Fuerzas Armadas siempre esta presente la referencia a los valores cristianos, en este caso en el segundo de los que considera Objetivos básicos: *Vigencia de los valores de la moral. cristiana, de la tradición nacional y de la dignidad del ser argentino.*

18 Es en 1970 donde los tupamaros realizan una de sus acciones de mayor repercusión mediática al secuestrar y matar a Dan Mitrione, agente de la CIA que actuada asesorando a la policía uruguaya. Todo este episodio es relatado en la conocida película de Costa Gavras, "Estado de sitio".

dad Nacional, con presencia determinante de las Fuerzas Armadas[19]. El Acuerdo fue el primer paso hacia el golpe militar, que tras tensiones entre los militares "febreristas"y los integrados en la línea dura, seguidores de la Doctrina de la Seguridad Nacional, tuvo lugar el 27 de junio del mismo año. En esta fecha Bordaberry, nuevo Presidente, disolvió las Cámaras con apoyo del ejército. La legitimación de la asunción del poder por los militares manteniendo formalmente como presidente a Bordaberry hay que buscarla en su pretensión de crear las condiciones que hicieran posible un nuevo modelo de Estado y abriendo una etapa, de "orden autoritario". Es significativo el discurso que pronunció Bordaberry el mismo día del golpe, en el que subraya "*el rechazo a toda ideología de origen marxista que intente medrar con nuestras dificultades, que intente aprovechar de la generosidad de nuestra democracia, para presentarse como doctrina salvadora y terminar como instrumento de opresión totalitaria*"[20].

La situación fue distinta en Brasil y Chile. En ambos casos el objetivo del golpe militar era evitar un régimen socialista, en Brasil la evolución hacia él y en Chile el mantenimiento en el poder del primer socialista que en América había llegado a la presidencia con la legitimación del voto.

Brasil tras el Estado Novo, del primer Getulio Vargas, el gobierno de Dutra, y la vuelta al poder de Getulio Vargas, se abrió un periodo histórico complejo[21], marcado por el suicidio de Vargas, los amagos de golpe militar, la presidencia de Kubitschek, con el traslado de la capital a Brasilia y cambios culturales, la bossa nova, "chega de saudade," deportivos, la primera copa, y una tensión permanente entre mantenerse en la órbita estadounidense o buscar una política independiente marcadamente nacionalista con retos propios en lo económico y en lo social. La asunción de la presidencia por Joao Goulart, tras la dimisión de Janio Quadros, con una política de reformas económicas y sociales de gran calado, las "Reformas de base", y la activa implicación en sentido opuesto de Estados Unidos desembocó en el

---

19 Sobre este Acuerdo y todo el periodo histórico anterior al golpe, ver CAETANO, G./RILLA, J., 1987, pp. 13 y ss., significativamente, el epígrafe lo denominan "La agonía de las instituciones". En p. 33 y ss., puede consultarse un amplio anexo documental.

20 La expresión es de CAETANO, Gerardo &RILLA, José, 1987, p. 13. Transcribe un extracto del discurso en p. 37.

21 Sobre este periodo ver el capítulo que, titulado "La republica populista y la república de los patricios (1946-1964). Modernización y desarrollo", dedica MOTA, Carlos Gilhelme & LOPEZ Adriana, 2009, pp. 513 y ss.

golpe militar del último día de marzo de 1964, que supuso el comienzo del largo periodo de la dictadura brasileña

El primer intento de legitimación del golpe aparece en el Acto Institucional nº 1,

> A revolução se distingue de outros movimentos armados pelo fato de que nela se traduz, não o interesse e a vontade de um grupo, mas o interesse e a vontade da Nação. A revolução vitoriosa se investe no exercício do Poder Constituinte. Este se manifesta pela eleição popular ou pela revolução. Esta é a forma mais expressiva e mais radical do Poder Constituinte. Assim, a revolução vitoriosa, como Poder Constituinte, se legitima por si mesma

En Chile el golpe militar el 11 de septiembre de 1973 fue un golpe cruento para derribar al presidente elegido en las urnas. Se plasmó en el asalto al Palacio de la Moneda y en el suicidio de Salvador Allende[22].Este había expuesto, en octubre de 1972, en un histórico discurso en la Asamblea General de Naciones Unidas, como se estaba conspirando contra el gobierno por el presidido, para provocar lo que dramáticamente ocurrió[23].

La gestación del golpe, larga y minuciosamente planificado, estuvo en dar respuesta a las medidas adoptadas por el gobierno de Unidad Popular que se plasmaron entre otras en nacionalizaciones, la del cobre fue particularmente emblemática, y en las expropiaciones en el ámbito rural. Frente a estas medidas se desarrolló toda una respuesta financiada en buena medida por la CIA, por entender que lesionaban los intereses de Estados Unidos[24] y con la participación de los sectores más conservadores de la sociedad chilena.

---

22 Allende se suicidó con un arma que le había regalado Fidel Castro en su histórica visita a Chile. La vista en 1971 se prolongó durante tres semanas. Esta información me la proporciono el cardenal Silva Henriquez, al que tuve el honor de conocer en noviembre de 1986. Su conocido último discurso a través de Radio Magallanes puede escucharse en https://www.youtube.com/watch?v=EC4gSxMzzpQ. Entre sus palabras, que me siento obligado de reproducir, ya al final del discurso afirma, "*Sigan ustedes sabiendo que, mucho más temprano que tarde, de nuevo abrirán las grandes alamedas por donde pase el hombre libre para construir una sociedad mejor*"

23 "*Señores delegados: Yo acuso ante la conciencia del mundo a la ITT de pretender provocar en mi Patria una guerra civil. Esto es lo que nosotros calificamos de acción imperialista*", verhttps://radio.uchile.cl/2022/09/20/se-cumple-medio-siglo-del-historico-discurso-de-salvador-allende-ante-la-asamblea-general-de-la-onu/

24 Para analizar la activa implicación de Estados Unidos en el golpe, véase KORNBLUH, Peter, 2023.

La búsqueda de una legitimación se materializó en la creación de un relato, el conocido como "Plan Zeta," que justificaba el golpe atribuyéndole un carácter preventivo para impedir un autogolpe de Allende que pasaba por eliminar a los jefes de las Fuerzas Armadas e instaurar la República Popular de Chile[25]. El "Plan Zeta" era la historia oficial[26], falsa, pero útil como explicación y justificación de las políticas de represión que inmediatamente se pusieron en marcha.

3. LOS MILITARES EN EL PODER. LAS NUEVAS NORMAS Y LA ACTUACIÓN SIN NORMA

Las cuatro dictaduras presentan tres periodos claramente delimitados, una fase de consolidación del golpe que pasa por la adopción de fuertes medidas de represión, otra de desarrollo normativo que busca establecer las bases de un nuevo modelo de Estado, lo que normalmente se plasma en la pretensión de elaborar un nuevo texto constitucional y una tercera fase de crisis, donde está presente el objetivo de controlar o al menos condicionar la transición hacia le democracia. Este orden se altera en Brasil donde la represión se va a producir en la segunda fase, después de la pretendida consolidación institucional, son los conocidos como "años de plomo" de la presidencia de Garrastazu Medici.

Es decir, primero hay que destruir al enemigo, luego elaborar nuevas constituciones o modificar sustancialmente las hasta entonces vigentes, pues había que institucionalizar un nuevo modelo de Estado, y finalmente, garantizar normativamente la impunidad por los hechos realizados, acompañado, si es posible, de un pacto político con el gobierno democráticamente elegido.

---

25 Ver sobre el mismo la información contenida en "Memoria Chilena", https://www.memoriachilena.gob.cl/602/w3-article-96802.htm

26 La explicación del Plan Zeta y de sus implicaciones que justificaban el golpe está plasmada en libro en un primer momento anónimo y más tarde de VIAL CORREA, Gonzalo, 1973. El autor más tarde fue ministro de educación en 1978-1979. En igual sentido puede consultarse el contenido del libro oficial publicado con motivo del primer aniversario del golpe ver Chile. Junta de Gobierno. REPUBLICA DE CHILE, 1974.

3.1. Sobre el ejercicio del poder y los Derechos Humanos. El terror de Estado

Las cuatro dictaduras objeto de estas páginas son una muestra de la aplicación de la conocida como "doctrina de la seguridad nacional" que como punto de partida considera a las Fuerzas Armadas como un actor clave en la política interior, rompiendo su subordinación a las instituciones que plasman un poder político democráticamente elegido.

La seguridad nacional trae consigo el que las Fuerzas Armadas pasen a ser guardianes de un determinado modelo de sociedad y que combatan y eliminen al enemigo interior, a los subversivos, que, en este momento histórico de la guerra fría necesariamente van a ser en primer término aquellos que tienen una ideología marxista, pero que, en la práctica podía llegar a comprender a todo aquel que discrepara de sus planteamientos[27]. Esta misión con esta carga ideológica, por otro lado, une poder político y poder económico, pues rasgo común al ejercicio del poder por los gobiernos cívico militares fue el hiperliberalismo en la política económica.

En esta política que prescindía de cualquier referencia a la vigencia de derechos humanos y a políticas que afrontaran como objetivo la igualdad, es en la que se formaron en la Escuela de las Américas, a la que antes se ha hecho referencia, situada en el canal de Panamá, muchos de los cuadros dirigentes de Fuerzas Militares de distintos países latinoamericanos[28].

El elemento central de la posición de las Fuerzas Armadas radicaba en entender que se estaba ante un nuevo modelo de guerra, la guerra revolucionaria, en la que el enemigo no era de otro Estado y que además utilizaba medios para los que eran ineficaces los propios de las guerras clásicas.

El enemigo a destruir era el subversivo, que como acaba de señalarse tiene un contenido mucho más amplio que aquel que había recurrido a la

---

27 Son significativos las palabras del gobernador militar de Buenos Aires, Ibérico Manuel Saint-Jean al periódico The Guardian el 6 de mayo de 1977, afirma*: Primero eliminaremos a los subversivos; después a sus cómplices; luego a sus simpatizantes; por último, a los indiferentes y a los tibios.*

28 La Escuela de las Américas fue creada por los Estados Unidos en la zona del canal de Panamá, donde tuvo su sede hasta que como consecuencia del convenio Carter- Torrijos, la zona pasó a soberanía panameña, ahora su sede radica en Estados Unidos en el Estado de Georgia. La Escuela ha sido un centro clave para formar cuadros de los ejércitos latinoamericanos en la doctrina de la "seguridad nacional" y en la ausencia de límites para lograr sus objetivos, las dictaduras que aquí se tratan constituyen una buena prueba de ello. Sobre esta Escuela tiene un especial interés el libro de GILL, Leslie, 2005.

violencia, y que normalmente caracterizaban como marxista. Este objetivo, impedir que hubiera en el continente gobiernos de ideología marxista, fue potenciado por los Estados Unidos no sólo en la formación de oficiales, también a través de la actuación de la CIA y del apoyo financiero a la hora de llevar a cabo los golpes de Estado. Es conocida la justificación de Henry Kissinger ante la pregunta de en virtud de qué principio había ordenado o apoyado acciones contra el gobierno constitucional de Chile. La respuesta fue: "En nombre de los intereses superiores de los Estados Unidos"[29]

Esta idea de que se estaba ante una guerra que había que ganar por cualquier medio, es una constante en los cuatro países, que alguno de los generales implicados consideraba que se trataba de la tercera guerra mundial, una guerra contra el comunismo, pero lo que olvidaban y algunos todavía hoy olvidan, es que ni siquiera en la guerra vale todo, pues hay, desde hace mucho tiempo, un *ius in bello*, que quebrantarlo nos sitúa en el Derecho Internacional humanitario y puede llegar a constituir un crimen de guerra o, en su caso, un crimen de lesa humanidad[30].

La línea de actuación, el "terror de Estado", en los cuatro países frente a los "enemigos", va a ser la misma: detención, tortura, ejecución y hacer desaparecer el cadáver. Los "desaparecidos", como años más tarde pondrán de relieve las Comisiones de la Verdad y ratificará la jurisprudencia de la Corte Interamericana de Derechos Humanos, no son consecuencia del exceso individual o de un grupo de policías o de militares, sino claramente de una política diseñada desde el poder para eliminar, sin ningún tipo de garantías a quien consideraba su enemigo[31].Se trata, por tanto de comportamientos que infringen el *ius cogens*, crímenes de lesa humanidad, imprescriptibles y no amnistiables[32].

---

29 La reproduce MORENO OCAMPO, Luis, 2022, p. 81.

30 El *ius in bello*, el derecho en la guerra, tiene una finalidad estrictamente humanitaria. Tal como subraya el COMITÉ INTERNACIONAL DE LA CRUZ ROJA, *La finalidad del derecho internacional humanitario es limitar el sufrimiento causado por la guerra, mediante la protección y la asistencia a las víctimas en la mayor medida posible. Por ello, el derecho aborda la realidad de los conflictos sin considerar las razones o la licitud del recurso a la fuerza.* Disponible en: *https://www.icrc.org/es/doc/war-and-law/ihl-other-legal-regmies/jus-in-bello-jus-ad-bellum/overview-jus-ad-bellum-jus-in-bello.htm*

31 Son especialmente reveladoras las páginas que dedica al tema MORENO OCAMPO, Luis, 2022, en especial ver pp. 73 y ss.

32 Además de que más adelante se exponga la posición de la jurisprudencia de la Corte Interamericana de Derechos Humanos, debe recordarse que en el marco de Naciones Unidas existe desde 1968 el Convenio sobre la imprescriptibilidad de

Importa subrayar que el terror de Estado practicado al margen de la ley tiene lugar en los cuatro países y, plasmado con mayor o menor entidad cuantitativa, obedece siempre a políticas diseñadas desde el poder. Además, se plasma en todos ellos en la existencia de lugares especialmente diseñados o utilizados para torturar y hacer desaparecer[33], las páginas de los Informes de la Comisiones y la memoria colectiva, nos llevan con pruebas a lo que constituyó este camino terrorífico. Donde está de un modo más impactante descrito es en el *Nunca Más*, argentino, la lectura ya de su, para algunos, debatido prólogo no puede dejar indiferente:

> *De este modo, en nombre de la seguridad nacional, miles y miles de se seres humanos, generalmente jóvenes y hasta adolescentes, pasaron a integrar una categoría tétrica y fantasmal: la de los Desaparecidos. Palabra —triste privilegio argentino— que hoy se escribe en castellano en toda la prensa del mundo*[34].

Junto a estos delitos internacionales, es denominador común las limitaciones generalizadas de Derechos. En primer lugar, hay que actuar sobre la estructura de un modelo de Estado que se considera fracasado, lo que se estima como imprescindible para poder derrotar al enemigo. Argentina y Chile lo hacen desde el primer momento, actuando sobre el poder legislativo y sobre el judicial, y concentrando todo el poder en el ejecutivo asumido por las Fuerzas Armadas. Estas medidas se plasman en la disolución de las Cámaras, en el recurso a limitaciones generales de los derechos cívicos, a través de declaraciones de estados de excepción, acompañado de leyes especiales y de depuraciones, todo ello en aplicación de unos supuestos valores nacionales presentes en cada una de estas sociedades.

En el caso de Uruguay, las Fuerzas Armadas ya habían ganado su guerra contra los tupamaros, su particular enemigo, lo habían hecho amparados por sucesivas limitaciones de libertades, por el reiterado "estado de sitio,"[35]

---

los crímenes de guerra y de lesa humanidad. Y que también esta condición está recogida en el art. 29 del Estatuto de Roma.

33 Baste recordar en los cuatro países existieron lugares diseñados o utilizados para esta función. Baste recordar un lugar en cada uno de ellos. "La Casa Azul" de Marabá, en Brasil; el "Estadio Nacional" en Santiago de Chile; la "Base Aérea de Boiso Lanza" en Uruguay; en Argentina el edificio de la "Escuela Mecánica de la Armada", el más emblemático y hoy declarado por la UNESCO patrimonio de la humanidad.

34 Ver REPÚBLICA ARGENTINA, 2001, p. 9.

35 Es significativo que justamente esta este sea el título de la película de Costa Gavras a la que ya se ha hecho referencia en una nota anterior.

adquiriendo un protagonismo político que no habían tenido en la historia de la república oriental, lo que les lleva a impulsar el golpe que les permitiera "ordenar la casa."[36]

La situación en Brasil presenta rasgos propios, por un lado, los militares pretenden exteriorizar una apariencia democrática que se plasma en mantener el Congreso, eso sí, convenientemente depurado, en una elección de presidente, ahora por parte del Congreso, aunque fuera el general propuesto por las Fuerzas Armadas, en mantener los partidos políticos, pero nuevos, ARENA, oficialista, y el MDB, oposición[37],y en tener una Corte Suprema controlada. La apariencia democrática se completaba con un entusiasmo a la hora de promulgar normas de distinto rango[38]. La consideración de la sucesión de los gobiernos militares brasileños, pone en evidencia como hay siempre una pugna entre los dos grandes grupos existentes en las Fuerzas Armadas, de un lado los militares más ilustrados, dispuestos a una represión más controlada frente a los subversivos, que aquí son denominados terroristas, y de otro la línea dura que asumía como objetivo la eliminación física del que consideraba enemigo[39].

Un buen ejemplo de estas limitaciones generales es sin duda el caso chileno, pues el estado de excepción va a durar en un primer momento

---

36 Este periodo de buscar ordenar la situación es el que CAETANO, Gerardo & RILLA, José, 1987, p. 9 califican como de "dictadura comisarial" y que comprende de 1973 a 1976, los autores siguen la división que lleva a cabo el politólogo Luis E. González. A este periodo inicial le sigue, la etapa de "ensayo fundacional", que va hasta 1980 y finaliza con la de "transición democrática" que concluye en 1985 con el fin de la dictadura.

37 En 1965, el Acto Institucional nº 2, suprimió los partidos políticos y creó el bipartidismo controlado que se menciona en texto.

38 Ver las páginas que dedica a este tema MOTA, Carlos Gilhelme & LOPEZ Adriana, 2009, pp. 572 y ss., en concreto en la p. 579, plasma cuantitativamente el entusiasmo legislativo de los militares en: dos constituciones, modificadas por un total de 25 actos institucionales y 35 actos complementarios, a lo que hay que agregar más de dos mil decretos leyes, entre ellos el conocido como "decreto secreto" que permitía legalizar clandestinamente ilegitimidades inconfesables.

39 A lo largo de la dictadura brasileña los presidentes de la conocida como línea Sorbona, obviamente la ilustrada, fueron Castelo Branco, Geisel y Figueiredo, la línea dura que gobernó durante los conocidos como años de plomo, fue el tiempo de los generales Costa y Gaetano Medici. Sobre los tiempos de la dictadura es muy recomendable la lectura del ya clásico libro de SKIDMORE, Thomas, 2000.

desde el golpe hasta la ley de amnistía, cinco años después[40],acompañadas de la adopción de medidas de depuración administrativa, cuyo contenido muchas veces implica sanciones de gravedad.

Aunque probablemente el mejor ejemplo de estas medidas restrictivas se encuentra en Argentina, en el contenido del Acta para el Proceso de Reorganización Nacional, del 24 de marzo de 1976, que en su primer apartado establece: *Constituir la Junta Militar con los Comandantes Generales de las FF.AA. de la Nación, la que asume el poder político de la República.* En los siguientes apartados, disuelve y cesa a todos los representantes de la estructura del Estado, Presidencia, Congreso, Corte Suprema, partidos políticos, etc[41].

---

40 La lectura de las consideraciones que para el legislador chileno lleva a la amnistía son de interés. En concreto: *1°. La tranquilidad general, la paz y el orden de que disfruta actualmente todo el país, en términos tales, que la conmoción interna ha sido superada, haciendo posible poner fin al Estado de Sitio y al toque de queda en todo el territorio nacional;*
2°. El imperativo ético que ordena llevar a cabo todos los esfuerzos conducentes a fortalecer los vínculos que unen a la nación chilena, dejando atrás odiosidades hoy carentes de sentido, y fomentando todas las iniciativas que consoliden la reunificación de los chilenos;
3°. La necesidad de una férrea unidad nacional que respalde el avance hacia la nueva institucionalidad que debe regir los destinos de Chile. El texto completo puede verse en CHILE. MINISTERIO DEL INTERIOR, 1978.

41 El texto del Acta aparece en REPÚBLICA ARGENTINA, 1980, p. 9 donde se establece:
1. Constituir la Junta Militar con los Comandantes Generales de las FF.AA. de la Nación, la que asume el poder político de la República.
2. Declarar caducos los mandatos del Presidente de la Nación Argentina y de los Gobernadores y Vicegobernadores de las provincias.
3 Declarar el cese en sus funciones de los interventores federales en las provincias al presente intervenidas, del Gobernador del Territorio Nacional de Tierra del Fuego, Antártida e Islas del
Atlántico Sur, y del Intendente Municipal de la Ciudad de Buenos Aires.
4. Disolver el Congreso Nacional, las Legislaturas Provinciales,!a Sala de Representantes de la Ciudad de Buenos Aires y los Concejos Municipales de las Provincias u organismos similares.
5. Remover a los miembros de la Corte Suprema de Justicia de la Nación, al Procurador General de la Nación y a los integrantes de los Tribunales Superiores Provinciales.
6. Remover al Procurador del Tesoro
7. Suspender la actividad política y de los Partidos Políticos, a nivel nacional, provincial y municipal.
8. Suspende: las actividades gremiales de trabajadores, empresarios y de profesionales.

En Uruguay, el 27 de junio de 1973, con la firma del presidente Bordaberry, se materializó el golpe de Estado en el contenido del Decreto 464/973[42], que disolvía las cámaras y creaba un Consejo de Estado, *integrado por los miembros que oportunamente se designarán,* que pasó a desempeñar funciones legislativas y en el que tuvieron un peso importante las Fuerzas Armadas.

El desembarco de las Fuerzas Armadas en la estructura de poder tiene otras manifestaciones complementarias utilizadas como instrumento represivo. Baste una breve referencia a los cambios normativos en cada uno de estos cuatro países. En Brasil, los cambios normativos se plasmaron además de en un nuevo texto constitucional y de sucesivos Actos Institucionales, en especial, en la supresión del habeas corpus por el Acto Institucional nº 5 de 13 de diciembre de 1968[43], y en el progresivo endurecimiento de la Ley de Seguridad Nacional, que llegó a contener la pena de muerte,

---

9. Notificar lo actuado a ias representaciones diplomáticas acreditadas en nuestro país y a los representantes argentinos en el exterior, a los efectos de asegurar la continuidad de las relaciones con los respectivos países.
10. Designar, una vez efectivizadas las medidas anteriormente señaladas, a] ciudadano que ejercer el cargo de Presidente de la Nación.
11. Los Interventores Militares procederán en sus respectivas jurisdicciones por similitud a lo establecido para el ámbito nacional y a las instrucciones impartidas oportunamente por la Junta Militar.

42 URUGUAY. DECRETO 464/973(27/06/1973) (DISOLUCION DEL PARLAMENTO NACIONAL Y CREACION DEL CONSEJO DE ESTADO). 1982
El Presidente de la República decreta:
1° Declárase disueltas la Cámara de Senadores y la Cámara de Representantes.
2° Créase un Consejo de Estado, integrado por los miembros que oportunamente se designarán, con las siguientes atribuciones:
A) Desempeñar independientemente las funciones específicas de la Asamblea General;
B) Controlar la gestión del Poder Ejecutivo relacionada con el respeto de los derechos individuales de la persona humana y con la sumisión de dicho Poder a las normas constitucionales y legales;
C) Elaborar un anteproyecto de Reforma Constitucional que reafirme los fundamentales principios democráticos y representativos a ser oportunamente plebiscitado por el Cuerpo Electoral.
3° Prohíbese la divulgación por la prensa oral, escrita o televisada de todo tipo de información, comentario o grabación, que, directa o indirectamente, mencione o se refiera a lo dispuesto por el presente Decreto, atribuyendo propósitos dictatoriales al Poder Ejecutivo.
4° Facúltase a las Fuerzas Armadas y Policiales a adoptar las medidas necesarias para asegurar la prestación ininterrumpida de los servicios públicos esenciales.

43 Brasil. Acto Institucional Nº 5. El Acto Institucional nº 5, reforzaba el poder absoluto del presidente militar y, entre otras muchas limitaciones, en su art. 10 esta-

aunque su aplicación solo se llevó a cabo a través de ejecuciones extrajudiciales, presentadas en muchos casos como supuestos suicidios o como enfrentamientos que no habían tenido lugar[44].

Este progresivo endurecimiento alcanzó su mayor intensidad en las medidas adoptadas contra la guerrilla de Araguaia[45], en la Amazonia, y en la actuación en otros lugares del país, como fue el caso de la "operación bandeirantes"[46].Actuaciones que tuvieron lugar en especial cuando el poder estuvo en las manos de la línea dura de las Fuerzas Armadas. La asunción de la presidencia por Geisel, el alemán, pese a que ya se hubiera destruido a la guerrilla no logró controlar la actuación de determinados sectores de las Fuerzas Armadas, plasmada en casos de alta repercusión social como la muerte a causa de la tortura del periodista Vladimir Herzog, presentada oficialmente como suicidio[47]

---

blecía: «Fica suspensa a garantia de habeas corpus, nos casos de crimes políticos, contra a segurança nacional, a ordem econômica e social e a economia popular»

44 En este periodo, y con un progresivo agravamiento de la respuesta estatal, sucesivamente, se promulgaron tres leyes de Seguridad Nacional, por los Decretos ley nº 314, de 13 de marzo de 1967, nº 510, de 20 de marzo de 1969, y nº 898 de 29 de septiembre de 1969. El denominador común es la doctrina de la Seguridad Nacional para defenderse del enemigo interior y la gravedad de las penas, entre las que este último Decreto incorpora en bastantes casos la pena de muerte. A pesar de ello, como recuerda LIBERATORE BECHARA, Ana Elisa, 2015, 35, p. 86, "durante este periodo tampoco hubo ejecuciones formales concretas, aunque institucionalmente y al margen de la ley, se llevara a cabo la persecución, tortura y muerte de las personas"

45 Las medidas empleadas por el ejército que relata STUDART CORREA, Hugo, 2006, fecha en la que las fuerzas del Ejército matan y decapitan al guerrillero Ari, comienza a imperar lo que denomina «la ley de la selva», en este contexto se pone precio a la cabeza de los guerrilleros para que sean eliminados por los campesinos que colaboraban con el Ejército. La prueba a presentar era la cabeza del guerrillero.

46 La "operación bandeirantes", OBAN, puesta en marcha en 1969, diseñada dentro de los "años de plomo", conto con financiación de empresas y viene acompañada de la creación del Departamento de Operaciones de Información, DOI, el Centro de Operaciones de Defensa Interna, CODI. Sobre estas medidas de búsqueda de eficacia en la presión ver BRASIL. 2017, p. 171.

47 Sobre Geisel tiene particular interés los dos volúmenes que le dedica GASPARI, Elio, 2003 y GASPARI, Elio, 2014 pues en ellos, además de la personalidad del general, se exterioriza con claridad las tensiones dentro del Ejército y la propia crisis de la dictadura.

En Chile el instrumento principal en estos primeros años de la dictadura, utilizado como instrumento para la represión, fue la DINA, creada por Decreto de 14 de junio de 1974, y suprimida en 1977. Dirigida por Contreras su actuación fue decisiva en la guerra sin normas para la eliminación física de quienes eran considerados como el enemigo interior. La situación en Chile en esta primera fase era de supresión total de libertades, de un declarado estado de sitio, que era considerado de guerra, y con toque de queda que estuvo presente hasta 1987. Para poder considerar el sentido del golpe militar de 11 de septiembre de 1973, basta con la lectura del primer comunicado de los golpistas[48].

En Uruguay es el momento de poner orden en una situación de crisis que afectaba a toda la sociedad, las Fuerzas Armadas con el protagonismo adquirido pasan a la adopción de distintas medidas con el denominador común de la represión[49]

---

48 El texto que a continuación se reproduce, aparece recogido con otros muchos en el volumen titulado REPUBLICA DE CHILE, 1974. PRIMER AÑO DE RECONSTRUCCIÓN NACIONAL.
Teniendo presente que: 1. La gravísima crisis social y moral por la que atraviesa el país; 2. La incapacidad del Gobierno para controlar el caos; 3. El constante incremento *de grupos paramilitares entrenados por los partidos de la Unidad Popular que llevarán al pueblo de Chile a una inevitable guerra civil, las Fuerzas Armadas y Carabineros deciden:*
1. El Presidente de la República debe proceder a la inmediata entrega de su cargo a las Fuerzas Armadas y Carabineros de Chile.
2. Las FF.AA. y Carabineros están unidos para iniciar la histórica y responsable misión de luchar por la liberación de la Patria y evitar que nuestro país siga bajo el yugo marxista; y la restauración del orden y la institucionalidad;
3. Los trabajadores de Chile pueden tener la seguridad de que las conquistas económicas y sociales que han alcanzado hasta la fecha no sufrirán modificaciones en lo fundamental;
4. La prensa, radios difusoras y canales de televisión adictos a la Unidad Popular deben suspender sus actividades informativas a partir de este instante. De lo contrario recibirán castigo aéreo y terrestre;
5. El pueblo de Santiago debe permanecer en sus casas a fin de evitar víctimas inocentes.
Firmado: Augusto Pinochet Ugarte, Comandante en Jefe del Ejército; José Toribio Merino, Comandante en Jefe de la Armada Nacional; Gustavo Leigh, Comandante. en Jefe de la Fuerza Aérea de Chile, y; César Mendoza Durán, Director General de Carabineros.
Junta Militar de Gobierno; Santiago, 11 de septiembre de 1973.

49 Sobre esta primera etapa, tiene particular interés el artículo de BUSQUETS, José Miguel & DELBONO, Andrea, 2016, 41, p. 78, en este primer periodo de la dictadura militar, tras su instauración, el régimen desplegó una dura represión expresada en la destitución, proscripción, exilio, encarcelamiento, tortura, desaparición forzada o asesinato de sus opositores (políticos, sindicales, sociales, estudiantiles). El gobierno de facto disolvió la Convención Nacional de Trabajadores (CNT)

La depuración es otro instrumento al que con frecuencia recurrieron en este primer periodo los gobiernos militares. En el caso de Brasil, pese a que como se ha expuesto se mantienen formalmente estructuras propias de gobiernos no dictatoriales, realiza una muy importante depuración, en el primer año se expidieron 3.535 medidas punitivas, fueron expulsados del ejercito 122 oficiales, más tarde se privó de los derechos políticos a los expresidentes Kubitschek y Goulart y se actuó represivamente sobre distintas instituciones. [50]Depuraciones que también se llevaron a cabo en los otros tres países, baste recordar el contenido de las primeras medidas adoptadas en Chile[51], Argentina[52] y Uruguay[53].

Una herramienta clave para completar el panorama represivo los constituyó la censura de los medios de comunicación, que constituye una constante de cualquier dictadura, también en estas. Baste recordar como el primer comunicado de los golpistas chilenos en su punto 4 ya establecía que *La prensa, radios difusoras y canales de televisión adictos a la Unidad Popular deben suspender sus actividades informativas a partir de este instante. De lo contrario recibirán castigo aéreo y terrestre.* Más tarde y como ya se expuso, se

---

13 (30/6/1973); decretó una Reglamentación Sindical que luego suspendió (1/8/1973); intervino la Universidad de la República (UdelaR) (27/10/1973); ilegalizó partidos y organizaciones de izquierda, así como a la Federación de Estudiantes Universitarios del Uruguay (FEUU) (28/11/1973). Todo ello so pretexto de que urgía restablecer el orden y rescatar a la nación de la anarquía en la que había caído.

50 Sobre todas estas depuraciones puede consultarse SKIDMORE, Thomas, 2000, p. 55, expone minuciosamente todos estos aspectos de la depuración en el epígrafe "Os expurgos e a tortura"

51 Sobre esta represión puede consultarse MONSALVEZ ARANEDA, Daniel Gonzalo, 2020, 44, pp. 2 y ss.

52 En Argentina un buen ejemplo es La ley 21 260 dictada el mismo 24 de marzo de 1976, dictada el mismo día del golpe que en su artículo inicial establecía: "*Autorízase hasta el 31 de diciembre de 1976 a dar de baja por razones de seguridad, al personal de planta permanente, transitorio o contratado, que preste servicios en la Administración Pública Nacional, en el Congreso Nacional, organismos descentralizados de cualquier carácter, autárquicos, empresas del Estado y de propiedad del Estado, servicios de cuentas especiales, obras sociales y cualquier otra dependencia del Poder Ejecutivo, que de cualquier forma se encuentre vinculado a actividades de carácter subversivo o disociadoras. …Estarán comprendidos en la presente disposición, aquellos que en forma abierta, encubierta o solapada preconicen o fomenten dichas actividades*"

53 En Uruguay se plasma la política de depuraciones en el Acto Institucional nº 4 de 1976, referido a prohibición de actividades políticas. Disponible en: https://pmb.parlamento.gub.uy/pmb/opac_css/index.php?lvl=notice_display&id=50027

puso en marcha el conocido como plan zeta, que no era otro que difundir una historia oficial, que no se ajustaba a lo que realmente había ocurrido. También, pero no desde el primer momento, sino ya en la fase final de estos gobiernos para intentar justificar sus actos hay que situar en Brasil, el "Brasil sempre" elaborado a instancia de los militares[54] para pretender dar respuesta al "Brasil nunca mais", publicado por la Iglesia[55] o en Argentina en 1983 el "Documento Final de la Junta Militar sobre la guerra contra la subversión y el terrorismo" en el que abordaba la problemática de los desaparecidos como una consecuencia inevitable de lo que consideraba una "guerra sucia" que había enfrentado a las Fuerzas Armadas con la subversión.

Frente a la situación expuesta es preciso subrayar la actuación de defensores de los Derechos Humanos, que, con evidente riesgo personal, lograron socialmente poner en evidencia la realidad de lo ocurrido frente a la verdad oficial. Su labor fue decisiva después para posibilitar abordar las exigencias de una justicia transicional. Las Madres y Abuelas de la Plaza de Mayo en Argentina[56], la Vicaria de Solidaridad en Chile[57], son buenos ejemplos, no los únicos, que deben ser mencionados y reconocidos. Estas organizaciones han sido decisivas para no perder la memoria de los ocurrido, hechos que por negarlos o por ignorarlos no habían dejado de tener lugar.

---

54 GIORDANI, Marco Polo, 1986. Recientemente, en 2014, se ha reeditado Brasil sempre (2ª ed.), por la editorial Palamarinca, de Porto Alegre.

55 ARQUIDIODICESE DE SAO PAULO, 1985. Del texto se han publicado ya 40 ediciones.

56 Las Madres y Abuelas de la Plaza de Mayo desde 1977, pasean cada jueves delante de la Plaza de mayo, donde está la Casa Rosada, sede de la presidencia de la República Argentina, pare reclamar la presencia de su hijos o nietos desaparecido, Los pañuelos blancos sobre sus cabezas se han convertido en todo un símbolo para demandar una efectiva justicia transicional.

57 La Vicaría de Solidaridad fue creada por el cardenal Silva Henríquez el 1° de enero de 1976, su sede junto a la catedral de Santiago constituyó todo un símbolo del apoyo de la Iglesia chilena a las víctimas de la dictadura, siendo hasta 1992, en que fue disuelta, el principal bastón de defensa de los Derechos Humanos en Chile, por los que en 1986 recibió el Premio Príncipe de Asturias de la Concordia.

3.2. Sobre las nuevas Constituciones. La pretensión de un nuevo modelo de Estado

Con carácter general es difícil considerar como Constituciones a normas que carecen de legitimación de origen, que no está presente en un poder legislativo que no representa a la comunidad, sino que es consecuencia de un acto de violencia como es un golpe de Estado.

En este periodo de tiempo, el examen de normas dictadas en estos cuatro países como constitucionales o con pretensión de alcanzar esta condición, es particularmente revelador. En este marco histórico político, la constitución más antigua es la de Brasil, elaborada en los primeros años de la dictadura cívico-militar, fue aprobada por un Congreso, previamente depurado, en enero de 1967, y sometido el texto a posteriores enmiendas recogidas en sucesivos Actos Institucionales, que más adelante se mencionaran y que reforzaban aún más el peso del poder ejecutivo ejercido por la Junta militar. Se trata por tanto de una constitución otorgada y como tal de una legitimidad más que dudosa[58].Esta Constitución estuvo en vigor hasta su sustitución por la Constitución de 1988, elaborada por un constituyente democráticamente elegido.

También el Chile de Pinochet, tras suspender los golpistas la Constitución de 1925 elaboró el texto de la Constitución de 1980, aprobado en un plebiscito muy cuestionado, pretendía institucionalizar el régimen y plasmaba su modelo de sociedad en los ya derogados artículos 8 y 9 del texto original[59]. Después de 1989 muchas han sido las reformas introducidas en

---

58 Los críticos, Gustavo Capanema, la denominaron "la superpolaca", para subrayar que era más propia de un régimen dictatorial que la que en su día elaboro el Estado Novo, que para subrayar su carácter no democrático la denominaron "la polaca" ver BONAVIDES PAES DE ANDRADE, Paulo, 1991, p. 431, en la misma obra, p. 430, el autor al analizar la labor legislativa de la dictadura y respecto al ya citado AI-5 le califica como «un insulto a la vocación democrática de nuestro pueblo que, al final, le recibió como una broma de mal gusto».

59 Artículo 8"— Todo acto de persona o grupo destinado a propagar doctrinas que atenten contra la familia, propugnen la violencia o una concepción de la sociedad del Estado o del orden jurídico, de carácter totalitario o fundada en la lucha de clases, es ilícito y contrario al ordenamiento institucional de la República. Las organizaciones y los movimientos o partidos políticos que por sus fines o por la actividad de sus adherentes tiendan a esos objetivos, son inconstitucionales. Corresponderá al Tribunal Constitucional conocer de las infracciones a lo dispuesto en los incisos anteriores. Sin perjuicio de las demás sanciones establecidas en la Constitución o en la ley, las personas que incurran o hayan incurrido en las con-

la Constitución chilena para buscar hacerla compatible con un Estado democrático. Hoy y tras un primer intento frustrado, el actual Presidente impulsa la redacción de un nuevo texto que responda a las actuales demandas de la sociedad chilena.

En Uruguay la dictadura pretendió también elaborar un nuevo texto constitucional que institucionalizara el papel político de las Fuerzas Armadas, plasmando de modo claro la doctrina de la seguridad nacional. El texto del proyecto[60], elaborado con un importante secretismo y que contenía preceptos que llegaban a limitar las elecciones presidenciales a la ratificación de un único candidato, fue rechazado por una amplia mayoría

---

travenciones señaladas precedentemente no podrán optar a funciones o cargos públicos, sean o no de elección popular, por el término de diez años contado desde la fecha de la resolución del Tribunal, Tampoco podrán ser rectores o directores de establecimientos de educación ni ejercer en ellos funciones de enseñanza, ni explotar un medio de comunicación social o ser directores o administradores del mismo, ni desempeñar en él funciones relacionadas con la emisión o difusión de opiniones o informaciones; ni podrán ser dirigentes de organizaciones políticas o relacionadas con la educación o de carácter vecinal, profesional, empresarial, sindical, estudiantil o gremial en general, durante dicho plazo. Si las personas referidas anteriormente estuvieren a la fecha de la declaración del Tribunal, en posesión de un empleo o cargo público, sea ojio de elección popular, lo perderán, además, de pleno derecho. Las personas sancionadas en virtud de este precepto no podrán ser objeto de rehabilitación durante el plazo señalado en el inciso cuarto. La duración de las inhabilidades contempladas en este artículo se elevará al doble en caso de reincidencia.

Artículo 9— El terrorismo, en cualquiera de sus formas, es por esencia contrario a los derechos humanos. Una ley de quorum calificado determinará las conductas terroristas y su penalidad. Los responsables de estos delitos quedarán inhabilitados por el plazo de quince años para ejercer los empleos, funciones o actividades a que se refiere el inciso cuarto del artículo anterior, sin perjuicio de otras inhabilidades o de las que por mayor tiempo establezca la ley. No procederá respecto de estos delitos la amnistía ni el indulto, como tampoco la libertad provisional respecto de los procesados por ellos. Estos delitos serán considerados siempre comunes y no políticos para todos los efectos legales

CHILE. Congreso Nacional. *Constitución política de la República de Chile.* Santiago de Chile: Editorial Jurídica de Chile, 1980. Disponible en https://obtienearchivo.bcn.cl/obtienearchivo?id=documentos/10221.1/60446/3/132632.pdf

60 La elaboración de un texto constitucional arranca del Decreto 464/973 por el que el presidente Bordaberry disolvía las Cámaras y daba inicio a la dictadura cívico-militar.

de los uruguayos, en plebiscito de noviembre de 1980[61].El resultado de este plebiscito desencadenó el fin de la dictadura.

En el caso de Argentina la situación constitucional se abordó manteniendo vigente el texto de 1853, con sus correspondientes reformas, las más recientes habían sido la de 1957, el *Estatuto de la Revolución Argentina* de 1966 y el *Estatuto Fundamental Temporario* de 1972. Sobre estas normas la Junta militar pretendió llevar a cabo el denominado *Proceso de Reorganización Nacional* y para alcanzar este objetivo dictó una serie de textos, asumiendo poder constituyente, que se sitúan por encima del texto constitucional y que pueden considerarse como un manual de la doctrina de la seguridad nacional[62].

3.3. La búsqueda de la impunidad. Autoamnistías y amnistías

Un rasgo común a los gobiernos de los cuatro países es la búsqueda de la impunidad por los comportamientos llevados a cabo desde el poder, lo que se plasma en los casos de Brasil y Chile en leyes de autoamnistía promulgadas cuando los gobiernos militares aún detentaban el poder, mientras que, en los casos de Uruguay y Argentina, las normas dictadas en ese sentido lo fueron en el contexto de gobiernos democráticamente elegidos.

Las Autoamnistías de Brasil y Chile, tienen un carácter preventivo, pero la situación en que se dictan no es la misma. En el caso de Brasil, la ley de amnistía de 28 de agosto de 1979, debe situarse en un momento ya de crisis de la dictadura militar, que tiene que hacer frente a un importante movimiento social en pro de una amnistía "general e irrestricta", al final la ley de amnistía, comprendía tanto a los torturadores como a los torturados[63]. Hacer frente a esta demanda ocasionó un debate también dentro de las Fuerzas Armadas, pues la ley amnistiaba especialmente a los que desde su condición de funcionarios del Estado habían cometido delitos políticos o conexos con ellos, lo que para los militares que se oponían a la misma suponía admitir el carácter delictivo de su defensa del Estado[64]. De alguna

---

61 Votaron negativamente el 57,20% y de modo afirmativo el 42,80%

62 Pueden consultarse estos documentos en REPÚBLICA ARGENTINA, 1980.

63 Sobre esta situación ver las páginas que dedico en BERDUGO GÓMEZ DE LA TORRE, Ignacio, 2017b, pp. 43 y ss.

64 El art. 1 de la ley establece: *Se concede amnistía a todos que, en el período comprendido entre el 2 de septiembre de 1961 e 15 de agosto de 1979, cometieron delitos políticos o conexos a estos, delitos electorales, a los que tuvieron sus derechos políticos suspendidos y a los*

manera puede entenderse que esta ley, aunque su contenido no fuera el socialmente demandado, señaló el principio del fin de la dictadura, que se plasmará años más tarde en las elecciones en las que triunfó la dupla de Neves y Sarney.

En el caso chileno, la ley de amnistía, está directamente vinculada al fin de la primera fase de la dictadura militar, aquella de mayor dureza en la represión, y tiene un carácter general sin diferenciar que los delitos amnistiados tuvieran o no una motivación política, tan solo señala el espacio temporal en el que tenía que haberse cometido, entre el 11 de septiembre de 1973 y el 10 de marzo de 1978[65].Pretendía poner fin al periodo más duro de la represión, durante todo este tiempo Chile estuvo en estado de sitio, y abrir el periodo de institucionalización del régimen que se completaría más tarde con la aprobación del texto constitucional[66].

Es muy distinta la situación en Uruguay y en Argentina, en ambos casos las normas que buscaban la impunidad por los delitos cometidos fueron promulgadas una vez concluidos los gobiernos militares y son una prueba clara de la tensión entre exigencias políticas y de justicia, presentes en la justicia transicional. En los casos de Brasil y Chile, esa tensión va a aparecer en el momento de la aplicación de normas dictadas por los gobiernos mili-

---

funcionarios de la Administración y a los de fundaciones vinculadas al poder público, a los Funcionarios de los Poderes Legislativo y Judicial, a los Militares y a los dirigentes y representantes sindicales, sancionados con fundamento en Actos Institucionales y Complementares. §1°. Se consideran conexos, a efecto de este artículo, los delitos de cualquier naturaleza relacionados con delitos políticos o practicados con motivación política. §2°. Se exceptúan de los beneficios de la amnistía a los condenados por la práctica de delitos de terrorismo, asalto, secuestro y atentado personal. §3°. Tendrá derecho a reingreso al Servicio Público la mujer del militar dimitido por Acto Institucional, que haya sido obligada a pedir la exoneración del respectivo cargo, para poder habilitarse en el montepío militar, obedecidas las exigencias del art. 3 Ver BRASIL. *Lei n° 6.683, de 28 de agosto de 1979, Concede anistia e dá outras providências.* Disponible en: http://www.planalto.gov.br/ccivil_03/leis/L6683.htm]. Traducción libre.

65 Artículo 1°- *Concédese amnistía a todas las personas que, en calidad de autores, cómplices o encubridores hayan incurrido en hechos delictuosos, durante la vigencia de la situación de Estado de Sitio, comprendida entre el 11 de Septiembre de 1973 y el 10 de Marzo de 1978, siempre que no se encuentren actualmente sometidas a proceso o condenadas.* El texto completo de la ley pude consultares en CHILE. MINISTERIO DEL INTERIOR. Decreto ley 2191 concede amnistia a las personas que indica por los delitos que señala. Biblioteca del Congreso Nacional de Chile. 14 de abril de 1978

66 El texto de la ley fue obra de Mónica Madariaga, familiar y ministra de justicia en el gobierno de Augusto Pinochet, de 1977 a 1983.

tares, en Uruguay y Argentina la tensión va a ser anterior afecta también al momento previo de su elaboración. La pregunta, a la que más adelante se dará respuesta, es si un legislativo con legitimidad de origen puede llegar a dictar leyes que dejen sin responsabilidad a los responsables de determinados delitos.

En Uruguay uno de los problemas de la justicia transicional pasa por "la ley de Caducidad de la pretensión punitiva del Estado", consecuencia de las negociaciones de las Fuerzas Armadas con los representantes de los partidos políticos que llevaba a excluir la responsabilidad por los *delitos cometidos hasta el 1º de marzo de 1985 por funcionarios militares y policiales, equiparados y asimilados por móviles políticos o en ocasión del cumplimiento de sus funciones y en ocasión de acciones ordenadas por los mandos que actuaron durante el período de facto.* [67] La ley, que implicaba la amnistía de los responsables por delitos contra los derechos humanos, fue consecuencia del conocido como Pacto del club Naval suscrito el 3 de agosto de 1984 por representantes de las Fuerzas Armadas y de los partidos políticos y que supuso el fin de la dictadura cívico- militar[68].

En el caso argentino la situación es, si cabe, de una mayor complejidad. En primer lugar, meses antes de la celebración de las elecciones que suponían el fin de la dictadura argentina, el gobierno militar aprobó una ley de autoamnistía, Ley 22 924, "Ley de Pacificación Nacional," que, como más adelante se verá, fue derogada en su primera actuación por el Congreso argentino. Los obstáculos jurídicos más importantes son posteriores al Juicio de las Juntas, condicionaron durante un tiempo la evolución de la justicia transicional en Argentina, y eran consecuencia directa del papel que todavía pretendían jugar algunos sectores de las Fuerzas Armadas

---

67 El art. 1 de la ley establecía: *Reconócese que, como consecuencia de la lógica de los hechos originados por el acuerdo celebrado entre partidos políticos y las Fuerzas Armadas en agosto de 1984 y a efecto de concluir la transición hacia la plena vigencia del orden constitucional, ha caducado el ejercicio de la pretensión punitiva del Estado respecto de los delitos cometidos hasta el 1º de marzo de 1985 por funcionarios militares y policiales, equiparados y asimilados por móviles políticos o en ocasión del cumplimiento de sus funciones y en ocasión de acciones ordenadas por los mandos que actuaron durante el período de facto* El texto completo de la ley puede consultarse en URUGUAY. Ley de Caducidad de la Pretensión Punitiva del Estado Uruguay. 22 de diciembre de 1986. Disponible en: https://www.impo.com.uy/bases/leyes/15848-1986

68 Sobre estas reuniones ver Ver CLUB NAVAL URUGUAY. Las reuniones Cívico-Militares de 1984 en el Club Naval. Disponible en: http://servicios.infoleg.gob.ar/infolegInternet/anexos/20000-24999/21864/norma.htm

El propio presidente Alfonsín va a iniciar este camino, conocido como el de las "Leyes de la impunidad," las dos primeras fueron la Ley 23.492 de Punto Final, de 24 de diciembre de 1986[69]y la Ley n.º 23 521 de Obediencia Debida [70] de 8 de junio de 1987, a las que hay que agregar los indultos del presidente Menem. Estos obstáculos jurídicos son consecuencia de la presión de las Fuerzas Armadas y de distintos sectores de la sociedad argentina y suponían la primacía en justicia transicional de las exigencias políticas sobre las de justicia. Sobre el tema se volverá en otro apartado.

4. LA JUSTICIA TRANSICIONAL EN LAS ANTIGUAS DICTADURAS

4.1. Las Comisiones de la Verdad

4.1.1. Introducción

Un denominador común en el final de los gobiernos militares objeto de este análisis es la creación de la ya expuesta barrera jurídica con la que se pretendía lograr la impunidad por los hechos delictivos cometidos desde el poder.

---

69 El art.1 de la ley establecía: *Se extinguirá la acción penal respecto de toda persona por su presunta participación en cualquier grado, en los delitos del artículo 10 de la Ley Nº 23.049, que no estuviere prófugo, o declarado en rebeldía, o que no haya sido ordenada su citación a prestar declaración indagatoria, por tribunal competente, antes de los sesenta dias corridos a partir de la fecha de promulgación de la presente ley.*
En las mismas condiciones se extinguirá la acción penal contra toda persona que hubiere cometido delitos vinculados a la instauración de formas violentas de acción política hasta el 10 de diciembre de 1983.

70 La Ley en su artículo inicial establecía: 1- *Se presume que quienes a la fecha de comisión del hecho revistaban como oficiales jefes, oficiales subalternos, suboficiales y personal de tropa de las fuerzas armadas, de seguridad, policiales y penitenciarias, no merecen castigo por haber obrado en virtud de obediencia debida.*
La misma presunción será aplicada a los oficiales superiores que no hubieran revistado como comandante en jefe, jefe de zona, jefe de subzona o jefe de fuerza de seguridad, policial o penitenciaria si no se resuelve judicialmente, antes de los treinta días de promulgación de esta ley, que tuvieron capacidad decisoria o participaron en la elaboración de las órdenes.
En tales casos se considerará de pleno derecho que las personas mencionadas obraron bajo subordinación a la autoridad superior y en cumplimiento de órdenes, sin facultad o posibilidad de inspección, oposición o resistencia a ellas en cuanto a su oportunidad y legitimidad.
Ver ARGENTINA. Ley de obediencia debida. 4 de junio de 1987. Disponible en: https://www.ecured.cu/Ley_de_Obediencia_Debida

Con matices, acusados en el caso de Argentina, el paso de la dictadura a la democracia se lleva a cabo, en aplicación de un pacto político, que, en un primer momento, no cuestionaba las normas de impunidad, pero pronto estas situaciones de impunidad van a ser política y jurídicamente cuestionadas, en buena medida como consecuencia del desarrollo normativo de los Derechos Humanos, de la presión de sectores de la sociedad civil, y también por el peso de la internacionalización[71].

En la construcción de la denominada justicia transicional ha tenido y tiene un decisivo papel la Corte Interamericana de Derechos Humanos y ya en este siglo las Naciones Unidas. Sin duda, la aportación de ambas constituye un paso importante en el desarrollo de esta manifestación del Derecho penal internacional[72].

La tensión entre exigencias políticas y jurídicas va a ser una constante en los primeros tiempos de retorno a la democracia, con rasgos propios en cada país. Con carácter general, las exigencias de esta justicia se plasman en cuatro principios: 1. Obligación del Estado de investigar y juzgar 2. Derecho individual y colectivo a conocer la verdad.3. Derecho de las víctimas a una reparación 4. Obligación de adoptar medidas para evitar repetición. Principios que son una constante en la jurisprudencia de la Corte Interamericana de Derechos Humanos.

El primer paso en todos estos países fue la creación en cada uno de ellos de Comisiones oficiales que analizaban los hechos que constituían graves crímenes para el Derecho penal internacional, máxime cuando han sido cometidos por aquellos que tenían la obligación de proteger y garantizar la no lesión de aquellos derechos que desde el poder ellos lesionaban

---

71 La internacionalización es un rasgo de nuestra época que se proyecta con carácter general sobre todas las ramas del ordenamiento jurídico, también sobre el Derecho penal. El desarrollo y progresiva consolidación del Derecho penal internacional, con razón sostiene WERLE, Gerhard, 2011, p. 38, afirma, *sólo los horrores de la dictadura nacional socialista ayudaron al derecho penal internacional a abrirse paso. Los crímenes nacionalsocialistas —los más infames del siglo— hicieron aparecer como insoportable la impunidad de los responsables, exigiendo una acción común de la comunidad internacional".*

72 Ver las páginas que dedico a esta cuestión en BERDUGO GÓMEZ DE LA TORRE, Ignacio, 2017b, pp. 19 y ss.

4.2. Las Comisiones de la Verdad en las distintas naciones

4.2.1. Argentina

En las elecciones de 30 de octubre de 1983, que ponen fin al gobierno militar, el obtener una respuesta al tema de los desaparecidos acabó siendo uno de los factores determinantes del triunfo del Partido Radical, que llevó a la presidencia a Raúl Alfonsín. Meses antes, en abril del mismo año, la Junta Militar, dentro de las medidas que buscaban impedir su responsabilidad, hizo público el denominado "Documento final", en el que sin más explicaciones establecía que había que considerar muertos a los desaparecidos *"aun cuando no se pueda precisar hasta el momento la causa y la oportunidad del eventual deceso, ni la ubicación de sus sepulturas"* y continuaba *"únicamente el juicio histórico podrá determinar con exactitud a quien corresponde la responsabilidad directa de métodos injustos o muertes inocentes."* Este documento reforzó el efecto contrario al que pretendía, al contribuir a que la demanda de los grupos de Derechos Humanos de conocer lo que ocurrió durante los gobiernos militarse se generalizara y en especial pasara a un primer plano el afrontar todo el problema de los desaparecidos[73].

Tras su toma de posesión, una de las primeras medidas del nuevo presidente fue la creación, en diciembre 1983, de la Comisión Nacional sobre la Desaparición de Personas (CONADEP), que abordó la constatación del terrorismo de Estado y especialmente las desapariciones. La presidencia la desempeñó Ernesto Sábato y en 1984 en un acto solemne hicieron entrega al presidente Alfonsín del Informe titulado "Nunca Más"[74], que en su día supuso un antes y un después en las políticas de justicia transicional, no solo en Argentina, también en lo restantes países objeto de este estudio.

El Informe construido sobre 50.000 páginas de documentación, es una herramienta clave para conocer la realidad de la represión en Argentina. En primer lugar, respecto al número de víctimas, se considera probada la desaparición, 8961, aunque el Informe estima que esta cifra no debe considerarse como una cifra cerrada pues, *"muchas desapariciones no habían sido denunciadas, por carecer la víctima de familiares, por preferir estos mantener reservas o por vivir en localidades muy alejadas de centros urbanos"*. El Informe añade la relación de 1500 implicados en las desapariciones y la relación y descripción de 380 lugares de tortura.

---

73 Sobre este punto véase las páginas que dedica MORENO OCAMPO, Luis. 2022, pp. 42 y ss.

74 Ver REPÚBLICA ARGENTINA, 2001.

Junto a estos datos cuantitativos, ya en si impactantes, el Informe deja probado como las desapariciones y las torturas son consecuencia de un plan articulado por la Fuerzas Armadas para hacer frente a la guerra contra la subversión, que ya se ha abordado en páginas anteriores. Pero no se puede olvidar que ni siquiera la guerra legitima todos los comportamientos[75]

Es inevitable citar unas palabras de Sábato en el discurso que pronunció al entregar del Informe[76], "*en nombre de la seguridad nacional miles de ciudadanos fueron secuestrados y pasaron a formar parte de una categoría fantasmal: los "desaparecidos". Desde el momento del secuestro la víctima perdía todos los derechos, se la privaba de toda comunicación con el exterior, se veía sometida a "suplicios infernales" y a sus familiares se les negaba que estuviera encarcelada*".

Junto a la publicación de "Nunca más", la otra vía para que la sociedad argentina conociera la realidad de la represión fue, sin duda, el juicio a los integrantes de las Juntas Militares, donde la actuación de la fiscalía, liderada por Julio Strasera, las declaraciones de los testigos y el contenido de los hechos probados en la sentencia, además de que el fallo condenatorio sea una manifestación de la justicia transicional, el conocimiento general de los hechos en los que se funda la condena supone la recuperación de la Memoria colectiva clave en una sociedad democrática[77].Constituía, por otro lado, la prueba de que era posible la justicia transicional, con todas las garantías propias de nuestro modelos de Estado.

El libro "Nunca Más", en concreto su prólogo, no estuvo exento de polémica, al entender que acogía la denominada "teoría de los dos demonios", que equipara en su rechazo la violencia de los considerados terroristas y la de los representantes del Estado. En la segunda edición del libro, se agre-

---

75 La primera página del Prólogo de *Nunca Más,* recoge unas palabras del General Della Chiesa, que califica de memorables, pronunciadas en los tiempos del secuestro de Aldo Moro, ante la propuesta de torturar a un detenido formulada por un subordinado el general afirmó: *Italia puede permitirse perder a Aldo Moro. No en cambio, implantar la tortura.*

76 El discurso puede escucharse en https://www.youtube.com/watch?v=eHn4wYeWuuY

77 El recuerdo del juicio continua hoy siendo un recuerdo vivo y un ejemplo de una sociedad democrática que da todas las garantías del Estado a quien las negó cuando tenía el poder. Para todos, no solo para los argentinos, es altamente recomendable el ver la reciente película, *Argentina 1985* dirigida por Santiago Mitre y con Ricardo Darin en ell papel del fiscal Julio Strassera.

gó, sin suprimir el primero, un segundo prólogo que rechazaba la equiparación, prólogo este, que desapareció en una última edición[78].

"Nunca Más", polémica incluida, posee un indudable valor simbólico de la justicia transicional, pues, sin duda, constituye una prueba de la necesidad de tener una memoria colectiva de tener presentes hechos, que forman parte de la historia de un país, que no por negarlos o por demandar su olvido, dejaron de producirse. "Nunca Más" tiene valor para Argentina, pero es un símbolo para cualquier país que pretenda democráticamente lavar su historia.

4.2.2. Brasil

El caso brasileño es particularmente complejo[79]. A partir de 1988, año de la nueva Constitución, y ya en su marco, los primeros presidentes suscribieron tratados y convenios internacionales[80], que con claridad llevaban a hacer necesario el conocer el pasado próximo y muy especialmente afrontar toda la problemática de los detenidos y desaparecidos. En este contexto la presión política de los familiares de las víctimas [81], llevaron, en la presidencia de Cardoso, a impulsar la aprobación de una norma, la ley nº 9.140 de 4 de diciembre de 1995, la "Ley de los desaparecidos", que a efectos

---

78 La segunda edición fue en el gobierno de Nestor Kischner, para conmemorar el 30 aniversario del golpe militar. La edición, además de agregar un segundo prólogo, completaba la relación de desaparecidos y de lugares de tortura. La tercera edición en 2016, cuarenta aniversarios del golpe y en la presidencia de Macri, suprimió el prólogo añadido en la segunda y fue presentado como una reimpresión del primer texto.

79 De la justicia transicional en Brasil me he ocupado en varias ocasiones y muy especialmente de la Comisión Nacional de la Verdad en BERDUGO GÓMEZ DE LA TORRE, Ignacio, 2017b y también en "La justicia transicional en Brasil y los condicionantes internacionales, Especial consideración de la aportación de la Comisión Nacional de la Verdad", en BRASIL, 2017, pp. 99 y ss. en el texto sigo el contenido de este artículo.

80 Brasil ratificó en 1992 la Convención Americana de Derechos Humanos y en 1998reconoció la competencia de la Corte Interamericana de Derechos Humanos, A estos dos instrumentos de carácter general hay que agregar la ratificación en 1989 de la Convención Interamericana para prevenir y sancionar la tortura y más recientemente, en 2014, la Convención Interamericana sobre Desaparición forzada de personas,

81 Sobre la actuación de los familiares de las victimas impulsando la justicia transicional ver ALMEIDA TELES, Janana, 2009.

legales reconocía como muertas "*a las personas que hayan participado o hayan sido acusadas de participar en actividades políticas, en el periodo de 2 de septiembre de 1961 al 5 de octubre de 1988, y que por ese motivo, hayan sido detenidas por agentes públicos, encontrándose desde entonces desaparecidas, sin que haya noticias de las mismas.*" La ley se completaba con un anexo con los nombres de 136 personas a los que era aplicable esta norma y también se constituía, con carácter oficial, una "Comisión Especial sobre Muertos y Desaparecidos Políticos". Esta Comisión en 2007 hizo público un informe titulado *Direito a memoria e a verdade*[82], en el que por vez primera se reconocía de modo oficial la implicación de las fuerzas Armadas en hechos claramente delictivos.

La recuperación de la Memoria sobre el pasado reciente está presente en las presidencias de Cardoso, Lula y Rousseff, con distintas manifestaciones, además de las señaladas, como la apertura de los Archivos dc la represión[83], la creación de una Comisión de Amnistía y de la espléndida *Revista Anistía,* la aparición de comisiones en algunos Estados que buscaban determinar el contenido de las violaciones de derechos, las expediciones a la Amazonia para buscar los restos de los integrantes de la guerrilla de Araguaia, etc.

Es decir, en la última década del pasado siglo y en la primera del presente, la recuperación de la Memoria, clave como base para poder construir sobre ella las restantes medidas de una justicia transicional, constituyó un rasgo importante en la política brasileña.

En 2011 fue creada, por la ley nº 12518, la "Comissao Nacional da Verdade" que se constituyó en mayo de 2012 en un solemne acto[84]. El 10 de diciembre de 2014, la Comisión, también en un acto solemne, hizo entrega

---

[82] COMISSAO ESPECIAL SOBRE MORTOS E DESAPARECIDOS POLITICOS, 2007.

[83] Sobre este punto, clave para la recuperación de la Memora colectiva, para reconstruir la historia, puede consultarse ISHAQ, V., "La apertura de los archivos de la represión de la dictadura brasileña (1964-1985) y la investigación de graves violaciones de los derechos humanos por la comisión Nacional de la Verdad", en BRASIL, 2017, pp. 73 y ss.

[84] La creación de la Comisión fue un acto solemne que simbólicamente contó con la presencia de todos los presidentes de Brasil vivos. Sobre la Comisión Nacional de la Verdad, funcionamiento y estructura de su Informe, puede consultarse el artículo de su último coordinador DALLARI, Pedro. La Comisión Nacional de la Verdad de Brasil en BRASIL, 2017, pp. 27 y ss.

de su Informe a la presidenta[85].El Informe en su versión impresa se plasma en tres volúmenes y un total de 2388 páginas[86]. El contenido se cierra con cuatro conclusiones y veintinueve recomendaciones.

Las conclusiones son contundentes: Constatación de graves violaciones de los derechos humanos; carácter generalizado y sistemático de las graves violaciones; existencia de crímenes de lesa humanidad y persistencia de un cuadro de graves violaciones de los derechos humanos. En sus recomendaciones la Comisión propone diecisiete medidas institucionales[87],ocho reformas constitucionales y legales y cuatro medidas de seguimiento de las acciones y recomendaciones efectuadas por la Comisión.

El Informe y la documentación que complementariamente aporta es impactante. Por otro lado, subrayar como la actividad se ajustó estrictamente al contenido de la ley de creación[88].

La entrega del Informe abrió un nuevo capítulo en la justicia transicional de Brasil que, como se expondrá más adelante, fue frenado durante el gobierno de Bolsonaro.

4.2.3. Chile

En Chile, vivo aún Pinochet, el presidente Patricio Aylwin creó la Comisión Nacional de la Verdad y la Reconciliación que, en 1991 presentó el conocido como Informe Rettig[89], que rechazaba el relato oficial de la

---

85 El Informe fue entregado a la Presidenta Dilma Rousseff el 10 de Diciembre de 2014, día de los Derechos Humanos y año en el que se cumplían 50 años del golpe militar, al texto del Informe, recogido en tres volúmenes, y a los documentos y todo el material en que se basa su contenido se puede tener acceso en http://cnv.memoriasreveladas.gov.br/

86 Sobre la Comisión Nacional de la Verdad, puede consultarse BERDUGO GÓMEZ DE LA TORRE, Ignacio, 2017b, pp. 95 y ss.

87 La recomendación más debatida es la que establece la determinación por los órganos competentes de la responsabilidad jurídica, criminal, civil y administrativa, de los agentes públicos que causaron las graves violaciones de los derechos humanos ocurridas durante el periodo de investigación de la CNV.

88 La página de la Comisión, http://cnv.memoriasreveladas.gov.br/, además del Informe contiene toda la documentación en la que se apoya, audiencias públicas, fotografías, documentos, declaraciones de implicados. El acceso a la página es imprescindible para poder trabajar sobre la justicia transicional en Brasil.

89 El nombre por el que se conoce al Informe, es el del presidente de la Comisión Raúl Rettig Giessen, que entre otros cargos había sido embajador en Brasil duran-

supuesta existencia de una guerra, contenía datos cuantitativos sobre la represión y proponía distintas reformas legislativas. En los tres tomos del Informe se recogían 3.550 denuncias, de las cuales 2.296 se consideraron casos calificados. El Informe fue criticado y rechazado por las Fuerzas Armadas y por el Tribunal Supremo, pese a ello el Presidente Aylwin, pidió perdón a los familiares de las víctimas en nombre del Estado[90].

La justicia transicional en Chile, por esta reacción y por el peso del relato construido durante la dictadura, afrontó entonces un periodo cubierto por el que se ha calificado como "velo de silencio." Este velo se va a levantar por las consecuencias políticas de la detención en Londres de Pinochet, unida, poco tiempo después, a la publicación de una importante monografía de Tomás Moulian "Chile actual. Anatomía de un mito,"[91]con un contenido que condujo a reabrir el debate sobre el pasado.

En este nuevo marco, en 2003, el presidente Ricardo Lagos dentro de su política de Derechos Humanos, significativamente denominada "no hay mañana sin ayer", creó la "Comisión sobre prisión política y tortura", conocida como "Comisión Valech"[92], esta elaboró su amplio y documentado Informe[93] que tenía como principal objetivo, según su norma de creación, *determinar, de acuerdo a los antecedentes que se presenten, quiénes son las personas que sufrieron privación de libertad y torturas por razones políticas, por actos de agentes del Estado o de personas a su servicio, en el período comprendido entre el 11 de septiembre de 1973 y el 10 de marzo de 1990*, que contenía la relación nominal de los 27.153 que habían sido objeto de tortura o presos por razones polí-

---

te el gobierno de Salvador Allende, Su biografía puede consultarse en https://es.wikipedia.org/wiki/Ra%C3%BAl_Rettig

90 Ver el discurso del presidente en https://www.youtube.com/watch?v=iik-boL7WVE

91 MOULIAN, Tomás, 1997. Esta monografía puede consultarse en https://chilerecientepucv.files.wordpress.com/2013/09/tomas-moulian.pdf

92 El nombre es el de su presidente, Monseñor Sergio Valech, obispo de Santiago y antiguo presidente de la ya mencionada Vicaría de la Solidaridad. La Vicaria, creada por el cardenal Silva Henríquez en 1976 y disuelta en 1993, fue una pieza clave en el apoyo a los perseguidos y represaliados por la dictadura militar. Sobre la Vicaria puede consultarse GUTIERREZ, Juan Ignacio, 1986. El autor dirigió la Vicaría en 1983-1984, siendo expulsado de Chile. La Vicaría recibió en 1986 el Premio Príncipe de Asturias de la Concordia.

93 Vid. CHILE. COMISIÓN NACIONAL SOBRE PRISIÓN POLITICA Y TORTURA. *Informe*. Disponible en: http://www.derechoshumanos.net/paises/America/derechos-humanos-Chile/informes-comisiones/Informe-Comision-Valech.pdf

ticas y de los 102 menores que habían nacido en prisión o que habían sido detenidos con sus padres.

La Comisión volvió a estar en funcionamiento durante la presidencia de Bachelet, denominada ahora "Comisión Asesora Presidencial para la Calificación de Detenidos Desaparecidos, Ejecutados Políticos y Víctimas de Prisión Política y Tortura"[94], y presentó un segundo informe en 2010, que completaba las cifras de los anteriores[95], en su evaluación agregó a los resultado del Informe Rettig, 30 casos de desaparecidos y ejecutados políticos, y, 9.795 casos, a la cifra de presos y torturados del primer Informe Valech.

En la creación de esta Comisión Valech fue trascendente la demanda constante, por parte de quienes habían sido objeto de prisión y tortura por razones políticas, de que se reconocieran oficialmente estos hechos, cometidos por agentes del Estado. En las páginas del primer Informe identifica también los lugares que en las distintas regiones chilenas se utilizaron para llevar a cabo estos hechos. Así mismo, propone las condiciones, características y formas de reparación para las víctimas.

Los resultados cuantitativa y cualitativamente impactantes dejaron abiertos algunos temas de debate que llegan hasta el día de hoy en concreto el permanecer en secreto durante cincuenta años las declaraciones de quienes fueron objeto de estas torturas[96].

Todavía hoy el problema de los desaparecidos continúa teniendo trascendencia en la política chilena. De hecho, el presidente Boric, en vísperas del cincuenta aniversario del golpe militar, ha puesto en marcha el "Plan Nacional de Búsqueda de Verdad y Justicia", por el que el Estado asume la

---

94 La Comisión a partir de 2010, por el fallecimiento de monseñor Valech, fue presidida por María Luisa Sepúlveda, antigua funcionaria de la Vicaria de Solidaridad.

95 Puede consultarse https://bibliotecadigital.indh.cl/items/b1c30660-a5f3-467d-a571-d39b109d9645

96 Con motivo de los cincuenta años del golpe militar el gobierno de Boric ha puesto en marcha una batería de medidas sobre Derechos Humanos, entre ellas y dentro del denominado Plan Nacional de verdad y Justicia está el levantar el secreto, que debía durar cincuenta años, de la información proporcionada por las víctimas, siempre que ellas o sus herederos lo consientan, ver https://www.gob.cl/noticias/plan-nacional-busqueda-verdad-justicia-victimas-detenidos-desaparecidos-dictadura-decreto-presidente-boric/

búsqueda de los 1162 desaparecidos durante la dictadura militar[97]. El objetivo del Plan es "esclarecer las circunstancias de desaparición y/o muerte de las personas víctimas de desaparición forzada de manera sistemática y permanente, de conformidad con las obligaciones del Estado de Chile y los estándares internacionales"[98].

4.2.4. Uruguay

La Presidencia de la Republica creó, por Resolución de 9 de agosto del año 2000 la Comisión para la Paz, atendiendo a la necesidad de "*dar los pasos posibles para determinar la situación de los detenidos-desaparecidos durante el régimen de facto, así como de los menores desaparecidos en iguales condiciones*". Con esta comisión se pretendía dar cumplimiento a "*una obligación ética del Estado*", encarando "*una tarea imprescindible para preservar la memoria histórica*" y "*consolidar la pacificación nacional y sellar para siempre la paz entre los uruguayos*".

El informe, elaborado por la Comisión fue presentado el 10 de abril de 2003 y confirmó la gran mayoría de las 260 denuncias recibidas[99]. Interesa en especial como en sus páginas se exterioriza la colaboración creada por la Operación Cóndor, al aparecer en anexos individualizados casos de uru-

---

97 La noticia ha aparecido en la práctica totalidad de los medios de comunicación, ver por todos https://es.euronews.com/2023/08/31/chile-el-estado-asume-por-primera-vez-la-busqueda-de-desaparecidos-de-la-dictadura, reproduce las palabras del presidente Boric, "Tengo la convicción que democracia es memoria y es futuro, y no puede ser la una sin la otra. Y por eso nos reunimos hoy para firmar este decreto que consolida el plan nacional de búsqueda, verdad y justicia, con ocasión de la conmemoración del día internacional del detenido desaparecido".

98 El Plan se ha elaborado con el triple objetivo de:
1.Esclarecer las circunstancias de desaparición y/o muerte de las víctimas de desaparición forzada y su paradero;2.Garantizar el acceso a la información y participación de las y los familiares y la sociedad respe cto de los procesos de búsqueda de víctimas de desaparición forzada.3. Implementar medidas de reparación y garantías de no repetición de la comisión del crimen de desaparición forzada. Ver GOBIERNO DE CHILE. "Presidente Boric lanza Plan Nacional de Búsqueda de víctimas de desaparición forzada en dictadura". Recuperado de: https://www.gob.cl/noticias/plan-nacional-busqueda-verdad-justicia-victimas-detenidos-desaparecidos-dictadura-decreto-presidente-boric/

99 El texto completo se refiere como URUGUAY. *Informe final de la comisión para la paz.* Disponible en https://sitiosdememoria.uy/sites/default/files/2020-05/comisionparalapazinformefinal.pdf

guayos "desaparecidos" en Argentina, Chile, Paraguay, Brasil, Colombia y Bolivia. Junto a los desaparecidos, el Informe aborda también los casos de los hijos de personas detenidas o presuntamente desaparecidas, 40 casos, y sobre cuerpos aparecidos en las costas, 26 casos. En estos dos grupos de casos, la Comisión en su mayor parte subraya que requiere más información complementaria para pronunciarse sobre ellos[100].

La actuación de la Comisión hizo necesaria la creación, en abril de 2003 de la "Secretaría de Seguimiento," con funciones administrativas, cuyo objetivo sería "atender y continuar los trámites pendientes iniciados por la Comisión para la Paz".

En 2006 se declaró culminada la primera etapa de la investigación de las desapariciones forzadas perpetradas en Uruguay, pues el Informe contemplaba desapariciones de uruguayos en Brasil y Argentina[101].

La labor de conocimiento de estos hechos claves del pasado reciente de Uruguay se culmina con la publicación en cumplimiento de un convenio de la Presidencia de Uruguay con la Universidad de la República de los cinco volúmenes en que se plasma la "Investigación Histórica sobre Detenidos Desaparecidos", obra de los equipos de historiadores liderados por José Pedro Barrán, Gerardo Caetano y Álvaro Rico[102]

4.2.5. En conclusión

La actuación de las distintas Comisiones constituye el primer paso de una posible justicia transicional, conocer lo que ha ocurrido. Solo sobre hechos comprobados se pueden dar los restantes pasos, las responsabilida-

---

[100] De las denuncias sobre cuerpos, únicamente se pronuncia sobre una, de los demás precisa más información. De las 40 denuncias sobre hijos de desaparecidos, se pronuncia tan solo sobre 4, en un caso de modo afirmativo y en tres de modo negativo. Sobre este punto puede verse mas información en las páginas 27 y 28 del Informe final. URUGUAY. *Informe final de la comisión para la paz.* Disponible en https://sitiosdememoria.uy/sites/default/files/2020-05/comisionparalapazinformefinal.pdf

[101] Sobre las actuaciones posteriores al Informe final, puede consultarse la página de la Secretaria de Derechos Humanos para el pasado reciente en https://www.gub.uy/secretaria-derechos-humanos-pasado-reciente/institucional/creacion-evolucion-historica

[102] El texto de los cinco volúmenes se encuentra en https://sitiosdememoria.uy/recurso/40

des individuales, la indemnización a las víctimas y la adopción de medidas políticas y jurídicas que hagan que sea efectivo el "Nunca más."

Las comisiones que se han enumerado coinciden todas en constatar la realización de graves comportamientos delictivos, pero no traen consigo efectos jurídicos, los hechos constatados se ponen en conocimiento del poder político y de la sociedad en su conjunto.

Las Comisiones generaron sus distintos informes culminados con recomendaciones a los poderes del Estado y dejando abierto el camino para consecuencias políticas y jurídicas y en este contexto es en el que va a tener lugar el choque con las normas exculpatorias y la actuación en muchos casos de la Corte Interamericana.

4.3. Derribar los obstáculos jurídicos. La actuación de la Corte Interamericana

Como se ha expuesto con anterioridad todos los gobiernos militares buscaron blindar sus actuaciones frente a posibles exigencias de responsabilidades.

Los regímenes democráticos tuvieron que abordar la colisión entre los hechos recogidos en los informes de las Comisiones y la exclusión de responsabilidad por los mismos contemplada por normas de autoamnistía o de un contenido análogo. Los caminos no van a ser coincidentes, aunque en todos ellos va a estar presente la actuación de la Corte Interamericana.

Los casos de Argentina y Uruguay guardan un cierto paralelismo en especial a la hora de determinar responsabilidades pues, aunque con notables diferencias, las normas exculpatorias fueron generadas por gobiernos democráticos. Es decir, se trata de amnistías, no de autoamnistías. Mientras que en Chile y Brasil hay que pronunciarse sobre el valor de leyes dictadas por los gobiernos militares.

4.3.1. Argentina

En el caso argentino hay la muy notable excepción que fue el juicio a los integrantes de las Juntas Militares, en el que a los hechos probados, constitutivos de Crímenes de lesa humanidad, se unieron ejemplares condenas a los máximos responsables de los mismos[103]. Para que el juicio fuera posible el presidente Alfonsín llevó al legislativo como primer acto del mismo la derogación de la Ley 22 924, "Ley de Pacificación Nacional"[104]. El Congreso argentino, democráticamente elegido, en su primer acto legislativo, por ley 23040[105], declaró en su artículo primero. *Derógase por inconstitucional y declárase insanablemente nula la ley de facto N° 22.924.* La derogación de esta ley fue la que jurídicamente, al anular este obstáculo normativo, hizo posible el juicio.

Pero tras el Juicio de las Juntas y tras el Informe "Nunca Más", la promulgación de las conocidas como "leyes de impunidad" constituyeron un nuevo obstáculo, en este caso creado por la presión de las Fuerzas Armadas, con varios pronunciamientos contra la nueva situación política, y por los sectores de la sociedad que les dieron su apoyo. Esta situación de frágil estabilidad condujo a la promulgación de una serie de disposiciones que pretendían asegurar el control político de la situación pero que, por otra parte, implicaban un freno a la justicia transicional.

El propio presidente Alfonsín va a iniciar este camino, conocido como el de las "Leyes de la impunidad," las dos primeras fueron la Ley 23.492 de Punto Final, de 24 de diciembre de 1986[106] y la Ley n.° 23 521 de obe-

---

103 El fallo estableció la condena de Videla y Massera a reclusión perpetua, de Agosti a 4 años y 6 meses de prisión, de Viola a 17 años de prisión y de Lambruschini a 8 años de prisión.

104 Basta con la lectura de su primer artículo, para constatar que se trata de una ley de autoamnistía: "*Declárense extinguidas las acciones penales emergentes de los delitos cometidos con motivación o finalidad terrorista o subversiva, desde el 25 de mayo de 1973 hasta el 17 de junio de 1982. Los beneficios otorgados por esta ley se extienden, asimismo, a todos los hechos de naturaleza penal realizados en ocasión o con motivo del desarrollo de acciones dirigidas a prevenir, conjurar o poner fin a las referidas actividades terroristas o subversivas, cualquiera hubiere sido su naturaleza o el bien jurídico lesionado. Los efectos de esta ley alcanzan a los autores, partícipes, instigadores, cómplices o encubridores y comprende a los delitos comunes conexos y a los delitos militares conexos*". Ver ARGENTINA. Ley de Pacificacion nacional. 22 de septiembre de 1983. Disponible en http://servicios.infoleg.gob.ar/infolegInternet/anexos/70000-74999/73271/norma.htm

105 ARGENTINA. Ley 23040. Pacificacion Nacional. Ley N° 22.924 - Su Derogacion. 22 de diciembre de 1983. Disponible en https://www.argentina.gob.ar/normativa/nacional/ley-23040-28166/texto

106 El art.1 de la ley establecía. *Se extinguirá la acción penal respecto de toda persona por su presunta participación en cualquier grado, en los delitos del artículo 10 de la Ley N° 23.049, que no estuviere prófugo, o declarado en rebeldía, o que no haya sido ordenada su*

diencia debida[107] de 8 de junio de 1987, con ambas se buscaba limitar la exigencia de responsabilidades a los máximos responsables, argumentando técnicamente a través de una eximente de obediencia debida aplicable a sus subordinados.

El paso más relevante en esta dirección lo dio el presidente Menem a través de todo un programa de indultos, que benefició a doscientos veinte militares y setenta civiles. La serie de ejercicio del derecho de gracia la inició el 7 de octubre de 1989 mediante cuatro decretos, continuó esta política en 1990 con otros seis decretos de indulto, comprendiendo en estos últimos a los condenados en el juicio de las juntas [108] y al líder de los montoneros[109].

---

citación a prestar declaración indagatoria, por tribunal competente, antes de los sesenta dias corridos a partir de la fecha de promulgación de la presente ley.
En las mismas condiciones se extinguirá la acción penal contra toda persona que hubiere cometido delitos vinculados a la instauración de formas violentas de acción política hasta el 10 de diciembre de 1983. ARGENTINA. Ley 23.492 de Punto Final, de 24 de diciembre de 1986. Disponible en http://servicios.infoleg.gob.ar/infolegInternet/anexos/20000-24999/21864/norma.htm

107 La Ley en su artículo inicial establecía: *1. Se presume que quienes a la fecha de comisión del hecho revistaban como oficiales jefes, oficiales subalternos, suboficiales y personal de tropa de las fuerzas armadas, de seguridad, policiales y penitenciarias, no merecen castigo por haber obrado en virtud de obediencia debida.*
La misma presunción será aplicada a los oficiales superiores que no hubieran revistado como comandante en jefe, jefe de zona, jefe de subzona o jefe de fuerza de seguridad, policial o penitenciaria si no se resuelve judicialmente, antes de los treinta días de promulgación de esta ley, que tuvieron capacidad decisoria o participaron en la elaboración de las órdenes.
En tales casos se considerará de pleno derecho que las personas mencionadas obraron bajo subordinación a la autoridad superior y en cumplimiento de órdenes, sin facultad o posibilidad de inspección, oposición o resistencia a ellas en cuanto a su oportunidad y legitimidad. ARGENTINA. Ley de obediencia debida. 4 de junio de 1987. Disponible en: https://www.ecured.cu/Ley_de_Obediencia_Debida

108 Por el Decreto 2741/90 se indultó a los miembros de las juntas de comandantes condenados en el Juicio a las Juntas de 1985 Jorge Rafael Videla, Emilio Massera, Orlando Ramón Agosti, Roberto Viola, y Armando Lambruschini. También a los militares condenados en crímenes de lesa humanidad Ramón Camps y Ovidio Riccheri

109 Por el Decreto 2742/90, se concedió el indulto a Mario Eduardo Firmenich, histórico líder de los Montoneros

Los indultos provocaron un importante rechazo en amplios sectores de la sociedad argentina. Baste con recordar la reflexión de Mignone[110], una persona implicada desde un principio en la justicia transicional, que, tras reconocer la constitucionalidad de la decisión presidencial afirmaba: *Una cosa, sin embargo, es la legalidad de la decisión y otra su admisibilidad ética y política. El perdón concedido por Menem no convocó a la reconciliación, como se pretende.*

Mignone tenía razón y, en la década de los noventa, la demanda de la adopción de medidas de justicia transicional volvió al debate político, con protagonismo de Asociaciones como las Madres y Abuelas de la Plaza de Mayo. Muchos tribunales tampoco permanecieron pasivos, al centrar su actuación en la sustracción de menores, delito no contemplado en las leyes de impunidad y finalmente, la necesidad de medidas de justicia transicional en Argentina pasó a la escena internacional[111].

En esta internacionalización también jugó un papel importante la Corte Interamericana de Derechos Humanos que, en 1998 recibió la petición Carmen Aguiar de Lapacó a efectos de determinar lo ocurrido a su hija Alejandra Lapacó, detenida desaparecida desde el 17 de marzo de 1977. El caso Aguiar de Lapacó versus Argentina concluye con acuerdo de solución amistosa, firmado el 15 de noviembre de 1999 y que se articula sobre el reconocimiento del Derecho a la verdad, el texto era el siguiente:

> *El Gobierno Argentino acepta y garantiza el derecho a la verdad que consiste en el agotamiento de todos los medios para alcanzar el esclarecimiento acerca de lo sucedido con las personas desaparecidas. Es una obligación de medios, no de resultados, que se mantiene en tanto no se alcancen los resultados, en forma imprescriptible. Particularmente acuerdan este derecho en relación a la desaparición de Alejandra Lapacó.*

---

110 Emilio F. Mignone fue uno de los fundadores en 1979, del Centro de Estudios Legales y Sociales, CELS, institución clave en la defensa de los Derechos Humanos en Argentina, ver https://www.cels.org.ar/web/ Sobre la posición de Mignone en relación con la política de indultos ver
Mignone, Emilio F. Introducción. Aclaración de Emilio F. Mignone. Disponible en: https://web.archive.org/web/20020620191418/http://www.nuncamas.org/document/nacional/indulto_intro.htm

111 Sobre este punto me remito a las páginas de la ya citada monografía de MORENO OCAMPO, Luis. 2022, p. 320, en las que bajo el epígrafe "Los nuevos caminos de los organismos de Derechos Humanos", relata distintos episodios de la internacionalización de la justicia transicional argentina, episodios como la actuación del juez Garzón, el caso Scilingo, juzgado y condenado en España, o la rueda de prensa que tuvo que afrontar el presidente Menem en su visita a Francia son suficientemente reveladores.

El contenido de la solución amistosa es el punto central del Informe emitido sobre este caso por la Comisión Interamericana de Derechos humanos, el 29 de febrero de año 2000[112]

Tras un periodo de inestabilidad política y presidencial vinculado al conocido como "corralito", la asunción de la presidencia por Néstor Kischner abrió una nueva etapa en la justicia transicional, por otro lado, impulsada por la actuación de la actuación de otros países, España tuvo papel muy relevante, que se asentaba sobre la condición de delitos internacionales de las políticas llevadas a cabo por la dictadura militar.

En este contexto la presidencia de la República dicta el Decreto 579 de 8 de agosto[113] que dispone adhesión a la "Convención sobre la imprescriptibilidad de los Crímenes de Guerra y de los Crímenes de Lesa Humanidad", aprobada por la Ley Nº 24.584. Esta ley aprobada en 1995, presidencia de Menem, no se había hecho efectiva al no haberse depositado la adhesión al Convenio. El texto del Decreto al expresar los motivos de su adopción afirma

> *Que la República Argentina, ha dado inicio a una nueva etapa en la que el respeto a los derechos esenciales del hombre, a las instituciones de la democracia y a la justicia social, se han convertido en los pilares fundamentales de la gestión de Gobierno.*

Un mes después, en septiembre de 2003, se promulgó la ley nº 25.779[114] que en su artículo primero establece que: *Decláranse insanablemente nulas las Leyes 23.492 y 23.521.*

La aprobación de esta ley planteaba dudas sobre su alcance sobre los casos que hasta ese momento habían quedado amparados por los efectos de las leyes de impunidad, máxime si se tiene en cuenta la posición mantenida por la Corte Suprema que, en 1987, había reconocido su constitucionalidad en el conocido como "caso Camps". El 14 de junio 2005, la Corte Suprema en el "caso Simón", toma por una muy amplia mayoría la deci-

---

112 Corte Interamericana de derechos humanos. Carmen Aguiar de Lapaco v. Argentina, Caso 12.059, Informe N° 70/99, Inter-Amer. C.H.R 4 de mayo de 1999. Disponible en: https://www.cidh.oas.org/annualrep/99span/Soluci%C3%B3n%20Amistosa/Argentina12059.html

113 ARGENTINA. Decreto 579/2003. 13 de agosto de 2003. Disponible en: https://www.argentina.gob.ar/normativa/nacional/decreto-579-2003-87583/texto

114 ARGENTINA. Ley 25.779. 3 de septiembre de 2003. Disponible en: https://www.argentina.gob.ar/normativa/nacional/ley-25779-88140/texto

sión de que ambas eran inconstitucionales, basándose en la consideración como delitos de lesa humanidad de muchos de los delitos que no habían sido juzgados o aunque lo hubieran sido, pues estábamos ante derecho nulo. Como un sector de la doctrina ha afirmado supone una auténtica revolución constitucional[115] Lo que permitió que cientos de represores, civiles y militares, cuyos enjuiciamientos se habían interrumpido, fueran juzgados.

El nuevo marco creado refuerza la justicia transicional, hasta ese momento las condenas por los delitos cometidos habían sido fundadas en el contenido de la legislación nacional. A partir de esta adhesión y de las decisiones que la complementaron se otorga otra dimensión a la respuesta y se establece el máximo desvalor y reproche a los comportamientos llevados a cabo en los que constituye un terrorismo de Estado.

Estabilizada la situación normativa y jurisprudencial, los juicios han sido frecuentes, en concreto según los datos que aporta hasta septiembre de 2023 han sido 1.189 los represores condenados.

4.3.2. Uruguay

La efectividad de la justicia transicional en Uruguay guarda cierto paralelismo con Argentina en el hecho de que los obstáculos jurídicos fueron creados una vez concluidos los gobiernos militares.

Elegido nuevo Parlamento entre sus primeras actuaciones esta la aprobación de la ley 15737 de 8 marzo de 1985 que establecía en su primer artículo, *"la amnistía de todos los delitos políticos, comunes y militares conexos con éstos, cometidos a partir del 1° de enero de 1962"*[116]

---

[115] Ver la buena síntesis de esta sentencia y de los problemas que plantea que lleva a cabo FERRARI, Gisela. El caso Simon: una revolución constitucional contra los delitos de lesa humanidad en Argentina. *Agenda Estado de Derecho.* Disponible en: https://agendaestadodederecho.com/el-caso-simon-una-revolucion-constitucional-contra-los-delitos-de-lesa-humanidad-en-argentina/

[116] URUGUAY. Ley de amnistia. Aprobacion de la Convencion americana sobre derechos humanos llamada pacto de San José de Costa Rica. Creacion de la comision nacional de repatriacion. 8 de marzo de 1985. Disponible en https://www.impo.com.uy/bases/leyes/15737-1985

Pero el 22 de diciembre de 1986 se aprobó la ley de la Caducidad de la Pretensión Punitiva del Estado[117] con un contenido que implicaba un importante obstáculo a hacer efectiva una justicia transicional al establecer en art.1, *Reconócese que, como consecuencia de la lógica de los hechos originados por el acuerdo celebrado entre partidos políticos y las Fuerzas Armadas en agosto de 1984 y a efecto de concluir la transición hacia la plena vigencia del orden constitucional, ha caducado el ejercicio de la pretensión punitiva del Estado respecto de los delitos cometidos hasta el 1º de marzo de 1985 por funcionarios militares y policiales, equiparados y asimilados por móviles políticos o en ocasión del cumplimiento de sus funciones y en ocasión de acciones ordenadas por los mandos que actuaron durante el período de facto.*

Su aplicación implicaba la impunidad del terrorismo de Estado. Pero la presión social de buena parte de la población uruguaya llevo a la celebración de un referéndum el 16 de abril de 1989, que demandaba la derogación de la ley, que, en contra de la pretensión de los sectores que habían impulsado su convocatoria, el voto mayoritario rechazo la derogación de la ley[118]. En octubre de 2009, conocido ya el Informe de la Comisión de la verdad y coincidiendo con elecciones presidenciales se celebró un nuevo referéndum con igual pretensión y mismo resultado.

Paralelamente a los intentos de derogación el poder judicial mantuvo en algunos casos, con distintas argumentaciones, la inconstitucionalidad de la ley, pero en el ordenamiento uruguayo, un fallo con este contenido solo es aplicable al caso concreto al que se refiere[119].

En la evolución legislativa y jurisprudencial jugó un papel decisivo la posición mantenida por la Comisión y la Corte Interamericana de Derechos Humanos. La Comisión Interamericana en su Informe de 1992-1993[120], ya subrayó la incompatibilidad de la ley de caducidad con el contenido de la

---

117 URUGUAY. Ley de Caducidad de la Pretensión Punitiva del Estado Uruguay. 22 de diciembre de 1986. Disponible en: https://www.impo.com.uy/bases/leyes/15848-1986

118 El 57% de los votos fueron a favor del mantenimiento de la ley, frente a un 43% favorable a la derogación.

119 Sirven de ejemplo la sentencia de la Corte Suprema de 9 de octubre de 2009, en el caso conocido como "Organizaciones de Derechos Humanos denuncian" y la del mismo tribunal de 10 de febrero de 2011, en el caso conocido como "Fusilados de Soca"

120 Texto del Informe, aprobado por una amplia mayoría, 6 a 1, puede consultarse en http://www.cidh.org/annualrep/92span/Uruguay10.029.htm

Declaración Americana de Derechos Humanos y la necesidad de que Uruguay llevara a cabo las reformas vinculadas a sus obligaciones internacionales. Pero entiendo que más trascendente fue el contenido de la sentencia de 24 de febrero de 2011 de la Corte Interamericana de Derechos Humanos del caso *Gelman versus Uruguay*, en la que, con el voto unánime de sus miembros se condenaba a Uruguay[121]y que, entre otras consideraciones sobre el caso concreto afirmaba:

> *"El Estado debe garantizar que la Ley de Caducidad de la Pretensión Punitiva del Estado, al carecer de efectos por su incompatibilidad con la Convención Americana y la Convención Interamericana sobre Desaparición Forzada de Personas, en cuanto puede impedir u obstaculizar la investigación y eventual sanción de los responsables de graves violaciones de derechos humanos, no vuelva a representar un obstáculo para la investigación de los hechos materia de autos y para la identificación y, si procede, sanción de los responsables de los mismos".*

Finalmente, el 27 de octubre de 2011, el Congreso aprobó la ley nº 18.831, por la que "*se restablece el pleno ejercicio de la pretensión punitiva del Estado para los delitos cometidos en aplicación del terrorismo de Estado hasta el 1 de marzo de 1985*". Se derogaba como establece la propia ley la de caducidad de la pretensión punitiva y lo llevaba a cabo por entender, que dichos delitos son crímenes de lesa humanidad, de acuerdo con los tratados internacionales suscritos por Uruguay[122]

El nuevo marco normativo abrió la puerta definitivamente a poder llevar a cabo una más completa justicia transicional, lo que pasó de acuerdo con la ley 19.550[123] de 25 de octubre de 2017, por habilitar a la Fiscalía General de la Nación para la creación de un Fiscalía especializada en crímenes de lesa humanidad, que de acuerdo con su art. *2 conocerá exclusivamente*

---

[121] Corte Interamericana de derechos humanos. CASO GELMAN VS. URUGUAY. 24 de febrero de 2011. Disponible en https://www.corteidh.or.cr/docs/casos/articulos/seriec_221_esp1.pdf Ver a partir del nº 144 el examen que la Corte efectúa de la Ley de Caducidad.

[122] URUGUAY. Ley N° 18831 Restablecimiento de la pretension punitiva del estado para los delitos cometidos en aplicacion del terrorismo de estado hasta el 1° de marzo de 1985. Disponible en http://archivo.presidencia.gub.uy/sci/leyes/2011/10/cons_min_400.pdf

[123] URUGUAY. Ley N° 19550. Transformacion de fiscalia letrada nacional en fiscalia especializada en crimenes de lesa humanidad. 25 de octubre de 2017. Disponible en: https://www.impo.com.uy/bases/leyes/19550-2017/2

en todas las causas penales referidas a las violaciones de Derechos Humanos que tuvieran lugar durante el periodo del gobierno militar.

4.3.3. Chile

Tras la derrota de Pinochet en el referéndum de 1988, que condujo a unas primeras elecciones y a la presidencia de Patricio Aylwin, se inició un periodo complejo en el que Augusto Pinochet continuaba al frente de las Fuerzas Armadas, estas seguían teniendo un importante peso político y en la práctica buscaban con su latente amenaza una transición pactada. Por otro lado, las consecuencias de las ya expuestas medidas del gobierno militar que, durante el tiempo de su mandato se habían encaminado a ocultar la verdad, habían consolidado una división en la sociedad chilena que llega hasta el día de hoy, a todo lo cual hay que agregar un poder judicial en aquel momento aún muy vinculado a la dictadura[124].

En una situación como la expuesta era difícil avanzar más allá del ya visto Informe de la Comisión Rettig. Aunque se dieron pasos que abrían nuevos caminos, con la reforma constitucional de 1989 del art.5 inciso 2, que posibilitaba la incorporación al ordenamiento chileno de los convenios referidos a Derechos Humanos dentro del denominado "bloque de Constitucionalidad,"[125]como fueron la aprobación por Chile en 1988, de la Convención Interamericana para prevenir y sancionar la tortura, por decreto 899[126], o en 1991 por decreto 873 de la Convención Americana de Derechos Humanos[127].

En estos años las condenas por graves violaciones de derechos humanos se limitaron a casos muy puntuales como fue, en 1993, el de la condena,

---

124 Sobre este periodo de tiempo que comprende las presidencias de Patricio Aylwin y Frei, ver el análisis y la síntesis que llevan a cabo ROJAS, Hugo & SAFTHOE, Miriam, 2022, pp. 79 y ss.

125 Sobre esta reforma y sus consecuencias ver NASH ROJAS, Claudio, 2012, pp. 44 y ss.

126 CHILE. Decreto 809 promulga la Convencion Interamericana para prevenir y sancionar la tortura, adoptada el 9 de diciembre de 1985 por la organizacion de los estados americanos en el decimoquinto periodo ordinario de sesiones de la asamblea general. 7 de octubre de 1988. Disponible en https://www.bcn.cl/leychile/navegar-app?idNorma=15728

127 CHILE. DECRETO 873 Aprueba Convencion Americana sobre Derechos Humanos, denominada "Pacto de San Jose de Costa Rica". 23 de agosto de 1990. Disponible en https://www.bcn.cl/leychile/navegar?idNorma=16022

por presión de Estados Unidos, de Manuel Contreras, antiguo jefe de la DINA, como autor intelectual del asesinato en aquel país de Orlando Letelier, que había sido ministro de Exteriores de Salvador Allende[128].

La situación pese al referéndum de 1988 era compleja, por un lado, el obstáculo jurídico que suponía el Decreto ley de Amnistía de 1978, el freno que implicaba una Corte Suprema próxima a Pinochet y unas fuerzas Armadas encabezadas por este y con innegable peso en la sociedad chilena[129].

La situación de cubrir una transición reducida a una recuperación de la memoria, lo que se había pretendido mediante el Informe de la Comisión Rettig, por otro lado cuestionado por parte de la sociedad, se va a ver alterada por la detención en Londres, a demanda del juez Garzón, del general Pinochet, lo que hace pasar a primer plano, igual que ocurrió en Argentina, el carácter internacional de los delitos cometidos y la necesidad de que Chile diera cumplimiento a las obligaciones que emanan de los instrumentos internacionales suscritos. Además, políticamente, en la compleja sociedad chilena, parecía poco defendible que Chile renunciara a poder juzgar a sus nacionales y tuviera que aceptar que lo llevaran a cabo otros países.

El obstáculo que suponía el Decreto ley de 1978 de Amnistía, fue pronto cuestionado por gran parte de la doctrina penal[130], y por distintas organizaciones Internacionales, por entender que su contenido se oponía a los tratados y convenciones suscritos por Chile, línea ratificada por la Corte Interamericana de Derechos Humanos en su sentencia de 26 de septiembre de 2006, caso *Almonacid Arellano y otros versus Chile*, en la que se subrayaba que los crímenes de lesa humanidad, como era el caso Almonacid, no pueden ser objeto amnistía, lo que constituía una regla general, que, por otra parte, ya había aplicado en algunos casos la Corte Suprema chilena. La sentencia se completa con un espléndido Voto razonado del Juez Cançado Trindade, en la que entre puntos y profundizando en las aportaciones de Radbruch, subraya la falta de validez jurídica de las autoamnistías[131].

---

[128] La noticia de la condena tuvo una importante repercusión internacional, ver DÉLANO, Manuel, 1993. Recuperado de: https://elpais.com/diario/1993/11/13/internacional/753145217_850215.html

[129] ROJAS, Hugo & SAFTHOE, Miriam. 2022, p. 188, recuerdan como Pinochet llegó a manifestar que acabaría con el Estado de Derecho si alguno de sus hombres era juzgado por los tribunales.

[130] Ver por todos GUZMAN VIAL, Manuel,1991,18, pp. 115 y ss.

[131] Vid. Corte Interamericana de Derechos Humanos. Caso Almonacid Arellano y otros Vs. Chile. 26 de septiembre de 2006 y el del voto razonado de Cançado Trin-

Estas condiciones abrieron, a partir de entonces, la vía para un importante número de juicios por graves violaciones de Derechos humanos, potenciados durante las presidencias de Lagos y de Bachelet y en la actualidad, 50 años después del golpe, relanzado por el actual presidente Gabriel Boric. Especialmente simbólica ha sido la reciente condena de los responsables de la muerte de Víctor Jara, como tantos otros torturado y fusilado en los primeros días del golpe en el Estadio Chile que hoy lleva su nombre[132]

En esta exigencia de responsabilidades por desapariciones y torturas, confluyen, por una parte la urgencia por el paso del tiempo y en sentido opuesto el importante material acumulado por organizaciones de Derechos Humanos y muy especialmente por la Vicaria de la Solidaridad[133]

4.3.4. Brasil

La efectividad de las medidas de justicia transicional en Brasil, siempre ha estado condicionada por la vigencia y contenido de la ley de Amnistía de 1979[134], dictada por el gobierno militar, como piedra angular de

---

dade en https://www.corteidh.or.cr/docs/casos/articulos/seriec_154_esp. pdf

132 Ver la información sobre la sentencia condenatoria de siete exmilitares implicados: la información que recoge como Victor Jara fue ejecutado junto a Littré Quiroga, director de prisiones durante el gobierno de Allende y transcribe algunos párrafos de la sentencia:

"En el caso de Víctor Jara, señala la sentencia, "las agresiones tuvieron como principal aliciente la actividad artística, cultural y política del mismo, estrechamente vinculada al recién derrocado Gobierno". Y agrega que fue sometido a "torturas físicas, siendo los golpes más severos, aquellos que recibió en la región de su rostro y en sus manos. Ambas víctimas fueron objeto de patadas, golpes de puño y golpes de culata con armas".

Ver en SANHUEZA, Ana María, 2023. Recuperado de: *https://elpais.com/chile/2023-08-28/condenanos-por-el-asesinato-de-victor-jara-siete-exmilitares-chilenos.html*

133 ROJAS, Hugo & SAFTHOE, Miriam, 2022, p. 189, subrayan el decisivo papel que en los casos de justicia transicional han tenido y tienen los materiales recogidos durante el tiempo del gobierno militar por organizaciones de derechos humanos y muy especialmente por la ya mencionada Vicaría de la Solidaridad habían registrado y tramitado denuncias contra la dictadura.

134 Art.1. Se concede amnistía a todos que, en el período comprendido entre el 2 de septiembre de 1961 e 15 de agosto de 1979, cometieron delitos políticos o conexos a estos, delitos electorales, a los que tuvieron sus derechos políticos suspendidos y a los funcionarios de la Administración y a los de fundaciones vinculadas al poder público, a los Funcionarios de los Poderes Legislativo y Judicial, a los Militares y a los dirigentes y representantes sindicales, sancionados con fundamento en

los que pretendían construir una transición controlada. La ley, debatida y aprobada por un parlamento, carente de legitimación de origen[135],es un claro ejemplo de autoamnistía buscada por un gobierno, consciente de su fragilidad y también de su debilidad para poder hacer frente a una crisis económica y política de enorme entidad y que había perdido el apoyo nacional e internacional. La demanda de elecciones pasó a ser un imperativo, estas se celebran años más tarde y supusieron el fin del gobierno militar[136].

La política de toda justicia transicional tiene que construirse sobre la recuperación de la Memoria. Esta, en un primer momento, se basó, en el *Brasil nunca mais*, de la Iglesia, en archivos de militares que ellos o sus descendientes hicieron llegar a los medios de comunicación, en el descubrimiento de enterramientos de desaparecidos y en el trabajo de la Comisión parlamentaria creada para abordar esta situación, que finalmente llevó a la ya citada ley nº 9140 de 4 diciembre de 1995 que plasma una política transicional basada en el reconocimiento de la muerte de los desaparecidos y en la indemnización por ello. Debe subrayarse como, en toda esta primera fase, jugó un importante papel la presión de los familiares de los desaparecidos[137].

Como ya se ha expuesto la parte de conocimiento de la realidad de violaciones de Derechos Humanos quedó plasmada en las páginas del Informe de la Comisión de la Verdad entregado en 2014. Pero pese a este y a otros pasos sigue sin resolverse, sin hacerse efectivo, un punto crucial en cualquier justicia transicional, el afrontar la determinación las responsabilidades individuales por los hechos cometidos, que en muchos casos

---

Actos Institucionales y Complementares. §1º. Se consideran conexos, a efecto de este artículo, los delitos de cualquier naturaleza relacionados con delitos políticos o practicados con motivación política. §2º. Se exceptúan de los beneficios de la amnistía a los condenados por la práctica de delitos de terrorismo, asalto, secuestro y atentado personal.

135 Las elecciones tuvieron lugar en enero de 1985, en ellas resulto elegido Tancredo Neves, que era el candidato no oficialista. Neves falleció en una operación, poco antes de su toma de posesión, y asumió la presidencia, José Sarney, que era el vicepresidente en su candidatura.

136 Sobre este periodo de la historia de Brasil puede verse el capítulo que dedico a este punto en BERDUGO GÓMEZ DE LA TORRE, Ignacio, 2017b, pp. 41 y ss., y que título “El fin de la dictadura militar. El comienzo de una transición controlada”

137 Sobre la presión de los familiares ver BERDUGO GÓMEZ DE LA TORRE, Ignacio, 2017b, pp. 59 y ss.

pueden ser considerados crímenes de lesa humanidad y que por ello, de conformidad con el contenido de convenios internacionales suscritos por Brasil, ni prescriben, ni pueden ser objeto de amnistía.

El punto central de esta situación reposa en la sentencia de 2010[138] de la Corte Suprema brasileña que entiende que el contenido de la ley de Amnistía, es consecuencia de un pacto, pacto que, por cierto, nunca existió, y que por ello, no entra en colisión con el contenido de la Constitución brasileña de 1988, la conocida como Constitución de los ciudadanos, lo que, tal como sostiene buena parte de la doctrina es claramente cuestionable. En realidad, en buena medida se está reescribiendo la historia[139].

Frente a esta posición hay que situar la postura mantenida en su jurisprudencia por la Corte Interamericana de Derechos Humanos, respecto a las leyes de autoamnistía, tanto con carácter general[140], como respecto a Brasil. Meses después de la Sentencia del Tribunal brasileño, también en 2010, la Corte Interamericana, en el caso *Gomes Lund y otros versus Brasil*, con el voto unánime de sus magistrados, condena a Brasil y se pronuncia taxativamente sobre la no validez de la ley de1979 por oponerse al contenido de la Convención Americana de Derechos Humanos, y por lo que deben hacerse efectivas las eventuales responsabilidades individuales en las que puedan haber incurrido los que intervinieron en los hechos[141]. Posición que ratificaron años más tarde en el caso *Herzog versus Brasil*[142], en la

---

138 El texto integro de la sentencia con el texto de los votos de los magistrados puede consultarse en http://www.stf.jus.br/arquivo/cms/noticiaNoticiaStf/anexo/adpf153.pdf

139 Pues como recuerda PIOVESAN, Flavia, 2011, p. 82, la Ley de Amnistía no fue consecuencia de un acuerdo político o de la reconciliación nacional.

140 La Corte Interamericana ha mantenido desde un primer momento una posición de subrayar la necesidad de llevar a cabo un política de justicia transicional asentada sobre el reconocimiento de un derecho a la verdad, de un derecho a la justicia y de un derecho a la reparación Esta posición de la Corte arranca ya de su primera sentencia, el caso Velásquez Rodríguez v. Honduras, de 1988, y ha sido completada por sentencias claves como la de Barrios Altos, que condenaba a Perú, la que ahora analizamos, o la del caso Gelman v. Uruguay, de 2011. El texto de las sentencias puede consultare en la página web de la CIDH http:/www.corteidh.or.cr/docs/casos/articulos/seriec_219_esp. pdf

141 Comento la sentencia en BERDUGO GÓMEZ DE LA TORRE, Ignacio. 2017, pp. 89 y ss. El texto completo de la sentencia puede verse en www.corteidh.or.cr/docs/casos/articulos/seriec_219_esp. pdf

142 Del caso me he ocupado en BERDUGO GÓMEZ DE LA TORRE, Ignacio, 2019, pp. 17 y ss.

que vuelven a condenar al Estado Brasileño. La primera de las sentencias condujo a un cambio de posición en la Fiscalía de Brasil[143] que busca la condena de los responsables, pero no es así en jueces y magistrados que continúan remitiéndose al contenido de la ley de 1979 y de la sentencia de 2010[144]. Importa subrayar dos cuestiones, la primera que la segunda sentencia subraya la necesidad de que los tribunales brasileños sea cual fuere su nivel están obligados no solo a un control de constitucionalidad, sino también a efectuar un control de convencionalidad, esto es que no pueden ignorar las consecuencias derivadas de la firma por Brasil de los instrumentos internacionales que se proyecten sobre el caso que abordan[145]. En segundo lugar, que las sentencias de 2010 abordan problemas distintos, la de la Suprema Corte la relación ley de amnistía con la Constitución y la de la Corte Interamericana la de la ley con la Declaración Americana de Derechos Humanos[146].

Pero tras las presidencias de Cardoso, Lula y Roussef, en las que, en mayor o menor medida, está presente dar respuesta a las exigencias de una política de justicia transicional, la llegada al poder de Bolsonaro, supuso un paso atrás, baste recordar, como anuncio de su política, las palabras que pronunció para la fundamentar su voto favorable a la destitución de Dilma, al decir que lo hacía en honor de un conocido torturador y en homenaje a las Fuerzas Armadas[147]. Más tarde, ya presidente, se identificó claramente

---

143 BERDUGO GOMEZ DE LA TORRE, Ignacio, 2017a, pp. 62 y ss.

144 Ver BERDUGO GOMEZ DE LA TORRE, Ignacio, 2020, pp. 285 y ss.

145 La propia Constitución brasileña en su art.5 abre la puerta a esa interpretación, *Os direitos e garantias expressos nesta Constituição não excluem outros decorrentes do regime e dos princípios por ela adotados, ou dos tratados internacionais em que a República Federativa do Brasil seja parte.*

146 Vía que es pronto apuntada por CARVALHO RAMOS, Andre, 2011, pp. 174 y ss.

147 El señor Presidente (Eduardo Cunha) – ¿Cómo vota, Diputado? El Señor Jair Bolsonaro (Bloque/PSC-RJ.) – Perdieron en 1964. Perdieron ahora en 2016. Por la familia y por la inocencia de los niños en las aulas, que el PT nunca tuvo… Contra el comunismo, por nuestra libertad, contra la Folha de S. Paulo, por la memoria del coronel Carlos Alberto Brilhante Ustra, ¡el pavor de Dilma Rousseff! (Abucheos en la Cámara). El señor Presidente (Eduardo Cunha) – Como vota, ¿Deputado? El Señor Jair Bolsonaro (Bloque/PSC-RJ.) – Por el Ejército de Caxias, por nuestras Fuerzas Armadas, por un Brasil por encima de todo, y por Dios por encima de todos, ¡mi voto es «sí»! (Murmullo en la Cámara). O Sr. Beto Mansur – Deputado Jair Bolsonaro, do PSC do Rio de Janeiro, votou «sim». Acumulado: 236 votos. Recuperado de http://www.camara.leg.br/internet/sitaqweb

con la política de la dictadura militar entre otros signos externos honrando a conocidos torturadores[148].

Hasta ahora le cabe a Brasil, el dudoso honor de ser el único país, de los cuatro que analizamos, en el que no ha habido ninguna condena por crímenes de lesa humanidad, pese a haber firmado convenios internacionales que le llevaban a ello.

5. CONCLUSIONES

En las páginas que anteceden se ha buscado efectuar una aproximación a un periodo de la historia de Argentina, Brasil, Chile y Uruguay en el que, en el marco global de la guerra fría, las Fuerzas Armadas asumieron funciones para las que no están legitimadas y en aplicación de la doctrina de la Seguridad nacional pasaron a desempeñar el poder político.

Las consecuencias fueron evidentes, la "guerra" contra un supuesto "enemigo interior" al que había que destruir, no con la fuerza de la razón sino con las armas, no con la aplicación de la ley, sino con la violencia al margen de ella.

En nuestro marco político cultural no conozco ninguna dictadura que sea eterna, todas al final concluyen en democracias, más o menos imperfectas, pero que toman como referencia el hombre y sus derechos, aquello que las dictaduras ignoran.

La pregunta que siempre está ahí es si tiene sentido recuperar la Memoria, de aquello que su recuerdo a muchos nos avergüenza, si es preferible olvidar. Si se puede construir el futuro de un país sobre el olvido del pasado. La respuesta debe ser negativa, conocer el pasado no solo es un derecho individual y colectivo, recuperar la Memoria es una obligación, que fortalece y da solidez al presente. Aunque esa Memoria nos lleve a juzgar y a responsabilizar, recurriendo al viejo Derecho penal, a quienes con sus acciones quebrantaron leyes nacionales e internacionales que se habían comprometido a defender. Colectivamente se tiene que tener conciencia que el contenido de las leyes constituye un límite también al poder del Es-

148 Como ejemplo baste recordar la recepción a la viuda del torturador Brilhante Ulstra, al que no duda en calificar de héroe nacional. La noticia ocupó en su día los medios de comunicación brasileños y españoles ver, https://www1.folha.uol.com.br/internacional/es/brasil/2019/08/bolsonaro-vuelve-a-llamar-heroe-nacional-a-torturador-y-recibe-a-su-viuda.shtml

tado, son las garantías del ciudadano, y que las leyes tienen que ser obra de un poder democráticamente legitimado, que a su vez está condicionado, en un mundo internacionalizado por principios y valores que alguien, que como yo profesa en la Universidad de Salamanca, no puede dejar de recordar. En su día Francisco de Vitoria afirmaba, " el orbe entero, que en cierto modo es un república, tiene potestad de dar leyes justas y convenientes para todos como son las del derecho de gentes"[149]. Teniendo esto presente podremos hacer efectivo el irrenunciable "Nunca Más".

6. BIBLIOGRAFÍA

Doctrina

AGUILA, Gabriela. *Historia de la última dictadura militar.* Buenos Aires: siglo XXI, 2023.

ALDA MEJÍAS, Sonia. La guerra contrarrevolucionaria: un factor de predisposición al hecho. En: GIL GIL, Alicia (Dir.) *Intervención delictiva y Derecho penal Internacional.* Madrid: Dykinson, 2013, pp. 25-54.

ALMEIDA TELES, Janana. Os heredeiros da memoria: a luta dos familiares de mortos e desaparecidos políticos no Brasil. *Dossie Ditadura: Mortos e Desaparecidos políticos nos Brasil (1964-1985).* Sao Paulo: IEVE/Imprensa Oficial, 2009

ARQUIDIODICESE DE SAO PAULO. *Brasil nunca mais.* Petrópolis: Vozes, 1985

BERDUGO GÓMEZ DE LA TORRE, Ignacio. El caso Herzog. La sentencia de la Corte Interamericana de Derechos Humanos de 15 de marzo de 2018. *Revista de Estudios Brasileños.* 2019, vol. 6(13), pp. 1-18

— La Fiscalía y la justicia transicional en Brasil. Algo más que la recensión a un Informe. *Revista de Estudios Brasileños.* 2017, vol. 4(8), pp. 1-17.

— *La justicia transicional en Brasil: el caso de la guerrilla de Araguaia.* Salamanca: Ediciones Universidad de Salamanca, 2017.

— Sobre la no aplicación de la sentencia de la Corte Interamericana en el caso Herzog por los tribunales brasileños. *Revista de Estudios Brasileños.* 2020, vol. 7(15), pp. 1-13

BONAVIDES PAES DE ANDRADE, Paulo. *Historia Constitucional do Brasi*l. 3ª edición. Rio de Janeiro: Paz e terra, 1991

BRASIL. Comissão Nacional da Verdade. *INFORME DE LA COMISIÓN NACIONAL DE LA VERDAD.* Vol. I. Traducción de Tavares, Elisa y Gambi, Esther. Salamanca: Ediciones Universidad de Salamanca, 2017.

BUSQUETS, José Miguel & DELBONO, Andrea. La dictadura cívico-militar en Uruguay (1973-1985). *Revista de la Facultad de Derecho.* 2016, 41, pp. 61-102

[149] VITORIA, Francisco de, 2007, p. 51.

CAETANO, Gerardo & RILLA, José. *Breve historia de la dictadura.* Montevideo: Ediciones de la Banda Oriental, 1987.

CARVALHO RAMOS, Andre. Crimes da ditadura militar: a ADPF 153 e a Corte Interamericana de Direitos Humanos. En GOMES, Luiz Flavio & OLIVEIRA MAZUOLI, Valerio. *Crimes da Ditadura Militar.* São Paulo: Revista dos Tribunais, 2011, pp. 174-225.

CHILE. Comisión nacional sobre prisión politica y tortura. *Informe.* Disponible en: http://www.derechoshumanos.net/paises/America/derechos-humanos-Chile/informes-comisiones/Informe-Comision-Valech.pdf

CHILE. Junta de Gobierno. *REPUBLICA DE CHILE, 1974. PRIMER AÑO DE RECONSTRUCCIÓN NACIONAL.* Santiago de Chile: Patrimonio Cultural Común, 1974. Disponible en: https://www.memoriachilena.gob.cl/602/w3-article-65341.html

CLUB NAVAL URUGUAY. *Las reuniones Cívico-Militares de 1984 en el Club Naval.* Disponible en: http://servicios.infoleg.gob.ar/infolegInternet/anexos/20000-24999/21864/norma.htm

COMISSAO ESPECIAL SOBRE MORTOS E DESAPARECIDOS POLITICOS, *Direito a memoria e a verdade.* Brasilia: Secretaria Especial dos Direitos Humanos, 2007.

FERRARI, Gisela. El caso Simon: una revolución constitucional contra los delitos de lesa humanidad en Argentina. *Agenda Estado de Derecho.* Disponible en: https://agendaestadodederecho.com/el-caso-simon-una-revolucion-constitucional-contra-los-delitos-de-lesa-humanidad-en-argentina/

FERREIRA NAVARRO, Marcos. Operación Cóndor: Antecedentes, formación y acciones. *Ab initio.* 2014, 9, pp. 153-179.

GASPARI, Elio. *O sacerdote e o feticeiro. A ditadura Derrotada.* 1ª edic. Sao Paulo: Compahia das Letras, 2003.

GASPARI, Elio. *O sacerdote e o feticeiro. A Ditadura Encurralada.* 2ª edic. Sao Paulo: Compahia das Letras, 2014.

GILL, Leslie. *La escuela de las Américas: Entrenamiento militar y violencia política e impunidad.* Santiago de Chile: Libros Arces Lom., 2005.

GIORDANI, Marco Polo. *Brasil sempre.* Porto Alegre: Tche, 1986.

GOBIERNO DE CHILE. "Presidente Boric lanza Plan Nacional de Búsqueda de víctimas de desaparición forzada en dictadura". Recuperado de: https://www.gob.cl/noticias/plan-nacional-busqueda-verdad-justicia-victimas-detenidos-desaparecidos-dictadura-decreto-presidente-boric/

GUTIERREZ, Juan Ignacio. *La Vicaría de la Solidaridad.* Madrid: Editorial Alianza, 1986.

GUZMAN VIAL, Manuel. Decreto Ley nº 2.191, de 1978 sobre amnistía. *Revista Chilena de Derecho.* 1991, 18, pp. 115-123.

KORNBLUH, Peter. *Pinochet desclasificado. Los archivos secretos de Estados Unidos sobre Chile.* Barcelona: Editorial Catalonia, 2023.

LIBERATORE BECHARA, Ana Elisa. Las muertes sin pena en el Brasil. La difícil convergencia entre derechos humanos, política criminal y seguridad pública. *Revista Penal.* 2015, 35, pp. 84-99.

Mignone, Emilio F. Introducción. Aclaración de Emilio F. Mignone. Disponible en: https://web.archive.org/web/20020620191418/http://www.nuncamas.org/document/nacional/indulto_intro.htm

MONSALVEZ ARANEDA, Daniel Gonzalo. Legitimación e institucionalización. El poder militar disciplinario en Chile: bandos y decretos ley (1973-74). *Estudios - Centro de Estudios Avanzados. Universidad Nacional de Córdoba.* 2020, 44. Disponible en: http://www.scielo.org.ar/scielo.php?script=sci_arttext&pid=S1852-15682020000200012

MORENO OCAMPO, Luis. *Cuando el poder perdió el juicio. Argentina 1985.* Buenos Aires: Capital Intelectual, 2022.

MOTA, Carlos Gilhelme & LOPEZ Adriana. *Historia de Brasil. Una interpretación.* Trad. SANTOS PÉREZ, Jose Manuel. Salamanca: Ediciones Universidad de Salamanca, 2009.

MOULIAN, Tomás. *Chile actual. Anatomía de un mito.* Santiago de Chile: Universidad Arcis, 1997.

NASH ROJAS, Claudio. *Derecho internacional de los derechos humanos en Chile. Recepción y aplicación el ámbito interno.* Santiago de Chile: Centro de Derechos Humanos. Facultad de Derecho Universidad de Chile, 2012.

PIOVESAN, Flavia. Lei de Anistia. Sistema Interamericano e o caso brasileiro. En GOMES, Luiz. Flavio & OLIVEIRA MAZUOLI, Valerio. *Crimes da Ditadura Militar.* São Paulo: Revista dos Tribunais, 2011, pp. 73-86.

REPÚBLICA ARGENTINA. Comisión Nacional sobre la Desaparición de Personas. *Informe de la comisión nacional sobre la desaparición de personas. Nunca Más.* Buenos Aires: Eudeba, 5ª edic., 1ªreimpresión, 2001.

REPÚBLICA ARGENTINA. JUNTA MILITAR. *Documentos básicos y bases políticas de las Fuerzas Armadas para el proceso de la reorganización nacional.* Buenos Aires, 1980.

ROJAS, Hugo & SAFTHOE, Miriam. *Derechos humanos y justicia transicional en Chile.* Valencia: Tirant lo Blanch, 2022.

SKIDMORE, Thomas. *Brasil de Castelo a Tancredo, 1964-1985,* 7ªedic. Sao Paulo: Paz e Terra, 2000.

STABILI, Maria Rosaria. Oparei. La justicia de transición en Paraguay. *América Latina hoy.* 2012, 61, pp. 137-162.

STUDART CORREA, Hugo. *A Lei da Selva: Estrategias, Imaginario e Discurso dos Militares sobre a Guerrilha do Araguaia.* São Paulo: Geração, 2006.

URUGUAY. *Informe final de la comisión para la paz.* Disponible en https://sitiosdememoria.uy/sites/default/files/2020-05/comisionparalapazinformefinal.pdf

VIAL CORREA, Gónzalo. *El libro blanco del cambio de gobierno en Chile.* Santiago de Chile:, Lord Cochrane, 1973.

VITORIA, Francisco de, Sobre el poder civil. Sobre los indios. Sobre el derecho de la guerra. Estudio preliminar (Trad. y notas Fraile Delgado). Madrid, Tecnos, 2007. 2ª ed.

WERLE, Gerhard. *Tratado de Derecho penal internacional.* 2ª ed. Valencia: Tirant lo Blanch, 2011.

Legislación

ARGENTINA. Decreto 579/2003. 13 de agosto de 2003. Disponible en: https://www.argentina.gob.ar/normativa/nacional/decreto-579-2003-87583/texto

ARGENTINA. Ley 23.492 de Punto Final, de 24 de diciembre de 1986. Disponible en http://servicios.infoleg.gob.ar/infolegInternet/anexos/20000-24999/21864/norma.htm

ARGENTINA. Ley 23040. Pacificacion Nacional. Ley Nº 22.924 - Su Derogacion. Disponible en https://www.argentina.gob.ar/normativa/nacional/ley-23040-28166/texto-

ARGENTINA. Ley 25.779. 3 de septiembre de 2003. Disponible en: https://www.argentina.gob.ar/normativa/nacional/ley-25779-88140/texto

ARGENTINA. Ley de obediencia debida. 4 de junio de 1987. Disponible en: https://www.ecured.cu/Ley_de_Obediencia_Debida

ARGENTINA. Ley de Pacificacion nacional. 22 de septiembre de 1983. Disponible en http://servicios.infoleg.gob.ar/infolegInternet/anexos/70000-74999/73271/norma.htm

BRASIL. Acto Institucional Nº 5. 13 de diciembre de 1968

BRASIL. Lei nº 6.683, de 28 de agosto de 1979, Concede anistia e dá outras providências. Disponible en: http://www.planalto.gov.br/ccivil_03/leis/L6683.htm

CHILE. Congreso Nacional. *Constitución política de la República de Chile*. Santiago de Chile: Editorial Jurídica de Chile, 1980. Disponible en https://obtienearchivo.bcn.cl/obtienearchivo?id=documentos/10221.1/60446/3/132632.pdf

CHILE. Decreto 809 promulga la Convencion Interamericana para prevenir y sancionar la tortura, adoptada el 9 de diciembre de 1985 por la organizacion de los estados americanos en el decimoquinto periodo ordinario de sesiones de la asamblea general. 7 de octubre de 1988. Disponible en https://www.bcn.cl/leychile/navegar-app?idNorma=15728

CHILE. DECRETO 873 Aprueba Convencion Americana sobre Derechos Humanos, denominada "Pacto de San Jose de Costa Rica". 23 de agosto de 1990. Disponible en https://www.bcn.cl/leychile/navegar?idNorma=16022

CHILE. MINISTERIO DEL INTERIOR. *Decreto ley 2191 concede amnistia a las personas que indica por los delitos que señala*. Biblioteca del Congreso Nacional de Chile. 14 de abril de 1978. Disponible en: https://www.bcn.cl/leychile/navegar?idNorma=6849

URUGUAY. Decreto 464/973(27/06/1973)(Disolución del Parlamento Nacional y creacion del Consejo de Estado). 1982

URUGUAY. Ley de amnistía. Aprobación de la Convención americana sobre derechos humanos llamada pacto de San José de Costa Rica. creación de la comisión nacional de repatriación. 8 de marzo de 1985. Disponible en https://www.impo.com.uy/bases/leyes/15737-1985

URUGUAY. Ley de Caducidad de la Pretensión Punitiva del Estado Uruguay. 22 de diciembre de 1986. Disponible en: https://www.impo.com.uy/bases/leyes/15848-1986

URUGUAY. Ley N° 18831 Restablecimiento de la pretension punitiva del estado para los delitos cometidos en aplicacion del terrorismo de estado hasta el 1° de marzo de 1985. Disponible en http://archivo.presidencia.gub.uy/sci/leyes/2011/10/cons_min_400.pdf

URUGUAY. Ley N° 19550. Transformacion de Fiscalía letrada nacional en Fiscalía especializada en crímenes de lesa humanidad. 25 de octubre de 2017. Disponible en: https://www.impo.com.uy/bases/leyes/19550-2017/2

Jurisprudencia

Corte Interamericana de derechos humanos. Caso Carmen Aguiar de Lapaco v. Argentina, Caso 12.059, Informe N° 70/99, Inter-Amer. C.H.R 4 de mayo de 1999. Disponible en: https://www.cidh.oas.org/annualrep/99span/Soluci%C3%B3n%20Amistosa/Argentina12059.html

Corte Interamericana de Derechos Humanos. Caso Almonacid Arellano y otros Vs. Chile. 26 de septiembre de 2006. Disponible en: https://www.corteidh.or.cr/docs/casos/articulos/seriec_154_esp. pdf

Corte Interamericana de derechos humanos. Caso Gelman VS. Uruguay. 24 de febrero de 2011. Disponible en https://www.corteidh.or.cr/docs/casos/articulos/seriec_221_esp1.pdf

Artículos de prensa

AMATO, Alberto, 2022. "Esoterismo, crímenes y poder: la vida secreta de López Rega, el "brujo" que bendijo Perón y creó la Triple A". Infobae. 9 de junio de 2022. Recuperado de: https://www.infobae.com/sociedad/2022/06/09/esoterismo-crimenes-y-poder-la-vida-secreta-de-lopez-rega-el-brujo-que-bendijo-peron-y-creo-la-triple-a/

DÉLANO, Manuel, 1993. "Condenado a siete años el ex jefe de la Dina chilena por el asesinato de Orlando Letelier". El País. 13 de noviembre de 1993. Recuperado de: https://elpais.com/diario/1993/11/13/internacional/753145217_850215.html

LEIDEL, Seteffen, 2004. "La guerra sucia disfraz del genocidio". DW, 15 de enero de 2004. Recuperado de: https://www.dw.com/es/la-guerra-sucia-disfraz-del-genocidio/a-1089871

5.3. *El neoconstitucionalismo latinoamericano*

ANA CAROLINA DE MORAIS COLOMBAROLI[1]
Universidade Estadual Paulista, UNESP
Email: ana.colombaroli@unesp.br

JOSÉ ROBERTO MACRI JR[2]
Universidad de São Paulo
Email: macrijr@hotmail.com

1. INTRODUCCIÓN

Desde finales del siglo XX, nuevos enfoques han cuestionado los fundamentos del Estado constitucional y sus presupuestos teóricos, los discursos que nos sirven en la comprensión de la Constitución, los derechos fundamentales, las normas de principios, la interpretación basada en la proporcionalidad, etc. Como explica Carbonell (2008, 9-10), la tendencia se agudiza y las nuevas Constituciones "no se limitan a establecer competencias o a separar a los poderes públicos, si no que contienen altos niveles de normas 'materiales' o sustantivas que condicionan la actuación del Estado por medio de la ordenación de ciertos fines y objetivos". En el mismo sentido, Viciano Pastor y Martínez Dalmau (2011, 4-5) sostienen que el concepto neoconstitucional de Estado se basa fuertemente en la teoría democrática de la constitución, proponiendo "la constitución entendida como fruto de un poder constituyente que solo puede estar legitimado democráticamente, plenamente normativa y cuyo objetivo es materializar la voluntad de los pueblos expresada en el uso su soberanía. Desde este punto de vista, se supera el concepto de constitución como mera limitadora del poder (constituido) y se completa la definición de la constitución como, también, fórmula donde el poder constituyente expresa su voluntad".

---

1 Doctora en Ciencias Sociales y Estudios Latinoamericanos (Prolam/USP). Professora da Universidade Estadual Paulista, UNESP.

2 Doctor en Derecho Penal por la Universidad de São Paulo, USP. Actualmente en Estagio Pos-Doctoral en la FDRP, USP

El neoconstitucionalismo busca alejarse de los esquemas positivistas y convertir el *Estado de Derecho* en un *Estado constitucional de Derecho.* Los principios se presentan como criterios de interpretación del constitucionalismo, aspirando a otorgar unidad material al ordenamiento jurídico, imposibilitando el uso de teorías mecanicistas de interpretación.

Las teorías neoconstitucionalistas resultan en una importante modificación de los grandes ordenamientos jurídicos que Viciano Pastor y Martínez Dalmau (2011, 8) denominan constitución invasiva, debido a la constitucionalización de una amplia gama de derechos, la presencia de principios y normas a lo largo del texto constitucional y debido a algunas particularidades de interpretación y aplicación de las normas constitucionales en la aplicación de las leyes. Se busca recuperar el significado de la constitución como norma suprema del Estado y fortalecer su carácter determinante de todo el ordenamiento jurídico.

Otra característica fundamental del neoconstitucionalismo de base europea, resultante de lo mencionado anteriormente, es el cambio significativo en la práctica jurisprudencial de los tribunales constitucionales. Los jueces tienen que comenzar a desempeñar sus funciones bajo nuevos parámetros interpretativos, sus tareas hermenéuticas se vuelven más complejas dada la extensión de "valores" constitucionalizados que deben aplicarse a casos concretos de manera fundada y justificada (Curcó Cobos, 2018).

Es importante reconocer los avances teóricos impulsados por el constitucionalismo europeo basado en el constitucionalismo democrático. Pero es aún más importante resaltar que, en la práctica, es en América Latina donde se han dado los intentos de implementar efectivamente este modelo, como resultado de las condiciones sociales y políticas existentes en ciertos países. A partir de la década de 1980, el constitucionalismo latinoamericano pasó de estar subordinado y relegado a uno constitucionalismo que apunta, a pesar de las dificultades y obstáculos, a garantizar la democracia y la normatividad constitucional. Para Navas Alvear (2017, 2-3) el Nuevo Constitucionalismo Latinoamericano "consistiría en un fenómeno relativo a movimientos constitucionales, en el sentido de dinámicas entre actores sociales y políticos que producen novedosas constituciones con pretensiones transformadoras, los cuales se han sucedido en las décadas recientes en ciertos países latinoamericanos". Esta noción abarca no sólo la redacción de nuevas constituciones, sino también sus procesos de implementación, que aún están en curso.

Gargarella (2015, 269) destaca el impacto en el constitucionalismo latinoamericano de los dos hechos históricos más significativos de finales del siglo XX en la región: la crisis política de derechos humanos resultante de las dictaduras y gobiernos autoritarios en la región, alrededor de los años 1970, y la crisis económica derivada de su aplicación de los programas de ajuste estructural característicos de los años 1990.

Comprender el nuevo constitucionalismo latinoamericano es fundamental para comprender el marco social, político y jurídico de la región a finales del siglo XX y principios del XXI, considerando la ola de transformaciones y reformas impulsadas, y también sus contradicciones y deficiencias presentadas en este proceso.

Existen numerosas posibilidades para agrupar las reformas constitucionales contemporáneas en América Latina, pero creo que el modelo propuesto por Gargarella (2014) ofrece un enfoque de análisis especialmente útil para entenderlas en conjunto con el contexto político y social, al tiempo que se centra en las reformas como una forma de afrontar y resolver problemas sociales específicos. Por ello, en la siguiente parte de este capítulo se presenta cuatro puntos principales: las Constituciones que buscan superar el injusto orden constitucional impuesto por las dictaduras; aquellas Constituciones que, buscando evitar la repetición de trágicos acontecimientos anteriores, introducen cambios en la organización de poderes y crean barreras jurídicas contra potenciales violaciones de los derechos humanos; los que prepararon el terreno para la aplicación de programas de ajuste económico en los años 1990 y; finalmente, un constitucionalismo que reaccione a la profunda crisis social resultante de los programas de ajuste económico.

Por otro lado, si bien el constitucionalismo contemporáneo en América Latina dista mucho de ser un proceso uniforme y homogéneo, es posible afirmar la existencia de rasgos comunes en las reformas constitucionales impulsadas en la región. Por ello, en la tercera parte de este capítulo, siguiendo la guía de Uprimny (2011), buscamos sistematizar los lineamientos comunes a las transformaciones constitucionales recientes, mostrando lo realmente nuevo del Nuevo Constitucionalismo Latinoamericano.

Creemos que las Constituciones de Bolivia y Ecuador merecen especial atención, ya que presentan especificidades en relación con el nuevo constitucionalismo previamente desarrollado en América Latina y proponen explícitamente el desarrollo de un proyecto decolonizador basado en un nuevo paradigma constitucional, afirmando el pluralismo jurídico, la igualdad dignidad de los pueblos y culturas e interculturalidad.

A modo de conclusión, y también como estímulo para nuevas hipótesis de investigación, buscamos discutir las potencialidades y límites de las

Constituciones para oponerse a la colonialidad y el colonialismo en la realidad latinoamericana.

2. UNA MIRADA SOBRE LAS TRANSFORMACIONES CONSTITUCIONALES RECIENTES EN AMÉRICA LATINA

En las últimas décadas del siglo XX y principios del XXI, varios países latinoamericanos adoptaron nuevas constituciones: Nicaragua en 1987, Brasil en 1988, Colombia en 1991, Paraguay en 1992, Perú en 1993, Venezuela en 1999, Ecuador en 2008 y Bolivia en 2009. Otros países han emprendido importantes reformas constitucionales, como Argentina (1994), Costa Rica (1989), Chile (1989 a 2009), México (1992) (Gargarella 2011, 87; Uprimny 2011, 109).

Los cambios constitucionales en el continente presentan diferencias relevantes. En algunos casos, la diferencia se evidencia en la naturaleza del proceso: en Brasil y Paraguay, por ejemplo, las nuevas constituciones son el resultado de la caída de dictaduras militares, en México y Colombia representan una búsqueda por reforzar regímenes democráticos con una falta de legitimidad, mientras que en Venezuela, Ecuador y Bolivia está ligada a la sustitución del anterior sistema de partidos por nuevas fuerzas políticas. También se pueden distinguir por su intensidad: varios países —como Brasil, Colombia, Venezuela, Bolivia y Ecuador— redactaron nuevas constituciones, distintas de las revocadas, mientras que otros países —como Argentina, México, Chile y Costa Rica— mantuvieron las constituciones existentes, pero insertaron cambios profundos en sus textos. Además, es posible considerar la orientación de los cambios constitucionales: la Constitución del Perú fue aprobada por una asamblea constituyente dominada por Fujimori, bajo el predominio de la orientación político-económica del Consenso de Washington, con orientaciones neoliberales mientras que las constituciones de Bolivia y Ecuador son expresión de un movimiento popular y tienen claras orientaciones anticapitalistas y anticolonialistas (Uprimny 2011, 109-110).

Como se mencionó anteriormente, a pesar de las innumerables posibilidades para analizar las transformaciones constitucionales, optamos por seguir el modelo propuesto por Gargarella (2014), privilegiando el análisis de los cambios de las constituciones en conjunto con los temas que buscaban enfrentar. Por lo tanto, es necesario, en primer lugar, abordar el nuevo constitucionalismo que surgió con el fin de las dictaduras militares, como reacción al constitucionalismo autoritario promovido por los militares.

Así, puede tomarse como punto de partida del Nuevo Constitucionalismo Latinoamericano la Constitución brasileña de 1988. La anterior Constitución del país de 1967, sancionada y con modificaciones recibidas durante la dictadura militar, imponía serios límites a los derechos políticos y civiles de la población, en además de una exacerbada concentración de poder en manos de los presidentes militares.

Con la caída de la dictadura militar, se redactó una nueva Constitución, a través de una asamblea constituyente elegida democráticamente que intentó reparar los reveses constitucionales de la dictadura. Como resume Gargarella (2014, 271-272) "la Constitución democrática de 1988 proscribió la tortura, restableció el voto directo y secreto, sentó las bases para la reorganización de la competencia democrática electoral, fijó penas severas contra las restricciones a las libertades civiles, dispuso medidas antidiscriminatorias, incluyó mecanismos destinados a alentar la participación política (tales como plebiscitos y referéndums), restableció el compromiso federalista y expandió la autonomía municipal, incorporó medidas de protección de las tierras indígenas, y consagró una larga y muy detallada lista de derechos y garantías sociales".

En el caso de Chile, incluso después de la democratización, se mantuvo la Constitución dictatorial sancionada por Augusto Pinochet. Sin embargo, especialmente a lo largo de las décadas de 1990 y 2000, se realizaron varios esfuerzos por eliminar los enclaves autoritarios a través de sucesivas enmiendas y reformas constitucionales que lograron modificar el sistema de reformas y limitar el peso de los estados de excepción, cambiar la organización político geográfica interna, reducir el período presidencial, modificar los procesos de selección de jueces, cambiar el funcionamiento del Poder Judicial, cambiar el modelo de segunda vuelta de las elecciones presidenciales, cambiar el mecanismo de reforma constitucional, poner fin a la censura cinematográfica, determinar la obligación del Estado de segurar educación gratuita, poner fin a senadores designados y vitalicios, permitir al presidente destituir a los comandantes de las Fuerzas Armadas, modificar el Consejo de Seguridad Nacional e introducir cambios en el sistema electoral (Gargarella 2014, 270-271).

Además de Chile y Brasil, otras constituciones, como la argentina, la colombiana, la costarricense y la salvadoreña, destinadas a garantizar una mayor protección de los derechos fundamentales violados por gobiernos autoritarios, concedieron un estatus especial a los compromisos internacionales asumidos en el ámbito de los derechos humanos. Fue una reacción a las atrocidades cometidas por los gobiernos autoritarios, una respuesta legal más inmediata y extendida en toda la región.

Los programas de ajuste estructural llevados a cabo en los años ochenta y, principalmente, noventa en la región también tuvieron un fuerte impacto constitucional. Tales programas —vinculados al modelo económico neoliberal, la crisis económica de la región y el endeudamiento de los países latinoamericanos con organismos internacionales— consistieron en políticas monetaristas, antiestatistas, con una drástica reducción de la inversión y el gasto público y, especialmente, con la eliminación de los programas de protección social.

La llegada de estos programas neoliberales requirió cambios legislativos e incluso constitucionales con el objetivo de facilitar las reformas. El Banco Mundial y otros organismos financieros internacionales han impuesto cambios en el poder judicial de los países latinoamericanos como condición para las transacciones económicas. Algunas constituciones aprobadas en contextos de garantía de derechos sociales fueron objeto de reformas e intentos de reforma con el objetivo de reducir su alcance social y económico. Como ejemplifica Pisarello (2012, 185-186), en Brasil, el gobierno de Fernado Henrique Cardoso presentó 35 enmiendas a la Constitución de 1988 buscando facilitar el proceso de privatización de sectores como las telecomunicaciones y el petróleo. En Colombia, bajo el gobierno conservador de Andrés Pastrana, se eliminó el artículo 58 (que permitía la expropiación por razones de equidad) con el objetivo de blindar las inversiones extranjeras, especialmente de las petroleras. En México se reformó el artículo 27 de la Constitución con el objetivo declarado de "acabar con el reparto agrario". En Perú, la reforma constitucional de 1993, impulsada por Fujimore después de un autogolpe, resultó en un texto constitucional que reforzó el poder presidencial y eliminó muchos de los derechos sociales presentes en la Constitución de 1979. En Argentina, bajo el gobierno de Carlos Menen, el La Constitución fue reformada en 1994 para garantizar la reelección y apuntar a "defender el valor de la moneda", con inequívocas resonancias neoliberales.

A esta etapa de reformas económicas le siguió una amplia y profunda crisis social, con altos niveles de desempleo que, sin una red de seguridad social, llevó a millones de personas a una situación de completo abandono frente a un Estado cada vez más reducido. América Latina vivió entonces un proceso de movilización social[3] que exigió las protecciones sociales que muchas de las Constituciones seguían prometiendo. Según Pisarello (2012, 190), en América Latina, "la ilusión de que las libertades civiles y políticas podían sobrevivir a una Constitución económica que, si bien había contenido la inflación, también había abierto de manera indiscriminada la economía a la libre circulación de capitales, bienes y servicios, aumentando las desigualdades y la exclusión, se desvaneció a partir de los años noventa".

Sin embargo, las crisis sociales profundas, a diferencia de lo ocurrido en décadas anteriores, no conllevaron golpes de Estado, pero resultaron, en muchos casos, en graves desestabilizaciones institucionales resultantes de crisis políticas[4], a veces combinadas con amplios procesos de rebelión popular. Las movilizaciones sociales y los procesos de destitución que llevaron a la caída de distintos gobiernos obligaron a muchos países latinoamericanos a revisar diferentes aspectos del nuevo orden constitucional, en oposición a las políticas neoliberales llevadas a cabo en los años ochenta y noventa[5].

---

3 Podemos citar, como ejemplo de estas movilizaciones sociales, la insurrección del Ejército Zapatista de Liberación Nacional (EZLN) en México; las movilizaciones sociales y el surgimiento del movimiento *piquetero* en Argentina a finales de los años noventa; las "guerras del agua" (2000) y del "gas" (2003) en Bolivia, en oposición a la privatización de sectores básicos de la economía nacional; las ocupaciones de tierras promovidas por el Movimiento Sin Tierra (MST) en Brasil; las "tomas" de tierras llevadas a cabo por pobladores pobres en Chile; las invasiones de desamparados que buscavan vivienda en Lima y varios episodios de violencia contra la explotación de los recursos naturales en países de la región.

4 Como la renuncia del presidente brasileño Collor de Mello en 1992 y del presidente venezolano Carlos Andrés Pérez en 1993 (ambos depuestos por corrupción); la salida de Abdalá Bucarán de Ecuador en 1997 (tras una declaración insólita de incapacidad civil); de Raúl Cubas, en Paraguay, en 1999 (quien renunció tras el inicio de un juicio político); por Alberto Fujimori, en 2000, en Perú (quien decidió huir antes del inicio de un juicio político, y posteriormente fue detenido). Ernesto Samper, en Colombia en 1996 y Luis González Macchi en Paraguay en 2002 también fueron sometidos a juicios políticos, aunque absueltos. Lucio Guriérrez fue derrocado en Ecuador en 2005; Fernando de la Rúa y sus sucesores inmediatos en Argentina se vieron obligados a renunciar ante una serie de protestas populares, al igual que Gonzalo Sanches de Losada y Carlos Mesa en Bolivia, respectivamente, en 2003 y 2005 (Gargarella 2014, 278; Pisarello 2012, 191-192).

5 En Brasil, la "tercera vía" social-liberal de Fernando Henrique Cardoso fue derrotada electoralmente por el proyecto de centroizquierda de Luiz Inácio Lula da Silva y del Partido de los Trabajadores. En Argentina, el gobierno peronista de Néstor Kirchner introdujo cambios garantistas en la Corte Suprema e imple-

Algunas de las reformas sociolegales más importantes de las últimas décadas en América Latina —incluyendo las de Colombia, Bolivia, Ecuador, Venezuela y México— fueron precedidas por las crisis económicas de los años noventa.

En Colombia, si bien las iniciativas de reforma constitucional llegaron poco después de la profunda crisis resultante de la toma del Palacio de Justicia por fuerzas del M-19, este evento fue sólo el punto más alto de una crisis que incluyó el agotamiento del Estado —ausente e incapaz para controlar amplios sectores del país— y la presencia de grupos guerrilleros, paramilitares y narcotraficantes que se disputaban el control del territorio nacional. En Bolivia, las rebeliones populares obligaron al presidente Sánchez de Losada a proponer la Constitución de 1994, más inclusiva con relación a los derechos indígenas y multiculturales y, en la década de 2000, los levantamientos populares llevaron al presidente Carlos Mesa a convocar una Asamblea Constituyente que culminaría con la llegada de Evo Morales al poder. En Ecuador, el proceso de reforma constitucional también se vio acelerado por la nueva crisis social y la resistencia indígena, que facilitaron la victoria electoral de Rafael Correa. En Venezuela, si bien el proceso constituyente se dio bajo el impulso militar de Hugo Chávez, también resultó de una serie de levantamientos populares iniciados en oposición a los programas de ajuste fiscal y la represión estatal promovida que culminaron en el Caracazo, levantamiento social que simbolizó la caída del viejo orden político-económico excluyente. Este es también el caso de México, que en 2011 concluyó un largo proceso de reformas constitucionales destinadas a fortalecer el estatus constitucional de los derechos humanos, luego de intensas reacciones sociales ante violaciones masivas de derechos humanos y programas de ajuste estructural (Gargarella 2014, 278-279).

Pisarello (2012, 192-193) compara los procesos de cambio que dieron origen a las constituciones venezolana (aprobada en 1999), ecuatoriana (aprobada en 2008) y boliviana (2009) con los momentos de mayor movilización popular de las recoluciones inglesa, americana y francesa de los siglos XVII y XVIII, así como el impulso democrático de las grandes revoluciones del siglo XX. Sin embargo, a diferencia de lo ocurrido en el contexto del Norte Global, el nuevo constitucionalismo latinoamericano

---

mentó un discurso crítico sobre el neoliberalismo. En Uruguay, la derrota en un referéndum de la ley que autorizaba la exploración petrolera por parte de capital privado allanó el camino para la victoria de Tabaré Vásquez del Frente Amplio.

nacido de la crisis no pretendió cancelar el poder constituyente popular sino activarlo, buscando generar un vínculo complementario entre constitucionalismo y democracia. Como demostraremos más adelante, el análisis realizado por el autor resultó demasiado optimista. El carácter transformador de las constituciones, los avances en los derechos de los grupos subordinados y el intento de superación de regímenes elitistas no lograron contener, alrededor de una década después, los severos ataques a la democracia en la región, la reanudación de programas políticos neoliberales y la desestabilización de procesos políticos que condujeron a la modificación de las estructuras constitucionales.

3. EL NUEVO CONSTITUCIONALISMO LATINOAMERICANO: RASGOS COMUNES DE LOS CAMBIOS CONSTITUCIONALES EN LA REGIÓN

Como se vio anteriormente, existen diferencias importantes en las reformas constitucionales emprendidas en los países latinoamericanos, debido a la naturaleza y origen del proceso, su intensidad y también su orientación. Sin embargo, se puede decir que, a pesar de las diferencias nacionales, la mayoría de ellas comparten rasgos comunes a la hora de definir los principios estatales y regular los derechos de los ciudadanos. Según Uprimny (2011, 126) es posible "hablar de un constitucionalismo latinoamericano actual que tiene rasgos distintivos frente a otros constitucionalismos del mundo contemporáneo o frente a los ordenamientos de la región en el pasado".

Para Avritzer (2017, 26) hay tres características principales del nuevo constitucionalismo latinoamericano: la fuerte expansión de derechos, especialmente de las comunidades tradicionales, que cambia el diseño de las comunidades políticas; la ampliación de las formas de participación existentes más allá de la deliberación de los Poderes Ejecutivo y Legislativo, cambiando el ámbito de ejercicio de la soberanía y; un nuevo rol para el Poder Judicial, cambiando el equilibrio de poderes tradicionales en América Latina.

Las Constituciones de Brasil, Colombia, Bolivia, Ecuador y Venezuela y las reformas constitucionales mexicanas amplían los derechos, tanto dentro de una concepción liberal como postliberal de los derechos, especialmente los de las comunidades tradicionales. Con los cambios constitucionales comenzaron a existir comunidades plurales en los países latinoamericanos y una mayor valorización del pluralismo en todas sus formas, en los que grupos minoritarios tuvieran reconocidos los derechos a la diversidad, a la tierra y a la preservación de su patrimonio cultural (Avritzer 2017, 26-27; Uprimny 2011, 111).

Existe una tendencia al secularismo, basada en la supresión de rasgos confesionales, que otorgaban privilegios a la Iglesia católica y la consagración de la diversidad y la igualdad religiosa.

Las reformas buscan apoyar a grupos tradicionalmente discriminados como los pueblos indígenas y las comunidades negras, a los que, en ciertos países, incluso se les reconocen derechos de ciudadanía especiales y diferenciados. También se observa que el reconocimiento del multiculturalismo, las competencias específicas de la justicia indígena y la apertura al derecho internacional se ha traducido en un pronunciado pluralismo jurídico, que afecta el papel de las fuentes jurídicas tradicionales (Uprimny 2011, 112).

Casi todas las reformas reconocen una amplia gama de derechos constitucionales para sus ciudadanos porque, además de incorporar derechos civiles y políticos de tradición democrática y liberal, constitucionalmente se consagraron derechos económicos, sociales y culturales, así como derechos difusos y colectivos. Muchas constituciones expresan un fuerte compromiso con la igualdad, estableciendo cláusulas de no discriminación por motivos de raza, género y otros factores (Uprimny 2011, 112-113).

En las palabras de Uprimny (2011, 114) "Las técnicas de reconocimiento de esos derechos ha tenido algunas variaciones nacionales; en algunos casos, como en la Argentina, el mecanismo fue la constitucionalización directa y expresa de numerosos tratados de derechos humanos; en otros, como Brasil, el mecanismo fue directamente definir y establecer esos derechos en el texto constitucional; otros ordenamientos constitucionales como el colombiano o el venezolano usaron ambos mecanismos, pues no sólo constitucionalizaron ciertos tratados de derechos humanos sino que además establecieron directamente en la Constitución una amplia carta de derechos de las personas. Pero independientemente del mecanismo jurídico empleado, la tendencia y el resultado fueron semejantes: una considerable ampliación de los derechos constitucionalmente reconocidos frente a los textos anteriores".

Gargarella, Filippini y Cavana (2011) destacan que las actuales Constituciones latinoamericanas han resultado en ser externamente fuertes en la inserción de derechos sociales, económicos y culturales, previendo normativamente la protección del medio ambiente[6], la cultura[7], la salud[8], la educación[9], la alimentación[10], la vivienda[11], el trabajo[12], el vestido[13], además de promover la igualdad de género[14], afirmar la existencia de una identidad nacional plural o multicultural[15], ordenar acciones afirmativas[16]

---

6 Argentina art. 41, Brasil art. 22, Chile art. 19 inc. 8, Colombia art. 79, Costa Rica art. 50, Ecuador art. 14, El Salvador art. 117, Guatemala art. 97, Honduras art. 143, México art. 4, Nicaragua art. 60, Panamá art. 118, Paraguay art. 7, Perú art. 2, República Dominicana art. 66, Uruguay art. 47, Venezuela art. 117.

7 Argentina art. 75 inc. 22, Bolívia arts. 21, 30, Brasil art. 23, Chile art. 19 inc. 10, Colombia art. 70, Costa Rica art. 77 y ss., Ecuador art. 21, El Salvador art. 53, Guatemala art. 57, Honduras art. 151, México art. 4, Nicaragua art. 58, Panamá art. 80, Paraguay art. 73, Perú art. 2, República Dominicana art. 64, Venezuela art. 101.

8 Argentina art. 75 inc. 22, Bolívia art. 18, Brasil art. 6, Chile art. 19 inc. 10, Colombia art. 49, Costa Rica art. 46, Ecuador art. 32, El Salvador art. 1, Guatemala art. 93, Honduras art. 145, México art. 4, Nicaragua art. 59, Panamá art. 109, Paraguay art. 68, Perú art. 7, República Dominicana art. 61, Venezuela art. 83.

9 Argentina art. 75 inc. 22, Bolívia art. 17, Brasil art. 6, Chile art. 19 inc. 9, Colombia art. 67, Costa Rica art. 77 y ss., Ecuador art. 27, El Salvador art. 53, Guatemala art. 71, Honduras art.153, México art. 3, Nicaragua art. 58, Panamá art. 91, Paraguay art. 73, Perú art. 13, República Dominicana art. 63, Uruguay arts. 70-71, Venezuela art. 102.

10 Argentina art. 75 inc. 22, Bolívia art. 16, Brasil art. 6, Colombia art. 44, Costa Rica art. 82, Ecuador art. 13, Guatemala art. 99, Honduras art. 123, México art. 4, Nicaragua art. 63, Panamá art. 56, Paraguay art. 57, República Dominicana art. 54, Venezuela art. 305.

11 Argentina art. 75 inc. 22, Bolívia art. 19, Brasil art. 6, Colombia art. 51, Costa Rica art. 65, Ecuador art. 30, El Salvador art. 119, Guatemala art. 118, Honduras art. 178, México art. 4, Nicaragua art. 64, Panamá art. 117, Paraguay art. 100, República Dominicana art. 59, Uruguay art. 45, Venezuela art. 82.

12 Argentina art. 14, Bolívia art. 46, Brasil art. 6, Chile art. 19 inc. 16, Colombia art. 25, Costa Rica art. 56, Ecuador art. 33, El Salvador art. 2, Guatemala art. 101, Honduras art. 127, México art. 123, Nicaragua art. 80, Panamá art. 64, Paraguay art. 86, Perú art. 22, República Dominicana art. 62, Uruguay art. 7, Venezuela art. 87.

13 Argentina 75 inc. 22, Brasil art. 7, Costa Rica art. 82, Ecuador art. 66.

14 Argentina art. 37, Bolívia arts. 11, 15, 26, Colombia art. 40, Costa Rica art. 95, Ecuador art. 65, Nicaragua art. 48, Paraguay art. 48, República Dominicana art. 39, Venezuela art. 88.

15 Bolívia, Colombia, Ecuador, Paraguay, desde el art. 1 de sus respectivas Constituciones, México art. 2, Nicaragua art. 5, Perú art. 2 inc. 19, Venezuela art. 6.

16 Argentina art. 75 inc. 23, Bolívia art. 71, Colombia art. 13, Ecuador art. 65, México art. 2 inc. b, Nicaragua arts. 48, 56, 62, Paraguay art. 46, República Dominicana art. 39, 58, Venezuela art. 21.

y otorgar estatus constitucional o supralegal a los tratados de derechos humanos[17].

Este reconocimiento de derechos de diferentes tradiciones llevó a la incorporación, en varios textos constitucionales, de la fórmula ideológica del Estado Social y Democrático de Derecho, en una búsqueda específica de fórmulas constitucionales, especialmente en las constituciones boliviana y ecuatoriana.

El nuevo constitucionalismo latinoamericano también avanzó con fuerza en relación con los derechos de participación de la población en las políticas públicas. La Constitución brasileña buscó romper con la tradición de baja participación popular, generando nuevas formas de participación, como el plebiscito, el referéndum, la iniciativa popular, los consejos de políticas públicas, los "planes maestros municipales" y la posibilidad de participación en comisiones parlamentarias. La Constitución boliviana define los tipos de participación como asamblea, consulta previa, iniciativa legislativa ciudadana, referéndum y revocabilidad de mandatos, además de los procesos de democracia comunitaria ejercidos mediante normas y procedimientos específicos. La Constitución de Venezuela establece una definición ampliada de democracia y prevé instrumentos de participación como el referéndum, la consulta popular, la revocación de mandato, las iniciativas legislativas, el cabildo abierto y la asamblea ciudadana. El caso de la Constitución ecuatoriana, que define al gobierno como republicano y descentralizado, enumera principios de participación y una amplia gama de otras formas de participación popular, como en Bolivia y Venezuela, entre las que destacan la consulta popular, el referéndum y la revocación de mandato (Avritzer 2017, 27-30).

Más allá de estas, otras Constituciones de la región también incluyeron mecanismos de iniciativa popular[18], incorporando la institución de cabildos abiertos o populares[19], consagrando formas de control popular sobre

---

17 Argentina art. 75 inc. 22, Bolívia art. 256, Brasil art. 5, Colombia art. 93, Costa Rica art. 7, Ecuador art. 417, El Salvador art. 144, Guatemala art. 46, Honduras art. 18, Paraguay art. 141, Perú art. 56, República Dominicana art. 74, Venezuela art. 23.

18 Argentina art. 39, Colombia art. 155, Costa Rica art.123, Guatemala art. 277, Honduras art. 5, Nicaragua art. 140, Panamá arts. 238, 314, Paraguay art. 123, Perú art. 107, República Dominicana art. 97, Uruguay art. 79.

19 Colombia art. 103, Panamá art. 151, República Dominicana art. 30.

las políticas públicas[20], estableciendo referendos o consultas populares[21] y mecanismos de revocación de mandatos[22].

Avritzer (2017, 30) sostiene que el nuevo constitucionalismo latinoamericano tiene, en realidad, una concepción diferente de la participación política que se expresa, en primer lugar, a través de una definición distinta a la que encontramos en las Constituciones de las democracias consolidadas y a la prevista en las Constituciones latinoamericanas del siglo XX. La definición de soberanía se amplía y se despliega en nuevas formas de participación popular. Aunque estas formas de participación funcionan de manera diferente entre países, la forma diferente de definir la soberanía política es una parte común del nuevo constitucionalismo.

Las reformas también tuvieron implicaciones económicas y de integración regional, aunque no hay una tendencia común en las Constituciones. Según Uprimny (2011, 116) "estos cambios, si se quiere más ideológicos y vinculados al discurso de los derechos humanos y a la reconsideración del sentido de la construcción nacional, estuvieron acompañados por dos temas importantes sobre el vínculo del Estado con la economía".

Por un lado, la mayoría de las reformas optaron por vincular sus economías a las de sus vecinos, proclamando explícitamente su adhesión a los principios de la integración latinoamericana. Por otro lado, si bien la mayoría de las reformas han buscado reconsideraciones sobre las funciones económicas del Estado, textos constitucionales como el peruano tienden a ser más favorables a los mecanismos de mercado, alineados con los postulados del Consenso de Washington, mientras Constituciones como la las ecuatorianas y bolivianas refuerzan el papel del Estado en la economía e incluso presentan tendencias anticapitalistas, y muchas otras Constituciones como la colombiana parecen, simultáneamente, ampliar la intervención estatal y sus funciones redistributivas al reconocer derechos sociales y al mismo tiempo tiempo parece reducir esta intervención para permitir la privatización de los servicios públicos, y puede calificarse, al mismo tiempo, de socialdemócrata y neoliberal (Uprimny 2011, 116-117).

---

20 Colombia arts. 103, 270, Guatemala art. 98, México art. 26, Nicaragua arts. 138, 196, Panamá art. 233

21 Argentina art. 40, Colombia arts. 103, 374, Costa Rica art. 105, Guatemala art. 173, Honduras art. 5, México art. 26, Nicaragua art. 2, Panamá arts. 238, 313, 325, Paraguay arts. 121-122, Perú arts. 32, 176, República Dominicana arts. 203, 210, 272, Uruguay arts. 79, 331.

22 Colombia art. 103, Panamá art. 151, República Dominicana art. 30.

Además, el nuevo constitucionalismo latinoamericano amplió significativamente el papel del poder judicial en el sistema de toma de decisiones políticas, en un proceso de judicialización, caracterizado por la transferencia de decisiones sobre políticas públicas, previamente tomadas por el Poder Legislativo, al Poder Judicial, así como por el proceso a partir del cual la toma de decisiones en el ámbito político adquiere elementos similares a los judiciales (Avritzer 2017, 30).

En todos los procesos constitucionales de la región hubo un esfuerzo por fortalecer el sistema judicial, no sólo para aumentar su eficiencia en la persecución de delitos y el procesamiento de conflictos, sino también para aumentar su independencia. Un mecanismo común fue el intento de eliminar la interferencia del Poder Ejecutivo en los procesos de nombramiento y carrera de los jueces. A modo de ejemplo, Colombia, Argentina, Perú y Paraguay incorporaron consejos judiciales en sus Constituciones para fortalecer la independencia judicial. Además, al Poder Judicial también se le asignaron importantes responsabilidades en la protección y garantía de derechos y el control de posibles arbitrariedades por parte de los órganos políticos, a través del establecimiento de formas de justicia constitucional (Uprimny 2011, 119-120).

En el neoconstitucionalismo latinoamericano, además de que las Constituciones ampliaron derechos, también ampliaron el papel del Poder Judicial en la implementación de esos mismos derechos (Avritzer 2017, 36). La mayoría de las reformas buscaran que el reconocimiento de los derechos fundamentales tuviera efectividad práctica, ampliando los mecanismos para proteger y garantizar estos derechos, ya sea a través de formas judiciales directas de protección, o mediante la provisión de formas de ombudsman o defensores del pueblo (Uprimny 2011, 119).

El Poder Judicial de la región, con los cambios constitucionales, se tornó más activo en la contención de las ilegalidades cometidas por el Estado y también en la implementación de la ampliación de derechos, resultando en un constitucionalismo que en realidad cambió los mecanismos del poder. La asunción por parte de los ordenamientos constitucionales del carácter normativo de todas las normas constitucionales y de la centralidad de la parte dogmática de las constituciones llevó a la aplicación directa, sin mediación del legislador, de la mayoría de los preceptos constitucionales, incluidos muchos de los que reconocen derechos económicos, sociales y culturales. La legislación infraconstitucional en la región pasó a ser interpretada, necesariamente, a la luz de principios y valores constitucionales (Pazmiño Freire 2009, 44).

Si bien las Constituciones latinoamericanas han mantenido una matriz presidencial, han preservado, con características propias, un fuerte y notable compromiso con los derechos individuales y colectivos.

4. LAS CONSTITUCIONES DE BOLIVIA Y ECUADOR: MATRIZ DECOLONIAL

Los procesos constitucionales en Bolivia y Ecuador presentan especificidades en relación con el constitucionalismo previo en América Latina y proponen explícitamente desarrollar un proyecto decolonizador basado en un nuevo paradigma constitucional, afirmando el pluralismo jurídico, la igual dignidad de los pueblos y culturas y la interculturalidad.

Las características, orígenes y tendencias del nuevo constitucionalismo, pero especialmente de las constituciones boliviana y ecuatoriana, demuestran una orientación crítica estrechamente vinculada a la matriz teórica poscolonial y decolonial, desafiando nociones institucionales importadas del Norte Global y abordando cuestiones relacionadas con la exclusión de los sectores mayoritarios de la sociedad, históricamente invisibilizada y alejada de las esferas de poder (Bragatto y Castilho 2014, 22).

El reconocimiento de las raíces ancestrales de las culturas originarias, los derechos de la Naturaleza (Pacha Mama), la diversidad cultural y religiosa están expresamente inscritos en el preámbulo de la Constitución del Ecuador, la cual se reconoce como un proceso de lucha social por la liberación del colonialismo: "Nosotras y nosotros, el pueblo soberano del Ecuador, reconociendo nuestras raíces milenarias, forjadas por mujeres y hombres de distintos pueblos, celebrando a la naturaleza, la Pacha Mama, de la que somos parte y que es vital para nuestra existencia, invocando el nombre de Dios y reconociendo nuestras diversas formas de religiosidad y espiritualidad, apelando a la sabiduría de todas las culturas que nos enriquecen como sociedad, como herederos de las luchas sociales de liberación frente a todas las formas de dominación y colonialismo, y con un profundo compromiso con el presente y el futuro, decidimos construir una nueva forma de convivencia ciudadana, en diversidad y armonía con la naturaleza, para alcanzar el buen vivir, el sumak kawsay; una sociedad que respeta, en todas sus dimensiones, la dignidad de las personas y las colectividades; un país democrático, comprometido con la integración latinoamericana —sueño de Bolívar y Alfaro—, la paz y la solidaridad con todos los pueblos de la tierra; y, en ejercicio de nuestra soberanía, en Ciudad Alfaro, Montecristi, provincia de Manabí, nos damos la presente" (Ecuador 2008).

La Constitución del Estado Plurinacional de Bolivia reconoce la composición plural del pueblo boliviano y plantea el desafío de dejar en el pasado el Estado colonial, republicano, neoliberal, y construir un nuevo Estado, donde predomine la búsqueda del buen vivir, con respeto a las pluralidades: "En tiempos inmemoriales se erigieron montañas, se desplazaron ríos, se formaron lagos. Nuestra amazonia, nuestro chaco, nuestro altiplano y nuestros llanos y valles se cubrieron de verdores y flores. Poblamos esta sagrada Madre Tierra con rostros diferentes, y comprendimos desde entonces la pluralidad vigente de todas las cosas y nuestra diversidad como seres y culturas. Así conformamos nuestros pueblos, y jamás comprendimos el racismo hasta que lo sufrimos desde los funestos tiempos de la colonia. El pueblo boliviano, de composición plural, desde la profundidad de la historia, inspirado en las luchas del pasado, en la sublevación indígena anticolonial, en la independencia, en las luchas populares de liberación, en las marchas indígenas, sociales y sindicales, en las guerras del agua y de octubre, en las luchas por la tierra y territorio, y con la memoria de nuestros mártires, construimos un nuevo Estado. Un Estado basado en el respeto e igualdad entre todos, con principios de soberanía, dignidad, complementariedad, solidaridad, armonía y equidad en la distribución y redistribución del producto social, donde predomine la búsqueda del vivir bien; con respeto a la pluralidad económica, social, jurídica, política y cultural de los habitantes de esta tierra; en convivencia colectiva con acceso al agua, trabajo, educación, salud y vivienda para todos. Dejamos en el pasado el Estado colonial, republicano y neoliberal. Asumimos el reto histórico de construir colectivamente el Estado Unitario Social de Derecho Plurinacional Comunitario, que integra y articula los propósitos de avanzar hacia una Bolivia democrática, productiva, portadora e inspiradora de la paz, comprometida con el desarrollo integral y con la libre determinación de los pueblos. Nosotros, mujeres y hombres, a través de la Asamblea Constituyente y con el poder originario del pueblo, manifestamos nuestro compromiso con la unidad e integridad del país. Cumpliendo el mandato de nuestros pueblos, con la fortaleza de nuestra Pachamama y gracias a Dios, refundamos Bolivia. Honor y gloria a los mártires de la gesta constituyente y liberadora, que han hecho posible esta nueva historia" (Bolivia 2009).

Las asambleas constituyentes que se formaron en los países antes mencionados se basaron en la necesidad de legitimar el deseo social de transformación a través de un proceso constituyente democrático, y dieron como resultado Constituciones que buscan un nuevo modelo de Estado, en el que práctica y teoría se unen para responder a las demandas de todos los segmentos de la población, especialmente aquellos que siempre han estado excluidos de las esferas de poder (Wolkmer y Almeida 2013, 29).

En estas dos constituciones, los pueblos indígenas no son simplemente reconocidos como culturas diversas, sino más bien como naciones originarias, nacionalidades con autodeterminación. No se trata de un Estado ajeno que reconoce los derechos de los pueblos indígenas, sino de un proceso en el que los indígenas emergen como sujetos constituyentes y, como tales, tienen el poder de definir un nuevo modelo de Estado y las relaciones entre los pueblos que los forman (Yrigoyen Fajardo 2011, 149).

Como lo explica Wolkmer (2012, 73-74) "los cambios políticos y los nuevos procesos sociales de lucha en los Estados latinoamericanos engendran no sólo nuevas constituciones que materializan nuevos actores sociales, realidades plurales y prácticas biocéntricas desafiantes, sino que, igualmente, proponen, frente a la diversidad de culturas minoritarias, la fuerza indiscutible de los pueblos indígenas del Continente, las políticas de desarrollo sustentable y la protección de los bienes naturales comunes, un nuevo paradigma de constitucionalismo, que podría denominarse Constitucionalismo Pluralista e Intercultural —síntesis de un Constitucionalismo indígena, autóctono y mestizo".

Este constitucionalismo, basado en el reconocimiento del colonialismo y de los orígenes antiguos de pueblos y naciones que fueron ignorados, propone una profunda reforma de las instituciones y del proceso de organización estatal. La Constitución de Bolivia establece el Tribunal Constitucional Plurinacional elegido por la población, la elección directa de los jueces, cuatro niveles distintos de autonomía (departamentos, provinciales, municipios y territorios indígenas provenientes del campesinado, según la voluntad de sus habitantes). La Constitución del Ecuador no presenta una división en "poderes" estatales, sino en "funciones" estatales, incluyendo, además de las legislativas, ejecutivas y judiciales, las funciones de transparencia y control social y electoral, además de presentar regímenes especiales de organización del territorio, en el que se pueden formar circunscripciones territoriales indígenas o afroecuatorianas (Baldi 2013, 97; Bolivia 2009; Ecuador 2008).

Ambas constituciones contienen una lista de derechos fundamentales que rompen con la idea generacional, jerárquica y eurocéntrica de los derechos humanos[23], ampliándola y situando los derechos en igual nivel de

---

[23] La tradición eurocéntrica divide (y, en consecuencia, jerarquiza) los derechos individuales en derechos de primera generación, que incluyen derechos civiles y políticos; segunda generación, en la que se ubican los derechos económicos y sociales y; tercera generación, representada por derechos difusos y colectivos.

importancia, garantizando la judicialización de todos ellos y destacando que todos pueden ser exigidos individual o colectivamente. La Constitución del Ecuador reconoce siete categorías de derechos: los del *buen vivir*; de personas y grupos que reciben atención prioritaria; de comunidades, pueblos y naciones; participación; de libertad; de la naturaleza; de protección, y también prevé un aparato de responsabilidades. La constitución boliviana introduce en el listado de derechos fundamentales los derechos de las naciones indígenas y un catálogo de deberes constitucionales (Baldi 2013, 98-99).

Las citadas constituciones incorporan el sistema de justicia indígena y le garantizan competencias, incluso cuando entren en conflicto con la ley legalmente establecida. En Bolivia, la Constitución reconoce el poder de los pueblos indígenas para imponer sus normas, aplicar sus propios principios y procedimientos siempre que no sean contrarios a la Constitución y a los Derechos Humanos internacionalmente reconocidos y, en Ecuador, el poder de las tradiciones ancestrales y sus propias leyes, normas y procedimientos. A los pueblos indígenas se les garantizan autoridades y funciones jurisdiccionales propias (Yrigoyen Fajardo 2011, 151). En el caso boliviano, la justicia para los pueblos indígenas campesinos es autónoma y está sujeta únicamente al Tribunal Constitucional Plurinacional mientras que, en el caso ecuatoriano, las decisiones tomadas por los pueblos indígenas prevalecen sobre las del juez de paz.

No sólo la justicia, sino también la cosmovisión y el léxico indígena están integrados en las constituciones. Hay un cambio en los valores antropocéntricos, reconociendo derechos que son inherentes a la naturaleza per se. El concepto central del proyecto constitucional ecuatoriano —*buen vivir*, traducción literal del quechua *Sumaral Kawsay*— se basa en una cosmovisión en la que los seres humanos sólo pueden existir si se integran en una comunidad de personas que son, a su vez, un elemento constitutivo de la Pachamama en una idea de la naturaleza no como objeto, sino como espacio de vida.

La Constitución ecuatoriana hace clara referencia a la realización concreta de los bienes comunes (agua, alimentos, ambiente sano, cultura, educación, hábitat, vivienda, trabajo y seguridad) como bienes esenciales para la vida y el buen vivir en armonía con la naturaleza. De ahí el derecho al agua como "fundamental e inalienable" (art. 12), a la alimentación y al medio ambiente sano (arts. 13-14), al hábitat y a la vivienda seguros y saludables (art. 30), a la ciudad y a los espacios públicos en virtud de principios de sostenibilidad (art. 31) y el derecho a la salud (art. 32). Estos derechos determinan obligaciones, tanto para el Estado como para las personas y comunidades (arts. 277-278) (Wolkmer 2012, 76).

La Constitución de Bolivia inserta, entre los principios, valores y fines del Estado, los principios éticos y morales de carácter aymara como principios éticos de una sociedad plural, incluso en lengua indígena, en su artículo 8: "El Estado asume y promueve como principios ético-morales de la sociedad plural: ama qhilla, ama llulla, ama suwa (no seas flojo, no seas mentiroso ni seas ladrón), suma qamaña (vivir bien), ñandereko (vida armoniosa), teko kavi (vida buena), ivi maraei (tierra sin mal) y qhapaj ñan (camino o vida noble)" (Bolivia 2009).

Es en el sentido de agregar la cosmovisión indígena que el texto constitucional boliviano prevé el respeto a las formas de vida indígenas y campesinas, la justicia agroambiental, el aumento sostenible de la productividad agrícola, la prohibición de la importación y comercialización de productos transgénicos y elementos tóxicos que causan daños a la salud y al medio ambiente.

Vale señalar que ambas constituciones brindan protección especial a las personas en aislamiento voluntario, prohibiéndoles cualquier forma de actividad extractiva en sus territorios, garantizándoles el derecho a la autodeterminación y señalando que su violación implica el delito de etnocidio (Baldi 2013, 101).

También se reconocen modos alternativos de economía y propiedad. El Estado ecuatoriano, en el art. 321 de la Constitución, "reconoce y garantiza el derecho a la propiedad en sus formas pública, privada, comunitaria, estatal, asociativa, cooperativa, mixta, y que deberá cumplir su función social y ambiental" (Ecuador 2008), mientras que en Bolivia se reconoce una economía plural, en el art. 306, constituida por formas de organización económica social estatal, comunitaria, privada y cooperativa, que apunta no sólo a los intereses individuales, sino también al bienestar colectivo.

En ambos casos, la preocupación por desarrollar un proceso descolonizador es clara —más evidente en el caso boliviano, que lo prevé como un proyecto en su preámbulo y destaca la educación decolonizadora en el art. 78, I— e intercultural.

De las dos constituciones analizadas, si bien no podemos hablar de un cambio total de paradigma con relación a la traducción jurídica occidental y hegemónica, claramente aparecen en escena fuertes elementos de distinción, en el sentido de una nueva orientación (Aparicio Wilhelmi 2012, 127). El conjunto de transformaciones movilizadas por los procesos constituyentes ecuatoriano y boliviano profundizó el debate no sólo en los horizontes del significado, sino también en los márgenes de lo posible, a partir del surgimiento de proyectos constitucionales que luchan por un constitucionalismo verdaderamente inclusivo (Aparicio Wilhelmi 2012, 129).

5. CONCLUSIÓN

Para Boaventura de Sousa Santos (2007, 22), este nuevo tipo de constitucionalismo emergente en América Latina asumió la configuración constitucional de plurinacionalidad, pluriculturalidad, plurietnicidad e interculturalidad de los países, en un logro histórico que inicia un nuevo proceso histórico y un nuevo tipo de constitucionalismo.

A primera vista, puede parecer paradójico elevar el derecho —tradicionalmente inscrito en la lógica de la conservación, del mantenimiento del orden simbólico— a la categoría de instrumento de emancipación. Queda claro que la ley, como reflejo de las fuerzas sociales existentes, representa mucho más fuertemente los intereses de la clase económica dominante, con miras a mantener el status quo. Sin embargo, en un análisis en profundidad, se observa que la emancipación social no necesariamente representa lo contrario de la regulación social, sino que puede considerarse su doble, su proceso de autorrevisión y autotransformación, a través de la adopción de una postura que aboga por la transformación social. En momentos en que una revolución popular en América Latina no es visible en el horizonte cercano, una política emancipadora no disruptiva, conducida internamente dentro de las instituciones que ofrece el Estado Democrático de Derecho, puede ser capaz de producir reformas importantes. Como explica Boaventura de Sousa Santos (2010, 80), “el constitucionalismo transformador es una de las instancias (quizá la más decisiva) del uso contrahegemónico de instrumentos hegemónicos”.

Sin embargo, como ya había advertido el autor (Santos 2010, 80), las Constituciones, incluso las transformadoras, pueden ser hojas de papel que simbolizan la fragilidad práctica de las garantías que consagran, si las fuerzas y grupos contrahegemónicos son incapaces de mantener su movilización en un espacio-tiempo externo a las instituciones, donde es posible alimentar la presión contra la hegemonía. La ruptura o el debilitamiento de la movilización popular y progresista puede revertir el contenido opositor de las normas constitucionales, o vaciarlas de eficacia, lo que el autor llama “desconstitucionalización de la Constitución”.

Especialmente desde la segunda mitad de la década de 2010, unas décadas después del inicio del proceso neoconstitucionalista en la región, que resultó en algunas Constituciones de carácter profundamente transformador, América Latina ha experimentado una reanudación de programas políticos neoliberales, tanto directos como extremos. La derecha progresó y también hubo un "regreso a procesos golpistas que irrespetan el propio progreso democrático" (Leonel Junior 2017, 200).

En Chile, el proyecto constituyente iniciado em 2020 y que presentó una serie de derechos innovadores, como la declaración del Estado como un "Estado ecológico", consagraba a Chile como estado plurinacional e intercultural, proponía una vida libre de violencia de género, consagraba el derecho a la verdad y la memoria, libertades sexuales e reproductivas, el derecho a ciudad y conectividad digital, entre otros, a propuesta de nueva Constitución fue rechazada mayoritariamente por el pueblo chileno en el referéndum.

Paralelamente a la inestabilidad política, el neoconstitucionalismo latinoamericano también vive una crisis de efectividad, ya que los Estados no han podido garantizar efectivamente todos los derechos sociales, tanto por factores económicos como político-ideológicos. El neoliberalismo desalienta la protección real de los derechos sociales consagrados en las Constituciones y ha fortalecido la privatización de los recursos naturales. Jurídicamente, las visiones neoliberales e individualistas han relegado al Estado a un papel de mera entidad reguladora, alejándose de las garantías de los derechos sociales (Medina Álvarez 2023, 147-148).

Pese a los avances del nuevo constitucionalismo latinoamericano, el escenario político y económico y la pandemia del Covid-19 nos muestran que ellos no son suficientes. La propuesta de refundación democrática, cultural y ecológica del nuevo constitucionalismo no puede emprenderse sólo en el campo de las ideas. Es fundamental defender y reforzar los avances normativos con articulación política, social y mediática, avanzando hacia un sistema normativo que se traduzca en políticas y acciones públicas que implementen todas las garantías constitucionales y además fortalezca la organización democrático-participativa en la toma de decisiones colectivas.

6. BIBLIOGRAFÍA

Aparicio Wilhelmi, Marco. 2012. "Nuevos avances del poder constituyente democrático: aprendiendo del sur". En *Por una Asamblea Constituyente: una solución democrática a la crisis,* eds. Marco Aparicio Wilhelmi et. al., 97-129. Madrid: Sequitur.

Avritzer, Leonardo. 2017. "O novo constitucionalismo latino-americano: uma abordagem política". En *O constitucionalismo democrático latino-americano em debate: Soberania, separação de poderes e sistema de direitos*, ed. Leonardo Avritzer et. al., 16-46. São Paulo: Autêntica.

Baldi, César Augusto. 2013. "Novo Constitucionalismo Latino-Americano: considerações conceituais e discussões epistemológicas". En *Crítica Jurídica na América Latina*, eds. Antônio Carlos Wolkmer y Oscar Correas, 90-107. Aguascalientes: CENEJUS.

Bolivia, Estado Plurinacional de. 2009. *Constitución Política del Estado*. Gaceta Oficial del Estado Plurinacional de Bolivia, v. 7, 2009.

Bragatto, Fernanda Frizzo y Natalia Martinuzzi Castilho. 2014. "A importância do pós-colonialismo e dos estudos descoloniais na análise do novo constitucionalismo latino-americano". En *O pensamento pós e descolonial no novo constitucionalismo latino-americano*, eds. Eduardo Manuel Val y Enzo Bello, 11-25. Caxias do Sul: Educs.

Carbonell, Miguel. 2008. "Introducción: El principio de proporcionalidad". En *El principio de porporcionalidad y la interpretación constitucional*, ed. Miguel Carbonell, 9-12. Quito: Ministerio de Justicia y Derechos Humanos.

Curcó Cobos, Felipe. 2018. The new Latin American constitutionalism: a critical review in the context of neo-constitutionalism. *Canadian Journal of Latin American and Caribbean Studies/Revue canadienne des études latino-américaines et caraïbes* 43, num. 2, https://doi.org/10.1080/08263663.2018.1456141. (Consultado el 27 mayo 2023).

Ecuador, Asamblea Constituyente del. 2008. *Constitución de la República del Ecuador*. Quito: Tribunal Constitucional del Ecuador. Registro oficial Nro, v. 449.

Gargarella, Roberto y Christian Courtis. 2009. *El nuevo constitucionalismo latinoamericano: promesas e interrogantes*. Santiago de Chile: Cepal, 2009.

Gargarella, Roberto. 2011. "Pensando sobre la reforma constitucional en América Latina". En *El derecho em América Latina: un mapa para el pensamiento jurídico del siglo XXI*, ed. César Rodríguez Garavito, 87-108. Buenos Aires: Siglo Veinteuno.

Gargarella Roberto, Leonardo Filippini y Augustín Cavana. 2011. *Recientes reformas constitucionales en América Latina*, Reporte Programa de las Naciones Unidas para el Desarrollo (PNUD).

Gargarella, Roberto. 2014. *La sala de máquinas de la Constitución*: dos siglos de constitucionalismo en América Latina (1810-2010). Buenos Aires: Katz Editores.

Leonel Junior, Gladstone. 2017. Os limites do novo constitucionalismo latino-americano diante de uma conjuntura de retrocessos. *Abya Yala: Revista sobre acesso à justiça e direitos nas Américas*, num. 2, https://doi.org/10.26512/abyayala.v1i2.7066 (Consultado el 10 julio 2023).

Medina Álvarez, Ulises Nelson. 2023. Problemáticas actuales del constitucionalismo social: una crisis contemporánea con soluciones latinoamericanas. *Revista Latinoamericana de Derecho Social*, num. 37, https://doi.org/10.22201/iij.24487899e.2023.37.18542 (Consultado el 29 julio 2023).

Navas Alvear, Marco. 2017. Claves metodológicas para la investigación del nuevo constitucionalismo latinoamericano: una mirada socio jurídica. *Revista Culturas Jurídicas* 4, num. 9, https://doi.org/10.22409/rcj.v4i9.465. (Consultado el 30 mayo 2023).

Pazmiño Freire, Patricio. 2009. Algunos elementos articuladores del nuevo constitucionalismo latinoamericano. *Cuadernos Constitucionales de la Cátedra Fadrique Furió Ceriol*, num. 67, 27-54.

Pisarello, Gerardo. 2012. *Un largo Termidor:* historia y crítica del constitucionalismo antidemocrático. Quito: Corte Constitucional para el Período de Transición.

Santos, Boaventura de Sousa. 2007. *La reinvención del Estado y el Estado Plurinacional.* Santa Cruz de la Sierra: CENDA; CEJIS; CEDIB.

Santos, Boaventura de Sousa. 2010. *Refundación del Estado en América Latina: perspectivas desde una epistemología del Sur.* Lima: Instituto Internacional de Derecho y Sociedade; Programa Democracia y Transformación Global.

Uprimny, Rodrigo. 2011. "Las transformaciones constitucionales recientes em América Latina: tendencias y desafíos". En *El derecho em América Latina: un mapa para el pensamiento jurídico del siglo XXI,* ed. César Rodríguez Garavito, 109-137. Buenos Aires: Siglo Veinteuno.

Viciano Pastor, Roberto, y Rubén Martínez Dalmau. 2011. El nuevo constitucionalismo latinoamericano: fundamentos para una construcción doctrinal. *Revista general de derecho público comparado,* num. 9.

Viciano Pastor, Roberto, y Rubén Martínez Dalmau. 2012. "Aspectos generales del nuevo constitucionalismo latinoamericano". En *Política, justicia y Constitución,* ed. Luis Fernando Ávila Linzán, 157-188. Quito: Corte Constitucional para el Período de Transición.

Wolkmer, Antônio Carlos. 2012. Pluralismo e Crítica do Constitucionalismo na América Latina. En *Para além das fronteiras: o tratamento jurídico das águas na Unasul,* eds. Germana de Oliveira Moraes, Marcos Leite Garcia y Flávia Soares Unnberg, 61-84. Itajaí: UNIVALI.

Wolkmer, Antonio Carlos y Marina Corrêa de Almeida. 2013. Elementos para a descolonização do constitucionalismo na América Latina: o pluralismo jurídico comunitário-participativo na Constituição boliviana de 2009. *Crítica Jurídica: Revista Latinoamericana de Política, Filosofía y Derecho,* n. 35, 23-44.

Yrigoyen Fajardo, Raquel Z. 2011. "El horizonte del constitucionalismo pluralista: del multiculturalismo a la descolonización". En *El derecho em América Latina: un mapa para el pensamiento jurídico del siglo XXI,* ed. César Rodríguez Garavito, 139-159. Buenos Aires: Siglo Veinteuno.

5.4. Sistema Interamericano de Derechos Humanos y la Migración Regional

PAULA ANDREA RAMÍREZ BARBOSA[1]
Universidad Católica de Colombia
Externado de Colombia
Email: paramirez @ucatolica.edu.co

1. INTRODUCCIÓN[2]

El derecho internacional de los derechos humanos, el sistema universal y los sistemas regionales de protección de las garantías individuales han evolucionado y demarcado la necesidad de una eficaz salvaguarda al interior de los Estado en lo que respecta a los derechos de los migrantes. Lo anterior, tomando en consideración entre otros, las garantías previstas en diversas normas supranacionales cuyo contenido cobijan los derechos de los migrantes, entre los que se destacan principalmente: la Declaración Universal de Derechos Humanos, el Pacto Internacional de Derechos Civiles Políticos, el Pacto Internacional de Derechos Económicos, Sociales y Culturales, la Convención Internacional sobre la Eliminación de todas las Formas de Discriminación Racial, la Convención Internacional sobre la Eliminación de Todas las Formas de Discriminación contra la Mujer, la Convención contra la Tortura y Otros Tratos o Penas Crueles, Inhumanos o Degradantes, la Convención sobre los Derechos del Niño, la Convención Internacional sobre la Protección de los Derechos de Todos los Trabajadores Migratorios y de sus Familiares, la Convención sobre los Derechos de las Personas con Discapacidad, la Convención Internacional para la

---

1 Doctora en Derecho Penal por la Universidad de Salamanca. Magister en Estudios Políticos en la misma Universidad. Actualmente es conjuez de la Sala de Casación Penal de la Suprema Corte de Colombia. Profesora de las Universidades Católica de Colombia y Externado. Consultora de la American Bar Association en el proyecto Rule of Law Initiative y del Centro Internacional de Derecho corporativo y económico CIDCE.

2 Este articulo fue originalmente publicado con algunas modificaciones en Revista Penal México Vol. 12 No 23.

Protección de Todas las Personas contra las Desapariciones Forzadas, la Convención sobre el Estatuto de los Refugiados de 1951 y su Protocolo, los convenios de la Organización Internacional del Trabajo sobre el Trabajo Decente para las Trabajadoras y los Trabajadores Domésticos, los Trabajadores Migrantes, y sobre las Migraciones en Condiciones Abusivas y la Promoción de la Igualdad de Oportunidades y de Trato de los Trabajadores Migrantes, la Convención contra la Delincuencia Organizada Transnacional y sus Protocolos, incluido el Protocolo de Palermo para Prevenir, Reprimir y Sancionar la Trata de Personas, y otros instrumentos regionales e internacionales relevantes[3].

Sin lugar a duda, pese al extenso marco normativo internacional relacionado con la migración, este fenómeno continúa siendo un desafío de enormes dimensiones para los Estados, particularmente, en lo que se refiere con la observancia de los deberes y el cumplimiento de las obligaciones contenidas en los sistemas internacionales y regionales de protección. Lo anterior, en concordancia con la obligación que tienen los Estados de proteger los derechos humanos de todas las personas que se encuentran bajo su jurisdicción.

De lo anterior se deriva el impacto que a nivel regional han tenido los precedentes judiciales de la Corte Interamericana de Derechos Humanos (CIDH), que se han visto reflejados en su jurisprudencia, la cual, ha contribuido al reconocimiento y cumplimiento de las garantías de los derechos de los migrantes por parte de los Estados. En efecto, sus decisiones son instrumentos útiles que han sido invocados ante los tribunales nacionales para efectivizar derechos de los migrantes en diversas zonas de la región. De igual forma, sus providencias representan estándares que definen y precisan las obligaciones de los Estados en materia de migración y derechos humanos, y, por ende, han sido una herramienta fundamental para la transformación de las políticas públicas en diversos países favoreciendo el reconocimiento de los derechos de los migrantes.

La Corte IDH como órgano jurisdiccional instituido para la protección de los derechos humanos en el continente en el ejercicio de sus funciones contenciosas, consultivas y cautelares, ha aportado una gran variedad de criterios en materia de derechos humanos de los migrantes bajo la interpretación de la Convención Americana y de otros tratados. Por tanto, ha

---

3 Véase los principios interamericanos sobre los derechos humanos de todas las personas migrantes, refugiadas, apátridas y las víctimas de la trata de personas (Resolución 04/19 aprobada por la Comisión el 7 de diciembre de 2019).

sido un instrumento oportuno y garantista frente a la violación de derechos humanos de los migrantes, cuando estos no han sido garantizados o han resultado vulnerado por los Estados.

De otro lado, merece la pena destacar los aportes de la Comisión Interamericana de Derechos Humanos (CIDH) en el reconocimiento de los derechos de los migrantes, dentro del que resaltamos por su importancia la designación de un relator sobre los trabajadores migrantes y los miembros de su familia[4]. En consecuencia, desde 1997 su designación ha resultado en una estrategia relevante para concientizar a los países miembros de la OEA sobre el respeto de los derechos de los trabajadores migrantes y de sus familias. Además, la intervención del relator ha producido la expedición de diversas recomendaciones, la presentación de informes, estudios y comunicados, en los cuales, se da cuenta de la violación de los derechos de los trabajadores migrantes[5].

A su vez, es preciso destacar como la Comisión está encargada de examinar las peticiones presentadas por las personas sometidas a la jurisdicción de alguno de los Estados parte, concernientes a la violación de normas convencionales en el marco del procedimiento de determinación de la responsabilidad internacional del Estado[6]. Tratándose de los derechos de los migrantes, son varios los casos de violación de los derechos de una persona o de grupos de personas migrantes que han sido llevados ante el Sistema Interamericano con consecuencias de diverso alcance[7].

Adicionalmente, es preciso subrayar los avances significativos que ha tenido la Comisión en este ámbito relacionados con la publicación de un

---

4 Por medio de las Resoluciones AG/ RES 1404 XXVI-O /6 y AG/ RES 1480 XXVII-O/97.

5 Las funciones del Relator son similares a las de los órganos del sistema universal de protección de derechos humanos, particularmente en lo que tiene que ver con la descripción y promoción de los derechos de los migrantes en sentido amplio, la denuncia de malos tratamientos en su contra y la visibilizacion de casos particulares o de grupos migrantes que necesitan de una protección especial, por ejemplo, las mujeres y los niños migrantes.

6 CASTRO FRANCO, A, 2016.

7 El caso que ha involucrado al mayor número de migrantes fue ciertamente el presentado en 2001 ante la Comisión IDH. Se trata de la petición presentada en 1987 a nombre de un grupo de 335 residentes cubanos miembros de la "flotilla libertad" retenidos en Estados Unidos por inmigrar de manera irregular desde 1980. Comisión IDH, Informe de fondo No. 51/96, asunto 10.675, Personas Haitianas —Haitian Boat People— (Estados Unidos), 13 de marzo de 1997.

Informe sobre estándares interamericanos acerca de personas en situación de movilidad, particularmente, refiriéndose a los colectivos de migrantes, refugiados, apátridas, víctimas de trata y desplazados internos[8]. En efecto, la Comisión ha adoptado una serie de medidas de diverso orden como el sistema de casos, las medidas cautelares, los informes sobre países y temáticos, y las visitas a los Estados, que han propiciado cambios específicos en la salvaguarda de los derechos de los migrantes a nivel regional[9].

Para los efectos de este capítulo nos centraremos únicamente en algunas decisiones del sistema interamericano de derechos humanos y sus aportes en el reconocimiento y garantía de los derechos de los migrantes.

2. REFLEXIONES EN TORNO A ALGUNAS DE LAS DECISIONES DEL SISTEMA INTERAMERICANO Y SU IMPACTO EN LA SALVAGUARDA DE LOS DERECHOS DE LOS MIGRANTES

El Estado puede ser responsable por las acciones y omisiones en cuanto a su sistemática política discriminatoria legislativa en materia migratoria, también, cuando se trata de violaciones continuas a derechos humanos en perjuicio de migrantes. La migración en contextos reales suele asociarse con las condiciones de vulnerabilidad en las que se encuentran los migrantes cuando se ven obligados a dejar el país de su nacionalidad y solicitar protección en otro Estado, luego de haber sufrido violaciones a sus derechos humanos[10].

La Corte Interamericana ha reconocido los derechos humanos de los migrantes en igual dimensión que los nacionales de los Estados, salvo excepciones concretas como el ejercicio de sus derechos políticos o al ejercicio de la libertad de circulación., que no pueden desconocerse, inclusive

8 Comisión Interamericana de Derechos Humanos, Movilidad Humana: Estándares Interamericanos: Derechos humanos de migrantes, refugiados, apátridas, víctimas de trata y desplazados internos: normas y estándares del sistema interamericano de derechos humanos, Washington, D.C., 31 de diciembre 2015, http://www.oas.org/es/cidh/informes/pdfs/MovilidadHumana.pdf.

9 GONZALEZ MORALES, F, s.d., Consultado 6/29/2023.

10 OLEA RODRIGUEZ, H. M, 2016, pp. 249-272.

en aquellos casos donde los migrantes se encuentren en situación administrativa irregular[11].

En efecto, los Estados tienen la obligación de promover, proteger y garantizar los derechos de los migrantes, previniendo las prácticas discriminatorias, privaciones ilegales de su libertad, expropiaciones ilegales y abusos en el marco de los procesos de deportación y expulsión, entre otros. Para lo cual, deben desarrollar e implementar políticas específicas que garanticen la observancia de los derechos de los migrantes, en atención a las normas que hemos relacionado con anterioridad y que les resulten exigibles[12].

Las decisiones de la Corte Interamericana son un instrumento para interpretar el alcance de los derechos convencionales dentro del sistema un control de convencionalidad que obliga a todas las autoridades que cumplan funciones jurisdiccionales en los Estados miembros. Lo cual, se ve representado en las acciones que emprendan los Estados para que sus

---

11 CASTRO FRANCO, A, 2016.

12 Sobre el particular la Comisión Interamericana de Derechos Humanos, bajo los auspicios de su Relatoría sobre los Derechos de los Migrantes, en virtud de lo dispuesto por el artículo 41.b de la Convención Americana sobre Derechos Humanos; en los principios interamericanos sobre los derechos humanos de todas las personas migrantes, refugiadas, apátridas y las víctimas de la trata de personas (Resolución 04/19 aprobada por la Comisión el 7 de diciembre de 2019) ha destacado expresamente "la obligación de los Estados de proteger los derechos de todas las personas, independientemente de su situación migratoria, de conformidad con la Carta de la Organización de los Estados Americanos (OEA); la Declaración Americana de los Derechos y Deberes del Hombre; la Convención Americana sobre Derechos Humanos ("Pacto de San José de Costa Rica" o "Convención Americana"), la Carta de la Organización de las Naciones Unidas; el Protocolo Adicional a la Convención Americana en Materia de Derechos Económicos, Sociales y Culturales ("Protocolo de San Salvador"); la Convención Interamericana contra todas las Formas de Discriminación e Intolerancia; la Convención Interamericana contra el Racismo, la Discriminación Racial y Formas Conexas de Intolerancia; la Convención Interamericana para Prevenir, Sancionar y Erradicar la Violencia Contra la Mujer ("Convención de Belém do Pará"); la Convención Interamericana para la Eliminación de todas las Formas de Discriminación contra Personas con Discapacidad; la Convención Interamericana para la Protección de los Derechos Humanos de las Personas Mayores; la Declaración Americana sobre los derechos de los pueblos indígenas; la Convención Interamericana para Prevenir y Sancionar la Tortura; la Convención Interamericana sobre Desaparición Forzada de Personas; los Principios y Buenas Prácticas sobre la Protección de las Personas Privadas de Libertad en las Américas.

políticas migratorias se ajusten a los estándares impuestos por la corte a través de su jurisprudencia[13].

A continuación, nos proponemos analizar algunos de los aportes más significativos de las providencias del sistema interamericano de Derechos Humanos en materia migratoria. Lo cual, no pretende ser un estudio exhaustivo, sino que busca resaltar aspectos esenciales de esta materia en el desarrollo de la jurisprudencia interamericana y otras decisiones con especial relevancia en los derechos humanos de los migrantes.

2.1. Reconocimiento de las condiciones de vulnerabilidad de los migrantes

El concepto de vulnerabilidad ha sido utilizado por el sistema universal de derechos humanos para referirse a la situación de los migrantes[14]. En el año 2000, la Asamblea General de Naciones Unidas (UN) aprobó la resolución 54/166, la cual, describe la vulnerabilidad como una condición en la que se encuentran los no nacionales, al no residir en sus Estado de origen, y al afrontar dificultades por las diferencias idiomáticas y culturales; problemas económicos y sociales; y los obstáculos para regresar a sus Estados de origen, debido a su situación migratoria irregular[15].

Así, valga destacar aportes expresados por el Relator sobre los Derechos de los Migrantes, quien define la vulnerabilidad como una condición de ausencia de poder adscrita a individuos que no cumplen los requisitos para ser nacionales, y que deviene en impunidad para quien abusa de los migrantes[16]. De lo que se desprende la necesidad de adoptar políticas

---

13 Esta figura fue establecida de manera definitiva a partir del caso Almonacid Arellanos versus Chile de 2006 y ha sido reiterada a partir de este momento por la jurisprudencia interamericana.

14 OLEA RODRIGUEZ, H. M, 2016, pp. 249-272.

15 «La Corte Interamericana considera que toda persona que se encuentre en una situación de vulnerabilidad es titular de una protección especial, debido a los deberes especiales cuyo cumplimiento por parte del Estado es necesario para satisfacer las obligaciones generales de respeto y garantía de los derechos humanos. La Corte reitera que no basta que los Estados se abstengan de violar los derechos, sino que es imperativa la adopción de medidas positivas, determinables en función de las particulares necesidades de protección del sujeto de derecho, ya sea por su condición personal o por la situación específica en que se encuentre». Sentencia de Ximenes Lopes v. Brasil, 4 de julio de 2006, § 103.

16 BUSTAMANTE, J, 2002, pp. 333-354.

inclusivas que garanticen los derechos de los migrantes, las cuales deben orientarse a los aspectos esenciales de su desarrollo[17].

De otra parte, puede indicarse como la Oficina del Alto Comisionado de las Naciones Unidas ha destacado que los migrantes no son intrínsecamente vulnerables, con lo cual, la vulnerabilidad a las violaciones de sus derechos humanos se produce como consecuencia de múltiples formas de discriminación, desigualdad y por la existencia de dinámicas estructurales y sociales que llevan a niveles de poder y disfrute de los derechos disminuidos y desiguales. Por lo tanto, con base en esta consideración es preciso estimar que la situación de cada persona migrante debe evaluarse individualmente[18].

A su vez, la Corte Interamericana ha abordado la vulnerabilidad[19], en los procesos migratorios —internos e internacionales— de quienes cruzan las fronteras nacionales de manera formal y de quienes lo hacen sin contar con los documentos que acrediten su estancia legal en el país de tránsito o destino[20]. Así, se ha abordado la situación en que se hallan los familiares de

---

17 Así ha quedado consignado en: los principios interamericanos sobre los derechos humanos de todas las personas migrantes, refugiadas, apátridas y las víctimas de la trata de personas (Resolución 04/19 aprobada por la Comisión el 7 de diciembre de 2019), cuando ha destacado: " los movimientos migratorios requieren formas de protección diferenciada e individualizada para tratar a las personas en todas las etapas del desplazamiento internacional, incluidos aquellos que migran por razones humanitarias, económicas o medioambientales, los migrantes en situación regular o irregular, solicitantes de asilo, refugiados, apátridas, beneficiarios de protección complementaria, víctimas de trata de personas, supervivientes de tortura, niños y adolescentes acompañados o no acompañados o separados de sus familias, mujeres, personas LGTBI, indígenas, retornados y cualquier otra persona que requiera protección internacional".

18 Oficina del Alto Comisionado para los Derechos Humanos de las Naciones Unidas, "Orientación, ONU, Principios y directrices sobre la protección de los derechos humanos de los migrantes en situaciones vulnerables", 2018.

19 GARCÍA RAMÍREZ, S, 2020.

20 GARCIA RAMIREZ, S desataca como la "CIDH señala que en el ámbito internacional existen dos grandes regímenes normativos que regulan la situación jurídica de los migrantes: por un lado, los regímenes específicos sobre la protección de apátridas, refugiados, víctimas de trata y desplazados internos, y por otro, el derecho internacional de los derechos humanos. Dentro del primer régimen se encuentran, entre otros instrumentos: Convención sobre el Estatuto de los Refugiados, 1951; Convención sobre el Estatuto de los Apátridas, 1954; Protocolo sobre el Estatuto de los Refugiados, 1967; Convenio sobre las Migraciones en Condiciones Abusivas y la Promoción de la Igualdad de Oportunidades y de Trato de

los migrantes en general, y especialmente de los trabajadores migrantes indocumentados; los derechos de aquéllos y éstos; los problemas que surgen con motivo de procedimientos administrativos o judiciales en relación con migrantes; y el gran flujo de recursos económicos que éstos hacen llegar a sus familiares en los países de origen —las denominadas "remesas", que son cuantiosas y contribuyen significativamente a la economía familiar[21].

Como lo ha señalado García Ramírez la jurisprudencia interamericana ha abordado los derechos de extranjeros sujetos a procedimientos penales, que deben contar con protección consular —ésta figura en el marco del debido proceso, como garantía de defensa adecuada—; garantías indispensables en procedimientos migratorios; derechos humanos de los trabajadores migrantes indocumentados, que no pueden ser vulnerados por la normativa interna de los países de residencia o por las políticas adoptadas por éstos en diversos rubros; derecho de buscar y recibir asilo u obtener la condición de refugiado; principio de no devolución; prohibición de expulsiones colectivas determinadas por motivos raciales; rechazo a la apatridia, y derechos de quienes se han visto desplazados de los lugares de su origen o residencia por diversos factores: económicos, políticos, delictivos, entre otros[22]. Lo anterior, ha estado acompañado de medidas provisionales para

---

los Trabajadores Migrantes, 1975; Declaración de Cartagena sobre Refugiados, 1984; Convención Internacional sobre la Protección de los Derechos de Todos los Trabajadores Migratorios y sus Familiares, 1990; Protocolo contra el Tráfico Ilícito de Migrantes por Tierra, Mar y Aire, que complementa la Convención de las Naciones Unidas contra la Delincuencia Organizada Transnacional, 1999; Protocolo para Prevenir, Reprimir y Sancionar la Trata de Personas, especialmente Mujeres y Niños, que complementa la Convención de las Naciones Unidas contra la Delincuencia Organizada Transnacional, 2000, y Convención de la Unión Africana para la Protección y Asistencia de los Desplazados Internos en África (Convención de Kampala), 2009. En el segundo, entre otros instrumentos: Declaración Americana de los Derechos y Deberes del Hombre (artículos VIII y XXVII), 1948; Declaración Universal de Derechos Humanos (artículos 9o., 13 y 14), 1948; Protocolo núm. 4 del Convenio Europeo de Derechos Humanos (artículos 2o., 3o. y 4o.), 1963; Pacto Internacional de Derechos Civiles y Políticos (artículos 12 y 13), 1966; Convención Americana sobre Derechos Humanos (artículo 22), 1969, y Carta Africana sobre los Derechos Humanos y de los Pueblos (artículo 12), 1981. Sobre los derechos humanos de las personas migrantes en el derecho internacional, cfr. Calleros Alarcón, Juan Carlos (coord.), 2012, pp. 57 y ss".

21 GARCÍA RAMÍREZ, S, 2020.

22 GARCÍA RAMÍREZ, S, 2020.

proteger a los migrantes —adultos o niños— de violaciones muy graves, inminentes, difícilmente reparables por otros medios[23].

En cuanto al sistema interamericano se ha reconocido la relación entre el fenómeno migratorio y los derechos humanos desde el año 2000 cuando se impartieron las medidas provisionales, en el caso conocido como el de haitianos y dominicanos de origen haitiano en la República Dominicana[24]. En este caso, se señala que las "expulsiones" o "deportaciones" masivas de haitianos o dominicanos de origen haitiano en territorio dominicano, que se realicen sin verificar su estatus migratorio bajo un procedimiento adecuado, constituye una práctica discriminatoria que pone riesgo la desintegración familiar, incluyendo a niños separados de sus padres[25].

Puede destacarse de igual forma, como en el año 2001 en el caso llamado Ivcher Bronstein v. Perú, se abordó este aspecto considerando que la víctima era de origen judío naturalizado peruano, ante lo cual, la Corte ordenó el restablecimiento de la nacionalidad peruana que le había sido despojada durante el gobierno del expresidente Fujimori[26].

En el año 2002 la Corte emite la Opinión Consultiva No. 17 sobre la Condición Jurídica y Derechos Humanos del Niño, refiriéndose a la situación de los menores no solo nacionales de los Estados sino también migrantes, en condiciones de riesgo, ilegalidad o peligro, abandono, miseria o enfermedad. Ante este contexto, los menores suelen presentar proble-

---

23 Cfr. Asunto haitianos y dominicanos de origen haitiano en la República Dominicana respecto República Dominicana. Medidas Provisionales. Resolución de la Corte Interamericana de Derechos Humanos del 18 de agosto de 2000, puntos resolutivos 3-6, y Asunto Wong Ho Wing. Medidas Provisionales respecto del Perú. Resolución de la Corte del 28 de mayo de 2010, punto resolutivo 1.

24 Corte I.D.H, Asunto Haitianos y Dominicanos de origen haitiano en la República Dominicana v. República Dominicana, Medidas Provisionales, punto resolutivo 9, Resolución de 18 de agosto de 2000.

25 En efecto, en la providencia se indicó que los lugares residen las víctimas no fueron identificados geográficamente, por lo cual, la Corte no pudo desarrollar en este caso su jurisprudencia sobre la protección colectiva y difusa de grupos, grupos no determinados ni identificados individualmente, pero si determinables geográficamente.

26 Corte I.D.H, Ivcher Bronstein v. Perú, Fondo, Reparaciones y Costas, Serie C No. 74, Sentencia de 6 de febrero de 2001.

mas de adaptación familiar, escolar o social, además de que "se marginan de los usos y valores de la sociedad de la que forman parte"[27].

También, en el año 2003 se emite la Opinión Consultiva No. 18 sobre la Condición Jurídica y Derechos de los Migrantes Indocumentados[28]. La cual destacó aspectos relevantes como los siguientes:

1. El Estado es responsable por violación a Derechos Humanos en caso de tolerancia, creación, mantenimiento o promoción de situaciones discriminatorias. [...] "Los Estados, no pueden discriminar o tolerar situaciones discriminatorias en perjuicio de los migrantes. Sin embargo, sí puede el Estado otorgar un trato distinto a los migrantes documentados con respecto de los migrantes indocumentados, o entre migrantes y nacionales, siempre y cuando este trato diferencial sea razonable, objetivo, proporcional, y no lesione los derechos humanos, por ejemplo, establecer mecanismos de control para la entrada y salida de migrantes, pero siempre asegurando el debido proceso1y la dignidad humana independientemente de su estatus migratorio. (Párrs. 104, 119)[29].
2. El debido proceso debe existir en cualquier área, sea administrativa, penal, civil, laboral civil, fiscal o "de cualquier otro carácter" (Párrs. 121,123, 124). El debido proceso debe operar en caso de ser la persona "deportada, expulsada o privada de su libertad". El debido proceso constituye una norma *jus cogens* de derecho internacional la cual no puede derogarse aún en Estado de Emergencia (Párr. 126).
3. El sistema jurídico nacional, debe asegurar a todas las personas, sin restricción, un recurso efectivo que garantice sus derechos, independientemente de su estatus migratorio. (Párr. 107).
4. Los Migrantes se encuentran generalmente en situaciones de vulnerabilidad, esto incluye prejuicios culturales, étnicos, xenofobia, y racismo, lo cual impide que los migrantes se integren a la sociedad y las violaciones a sus Derechos Humanos queden impunes. "Esta condición de vulnerabilidad tiene una dimensión ideológica y se presenta en un contexto histórico que es distinto para cada Estado, y es

---

27 Corte I.D.H. Condición Jurídica y Derechos Humanos del Niño, Serie A No. 17, 110. Opinión Consultiva OC-17/02 de 28 de agosto de 2002.

28 Corte I.D.H. Condición Jurídica y Derechos de los Migrantes Indocumentados, Serie A No. 18, Opinión Consultiva OC-18/03 de17 de septiembre de 2003.

29 Corte I.D.H. Condición Jurídica y Derechos de los Migrantes Indocumentados, Serie A No. 18, Opinión Consultiva OC-18/03 de17 de septiembre de 2003.

mantenida por situaciones de jure (desigualdades entre nacionales y extranjeros en las leyes) y de facto (desigualdades estructurales). Esta situación conduce al establecimiento de diferencias en el acceso de unos y otros a los recursos públicos administrados por el Estado". (Párrs. 112, 113, 114).

5. Los Estados deben garantizar los derechos laborales de personas migrantes tanto en la esfera pública como privada, aún se encuentren en situaciones de ilegalidad, y no deben ser discriminadas por su situación irregular. Y es que los trabajadores indocumentados se encuentran en situación de vulnerabilidad y son objeto de discriminación; por lo que sus derechos deben ser garantizados (Párrs. 136, 138, 148, 149, 160).

Por otro lado, en el 2005 se conoció el caso de las Niñas Yean y Bosico v. República Dominicana, el cual, fue el primer precedente de la Corte frente al tema de apatridia, discriminación por razones de nacionalidad, y acceso a la Educación. En ese caso se aborda como el Estado Dominicano ejerció discriminación por razones de nacionalidad al negar la emisión de actas de nacimiento a las menores que nacieron y crecieron en la República Dominicana de origen haitiano, y la forma como el Estado les negó su inscripción en la escuela local por carecer de dichas actas de nacimiento[30].

En la decisión se aborda la apatridia de menores pertenecientes a grupos vulnerables y el estatus de ilegalidad de los padres que no se transmite a los hijos. Además, consideró que a las niñas les correspondía la nacionalidad dominicana en virtud del principio *jus solis* de la Constitución Dominicana de 2002 y en base al razonamiento de una nacionalidad efectiva[31].

Para la Corte, además la vulnerabilidad de las niñas se traduce en un contexto de discriminación de personas de origen haitiano en la República Dominicana, la falta de identidad, el riesgo de ser deportadas y ser separadas se su familia.

En otro caso, conocido como Gelman v. Uruguay del 2011 la Corte aborda la situación de una mujer argentina víctima de desaparición forza-

---

30 Corte I.D.H. Niñas Yean y Bosico v. República Dominicana. Excepciones Preliminares; Fondo, Reparaciones y Costas. Sentencia de 8 de septiembre de 2005. Serie C No. 130, Sentencia 8 de noviembre de 2005.

31 Corte I.D.H. Niñas Yean y Bosico v. República Dominicana. Excepciones Preliminares; Fondo, Reparaciones y Costas. Sentencia de 8 de septiembre de 2005. Serie C No. 130, Sentencia 8 de noviembre de 2005.

da quien fue detenida ilegalmente en centros clandestinos de detención mientras se encontraba en avanzado estado de embarazo. En este contexto, la mujer fue trasladada por agentes militares a Uruguay sin ningún tipo de control migratorio; dio a luz a su hija, siendo la menor adoptada por una familia uruguaya ignorándolo la madre[32]. Ante lo cual, la CIDH reconoce el estado de vulnerabilidad y discriminación de la madre embarazada y de su hija nacida, ignorándose el paradero de ambas. Por lo tanto, la Corte sanciona al Estado, entre otras violaciones, por violación a la personalidad jurídica e identidad, integridad física, nacionalidad, la familia y derechos de los menores.

También, destacamos el caso del 16 de febrero de 2011, en el cual, la Comisión Interamericana de Derechos Humanos presentó la situación de Nadege Dorzema y Otros (Masacre De Guayubín) v. República Dominicana, en el cual, se acusa al Estado Dominicano de no haber procedido a la persecución y sanción de la ejecución extrajudicial de 7 personas haitianas y un dominicano a manos de las Fuerzas Armadas. En este caso, también, otras víctimas supervivientes haitianas fueron trasladadas arbitrariamente a centros de detención y deportadas sin un debido proceso judicial o administrativo[33].

En ese asunto se analiza la violación del artículo 24 en relación con el artículo 1.1. de la Convención Americana de Derechos Humanos, dado el contexto de "discriminación estructural" en contra de haitianos o personas de origen haitiano en la República Dominicana.

2.2. El derecho de asilo y el principio de no devolución

En el marco de lo contenido en los principios interamericanos sobre los derechos humanos de todas las personas migrantes se consagra expresamente la protección internacional, entendida esta como la que ofrece un Estado o un organismo internacional a una persona debido a que sus derechos humanos se ven amenazados o transgredidos en su país de nacio-

32 Corte I.D.H. Gelman vs. Uruguay. Fondo y Reparaciones. Sentencia de 24 de febrero de 2011 Serie C No. 221.

33 Nadege Dorzema y Otros (Masacre De Guayubín) v. República Dominicana, Comisión Interamericana de Derechos Humanos. Informe No. 95/08; Petición 1351-05. 22 de diciembre de 2008; Comunicado de Prensa No. 12-11, Comisión Interamericana de Derechos Humanos,

nalidad o residencia habitual, y en el cual no pudo obtener la protección debida por no ser accesible, disponible y/o efectiva[34].

La CIDH destaca en este ámbito que esta garantía comprende: (a) la protección recibida por las personas solicitantes de asilo y refugiadas con fundamento en los convenios internacionales o las legislaciones internas; (b) la protección recibida por las personas solicitantes de asilo y refugiadas con fundamento en la definición ampliada de la Declaración de Cartagena; (c) la protección recibida por cualquier persona de nacionalidad extranjera con base en las obligaciones internacionales de derechos humanos y, en particular, el principio de no devolución y la denominada protección complementaria u otras formas de protección humanitaria, y (d) la protección recibida por las personas apátridas de conformidad con los instrumentos internacionales sobre la materia[35].

La protección internacional entonces es aplicable a los refugiados y solicitantes de asilo, y a todas las acciones destinadas a asegurar el acceso igualitario y el disfrute de los derechos de mujeres, hombres, niños beneficiados. Adicionalmente, incluye las intervenciones de los Estados o de los organismos internacionales en el interés de las personas solicitantes de asilo y refugiadas para asegurar que sus derechos, seguridad y bienestar sean garantizados de acuerdo con los estándares internacionales[36].

En este aspecto particular valga relacionar el caso Pacheco Tineo vs. Bolivia de 2013, como un importante precedente en el derecho al asilo,

---

34 Véase los principios interamericanos sobre los derechos humanos de todas las personas migrantes, refugiadas, apátridas y las víctimas de la trata de personas (Resolución 04/19 aprobada por la Comisión el 7 de diciembre de 2019).

35 Ídem. Así por ejemplo el articulo 55 prevé que: "Toda persona tiene derecho a buscar y recibir asilo en territorio extranjero, de acuerdo con la legislación y práctica de cada Estado y los instrumentos internacionales relevantes. Todo solicitante de asilo tiene el derecho de acceder a procesos justos y eficientes de determinación de la condición de refugiado cuando se encuentre bajo la jurisdicción, autoridad o el control efectivo de un Estado, aún si se encuentra fuera del territorio de tal Estado.

Ningún Estado podrá por expulsión, devolución, deportación, extradición o, en modo alguno, poner a una persona refugiada o solicitante de asilo en las fronteras de los territorios donde su vida, seguridad o libertad peligre por causa de su raza, religión, nacionalidad, pertenencia a determinado grupo social, o de sus opiniones políticas".

36 Los principios interamericanos sobre los derechos humanos de todas las personas migrantes, refugiadas, apátridas y las víctimas de la trata de personas (Resolución 04/19 aprobada por la Comisión el 7 de diciembre de 2019).

el cual, se encuentra contenido en la Convención Americana de Derechos Humanos (CADH) art. 22.7[37]. En el estudio referido. la Corte IDH determinó que el Estado boliviano violó el derecho a las garantías judiciales y el derecho de asilo en los procedimientos migratorios y para el reconocimiento de la condición de refugiado que aplicó a la familia Pacheco Tineo. Además, determinó que se violó el derecho a la integridad psíquica y moral de los miembros de la familia, los derechos de los niños, y la protección a la familia, en dichos procedimientos (Caso Familia Pacheco Tineo vs. Bolivia, 2013: párr. 128- 160). La referida sentencia es muy importante porque desarrolla los elementos del debido proceso en el marco del proceso de asilo, y el derecho de asilo, entre otros[38].

En cuanto al principio de no devolución o non-refoulement contenido en el artículo 6 se expresa que ninguna persona será expulsada, devuelta, extraditada o, trasladada de manera informal o entregada, de ninguna manera, puesta en las fronteras de otro país, sea o no de su nacionalidad, donde su vida o libertad peligren o donde sería sometida a tortura, tratos o penas crueles, inhumanos o degradantes[39].

---

37 Olea Rodriguez, H, 2016, pp. 249-272. Los hechos se refieren a la familia peruana Pacheco Tineo, cuyos madre y padre fueron procesados por delitos de terrorismo, ambos estuvieron privados de libertad, y son víctimas en el caso Penal Castro vs. Perú, resuelto también por la Corte IDH en 2006. En 1994 el señor Pacho y la señora Tineo fueron absueltos y quedaron en libertad. El año siguiente, la familia se trasladó a Bolivia donde el padre solicitó asilo y fue reconocido como refugiado. En 1998, el señor Pacheco firmó una declaración jurada de repatriación voluntaria, y salió hacia Chile, donde solicitó asilo y fue reconocido refugiado. En febrero de 2001, la familia Pacho Tineo viajó a Perú porque pensó que podían regresar por documentos que les pedían en Chile para validar sus estudios, pero al sentirse en riesgo, resolvieron viajar a Bolivia, donde ingresaron de manera irregular. Al ser aprehendidos por las autoridades explicaron su situación y solicitaron les permitieran salir hacia Chile. La señora Tineo fue privada de la libertad, y solamente fue puesta en libertad con la presentación de un recurso de habeas corpus. La familia Pacheco Tineo presentó una solicitud de reconocimiento de la condición de refugiado en Bolivia, que fue rechazada. Posteriormente fueron expulsados a Perú, aunque las autoridades bolivianas habían acordado que las autoridades consulares chilenas les permitirían viajar a Chile. En Perú, el señor Pacheco y la señora Tineo volvieron a ser privados de su libertad durante cuatro meses.

38 Caso Familia Pacheco Tineo vs. Bolivia, 2013: párr. 128- 160.

39 Los principios interamericanos sobre los derechos humanos de todas las personas migrantes, refugiadas, apátridas y las víctimas de la trata de personas (Resolución 04/19 aprobada por la Comisión el 7 de diciembre de 2019).

Por tanto, las personas que buscan asilo o que han sido reconocidas como refugiadas cuentan con la protección especial contra la devolución derivadas de las obligaciones del derecho internacional de los refugiados. Las excepciones al principio de no devolución de conformidad con el derecho internacional de refugiados 1951, se permiten solo en las circunstancias que expresamente prevé el articulo 33 (2) de la Convención sobre el Estatuto de los Refugiados de 1951 y debe de ser interpretado restrictivamente y en respeto al principio de proporcionalidad[40].

A su vez, en el mismo principio se indica que se prohíbe la devolución sin excepciones cuando existan razones sustantivas para creer que la persona estaría en riesgo de sufrir tortura, u otro daño irreparable en el lugar al que sería transferida o devuelta. En consecuencia, los Estados deben respetar el principio de no devolución (non-refoulement), incluida la prohibición de rechazo en frontera y de devolución indirecta, respecto de toda persona que busca asilo u otra forma de protección internacional[41].

2.3. Derechos y primacía de las garantías de los niños en la migración

En el contenido de los principios interamericanos sobre los derechos humanos de todas las personas migrantes, refugiadas, apátridas y las víctimas de la trata de personas se indica que el interés superior del niño, niña o adolescente debe ser una consideración primordial en todas las medidas

---

40 Ídem.

41 En el principio No 16 se indica expresamente que la devolución "en cadena" (devolución indirecta) al retorno de una persona a un país o territorio desde donde será devuelta a un país donde su vida, libertad o integridad personal están en peligro. Se respetará el derecho de no devolución de cualquier persona donde el Estado en cuestión ejerce jurisdicción, incluso cuando están dentro del territorio del Estado. Adicionalmente, se contiene que el término "territorio" incluye la superficie terrestre y las aguas territoriales de un Estado, así como sus puntos de entrada fronterizos de jure, incluidas las zonas de tránsito o zonas "internacionales" en los aeropuertos. La responsabilidad de un Estado de proteger a las personas contra la devolución es independiente de si la persona ha ingresado al país en un sentido legal y ha pasado el control de inmigración. En los principios interamericanos sobre los derechos humanos de todas las personas migrantes, refugiadas, apátridas y las víctimas de la trata de personas (Resolución 04/19 aprobada por la Comisión el 7 de diciembre de 2019).

concernientes a la niñez. Lo cual, debe promover su desarrollo integral, sin discriminación alguna[42].

Este principio debe ser priorizado en el momento de diseñar políticas públicas y redactar leyes y regulaciones que se refieran a la niñez, así como a su aplicación en todos los ámbitos que afecten la vida del niño, niña o adolescente[43]. Por tanto, tal y como lo señalan los principios cualquier política migratoria y decisión administrativa o judicial relacionada con la entrada, estancia, detención, expulsión o deportación de un niño, niña o adolescente o cualquier acción del Estado considerada en relación con algún de sus progenitores, cuidador primario o tutor legal, incluidas las medidas adoptadas en relación con su condición de migrante, deben priorizar a la evaluación, determinación, consideración y protección del interés superior del niño, niña o adolescente involucrado[44].

A su vez, es preciso destacar el informe de fondo en el caso Wayne Smith y Hugo Armendáriz, publicado en 2010, el cual, se trata de una demanda presentada en nombre de los Sres. Wayne Smith y sus hijos y Hugo Armendáriz y sus hijos, con relación a la deportación de los Estados Unidos decidida en perjuicio de ambos, a raíz de la aplicación de una ley que determinaba que las infracciones menores cometidas por estos constituían un delito grave, que ameritaba su expulsión[45].

La CIDH consideró que, dada la inexistencia de un mecanismo judicial para presentar su defensa por razones humanitarias y obtener una reparación adecuada, se habían violado los derechos a la justicia y al debido proceso, contenidos los artículos XXVI y XVIII de la Declaración Americana. Con relación al derecho a la vida familiar y derechos del niño (artículos V,

---

42 Los principios interamericanos sobre los derechos humanos de todas las personas migrantes, refugiadas, apátridas y las víctimas de la trata de personas (Resolución 04/19 aprobada por la Comisión el 7 de diciembre de 2019).

43 Como lo señala el Principio 16: "las autoridades deben ser conscientes de los riesgos particulares a los que están expuestos ciertos grupos de población, en los cuales converjan uno o varios factores de discriminación y aumenten sus niveles de vulnerabilidad, incluidos aquellos que pueden ocurrir a lo largo de todo el ciclo migratorio, y aquellos que requieren atención especializada, debido a su alto nivel de vulnerabilidad, entre los cuales se encuentran, niños, niñas y adolescentes.

44 Los principios interamericanos sobre los derechos humanos de todas las personas migrantes, refugiadas, apátridas y las víctimas de la trata de personas (Resolución 04/19 aprobada por la Comisión el 7 de diciembre de 2019).

45 CIDH, Wayne Smith, Hugo Armendáriz y otros vs. Estados Unidos de América, Informe No. 8110 Caso 12.562, Publicación, 12 de julio de 2010.

VI, y VII de la Declaración Americana), la CIDH reiteró, que los Estados tienen la facultad de controlar el ingreso y la permanencia de los no ciudadanos, pudiendo existir restricciones a los derechos individuales, en virtud del interés de la seguridad de todos y por las justas exigencias del bienestar general y del desenvolvimiento democrático[46].

No obstante, la CIDH sostuvo que cuando las decisiones implican separación familiar, el criterio para limitar ese derecho, debe ser restringido. Por lo que, en relación con los hechos presentados, el Estado violó los derechos de las víctimas, consagrados por los artículos V, VI, y VII de la Declaración Americana al no considerar de forma individual sus derechos a la vida familiar y los mejores intereses de sus hijos en los respectivos procedimientos de deportación[47].

Es importante en este ámbito, el caso Andrea Mortlock contra los Estados Unidos, en el que se analiza la situación de una jamaiquina, residente regular permanente en los Estados Unidos desde 1979. A pesar de que señora Mortlock tenía dos niños estadounidenses y otros familiares directos en ese país, el Estado decidió su deportación por medio de una sentencia declarada *in absentia*, que había quedado firme por no haber sido apelada[48]. La decisión estaba fundada en la condena por delitos no violentos —venta delictiva de una sustancia controlada—, vinculados a su adicción a la cocaína[49].

De igual forma, la sra. Mortlock había contraído VIH-SIDA, por lo que, desde 1998, requirió tratamientos médicos frecuentes. Luego, tras haber sido detenida y puesta bajo custodia en tres oportunidades desde el año 2000 al 2005, el tratamiento requerido se discontinuó generándose con ello, un deterioro inmediato de su salud[50].

La CIDH otorgó medidas cautelares, solicitando a Estados Unidos que se abstuviera de deportar a la sra. Mortlock. También, la Comisión reconoció la potestad discrecional del Estado para determinar sus políticas de

---

46 Ídem.

47 CIDH, Wayne Smith, Hugo Armendáriz y otros vs. Estados Unidos de América, INFORME No.8110 CASO 12.562, Publicación, 12 de julio de 2010, párr. 64.

48 CIDH, "Andrea Mortlock contra Estados Unidos de América" INFORME No. 63/08, CASO 12.534, Admisibilidad y Fondo, 25 de julio de 2008. Disponible en http://www.cidh.oas.org/ annualrep/2008sp/EEUU12534.sp. htm.

49 Ibidem, párr. 14.

50 CIDH, "Andrea Mortlock contra Estados Unidos de América" Informe no. 63/08, Caso 12.534, Admisibilidad y Fondo, 25 de julio de 2008, párr. 15.

inmigración, reiteró que, no obstante, se debe garantizar que la decisión contemple situaciones individuales, enmarcadas en el debido proceso legal y en el deber de respetar el derecho a la vida, a la integridad personal, el derecho de los niños y el derecho a la unidad familiar[51].

Por otra parte, en la Opinión Consultiva 21 de 2014, solicitada por Argentina, Brasil, Paraguay y Uruguay, los Estados solicitaron a la Corte IDH que determinara qué procedimientos deben adoptarse para identificar los niños de los niños migrantes, sus necesidades de protección y adoptar las medidas pertinentes[52].

En este caso la Corte destaca que los Estados deben priorizar un enfoque de derechos humanos, incluyendo los derechos de los niños, por sobre consideraciones relativas a la nacionalidad o situación migratoria. Insistió en la vigencia y aplicación de los principios rectores de la Convención sobre los Derechos del Niño: principio de no discriminación, principio de interés superior del niño, principio de respeto al derecho a la vida, la supervivencia y el desarrollo, y principio de respeto a la opinión del niño en todo procedimiento que lo afecte[53]. Adicionalmente, describe todos los elementos que deben incluir los procedimientos migratorios de niños, y enfatizó que es necesario identificar quiénes necesitan de protección internacional[54].

Este pronunciamiento es relevante porque desarrolló las garantías del debido proceso en los procedimientos migratorios, las cuales deben incluir: *(i) el derecho a ser notificado de la existencia de un procedimiento y de la decisión que se adopte en el marco del proceso migratorio; (ii) el derecho a que los procesos migratorios sean llevados por un funcionario o juez especializado; (iii) el derecho de la niña o niño a ser oído y a participar en las diferentes etapas procesales; (iv) el derecho a ser asistido gratuitamente por un traductor y/o intérprete; (v) el*

---

51 Ibidem, párr. 78.

52 En este caso los Estados Preguntaron también: cuáles eran las garantías del debido proceso en procedimientos migratorios que involucran niños; cuándo deben ser detenidos en dichos procedimientos cuando se encuentran con sus padres y cuando viajan no acompañados; qué medidas alternativas podrían tomarse en lugar de la detención; cuál es el alcance y contenido del principio de no devolución al aplicarse a niños; cómo debe llevarse a cabo el procedimiento de asilo de un niño; y cómo se protege el derecho de un niño a no ser separado de sus padres en el contexto de una deportación Olea en Rodriguez, H. M, 2016, pp. 249-272.

53 Opinión Consultiva 21, 2014: párr. 68-70.

54 Opinión Consultiva 21, 2014: párr. 82-107.

acceso efectivo a la comunicación y asistencia consular; (vi) el derecho a ser asistido por un representante legal y a comunicarse libremente con dicho representante; (vii) el ber de designar a un tutor en caso de niñas o niños no acompañados o separados; (viii) el derecho a que la decisión que se adopte evalúe el interés superior de la niña o del niño y sea debidamente fundamentada; (ix) el derecho a recurrir la decisión ante un juez o tribunal superior con efectos suspensivos; y (x) el plazo razonable de duración del proceso[55].

La Corte IDH limitó en gran medida, las condiciones y supuestos bajo los cuales los niños pueden ser privados de libertad, y desarrolló las características de las medidas de protección, el alcance y contenido del principio de no devolución y las características del proceso de asilo. Además, fijó que, en los procesos de expulsión de extranjeros, miembros de familias migrantes, debe mantenerse la unidad familiar, excepto que separarla sea la mejor forma de proteger el interés superior del niño o la niña, se trate de una medida idónea, necesaria y proporcionada.

2.4. *Sobre la situación migratoria irregular y el debido proceso*

En el artículo 50 de los principios interamericanos sobre los derechos humanos de todas las personas migrantes, refugiadas, apátridas y las víctimas de la trata de personas (Resolución 04/19 aprobada por la Comisión el 7 de diciembre de 2019), se indica que todo migrante tiene derecho al debido proceso ante las cortes, tribunales y todos los demás órganos y autoridades de la administración de justicia en cualquier proceso legal conducente a la restricción o reconocimiento de sus derechos, así como ante funcionarios y autoridades específicamente encargados de la determinación de su situación migratoria[56]. Para lo cual, los Estados deberán

---

55 Opinión Consultiva 21, 2014: párr. 116.

56 En el articulo 50 de los principios interamericanos sobre los derechos humanos de todas las personas migrantes, refugiadas, apátridas y las víctimas de la trata de personas (Resolución 04/19 aprobada por la Comisión el 7 de diciembre de 2019). se prevé expresamente que: "Los procesos de migración deben ofrecer al migrante, por lo menos, las siguientes garantías: a. Funciones de control migratorio desempeñadas por autoridades claramente identificadas por la ley para cumplirlas, incluidos funcionarios que estén facultados para solicitar y revisar la documentación; b. Información de su situación jurídica, proceso legal y derechos; c. Conducción de los procesos legales y apelaciones por una autoridad competente, independiente e imparcial; d. Protección de su información personal y del principio de confidencialidad. e. Notificación previa y detallada del proceso en

adoptar todas las medidas que sean convenientes para evitar retrasos innecesarios en los procesos administrativos y judiciales, a fin de no prolongar indebidamente el sufrimiento al recordar los sucesos vividos, y promover un manejo adecuado del riesgo de retraumatización[57].

La Corte sobre este asunto ha puntualizado en la Opinión Consultiva 18, 2003 la diferencia entre una distinción, fundada en criterios objetivos y razonables, y una discriminación, que carece de estos elementos. Para el alto Tribunal "el principio de igualdad ante la ley, igual protección ante la ley y no discriminación, pertenece al *jus cogens,* puesto que sobre él descansa todo el andamiaje jurídico del orden público nacional e internacional y es un principio fundamental que permea todo ordenamiento jurídico"[58].

En el referido concepto la Corte resalta la situación de vulnerabilidad en la que pueden encontrarse los migrantes, particularmente aquellos que

---

el cual sea parte, sus implicaciones y posibilidades de apelación en un idioma y forma comprensibles para él; f. Derecho a comparecer sin demora ante un juez u otro funcionario autorizado por la ley para ejercer facultades judiciales, y a juicio dentro de un plazo razonable; analizar la legalidad de la detención o ser puesto en libertad sin perjuicio de la continuación del proceso judicial; g. Asistencia de un traductor o intérprete sin costo (incluso en cualquier proceso relacionado con su situación migratoria); h. Asistencia y representación jurídica por un representante legal competente seleccionado por el migrante (incluso en cualquier proceso relacionado con su situación migratoria) y sin costo cuando este carezca de medios para costear una representación privada; i. Audiencia o entrevista personal sin demora, dentro de un plazo razonable y con los medios necesarios para preparar su defensa y para reunirse de manera libre y privada con sus abogados; j. Notificación de la decisión tomada en el proceso; k. Recepción de notificación escrita de la decisión debidamente fundada y razonada; l. Apelación de la decisión dentro de un plazo razonable y con efecto suspensivo; m. Notificación del derecho a recibir asistencia consular y tener acceso efectivo a ella, cuando el migrante así lo solicite con el fin de notificar a las autoridades consulares de su país de origen; n. Derecho de los solicitantes de asilo y refugiados a ponerse en contacto con un representante de ACNUR y con las autoridades de asilo; o. Exención de sanciones desmedidas por cuenta de su entrada, presencia o situación migratoria, o por causa de cualquier otra infracción relacionada con la migración; y p. Aplicación de estas garantías, cuando corresponda, con sensibilidad frente a situaciones de trauma.

57 Los principios interamericanos sobre los derechos humanos de todas las personas migrantes, refugiadas, apátridas y las víctimas de la trata de personas (Resolución 04/19 aprobada por la Comisión el 7 de diciembre de 2019).

58 Opinión Consultiva 18, 2003: párr. 101.

se hallan en situación irregular. Por tanto, los Estados no pueden discriminar los migrantes o permitir que sean discriminados, pero que puede establecer diferencias de trato entre migrantes autorizados o documentados y no autorizados o indocumentados, siempre que sean razonable, objetivas, proporcionales y no lesionen derechos humanos[59].

Consideró entonces la Corte que independientemente de su situación migratoria, los migrantes que son contratados para trabajar son titulares de derechos laborales[60]. La Corte identificó situaciones que afectan particularmente a personas en el contexto de la migración, reconociendo en perjuicio de ellas, la existencia de un mayor grado de exposición a trabajos forzosos u obligatorios, al trabajo infantil, y a condiciones inapropiadas para la mujer trabajadora. A su vez entendió que los trabajadores migrantes con mayor frecuencia ven vulnerados sus derechos a la asociación y libertad sindical, negociación colectiva, salario justo por trabajo realizado, seguridad social, garantías judiciales y administrativas, duración de jornada razonable y en condiciones laborales adecuadas (seguridad e higiene), descanso e indemnización[61].

Concluyó que los trabajadores migrantes, que por tal condición se encuentran en una situación de vulnerabilidad y discriminación con respecto a los nacionales, poseen los mismos derechos laborales que estos y que los Estados tienen la obligación de adaptar disposiciones de derecho interno que impliquen vulneraciones a derechos fundamentales[62].

En este ámbito, en el caso Loren Laroye Riebe Star contra México, que fue resuelto en el año 1999, se abordaron los hechos de detención ilegal y traslado por la fuerza para el sometimiento a interrogatorio sin las mínimas garantías de debido proceso de tres religiosos no nacionales residentes en Chiapas, por su implicancia en cuestiones de carácter político que dieron lugar a su posterior deportación.

El Estado hizo uso de la discrecionalidad tradicionalmente reconocida a los Estados para la admisión de extranjeros, pero la aplicó a personas que ya habían sido admitidas y se encontraban residiendo regularmente en el país. La CIDH precisó que "[] el Estado Mexicano negó [] la garantía de una audiencia para la determinación de sus derechos. Dicha garantía

59 Opinión Consultiva 18, 2003: párr. 119

60 Opinión Consultiva 18, 2003: párr. 147-149.

61 Ibidem, párr. 157.

62 Ibidem, párr. 158, 160, 167.

debió incluir el derecho a ser asistidos durante el procedimiento administrativo sancionatorio; a ejercer su derecho a la defensa disponiendo del tiempo indispensable para conocer las imputaciones que se les formulan, y en consecuencia para defenderse de ellas; y a disponer de un plazo razonable para preparar sus alegatos y formalizarlos, y para promover y evacuar las correspondientes pruebas []". Finalmente, concluyó que el Estado violó las garantías de debido proceso, en contravención con el artículo 8 de la Convención Americana Sobre Derechos Humanos (CADH), resultando ilegal la expulsión de las personas afectadas[63].

En el caso Rafael Ferrer Mazzora y otros contra Estados Unidos, se analiza la situación de una migración colectiva, de aproximadamente 125 mil cubanos que, entre abril y septiembre de 1980, arribaron a la costa estadounidense en un Mariel, ingresando al país de destino sin la documentación requerida para su regularización.

La Comisión estableció "principios rectores", conforme a los cuales sostuvo que, la protección de los derechos consagrados en la Declaración, "se aplica a todos los individuos que estén bajo la autoridad y el control del Estado y debe ser otorgado a todas las personas sin distinción, de acuerdo con el derecho a igual protección de la ley consagrado en el artículo II de la Declaración"[64].

De igual forma, consideró que la legislación interna en la cual se había basado el Estado para llevar a cabo la detención no reconocía el derecho a la libertad de las personas implicadas, y creaba una ficción de no ingreso por la cual se presumía la detención, con lo que las personas permanecían en un limbo jurídico inmutable, siendo ello incongruente con el derecho a la libertad consagrado en la Declaración[65].

3. LA MIGRACIÓN Y EL GÉNERO

La migración es un fenómeno global con implicaciones de diverso orden, dentro de las que se destacan las históricas, políticas, económicas,

---

63 CIDH, Informe de Fondo, Resolución Nº 49/99, Caso 11.610 Loren Laroye Riebe Star, Jorge Barón Guttlein y Rodolfo Izal Elorz v. México, 13 de abril de 1999.

64 CIDH, Rafael Ferrer-Mazorra, y otros. Vs. Estados Unidos, Informe No. 51/01 (informe de fondo), Caso No. 9903, párrafo 243 (4 de abril de 2001).

65 Ibidem. párr. 219.

sociales y jurídicas que la caracterizan a escala global[66]. El fenómeno migratorio lleva consigo causas y características diversas dependiendo de los lugares donde tienen mayor incidencia, también en atención al momento histórico y el avance de las variables demográficas que forjan una evolución social y económica producidas por la movilidad humana[67]. Particularmente, el género es un factor que tiene consecuencias sobre las experiencias migratorias. Las mujeres y las niñas migrantes se ven afectadas por la discriminación, el abuso y la violencia por razón de género[68].

---

66 Sobre el concepto de migración Cfr. CIDH, Movilidad humana. Estándares interamericanos, OEA/Ser.L/V/II, Doc. 46/15, 31 de diciembre de 2015, p. 124, y Organización Internacional para las Migraciones (OIM), Glosario sobre migración, OIM, 2006.

67 De acuerdo con la CIDH: "A lo largo de los años, la Comisión Interamericana ha observado cómo las causas y dinámicas de la migración han ido cambiando en los países de la región. En años recientes, la región ha evidenciado un aumento progresivo de los movimientos migratorios mixtos, entre los cuales se encuentran números significativos de personas que además de la protección de sus derechos humanos requieren protección internacional. En los países de las Américas, la migración forzada de personas, tanto interna como internacional, ha sido una de las principales consecuencias y estrategias de lucha derivadas de regímenes dictatoriales, conflictos armados internos, así como de la violencia generada por actores estatales y no estatales'. En Comisión Interamericana de Derechos Humanos, (2015), "Movilidad humana y estándares interamericanos: Derechos humanos de migrantes, refugiados, apátridas, víctimas de trata de personas y desplazados internos: Normas y Estándares del Sistema Interamericano de Derechos Humanos", p. 18.

68 Como lo destacan CHRISTOU, A., KOFMAN, E, (2022), "Gender and Migration: An Introduction. In: Gender and Migration", IMISCOE Research Series. Springer, Cham: "en el siglo XX, la composición de los flujos tendió a cambiar según las políticas de inmigración, las prácticas de contratación y la naturaleza del mercado laboral. En la década de 1920, varios países restringieron la migración masculina, pero permitieron la migración femenina. Muchas mujeres alemanas emigraron como trabajadoras domésticas a los Países Bajos y a los países escandinavos. Después de la guerra, a finales de la década de 1940 surgió la escasez de mano de obra. Los estados con colonias, como Francia y el Reino Unido, tenían en gran medida libre circulación dentro del sistema colonial, y a menudo reclutaban mujeres para servicios de bajo nivel y trabajos de asistencia social, como ocurre con las mujeres caribeñas en Francia y Gran Bretaña. Otras fuentes de mano de obra en el Reino Unido provinieron de los campos de personas desplazadas y del Báltico. La liberalización de los flujos de mano de obra en Europa occidental tras el establecimiento de la Comunidad Europea del Carbón y del Acero favoreció inicialmente a los hombres, pero a partir de mediados de la década de 1960, el crecimiento de la industria electrónica y la búsqueda de los llamados dedos ágiles llevaron a la contratación de mano de obra femenina. en Alemania más allá del

El número especial de *International Migration Review* de 1984 se tituló "Mujeres y Migración" y destacó las dimensiones históricas y contemporáneas de un tema poco abordado, como el de la migración rural-urbana e internacional y la incorporación de las mujeres al trabajo por las migraciones laborales. En efecto, las mujeres habían sido en gran medida ignoradas en los estudios sobre migración internacional; se le había relegados al hogar y eran percibidas con poca importancia en los ámbitos económico y político. Como migrantes, a las mujeres se les consideraba seguidoras de hombres y no individuos independientes[69].

Pese a lo anterior, los estudios de las académicas feministas en la década de los ochenta mostraron un avance significativo en el impacto de la perspectiva de género en los estudios migratorios, al enfatizar como las mujeres asumían un papel crucial en la evolución de este fenómeno y subrayar sus aportes a la sociedad. Luego algunos autores convencionales en los años de 1990 impulsaron un cambio de paradigma hacia la migración como un *proceso de género,* en el cual su alcance reflejaba las prácticas y representaciones de la feminidad y la masculinidad, también las relaciones entre mujeres y hombres en los procesos de movilidad humana[70].

A partir de los años ochenta, las cuestiones de género adquieren intersecciones con otros problemas sociales, como la clase o la casta, la situación migratoria, la nacionalidad, el origen étnico, la edad, la discapacidad, la raza, la orientación sexual y la identidad de género[71]. Por ello, se les concibe como conceptos fluidos y dinámicos que están en permanente cambio, y que se integran en los pilares de la gobernanza migratoria de los Estados.

---

sur de Europa hasta países como Turquía. Sectores como el trabajo doméstico y el de conserjería estaban ocupados en gran medida por mujeres del sur de Europa".

69 Idem.

70 CHRISTOU, A., KOFMAN, E, (2022), "Gender and Migration: An Introduction. In: Gender and Migration. IMISCOE Research Series. Springer, Cham", disponible en https://doi.org/10.1007/978-3-030-91971-9_1

71 Como lo ha dicho la Comisión Interamericana de Derechos Humanos: "la identidad de género es la vivencia interna e individual del género tal como cada persona la siente profundamente, la cual podría corresponder o no con el sexo asignado al momento del nacimiento, incluyendo la vivencia personal del cuerpo (que podría involucrar la modificación de la apariencia o la función corporal a través de medios médicos, quirúrgicos o de otra índole, siempre que la misma sea libremente escogida) y otras expresiones de género, incluyendo la vestimenta, el modo de hablar y los modales (Principios de Yogyakarta)".

Particularmente, el género repercute en la movilidad humana, ya que las mujeres representan el 48 % de los migrantes internacionales a nivel mundial, siendo cada vez más frecuente las mujeres que migran solas y de forma independiente. Las mujeres migrantes y los migrantes LGBTI son más vulnerables a la violencia, la discriminación y la explotación en el contexto de su migración. Pueden ser excluidos por ser inmigrantes, debido a su género, identidad de género u orientación sexual, su edad o etnia, lo que plantea la vulneración del principio de igualdad y no discriminación[72].

El creciente protagonismo de las mujeres en los procesos de movilidad humana ha fortalecido el concepto de feminización de las migraciones, resaltando su enfoque en las capacidades de las mujeres en los proyectos migratorios familiares o autónomos[73]. En este sentido, sobresale el Informe de la Relatora sobre Violencia contra la Mujer, en el cual se identificó a las mujeres migrantes como uno de los grupos más vulnerables, debido a factores socioculturales, educativos, legislativos, judiciales, políticos y económicos que impactan en sus derechos a lo largo de su proceso migratorio[74].

Las mujeres y las niñas migrantes se ven afectadas de manera constante y desproporcionada por la discriminación, el abuso de poder y la violencia por razón de género. Las cuestiones de género tienen confluencias con otras dificultades sociales, como la clase o casta, la situación migratoria, la

---

72 OIM, ONU migración, "Genero y migración", disponible en https://rosanjose.iom.int/es/genero-y-migracion.

73 Como se destaca por BID, (2021), "La migración desde una perspectiva de género: ideas operativas para su integración en proyectos de desarrollo": "hasta antes de los años 80, las mujeres migraban principalmente como dependientes de sus maridos. Estos últimos, a la luz de los estereotipos de género, eran vistos como individuos geográficamente más móviles y autónomos, mientras que ellas migraban para reunirse con sus cónyuges y hacerse cargo de actividades relacionadas principalmente con el cuidado del hogar".

74 Comisión Interamericana de Derechos Humanos (CIDH). Anexo al comunicado de prensa 82/11: Observaciones preliminares de la Relatora sobre derechos de los migrantes de la CIDH a México.

nacionalidad, el origen étnico, la edad, la discapacidad, la raza, la orientación sexual[75] y la identidad de género, entre otros[76].

En efecto, en la migración ha estado presente una dinámica de discriminación, exclusión y relaciones de poder. Las personas migrantes entran y salen constantemente de esas sociedades estratificadas, lo que explica por qué las relaciones y las cuestiones de género son conceptos fluidos que están en permanente cambio. Por ello, es relevante analizar la relación entre género y migración para postular recomendaciones en el estudio y abordaje del fenómeno migratorio[77].

Este proceso de feminización de la migración no se limita al incremento de la participación de las mujeres en los movimientos migratorios, sino que además destaca su papel en los ámbitos económico y social con los impac-

---

75 Tal y como lo ha indicado la Comisión Interamericana de Derechos Humanos en su Relatoría sobre los Derechos de las Personas LGTBI: "la expresión de género ha sido definida como "la manifestación externa de los rasgos culturales que permiten identificar a una persona como masculina o femenina conforme a los patrones considerados propios de cada género por una determinada sociedad en un momento histórico determinado" (Rodolfo y Abril Alcaraz, 2008). Por su parte, la Comisión Internacional de Juristas (CIJ) ha indicado en relación con la expresión de género: "la noción de aquello que constituyen las normas masculinas o femeninas correctas ha sido fuente de abusos contra los derechos humanos de las personas que no encajan o no se ajustan a estos modelos estereotípicos de lo masculino o lo femenino. Las posturas, la forma de vestir, los gestos, las pautas de lenguaje, el comportamiento y las interacciones sociales, la independencia económica de las mujeres y la ausencia de una pareja del sexo opuesto, son todos rasgos que pueden alterar las expectativas de género" (CIJ, 2009)".

76 A/HRC/41/38: Los efectos de la migración en las mujeres y las niñas migrantes: una perspectiva de género —Informe del Relator Especial sobre los derechos humanos de los migrantes. 2019.

77 Como lo dijo el Informe del Relator Especial sobre los derechos humanos de los migrantes En la recomendación general núm. 26 sobre las trabajadoras migratorias, de 2008, el Comité para la Eliminación de la Discriminación contra la Mujer abordó las cuestiones de las trabajadoras migratorias que viajaban de manera independiente, las que migraban como familiares a cargo de sus esposos y las que se hallaban en situación irregular. Describió el conjunto de las responsabilidades que debían asumir los Estados, incluida la aplicación de políticas de migración con perspectiva de género y basadas en los derechos, con la participación de mujeres en la formulación de políticas, la salvaguardia de las remesas enviadas por las trabajadoras migratorias, la recopilación de datos desglosados por género y el levantamiento de las prohibiciones discriminatorias a la libertad de circulación de las mujeres.

tos diferenciados que enfrentan a lo largo de su experiencia migratoria[78]. El abordaje del género y la migración supone considerar aspectos específicos como los riesgos y oportunidades que enfrentan las migrantes en todas las fases de la trayectoria migratoria.

Lo anterior, supone relacionar el alcance de la perspectiva de género con la migración, para lo cual resulta de especial trascendencia lo dicho por El Consejo Económico y Social de las Naciones Unidas, el cual define la perspectiva de género como "el proceso de evaluación de las consecuencias para las mujeres y los hombres de cualquier actividad planificada, inclusive las leyes, políticas o programas, en todos los sectores y en todos los niveles. Es una estrategia destinada a hacer que las preocupaciones y experiencias de las mujeres, así como de los hombres, sean un elemento integrante de la elaboración, la aplicación, la supervisión y la evaluación de las políticas y los programas en todas las esferas políticas, económicas y sociales, a fin de que las mujeres y los hombres se beneficien por igual y se impida que se perpetúe la desigualdad"[79].

En concreto, en las conclusiones convenidas del ECOSOC de 1997 se definía la incorporación de una perspectiva de género como: "el proceso de evaluación de las consecuencias para las mujeres y los hombres de cualquier actividad planificada, inclusive las leyes, políticas o programas, en todos los sectores y a todos los niveles. Es una estrategia destinada a hacer que las preocupaciones y experiencias de las mujeres, así como de los hombres, sean un elemento integrante de la elaboración, la aplicación, la supervisión y la evaluación de las políticas y los programas en todas las esferas políticas, económicas y sociales, a fin de que las mujeres y los hombres se beneficien por igual y se impida que se perpetúe la desigualdad. El objetivo final es lograr la igualdad real entre los géneros"[80].

---

78 CEPAL, "Las mujeres migrantes en las legislaciones de América Latina Análisis del repositorio de normativas sobre migración internacional del Observatorio de Igualdad de Género de América Latina y el Caribe", Serie Asuntos de Género N° 157, disponible en https://repositorio.cepal.org/server/api/core/bitstreams/bfbc3db0-a2b3-41d9-96ff-906939b79fac/content

79 INEE. (2010). INEE Pocket Guide to Gender.

80 ONU Mujeres, "Incorporación de la perspectiva de género", disponible en: https://www.unwomen.org/es/how-we-work/un-system-coordination/gender-mainstreaming#:~:text=Es%20una%20estrategia%20destinada%20a,fin%20de%20que%20las%20mujeres

En este desarrollo normativo, social y global, puede vislumbrarse la definición que emplea la Comisión Interamericana de Derechos humanos sobre la perspectiva de género "es un método de análisis de la realidad que permite visibilizar la valoración social diferenciada de las personas en virtud del género asignado o asumido, y evidencia las relaciones desiguales de poder originadas en estas diferencias".

La incorporación de una perspectiva de género incluye entonces diversas acciones, instrumentos y procesos jurídicos, técnicos e institucionales que se adoptan para alcanzar la igualdad de género. Todo ello, para lograr la transformación de los estereotipos de género, la equidad e inclusión en las normas culturales y prácticas colectivas que resultan discriminatorias. El propósito principal de la perspectiva de género en los procesos migratorios se vincula con el auténtico acceso, disfrute, respeto y reconocimiento de las mujeres migrantes a sus derechos humanos, expectativas y garantías fundamentales[81].

4. CONCLUSIÓN

Como lo indicó la Comisión Interamericana de Derechos Humanos en los principios interamericanos sobre los derechos humanos de todas las personas migrantes, refugiadas, apátridas y las víctimas de la trata de personas, en virtud de lo dispuesto por el artículo 41.b de la Convención Americana sobre Derechos Humanos; es una obligación de los Estados de proteger los derechos de todas las personas, independientemente de su situación migratoria, de conformidad con la Carta de la Organización de los Estados Americanos (OEA); la Declaración Americana de los Derechos y Deberes del Hombre; la Convención Americana sobre Derechos Humanos ("Pacto de San José de Costa Rica" o "Convención Americana"), la Carta de la Organización de las Naciones Unidas; el Protocolo Adicional a la Convención Americana en Materia de Derechos Económicos, Sociales y Culturales ("Protocolo de San Salvador"); la Convención Interamericana

---

[81] ONU Mujeres, "Incorporación de la perspectiva de género", disponible en: https://www.unwomen.org/es/how-we-work/un-system-coordination/gender-mainstreaming#:~:text=Es%20una%20estrategia%20destinada%20a,fin%20de%20que%20las%20mujeres.

contra todas las Formas de Discriminación e Intolerancia; la Convención Interamericana contra el Racismo, entre otros[82].

A su vez, es preciso resaltar como los movimientos migratorios requieren formas de protección diferenciada e individualizada para tratar a las personas en todas las etapas de los movimientos migratorios, incluidos los migrantes que se ven motivados a buscar otros destinos por razones humanitarias, económicas o medioambientales, por mencionar algunos. Además, la necesidad de garantizar los derechos humanos de migrantes en situación regular o irregular, solicitantes de asilo, refugiados, apátridas, beneficiarios de protección complementaria, prestando atención priorizada a las víctimas del crimen de trata de personas, supervivientes de tortura, niños y adolescentes acompañados o no acompañados o separados de sus familias, mujeres o cualquier otra persona que requiera protección internacional y una especial atención de los Estados para que sus garantías sean efectivas[83].

En efecto, el sistema interamericano de derechos humanos ha destacado el carácter transnacional de la migración y la importancia de la responsabilidad compartida entre los Estados, y la necesidad de cooperar y dialogar para defender y proteger los derechos humanos de todos los migrantes, independientemente de su situación migratoria. Como también, la necesidad de instituir políticas, leyes y prácticas integrales que privilegien a la persona y que estén basadas en los derechos humanos, incluidas las respuestas a movimientos migratorios grandes o mixtos, aplicadas por los Estados para abordar el fenómeno de la movilidad humana[84].

El sistema interamericano de derechos humanos aporta mediante sus decisiones criterios para garantizar los derechos de los migrantes frente a las violaciones de sus derechos humanos. Por ello, es deber de los Estados adoptar políticas públicas y acciones efectivas que proporcionen herramientas concretas ante la denegación de derechos civiles y políticos, como la detención arbitraria, la tortura o la falta de garantías procesales y la discriminación a los migrantes.

---

82 Los principios interamericanos sobre los derechos humanos de todas las personas migrantes, refugiadas, apátridas y las víctimas de la trata de personas (Resolución 04/19 aprobada por la Comisión el 7 de diciembre de 2019).

83 Ídem.

84 Los principios interamericanos sobre los derechos humanos de todas las personas migrantes, refugiadas, apátridas y las víctimas de la trata de personas (Resolución 04/19 aprobada por la Comisión el 7 de diciembre de 2019).

A su vez, resulta relevante avanzar en una visión publica a nivel global que facilite la observancia de los derechos económicos, sociales y culturales como el derecho a la salud, la vivienda o la educación de los migrantes. Es fundamental continuar enfáticamente en la defensa de los derechos de los migrantes y en la adopción de políticas efectivas contra la discriminación, el prejuicio, la exclusión o la xenofobia, para alcanzar este propósito los aportes del sistema interamericano de derechos humanos resultan indiscutibles.

5. BIBLIOGRAFÍA

CASTRO FRANCO, A, "La gobernanza internacional de las migraciones: De la gestión migratoria a la protección de los migrantes". Nueva edición [en línea]. Bogotá: Universidad externado de Colombia, 2016 (generado el 29 jun 2023). Disponible en Internet: <http://books.openedition.org/uec/1427>. ISBN: 9789587726282. DOI: https://doi.org/10.4000/books.uec.1427.

CASTRO FRANCO, A. Capítulo III, "La protección de los migrantes en el marco del Sistema Interamericano de los Derechos Humanos In: La gobernanza internacional de las migraciones: De la gestión migratoria a la protección de los migrantes", [en línea]. Bogotá: Universidad externado de Colombia, 2016 (generado el 29 jun 2023). Disponible en Internet: <http://books.openedition.org/uec/1480>. ISBN: 9789587726282. DOI: https://doi.org/10.4000/books.uec.1480.

BUSTAMANTE, J, "Immigrants vulnerability as subjects of Human Rights", 2002, international Migration Review, Vol. 36, No. 2, pp. 333-354.

CALLEROS ALARCÓN, J. (COORD.), La protección de los derechos humanos de las personas migrantes: una guía para las y los servidores públicos, México, Centro de Estudios Migratorios-Unidad de Política Migratoria, 2012, pp. 57 y ss.

CASTLES, S, "Migration and Community Formation under Conditions of Globalization", 2002, International Migration Review, Vol. 36, No. 4, pp. 1143-1168.

COLE, D, "The idea of humanity: human rights and immigrants' rights", 2006, Columbia Human Rights Law Review, 37(3), pp. 627-658.

ESTUPIÑAN-SILVA, R (2014) "La vulnerabilidad en la jurisprudencia de la Corte IDH Interamericana de Derechos Humanos: esbozo de una tipología". En: BURGORGUE-LARSEN L, MAUES, A. y SANCHEZ MOJICA, B.E., Derechos Humanos y Políticas Públicas, Barcelona, Serveis S.A., pp. 193-231.

GARCÍA RAMÍREZ, S, "Los sujetos vulnerables en la jurisprudencia "transformadora" de la Corte Interamericana de Derechos Humanos. Cuestiones constitucionales", (41), 3-34. Epub 22 de abril de 2020.https://doi.org/10.22201/iij.24484881e.2019.41.13940.

GONZALEZ MORALES, F, "El informe de la CIDH sobre estándares interamericanos de derechos de los migrantes, refugiados y otras personas en situación de movilidad", disponible en https://www.corteidh.or.cr/tablas/r37887.pdf. Consultado 6/29/2023.

OLEA RODRIGUEZ, H. M, "Migración (en la jurisprudencia de la Corte Interamericana de Derechos Humanos)", en Eunomía. Revista en Cultura de la Legalidad N.º 9, octubre 2015-mayo 2016, pp. 249-272.

5.2 Jurisprudencia, documentos e informes

CORTE INTERAMERICANA DE DERECHOS HUMANOS (1996), Caso Blake Vs. Guatemala Excepciones Preliminares. Sentencia de 2 de julio de 1996. Serie C No. 27.

CORTE INTERAMERICANA DE DERECHOS HUMANOS (1998), Caso Blake Vs. Guatemala. Fondo. Sentencia de 24 de enero de 1998. Serie C No. 36.

CORTE INTERAMERICANA DE DERECHOS HUMANOS (1999), El Derecho a la Información sobre la Asistencia Consular en el Marco de las Garantías del Debido Proceso Legal. Opinión Consultiva OC-16/99 de 1 de octubre de 1999. Serie A No. 16.

CORTE INTERAMERICANA DE DERECHOS HUMANOS (2001), Caso Ivcher Bronstein Vs. Perú. Fondo, Reparaciones y Costas. Sentencia de 6 de febrero de 2001. Serie C No. 74.

CORTE INTERAMERICANA DE DERECHOS HUMANOS (2003), Condición Jurídica y Derechos de los Migrantes Indocumentados. Opinión Consultiva OC-18/03 de 17 de septiembre de 2003. Serie A No. 18.

CORTE INTERAMERICANA DE DERECHOS HUMANOS (2003), Caso Bulacio Vs. Argentina. Fondo, Reparaciones y Costas. Sentencia de 18 de septiembre de 2003. Serie C No. 100.

CORTE INTERAMERICANA DE DERECHOS HUMANOS (2003), Caso Maritza Urrutia Vs. Guatemala. Fondo, Reparaciones y Costas. Sentencia de 27 de noviembre de 2003. Serie C No. 103.

CORTE INTERAMERICANA DE DERECHOS HUMANOS (2004), Caso Molina Theissen Vs. Guatemala. Reparaciones y Costas. Sentencia de 3 de julio de 2004. Serie C No. 108.

CORTE INTERAMERICANA DE DERECHOS HUMANOS (2004), Caso Tibi Vs. Ecuador. Excepciones Preliminares, Fondo, Reparaciones y Costas. Sentencia de 7 de septiembre de 2004. Serie C No. 114.

CORTE INTERAMERICANA DE DERECHOS HUMANOS (2004), Caso Lori Berenson Mejía Vs. Perú. Fondo, Reparaciones y Costas. Sentencia de 25 de noviembre de 2004. Serie C No. 119.

CORTE INTERAMERICANA DE DERECHOS HUMANOS (2005), Caso Acosta Calderón Vs. Ecuador. Fondo, Reparaciones y Costas. Sentencia de 24 de junio de 2005. Serie C No. 129.

CORTE INTERAMERICANA DE DERECHOS HUMANOS (2005), Caso de las Niñas Yean y Bosico Vs. República Dominicana. Sentencia de 8 de septiembre de 2005. Serie C No. 130.

CORTE INTERAMERICANA DE DERECHOS HUMANOS (2005), Caso Acosta Calderón Vs. Ecuador. Fondo, Reparaciones y Costas. Sentencia de 24 de junio de 2005. Serie C No. 129. Nº 9, octubre 2015-mayo 2016, pp. 249-272, ISSN 2253-6655

CORTE INTERAMERICANA DE DERECHOS HUMANOS (2007), Caso Bueno Alves Vs. Argentina. Fondo, Reparaciones y Costas. Sentencia de 11 de mayo de 2007. Serie C No. 164.

CORTE INTERAMERICANA DE DERECHOS HUMANOS (2007), Caso Chaparro Álvarez y Lapo Íñiguez. Vs. Ecuador. Excepciones Preliminares, Fondo, Reparaciones y Costas. Sentencia de 21 de noviembre de 2007. Serie C No. 170.

CORTE INTERAMERICANA DE DERECHOS HUMANOS (2010), Caso Vélez Loor Vs. Panamá. Excepciones Preliminares, Fondo, Reparaciones y Costas. Sentencia de 23 de noviembre de 2010 Serie C No. 218.

CORTE INTERAMERICANA DE DERECHOS HUMANOS (2011), Caso Gelman Vs. Uruguay. Fondo y Reparaciones. Sentencia de 24 de febrero de 2011 Serie C No.221.

CORTE INTERAMERICANA DE DERECHOS HUMANOS (2011), Caso Fleury y otros Vs. Haití. Fondo y Reparaciones. Sentencia de 23 de noviembre de 2011. Serie C No. 236.

CORTE INTERAMERICANA DE DERECHOS HUMANOS (2012), Caso Nadege Dorzema y otros Vs. República Dominicana. Fondo Reparaciones y Costas. Sentencia de 24 de octubre de 2012 Serie C No. 251.

CORTE INTERAMERICANA DE DERECHOS HUMANOS (2012), Caso Atala Riffo y Niñas Vs. Chile. Solicitud de Interpretación de la Sentencia de Fondo, Reparaciones y Costas. Sentencia de 21 de noviembre de 2012. Serie C No. 254.

CORTE INTERAMERICANA DE DERECHOS HUMANOS (2013), Caso García Lucero y otras Vs. Chile. Excepción Preliminar, Fondo y Reparaciones. Sentencia de 28 de agosto de 2013. Serie C No. 267.

CORTE INTERAMERICANA DE DERECHOS HUMANOS (2013), Caso Familia Pacheco Tineo Vs. Bolivia. Excepciones Preliminares, Fondo, Reparaciones y Costas. Sentencia de 25 de noviembre de 2013. Serie C No. 272.

CORTE INTERAMERICANA DE DERECHOS HUMANOS (2014), Derechos y garantías de niñas y niños en el contexto de la migración y/o en necesidad de protección internacional. Opinión Consultiva OC-21/14 de 19 de agosto de 2014. Serie A No. 21.

CORTE INTERAMERICANA DE DERECHOS HUMANOS (2014), Caso de personas dominicanas y haitianas expulsadas Vs. República Dominicana. Excepciones Preliminares, Fondo, Reparaciones y Costas. Sentencia de 28 de agosto de 2014. Serie C No. 282.

CORTE INTERAMERICANA DE DERECHOS HUMANOS (2014), Caso J. Vs. Perú. Interpretación de la Sentencia de Excepción Preliminar, Fondo, Reparaciones y Costas. Sentencia de 20 de noviembre de 2014. Serie C No. 291.

Movilidad humana. Estándares interamericanos, OEA/Ser.L/V/II, Doc. 46/15, 31 de diciembre de 2015, p. 124, y Organización Internacional para las Migraciones (OIM).

5.5. El 'Buen Vivir' como derecho de las Constituciones de Bolivia y Ecuador: Lecciones de presente y futuro para América Latina

VÍCTOR GABRIEL RODRÍGUEZ[1]
Universidad de São Paulo
victorgabriel@usp.br

1. INTRODUCCIÓN

En el primer capítulo de este manual se han presentado algunas características de América Latina. Es evidente que el estudiante sabe que esa labor de identificar rasgos distintivos implica siempre el riesgo de incurrir en generalizaciones indebidas, lo cual debe evitarse. La búsqueda de una identidad latinoamericana atraviesa múltiples etapas, y este capítulo se sitúa en una más de ellas, con una complejidad adicional: el *sumak kawsay*, expresado como característica general de todo un pueblo, adquiere estatus jurídico. Por tanto, es necesario analizar el fenómeno desde una doble perspectiva: qué significa por sí mismo y cuáles son las ventajas o, al menos, los efectos de su incorporación en las constituciones de algunos países.

2. DIMENSIONES INTERNAS Y EXTERNAS DEL SUMAK KASAY

Desde hace pocas décadas, el sumak kawsay, el llamado buen vivir, ha aparecido como una forma de enunciar el modo de vida característico de

---

1 Doctor y Libre-Docente (*Habilitation*) en Derecho Penal por la Universidad de São Paulo (USP). Miembro del Programa de Doctorado Integração Latinoamericana (Prolam/USP). ExBecario de la Fundación Carolina (Univ. de Granada), de la Junta de Castilla y León (Univ. de Valladolid) y de Capes (Univ. Autónoma de Madrid). Ex Letrado del Supremo Tribunal Federal de Brasil. Cursó Legislación comparada en el Zhejiang International Business School (China).

parte de la población originaria de la región. Como medida saludable de autoafirmación, los países que reconocieron su condición plurinacional se atrevieron a insertar el buen vivir como principio rector en sus constituciones. Y no podría ser de otro modo: reconocer que los pueblos originarios conforman sus propias naciones implica incorporar al menos algunos de sus rasgos y de su influencia en los derechos garantizados por la Carta Magna.

Sin embargo, al atender a su dimensión jurídica, cabe plantear una hipótesis que no resulta novedosa en el ámbito del Derecho constitucional: la transformación de algo tan amplio como un "estilo de vida" en un derecho fundamental puede conducir a su devaluación, debido a la dificultad de hacerlo eficaz.

En el plano internacional, la comunidad internacional ha dirigido su atención al concepto de *sumak kawsay*. Dicha atención se debe menos a su dimensión jurídica que al hecho de encontrar en ese modo de vida una posible solución al problema de la sostenibilidad del planeta. Al centrarse en gran medida en la preservación del medioambiente y apartarse de la lógica del consumo, ese pretendido modo de vida originario latinoamericano puede entenderse como una alternativa para modificar el rumbo de inminente colapso en el que se encuentra la vida humana en el planeta.

No obstante, la exportación del *sumak kawsay* no puede interpretarse únicamente como el reconocimiento de que Latinoamérica debería convertirse en ejemplo mundial de comportamiento, disipándose su condición de periferia frente a los países del Norte. Existe aquí —y no se ignora— el riesgo de que el concepto se utilice más bien para reforzar el estigma del individuo latinoamericano que no se esfuerza en el trabajo, que produce poco y que muestra escaso interés por la ciencia y el avance tecnológico. Ello, por supuesto, constituiría una desviación del sentido del término, pero no sería la primera vez que la contraposición de intereses entre naciones diera lugar a un desequilibrio interpretativo malicioso. Al juego económico global podría resultarle útil que el término se utilice como etiqueta de un subdesarrollo deseado.

En este texto se definirá el *sumak kawsay* como un modo específico de vida en el contexto latinoamericano, al tiempo que se invita al lector a reflexionar sobre dos cuestiones, planteadas desde el plano interno hacia el internacional: (1) En el plano interno, se trata de determinar cuál es la función de la enunciación del *sumak kawsay* en las constituciones latinoamericanas en las que aparece. (2) En el plano externo, se cuestiona si existe el riesgo de que los estudios internacionales sobre el *sumak kawsay* se transformen en una —aunque diminuta— leyenda negra sobre los pueblos originarios actuales, generando un flanco que refuerce prejuicios sobre los pueblos indígenas[2]

Para poder abordar estas preguntas, es necesario comenzar por la definición del instituto, la cual, como se demostrará, también depende de ciertos puntos de vista.

3. EL *SUMAK KAWSAY* Y SU CONCEPTO: LA FUNCIONALIDAD JURÍDICA

La locución *buen vivir* no es nueva en el contexto latinoamericano, pero ha despertado el interés extranjero por las razones ya mencionadas: su inclusión en las cartas magnas de algunos países y su potencial como alternativa frente al colapso ambiental que se anticipa.

Como concepto nacido de la larga tradición de los pueblos originarios —en gran medida preservado únicamente de forma oral—, su definición es multifacética. El término *sumak kawsay* se ha traducido como *buen vivir*, aunque la correspondencia entre la expresión originaria y su traducción no es exacta. Parte de los pueblos originarios latinoamericanos insiste en que en el *sumak kawsay* existe un vínculo espiritual que no puede comprenderse sin el contacto con elementos culturales locales.

Debido a esta dificultad de traducción —natural, dada la distancia entre su origen y la cultura en la que se inscriben las lenguas latinas—, algunos autores identifican en el *sumak kawsay* un doble proceso de significación: por un lado, uno interno al propio pueblo, que se expresa en múltiples dimensiones, a partir del contacto del individuo con la Pacha Mama, con la naturaleza, y, a partir de ahí, con su comunidad; por otro lado, una interpretación desde una perspectiva externa, en la que se percibe en el *sumak kawsay* un rasgo de un modo de vida alternativo al consumismo y a la hiperconexión del mundo actual.

A primera vista, el concepto surgido de esa visión interna sería el más interesante para desarrollar en el marco jurídico, pero no se trata de un concepto fácilmente accesible: depende de la relación interna de los propios pueblos, y, en gran medida, de sus vínculos espirituales, lo que lo convierte

---

2 Eso, claro, recordándose que, en nivel jurídico, el Sumak Kawsay aparece solamente en Bolivia y Ecuador.

en un concepto cargado de ambigüedad. En el ámbito del Derecho, la funcionalidad de un término equívoco es muy limitada y, como es sabido, puede generar inseguridad jurídica[3].

Sin embargo, las constituciones de los países que adoptaron el sumak kawsay (Bolivia y Ecuador) se han esforzado por inscribir un concepto con funcionalidad jurídica, lo cual puede resultar útil para el presente propósito, en la medida en que permite comprenderlo a partir de sus consecuencias jurídicas. De este modo, se posibilita un análisis detallado del buen vivir a partir de sus efectos en los derechos fundamentales recogidos en las constituciones que lo enuncian expresamente.

4. BUEN VIVIR A PARTIR DE LAS CONSTITUCIONES DE BOLIVIA Y ECUADOR

El buen vivir adquirió una presencia más destacada en la Constitución de Ecuador, de 2008, y en la de Bolivia[4], de 2009, en esta última bajo la denominación de *Suma Qamaña*[5]. El hecho de que dicha locución haya sido incorporada en las leyes fundamentales de estos países no responde únicamente a una técnica expansiva del neoconstitucionalismo, sino, sobre todo, a la elevación, por parte de los legisladores, de los diversos pueblos originarios a la condición de naciones —o al reconocimiento de dicha condición. En primer lugar, evidentemente, a través del rasgo identitario más

---

3 No pasa desapercibido que, en muchas ocasiones, los términos equívocos son una opción deliberada del legislador, especialmente de quien redacta la Constitución. Su intención es crear lo que se denomina *normas programáticas,* es decir, promesas de política de bienestar que no son autoaplicables. El hecho de que carezcan de aplicabilidad directa conlleva, a su vez, el problema de que no puedan ser considerados derechos fundamentales, aunque esa es una cuestión que requiere una profundización en otro momento.

4 Art. 8º I. El Estado asume y promueve como principios ético-morales de la sociedad plural: *ama qhilla, ama llulla, ama suwa* (no seas flojo, no seas mentiroso ni seas ladrón), *suma qamaña* (vivir bien), *ñandereko* (vida armoniosa), *teko kavi* (vida buena), *ivi maraei* (tierra sin mal) y *qhapaj ñan* (camino o vida noble). II. El Estado se sustenta en los valores de unidad, igualdad, inclusión, dignidad, libertad, solidaridad, reciprocidad, respeto, complementariedad, armonía, transparencia, equilibrio, igualdad de oportunidades, equidad social y de género en la participación, bienestar común, responsabilidad, justicia social, distribución y redistribución de los productos y bienes sociales, para vivir bien.

5 MEDINA, 2006.

inmediato: su idioma. Pero también mediante otros elementos culturales, entre los cuales se encuentra el *sumak kawsay*. Así, el tema aquí estudiado se debe entender como consecuencia directa de las denominadas constituciones plurinacionales.

Si se toma como primer ejemplo la Constitución de Ecuador, se percibe que el legislador constituyente optó por enunciar los denominados "derechos del buen vivir". No obstante, si se realiza una lectura más detenida de lo que dichos derechos comprenden específicamente, se observa que se trata de derechos constitucionales muy próximos, si no idénticos, a los que ya son comunes en la gran mayoría de las constituciones occidentales. Ello, en principio, restaría valor a la funcionalidad jurídica del instituto.

No obstante, una lectura más cuidadosa del texto constitucional pone de relieve ciertos elementos que apuntan hacia una evolución de los derechos colectivos y afirmativos. Como ejemplo de estas transformaciones puede mencionarse el derecho al agua, concebido como un factor esencial para la vida e incluso para la espiritualidad; el derecho de los progenitores a procurar para sus hijos una educación acorde con sus opciones culturales; o el derecho a la alimentación, entendida no solo como acceso a los alimentos, sino también como un factor de protección del medioambiente y de las características culturales de cada pueblo[6].

Aquello que inicialmente parecía excesivamente amplio empieza así a generar efectos transformadores, que contribuyen a una visión más contemporánea, global, plural y ecológica de determinados derechos.

Aunque ya pueda advertirse algún efecto práctico del *sumak kawsay* a partir de los nuevos derechos que de él se derivan, subsiste una condición tautológica al utilizar esos derechos como intento de conferir un efecto práctico a la locución, algo así como un camino de doble vía: en una primera dirección, se impone como principio rector de los derechos colectivos y, desde allí, modifica el sentido de aquellos derechos ya clásicos del neoconstitucionalismo latinoamericano, orientándolos hacia un "vivir bien". A partir de dichas modificaciones, puede inferirse su concepto; por otro lado, dado que el sumak kawsay actúa como referente de todos los derechos colectivos, su carga semántica tiende a impregnar cada uno de los de-

---

6 Nótese que en países del Centro está muy desarrollado el sentido de *food safety*, de seguridad alimentaria, pero aún así no aparece en sus constituciones. La idea de que la comida sea un rasgo cultural es relevante, empero, una vez más, cabe preguntarse si hay que transformarse en derecho fundamental.

rechos fundamentales allí recogidos, añadiéndoles fuerza en su dimensión de colectividad, justicia material y sostenibilidad.

En tal sentido, el *sumak kawsay* sería aquello que dota de nuevo significado a derechos tradicionales o a las denominadas normas programáticas, es decir, aquellas cuya aplicación está supeditada al cumplimiento de la reserva de lo posible. En resumen, estos derechos pasan a interpretarse bajo una lógica de preservación de las generaciones futuras, teniendo como núcleo no solo la relación individuo-sociedad, sino individuo-sociedad-planeta. Por esta razón, la inclusión del planeta y la preservación del ecosistema resultan nucleares en el concepto, lo que le confiere un interés transcontinental.

Para encontrar una significación jurídica funcional del *sumak kawsay*, el estudioso sabrá que no existe una única vía: es necesario comprender su sentido tanto a partir de elementos externos a la norma como desde el propio texto constitucional, en una relación interna. Se trataría, pues, de un trabajo de investigación. Aquí, sin embargo, podemos guiarnos por un interrogante más acotado: ¿cuál es el efecto de la introducción del *sumak kawsay* en la esfera de los derechos fundamentales?

5. LA CARGA SEMÁNTICA DE LA LOCUCIÓN

En la Constitución ecuatoriana, redactada en idioma español, la expresión "buen vivir" aparece seguida del original *sumak kawsay.* En términos lingüísticos, el hecho del bilingüismo en el texto constitucional confirma planteamientos ya expuestos: en primer lugar, que la correspondencia entre el término originario y su traducción no es perfecta; y, en segundo lugar —corolario del anterior—, que la carga de sentido de la locución originaria es mucho más densa que su equivalente en idioma europeo. El *sumak kawsay* es el contingente de toda una tradición cultural y, como se señalará, incluso espiritual, que no puede ser plenamente recogida en una traducción.

De ahí nace el esfuerzo, especialmente de juristas locales, por conferir *al sumak kawsay* un sentido que pueda aplicarse en los textos escritos, especialmente en lengua castellana. La tarea no es sencilla y, desde luego, en ella debe identificarse el riesgo de que, una vez insertado en la Constitución —como ya ocurre en los casos de Bolivia y Ecuador—, asuma un tercer concepto, mucho más amplio que el original, importado en un sentido impropio, hasta convertirse en una suerte de panacea donde quepan las esperanzas de un mundo mejor, superando los históricos escollos para el desarrollo de Latinoamérica. Si así fuere, a pesar de la buena voluntad humanística, la funcionalidad constitucional resultaría perjudicada.

Como ya se ha adelantado, quienes intentan trasladar la dimensión prejurídica del *sumak kawsay* a su significación constitucional acaban por incidir en dimensiones tan amplias que, en la práctica de garantía de derechos, poco puede aprovecharse. Basta con advertir que la definición introductoria del Informe ecuatoriano del buen vivir 2009-2013 incluye, en un extenso documento, referencias a obligaciones éticas, libertades individuales, democracia, respeto al medio ambiente, así como desarrollo económico e igualdad social[7]. Al observar esa aplicación práctica del Informe sobre el buen vivir, poca o ninguna diferencia se aprecia respecto a la garantía de un Estado de bienestar que, en gran medida, ya constituye el objetivo de todos los gobiernos occidentales.

La falta de una definición específica del *sumak kawsay* no desmerece, desde luego, el valor de dichos documentos gubernamentales como instrumentos para establecer metas y evaluar su cumplimiento. En el último programa de gobierno de Ecuador, vigente hasta mayo de 2021, aparece una definición más clara del buen vivir. Con la misma inspiración política —aunque ya no vigente al momento de redactar este texto—, el gobierno

---

7 "La combinación de las orientaciones éticas y programáticas apuntan a la articulación de las libertades democráticas con la posibilidad de construir un porvenir justo y compartido: sin actuar sobre las fuentes de la desigualdad económica y política no cabe pensar en una sociedad plenamente libre. El desenvolvimiento de tal sociedad depende del manejo sostenible de unos recursos naturales y productivos escasos y frágiles. El planeta no resistiría un nivel de consumo energético individual equivalente al de los ciudadanos de los países industrializados. El fin de la «sociedad de la abundancia» exige disposiciones individuales e intervenciones públicas que no ignoren las necesidades generales y cultiven proyectos personales y colectivos atentos a sus consecuencias sociales y ambientales globales". REPÚBLICA DE ECUADOR, 2009-2013, p. 33. El texto correspondiente al cuatrienio siguiente identifica doce objetivos, entre los cuales figuran, además de la democracia y la sostenibilidad, entre otros, la "eficiencia del sector estratégico para la transformación industrial y tecnológica", en cuyo marco se promete una mayor atención al bioconocimiento local: "El crecimiento sostenido del bienestar en función del Buen Vivir tiene su cimento en la transformación del modo cómo se aprovecha la riqueza natural y biológica del país, sujeto de derechos y actualmente principal ventaja comparativa nacional. Es tan importante el desarrollo del bioconocimiento que se requieren intervenciones públicas que contribuyan a sostener la ventaja competitiva nacional, basada en su riqueza natural y biológica, soportada por el desarrollo de redes productivas y de generación tecnológica local".REPÚBLICA DE ECUADOR, 2013-2017, p. 370.

del presidente ecuatoriano Lenín Moreno procuró dotar de contenido a la locución, puesto que esta se encuentra recogida en el texto constitucional. Apoyado en la doctrina local, el "Plan Nacional de Desarrollo 2017-2021" ofrece un resumen conceptual mucho más apropiado, según el cual el buen vivir recupera la cosmovisión de los pueblos originarios y la articula con ideas clásicas de la Antigüedad, rechazando la acumulación material que se imponga en detrimento de la justicia social e intergeneracional[8].

Ese documento presenta una propuesta para la comprensión del *sumak kawsay* mucho más cercana a lo que se considera aceptable para su aplicación en el texto constitucional. En él se excluyen (o se ignoran) elementos como la "conducta ética", siempre peligrosa en términos jurídicos, y también se excluyen derechos propios de la democracia que, aunque relevantes e imprescindibles en un Estado contemporáneo, no derivan del *sumak kawsay*, sino de —hay que reconocérselo— una tradición liberal procedente de Europa.

A partir de estos documentos, es decir, la constitución y los planes de gobierno que remiten al buen vivir, podemos traer al *sumak kawsay* las siguientes dimensiones: (a) el fin de la economía de consumo; (b) preservación del medioambiente; (c) dimensión espiritual; (d) integración de los pueblos latinoamericanos.

Aquí ya se ha abordado parcialmente los dos primeros aspectos, aunque todavía queda mucho por investigar sobre su cariz instrumental[9]; los dos

---

8 "El régimen del Buen Vivir planteado en la Constitución, por su parte, rebasa la comprensión occidental hegemónica del bienestar, y recupera tanto la cosmovisión de los pueblos originarios de nuestra América como otras ideas clásicas de la antigüedad. Su objetivo enfatiza que, si bien es cierto que las condiciones materiales son necesarias para una vida digna, el propósito de la vida no se halla en un tipo de acumulación que vaya en detrimento de la justicia social e intergeneracional; más bien abarca otro tipo de elementos: el saber, el reconocimiento de las diversidades en igualdad de condiciones, los códigos de conducta para la ética social y en relación con la naturaleza, los derechos humanos, un porvenir justo y compartido, el diálogo intercultural, entre otros (Walsh, 2009; Acosta, 2010; Caudillo, 2012)", REPÚBLICA DE ECUADOR, 2017-2021, p. 24.

9 Existen decisiones judiciales en Ecuador en las que se aplica la dimensión instrumental del buen vivir, garantizada en la Constitución, sin la mediación de una norma inferior, con excelentes resultados. Véase el caso número 0507-12-EP, en el que un ciudadano denunció a una empresa (camaronera) por dañar el medio ambiente al explotar una zona de preservación ambiental. La Corte Constitucional ecuatoriana resuelve, a partir del art. 71 de la Carta Magna Local, que "todos

últimos, según se entiende, exigen otras líneas de análisis. Por ello, se retoma la dimensión espiritual del buen vivir, por su novedad, y, a continuación, su potencial vínculo con la integración latinoamericana, a partir de la experiencia de los dos países citados.

6. LA DIMENSIÓN ESPIRITUAL

Es imposible comprender el sumak kawsay sin identificar en él su dimensión espiritual. Su fundamento reside en la convivencia como parte de la naturaleza, con devoción hacia ella. Se reconoce que esto no constituye un dogma ni un principio propio de la religión judeocristiana, principalmente debido a su origen europeo, en el cual la actividad humana aparece diametralmente separada de la convivencia con la tierra, como si el ser humano no formara parte de ella. Aunque algunos discursos puedan intentar actualizar interpretaciones, en las religiones judeocristianas la creación de todos los elementos de la naturaleza precede a la existencia del ser humano, quien, además, fue creado a imagen y semejanza de Dios. Al atreverse a probar del fruto del bien y del mal, la humanidad es condenada al trabajo y a la producción, transformando constantemente esa naturaleza que ya no le sirve en estado puro. Además, como bien explica Weber, tras la Revolución Industrial, el protestantismo consiguió asociar aún más el productivismo con los preceptos bíblicos: el trabajo que Dios exigía, para los protestantes más fundamentalistas, no era el esfuerzo, sino la producción racional[10]. Así, la religión europea cultiva, tradicionalmente, lo que puede identificarse como un binario antiecológico, derivado del Génesis: (a) la naturaleza es creada para servir al ser humano, y (b) este encontrará en el trabajo —posteriormente interpretado como "producción"— la redención de su pecado original.

---

los ciudadanos gozamos de legitimación activa para representar a la naturaliza cuando sus derechos estén siendo conculcados" (Sent. 166-15-SEP-CC, 20 mayo 2015, p. 11 de 18).

10 "Según la ética cuáquera, la vida profesional del hombre tiene que ser un ejercicio coherente de las virtudes ascéticas, una acreditación de su estado de gracia en un carácter concienzudo, el cual se traduce en el cuidado y en el método con los que desempeña su profesión. Lo que Dios exige no es el trabajo en sí mismo, sino el trabajo racional. Es en ese carácter metódico del ascetismo en el trabajo donde pone el énfasis en la idea puritana de la profesión, no como en Lutero, quien lo ponía en la resignación con la suerte asignada por Dios". WEBER, 2012, p. 244.

Con las revisiones del catolicismo en América Latina, impulsadas por su aproximación a los pueblos originarios, no resulta sorprendente que la religiosidad contemporánea se haya adaptado a la preservación ambiental. Así, solo a modo de ilustración, Leonardo Boff, figura fundamental de la Teología de la Liberación, inaugura en la contemporaneidad la *Ecoteología*, liderando el ideario de la conexión del ser humano con la tierra en su dimensión espiritual, en una superposición entre los fundamentos católicos y la espiritualidad de las civilizaciones originarias. El exfranciscano encuentra, en "todas las partes de la Tierra", "pueblos originarios que viven la dimensión del sagrado y de la reconexión con todas las cosas"[11]. Estos pueblos serían, por tanto, "mensajeros de un significado importante para traer alternativas al tipo de relación que establecemos con la naturaleza". Desde esa perspectiva, el autor observa que la espiritualidad indígena "no surge como un recorrido de la angustia de la búsqueda" y que "no ocupa algunos espacios y algunos tiempos de la vida y del mundo. Él [Dios] lo llena todo" [12]. Ahí radica, en la creencia de los pueblos originarios, su respeto por la naturaleza, que poco a poco debería reconstruirse y difundirse hacia las naciones del centro occidental, partiendo del conocimiento de que el "Planeta Tierra" se comporta como un organismo vivo, rescatando también las "tradiciones transculturales, ya sea del Oriente, ya sea del Occidente, que siempre han considerado la tierra como Madre, Mana Mater, Nana, Noantzin, Pachamama, entre otros nombres"[13]. Se trata de un camino que se abre para la transformación del catolicismo, en el cual se

---

11 El problema radica, según ha sido reconocido por el propio autor, en que se trata de pueblos que "aunque vivan en nuestro tiempo (sincronía), no se encuentran en el mismo nivel evolutivo que nosotros (contemporaneidad)" (BOFF, 2015, p. 241). Este punto genera, en efecto, una sensación de incompatibilidad entre esa conexión con la Madre Tierra y la contemporaneidad. Tal discrepancia entre —utilizando la expresión de Boff— nivel evolutivo y preservación ecológica puede constituir el origen de un argumento significativo en contra de la posibilidad de respeto hacia la Madre Tierra por parte de la sociedad actual o, peor aún, de un prejuicio dirigido contra quienes viven conforme a una integración con la naturaleza, por considerarse que se encuentran alejados del nivel de contemporaneidad.

12 BOFF, 2015, p. 249.

13 BOFF, 2015, p. 251.

rompería la separación entre la criatura humana y su hábitat, a los ojos de la divinidad[14][15].

Tales cambios en la dimensión espiritual, inspirados en las religiones indígenas, ascienden a la más alta cúpula de la religión católica, cuya influencia geopolítica también es relevante. El actual Pontífice, el papa Francisco, no pierde oportunidad de remarcar su preocupación por el medioambiente, especialmente a través de su encíclica *Laudato Si,* que hace un llamamiento directo a la preservación del planeta, bajo la inspiración expresa de la vida de san Francisco de Asís[16]. En su discurso a los movimientos populares, Francisco ha mencionado el *buen vivir*[17], predicándolo como un modo de vida no solo capaz de preservar la existencia de las nuevas generaciones, sino también como una forma de seguir la religión que él encabeza. Desde luego, este giro hacia la cuestión ecológica y el respeto a la Pacha Mama le ha costado una significativa oposición dentro del Vaticano[18].

---

14 Leonardo Boff ofrece una visión de lo que representa la religiosidad latinoamericana. El fenómeno religioso originario, sin embargo, resulta mucho más complejo. En este sentido, puede consultarse el capítulo 2.1, dedicado a los pueblos prehispánicos, especialmente en lo relativo a su dimensión religiosa.

15 Sin duda, existen muchas contradicciones en torno a esa nueva dimensión espiritual, pero esta resulta esencial para que pueda producirse una expansión del *buen vivir.* Sin respaldo por parte del catolicismo, el *sumak kawsay* queda culturalmente restringido a las esferas autóctonas, lo cual tiene efectos prácticos directos sobre la dimensión constitucional del instituto.

16 Desde luego, ello denota que la elección de su nombre papal, desde el inicio, está al menos parcialmente vinculada a la preservación ecológica.

17 "A los gobiernos en general, a los políticos de todos los partidos quiero pedirles, junto a los pobres de la tierra, que representen a sus pueblos y trabajen por el bien común. Quiero pedirles el coraje de mirar a sus pueblos, mirar a los ojos de la gente, y la valentía de saber que el bien de un pueblo es mucho más que un consenso entre las partes (cf. Exhort. ap. Evangelii gaudium, 218); cuídense de escuchar solamente a las elites económicas tantas veces portavoces de ideologías superficiales que eluden los verdaderos dilemas de la humanidad. Sean servidores de los pueblos que claman por tierra, techo, trabajo y una vida buena. Ese "buen vivir" aborigen que no es lo mismo que la *dolce vita* o el *dolce far niente,* no. Ese buen vivir humano que nos pone en armonía con toda la humanidad, con toda la creación". (VIDEOMENSAJE DEL SANTO PADRE FRANCISCO PARA LOS MOVIMIENTOS POPULARES, 2021).

18 Incluso a partir de nuevos movimentos sedevacantistas, que renacen a partir de la transición entre un Pontífice de origen conservador (Ratzinger) y otro de cariz progresista (Bergoglio).

La dimensión espiritual del *buen vivir* exige que las religiones occidentales, especialmente las vertientes del cristianismo[19] —que sigue siendo la creencia dominante en Latinoamérica, con (o a pesar de) todos sus sincretismos— sean flexibles[20]. Adoptar el buen vivir, si se propusiera más allá de Ecuador y Bolivia, también implicaría comprender religiones de matriz africana, especialmente en los países donde tienen mayor presencia, como Brasil, Colombia, Cuba o Haití. Por fortuna, estas religiones han sido estudiadas con mayor sistematicidad en los últimos tiempos, y sobre ellas se han publicado numerosos trabajos, ya sea por parte de sus propios sacerdotes o de personas no creyentes con menos prejuicios.

7. RIESGO DE BASARSE EN PREJUICIOS RELIGIOSOS

No puede ignorarse que, si bien la multiplicidad de religiones en el marco del multiculturalismo plantea sus propios desafíos[21], el hecho de imponer un estilo de vida basado en preceptos o dogmas religiosos conlleva riesgos particulares. La conquista, tan enaltecida por fuerzas progresistas, de un Estado laico debe aplicarse por igual a todas las confesiones y creencias. En este sentido, surge la dificultad de delimitar el ámbito jurídico de esta cuestión: la incorporación del *sumak kawsay* en los textos constitucionales debe necesariamente respetar las garantías propias de las constituciones ciudadanas, que excluyen los contenidos espirituales[22], salvo por el amplio reconocimiento y respeto a todas las creencias, religiones y cultos. El racionalismo y la laicidad deben conservar su lugar en el momento de la aplicación constitucional del instituto, como una conquista relevante de la comunidad jurídica, originada en Europa.

---

19 Véase capítulo 4.8, en este libro.

20 Véase capítulo 4.7, en este libro.

21 "Negar las debilidades de los proyectos multiculturalistas que se postularon como un nuevo credo es ilusorio. Los dogmas interpuestos entre grupos diversos alzaron muros separatistas tan sólidos como los prejuicios que procuraban disolver (...) El segundo error, más peligroso aún, es consagrar la idea según la cual la violencia es constitutiva de las relaciones interétnicas, mito que nutre a quienes prefieren marcar las fronteras que aceptar las diferencias". SKEWES, 2021, p. 184.

22 La libertad de creencia no es exactamente un tema espiritual, pero añadimos la observación para que no se considere, en el contexto jurídico, la posibilidad de cualquier tipo de vedación a manifestaciones religiosas.

Resulta evidente que la tarea constitucional consiste en preservar el respeto a todas las religiones y garantizar la efectiva libertad de culto[23]; sin embargo, ello no implica imponer un carácter espiritual a la hermenéutica principal del país. No cabe duda de que el *buen vivir*, al nacer del espíritu del pueblo[24], conlleva ese riesgo, pero resulta necesario objetivarlo e impersonalizarlo. La tarea del jurista, al aplicar el *sumak kawsay* desde la Constitución, es armonizarlo con las libertades individuales ya positivadas. En otras palabras, comprender las culturas, la relación con la naturaleza y el estilo de vida constituye, al menos en lo que concierne a su aplicación constitucional, una expresión más de la racionalidad jurídica. Si se plantea de esta manera, la experiencia del *sumak kawsay* podría extenderse a otros países, más allá de Ecuador y Bolivia, aunque será necesario que la experiencia de esas naciones demuestre con mayor claridad que el dispositivo resulta funcional, al menos en lo que respecta a la justicia social y la preservación del medioambiente.

En la actualidad, debe reconocerse que dichos países, al igual que tantos otros en América Latina, carecen de condiciones mínimas de infraestructura, por lo que el *sumak kawsay* no parece estar en condiciones de hacerse efectivo, es decir, de pasar del plano programático constitucional al ámbito del derecho aplicado.

---

[23] Caso interessante el fallo de la Suprema Corte, en Brasil, que decidió que el Código de Protección a los animales era incompatible com la libertad de culto, mientras no estableciera exclusión de crimen para las prácticas de matriz africana, que usan de sacrifício animal " 2. A prática e os rituais relacionados ao sacrifício animal são patrimônio cultural imaterial e constituem os modos de criar, fazer e viver de diversas comunidades religiosas, particularmente das que vivenciam a liberdade religiosa a partir de práticas não institucionais." RE 494601/RS, redator do acórdão min. Edson Fachin.

[24] Sobre el tema, con profundidad, véase ASTUDILLO BANEGAS, 2018: "El Buen Vivir surge como una idea alternativa frente al modelo mal desarrollado. El sustento de esta idea, que se ha sido incluida en las constituciones de Bolivia y Ecuador, viene enriquecido de los saberes que perviven en las culturas ancestrales, andinas y amazónicas. Saber que se basa fundamentalmente en el equilibrio que existe entre los seres humanos y la naturaleza logrando una economía de la suficiencia, donde la cultura y la espiritualidad juegan un rol fundamental en la vida de las comunidades; cuya cosmovisión se basa en la armonía con uno mismo, con la comunidad, con la naturaleza y con el cosmos.", p. 23

8. PARA EL FUTURO: INTEGRACIÓN LATINOAMERICANA

Las fronteras territoriales y políticas que existen para el concepto jurídico del *buen vivir* no se encuentran, evidentemente, en el buen vivir ontológico, es decir, en el *sumak kawsay* por sí mismo. La división de la nación latinoamericana en distintos países se debió a contingencias históricas, pero pervive un sentimiento comunitario que no existe en otras regiones, ni siquiera en Europa[25]. Si bien es cierto que hay países culturalmente más reacios a la idea de integración, como Brasil, Argentina o Uruguay, este punto adquiere ahora mayor relevancia. Si se toma el caso de Brasil, algunos episodios aislados de guerras o disputas fronterizas, el hecho de que su proceso colonizador no haya sido protagonizado por España, sino por Portugal, y, principalmente, sus dimensiones continentales, han hecho que Brasil no manifieste un sentimiento de pertenencia continental aflorado. La sorpresa, sin embargo, es que esa característica cultural de lejanía respecto de la latinidad está lejos de significar la voluntad legal de la nación.

La integración latinoamericana es un mandato de la Carta Magna de Brasil[26], que determina la formación de una "Comunidade Latino-Americana de Nações", tal y como lo hace Colombia, al declararse un país "comprometido a impulsar la integración de la comunidad latino-americana", o bien Bolivia[27], Ecuador[28], Uruguay[29] e incluso Argentina[30]. Eso implica afirmar que el *sumak kawsay* tiene el potencial de representar la expresión

---

[25] Véase capítulo 01.

[26] Artículo 4º, párrafo único de la Constitución vigente.

[27] Artículo 265. I. El Estado promoverá, sobre los principios de una relación justa, equitativa y con reconocimiento de las asimetrías, las relaciones de integración social, política, cultural y económica con los demás estados, naciones y pueblos del mundo y, en particular, **promoverá la integración latinoamericana**. II. El Estado fortalecerá la integración de sus naciones y pueblos indígena originario campesinos con los pueblos indígenas del mundo.

[28] Art. 276. 5. Garantizar la soberanía nacional, **promover la integración latinoamericana** e impulsar una inserción estratégica en el contexto internacional, que contribuya a la paz y a un sistema democrático y equitativo mundial

[29] "la República procurará la integración social y económica de los Estados Latinoamericanos, especialmente en lo que se refiere a la defensa común de sus productos y materias primas".

[30] La Constitución argentina no trata directamente la integración latinoamericana, pero establece un trámite preferente para la aprobación de "tratados com Estados da América Latina". Véase el art. 75.24.

contemporánea de la integración latinoamericana, que, a partir de él, recibe su principal herencia antropológica contemporánea. Si así se reconoce, es razonable utilizar jurídicamente este instituto como una garantía suplementaria de los derechos de preservación de la cultura de los pueblos indígenas o de la identidad latinoamericana, incluso en aquellas naciones que no enuncian directamente el instituto. La causa de la integración latinoamericana permite utilizar este instituto si se asume que el *sumak kawsay* no es un derecho nuevo, sino la manifestación de la latinidad que las Constituciones del continente determinan que debe ser fomentada. En este sentido, habría, a partir de los dos textos constitucionales que prevén el buen vivir, un potencial de unión e integración.

9. LA ALERTA DE LA LEYENDA NEGRA: EL ESTILO DE VIDA IMPRODUCTIVO

Desde un punto de vista externo, el *buen vivir* conlleva un riesgo nada insignificante de malinterpretación, incluso al punto de recrear una especie de leyenda negra sobre la contemporaneidad latina[31], al confirmar prejuicios según los cuales los pueblos latinos serían perezosos e improductivos[32]. Desde esta perspectiva, ello proviene de una combinación de al menos tres factores, de los cuales los dos primeros son los más importantes: (1) el nombre de la locución, traducido como *buen vivir*, que se asemeja a

---

31 "El Buen Vivir supone tener tiempo libre para la contemplación y la emancipación, y que las libertades, oportunidades, capacidades y potencialidades reales de los individuos se amplíen y florezcan de modo que permitan lograr simultáneamente aquello que la sociedad, los territorios, las diversas identidades colectivas y cada uno —visto como un ser humano universal y particular a la vez— valora como objetivo de vida deseable (tanto material como subjetivamente y sin producir ningún tipo de dominación a un otro)".

32 Esta idea de la poca productividad de los pueblos latinos no se encuentra únicamente en las artes, donde ya se ha representado al latino como alguien poco afecto al trabajo. Puede encontrarse, solo como método de ejemplo, a partir de Brasil, el romance del modernista *Macunaíma*, que comienza con la frase "Ai que preguiça", es decir, "Ay, qué pereza". El personaje de Disney, Joe Carioca, en sus historias, se presenta como un vago, que trabaja poco y no se caracteriza por la honestidad. Pero también la propia ciencia penal, en sus albores, quiso atribuir al mestizaje brasileño las características de la pereza e, incluso, en una línea lombrosiana, de una personalidad inclinada al delito. Esto se desarrolla con mayor detalle en el capítulo 01 del presente libro, en el que se diserta sobre la criminalidad latinoamericana.

la conocida expresión francesa *bon vivant*, y que a veces parece indisociable de esta; (2) el propio ciudadano latinoamericano, o bien produce autorrepresentaciones que lo definen como tal, o bien deja de ofrecer resistencia a quienes reproducen este estereotipo; y, en tercer lugar (3), resulta evidente que siempre habrá un interés externo en confirmar que América Latina no es un espacio de perfecta productividad capitalista, lo que contribuye a la devaluación de su territorio y de sus productos[33].

En este último sentido, es sabido que detrás de ello se encuentra una serie de factores geopolíticos que intentan imponer una condición de minusvalía, siempre difícil de cuantificar. Así, mientras Latinoamérica puede demostrar ser la única región que ha logrado preservar, a lo largo de los siglos, una forma humanizada de convivencia —sin dar prioridad al consumo y sin la necesaria destrucción de los recursos naturales—, por otro lado, su situación de depender permanentemente de incentivos financieros internacionales para la preservación ambiental —lo cual, en su estructura, equivale a preservar el *sumak kawsay*— puede ser justamente lo que los países del centro económico necesitan para autodenominarse los verdaderos proveedores de la naturaleza mundial, al pagar por el no-trabajo de quienes "viven bien".

Este texto no tiene por objetivo devaluar el buen vivir ni toda su importancia para los pueblos originarios, que tienen derecho a mantener su propia cultura y convivir con la naturaleza para las generaciones futuras, pero debe advertir que la locución tiene el potencial de reforzar estigmas que, a su vez, son esenciales para la perpetuación de la relación centro-periferia y de la colonialidad, tan difícil de combatir. El estigma de los pueblos del norte como trabajadores y desarrolladores de nuevas técnicas, opuesto a un pueblo sureño-latino que se satisface con la extracción de recursos naturales mínimos para su supervivencia, para luego seguir "viviendo bien", constituiría una distorsión completa, un falseamiento del *sumak kawsay*. Un falseamiento, sin embargo, nada difícil de imponer a partir de la lógica socioeconómica de las naciones.

De este modo, es viable responder a las dos cuestiones planteadas desde el inicio: la inserción del *sumak kawsay* en los textos constitucionales latinoamericanos, específicamente en Ecuador y Bolivia, cumple la función de autoafirmación de un estilo de vida y, por extensión, de garantía de una serie de derechos, especialmente para los pueblos originarios. Sin embar-

---

[33] FRANCE PRESS, 2011.

go, puede interpretarse externamente como una justificación de la condición de dominación económica, si se distorsiona el sentido del *buen vivir* hacia algo semejante a una autoconfirmación de la falta de productividad económica.

10. CONCLUSIONES

En este capítulo, de forma excepcional, se enumeran las conclusiones con el fin de permitir al lector identificar la toma de posición adoptada a partir de lo anteriormente expuesto.

1. El mundo necesita alternativas sociales y jurídicas ante el colapso medioambiental. En un contexto global de centro y periferia, puede afirmarse que Europa ha tomado conciencia del riesgo en que se encuentra la humanidad, reconociendo al mismo tiempo que la producción industrial de bienes, por sí sola, no conduce al bienestar general de las naciones. De ahí que se preste atención a las potenciales soluciones latinoamericanas;
2. Legisladores progresistas, como los de Ecuador y Bolivia, hicieron inscribir el *buen vivir* en sus constituciones. En Ecuador, el *sumak kawsay*; en Bolivia, el *suma qamaña*. Otros países no lo tienen expresamente, pero sus cláusulas de integración latinoamericana permiten considerar que puede ser adoptado como principio protector de un estilo de vida representativo;
3. La formulación genérica del concepto hace necesario depurarlo de otros elementos ya sedimentados en los derechos fundamentales clásicos. Tal depuración analítica permitirá que el *sumak kawsay* adquiera funcionalidad más allá de una vaga carta de intenciones;
4. No pasa desapercibido un primer peligro: que el *sumak kawsay*, al ser importado de la tradición indígena, funcione como mero discurso orientado a una felicidad que nunca se alcanza, en un estilo, por así decirlo, "gatopardista", es decir, que enuncia cambios que jamás se imponen en la realidad de los pueblos. No hacen falta grandes datos científicos para constatar que los países donde se enuncia el principio, como sucede generalmente en Latinoamérica, no son el mejor ejemplo de un Estado garantizador de las mejores condiciones de vida.
5. El riesgo de que el *sumak kawsay*, por más que se afirme lo contrario, se convierta en un ratificador de prejuicios contra los pueblos

originarios y mestizos de América Latina es enorme, aunque eso no resulte evidente para la mayoría de los estudiosos. Es lo que podría denominarse una nueva leyenda negra. Asumir un discurso de improductividad es arriesgado, según el uso que los países del Centro desarrollado deseen hacer de él. Así, la condición de periferia sigue siendo decisiva en el momento de exportar el concepto. No es necesario un instrumento más para reforzar la idea de que Latinoamérica es responsable de la riqueza global del medioambiente y la naturaleza, mientras asume para sí una pobreza local derivada de la escasa productividad y de la explotación de sus recursos naturales mal remunerados.

6. Hay, por tanto, que tener cuidado para que el *sumak kawsay* no sea, en sentido figurado, un producto más de exportación que sale de América Latina en estado bruto, como simple materia prima. Un producto que, únicamente cuando es transformado por el país importador mediante su conocimiento, puede ser utilizado directamente en beneficio de la civilización occidental.

7. Al analizar las fortalezas del *sumak kawsay*, a partir de la Constitución boliviana y, principalmente, de la ecuatoriana, pueden identificarse cuatro elementos estructurales para su definición funcional: (a) fin de la economía de consumo; (b) preservación del medio ambiente; (c) dimensión espiritual; (d) integración de los pueblos latinoamericanos.

8. Sin incurrir en una generalización, puede afirmarse que, si el *sumak kawsay* funciona, al menos, como principio orientado a la mejora social, la preservación del medioambiente y la integración, adquiriría un papel relevante en otros países latinoamericanos: una herramienta hermenéutica integradora que exigiría que las políticas públicas estuvieran alineadas con el desarrollo de la región latinoamericana, respetando su cultura, su ancestralidad y garantizando el derecho de las futuras generaciones.

11. BIBLIOGRAFÍA

ASTUDILLO BANEGAS, J. *Buen vivir para la superación de las desigualdades. Prácticas en las comunidades indígenas del Ecuador: Shuar, Manteña y Kichwa*, Tesis Doctoral, Univ. Complutense de Madrid, 2018.

BOFF, Leonardo, *Ecología: grito da terra, grito dos pobres*, RJ: Vozes, 2015.

FRANCE PRESS, 2011. https://www.eleconomista.es/economia/noticias/3194372/06/11/4/Merkel-insite-en-que-los-europeos-del-sur-son-menos-eficaces-en-el-trabajo.html.

MEDINA, Javier. *Suma Qamaña. Por una convivialidad postindustrial.* Garza Azul Editores, 2006.

REPÚBLICA DE ECUADOR. *Plan Nacional de Desarrollo* – 2017-2021 – Toda Una Vida.

REPÚBLICA DE ECUADOR. *Plan Nacional del Buen Vivir – 2009-2013.*

REPÚBLICA DE ECUADOR. *Plan Nacional del Buen Vivir – 2013-2017.*

RODRÍGUEZ, Víctor Gabriel, *Argumentação Jurídica: Tecnicas de Persuasão e Lógica Informal,* Martins Fontes, 7ª Edição no prelo.

SKEWES, Juan Carlos, Indigenizar el mundo, in: *El buen vivir:* interculturalidades y mundialización, Curitiba: Ed. UFPR, 2021.

VIDEOMENSAJE DEL SANTO PADRE FRANCISCO PARA LOS MOVIMIENTOS POPULARES, 2021, atican.va/content/francesco/es/messages/pont-messages/2021/documents/20211016-videomessaggio-movimentipopolari.html.

WEBER, Max, *La ética protestante y el espíritu del capitalismo,* Trad. J. Abellán, Madrid: Alianza, 2012.

Decisiones

Sent. 166-15-SEP-CC, 20 mayo 2015, p. 11 de 18.

RE 494601/RS, redator do acórdão min. Edson Fachin.

5.6. Las funciones administrativas y jurisdiccionales de los Tribunales Electorales de Centroamérica

JULIO OLIVO GRANADINO[1]
Universidad de El Salvador
juliolivo@yahoo.es

1. INTRODUCCIÓN

El breve ensayo que aparece desarrollado en las siguientes líneas, aborda en un análisis descriptivo, el tema de los sistemas electorales de Centroamérica, con especial referencia a El Salvador, teniendo como objetivo conceptualizar y caracterizar el tipo de sistema o modelo que se desarrolla en cada uno de 5 países del istmo centroamericano.

La mayoría de países poseen sistemas o modelos concentrados de administración de las elecciones y ejercicio de la función jurisdiccional, lo que significa que la administración de las elecciones en nuestros países está en manos de una sola entidad, llámese *Tribunal* o *Concejo Electoral,* el cual posee más o menos independencia de otros órganos o poderes del Estado o de la misma administración pública.

Bajo estas reglas del juego se han administrado, en el caso salvadoreño 32 procesos electorales post firma de los Acuerdos de Paz, sin que ninguno de ellos haya sido cuestionado de falso o fraudulento hasta esta fecha.

Por supuesto que la democracia no debe ser confundida, ni reducida a la administración y ejecución exitosa de las elecciones. Aunque esto último, —por supuesto— es una pieza fundamental para la construcción de la democracia real. La democracia integra el valor de la dignidad humana, la procuración de la justicia y el mejoramiento de las condiciones socioeconómicas o condiciones de vida material de la sociedad y la construcción de un Estado Social Constitucional y Democrático de Derecho.

---

1 Doctor en Derecho por la Universidad Autónoma de Barcelona. Fue Presidente del Tribunal Supremo Electoral de El Salvador (2014-2019). Ha sido decano de la Facultad de Jurisprudencia y Ciencias Sociales de la Universidad de El Salvador

La separación de poderes u órganos de Estado es la columna vertebral de todo Estado Constitucional y Democrático de Derecho, es una pieza fundamental para garantizar el ejercicio de la autoridad electoral, como ente dotado de autonomía, soberanía e imperium para tomar decisiones e impartir justicia electoral. Cualquier intromisión de los órganos de Estado en las funciones especializadas y privativas del TSE, como autoridad máxima en materia electoral, distorsionan la organización y ejecución de los planes electorales.

No cabe duda que los textos y los contextos en materia electoral también cuentan. Una democracia no puede abstraerse de garantizar condiciones históricas sociales-concretas de vida material, condiciones de justicia social y equidad, que a veces olvidamos o relativizamos, pero que deberían ser ingredientes imprescindibles si pretendemos adjetivar o calificar una sociedad como democrática en cualquier país del mundo.

Cada país escribe su propia historia que lo determina, su texto y su contexto. Como lo he señalado en el libro "la democracia en riesgo", no podríamos comparar los problemas logístico electorales de El Salvador, con una organización electoral territorial que no sobrepasa los 1,595 centros de votación y un padrón electoral de 5.5 millones de ciudadanos, en relación a otro país de la región del norte, como México, que tiene 92 millones de electores, 300 distritos uninominales e instala más de 156,000 casillas o mesas de votación o la India con 970 millones de electores y un millón de mesas de votación, en donde serían inimaginables para cualquier país de Centroamérica, el manejo de los problemas que tiene el registro electoral y el proceso de organización de siete jornadas electorales, desarrolladas en 7 fechas distintas y que dura aproximadamente 1 mes y medio.

Claro está que hemos avanzado en algunos temas y hemos retrocedido en otros. "No tenemos los problemas de las autoridades electorales hindúes, para que los Colegios Electorales puedan llevar las papeletas de votación, en un recorrido que dura tres días, para garantizar el sufragio de su divina gracia en las montañas recónditas del Himalaya. No usamos las mulas y pangas para transportar los paquetes electorales, como lo sigue haciendo Nicaragua para garantizar el sufragio en las alejadas zonas rurales del Atlántico Sur"[2]. En ningún país de Centroamérica se permite que los partidos políticos impriman las papeletas de votación, o las repartan en las esquinas, y las puedan llevar marcadas el día de la elección para depositar-

2 El Salvador, tiene un voto residencial desde 2006, lo que ha significado que las urnas se instalan cada vez más cerca del domicilio de los ciudadanos.

las en las urnas, como lo permite la ley electoral en Argentina, Uruguay y Paraguay. No instalamos urnas en las cárceles, como lo hacen en 17 países de Europa o en más de 34 estados en EEUU, Canadá o Australia, para garantizar el derecho al sufragio de los reos; tampoco en los hospitales para que voten los enfermos, como lo hace el Estado Libre Asociado de Puerto Rico (en el denominado "voto encamado").

No incluimos en ninguna caja o paquete electoral, "fósforos o cerillos" como se utiliza en Panamá, para que una vez finalizado el escrutinio preliminar y conocidos los resultados electorales, se prenda fuego a las papeletas de votación en clara señal de conservación del acto electoral para evitar el morbo y las tentaciones políticas de cambiar algún resultado electoral.

Porque el contexto si cuenta, y cuenta mucho más, cuando se tiene una historia de fraudes electorales, bajo la existencia de las dictaduras militares, dignos de escribir y de contar para no volver a repetir en una visión limitada y circular, sino más bien avanzar, en una perspectiva de desarrollo histórico social en espiral.

2. DE LA FUNCIÓN ADMINISTRATIVA O DE ORGANIZACIÓN ELECTORAL

En un estudio comparado de lo que sucede en la región y algunos países de Latinoamérica, el 80% de los Consejos o Tribunales Electorales de los países centroamericanos ejercen al mismo tiempo funciones administrativas y jurisdiccionales. Aunque se trata de realidades más distantes, tomando como muestra un número de países de Latinoamérica, algunos poseen sistemas concentrados y otros sistemas desconcentrados.

La administración electoral comprende el ejercicio de una serie de funciones atribuidas por las leyes a uno o más órganos estatales. Estas funciones no solo implican la organización de elecciones e impartición de justicia electoral, si no también, el complejo tema del registro electoral.

En algunos países, también comprende la emisión del documento de identidad, que constituye uno de los requisitos para poder votar[3].

---

[3] En el caso de El Salvador, en antaño se confiaba al Consejo Central de Elecciones la emisión del Carnet Electoral, que fue sustituido por el Documento Único de Identidad que es emitido por el Registro Nacional de las Personas Naturales (RNPN).

El concepto de administración u organización electoral, en términos generales comprende una serie de procedimientos vinculados con el fenómeno de elección de representantes a través del voto popular (López Pintor, 2017, pp. 26-27)[4].

Debemos agregar al listado anterior la planeación, gestión y ejecución presupuestaria; la planificación del proceso tecnológico para el procesamiento, transmisión y divulgación de resultados electorales, y en el caso salvadoreño, la totalización de resultados con fracciones de voto cruzado y marcas de preferencias; administración y gestión de cooperación internacional y observación de procesos electorales, entre otros.

En los países europeos, o en el modelo europeo, si se quiere, a propósito de la independencia e imparcialidad, la organización electoral se encarga a instituciones permanentes o temporales que forman parte del Órgano Ejecutivo, mientras que en los países de "Latinoamérica", la organización electoral se confía a órganos con autonomía del gobierno, con independencia y especialización en la materia.

La autonomía, independencia y especialización de los órganos en el denominado modelo "Latinoamericano" varía en cada país, dependiendo de su estructura, configuración y atribución de competencias; llegándose en algunos casos a configurar el órgano de administración electoral como un "cuarto poder" dentro de la organización estatal, un claro ejemplo es Nicaragua en donde la Constitución reconoce al Consejo Electoral como un Órgano de Estado (Jaramillo, 2007, pp. 277-278)[5].

En algunos ejemplos, como ocurre en Argentina, se adopta una especie de sistema mixto, en donde la parte jurisdiccional se confiere a una

---

4 El autor se refiere al vocablo Administración electoral referido a: "Las operaciones incluyen desde la preparación de proyectos legales hasta la transmisión y anuncio de resultados, pasando por la planificación estratégica y operativa, registro de electores, inscripción de partidos y candidatos, seguimiento de campaña, preparación/ distribución/recogida/control de materiales sensibles y de procedimiento, educación ciudadana e información de votantes, capacitación del personal electoral, sin dejar de lado la gestión ordinaria de los organismos electorales permanentes".

5 El autor señala que: "... hoy en día los países latinoamericanos poseen un órgano estatal encargado de las funciones electorales, el cual se encuentra situado en la mayoría de los casos al margen de los tres poderes públicos tradicionales —por lo cual muchos autores tienden a calificarlos como cuarto poder del Estado—, mientras que en tres países (Argentina, Brasil y Paraguay) está integrado al Poder Judicial".

Cámara Nacional Electoral que integra el Poder Judicial dentro de la jurisdicción ordinaria, mientras la administración electoral está en manos del Órgano Ejecutivo, Dirección Nacional Electoral (DINE), subordinada al Ministerio del Interior y el Correo oficial que garantiza la logística para las elecciones primarias (Paso) y las elecciones generales.

Cabe subrayar que, dependiendo de la realidad e historicidad de cada país, la entidad encargada de administrar u organizar las elecciones adopta distintas denominaciones, a saber: Consejo, Tribunal, Corte, Jurado, Junta, Cámara, Comisión, entre otros. En el caso de El Salvador, la autoridad electoral, a partir de las reformas a la Constitución de 1983, adquiere el nombre de Tribunal Supremo Electoral (TSE).

De acuerdo a los datos recopilados por el Dr. López Pintor, tomando en consideración una muestra de 204 países a nivel mundial: 38 países siguen un modelo en donde el gobierno gestiona las elecciones, 43 países siguen un modelo en el que el gobierno gestiona las elecciones bajo un organismo supervisor y en 123 países la organización de las elecciones es atribuida a un organismo electoral independiente del gobierno.

En el caso de El Salvador, en las reformas constitucionales producto de la firma de los Acuerdos de Paz del 16 de enero de 1992, se adoptó este último modelo, ya que la Constitución reconoce al Tribunal Supremo Electoral como autoridad máxima en materia electoral y el Código Electoral le confiere autonomía jurisdiccional, administrativa y financiera. El modelo en el cual las elecciones son administradas y ejecutadas por entidades del gobierno o por una comisión nombrada al efecto, como ocurre en los países europeos, sería impensable en El Salvador, sobre todo, debido a la historia de fraudes electorales del pasado y desconfianzas preexistentes.

3. DE LA FUNCIÓN JURISDICCIONAL O DE JUSTICIA ELECTORAL

En el concepto de función jurisdiccional o justicia electoral, que utilizado en sentido restringido, alude a diversos mecanismos —administrativos y jurisdiccionales— por medio de los cuales, se pueden impugnar los actos y procedimientos electorales con la finalidad de garantizar la regularidad y legalidad de las elecciones y el ejercicio de derechos políticos. La justicia electoral comprende, por lo tanto, desde esta perspectiva, las soluciones previstas para los conflictos que puedan surgir antes, durante y después de un evento electoral (Orozco Henríquez, 2017).

En los tipos o modelos de justicia electoral pueden identificarse los siguientes:

a) Administración conferida a un órgano político u Órgano de Estado. Es aquel que se confía al Parlamento, Congreso o Asamblea Legislativa, como sucede en Alemania en donde el Bundestag, conoce en primera instancia de los problemas electorales, por medio de una Comisión designada al efecto, para abordar los conflictos que se suscitan en las mesas de votación en torno a la validez de los votos, entre otros. Aunque este sistema de control de las decisiones políticas, confiada a órganos políticos, resulta en la actualidad excepcional, debido a que las decisiones de estos órganos son objeto de revisión en instancias jurisdiccionales superiores; todavía subsiste en EEUU, Europa (Italia, Bélgica, Dinamarca) y otros países.

b) Control atribuido a un órgano jurisdiccional. En este caso, se otorgan las funciones jurisdiccionales electorales a los mismos jueces o tribunales de la jurisdicción ordinaria o del órgano o poder judicial. Esta puede adoptar matices como el conferir a Tribunales, Cortes, Consejos o Salas constitucionales este tipo de competencia. Es necesario aclarar que estos modelos, implementados en Austria, Alemania, España, Portugal, Bulgaria Croacia, Lituania y Rumania, tienen perfectamente regulado el marco constitucional y estructura de legalidad y delimitadas sus competencias para conocer de la resolución de conflictos en materia electoral. En el modelo de Puerto Rico, el Consejo Electoral, integrado por representantes de todos los partidos políticos, administran y organizan las elecciones, mientras la función jurisdiccional la ejercen los jueces ordinarios quienes resuelven los conflictos relacionados con el proceso electoral.

c) Funciones jurisdiccionales electorales conferidas a un tribunal administrativo. En este caso se confieren facultades expresamente determinadas en la Constitución y la ley electoral, a un órgano autónomo, como sucede en Colombia, Finlandia y Letonia. En la experiencia de Colombia, además de la existencia de instancias electorales, como el Consejo Nacional Electoral (y la Registraduría Electoral), con competencia para conocer de los conflictos en materia electoral, en el caso de las impugnaciones a las decisiones jurisdiccionales, se someten al conocimiento de una instancia superior especializada en materia electoral, denominada "Consejo de Estado". Otro ejemplo, lo representa la República Checa, en donde existe un órgano jurisdiccional de carácter administrativo con competencia para conocer en asuntos electorales, adscrito al mismo Órgano Judicial, denominada Suprema Corte Administrativa, similar a la Sala de lo Contencioso Administrativa salvadoreña, adscrita a la Corte Suprema de Justicia, pero que a diferencia de esta última instancia, no tiene competencias constitucionales para conocer y dirimir conflictos en materia electoral.

d) Funciones jurisdiccionales electorales conferidas a un órgano especializado. Se trata de la asignación de competencias para conocer y dirimir conflictos en materia electoral, otorgada a un tribunal, separado de las funciones administrativas. Esta ola de separación de funciones de los órganos electorales, bajo el paraguas de una mayor independencia e imparcialidad al momento de impartir la justicia electoral, ha impactado en México con la creación del Tribunal Electoral del Poder Judicial (1996), en Paraguay con la creación del Tribunal Superior de Justicia Electoral (1995), la Sala Electoral del Tribunal Superior de Justicia en Venezuela, y más recientemente en Honduras, con la creación del TSE en 2019.

e) Control otorgado a un órgano electoral administrativo con atribuciones jurisdiccionales. Este es el modelo adoptado por nuestro país y los países de Centroamérica, en donde un ente autónomo de los órganos e instituciones del Estado, desarrolla la organización de las elecciones y al mismo tiempo ejercen funciones jurisdiccionales. En los casos de Nicaragua, Costa Rica y Panamá, las decisiones de estos órganos electorales, algunos con estatus constitucional de Órgano de Estado, tienen un carácter definitivo e inapelable.

f) Funciones atribuidas a un órgano ad hoc provisional y transitorio. Este último opera de manera excepcional, temporal o transitoria, relacionado con la solución de un conflicto armado o la recomendación de un organismo internacional[6].

La decisión final sobre la validez o no de una elección ante la impugnación de los resultados, o la existencia de conflictos alrededor de la misma, es materia propia de la justicia electoral. Esta última, puede ser impartida por: "i) la misma entidad que organizó la elección —Tribunal, Consejo,

---

[6] Orozco Henríquez, J. Jesús, 2012. La Construcción teórica y clasificación de los modelos de jurisdicción electoral están basados en la investigación y recopilación realizada por Orozco Henríquez, de quien puede consultarse también su tesis doctoral Orozco Henríquez, 2009. Sobre el mismo tema, puede consultarse también: Arenas Bátiz, Carlos Emilio, 2010.

Junta, etc.—, ii) un órgano judicial de control constitucional —Cortes, Tribunales, Cortes Supremas, Salas, etc.—, iii) un órgano de justicia administrativa —Tribunales o juzgados contenciosos administrativos— y iv) un órgano electoral especializado distinto al que organizó las elecciones —Tribunal, Consejo, Junta, etc." (Orozco Henríquez, 2017, p. 612).

En el caso de El Salvador, el TSE, es la autoridad máxima por Constitución de la República y de los recursos que interpongan las partes conocerá el mismo Tribunal, ubicándose en el literal i) de la clasificación antes referida.

La última instancia de conocimiento en materia electoral en la jurisdicción salvadoreña, es la Sala de lo Constitucional de la Corte Suprema de Justicia.

Con base en la Constitución de El Salvador de 1983, los casos en los que conoce la Sala de lo Constitucional en materia electoral, deben entenderse como violaciones graves a derechos civiles y políticos en materia electoral y no significa la libre intervención en esta materia en cualquier momento o por cualquier irregularidad.

Se añade el conocimiento en materia contencioso administrativo de temas exclusivos de la naturaleza de esta jurisdicción (administrativos), no siendo aplicable a los casos relacionados con la función propiamente electoral de competencia privativa del TSE.

Estas y otras perspectivas de análisis aquí planteadas, deberían abrir fuertes debates sobre la conveniencia o no de "judicializar la política", la adopción de una concepción de las cosas en donde un órgano judicial, decide sobre cuestiones electorales y los órganos electorales especializados en la materia están condenados a guardar silencio.

Sobre este tema, el Profesor Nohlen, ha señalado que: "Esta extensión de las funciones de la justicia electoral alberga por un lado el peligro de la judicialización electoral de la política, es decir que la política no desarrolle una cultura política de adhesión a las reglas del juego y a los valores democráticos per se. En última instancia, los conflictos no se resuelven a través del diálogo, de compromisos y de consensos, sino mediante decisiones jurisdiccionales. Por otro lado, la extensión de las funciones puede generar el peligro de una mayor politización de la justicia electoral en la percepción de la gente, fenómeno que encajaría perfectamente bien en la cultura política predominante de la región" (Dieter Nohlen, 2010, p. 141).

4. FUNCIONES DE LOS ORGANISMOS ELECTORALES DE CENTROAMÉRICA Y ALGUNOS PAÍSES LATINOAMERICANOS

Denominaremos funciones concentradas, "a aquellas en donde la administración electoral y funciones jurisdiccionales han sido conferidas a un solo órgano". A contrario sensu cuando estas funciones se encargan a dos o más órganos, hablaremos de "desconcentración de funciones" (Pérez Duharte; Thompson, 2017, p. 774).

Por otra parte, en favor de la desconcentración, se argumenta una exigencia de imparcialidad, así como evitar el monopolio de poder en un solo órgano (Tuesta Soldevilla, 2009).

Respecto a las ventajas y desventajas de un modelo concentrado o desconcentrado, cada país debe aprender a leer las líneas de la mano de su realidad, en el caso salvadoreño, las funciones concentradas del TSE han garantizado la administración, hasta la fecha, de 32 eventos electorales, la consolidación de la democracia, estabilidad y gobernabilidad en el país. Se añade un reconocimiento mundial en administración de procesos electorales confiables y transparentes.

Una de las ventajas de un poder electoral concentrado, es su unidad monolítica, que a su vez, otorga fortaleza y la adecuada sincronía que debe existir entre la organización electoral y la justicia electoral. Esto último, debido a que la materia electoral, es una materia especializada en donde convergen no solo variables jurídicas, sino también variables políticas, sociales, económicas, ambientales, culturales, administrativo-tecnológicas, entre otras.

La administración electoral de Costa Rica, Panamá, Guatemala, Nicaragua y El Salvador, se estructuran sobre la base de un modelo concentrado de funciones administrativo-organizativas y de justicia electoral. Se exceptúa Honduras que recientemente ha separado sus funciones históricamente concentradas en un solo órgano.

Las resoluciones del Tribunal Supremo de Elecciones de la República de Costa Rica no admiten ningún recurso, según lo estipula la Constitución en el Art.103, que literalmente expresa: "Las resoluciones del Tribunal Supremo de Elecciones no tienen recurso, salvo la acción por prevaricato".

Las decisiones del máximo tribunal electoral se han venido respetando y el sistema de concentración de funciones jurisdiccionales y administrativas, siempre ha dado muestras de eficiencia y eficacia. Vale la pena mencionar que en Costa Rica, tampoco existe el sistema de presentación de planillas en listas abiertas, ni se permite el voto cruzado y mucho menos fraccionado, por lo que la transmisión de resultados electorales, resulta mucho más fácil —se hace por teléfono—, utilizando el apoyo que brindan entidades del Estado como el ICE y RACSA.

La Sala de lo Constitucional de la Corte Suprema de Justicia, conocida como Sala Cuarta, ha establecido a través de su jurisprudencia la existencia de un impedimento jurídico para conocer la conformidad de la jurisprudencia del Tribunal Supremo de Elecciones establecida en la Constitución Política. De hecho, cuando se sometió a consideración la "optimización de la representación", "voto preferente" y "candidaturas independientes", los magistrados respetaron el Art.98 de la Constitución Política costarricense, que señala el "monopolio de los partidos políticos" para la postulación de candidaturas (Voto No.456-2007), rechazando los argumentos de los peticionarios.

La Sala costarricense reconoce que el Art.10 de la Constitución les plantea inhibiciones claras al momento de resolver en materia electoral: "Corresponderá a una Sala especializada de la Corte Suprema de Justicia declarar, por mayoría absoluta de sus miembros, la inconstitucionalidad de las normas de cualquier naturaleza y de los actos su- jetos al Derecho Público. No serán impugnables en esta vía los actos jurisdiccionales del Poder Judicial, la declaratoria de elección que haga el Tribunal Supremo de Elecciones y los demás que determine la ley".

En el análisis de Cambronero Torres, "El constituyente derivado respetó parcialmente la exclusividad de competencia en materia electoral que, como se reitera, el poder originario otorgó al TSE. Ciertamente, dentro de los actos excluidos del régimen de control de constitucionalidad se incluyeron las resoluciones de la jurisdicción electoral, así como actos trascendentales del proceso electoral; sin embargo, en puntos de capital importancia como la protección de derechos fundamentales, ha sido la jurisprudencia la encargada de resolver los conflictos: el surgimiento del recurso de amparo electoral a partir de la resolución n.° 303-E-2000 del TSE, agitó las placas y promovió una inclinación del eje competencial en la tutela de derechos político-electorales hacia el órgano electoral, con la acertada aceptación de la Sala Constitucional acerca de su papel subsidiario en protección de este tipo de derechos" (Cambronero Torres; Mora Barahona, 2015, pp. 17-18).

No puedo dejar de mencionar que en el 2015, los magistrados de la Sala Cuarta, han determinado la competencia de ese órgano para revisar las reglas con valor normativo general y abstracto derivadas de la doctrina contenida en las sentencias emitidas por el Tribunal Supremo de Elecciones.

En el caso del Tribunal Electoral de la República de Panamá, quien se ha ganado un respeto internacional por la adecuada administración de las elecciones y el cumplimiento de sus funciones jurisdiccionales, tiene competencia funcional hasta para conocer en materia penal de los delitos electorales.

El Tribunal Electoral, tiene competencia exclusiva y privativa en materia electoral en cuanto a la interpretación y aplicación de la ley en esta materia. La Constitucional Política de la República de Panamá, reconoce esta competencia en el Art.142, al expresar que: "Con el objeto de garantizar la libertad, honradez y eficacia del sufragio popular, se establece un tribunal autónomo e independiente, denominado Tribunal Electoral, al que se le reconoce personería jurídica, patrimonio propio y derecho de administrarlo. Este Tribunal interpretará y aplicará privativamente la Ley Electoral, dirigirá, vigilará y fiscalizará... las fases del proceso electoral..."

En el año 2013, la Sala Tercera de lo Contencioso Administrativo de la Corte Suprema de Justicia, trató de interferir en las decisiones del máximo Tribunal Electoral, admitiendo una demanda en contra de una decisión del Tribunal Electoral en donde se pedía ordenar suspender los actos de propaganda electoral. La Sala Contencioso Administrativo, aunque había admitido la referida demanda, más tarde reparó su decisión respetando el carácter privativo de la competencia del órgano electoral, desestimando la demanda en el 2016.

El Tribunal Supremo Electoral de la República de Guatemala, (TSE), aparece igual que en El Salvador, reconocido en la Constitución como la máxima autoridad en materia electoral con carácter de independencia y no supeditado a organismo alguno del Estado.

Pese a lo anterior, sus decisiones pueden ser controladas por la Corte Suprema de Justicia y por la Corte Constitucional. La historia electoral del vecino país, si bien reporta la intervención de la Corte Constitucional en el cuestionado caso de la habilitación para presentar candidatura para presidente del general Efraín Ríos Mont, Ref. 1089-2003 y el rechazo de la candidatura de la señora Sandra Torres, no aparece la Corte Constitucional efectuando transformaciones al sistema electoral, ni dictando medidas durante la marcha del proceso electoral, o después de la convocatoria a elecciones.

En el caso del Consejo Supremo Electoral de la República de Nicaragua, la Constitución le confiere un rango de Órgano de Estado, al lado de los Órganos Ejecutivo, Legislativo y Judicial. La misma Constitución le otorga competencias privativas para definir en última instancia los conflictos que surjan en los procesos electorales.

La Sala de lo Constitucional de la Corte Suprema de Justicia ha determinado, a través de su jurisprudencia, que no puede conocer de las decisiones del Consejo Supremo Electoral que tienen carácter electoral. Solo puede entrar a conocer el Recurso de Amparo en contra de las resoluciones del Consejo Electoral, cuando se trata de resoluciones de carácter administrativo.

Esto último, muy a pesar que el Art. 268 de la Constitución nicaragüense prevé que las disposiciones referidas a las competencias del Consejo: "no comprenden los recursos que ante la Corte Suprema puedan intentarse contra la aplicación de leyes inconstitucionales o contra la inscripción, para cargos electivos, de personas que no reúnan los requisitos que establece la Constitución".

Haciendo un parteaguas, Honduras, que históricamente había tenido funciones administrativas y jurisdiccionales concentradas en un solo organismo, acaba de aprobar mediante el decreto No.91-2019, correspondiente al mes de agosto del año pasado, la separación de las referidas funciones, creándose un Consejo Nacional Electoral (CNE) integrado por 3 magistrados titulares y tres suplentes con funciones de organización de las elecciones y el conocimiento de los recursos en primera instancia y un Tribunal Electoral independiente y separado del Consejo Electoral, con facultades para conocer en segunda instancia acerca de los recursos interpuestos ante el Consejo.

Debido a la reciente separación de funciones, solo podemos señalar que el anterior Tribunal Nacional de Elecciones de la República de Honduras, con funciones concentradas, siempre fue respetado en sus resoluciones por la Sala de lo Constitucional de la Corte Suprema de Justicia, a pesar de que ésta tiene facultades para intervenir en materia de amparo.

Cuadro comparativo de los Tribunales y Concejos electorales de Centroamérica

País	Modelo	Organización	Justicia Electoral
Costa Rica	Concentrado	Tribunal Supremo de Elecciones	Tribunal Supremo de Elecciones
Panamá	Concentrado	Tribunal Electoral	Tribunal Electoral
Guatemala	Concentrado	Tribunal Supremo Electoral	Tribunal Supremo Electoral
Honduras	Desconcentrado	Consejo Nacional Electoral	Tribunal de Justicia Electoral
Nicaragua	Concentrado	Consejo Nacional Electoral	Consejo Supremo Electoral
El Salvador	Concentrado	Tribunal Supremo Electoral	Tribunal Supremo Electoral

Al igual que los países centroamericanos, las administraciones electorales de Uruguay, Paraguay, Brasil y Bolivia se estructuran con base en un modelo concentrado de funciones, mientras que países como Colombia, México, República Dominicana, Chile, Ecuador y Argentina, se adscriben a un modelo de administración desconcentrado.

En ambos modelos, se presentan casos en los que las decisiones del órgano que imparte la justicia electoral pueden ser controladas por otros órganos, ya sean administrativos o judiciales, pero en la mayoría de casos se respetan las decisiones y criterios emanados de la autoridad máxima en materia electoral, sean Tribunales o Consejos Electorales, en ningún caso órganos externos invaden las funciones de las autoridades electorales, sobre todo cuando está en curso, y corriendo los plazos de un evento electoral.

Definitivamente, como lo señala el Prof. Nohlen, "la perspectiva comparativa no enseña nada definitivo, respecto de si es conveniente que las funciones organizativas y de justicia electoral se concentren en un órgano o sean conferidas a órganos diferentes (...) Para optar por una u otra opción, es necesario buscar criterios teóricos válidos y ampliamente sostenidos y tener en cuenta el contexto" (Nohlen, 2010).

Resulta necesario tener en cuenta el contexto, "Cada una de estas dos opciones tiene sustentos técnicos que pueden o no justificar su implementación, y de hecho, en la práctica muchos académicos y expertos en la materia ofrecen puntos de vista y análisis a favor y en contra de ambas posiciones. Sin embargo, lo cierto es que no existe un diseño institucional que se constituya en "la receta" que asegure un funcionamiento sin inconvenientes, porque además cada país ofrece una realidad distinta y una idiosincrasia diferente. Ambas alternativas tienen sus particulares implicancias, pros y contras, y, [...] estos dos diseños tienen cuestionamientos y detalles por mejorar. También es importante puntualizar que no existe una tendencia clara o marcada en lo que respecta a este tema..." (Pérez Duharte, 2013, p. 157).

Es preciso tener en cuenta, en este análisis, los procesos de judicialización de la política, debido a que la autonomía del órgano electoral —concentrado o desconcentrado— se ve de alguna forma limitado por el control judicial al que puedan ser sometidas sus decisiones. En este sentido, la última palabra en materia electoral se establece por órganos judiciales y no por órganos electorales (Pérez Duharte, 2013).

Como lo advierte Sobrado González, se evidencia en los tribunales constitucionales: "una clara tendencia invasiva respecto de competencias expresamente tasadas como exclusivas y excluyentes de los tribunales electorales" (Sobrado Gonzáles, 2019, p. 34).

Como consecuencia de lo anterior, debe considerarse: "...a modo de ejemplo, que la jurisdicción constitucional anuló una sentencia interpretativa del organismo electoral, así como algunas de sus determinaciones respecto de la realización de referendos (Costa Rica)...dejó sin efecto órdenes de suspensión de propaganda política irregular (Panamá)... impuso reescrutinios y decidió sobre la cancelación del Registro de partidos políticos (El Salvador). Y que forzó la inscripción de candidaturas inviables, a través de sentencias de una cuestionada fundamentación, que anularon normas incluso de jerarquía constitucional (Honduras)" (Sobrado Gonzáles, 2019, p. 34).

Se trata pues, de una discusión inacabada respecto al diseño y funcionamiento del modelo institucional de administración electoral, ya que implica una fuerte dosis de reflexión y profundización, no solo de aspectos teóricos relacionados con el tema, sino de aspectos empíricos (políticos, sociológicos, económicos e históricos) que resultan determinantes para el funcionamiento del modelo en una realidad concreta.

El siguiente cuadro esquematiza los modelos aplicados en algunos países de Latinoamérica:

Cuadro comparativo de las funciones de los Tribunales y Consejos Electorales de Latinoamérica

País	Modelo	Organización	Justicia Electoral
Colombia	Desconcentrado	Registro Nacional del Estado Civil	Consejo Nacional Electoral
Uruguay	Concentrado	Corte Electoral	Corte Electoral
México	Desconcentrado	Instituto Nacional Electoral	Tribunal Electoral del Poder de la Federación
República Dominicana	Desconcentrado	Junta Central Electoral	Tribunal Superior Electoral
Chile	Desconcentrado	Servicio Electoral	Tribunal Calificador de Elecciones
Paraguay	Concentrado	Tribunal Superior de Justicia Electoral	Tribunal Superior de Justicia Electoral
Brasil	Concentrado	Tribunal Superior Electoral	Tribunal Superior Electoral
Ecuador	Desconcentrado	Consejo Nacional Electoral	Tribunal Contencioso Electoral
Bolivia	Concentrado	Tribunal Supremo Electoral	Tribunal Supremo Electoral
Argentina	Desconcentrado	Dirección Nacional Electoral del Ministerio del Interior	Cámara Nacional Electoral
Venezuela	Concentrado	Consejo Nacional Electoral	Consejo Nacional Electoral

5. BREVE REFERENCIA A LAS TRANSFORMACIONES DEL SISTEMA ELECTORAL DE EL SALVADOR

En el Manual de IDEA Internacional[7], se afirma que los sistemas electorales pueden "influir en la forma en que los partidos realizan campañas electorales y en la forma en que se conducen las élites, contribuyendo así a determinar el contexto político general; pueden estimular o inhibir la formación de alianzas interpartidistas…" En la misma dirección, Tuesta Soldevilla, argumenta que: "aplicar un sistema electoral sobre una votación cualquiera, tendrá una resultante distinta si se aplica otro sistema electoral sobre esa misma votación. Esto le confiere al sistema electoral una importancia vital en la estructuración de cualquier sistema político y de partidos. En consecuencia, escoger un sistema electoral determinado, pasa a convertirse en una decisión política de vital importancia para un país". Agrega el autor: "Sin embargo, si bien el sistema electoral tiene efectos en el sistema de partidos, en la gobernabilidad y la legitimidad electoral, también es

---

7 https://www.idea.int/sites/default/files/publications/diseno-de-sistemas-electorales-el-nuevo-manual-de-idea-internacional.pdf

cierto que este está condicionado por factores históricos, políticos y culturales. En otras palabras, el sistema electoral es también el resultado de un proceso político y social" (Tuesta Soldevilla, 2013, pp. 251-252).

Las referencias anteriores, sirven para contextualizar los cambios al sistema electoral salvadoreño, ocurridos principalmente en las elecciones 2012, 2015 y más recientemente en el 2024.

Las transformaciones al sistema electoral salvadoreño no fueron ejecutadas por el órgano legislativo que posee la representación popular directa, sino impuestas mediante sentencias o resoluciones judiciales de la Sala de lo Constitucional de la Corte Suprema de Justicia (judicialización de la política), sin mediar un consenso entre los "stakeholders" o grupos de interés a quienes afectaría la reforma. Los cambios afectaron algunos elementos del sistema electoral y el sistema de partidos políticos en El Salvador (Olivo Granadino, 2020). Entre estos, encontramos el cambio de una forma de presentación de candidaturas o listas, antes cerradas y bloqueadas, a una forma de listas semiabiertas en el 2012, y más tarde completamente abiertas en el 2015, lo que produjo sus efectos en el sistema político, o específicamente en algunos elementos: partidos políticos contradicciones internas (canibalismo político), organización interna, sustitución de algunos partidos y surgimiento de nuevos partidos políticos y actores políticos, cambio en la representación o nueva configuración del Congreso (Órgano Legislativo), destrucción de partidos políticos, entre otros[8].

Para Tuesta Soldevilla la relación entre los candidatos y su respectivo partido, las distintas formas de candidatura y votación permiten al elector ejercer mayor o menor influencia sobre la selección de candidatos dentro del partido. Las candidaturas individuales fomentan en cierta forma la independencia del candidato frente al partido, en el caso de las listas de partidos, según sea su forma, puede fortalecer (lista cerrada y bloqueada) o debilitar (lista cerrada y no bloqueada, lista abierta) la dependencia del candidato frente a su partido. En el caso de las listas cerradas y bloqueadas el candidato es dependiente de la nominación del partido, pero no así en

8 Para algunos autores, Nohlen, Zovatto, Reynoso, se ha venido configurando un retroceso al Estado de Derecho. El Dr. Daniel Zovatto, Director de Idea Internacional para Latinoamérica, presentó el Democracy Index: América Latina (2006-2021) en donde El Salvador aparece con un deterioro de su democracia y una calificación de 5.72, en relación a las democracias completas como Uruguay con calificación de 8.85, Costa Rica con 8.07, entre otros. Se agrega una calificación de Régimen Híbrido al lado de Guatemala, Honduras y Bolivia. Zovatto, 2022.

el caso de las listas cerradas y no bloqueadas y en las listas abiertas" (Tuesta Soldevilla, 2013, pp252-254).

En Centroamérica, Honduras y El Salvador adoptaron el sistema de listas abiertas o "voto cruzado" y en Suramérica solamente Ecuador, obteniendo resultados negativos: complejización de la administración de los procesos electorales y el acceso al ejercicio del sufragio activo y pasivo. Los resultados más palpables fueron, la generación de una crisis en la administración de las elecciones y erosión de los partidos políticos existentes. A manera de ejemplo, traigo a colación la crisis generada en la elección hondureña del 2017, en donde se puso en tela de juicio la legitimidad de las actas y votos escrutados (sumado a los problemas de auditoría que ocasiona la complejidad del sistema de voto cruzado aplicado a la elección de escaños de Asamblea Legislativa).

En El Salvador se produjo crisis de legitimidad de las elecciones 2015, en donde las JRV (mesas de votación) confundieron votos enteros, marcas de preferencia y marcas de voto cruzado, debido al poco tiempo para la capacitación en el nuevo sistema de votación impuesto. Crisis que también se trasladó a las elecciones 2018, en donde la empresa de prestigio internacional contratada no fue capaz de procesar y consolidar adecuadamente las fracciones de voto cruzado y votos preferentes en el sistema de "listas abiertas o voto cruzado", ocasionando el reclamo de los candidatos y candidatas ante el Tribunal Supremo Electoral salvadoreño.

Ecuador sufrió la crisis del año 2018, en donde se cuestionó a la autoridad electoral y el sistema electoral utilizado, incluso de beneficiar a ciertos grupos políticos, trayendo como resultado la destitución del pleno del Consejo Nacional de Ecuador (CNE) en julio de 2018, iniciándose una profunda reflexión acerca de la viabilidad del sistema electoral de listas abiertas (voto cruzado) que concluyó con el abandonó del mismo, para regresar al sistema de listas cerradas o voto por bandera en el 2021.

Lo cierto es que el sistema de listas abiertas, además de ocasionar contradicciones en el seno mismo de los partidos políticos, acarrea problemas para los procesos de observación y auditoría nacional e internacional, debido a su complejidad y diferentes formas de adopción en cada uno de los países. Agregado a los problemas de afirmación de derechos de la mujer, en donde los porcentajes de inclusión en las listas de los partidos políticos, luego de las elecciones internas o primarias, se ven afectadas con la aplicación del voto cruzado o panachage en las elecciones ordinarias.

Sin profundizar en los últimos cambios producidos en el sistema electoral salvadoreño, sobre todo, luego del arribo al poder de un nuevo Partido

Político, determinados directa o indirectamente por los cambios al sistema electoral ejecutados vía sentencia y resoluciones judiciales, encontramos el cambio del sistema proporcional regulado en la Constitución de la República de 1983, que brindaba la oportunidad a los partidos pequeños o de oposición de poder obtener un escaño por medio de residuos en el Congreso. Esto ha implicado también el cambio de la formula repartidora, transitando de la formula tradicionalmente utilizada denominada "Hare" a la formula "Dhondt" en donde se asigna la mayor cantidad de escaños al partido político que obtuvo la mayoría en los resultados electorales por "cociente", convirtiendo el sistema electoral salvadoreño en un sistema "menos proporcional" y que dificultará en adelante, a los partidos políticos pequeños o de oposición, obtener resultados por medio de los residuos mayores obtenidos.

6. RIESGOS Y DESAFÍOS PARA LA CONSTRUCCIÓN Y CONSOLIDACIÓN DE LA DEMOCRACIA EN LOS PAÍSES CENTROAMERICANOS

La mayoría de fuentes bibliográficas recientes de medición de la democracia en la región centroamericana, afirman que los procesos democráticos iniciados a partir de la década de los 90, se encuentran en una "regresión o recesión"; conceptos por supuesto con connotaciones y alcances políticos diferentes. Desde luego, esta situación se puede enmarcar también en un contexto continental y global, en el que se argumenta que se está en presencia de una "recesión democrática" (Corporación Latino Barómetro, 2023) en muchos países latinoamericanos[9] y a nivel mundial.

Estas conclusiones tienen como punto de partida, el análisis de determinados indicadores o componentes esenciales de una democracia: elecciones libres y periódicas, libertad de expresión, libertad de manifestación, Estado de Derecho dentro del que se incluye un componente de independencia judicial.

---

9 Democratización significa que un país se aleja de la autocracia y se acerca a la democracia. La autocratización es lo contrario, es decir, cualquier alejamiento de la democracia hacia la autocracia. Evie Papada, David Altman, Fabio Angiolillo, Lisa Gastaldi, Tamara Köhler, Martin Lundstedt, Natalia Natsika, Marina Nord, Yuko Sato, Felix Wiebrecht y Staffan I. Lindberg. 2023.

Sobre el último, la Corporación Latinobarómetro (2023), logró medir el apoyo a la democracia en los países centroamericanos, con excepción de Nicaragua, resultando que en Honduras el apoyo a la democracia es de un 32%, en Costa Rica es de un 56 %, en Panamá es de un 46%, en Guatemala es de un 29%, y El Salvador es de un 46%.

Existen otros indicadores que pretenden medir el avance o retroceso de los procesos democráticos, como es el caso del Índice V-Dem de democracia liberal que aglutina setenta y un indicadores relacionados con aspectos relativos al sufragio, cargos electos, elecciones limpias, libertad de asociación, libertad de expresión y fuentes alternativas de información, igualdad ante la ley e índice de libertad individual, control judicial del poder ejecutivo, restricciones legislativas al ejecutivo (Branko Milanovic, 2022).

Conforme con la aplicación de esa metodología, se afirma que América Latina y el Caribe, han vuelto a los niveles de democracia que se tenía a finales de la Guerra Fría.

Más allá de estos marcos teóricos, lo cierto es que la región centroamericana ha visto en las últimas décadas un declive en al menos tres de los componentes importantes de la democracia liberal: el Estado de Derecho, las elecciones libres y competitivas, y la libertad de expresión.

En lo que respecta al Estado de Derecho, resulta significativo que el debate político sobre el acceso al poder ejecutivo, y particularmente sobre la reelección presidencial, se haya trasladado al Órgano Judicial (Corte Suprema, Sala de lo Constitucional, Corte Constitucional) en cada uno de los países centroamericanos, con el animus de minimizar los debates y convulsiones sociales que este que este espinoso tema acarrearía en el seno de una sociedad.

En los casos de Costa Rica, Nicaragua y El Salvador, el Órgano Judicial o máximo tribunal de justicia tuvo que interpretar la cláusula constitucional que prohibía la reelección, en el caso de Guatemala la Corte Constitucional tuvo que pronunciarse sobre quién puede ser candidato presidencial, y en el caso de Honduras la Corte Suprema de Justicia tuvo que decidir sobre la constitucionalidad de reabrir el debate reeleccionista (Martínez Barahona; Brenes Barahona, 2012).

En términos del debate político deliberativo, que se asume como parte de la democracia liberal, esta situación genera grandes implicaciones, ya que son los Tribunales de Justicia los que cierran el debate sobre un asunto de gran trascendencia política, como es la reelección presidencial.

Desde luego, ello tiene objetivos claros desde el punto de vista de determinados actores políticos, fundamentalmente porque al trasladar el asunto al campo de las decisiones judiciales, primero, les evita la posibilidad de un eventual bloqueo político que les impediría alcanzar un consenso para la reforma sobre la reelección y, segundo, para liberarse del costo político que genere el debate sobre esta cuestión (Martínez Barahona; Brenes Barahona, 2012).

Un caso de mucha actualidad, son los problemas de las elecciones celebradas en Guatemala en 2023, las cuales se desarrollaron en un contexto de desconfianza del Tribunal Electoral, con un sistema de partidos políticos debilitado, y la obstaculización de la inscripción de determinadas candidaturas (Rodríguez M., 2023), la intervención de la Fiscalía para anular la inscripción del partido político que postuló al candidato ganador de las elecciones y la solicitud de retiro de su inmunidad previa a su toma de posesión.

Finalmente, como otro de los aspectos esenciales de la democracia liberal, se ha señalado que en los países centroamericanos se ha debilitado el espacio para la crítica al ejercicio del poder y el acceso a la información pública, la contraloría pública. Organismos de Derechos Humanos han denunciado la persecución de periodistas y opositores políticos.

7. CONCLUSIÓN

Estado Constitucional de Derecho, elecciones libres, competitivas y libertad de expresión, son componentes irrenunciables y pilares fundamentales de cualquier sistema que se adjetive como democrático. Elementos que se han visto erosionados en los países centroamericanos, por diversos factores, que pueden ir desde la pérdida de la esperanza de los ciudadanos en la democracia como forma de gobierno para cumplir sus expectativas, hasta la permanencia de fuertes intereses económicos (lícitos e ilícitos) a los que no favorecería la consolidación de estados democráticos en la región.

8. BIBLIOGRAFÍA

Arenas Bátiz, Carlos Emilio, Nuevas tendencias en la justicia electoral Iberoamericana, en Tribunal Contencioso Electoral, Nuevas tendencias del Derecho Electoral y Código de la Democracia, memorias del seminario internacional, Ágora democrática, 2010.

Branko Milanovic. ¿La democracia liberal forma parte del desarrollo humano?, 2022. Disponible en: https://letraslibres.com/economia/la-democracia-liberal-forma-parte-del-desarrollo-humano/

Cambronero Torres, Andréi y Mora Barahona, Iván, El control de constitucionalidad de las normas electorales, Editorial IFED-TSE, Costa Rica, 2015.

Corporación Latino barómetro, Informe 2023, La recensión democrática de América Latina, 2023.

Dieter Nohlen, Ciencia política y democracia en su contexto, Tribunal Contencioso Electoral, Ecuador, 2010, p. 141, en http://www.tce.gob.ec/jml/bajar/cienciapolitica.pdf

Evie Papada, David Altman, Fabio Angiolillo, Lisa Gastaldi, Tamara Köhler, Martin Lundstedt, Natalia Natsika, Marina Nord, Yuko Sato, Felix Wiebrecht y Staffan I. Lindberg. Resistencia frente a la autocratización. Informe sobre la Democracia 2023. Pontificia Universidad Católica de Chile. Instituto de Ciencia Política / Varieties of Democracy Institute (V-Dem Institute). Marzo de 2023.

Jaramillo, Juan, "Los órganos electorales supremos", en Dieter Nohlen, Daniel Zovatto y otros, (compiladores) Tratado de derecho electoral comparado de América Latina, México, Fondo de Cultura Económica, 2007.

López Pintor, R, "Administración electoral", Diccionario electoral, Volumen I, Instituto Interamericano de Derechos Humanos, San José, 2017.

Martínez Barahona, Elena y Brenes Barahona, Amelia. Cortes Supremas y candidaturas presidenciales en Centroamérica, Revista de Estudios Políticos (nueva época) ISSN: 0048-7694, Núm. 158, Madrid, octubre-diciembre, 2012.

Olivo Granadino, Julio. La democracia en riesgo. Editorial Universitaria, El Salvador, 2020.

Orozco Henríquez, José, "El contencioso electoral en las entidades federativas de México, Instituto de Investigaciones Jurídicas, UNAM, 2009.

Orozco Henríquez, J. Jesús, "Evolución y perspectivas de la justicia electoral en América Latina", Universidad Nacional Autónoma de México-Instituto de Investigaciones Jurídicas, Revista Mexicana de Derecho Electoral, No.1, enero-junio de 2012, México DF.

Orozco Henríquez, José, "Justicia electoral", en Diccionario electoral, Volumen I, Instituto Interamericano de Derechos Humanos, San José, 2017.

Pérez Duharte, José Alfredo, "El impacto de la administración electoral" (Tesis Doctoral), 2013, en: https://docta.ucm.es/rest/api/core/bitstreams/8dccb0ab-1c5d-4026-975d-03a4fae6727f/content

Pérez Duharte, José Alfredo y Thompson, José, "Organismos Electorales", Diccionario electoral, Volumen II, Instituto Interamericano de Derechos Humanos, San José, 2017.

Tuesta Soldevilla, Fernando, "Un debate pendiente: El diseño garantista de los organismos electorales", en Reynoso Núñez, José y Sánchez Herminio de la Barquera y Arroyo, coordinadores, La democracia en su contexto, Estudios en homenaje de Dieter Nohlen en su septuagésimo aniversario, Universidad Nacional Autónoma de

México, Instituto de Investigaciones Jurídicas, 2009, p. 145, en http://ru.juridicas.unam.mx/xmlui/handle/123456789/11644

Rodríguez M, Stephanie Lissette. Elecciones 2023 en Guatemala - Una Democracia en crisis democracia Y derechos humanos, Análisis de coyuntura sociopolítica, junio 2023.

Tuesta Soldevilla, Fernando, "Un voto letal: el voto preferencial y los partidos políticos en el Perú", Tribunal Supremo de Elecciones, Revista Derecho, Costa Rica, N. º 15, enero-junio, 2013.

Sobrado González, Luis Antonio, "La autonomía de la función electoral desafiada por la jurisdicción constitucional: concreción en Costa Rica de una problemática latinoamericana del siglo XXI", en Revista de Derecho Electoral, Número 27, Primer semestre 2019, Tribunal Supremo Electoral, Costa Rica, en http://www.tse.go.cr/revista/art/27/sobrado_gonzalez.pdf

Zovatto, Daniel, Conferencia El súper ciclo electoral 2021-2024 y sus tendencias, ofrecida durante el Seminario de Visitas Internacionales Plebiscito Constitucional 2022, Santiago, Chile, 2 de septiembre de 2022.

5.7. La criminalidad organizada en Latinoamérica sus rasgos esenciales

PAULA ANDREA RAMÍREZ BARBOSA[1]
Universidad Católica de Colombia
Externado de Colombia
paramirez@ucatolica.edu.co

1. INTRODUCCIÓN

El crimen organizado se ha visto impactado por la trasnacionalidad del delito, el uso de las nuevas tecnologías de la información, el carácter organizado de las estructuras dedicadas al crimen, el movimiento internacional de los productos y efectos del delito, la vigencia de los paraísos fiscales, las nuevas formas de blanqueo de capitales y la expansión del soborno trasnacional, las monedas virtuales, entre otros. Realidades, en las que se interrelacionan formas de corrupción pública y privada al más alto nivel con el crimen organizado trasnacional. Escenarios, donde el principio de extraterritorialidad de la ley penal, los instrumentos de cooperación judicial multilateral, la homologación de medidas para combatir la criminalidad trasnacional y *Compliance*, cobran mayor utilidad y discusión.

Las finanzas ilícitas son una parte esencial del crimen organizado a gran escala. Los bienes ilícitos generados por la delincuencia trasnacional afectan de manera drástica las economías globales, desnivelando la libre competencia y desarrollando un mercado ficticio a través del lavado de activos, donde no rige el mercado libre a través de los mejores precios, la calidad de productos y servicios. En los Estados con mayor impacto del crimen organizado transnacionalidad, el producto bruto doméstico está influenciado por el blanqueo de capitales provenientes de delitos como el tráfico humano, explotación sexual, contrabando, narcotráfico, tráfico de armas,

---

[1] Doctora en Derecho Penal por la Universidad de Salamanca. Magister en Estudios Políticos en la misma Universidad. Actualmente es conjuez de la Sala de Casación Penal de la Suprema Corte de Colombia. Profesora de las Universidades Católica de Colombia y Externado. Consultora de la American Bar Association en el proyecto Rule of Law Initiative y del Centro Internacional de Derecho corporativo y económico CIDCE.

minería ilegal. Las ganancias ilícitas entran a las economías, desarrollando grandes riesgos de corrupción a todo nivel en la vida política y judicial del país, con graves riesgos para la gobernanza y la democracia de las naciones.

2. CONCEPTO Y DELIMITACIÓN DEL CRIMEN ORGANIZADO TRASNACIONAL

La criminalidad contemporánea presenta un panorama cada vez más distinto, tecnificado, sofisticado y especializado de aquélla inicial que orientó a los Estados a establecer sistemas de sanción para combatirla. La conocida delincuencia de la globalización, trasnacional y organizada se caracteriza por la aparición de nuevas formas delictivas, que aprovecha los avances de la ciencia, industria y tecnología para llevarla a cabo que precisa de la cooperación multilateral para prevenirla y combatirla.

Así, en la Declaración Política y Plan de Acción Mundial de Nápoles contra la Delincuencia Transnacional Organizada, aprobada mediante Resolución 49/159, de la Asamblea General de Naciones Unidas de 23 de diciembre de 1994, señaló como posibles manifestaciones de criminalidad organizada las siguientes: 1. La formación de grupos para dedicarse a la delincuencia 2. Los vínculos jerárquicos o las relaciones personales que permitan el control del grupo por sus jefes. 3. El recurso a la violencia, intimidación o corrupción para obtener beneficios, o ejercer el control de algún territorio o mercado. 4. El blanqueo de fondos de procedencia ilícita para los fines de alguna actividad delictiva o para infiltrar alguna actividad económica legítima. 5. El potencial para introducirse en alguna nueva actividad o para extenderse más allá de las fronteras nacionales. 6. La cooperación con otros grupos organizados de delincuentes trasnacionales.

De otra parte, la Convención de las Naciones Unidas contra la Delincuencia Organizada Transnacional en el art. 2 contiene una definición de "grupo delictivo organizado". Se trata de un grupo de tres o más personas, organizado o estructurado en forma no aleatoria, aunque no necesariamente jerárquica; su existencia debe ser durable por oposición a instantánea; debe cometer delitos graves, es decir, de aquellos cuya pena sea de al menos cuatro años; debe tener un fin económico lucrativo, aunque puede ser simplemente material como ocurre con los grupos terroristas que financian sus actividades con una gran diversidad de delitos. Lo que se castiga es la pertenencia a una organización que comete delitos. La Convención permite que la penalización sea por la vía de "conspiración" o por vía de "participación en un grupo delincuencial organizado" o "ambas".

La convención, reconoce implícitamente que la delincuencia organizada se alimenta de la protección interna, basada en el secreto, y la protección externa, basada en el trípode de violencia, corrupción y obstrucción a la justicia[2].

Como lo señaló en su oportunidad el entonces Secretario General de Naciones Unidas, Kofi A. Annan, al suscribir la Convención de Palermo, si la delincuencia atraviesa las fronteras, lo mismo debe hacer la acción de la ley, que si el imperio de la ley se ve socavado no sólo en un país, sino en muchos países, quienes lo defienden no pueden limitarse a ampliar únicamente medios y arbitrios nacionales. Destacaba también, que los grupos delictivos no han perdido el tiempo en sacar partido de la economía mundializada actual y de la tecnología sofisticada que la acompaña. En cambio, nuestros esfuerzos por combatirlos han sido hasta ahora muy fragmentarios y nuestras armas casi obsoletas. Por ello, la Convención es un instrumento para hacer frente al flagelo de la delincuencia como problema mundial[3].

El crimen organizado se comete por un grupo de personas, quienes cometen delitos graves, durante un período prolongado, impulsadas por el lucro o el poder cuyos resultados pueden superar las fronteras de los Estados. Los efectos de estas expresiones complejas de delincuencia resultan desestabilizadores en la seguridad, economias y desarrollo social de los Estados que lo padecen. La delincuencia organizada hace que aumente el gasto público en conceptos de servicios de seguridad, policiales y jurídicos, socavando de forma adicional los Derechos humanos cuando sus consecuencias se relacionan con graves afectaciones de la vida, libertad y autonomía de los individuos[4].

---

2 Este articulo con algunas modificaciones fue publicado originalmente en Brasil en el 2021.
Vid. CALVANI, s.d.

3 CONVENCIÓN DE LAS NACIONES UNIDAS CONTRA LA DELINCUENCIA ORGANIZADA TRANSNACIONAL Y SUS PROTOCOLOS, 2004.

4 Vid. https://www.unodc.org/toc/es/crimes/organized-crime.html.

3. CARACTERÍSTICAS RELEVANTES DEL CRIMEN ORGANIZADO TRASNACIONAL

El crimen organizado trasnacional evoluciona de forma constante, se aprovecha de los cambios tecnológicos, expansión de los negocios, avances sociales, corrupción, economías frágiles y debilidades jurídicas de los Estados, entre otros. Para delimitar las principales peculiaridades de la delincuencia organizada trasnacional, consideramos las características más destacadas las siguientes:

1. Cuentan con modelos operativos, estrategias a largo plazo, jerarquías con división de trabajo, roles y responsabilidades individuales y colectiva, e incluso alianzas estratégicas con otros grupos o el sector público, para generar un máximo de beneficios con un mínimo de riesgo. Su conformación varía de acuerdo a las capacidades logísticas, presupuestales y técnicas para expandir su objeto delictivo[5].

2. Los miembros que conforman los grupos de delincuencia organizada suelen compartir vínculos comunes como, como lazos geográficos, étnicos o incluso de sangre. En el marco de esa conexión se encuentran relaciones sólidas y frecuentemente inquebrantable, que promueve la devoción y la lealtad[6]. Estos vínculos pueden verse afectados cuando un miembro de la organización actúa como delator o arrepentido y descubre a las autoridades el modo de operación y actividades del grupo criminal conjunto[7].

3. Se trata de una delincuencia sofisticada que genera importantes movimientos de recursos producto de la actividad ilícita las organizaciones. El dinero en efectivo aumenta la probabilidad de que los delincuentes sean descubiertos por su fácil individualización. Por lo cual, suelen trasladarlo al extranjero, utilizarlo para adquirir otros bienes, o tratar de introducirlo en la economía legítima por medio de negocios que generen grandes beneficios. El blanqueo de capitales producto del crimen organizado se vale del sistema financiero, alrededor del 70% de las ganancias ilícitas se mueven por este me-

5 Vid. ROJAS, ARAVENA, F, 2006, p. 10.

6 Vid. https://www.interpol.int/es/Delitos/Delincuencia-organizada.

7 MARTÍNEZ, 2015.

dio, menos del 1% del producto blanqueado es objeto de intervención del Estado[8].

4. Utilizan métodos que combinan actividades licitas con negocios criminales que permiten disfrazar los dineros derivados del delito. Tiene una alta rentabilidad. Como lo destaca la UNODC, los delitos financieros, entre ellos los delitos fiscales, el lavado de activos y la financiación del terrorismo, lesionan los intereses políticos y económicos de los países y representan una grave amenaza para la seguridad nacional. Destaca que para combatir estos delitos es preciso adoptar un "enfoque pangubernamental" según el cual las diferentes autoridades encargadas de perseguir la delincuencia financiera puedan poner en común sus conocimientos y aptitudes a fin de prevenir, detectar y reprimir de manera colectiva tales delitos[9].

5. Emplean la violencia, la intimidación y un ambiente de coacción para garantizar el éxito de los planes criminales. El crimen organizado tiene un objetivo esencialmente económico, sin embargo, para lograr sus objetivos suele recurrir entre otros a delitos asociados con la extorsión, la violencia física y psicológica, homicidios y amenazas como instrumentos fundamentales[10].

6. Recurren a la internacionalización y transnacionalización, se extiende a varios Estados. Utilizan paraísos fiscales, empresas fantasmas para garantizar la opacidad de los frutos económicos del crimen[11]. Los grupos criminales en el desarrollo de su actividad criminal suelen adoptar formas de carácter empresarial. Para ello, las organizaciones criminales explotan diversas estructuras legales de negocios y frecuentemente están asesoradas por expertos profesionales para mantener una fachada de legitimidad. De esta forma se le permite operar en la economía legal e integrar sus beneficios legales e ilegales, recurriendo entre otros a los paraísos fiscales caracterizados por el secreto y la opacidad administrativa y contable cuando la procedencia de los recursos se vincula con las actividades de organizacio-

---

8 Vid. Oficina de las Naciones Unidas contra la Droga y el Delito: *Estimating Illicit Financial Flows Resulting from Drug Trafficking.*

9 Vid. OECD, 2019.

10 Vid. ROJAS, ARAVENA, F, 2006, p. 26.

11 DE LA TORRE LASCANO, C, 2017.

nes terroristas, blanqueo de dinero, narcotráfico y tráfico de armas entre otros[12].

7. La criminalidad organizada transnacional se nutre de otros crímenes como la corrupción y el soborno internacional para facilitar la clandestinidad de los negocios. Recurren al financiamiento de campañas, el testaferrato y a otros crímenes comunes y financieros[13]. El fenómeno delincuencial tiene un amplio impacto en el sistema financiero, de una parte, por la facilidad con la que los negocios ilícitos pueden mezclarse con los legales, y de otra, por el uso de las nuevas tecnologías de la información, que permiten que acciones ilegales y transacciones financieras ilícitas crucen fronteras en cuestión de segundos. Los vínculos criminales entre el narcotráfico, corrupción, delitos corporativos y el lavado de dinero son más amplios que nunca y cada día atentan con mayor impacto la integridad de los sistemas financieros y el orden económico y social[14].
8. Utilizan las nuevas tecnologías de la información y la virtualidad[15]: criptomonedas, transacciones electrónicas, medios de comunica-

---

12 PÉREZ, A, 2019, p. 29.

13 COOLEY, A, HEATHERSHAW, J, y SHARMAN, J, 2018. El crimen organizado y la gran corrupción permiten que las élites, sus cómplices y sus familias saqueen sistemáticamente los recursos públicos con graves afectaciones en los servicios ciudadanos. Sin embargo, se está comenzando a prestar atención a la amplia gama de actividad cleptocrática, con casos como el vicepresidente de Guinea Ecuatorial y su juicio en Francia por corrupción, la hija del ex presidente de Uzbekistán que enfrenta investigaciones, entre otros.
Por dinero lavado de dinero en media docena de países, o el primer ministro de Malasia bajo sospecha en relación con la desviación de más de 4.500 millones de dólares del fondo soberano de su país a cuentas bancarias personales en todo el mundo.

14 RAMÍREZ BARBOSA, P, y FERRÉ OLIVÉ, J, 2019, pp. 51 y ss.

15 Departamento de Información Pública de la ONU, Crime Goes Global, Nueva York, en http://interamerican-usa.com/articulos/Crim-org-terr/Crm-org-Glob-fin.htm, donde se señala que: "La privacidad, tecnología y falta de regulación que atraen a los criminales son las mismas que facilitan el flujo de dinero legal entre una empresa matriz y una subsidiaria-fachada. En Luxemburgo, las islas del Canal de la Mancha, las islas Caimán, Vanuatu, las Islas Cook y otros 50 lugares, muchos de los principales bancos del mundo establecen filiales privadas que ofrecen "un servicio discreto y personalizado" para la creación de cuentas exentas de impuestos. Además, se puede acceder a estas cuentas mediante una tarjeta Visa y cajeros automáticos desde cualquier parte del mundo. Pese a su ubicación geográfica, estos paraísos offshore son esencialmente apéndices del sistema bancario occi-

ción encriptados, contactos virtuales para expandir sus actividades. En efecto, como lo destaca Escudero, el crimen organizado recurren a la criptografía para blanquear dinero, aprovechando los avances tecnológicos en la banca digital y las transferencias electrónicas. En este ámbito de destacan los servicios de criptomonedas, cuando se envían fondos a un servicio en el que varias partes también depositan sus fondos, se realizan varias transacciones que al final impiden rastrear los fondos a una transacción ilícita. Posteriormente los criminales toman esos fondos lavados y los cambian a altcoins en plataformas de intercambio de criptomonedas. De igual forma, el blanqueo de capitales mediante Plataformas Exchange no reguladas, en una sola sesión fondos criminales se mutan a otras criptomonedas sin necesidad de cumplir con los requisitos de las plataformas centralizadas tradicionales. También, el cambio de fondos mediante los portales de trades Peer to Peer, que incorporan plataformas como Localbitcoins, Paxul, Localcryptos o Hod Hodl[16].

9. Suelen contratar expertos que les asesore sobre la forma de manejar los frutos económicos de esta delincuencia, cooptar servidores públicos, particulares con reputación o utilizar negocios lícitos para distraer sus efectos. El asesoramiento mercantil, fiscal, operaciones inmobiliarias pueden implicar a profesionales para dar blanquear dinero de grupos delincuenciales. Como señala la Sentencia del Tribunal Supremo español 34/2007, 1 febrero, hay relevancia penal cuando la "acción… favorezca el hecho principal en la que el autor exteriorice un fin delictivo manifiesto, o que revele una relación de sentido delictivo, o que supere los límites del papel social profesional".

10. Tienen códigos de conducta que castigan con severidad a los delatores o arrepentidos, lo cual puede obstaculizar el flujo de la información a las autoridades, entre otros. Involucran sujetos de diversas nacionales y trabajan conjuntamente en diferentes sitios del

---

dental. Los del Caribe, por ejemplo, fueron establecidos bajo la legislación bancaria británica, con asesoramiento técnico de bancos occidentales. Estas filiales son idénticas entre sí y se basan en leyes británicas que aseguran total privacidad y establecen sanciones penales para los empleados del banco que revelen información sobre clientes o el propio banco. De esta forma, en el sórdido ambiente de la banca offshore, los bienes de la mafia están protegidos por el código penal".

[16] ESCUDERO, D, 2020.

mundo[17]. La gran sofisticación de las organizaciones dedicadas al crimen organizado funciona con compartimentación de la información sobre la estructura, manera como se llevan a cabo las operaciones, enlaces, relaciones y demás peculiaridades. Por ello, recurren a sanciones implacables cuando se rompen los lazos de confianza[18].

4. PRINCIPALES TIPOLOGÍAS DE LA DELINCUENCIA ORGANIZADA TRASNACIONAL

La Delincuencia Organizada Transnacional y sus diversas expresiones, se ven representadas en el narcotráfico, tráfico de armas de fuego, municiones y explosivos; la trata de personas; el tráfico ilícito de migrantes; el contrabando de mercancías; el lavado de activos; la extorsión, la pornografía infantil, productos adulterados, flora y fauna silvestres y bienes culturales, e incluso el soborno trasnacional[19]. Tipologías que sobresalen por el entorno en el que se desarrollan las conductas criminales caracterizadas por la búsqueda y obtención del rendimiento económico, las estructuras jerárquicas de gestión de las actividades, los enlaces internacionales y sus vínculos con la corrupción. Sus métodos son cambiantes que se ajustan a los mercados, sofisticados y controlados por los lideres de la organización respectiva. Algunas de sus expresiones más destacadas son las siguientes:

a) El narcotráfico o tráfico de drogas continúa siendo un fenómeno delincuencial altamente rentable, expansivo y lucrativo[20]. El narcotráfico se relaciona con otros crímenes como la extorsión, el blanqueo

---

17 FERNANDEZ LAREDO, A, 2009, pp. 208 y ss.

18 UMBRIA ACOSTA, L, 2018, pp. 235-249.

19 Vid. Basado en estimaciones de 2005 de la Organización Internacional del Trabajo (OIT). No obstante, las estimaciones más recientes y precisas de la OIT sobre las tendencias generales del trabajo forzoso nos inducirían a pensar que el alcance del problema es mucho mayor. Organización Internacional del Trabajo: Una alianza global contra el trabajo forzoso: informe mundial en el marco del seguimiento de la Declaración de la OIT sobre los principios y derechos fundamentales en el trabajo (Ginebra, OIT, 2005). Figura,en:www.ilo.org/wcmsp5/groups/public/@ed_norm/@declaration/documents/publication/wcms_081882.pdf.

20 Oficina de las Naciones Unidas contra la Droga y el Delito, Estimación de las corrientes financieras ilícitas provenientes del tráfico de drogas y otros delitos organizados transnacionales: informe de investigación (Viena, octubre de 2011). Figura en www.unodc.org/documents/data and analysis/Studies/Illicit_ nancial_ ows_2011_web.pdf.

de capitales y delitos vinculados con las afectaciones a la seguridad ciudadana. La dificultad de su persecución se debe a sus enlaces en la globalización económica, las facilidades de transporte, la desregularización bancaria, la cibercriminalidad que han facilitado sus relaciones globales y la expansión de sus ganancias a gran escala[21]. Existe una creciente transnacionalización de los mercados ilícitos y presencia de las organizaciones criminales que recurren a sistemas sofisticados para lograr sus objetivos invirtiendo sus beneficios en sistemas de blanqueo que facilitan la opacidad de los efectos alcanzados.

b) Blanqueo de capitales: es un delito transversal que facilita el lucro de los grupos criminales, mediante el lavado de sus ganancias ilícitas, explotando diversas estructuras legales de negocios con afectación de la economía de los países. El blanqueo de capitales consiste en ocultar o encubrir la identidad de beneficios obtenidos de forma ilegal, para darle una apariencia transparente que no tienen. El crimen organizado transfiere fondos obtenidos ilícitamente utilizando bancos, sociedades ficticias, compraventas, asesorías, intermediarios y empresas de envío de dinero, intentando integrar los fondos ilícitos en negocios y economías formales e informales. a investigación sobre el blanqueo de capitales normalmente se realiza de forma paralela a la investigación sobre el delito original generador del beneficio. Este crimen se persigue mediante especializadas investigaciones financieras cuya finalidad es identificar los orígenes, autores, cooperadores, flujos y destino de las ganancias obtenidas[22].

c) Tráfico humano: según la UNODC, la trata de personas es un mercado ilícito que afecta a millones de víctimas alrededor del mundo, tiene unos beneficios anuales estimados de 32.000 millones de dólares. Es un crimen de especial gravedad por la naturaleza de los derechos que son afectados con su comisión y la vulneración de la dignidad de las víctimas. Tiene además implicaciones sociales y económicas de carácter trasnacional donde sobresalen las modalidades de explotación sexual, traslados para trabajo forzoso, servidumbre doméstica, mendicidad infantil o extracción de órganos[23].

---

21 Vid. MAIHOLD, G, y JOST, S, (eds.), 2014, pp. 11 y ss.

22 https://www.interpol.int/es/Delitos/Delincuencia-financiera/Blanqueo-de-capitales.

23 UNODC, 2012, " Trata de personas: delincuencia organizada y venta multimillonaria de personas",

d) Tráfico de especies: La delincuencia organizada transnacional tiene una fuente de ingresos en el delito ambiental, en particular en el tráfico ilícito de fauna silvestre y madera. El delito ambiental es un fenómeno mundial, por ejemplo, la venta de marfil de elefantes, cuernos de rinocerontes y partes del cuerpo de tigres en Asia solamente tuvo un valor estimado de 75 millones de dólares de los Estados Unidos en 2010[24]. Según las estimaciones de Interpol y el Programa de las Naciones Unidas para el Medio Ambiente (UNEP, por sus siglas en inglés), los delitos medioambientales se han convertido en el tercer delito más lucrativo del mundo, superado por el narcotráfico y el contrabando. En la actualidad existen organizaciones criminales especializadas en minería ilegal, deforestación y tráfico de especies protegidas, entre otros, y delitos conexos como la corrupción, el lavado de activos, el sicariato y la explotación laboral, entre otros[25].

e) Ciberdelincuencia: existen métodos como el dominio malicioso, ransomware y Malware destinados a la obtención de datos, botnets, cryptojacking (extracción de criptomonedas) y red oscura, en las cuales actúan los ciberdelincuentes, mediante las nuevas tecnologías se cometen diversos tipos de delitos que superan las fronteras, generan daños de gran magnitud[26]. En el Informe anual de Europol sobre la Evaluación de Amenazas del Crimen Organizado por Internet (IOCTA) del 2019, indica que en el crimen ciberdependiente, el Ransomware sigue siendo una de las mayores amenazas, donde los atacantes se centran en objetivos menores, pero más rentables. En el referido informe se destaca frente a la convergencia de Ciber y Terrorismo, que: "La amplia gama de proveedores de servicios en línea (OSP) explotados por grupos terroristas presenta un desafío importante para los esfuerzos de interrupción. Los grupos terroristas suelen ser los primeros en adoptar las nuevas tecnologías, explotando plataformas emergentes para sus estrategias de comunicación y distribución en línea. Con suficiente planificación y apoyo de comunidades simpatizantes en línea, los ataques terroristas pueden vol-

en: https://www.unodc.org/unodc/es/frontpage/2012/July/human-trafficking_-organized-crime-and-the-multibillion-dollar-sale-of-people.html.

24 UNODC, "Delincuencia organizada trasnacional", en: https://www.unodc.org/toc/es/crimes/environmental-crime.html.

25 REINA, M, 2019.

26 https://www.interpol.int/es/Delitos/Ciberdelincuencia.

verse virales rápidamente, antes de que los OSP y la policía puedan responder"[27].

5. LOS PRINCIPIOS RECTORES DE LAS ESTRATEGIAS PROCESALES CONTRA EL CRIMEN ORGANIZADO TRASNACIONAL (TEIS)

La Convención de Naciones Unidas sobre Crimen Organizado de 2000, y la Convención contra la Corrupción de 2003, señalan que en atención a los principios y garantías fundamentales de los Estados, estos deben reconocer Técnicas de Investigación Especial, entre las que se destacan, la vigilancia electrónica, los agentes encubiertos, las entregas vigiladas, justicia negociada, extinción de dominio y otras similares, las cuales, posibilitan la persecución del crimen organizado, el desmantelamiento de estructuras criminales, la detección de activos de procedencia ilegal, entre otras.

Existen tratados internacionales que hacen referencia a las Técnicas Especiales de Investigación, como las entregas vigiladas, el agente encubierto y la vigilancia electrónica, cuyo objeto principal es prevenir, detectar, controlar e investigar actividades ilícitas e ilegales que continuamente desarrollan las organizaciones criminales. En algunas legislaciones internas se delega la facultad de autorizar la práctica de las Técnicas Especiales de Investigación a la Autoridad Judicial o a la Autoridad Fiscal o Ministerio Público, las cuales se caracterizan por ser pertinentes, reservadas, cumplir con el principio de proporcionalidad y legalidad[28].

5.1. Principios rectores de las Técnicas Especiales de Investigación

5.1.1. Principios de legalidad y debido proceso

Las Técnicas Especiales deben sujetarse al marco normativo de cada país en observancia con la Constitución Política del Estado, las Convenciones y Tratados Internacionales y demás normas relacionadas, lo cual implica la determinación legal en su alcance, contenido y peculiaridades. Estas

---

27 INTERNET ORGANISED CRIME THREAT ASSESSMENT, (IOCTA) 2019, p. 12.

28 OEA, 2019, "Guía Práctica de Técnicas Especiales de Investigación en casos de Delincuencia Organizada Trasnacional", en: https://www.oas.org/es/ssm/ddot/publicaciones/MANUAL%20GUÍA%20PRÁCTICA%20WEB.PDF.

técnicas se fundamentan en el principio de legalidad y el debido proceso como una garantía que límita los poderes investigativos del Estado en la persecución contra el crimen organizado[29].

5.2.2. Principios de excepcionalidad y subsidiariedad

Su uso es excepcional, ante la ausencia o limitación de otros medios de prueba. Su destinación se enfoca en garantizar el interés de la sociedad frente a las repercusiones del crimen organizado. Si resulta posible obtener la evidencia por otros medios, éstos deben aplicarse sobre las técnicas especiales de investigación[30].

5.2.3. Principios *de reserva y confidencialidad*

Son técnicas caracterizadas por la reserva y confidencialidad, lo anterior, para lograr de una parte, la protección de la seguridad, la vida e integridad física de quienes las realizan y de otra, el éxito de las actividades vinculadas con la obtención de información y fines propuestos[31].

5.2.4. Principios de pertinencia y especialidad

El uso de las técnicas especiales debe resultar de utilidad en la investigación de las expresiones concretas de la delincuencia, lo cual supone, una relación entre su puesta en marcha y el propósito especifico. Quienes las desarrollan deben contar con la preparación, entrenamiento, experiencia, idoneidad, competencia, habilidad, destreza y perfil psicológico suficien-

---

29 OEA, 2019, "Guía Práctica de Técnicas Especiales de Investigación en casos de Delincuencia Organizada Trasnacional", en: https://www.oas.org/es/ssm/ddot/publicaciones/MANUAL%20GUÍA%20PRÁCTICA%20WEB.PDF. p. 19.

30 OEA, 2019, "Guía Práctica de Técnicas Especiales de Investigación en casos de Delincuencia Organizada Trasnacional", en: https://www.oas.org/es/ssm/ddot/publicaciones/MANUAL%20GUÍA%20PRÁCTICA%20WEB.PDF, pp. 19 y 20.

31 OEA, 2019, "Guía Práctica de Técnicas Especiales de Investigación en casos de Delincuencia Organizada Trasnacional", en: https://www.oas.org/es/ssm/ddot/publicaciones/MANUAL%20GUÍA%20PRÁCTICA%20WEB.PDF. pp. 19 y 20.

tes, que posibiliten la eficacia de su aplicación y el respeto de los derechos involucrados[32].

5.2.5. Principios de proporcionalidad, razonabilidad y utilidad

Para utilizar las técnicas especiales de investigación se precisa analizar la naturaleza de la organización, su complejidad y peculiaridades para considerar las medidas que resultan necesarias. Lo anterior, debe ponderarse en atención a los derechos que puedan resultar vulnerados, para lo cual se precisa que su aplicación se funde en su necesidad, razones objetivas, razonables y de utilidad para la persecución de la delincuencia organizada junto a sus diversas expresiones[33].

6. ALGUNAS TÉCNICAS ESPECIALES DE INVESTIGACIÓN CONTRA EL CRIMEN ORGANIZADO TRASNACIONAL

6.1. El agente encubierto

El agente encubierto es una de las medidas de mayor eficacia en la lucha contra la criminalidad organizada, es un instrumento caracterizado por la infiltración de miembros de las fuerzas de seguridad en las organizaciones criminales, quienes ocultan su auténtica identidad con el propósito de detectar y perseguir delitos. Del mismo modo, este tipo de medidas buscan la verificación de ideólogos y dirigentes de tales organizaciones[34].

La actividad del agente encubierto está dirigida a tareas de información y verificación de las actividades criminales, para de tal forma descubrir los delitos y garantizar los elementos probatorios. Al respecto, la Convención de Naciones Unidas contra el Crimen Organizado de 2000, y la Convención contra la Corrupción de 2003, prevén que, en atención con los princi-

---

32 OEA, 2019, "Guía Práctica de Técnicas Especiales de Investigación en casos de Delincuencia Organizada Trasnacional", en: https://www.oas.org/es/ssm/ddot/publicaciones/MANUAL%20GUÍA%20PRÁCTICA%20WEB.PDF. pp. 19 y 20.

33 OEA, 2019, "Guía Práctica de Técnicas Especiales de Investigación en casos de Delincuencia Organizada Trasnacional", en: https://www.oas.org/es/ssm/ddot/publicaciones/MANUAL%20GUÍA%20PRÁCTICA%20WEB.PDF, pp. 19 y 20.

34 CALLEGARI, A., MOURA MASIERO, C., CANCIO MELIÁ y RAMÍREZ BARBOSA, P. (2016), "Crime Organizado: Tipicidade, Política Criminal, Investigação e proceso", Porto Alegre: ed. Livraria Do Advogado.

pios y garantías fundamentales previstas en los ordenamientos de los Estados, el reconocimiento de las técnicas especiales de investigación como las operaciones encubierto. La Convención contra la corrupción señala que los Estados tomaran las medidas necesarias para posibilitar la admisión de las pruebas emanadas de dicha técnica[35].

La utilización de esta técnica de investigación debe ser considerada como herramienta de investigación y como tal, es autorizada por el Juez competente o fiscal, la que debe ser gestionada a solicitud fundada por los policías investigadores, teniendo como requisito: a. Identificar a los participantes de la estructura delictual. b. Descubrir a los involucrados. c. Conocer los planes de la organización para evitar el ilícito investigado, permitiéndose al agente bajo identidad supuesta, infiltrarse y actuar dentro de una organización criminal, evitando el riesgo para el funcionario respectivo, El Agente Encubierto estará exento de responsabilidad penal en aquellas actuaciones que sean consecuencia necesaria y proporcional del desarrollo de su intervención, siempre que su actuación guarde la utilidad, razonabilidad y proporcionalidad correspondiente[36].

6.2. La entrega vigilada

En la Convención de Naciones Unidas contra la delincuencia trasnacional de 2000, art. 2. i. se define la entrega vigilada como la técnica consistente en posibilitar que remesas ilícitas o sospechosas de serlo, circulen por el territorio de un Estado con el conocimiento y bajo la supervisión de las autoridades competentes, ello con la finalidad de investigar delitos e identificar a los involucrados en la comisión de los mismos. Esta misma técnica especial de investigación se haya contenida en la Convención de la ONU contra la corrupción de 2003, art. 50.1, que prevé, además, que los Estados adoptaran las medidas necesarias para posibilitar la admisibilidad de las pruebas emanadas de esta técnica[37].

Lo anterior supone la aplicación de la técnica cuando existan motivos fundados para creer que el indiciado o el imputado dirige, o de cualquier forma interviene en el transporte de armas, explosivos, municiones, mone-

---

35 UNODC, 2006, "Manual de Técnicas Especiales de Investigación. Agente encubierto y entrega vigilada", pp. 14 y ss.

36 RAMÍREZ BARBOSA, P, 2008, pp. 63 y ss.

37 CALLEGARI, A., MOURA MASIERO, C., CANCIO MELIÁ y RAMÍREZ BARBOSA, P. (2016)

da falsificada, drogas, entre otras. Para utilizar con éxito la Entrega Vigilada, necesariamente deben ser acompañadas y apoyadas con otras técnicas especiales investigativas y/o figuras afines que han sido desarrolladas por la legislación interna de los países, entre las cuales se encuentran las vigilancias electrónicas, los agentes encubiertos, informantes y arrepentidos, entre otros[38].

Además, en atención a la amplitud que despliega el crimen organizado, y tomando como fundamento a las Convenciones de Naciones Unidas de Viena, Palermo y Mérida, los fiscales o las autoridades competentes podrán autorizar la entrega vigilada o remesa controlada de aquellos bienes ilegales, o de procedencia o tráfico ilícito, o que estén destinados a fines delictivos, mediante una orden o disposición, en la que se determine explícitamente, en cuanto sea posible, los objetos y sus características para la autorización respectiva. Para autorizarla, se tendrá en cuenta los fines que tiene la investigación con relación a la importancia del delito y las posibilidades de su vigilancia por los agentes policiales a cargo[39].

6.3. La vigilancia electrónica

La Vigilancia Electrónica es "la acción realizada por los agentes policiales, previa autorización de las autoridades competentes, para retener e incautar correspondencia, obtener copias de comunicaciones o transmisiones e interceptar comunicaciones telefónicas, usando medios técnicos y tecnológicos para investigar organizaciones criminales, obtener medios de prueba y establecer luego la responsabilidad penal o criminal de sus integrantes"[40].

La regulación, legalidad y requisitos son de suma importancia al momento de implementar la vigilancia electrónica, ya que guarda relación con el secreto y el derecho de las personas a su intimidad, vida privada, de sus familias, domicilios y correspondencias, los cuales, gozan de protección constitucional. Sin embargo, se justifica, de modo excepcional, en que la

---

38 OEA, 2019, "Guía Práctica de Técnicas Especiales de Investigación en casos de Delincuencia Organizada Trasnacional", en: https://www.oas.org/es/ssm/ddot/publicaciones/MANUAL%20GUÍA%20PRÁCTICA%20WEB.PDF, pp. 82 y ss.

39 RAMÍREZ BARBOSA, P, 2008, pp. 63 y ss.

40 OEA, 2019, "Guía Práctica de Técnicas Especiales de Investigación en casos de Delincuencia Organizada Trasnacional", en: https://www.oas.org/es/ssm/ddot/publicaciones/MANUAL%20GUÍA%20PRÁCTICA%20WEB.PDF, pp. 98 y ss.

propia Constitución Política de los Estados, también demandan, a su vez, la protección de la población de las amenazas contra su seguridad[41].

Por tratarse de una técnica intrusiva, y que puede transgredir los derechos fundamentales de intimidad y protección a la vida privada, esta autorización deber ser: excepcional, en casos fundados relacionados con investigaciones de crimen organizado o investigaciones criminales complejas, debe estar prevista y señalada expresamente en una ley, y, autorizada por autoridad competente y/o a solicitud del Fiscal del caso, siguiendo los rituales previstos para su aplicación[42].

6.4. La cooperación internacional

Existe conjunto de convenios y tratados internacionales, regionales y mundiales, orientados a crear condiciones vinculantes relacionadas a la naturaleza jurisdiccional, diplomática o administrativa, que involucra a dos o más Estados en el ámbito de cooperación judicial. Las cuales, tienen por finalidad favorecer la aplicación de la justicia a los integrantes de una organización criminal que han cometido actividades ilícitas en un determinado territorio y pretenden trasladarlas a otros Estados[43].

Sin lugar a dudas, la cooperación constituye un instrumento eficaz en la unión de esfuerzos entre Estados para optimizar tareas de investigación y persecución de las actividades criminales. La Convención de Naciones Unidas contra la criminalidad trasnacional organizada de 2000, en los artículos 16 a 19 señala entre otras formas de cooperación y asistencia judicial reciproca en materia de investigaciones, procesos y actuaciones judiciales las siguientes: la transmisión espontánea de informaciones sobre cuestiones penales que afecten a otro Estado parte cuando las mismas permitan emprender o concluir indagaciones o procesos penales, el traslado de los detenidos o condenados para colaborar en investigaciones, la audición de testigos o peritos por videoconferencia, y la creación de órganos mixtos de investigación para procesos o investigaciones que afecten a dos o mas

---

41 RAMÍREZ BARBOSA, P, 2008, pp. 85 y ss.

42 OEA, 2019, "Guía Práctica de Técnicas Especiales de Investigación en casos de Delincuencia Organizada Trasnacional", en: https://www.oas.org/es/ssm/ddot/publicaciones/MANUAL%20GUÍA%20PRÁCTICA%20WEB.PDF, pp. 98 y ss.

43 RAMÍREZ BARBOSA, P, 2008, pp. 101 y ss.

Estados parte, mecanismos de facilitación de las extradiciones, y el traslado de personas condenadas a cumplir pena[44].

Según la doctrina los pilares de cooperación judicial pueden clasificarse en tres frentes[45]:1. La extradición 2. Asistencia judicial en sentido estricto: transferencia de un proceso penal pendiente en el extranjero, la restitución de objetos obtenidos por medios ilícitos, el traslado temporal a otro Estado de detenidos con fines de investigación, la audición de conferencia telefónica y por videoconferencia de testigos y peritos en el extranjero, las entregas vigiladas en territorios de otros Estados, los equipos conjuntos de investigación con un fin y una vigencia temporal determinados, la intervención de comunicaciones en el extranjero, la facilitación de información, documentos u otros elementos de prueba en el extranjero, etc. 3. El auxilio en la ejecución de decisiones extranjeras: transferencia de personas condenadas, ejecución de condenas a privación del permiso de conducir, de condenas pecuniarias, de comiso o incautación de productos del delito, vigilancia de personas condenadas condicionalmente en el extranjero.

Por su parte, los ordenamientos jurídicos internos establecen los siguientes instrumentos de cooperación en materia penal, como los siguientes: 1. Cartas rogatorias: Son las solicitudes de asistencia judicial que se dirigen a las autoridades judiciales extranjeras para la obtención de información o pruebas o para la práctica de diligencias. Las cartas rogatorias que se dirijan a las autoridades extranjeras se formularán de manera ordenada, breve, clara y concisa 2. Exhortos: Comisiones que libran las autoridades judiciales a un agente diplomático o consular para que adelante determinadas diligencias, las cuales serán aportadas a un proceso o investigación. Las autoridades colombianas libran exhortos para diferentes diligencias, entre las que se encuentran: la notificación personal de decisiones judiciales, interrogatorios de partes, entrevistas, recepción de elementos materiales probatorios, testimonios, presentaciones personales, videoconferencias, entre otros. 3. Notas suplicatorias: Son las solicitudes de asistencia judicial elevadas a las representaciones diplomáticas acreditadas ante el Gobierno Colombiano. Se tienen que surtir por la vía diplomática es decir a través del Ministerio de Relaciones Exteriores. Su finalidad principal radica en la obtención de información o elementos probatorios como en el caso del

---

44 OEA, 2019, "Guía Práctica de Técnicas Especiales de Investigación en casos de Delincuencia Organizada Trasnacional", en: https://www.oas.org/es/ssm/ddot/publicaciones/MANUAL%20GUÍA%20PRÁCTICA%20WEB.PDF, pp. 160 y ss.

45 SANCHEZ GARCIA DE PAZ, I, 2005, pp. 256 y 257.

otorgamiento de visas a ciudadanos, recepción de testimonios de un Ministro o Agente Diplomático de nación extranjera acreditado etc[46]..

A través de los instrumentos de cooperación y asistencial judicial internacional, se han fortalecido las estrategias en la persecución contra el crimen trasnacional y organizado, toda vez que los delitos no conocen fronteras, y sus formas de actuación son dinámicas y globales, las alianzas entre Estados y la adopción de políticas comunes, posibilitan la unión de esfuerzos que resultan de mayor eficacia en la persecución y sanción del delito.

6.5. La extinción del derecho de dominio

La extinción de dominio es una de las medidas que puede resultar más eficaz en el desmantelamiento de la delincuencia organizada, no sólo por las características que le son propias al procedimiento previsto para perseguir los bienes de procedencia ilegal y por tanto el ataque frontal a los insumos de las organizaciones delictivas. Se trata de una acción que tiene su origen en la Convención de las Naciones Unidas contra el tráfico ilícito de estupefacientes y sustancias psicotrópicas, suscrita en Viena el 20 de diciembre de 1988.

La extinción de dominio es una acción definida como la pérdida del derecho de dominio a favor del Estado, sin contraprestación ni compensación de naturaleza alguna para su titular. Se caracteriza por ser una acción autónoma, de "naturaleza jurisdiccional, de carácter real y de contenido patrimonial, y procederá sobre cualquier derecho real, principal o accesorio, independientemente de quien los tenga en su poder, o los haya adquirido y sobre los bienes comprometidos. Esta acción es distinta e independiente de cualquier otra de naturaleza penal que se haya iniciado simultáneamente, o de la que se haya desprendido, o en la que tuviere origen, sin perjuicio de los terceros de buena fe exentos de culpa"[47]. Se otorga al Estado la facultad de perseguir, incautar y disponer de los bienes sospechosos de provenir de actividades ilícitas o cuyo origen este directamente vinculado a este tipo de actividades ilegales, buscando además evitar el testaferrato. Es un instrumento eficaz en la investigación del entorno delictivo y financiero de los criminales organizados, a través de la perdida

46 RAMÍREZ BARBOSA, P, 2008, pp. 79 y ss.

47 RAMÍREZ BARBOSA, P, 2008, pp. 101 y ss.

de derechos patrimoniales respecto de bienes cuya procedencia no sea debidamente aclarada por su poseedor[48].

En definitiva, la acción de extinción de dominio ha permitido la transferencia al Estado de bienes adquiridos a través del desarrollo de actividades ilícitas, a fin de que estos sean utilizados en programas de inversión social, fortalecimiento del sector justicia y lucha en todos los frentes contra el crimen organizado.

6.6. Justicia negociada y consensuada

Las finalidades de los acuerdos y preacuerdos, son humanizar la actuación procesal y la pena; obtener pronta y cumplida justicia; activar la solución de los conflictos sociales que genera el delito; propiciar la reparación integral de los perjuicios ocasionados con el injusto y lograr la participa-

---

[48] Con referencia a la acción de extinción de dominio, la Corte Constitucional de Colombia en Sentencia C- 1096 de 2003, puso de manifiesto: "La extinción de dominio es acción constitucional pública, jurisdiccional, autónoma, directa y expresamente regulada por el constituyente y relacionada con el régimen constitucional del derecho de propiedad, en virtud del cual se le asigna un efecto a la ilegitimidad del título del que se pretende derivar el dominio, independientemente de que tal ilegitimidad genere o no un juicio de responsabilidad penal. A ella no le son trasladables las garantías constitucionales referidas al delito, al proceso penal y a la pena por no tratarse de una institución que haga parte del ejercicio del poder punitivo del Estado. ii) Si bien a ella no le resulta aplicable la presunción de inocencia, el Estado no se encuentra legitimado para presumir la ilícita procedencia de los bienes objeto de extinción de domino, pues éste se halla en la obligación ineludible de recaudar un compendio probatorio que le permita concluir, de manera probatoriamente fundada, que el dominio sobre unos bienes no tiene una explicación razonable en el ejercicio de actividades lícitas sino ilícitas. iii) Satisfecha esa exigencia el afectado tiene derecho a oponerse a la declaratoria de la extinción del dominio, pues ésta es una facultad legítima que está llamada a materializar el derecho de defensa del afectado y en virtud de la cual puede oponerse a la pretensión estatal de extinguir el dominio que ejerce sobre los bienes objeto de la acción. v) Al ejercer ese derecho, el actor debe aportar las pruebas que acrediten la legítima procedencia de los bienes objeto de la acción pues, como titular del dominio, es quien se encuentra en mejor condición de probar ese hecho. En ese marco, el reconocimiento al afectado del derecho a probar el origen legítimo de los bienes, a probar que éstos no se adecuan a las causales de extinción y a probar la existencia de cosa juzgada, constituye una manifestación de la distribución de la carga probatoria a que hay lugar en el ejercicio de la acción de extinción de dominio y tal manifestación no es contraria al artículo 29 constitucional".

ción del imputado en la definición de su caso, la Fiscalía y el imputado o acusado podrán llegar a preacuerdos que impliquen la terminación del proceso. La denominada justicia consensuada, fundada en los preacuerdos y las negociaciones debe estar asistida por unas *finalidades* como son la de *(i) humanizar* la actuación procesal y la pena; *(ii)* la *eficacia* del sistema reflejada en la obtención pronta y cumplida justicia; *(iii)* propugnar por la solución de los conflictos sociales que genera el delito; *(iv)* propiciar la *reparación integral* de los perjuicios ocasionados con el injusto; *(v)* promover la *participación* del imputado en la definición de su caso"[49].

En efecto, las negociaciones y preacuerdos suponen el reconocimiento de responsabilidad por parte del imputado o acusado; la coexistencia de un fundamento probatorio sobre el cual se produce el acuerdo; la renuncia libre, consciente, voluntaria y formalmente comunicada del imputado o acusado al juicio público, oral, concentrado y contradictorio; los descuentos punitivos derivados del acuerdo. Una vez aprobada la negociación, se convocará a audiencia para dictar la sentencia correspondiente, mediante la cual se produce la terminación anticipada al proceso. Ello, en definitiva, implica por una parte economía procesal, celeridad y eficacia de la justicia, este tipo de medidas procesales pueden propiciar el desmantelamiento de redes criminales, persecución de los delitos y sanción de los autores y partícipes de los mismos. Sin lugar a duda las posibilidades legales de negociación entre los acusados o imputados por el delito y la Fiscalía General de la Nación, es un instrumento clave en la lucha contra la criminalidad organizada, y en particular, en la mayor eficacia persecutora del Estado a través de la sanción del delito, búsqueda de la justicia y control de la impunidad[50].

7. REFLEXIONES DE FUTURO

La persecución contra el crimen organizado trasnacional por la complejidad y sofisticación precisa la adopción de medidas integrales en el combate de las estructuras delincuenciales. Lo anterior, implica dotar a las entidades encargadas de esta difícil labor de recursos suficientes, los cuales, deben recoger los ámbitos presupuestales, técnicos y humanos. De igual forma, resulta necesario, la capacitación y preparación permanente de los funcionarios encargados de estas complejas actividades, esa forma-

---

49 RAMÍREZ BARBOSA, P, 2008, pp. 96 y ss.

50 RAMÍREZ BARBOSA, P, 2008, pp. 96 y ss.

ción debe ser periódica y actualizada a los cambios normativos y las dinámicas nacionales e internacionales que precisan ser conocidas y abordadas con rigor.

De igual forma, las estrategias nacionales en la persecución de la delincuencia organizada deben ser de alcance territorial que incluyan a todas las autoridades y consideren especialmente las realidades, necesidades y peculiaridades de los territorios. Las medidas de combate al crimen organizado deben ser eficaces, proporcionales y útiles, sin que su ámbito de acción excluya a las autoridades locales, pues estas zonas se pueden convertir en el foco donde se nutren estas formas de criminalidad.

La persecución efectiva de bienes de procedencia ilícita debe ser priorizada, mediante la extinción del derecho de dominio y el comiso. Perseguir las finanzas de las organizaciones ataca los efectos obtenidos de los delitos realizados y el principal objetivo que impulsa la actuación de la delincuencia. Este tipo de medidas tienen un triple ámbito, sancionatorios, preventivos y disuasivos, lo cual, permite neutralizar el poder económico de la criminalidad y atacar todos los bienes de procedencia ilegal.

De otra parte, es imprescindible la protección eficaz de los testigos y arrepentidos, quienes pueden suministrar información muy valiosa sobre el funcionamiento de la estructura criminal. Los testigos precisan contar con la confianza y protección suficiente para entregar a las autoridades datos, relatos y demás detalles que son de su conocimiento y que permitan desmantelar, perseguir y probar el actuar criminal. Por la trascendencia de la información requieren apoyo en su seguridad, protección e incluso cuando es requerido medidas más urgentes y extraordinarias como el cambio de identidad, traslados de residencia y secreto sobre su paradero como alternativas efectivas.

La eficacia comprobada de la justicia negocial y las rebajas por colaboración ha sido notoria en el combate al crimen organizado. Esto supone fomentar la cooperación con las autoridades y el reconocimiento de responsabilidades penales que faciliten la investigación y sanción de los delitos de forma celera, efectiva y precisa.

El fortalecimiento en la cooperación internacional y las alianzas globales entre Estados para compartir información, experiencias e intercambio de pruebas, entre otros. El combate al crimen organizado precisa la acción conjunta de los países de forma armónica, integral y dinámica que permita el impulso de modelos unificados en las acciones estratégicas que se adopten.

A lo anterior, debe sumarse el fortalecimiento de las investigaciones financieras y las Unidades de Análisis e inteligencia financiera. Los grandes movimientos de capital y las transacciones virtuales se integran con el destino de dineros a paraísos fiscales y empresas fantasmas para garantizar la opacidad de los beneficios obtenidos, resultado de los crímenes. También es eficaz como medida procesal la suspensión y cancelación de la personería jurídica en empresas relacionadas con este tipo de delitos cuando facilitan que su objeto social se conecte con las actividades de las redes de delincuencia organizada y se disfracen con apariencia de legalidad sus efectos.

El combate a la corrupción nacional e internacional y sus alianzas con la delincuencia organizada trasnacional, debe priorizarse por parte de las autoridades de justicia. La corrupción es un flagelo expansivo y corrosivo de las instituciones nacionales, los pilares del Estado de Derecho y la democracia de las naciones. Por tanto, los enlaces de la delincuencia organizada, los sobornos, el abuso de poder y fraudes en los recursos públicos precisa de acciones decisivas y contundentes frente a la magnitud de los resultados lesivos que producen a todo nivel.

8. CONCLUSIONES

La lucha contra la criminalidad organizada ha inquietado y continúa preocupando a la comunidad internacional, no sólo por los efectos sociales y económicos que generan las conductas delictivas de esta naturaleza, sino además por sus repercusiones negativas en las instituciones, desarrollo democrático, ordenamientos jurídicos, en definitiva, por su impacto en la estabilidad y gobernabilidad de los Estados que resultan afectados. Las iniciativas internacionales en la prevención, persecución y represión de la criminalidad organizada han sido muy importantes en la adopción de medidas e instrumentos comunes al interior de los Estados y la comunidad internacional.

Instrumentos como la Convención de las Naciones Unidas contra la Delincuencia Organizada Transnacional, las Directivas y Recomendaciones de la Unión Europea han supuesto la adopción de instrumentos supranacionales encaminados a la lucha contra la criminalidad a gran escala. Dentro de las conductas criminales vinculadas a esta forma de delincuencia, se encuentran delitos como el narcotráfico, blanqueo de dinero, tráfico de especies protegidas, tráfico humano, soborno trasnacional, contrabando y ciberdelincuencia, entre otros. Estos delitos tienen como elementos comunes la magnitud de los bienes jurídicos que resultan afectados, sus efectos trasnacionales, el uso de las tecnologías, la alta rentabilidad, los movimientos financieros a gran escala y las dificultades en su persecución y prueba.

Las técnicas especiales de investigación han resultado en un conjunto de medidas eficaces para perseguir las redes de delincuencia organizada en los ámbitos nacional e internacional. Su uso y aplicación debe sujetarse a la observancia de los Derechos fundamentales y garantías procesales previstas en los ordenamientos jurídicos internos y en las normas internacionales. Técnicas como el agente encubierto, entregas vigiladas, extinción de dominio, justicia negociada, intervenciones electrónicas y cooperación internacional son algunas de las más destacadas a escala global.

Los principios de proporcionalidad, necesidad, razonabilidad y utilidad, fijan las pautas que suponen su puesta en marcha y los criterios de interpretación que deben aplicarse por las autoridades encargadas. La preparación de los funcionarios y su capacitación permanente contribuye en el cumplimiento de los fines que persiguen que no es otro que la persecución y sanción de las organizaciones de delincuencia organizada.

9. BIBLIOGRAFÍA

ANAYA, B, ALONSO, L, "El crimen organizado", Editorial Porrúa, México, 2001.

BECK, U, (2002), La sociedad del riesgo global, Siglo XXI de España Editores, España.

BERDAL M, Y SERRANO M, (2005), "Crimen trasnacional organizado y seguridad internacional - Cambio y Continuidad", Fondo de Cultura Económica, México.

BLANCO C, (2015), "El delito de blanqueo de capitales". Navarra: Aranzadi.

BLANCO C., FABIÁN C, E., PRADO SALDARRIAGA, V. y ZARAGOZA AGUADO, J. (2014), "Combate al Lavado de Activos desde el Sistema Judicial". Washington DC: CICAD.

BLICKMAN, T. (2009), "Lucha contra flujos capitales no regulados e ilícitos. Blanqueo de capitales, evasión fiscal y regulación financiera", en https://www.tni.org/files/download/crime3s.pdf.

BUSCAGLIA E Y GONZÁLEZ S, (Coordinadores) Reflexiones en torno a la delincuencia organizada. ITAM / Instituto Nacional de Ciencias Penales. México, 2005.

Correa Gomero, Manuel (et.al), Blanqueo de capitales. Fuentes de dinero negro. Publicaciones de la Fundación Policía Española (Colección Estudios de Seguridad), Madrid, 2003.

CALLEGARI, A., MOURA MASIERO, C., CANCIO MELIÁ y RAMÍREZ BARBOSA, P. (2016), "Crime Organizado: Tipicidade, Política Criminal, Investigação e proceso", Porto Alegre: ed. Livraria Do Advogado.

CALVANI, S, "La Convención de Naciones Unidas contra la Delincuencia Organizada Trasnacional", UNODOC, Bogotá. http://www.sandrocalvani.com/speech/Conv.%20Palermo.pdf.

CARPIZO, J. Y SANTAELLA, M. (2007). De los paraísos fiscales y la competencia fiscal perjudicial al Global Level Playing Field. La evolución de los trabajos de la OCDE. Instituto de Estudios Fiscales, Cuadernos de Formación (3), 27-45, en http://www.ief.es/documentos/recursos/publicaciones/revistas/cuadernos_formacion/03_2007/02_07.pdf.

CHÁVEZ, J. (2014), "Los paraísos fiscales y su impacto global en América Latina". CIMEXUS, 9(2), 13-30, en http://cimexus.umich.mx/index.php/cim1/article/view/190/159.

CONVENCIÓN DE LAS NACIONES UNIDAS CONTRA LA DELINCUENCIA ORGANIZADA TRANSNACIONAL Y SUS PROTOCOLOS. New York, 2004. Prefacio. Disponible en: https://www.unodc.org/pdf/cld/TOCebook-s.pdf.

COOLEY, A, HEATHERSHAW, J, y SHARMAN, J, (2018),"The Rise of Kleptocracy: Laundering Cash, Whitewashing Reputations." *Journal of Democracy* 29, No. 1.

DE LA TORRE LASCANO, C, (2017), "Relación existente entre paraísos fiscales, lavado de activos y defraudación tributaria. Un análisis desde la normativa de Ecuador". Ecuador.

ESCUDERO, D, (2020), "El uso de criptomonedas es cada vez mas popular entre los delincuentes latinos", enhttps://es.beincrypto.com/uso-criptomonedas-mas-popular-entre-delincuentes-latinos/.

ETZIONI, A. y MITCHELL, D. (2007). "Corporate Crime. En H. Pontel y G. Geis, International Handbook of White-Collar and Corporate Crime", (pp. 187-199). New York: Springer.

FERNANDEZ LAREDO, A, (2009), "El arrepentimiento en la criminalidad organizada", pp. 208 y ss.

HERNÁNDEZ V, (2009). Al rescate de los paraísos fiscales. La cortina de humo del G-20. Barcelona: Icaria.

INTERNET ORGANISED CRIME THREAT ASSESSMENT, (IOCTA) 2019.

MAIHOLD, G, y JOST, S, (eds.), (2014), "el narcotráfico y su combate sus efectos sobre las relaciones internacionales", pp. 11 y ss.

MALLADA FERNÁNDEZ, C. (2012). "Fiscalidad y blanqueo de capitales", (tesis doctoral). España: Universidad de Oviedo, en http://hdl.handle.net/10651/12737

MARTÍNEZ, J. (2015), "Estrategias multidisciplinarias de seguridad para prevenir el crimen organizado" (tesis doctoral). España: Universidad de Barcelona, en http://hdl.handle.net/10803/298308.

NAIM M, (2005), "How smugglers, traffickers, and copycats are hijacking the global economy". Doubleday/Random House, Inc. New York.

OEA, (2019), "Guía Práctica de Técnicas Especiales de Investigación en casos de Delincuencia Organizada Trasnacional", en: https://www.oas.org/es/ssm/ddot/publicaciones/MANUAL%20GUÍA%20PRÁCTICA%20WEB.PDF.

RAMÍREZ BARBOSA, P, (2019), "El delito de Corrupción Trasnacional en Estados Unidos y Colombia: alcance del principio de extraterritorialidad de la Ley Penal Norteamericana y Compliance", en Derecho Penal, Parte Especial, Universidad Externado de Colombia, Bogotá, 2019.

RAMÍREZ BARBOSA, P, (2018), "La Ley contra las Prácticas Corruptas en el Extranjero. La FCPA de los Estados Unidos: "Compliance", Extraterritorialidad y Responsabilidad Penal de la Persona Jurídica. Reflexiones acerca del caso Odebrecht", en *Desafíos del Derecho Penal en la Sociedad del Siglo XXI*, ed. Temis, Bogotá.

RAMIREZ BARBOSA, P, (2018), "Responsabilidad Penal Corporativa y *Compliance.* Un nuevo marco regulatorio de ética, Gobernanza y control de los riesgos en las empresas". En revista Paradigma, Brasil, 2018.

REINA, M, (2019), "¿Por qué está el crimen organizado detrás de los delitos medioambientales?, en https://www.elpaccto.eu/por-que-esta-el-crimen-organizado-detras-de-los-delitos-medioambientales/. https://www.interpol.int/es/Delitos/Ciberdelincuencia.

ROJAS, ARAVENA, F, (2006), "II Informe del Secretarío General de Flacso. El crimen organizado internacional: Una grave amenaza a la democracia de América Latina y el Caribe", Costa Rica.

ROSE-ACKERMAN, S. y SØREIDE, T. (2011), "Introduction. En S. Rose-Ackerman y T. Søreide, International Handbook on the Economics of Corruption", Volume Two (pp. 14-21). Northampton: Edward Elgar.

SÁNCHEZ GARCIA DE PAZ, I, (2005), " La criminalidad organizada. Aspectos penales, procesales, administrativos y policiales", ed. Dykinson.

SARRABAYROUSE, D. (2012), "Lavado de activos y paraísos fiscales". En D. Sarrabayrouse y M. Degoumois, Lavado de Activos: prevención y sanción (pp. 69-87). Buenos Aires: Infojus.

UMBRIA ACOSTA, L, "2018). Un preámbulo de política criminal frente a la delincuencia organizada. *Revista Criminalidad, 60* (3): 235-249.

VALLEJO, J. (2005). La competencia fiscal perniciosa en el seno de la OCDE y la Unión Europea. Revista de Economía, (825), 147-160, en http://www.revistasice.com/CachePDF/ICE_825_147-160__713157213A437FCC4C4C18F82FFA4895.pdf

Parte 6
Artes

Coordinadora:
Lisbeth Rebollo Gonçalves

6.1. América Latina 1920: Entrecruzamiento entre Modernidad y Vanguardia

IVONNE PINI[1]
Universidad de Los Andes, Colombia
ipini@uniandes.edu.co

1. INTRODUCCIÓN

Una reflexión sobre modernidad y vanguardia en América latina debe tener en cuenta que entramos en un terreno donde esos objetos de estudio son problemáticos. La historiografía que comenzó a revisar la noción de modernidad y vanguardia en Latinoamérica rompe con la lectura de la historia tradicional que por décadas consideró ambos procesos a partir de la relación Europa-Latinoamérica, legitimando la conexión entre un centro hegemónico y una periferia dependiente. No se trata de desconocer una influencia innegable pero se revisa cómo se dio la relación existente entre ambos. Explicar la producción artística latinoamericana como una consecuencia de la influencia europea, es una hipótesis que cada vez resiste menos ese análisis, pues elude los términos históricos concretos en cada caso, desconociendo la complejidad que tiene la noción de transferencia en una región como América Latina donde no es posible sostener la idea de homogeneidad. La diversidad existente esta marcada por la manera como se produjo la colonización, por el peso o no de la población indígena y africana, por la mayor o menor incidencia del mestizaje y la inmigración.

Surgen preguntas como ¿cuál fue la relación de los artistas que tomaban contacto con la Europa de la postguerra y experimentaban los movimientos vanguardistas?, ¿qué influencias significaron?, ¿se limitaron a copiar formalmente las propuestas? En esos viajes se conectaban con las nuevas ideas, sin dejar de reconocer el valor de sus propios antecedentes históri-

---

1 Historiadora del arte del Instituto Artigas de Montevideo. Actualmente es profesora del programa de Historia del Arte de la Universidad de los Andes. Es profesora titular y emérita de la Universidad Nacional de Colombia.

cos. Y el viaje no era sólo desde Europa a sus respectivos países, sino también los contactos que se realizaban con otros estados de Latinoamérica.

El redescubrimiento de sus propios países ¿qué aportó en ese contacto con las vanguardias?, ¿cómo relacionar vanguardia con incremento de posturas nacionalistas?, entonces ¿cómo se va gestando esa relación entre la preocupación por "lo propio" y los ismos?

En América Latina, la modernidad no fue necesariamente la superación de la tradición. A diferencia de Europa se dio un doble juego: por un lado buscar lo nuevo, innovar y paralelamente mirar al pasado para identificar sus raíces históricas. El conocimiento de los movimientos modernos y vanguardistas de Europa no significó desconocer la necesidad de buscar elementos locales de pertenencia. No es posible realizar transferencias miméticas con lo que pasaba en los países europeos, ni tampoco desconocer la diversidad de comportamientos que se dieron en los diversos países de la región. Para la intelectualidad la modernidad era un proyecto que había que construir y la preocupación latinoamericana por "lo propio" mostraba el interés por no limitarse a ser receptora de lo que venía de Europa.

No se trataba de sostener la novedad por la novedad sino que "lo nuevo" permitía asumir una actitud diferente respecto al arte y los cambios no eran simplemente en la técnica. Se buscaba estructurar una naciente sensibilidad que sería el resultado de vivir una nueva experiencia expresiva, replanteando los modelos estéticos dominantes, de allí la reacción contra la academia. Había llegado la hora de romper con la idea de que en los procesos creativos latinoamericanos lo que operaba eran los meros fenómenos estéticos reflejos. Lo moderno se asociaba a lo nacional, al fortalecimiento de la identidad, a la responsabilidad que el artista tenía con la sociedad en que estaba inmerso. No se trataba de pretender visiones homogéneas, era necesario reconocer el pluralismo cultural de Latinoamérica evidente por los diversos componentes culturales que llevó, entre otros aspectos, al reconocimiento del aporte cultural de lo indígena y lo africano.

El tan alardeado progreso constante promovido desde Europa, creando un modelo civilizatorio que podría universalizarse, quedó muy golpeado por la Primera Guerra. América Latina emergía como un lugar de posibilidades y fueron diversos los intelectuales que consideraron que llegaba el momento de ser escuchados.

Este sentimiento arrribó impregnado de un fuerte sentido de autoafirmación y se comenzó a pensar en las diferencias culturales internas visualizando y reconociendo el valor de lo popular, lo cotidiano, el lugar, todos ellos materiales posibles para repensar los lenguajes artísticos. y en la modernidad que se intentaba construir, la idea de vanguardia era clave, en tanto se asociaba con lo nuevo.

Las vanguardias artísticas europeas buscaron concretar un proceso de liberación de la subjetividad creadora, reaccionando contra las formas bellas, sublimadas, del arte preexistente. La expresión artística se consagraba como un mundo subjetivo, que se manifiesta con fuerza contra las variables temáticas tradicionales. Había la necesidad de crear una nueva imagen crítica del mundo, elaborada sobre una realidad que cambiaba.

Las vanguardias que surgieron en los diversos países de América Latina realizaron propuestas que son difíciles de encuadrar en generalizaciones. La búsqueda de lo propio significaba para los latinoamericanos, el reclamar el reconocimiento de una especificidad histórica y cultural que los alejaba de la repetición del modelo de la vanguardia europea.

De allí la estrecha relación que se trató de establecer con los elementos vernáculos, que no eran elementos extraños sino tradiciones a rescatar e incorporar. Y la diversidad que proponen las vanguardias desde el arte latinoamericano, evidencian que no se replicaban necesariamente las teorías que se construían en Europa y no se puede hablar de simple imitación. El problema de la novedad no podía quedar separado de la búsqueda local.

Los movimientos de la década de 1920 miraron alternativamente hacia adentro y hacia afuera. Y en esa aparente contradicción, por un lado, la mirada al arte nuevo de Europa, y por otro la búsqueda de raíces, se fue generando un arte propio.

Para analizar los procesos acontecidos en esa compleja década de 1920 nos detendremos en dos aspectos. Por una parte, señalar los planteos desarrollados por los textos teóricos que aparecían en las revistas culturales analizando los conceptos de modernidad y vanguardia, y por otra ejemplificar con tres ciudades latinoamericanas, México, Buenos Aires y La Habana, como se dio el proceso de acercamiento a los cambios artísticos.

2. IMPORTANCIA DE LAS REVISTAS CULTURALES

Acercarse a los procesos del arte moderno en América latina en la década de 1920, supone analizar una diversidad de documentación que operan como fuentes fundamentales para su estudio. En tal espacio ubicamos el papel jugado por las revistas culturales, que nos conectan al complejo entramado de la implementación de la modernidad en el campo artístico, impulsando el conocimiento de las novedades que acontecieron no sólo en el plano de los distintos discursos teóricos, sino en la divulgación de los cambios que se daban en la construcción de una nueva estética. La crisis de la validez indiscutible de los modelos europeos, fue dando paso a una concepción cultural que aceptaba y defendía la pluralidad, manifestada a través de un editorialismo, en general, programático. Por las menciones que aparecen en los escritos del período, artistas y escritores tenían una información amplia de lo que estaba aconteciendo en Europa, conociendo de cerca las propuestas impulsadas por lo movimientos vanguardistas.

La exploración en torno a los aportes de las revistas culturales, ha sido una fuente básica para investigar cómo se desarrollan las ideas en un determinado contexto, qué lecturas son centrales, seguir las líneas de pensamiento y poder trazar aspectos claves en la construcción de las pautas culturales. Constituyen un escenario de la circulación de ideas de la intelectualidad articulando grupos, revelando discusiones, ubicando en escena las novedades y registrando los debates que perfilan posiciones en el campo intelectual, siendo necesario verlas insertas en los procesos históricos en que se generaron[2].

Tuvieron además la capacidad de convertirse en redes que permitían generar colaboración y conocimiento compartido. Había una evidente preocupación por el hoy como elemento de referencia, de allí la importancia de conocer en qué contexto se dieron los debates, sin desconocer la pretensión de futuro que tenían. El espacio en que nacen las publicaciones, tiene a la ciudad como el escenario natural de esa modernidad que mostraba distintas alternativas de concebirla, espacios urbanos desde donde no se plantea impulsar criterios homogéneos, sino que permitían una diversidad de abordajes. Las revistas culturales diferían de las preocupaciones de los diarios, ávidos por las noticias del día a día o del criterio de un libro especializado y difunden textos que denotan preocupaciones colectivas, fruto de discusiones que introducían los nuevos planteos estéticos y mediante sus argumentos, buscaban legitimar las propuestas de esa modernidad que intentaban difundir.

---

2 El número de investigaciones referidas a las revistas culturales en América latina respecto a la década citada se ha incrementado en los últimos años. Algunas de las publicaciones que aparecieron sobre el tema en el presente siglo, son: Celina Manzoni (Editora) (2007); Ivonne Pini y Jorge Ramírez (2012); Verónica Delgado y Geraldine Rogers (2019); Beverly Adams y Natalia Majluf (editoras) (2019); Horacio Tarcus (2020). Silvia Dolinkoy María Amelia García (Editoras). (2023).

Todo ello explica el número creciente de publicaciones que asumían estrategias para dar a conocer y difundir los temas más diversos que tenían como escenario el campo cultural. Hay revistas que, aún preocupadas por las discusiones contemporáneas, tienen posturas menos polémicas tratando de permitir una amplitud editorial que evitara una sola línea de discusión. Tal fue el caso de revistas como la uruguaya *La Pluma* (1927-1931), *Contemporáneos* (1928-1931) de México y la bonaerense *Proa* (1922-1923,1924-1926)). Otras publicaciones en cambio, asumían posturas de choque, irreverente frente a las propuestas existentes, un ejemplo a citar fue la también porteña *Martín Fierro* (1924-1927). Se convirtieron en escenarios para intercambiar ideas relacionadas o divergentes, en la acometida de los procesos referidos a la modernidad artística, propuesta desde una perspectiva que buscaba actualizar o se volcaba hacia una renovación más profunda. De allí que recorrer esas publicaciones, permite descubrir cuáles eran temas de debate y el papel otorgado a la modernidad y las vanguardias.

Varias eran las reflexiones que se emprendían en sus contenidos, de allí que no es posible intentar homogenizar el asunto ideológico que impulsaban. Las posiciones contrastadas aparecían con frecuencia dentro de una misma publicación y por ejemplo, dualidades como cosmopolitismo-localismo, manifestaban las discusiones existentes entre el contenido universalizable de la modernidad y el discutido problema de definir la identidad, de allí que la búsqueda de nuevos modelos artísticos podían dialogar con preocupaciones nacionalistas.

La revisión de los textos escritos por intelectuales latinoamericanos en las primeras décadas del siglo XX, muestran que la construcción de la idea de lo propio es entonces el resultado de un complejo entretejido. El grupo de artistas que participó en tales discusiones creó sus propuestas con elementos que venían del entorno local y se cruzaban con referentes no sólo procedentes de las vanguardias europeas, sino del conocimiento y difusión de otros movimientos latinoamericanos, por ejemplo, el muralismo mexicano

Las propuestas que allí se planteaban se relacionan con los postulados de las nuevas ideas y operarían como el vehículo contra lo tradicionalmente admitido. La actitud iconoclasta, la reacción contra los modelos anteriores lo llevaba a propiciar una nueva manera de hacer arte en la que es posible detectar los cambios que espera se generen en las formas y en la justificación teórica que construían.

3. PARTICULARIDADES DE TRES PROPUESTAS ARTÍSTICAS EN TRES ESPACIOS DIVERSOS: MÉXICO, BUENOS AIRES Y CUBA

3.1. México

Desde la Revolución de 1910 en México se planteó recoger las bases aportadas por la cultura indígena, pero también criolla y mestiza. Era necesario modificar la división racial heredada de la colonia y mantenida por los criollos después del proceso de independencia. Y surge toda una literatura al respecto, de la cual el ejemplo clave fue unos años después "La raza cósmica" de José Vasconcelos (1882-1959)[3], exaltando al mestizo. Esta postura latinoamericanista e hispanista de Vasconcelos difería del antropólogo mexicano Manuel Gamio (1883-1960) quien hizo un significativo estudio del peso que tenía el componente indígena, ya que consideraba a este elemento como un referencia sustancial para construir identidad, no sólo por un pasado admirable sino porque seguía vigente en manifestaciones de arte popular[4].

Reconocer el significado del mestizaje y el indigenismo, suponía valorar el aporte cultural que cada grupo hizo para configurar una cultura nacional. Con la derrota que la Revolución de 1910 logró del gobierno de Porfirio Díaz, se incrementó el interés por el rescate de expresiones de la cultura popular como el teatro callejero y la obra gráfica, entre otras contribuciones. Se abogaba por la unidad que debía generarse en torno a una expresión artística que reconociera las virtudes de lo indoamericano y la revaloración del arte popular, al punto que el arte culto y el arte popular no tuvieron fronteras claramente delimitadas. Otras formas de arte popular fueron: retablos, ex votos, pinturas de pulquería.

Diego Rivera (1886-1957) valora especialmente el significado histórico y social de un grabador como José Guadalupe Posada (1852-1913) tanto por la libertad expresiva con que se manifestó respecto de las normas académicas, como por su capacidad de ser intérprete del sentir popular. En la presentación que Rivera hizo en la primera exposición de los grabados de Posada a mediados de la década del 30 afirmaba:

> *En México han existido siempre dos corrientes de producción de arte verdaderamente distintas, una de valores positivos y otra de calidades negativas,*

[3] Vasconcelos 1948, 47-51.

[4] Pini Ivonne y Ramírez Jorge 2012,147.

> *simiesca y colonial, que tiene como base la imitación de modelos extranjeros para proveer la demanda de una burguesía incapaz...*
> *La otra corriente, la positiva, ha sido obra del pueblo y engloba el total de la producción, pura y rica, de lo que se ha dado en llamar "arte popular". Esta corriente comprende también la obra de los artistas que han llegado a personalizarse, pero que han vivido, sentido y trabajado expresando la aspiración de las masas productoras. De estos artistas el más grande es, sin duda, José Guadalupe Posada, el grabador de genio*[5].

Sin embargo, los análisis sobre el rol que debía cumplir el arte, dividió a la intelectualidad en la década de los 20. Fueron complejas las luchas internas entre la necesidad de promover el cambio, impulsar las nuevas corrientes sin olvidar la búsqueda de la construcción de lo que se identificaba como "el ser mexicano". En las reflexiones que se hacían, como el caso de José Vasconcelos definiendo la idea de nacionalismo espiritual, prevalecía una concepción elitista y paternalista. Pertenecía a la generación de intelectuales que buscaba revitalizar la cultura mexicana, relacionando la herencia prehispánica con el aporte de España, el humanismo renacentista y la ética liberal, todo ello para poder instaurar un proyecto moderno de nación[6]. Mientras que los vanguardistas constituían un lugar de convergencia entre tradición y cambio, siendo justamente la tensión de esa inestabilidad la que la robustece y caracteriza.

Estridentistas y Contemporáneos fueron dos de los grupos que desde orillas expresadas como opuestas impulsaron propuestas de vanguardia. La particularidad de los primeros y sus iniciativas vanguardistas no pueden verse por fuera del contexto en que se produce y un hecho como la Revolución Mexicana, generó una discusión en la que la vanguardia supera lo meramente artístico para constituirse también en vanguardia política y social. Ciudad de México, diciembre de 1921, fue el escenario para el lanzamiento del manifiesto "Actual N°1 Hoja de Vanguardia Comprimido Estridentista". Lo firmaba el poeta Manuel Maples Arce y fue colocado a manera de cartel en espacios estratégicos de la ciudad. Es interesante observar que varias décadas después de haberse producido este manifiesto, sus implicaciones sigan discutiéndose. Mientras hay quienes lo consideran como un fenómeno que está más ligado a la arqueología cultural, otros lo analizan como base para comprender el comportamiento vanguardista y no hay duda de que sus manifiestos están llenos de referencias a la mo-

---

5 Diego Rivera 1976, 21.

6 Debroise,1983,21.

6 Schneider, Luis Mario, 1985.

dernidad y de críticas a lo que se consideraba como lastres del pasado. Su intención —influida por la revolución mexicana— era estrechar filas entre movimiento estético y revolución. Exaltación de la máquina, de la ciudad y del hombre tecnificado. La preocupación estética y la valoración de los íconos de la modernidad resultaban constantes:

> *Un automóvil en movimiento es más bello que la Victoria de Samotracia". A esta eclatante afirmación del vanguardista italiano Marinetti...yuxtapongo mi apasionamiento decisivo por las máquinas de escribir, y mi amor efusivísimo por la literatura de los avisos económicos. [...]*
> *Es necesario exaltar en todos los tonos estridentes de nuestro diapasón propagandista, la belleza actualista de las máquinas, de los puentes gímnicos reciamente extendidos sobre las vertientes por músculos de acero, el humo de las fábricas, las emociones cubistas de los grandes transatlánticos con humeantes chimeneas de rojo y negro.*

Esta cita permite ver que las propuestas allí planteadas se relacionan con los postulados del futurismo, dadaísmo y ultraísmo español. Las nuevas ideas serían el vehículo contra todo lo reconocido, contra todo lo tradicionalmente admitido: academicismo, religión, héroes cuestionados.

El peso del futurismo en varios escenarios de la vanguardia latinoamericana, producen una compleja admiración inicial y posterior rechazo cuando se hizo evidente la vinculación de algunos intelectuales italianos con el fascismo de ese país. ¿Qué les atrajo inicialmente? El cuestionamiento a los valores establecidos, su retórica agresiva, la búsqueda de un comportamiento renovador, elementos que resultaban concomitantes con el ser moderno.

El otro grupo los *Contemporáneos*[7], reunidos en 1928 alrededor de una revista del mismo nombre contaba con poetas como Xavier Villaurrutia, Salvador Novo, José Gorostiza, y pintores de la talla de Rufino Tamayo, Agustín Lazo y María Izquierdo, quienes conocían en profundidad las vanguardias europeas y estaban al día con las publicaciones que venían del exterior. El tema de lo propio, del ser mexicano, no les era ajeno y participan en lo que era la tónica dominante. Sin embargo, tratan de separar el campo del compromiso político del estético y valoran la expresividad individual subjetiva. De allí las acusaciones de elitistas que recibieron. Su internacionalismo manifiesto, el mantener contacto con otras vanguardias y tener una actitud receptiva con respecto a lo que venía de afuera, no era

---

7 Madrigal, Érika 2008, 155-189.

visto por otros intelectuales como la intención de universalizar la cultura mexicana, sino como una actitud apolítica y extranjerizante.

Se fueron configurando dos tendencias: aquélla que defendía la pintura comprometida como objetivo básico de su quehacer artístico, y la que admitía la posibilidad de la pintura pura.

Tanto unos como otros defendían lo que consideraban como modelo válido para lograr configurar una estética nacional, aceptando además que ser moderno implicaba la capacidad de asimilar los movimientos y aprendizajes hechos en Europa, con su propia cultura.

La división tajante que se trató de establecer entre los universalistas y los nacionalistas, desconocía los puntos en común que entre ellos existían. Tanto, universalistas y nacionalistas, tenían una preocupación nacional, para ambos era válida la utilización de las vanguardias. En muchos casos los enfrentamientos personales, las luchas por visiones políticas diversas, le dieron el contenido de disputa estética, que no eran el fondo del problema.

Mientras unos, los muralistas, centraban su interés en el arte público, en el mensaje directo que transmitían, la otra corriente miraba al mexicano pero en su vida cotidiana, en sus sueños, en sus objetos, en su forma de ser más íntima. Otra de las diferencias entre ambos estaba en que los Contemporáneos no aceptaban roles prefijados, ni quedar sometidos a modelos parcializados. Por eso fueron compañeros y a la vez adversarios culturales de los muralistas. Casi que son una contraparte predecible ante la intención de aplicar caminos únicos que orientó al arte mexicano en la década de los 20.

La llegada de Álvaro Obregón (1919-1924) al poder fue precedida de una larga secuencia de guerras civiles, de allí su interés por lograr una política de conciliación entre los distintos grupos sociales y sus posturas antagónicas. Gobierno representativo, reconstrucción nacional, educación de las masas, pasaron a ser planteamientos recurrentes en el discurso de Obregón. El nacionalismo sirvió como instrumento ideológico del modelo cultural que se impulsó, buscando legitimar el proceso vivido y pasar de lo que se consideraba por muchos como barbarie revolucionaria a la reconstrucción postrevolucionaria[8].

---

8 Pini Ivonne 2000, 94-95.

Fue durante su gobierno, que la élite intelectual elaboró el programa educativo que buscaba modificar la turbulencia revolucionaria y encauzarla en la configuración de un estado centralizado, con inclinaciones populistas. La sola enunciación de tan peculiar contexto, permite prever que la idea de nacionalismo no tiene una única vertiente posible. La elaboración de una propuesta en tal sentido significó el encuentro de formas de pensamiento diverso, de definiciones múltiples, que no permitían pensar en un modelo único. Sin embargo, se puede identificar un punto de acuerdo entre las diversas vertientes: la educación sería el motor para intentar gestar un proyecto cultural que representara esas heterogeneidades.

Tanto José Vasconcelos como Diego Rivera (1886-1957) dieron un giro para renovar la educación postrevolucionaria y la propuesta de impulsar el mural como uno de los referentes centrales del proyecto cultural. Uno de los fenómenos más relevantes del muralismo, fue haber tomado la delantera en el acontecer cultural. Sus obras serían guías para mostrar los profundos cambios que la sociedad estaba impulsando, y el mesianismo de Vasconcelos encontraba en esta manifestación monumental, la posibilidad de transcribir en códigos visuales, la ideología por la que se propugnaba.

El Árbol de la vida (1922) fue el primer encargo del programa educativo de José Vasconcelos y se le hizo a Roberto Montenegro (1887-1968). La obra está ubicada en el ábside del ex templo del antiguo Colegio Máximo de San Pedro y San Pablo. Por su parte, Diego Rivera realizó *La Creación* en el Anfiteatro Bolívar de la Preparatoria Nacional. Ambos murales fueron ejemplo del primer momento del muralismo mexicano, caracterizado por la ausencia de contenido político, decorativos y centrando la búsqueda de valores culturales autóctonos.

Sostienen Esther Acevedo y Pilar García[9] que el desarrollo del asunto de la obra de Rivera se entiende cuando tomamos en consideración el patrocinio y las ideas filosóficas de Vasconcelos; este, al dar el tema de la Creación a Rivera, propuso como punto de partida a la Eva y el Adán indígenas, que gracias al mestizaje, a la educación por medio del arte, a la práctica de las virtudes enseñadas por la religión cristiana y al dominio de la naturaleza por el uso sabio de la ciencia, lograrían llevar al hombre a poseer " el amor absoluto". Se desplegaban las ideas de Vasconcelos sobre la cultura nacional e iberoamericana insertas en la cultura universal. Para el desarrollo de esta idea, Rivera asignó a cada figura, conforme al simbolismo tradicional

---

9 Esther Acevedo y Pilar García 2011, 26 a 36.

de las artes, un elemento que la identificara y la forma de plantear el mural se inspiraba en los frescos renacentistas con una estructura de perspectiva cubista. No olvidemos que Diego Rivera vivió entre1907 y 1921,en varios países de Europa (España, Francia e Italia), tomando contacto con el arte de vanguardia y abandonando el academicismo. Relacionado con Picasso se interesó por el cubismo como lo evidencian ya diversas pinturas entre 1917 y 1918. Un ejemplo fue su *Paisaje zapatista* de 1915.

Progresivamente la figura de Rivera fue ganando espacio en la prensa ante sus escritos de lo que debía ser la pintura revolucionaria y el papel del artista en dicha tarea. Eran años de gestación en los que se replanteó el debate sobre el tema de la modernidad, lo nacional, la vanguardia, sometiéndose a discusión problemas como el academicismo, la valoración de lo popular, el rescate del mundo prehispánico a la par que el análisis de las vinculaciones con la cultura europea. Ya en 1924 Rivera revisa el papel del artista que dejó su tradicional rol marginal para convertirse en herramienta necesaria a los planes del estado, sintiéndose partícipe en la configuración de la nueva sociedad.

Había acontecido con anterioridad un proceso significativo para el primer quiebre en la producción de los murales: la creación del Sindicato de Obreros, Técnicos pintores y Escultores en 1922, y un año después se publicó el Manifiesto del Sindicato de Obreros, pintores y Escultores. El documento planteó que el arte debía estar al servicio de la educación y la lucha. No se separaba el arte del hoy con el producido por las culturas anteriores y en el discurso se rescataba lo indígena. La Declaración hacía un planteamiento político que poco tenía que ver con el régimen que instauró la revolución mexicana. La militancia que se pedía iba más allá de las posiciones democrático burguesas, a lo sumo populistas, que existían en el gobierno. Se acercaban abiertamente a corrientes que reivindicaban la revolución proletaria. Junto a Siqueiros, Rivera también sostuvo en sus diversos artículos sobre el tema, una posición radical, considerándose más un trabajador entre otros trabajadores que un artista. En "El espíritu revolucionario en el arte moderno" sostiene: *El hecho importante que hay que resaltar es que el hombre que es realmente un pensador, o un pintor que sea verdaderamente un artista, no puede en un momento histórico dado tomar más que una posición de acuerdo con el desarrollo revolucionario de su tiempo. La lucha social es el tema más rico, más intenso y más plástico que pueda escoger el artista*[10].

---

10 Acevedo, Torres y Sánchez, 1996, 213.

La política diseñaba por Vasconcelos inicialmente comenzaba a desmoronarse, las divisiones se hicieron evidente acrecentándose las diferencias de conceptos acerca de lo que se consideraba nacional. Los muros se convirtieron en los espacios que albergaron las escenas de la Revolución y las luchas sindicales. El cambio no era solo en la retórica sino también en la forma, decididos los artistas a proclamar y defender lo que terminaría siendo una vanguardia.

3.1.1. La Escuela Nacional Preparatoria como experiencia

La Escuela Nacional Preparatoria se convirtió en laboratorio del nuevo muralismo y entre 1922 a 1926 varios artistas exploraron temas, perspectivas, colores. Fernando Leal (1896-1964) realizó *La fiesta del señor de Chalma*, donde trabajó el sincretismo cultural. Fermín Revueltas (1901-1935) pintó *Alegoría de la virgen de Guadalupe* (1923) mural que representa la veneración que le tiene el pueblo mexicano a esta Virgen. Jean Charlot (1898-1979) pinta *La conquista de Tenochtitlan*, también conocido como *la masacre del templo mayor*, narrando la batalla entre indígenas y españoles.

David Alfaro Siqueiros (1896-1974) después de haber publicado en 1921 en Barcelona su manifiesto "Tres llamados a los artistas plásticos de América", regresó a México para, como el mismo lo manifiesta "*crear una nueva civilización extraída de las entrañas mismas de México*". Siqueiros había viajado a Europa en 1919 tomando contacto con los movimientos de vanguardia. A su regreso a México tiene pronto discrepancias con el gobierno y desde 1924 se vinculó a diversas situaciones políticas que terminaron en un confinamiento judicial. A su juicio, socialismo revolucionario y modernidad tecnológica eran conceptos íntimamente unidos. Sus pinturas en los muros de la preparatoria Nacional, fueron *Los Elementos* donde representa una figura femenina como si se tratara de una obrera rodeada con los símbolos de los cuatro elementos: aire, viento, agua y tierra. En *Entierro del obrero sacrificado* (1924), hay tres hombres fornidos de rasgos indígenas conduciendo un ataúd pintado en azul, color que según el pintor usaban los habitantes de zonas alejadas a las grandes ciudades mexicanas para pintar los féretros.

José Clemente Orozco (1883-1949) fue uno de los artistas que en el espacio de la Escuela Preparatoria realizó murales que constituyeron un quiebre en el proceso de cambios que se dieron dentro del movimiento, abarcando su obra dos momentos: 1923 y 1926[11].1923-24 fue un período complejo para Orozco, y en esos dos años el tema del mestizaje con *Hernán Cortés y la Malinche* y *La conquista espiritual* representado por los franciscanos fueron dos obras significativas. Su admiración por grabadores como Posada y el valor de las expresiones que le atribuye al arte popular, se hacen evidentes a fines de 1923. Surge una visión crítica de la burguesía que es muy cercana por la forma como lo representa con la caricatura y esa actitud caricaturesca da un giro en las propuestas de los murales y a lo que implica el apropiarse del arte popular. Dos elementos innovadores se destacan: la inclusión de la fealdad como recurso válido en el arte, al igual que el uso del dibujo para hacer más evidente las distorsiones que utiliza. Después de un corte de dos años, en 1926 regresa a la Preparatoria y sus murales de ese período ponen en evidencia su imagen de la revolución: no se trata solo de mostrar la heroicidad, el triunfo, sino que obras como *La Trinchera* muestran los sacrificios, la destrucción y la muerte que la misma acarreó.

Rivera a tres cuadras de allí pintaba los muros de la Secretaria de Educación Pública. Su labor en los muros comenzó en 1922 y continúo por varios años. En los tres pisos desfilan personajes que dan cuenta de los cambios que ha tenido el país y la propia postura de Rivera al construir los temas. Se representan festividades tanto cívicas como religiosas, a los protagonistas de las luchas revolucionarias, campesinos, obreros, mujeres trabajadoras, lucha revolucionaria son las imágenes que desfilan en los muros.

Lejos se estaba de la propuesta inicial de Vasconcelos con el ejercicio de que el muralismo debía apoyarse en la mística del liberalismo decimonónico, convencido de que la autonomía de la esfera cultural tenía la posibilidad de la consolidación espiritual del arte. La década se cerro con una disminución en el número de murales: Orozco vivió en Estados Unidos hasta 1934, lugar en el que continuó realizando obra, Siqueiros cuando termina su detención en 1931 también abandona el país residiendo en diferentes ciudades. Rivera junto con sus discípulos fueron los responsables de continuar realizando la actividad mural. Se produjo un desplazamiento hacia el patrocinio privado y" la práctica del muralismo revolucionario salió fuera de la capital"[12].

---

11 Esther Acevedo y Pilar García 2011, 39-49

12 Esther Acevedo y Pilar García 2011, 43.

3.1.2. Modernidad, vanguardia y nacionalismo

Decíamos al comienzo que cuando pensamos en el desarrollo de las propuestas de modernidad y vanguardia en Latinoamérica, innovar, mirar el futuro, buscar lo nuevo y, en paralelo, mirar el pasado, en una búsqueda de raíces históricas, era un proceso reconocible en los más diversos escenarios de la región. México no fue una excepción y tradición, modernización y las rupturas que implican la vanguardia, no resultan términos contradictorios, eran complementarios. Las posturas vanguardistas se asocian a lo nacional, al fortalecimiento de la identidad, a la responsabilidad que el artista tiene con la sociedad en que está inmerso. Estos sentimientos llegaron impregnados de un fuerte sentido de autoafirmación y se comenzó a pensar en las diferentes culturas internas, visualizando y reconociendo el valor de lo popular, lo cotidiano, el lugar, todos ellos materiales posibles para repensar los lenguajes artísticos.

La discusión en torno al "ser nacional", adquirió una nueva dimensión. Moviéndose en tiempos culturales propios que no es posible generalizar para todo el continente, resulta notoria la intención de construir una modernidad que se producía en medio de la transculturación de valores, una vanguardia heterogénea, que intentaba producir sus particulares teorías culturales, buscando crear nuevas formas de arte que les permitieran ingresar con personalidad propia en el arte occidental. De allí que praxis artística y teorización marchen juntas. Uno de los logros del muralismo fue sintetizar los elementos de su ideología nacionalista con las propuestas estéticas de las vanguardias, generando su apropiación al concepto de modernidad.

La postura de los "tres grandes", no hace sino confirmar su sentido moderno de la concepción del arte, que vista con un cierto dejo mesiánico, se consideraba capaz de incidir en la transformación de la realidad, proponiendo sus criterios programáticos desde la particularidad de su espacio. En un texto titulado "Nuevo mundo, nueva raza, nuevo arte" y publicado en inglés en la revista "Creative Art" de Nueva York (1929), Orozco sintetizaba bien su forma de concebir el papel del arte para esa etapa:

> El arte del Nuevo Mundo no puede enraizarse en las viejas tradiciones del Viejo Mundo, ni en las tradiciones aborígenes representadas por las ruinas de nuestros antiguos pueblos indígenas. Si bien el arte de todas las razas y de todos los tiempos tiene un valor común —humano, universal— cada nuevo ciclo debe trabajar por sí mismo, debe crear, debe dejar su propia producción, su contribución individual al bien común.
>
> *Dirigirse solícitamente a Europa, inclinarse hurgando entre sus ruinas para importarlas y copiarlas servilmente, no es mayor error que el saqueo de los*

> *restos indígenas del Nuevo Mundo con el objeto de copiar con el mismo servilismo sus ruinas o su actual folklore.... Si nuevas razas han aparecido sobre la tierra del Nuevo Mundo, esas razas tienen el deber inevitable de producir un Nuevo Arte en un nuevo medio físico y espiritual. Cualquier otro camino es simple cobardía*[13].

3.2. La Habana

La modernidad se conectó en esta ciudad con lo que estaba sucediendo en el campo político y social. No se trataba aquí de mantener nexos demasiado estrechos entre ambos espacios, sino de reconocer la pertenencia a un medio que buscaba modificar las pautas tradicionales y los criterios culturales predominantes. Se propiciaba quebrar los cánones académicos tanto en lo que concierne a los temas, como a los planteos formales, buscando afirmar aquellos valores nacionales que se encontraban desvirtuados. [14]

Las raíces de lo propio era un pasado que se ubicaba en lo afrocubana, en el arte popular, en los guajiros, es decir: recuperar la tradición para representarla con lenguaje moderno. Lenguaje traído no sólo de las diversas tendencias europeas, sino también de los muralistas mexicanos, a quienes se veía como referentes significativos para pensar el tema de la identidad.

La mayoría de los artistas plásticos que formaron parte de la vanguardia pictórica, recibieron su educación inicial en la Academia de Bellas Artes de San Alejandro y pese a las críticas que le formulaban a su enseñanza académica, casi todos pasaron por sus aulas antes de emprender viajes al exterior. Y mientras que los artistas de la generación anterior optaban por ciudades como Madrid y Roma, los nombres surgidos en la década de los 20, optaban por París[15].

3.2.1. Cambios impulsados en 1923

Los espacios de discusión se acrecentaron y en el año 1923 se produjeron otra serie de hechos significativos que canalizaban el descontento existente en diversos sectores de la sociedad: se configuró la Junta de Renovación Nacional, se realizó la Protesta de los Trece, se formó el Grupo Minorista y comenzó el movimiento de Reforma Universitaria.

---

13 Orozco, José Clemente 1929, xlv xlvi.

14 De Juan Adelaida 1990, 123.

15 Martínez, Juan A. 1994, 4.

La Junta de Renovación Nacional, la impulso Fernando Ortiz (1881-1969) importante intelectual cubano, promotor de varias de las discusiones sobre cultura y situación política que se dieron entre asociaciones tanto económicas, como políticas y religiosas. Sus críticas se reunieron en un texto que proponía un amplio espectro de reformas, buscando consolidar una verdadera democracia en Cuba. Allí se promovía un modelo republicano que permitiera nuevas prácticas gubernamentales, nuevas leyes y cambios en la educación[16]. La palabra "nuevo" se reitera y se precisa como necesidad insoslayable para llevar a un buen fin el proceso inconcluso que dejara la independencia. Para Ortiz, como para buena parte de la intelectualidad, las reformas debían enfatizar el aspecto educativo y la idea de cubanidad no dejaba de estar presente en la preocupación por definir la identidad cultural.

Otro evento determinante en ese año fue la llamada Protesta de los Trece y la formación del Grupo Minorista. Los escritores cubanos habían fundado desde 1910 la Sociedad de Conferencias, teniendo como órgano difusor de sus ideas la revista "Cuba Contemporánea" (1913-1927). En sus páginas no faltaron las recriminaciones al orden político existente, aunque el énfasis estuvo puesto en renovar las letras, sobre todo la poesía.

Entre sus integrantes estaban artistas de activa participación en la configuración de la modernidad plástica como fueron Eduardo Abela y Antonio Gattorno, y escritores como Alejo Carpentier, Jorge Mañach, Juan Marinello, Félix Lizaso y Francisco Ichaso.

El minorismo asumió esa denominación, pues según lo expresaron en su Declaración de 1927: *El Grupo Minorista, denominación que le dio uno de sus componentes, puede llevar ese nombre por el corto número de miembros efectivos que lo integran; pero él ha sido, en todo caso, un grupo mayoritario, en el sentido de constituir el portavoz, la tribuna y el índice de la mayoría del pueblo; con propiedad es minoría, solamente, en lo que a su criterio sobre arte se refiere*[17].

La preocupación porque se conocieran sus postulados llevó a que diversos sectores de opinión promovieran la creación de órganos de difusión, proliferando el número de revistas. Publicaciones como "Cuba Contemporánea", "Carteles", el Suplemento literario del "Diario de la Marina" y "Social" fueron básicas para la divulgación del minorismo[18].

---

16 Pichardo Hortensia 1971, T.III, 149.

17 Pini Ivonne 2000, 35-36.

18 Verani H. 1990, 21.

Pero la revista literaria y catalizadora de los nuevos movimientos de la década de los 20 fue la *revista de avance* (1927-1930), que se convirtió en el espacio donde se recogieron los nuevos impulsos tanto en arte como en literatura. En el número inaugural el texto *Al levar el ancla,* señalaba el rumbo que se le imprimiría a la publicación. Allí se publicaron colaboraciones de Mallarmé, Valéry, Apollinaire, Baudelaire, Unamuno, Ortega y Gasset, García Lorca, acompañadas de ilustraciones de Picasso, Gris, Dalí, Matisse, así como de los muralistas mexicanos y los nuevos nombres que estaban surgiendo en la plástica cubana.

Publicada bimensualmente, se convirtió en foro de difusión sobre lo que estaba aconteciendo con las últimas tendencias artísticas y literarias tanto en Europa como en Latinoamérica, promoviendo, además, lo nuevo en las letras y las artes plásticas cubanas, mirando con cierta resistencia cualquier manifestación excesiva de vanguardia como mero cambio formalista. Se impulsaba la creación de un arte propio, de proyección latinoamericanista y de contenido social. Ese "sentido americanista", suponía la unidad latinoamericana, ya que el antinorteamericanismo era fuerte en ese grupo de intelectuales.

3.2.2. Afirmación de lo cubano

Promovida desde la "Revista de Avance", se realizó una muestra llamada Exposición de Arte Nuevo, en mayo de 1927 en la sede de la Asociación de Pintores y Escultores y fue el símbolo de una nueva etapa en el desarrollo de la plástica cubana. La muestra marcaba un duro enfrentamiento con la academia, ya que se mostraban exclusivamente obras de artistas que rompían con los modelos tradicionales. Desde las diversas conferencias que se efectuaron, uno de los temas recurrentes era la poca validez que tenían ciertas pautas artísticas del período, tales como la preocupación excesiva por la técnica y por el virtuosismo mimético, que hacían perder valor emotivo y expresividad. [19]

En la década de los veinte, encontramos un grupo de intelectuales preocupados por contribuir al desarrollo de una cultura nacional, capaz de afirmar lo cubano, camino imprescindible para modificar la estructura socio-política y económica. De los diversos nombres que sobresalen destacaremos los de Juan Marinello (1898-1977) y Jorge Manach (1898-1961),

---

19 Casanovas Martín 1927, 99-100.

dos de las figuras más interesantes por su reflexión en torno al arte y la sociedad.

Juan Marinello fue un ensayista, poeta y crítico, que jugó un activo papel político al presidir el Partido Socialista Popular. En sus ensayos de la década insistía en la necesidad de fomentar un verdadero arte nacional, pues a su juicio, sólo el arte podría lograr una total liberación; Cuba seguiría siendo parcialmente dependiente mientras no tuviera una cultura significativa, fuerte y original. En uno de sus textos resume aspectos sustanciales de su pensamiento, ligado a la idea de que el vanguardismo no debía significar un camino de evasión, de mimetismo del modelo europeo, sino de afirmación nacionalista [20]: *hasta ahora las soluciones han ido a buscarse al viejo laboratorio. ¿Debe seguir siendo fatal esta postura?*

Su respuesta- inspirada en textos del peruano José Carlos Mariátegui- retoma un sentir generalizado en otras realidades del continente:.*si de lo europeo se aprovecha la información cernida por siglos de riguroso laboreo y de ella se aísla lo de humana medida para confrontarlo con nuestras realidades. Por este camino se irá- con la solución americana- a los comienzos de una cultura-actitud que logre dar en su día normas al viejo maestro*[21].

Jorge Manach fue otro destacado ensayista, crítico literario y de arte. Tomó parte activa en las posiciones políticas de izquierda, posiciones de las que años después se apartaría, muriendo en el exilio en 1961. En sus múltiples escritos tiene una posición particular sobre el concepto de cultura, y distingue la existencia de dos niveles: uno el de la educación pública necesaria para formar y reorganizar al pueblo, y lo que llamaba " alta cultura". Aquélla que impulsada por el esfuerzo individual de una minoría de intelectuales, haría posible la evolución del nacionalismo cubano. [22]

La búsqueda de una expresión propia, fuera en el campo de la literatura, la música o la plástica, era el resultado de poner el énfasis en aspectos diversos de identidad y modernidad. La aparición de temas relacionados con el negro o el campesino como protagonistas no intentaban recrear miradas costumbristas, sino convertir tales experiencias en punto de partida de una cultura nacional cubana.

---

20 Marinello, Juan 1929-1930, 125 158.

21 Ibid.

22 Martínez, Juan 1994, 41.

3.2.3. La influencia africana

En la década del 20 comenzó a plantearse a nivel latinoamericano el tema del aporte negro a la creación de un modelo cultural propio y ese interés se manifestó cuando también en Europa se consideró la presencia de una estética que observó con interés entre otros, los referentes africanos. Al observar esa fascinación de algunos sectores de la intelectualidad europea por ese primitivismo, que se trataba de una mirada ajena, separada de su realidad y que no pretendía configurar una ideología liberacionista e integradora. [23]

Visto el tema desde Cuba, la situación se planteó en otros términos. Si bien el problema se desarrolló más allá de los treinta, ya se enuncian propuestas significativas en la década precedente.

De las diversas figuras que se interesaban en los veinte por analizar y destacar la presencia africana en la configuración de la cultura cubana, hay dos nombres sobresalientes: Fernando Ortiz y el poeta Nicolás Guillén(1904-1989). Ortiz aportó con su diversas publicaciones, comprensión y aceptación de la presencia de lo africano en la cultura cubana.. Por una parte, valoraba el aporte negro en la consolidación de la idea de cubanidad, manifestada tanto en el vocabulario, los alimentos, la retórica, como en el arte y la religión. Ortiz argumentaba en contra del racismo y optaba por analizar el tema de lo africano no en el plano de la raza sino de la cultura.

En el campo de la literatura, Nicolás Guillén fue figura central en la incorporación de elementos africanos. Si bien su obra más significativa se produjo a partir de la década del 30 cuando publicó su primer libro de "poesía mulata", desde fines de los veinte analizaba sin tapujos, en diversos artículos periodísticos, los problemas de la población negra, luchando abiertamente contra el racismo y reivindicando la significación cultural del negro en la configuración de la cultura nacional.

Frente al reconocimiento de la presencia de lo africano en su cultura, hay una serie de preocupaciones repetidas sobre la vanguardia: ¿qué papel juega la vanguardia internacional?, ¿se trataba para los cubanos de la mera apropiación de los elementos formales novedosos que éstas aportaban? La respuesta suele ser similar, el problema de la novedad no podía quedar separado de la búsqueda de lo propio. Es más: tendría sentido incorporarlo

---

23 Schwartz, Jorge 2002, 618.

siempre que no se perdieran de vista las peculiaridades locales y la necesidad de hacer un arte que ayudara en la afirmación de la cubanidad. Sin olvidar que esa cubanidad encerraba la preocupación por poder expresar-ya sea a través de la narrativa o poética literaria o la simbología visual- las preocupaciones socio-políticas de su generación. Había que crear una versión de modernidad sustentada en un movimiento artístico independiente, inclusive enfrentado a las políticas oficiales. Vanguardismo y ligazón con lo circundante son entonces conceptos estrechamente ligados.

De las dudas, polémicas y discusiones recogidas en las publicaciones, se nutrían y participaban los artistas del período. Lo que ganaba espacio era el convencimiento de que las artes plásticas no podían limitarse a reproducir la vida como espectáculo, con preciosismos técnicos o por un exceso de realismo. Ese conocimiento de la realidad pasaba por el filtro de la experiencia personal y pese al compromiso social y político asumido por varios de los protagonistas, debían alejarse de la obra concebida como propaganda política. Textos de Marinello y Casanovas daban cuenta de la forma como se analizaba el muralismo, dejando en claro que la preocupación por adoctrinar no podía justificar la pérdida del valor artístico. No se podía someter el arte a la propaganda bajo el riesgo de perder el rumbo y quedarse sólo con lo declarativo. [24]

3.2.4. Los artistas

La Exposición de Arte Nuevo en mayo de 1927, promovida por la *revista de avance* marcó un hito significativo en la plástica del período, pues fue vista como epicentro de las nuevas propuestas. Las directivas que se trataban de impulsar estaban consignadas en el discurso inaugural pronunciado por M. Casanovas. Las ideas centrales allí expresadas manifestaban preocupación por la permanencia de un arte amarrado al virtuosismo técnico y vacío de contenido[25].

El retorno a la emoción, problema valorado como candente en el arte moderno, suponía reencontrarse con la cotidianidad, con las emociones sencillas. Preocupaba también el hecho de que, con la pretensión de hacer arte nuevo, se escudaban artistas que lo único que en realidad proponían era copiar las recetas de esa modernidad sin importar el contenido.

---

24 Medina Álvaro 1978, 23.

25 Pini Ivonne 2002, 57-60.

La ruptura se planteaba en una doble dirección: con la academia y sus modelos perimidos y con la sociedad que sostenía y apoyaba esas propuestas.

Los trabajos de los artistas pioneros de la modernidad reunían preocupaciones de índole diversa. En todos se evidenciaba la necesidad de lograr una expresión que ayudara a la configuración de la identidad nacional, búsqueda que incluía componentes de fuerte raíz española, así como elementos africanos. A todo ello se le sumaba la preocupación por las propuestas venidas de las vanguardias europeas. De manera similar a lo acontecido en otros países latinoamericanos, Cuba no tenía una fuerte tradición precolombina, por lo tanto, el concepto de lo propio era una peculiar mezcla entre lo español, lo mestizo y lo africano.

De los varios nombres posibles surgidos a partir de la Exposición de Arte Nuevo, destacaremos a tres pintores: Eduardo Abela (1885-1965), Víctor Manuel García (1897-1969) y Carlos Enríquez (1900-1957). Pese a que la lista podría ser más extensa, estos artistas jugaron un papel protagónico iniciando la formulación de las innovaciones y proyectándose con su obra a las décadas siguientes.

Abela pasó parte de la década de los 20 en Europa, aunque sin perder contacto con La Habana. Primero en España y luego en París comenzó a desarrollar una propuesta plástica que enfatizaba en los temas cubanos, énfasis alentado por sus compatriotas residentes en Francia, por ejemplo Alejo Carpentier. Esa etapa parisina fue uno de los períodos claves para ir definiendo su propuesta, interesado inicialmente en el postimpresionismo, fauvismo y cubismo, se aproximó luego al surrealismo, tendencia que valoraba por la libertad creativa que suponía.

Sus cuadros se interesan en el criollismo, pero separado de preocupaciones costumbrista. Se trataba de buscar y encontrar el sentido poético, mágico de las cosas cubanas. El mundo de las imágenes de Abela se pobló de guajiros, de elementos afrocubanos, de sus danzas y rituales, separándose tanto del costumbrismo como del relato histórico, creando una imaginería en la que primaba el sentido poético de la representación.

Hay dos cuadros: "El triunfo de la rumba" y "El gallo místico", ambos de 1928, que pueden ser tomados como referentes para visualizar qué tanto lograba concretar en la pintura, sus preocupaciones teóricas. En el primer óleo mediante la idea de ritmo, color, movimiento, sensualidad, Abela intentaba representar la presencia africana. No había en la obra un afán exclusivamente narrativo, sino la búsqueda de metáforas que permitieran captar lo específicamente cubano, lo que subyacía en cada uno de esos personajes que danzaban y tocaban creando una imagen muy expresiva, sugiriendo más que describiendo. Nuevamente el ritmo, al igual que en la música, es el elemento a recuperar como valor aportado por África a esa innata musicalidad que se le atribuye al pueblo cubano.

En "El gallo místico", su preocupación gira en torno al peso de la religiosidad africana en Cuba, se sugiere un ritual, pero sin detallarlo, y en la forma de presentarlo hay una mirada que estaba mediatizado por lo vivido en Europa en torno al exotismo caribeño, y por los valores primarios de esas culturas. El tema africano estaba muy presente en ese momento en París y cuando un artista como Abela se aproximaba a esos tópicos a fines de los 20, intentaba mostrar un estado de espíritu, una reelaboración de la realidad, pero sin estar exento de una mirada exterior a ese grupo social. Tendremos que esperar a Lam para que la relación con el mundo africano se desprenda realmente, de aquella visión exótica.

Víctor Manuel García después de terminar sus estudios en San Alejandro y exponer en La Habana, decidió viajar a Europa. En 1926 se marchó a Francia, donde, como otros artistas cubanos, se interesó en los trabajos de la llamada Escuela de París. Las figuras de Cézanne y Gauguin introdujeron elementos del postimpresionismo en su obra. Aunque no desconocía las otras alternativas vanguardistas, se sintió especialmente atraído por esos comienzos de la modernidad y desarrolló su pintura de los veinte tardíos en esa línea. Desde su primera exposición individual mostró el interés que sentía por la obra de Gauguin, pero no sólo en los aspectos formales, sino en el contenido y arma con sus personajes un mundo primitivo, sensual, naturalista, detenido en el tiempo, alejándose de cualquier descripción real del acontecer cubano. La gente y el paisaje cubano fueron idealizados, mirados con un dejo nostálgico

Una obra de 1929 —"Gitana Tropical"— es un claro ejemplo de esa peculiar manera de reinterpretar su entorno y su gente, entremezclando tanto las variantes del primitivismo simbolista europeo, como la diversidad de influencias culturales y étnicas de Cuba. Víctor Manuel García heredaba entonces una tradición abierta por los artistas viajeros y los realizadores anónimos de las marquillas para cigarros. Ellos con sus litografías y pinturas recreaban una isla pintoresca, poblada de personajes muchas veces inspirados más en las fuentes del romanticismo europeo, que en la realidad cubana. Mujer y paisaje se relacionan armónicamente y la figura femenina transmite el exotismo de la mezcla étnica que el pintor observa —rasgos europeos, asiáticos y africanos—, producto de un mestizaje frecuente en el Caribe.

Carlos Enríquez no pasó por las aulas de San Alejandro. Su formación académica en artes fue escasa y fue otro de los artistas que abandonó Cuba en 1927 para viajar a Estados Unidos y Europa buscando ampliar sus horizontes y conocimientos artísticos. En París se interesó desde comienzos de los 30 en la obra de Salvador Dalí y Picabia. Sin considerarse surrealista, le cautivaba la libertad creativa de esa tendencia y sentía que su obra se ubicaba en una franja en la que se tocaban el sueño y el mundo real.

Planteó su constante preocupación por los temas cubanos con una fuerte carga expresionista, que lo condujo más en los 30 que en los 20, a una peculiar manera de ver el mundo mezclando violencia y sensualidad. El intento de profundizar en la formación de una auténtica cultura cubana, lo llevó a indagar en mitos y leyendas, así como en la presencia del referente africano.

En comentarios formulados años después de la década que nos ocupa, Enríquez presuponía la existencia de dos mundos paralelos en Cuba: el de La Habana y el resto de la Isla, donde se vivían realmente las leyendas y mitos. Para él La Habana era una mezcla, una hibridación de urbanismo y folklore, espacio en el que no se reflejaba su compleja realidad.

Su visión del mundo cubano se alejaba de las connotaciones idílicas que mencionábamos en Víctor Manuel, ya que pretendía abordar la representación de una realidad compleja, en la que se mezclaban fuentes coloniales, música, poesía, arte popular, religión y su contacto con el mundo europeo, que lo llevaban a profundizar en su propio pasado con ojos nuevos.

El óleo de 1934 "Rey de los campos de Cuba", ejemplifica su fascinación por las leyendas que existían en torno a ciertos personajes del campo. Allí presenta la figura de Manuel García, héroe popular que, en la época de la dominación española, se enfrentaba a la guardia rural, ayudando a los desposeídos y a quienes luchaban por la independencia. Exalta al rey de los campos de Cuba, como sinónimo de hombre justo, defensor de los guajiros. Su identificación con el personaje es tal que lo representa con sus propias facciones. El rescate de la figura de García iba más allá de la representación de un personaje concreto, se trataba de destacar ciertas figuras míticas, moviéndose más en el ámbito de los sueños de reivindicación popular que en la realidad. Su mirada al pasado estaba despojada de intereses historicistas, pues lo que buscaba era mostrar valores escondidos y permanentes en la configuración de la cultura cubana[26].

---

26 Pini Ivonne 2000, 76.

3.3. Buenos Aires

3.3.1. El espacio urbano

En Buenos Aires ciudad y modernidad marchan de la mano pues una es el escenario de los cambios que la otra promueve. La ciudad era el espacio propicio para los cruces culturales, para el triunfo de las propuestas modernas y la consolidación de las vanguardias. El cambio acelerado la vuelve una metrópolis moderna y la renovación no se da sólo en las innovaciones urbanas, sino en la composición de una sociedad abierta a la migración europea, al punto que, a comienzos de la Primera Guerra tenía casi un 30% de población extranjera, lo que la convertía en una ciudad cosmopolita. La migración de españoles e italianos fue la más nutrida.

Se extienden las redes de transporte y los medios masivos de comunicación, inaugurándose la primera línea de metro en 1913, a la par que la radiofonía, la publicidad y la proliferación de diarios y revistas trataban de ampliar el público lector y la consolidación de la educación pública permitió que se alfabetizara un importante sector de la población.

Lo nuevo se constituía en una realidad aceptada, instaurándose lo que Beatriz Sarlo llamó "una modernidad periférica"[27], caracterización que es utilizada en el sentido de que no es hegemónica, es receptora, pero no se la observa como pasiva. Como en otros espacios de América Latina tiene la capacidad de sintetizar elementos que forman parte de lo que las vanguardias aportan con sus propias tradiciones culturales. Resulta comprensible que se originara una cultura de mezcla en un espacio receptivo a las influencias externas. La recepción de información sobre los movimientos de vanguardia llegaba por revistas como las españolas Revista de Occidente y la Gaceta literaria y la francesa Cahiers d'Art, entre otras. Además, de la información sobre arte que aparecía en diferentes medios gráficos.

No todos los artistas estaban influidos por la experiencia de la modernidad y la vanguardia, seguían actuando aquellos aún vinculados a tradiciones que los relacionaban al impresionismo o al simbolismo, con propuestas que buscaban una renovación del lenguaje artístico.

---

27 Sarlo Beatriz 1999, 112-113.

3.3.2. Revistas culturales

Fue muy importante el número de revistas culturales de esa década, algunas de ellas fueron *Prisma* en 1921 y *Proa* fundada en 1922 revistas modernas que tuvieron a Jorge Luis Borges (1899-1986) como una de las figuras centrales y la publicación pese a mantener la conexión con movimientos vanguardistas, como el ultraísmo español, intentó reforzar el tema de la identidad. La revista *La Campana de Palo: Periódico Mensual de Bellas Artes y Polémica* aparecida en 1925, tuvo como antecedente la publicación *Acción de Arte* y estaban ligadas al movimiento anarquista[28]. De la diversidad de títulos existentes se destacaba como revista de vanguardia *Martín Fierro.* Fundada en 1924, publicó su manifiesto en el número 4, escrito por el poeta Oliverio Girondo[29] (1891-1967) y en uno de sus apartes afirma: *MARTIN FIERRO siente la necesidad imprescindible de definirse y llamar a cuantos sean capaces de percibir que nos hallamos en presencia de una NUEVA sensibilidad y de una NUEVA comprensión, que, al ponernos de acuerdo con nosotros mismos, nos descubre panoramas insospechados y nuevos medios y formas de expresión.*

En el texto no se niega la historia transcurrida ya que arte nuevo y tradición eran dos coordenadas actuales y válidas en los debates que buscaban formar un público capaz de valorar los lenguajes modernos, de allí el papel protagónico de sus páginas para promoverlo.

Las diversas publicaciones que surgieron, además de difundir las propuestas teóricas que informaban acerca de las nuevas miradas, incorporaban imágenes de arte contemporáneo. Esa proliferación de información permitía que los lectores tuvieran referentes acerca de los diferentes debates que se abrieron en torno a modernidad y movimiento vanguardista.

3.3.3. Formación de grupos

Varias de las figuras asociadas a *Martin Fierro*, formaban parte del llamado Grupo de Florida, integrado por artistas y literatos ligados a la vanguardia, aproximándose al futurismo, cubismo, dadaísmo y surrealismo, entre otras corrientes de la vanguardia europea, produciendo una síntesis peculiar en sus obras. Entre los pintores estaban Emilio Pettoruti (1892-1971), Xul Solar (1887-1963), y Pedro Figari (1861-1938) y los literatos contaban con figuras como las de Oliverio Girondo y Jorge Luis Borges(1899-1986).

---

28 Artundo Patricia.2008, 14.

29 Girondo Oliverio 1924, 1.

El grupo de Florida trabajaba tanto con elementos vernáculos como los que provienen del arte y la literatura europea, experimentan con los aportes de los movimientos de vanguardia, los nuevos valores intelectuales, la renovación estética sin olvidar las contribuciones de la cultura nacional.

En la década a que nos estamos refiriendo la propuesta apoyada por *Martín Fierro* no fue la única opción y otro proyecto artístico fue el de los *Artistas del Pueblo*. Actuando desde 1914, estaban vinculados a las tendencias políticas socialistas y anarquistas, ideologías traídas de Europa por los inmigrantes. Se ubicaron en una zona de la ciudad donde vivía la clase obrera, interesados en las luchas sociales, se reunían en sus talleres de la calle Boedo, de allí la denominación de Grupo de Boedo con que también se les conocía. Se relacionaron con la editorial Claridad, que estaba inspirada en el Grupo Clarté nacido en Francia después de la Primera Guerra y que propugnaba por ideales pacifistas y anticapitalistas[30]. *Claridad y Los Pensadores* fueron sus dos publicaciones centrales. Sus obras eran fundamentalmente realizadas en grabado: litografía, aguafuerte y xilografía y tenían un claro contenido social, de denuncia de la situación obrera tratando con sus imágenes de crear conciencia entre los sectores populares. Entre sus artistas estaban Adolfo Bellocq, (1899-1972), Guillermo Hebequer (1889-1935) y Abraham Vigo (1893-1957).

El Grupo de Florida se detuvo en la ideología estética de la novedad cuestionando el modernismo, el realismo y los vestigios románticos. Boedo apostó por un arte al servicio del proletariado, de la tematización de la clase obrera y de la inmigración, intentando ampliar la noción del público tanto literario como artístico[31]. La pluralidad de publicaciones mostraba la disparidad existente de actitudes con respecto al arte, poniendo de manifiesto conceptos como la nueva sensibilidad, las nuevas propuestas plásticas y la búsqueda de legitimación de la renovación propuesta.

3.3.4. Los viajes

Los estudios más recientes sobre la mirada tradicional Europa-América latina, cuestionan la idea de centro hegemónico y periferia dependiente. Y en el caso de los artistas bonaerenses adquiere mayor importancia por las

---

30 Pini Ivonne y Ramírez Jorge 2012, 44-45.

31 Ferreira Florencia 2008-2009, 69.

discusiones que al respecto se dieron en la década de 1920, con respecto a esas idas y vueltas no sólo de Europa sino dentro de América latina.

Europa, sin perder el carácter de lugar de aprendizaje, después de la primera Guerra se le veía como el viejo continente, frente a la esperanza que ofrecían los países jóvenes y sus tradiciones. En revistas como la citada *Martín Fierro* se incluía en sus páginas motivos precolombinos e incluso comparaban imágenes de esculturas precolombinas con imágenes de esculturas españolas contemporáneas. Por ejemplo, José Llimona, representante del modernismo catalán a quien se le calificaba como pésimo junto a una escultura anónima mexicana valorada como magnífica[32]. El viaje a Europa les descubría a los artistas latinoamericanos la importancia que tenía para los europeos las llamadas culturas primitivas, al evidenciar la avidez por analizar otros componentes culturales.

Tres figuras con una destacada participación en el arte del período Pettoruti, Xul Solar y Pedro Figari valoran el contacto con otros países de la región como México y Brasil considerados como una alternativa válida a la de Europa. El que Artundo llama "nuevo ejercicio de la mirada"[33] permite proponer nuevos espacios de reflexión.

Algunos textos aparecidos en la prensa de la época son testigos de esos cambios. Por ejemplo, Xul Solar escribe uno sobre la obra de Pettoruti y afirma: *Somos y nos sentimos nuevos, a nuestra meta nueva no conducen caminos viejos y ajenos. Diferenciémonos. Somos mayores de edad y aún no hemos terminado las guerras pro independencia. Acabe ya la tutela moral de Europa. Asimilemos sí, lo dijerible, amemos a nuestros maestros; pero no queramos mas nuestras únicas M e c a s en ultra mar. No tenemos en nuestro corto pasado genios artísticos que nos guien (ni tiranicen). Los antiguos Cuzcos y Palenques y Tenochtitlanes se derruyeron (y tampoco somos mas de sola raza roja). Veamos claro lo urgente que es romper las cadenas invisibles (las mas fuertes son) que en tantos campos nos tienen aún como COLONIA, a la gran AMERICA IBERICA con 90 Millones de habitantes*[34].

En una línea similar se manifiesta Pedro Figari al afirmar: *Soy el primero en reconocer y admirar el soberbio grado de lucimiento y de cultura alcanzado por ustedes, así como en deplorar nuestras deficiencias; pero si yo fuese encargado por cualquier gobierno sudamericano, de venir a buscar vuestros progresos me esmeraría*

---

32 Martín Fierro No.24 1925, 159.

33 Artundo Patricia.

34 Artundo Patricia 2000 s/p.

en tomar sólo lo que nos conviene, dejando lo demás. Por ahí, ya llegaremos nosotros también, algún día, a un grado superior de civilización[35].

3.3.5. Los artistas

Emilio Pettoruti (1892-1971) se embarcó en 1913 becado hacia Europa, se instala en Florencia y conoce la obra de los futuristas se interesa en el movimiento y llega a exponer con ellos. La segunda influencia significativa y definitiva fue el cubismo. Vivió en Italia en Alemania y en Francia, y en 1924 regresó a Buenos Aires, previo contacto con el español Juan Gris con quien tuvo un fecundo acercamiento al cubismo. A su regreso su exposición individual generó enardecidas polémicas cuestionando la calidad de lo presentado y la crítica señalaba la dificultad para el público bonaerense de poder acercarse a su trabajo. Fue *Martín Fierro* la publicación que dedicó una de sus páginas a obras del artista, señalando la importancia de la aproximación al cubismo.

Otro artista recién llegado a Buenos Aires Xul Solar (1887-1963) publica una crítica en la misma revista, donde, no solo legitima la obra de Pettoruti, señala el reconocimiento que este tuvo en las exposiciones realizadas en Italia, Francia, Alemania y "declara esta producción fundadora de la propia evolución artística, liberadora y promotora de cambios; critica Xul Solar al medio local y sitúa a Pettoruti y a sí mismo como "disidentes[36]".

Xul Solar fue una personalidad artística muy compleja pues además de pintor era filólogo, estudioso de la filosofía y las religiones, músico. Había regresado a Buenos Aires en 1924 pintaba referencias urbanas representada con una iconografía muy compleja, pues usaba una simbología de tradición esotérica, religiosa, tratando de acercar a quien observaba a otro concepto de realidad. Un tema significativo fue su relación con el escritor Jorge Luis Borges manifestando un interés compartido por el lenguaje, la magia, el misticismo y las filosofías orientales. En las obras realizadas a su regreso de Europa, abundan los simbolismos gráficos buscando la relación entre nueva sensibilidad y tradición, el universalismo cosmopolita y el deseo de construir una identidad nacional[37].

---

35 Ibid.

36 Wechsler Diana 1998,119-120.

37 López Anaya, Jorge 2005, 195

Tanto en el caso de Xul Solar como el de Pettoruti el regreso a Buenos Aires después de una larga permanencia en Europa, se relacionaba con la intención de poner al país al día en el campo artístico., convencidos que la época vivía y pensaba de manera distinta a otros momentos. En ambos había una preocupación americanista que se distanciaba de las propuestas de los pintores tradicionales, sujetos a la representación del mundo exterior como lo observaban. Esa práctica debía superarse propiciando un nuevo lenguaje plástico que superara la representación realista. Xul Solar introduce el concepto de neo criollismo que lo plantea como común a toda América.

Pedro Figari (1861-1938) Fue pintor, abogado, político, escritor y periodista uruguayo.

Reflexiona en torno a su interés de pintar sensaciones y no simples objetos, señalando que más que mostrar el esfuerzo técnico quería hacer evidente el estado subjetivo del artista. Preocupado por que la modernidad y la vanguardia no debían hacer perder el rumbo alejando de las tradiciones compartidas, buscaba impulsar una cultura propia. En su obra hay la intención de rescatar valores locales y americanistas. Su pintura contó con el respaldo de *Martin Fierro* que respaldó su repertorio de imágenes con un lenguaje no naturalista, con cierta cercanía a los Nabis franceses.

Establecido en Buenos Aires, fue uno de los miembros fundadores de la Asociación de Amigos del Arte, entidad que buscaba dar a conocer las obras de los nuevos artistas, exponiéndolas en sus salas. Esta sociedad no solo prestaba su espacio para los artistas locales, sino que lo facilitaron para conferencistas como Leopoldo Lugones, Le Corbusier, Guillermo de la Torre, tratando de facilitar los debates y convirtiéndose en uno de los escenarios claves para la introducción del arte nuevo en Buenos Aires

4. CONCLUSIÓN

La década de 1920 aparece en América latina como una etapa en la que se exploran nuevas miradas, nuevas estrategias y actores, abriéndose un debate para otras propuestas. No se trataba simplemente de apropiarse de elementos formales novedosos ya que el problema no podía separarse de la búsqueda de lo propio. La peculiar situación latinoamericana que observamos en los tres ejemplos presentados muestran, desde propuestas particulares, el anhelo existente por validar no sólo los elementos de la modernidad y vanguardia que buscaban experimentar, sino que aumentaba la preocupación por precisar cuáles eran los elementos de pertenencia a reivindicar.

La intelectualidad actuante era consciente que el valor de lo acumulado como cultura propia, servía para dialogar con procesos universales, constituyendo un modelo de arte que no buscaba ser la repetición de lo europeo, sino uno nuevo, teniendo en cuenta las particularidades de su población, su paisaje, sus costumbres y su historia. En los ejemplos presentados resulta evidente la preocupación por mostrar que la tradición que veía lo producido en América latina como repetidora de fórmulas prestadas, desconocía que la discusión sobre el ser nacional, tenía una nueva dimensión.

La modernidad que se construye es heterogénea y busca producir nuevas formas de arte que les permitan entrar con personalidad propia en el arte occidental. En esa preocupación estaba implícito también el concepto de vanguardia, tratando de demostrar que esta actuaba no simplemente trasladando lo que se hacía en Europa, sino que se instauraba en un espacio cultural que ya estaba sedimentado, sin que podamos olvidar la forma como opera la apropiación en cada contexto particular. Era una vanguardia que operaba a manera de bisagra, analizando las propuestas europeas al tiempo que reivindicaba el pasado por reformular.

Las revistas culturales citadas opinaban no sólo sobre los temas de modernidad y vanguardia procedentes de Europa, sino que daban a conocer movimientos artísticos como el muralismo mexicano, la Semana del Arte Moderno en Sao Paulo, el movimiento martinfierrista en Buenos Aires, la propuesta de la *revista de avance* en el caso cubano. Estas experiencias de peso local participaron como medios de información que ponían a circular discusiones, obras, que inciden en la creación de redes que mostraban los abordajes de la modernidad desde lo local, sin soslayar sus compromisos éticos y políticos. No se trataba de ser canónicamente moderno y vanguardista, se busca introducir esas ideas en una tradición revalorada, examinando como relacionarla con la identidad cultural que se estaba construyendo.

Es interesante señalar que muchas de las discusiones que se dieron en la década del 20 han tenido un carácter germinal, ejerciendo su influencia en décadas posteriores. El caso de propuestas como las formuladas en el Manifiesto Antropófago, es uno de los ejemplos a citar para indagar su incidencia en discusiones dadas subsiguientemente. Discusiones que se reformulan periódicamente, tendiendo puentes con temas polémicos que mantienen vigencia en la discusión[38].

5. BIBLIOGRAFÍA

Acevedo Esther-García Pilar (2011) "Procesos de quiebre en la política visual del México postrevolucionario" en *México y la invención del arte latinoamericano* 1910-1960 Tomo V de "La búsqueda perpetua: lo propio y lo universal de la cultura latinoamericana". Secretaria de Relaciones Exteriores. Dirección General del Acervo Histórico Diplomático. México

Acevedo Esther, Torres Leticia y Sánchez Mejorada Alicia (1996-1999) *Diego Rivera. Textos polémicos (1921-1947)(1950-1957)* El Colegio de México, México.

Adams Beverly y Majluf Natalia (editoras). (2019). "Redes de vanguardia. Amauta y América latina,1926-1930". Museo Nacional Centro de Arte Reina Sofía, Madrid.

Artundo Patricia (2000)Los años veinte en la Argentina. El ejercicio de la mirada. Civer-Letras revista de crítica literaria y de cultura, No.3 Lehman College EEUU(https://www.lehman.cuny.edu/ciberletras/v03/Artundo.html, consultada 24 octubre 2023)

Artundo Patricia (Dir.) (2008) *Arte en revistas. Publicaciones culturales en la Argentina 1900-1950.*Beatriz Viterbo Editora, Argentina.

Casanova, Martí *Nuevos rumbos la exposición de 1927.* revista de avance 15/05/1927, N.5 La Habana en Hemeroteca Digital, Biblioteca Nacional de España. (Consulta 20/10/23)

Casanova, Martí (1965) *Órbita de la revista de avance* Colección Orbita, Uneac, Cuba.

Debroise, Olivier. (1983) *Figuras en el trópico, plástica mexicana 1920-1940.* Barcelona, Océano.

Delgado Verónica y Rogers Geraldine. (2019) Revistas, archivos y exposición. Publicaciones periódicas argentinas del siglo XX. Universidad Nacional de la Plata, La Plata.

Dolinkoy Silvia García María Amelia (Editoras). (2023). *Las revistas como fragmentos de los procesos del arte moderno en América Latina: perspectivas contemporáneas.* H-ART. Revista de historia, teoría y crítica de arte. No.14. Universidad de los Andes. Bogotá.

Girondo, Oliverio (1924) Manifiesto *Martín Fierro* No.4, Buenos Aires.

Ferreira de Cassone, Florencia (2008-2009) Boedo y Florida en las páginas de Los pensadores. Anuario Universidad Nacional de Cuyo. V.25-26 Argentina.

List Arzubide, Germán (2021) *El movimiento estridentista* Alias, México

López Anaya, Jorge (2005) *Arte argentino. Cuatro siglos de historia (1600-2000)* Emecé arte, Argentina.

38 Pini Ivonne y Ramírez Jorge 2012,216-238.

Madrigal, Érika (2012) *Tamayo y los contemporáneos. El discurso de lo clásico y lo universal.* Anales Del Instituto De Investigaciones Estéticas 30 (92), México

Martín Fierro (1925) *Dos conceptos de escultura* No.24, 17 de octubre.

Martínez, Juan A. (1994) *Cuban Art and National Identity* University Press, Florida.

Manzoni Celina (Editora). "Vanguardistas en su tinta. Documentos de la vanguardia en América Latina". Corregidor, 2007.

Medina Álvaro (1978) *La revista de avance y la plástica cubana en los años 20.* Centre DÉtudes cubaines, Francia.

Orozco José Clemente (1929 *New World, New Races, New art* Creative Art Magazine, V 4 New York. (Consulta ICAA 21/10/2023)

Pichardo Hortensia (1971) *Documentos para la Historia de Cuba* Vol.III Instituto Cubano del Libro. Editorial de Ciencias Sociales, La Habana.

Pini Ivonne (2000) *En busca de lo propio. Inicios de la modernidad en el arte de Cuba, México, Uruguay y Colombia.1920-1930* Maestría en Historia y teoría del Arte y Arquitectura, Facultad de Artes, Universidad Nacional. Colombia.

Pini Ivonne Ramírez Jorge (2012) *Modernidades, vanguardias, nacionalismos. Análisis de escritos polémicos vinculados al contexto cultural latino-americano:1920-1930.*Universidad Nacional de Colombia, Bogotá.

Rivera Diego (1976) Presentación de Posada en *Posada y las calaveras vivientes.* Editorial Innovación, México

Sarlo Beatriz (1999) *Una modernidad periférica: Buenos Aires 1920-1930.* Nueva Visión, Buenos Aires.

Schneider, Luis Mario(1985) *El estridentismo: México 1921-1927* Instituto de Investigaciones Estéticas UNAM, Monografías de arte, México

Schwartz, Jorge (2002) *Las vanguardias latinoamericanas. Textos programáticos y críticos* F.C.E. México.

Tarcus Horacio. (2020) "Las revistas culturales latinoamericanas: giro material, tramas intelectuales y redes revisteriles". Tren en movimiento, Buenos Aires.

Vasconcelos, José (1948) *La raza cósmica,* Espasa Calpe, México D.F.

Verani H.(1990) Las vanguardias literarias en Hispanoamérica. F.C.E, México

Wechsler Diana (1998) "Nuevas miradas, nuevas estrategias, nuevas contraseñas "en *Desde la otra vereda. Momentos en el debate por un arte moderno en la Argentina(1880-1960)* Archivos del CAIA I, Ediciones del Jilguero, Buenos Aires.

6.2. La Semana del Arte Moderno en Brasil

LISBETH REBOLLO GONÇALVES[1]
Universidad de São Paulo
lisbethrebollo@gmail.com

1. INTRODUCCIÓN

En la historia de la cultura brasileña, la Semana del Arte Moderno (*Semana da Arte Moderna*) es un hecho fundamental para la historia de la modernidad artística en el país. Fue un acontecimiento que representó un gesto de ruptura con respecto al status quo de las artes en ese momento. Tuvo lugar en São Paulo, en su Teatro Municipal, los días 13,15 y 17 de febrero de 1922, año en que se conmemoraba el centenario de la independencia de Brasil. La Semana consistió en una exposición de arte y tres festivales, con música, poesía, conferencias y discursos que presentaron las ideas que movían al grupo. Fue un evento que funcionó como un manifiesto artístico, a la manera de las vanguardias.

A lo largo del tiempo, la Semana ha sido objeto de muchos estudios importantes y de acalorados debates que se intensifican, especialmente, con motivo de las celebraciones de los aniversarios de este acontecimiento. Fue tema de revisión ya por los propios participantes como Mario de Andrade que, en 1942[2], en la famosa conferencia titulada "El Movimiento Modernista", discutió el proyecto del modernismo brasileño y su significado efectivo para la cultura del país. En 1972, tuvo lugar una exposición en el MASP- Museo de Arte de São Paulo y, entre otros debates, desde entonces,

---

1 Profesora Titular de la Universidad de São Paulo. Profesora Emérita del Prolam (Programa Integração Latinoamericana/USP). Fue Directora del Museu de Arte Contemporáneo de la Universidad de São Paulo. Fue presidente de la Asociación Internacional de los Críticos de Arte (AICA), por dos mandatos (2017-2020;2020-2023).

2 Pretendía, según evaluó Mario de Andrade, en 1942*(**Nota**: Valoración que hizo del suceso, veinte años después, el 30 de abril de 1942, en la Conferencia "O Movimento Modernista", en la Biblioteca del Ministerio de Relaciones Exteriores, en Río de Janeiro, enero).

a lo largo de las décadas, tuvieron lugar varios eventos conmemorativos, realizando exposiciones, conferencias, seminarios, además de surgir tesis universitarias con enfoque en una de las diversas áreas involucradas en el evento de 1922: artes visuales, literatura, música.

En 1992, con motivo de los 90 años de la Semana, hubo un seminario organizado por los Acervos del Palacio del Gobierno, la Universidad de São Paulo y la Asociación Brasileña de Críticos de Arte. En esta ocasión, la Revista de la Universidad de São Paulo publicó un dossier sobre el tema, reuniendo textos de autoría de importantes expertos, ofreciendo al lector una reflexión crítica sobre el acontecimiento.

En 2021, anunciando las celebraciones del centenario de la Semana del Arte Moderno, tuvo lugar un seminario con diez encuentros, reuniendo para el debate a investigadores e historiadores del arte y trayendo nuevas revisiones y mucha polémica. La perspectiva del decolonialismo, marcó los debates de los 100 años. Permaneció más fuerte que nunca la pregunta de cómo pensar la Semana y su significado para la cultura brasileña.

2. QUÉ FUE LA SEMANA DEL ARTE MODERNO

La Semana del Arte Moderno fue un acto que rechazo al status quo de las artes, expresaba el anhelo de una nueva mentalidad intelectual, quería crear un espíritu moderno para el país. Propuso la modernización, fomentar el avance de las artes al nivel de lo más moderno en la actualidad de la época. Pretendía, según evaluó Mario de Andrade, en 1942, la actualización de la inteligencia artística brasileña, la estabilización de una conciencia creadora nacional, el derecho permanente a la investigación y, en este sentido, que Brasil estuviera integrado a los centros más desarrollados en el campo de la cultura artística. Para Mario de Andrade, la Semana fue un movimiento que reclamaba una conciencia cultural colectiva, una cultura con características propias, una cultura de dimensión nacional.

Paulo Mendes de Almeida, uno de los primeros críticos en sistematizar y discutir el camino del arte moderno brasileño, también enfatiza la dimensión colectiva del evento. Publicó, en 1961, el libro De Anita al Museo[3], donde dice: "la Semana de Arte Moderno, celebrada en São Paulo en febrero de 1922, constituyó el primer movimiento colectivo de emancipa-

---

[3] Publicado por primera vez por el Consejo de Cultura del Estado de São Paulo, Comisión de Literatura, IMESP, em 1961.

ción de las artes y la inteligencia brasileña". En este libro, reiteró que no se trataba de un gesto aislado de rebeldía, sino de un movimiento de grupo, en el que se integraban importantes personalidades, un movimiento colectivo que dio un empujón "en la dormida cuna espléndida Brasil de las letras, las artes y el pensamiento". Y señaló la presencia de un cierto nacionalismo que ya se manifestaba en la escena política, de la época, hecho que otros estudiosos del tema, más tarde, también reiterarán.

Los estudios realizados desde finales del siglo XX hasta ahora reiteran que, entre los intelectuales modernistas, existía, al mismo tiempo, el deseo de ruptura, experimentación, innovación y la preocupación por retomar las raíces culturales que marcaron el proceso de formación histórica de la nación, con la presencia indígena, la presencia negra, junto a la presencia europea.

La profesora Aracy Amaral (AMARAL, 1992), analizando la década de 1920, consideró que, ya en 1924, Oswald de Andrade, autor de los manifiestos Pau Brasil (1924) y Antropófago (1929), destacó, en el modernismo brasileño, la presencia simultanea del internacionalismo y del nativismo[4].

Los dos manifiestos escritos por Oswald de Andrade están interconectados y proponen una nueva comprensión de la cultura brasileña.

En el Manifiesto de la Poesía Pau-Brasil[5], además de proponer nuevos principios para la poesía, Oswald sugiere una revisión de la comprensión de la cultura local: en este texto, valora el elemento primitivo. Estando en París, se dio cuenta de que los cubistas buscaban apoyo estético para el arte moderno en África y observó que, en Brasil, teníamos la presencia del indio y del negro en nuestra realidad. Oswald descubrió lo primitivo en su propia tierra. El propone, en este Manifiesto de 1924, una "carnavalización de los valores", que más tarde llamaría "revolución antropofágica", destaca Roberto Schwartz (SCHWARTZ, 1995).

El Manifiesto Antropófago se publica el 1 de mayo de 1928, en el Diario de São Paulo. Como observa Jorge Schwartz, en este manifiesto, "el objeto estético se desplaza hacia el sujeto social y colectivo". La dimensión antropofágica es "un acto de conciencia".

---

4 Aracy Amaral en su texto Artes Plásticas na Semana de 22 (1972); Marta Rossetti en su tesis sobre Anita Malfatti y en su artículo Modernismo, publicado en 2012, citado a continuación.

5 Publicado el 18 de marzo de 1924, en el periódico Correio da Manhã, de Río de Janeiro.

El buen salvaje que devora al europeo, asimila al otro, redefine la relación colonizador / colonizado, con esta imagen Oswald explica el proceso cultural brasileño.

Mario de Andrade, en el *Prefacio Interesantísimo,* una introducción en verso libre a su poema *Paulicéia Desvairada* (1920) y en el ensayo *A Escrava que não é Isaura*[6] cuyo subtítulo es Discurso sobre Algunas Tendencias de la Poesía Modernista (1922), propone la sustitución del orden intelectual por el orden subconsciente, la rapidez y la síntesis, polifonismo" (SCHWARTZ, 1995). Libertad creativa en el discurso estético.

Los escritores Oswald y Mario de Andrade son los principales líderes del modernismo brasileño, tanto en los años inmediatamente anteriores a la Semana, como a lo largo de la década de 1920.

Ellos hacen una contribución fundamental al debate sobre la cultura brasileña.

3. LA CONSTRUCCIÓN DE UNA CONCIENCIA NACIONAL

El proyecto estético de los intelectuales, que se unieron para promover el evento de 1922, anhelaba la expresión de la *brasilidad,* la identidad cultural, de ahí la observación de las raíces, la consideración de los pueblos originarios y de la presencia africana en la cultura brasileña.

Cabe destacar que la mirada hacia el "nacional" precedió al modernismo, tomando diferentes tonos políticos desde el período del Imperio, como resalta la historiografía del período.

Con la literatura romántica, se idealizó el indio. Marta Rossetti Batista recuerda, por ejemplo, a principios de siglo, la novela de Euclides da Cunha tematizando la Guerra de los Canudos, las misiones de Rondon a las regiones lejanas, contactando con tribus indígenas y dando a conocer su cultura[7].

Y aun siguiendo el relato de Marta Rossetti, vale la pena recordar el inicio del movimiento neocolonial en la arquitectura, los textos de Monteiro Lobato, exaltando el caboclo y el de Oswald de Andrade titulado *Em Prol de*

---

6 Publicado en 1925.

7 Marta Rossetti Batista en su texto publicado en 2012, ya citado.

uma Pintura Nacional, publicado en la gran prensa, en la Sección Lanterna Mágica del periódico *O Pirralho*, el 2 de enero de 1915.

Se hablaba de crear "un arte brasileño", se exaltaba el mestizaje para identificar lo nacional. La Revista do Brasil, creada en 1916, al igual, pretendía contribuir a construir la conciencia nacional.

Esta cuestión, como hemos visto, ya está presente, en el centro del análisis que Mario de Andrade hizo en su Conferencia de 1942.

4. TRES MOMENTOS DEL MODERNISMO BRASILEÑO

Se pueden identificar tres momentos en el modernismo brasileño: el primero, comienza con la muestra de arte de Anita Malfatti, en 1917, y va hasta el evento de 1922; el segundo es la fase de pensar la cultura brasileña en su realidad e involucra el momento inmediatamente posterior, cuando tuvieron lugar las discusiones y difusión de los debates, la construcción del ideario del movimiento, a través de publicaciones en manifiestos, revistas, periódicos, así como viajes de estudio de varios modernistas a París; el tercero se marca por una orientación individualizada de las diferentes producciones artísticas con una marcada diversidad de orientación política de los modernistas, en un Período de tensiones político-sociales que culminó en el advenimiento de la dictadura de Getulio Vargas, en la década siguiente, en 1937.

5. RÍO DE JANEIRO Y SÃO PAULO

Desde el siglo. XIX, el principal centro cultural y artístico brasileño fue Río de Janeiro. Fue allí donde se instaló la corte portuguesa al trasladarse a Brasil, en 1808[8].

Con la independencia política de Brasil, en 1822[9], Río siguió siendo la capital. Fue allí donde se creó la Escuela Real de Ciencias, Artes y Oficios,

---

[8] Río, fue capital de la colonia desde 1793, de 1808 a 1816, con la presencia del rey de Portugal en la colonia, acogió el imperio portugués.

[9] La independencia de Brasil es declarada el 7 de septiembre de 1822, surgiendo un país monárquico que tendrá como primer emperador a D. Pedro I, hijo del rey de Portugal D. João VI.

bajo D. Juan VI, que en el reinado de Pedro I se convertirá en la Academia Imperial de Bellas Artes y, con la República, y en la Academia Nacional de Bellas Artes. Río de Janeiro era el centro principal de la cultura y donde había condiciones para la formación y la vida artística del país.

En São Paulo, no había una institución dedicada a las artes. Era una provincia cuya capital crecerá con la inmigración y el desarrollo del ciclo del café, ciclo económico que se extiende desde mediados del siglo XIX hasta las primeras décadas del siglo XX.

Las ricas familias de los productores de café vivían en la capital paulista y adquirieron costumbres refinadas. El ciclo del café promovió un proceso de industrialización que, aunque es incipiente, a partir de la segunda década del siglo XX, favorecerá el crecimiento urbano.

De esta capa social enriquecida surgen las personalidades que apoyarán la realización de la Semana del Arte Moderno. Por lo tanto, la Semana cuenta con el apoyo de la alta sociedad del café. Paulo Prado y Olívia Guedes Penteado, pertenecientes a esta clase social enriquecida con la economía del café, son los principales partidarios de la Semana de Arte Moderno.

En un escenario donde las artes estaban poco institucionalizadas, São Paulo era un espacio propicio para acoger la Semana.

Pero, entre los participantes de la Semana de Arte Moderno se encuentran intelectuales y artistas de Río y São Paulo e incluso de otros estados, como es el caso del artista Vicente do Rego Monteiro, originario de Pernambuco. De Río de Janeiro, podemos recordar, especialmente, los nombres Graça Aranha (literatura) Di Cavalcanti (artes visuales), Heitor Villa Lobos (música). De São Paulo, Menotti Del Picchia, Guilherme de Almeida, Sergio Milliet (literatura), este, recién llegado de Francia, en 1922. Y además, también del campo literario vale la pena recordar los nombres de: Ronald de Carvalho, Álvaro Moreyra, Ribeiro Couto, Tácito de Almeida, Afonso Schmidt, entre otros.

6. EN LAS ARTES VISUALES: ACTUALIZACIÓN EN EL LENGUAJE, EL DIÁLOGO CON LOS MOVIMIENTOS EUROPEOS, PERO CON SIGNIFICADO PROPIO

En el contexto del Brasil independiente, hasta antes de la Semana, lo que estaba instituido era la enseñanza académica. Mientras tanto, en Europa, en los últimos 25 años del siglo XIX y en las dos primeras décadas del siglo XX, surgieron movimientos de vanguardia, de ruptura con las reglas de la Academia.

Aquí, en Brasil, la inquietud y el primer cuestionamiento colectivo solo surgirían después de la Primera Guerra Mundial, con la Semana de Arte Moderno.

Este hecho se debió también a la inmigración, a la industrialización incipiente, a la vida urbana modificando la sociedad patriarcal, con una nueva dinámica de vida. "La electricidad, el tranvía, los automóviles, el teléfono invadiendo la vida cotidiana evidencian un nuevo tiempo que cree en el progreso, en la dinámica... de la vida moderna" (BATISTA, 2012).

Los artistas observan los movimientos europeos, para llegar a la libre expresión, investigan el lenguaje del arte moderno, especialmente el expresionismo, el futurismo y el cubismo, adaptándolos a sus búsquedas.

En el marco del modernismo brasileño, es importante destacar, al menos, las contribuciones fundamentales de Anita Malfatti y Di Cavalcanti, en la pintura y, en la escultura, la contribución de Victor Brecheret.

7. ANITA MALFATTI

Anita Malfatti (1889-1964), hija de padre italiano y madre norteamericana, nieta de abuela alemana, tuvo la oportunidad de viajar a Alemania en 1910.

Asistió a la Academia de Berlín, el taller de Lovis Corinth, donde tuvo contacto con las investigaciones del impresionismo y el post-impresionismo, al tiempo que puedia observar, a través de exposiciones, las tendencias del arte de vanguardia de la época. Comenzó a desarrollar una pintura que absorbió las premisas modernas. Produjo retratos, figuras humanas y paisajes, lejos de los principios académicos, con colores fuertes: rojo, verde, azul y amarillo.

Más tarde, tuvo la oportunidad de realizar otro viaje que le será de gran importancia: en 1915, viajó a Estados Unidos, que en ese momento, como consecuencia de la Primera Guerra Mundial, acogía a artistas vanguardistas europeos. Anita Malfatti observó tendencias modernas como el cubismo y el fauvismo. Obras como *O Farol*, 1915, y luego *A Ventania* y *O Barco* registran este impacto en su trabajo. Los colores se vuelven vibrantes. O Homem Amarelo, /a *Boba*, *O Japones* causaron escándalo cuando fueron expuestos, en São Paulo, en diciembre de 1917. Conmocionaron al público acostumbrado al arte académico. En estos lienzos, Anita utilizaba la deformación expresiva, hacía uso libre del color, rompía con las reglas de la perspectiva: absorbía el cubismo en la construcción de los planos y la libertad *fauve* en la pincelada.

La dura crítica que le hizo Monteiro Lobato, en el periódico O Estado de S. Paulo, titulada *A propósito de la Exposición Malfatti* motivó el acercamiento de Oswald de Andrade y Mario de Andrade a la artista. Ellos la defenderán en la prensa.

A partir de la muestra de Anita Malfatti, se abrió la polémica en el entorno cultural en torno al arte moderno, su exposición precedió al debate que vino después, a partir de la Semana. Fue el hecho que acercó los intelectuales deseosos de modernización.

8. EMILIANO DI CAVALCANTI

Di Cavalcanti (1897-1976) se inició en las artes plásticas como caricaturista. Vale la pena recordar que la caricatura es una modalidad del arte que observa la actualidad y la comenta, sin el peso de las convenciones de representación de la academia —la caricatura puede deformar. Di Cavalcanti trabajó para diversas revistas y realizó sus primeras exposiciones como dibujante. Solo se dedicará a la pintura, alrededor de 1920. Su trabajo, en este momento, dialogaba con la estética simbolista, aún no se acercaba a las vanguardias de principios del siglo XX. Sólo cuando fue a París, en 1923, adoptará un enfoque más experimental, acercándose a los logros del arte moderno de la primera parte del siglo XX, especialmente del cubismo y el expresionismo.

Di Cavalcanti fue quien hizo la portada del catálogo de la Semana. Fue una figura articuladora, vivía entre Río de Janeiro y São Paulo, se conectó con los intelectuales y pintores que se abrieron a la modernidad. Se acercó a Anita Malfatti, Brecheret, Oswald y Mario de Andrade y al crítico de arte Sergio Milliet, que fue el autor del primer comentario internacional sobre la Semana del Arte Moderno (Revista Lumière, de abril de 1922, editada en Amberes, Bélgica).

Victor Brecheret (1894-1955), italiano, radicado desde la infancia en São Paulo, además de asistir al Liceo de Artes y Oficios de esta ciudad, estudió en Italia (1913-1919), en Roma, en el taller de Arturo Dazzi y se dedicó a la escultura. Brecheret participó en la Semana con 12 obras, a pesar de estar en París, cuando tuvo lugar el evento brasileño.

En su formación, conoció la obra de grandes nombres como Rodin. Admiró a Ivan Mestrovic, el escultor croata.

En 1919, de regreso a Brasil, se le cedió un espacio para trabajar, en un vano del Palacio de las Industrias, un edificio que aún estaba en construcción. Brecheret realizaba, en este momento, obras en las que acentuaba aspectos formales, trabajos innovadores para la escena artística brasileña. Los modernistas lo descubrieron en el taller improvisado del Palacio de las Industrias y se impresionaron con su obra. El escultor preparaba, en ese momento, el proyecto del Monumento a las Banderas, que solo se construiría mucho más tarde.

Los modernistas también se apoyaron en el ejemplo de Brecheret, para defender la modernidad en el arte. Fue, por esta época, que Mario de Andrade le compró la escultura del Cristo con trenzas. Brecheret fue visto como inspirador de la obra de Mario, titulada Paulicéia Desvairada, considerada el primer libro modernista en la producción literaria del país.

9. OTROS ARTISTAS IMPORTANTES EN LA MUESTRA DE 1922

Otros artistas muy importantes en la historia del modernismo estuvieron presentes en la exposición del Teatro Municipal, en São Paulo. Entre ellos, Vicente do Rego Monteiro (1899-1970), John Graz (1891-1980).

Vicente do Rego Monteiro permaneció varios años en París, aún bastante joven, pero se acercó al arte moderno solo a su regreso a Brasil, en 1914. Al principio, se apoyaba en la estética simbolista. Sólo más tarde, en una nueva estancia en París, se acercó al cubismo[10].

John Graz, de origen suizo, se presentó, en la muestra, con trabajos más cercanos al arte moderno, siguiendo principalmente la estética cubista.

Más artistas integraron la exposición de la Semana de Arte Moderno, como Zina Aita (Tereza Aita, 1900-1968)[11]; Ferrignac (Inácio da Costa

---

10 Primero se dedicó a la escultura, y fue a finales de la década de 1910 cuando se dedicó a pintura y abordó temas relacionados con leyendas indígenas.

11 Pintora y ceramista, de familia italiana, estudió en la Academia de Florencia, en Italia, era de Minas Gerais, y es considerada una precursora del modernismo en este estado brasileño.

Ferreira,1892-1958)[12], dibujante, caricaturista e ilustrador, en los periódicos *O Pirralho, A Cigarra* y *Vida Moderna* y en la revista Panóplia. Wilhelm Haaberg (1891-1986). alemán que vivió en Brasil, entre 1920 y 1925, y fue amigo de Mário de Andrade.

10. PARÍS, CENTRO MUNDIAL DE LAS ARTES

Como vimos, ya en 1921, están en París Brecheret y Vicente do Rego Monteiro que solo regresarán a Brasil en 1930. En 1923, viajan a la Ciudad Luz Anita Malfatti, Di Cavalcanti, Sergio Milliet y Oswald de Andrade con Tarsila do Amaral, pintora que no habiendo integrado la Semana de Arte Moderno, en este momento, se adhiere al modernismo y desarrolla obra de máxima importancia en esta estética. Otros artistas que se adhirieron al modernismo también estuvieron en la capital francesa, como Ismael Nery, Celso Antonio, Antonio Gomide. En París, nacerá el Manifiesto Pau Brasil, escrito por Oswald de Andrade, y Tarsila pintará el lienzo *A Negra,* anunciando la antropofagia, cuyo Manifiesto será escrito por Oswald, en 1929.

11. LAS REVISIONES POR EL CENTENARIO DE LA SEMANA

El Seminario *Modernismo en Debate* trajo una revisión de las interpretaciones historiográficas realizadas a partir de la década de 1960. Las discusiones y la serie de conferencias promovidas están disponibles en línea.

La propuesta del Seminario de 2021 era revisar la Semana de Arte Moderno como evento central del modernismo brasileño. A la tesis que la historiografía del arte brasileño construyó a lo largo del tiempo, colocando la Semana de Arte Moderno como un hito fundador del modernismo brasileño, se contrapuso el argumento de que la introducción del modernismo tuvo lugar en diferentes partes del país (en Pará, Pernambuco, Minas Gerais, Rio Grande do Sul) y que São Paulo y la Semana no fueron los únicos introductores del arte moderno.

En las conferencias de *Modernismo en Debate* se revisó, principalmente, la contribución de otros artistas y literatos modernizadores en Río y São Paulo, así como el contexto político-social de la realidad brasileña, espe-

---

[12] Vivió en Europa entre 1017 y 1920, absorbiendo información del art déco.

cialmente las primeras décadas del siglo XX, que constituyeron la coyuntura del acontecimiento. Hubo un gran énfasis en mostrar cómo fue fundamental la relación entre los intelectuales de Río y São Paulo para que el movimiento de modernización cultural tuviera lugar. Se buscó valorar la presencia carioca en el proceso de la modernidad brasileña. Se consideró engañosa la tesis de que el movimiento irradió desde São Paulo a todo el país.

Otra pregunta que surgió fue: ¿por qué se sigue discutiendo el modernismo casi exclusivamente en términos de prácticas eruditas, cuando desde principios de siglo hubo transformaciones radicales en el campo de la fotografía, del cine, en el campo de las artes gráficas y del diseño, de la música popular, de la cultura urbana?

Esta cuestión es central en estudios recientes como, por ejemplo, el estudio de Rafael Cardoso, *Modernidad en Blanco y Negro.*

Finalmente, la forma plural en oposición a la idea de un modernismo singular marcó la agenda de las discusiones. Entrevistas, exposiciones y otros seminarios, lanzamiento de libros tuvieron lugar en el año 2022.

12. CONCLUSIÓN

Todas estas contribuciones trajeron nuevos desafíos, sin duda, pero no quitan de la Semana de Arte Moderno su importancia como un evento colectivo, un verdadero festival de 3 días, clamando la necesidad de modernización de las artes en la sociedad brasileña, lo que llevó a la búsqueda de estrategias, a través de manifiestos y estudios como los que se producen sobre el folclore brasileño. Manifiestos como el Antropófago que propone la comprensión de la dinámica de la cultura y el arte brasileños con la imagen de tragar y transformar, creando su propia expresión.

13. BIBILIOGRAFÍA

ALAMBERT, Francisco. "La reinvención de la semana (1932-1942). En: Revista USP n. 94. junio/julio/agosto 2012, dossier Semana de Arte Moderno. P. 107-118. ISSN 0103-9989.

ALMEIDA, Paulo Mendes de. De Anita al Museo, São Paulo, Perspectiva, 1976.

AMARAL, Aracy. Artes Plásticas en la Semana del 22. São Paulo, Ediciones 34, 1998.

— "El modernismo brasileño y el contexto cultural de los años 20". En: Revista USP n. 94. junio/julio/agosto 2012, dossier Semana de Arte Moderno. P. 9-18 ISSN 0103-9989.

ANDRADE, Mario. "El Movimiento Modernista" en Aspectos de la Literatura Brasileña. São Paulo, Martins, 1974.

— "Victor Brecheret", en Jornal dos Debates. São Paulo, 18 de abril de 1921.

BATISTA, Marta Rossetti. "Modernismo" en Revista USP n.94, junio/julio/agosto, 2012, dossier Semana de Arte Moderno. P. 123-140. ISSN 0103-9989.

CARDOSO, Rafael, Modernidad en Blanco y Negro. Arte e Imagen. Raza e Identidad en Brasil. 1890-1945.

— "¿Qué tan moderno fue el modernismo brasileño?", AICAPróxima n.2. (Newsletter). París, Asociación Internacional de Críticos de Arte, febrero de 2022.

GONÇALVES, Lisbeth Rebollo. Sérgio Milliet, crítico de arte. São Paulo, Perspectiva, 1992.

— "Presentación". En: Revista USP n. 94, junio/julio/agosto 2012, dossier Semana de Arte Moderno (org.). P. 6-8. ISSN 0103-9989.

PECCININI, Daisy. "Brecheret y la Semana". En: Revista USP n. 94, junio/julio/agosto 2012, dossier Semana de Arte Moderno. P. 39-48. ISSN 0103-9989.

RAMOS JR., José de Paula. "Mário de Andrade y la Lección del Modernismo" en Revista USP n.94, junio / julio / agosto 2012. Dossier Semana de Arte Moderno. P. 49-58. ISSN 0103-9989.

SOUZA, Gilda de Mello e. "Vanguardia y nacionalismo en los años veinte". En Ejercicios de Lectura. São Paulo, Duas Cidades, 1980, P. 249-250.

6.3. Contradicciones y desafíos de las artes visuales en la América Latina contemporánea

MARIA AMELIA BULHÕES[1]
UFRGS, Brasil
mariameliabu@gmail.com

1. INTRODUCCIÓN

Para acercarnos a este fenómeno que denominamos arte contemporáneo en América Latina, es necesario tener en cuenta los numerosos debates que involucran el propio concepto de América Latina y sus desdoblamientos, presentados en el primer capítulo de este libro. Este término tuvo su origen en discursos coloniales eurocentristas interesados en abarcar la compleja diversidad de esta región del mundo dominada por ellos en sus procesos de expansión y conquista y objeto de una explotación depredadora de la naturaleza y los recursos humanos, que menospreció las expresiones culturales de los pueblos originarios y de la diáspora africana. Esta denominación, que unifica una rica producción multifacética y difícil de encajar en la historia del arte tradicional, ha sido ampliamente cuestionada, al igual que las grandes exposiciones y publicaciones gestadas fuera de este territorio, que la presentan desde perspectivas europeas y norteamericanas, con etiquetas exotizantes y adecuadas a sus estándares de la historia del arte. Por otro lado, también se ha defendido el uso de esta denominación como una estrategia política de unión regional para cuestionar las relaciones de poder establecidas en la geopolítica del arte. Dentro de este debate, bastante polarizado, prefiero adoptar la tesis defendida por Gerardo Mosquera de un "arte desde América Latina". Esta postura aborda los fenómenos artísticos en esta región desde sus realidades locales, evitando enfoques externos que generalizan, sin negar, sin embargo, la inserción de

---

1 Doctora por la Universidad de São Paulo (USP), con estagio Senior en Pairs, I, Sorbonne y Universidad Politecnica de Valencia. Presidente de la Associação Brasileira dos Críticos de Arte (APCA). Coordinadora del Posgrado de Artes Visuales de la UFRGS yDirectora del Cenro Cultural Brasil-Venezuela.

estas prácticas en el contexto de un arte contemporáneo que es cada vez más internacional. En este sentido, trabajo con textos de autores regionales que buscan establecer especificidades, valorando la pluralidad de sus historias, pero considerando su inserción en las redes del mundo globalizado del arte. Además, adopto un modelo conceptual que ayuda a comprender las prácticas artísticas insertas en un sistema del arte, compuesto por una red de actores e instituciones responsables de la producción, difusión y consumo de objetos y eventos definidos por ellos mismos como arte, así como por el establecimiento de criterios para su reconocimiento en una sociedad en un momento dado. (BULHÕES, 1990).

Para el sentido común, lo contemporáneo es todo el arte de esta época; lo que se produce aquí y ahora, esta mezcla de estilos, valores y modelos que conviven en la sociedad contemporánea; sin embargo, en el campo artístico no es exactamente así. Este es un concepto específico que varios autores se dedican a estudiar y definir (HEINICH, 2014, CAUQUELIN, 2005, DANTO, 2006. LIPOVETSKY, 2015). Muchos hablan de una revolución artística que invalida concepciones anteriores, sustituye valores y modos de producción y circulación de las obras, exigiendo nuevos discursos legitimadores. Aseguran incluso la necesidad de adoptar un nuevo paradigma artístico (conjunto de reglas y valores del arte seguidas en una sociedad en un momento determinado, formando un modelo de consenso) para dar cuenta de esta producción basada en la constante ruptura con los estándares establecidos. Una forma de arte dominada por la pluralidad de posibilidades y nuevos artistas, en la que ya no es posible establecer movimientos o tendencias, ni categorías dominantes. En la que todos los medios se igualan en una convivencia compleja, permitiendo que objetos de diferentes campos se integren en el circuito artístico a través de diversas estrategias. Al acercarse a lo cotidiano, al reemplazar la obra acabada por la evidencia de los procesos de trabajo y al adoptar el hibridismo como propuesta estética, los artistas establecen nuevos modelos y valores para la comprensión del arte, que han sido aceptados hasta este momento. Con esto, las narrativas hegemónicas de la estética, la historia y la crítica de arte, que todos conocemos, se debilitan, pero la hegemonía de los grandes circuitos internacionales del mercado y de las instituciones definidoras de estándares y valores permanece.

La subversión es una característica fundamental de las prácticas artísticas contemporáneas, que desplazan el significado de los objetos, utilizan materiales comunes y corrientes y se extienden más allá de los espacios consagrados del museo y la galería, poniendo en crisis el sistema del arte. Algunos artistas manifiestan el deseo y el esfuerzo de salir de lo establecido, considerándolo restrictivo y asfixiante para su creatividad. Sin embargo, al romper con las tradiciones de la historia del arte y la estética, al abandonar el refugio de las categorías artísticas y derribar los límites de un campo propio, navegan entre la transgresión y la asimilación. Desarrollan, por un lado, acciones que cuestionan las estructuras del sistema del arte; por otro lado, necesitan estar dentro de este sistema para ser reconocidos como artistas. Establecen así un juego que oscila entre la subversión y la búsqueda de reconocimiento por parte de los artistas; entre el mantenimiento de los límites del sistema y la flexibilidad para incorporar sus transgresiones, renovándose a través de la creatividad.

A pesar de las diferencias entre los ecosistemas del arte locales (FETTER, 2018), en América Latina en su conjunto, los modos de existencia del arte contemporáneo son problemáticos y complejos. Debido a su historia colonial común, que fue analizada en detalle en el capítulo 2 de este libro, no hay una fuerte tradición social del arte, no existe un mercado consolidado y las instituciones no son sólidas, careciendo de apoyo para su mantenimiento. Sus estructuras no tienen una base sólida en estas sociedades de base esclavista, que despreciaron las expresiones artísticas de los pueblos dominados en los procesos de colonización, imponiendo un arte eurocéntrico considerado elitista, símbolo de estatus y dominación cultural. Se evidencia gran ambigüedad en las actuaciones de los artistas, críticos y gestores identificados con el arte contemporáneo, que buscan romper con los estándares establecidos, pero al mismo tiempo garantizar la permanencia de un sistema que legitime estas prácticas sociales. Actúan en la contradictoria circunstancia de criticar y subvertir las frágiles estructuras locales sin derribarlas por completo y así perder su reconocimiento y debilitar sus regiones en la geopolítica internacional del arte contemporáneo.

En cuanto al enfrentamiento con las diversas formas de dominación geopolítica en el arte, una propuesta que gana fuerza en América Latina es privilegiar procesos de inclusión en las disputas que se establecen en esta compleja y diversificada red de poder mundial. De esta manera, el hecho de que actores tradicionalmente excluidos se hagan oír, hablen y expongan su producción, reescribiendo sus propias historias del arte, ocurre en medio de nuevas contradicciones, diálogos y enfrentamientos. La crisis de los grandes relatos abre la posibilidad de que los artistas creen micronarrativas enfocadas en sus propios universos, que den cuenta de sus experiencias personales y de sus comunidades. De esta manera, emerge un arte internacional en sus circuitos de poder (ferias, bienales y grandes instituciones), local en la construcción de relaciones con sus realidades particulares y múltiple en las subjetividades de las diferentes regiones.

Es posible escribir no una, sino muchas historias del arte, de manera crítica y polifónica, en un proceso que se ha desarrollado a través de estudios e investigaciones que resultan en publicaciones y exposiciones que buscan abordar esta pluralidad y sus especificidades en América Latina. Incluso se pueden construir micronarrativas, relatos cortos centrados en una persona o grupo, abordando sus historias particulares. Estos fragmentos no pretenden ser una forma total de conocimiento, pero cuestionan los grandes relatos de la historia del arte tradicionalmente establecidos. Destacan en este proceso, entre otros, las exposiciones: XXIV Bienal de São Paulo, 1998, curada por Paulo Herkenhoff; I Bienal del Mercosur, 1997, curada por Frederico de Moraes; "Ante América", curada por Carolina Ponce de León y Rachel Weiss, 1992; "Mujeres radicales en América Latina", 2021, curada por Andrea Giunta; "Transpacífico", Santiago de Chile, 2007, curada por Gerardo Mosquera. Estas exposiciones con un enfoque geográfico local se diferencian en sus presupuestos conceptuales, pero tienen un propósito muy claro: dar cuenta de un proyecto de visibilidad local que se aleje de los modelos exóticos y fantásticos, de la búsqueda de identidad y otros aspectos unificadores. Ofrecen una visión más real y fluida, impregnada de los debates internacionales sobre la decolonialidad (QUIJANO, 2000, MIGNOLO, 2018, CANCLINI, 2011, ESCOBAR, 2021) en el ámbito del arte contemporáneo.

Estas grandes exposiciones enfrentan el desafío de ampliar su alcance, ya que, aunque están enfocadas en contextos específicos, en la vida cotidiana y en la interacción con el espectador, necesitan desarrollar un amplio proyecto pedagógico para formar nuevos públicos. Para ello, en general incorporan dispositivos (o instrumentos) de mediación, como la acción de mediadores, textos en las paredes o libros sobre los artistas y las obras en los espacios expositivos. Esto se debe a que la gran mayoría de las personas solo conoce los modelos académicos y modernos del arte y tiene dificultades para comprender lo que se propone en el contexto contemporáneo. No se dan cuenta de que estas prácticas artísticas operan dentro de un nuevo marco interpretativo que refleja las condiciones complejas y contradictorias de la actualidad, y la falta de creencia en los valores que organizaron el mundo moderno. Desconectadas de los grandes relatos de la historia del arte y la estética, estas prácticas desafían la reflexión y plantean muchos problemas para su integración en los circuitos establecidos del arte. En este sentido, se ha desarrollado en muchos países el necesario y valioso trabajo de formación de audiencias, diversificando y ampliando en gran medida el trabajo pedagógico en la región.

En el arte contemporáneo, el valor otorgado al proceso creativo y a los conceptos involucrados en la formulación de propuestas artísticas cobra preponderancia sobre la realización de la obra como producto final de mercado. La concepción creativa original y singular del artista, su idea, se vuelve más importante que la ejecución de obras. Este es el caso de la artista colombiana Doris Salcedo en "Fragmentos" (2017), una obra que contó con la participación de mujeres víctimas de violencia sexual en el contexto de la guerra. Esta instalación, que conmemora un pacto en la guerra que ha sacudido a Colombia durante más de 50 años, se realizó en una antigua casa colonial en el centro de Bogotá, con el suelo cubierto de placas de metal resultantes de proyectiles fundidos a partir de martillazos de estas mujeres. Asimismo, Tomás Saraceno (Argentina) en "Aracnofilia", un trabajo iniciado en 2006 y en constante expansión, con diversas aplicaciones y etapas, desarrollado con la colaboración de su estudio y una red interdisciplinaria de entusiastas de las arañas y sus telas. En estos trabajos, lo que realmente importa no son los resultados en forma de obras, sino las propuestas que se desarrollan bajo la guía del artista, con su presencia o no, involucrando numerosos componentes con el fin de romper con la tradición del trabajo artístico cerrado en su propio campo. Una producción que establece relación con diferentes campos del conocimiento, creando interrelaciones con la ciencia, la tecnología, la antropología, la sociología y la política.

Actividades y objetos muy diversos pueden ser considerados artísticos, lo que dificulta su legitimación y comercialización. Para ello, diferentes actores se articulan en una red de relaciones que establecen sus valores y significados. Anne Cauquelin (2005) afirma que el régimen de consumo-mercado fue típico del arte moderno y que el régimen de comunicación-redes de relaciones caracteriza el arte contemporáneo. Sin embargo, muchos autores observan que el mercado sigue siendo predominante en el arte contemporáneo, aunque con estrategias diferentes. En el caso de las performances (modalidad de arte que puede combinar teatro, danza, música y muchas otras actividades, realizadas en espacios cerrados o al aire libre, con o sin público, sin un plan previamente definido y que pueden ser realizadas por el propio artista o por otras personas bajo su dirección) no hay obras en el sentido tradicional para comercializar. En su lugar, se venden fotos, videos, dibujos y otros documentos. Por ejemplo, en su performance "Notícias de América" de 2012, Paulo Nazareth (Brasil) cruzó América Latina a pie y en *autostop*, tomando fotos con personas y carteles humorísticos y críticos. De manera similar, Francis Alÿ (Bélgica/México) en la performance "Cuando la fe mueve montañas" de 2002, realizada en

Lima, Perú, convocó a quinientas personas para mover una duna de arena en diez centímetros. Las personas cavaron en sincronía bajo el sol caliente hasta mover la duna de su lugar. Lo que tenemos de estas performances son registros en videos, fotografías y relatos, que se publican en revistas, libros y catálogos, así como otros materiales que son comercializados por la galería que representa al artista. Lo que perdura es el vestigio del acto efímero que tuvo lugar en un momento y lugar específicos, al que muy pocos pudieron asistir, pero cuya existencia perdura en estas imágenes, que son consumidas como reliquias por coleccionistas y como documentación por museos y otras instituciones. Por supuesto, todavía se producen obras en el sentido más tradicional, como pinturas, dibujos, grabados y esculturas, y a menudo los mismos artistas que desarrollan trabajos de difícil comercialización también realizan paralelamente dibujos y otros tipos de productos artísticos que les garantizan un retorno económico.

Por otro lado, en las constantes luchas por el poder simbólico en el campo artístico, emergen voces y presencias que hasta entonces habían sido ignoradas (pueblos originarios, descendientes de la diáspora africana, mujeres, personas transgénero...), abriendo camino a transformaciones más radicales e inclusivas que rompen con la estructura del arte, tradicionalmente elitista y excluyente, que se estableció en el continente en el proceso colonizador. Estas transformaciones caracterizan una renovación en términos estéticos, conceptuales y funcionales que, en el juego de subversión y reconocimiento, operan en los ecosistemas locales, exigiendo transformaciones que los hacen más complejos para incorporar las nuevas y diversas formas en que se manifiesta el arte contemporáneo.

En este capítulo, a través de un amplio recorrido, se presentan algunos puntos fundamentales del arte contemporáneo en América Latina, en su existencia contradictoria entre subversión y reconocimiento, analizando cómo se han desarrollado estos procesos desde la década de 1960 hasta las complejas condiciones y desafíos actuales. Para este análisis, se ha adoptado un enfoque sistémico en el que las prácticas artísticas se abordan desde el sistema del arte como un conjunto de relaciones contextuales e institucionales que definen valores y modelos artísticos.

2. EL SURGIMIENTO DEL ARTE CONTEMPORÁNEO EN AMÉRICA LATINA: RUPTURAS Y MARGINALIDAD

Según la mayoría de los autores, el arte contemporáneo surgió en todo el mundo a partir de la segunda mitad de la década de 1950 a través de una producción de narrativas fragmentadas que abordaban temas políticos, la alteridad y otros aspectos de la vida cotidiana, en experimentos artísticos que promovieron la construcción de una visualidad centrada en imágenes de la cultura de masas. El movimiento del *Pop Art*, que se desarrolló en oposición a las corrientes abstractas del arte moderno, marcó el surgimiento del arte contemporáneo. Esta forma de arte incorporó íconos de la cultura de masas, estableciendo con ellos discursos ambiguos e inquisitivos que inauguraron una postura marginal/integrada, característica de la sociedad de consumo. Varios movimientos siguieron esta posición fronteriza, creando nuevas categorías artísticas, como los happenings (acciones artísticas momentáneas que involucran al artista o a otras personas que actúan según sus propuestas), instalaciones (construcciones espaciales con objetos que escapan a la clasificación de escultura) o videoarte (propuestas con imágenes en movimiento que no encajan en el lenguaje del cine ni de la televisión). También adoptaran el hibridismo, que utiliza combinaciones de diferentes técnicas, materiales o conceptos en una misma obra sin preocuparse por definir preponderancias o jerarquías. Con estas prácticas, los artistas buscaban romper con los límites impuestos por el mercado de arte y las instituciones.

En América Latina, en la segunda mitad de la década de 1960, emergió una producción dentro de las vertientes contemporáneas que era cuestionadora y subversiva, con algunas manifestaciones artísticas que señalaron nuevos caminos. Estas manifestaciones compartían algunos rasgos comunes: en primer lugar, la voluntad de renovar los lenguajes del arte a partir de las vanguardias internacionales del nuevo realismo y del pop art. La orientación figurativa de estos movimientos rechazó enérgicamente las corrientes abstractas que habían proliferado en la década de 1950. En segundo lugar, la idea de que la creación artística debía integrarse en la vida cotidiana, involucrando al espectador y trascendiendo las paredes, los pedestales y los espacios tradicionales de exposición. Estos cambios se deran en medio de las grandes movilizaciones que estaban surgiendo en el mundo, impulsadas por la rebeldía de las nuevas generaciones. En tercer lugar, se insertaron en los movimientos sociales que estaban agitando la región en ese momento, siguiendo tendencias como las protestas estudiantiles de mayo del 68, el movimiento hippie y la cultura underground. Ejemplos importantes de estas tendencias en las artes visuales en América Latina fueron el evento "Opinião 65" en Brasil en 1965 y "Tucumán Arde" en Argentina en 1968.

Los años 1960 fueron un período de gran agitación política en toda América Latina, y las artes visuales no quedaron al margen de estos procesos. Se produjeron muchas transformaciones que involucraron prácticas artísticas y numerosos procesos de creación y subversión. Un elemento destacado en ese momento es el carácter grupal de estas manifestaciones, posiblemente una estrategia de los artistas para afirmarse y fortalecerse frente a las dificultades de aceptación que encontraban, tanto en el ámbito del arte como en el campo social y político. Entre estos movimientos, se encuentran "Techo de la Ballena" con Juan Calzadilla, Daniel Gonzales y Alberto Brandt en Venezuela, la "Nueva Figuración" en Argentina con Luis Felipe Noé, Ernesto Deira, Jorge De La Vega y Antonio Berni, y el "Movimiento Neoconcreto" en Brasil con Hélio Oiticica, Lygia Clark y Lygia Pape. Estos artistas no compartían una homogeneidad de propuestas o concepciones artísticas, pero tenían en común el interés de abandonar los supuestos de la modernidad que se habían vuelto predominantes en los ecosistemas del arte local y adoptar propuestas de los nuevos movimientos internacionales, abriendo espacio para posiciones más críticas de la realidad social y menos comprometidas con el mercado. Sin embargo, estos movimientos sociales fueron fuertemente reprimidos en la década de 1970 por los diversos golpes militares y dictaduras que se instauraron en la región, con el apoyo de la política exterior estadounidense. Se impuso una fuerte censura que persiguió y reprimió a artistas, lo que llevó al debilitamiento, el exilio o la desaparición de estas vanguardias que habían emergido.

El vacío dejado por la primera ola de arte contemporáneo en América Latina fue llenado por las vanguardias del arte conceptual que desafiaron los espectadores a reflexionar, centrándose en una idea o concepto en lugar de en una obra de arte como objeto final. Los artistas de este movimiento dialogaron con tendencias internacionales emergentes y desarrollaron una producción basada en experimentación de lenguaje y nuevos medios. Adoptaron una postura crítica con respecto a los ecosistemas del arte local, donde el mercado de arte se estaba emergiendo y fortaleciendo. Buscaron nuevos roles para el arte, centrándose en sus posibilidades como lenguaje y medio de reflexión. Se puede notar una diversidad de propuestas y concepciones artísticas, con la preocupación común de abrir espacio para posiciones menos comprometidas con la comercialización. Utilizaron nuevos medios de producción como el video, la fotocopiadora y el arte postal. Rechazaron la creación de "objetos de arte" y promovieron prácticas críticas hacia las instituciones artísticas, enfatizando la noción de transitoriedad y la precariedad de los materiales.

El experimentalismo y la reflexión asumieron un papel predominante, y los artistas como Marta Minujin, Alberto Greco y Victor Grippo en Argentina, Nelson Leirner y Cildo Meireles en Brasil, y Antonio Caro en México exploraron los recursos de nuevos medios de reproducción y circulación de la imagen, como el video, la fotocopiadora la performance y las instalaciones. A pesar de que a menudo actuaban al margen del circuito artístico convencional, compitieron por un espacio que abría nuevas formas de crear y pensar el arte, con el apoyo de críticos y de instituciones clave, como Frederico Moraes en el Museo de Arte Moderno de Río de Janeiro, Jorge Glusberg en el Centro de Arte y Comunicación (CAyC) y Romero Brest en el Instituto Torcuato Di Tella en Buenos Aires, entre otros. Es importante destacar el papel de la crítica de arte como apoyo reflexivo para estas prácticas que se desarrollaban de manera experimental, rompiendo con los cánones establecidos por la modernidad. En el desarrollo del arte conceptual en la década de 1970, el arte postal fue un terreno fértil para la expansión de la crítica y los experimentos de lenguaje, ya que permitía a los artistas subvertir el sistema visual vigente y eludir la censura social y política. La idea principal era facilitar intercambios que no pasaran por el mercado de arte. En el arte postal, el lema era "los remitentes reciben", y los artistas se comprometían con una red de relaciones en la que debían participar activamente. Otro aspecto importante de esta producción era romper las fronteras geográficas, conectando varias regiones del continente y otras partes del mundo. Las prácticas artísticas que exploraron los recursos de los nuevos medios de reproducción y circulación de la imagen (video, fotocopiadoras, computadoras, instalaciones) abandonaron el concepto de obra de arte, promoviendo una desmaterialización del soporte y buscando acercarse a la vida cotidiana en sus tareas más prosaicas y desacralizadas. Se centraron en la investigación de la lengua, la forma y el significado, profundizando las rupturas con la tradición artística existente. Sin embargo, su experimentalismo radical generó cierto hermetismo, lo que las mantuvo, en ese momento, vigentes y activas solo en un círculo restringido de interesados y especialistas. Algunos artistas destacados en este momento incluyen a Clemente Padin en Uruguay, Roberto Jacoby en Argentina, Paulo Bruscky, Julio Plaza, Anna Bella Geiger en Brasil e Ulises Carrión en México.

La producción de los artistas de vanguardia en las décadas de 1960 y 1970, que era experimental, crítica y tenía una posición política, rechazaba la autoexpresión, que era tan valorada en el arte moderno. A pesar de actuar de forma marginal al circuito tradicional, en aquel momento, marcaron de manera decisiva el panorama artístico en América Latina y sus influencias se reflejaron en las décadas siguientes, cuando muchos de ellos comenzaron a destacarse y fueron incorporados a los ecosistemas del arte contemporáneo que se volvieron predominantes en la región.

3. CONSOLIDACIÓN Y EXPANSIÓN: LA HEGEMONÍA DEL SISTEMA DEL ARTE CONTEMPORÁNEO

Es importante destacar que el arte contemporáneo, incluso cuando está estrechamente vinculado a un lugar específico, se establece a través de una red internacional de conexiones que define sus parámetros y desarrollos. Utilizando diversas categorías artísticas como pintura, dibujo, grabado, fotografía, escultura, objetos, instalaciones, performance, los artistas dejan de lado el purismo y crean intersecciones de técnicas y procedimientos en propuestas híbridas que no se ajustan a categorías específicas. Sin embargo, la fragilidad de la escena artística en América Latina, donde no existen instituciones significativas y un mercado de arte sólido que brinde apoyo económico a los artistas, dificulta la supervivencia de obras basadas en procesos y desmaterializadas, sin un producto para comercializar. La mayoría de los artistas navegan entre procedimientos más radicales que se exhiben en museos y grandes muestras institucionales (como bienales) y objetos que, aunque están relacionados con sus reflexiones formales y conceptuales, pueden comercializarse con mayor facilidad. Esto conduce a un vaivén en la producción de estos artistas, a menudo requiriendo que se dediquen a otras actividades simultáneamente para seguir con sus experimentos menos aceptados por el mercado.

La predominancia del mercado en la difusión y el apoyo del arte contemporáneo ha llevado autores como Isabelle Grau (GRAW, 2015) a señalar la heteronomía contemporánea del arte, ya que la autonomía buscada por la modernidad cede terreno a un régimen en el que el mercado asume funciones significativas en la legitimación y el reconocimiento de artistas y obras. Un mercado empresarial y financiero que ha demostrado ser una fuerza impulsora del arte contemporáneo a nivel mundial también está activo en América Latina.

Las galerías locales han aumentado sus niveles de negocios y atraído a actores globales del mercado, lo que ha llevado empresas internacionales importantes, como *Gagosian Gallery*, a establecer sucursales en la región. Se puede afirmar que los ecosistemas del arte contemporáneo en los centros más cosmopolitas de América Latina, como la Ciudad de México, Buenos Aires, São Paulo y Bogotá, están bien desarrollados y muestran la capacidad para difundir su producción en redes internacionales y buscar nuevas posiciones en la geopolítica de las artes. Algunas galerías y proyectos específicos y distintos destacan en este proceso de internacionalización. Ejemplos incluyen la galería Kurimanzutto en la Ciudad de México, que promueve en gran medida a artistas relacionados con Gabriel Orozco, o el

Proyecto Latitude, desarrollado por ABACT, una asociación que reúne galerías de arte contemporáneo en Brasil, con el apoyo del gobierno a través de su Ministerio de Relaciones Internacionales. Estos ejemplos muestran casos variados, pero indican la predominancia del mercado en los procesos de internacionalización de la producción en esta región.

Al participar en diversas ferias de arte en todo el mundo, las galerías locales encuentran oportunidades de internacionalización, así como en ferias significativas creadas en diferentes países de la región. Estos espacios de difusión son altamente estratégicos y ya tienen tradición en el continente, como ArteBA (1991) en Buenos Aires, MACO (2002) en la Ciudad de México, SPArte en São Paulo (2005), Arte Rio (2011) en Río de Janeiro, Pinta PArC (2014) en Lima y ArteCO (2019) en Bogotá. Las ferias atraen a públicos especializados, incluyendo curadores, directores de museos, críticos, periodistas y coleccionistas privados haciendo que las ventas no solo tiengan valor económico, sino que también proporcionan entrada a los circuitos del arte globalizado. Sirven como lugares de intercambio y diálogo, ofrecen visibilidad a los artistas, facilitan la negociación de nuevas exposiciones y varios otros tipos de acuerdos comerciales. Con altos niveles de competencia entre ellas, las ferias expanden sus actividades más allá de la venta de obras de arte, incluyendo el desarrollo de eventos paralelos como foros de expertos que abordan temas como la colección, el mecenazgo, las instituciones, la curaduría y el mercado. La importancia de los programas varía según el perfil de cada feria, pero generalmente muestran una tendencia hacia actividades de participación pública, incluyendo seminarios, conferencias y cursos.

Las subastas desempeñan un papel significativo en la fijación de precios, y los diferentes segmentos del mercado se refieren constantemente a los precios alcanzados en ellas para definir compras y ventas. Esto solía ser un factor limitante en la venta de obras de artistas latinoamericanos, ya que tenían una participación limitada en las principales casas de subastas como *Sotheby's* y *Christie's.* Sin embargo, más recientemente, los artistas contemporáneos latinoamericanos han ganado espacio en importantes subastas, tanto en eventos dedicados específicamente al arte de esta región como en la inclusión en circuitos internacionales de subastas. En 2018, las ventas en subastas de arte moderno y contemporáneo en América Latina ascendieron a aproximadamente $75 millones, lo que representa un aumento de aproximadamente el 4.2 por ciento en comparación con las ventas del año anterior.

Una característica esencial del sistema del arte contemporáneo es la conexión entre el mercado y las instituciones. La legitimación y consolidación de esta producción van más allá de la mera comercialización de obras de arte e involucran una compleja red de eventos y publicaciones habilitados por instituciones museísticas fuertemente conectadas con la escena artística global. La legitimación se construye sobre valores bastante inestables, lo que hace que el papel de las instituciones sea crucial, junto con la figura emergente del curador (individuos responsables de organizar exposiciones, definir el concepto general, seleccionar artistas y obras participantes y producir textos utilizados en espacios de exposición, catálogos o libros). En algunos casos, los curadores actúan como organizadores generales, supervisando todos los aspectos de la producción. La presencia de una obra en exposiciones institucionales importantes organizadas por curadores respetados, así como la inclusión en colecciones de museos, es crucial para su reconocimiento y para la carrera del artista. Hoy en día, es imposible evitar este proceso, ya que las obras y artistas que participan en exposiciones son vistas, discutidas y documentadas, por lo tanto, incluso si se presentan como alternativos o marginales, solo pueden ser reconocidos de alguna manera integrándose en instituciones dedicadas a este tipo específico de producción. Dado que las prácticas contemporáneas son complejas y a menudo desafiantes para el público, requieren el reconocimiento del sistema del arte para obtener legitimidad. Las adquisiciones para colecciones también son importantes en este sentido. La alineación del mercado con las instituciones que legitiman el sistema del arte ha llevado a la expansión y mejora de museos y otras instituciones de arte, tanto públicas como privadas, que se fortalecen en América Latina e integran una red que se consolida e internacionaliza. Se pueden observar numerosos ejemplos de esto, incluyendo el Museo de Arte Contemporáneo, MAC USP (1963) en Brasil; el Museo de Arte Contemporáneo de Bogotá (1966) en Colombia, el Museo de Arte Contemporáneo Rufino Tamayo (1981), el Museo de Arte Contemporáneo Monterrey (1991), el Museo Universitario de Arte Contemporáneo de la Ciudad de México (2008) y el Museo de Arte Universitario de Arte Contemporáneo, MUAC (2008), todos en México; el Museo de Arte Contemporáneo de Buenos Aires (2012) en Argentina, entre otros.

La figura de los coleccionistas ha demostrado ser muy decisiva en la consolidación del arte contemporáneo en América Latina, así como en su internacionalización. Algunos de ellos han creado museos privados, abiertos al público para exhibir sus colecciones y han desarrollado varias prácticas para difundir esta producción. El Instituto Inhotim (2006) en Brasil, ubicado en un gran parque, se considera uno de los museos de arte contemporáneo más importantes, y su creador, Bernardo Paz, ha sido destacado en publicaciones de arte en varios lugares del mundo como una de las figuras más influyentes en el campo de las artes visuales. El Museo de Arte Latinoamericano de Buenos Aires, MALBA (2001), fue creado por el coleccionista Eduardo F. Constantini y cuenta con un extenso acervo, que se puede considerar una de las mayores colecciones de arte contemporáneo latinoamericano, desarrollando proyectos de investigación y exposiciones importantes. Además de actuar en sus instituciones privadas, donde tienen un poder significativo, estos coleccionistas han llevado a cabo proyectos de internacionalización del arte contemporáneo de América Latina. Merece destacar en este sentido el trabajo realizado por Patrícia Phelps de Cisneros, nacida en Venezuela y radicada en los Estados Unidos, que trabaja en pro de un reconocimiento internacional de la producción de esta región a través de la circulación de su colección en destacados museos en diferentes lugares del mundo. Las prácticas de estos coleccionistas han consolidado esta presencia local en la geopolítica de las artes.

Además de los museos, las bienales son instituciones decisivas en la consolidación del arte contemporáneo, debido a su carácter de red internacional de conexiones y su regularidad. Se presentan como espacios importantes para la difusión y legitimación de estas prácticas, tanto a nivel nacional como internacional. Estos megaeventos, por la magnitud de los recursos empleados, por el personal especializado que movilizan y por los espacios físicos y mediáticos que absorben, son importantes no solo para atraer a nuevos públicos, sino también para activar el medio artístico, con la circulación de críticos, artistas y otros profesionales de diferentes países. Habiendo contribuido significativamente a la consolidación y difusión de las tendencias artísticas contemporáneas, las bienales promueven cambios importantes en el régimen de imágenes dentro del circuito de producción artística, además de ser un instrumento para insertar la escena nacional en el circuito internacional. La visita de directores de museos, galeristas, críticos, artistas, coleccionistas y otros actores internacionales a estas muestras permite una interacción a gran escala con el entorno local. Las bienales no se presentan simplemente como grandes exposiciones, sino que se extienden por las ciudades e incluso por la región en un conjunto complejo de actividades, como residencias de artistas, actividades pedagógicas, trabajos de monitoreo, proyectos con comunidades y una amplia coordinación con otras instituciones culturales.

En Latinoamérica, la Bienal de São Paulo (1951) es la más antigua y tradicional. En sus inicios, fue fundamental para la consolidación del arte moderno en el continente, pero a lo largo de su historia, ha ido evolucionando y actualizándose, convirtiéndose actualmente en un importante centro de consagración del arte contemporáneo. Esta bienal combina su histórica labor con una apertura constante a la innovación y la audacia, bajo la dirección de sus curadores. De hecho, la figura del curador se estableció oficialmente en la región en 1981, en la Bienal de São Paulo, con Walter Zanini. El crecimiento de la importancia de este actor en el ámbito del arte se puede observar con la participación determinante de los curadores en sus conceptos. En otra edición de esta Bienal, en 1997, la concepción curatorial de Paulo Herkenhoff propuso audacias conceptuales, trabajando en la actualización del concepto de antropofagia, considerado por él como fundador de la cultura brasileña. Por ejemplo, Frederico Morais en la primera Bienal del Mercosur en 1997 propuso escribir una nueva historia del arte en América Latina, retomando de manera actualizada un antiguo y persistente debate sobre este tema.

La importancia de las bienales en el desarrollo del arte contemporáneo en esta región también se evidencia por el papel desempeñado por la Bienal de La Habana (1984), que, con la destacada labor del crítico Gerardo Mosquera, se centró en la difusión de la producción regional, abogando por una mirada hacia el sur y el establecimiento de redes de relaciones, así como una declaración abiertamente política, intelectual, histórica y cultural a favor de los pueblos subdesarrollados. Lo mismo ocurrió con la primera Bienal del Mercosur (1997) con curadoria de Frederico Morais que propuso escribir una nueva historia del arte en América Latina, retomando de manera actualizada un antiguo y persistente debate. El tema regresó en la edición de 2011 de la misma Bienal, con la curaduría general de José Roca, enfocada en "Ensayos de geopoética".

La estructura más sólida y desarrollada de los ecosistemas locales apoya y legitima la producción de artistas más audaces que desarrollan proyectos que subvierten el arte moderno institucionalizado como la forma tradicional y aceptada de arte en América Latina desde la década de 1950. Esta sólida producción artística ha sido reconocida internacionalmente a través de numerosos artistas que, provenientes de la década de 1960 o más recientes, pueden desarrollar obras que se exhiben en importantes instituciones y son absorbidas por el mercado de arte internacional. El sistema global ha comenzado a acoger y prestigiar a artistas como Doris Salcedo, Beatriz González de Colombia, Cildo Meireles, Tunga, Nelson Leirner, Daniel Senise, Adriana Varejão de Brasil, Alfredo Jaar de Chile, Gabriel Orozco, Carlos Amorales, Santiago Serra, Damián Ortega, Teresa Margolles, Minerva Cuevas, Rafael Lozano-Hemmer de México, León Ferrari, Guillermo

Kuitca, Tomás Saraceno, Marta Minujin, Liliana Porter, Jorge Macchi de Argentina, Alexis Leyva Kcho, Roberto Fabelo y Tania Bruguera de Cuba, entre muchos otros. Sin embargo, esto no implica cambios significativos en la geopolítica del poder en el arte, ya que las decisiones y orientaciones fundamentales del mercado y las instituciones todavía están regulados desde fuera de América Latina.

4. PRÁCTICAS CONTRA HEGEMÓNICAS: SUBVERSIONES Y RENOVACIONES EN PROCESO

A pesar de que el arte contemporáneo ha traído consigo numerosas subversiones en relación con el elitismo del sistema tradicional del arte, en América Latina todavía se evidencian dos niveles importantes de exclusión, que han dado lugar a una lucha persistente. El primero se refiere a cuestiones de dependencia con respecto a los polos artísticos hegemónicos a nivel internacional y, por lo tanto, a los problemas de reconocimiento de su producción y sus especificidades, que difieren de los estándares de clasificación de base europea impuestos durante la colonización. Las acciones destinadas a abordar este tipo de exclusión se han desarrollado principalmente a través de instituciones y el mercado, como se ha observado en los procesos de internacionalización en curso. Vale la pena destacar que, paralelamente a la búsqueda de una inserción en el sistema internacional del arte contemporáneo que reconozca las peculiaridades locales, a veces también se observan adhesiones a las demandas de una producción más exótica y racializada, que a menudo se caracteriza de manera jerárquica. Las investigaciones, estudios y reflexiones teóricas, así como las posturas combativas, han sido fundamentales para romper con las actitudes tradicionales de nicho en estas producciones.

El segundo tipo de exclusión se deriva de las relaciones sociales de dominación y de la resistencia ofrecida por los sistemas de arte locales a la participación y el reconocimiento de numerosos grupos étnicos y sociales, especialmente aquellos que provienen de sectores oprimidos por los regímenes esclavistas. La combinación de estos dos factores complica aún más los problemas relacionados con la adopción de una postura crítica, ya sea por parte de los artistas o de otros miembros de los sistemas. Mientras que en el territorio latinoamericano se reproduce la dominación que excluye a muchos de la participación en los significados que el arte puede ofrecer, a nivel internacional esta dominación se manifiesta mediante la descalificación de las producciones de artistas locales en comparación con sus homólogos internacionales. Por lo tanto, en el arte contemporáneo de los diferentes países de América Latina, se observan movimientos constantes en la dirección de construir procesos para incluir nuevas presencias y buscar reconocimiento, tanto a nivel local como internacional. Un poco de este proceso de inclusión de etnias y sexualidades tradicionalmente excluidas se puede ver en este libro en los otros dos capítulos que componen el análisis del arte contemporáneo, que abordan respectivamente las prácticas artísticas de afrodescendientes, mujeres y pueblos originarios. Estas nuevas presencias en el circuito artístico ofrecen una perspectiva contemporánea de la realidad indígena, afrobrasileña, femenina y trans, retomando conocimientos ancestrales y experiencias marginales para abordar la realidad actual de sus comunidades, lejos de los enfoques excluyentes, antropológicos, exóticos o preservacionistas que han prevalecido entre las élites dominantes.

En el fortalecimiento de posiciones tradicionalmente marginadas, se organizan grupos y colectivos impulsados por los debates decoloniales que han cobrado impulso en América Latina en las últimas décadas, articulando procesos renovadores también en el ámbito artístico. En estas nuevas organizaciones se producen rupturas con la tradición romántica del artista individual que trabaja aislado en su taller en varios sentidos, y una modalidad productiva destacada es la formación de colectivos. En principio, son grupos que trabajan de manera integrada para llevar a cabo sus proyectos, compartiendo decisiones y orientaciones de manera no jerárquica. En su mayoría, están compuestos por jóvenes artistas, flexibles, ágiles y con capacidad de improvisación frente a situaciones nuevas. Insatisfechos con las prácticas más elitistas y orientadas al mercado en el ámbito del arte, encuentran en las actividades conjuntas una forma de afirmación. Estos grupos, que surgen de relaciones personales afectivas y de la necesidad de trabajar y pensar juntos, se han multiplicado de manera asombrosa desde la década de 1990. Las actividades grupales no son una novedad en el campo del arte, pero lo que difiere es el carácter más comprometido socialmente de estos grupos y su enfoque empresarial. Responden a la necesidad de unir y compartir esfuerzos para enfrentar los desafíos del mundo actual con flexibilidad y estrategias de producción innovadoras. Algunos grupos se destacan por su actividad y longevidad, otros están surgiendo ahora y otros se han disuelto después de algún tiempo de trabajo conjunto. Un ejemplo de ello es el Frente 3 de Febrero, un grupo de investigación transdisciplinario sobre el racismo en Brasil que ha estado activo desde 2004 y que ha llevado a cabo acciones directas, como "Bandeiras" (2005-2006), realizada durante los partidos de fútbol con frases como "¿Dónde están los negrxs?". El Grupo de Investigación en Arte y Política (GIAP) fue fundado en México en 2013 para producir publicaciones, exposiciones y conferencias sobre estética y autonomía, y desde 2017 también organiza residencias para artistas y académicos en Chiapas. Más Arte Más Acción (MAMA) es una plataforma para proyectos artísticos interdisciplinarios que involucran la colaboración con comunidades. Una de las principales características de su trabajo ha sido la construcción de redes con comunidades, colectivos u organizaciones. También cuentan con el apoyo de financiadores como el Goethe-Institut, el British Council o la Pro Helvetia, así como museos, galerías, colectivos de artistas o artistas independientes nacionales e internacionales, festivales e instituciones públicas. Los colectivos se organizan para fortalecer la presencia de los pueblos indígenas, y en las últimas décadas, los debates decoloniales han tomado un gran destaque en América Latina, impulsando procesos renovadores también en el campo artístico. Las propuestas de prácticas artísticas colaborativas promovidas por colectivos o por artistas individuales tocan aspectos cotidianos y relacionales, basados en un pensamiento crítico sobre el modo de producción capitalista y el circuito tradicional del arte. En estas prácticas se diluye la noción de autoría en forma de una relación dialéctica entre individuos. Son acciones realizadas por artistas que desean actuar más allá de los espacios existentes, que salen de sus talleres de trabajo para compartir sus experiencias estéticas y creativas. Conocidas bajo diferentes nombres, como "arte comprometido", "estética relacional", "prácticas sociales", "arte activista", "estética dialógica", "arte comunitario", entre otros, estas prácticas se insertan en lógicas de compartir experiencias sensoriales. El Taller NN, en Perú, funcionó desde 1988 hasta 1991, produciendo piezas gráficas en respuesta a las masacres y desapariciones ilegales en el país, utilizando recursos corrosivos y desacralizadores de la iconografía. Nosotras proponemos, reúne a artistas, escritoras, curadoras y gestoras culturales que deciden sus acciones en asambleas, participando activamente en movilizaciones y acciones performáticas por el derecho al aborto legal, seguro y gratuito, junto con grupos de mujeres, lesbianas, trans, travestis y personas no binarias; y se han manifestado contra cualquier forma de violencia física, simbólica, económica e institucional contra los cuerpos femeninos y feminizados. *Las arpilleras* surgieron como una acción comunitaria y un testimonio escrito que refleja las experiencias del proceso social durante la dictadura en Chile desde la perspectiva de las mujeres, cuando madres, hermanas, esposas e hijas de detenidos desaparecidos y presos políticos comenzaron a relacionar la búsqueda angustiante de sus seres queridos, expresándose a través de tejidos, hilos y lana. Reclaman la cooperación, tanto para denunciar las violaciones de los derechos humanos como para enfrentar la subsistencia de sus familias a través de ollas comunitarias y lavanderías populares.

En el contexto de estas prácticas colaborativas y divergentes del sistema oficial del arte, encontramos numerosas instituciones colectivas que buscan fortalecer una red de colaboraciones que se extiende por toda América Latina, como Uber Bau en São Paulo, La Escuela, Casa Flora y Lugar a dudas en Colombia, Espacio Aglutinador en Cuba, Centro de Investigaciones Artísticas (CIA) en Argentina, Perros negros en México, entre otros.

5. CONTENIDOS DIGITALES

Estos procesos disidentes con respecto a las hegemonías establecidas se han enfrentado a grandes desafíos, especialmente a partir de la pandemia de la COVID-19, que ha sacudido en gran medida los circuitos artísticos basados principalmente en eventos presenciales debido a las restricciones de contacto social. El uso de Internet como una alternativa para mantener en funcionamiento los sistemas del arte ha traído consigo grandes cambios, aunque con resultados diferentes según el nivel de acceso y las condiciones de operación de Internet en cada país. Brasil, por ejemplo, al ser el mayor usuario de Internet en América Latina, experimentó una verdadera revolución digital. Incluso considerando estas diferencias, el crecimiento de esta red fue muy grande después de la pandemia.

La generación de contenido en línea ha sido lo que más ha marcado la actuación en el campo artístico desde el inicio de la pandemia. Un aspecto importante de esta difusión es que, además de la realización de transmisiones en vivo, conferencias, cursos y eventos más abiertos, estos eventos se han grabado y puesto a disposición en línea, generando material para su consulta y registro de información que anteriormente estaba limitada en tiempo y espacio, restringida al público que podía asistir en ese día y lugar específico. De comunicaciones dispersas y casi burocráticas que predominaban anteriormente, pasamos a manejar herramientas digitales, plataformas y redes sociales. Todo esto se ha desarrollado a partir de unas pocas experiencias sin una formación más especializada, con grandes esfuerzos en el aprendizaje de nuevos procesos para optimizar las publicaciones e incorporar el funcionamiento de los algoritmos.

Los museos de arte, que llevan en su génesis las semillas de las prácticas de dominación colonial, mostraron una gran resistencia a diferentes tipos de pluralidad e inclusión, incluido el uso de Internet. Sin embargo, dado que la principal actividad de las instituciones de arte son las exposiciones, se vieron desafiadas a adaptar sus acciones, ofreciendo acceso en línea a sus colecciones y visitas virtuales de diversos tipos como una forma de mantener vivo su compromiso con el mundo del arte y el apoyo continuado de sus patrocinadores en los tiempos difíciles de la pandemia. Un dato importante de estos cambios es que en una encuesta realizada en museos de Brasil por el ICOM, en respuestas sobre el futuro de estas instituciones después de la pandemia, los empleados destacaron los términos "inclusivo", "humano" y "digital", mientras que el público mencionó "accesible", "abierto", "interactivo", "inclusivo", "inspirador" y "digital". Llama la atención que los términos "digital" e "inclusivo" son los únicos que aparecen tanto en las respuestas de los empleados como en las del público, lo que sugiere que estos son caminos que unen intereses y aspiraciones. Sin embargo, la inclusión debe ser pensada de manera crítica, ya que las exposiciones virtuales y otras herramientas en línea a veces son muy pesadas y solo están disponibles para quienes tienen una conexión de alta capacidad.

Otro aspecto importante del giro digital impulsado por la pandemia fue el papel desempeñado por las redes en línea en el aumento de la participación de segmentos tradicionalmente excluidos. En la diversidad de presencias y conexiones que Internet ha proporcionado durante la pandemia, otras voces han encontrado su lugar. Las personas negras, indígenas, mujeres, personas trans y comunidades periféricas han comenzado a ser más escuchadas y visibles en el sistema del arte. Sin duda, no fue Internet la que originó estas movilizaciones, pero fue un canal importante para su resonancia en la sociedad. Abrió posibilidades para relativizar jerarquías, conectar a personas de regiones remotas y diversas, dando voz a quienes habían sido silenciados y rompiendo las barreras tradicionales. Estos procesos ya estaban en desarrollo y la Internet facilitó su propagación. El sistema del arte, contradictoriamente, es conservador en su estructura pero necesita innovación, y la exploración de estrategias en línea ha sido un camino en su proceso de expansión y renovación.

Se pueden destacar ejemplos, como la plataforma del Proyecto Afro, que se puso en marcha en 2020 y, además de realizar un amplio relevamiento de artistas negros y negras en todo el país, también se dedica a la investigación de curadores negros. La plataforma, además de su activa presencia en las redes sociales, ha desarrollado una aplicación específica para la conexión con artistas negros y negras, que se está promocionando ampliamente con el objetivo de dar visibilidad y ampliar sus actuaciones. Las discusiones sobre lo femenino y sus nuevas configuraciones se han difundido y ocupan un lugar importante en la 12ª Bienal del Mercosur de 2020, que se desarrolló por completo en línea bajo la curaduría general de

Andrea Giunta y presentó principalmente producciones de artistas y colectivos latinos. Una plataforma de apoyo y promoción que ha surgido durante la pandemia ha sido "Presente Ancestral Indígena", una exposición virtual de arte indígena contemporáneo curada por Tássia Mila y presentada en The Wrong Biennale. A través de videos, fotografías, dibujos y música, 23 artistas indígenas de diferentes regiones y etnias expresan su arte, su cultura y sus preocupaciones por la situación actual de los pueblos originarios. Más recientemente, la 1ª Ama+Zonia, Bienal de Arte 2022, aborda la perspectiva de un desarrollo sostenible a partir de la selva amazónica, a través de una inmersión de 30 días y una serie de acciones que dejarán un legado en términos de sostenibilidad ambiental, social, cultural y económica para la región.

La inserción digital en el campo artístico sigue siendo un proceso en América Latina, donde el número de usuarios de Internet ha crecido vertiginosamente, especialmente después de la pandemia. Hay muchas experiencias en desarrollo y los sistemas del arte locales siguen en constante ebullición, ya que romper con lo establecido y subvertir estructuras en busca de nuevas soluciones ha sido una característica del arte contemporáneo desde sus inicios. Por lo tanto, no se puede pensar en una hegemonía establecida y permanente; las luchas por el poder y la participación son motores de estas prácticas en las que la subversión y el reconocimiento van de la mano.

6. CONCLUSIÓN

El campo artístico es un espacio de lucha por el poder simbólico en la sociedad (Bourdieu, 2007), y las prácticas artísticas están vinculadas a las tendencias que se implementan. No se pueden pensar en cambios en los ecosistemas del arte sin cambios sustanciales en las sociedades en las que están insertados. Por otro lado, los procesos que se desarrollan en el campo artístico también compiten en las luchas económicas, sociales y políticas, ya que participan en la formación ideológica de toda la sociedad. Por lo tanto, el arte y las luchas que se desarrollan en los sistemas del arte no son simples accesorios en la historia de la humanidad.

En este momento, en los diferentes ecosistemas del arte locales, los actores e instituciones están debatiéndose entre las rupturas necesarias para acoger la subversión, que renueva y oxigena las estructuras, y los esfuerzos por preservar las hegemonías en las luchas que garantizan la representatividad social del arte. Retomando la cita de Tício Escobar, que da nombre a este subcapítulo, el campo artístico en América Latina se enfrenta a dos grandes desafíos: su inserción en la esfera de la información, con todas las implicaciones tecnológicas que conlleva, y la incorporación de las voces de aquellos tradicionalmente excluidos, como los pueblos originarios, descendientes de la diáspora africana, mujeres y personas trans, que han sido silenciados por los procesos colonizadores. Ganar futuros que sean al mismo tiempo tecnológicos y ancestrales, con creatividad, implica tener conciencia de que América Latina puede ser una red conceptual que contribuya a consolidar los procesos de subversión de las estructuras coloniales de dominación y avanzar hacia el reconocimiento de la pluralidad y la inclusión.

7. BIBLIOGRAFÍA

AMARAL, Aracy, and Patricia Maria Artundo. (2000) *Pintura Latinoamericana.* Buenos Aires, Argentina, Banco Velox Ediciones https://www.amazon.com/Pintura-Latinoamericana-Spanish-Aracy-Amaral/dp/9879291050

BOURDIEU, Pierre and Susan Emanuel *(1996) The Rules of Art: Genesis and Structure of the Literary Field.* Stanford, Stanford University Press, https://www.sup. org/books/title/?id=2044

BULHÕES, Maria Amelia (2019) *Arte contemporânea no Brasil.* Belo Horizonte, C/Arte.

(1990) *Artes plásticas: participação e distinção Brasil anos 60/70,* Tese doutorado, USP, São Paulo https://www.ufrgs.br/artereflexoes/site/publicacoes/tese/

CANCLINI, Nestor Garcia (2014) *Art beyond Itself: Anthropology for a Society without a Story Line., Durham, NC, Duke University Press Books.*
https://www.amazon.com/Art-beyond-Itself-Anthropology-Society/dp/0822356236

— (2011) *La sociedad sin relato: Antropología y estética de la inminencia,* Buenos Aires, Katz

CAUQUELIN, Anne (2005) *Arte Contemporânea: uma introdução,* São Paulo, Martins Fontes

DANTO, Arthur and Lydia Goehr (2014) *After the End of Art: Contemporary Art and the Pale of History.* Princeton, New Jersey, Princeton University Press,.

ESCOBAR, Ticio (2021) *Aura Latente: estética/ética/política/técnica*. Buenos Aires, Tinta Limon,

FETTER, B. W (2018) *Das reconfigurações contemporâneas do(s) sistema(s) da arte.* MODOS: Revista de História da Arte, Campinas, SP, v. 2, n. 3, p. 102-119, https://periodicos. sbu.unicamp. br/ojs/index.php/mod/article/view/8663230

GIUNTA, Andrea (2007) *Avant-Garde, Internationalism, and Politics: Argentine Art in the Sixties,* Amazon, Illustrated edition ed., Durham, Duke University Press Books,.

FREIRE, LANGONI, Cristina, Ana. (2009) *Conceitualismo do Sul,* São Paulo, Annablume.

GRAW, Isabelle (2010) *High Price: Art between the Market and Celebrity Culture. Amazon, First Edition ed., Berlin New York, NY, Sternberg Press,*

HEINICH, Nathalie (2014) *Le paradigme de l'art contemporain. Structures d'une révolution artistique,* Paris, Gallimard,

HERKENHOFF, Paulo (1978) *Catálogo 24 Bienal Internacional de São Paulo,* São Paulo, https://issuu.com/bienal/docs/name423574/214

LIPOVETSKY, Gilles (2015). *A estetização do mundo: Viver na era do capitalismo artista,* São Paulo, Cia das Letras.

MEDINA, Cuauhtémoc (2010) *Dominó Canibal: A Project by Cuauhtémoc Medina,* México, Poligrafa

MIGNOLO, Walter (2007) *La idea de América Latina. La herida colonial y la opción decolonial.* Barcelona: Gedisa editorial

— (2018) Livro On Decoloniality, Duke University Press,

— (2016) *De La Hermenéutica Y La Semiosis Colonial al Pensar Descolonial,* 2o edição ed., Editorial Abya-Yala,

MORAIS, Frederico (1979) *Artes plásticas na América Latina:* do transe ao transitório. Rio de Janeiro: Civilização Brasileira,

MOSQUERA, Gerardo (1996) *Beyond the fantastic - contemporary art criticism from Latin America.* Londres: The Institute of International Visual Arts.

PINERO, Gabriela (2019) *Ruptura y continuidad - Crítica de arte desde América Latina.* Madrid, Ed. Metalespesados,

QUIJANO, Aníbal (2000) *Ensayos en torno a la colonialidad del poder,* Buenos Aires, Editora, Ediciones del Signo

TRABA, Marta (1994) *Art of Latin America:* 1900-1980. Baltimore, Maryland: The Johns Hopkins University Press.

— (1977) *Duas décadas vulneráveis nas artes plásticas latino-americanas.* Rio de Janeiro: Paz e Terra.

6.4. La Revalorización del Arte de los Pueblos Originarios

ALESSANDRA SIMÕES PAIVA[1]
Universidad Federal do Sul da Bahia, Brasil
alesimoespaiva@gmail.com

1. INTRODUCCIÓN

En el ámbito del arte contemporáneo, estamos presenciando una transformación radical que se manifiesta a través de la articulación transcultural y global de sistemas artísticos organizados en redes. Se trata de expresiones que están conectadas de manera inédita mediante una compleja articulación de procesos simbólicos que incluyen la religión, la territorialidad, la raza, la clase, la etnia, el género, la nacionalidad, los derechos humanos, la ecología, los derechos culturales y otros más. En este contexto, en la América Latina —conocida como Abya Yala en la denominación histórica Kuna— una nueva generación de artistas indígenas está emergiendo con obras que pueden ser entendidas como expresiones profundamente conectadas con las formas contemporáneas de la cultura. Son prácticas y conocimientos que forman parte del "giro decolonial en el arte" (Paiva, 2022) y se entrelazan en espacios inestables y sincréticos, con el fin último de unir el arte y la vida.

Esa intersección entre las esferas de la estética y la existencialidad en el nuevo arte indígena latinoamericano se evidencia en dos factores.: a) en el uso de los recursos formales característicos del lenguaje del arte contemporáneo de linaje occidental, cuyo punto de partida es el arte de la posguerra, cuando las obras comenzaron a volverse cada vez más conceptuales y rela-

---

1 Profesora adjunta en la Universidad Federal del Sur de Bahía (UFSB), Brasil. Este texto es el resultado de los estudios de posdoctorado realizados en 2023 en la School of Languages, Cultures and Societies de la Universidad de Leeds (Reino Unido), bajo la supervisión de la profesora doctora Thea Pitman, con una beca del Conselho Nacional de Desenvolvimento Científico e Tecnológico (CNPq/Brasil), Convocatoria Nº 26/2021 —Apoyo a la Investigación Científica, Tecnológica e Innovación—.

cionales, desafiando los lenguajes tradicionales de la pintura y la escultura, así como los espacios legitimadores y elitistas del sistema hegemónico; b) en el enfoque político de sus obras, fuertemente vinculado a las causas del movimiento indígena revitalizado en toda América Latina a partir de 1992, en oposición a las celebraciones de los 500 años de la invasión colonial del territorio (los reflejos de este movimiento se han vuelto más expresivos en el campo de las artes latinoamericanas en la última década, con algunas diferencias cronológicas entre cada país).

Ese texto analiza el fenómeno del surgimiento de la nueva generación de artistas indígenas en América Latina, cuya insurgencia masiva está remodelando los patrones de circulación de las artes visuales a nivel mundial, con impactos significativos en los cánones de la historia del arte occidental y su relación con la producción cultural del continente. Con obras que enfatizan las relaciones inseparables entre el estética y la política como respuesta urgente a la crisis capitalista, estos artistas crean poéticas decoloniales que abordan cuestiones étnico-raciales, fortaleciendo principalmente los vínculos entre la injusticia social, territorialidad, ecología, y otros aspectos.

Es a partir del enfoque racial y su articulación interseccional con otras cuestiones, como género y etnia, que el pensamiento decolonial ha comenzado a cuestionar de manera más directa los cánones de la historiografía artística eurocéntrica. Los cambios han influido en la historiografía latinoamericana, como se refleja en estudios de diversas áreas: a) los estudios llevados a cabo bajo la terminología "decolonial", del grupo Modernidade/Colonialidade/Decolonialidade (Dussel, 2003; Mignolo, 2010; Quijano, 2005; Walsh, 2009); b) las teorías vinculadas a los estudios latinoamericanos, asiáticos y africanos (Canclini, 2002; Fanon, 2021; Césaire, 2020; Said, 2007; Hall, 2013 y Spivak, 2018); c) investigaciones recientes que señalan el racismo implícito en los discursos estéticos históricos, como en los producidos pelos críticos de arte brasileños Nina Rodrigues (Bakke, 2011; Monteiro, 2016; Rodrigues, 2015; Rojas) y Gonzaga Duque (Lotierzo, 2017; Simões, 2019); d) teorías que abordan específicamente la problemática del arte indígena contemporáneo (Esbell, 2018; Rojas-Sotelo, 2023; Borea, 2021; Pitman, 2021; Suckaer, 2017; Lagrou, 2013).

En conjunto, teóricos y artistas señalan que la corriente decolonial no propone, en el ámbito de las artes, simplemente la destrucción del pasado, sino el reconocimiento de la heterogeneidad cultural y la pluralidad de las formas de expresión artística de origen no eurocéntrico. Este enfoque sería un camino hacia una noción más consensuada de lo que constituiría un universalismo real, en contraposición a la universalidad paradójica de matriz iluminista, cuya perspectiva es eurocéntrica. Fanon (2021) propone el reconocimiento de la cultura negra no en función de una marca étnica, sino en igualdad de condiciones con la cultura blanca occidental. La visión del autor es universalista y humanista, ya que parte del supuesto de que todos debemos combatir cualquier forma de opresión y luchar por la transformación de las condiciones materiales de existencia donde se reproducen relaciones de poder asimétricas.

La historia del arte puede contribuir a esta transformación, ya que su narrativa se está reconstruyendo desde una perspectiva decolonial, como otra pieza en el tablero de factores psicológicos, contextuales, históricos, políticos, económicos y culturales que refuerzan las injusticias sociales. Las nuevas expresiones indígenas pueden estar presentes en los espacios con sus particularidades, pero proponiendo diálogos inter y trans-estéticos. Además, están articuladas con proyectos que buscan superar la colonialidad a nivel global, y pueden converger hacia la idea de "transmodernidad", como la definió Dussel (2003). En otras palabras, el arte puede ser el lugar por excelencia del diálogo fronterizo y transversal, llevado a cabo entre culturas diversas, tanto centrales como periféricas, europeas, asiáticas, africanas, latinoamericanas, entre otras.

En suma, la creciente valoración de la producción de los pueblos originarios latinoamericanos dentro del sistema artístico hegemónico plantea una serie de preguntas fundamentales para comprender este fenómeno. Si la agenda decolonial en las artes se basa en cuestionar la hegemonía de los valores eurocéntricos: ¿Cómo podemos pensar en una nueva estética indígena insertada en un escenario artístico globalizado e influenciado por esta cultura dominante? ¿Cuáles son los desafíos que enfrentan estos artistas al tratar temas relacionados con la identidad y la memoria originaria al tiempo que dialogan con los lenguajes contemporáneos? ¿Existen más similitudes que diferencias entre el nuevo arte indígena brasileño y el arte contemporáneo occidental? ¿Están utilizando estos nuevos artistas las mismas estrategias experimentales y formales que el arte contemporáneo, pero reconfigurando su potencial político con la agenda decolonial? Es importante enfatizar que nuestra propuesta es analizar estas preguntas desde la perspectiva del análisis del objeto artístico, derivada de la Teoría, la Crítica y la Historia del Arte. Por lo tanto, no tenemos la intención de abordar perspectivas relacionadas con la circulación del arte y sus aspectos sociológicos y contextuales[2]. En su lugar, vamos a investigar cómo los nuevos artistas indígenas estan renovando la conexión entre arte y vida, ética y estética.

2. LA NUEVA GENERACIÓN DEL ARTE INDÍGENA LATINOAMERICANO

En los últimos años, no hay país latinoamericano en el que no se haya observado el surgimiento de una nueva generación de artistas indígenas, quienes están siendo cada vez más valorados en el sistema mundial de las artes. Esto se evidencia a través de la presencia de sus obras en importantes museos, bienales y premiaciones a escala global. Un ejemplo paradigmático es la 60ª Bienal de Venecia, que se llevará a cabo en 2024 y que tiene el brasileño Adriano Pedrosa como el primer suramericano en ocupar el cargo de curador. La exposición titulada "Foreigners Everywhere", que se centrará en artistas extranjeros, inmigrantes, expatriados, diaspóricos, emigrados, exiliados y refugiados, anunció que Glicéria Tupinambá representará a Brasil, marcando una ocasión histórica al ser la primera artista indígena en presentar una exposición individual en el pabellón del país. La curaduría de Glicéria será supervisada por un equipo exclusivamente compuesto por curadores indígenas: Arissana Pataxó, Denilson Baniwa y Gustavo Caboco Wapichana.

Glicéria, quien comenzó a estudiar las técnicas de confección de las antiguas mantas tupinambás emplumadas en 2006, recreó estas piezas utilizando métodos ancestrales transmitidos por sus tías-abuelas. Usó hilos

---

2 Enfatizamos que en este contexto nos centramos en las propias expresiones artísticas y no en las contradicciones derivadas de las condiciones sociales concretas dentro del sistema artístico, ya que relacionar la estética y la política es inherentemente contradictorio. Es imperativo reconocer que el arte indígena contemporáneo no puede separarse de las complejas relaciones con las fuerzas del mercado que impregnan el sistema artístico predominante. En muchas ocasiones, las obras de arte indígena contemporánea se ven sometidas a presiones comerciales, lo que puede dar lugar a conflictos de intereses. A pesar de que el acceso a exposiciones, galerías y coleccionistas puede proporcionar una mayor visibilidad, también puede resultar en una comercialización excesiva y en la dilución de la agenda política. Por lo tanto, si bien nos enfocamos en las dimensiones estéticas, es fundamental reconocer que estas obras a menudo están inmersas en un contexto contradictorio, donde la preservación de las tradiciones culturales y la convivencia con el mercado del arte a menudo chocan.

de algodón crudo encerado con cera de abeja y los tejió con la técnica del "jereré", utilizada en redes de pesca, además de plumas de diversos pájaros. "Siempre pensé que nuestra cultura era un pote entero de barro que se rompió en pedazos que volaron en todas direcciones, y que teníamos que hacer este trabajo de mosaico, de recoger los fragmentos y pegarlos de nuevo. Será el mismo pote, incluso si está agrietado, pero eso no importa", afirmó Glicéria (2021, 19). Con la sacralidad de la manta como motivo principal en su trayectoria, la artista revela una forma de hacer arte en la que se entrelazan acciones estéticas y políticas. Es notable su influencia en la restitución, anunciada en 2023, de una de las mantas tupinambás originales de 500 años de antigüedad (de las cuales más de una decena se encuentran en archivos de museos europeos) que estaba guardada en el Museo Nacional de Dinamarca y que será devuelta a Brasil, donde permanecerá en el Museo Nacional de Río de Janeiro.

La metáfora pronunciada por Glicéria sobre el pote remendado ilustra cómo los artistas indígenas han estado recreando sus identidades a partir de fragmentos perdidos a lo largo de la historia debido a los estragos de la colonización. Este movimiento de reconstrucción de sus nuevos "potes culturales" es bastante reciente. Según Rojas-Sotelo (2023), aparte del éxito del arte aborigen en Australia, a finales de la década de 1970, el arte contemporáneo indígena era prácticamente inexistente en el sistema hegemónico del arte hasta hace poco. Aunque no haya un punto de inflexión histórico definido, México se destaca en este contexto por su carácter pionero. Esa relevancia está vinculada al surgimiento del movimiento zapatista en la década de 1990, el cual, según Rojas-Sotelo (2023), desencadenó un significativo fortalecimiento de la lucha indígena y sus reflejos sociales y culturales en toda América Latina. Además, el país fue anfitrión de la Primera Bienal Continental de Arte Indígena Contemporáneo en México en 2012. En el país, se destacan acciones innovadoras, como la Galería muy (muy es la raíz de "divertirse" en tsotsil), fundada en 2014 y dirigida por el antropólogo John Burstein. Especializada en arte indígena contemporáneo de Chiapas, la galería funciona como un centro cultural en San Cristóbal de Las Casas, Chiapas, y reúne a artistas innovadores que provienen de comunidades de la tradición ancestral y la actualidad maya y zoque en Chiapas. Estos artistas están siendo reconocidos por su excelencia técnica y su importancia cultural en sus comunidades de origen, y cada vez más entre los aficionados del arte contemporáneo. Sus prácticas artísticas tienden a ser de múltiples medios, que incluyen pintura, fotografía, video, escultura en cerámica y piedra, instalaciones, performance y arte sonoro.

De manera general, en prácticamente todos los países de América Latina, las dos últimas décadas, y especialmente la última, han estado marcadas por el surgimiento de nuevos artistas indígenas cuyas creaciones están estrechamente alineadas con el sistema del arte contemporáneo. Suckaer (2017) resalta a artistas importantes que están innovando genuinamente en sus expresiones, trascendiendo la pintura y la escultura tradicionales, así como las representaciones originarias como el grafismo y la cerámica. Al mismo tiempo que emplean técnicas contemporáneas, estos artistas buscan dialogar con su identidad y cultura ancestrales. "El arte indígena contemporáneo es particularmente complejo, ya que es a la vez ancestral, ya que se despliega con libertad de acuerdo al desarrollo de la vida actual, pero con base en su propia y particular sabiduría, lo que lo distingue de las expresiones artísticas de las sociedades mestizas en las que está inserto" (Suckaer, 2017, 15).

La autora destaca artistas que han estado activos durante muchos años, como el mapuche Bernardo Oyarzún (Chile). A través de instalaciones, fotografías y performance, entre otros medios, su trabajo explora temáticas como la historia, el territorio y la cultura popular. En muchos casos utiliza su propio cuerpo y biografía como sustento de obra, para reflexionar sobre el mestizaje y su ascendencia mapuche, cuestionando su propia identidad en relación a los cánones políticos y estéticos que imperan en la sociedad chilena.

Entre los numerosos artistas de la nueva generación que utilizan las estrategias del arte contemporáneo para componer sus obras, se encuentran muchas mujeres indígenas cuya obra aborda cuestiones relacionadas con la subjetividad femeninatemas decoloniales como el feminismo. A artista Ingrid Julieth Morales Aranda, da comunidade Misak (Colombia), construye la imagen a partir de la constante del término "femenino" y una inquietud por la cultura, como aprehensión de la identidad. A partir de la complejidad de su cosmogonía, realiza videos, fotografías, performance, fotoperformance, dibujo, pintura y arte sonoro. La artista Yacunã Tuxá (Brasil) es una figura destacada gracias a su talento y activismo como ilustradora, pintora y colagista que captura la diversidad y riqueza de las experiencias de las mujeres indígenas. Juliana Xukuru (Brasil) lleva a cabo una investigación sistemática que se refleja en trabajos de notable densidad formal, como en la foto-performance "Krippó Limolaygo" (2022), donde aborda la auto-demarcación del cuerpo de la mujer indígena como su propio territorio. "En general, nosotras, las mujeres indígenas Xukuru, llevamos nuestra cultura en nuestro propio cuerpo, y los elementos de este quehacer son tan importantes como la comida y los procesos de curación con las plantas, ya que no se separan", explicam Xukuru y Sardelich (2023, 6).

Como se señala Suckaer (2017, 11), cada vez más, los artistas indígenas de las más diversas partes del mundo "recurren al arte contemporáneo para exponer sus ideas que, por lo regular, están asociadas a su entorno cotidiano y a su vasta herencia cultural". De la misma forma, indica la autora, también hay artistas que desde una participación social activa contribuyen con su arte a revelar los abusos e injusticias a que son sometidos. "Estos creadores-activistas buscan la reconstrucción del cuerpo comunitario que se ve afectado por la constante resistencia cultural en que viven" (Suckaer 2017, 11). La autora menciona nombres fundamentales como el de Daniel Acosta, argentino que se dedica a las artes visuales y al performance. El artista encabeza un grupo de estudio integrado por autores interesados en investigar temas relacionados con los pueblos originarios, el medio ambiente y todo aquello que sea afectado por las estrategias de las corporaciones internacionales.

El sistema hegemónico del arte también ha otorgado cada vez más valor a los antiguos maestros de las comunidades originarias, exhibiendo sus obras tradicionales, como el grafismo, la cerámica y los rituales en espacios institucionalizados. Esto ha reavivado los debates sobre los límites entre el arte y la artesanía, una cuestión que ha sido objeto de extensos análisis por parte de diversas corrientes teóricas a lo largo del tiempo. Según Escobar (2008, 554), la estética moderna, al dar prioridad a la forma sobre la función, tambien se ha convertido en un "paradigma abusivo de todo modelo artístico", generando una dicotomía entre el arte dominante y el sistema de las artes más sencillas, como las artesanías o expresiones folklóricas.

Es relevante subrayar que la súbita y excesiva valoración de estos maestros antiguos también pone de manifiesto las contradicciones de un sistema (o del mercado del arte) en el cual los intereses financieros a menudo prevalecen por encima de cualquier consideración estética. Un caso paradigmático es el del artista brasileño Chico da Silva (1910-1985), de ascendencia indígena peruana. La reciente revalorización de su obra en el mercado artístico, con numerosas exposiciones dedicadas a su trabajo, ha resaltado la triste historia de este artista excepcionalmente prolífico que, a pesar de haber logrado cierto éxito financiero como un reconocido autor naif (em su época no fue "etiquetado" como indígena), falleció en la pobreza y víctima del alcoholismo.

Hay casos muy excepcionales, como el del artista Abel Rodríguez, que se convirtió en artista después de una edad más avanzada, siendo ampliamente reconocido y valorado en la escena artística contemporánea. Nacido en 1944 en Cahuinarí, Colombia, e conocido como don Abel, este artista es un sabio Nonuya, entrenado desde la infancia para ser un "nombreador de plantas", la figura que posee el conocimiento de su comunidad acerca de las diversas especies botánicas. Después de pasar la mayor parte de su vida en la selva, don Abel (cuyo nombre Nonuya es Mogaje Guihu, que significa "pluma de gavilán brillante") se trasladó a Bogotá a principios de los años 2000. Fue entonces cuando, sin haber tenido nunca una educación formal en ese sentido, empezó a dibujar la selva de memoria. Su extensa obra reúne hermosos dibujos, que forman ciclos retratando ciertos ecosistemas en diferentes momentos del año y en distintas etapas de crecimiento.

Siempre existe el riesgo de homogeneizar cualquier análisis sobre América Latina, un territorio en el que la diversidad cultural, histórica y social resulta ser una riqueza compleja e inagotable. Sin embargo, exposiciones como la Place-Making, World-Making (Creando Lugar, Creando Mundo), en 2021, en la galería Art Exchange (Londres), curada por Giuliana Borea, demuestran que es posible considerar ciertas regiones y sus estéticas de manera interrelacionada. La muestra presentó el trabajo de los artistas amazónicos Rember Yahuarcani (Uitoto), Harry Pinedo (Shipibo) y Inin Metsa y Brus Rubio (Bora y Uitoto-Murui), quienes, a través de su trabajo, destacan problemáticas de política territorial y conexiones ecológicas, migración, cosmopolitismo y sus condiciones de vida actuales, desafiando las perspectivas limitadas del arte y los estereotipos que fijan a los pueblos indígenas en un territorio lejano. Son artistas que exploran las prácticas de place-making (creación de lugar) y reclamos de pertenencia propias de los indígenas amazónicos. Exposiciones como estas demuestran que, aunque clasifiquemos territorialmente a ciertos artistas por regiones, es posible ver que hay una valorización general de las artes de los pueblos originarios en toda América Latina.

3. LA LOCUCIÓN "ARTE INDÍGENA CONTEMPORÁNEO"

En los últimos años, ha sido común el debate en torno al término "arte indígena contemporáneo". En Brasil, donde recientemente se destacó el movimiento decolonial en las artes, el fallecido artista Jaider Esbell (1979-2021), perteneciente a la etnia Macuxi, fue un líder al difundir la idea del surgimiento del "arte indígena contemporáneo" como un fenómeno sin precedentes. En un texto seminal de su autoría, publicado en la revista Select (en noviembre de 2021), Esbell se presenta como una autoridad para hablar sobre el tema, ya que en ese momento era un artista indígena reconocido a nivel internacional, con premios y exposiciones en varios países. "Hoy puedo decir que el sistema de arte global ya me ha absorbido. Hoy tengo todo lo que la industria cultural necesita y ofrece", afirma el artista.

El texto de Esbell fue escrito hace dos años, en un momento que él mismo definió como "grandioso" debido a la presencia sin precedentes de nuevos artistas indígenas en la escena brasileña. Según el artista, por primera vez en Brasil también se estaba produciendo un mayor reconocimiento a artistas de generaciones anteriores (como Carmézia Emiliano y Joseca Yanomami) que habían estado al margen del sistema del arte contemporáneo[3]. En los últimos años, hay innumerables ejemplos que confirman estas transformaciones señaladas por Esbell. Se llevaron a cabo exposiciones colectivas de gran envergadura, como "Véxoa: nós sabemos" en la Pinacoteca de São Paulo (2020/2021), curada por la educadora y crítica indígena Naime Terena, que abordó los estereotipos sobre las artes de los pueblos originarios, que a menudo se asociaban con artesanía y conceptos etnológicos. También hubo innovaciones de impacto significativo, como la 34ª Bienal de São Paulo, considerada la primera bienal indígena debido a una extensa programación organizada por Esbell. Además, el Museo de Arte de São Paulo (MASP), que posee la mayor colección de arte europea de América Latina, llevo a cabo extensas exposiciones. En noviembre de 2022, anunció la contratación de los indígenas Edson Kayapó, Kássia Borges Karajá y Renata Tupinambá como nuevos curadores adjuntos de arte indígena. Durante 2023, el museo presentó una destacada exposición llamada "Historias indígenas", ofreciendo diversas perspectivas sobre las historias indígenas de América del Sur, América del Norte, Oceanía y Escandinavia.

Al describir lo que sería este nuevo arte indígena, Esbell (2021) afirma: "No se puede hablar de arte indígena contemporáneo sin hablar de los indígenas, sin hablar del derecho a la tierra y a la vida". Así, el artista muestra cómo el derecho a la tierra y a la vida impregna las poéticas indígenas

---

3 La virada decolonial en el arte brasileño es definitivamente un fenómeno bastante reciente. El antropólogo y curador Alexandre Araujo Bispo (2020) establece un importante marco cronológico que abarca desde 2016 hasta 2019, cuando una extensa serie de exposiciones con artistas negros/as señala un momento sin precedentes en la escena cultural brasileña. El autor afirma que este cambio se debe, sobre todo, a la presión crítica del medio artístico negro organizado, especialmente en el teatro.

contemporáneas precisamente porque, en diversas dimensiones de enfoques formales, estos trabajos establecen propósitos intrínsecos a la propia existencia indígena, como la recuperación de la identidad, la lucha por la tierra, la ecología y la espiritualidad, mostrando así una profunda relación entre el arte y la vida.

Según Vallejos (2021), hay un consenso en que las categorías "indígena", "arte" y "contemporáneo" son construcciones conceptuales occidentales que han permeado las culturas de los pueblos originarios a través del contacto con el colonialismo. "No obstante, las comunidades indígenas han tenido la capacidad de subvertir estas categorías y apropiárselas, en una lucha constante por desmontar la narrativa que niega una indigenidad contemporánea, sin por ello descuidar las diferencias ni los matices que existen con las culturas occidentales", concluye la autora (2021).

Esta nueva generación se destaca por emplear estrategias que van más allá de los medios tradicionales, utilizando nuevas tecnologías, performance, intervenciones urbanas, entre otros. Más allá de la pintura, varios artistas indígenas están recurriendo a otros géneros estéticos para crear sus obras, confirmando cuán entrelazadas están el arte indígena y el arte contemporáneo a través de conexiones profundas entre tradición e innovación. Como afirma Rojas-Sotelo (2017, 5), muchos creadores amerindios contemporáneos utilizan un amplio arsenal mediático para "activar espacios en los que lo oral y lo performático se potencian desde lo visual, donde el acto creativo se entrecruza con el evento cultural, incluso con consecuencias de índole jurídica".

El autor cita a los artistas Rosa Tisoy-Tandioy (Inga, Colombia) y Benvenuto Chavajay-Ixtetelá (Sololá, Guatemala) como ejemplos paradigmáticos. Tisoy-Tandioy trabaja de forma multimediática, utilizando dibujo, texto, fotografía, video, instalación y performance. A partir de su maternidad y como indígena, emplea situaciones, materiales y narrativas contextuales tanto de tipo autobiográfico como relacional. Su trabajo orbita en torno a lo ritual en la vida cotidiana y la presencia del tejido, el maíz y la tierra son centrales en su obra. Chavahay, a través de técnicas como la apropiación, el ensamblaje, el situacionismo, la recontextualización, la acción plástica y la acción jurídica, se ha convertido en uno de los artistas emergentes del mundo indígena continental más vocales de la última década. El artista logró cambiar el nombre del Estadio Nacional de Guatemala mediante un trabajo artístico procesual. El estadio había sido (mal)nombrado "Mateo Flores" en honor al atleta Kakchiquel-guatemalteco Doroteo Guamuch Flores, quien ganó el Maratón de Boston en 1952 y cuyo nombre fue cambiado debido a que supuestamente era demasiado difícil de pronunciar. A través de una serie de acciones públicas, que incluyeron tatuar la cédula de identidad nacional del atleta en su espalda, Chavajay presionó a las autoridades para corregir el nombre del estadio. En septiembre de 2016, la Ley No. 42-2016, propuesta por el artista, fue promulgada y el nombre de la arena cambió oficialmente a Estadio Nacional Doroteo Guamuch Flores.

En Brasil, también hay una gran cantidad de artistas sumamente prolíficos. Gustavo Caboco utiliza fotoperformance, textos, textiles y dibujos para expresar una poética autobiográfica relacionada con la identidad y la preservación de la memoria de sus ancestros. Ziel Karapotó, cuya poética vinculada a la performance y las nuevas tecnologías ha ganado reconocimiento con la destacada película "Y el verbo se hizo carne", una obra que se sitúa en la frontera entre la videoperformance y la videoarte. El artista Xadalu Tupã Jekupé utiliza elementos de la serigrafía, la pintura, la fotografía y objetos para enfatizar, a través del arte urbano, las articulaciones entre las culturas indígenas y occidentales en las ciudades.

En el contexto del análisis de la intersección entre la expresión artística contemporánea y los procesos rituales ancestrales, destaca el trabajo del artista Denilson Baniwa (Brasil), como se evidencia en sus performances en la Bienal de São Paulo o en las calles de la capital paulista. El artista se embarca en el acto ritual tradicional de la cultura Baniwa para evocar al jaguar. Con una máscara y un manto que convocan la presencia cosmológica del animal, el artista se fusiona con el acto artístico contemporáneo de la deriva al deambular por espacios públicos para llevar a cabo la performance. La performance culmina cuando el artista rompe un libro de historia del arte mientras declama su indignación al público ante la omisión del arte indígena en los discursos legitimadores del arte occidental. El artista explica que tiene su propio concepto del uso del cuerpo para comunicarse. Para él, la performance es un ritual indígena desde siempre, ya que los modos de vida en las aldeas se caracterizan constantemente por el uso del cuerpo. Denilson afirma que no convierte los rituales indígenas en performances ni se inspira en la cultura indígena para llevar a cabo su trabajo. "Lo que se presenta es un reflejo de quién soy y no una interpretación o reinterpretación de algo que existe en la cultura indígena. El Pajé-Onça ha existido en el mundo Baniwa desde siempre. No uso su cuerpo para hablar, es él quien me utiliza como soporte", explica (Baniwa 2020).

La artista Sallisa Rosa (Brasil), al trazar un camino a partir de experiencias intuitivas relacionadas con la ficción, el territorio y la naturaleza, se destaca por su compromiso con prácticas artísticas orientadas hacia la construcción colectiva. Desarrolla obras en actividades artísticas y pedagógicas, facilitando conversaciones y compartiendo conocimientos. En su exposición individual "América" en el Museo de Arte Moderno de Río de Janeiro (MAM-RJ), en 2022, la artista, en colaboración con Rose Afefé, construyó grandes raíces de barro rodeadas de dibujos y vasijas de barro, centrándose en su memoria. ""Tragar tierra fue el condimento para desencadenar el legado latente. Seguí la orden de pisar la tierra y mirar al cielo. La tierra es un polvo mágico que protege los recuerdos en monumentos y guarda los vestigios y fragmentos que están enterrados bajo tierra" (Rosa 2022, 20).

Cuanto más acertadamente se implementan las estrategias del arte contemporáneo dentro de las estéticas indígenas, más contundentes son los resultados. Este es el caso del artista Chavajay, quien inició su carrera creando una inesperada obra sobre su propia desaparición. En su obra "Desaparecido" (2002), publica en un periódico la desaparición de un "amigo", usando el nombre Benvenuto Chavajay-González. Realiza la denuncia adjuntando una fotografía de sí mismo, la cual se publica un día de febrero del año 2002, acompañada de una descripción de carácter judicial/forense y proporcionando el número de teléfono de la Escuela Nacional de Artes Plásticas de Guatemala como contacto. De esta manera, el artista aborda la temática de la desaparición de su propia identidad indígena, la cual se convierte en el foco central de sus trabajos posteriores.

Otra artista reconocida recientemente que trabaja con el enfoque de la identidad indígena es Seba Calfuqueo, cuya práctica artística, como persona mapuche y trans, se distingue por cuestionar críticamente los binarismos del orden colonial y sus impactos en las sociedades indígenas y a nivel global. En la obra registrada em vídeo "Buscando a Marcela Calfuqueo" (2018), la artista registra la búsqueda y posible re-encuentro con Marcela Monsalve, una mujer que Seba conoció en un encuentro casual y azaroso. Ambos, tiene un parecido físico innegable, podría decirse que son visualmente iguales, pero contrarios en su sexo biológico. El encuentro hizo que mantuvieran una relación de amistad de 2 años, que finalizó porque de modo repentino perdieron el vínculo y fue como si Marcela desapareciera sin dejar rastro. Para el artista, el encuentro casual con una persona físicamente muy similar significó el hallazgo de su feminidad sin feminizar su propia identidad. Es por ello que establece una estrategia no convencional para encontrarla o quizás encontrarse. A través de varias sesiones de radiestesia realizadas por Sergio Palominos, que contribuyeron a la dramaturgia del video, el artista logró rastrear y encontrar a Marcela, culminando en el descubrimiento de su propia femineidad.

4. LA "AESTHESIS" DECOLONIAL

Para comprender la valorización del nuevo arte indígena en América Latina, es necesario entender las similitudes entre las formas de operar del arte indígena y del arte contemporáneo, a través de la manera en que ambas estéticas promueven la conexión entre el arte y la vida. El concepto de "aesthesis", desarrollado por el semiólogo argentino Walter Mignolo (2010), es un punto de referencia fundamental en el contexto de la decolonialidad, contribuyendo a esclarecer estas relaciones profundas entre las estéticas indígenas y cómo estas fortalecen los vínculos entre el arte y la vida, mostrando cómo la expresión artística se entrelaza con la cotidianidad y la identidad de las comunidades indígenas. Al relacionar sus ideas con algunos de los principios establecidos por los autores que han teorizado sobre el arte contemporáneo, como Rancière (2015), Bourriaud (2009) y Cauquelin (2005), es posible entender tambíen las similitudes entre el arte contemporáneo occidental y las estéticas propuestas por la nueva generación de artistas indígenas.

Conceptualizando "aesthesis" como una categoría que establece la importancia de los sentidos y la sinestesia en el proceso de creación y apreciación estética (a diferencia del oculocentrismo que dominó el canon del arte occidental durante siglos), Mignolo (2010) sentó las bases de los estudios de la decolonialidad en las artes. El autor es un nombre fundamental para comprender el pensamiento decolonial en América Latina. Semiólogo argentino y profesor en la Universidad de Duke en los Estados Unidos, Mignolo es conocido como una de las figuras centrales en el pensamiento decolonial latinoamericano y como miembro fundador del Grupo Modernidad/Colonialidad/Decolonialidad (MCD).

Es importante enfatizar que la nomenclatura "decolonial" fue creada por el MCD, fundado a finales de la década de 1990. Inicialmente llamado Proyecto Modernidad/Colonialidad, el grupo reúne a diversos investigadores, en su mayoría provenientes de universidades en países de América del Sur de habla hispana (algunos están afiliados a universidades de países del norte global). Según el MCD, la colonialidad es un sistema que ha sobrevivido al colonialismo histórico y que persiste en la actualidad como matriz de las relaciones asimétricas de poder que se han perpetuado en los últimos siglos. Catherine Walsh (2009), investigadora vinculada al MCD, explica que la supresión de la "s" en la palabra "descolonialismo" no implica la adopción de un anglicismo, sino la introducción de una diferencia al "des" en español. De esta manera, la terminología estaría más en consonancia con las directrices del grupo, que propone no solo desmantelar o deshacer lo colonial, sino comprenderlo y combatirlo como un fenómeno todavía actual. La autora explica que los términos poscolonial y descolonial también señalan las asimetrías de poder resultantes del proyecto de dominación y opresión colonialista, pero estas denominaciones están más relacionadas con las corrientes teóricas surgidas en el contexto de la lucha por la descolonización en el período posterior a la Guerra Fría y están vinculadas a los estudios asiáticos y africanos, como se puede comprobar en los autores citados en la introducción de este texto.

Es crucial destacar que, a pesar de la publicación de numerosos textos sobre el decolonialismo en varias áreas en Brasil, aún existe una notable falta de enfoques que articulen de manera profunda la óptica del grupo MCD con el panorama artístico brasileño. La "decolonialidad" en Brasil sigue siendo un punto problemático, ya que la colonización portuguesa trajo especificidades al caso brasileño en relación con el resto de América Latina, como señala Ballestrin (2013, 111): "El Brasil aparece casi como una realidad aparte de la realidad latinoamericana". La autora también muestra lo significativo que es el hecho de que no haya un investigador brasileño asociado al MCD, un grupo que naturalmente ha privilegiado el análisis de América hispana. En lo que respecta a las diferencias relacionadas con las cuestiones de etnia y raza en las artes brasileñas, existen particularidades historiográficas y territoriales sumamente importantes para comparar entre las regiones. En Brasil, por ejemplo, se ha utilizado el término "contra colonial", atribuido a Antônio Bispo dos Santos (2015), conocido como mestre Nêgo Bispo, que puede sumarse al conjunto de contra-epistemologías que contribuyen a superar el excesivo y relativo culturalismo del llamado "multiculturalismo comercial" (Hall 2013, 58), incapaz de problematizar el sistema material y económico del capitalismo y su reflejo en el ámbito cultural.

De todas formas, el término "decolonial" acuñado por el grupo MCD se ha convertido en un cliché bastante común en Brasil, ya sea en redes sociales, espacios culturales o en el ámbito académico. Por lo tanto, se ha convertido en una nomenclatura muy apropiada para este actual momento de valoración extrema del arte indígena a nivel mundial. Los textos de Mignolo analizados aquí —"Aesthesis Decolonial" (2010) y "Reconstitución epistémica/estética: la aesthesis decolonial una década después" (2019)— pueden considerarse la piedra angular del pensamiento teórico sobre las estéticas decoloniales. Estos artículos están disponibles en español y son imprescindibles para comprender el decolonialismo en las artes latinoamericanas. Publicados con un intervalo de casi diez años, los textos se relacionan entre sí para tejer importantes consideraciones sobre las artes visuales y su relación con el pensamiento decolonial, ya sea analizando las obras de algunos artistas o proporcionando una reflexión sobre las posibilidades de una crítica de arte decolonial.

En el primer texto, Mignolo explora los significados de la palabra "aesthesis" como punto de partida para repensar los caminos del decolonialismo a través del análisis de obras de algunos artistas. En su segundo texto, el autor retoma sus reflexiones sobre la "aesthesis", añadiendo al debate el concepto de "gnosis", sobre el cual reflexiona a partir de la obra del artista Chavajay. El punto principal a analizar aquí es la relación que Mignolo establece con los significados de la palabra "aesthesis", que giran en torno a "sensación", "proceso de percepción", "sensación visual", "sensación gustativa" o "sensación auditiva". Según el autor, a partir del siglo XVIII, con el surgimiento de la filosofía del arte, el concepto de "aesthesis" se volvió más restrictivo, pasando a significar "sensación de lo bello". En su opinión, esto desencadenó el proceso de colonización de la "aesthesis" por la estética, que se mantuvo vigente en la cultura occidental hasta la contemporaneidad, incluso después de las revoluciones estético-sinestésicas que marcaron el arte a partir de las vanguardias históricas.

De la misma manera, el autor da a entender que la gnosis (un conocimiento relacionado con la intuición, lo sagrado y la espiritualidad) también fue colonizada por la epistemología. Mignolo defiende (2019, 20): "pensar de manera decolonial es un constante desligarse (delinking) de la epistemología moderno/colonial y un constante actuar gnoseológico/aesthésico". Dado que, en la lengua maya, no existe una palabra equivalente al arte, como explicó Mignolo al citar al artista Chavajay, es necesario cuestionar cómo llegamos a la idea de estética tal como la conocemos. Por cllo, cl autor afirma la nccesidad de liberar la "aesthesis" de la estética, descubriendo la geopolítica del sentir, del pensar, del hacer y del creer a través de la "aesthesis", la cual es biológicamente universal en un sentido opuesto a la categoría establecida como universal por la Ilustración europea, generando mitos como la genialidad del artista, la supremacía de las artes liberales sobre las artes mecánicas y la valoración de la autoría individual. Mignolo destaca que no solo los artistas, sino también los críticos y teóricos deben adoptar una perspectiva decolonial.

Sin embargo, hay una contradicción en el discurso de Mignolo: a pesar de reconocer la sinestesia en el arte a partir del advenimiento del modernismo, el autor enfatiza la existencia de una exclusividad de este modo de operación en las poéticas decoloniales, a través de las obras analizadas en su texto. Cuando Mignolo afirma que la descolonización de la estética requiere el desacoplamiento de la estética del arte para incorporar la "aesthesis" oculta en la estética, de alguna manera subestima el esfuerzo que han realizado los artistas occidentales, desde los desarrollos del arte de posguerra, para cuestionar (o, como prefiere el argot decolonial, desobedecer) el canon eurocéntrico, que podemos delimitar aquí en el campo de las artes visuales como el "ocularcentrismo". Si en la obra del artista Chavajay, Mignolo afirma encontrar un flujo de acciones (objetos creados) y palabras (la articulación de su hacer) que están vinculados a la praxis de vivir y pensar, esta es la misma tónica de muchas de las obras artísticas contemporáneas.

5. EL MODO CONTEMPORANEO Y "AESTHÉSICO" DE HACER ARTE

Como se mencionó anteriormente, esta nueva generación de artistas indígenas latinoamericanos está fuertemente vinculada a la transformación decolonial en el arte, que señala una mudança radical en el sistema artístico a nivel mundial. Cuando surge un fenómeno nuevo en el campo de las artes visuales, análisis en profundidad se vuelven extremadamente relevantes para comprender mejor su impacto socio-cultural, teniendo en cuenta que las teorías del arte siguen siendo un punto de partida válido para el conocimiento del arte como un fenómeno social de extrema relevancia. Cauquelin (2005, 16) propone una definición de teoría del arte como "actividad que construye, transforma o moldea el campo del arte". Según la autora, por lo tanto, la teoría es necesaria para que la obra exista.

> Estas mediaciones son necesarias, todo este trabajo tejido incansablemente por el comentario, para que sea reconocida como obra. Porque ninguna actividad, y el arte no escapa a esta condición, puede ser ejercida fuera de un lugar que le otorgue sus límites, determine los criterios de validez y regule los juicios que se tejerán sobre ella. (Cauquelin 2005, 16)

La reflexión de Cauquelin se alinea con lo que el artista brasileño Denilson Baniwa afirmó recientemente en un podcast: "No puedes crear nada nuevo, ya sea poesía o cualquier cosa que te toque a ti o a otras personas, si no tienes un buen repertorio, si no tienes un vocabulario imaginativo, sonoro o literario. Nadie es lo suficientemente genial como para hacer las cosas sin acumular otras cosas antes"[4]. Es posible establecer un paralelo en-

---

[4] https://www.instagram.com/reel/CuUaErZMp1U/

tre las palabras de Baniwa y el reconocimiento de que las teorías, la historia del arte y el conocimiento en general son esenciales para la creación estética. El artista proporciona una clave importante, al igual que Cauquelin, para las complejas discusiones que involucran el movimiento decolonial y el enfrentamiento con la tradición occidental en las artes.

Por lo tanto, históricamente, podemos observar un proceso de convergencia entre los propósitos de los artistas occidentales y la nueva generación indígena. Después de todo, una de las tareas principales de los artistas occidentales, especialmente a partir de las vanguardias históricas, es cuestionar el lenguaje artístico en sí. El canon de la belleza, por ejemplo, fue significativamente impactado por las obras conceptualistas que cobraron fuerza en la década de 1960, y cuyos fundamentos siguen impregnando el estatus del arte contemporáneo hasta el día de hoy. Por lo tanto, el arte actual se centra más en el proceso que en el resultado, en el concepto más que en la materialidad, en las creaciones colectivas en lugar de la autoría individual.

Es importante enfatizar que numerosos teóricos contribuyeron a la deconstrucción del canon artístico occidental al establecer un puente que conecta los debates sobre la relación entre arte y cultura con las temáticas decoloniales. Hay autores que cuestionan incluso el clásico hito histórico que marca el comienzo de arte contemporáneo, el cual sería el momento posterior a la Segunda Guerra. Como afirma Rojas-Sotelo (2023, 24): "Es necesario romper con la linealidad del tiempo histórico occidental y sincronizar la experiencia cultural y la producción en ciclos de retorno". En última instancia, señala el autor, las formas y acciones poéticas, políticas y estéticas de la nueva generación de artistas indígenas latinoamericanos no son nuevas; evocan a todos aquellos que han sido subyugados y silenciados por la colonialidad.

No entanto, es necesario reconocer que el uso del lenguaje de las artes visuales y sus métodos de operación contemporáneos, provenientes de la tradición occidental, es algo sin precedentes para estos artistas indígenas. Por lo tanto, es fundamental establecer una diferenciación entre las estéticas decoloniales y las occidentales, pero dejando claro que el principio de distinción opera para valorar y reconocer mutuamente las diferencias, y no para jerarquizarlas, como afirmó Pedro Pablo Gómez (2017). Para el autor, es necesario reescribir la historia del arte, pasando de la historia del "arte universal" (es decir, el arte eurocéntrico) a una historia mundial de las artes, en la que se puede afirmar que en todas las culturas existen perspectivas diferentes del mundo sensible y su configuración simbólica.

En esta historia, el arte occidental sería solo un capítulo, pero no el centro de la narración. Como explica el autor:

> Podemos imaginar exposiciones que, descolonizando la curaduría, pueden mostrar las artes, las memorias y las visiones del mundo, tanto capitalistas como no capitalistas, occidentales y no occidentales. Exposiciones que, en lugar de exhibir el poder de captura de la visión moderna, hagan visible la imagen de un mundo multipolar e intercultural, que se desprende del horizonte restringido por la visión capitalista moderna/colonial del mundo." (Gómez 2017, 49)

La nueva generación de artistas indígenas se alza contra el colonialismo en la vida contemporánea a través de sus temas y, de esta manera, cuestiona la incidencia del colonialismo en el circuito artístico y en la cultura en su conjunto. Los artistas cuestionan, por ejemplo: a) por qué las artistas mujeres han estado ausentes de los compendios historiográficos; b) el racismo estructural en las operaciones de las instituciones culturales, que durante mucho tiempo han sido dirigidas en su mayoría por personas blancas; c) las imágenes estigmatizadas sobre grupos minoritarios, como el exotismo asociado a los pueblos indígenas; d) los regímenes valorativos que han menospreciado los artefactos (llamados "artesanías") en términos de sus potencialidades estéticas.

Si algunos autores argumentan que la tradición occidental en el arte está arraigada en estructuras coloniales y eurocéntricas, abogando por una descolonización radical del arte; otros proponen una reconciliación crítica, repensando la tradición occidental y buscando diálogos con otros conocimientos y prácticas artísticas y culturales, valorando la diversidad y promoviendo la inclusión de voces marginadas. Estas perspectivas reflejan la diversidad de enfoques dentro del movimiento decolonial y la complejidad del debate sobre la relación entre la tradición occidental y la descolonización en el arte. Después de todo, para que la producción y la circulación en las artes tengan un impacto efectivo en las narrativas canónicas de la historia del arte, es necesario un aporte crítico y actualizado que acompañe, discuta y amplíe la producción, especialmente cuando nos encontramos ante cambios paradigmáticos como el giro decolonial.

Es evidente que el giro decolonial ha inaugurado un nuevo capítulo (quizás, un nuevo paradigma) en el campo de las artes, incluso, trayendo una innegable renovación de lenguajes propuestos por una efervescente generación de artistas en diversas partes del mundo. Sin embargo, creemos que la contribución de Mignolo puede estar más delimitada a la idea de un resurgimiento del potencial de "aesthesis" intrínseco al arte contemporáneo que en la reinvención de "aesthesis" por el arte indígeno (por cierto, ¿no sería reclamar la autoría o la propiedad de un concepto algo tan eurocéntrico?). Sobre todo, las poéticas decoloniales, en menor o mayor medida, refuerzan los lazos entre el arte y la vida, pero avanzan un escalón más (o varios escalones) en las articulaciones entre el arte y la política ya propuestas por artistas occidentales en diferentes momentos. Al tocar la herida más grande que la modernidad intentó ocultar a lo largo de su secularización: la estigmatización y los genocidios del sujeto no euro-blanco-masculino, las poéticas decoloniales renuevan el tema y, al mismo tiempo, renuevan el lenguaje, ya que la forma y el contenido son indisociables en la práctica artística. De hecho, como en todos los movimientos pendulares de la historia del arte, si existe el riesgo de una posible repetición y saturación de los lenguajes decoloniales. Creemos que sobrevivirán aquellos más innovadores en sus lenguajes, es decir, aquellos que presenten una inversión más radical de los postulados políticos, estéticos y culturales del arte moderno.

Así, podemos decir que existen más similitudes entre el arte contemporáneo occidental y el arte de los pueblos originarios de lo que sugieren las teorías de Mignolo. La inscripción del mundo en la obra y de la obra en el mundo puede ocurrir en todas estas poéticas, ya sean las más tradicionales, realizadas en sus propias comunidades, como los rituales indígenas, o en las obras de artistas que están en los museos contemporáneos. No estamos problematizando las fronteras entre cultura y arte, arte y artefacto, ni proponiendo un juicio de valor, sino utilizando ejemplos generales para enriquecer el debate teórico, ya que estos campos se comunican en los procesos estéticos. Especialmente en las artes visuales occidentales, a lo largo de los siglos 20 y 21, numerosas poéticas han buscado integrar los múltiples sentidos y experiencias sensoriales que estimulan y despiertan una respuesta sinestésica en el espectador, conectando diferentes modos de percepción corporal, como movimientos, sensaciones táctiles, sonoras y gustativas. Inmersivas y viscerales, estas poéticas estimulan una respuesta sensorial que trasciende la simple observación visual, como se puede comprobar en obras que requieren la presencia del cuerpo y evocan estructuras míticas y rituales, la participación colectiva y comunitaria, la relación con el entorno y la espiritualidad.

Es posible observar el vínculo entre el arte indígena y el arte contemporáneo a través de diversas dimensiones, como el activismo y el colectivismo, que marcan un modo de producción colaborativo en contraposición a cuestiones primordiales de la tradición occidental, como la materialidad del objeto y la autoría del artista. Como afirma la artista e investigadora indígena Kariri Bárbara Matias (2021, 121), la performance es "una forma de revitalizar y recordar nuestra existencia, es un deber ético con el arte contemporáneo". Podemos considerar que la dimensión activista se refiere a la vocación de resistencia social inherente a estas expresiones artísticas, siguiendo el enfoque de Rancière (2015) en su concepción de "partición de lo sensible". Según el autor, esta noción del par ética-estética se diferencia de la idea de un "arte comprometido" abiertamente ideológico; en su concepción, el arte y la política se conectan a través de las sutilezas del lenguaje, considerando el lugar de quien lo produce. Incluso teniendo en cuenta la naturaleza política de toda obra de arte, muchas poéticas contemporáneas e indígenas abrazan por sí mismas la experiencia de una poética política compartida con la vida.

Al analizar obras indígenas, Lagrou (2013) propone una comparación con el arte conceptual: "Lo que estos artistas buscan con su obra es provocar un proceso cognitivo en el espectador que se convierte, de esta manera, en participante activo en la construcción de la obra, buscando posibles claves de lectura. Cuanto más complejas y menos evidentes sean las alusiones presentes en la obra, más conceptual será" (2013, 12). Lagrou también identifica otros puntos en común entre el arte contemporáneo y el arte indígena, especialmente su potencial de agenciamiento:

> Muchos artefactos y grafismos que caracterizan el estilo de diferentes grupos indígenas son materializaciones densas de complejas redes de interacciones que implican conjuntos de significados. Son objetos que condensan acciones, relaciones, emociones y sentidos, porque a través de los artefactos es que las personas actúan, se relacionan, se producen y existen en el mundo (2013, 13).

En las dimensiones intercambiables entre el arte y la vida, las estéticas indígenas contemporáneas también parecen expresar dominios conectados a otras técnicas y propósitos ancestrales. Como afirma la antropóloga Lucia Hussak van Velthem (2019, 15), estos elementos están relacionados:

> Con la oralidad, la música vocal, los relatos míticos, los cánticos de curación y también con las danzas y evoluciones coreografiadas, junto con la música instrumental que buscan intermediar interacciones de muchas índoles, las cuales se efectúan entre individuos y grupos sociales, así como con esferas cosmológicas. Esto se destaca por la importancia de las relaciones con los no humanos y revela diferentes significados de la humanidad.

También podemos analizar las poéticas indígenas contemporáneas a través del concepto de "estética relacional" propuesto por Bourriaud (2009) para un arte con funciones interactivas, convivenciales y relacionales, en contraposición a los espacios simbólicos autónomos y privados que legitiman el sistema artístico. Estas propuestas son más afectivas y activistas, abordan directamente las luchas sociales y la política, como las creaciones colectivas y colaborativas. El colectivo brasileño Kókir, que reúne a Sheilla Souza y Tadeu Kaingang, por ejemplo, se mueve entre las estrategias del arte contemporáneo y las cosmovisiones de las comunidades originarias, articulando artistas, no artistas, indígenas de diversas etnias y no indígenas en acciones compartidas que ocupan territorios urbanos y rurales para debatir sobre los derechos, la etnografía y la política de los espacios. Para Ailton Krenak, la experiencia de una conciencia colectiva es algo innato en los pueblos indígenas. "Es una forma de preservar nuestra integridad, nuestra conexión cósmica [...]. No conozco a ningún individuo de ningún pueblo nuestro que haya salido solo por el mundo. Caminamos en constelación" (2020, 39).

Son innumerables las estrategias de resistencia de la nueva generación de artistas indígenas latinoamericanos para establecer su camino en el arte contemporáneo. Un ejemplo fructífero de la colaboración entre poéticas originarias y el arte contemporáneo son los trabajos de la ONG Thydêwá, ubicada en Olivença, la tierra madre del territorio Tupinambá, en el sur de Bahía, Brasil. Bajo la dirección del realizador audiovisual Sebastian Gerlic, Thydêwá ha logrado reunir estos elementos en un formato extremadamente innovador para el fomento de las artes visuales, basado en las relaciones entre artistas indígenas y no indígenas, y el uso de nuevas tecnologías, como la reciente exposición "Retratos Invisibles", que se presentó en la Feria Internacional de Arte Digital mARTadero, en Cochabamba, Bolivia, en 2022. Para Gerlic y Thea Pitman (profesora de la Universidad de Leeds, Reino Unido), quienes fueron los curadores, el objetivo de la exposición fue arrojar luz sobre las personas que son invisibles en la sociedad contemporánea, especialmente las mujeres indígenas y las personas indígenas LGBTQI+.

Todos estos trabajos demuestran que una faceta notable de los artistas indígenas contemporáneos reside en su capacidad para concebir y perfeccionar un lenguaje artístico genuino que provoca reflexiones profundas sobre la relevancia de diferenciar de manera categórica entre la expresión artística indígena y el arte contemporáneo. Por lo tanto, surge la pregunta pertinente: ¿nos encontramos ante una manifestación intrínsecamente relacionada con el arte contemporáneo, enriquecida por temáticas indígenas, o deberíamos considerar un nuevo y distintivo paradigma denominado "arte indígena contemporáneo"? Esta cuestión nos invita a reflexionar sobre la naturaleza de la transformación en curso en el ámbito de la expresión artística indígena en América Latina, sugiriendo que quizás sea apropiado considerarla como un fenómeno más amplio y sostenido, en lugar de casos aislados. Esto, a su vez, refuerza la idea de un cambio significativo, una suerte de cambio de paradigma. No obstante, solo el tiempo permitirá evaluar plenamente la magnitud y el impacto de estas transformaciones. Es posible que prevalezcan aquellos cuyos lenguajes artísticos sean los más innovadores y cuidadosamente elaborados en este proceso de evolución artística.

6. CONCLUSIÓN

Existen muchos puntos en común entre las propuestas del arte contemporáneo occidental y las estéticas decoloniales; el principal de ellos es la idea de la aproximación entre el arte y la vida. Estas poéticas pueden ser analizadas a través de la concepción de Rancière (2015) sobre la naturaleza "representativa del arte", es decir, son lenguajes que no se prestan a una pedagogía o a una explicación del mundo; son, ante todo, una reconfiguración del mundo sensible. Por lo tanto, podemos utilizar el término "arte indígena contemporáneo" (Esbell 2021) para definir una "aesthesis" (Mignolo 2010) que no solo busca representar las injusticias del mundo, sino ser la propia vida, la propia política. Al aspirar a restituir la fuerza de la condición indígena, estas expresiones poéticas revelan que el arte indígena y el arte contemporáneo forman parte de universos sensibles que son parte de un todo. Son costuras invisibles en el tejido democrático, en un plano de lo sensible.

Al definir las relaciones entre el arte y la vida, Mbembe (2014, 290) afirma:

> La obra de arte nunca tuvo como función principal simplemente representar, ilustrar o narrar la realidad. Siempre estuvo en su naturaleza el turbear y mimetizar todo, las formas y las apariencias originales. Como forma figurativa, es un hecho que mantiene relaciones de similitud con el original. Pero al mismo tiempo, duplica constantemente el propio original, en su deformación, alejamiento y, sobre todo, en su conjuración.

La intrínseca relación entre el arte y la vida en las culturas originarias también se refleja en el pensamiento del escritor indígena Daniel Mundukuru: "La arte que reverbera es la arte de la naturaleza [...] Así, la entiendo más allá de mí y más allá de nosotros. Pienso en esto cuando observo la naturaleza, que no suele imponerse a través de la creación artística, pero es en sí misma arte al ser capaz de estar en el aquí y ahora de sí misma" (Mundukuru 2020, 142). De este modo, esta nueva generación demuestra que los artistas, sean indígenas o no, tejen sus universos sensibles a partir de la convivencia y del propio estatus del arte contemporáneo y su relación intrínseca con la vida. Son constelaciones poéticas en un estado constante de afectación y transformación.

La trayectoria los artistas indígenas contemporáneos en America Latina es un testimonio poderoso del resurgimiento y la resiliencia de las culturas indígenas frente al impacto histórico del colonialismo. Su búsqueda por reconectarse con técnicas ancestrales, recuperar objetos sagrados y reafirmar sus identidades culturales a través del arte desafía las narrativas eurocéntricas dominantes y arroja luz sobre la riqueza y vitalidad de las tradiciones indígenas. Estos artistas no solo reconstruyen sus herencias culturales, sino que también resaltan las cuestiones políticas y sociales que afectan a sus pueblos. Nos recuerdan que el arte puede ser una poderosa herramienta para la expresión, la resistencia y la transformación, y que la descolonización no es solo una cuestión de reconocimiento cultural, sino también una lucha continua por la justicia y la igualdad. En este contexto, la nueva generación de artistas indígenas contemporáneos en América Latina desempeña un papel crucial en la construcción de un futuro más inclusivo y diverso, donde las voces y perspectivas de los pueblos indígenas son valoradas y respetadas.

7. BIBLIOGRAFÍA

Bakke, R. R. Baptista. 2011. "O Médico Legista e o Etnógrafo: Uma análise comparativa de duas obras de Nina Rodrigues". *Ponto Urbe* 8. https://doi.org/10.4000/pontourbe.1852

Ballestrin, Luciana Maria de Aragão. 2013. "América Latina e o giro decolonial". *Revista Brasileira de Ciência Política* 11, p. 89-117.

Baniwa, Denilson. 2020. "Conversa com Denilson Baniwa: Um celular ou um laptop não te tornam menos indígena". *C& América Latina, 25 de agosto.* amlatina.contemporaryand.com/pt/editorial/a-cell-phone-or-a-laptop-dont-make-you-less-indigenous-denilson-baniwa.

Bispo, Alexandre Araujo. 2020. "Abundância e vulnerabilidade: fomento, criação e circulação das artes negras entre 2016 e 2019". *O Menelick 2o Ato,* junho. www.omenelick2ato.com/artes-plasticas/abundancia-e-vulnerabilidade-fomento-criacao-e-circulacao-das-artes-negras-entre-2016-e-2019.

Borea, Giuliana. 2021. *Configuring the New Lima Art Scene: An Anthropological Analysis of Contemporary Art in Latin America.* 1ª ed. Londres: Routledge.

Bourriaud, Nicolas. 2009. *Estética relacional.* 1ª ed. São Paulo: Martins Fontes

Canclini, Néstor García. 2015. *Culturas Híbridas. Estratégias Para Entrar e Sair da Modernidade.* 1ª ed. São Paulo: Edusp

Cauquelin, Anne. 2005. *Teorias da arte.* 1ª ed. São Paulo: Martins Fontes.

Césaire, Aimé. 2020. *Discurso sobre o colonialismo.* 1ª ed. São Paulo: Veneta.

Dos Santos, Antônio Bispo. 2015. *Colonização, quilombos: modos e significações.* 1ª ed. Brasília: Universidade de Brasília – UnB.

Dussel, Enrique. 2003. "Transmodernidad e interculturalidad: Interpretación desde la filosofía de la Liberación". *Erasmus Revista Para el Diálogo Intercultural* 5, no. 1-2. https://dialnet.unirioja.es/servlet/articulo?codigo=7611355

Esbell, Jaider. 2018. *Makunaima, o meu avô em mim!* 1ª ed. São Paulo: Iluminuras.

Esbell, Jaider. 2021. "Arte Indígena Contemporânea e o Grande Mundo". *Revista Select,* 4 de novembro. https://select.art.br/arte-indigena-contemporanea-e-o-grande-mundo-2/

Escobar, Ticio. 2018. "Arte indígena. Zozobras, pesares y perspectivas". In Contestaciones. Arte y política desde América Latina. Textos reunidos de Ticio Escobar (1982-2021).

Fanon, Frantz. 2021. *Black Skin, White Masks.* 1ª ed. Londres: Penguin Classics.

Glicéria, Tupinambá. 2021. *O manto é feminino.* 1ª ed. Kwá yepé turusú yuriri assojaba tupinambá/Essa é a grande volta do manto tupinambá. Prêmio São Paulo: Funarte.

Gómez, Pedro Paulo. 2017. "Estética(s) descolonial(is): entrevista com Pedro Pablo Gómez" – Ed. Angélica Vásquez e Gabriel Zacarias. *Revista Vazantes* v.01, no. 02, p. 42-53. DOI:10.14483/25009311.11531

Hall, Stuart. 2013. *Da diáspora – identidades e mediações.* 1ª ed. Belo Horizonte: Editora UFMG.

Krenak, Ailton. 2020. *A vida não é útil.* 1ª ed. São Paulo: Companhia das Letras.

Lagrou, Els. 2013. *Arte indígena no Brasil: agência, alteridade e relação.* 1ª ed. João Pessoa: C/Arte.

Lotierzo, Tatiana. 2017. *Contornos do (in)visível: racismo e estética na pintura brasileira (1850-1840).* 1ª ed. São Paulo: Edusp.

Matias, Bárbara. 2021. "Trilogia Afeminada: mascaradas para dizer do memoricídio no Karyry do Ceará". *Folha de Rosto,* v. 7, no. 1. DOI: https://doi.org/10.46902/2021n1p118-133

Mbembe, Achille. 2014. *Crítica da razão negra.* 1ª ed. Lisboa: Antígona.

Mignolo, Walter. 2010. "Aiesthesis decolonial". *Calle 14 Revista de Investigación en el Campo del Arte* 4, no. 4. DOI: https://doi.org/10.14483/21450706.1224

Mignolo, Walter. 2019. "Reconstitución epistémica/estética: la aesthesis decolonial una década después". *Calle 14 Revista de Investigación en el Campo del Arte* 14, no. 25. DOI: https://doi.org/10.14483/21450706.14132

Monteiro, Filipe Pinto. 2016. "O racialista vacilante: Nina Rodrigues sob a luz de seus estudos sobre multidões, religiosidade e antropologia (1880-1906)". Tesina de doctorado. Fundação Oswaldo Cruz. https://www.arca.fiocruz.br/handle/icict/24020

Mundukuru, Daniel. 2020. "Da gênese de véxoa". In *Véxoa: nós sabemos.* 1ª ed. São Paulo: Pinacoteca do Estado.

Paiva, Alessandra Simões. 2022. *A virada decolonial na arte brasileira.* 1ª ed. Bauru: Mireveja.

Pitman, Thea. 2021. *Decolonising the Museum: The Curation of Indigenous Contemporary Art in Brazil.* 1ª ed. Martlesham: Boydell & Brewer.

Quijano, Aníbal. 2005. "Colonialidade do poder, eurocentrismo e América Latina". In Lander, E. (org). A colonialidade do saber: eurocentrismo e ciências sociais. Perspectivas latino-americanas. Ciudad Autónoma de Buenos Aires: CLACSO. p. 118-142.

Rancière, Jacques. 2015. *A partilha do sensível: estética e política.* 2ª ed. São Paulo: Editora 34.

Rojas-Sotelo, Miguel. 2017. "Soberanía visual en Abya Yala". In *Premio Nacional del Crítica. SOBERANIA VISUAL EN ABYA YALA.* Bogota´: Ministerio de Cultura & Universidad de los Andes.

Rojas-Sotelo, Miguel. 2023. "The Tree of Abundance: On the Indigenous Emergence in Contemporary Latin American". *Arts* v 12, no. 4. https://doi.org/10.3390/arts12040127

Rosa, Sallisa. 2022. *América.* 1ª ed. Rio de Janeiro: Museu de Arte Moderna do Rio de Janeiro.

Said, Edward. 2007. *Orientalismo.* 1ª ed. São Paulo: Companhia das Letras

Sardelich, M. E.; Xukuru, J. 2022. "TI Katigoyá – wemen limolaygo krippó xukuru: Existências – corpos territórios de mulheres xukuru". *31 Encontro Associação Nacional de Pesquisadores em Artes Plásticas (ANPAP).* DOI: 10.29327/31ENANPAP2022.512430

Spivak, Gayatri Chakravorty. 2018. *Pode o Subalterno Falar?* 1ª ed. Belo Horizonte: Editora UFMG

Suckaer, Ingrid. 2017. *Arte indígena contemporáneo: dignidad de la memoria y apertura de cánones.* 2 ed. Mexico: Samsara/Fonca.

Vallejos, Angelica Muñoz. 2021. "Constelaciones. Arte contemporáneo indígena desde América". Event Report, Hyundai Tate Research Centre: Transnational. https://www.tate.org.uk/research/research-centres/hyundai-tate-research-centre-transnational/event-report-constelaciones

Velthem, Lucia Hussak van. 2019. *"Evocar outras realidades: considerações sobre as estéticas indígenas". III Colóquio de Estética da Fafil/UFG* (organização: Carla Milani Damião e Caius Brandão). Goiânia: Gráfica UFG

Walsh, Catherine. 2009. *Interculturalidad, Estado, sociedad: luchas (de)coloniales de nuestra época.* Quito: Universidad Andina Simón Bolívar – Abya-Yala.

6.5. El giro del arte Afrolatino

ALECSANDRA M. DE OLIVEIRA[1]
Centro de Estudos Latino-Americanos sobre Cultura e Comunicação, Brasil
alecsandramatias@gmail.com

1. INTRODUCCIÓN

Desde los parámetros de la modernidad, en su mayoría provenientes de experiencias europeas o estadounidenses, la búsqueda de la identidad latinoamericana se convierte en una obsesión, un rasgo del colonialismo que establece un "nosotros" frente a los "otros". Sin embargo, en los últimos 30 años, las epistemologías han cambiado: el concepto de centro-periferia ha empezado a ser discutido[2]. Autores decoloniales como Mignolo (2007) y Fanon (2008) cuestionan los modelos hegemónicos de conocimiento y defienden el conocimiento local y las historias como medios para la creación de futuros posibles. La quiebra de las metanarrativas, las preguntas sobre el colonialismo y la inclusión de cuestiones sociales previamente ignoradas, como género, micropolítica, etnias y sexualidades, son factores que refuerzan la reevaluación de la "gran narrativa" de la historia occidental.

En la escena contemporánea, el sujeto latinoamericano no es único; posee diversas gradaciones étnicas, sexuales, religiosas y de género que dependen mutuamente de las relaciones con el entorno fragmentado y

---

1 Crítica de arte y curadora independiente. Doctora en Artes Visuales por la ECA USP (2008) y post doctorada por la UNESP (2018). Actualmente, es especialista en cooperación y extensión universitaria del MAC USP, miembro de la AICA y de la ABCA, e investigadora del Centro Mario Schenberg de Documentación de Investigación en Artes. Colaboradora de la sección de arte del Jornal da USP y autora de los libros *"Schenberg: Crítica e Criação"* (EDUSP, 2011) y *"Memória da Resistência"* (MCSP, 2022).

2 El nombre "América Latina" se convierte en el refugio de la heterogeneidad de territorios, etnias y culturas. La región, interpretada desde la perspectiva europea que clasifica, ordena, iguala y estandariza, se convierte en una tierra imaginaria envuelta en lo primitivo, lo exótico y la alteridad. Bajo el signo de la explotación, los artistas latinoamericanos registran un camino marcado por el debate entre lo originario y lo impuesto por el colonizador. En este camino, la llamada "identidad latinoamericana" se convierte en una de las cuestiones más importantes para los intelectuales del lugar. Ver mejor en Veáse cap. 01.

transitorio en el que coexisten lo arcaico, lo moderno y lo contemporáneo (CANCLINI, 1998). Como dice Gerardo Mosquera, "es necesario liberarse de una identidad reduccionista" (en FERRAZ, 2021). Esto implica reconocer la fricción de ese pasado marcado por diferentes formas de colonización y la dirección posterior a la independencia.

En este giro epistemológico, las propuestas artísticas se presentan cada vez más como narrativas autorreferenciales. El cuerpo, la memoria y, en algunos casos, la historia y los colores locales se integran en estas propuestas como una forma de especificidad. Además, se discuten cuestiones actuales relacionadas con autorías, temas y representaciones. Artistas, investigadores e instituciones reconsideran su existencia, la condición de su grupo y su público; despiertan activismos y reafirman experiencias humanas. Quizás debido a estos cambios, los artistas, curadores e investigadores latinoamericanos se han destacado en el circuito y el mercado internacional.

Dentro del ámbito del arte latinoamericano, merece destacarse el aspecto afrodiaspórico, que muchas veces parece situarse entre el "pasado africano" y el "futuro norteamericano". En los círculos académicos, particularmente en Estados Unidos y Brasil, se entiende que el concepto de negritud (*blackness*) para los afroamericanos implica una identidad racial politizada y moderna[3]. Aún bajo la comprensión de algunos estudios sociales, los afrobrasileños estarían cercanos a la noción de africanidad (*africanness* o *africanity*), es decir, tendrían una supuesta capacidad de conservar la cultura "original africano" (PINHO 2005, p. 37). Sin embargo, existen diferentes subjetividades y formas de vivir la negritud en los países latinoamericanos.

Históricamente, el término "négritude" se ha utilizado por poetas y literatos de lugares colonizados con la intención de resaltar la cultura negra en poblaciones afrodescendientes victimizadas por la opresión colonial. Luego, el término es apropiado por los movimientos negros latinoamericanos para resaltar los valores relacionados con la etnia, la cultura, la historia, la conciencia y la ciudadanía. A pesar de que el concepto nació en el contexto colonial, los vínculos entre artistas e intelectuales negros en América Latina son extremadamente frágiles, y desde la perspectiva brasileña, los artistas negros latinoamericanos, sin lugar a duda, se conectan con más frecuencia a través de influencias estadounidenses o buscan la memoria dividida por la diáspora en el continente africano.

---

[3] Ver mejor en HALL (1995).

Estas opciones posiblemente tienen explicaciones en las diversas posturas sociales frente a las poblaciones negras en los varios países que componen América Latina: los proyectos de exclusión de este grupo social en los territorios crearon discriminaciones y representaciones graduales. Ser latinoamericano y negro, en la lógica colonial, es algo severo. Ser mujer, latinoamericana y negra, entonces, es integrar el último estamento social.

Precisamente estos cruces presentes en las autorías afro-latinas nos interesan en esta reflexión: mujeres artistas que traen complejas tramas sociales o, incluso, marcadores que distinguen su actuación y producción artística. En el espacio de producción y circulación del arte, ¿puede lo femenino aportar la idea de colectividad latinoamericana? ¿Cómo organizan sus repertorios las artistas negras latinoamericanas? Y, aún más, ¿cómo reclaman sus poéticas? Estas cuestiones son desencadenantes y no tienen respuestas absolutas ni definitivas.

En este proceso de investigación, se comprende que cada elección implica exclusión y, a veces, omisión, y se asume ese riesgo. Por lo tanto, se centran los esfuerzos en abordar la producción de artistas afro-latinas que provienen de regiones profundamente marcadas por el proceso de esclavización y subalternización de la población negra, en la modernidad, en particular, Brasil, Colombia, Haití y Cuba[4]. Destacamos las poéticas de mujeres negras que hoy son referentes en el circuito internacional de las artes contemporáneas, ellas son: **Rosana Paulino**, **Doris Salcedo**, **Myrlande Constant** y **Susana Pilar**.

Así, este capítulo tiene como objetivo conocer el recorrido de la exclusión de las poblaciones negras en América Latina, las luchas por el reconocimiento y el protagonismo, y señalar en particular la acción de mujeres artistas afro-latinas, sus propuestas e investigaciones, y su inclusión en las grandes exposiciones internacionales, como la Bienal del Mercosur, la de

---

[4] Junto a las artistas, en este ensayo también se incluyen otras mujeres: es imposible separar las propuestas que emergen de las obras de arte de las ideas de dos intelectuales y activistas brasileñas: Lélia Gonzales y Beatriz Nascimento. Gonzales, filósofa, antropóloga, profesora, feminista, fundadora y activista del Movimiento Negro Unificado (MNU), desempeñó un papel decisivo en la lucha contra el racismo estructural y en la articulación de las relaciones entre género y raza. Por otro lado, Nascimento, historiadora, profesora, guionista, poetisa y activista por los derechos humanos, es una autora fundamental en la construcción del feminismo negro, al abordar la condición subalterna de las mujeres negras y las dificultades de movilidad social que enfrentan como vestigios del racismo estructural.

São Paulo y la de Venecia. Como el poema de Victoria Santa Cruz[5], observemos cómo el "ser negra" es un factor diferencial en el "hacer arte" de estas mujeres latinoamericanas.

2. LAS SUBJETIVIDADES AFROLATINAS

En las décadas de 1980 y 1990, algunos países latinoamericanos que habían salido de regímenes dictatoriales comenzaron una serie de reformas destinadas a garantizar derechos para grupos indígenas y negros, incluyendo el reconocimiento de subgrupos étnicos específicos, la propiedad colectiva de la tierra y la naturaleza multicultural de las sociedades nacionales. En ese momento, estas medidas se consideraban un intento de reparar el racismo, el autoritarismo y la represión de años anteriores mediante la inclusión de minorías étnicas y raciales.

Sin embargo, a pesar de que los indígenas y los afrodescendientes son parte importante de la población total de América Latina y sufren exclusión social y discriminación racial, algunos autores señalan diferencias en la absorción y en la forma en que estos grupos hacen reclamos.

Hooker (2006, p. 98) explica que:

> "indio y negro son categorías raciales presentes en el sistema (colonial y posindependencia) de clasificación en América Latina, y el antirracismo es parte del discurso político de ambos grupos, pero, a diferencia de los grupos indígenas, no todos los afrodescendientes pueden formular reclamos basados en el carácter distintivo de su cultura".

Por lo tanto, los herederos de las élites mestizas tienden a considerar a los indígenas como "autóctonos", mientras que los negros permanecen en gran parte fuera de las narrativas latinoamericanas, incluso en países como Brasil y Cuba, donde se vuelve complicado afirmar la especificidad de la cultura negra cuando se la identifica con la cultura nacional. En general, este modelo de exclusión afecta la movilización de posibles redes afro-latinas, ya que complica las interacciones entre intelectuales y artistas

---

[5] "Me gritaron negra", poema de Victoria Santa Cruz escrito en 1960. Este poema es considerado un manifiesto contra el racismo. Narra el descubrimiento de ser negro a través de la violencia, un evento tan impactante que lleva a interiorizar una imagen propia que socava la autoestima. Sin embargo, con la repetición y la creciente intensidad de la palabra "negra", lo que a primera vista parece un insulto se convierte en identidad y poder.

periféricos, lo que da la impresión de que estas conexiones necesitan ser mediadas por un “centro”.

Es importante destacar que un estudio más profundo de las subjetividades negras transnacionales debe tener en cuenta, por ejemplo, la aproximación del movimiento negro brasileño a las concepciones afroamericanas de los Estados Unidos[6], así como el predominio de las ideas estadounidenses en los círculos académicos latinoamericanos a través de la formación de intelectuales y la disponibilidad de recursos materiales. Además, se debe considerar la posición de poder de los países en la esfera global y la dificultad de acceder a otras corrientes. Hasta el día de hoy, los países latinoamericanos siguen desconociendo la producción cultural de sus vecinos. Tal vez por estas circunstancias, a pesar de las similitudes que Brasil comparte con Cuba y Venezuela, ambos países con narrativas de mestizaje y “mitificación” del mestizaje, nuestras subjetividades se comparan continuamente con las de Estados Unidos.

En este contexto, también se desarrollaron movimientos intelectuales en la década de 1990 que se centraron en comprender el mundo contemporáneo producido por el colonialismo y el poscolonialismo. Las discusiones sobre negritud, mestizaje y subjetividades se extendieron por América, en particular en el Caribe. Autores de Martinica, como Aimé Cesaire (1978), Glissant (2005), Bernabé, Chamoiseau y Confiant (2013), se convirtieron en precursores, al igual que autores como Bhabba (1998), Gilroy (2001) y Hall (2005) se destacaron.

Desde este marco teórico, surgió otra postura, quizás un intento de descentralizar la atención de los Estados Unidos, que consiste en el “retorno a África”, es decir, el esfuerzo por restablecer las memorias violadas por la diáspora o la búsqueda de las prácticas culturales que conectan a los negros dispersos en el Nuevo Mundo y Europa. Para Gilroy (2001), el concepto de diáspora es fundamental, ya que invalida la interpretación que involucra lugar, posición, conciencia y, por lo tanto, el poder del territorio para determinar la identidad. Además, según el autor, la red de comunicación transnacional crea una nueva topografía de lealtad e identidad.

---

6 El término negritud es idealizado fuera de África. Aparece probablemente en los Estados Unidos, recibe contribuciones de escritores de las Antillas y luego llega a Europa, especialmente a Francia, donde toma forma y se sistematiza. Posteriormente, el movimiento se expande por toda África negra y las Américas, llevando su mensaje a la diáspora negra (DOMÍNGUEZ, 2009, p. 194).

El modelo del Atlántico Negro promete una geografía sin fronteras definidas, un campo fluido donde las experiencias africanas ocupan otras naciones, territorios y culturas. El concepto hace referencia a la sensación de des territorialización de la cultura en contraposición a la idea de una cultura codificada en el cuerpo racializado, abriendo el sistema internacional a intercambios simbólicos, pensamientos e imágenes desde varios "centros emisores de negritud", además de África y el hegemónico Estados Unidos, como el Caribe, Colombia, Brasil y otras localidades latinoamericanas.

Por lo tanto, la dinámica de intercambio y transmisión que se origina a partir de la diáspora negra entre las diferentes partes del Atlántico resulta en una auténtica cultura en la modernidad que no se limita a las fronteras étnicas o nacionales. Inspirada por esta corriente, Beatriz Nascimento (2007) tiene como principales preocupaciones: la comprensión de la experiencia diaspórica negra, su historia y su identidad; el cuerpo como territorio y los negros en condición de exilio; el uso del lenguaje occidental como base para comprender la opresión experimentada por los negros. Las investigaciones de Nascimento abordan la formación de los quilombos en Brasil. Su frase: "La Tierra es mi quilombo. Mi espacio es mi quilombo. Donde estoy, estoy. Cuando estoy, soy" (ORÍ, 1989, s/p), ilustra su idea de pertenencia. También es una autora fundamental para la construcción del feminismo negro, al abordar la condición subalterna de las mujeres negras y las dificultades de movilidad social que enfrentan como resultado del racismo estructural. Además, dirigió su aguda mirada hacia el espacio escolar, destacando la soledad de los niños negros.

3. ARTES Y FEMINISMO AFRO-LATINOAMERICANO

Inspirado por Lélia Gonzalez, cuando la intelectual afirmó en 1988 que el movimiento de mujeres en América Latina repite prácticas de exclusión y dominación racistas de las que "las negras e indígenas son testigos vivos" y convocó al cambio. Aquí analizaremos la incorporación del concepto de lo femenino en el contexto actual del arte latinoamericano. En el ámbito artístico, ya se pueden percibir signos de cambio: la fuerza de las mujeres en el sistema del arte es cada vez más evidente. Son artistas, investigadoras, docentes, curadoras, críticas y productoras que desempeñan un papel activo, y también están surgiendo colectivos de mujeres trabajadoras en el ámbito artístico. Estos grupos se organizan como redes de apoyo y fomentan medios para la producción, circulación y difusión de obras artísticas.

Por ejemplo, el colectivo Trabajadores de Arte mapea la situación de las mujeres racializadas en América Latina. Desde 2020, sus investigaciones indican que, a pesar de ser mayoría en el sector cultural y académico, las obras de las mujeres no están representadas de manera equitativa en las colecciones[7], una denuncia que ya se realizaba en la década de 1980 por el grupo Guerrilla Girls, quienes convocaban al público a realizar recuentos de género ("weenie counts"), es decir, a contar el número de artistas hombres y mujeres en cada exposición. Sus acciones señalan el desequilibrio en la representación de las artistas en las colecciones, así como alertan sobre la situación de las mujeres en el mercado laboral y la industria del entretenimiento. Las acciones de Guerrilla Girls no se limitan a décadas anteriores, siguen siendo actuales; en 2018, el grupo reconstruyó su historia en el Museo de Arte de São Paulo (MASP) y señaló las discrepancias en esa colección.

En cuanto a los colectivos y redes de apoyo, es importante destacar la labor de la Red Afro (Red de Mujeres Afrolatinoamericanas, Afrocaribeñas y de la Diáspora), fundada en 1992 durante el Primer Encuentro de Mujeres Negras Latinoamericanas y del Caribe celebrado en la República Dominicana. Esta red está formada por mujeres negras de 30 países y se ha convertido en un espacio de articulación para las mujeres afrodescendientes que trabajan en la construcción de una sociedad equitativa, multicultural y democrática. Además de combatir la discriminación racial, también luchan contra el sexismo. A nivel internacional, su agenda incluye la lucha por los derechos de las mujeres negras y su participación en conferencias regionales y mundiales de las Naciones Unidas. La red también promueve el intercambio de experiencias y conocimientos entre las mujeres negras de la región. Además, la Red Afro celebra el Día Internacional de la Mujer Afro-latinoamericana y Afrocaribeña el 25 de julio como una forma de valorar las contribuciones de las mujeres negras a la historia, la cultura y la sociedad.

Algunas de las artistas negras latinoamericanas que forman parte de la Red Afro o la apoyan son: Doris Salcedo (Colombia), María Magdalena Campos Pons (Cuba) y Ebony G. Patterson (Jamaica). Todas ellas son reconocidas por abordar temas como la identidad, la memoria, la diáspora, el género, el poder, la violencia y la resistencia. Utilizan diferentes medios de expresión, como la performance, la instalación, el videoarte, la fotografía,

---

7 https://www.trabajadoresdearte.org/sitio/mapa_de_trabajadoras_de_arte/. Acesso 18 out. 2023.

la escultura y el bordado. También sirven de inspiración para otras mujeres negras que buscan destacar como artistas en América Latina y el Caribe.

4. LA NECESIDAD DE LA REPRESENTACIÓN DE LA AFRO-LATINIDAD

El circuito de exposiciones y ferias refleja los estudios decoloniales y el proceso de descolonización de las colecciones de arte, lo que se refleja en la creciente presencia de propuestas artísticas que promueven la diversidad y cuestionan conceptos tradicionales y la perspectiva hegemónica. Paradójicamente, las exposiciones de artistas latinoamericanos, especialmente de mujeres negras, han ganado prominencia en instituciones europeas y estadounidenses. Sus propuestas destacan en importantes muestras, como la Bienal de Venecia, la Bienal del Mercosur y la Bienal de São Paulo.

Además, esta producción artística también se proyecta en países de América Latina a través de la realización de exposiciones colectivas. En Brasil, por ejemplo, se destaca "Dos Brasis —arte e pensamento negro—", que se exhibió en el Sesc Belezinho de São Paulo con la participación de más de 250 artistas negros, así como la exposición "Políticas do deseo: para todes, tode", celebrada en el Centro Cultural Kirchner, en la que se abordan cuestiones sociopolíticas y demandas feministas relacionadas con el entorno laboral, la violencia contra las mujeres, la igualdad de género, la salud, la sexualidad y la maternidad. En juego se encuentran las prácticas que relegan a las mujeres a un papel de "secundarias" o subalternas.

Entonces, ya sea en América Latina o fuera de ella, la representación de la cultura afrolatina ha puesto cada vez más de manifiesto las poéticas de las artistas. Cuando alcanzan el ámbito internacional, las décadas de exclusión social y discriminación racial, los dilemas sobre la identidad latinoamericana y el cambio en el eje epistemológico surgen en sus propuestas artísticas. En este sentido, se destacan las obras de **Rosana Paulino** (Brasil), **Doris Salcedo** (Colombia), **Myrlande Constant** (Haití) y **Susana Pilar** (Cuba). Estas creadoras abordan en sus trabajos la memoria, la resistencia histórica y la vida cotidiana desde perspectivas afrocentradas. Su influencia se extiende por el circuito artístico, tanto en el eje Sur-Sur como en los centros hegemónicos.

Desde nuestra posición como escritores, en esta selección de artistas diaspóricas, **Rosana Paulino**[8] se convierte en una destacada representante del arte afrobrasileño que se ha producido y circulado con plena potencia, algo que ha sorprendido a críticos de arte más conservadores. En sus obras aborda temas dolorosos como la violencia, la hipersexualización y la colonialidad, y causa un impacto al explorar la memoria en construcciones psicosociales que conectan la historia personal con la de Brasil. Como cuestionadora, no duda en desenmascarar el racismo en el arte y en la historia del arte brasileño, y con este ejercicio aporta una nueva narrativa. En 2020, Paulino fue una de las cinco artistas brasileñas que participaron en la 59ª Bienal de Venecia. Además, recibió el Premio Konez Mercosur 2022 de Artes Visuales, otorgado a las personalidades más relevantes de la región que han estado activas en la última década. En la 35ª edición de la Bienal de São Paulo, Paulino ocupa un lugar destacado y presenta la serie "Mulheres-Mangue" (2022-2023), en la que las mujeres son seres espirituales que forman parte de las fuerzas de la naturaleza.

En esta selección de mujeres artistas negras, la segunda que se destaca es **Doris Salcedo**[9], que crea asociaciones entre objetos y materiales que, a primera vista, parecen contradictorios. Sutilmente, aborda la violencia, el sufrimiento, los traumas históricos de la Colombia moderna y las migraciones forzadas. Los títulos de sus obras suelen ser poéticos y añaden capas de significado a la interpretación de las mismas. Salcedo se interesa por sensaciones transculturales como la compasión, el duelo, la alienación, el olvido y la memoria. Su alcance internacional se refleja en su participación en importantes exposiciones. En la Tate Modern, en 2007, presentó "Shibboleth", una instalación compuesta por una grieta profunda en el suelo que recorre toda la extensión del gran Turbine Hall, lo que permite experimentar la segregación social y la exclusión en términos espaciales. Una

8 Rosana Paulino (São Paulo, 1967) es una artista visual, educadora y curadora brasileña. Vive y trabaja en São Paulo. Tiene un doctorado en Artes Visuales de la Escuela de Comunicaciones y Artes de la Universidad de São Paulo y especialista en grabado del London Print Studio. Paulino es protagonista de la escena del arte contemporáneo actual y, a través de investigaciones visuales, históricas y técnicas, expone la cara más aterradora de los prejuicios raciales, sociales y de género.

9 Doris Salcedo (Bogotá, 1958) vive y trabaja en su ciudad natal, Bogotá. Luego de finalizar su licenciatura en Bellas Artes en la Universidad de Bogotá en 1980, viajó a Nueva York, donde realizó su maestría en la New York University. Luego regresó a Bogotá y se convirtió en profesora de la Universidad Nacional de Colombia. En sus instalaciones son habituales objetos cotidianos como muebles de madera y prendas de vestir.

de sus obras más conocidas es una instalación presentada en la 8ª Bienal Internacional de Estambul en 2003, en la que Salcedo apiló alrededor de 1.500 sillas de madera para llenar un espacio vacío entre dos edificios de la ciudad, recordando la expulsión de familias armenias y judías. En 2023, recibió el Premio de la 15ª Bienal de Sharjah por su obra "Desenraizado" (2020-2022), que aborda el cambio climático y los flujos migratorios.

Myrlande Constant[10] basa su léxico y repertorio en el arte religioso tradicional del drapo Vodou, conocido como la "bandera del Vudú". En 1990, comenzó a trabajar en un entorno predominantemente masculino donde se fabricaban estas banderas. La artista realizó un cambio radical al utilizar cuentas de vidrio en lugar de lentejuelas. Después de 30 años dedicados a este medio, el método y el estilo de Constant se han convertido en referencias para los artistas del drapo Vodou. Sus banderas son enormes y están enmarcadas en madera, llenas de energía y decoradas con cuentas perladas a mano. Su obra artística combina la cultura contemporánea, la historia de Haití y la religión Vudú, con frecuentes apariciones de divinidades y santos cristianos que forman parte del sistema de creencias híbridas del Vudú. Su producción contribuye a la fluidez cultural de Haití, desafiando al mismo tiempo las tradiciones de género.

Otra artista que merece referencia es **Susana Pilar**[11], una joven figura prominente en el ámbito cubano. Sus instalaciones y performances enfatizan el cuerpo negro y las posibilidades de resurrección. En 2016, en la performance "Reterritorialization", Pilar abordó la idea de desplazamiento e identidad. Cortó su vello púbico y lo trenzó en la cabeza, y luego revirtió la operación al cortar su cabello y colocarlo en el área púbica. Este intercambio de vello entre dos territorios corporales es una forma de explorar el posicionamiento, el desplazamiento y la sustitución. Por ejemplo, en la Bienal de Venecia de 2017, en "Desenho Intercontinental", arrastró un pequeño bote atado a su cintura con una cuerda. Para ella, esta es una forma de repensar su ascendencia china y africana. La metáfora de la travesía del Atlántico está presente en esta propuesta, pero no se refiere únicamente

---

10 Myrlande Constant (Puerto Príncipe, 1968) es una artista textil especializada en banderas con temática vudú, o drapo Vodou. La artista comenzó a dedicarse a las banderas a principios de los años 1990. Ella describe su trabajo como "pintura con cuentas".

11 Susana Pilar Delahante Matienzo (Habana, 1984). Su trabajo se centra en el cuerpo, el género, la raza y las cuestiones sociales. La artista sufrió algunas situaciones familiares que estimularon su interés por la realidad de las mujeres en todo el mundo, así como las diferentes formas de discriminación contra ellas.

a aquellos que se ahogaron en el mar, sino también a quienes llegaron a tierras firmes para transformar Cuba en el país que es hoy. A través del mar, muchos cubanos han intentado abandonar la isla desde la Revolución Cubana. En la exposición "Body Present", realizada en KIOSK, Bélgica, en 2019, la artista cuestiona la ausencia de cuerpos negros en la historia y en la historia del arte, poniendo de manifiesto la herencia de la colonización belga en la República del Congo.

5. CONCLUSIONES

La "invención" de América Latina bajo el yugo del imperialismo europeo y el proyecto de modernidad de las élites mestizas forjaron la necesidad de construir una "identidad latinoamericana"[12]. En realidad, esto fue un ejercicio de exclusión, rodeado de parámetros extrínsecos, orientados por realidades extranjeras. Las relaciones antagónicas, mediadas a través de nociones como civilizado versus salvaje, moderno versus arcaico y originario versus forastero, no logran abordar el contexto y las idiosincrasias latinoamericanas, especialmente cuando se trata de cuestiones importantes: género, etnia y raza.

El debate sobre la cuestión negra en el territorio es complejo y está inmerso en las relaciones centro-periferia (tanto su reconocimiento como resistencia). Durante mucho tiempo, los parámetros establecidos por los afroamericanos estadounidenses guiaron de manera aislada las acciones. Sin embargo, a partir de la década de 1990, otras negritudes y subjetividades entraron en la discusión. La metáfora del Atlántico Negro abrió nuevos horizontes epistemológicos para la formación de redes y conexiones de esta población que sufrió la diáspora provocada por el proceso colonizador. En este sentido, pensadoras negras, en particular, cambiaron subjetividades.

Hoy en día, en el arte encontramos un proceso de fuerte participación de mujeres negras en redes y con poéticas singulares. Al arrojar luz sobre la presencia de estas mujeres, observamos formas innovadoras de ser, estar y percibir el mundo. Las acciones de las trabajadoras del arte y de la Red Afro siguen siendo limitadas en comparación con los grandes desafíos que enfrentan a diario la mayoría de las mujeres afrolatinas, pero este esfuerzo, sumándose al reconocimiento de artistas como Rosana Paulino, Doris

---

12 "El verdadero salto consiste en introducir la invención en la existencia" (FANON, 2020, p. 240).

Salcedo, Myrlande Constant y Susana Pilar, allana el camino para las generaciones futuras, y así opera la ancestralidad.

En resumen, el diálogo de estas artistas presenta, ante todo, la posibilidad de reflexión y activación de redes colaborativas entre artistas que actúan desde discursos ancestrales y plurales. En el enfoque seleccionado para este capítulo, las artistas, mujeres y negras, tienen sus repertorios ligados a la subjetividad, lo femenino y la colonialidad. Son cuestionadoras, inquietantes, revolucionan conceptos. Adoptan temas y lenguajes que expresan sus vidas y, al mismo tiempo, realidades diversas. Sus obras demuestran que las demandas de las mujeres son realmente singulares para aquellas que provienen de la diáspora.

6. BIBLIOGRAFÍA

BETHELL, Leslie (2009). *O Brasil e a ideia de "América Latina" em perspectiva histórica.* Est. Hist. Rio de Janeiro, vol. 22, n. 44, p. 289-321, jul.-dez.

BERNABÉ, Jean; CHAMOISEAU, Patrick & CONFIANT, Raphael (2013). *Elogio de la creolidad.* Havana: Casa de las Américas.

BHABHA, Homi K (1998). *O local da cultura*; trad. de Myriam Ávila et alii, Belo Horizonte. Ed. UFMG.

BRASIL, Heloisa Freire Sanglard (2022). *Coletivos de mulheres no sistema de arte: ações decoloniais contra uma perspectiva hegemônica.* São Paulo: CELACC ECA USP. Disponível em https://celacc.eca.usp. br/pt-br/celacc-tcc/2080/detalhe. Acesso em 18 out. 2023.

CANCLINI, Nestor Garcia (1998). *Culturas híbridas: estratégias para entrar e sair da Modernidade,* trad. Heloísa Pezza Cintrão e Ana Regina, mgh+a Lessa, 2ª ed. São Paulo: Editora da Universidade de São Paulo (Ensaio Latino-americano, 1).

CÉSAIRE, Aimé (1978). *Discurso sobre o colonialismo.* Lisboa: Sá da Costa.

COUTO, Maria de Fátima Morethy (2017). Para além das representações convencionais: a ideia de arte latino-americana em debate. *PÓS: Revista do Programa de Pós-graduação em Artes da EBA/UFMG.* v.7, n.13: nov. Disponível em https://eba.ufmg. br/revistapos. Acesso em 19 out. 2023.

DOMINGUES, Petrônio José (2009). Movimento da negritude: uma breve reconstrução histórica. *Revista USP.* Disponível em https://www.revistas.usp. br/africa/ article/view/74041/77683. Acesso em 19 nov. 2023.

FANON, Frantz (2020). *Pele negra, máscaras brancas.* Tradução de Sebastião Nascimento. São Paulo: Ubu Editora.

FERRAZ, Marcos Grispum (2021). Entrevista Gerardo Mosquera. *Artebrasileiros.* Disponível em https://artebrasileiros.com.br/arte/entrevista/e-preciso-libertar-se-de-uma-identidade-latino-americana-reducionista/. Acesso em 05 jun. 2023.

GONZALEZ, Lélia (2020). *Por um feminismo afro-latino-americano.* São Paulo: Zahar.

HALL, Stuart. (org.) (1995). An Aesthetic of Blackness: Strange and Oppositional, In: Lenox Avenue: A Journal of Inter-arts Inquiry, vol. 1, pp. 65-72.

GILROY, Paul (2001). *O Atlântico Negro. Modernidade e dupla consciência*, São Paulo, Rio de Janeiro, 34/Universidade Cândido Mendes – Centro de Estudos Afro-Asiáticos.

GLISSANT, Édouard (2005). *Introdução a uma poética da Diversidade.* Tradução de Enilce Albergaria Rocha. Juiz de Fora: UFJF

HALL, Stuart (2005). *A identidade cultural na pós-modernidade*, trad.Tomás Tadeu da Silva, Guacira Lopes Louro. 10. ed. Rio de Janeiro: DP&A.

HOOKER, Juliet (2006). Inclusão indígena e exclusão dos afrodescendentes na América Latina. *Tempo social. Revista de sociologia da USP*, v. 18, n. 2, p. 89-111, nov.

MIGNOLO, Walter (2007). *La idea de América Latina. La herida colonial y la opción decolonial.* Barcelona: Gedisa editorial.

NASCIMENTO, Beatriz (2007). *Eu sou Atlântica.* São Paulo: Imprensa Oficial.

OLIVEIRA, Alecsandra Matias de (2017). Mulheres, negras e perigosas. *Jornal da USP.* Disponível em https://jornal.usp. br/artigos/mulheres-negras-e-perigosas/. Acesso em 11 ago. 2020.

OLIVEIRA, Alecsandra Matias de (2020). *Memória da resistência.* São Paulo: Museu da Cidade de São Paulo.

OLIVEIRA, Alecsandra Matias de (2022). Mulheres, negras e (ainda mais) perigosas. *Jornal da USP.* Disponível em https://jornal.usp. br/articulistas/alecsandra-matias-de-oliveira/mulheres-negras-e-ainda-mais-perigosas/. Acesso em 09 jan. 2023.

ÔRÍ (1989). Direção de Raquel Gerber. Brasil: Estelar Produções Cinematográficas e Culturais Ltda, 1989, vídeo (131 min), colorido. Relançado em 2009, em formato digital. Disponível em:. Acesso em: 20 jan. 2019

PINHO, Patrícia de Santana (2005). Descentrando os Estados Unidos nos estudos so bre negritude no Brasil. *Revista Brasileira de Ciências Sociais*, vol. 20, n. 59, out., p. 37-50.

WEIL, Simone (2001). *O enraizamento.* Bauru: EDUSC.

WERNECK, Sylvia (2023). Olhando a América Latina. A relação centro-periferia nas feiras de arte. In WERNECK, Sylvia. *Pensamentos sobre arte.* São Paulo: Alter edições, p. 147-158.

Parte 7
Literatura

Coordinadora:
Cecilia Marcela Ugartemendía

7.1. Las letras doradas de la literatura en Latinoamérica

LUZ STELLA ANGARITA[1]
Universidad Javeriana, Colombia
l.angarita@javeriana.edu.co

1. INTRODUCCIÓN

El propósito de este texto es exhortar al lector para que dentro de la multiplicidad de ópticas sobre América Latina que se encuentran en la presente publicación, repare en una más; es una invitación a contemplar el territorio latinoamericano a través de su expresión literaria. Con ese ánimo estas líneas se afilian a la recreación comprensiva que sus obras literarias labraron, y cómo de forma paralela se produjo una sinigual versatilidad lectora entre escritores, críticos, y públicos para dar curso a la fecundación estética inscrita en sus creaciones. De manera que el plan de las siguientes páginas es avivar el deseo por frecuentar y disfrutar el ingente número de obras colosales que brotaron de la escritura literaria en ese periodo al que se designó como los años dorados de la literatura latinoamericana.

Hablar de esos años no sólo implica tener en cuenta las obras que de esa fase emanaron, sino aquello que las originó. La estructura textual por la que opté le permitirá detenerse en tres sendas que el trabajo de los literatos de nuestra región instituyó con el objeto de discernir sobre nuestra realidad; tres esferas comprensivas o tres instancias lectoras que, a fin de cuentas, traslucen cómo reconocimos los talantes culturales que habrían de conducir los procesos estéticos, inmersos en el espacio literario. De tal forma que el alcance de este escrito implica otra lectura, dispuesta de manera procesual para indagar en las esferas comprensivas lectoras antes enunciadas. La primera de ellas acerca la etapa en la cual se definieron los puntos para afianzarnos como territorio independiente, y entre las envolturas que en el momento emergieron, se le concedió gran importancia a la de convertirnos en productores estéticos. La segunda reparar en la for-

[1] Doctora en pensamiento complejo Multiversidad - México, Magíster en Literatura de la Pontificia Universidad Javeriana, y Especialista en Docencia Universitaria de la Universidad de El Bosque.

mulación de un cuerpo teórico que originó el estudio de nuestros propios procesos. Y una tercera, pero no menos importante, apunta a la observación del resultado que comporta el conjunto que estableció la presencia y distinción de nuestro territorio como un diferencial provisto por el espíritu de un pueblo, el latinoamericano.

En la medida en que avancen página por página, se adentrarán en la mixtura de formas y comprensiones precedentes de nuestra escritura literaria, que en retrospectiva fue una de las mayores búsquedas, reiterada a través de los relatos presentes en las obras de las dos terceras partes del siglo XX, en las cuales no sólo se develan resultados de creación, sino aquellos procesos sociales subyacentes a la concepción que triangula variopintos abordajes en el intento de conocer/nos. Una tarea que durante varias décadas nos instó a dilucidar ese hallazgo identitario, y la literatura se tornó en un oasis para verter las múltiples formas de acercarnos a su comprensión. Sin embargo, en la medida en que los ángulos comprensivos cambiaron, se transformaron también los discursos, y las nuevas lecturas ampliaron el sentido inicial; aún hoy, pese al devenir que cada época nos plantea con sus respectivos retos, una progresiva pesquisa nos conduce hacia el fortalecimiento de aquello que pretendimos encontrar a mediados del siglo XX, eso que en su momento los estudiosos del proceso rotularon como identidad latinoamericana, para licenciar la manera de comprender nuestro entorno como una visión propia de la coexistencia de este territorio en el globo como un efecto poscolonial; y desde mi postulación analítica, una expresión metaficcional de la espiritualidad latinoamericana[2], en el sentido en que hablar del descubrimiento identitario de la región, no es otra cosa que postular una visión espiritual, del yo, del otro, de propósitos, de creencias y de sentimientos individuales y colectivos, todos elementos que construyeron la narrativa de la época en cuestión.

Grosso modo, a este recorrido los convido como lectores de las lecturas que en su momento se realizaron sobre un periodo de la realidad en nuestro territorio, a bordear el proceso de autoconocimiento que significó desde el ámbito de las letras literarias, y su relación con la realidad como matriz de la literatura, surtidora del lenguaje en cuanto a lo que él implica, estilos, propuestas estéticas, corrientes, movimientos o fenómenos, haciéndola un evento transtemporal en cada ocasión y para cada lector. Razón por la cual para atracar en ese puerto este escrito avanzará como un en-

---

[2] Luz Stella Angarita. *La metaficción espiritual latinoamericana, una hermenéutica del territorio*, 2010 https://repository.javeriana.edu.co/handle/10554/5048

granaje comprensivo paralelo entre antecedentes, medios analíticos y resultados estéticos convirtiéndose en lo que el mundo entero conoce como Boom latinoamericano, Nueva novela, y Realismo mágico…, apelativos que siendo contemporáneos contienen elementos, momentos, circunstancias, escrituras que merecen aclaraciones para evitar juntarlas como una denominación sinónima. El camino hacia ese punto se vislumbra a través de tres momentos en la observación de las obras que surgen en medio, transformándose en el rastro fundamental del dorado resplandor de maravillosas historias, grandes maestros y seis premios nobel que el territorio cuenta en poco menos de un siglo.

2. EL COMIENZO DE LA LECTURA TERRITORIAL

Las seis palabras anteriores comportan una afirmación que requiere volver la mirada siglo y medio atrás y ubicarnos en el territorio recién liberado de la corona española, porque quizás fue el sentimiento post independiente que en el siglo XIX se instituyó como esencial en nuestras letras, el mismo que se convirtió en el mayor estímulo de la nueva escritura por la cual bucearon los escritores latinoamericanos en el siglo XX. A la manera de estas tierras, en lugar de ser un periodo de acuerdos, las noticias que aún se imprimen hablan de sucesivas guerras civiles y de interminables disensiones descritas de variadas formas en un número importante de obras literarias aisladas, que décadas después se leyeron como parte del sistema que determinó cómo los procesos históricos latinoamericanos a pesar de las diferentes circunstancias puntuales acercaron y refrendaron sus cercanías culturales. Una época que planteó aprendizajes en varios sentidos, en ella la herencia cultural colonial en la cual nos circunscribieron durante varios siglos comenzó a transitar entre las expresiones estéticas heredadas y la forja nueva, convirtiendo al periodo decimonónico en una conmoción imbricada en oscilación permanente.

Consecuencia directa de esa vivencia fundamental, las obras literarias proyectaron la emancipación a través de subsecuentes tendencias patentes en las formulaciones románticas, realistas o modernistas, y sus subsidiarias manifestaciones las novelas nacionales o los cuadros de costumbres que apropian una o varias de la anteriores, todas dieron cuenta de entusiastas maneras de reparar en el proceso de apropiación de un territorio todavía en suspenso. En ellas las controversias políticas e ideológicas fueron el foco de discusión, y de a pocos dibujaron el devenir del pensamiento latinoamericano, para ese entonces una veta en formación. Esas polémicas convocaron pugilatos conducentes a dirimir qué de esta nueva raza era parte de occidente o si se trataba de una convención heredada; interrogante que llevó a zanjar posiciones frente a la necesidad de abrirnos al resto del mundo y cómo hacerlo. Y mientras se allanaban las discrepancias entre el *universalismo vs. regionalismo, cosmopolitismo vs. indigenismo*, emergieron como conductores de esas respuestas nuestros mundos ancestrales. Contrario a lo que se consideró durante la colonia; la literatura española que llegaba a estas tierras se recibió como herencia directa en materia de escritura literaria, en el siglo XIX comenzó a relativizarse, de tal forma que volver sobre el innegable sustrato indígena y afro que, aunque minoritariamente ya hacían parte de nuestro nuevo entorno cultural, fue un acierto. De ahí que los pocos textos de literatura precolombina que en un comienzo se examinaron con la idea de la conversión, sumado al aporte tributado por la tímida, pero ya incorporada herencia afro, terminaron reconociéndose en las obras como parte integral de nuestra experiencia cultural diaria.

Una reflexión que llevó algún tiempo, aún hoy da tema para hablar, pero en ese entonces tomó cuerpo, asentándose en medio como un valioso elemento para tener en cuenta dentro de las reflexiones que contemplaban como norte la expansión de nuestro territorio. Son muchos los ejemplos de esa situación en la literatura de la época, sus líneas describieron la realidad de nuestra América aún vacilante entre las pretéritas tradiciones europeas y las recién instauradas posindependientes, porque en las páginas decimonónicas abundaron las reflexiones sobre cuál era la mejor forma de organizar la sociedad y sus ciudades. De manera que a través de varios frentes podemos notar cómo en América Latina a pesar de la poca comunicación entre sus subregiones, el proceso lector de sus realidades en su consecuente manifestación literaria expuso poco a poco, con algunas pequeñas disparidades temporales, una situación que con el tiempo destacó similitudes dentro de su devenir histórico geomorfológico con claras conexiones dentro del proceso historiográfico.

En el teocalli de Cholula (1820)
¡Cuánto es bella la tierra que habitaban,
los aztecas valientes! En su seno
En una estrecha zona concentrados,
Con asombro se ven todos los climas
Que hay desde el Polo al Ecuador. Sus llanos
Cubren a par de las doradas mieses
Las cañas deliciosas. El naranjo
Y la piña y el plátano sonante,
Hijos del suelo equinoccial, se mezclan

A la frondosa vid, al pino agreste,
Y de Minerva el árbol majestoso.
…
Esta inmensa estructura
Vio a la superstición más inhumana
En ella entronizarse. Oyó los gritos
De agonizantes víctimas, en tanto
Que el sacerdote, sin piedad ni espanto,
Les arrancaba el corazón sangriento;
Miró el vapor espeso de la sangre
Subir caliente al ofendido cielo,
Y tender en el sol fúnebre velo,
Y escuchó los horrendos alaridos
Con que los sacerdotes sofocaban
El grito del dolor.
Muda y desierta
Ahora te ves, pirámide. ¡Más vale
Que semanas de siglos yazcas yerma,
Y la superstición a quien serviste
En el abismo del infierno duerma!
A nuestros nietos últimos, empero,
Sé lección saludable; y hoy al hombre
Que ciego en su saber fútil y vano
Al cielo, cual Titán, truena orgulloso,
Sé ejemplo ignominioso
De la demencia y del furor humano[3].

En la actualidad a poemas como el de José María Heredia acuden los estudios literarios para observar cómo ciertos matices definieron a su paso el desarrollo de las letras mediante corrientes estéticas, analíticas y temáticas que sin ser una secuencia lineal destacaron espacios geográficos e hicieron reverberar los sentimientos descriptores del territorio. La presencia de estas lógicas hizo que el apasionamiento del lenguaje romántico tan afín con el momento inicial de la revuelta independentista estuviera a la orden del día, y se asentara como el de mayor recepción para el momento; razones como la exacerbación de sentimientos sobre la nueva raza, la naturaleza, o las disparidades sociales y políticas se convirtieron en la premisa orientadora al interior de las nuevas naciones. No obstante, su frenesí verbal requirió de descripciones menos embebidas y más cercanas a la cruenta realidad

---

3 José María Heredia, *En el teocalli de Cholula,* 1920 http://www.xochitl.net/hum2461/pdfs/HerediaTeocalliCholula.pdf

que hacía metástasis por doquier. Razón por la cual el realismo tomó la delantera y comenzó a describir con prioridad y detalle las problemáticas sociales que estos pueblos requerían discernir, cuyo propósito fue reforzar a las recientes nacionalidades del continente, convirtiéndose en el agente entre la apropiación racial mestiza y la construcción de las novelas que luego clasificaron como Literaturas nacionales.

Andrés Bello, Simón Bolívar o Domingo Faustino Sarmiento, entre otros, fungieron como interlocutores de aquellos renovados espacios culturales; comentaron y puntualizaron las novedades de los caracteres regionales, y esa acción ayudó a aproximar las ambigüedades que la crítica comenzaba a formular no muy distante a obras como *María* (1867), quizás la novela romántica con mayor difusión en el continente, que por ese entonces describe con claridad el interés de la escritura literaria continental, su contenido dejó ver la caracterización comprensiva propia de la escritura romántica, acompañada por la del realismo, descriptora de la transición social de la imaginería romántica a la moderna, de los reductos coloniales como la esclavitud a la regularización de una sociedad con nuevas prácticas.

> En la madrugada del sábado próximo se casaron Bruno y Remigia. Esa noche, a las siete, montamos mi padre y yo para ir al baile, cuya música empezábamos a oír. Cuando llegamos, Julián, el esclavo capitán de la cuadrilla, salió a tomarnos el estribo y a recibir nuestros caballos. Estaba lujoso con su vestido de domingo y le pendía de la cintura el largo machete de guarnición plateada, insignia de su empleo. Una sala de nuestra antigua casa de habitación había sido desocupada de los enseres de labor que contenía, para hacer el baile en ella. Habíanla rodeado de tarimas; en una araña de madera suspendida en una de las vigas, daba vueltas media docena de luces; los músicos y cantores, mezcla de agregados, esclavos y manumisos, ocupaban una de las puertas. No había sino dos flautas de caña, un tambor improvisado, dos alfandoques y una pandereta; pero las finas voces de los negritos entonaban los bambucos con maestría tal; había en sus cantos tan sentida combinación de melancólicos, alegres y ligeros acordes; los versos que cantaban eran tan tiernamente sencillos, que el más culto diletante hubiera escuchado en éxtasis aquella música semisalvaje. Penetramos en la sala con zamarros y sombreros. Bailaban en ese momento Remigia y Bruno; ella con follao de boleros azules, tumbadillo de flores rojas, camisa blanca bordada de negro y gargantilla y zarcillos de cristal color de rubí, danzaba con toda la gentileza y donaire que eran de esperarse de su talle cimbrador. Bruno, doblados sobre los hombros los paños de su ruana de hilo, calzón de vistosa manta, camisa blanca aplanchada y un cabi blanco nuevo a la cintura, zapateaba con destreza admirable[4].

---

4 Jorge Isaacs, *María*, (Bogotá: Presidencia de la República, 1996), 17, https://babel.banrepcultural.org/digital/collection/p17054coll9/id/1/

Fragmentos como el anterior se convierten en la razón por la cual, a *María*, obra del colombiano Jorge Isaacs, y a tantas otras obras, no se les puede dejar sólo dentro del rótulo de románticas, a pesar de que sus relatos se debaten en medio de historias de amor, en realidad son obras que recogen los síntomas y el desarrollo de los conflictos culturales del subcontinente. Es también el caso de una de las obras románticas más notables de la época, *Facundo* (1845)[5], de Domingo Faustino Sarmiento, la cual formula una crítica en el sentido estricto de la palabra, su contenido incluye una lectura social, otra histórica, y otra literaria de la Argentina de la época, a través de dos personajes el dictador Juan Manuel de Rosas y el caudillo del pueblo Facundo Quiroga.

> Es como si *Facundo* se escribiera en contra de la versión estatal, del gobierno de Rosas y, también, de la ejecución pública como espectáculo popular, pero como si, a la vez, lo hiciera porque es precisamente allí, en ese espectáculo y en la circulación profusa de las imágenes, donde se detecta el atractivo indispensable para narrar una historia de vida interesante en sí misma y al mismo tiempo posible de proyectarse como historia geopolítica y cultural de una nación que no termina de configurarse según las expectativas sarmientinas[6].

Las publicaciones periódicas, revistas y periódicos, en las cuales las letras literarias tenían una presencia relevante, fueron el medio de expansión para la literatura, el periodismo una disciplina en desarrollo y ascenso, tenía en sus filas la gran mayoría de escritores quienes hasta mediados del siglo XX, no contaron con el reconocimiento de su quehacer como un trabajo profesional, de manera que el estilo literario tuvo en los periódicos una gran cabida, de hecho buena parte de los escritores latinoamericanos del siglo pasado entrenó su pluma en las mesas de redacción de los periódicos, y de la misma forma que cumplieron con el papel de avivar y agitar a las masas con cavilaciones poscoloniales producto de la movilización de pensamiento social y estético, aparecen exaltaciones bien logradas sobre ese ser latinoamericano que expelía la nueva disposición racial, en un periodo que bordea el comienzo del siglo XX para fortalecer las discusiones que le precedieron. Es el caso de Martín Fierro (1872) de José Hernández, que con furia embellecida compuso un cántico dolorido, cerca de 5000 versos al mejor estilo de los payadores de la pampa argentina, en él contó cómo no sólo para los gauchos de esa tierra sino para Latinoamérica toda,

---

5 Domingo Sarmiento, *Facundo* (México: Porrúa, 2000).

6 Alejandra Laera. *Prólogo, De la política y el largo plazo de la literatura» en Facundo o civilización y barbarie (*Argentina: Biblioteca del Congreso de la Nación, 2018), 12. Edición en PDF https://bcn.gob.ar/uploads/Facundo_Sarmiento.pdf

el pueblo fue el receptor del desmadre político vertido por la indolencia de sus gobernantes.

Aquí me pongo a cantar
al compás de la vigüela,
que el hombre que lo desvela
una pena estrordinaria,
como la ave solitaria
con el cantar se consuela.

Pido a los santos del cielo
que ayuden mi pensamiento:
les pido en este momento
que voy a cantar mi historia
me refresquen la memoria
y aclaren mi entendimiento…

Tuve en mi pago en un tiempo
hijos, hacienda y mujer,
pero empecé a padecer,
me echaron a la frontera
¡y qué iba a hallar al volver!
tan sólo hallé la tapera….

Y ya con estas noticias
mi relación acabé;
por ser ciertas las conté,
todas las desgracias dichas:
es un telar de desdichas
cada gaucho que usté ve.

Pero ponga su esperanza
en el Dios que lo formó;
y aquí me despido yo,
que referí ansí a mi modo
MALES QUE CONOCEN TODOS
PERO QUE NAIDES CONTÓ[7].

3. UNA CONTINUIDAD DISCONTINUA

Otro de los textos en que podemos vislumbrar la caracterización descrita en las páginas anteriores es *Cumandá* (1877) de Juan León Mera, autor

[7] José Hernández, *Martín Fierro* (Barcelona: Sol, 200), 13 y 249.

ecuatoriano que describe la problemática relación entre mestizos y blancos en el oriente ecuatoriano a principios del siglo XIX.

> Enseguida comienza la ascensión del Abitahua, que es un soberbio altar de gradas de sombría verdura, levantado donde acaba propiamente la rotura de los Andes que hemos bosquejado, y empiezan las regiones orientales. En sus crestas más elevadas, esto es, a una altura de cerca de mil metros, descuellan centenares de palmas que parecen gigantes extasiados en alguna maravilla que está detrás, y que el caminante no puede descubrir mientras no pise el remate del último escalón. Y cierto, una vez coronada la cima, se escapa de lo íntimo del alma un grito de asombro: allí está otro mundo; allí la naturaleza muestra con ostentación una de sus fases más sublimes: es la inmensidad de un mar de vegetación prodigiosa bajo la azul inmensidad del cielo[8].

Y en los *Versos sencillos* (1891) el cubano José Martí exalta a su pueblo:

> Yo soy un hombre sincero
> De donde crece la palma.
> Y antes de morirme quiero
> Echar mis versos del alma.
>
> Yo vengo de todas partes,
> Y hacia todas partes voy:
> Arte soy entre las artes,
> En los montes, monte soy.
>
> Yo sé los nombres extraños
> De las yerbas y las flores,
> Y de mortales engaños,
> Y de sublimes dolores.
>
> Yo sé bien que cuando el mundo
> Cede, lívido, al descanso,
> Sobre el silencio profundo
> Murmura el arroyo manso.
> Yo he puesto la mano osada
> De horror y júbilo yerta,
> Sobre la estrella apagada
> Que cayó frente a mi puerta.
>
> Oculto en mi pecho bravo
> La pena que me lo hiere:

---

[8] Juan Mera, *Cumandá* (Quito: Guzmán Almeida, 1879), 4. https://books.google.com.ec/books?id=z_NQvgAACAAJ&printsec=frontcover#v=onepage&q&f=false

El hijo de un pueblo esclavo
Vive por él, calla y muere[9].

Si bien las contiendas externas y políticas fueron las más visibles, no eran las únicas que aquejaban a los pueblos latinoamericanos, las internas y estéticas constituyeron una de las más enconadas discusiones, pues para unos se trataba de cómo no permitir que la literatura se distrajera de sus realidades sociales, y otros contradecían esa posición aduciendo que la literatura debía volver a su fuero estético y nada más. *La protesta de la musa* (1890) del colombiano José Asunción Silva es un vivo retrato de esa situación, su autor es uno de los mayores exponentes modernistas del continente, en él se expresa una época de descontento vital, en la cual el trabajo de los escritores se encuentra en medio de la tirantez social.

¿Qué has escrito? —le dijo.
El poeta calló silencioso, trató de evitar aquella mirada, que ya no se fijaba en las hojas del libro sino en sus ojos fatigados y turbios...
Yo he hecho —contestó, y la voz le temblaba como la de un niño asustado y sorprendido— he escrito un libro de sátiras, un libro de burlas en que he mostrado las vilezas y los errores, las miserias y las debilidades, las faltas y los vicios de los hombres. Tú no estabas aquí.... No he sentido tu voz al escribirlo, y me han inspirado el Genio del odio y el Genio del ridículo, ambos me han dado flechas que me he divertido en clavar en las almas y en los cuerpos, y es divertido. Musa, tú eres seria y no comprendes estas diversiones; tú nunca te ríes; mira, las flechas al clavarse herían y los heridos hacían muecas risibles y contracciones dolorosas; he desnudado las almas y las he exhibido en su fealdad, he mostrado los ridículos ocultos, he abierto las heridas cerradas; esas monedas que ves sobre la mesa, esos escudos brillantes son el fruto de mi trabajo, y me he reído al hacer reír a los hombres, al ver que los hombres se ríen los unos de los otros. Musa, ríe conmigo... La vida es alegre...
Y el poeta satírico se reía al decir esas frases, al tiempo que una tristeza grave contraía los labios rosados y velaba los ojos profundos de la Musa.
¡Oh profanación! —murmuró ésta, paseando una mirada de lástima por el libro impreso y viendo el oro— ¡oh profanación!, ¿y para clavar esas flechas has empleado las formas sagradas, los versos que cantan y que ríen, los aleteos ágiles de las rimas, las músicas fascinadoras del ritmo? La vida es grave, el verso es noble, el arte es sagrado. Yo conozco tu obra. En vez de las pedrerías brillantes, de los zafiros y de los ópalos, de los esmaltes policromos y de los camafeos delicados, de las filigranas áureas, en vez de los encajes que parecen tejidos por las hadas y de los collares de perlas pálidas que llenas los cofres de los poetas, has removido cieno y fango donde hay reptiles, reptiles de los que yo odio. Yo soy amiga de los pájaros, de los seres alados que cruzan el cielo entre la luz y los inspiro cuando en las noches claras de julio dan serenatas a las estrellas desde las enramadas sombrías; pero odio a

9 José Martí, *Obra poética* (Madrid: Edaf, 2004), 183.

> las serpientes y a los reptiles que nacen en los pantanos. Yo inspiro los idilios verdes como los campos florecidos y las elegías negras como los paños fúnebres donde caen las lágrimas de los cirios... Pero no te he inspirado. ¿Por qué te ríes? ¿Por qué has convertido tus insultos en obra de arte?...[10].

Desde un ámbito y un lenguaje menos engolado, la escritura realista describe las circunstancias fortuitas de un mundo en reconstrucción; obras que dieron pie a las literaturas nacionales, y a principios de siglo XX a las incluidas en el realismo social, el indigenismo, criollismo, literatura terrígena, etc. Es decir, obras que absorbieron las ideas liberales, trataron de intervenir la comprensión de una dinámica económica más acorde con la industrialización, en un momento en que apenas vivíamos otra forma de concretar el logro de las independencias, desde una perspectiva menos medieval, pero ajustada a nuestra propia visión de Modernidad.

En el discurrir de la escritura literaria latinoamericana decimonónica, un último rostro nos falta por descubrir, aunque con el último ejemplo ingresamos en su dominio, hablo del Modernismo que surgió como puente al cambio y a la desambiguación hereditaria de las letras; aunque el vaivén escritural originado por el romanticismo y el realismo no perdió vigencia, el Modernismo les salió al paso como propuesta estética que se interesó en volver a la prerrogativa de la literatura; el poeta español Juan Ramón Jiménez, lo describe muy acertadamente y asegura que el modernismo es volver al encuentro con la belleza. Volver al atributo propio de la literatura fue el clamor de los modernistas, pero toda su queja no podía perder de vista la confluencia de tres aspectos culturales que transformaron su mundo y pensamiento. Se trata de la entrada a la Modernidad y su consecuente pensamiento, a la Modernización con la incursión industrial que muchas de las obras de la época destacan, problemas que aún hoy aquejan al territorio. Por último, el Modernismo, un proceso de escritura que incorpora varios aspectos de la escritura en la región, cuyo énfasis en la estética intrínseca de la literatura se une al deseo de apartar la fuerte tendencia del tratamiento temático con el enfoque del realismo, y algunos vestigios neoclásicos, pero sobre todo al deseo de hacer parte de los lineamientos estéticos de las vanguardias europeas, todo ello sin abandonar cierto dejo romántico y fracciones costumbristas. "El descontento provoca al fin la insurrección necesaria: la generación que escandalizó al vulgo bajo el modesto nombre de modernista se alza contra la pereza romántica y se impone severas y delica-

---

[10] José Asunción Silva, *Poesías* (Bogotá: Instituto Caro y Cuervo, 1979).

das disciplinas. Toma sus ejemplos en Europa, pero piensa en América"[11]. De acuerdo con Pedro Henríquez Ureña es un momento clave en las letras porque el modernismo hace eco de la necesidad de concretar nuestra independencia literaria.

Sin embargo, es importante destacar que afín a todos los apelativos de corrientes, tratamientos temáticos y propuestas, la narración costumbrista y las variantes del realismo se mantienen como un epígono que trasluce el desarrollo y avance hacia y durante el siglo XX sin abandonarlas como referente de cada novedad que suscitó el paso del tiempo. Varias décadas después los críticos, entre ellos Ángel Rama, opinaron que el modernismo fue más una época que un movimiento, explicando que no se dio aparición de proclama o manifiesto que los presentara. En cambio, sí obedeció a tendencias del periodo posromántico, similares a los que se presentaron en otras literaturas (como pasa en todas las épocas y sus movimientos). En él muchas de sus ambientaciones de lenguaje correspondieron a una reacción contra los excesos del romanticismo no contra su esencia, sino contra la repetición de lugares comunes, el exceso de lenguaje enfático, los sentimientos desbordados, de ese "Todo o nada" que lo caracterizó. Así su estandarte fue "No al viejo retoricismo", y con él en alto rechazaron las normas y las formas que no conciliaran con sus tendencias renovadoras. El ojo avizor de los modernistas no se limitó a España, se expandió a Europa con la renovación poética que campeaba por toda la región; de la influencia formal simbolista y parnasiana, obtuvo nuevos metros, combinaciones de palabra y rima extendidas a la prosa. Fue indudablemente una nueva sensibilidad hacia la vida, el futuro y los recursos estéticos; hizo gala del fulgor de la sinestesia impresionista en donde cada sentido alimentó al otro e intercambiaron sensaciones con efectos para exaltar la novedad rítmica. Theophile Gautier, destaca como los modernistas tienden a deslumbrar, a los cabrilleos, a las refulgencias o a la embriaguez de luz, sonido, color u olor. Notorio en los versos de *Sonatina* (1896), uno de los poemas más conocidos del nicaragüense Rubén Darío.

> La princesa está triste... ¿Qué tendrá la princesa?
> Los suspiros se escapan de su boca de fresa,
> que ha perdido la risa, que ha perdido el color.

[11] Pedro Henríquez Ureña. *El descontento y la promesa,* 2003 https://enriquedussel.com/txt/Textos_200_Obras/Filosofos_Caribe/Plenitud_America-P.Henriquez_U.pdf

La princesa está pálida en su silla de oro,
está mudo el teclado de su clave sonoro,
y en un vaso, olvidada, se desmaya una flor.

El jardín puebla el triunfo de los pavos reales.
Parlanchina, la dueña dice cosas banales,
y vestido de rojo piruetea el bufón.
La princesa no ríe, la princesa no siente;
la princesa persigue por el cielo de Oriente
la libélula vaga de una vaga ilusión...[12]

En 1910, el mexicano Enrique González Martínez, escribe el soneto *Tuércele el cuello al cisne*: Tuércele el cuello al cisne de engañoso plumaje/que da su nota blanca al azul de la fuente;/él pasea su gracia no más, pero no siente/el alma de las cosas ni el olor del paisaje... por su parte Octavio Paz opina que el verdadero modernismo en Latinoamérica es el romanticismo. Y tienen razón, González alude a una de las imágenes más reiteradas por los modernistas, y Paz, apunta a ese sentimiento e idea del que la literatura latinoamericana a pesar del tiempo no se alejó, incluso la mayoría de los modernistas se forjaron en el lenguaje romántico, basta con leer atentamente las obras completas de los autores modernistas y en cada una se descubre un periodo eminentemente romántico que no pierden por más que lo intenten, el énfasis en describir los estados de ánimo propio del carácter romántico se mantiene. Tal vez lo más destacable es que el modernismo fue una experiencia cultural e intelectual en la literatura de estas tierras, creó una conciencia moderna sobre la escritura y en él residió el punto de partida hacia la experimentación continental en las letras. Una disposición que en Latinoamérica como el recipiente de un crisol racial en el cual converge cada mestizaje que se dio en algún lugar de la tierra, cerró un siglo y abrió otro para madurar todo lo dispuesto por el pensamiento y la acción decimonónica; con propuestas de lectura sobre el pasado y la lente puesta en nuestro futuro, afloraron obras que coligieron la experimentación hacia lo nuestro; lo que ahora nos permite ver que la mirada puesta en la Modernidad entra como una comprensión heterogénea que interroga con singular contundencia, una miríada de categorías, nación, pueblo, Estado, colonialismo, política, sociedad, cultura, educación", todas centrales en el propósito de discurrir sobre el pensamiento y la cultura de América Latina.

---

12 Rubén Darío. *Prosas profanas y otros poemas* (Madrid: Castalia, 1987), 97.

4. OTRO BALUARTE PARA LA ESCRITURA LITERARIA

Por algo más de dos siglos surgieron propuestas revisionistas de la estética guía de otras épocas. Críticos y escritores las declararon rutas de la reflexión in situ, con la idea de hallar otro sustento diferente a las obras. A comienzos del siglo XX reaparece la pregunta por cuál es el norte de la autonomía política, cultural, económica, cómo y quién la conduce. Variadas fueron las propuestas que nuestras letras procuraron con la idea de facultarnos como soberanos de un territorio que ya está en capacidad no sólo de decidirlo sino de decirlo, de contarlo. Tiempo después cuando Guillermo Sucre recorre los pasos de ese momento afirma que, la duda sobre el aprendizaje autónomo en materia de escritura literaria no sólo se había robustecido, sino que tonificó a la crítica, y esos lectores críticos que leyeron su realidad literaria circundante dejaron claro que al hablar sobre ella como investigadores del progreso, frente a lo que plasmaron los escritores permitió la mixtura de visiones, convirtiéndose en un esfuerzo conjunto que terminó por disolver la idea de que objetivar y cientifizar el estudio sobre la literatura era una tarea inoperante. No obstante, como toda iniciativa, requiere dinamizar sus capacidades, en un comienzo fueron recolectores analíticos y con el tiempo se convirtieron en autores críticos sobre la concepción de una renovada escritura literaria. Críticos, que al principio no se pensaron de esa forma, máxime cuando el trabajo del escritor no se proyectaba como una figura de labor profesional, aunque con el tiempo lograron el reconocimiento debido. Entre lecturas iniciáticas de cronistas, comentaristas o editorialistas, configuraron aquello que cada porción de la región entendía por literatura hasta llegar a la comprensión territorial correspondiente al empeño del crítico literario como un sistema de observación social e individual y colaborativo en la construcción del pensamiento de región.

En Latinoamérica el pensamiento crítico fue una experiencia de la modernidad, una experiencia secular de la sociedad, un reflejo de la urgencia de construir civilidad, pedagogía cultural y social. Así como las publicaciones culturales periódicas a finales del siglo XIX dieron cuenta de un propósito crítico, mientras brotaban por nuestros países las novelas fundacionales, las novelas de la tierra y de contenido social, aquellas que quizás fueron producto de un entre tanto de novela histórica, se abrieron paso autores como José Martí, José Vasconcelos, Juan Carlos Mariátegui, Andrés Bello, José Enrique Rodó con ensayos cuya valía consistió en recordar el camino hecho y enarbolar necesidades varias como la educación para un mayor número de personas, lo cual ayudaría a consolidar la conciencia sobre nosotros. Las mismas palabras que tiempo después aparecen como la de críticos profesionales respaldados por teoría no solo profesionalizante, sino concebidas como ciencia cultural, Martí escribe *Nuestra América* (1891),

> ... Por eso el libro importado ha sido vencido en América por el hombre natural. Los hombres naturales han vencido a los letrados artificiales. El mestizo autóctono ha vencido al criollo exótico. No hay batalla entre la civilización y la barbarie, sino entre la falsa erudición y la naturaleza. El hombre natural es bueno, y acata y premia la inteligencia superior, mientras esta no se vale de su sumisión para dañarle, o le ofende prescindiendo de él, que es cosa que no perdona el hombre natural, dispuesto a recobrar por la fuerza el respeto de quien le hiere la susceptibilidad o le perjudica el interés. Por esta conformidad con los elementos naturales desdeñados han subido los tiranos de América al poder; y han caído en cuanto les hicieron traición. Las repúblicas han purgado en las tiranías su incapacidad para conocer los elementos verdaderos del país, derivar de ellos la forma de gobierno y gobernar con ellos. Gobernante, en un pueblo nuevo, quiere decir creador[13].

No podemos dejar en el tintero que, un gran número de contemporáneos desdeñaron a los modernistas por considerar que su dedicación estética ensimismada los alejó del compromiso político de una tierra que se debatía entre tanta necesidad de pensar en ella. Sí, es cierto, el modernismo es producto de una época llena de confusiones y angustia vital, y por eso se debatió entre dos urgencias, la poética y la política, como se manifestó en el americanismo literario. Entre las primeras expresiones críticas americanas se encuentra la que formuló el uruguayo José Enrique Rodó quien postula la obligación de pensarnos ante los nuevos peligros que se instalan, nosotros mismos y el imperio norteamericano; en *Ariel* (1900), una obra tan vigorosa que a lo largo del continente estimula el Arielismo, el cual advierte los peligros que nos instan a mantener firmes nuestros valores como latinoamericanos.

> Anhelo colaborar en una página del programa que, al prepararos a respirar el aire libre de la acción, formularéis, sin duda, en la intimidad de vuestro espíritu, para ceñir a él vuestra personalidad moral y vuestro esfuerzo. Este programa propio —que algunas veces se formula y escribe; que se reserva otras para ser revelado en el mismo transcurso de la acción— no falta nunca en el espíritu de las agrupaciones y los pueblos que son algo más que muchedumbres. Si con relación a la escuela de la voluntad individual, pudo

---

[13] José Martí. «Nuestra América», *Revista Ilustrada de Nueva York*, 10 de enero de 1891, y en *El Partido Liberal* (México, el 30 de enero de 1891). https://bibliotecavirtual.clacso.org.ar/ar/libros/osal/osal27/14Marti.pdf

> Goethe decir profundamente que sólo es digno de la libertad y la vida quien es capaz de conquistarlas día a día para sí, con tanta más razón podría decirse que el honor de cada generación humana exige que ella se conquiste, por la perseverante actividad de su pensamiento, por el esfuerzo propio, su fe en determinada manifestación del ideal y su puesto en la evolución de las ideas. La concepción utilitaria, como idea del destino humano, y la igualdad en lo mediocre, como norma de la proporción social, componen, íntimamente relacionadas, la fórmula de lo que ha solido llamarse, en Europa, el espíritu de americanismo. Es imposible meditar sobre ambas inspiraciones de la conducta y la sociabilidad, y compararlas con las que les son opuestas, sin que la asociación traiga, con insistencia, a la mente la imagen de esa democracia formidable y fecunda que, allá en el Norte, ostenta las manifestaciones de su prosperidad y su poder, como una deslumbradora prueba que abona en favor de la eficacia de sus instituciones y de la dirección de sus ideas. Si ha podido decirse del utilitarismo que es el verbo del espíritu inglés, los Estados Unidos pueden ser considerados la encarnación del verbo utilitario. Y el Evangelio de este verbo se difunde por todas partes a favor de los milagros materiales del triunfo. Hispanoamérica ya no es enteramente calificable, con relación a él, de tierra de gentiles. La poderosa federación va realizando entre nosotros una suerte de conquista moral. La admiración por su grandeza y por su fuerza es un sentimiento que avanza a grandes pasos en el espíritu de nuestros hombres dirigentes, y aún más, quizá, en el de las muchedumbres, fascinables por la impresión de la victoria. Y de admirarla se pasa por una transición facilísima a imitarla. La admiración y la creencia son ya modos pasivos de imitación para el psicólogo. «La tendencia imitativa de nuestra naturaleza moral —decía Bagehot— tiene su asiento en aquella parte del alma en que reside la credibilidad». El sentido y la experiencia vulgares serían suficientes para establecer por sí solos esa sencilla relación. Se imita a aquel en cuya superioridad o cuyo prestigio se cree. Es así como la visión de una América deslatinizada por propia voluntad, sin la extorsión de la conquista, y regenerada luego a imagen y semejanza del arquetipo del Norte, flota ya sobre los sueños de muchos sinceros interesados por nuestro porvenir, inspira la fruición con que ellos formulan a cada paso los más sugestivos paralelos y se manifiesta por constantes propósitos de innovación y de reforma. Tenemos nuestra nordomanía. Es necesario oponerle los límites que la razón y el sentimiento señalan de consuno[14].

Los diferentes enfoques sobre los cuales uno y otro se habían parado para hablar del proceso y sus respectivas preocupaciones ayudaron a compartir la comprensión de un todo individual, de región y de territorio, ese fue el comienzo de un pensamiento, sobre la base de un interrogante, cuál podría ser nuestro aporte en letras a la universalidad literaria, y esa formulación llevó a la afluencia de comprensiones y propuestas explicativas

---

14 José Rodó. *Ariel*. II y VI, Edición en PDF https://www.cervantesvirtual.com/obra-visor/ariel-0/html/

para considerar la existencia de una Literatura Latinoamericana. Así, a la par de formulaciones teórico-críticas afloraron obras como *La vorágine* (1924), *Don Segundo Sombra* (1926), *Doña Bárbara* (1929), *Las lanzas coloradas* (1931), *Huasipungo* (1934), *Hombres de Maíz* (1949), y tantas otras. En 1926 aparece un ensayo definiendo una posible y a la vez contundente inserción de Latinoamérica en el mundo entero, su nombre *La raza cósmica,* su autor José Vasconcelos, un mexicano que durante el resto del siglo con su ensayo dio mucho de qué hablar a estudiantes y maestros de diferentes disciplinas, sobre todo porque pese al año de aparición del texto, algunas de sus afirmaciones aún hoy guardan cercanía con el presente latinoamericano. ¿Fue acaso una enunciación cultural, racial, de territorio? Lo cierto es que con afirmaciones controversiales, profundas y conocedoras de nuestras gentes demuestra todo un espíritu de época, y con él la idea de una nueva raza constituida desde mucho antes gracias a las migraciones que con antelación de siglos tuvieron lugar en el mundo entero:

> En la historia no hay retornos, porque toda ella es transformación y novedad. Ninguna raza vuelve; cada una plantea su misión, la cumple y se va... los días de los blancos puros, los vencedores de hoy están tan contados como lo estuvieron los de sus antecesores. Al cumplir su destino de mecanizar el mundo, ellos mismos han puesto, sin saberlo, las bases de un periodo nuevo, el periodo de la fusión y la mezcla de todos los pueblos[15].

Quizás la reflexión en torno al concepto de raza es una inquietud que circula desde que se prefiguró alguna de las muchas calzadas abiertas para atisbar el pensamiento latinoamericano. Unido a otro concepto que ha designado en diferentes épocas el proceso que sufrió América Latina, el de transculturación. El uruguayo Ángel Rama dedica todo un tomo a trabajar el tema de la transculturación narrativa en América Latina[16], en él recuerda como el cubano Fernando Ortiz, propuso sustituir el término de Aculturación por el de Transculturación, aduciendo que "entendemos que el vocablo Transculturación expresa mejor las diferentes fases del proceso transitivo de una cultura a otra, porque este no consiste solamente en adquirir una cultura, que es lo que en rigor indica la voz anglo-americana *aculturación,* sino que el proceso implica la pérdida o desarraigo de una cultura precedente, lo que pudiera decirse una desculturación. Total, Rama cada vez que invoca el término, lo que en realidad está recordando es el

---

15 José Vasconcelos. *La raza cósmica* (México: Porrúa, 2012), 13.

16 Ángel Rama. *La transculturación narrativa en América Latina* (México: Siglo XXI, 1984).

hecho de cómo en la estética de las letras literarias en Latinoamérica se conforma, compacta y refrenda el proceso[17]; tal como nos deja leer y sentir el chileno Pablo Neruda en su gran poema épico *Canto general*[18].

I La lámpara en la tierra
Amor América
ANTES de la peluca y la casaca
fueron los ríos, ríos arteriales:
fueron las cordilleras, en cuya onda raída
el cóndor o la nieve parecían inmóviles:
fue la humedad y la espesura, el trueno
sin nombre todavía, las pampas planetarias.
El hombre tierra fue, vasija, párpado
del barro trémulo, forma de la arcilla,
fue cántaro caribe, piedra chibcha,
copa imperial o sílice araucana.
Tierno y sangriento fue, pero en la empuñadura
de su arma de cristal humedecido,
las iniciales de la tierra estaban
escritas.
...
VIII La tierra se llama Juan
XVII
DETRÁS de los libertadores estaba Juan
trabajando, pescando y combatiendo,
en su trabajo de carpintería o en su mina mojada.
Sus manos han arado la tierra y han medido
los caminos.
Sus huesos están en todas partes.
Pero vive. Regresó de la tierra. Ha nacido.
Ha nacido de nuevo como una planta eterna.
Toda la noche impura trató de sumergirlo
y hoy afirma en la aurora sus labios indomables.
Lo ataron, y es ahora decidido soldado.
Lo hirieron, y mantiene su salud de manzana.
Le cortaron las manos, y hoy golpea con ellas.
Lo enterraron, y viene cantando con nosotros.
Juan, es tuya la puerta y el camino.
La tierra

---

17 Ángel Rama. *Crítica literaria y utopía en América Latina.* (Medellín: Universidad de Antioquia, 2005).

18 Pablo Neruda, *Su mejor poesía,* (Bogotá: Círculo de lectores, 1989), 172.

es tuya, pueblo, la verdad ha nacido
contigo, de tu sangre...
XV Yo soy
XVIII Termino aquí
Este libro termina aquí. Ha nacido
de la ira como una brasa, como los territorios
de bosques incendiados, y deseo
que continúe como un árbol rojo
propagando su clara quemadura.
Pero no sólo cólera en sus ramas
encontraste: no sólo sus raíces
buscaron el dolor, sino la fuerza
y fuerza soy de piedra pensativa. Alegría de manos congregadas
Por fin soy libre, adentro de los seres... [19]

En fin, mientras el resto del globo se encontraba en una pausa de su momento industrial, nuestra historia se aglutinó en procesos de modernización, producto, entre otros factores, de las transformaciones de nuevas tecnologías, el auge de otros patrones e imaginarios culturales de la sociedad de masas, la reconfiguración espacial y temporal, sobre aquello que medio siglo atrás en *Plenitud de América*[20], Pedro Henríquez Ureña afirmó: ... nuestra América debe afirmar la fe en su destino, en el porvenir de la civilización. Para mantenerlo no me fundo, desde luego, en el desarrollo presente o futuro de las riquezas materiales, ni siquiera en esos argumentos, contundentes para los contagiados del delirio industrial, argumentos que se llaman Buenos Aires, Montevideo, Santiago, Valparaíso, Rosario (p. 6); a lo que Santiago Castro-Gómez (2009) llamó "dispositivos de movilidad" y en su libro *Tejidos Oníricos: Movilidad, capitalismo y biopolítica en Bogotá (1910-1930)* lo define: "conjunto heterogéneo de discursos, tecnologías y prácticas que desde el siglo XIX inscribieron el movimiento de la población"[21]. Por su parte, Gutiérrez Girardot explica que, debido a esa movilidad social provista por los cambios de época, se presenta la necesidad de afirmarse en figuras representativas polémicas ante la disolución del canon, puesto que la historia literaria no es acumulación pasiva, erudición de nombres y

---

[19] Pablo Neruda. *Canto general* (España: Ediciones Orbis, 1950), 7, 262, 418.

[20] Pedro Henríquez Ureña. «Plenitud de América» en *Ensayos escogidos* (Buenos aires: Peña, Del Giudice, 1952), 2. https://enriquedussel.com/txt/Textos_200_Obras/Filosofos_Caribe/Plenitud_America-P. Henriquez_U.pdf

[21] Santiago Castro. *Tejidos Oníricos: Movilidad, capitalismo y biopolítica en Bogotá (1910-1930)* (Bogotá: Pontificia Universidad Javeriana, 2009), 61.

obras; es más bien, "interpretación", "característica". (1998, 2). A partir de las palabras de estos tres autores podemos notar en qué se apoyó el crítico para fundamentar el trabajo del cual adolecía esta parte del continente; brindaron interpretaciones como nuevos lectores de la región al advertir la literatura como el prisma del proceso latinoamericano y los estudios literarios como aporte a la materialización del proyecto cultural.

5. LA LITERATURA ASUMIÓ EL ANÁLISIS DE NUESTRA REALIDAD

Ahora, podremos cambiar de ángulo para ver el panorama de un fenomenal proceso en las letras como contribución territorial que el subcontinente americano requirió para ser contado ante la esfera mundial, porque la literatura asumió el análisis de nuestra realidad desde sus lógicas narrativas individuales para construir un sistema analítico de región. Una vez tuvimos la certeza de lo propio, el análisis sobre la realidad requirió expresiones vinculantes, diferentes a los recursos decimonónicos ya en decadencia. Se presentó un momento en que asumieron las realidades comprensivas para mantener ciertos elementos en su escritura, pero diversificadas por los recursos de vanguardia. Ya en el siglo XX podemos notar cómo se apeló a prácticas analíticas movidas por la noción renovada de los tratamientos temáticos, el asentamiento de causas para el entendimiento cultural, y las ingeniosas retomas de planteamientos estéticos, proveedores todos de propuestas innovadoras y distintivas, cuyo origen fue el movimiento cultural europeo, el cual desplegó aires de renovación con atractivos tan singulares que inundaron el pensamiento mundial, a la vez que irradió la movilización de mentes que en Latinoamérica se propagó a paso largo. Es el caso del poema *Tú me quieres blanca*[22] de Alfonsina Storni, que en su momento y época resultó inquietante viniendo de una mujer que debía cantar al amor romántico y a la dedicación femenina, pero contrario a eso, de su voz brota la que décadas después se recuerda como primera etapa de la manifestación feminista.

> Tú me quieres alba,
> Me quieres de espumas,
> Me quieres de nácar.
> Que sea azucena

---

[22] Alfonsina Storni, *Antología poética* (Buenos Aires: Losada, 1997), 30 y 31.

Sobre todas, casta.
De perfume tenue.
Corola cerrada

Ni un rayo de luna
Filtrado me haya.
Ni una margarita
Se diga mi hermana.
Tú me quieres nívea,
Tú me quieres blanca,
Tú me quieres alba.

Tú que hubiste todas
Las copas a mano,
De frutos y mieles
Los labios morados.
Tú que en el banquete
Cubierto de pámpanos
Dejaste las carnes
Festejando a Baco.
Tú que en los jardines
Negros del Engaño
Vestido de rojo
Corriste al Estrago.

…
Huye hacia los bosques,
Vete a la montaña;
Límpiate la boca;
Vive en las cabañas;
Toca con las manos
La tierra mojada;
Alimenta el cuerpo
Con raíz amarga;
Bebe de las rocas;
Duerme sobre escarcha;
Renueva tejidos
Con salitre y agua;
Habla con los pájaros
Y lévate al alba.
Y cuando las carnes
Te sean tornadas,
Y cuando hayas puesto
En ellas el alma
Que por las alcobas
Se quedó enredada,
Entonces, buen hombre,

Preténdeme blanca,
Preténdeme nívea,
Preténdeme casta.

La entrada al nuevo siglo instituyó en los literatos latinoamericanos una serie de inspiraciones que ventilaron con mayor fuerza las querencias expresivas de la época, adicional a un público lector ávido de ellas, lo cual facilitó el advenimiento de los aires vanguardistas, que en su expresión de origen cultivaron el interés en dejar manifiesta la exposición política y la libertad expresiva en las obras con el objeto de hacer más vivaz su resultado y cambiar con ello las maneras de decir. Aunque la inscripción de esos perfiles en la praxis requirió presupuestos que década a década favorecieron la observación de búsquedas, propuestas y estéticas patentes para originar lo que hoy conocemos como la edad dorada de las letras en Latinoamérica. Esos presupuestos traen consigo implicaciones críticas sobre la modernidad, entre ellos la decadencia de los metarrelatos como el Cristianismo, Iluminismo, Marxismo y Capitalismo que hasta el momento movilizaron en muchos aspectos a la humanidad, no tardaron en figurar dentro de las obras que comenzaban a asumir nuevas formas. Entre muchas, una muy visible fue *Altazor*, del chileno Vicente Huidobro en la cual se escuchó su voz en alto al decir:

Soy yo Altazor
Altazor
Encerrado en la jaula de su destino
En vano me aferro a los barrotes de la evasión posible

Una flor cierra el camino
Y se levantan como la estatua de las llamas.
La evasión imposible
Más débil marcho con mis ansias
Que un ejército sin luz en medio de emboscadas

Abrí los ojos en el siglo
En que moría el cristianismo.
Retorcido en su cruz agonizante
Ya va a dar el último suspiro
¿Y mañana qué pondremos en el sitio vacío?
Pondremos un alba o un crepúsculo
¿Y hay que poner algo acaso?

La corona de espinas
Chorreando sus últimas estrellas se marchita
Morirá el cristianismo que no ha resuelto ningún problema
Que sólo ha enseñado plegarias muertas.

Muere después de dos mil años de existencia
Un cañoneo enorme pone punto final a la era cristiana
El Cristo quiere morir acompañado de millones de almas
Hundirse con sus templos
Y atravesar la muerte con un cortejo inmenso
Mil aeroplanos saludan la nueva era
Ellos son los oráculos y las banderas

Hace seis meses solamente
Dejé la ecuatorial recién cortada
En la tumba guerrera del esclavo paciente
Corona de piedad sobre la estupidez humana.
Soy yo que estoy hablando en este año de 1919
Es el invierno
Ya la Europa enterró todos sus muertos
Y un millar de lágrimas hacen una sola cruz de nieve
Mirad esas estepas que sacuden las manos
Millones de obreros han comprendido al fin
Y levantan al cielo sus banderas de aurora
Venid, venid, os esperamos porque sois la esperanza
La única esperanza
La última esperanza[23]

Versos como los anteriores hacen parte de la propuesta revolucionaria de Huidobro, una propuesta vanguardista imbuida en el Creacionismo, en la cual el poeta es un dios que en cada verso da a luz al mundo. En su *Arte poética* invita a hacerlo, "… Por qué cantáis la rosa, ¡oh poetas! / Hacedla florecer en el poema / … El poeta es un pequeño Dios"[24].

6. POSTULACIONES TEÓRICAS, CRÍTICAS Y ESTÉTICAS

De igual forma, por toda la región se desplegaron Manifiestos que invitaron a acciones similares e hicieron oír sus voces en diferentes países valiéndose en su mayoría de publicaciones periódicas, revistas que avivaron su sentimiento y pensamiento en ruta de cambio. Algunos de ellos los encontramos compendiados en la *Breve Antología de la poesía latinoamericana*

---

23 Vicente Huidobro. *Altazor.* (Madrid: Cátedra, 2000), 64-65.

24 Vicente Huidobro, *Antología poética* (Madrid: Castalia, 1990), 41

de vanguardia (1920-1930)[25]. A continuación, veremos varios de ellos. En Argentina el grupo Martín Fierro lanza el *Manifiesto de Martín Fierro*:

> Frente a la impermeabilidad hipopotámica del "honorable público".
> Frente a la funeraria solemnidad del historiador y del catedrático, que momifica cuanto toca.
> Frente al recetario que inspira las elucubraciones de nuestros más "bellos" espíritus y a la afición al ANACRONISMO y al MIMETISMO que demuestran.
> Frente a la ridícula necesidad de fundamentar nuestro nacionalismo intelectual, hinchando valores falsos que al primer pinchazo se desinflan como chanchitos.
> Frente a la incapacidad de contemplar la vida sin escalar las estanterías de las bibliotecas.
> Y, sobre todo, frente al pavoroso temor de equivocarse que paraliza el mismo ímpetu de la juventud, más anquilosada que cualquier burócrata jubilado:
> "MARTÍN FIERRO" siente la necesidad imprescindible de definirse y de llamar a cuantos sean capaces de percibir que nos hallamos en presencia de una NUEVA sensibilidad y de una NUEVA comprensión, que, al ponernos de acuerdo con nosotros mismos, nos descubre panoramas insospechados y nuevos medios y formas de expresión. ... [26]

En Perú, Juan Carlos Mariátegui, un paladín del estudio sobre su país dice en la presentación de la revista *Amauta*:

> Esta revista en el campo intelectual no representa un grupo. Representa, más bien, un movimiento, un espíritu. En el Perú se siente desde hace algún tiempo una corriente, cada día más vigorosa y definida, de renovación. A los fautores de esta renovación se les llama vanguardistas, socialistas, revolucionarios, etc. La historia no los ha bautizado definitivamente todavía. Existen entre ellos algunas discrepancias formales, algunas diferencias psicológicas. Pero por encima de lo que los diferencia, todos estos espíritus ponen lo que los aproxima y mancomuna: su voluntad de crear un Perú nuevo dentro del mundo nuevo.
> ... El objeto de esta revista es el de plantear, esclarecer y conocer los problemas peruanos desde puntos de vista doctrinarios y científicos. Pero consideraremos siempre al Perú dentro del panorama del mundo. Estudiaremos todos los grandes movimientos de renovación políticos, filosóficos, artísticos, literarios, científicos. Todo lo humano es nuestro. Esta revista vinculará a los hombres nuevos del Perú, primero con los de los otros pueblos de américa, enseguida con los de los otros pueblos del mundo[27].

---

25 *Breve Antología de la poesía latinoamericana de vanguardia (1920-1930)* (Buenos Aires: Sudamericana, 1996).

26 *Breve Antología...*, 29

27 *Breve Antología...*, 41-42

Así mismo, en Puerto Rico el Movimiento Euforista en voz de Vicente Palés Matos y Tomás Batista llama a la juventud americana a derribar sus antecedentes poéticos:

> ¿Revolución lírica? Sí; ajustamiento de una nueva lírica creadora de gestos seguros y potentes en nuestra literatura falsificada y rala. Hora es ya de acabar con el verso matiz que ha degenerado nuestra lírica y añoñado nuestras mentalidades. Fuera esa garrullería de sentimentalismos dulzones, y pasa tú, lírica eufórica, tempestad de luz, ráfaga cósmica, sacudiendo nuestros espíritus. ¡Acabemos de una vez y para siempre con los temas teatrales, preciosismos, camafeos, artificios! Cantemos a lo fuerte y lo útil, lo pequeño y potente. Fortalezcamos nuestras almas entumidas y tiremos una paralela al siglo literario. ... ¡Rompamos los moldes viejos, la tradición! Olvidemos el pasado; no tengamos ojos sino para el presente luminoso y para el futuro más luminoso aún. ¡Hagamos una nueva historia, una nueva tradición, un nuevo Pasado! ¡Y los que detrás vengan que destruyan como nosotros, que renueven! ¡Renovación, he ahí la clave! ¡Recordar es pudrirse, entumecerse! ¡Cerremos nuestra memoria, máquina imitadora, loro estúpido, y abramos nuestra imaginación a hacer "cosas nuevas bajo el sol"! ¡Bienvenido el vértigo, el peligro y la locura![28]

Y en compañía de esas propuestas profanas para algunos y ofrendas para otros, la poesía comenzó a ofertar sus nuevas formas, y a crear un nuevo paradigma en la observación de su voz. En Cuba, Nicolás Guillén, dio paso a la fonética rítmica de su pueblo y no por eso dejó de escribir grandes poemas como *Si tú supiera...*

> ¡Ay, negra,
> si tú supiera!
> Anoche te bi pasá
> y no quise que me biera.
> A é tú le hará como a mí,
> que cuando no tube plata
> te corrite de bachata,
> sin acoddadte de mí.
> Sóngoro cosongo,
> songo bé;
> sóngoro cosongo
> de mamey;
> sóngoro, la negra
> baila bien;
> sóngoro de uno
> sóngoro de tre.

---

[28] *Breve Antología...*, 71-72.

Aé,
bengan a be;
aé,
bamo pa be;
bengan, sóngoro cosongo,
sóngoro cosongo de mamey![29]

Entre muchos cambios radicales, el tratamiento temático no se hizo esperar, Oliverio Girondo abdica a esa concepción romántica de la mujer adornada por su belleza y en cambio auspiciada por la insensatez libertaria.

No se me importa un pito que las mujeres tengan los senos como magnolias o como pasas de higo; un cutis de durazno o de papel de lija. Le doy una importancia igual a cero, al hecho de que amanezcan con un aliento afrodisiaco o con un aliento insecticida. Soy perfectamente capaz de soportarles una nariz que sacaría el primer premio en una exposición de zanahorias; ¡pero eso sí! —y en esto soy irreductible— no les perdono, bajo ningún pretexto, que no sepan volar. Si no saben volar ¡pierden el tiempo las que pretendan seducirme![30]

7. DESPUÉS DE LA NUEVA RÍTMICA...

A la vez de las vueltas y revueltas en torno a los ejes estéticos descritos, comenzamos a notar una evolución crítica promotora de nuevos ritmos para nuestros sentidos, la comprensión sintáctico-ideográfica en vez de analítico-discursiva, en tanto la dimensión geográfica del relato se transmutó en agente cultural. Mientras los cambios en sus voces lograron el enriquecimiento de la experiencia poética en cualquiera de las expresiones genéricas, mediante el verso libre, la supresión de la rima, la libertad de la invención metafórica, el lenguaje coloquial; los escritores ultraístas, estridentistas, antropófagos, diepálicos, negristas, contemporáneos, entre otros, resistían el otro lado de la realidad que consistía en dar fuerza a sus posiciones políticas en una Latinoamérica plagada por las dictaduras. Iniciativas como el Plan Marshall auspiciado por Estados Unidos con el objeto de ayudar a reconstruir a Europa después del estado en que quedó tras dos guerras mundiales, en América Latina a los gobiernos engalanados con charreteras y con el propósito de frenar a una buena porción de individuos presentes en la esfera pública, cada vez más afectos a las ideas marxistas,

---

29 *Breve Antología...*, 78

30 *Breve Antología...*, 36.

como tantos que constituyeron nuestras voces literarias y que auguraron un freno desmedido a la libertad, se vieron conmovidos y violentados por la pólvora de los gobiernos dictatoriales, la fuerza de la represión y los silencios del exilio: Cipriano Castro en Venezuela de 1899 a 1908; Juan Vicente Gómez en Venezuela de 1908 a 1935; Marcos Pérez Jiménez en Venezuela de 1952 a 1958; Porfirio Díaz en México de 1884 a 1911; Manuel Estrada en Guatemala de 1898 a 1920; Jorge Ubico en Guatemala de 1931 a 1944; Gerardo Machado en Cuba de 1925 a 1933; Fulgencio Baptista en Cuba de 1952 a 1959; Jorge Videla en Argentina de 1976 a 1978; Maximiliano Hernández en El Salvador de 1931 a 1944; Tiburcio Carías Andino en Honduras de 1932 a 1949; Anastasio Somoza en Nicaragua de 1967 a 1972 y de 1974 a 1979; Higinio Moríñigo en Paraguay de 1940 a 1948; Luis Miguel Sánchez Cerro en Perú de 1930 a 1933; Manuel Odría en Perú de 1948 a 1956; Gustavo Rojas Pinilla en Colombia de 1953 a 1957; Fancois Duvalier en Haiti de 1964 a 1971; Rafael Leónidas Trujillo en República Dominicana de 1930 a 1961; Augusto Pinochet en Chile de 1973 a 1990.

Después de leer esta lista, no resulta a priori asegurar que las inmanentes guerras civiles y desavenencias políticas de los países latinoamericanos instigaron para que figuras como las enumeradas pudieran gobernar sus países. El tema de los dictadores además de convertirse en una experiencia brutal para la sociedad, también se convirtió en temática reiterada en varias obras del continente, y con ello cumplió paradójicamente un papel formativo e hizo lo que la literatura sabe hacer, expandir el tema a otros campos de análisis que también nos aquejaban. Entre tanto, aumentó considerablemente el número de los jóvenes con formación universitaria, la movilidad adentro y hacia afuera del territorio cada vez fue mayor, y los levantamientos sociales comenzaron a forjar un camino de no dependencia a las ideas gubernamentales; los intelectuales y artistas crecieron y desplegaron sus visiones disidentes, y su proliferación procuró focos de desarrollo, y panoramas enfrentados. La comunicación entre países dio pie a diseminar nuevas formas de comprensión para los públicos expectantes, receptores de ideas que en las obras se esclarecían como mecanismos vanguardistas conductores de la experimentación formal. Todas razones que capitanearon el cambiante contexto social y cultural para dar la bienvenida a las grandes obras que en cascada se presentaron a lo largo del siglo.

Sí, como en cascada, aparecen en forma continua nombres y obras de buena factura. Claro está, tal como acontece en las antologías, siempre será una enumeración incompleta que no cubre el número de nombres que podrían adicionarse, y aun así da cuenta de la enorme galería que encierra; y deja notar que más que una cascada se convirtió en un aluvión, bautizado de diferentes formas, la Nueva Novela Latinoamericana, el Boom latinoamericano, o la Época dorada de la escritura en Latinoamérica, entre otras. Con un efecto progresivo comienzan a aparecer obras como: *Ibis* (1900) de José María Vargas Vila, *Desolación* (1922) de Gabriela Mistral, *Veinte poemas de amor y una canción desesperada* (1924) de Pablo Neruda, *Ocre* (1925) de Alfonsina Storni, *Los siete locos* (1929) de Roberto Arlt, *Motivos del son* (1930) de Nicolás Guillén, *Yerbas de tarahumara* (1934) de Alfonso Reyes, *Viaje olvidado* (1937) de Silvina Ocampo, *Muerte de Narciso* (1937) de José Lezama Lima, *España aparta de mi este cáliz* (1939) de César Vallejo, *El árbol* (1939) de María Luisa Bombal, *El pozo* (1939) de Juan Carlos Onetti, *Cerca del corazón salvaje* (1944) de Clarise Lispector, *Ficciones* (1944) de Jorge Luis Borges, *Sagarana* (1946) de Joao Gimaraes Rosa, *Los pasos perdidos* (1953) de Alejo Carpentier, *Pedro Páramo* (1955) de Juan Rulfo, *Balún Canán* (1957) de Rosario Castellanos, *Piedra de sol* (1957) de Octavio Paz, *Sobre héroes y tumbas* (1961) de Ernesto Sábato, entre muchas otras obras, y para citar sólo una de cada autor, pero cada uno de ellos cuenta con una obra completa de varios volúmenes que enriquecen el gran mosaico comprensivo de nuestro inmenso universo literario a pesar de la corta lista que aquí se presenta.

Como Cortázar expresó en una entrevista, cada uno trabajó en silencio, algunos en el exilio otros en el insilio, sin apoyo gubernamental como constante, y publicando sus libros con mucha dificultad[31]; en medio de ese panorama y una enorme producción diseminada por todo el continente, la publicación concentrada de cuatro obras en los años 60 logró lo que desde tiempo atrás un gran grupo de autores y obras conquistaron con poca visibilidad como territorio de letras, me refiero al momento en que tras el uso de una onomatopeya se hizo palmario el trabajo de décadas, el *Boom.* Aunque José Donoso en su libro *Historia personal del "Boom"* en 1972 es férreo en advertir que, nadie tiene claridad sobre el momento de su alumbramiento, y así mismo "… nadie está dispuesto a prohijarlo definiendo el modo en que se tuvo conciencia de que existía, en el caso de que se acepte que existe o que existió"[32]. A pesar de esa afirmación, en un periodo muy corto se editaron cuatro obras que llamaron la atención adentro y afuera de nuestro territorio; me refiero a *La muerte de Artemio Cruz* (1962) del mexicano Carlos Fuentes, *Rayuela* (1963) del argentino Julio Cortázar,

---

31 Joaquín Soler, *A fondo,* (RTVE, 1977) https://www.rtve.es/play/videos/a-fondo/julio-cortazar/1051583/

32 José Donoso, *Historia personal del Boom* (Madrid: Santillana, 1999), 16.

La ciudad y los perros (1963) del peruano Mario Vargas Llosa, y *Cien años de soledad* (1967) del colombiano Gabriel García Márquez.

8. LA NOVEDAD ESCRITURAL

Como se ha podido apreciar a través de estas páginas, la búsqueda y hallazgo de cada uno y del conjunto de autores tuvo que ver directamente con la indagación por el territorio, de muchas maneras, pero va más allá de la ideologización o de la estetización con la que quedaron signados buena parte de ellos; en cambio, sí con el rastreo interno en el que cada cual se zambulló para arrojar una manera de contar, para hallar esas razones del sentipensamiento que a cada ser viviente acompaña y cuando se encuentra ante sus iguales lo problematiza mientras encuentra un camino personal de comunicarlo.

Es así como tras el rechazo a la imitación mimética de la realidad y el advenimiento de la ruptura de la ruptura en diferentes focos, pudo apreciarse una fehaciente progresión y conciencia sobre la región y su autonomía literaria. Al respecto Antonio Cándido afirma que pasamos de 'manifestaciones literarias' a una 'literatura propiamente dicha', a un 'sistema de obras ligadas por denominadores comunes' con características internas (lengua, imágenes, temas) ..., que se manifiestan históricamente y hacen de la literatura un aspecto orgánico de la civilización...[33]. Así, se creó una unidad tenaz, heterogénea y con capacidad para sorprender a cada paso, desligada de las reglas precedentes en la escritura, pero sin abandonar nuestra tradición, con base en nuestra propia lógica, y con cabida para un marcado compromiso social visible en cada obra. Es el caso del poema *Los nueve monstruos,* nos estremece y nos insta a meditar...

> ... ¡Cómo, hermanos humanos,
> no deciros que ya no puedo y
> ya no puedo con tanto cajón,
> tanto minuto, tanta
> lagartija y tanta
> inversión, tanto lejos y tanta sed de sed!

[33] Ángel Rama, *Crítica literaria y utopía...*, 23.

Señor Ministro de Salud; ¿qué hacer?
!Ah! desgraciadamente, hombres humanos,
hay, hermanos, muchísimo que hacer[34].

O en el caso del brasilero Ferreira Gullar quien explica: "No se puede distinguir el lenguaje y la manera de sentir el mundo. Porque ambas cosas son sólo una. Es tal la identificación de muchas voces, que el lenguaje llega a determinar lo que el poeta siente"; es así como en la poesía Concreta lo revela, en su poema *Azúcar* de 1962.

El blanco azúcar que endulzará mi café
esta mañana de Ipanema
no fue producido por mí
ni surgió dentro del azucarero por milagro
lo veo puro y agradable al paladar
como beso de muchacha, agua
en la piel, flor
que se disuelve en la boca, más este azúcar
no fue hecho por mí.

Este azúcar viene
de la tienda de la esquina y tampoco lo hizo Oliveira
dueño de la tienda
este azúcar viene
de una fábrica de azúcar de Pernambuco
o en el estado de Rio
y tampoco lo hizo el dueño de la fábrica
este azúcar era caña
y viene de los cañaverales extensos
que no nacen por azar
en el regazo del valle.
En lugares distantes, donde no hay hospital
ni escuela
hombres de vida amarga y oscura
que no saben leer y mueren a los veinte siete años
plantaron y recogieron la caña
que se convertiría en azúcar.

En fábricas oscuras,
hombres de vida amarga
y dura
produjeron este azúcar

34 César Vallejo, *Obra poética completa* (Madrid: Alianza, 1983), 224.

blanco y puro
con que endulzo mi café esta mañana en Ipanema[35].

Una más de las propiedades vanguardistas en las obras latinoamericanas de este periodo es la disolución de los géneros, convirtiéndose en la reiterada característica en varios autores como Clarice Lispector:

> Todo en el mundo comenzó con un sí. Una molécula dijo sí a otra molécula y nació la vida. Pero antes de la prehistoria existía la prehistoria de la prehistoria y existía el nunca y existía el sí. Siempre lo hubo. No sé qué, pero sé que el universo jamás tuvo comienzo.
> Que nadie se engañe, sólo consigo la simplicidad con mucho esfuerzo. Mientras tenga preguntas y no tenga respuesta continuaré escribiendo. ¿Cómo empezar pr el principio si las cosas ocurren antes de ocurrir? ¿Si antes de la pre-pre-historia ya existía los monstruos apocalípticos? Si esta historia no existe, pasará a existir. Pensar es un acto. Sentir es un hecho. Los dos juntos son yo que escribo lo que estoy escribiendo. Dios es el mundo. La verdad es siempre un contacto interior e inexplicable. Mi vida más verdadera es irreconocible, interior en extremo, y no tiene una palabra sola que la signifique. Mi corazón se ha vaciado de todo deseo y se reduce al mero último o primer latido…[36]

Otros de ellos es Jorge Luis Borges, uno de los autores que ha recibido gran atención sobre su obra a partir de la infinidad de aspectos que de ella brotan en cada lectura. Recuerda Rafael Fauquié una anécdota que escuchó de Mario Vargas Llosa.

> … ante un grupo de estudiantes ingleses comentó acerca de la imagen europea que de Borges se tenía en nuestro continente, de cómo se lo consideraba un escritor poco representativo de América Latina y de su cultura. Los jóvenes ingleses se echaron a reír. Para ellos, Borges era imposible fuera de nuestro subcontinente. Su desenvoltura al observar la cultura universal; su forma de conjeturar sobre cualquier tradición; su estilo al parodiar todos los saberes; su manera de relacionar sabiduría y método, filosofía y literatura, fantasía y verdad, ensayo y ficción, no podían ser sino producto de una mentalidad latinoamericana; marginal, fronteriza, excéntrica[37].

Y para no dejar en el aire este comentario traigo a colación uno entre los copiosos abordajes hechos a su obra, un elemento que más de un estu-

---

35 Ferrerira Gullar. «Poemas» en *Revista La marea*. https://revistalamarea.com.ar/ferreira-gullar-poemas/

36 Clarice Lispector, La hora de la estrella (Madrid: Siruela, 2006), 13.

37 Rafael Fauquié. «Escribir la extrañeza: Jorge Luis Borges y José Lezama Lima» *Espéculo Revista de estudios literarios.* (España: UCM, 2005). 29. https://dialnet.unirioja.es/servlet/articulo?codigo=1209767

dioso reitera cuando de la obra de Borges se trata, la argumentación lógico argumental ensayística que se encuentra en su narrativa, un ejemplo más de la desvinculación de las normas porque el autor enfatiza la llegada al cuento por el camino del ensayo, pues tanto en su narrativa como en sus ensayos, simula la exposición de una teoría. Tal como lo hace en su texto *El libro de Arena*[38]:

> La línea consta de un número infinito de puntos; el plano, de un número infinito de líneas; el volumen, de un número infinito de planos; el hipervolumen de un número infinito de volúmenes... no decididamente no es este more geométrico, el mejor modo de empezar mi relato. Afirmar que es verídico es ahora una convención de todo relato fantástico; el mío, sin embargo, es verídico.

Yo vivo solo, en un cuarto piso en la calle Belgrano. Hará unos meses, al atardecer, oí un golpe en la puerta. Abrí y entró un desconocido...

En el intento de suscitar un lenguaje universalista se instauraron diversos y divergentes juegos y mecanismos mentales en la distinción, concepción y expresión de la realidad restituida a partir de las "babeles voraginosas" [39] que menciona Yurkievich, dirigiéndose vertiginosamente hacia otro aspecto que nos ocupa en este fragmento, la maduración del público lector. En *Letras del continente mestizo*[40] comenta Mario Benedetti, que mientras el universo literario mutaba el artificio y ornamentación que conforma la obra, estos dejaron de ser el centro de observación y empieza a primar la reflexión sobre la relación de autor-obra-lector. en Latinoamérica se trata básicamente de tres factores sucesivos y paralelos; el primero, las ideas prodigadas por los autores ya no se exponen ingenuamente por el deber de hacerlo, sino que surgen fortalecidas argumentalmente para evitar la tergiversación de sus contrarios. El segundo, la nueva actitud del escritor con su medio social tiene un compromiso con su puño y su pensamiento, el cual debe reflejarse en una actitud coherente. Y tercero, la obligación por parte del autor de abrir los ojos a sus lectores. Tres factores que traen consigo un lector suspicaz el cual ejerce presión social sobre las opiniones del autor, haciéndose parte de un nuevo nivel sobre la lectura de la realidad.

> Estos libros, repentinamente dispersados por las andanzas de los *chasquis*, produjeron entre los novelistas una conciencia de que se podía escribir para un público literariamente más maduro, puesto que el lector común en Hispa-

---

38 Jorge Luis Borges. *El libro de arena* (Madrid: Alianza, 1977), 130.

39 Saúl Yurkievich. *Del arte verbal (España: Círculo de Lectores, 2004), 62.*

40 Mario Benedetti. *Letras del continente mestizo* (Montevideo: Arca, 1967), 10.

> noamérica era ahora más sofisticado… este público se interesaba ahora, era claro, por la literatura como tal, y no como una extensión de la pedagogía, del civismo y de la crónica. …en los cafés y en las tertulias y en los parques se hablaba más de Cortázar y de Sábato que de otros, porque esta nueva literatura de experimentación, esta nueva "literatura difícil", era la forma más contundente de rebatir el romanticismo costumbrista o cargado de una fuerte coloración social de las novelas inmediatamente anteriores[41].

9. LA FORJA DEL BOOM

Todo lo anterior constituye el gran antecedente del llamado Boom Latinoamericano. El Boom no fue un movimiento, no una fue escuela, fue un fenómeno que destacó una llamativa confluencia de autores trabajando aspectos varios tendientes a la observación de nuestras realidades, dicho sea de paso, en plural y en singular. Ahora bien, la gran particularidad del Boom fue la insistencia en mezclar dos lenguajes, el literario y el político, aunque no resulte nuevo en las letras latinoamericanas, se instauró no como una preferencia de algunos autores, sino como una necesidad de todos. Y de repente en una década se desencadena una empresa multinacional y lectores universitarios formados en la conciencia identitaria y en la necesidad de hacerse partícipes del accionar político. En resumen, fue esa concomitancia la que favoreció una producción en la que intervinieron varios factores como la confluencia generacional, editorial e histórica, sumado a la conciencia sobre la importancia contextual en la creación, y la conjunción de todos encauzó la renovación formal presente en la mayoría de las obras que trajo el siglo. Sin embargo, las novelas publicadas entre 1962 y 1967 en bloque verbalizó de facto el fenómeno escritural de una edad dorada.

Estudiosos del proceso latinoamericano resaltan los recursos que permiten observar lo grandioso de las producciones que esta época suscitó. El escritor chileno José Donoso afirma que los escritores de la época fueron influenciados por novedosas técnicas narrativas como las de Henry James, Joseph Conrad o William Faulkner, en los cuales el manejo del punto de vista propiciaba otras estructuras formales, "… en *La ciudad y los perros* el peruano [Mario Vargas Llosa] jugaba extraños y perturbadores juegos con el punto de vista: experimentaba conscientemente, intelectualmente; se ponía, por lo tanto, en una actitud de investigación sobre la naturaleza de

---

41 José Donoso, 87.

la novela…"[42]. Aspectos como este emergieron durante el lapso en que el boom progresó, encontrándose varias manifestaciones que le permiten enmarcarse tanto dentro de sus raíces como dentro de lo universal. Entre ellas se encuentran el Realismo mítico, lo Real maravilloso, el Realismo mágico, apelativos que no pueden considerarse como sinónimos, sino como constituyentes diferentes de una nueva expresión de las letras.

El Realismo mítico, nutrió la escritura de nuestra tradición oral la cual trajo la conciencia sobre lo mítico y su herramienta principal, la memoria; un universo que permitió la construcción de mundos donde el tiempo permanece mientras se cuentan nuestras historias, y con la frecuencia de su uso estos elementos no sólo caracterizaron una forma argumental verbal, sino de pensamiento en este lado del mundo; una caracterización extraña por completo con respecto a los mundos históricos de los escritores de otras latitudes; práctica que afirma la frase de Rocha: La oralidad es territorio, el territorio memoria y la memoria palabra[43]. Una de las explicaciones de esas herramientas en nuestro entorno literario tiene que ver con esos universos infranqueables por la modernidad, pero a la vez espacios de validación de todos los aspectos que nos conforman en diferentes tiempos, me refiero a esos lugares, ciudades o universos que en las obras latinoamericanas se presentan más allá de su ubicación geográfica, se convierten en macrolugares que acogen toda la región, entre ellos esta Comala, Santa María o Macondo[44], en ellas como en muchas otras, el tiempo se percibe inmutable, quizás esta percepción radique en el tratamiento discursivo sobre la doble presencia de la tradición con respecto a lo moderno. Esa reconvención implica la esquematización de la tradición, y su relacionamiento con los hechos dentro de una temporalidad que genera sus propias reglas, las de la imaginación creadora, a la vez que hace palpable un proceso paradigmático enfrentado con la innovación para reactivar los paradigmas de la tradición, conformados a partir de planteamientos críticos y de escritura, que la intelección y la intuición compendia.

Dentro de todo este proceso, Carpentier hace un aporte comprensivo invaluable, su lectura sobre Latinoamérica a través del prisma de *Lo real ma-*

---

42 José Donoso, 85.

43 Miguel Rocha, *Antes el amanecer. Antología de las literaturas indígenas de los Andes y la Sierra Nevada de Santa Marta* (Bogotá: Ministerio de Cultura de Colombia, 2010), 32.

44 Cuidades o universos literarios presentes en la obra de Rulfo, Onetti y García Márquez respectivamente.

ravilloso americano[45]. En ese texto pone en diálogo reflexiones en las cuales los mitos no fueron sustituidos por discursos (como pasó en los mundos históricos), sino por narraciones que ensamblan la historia, donde lo maravilloso no constituye un artificio, lo maravilloso subyace en el entorno materializando la fe en lo real, como un concepto paradójico a la razón, que esclarece la epifanía en tanto surge el milagro para alterar la realidad. Incluso, lleva al lector a reflexionar cómo dentro de una elaboración discursiva más racional al mejor estilo de Cortázar o Borges, hace presencia lo real maravilloso reapropiando el milagro como la capacidad del lector para imaginar. Se produce entonces el advenimiento de la comprensión formal sobre nuestra realidad que se vive con la lógica del milagro, porque los personajes de nuestra narrativa lo requieren, de suyo ellos representan y desarrollan un mundo que implica una nueva formulación, son parte de una coyuntural manera de reparar en la realidad, de posibilitar su comprensión, porque el aroma que exhala es la maravilla y ella articula la realidad con el discurso que de él progresa.

Algo muy significativo de lo que Carpentier se percató convino en que lo racial, lo económico, la política y los desajustes cronológicos son las perspectivas más importantes desde las cuales puede entenderse América, porque los contextos consienten una red de relaciones que permite entender la forma en que se ordena Latinoamérica y define al hombre latinoamericano. Algún día dijo, "Me hubiera sido fácil en aquel momento ponerme a hacer surrealismo... ¿pero qué cosa voy a añadir al surrealismo, si lo mejor del surrealismo está hecho ya? Y de repente, como una obsesión, entró en mí la idea de América". Así vemos como logra construir a partir de una realidad sincrética que ha hecho de la historia de América una especificidad de carácter real maravilloso, de modo que realiza una doble lectura superponiendo tiempos históricos y sus interpretaciones.

Entonces, cuando Carpentier pregunta: ¿pero que es la historia de América toda sino una crónica de lo real maravilloso?[46] fuera de los múltiples discursos que podrían rodear la respuesta, en realidad su pregunta se dirige a la espiritualidad territorial, porque mientras formula esta pregunta que es más una comprensión, también aclara que a los europeos les queda muy difícil concebir la evolución en América Latina, pues ellos partieron del esquema romántico, que empieza a finales del siglo XVII y alcanza una

---

45 Alejo Carpentier, *De lo real a lo maravilloso americano* (México: Universidad Autónoma de México, 2003).

46 Alejo Carpentier, de lo real a lo maravilloso..., 17.

importancia prodigiosa en el siglo XIX. A diferencia de los países americanos a los que se impuso el esquema español y el portugués del siglo XVI, hecho que hizo muy lento el proceso, y luego nuestra literatura sufrió el proceso de todas las literaturas: inició por la épica, luego llegó a la lírica, al cuento y la novela. En medio de la oleada de propuestas, métodos y recursos narrativos, aparece el interés por historiar la realidad, y es cuando afloran los textos que dialogan en forma permanente entre el interior y el exterior de las obras, entre los personajes y situaciones de algunas novelas que emergen en otras, generando una especie de palimpsesto, reescritura de fragmentos de otros textos que hacen evidente la conexión de las historias, y con eso se construyen versiones sobre la realidad de la historia sin falsearla.

En otras palabras, incursiona la metaficción como una constante, en medio de comentarios permanentes del autor a su propia historia y a su proceso de creación, y en algunos casos interpelan a la Historia dentro de la cual se crea un relato. Dice Jitrik que "al saber histórico se le atribuye una virtud, porque es capaz de restablecer el lazo entre lo colectivo y lo individual"[47]. Quizás gracias a esa virtud, al desatar una escritura sobre otra, una referencia sobre otra, un entorno que abarca otro, una memoria que subvierte la otra, se crea cierta fascinación e incertidumbre ante el juego de realidades superpuestas que le permiten tanto al autor como al lector librarse de los grilletes históricos y abrirse paso en medio de la creación ficcional del texto. En este caso, la comprensión de la memoria histórica no se da en tanto la cronología, sino que retoma al hombre en torno a sucesos históricos, mediados por los artificios que la literatura esgrime más allá de la interpretación de los intereses de época; y de esta forma, consentir el rechazo a las versiones oficiales para permitir al lector acceder a un conocimiento sin restricciones sobre una etapa o situación.

10. CONCLUSIÓN

Después de años de lectura, puedo afirmar que me tomó un tiempo apreciar la filigrana que nuestra literatura tejió más allá de la lectura de su artificio, mediante la incesante búsqueda de la originalidad estética con productos ajustados a nuestro pensamiento y vitalidad cultural; me refiero

---

47 Noel Jitrik. *Historia e imaginación literaria, las posibilidades de un género.* (Buenos Aires: Biblos, 1995), 16.

a cuál es el verdadero quid del Realismo mágico; aunque como afirma Donoso "uno ve realmente algo cuando una palabra adquiere el lugar justo". Así que, bajo el rótulo de Realismo mágico, un término inicialmente usado por la crítica de arte para demostrar la realidad alterada visible en una pintura; y, la designación hecha con posterioridad por Arturo Úslar Pietri sobre nuestra literatura como una adivinación o una negación poética de la realidad, lo que a falta de otra palabra podrá llamarse un realismo mágico.

> Fue de casa en casa arrastrando dos lingotes metálicos, y todo el mundo se espantó al ver que los calderos, las pailas, las tenazas y los anafes se caían de su sitio, y las maderas crujían por la desesperación de los clavos y los tornillos tratando de desenclavarse, y aun los objetos perdidos desde hacía mucho tiempo aparecían por donde más se les había buscado, y se arrastraban en desbandada turbulenta detrás de los fierros mágicos de Melquíades[48].

Pese a lo anterior, no me resultó suficiente para comprender qué base erigió esa concreción estilística en la cual los escritores de estas latitudes se volcaron, abrazando nuestras tradiciones de pueblos en apariencia contrarios, la oralidad de varias razas para dar forma a la escritura, lo plurilingüe para armar un bloque idiomático, los multigéneros de la escritura para dotar de cuerpo a la narración literaria, todos suministros que forjaron una imagen de nuestro territorio a través de la comprensión espiritual de nuestro fuero interno, mediante las acciones y prácticas culturales narradas por la literatura.

> El proyecto del autor es el de abordar la dificultad americana, esa "resistencia" que incita al conocimiento. Tal dificultad no consiste, sin embargo, en investigar el ser, en el sentido metafísico (lo que está sumergido "en las maternales aguas de lo oscuro"), ni su correlato, el origen ("lo originario sin causalidad, antítesis o logos"). Lo difícil, propone Lezama, es la "forma en devenir" (el ir siendo, el proceso o mutación) de un "paisaje" (genéricamente: cultura; específicamente: el espíritu revelado por la naturaleza) para establecer un sentido y, enseguida, una visión histórica[49].

Según lo anterior, puede afirmarse que lo real maravilloso fue una formulación desde el espacio teórico, el realismo mítico la fundamentación de la propuesta del lenguaje, y el realismo mágico el resultado de una expresión estética en la que todos coadyuvaron a nombrar desde nuestras propias voces este mundo nuestro. Entonces, como asegura Yurkievich "No hay mejor encadenamiento lingüístico que el literario para representar el

---

48 Gabriel García Márquez, *Cien años de soledad,* (Bogotá: Oveja Negra, 1967), 11.

49 Ildemar Campi. *Barroco y Modernidad.* (México: F.C.E., 2000), 7.

tiempo vivido, ese discontinuo y discordante flujo que fluctúa entre mudadizas intersecciones de lo prospectivo con lo retrospectivo. Sólo la literatura alcanza la expresión cabal de todas las temporalidades en acto"[50]. Ahora bien, la conformación del mito en la obra de García Márquez la descubren los ámbitos en que el autor hace girar sus concepciones de una realidad mientras persigue la historia, inscribiendo en la prehistoria todo lo que cuenta. Por eso, las descripciones, los sitios, los personajes, el estilo ungido por el lenguaje, las afirmaciones casi sentencias que dejan estupefacto al lector, y la permanencia de algunas palabras que sellan magistralmente en cortos y permanentes momentos mediante la articulación literaria, permite el ascenso por las lianas de una enramada que no pertenece precisamente al hombre moderno.

Consecuencia de ese pensamiento aparece en mis oídos el cúmulo de nuestra experiencia histórica y espiritual dando forma a una imagen estéticamente espiritualizada[51], tal como sugerí desde un comienzo, estas páginas configuran una lectura sobre el recorrido seguido por los autores de obras y crítica que pretendieron proveer a la literatura latinoamericana de una caracterización particular subyacente en lo que cuentan nuestras historias en ese lapso designado como sus años dorados, mediante la intertextualidad de métodos y estilos lectores interdependientes dentro del ecosistema literario latinoamericano para indagar en su naturaleza poética, preocupados por la Historia para narrar su tradición a través de la metaficción que conduce la innovación narrativa. Una articulación espiritual donde lo mágico libera el pasado y el presente proporcionando la unión del mito con el hombre moderno como un deber ser que integra al individuo occidental en estas tierras. Todo ese periodo a más de la búsqueda y apropiación de recursos estéticos también estableció un diálogo intertextual entre diferentes ámbitos culturales, al interior de las obras, donde no sólo el autor se introdujo en la historia para hacer comentarios sobre lo qué y cómo lo contaban (expresión metaficcional primera), sino que él fue el señalado para instigar acciones dialogales con los personajes, los narradores y con los lectores sobre nuestras búsquedas a modo de relatos espiritualizados. Una actitud de viajero impenitente por nuestras realidades vitales y mentales resultado del viaje a nuestro interior[52].

---

[50] Yurkievich, 307.

[51] Angarita, 97.

[52] Angarita, 20.

11. BIBLIOGRAFÍA

Benedetti, Mario. *Letras del continente mestizo.* Montevideo: Arca, 1967.

Borges, Jorge Luis. *El libro de arena.* Madrid: Alianza, 1975.

Breve Antología de la poesía latinoamericana de vanguardia (1920-1930). Buenos Aires: Sudamericana, 1996.

Carmona, J. Ricardo Piglia, reconstruye el mapa de la literatura latinoamericana.

Culturamas. 30 de agosto, 2011. https://www.culturamas.es/2011/08/30/ricardo-piglia-reconstruye-el-mapa-de-la-literatura-latinoamericana/

Champi, Ildemar. *Barroco y Modernidad.* México: F.C.E., 2000.

Carpentier, Alejo. *Tientos y diferencias.* México: Universidad Autónoma de México, 1964.

Castro, Santiago. *Tejidos Oníricos: Movilidad, capitalismo y biopolítica en Bogotá (1910-1930).* Bogotá: Pontificia Universidad Javeriana, 2009.

Darío, R. *Prosas profanas y otros poemas.* Madrid: Castalia, 1987.

Donoso, José. 1999. *Historia personal del Boom.* Madrid, Santillana.

Fauquié, Rafael. 2005. «Escribir la extrañeza: Jorge Luis Borges y José Lezama Lima».

E*spéculo Revista de estudios literarios,* 29 España, UCM. https://dialnet.unirioja.es/servlet/articulo?codigo=1209767

García Márquez, Gabriel. *Cien años de soledad* (Bogotá, Oveja Negra, 1967), 11.

Hernández, José. *Martín Fierro.* Madrid: Sol, 2000.

Henríquez Ureña, Pedro. 1952. Plenitud de América. En *Ensayos escogidos.* Buenos aires,

Peña, Del Giudice. https://enriquedussel.com/txt/Textos 200_Obras/Filosofos_Caribe/Plenitud_America-P. Henriquez_U.pdf

Huidobro, Vicente. *Altazor.* Madrid: Cátedra, 2000.

Isaacs, Jorge. *María.* https://babel.banrepcultural.org/digital/collection/p17054coll9/id/1/

Jitrik, Noel. *Historia e imaginación literaria, las posibilidades de un género.* Buenos Aires: Biblos, 1995.

Laera, A. Prólogo De la política y el largo plazo de la literatura en *Facundo o civilización y barbarie.* Colección Pensamiento del Bicentenario. Argentina: Biblioteca del Congreso de la Nación, 2018. https://www.bcn.gob.ar/uploads/Facundo_Sarmiento.pdf

FACUNDO COMO ATRACCIÓN: EL CORTO PLAZO

Lispector, Clarice. *La hora de la estrella.* Madrid: Siruela, 1996.

Mera, Juan. *Cumandá.* 1879. Quito, Guzmán Almeida. https://books.google.com.ec/books?id=z_NQvgAACAAJ&printsec=frontcover#v=onepage&q&f=false

Martí, José. Nuestra América. *Revista Ilustrada de Nueva York,* Estados Unidos, el 10 de enero de 1891, y en El Partido Liberal, México, el 30 de enero de 1891. https://bibliotecavirtual.clacso.org.ar/ar/libros/osal/osal27/14Marti.pdf

Martí, José. *Obra poética.* Madrid: Edaf, 2004.

Neruda, Pablo. *Canto general.* España: Orbis, 1950.

Pietri, Arturo. *El cuento venezolano.* Caracas: Biblioteca venezolana de cultura, 1940.

Silva, José Asunción. *Poesías.* Bogotá: Instituto Caro y Cuervo, 1979.

Rama, A. *La transculturación narrativa en América Latina.* México: Siglo XXI, 1984.

Rama, Ángel. *Crítica literaria y utopía en América Latina.* Medellín: Universidad de Antioquia, 2005.

Rocha, Miguel. *Antes el amanecer. Antología de las literaturas indígenas de los Andes y la Sierra Nevada de Santa Marta.* Bogotá: Ministerio de Cultura de Colombia, 2010.

Rodó, José. Ariel. https://www.cervantesvirtual.com/obra-visor/ariel–0/html/

Yurkievich, Saúl. *Del arte verbal. España: Círculo de Lectores, 2004.*

Vallejo, C. *Obra poética completa.* Madrid: Alianza editorial, 1983.

Vasconcelos, José. *La raza cósmica.* México: Porrúa, 2012.

13 Bibliografía complementaria

Fuentes, Carlos. *El espejo enterrado.* México: Taurus, 2001.

García, Eligio. *Trans las huellas de Melquiades.* Historia de Cien años de soledad.

Bogotá Norma, 2006.

Granés, Carlos. *Delirio Americano.* Bogotá: Penguin Random House, 2023.

Jitrik, Noel. *Roberto Arlt o la fuerza de la escritura.* Bogotá: Panamericana, 2001.

Manguel, Alberto. *Con Borges.* Bogotá: Norma, 2003.

Ospina, William. *Los nuevos centros de la esfera.* Bogotá: Aguilar, 2001.

Pacheco, Carlos. *La comarca oral revisitada.* Bogotá: Universidad Nacional de Colombia, 2016.

Piglia, Ricardo. *El último lector.* España: Penguin Random House, 2014.

Rama, Ángel. *La novela en América Latina.* Bogotá: Instituto Colombiano de Cultura, 1982.

Zuluaga, Conrado. *Novelas del dictador, dictadores de novela.* Bogotá: Calos Valencia, 1979.

7.2. *Oralituras y Literaturas Indígenas del 2004 al 2024: Bocetos cronológicos y documentales*

MIGUEL ROCHA VIVAS
Universidad Javeriana, Bogotá
miguel.rocha@javeriana.edu.co

1. INTRODUCCIÓN

Desde fines del siglo XX creadores e investigadores auto-reconocidos como indígenas, e identificados con los nombres de sus etnias, vienen proponiendo un amplio y heterogéneo espectro de escrituras y textualidades entre las que se destacan poemas, ensayos, artículos, diálogos y narrativas orales y escritas, además de múltiples géneros verbales en sus lenguas y culturas de origen (jayeechi, ül, rafue, haylli, etc). Entre estas escrituras se destacan, por su mayor divulgación y calidad estética, las creaciones literarias que numerosos críticos denominan literaturas indígenas (Miguel León Portilla, Carlos Montemayor, Christopher Teuton), literaturas otras (Edmundo Bendezú), literaturas amerindias (Gonzalo Espino), textos nativos (Bety Osorio) o simplemente literaturas (Yasnaya Aguilar).

En Latinoamérica[1] las escrituras de autoría indígena están principalmente escritas en lenguas de origen europeo como castellano y portugués, y en el caso de Norteamérica principalmente en inglés (Estados Unidos, Canadá) y en francés (Canadá). En Latinoamérica actualmente es más recurrente que en Norteamérica la escritura en lenguas nativas, en formatos bilingües, cocreada en dos o más lenguas, y sobre todo traducida de la lengua europea a la lengua indígena. Hoy en día algunas de las lenguas

---

1 Abiayala (tierra madura o sangrante) es una denominación de origen gunadule que ha adquirido notoriedad debido a su apropiación por parte de intelectuales y movimientos sociales desde las últimas décadas del siglo XX. Abiayala se refiere a la totalidad del continente, y suele oponerse críticamente a la denominación América; con todo, su uso no es aún generalizado, por lo cual en un sentido plural se usan aquí otras denominaciones simultáneas como Latinoamérica y Norteamérica, cuyos límites, aunque porosos e indefinidos, se encuentran básicamente entre México y los Estados Unidos.

más activas en lo que respecta a la producción literaria escrita son, entre otras, el quechua en sus múltiples variantes, el kichwa, el binnizá, el wayuunaiki, el mapudungun, el guaraní en sus múltiples variantes, el náhuatl, el aymara, el tu´un savi o mixteco, así como diferentes lenguas mayas como el tsotsil, tseltal, k´iche´, y principalmente el maya yucateco o peninsular.

En el siglo XXI las producciones de escritoras y escritoras vinculados con los pueblos indígenas ha aumentado notoriamente. El crítico Carlos Montemayor lo denominaba *uno de los hechos culturales de mayor relevancia en el México de finales del siglo XX y principios del XXI.* Esta consideración se podría extender a diferentes regiones del continente. Con todo, no es un fenómeno aislado y exclusivo del continente americano, que numerosos movimientos e intelectuales indígenas, prefieren denominar Abiayala (tierra que sangra más conocida como tierra madura, denominación proveniente de la lengua chibcha dulegaya de los gunadule, ubicados en el Caribe entre Colombia y Panamá). En efecto, cada vez se conocen en todo el mundo más producciones en lenguas nativas, o de escritores de nacionalidades indígenas, incluyendo los saami de Europa septentrional. En el caso del Asia emergen escritores de pueblos originarios en Rusia, Japón, China, entre muchos otros, e incluso en la India investigadores como K. Satchidanandan reconocen la existencia de una prolífica literatura tribal oral y escrita, en numerosas lenguas de los adivasis. En el caso de Oceanía el panorama en poesía cantada y escrita es muy amplio. De hecho, en Australia es posible acceder a la producción de artistas y poetas aborígenes como Lionel Fogarty. Mientras que en Aotearoa Nueva Zelanda la literatura maorí no sólo es prolífica y reconocida, sino que su producción teórica tiene cierto alcance global debido al trabajo teórico de intelectuales como Linda Tuhiwai. Por su parte las oralituras, escrituras con marcados vínculos con las oralidades familiares y comunitarios, han coemergido autónoma, teórica y prácticamente entre África y Sudamérica desde la última década del siglo XX, como se plasma en el trabajo de oralitores como el senegalés Yoro Fall y el mapuche chileno Elicura Chihuailaf.

En América-Abiayala la producción es tan frecuente, diversa y numerosa que, actualmente no es posible una plena mirada crítica conjunta, aunque existen esfuerzos de cruce de miradas, intercambios entre creadores y académicos, antologías, congresos especializados y cursos universitarios. En realidad, es posible señalar algunas tendencias, profundizar en ciertas relaciones, y no es necesario un canon; a lo sumo, como aclara Hermann Bellinghausen desde México: *ayudaría un mapa.*

La presente cronología continental comenzó a ser esbozada en 2009, con énfasis en la producción indígena escrita en Colombia, país que, por sus condiciones geográficas intermedias en el continente, ha servido de puente entre culturas desde la antigüedad hasta el presente. Los presentes esbozos cronológicos cambiarían si fueran trazados desde México, Brasil o Perú. Con todo, se ha mantenido el ejercicio de una revisión continental que, por su dinámica cambiante y heterogénea, debe ser actualizada, completada y mejorada desde cada una de las regiones del continente gracias al trabajo solidario de lectores, creadores y estudiosos. Se ha trabajado a partir de datos publicados física y virtualmente, en muchos casos por los propios escritores indígenas con motivo de sus participaciones en publicaciones y festivales. En términos generales me he basado en las fechas de las primeras ediciones publicadas. Otros datos me han sido confiados por los autores. Los datos están organizados por años, no por meses. La selección y relación general está conformada por notas y comentarios, a modo de bocetos cronológicos y documentales. La inmensidad del tema, la dispersión de los textos, la situación inédita de numerosos manuscritos y, en algunos casos, la inaccesibilidad a la información, otorgan carácter de esbozo a esta cronología. La idea es que estos bocetos estimulen futuros trabajos. En todo caso, sólo se trata de una propuesta en proceso, con énfasis en Colombia, teniendo en cuenta algunos hitos continentales —no todos, ni siempre los más significativos—.

Como se detallará en las conclusiones en la última década y media, hasta 2024, la divulgación de las escrituras actuales por parte de autores de orígenes indígenas ha aumentado debido al mayor número de auto-publicaciones (como las del colectivo maya Snichimal Vayuchil); la publicación en redes, páginas web y blogs (fenómeno especialmente intenso en Brasil); la creación de series editoriales de literaturas indígenas (como Pluralia y la serie León-Portilla de la Universidad de Guadalajara); la organización de encuentros de escritores así como de congresos académicos especializados o con ramas específicas de escrituras indígenas (como el Festival Las Lenguas de América Carlos Montemayor en México, el Festival de Poesía de Medellín o el Eila desde la Universidad Nacional de San Marcos en el Perú, la Universidad Austral de Chile y la Universidad Javeriana en Colombia); el incremento de becas y premios regionales, nacionales e internacionales para escritores indígenas (particularmente en México desde su premio Nezahualcóyotl hasta el continental Plia concedido en la Feria del Libro de Guadalajara).

El objetivo de esta visión panorámica es servir de base para profundizar colectivamente en el estudio, disfrute y comprensión de estas oralituras y literaturas. El interés es entonces compartido con los sus creadores: sensibilizarnos y conocernos nos permite aportar al diálogo entre culturas. El punto de partida aquí es solo tentativo y asociado a los albores del siglo XX. En esta cronología no se periodizan las posibles etapas. En efecto, básicamente por cuestiones de espacio, a diferencia de otras versiones, no se inicia con textos prehispánicos y coloniales como el *Popol Vuh*, las cartas del cacique de Turmequé o de Guamán Poma, sino en 2004, con la emergencia de autoras como Anastasia Candre en el Amazonas, Estercilia Simanca en la Guajira, Ch´aska Ninawamán en los Andes y la antología de Portilla y Shorris en México. Se cubren unos esbozos documentales de los últimos 20 años.

2. CRONOLOGÍA

— 2004 —

En abril, Estercilia Simanca Pushaina, escritora wayuu, obtiene con «Manifiesta no saber firmar» la única mención de honor en el Concurso Nacional de Cuento Metropolitano organizado por la Universidad Metropolitana de Barranquilla.

Bárbara Muelas Hurtado: *Piurek*. Una publicación en *wam* (*namuy wam*), lengua de los misak misak (guambianos), sobre sus orígenes como hijos del agua. Los poemas y textos de mamá Bárbara se caracterizan por mantenerse en la propia lengua para estimular su práctica entre los jóvenes.

Gonzalo Gómez Cabiatiba: *Tic Muisca*.

Fernando Urbina: *Diijoma, el hombre-serpiente-águila*. Recreación literaria de un mito uitoto por parte de un poeta y filósofo. Es ejemplo de un tipo de «literatura indígena» no necesariamente concebida por un escritor indígena.

En mayo, Francelina Muchavisoy, escritora inga, participa en la Feria Internacional del Libro de Caracas, Venezuela.

Anastasia Candre, escritora okaina-uitoto, publica en la *Revista de la Casa de Poesía Silva*, número 17: «*Cantos ceremoniales uitotos*».

En Bogotá, el Instituto Distrital de Cultura y Turismo realiza: Minga, primer encuentro de culturas y saberes indígenas. El encuentro otorga un espacio para las historias de creación y los relatos originarios.

Angélica Ortiz López, escritora huichol de México, lee sus poemas en el Festival de Poesía de Medellín.

Se inaugura en Washington el Museo Nacional del Indio Americano. Son célebres sus series de escritores nativos, encuentros en los que han conversado, leído y cantado numerosos/as poetas y narradores/as de origen indígena.

Rita Mestokosho, poeta inuit del Canadá, visita México y lee en el marco del Festival Otoño Indígena Canadiense. Mestokosho escribe en innu y en francés. En México su poesía conmueve a Jorge Cocom Pech, poeta y crítico literario maya yucateco. Algo de su poesía es publicada en el diario *La Jornada*.

Miguel León Portilla y Earl Shorris publican *Antigua y nueva palabra, antología de la literatura mesoamericana, desde los tiempos precolombinos hasta el presente*.

Carlos Montemayor publica *La voz profunda, antología de literatura mexicana en lenguas indígenas*.

Natalia Toledo, escritora zapoteca, gana el Premio Nezahualcóyotl de Literatura.

Humberto Ak'abal, poeta maya-k'iche', gana en Italia el Premio Internacional de Poesía Pier Paolo Pasolini. Ese mismo año Ak'abal decide no recibir el premio nacional de literatura de Guatemala, porque lleva el nombre de Miguel Ángel Asturias, a quien señala de haber ofendido a los indígenas de Guatemala en un texto de 1923.

Eliane Potiguara, escritora indígena del Brasil, presenta en São Paulo *Metade cara, metade máscara*.

Ch'aska Ninawamán, escritora quechua surperuana, publica en Ecuador su libro de poemas *Ch'askaschay*.

Aparece en España el libro *Mitos indígenas de la Argentina: los animales*. Una bellísima selección ilustrada de relatos tobas, mocovíes, wichís, tehuelches, onas y yámanas.

Daniel Munduruku gana el Premio Jabuti de Literatura en Brasil.

— 2005 —

Francelina Muchavisoy publica en Bogotá su texto «*En las comunidades los conocimientos están vivos*» como parte de *Aquí… allá, imaginario indígena urbano*. En esa publicación participan otros escritores indígenas como Efrén Tarapués, pasto cumbal; Fredy Chikangana, yanakuna, y Rafael Mercado, wayuu. *Aquí… allá* es uno de los libros que aborda y presenta los textos de los escritores indígenas en la permanente fluctuación entre la ciudad y la comu- nidad.

Lorenzo Muelas Hurtado: *La fuerza de la gente*. Autobiografía del líder misak-guambiano, que incluye un relato de Bárbara Mue- las Hurtado.

Hugo Jamioy Juagibioy: *Bínÿbe oboyejuayëng* (*Danzantes del vien- to*). Uno de los libros de poesía más importantes entre los publicados por los escritores indígenas en la primera década del siglo XXI en Colombia. El libro se destaca no sólo por sus textos de oralitura, también por detalles gráficos como los diseños de chumbes y las máscaras, por el cuadro de portada (pintado por Juan Andrés, hermano del escritor), por la versión bilingüe… Algunos poemas de Hugo Jamioy han sido incluidos en *Ahani: Indigenous American Poetry (Ahani, poesía indígena americana)*, un texto editado por Allison Hedge Coke, escritora norteamericana de origen cheroqui, hurón, crik, métis…

Estercilia Simanca Pushaina: «Manifiesta no saber firmar, nacido: 31 de diciembre». Este cuento, sugestivamente «ilustrado», es presentado en abril en la Feria Internacional del Libro de Bogotá. Es uno de los cuentos indígenas contemporáneos de mayor impacto social, al menos en La Guajira.

En el Festival de Poesía de Medellín leen Hugo Jamioy (camëntsá), José Gabriel Alimako (kogui), Bienvenido Arroyo (iku/arhuaco), Ariruma Kowii (kichwa, Ecuador),

Sherwin Bitsui (navajo, Estados Unidos) y Allison Hedge Coke (cheroqui-hurón-crik-métis, Estados Unidos). También lee el poeta nicaragüense Ernesto Cardenal, quien puede ser comparado con el poeta mexi- cano Carlos Montemayor, pues ambos han sido escritores contem- poráneos muy interesados en el estudio y difusión de la poesía y la literatura indígena.

Gonzalo Cabiativa: «Semilla de oro esplendente» en *Aquí... allá, imaginario indígena urbano,* Bogotá.

Anastasia Candre Yamakuri, escritora okaina-uitoto, es invitada como ponente al Foro Social Mundial, organizado en Porto Alegre (Brasil).

Minga, II Encuentro de Culturas y Saberes Indígenas, con el reiterado espacio para las historias de creación y los relatos originarios.

Daniel David Moses y Terry Goldie publican *An anthology of Canadian native literature in english (Una antología de la literature native canadiense en inglés).*

Al Hunter, poeta anishinaabe de Canadá, presenta *Days of Obsidian, Days of Grace, Poetry & Prose by Four Native American Writers (Días de obsidiana, días de gracia, poesía y prosa de cuatro escritores nativos americanos).*

Carlos Montemayor y Donald Frischmann publican la antología multilingüe *Words of the True Peoples, Palabras de los seres verdaderos, antología de escritores actuales en lenguas indígenas de México,* 2 tomos.

Jorge Miguel Cocom Pech, poeta maya yucateco, gana el Gran Premio Internacional de Poesía 2005, otorgado en el Festival Internacional de Poesía de la Academia Oriente-Occidente de Rumania.

Humberto Ak'abal, escritor maya-k'iche', recibe la condecoración como Caballero en la Orden de las Artes y las Letras que le otorga el Ministerio de Cultura y Comunicación de Francia.

Adriana Paredes Pinda, poeta mapuche: *Üi.*

Bernardo Colipán, poeta mapuche: *Arco de Interrogaciones.*

Joy Porter y Kenneth Porter coeditan The Cambridge Companion to Native American Literature.

Aparece en Santiago de Chile el célebre libro de poesía mapuche urbana de David Aniñir Guilitraro *Mapurbe, venganza a raíz.*

— 2006 —

Estercilia Simanca Pushaina: «El encierro de una pequeña doncella». Este cuento fue nominado por Fundalectura e incluido en la Lista de Honor IBBY (*International Board on Books for Young People*). Constituye uno de los primeros reconocimientos internacionales en literatura infantil y juvenil de una escritora indígena nacida en Colombia.

Del 23 al 26 de mayo, la maestría de etnoliteratura de la universidad de Nariño, Pasto, organiza el Simposio Internacional de Literaturas Indígenas y Globalización. El simposio es coordinado por el colombiano Oswaldo Granda y la mexicana Luz María Lepe. Algunos de sus participantes son Mabel Ladaga y Marcelo Valko de Argentina,

Miguel Rocha Vivas, Javier Rodrizales, Aldemar Rua- no (pasto colimba), Jaime Miguel Silva (awá) y Estercilia Simanca Pushaina (wayuu) de Colombia. En el recital de poesía participan Juan Gregorio Regino (mazateco), Miguel Ángel López (wayuu), Jorge Cocom Pech (maya)... Otros escritores invitados son: Gas- par Pedro González, maya de Guatemala; Javier Castellanos, zapo- teco de México, y Gloria Chacón, maya chortí de Honduras.

En el Festival de Poesía de Medellín participan Al Hunter, escritora anashinaabe de Canadá; Jaime Luis Huenún, poeta mapuche de Chile; Rosa Chávez, escritora maya de Guatemala, y los mexicanos Jorge Miguel Cocom Pech, maya peninsular, y Macario Matus, zapoteca.

Minga, III Encuentro de Culturas y Saberes Indígenas en Bogotá.

Anastasia Candre, escritora okaina-uitoto, es invitada al XVII simposio internacional LAILA (*Latin American Indigenous Languages Association*), en donde presenta bailes rituales muirui. La sede es Colombus, Ohio (Estados Unidos).

Miguel Rocha Vivas gana la beca nacional de investigación en literatura del Instituto Caro y Cuervo por su libro *Antes el amanecer, antología de las literaturas indígenas de los Andes y la Sierra Nevada de Santa Marta.*

Hugo Jamioy, escritor camëntsá, gana la beca nacional de investigación en literatura del Ministerio de Cultura, con su proyecto *Oralitura indígena de Colombia.* Tras su experiencia, promoverá la primera convocatoria de las becas de creación en oralitura del Ministerio de Cultura.

Anastasia Candre, escritora okaina-uitoto, revisa los textos en lengua uitoto del libro *Murui iemo muinano rafue: okaina iemo jaziko rafue* (Saberes uitotos: *narraciones de animales y plantas*), Bogotá, Terra Nova.

José Ángel Fernández Silva Wuliana, escritor wayuu, publica en Caracas, Venezuela, *Jayeechiirua jee ojutuuirua sümüinjatü tü eiikaa mma* (*Cantos y pagamentos a la madre tierra*). José Ángel continúa el ejercicio poético de visión continental iniciado por Miguel Ángel López en sus *Encuentros en los Senderos de Abya Yala.*

Nemesio Montiel Fernández Ja'yaliyuu, escritor wayuu, publica en Maracaibo, Venezuela, la novela *Los a'laülaa y compadres wayuu.* El Círculo de Escritores Nativos de las Americas concede el premio Lifetime Achievement a Lucy Tapahonso, escritora navajo (diné).

Sherwin Bitsui, poeta y artista visual diné, gana el Whiting Writer's Award.

Mario Molina Cruz, escritor zapoteco, gana en México el Premio Nacional Nezahualcóyotl de literatura en lenguas indígenas con su novela *Xtille Zikw Belé, Ihén bene nhálhe ke Yu' Bza'o (Pancho Culebro y los naguales de Tierra Azul).*

El maya guatemalteco Humberto Ak'abal publica *De este lado del puente, un libro de cuentos.* Scott Momaday, escritor kiowa-cheroqui, recibe en Washington la medalla nacional de las artes.

En Guatemala se anuncian los ganadores del Premio de Literatura Indígena B'atz' (premio que comenzó a gestarse en 2004): el maya-k'iche' Leoncio Pablo García Talé con su poemario *B'ixonik tzij ke uk'ulaj kami- naqib (Canto palabra de una pareja de muertos)* y, el narrador Miguel Angel Oxlaj Cúmez, escritor maya-kaqchikel, con su cuento «Ru taqkil ri sarima» («El Sarimá»).

Morela Maneiro, escritora kari'ña de Venezuela, recibió el primer premio del Concurso de Literatura Bilingüe, Kuai Nabaida (El mar de arriba). El premio le fue otorgado por la fundación editorial el Perro y la Rana gracias a su libro *Ojos de hormiga.*

— 2007 —

Elicura Chihuailaf lee en la Feria del Libro de Bogotá. Lo acompañan sus «hermanos oralitores de Colombia»: Fredy Chikangana y Hugo Jamioy.

Recital del día de las lenguas en la Universidad Externado de Colombia, Bogotá. Participan Hugo Jamioy (camëntsá), Isaías Román (uitoto), Jorge Cocom (maya) y Fernando Urbina. Las becas nacionales de Creación en Oralitura Indígena del Ministerio de Cultura son concedidas a Aniceto Negedeka Kajutne: *La ciencia de vida escrita en las aves* (*JoomÃ¯ fíivo gaaja kaatÃ¯i aame*); Agustín José Rodríguez Díaz: *Patajaliwaisi pakoyeneta tsamanimonae nakuaexana patajatomaya yajaba* (*La historia de la forma en que nuestros seres supe- riores crearon el mundo y nuestro pueblo*); y Anastasia Candre Yamakuri, escritora, investigadora y poetisa okaina-uitoto, por su proyecto: *Yuaki Muina-Murui: Cantos del ritual de frutas de los uitoto.* Estercilia Simanca, narradora wayuu, es invitada en marzo al VI Encuentro Nacional de Mujeres Creadoras de Sueños y Realidades, Las Mujeres Indígenas en el Arte, Hermosillo, México. En septiembre, viaja a Montreal, Canadá, para participar en el Congreso LASA 2007. Su ponencia: «Los wayuu en la Literatura».

Tres poetas nativos estadounidenses leen en el Festival de Poesía de Medellín: Joy Harjo (muskogee), Sherwin Bitsui (navajo) y Allison Hedge Coke (cheroqui). Por Colombia participa Lindan- tonella Solano, poetisa de origen wayuu.

Juan Guillermo Sánchez y Ana María Ferreira: *Sueños e historias de los jóvenes wayuu en Bogotá.* Es un libro que continua la línea de los escritores y estudiantes indígenas urbanos. La publicación es resultado de una serie de talleres de escritura creativa; en una de las sesiones participa Jorge Miguel Cocom Pech, poeta y crítico literario maya.

Dálila Yagari, escritora embera, es anunciada en el IV Encuentro Internacional de Escritores en Lenguas Indígenas, artes en las voces de las culturas vivas, organizado en la Feria Internacional del libro de Guadalajara.

Luis Fernando Restrepo, Ana María Ferreira y Juan Guillermo Sánchez: *Poéticas y políticas de la América indígena.* Los *Cuadernos de Literatura* del departamento de literatura de la Universidad Javeriana se dedican por vez primera a las literaturas indígenas de América.

Los escritores indígenas continúan representando a Colombia y a sus comunidades a nivel internacional. Abadio Green, Weildler Guerra, Hugo Jamioy y Miguel Ángel López participan por Colombia en la Feria del Libro de Guadalajara, México. En Guadalajara, Miguel Ángel (Vito Apüshana) se encuentra con Gabriel García Márquez.

Vito declara en una entrevista: «Dentro de la comunidad somos una especie de puentes con la sociedad mayoritaria. Somos un poquito de palabrero, un poquito de cantor, un poquito de interpretador de sueños frente a la sociedad colombiana y venezolana. Somos intérpretes y mediadores sociales».

Yaguarê Yamã publica en Brasil *Kurumi Guaré no coração da Amazonia.*

Margo Tamez, escritora apache estadounidense, es nominada a un Premio Pulitzer en Poesía.

En México se celebra el II Festival de Poesía Las Lenguas de América.

Jaime Luis Huenún, poeta mapuche y chileno, coordina en octubre Los Cantos Ocultos, Encuentro de Poetas y Escritores Indígenas Latinoamericanos. El encuentro se realiza en Santiago de Chile y en Temuco.

También publica la antología *La memoria iluminada: poesía mapuche contemporánea.*

Arturo Arias, académico y narrador guatemalteco, publica en Minessota *Taking Their Word,* un estudio sobre la literatura maya y centroamericana.

— 2008 —

Juan Guillermo Sánchez, investigador, narrador y poeta bogotano, dedica su trabajo de grado a la poesía de Humberto Ak'abal. El poeta maya-k'iche' escribe tras leer la investigación: «ahora creo que soy tres voces en una».

Jorge Miguel Cocom Pech lee algunos de sus poemas en la Universidad Javeriana de Bogotá. Alberto Juajibioy Chindoy: *Lenguaje ceremonial y narraciones tradicionales de la cultura kamëntsá.* Es la obra etnoliteraria póstuma de Alberto Juajibioy Chindoy. El género de los saludos rituales es sorprendente, conmovedor y posee el tono de un catolicismo marcadamente indígena. Miguel Ángel López participa en los Cantos Ocultos: Encuentro de Poetas y Escritores Indígenas Latinoamericanos. El encuentro es organizado en Chile por Jaime Luis Huenún. Algunos de los participantes son Dourvalino Moura Fernández, escritor desana de Brasil, y Susy Delgado, escritora guaraní del Paraguay.

Juan Carlos Revelo y Cristian Arcos (con el apoyo del Cabildo de Mueses Potosí): *Cerros mágicos, historias vivas del pueblo de los pastos.* Se trata de versiones literarias a partir de relatos orales recogidos entre los pastos del extremo sur andino en Colombia. Miguel Rocha Vivas gana la beca nacional de investigación en literatura, concedida por el Ministerio de Cultura, con su libro: *El sol babea jugo de piña, antología de las literaturas indígenas del Atlántico, el Pa- cífico y la Serranía del Perijá.* Fredy Chikangana: *Kentıpay llattantutamanta* (*El colibrí de la noche desnuda*). Es el primer libro de poesía que Chikangana publica en quechua y en español. Son poemas escritos entre 1995 y 2008. El poeta participa ese mismo año en el Congreso de Escritores Indígenas de las Américas organizado por la Universidad de Davis, California. Más adelante es invitado a la Universidad de Nebraska.

Roberta Hill, oneida de Estados Unidos, y Morela Maneiro, kari'ña de Venezuela, leen sus poemas en el Festival de Poesía de Medellín.

Hugo Jamioy, escritor camëntsá, representa a Colombia en la Feria del Libro de Santiago de Chile. En el marco de la Feria participa en un conversatorio con Miguel Rocha Vivas y Elicura Chihuailaf.

Hugo Niño, investigador colombiano, gana por segunda vez un premio Casa de las Américas de Cuba con su libro: *El etnotexto, las voces del asombro,* categoría de ensayo.

Miguel Ángel Ramírez Ipuana, investigador y jayeechimajachi wayuu, viaja a Temuco para presentar una ponencia sobre «El jayeechi, canto ancestral wayuu», en la Universidad de la Frontera. En Santiago de Chile intercambia ideas con poetas mapuches urbanos.

Fredy Chikangana (Wiñay Mallki) gana en Roma, Italia, uno de los tres premios Nosside de Poesía Global. Es el primer premio mundial otorgado a un escritor indígena nacido en Colombia. Chikangana ha publicado sus poemas en la revista *Etnografist* de Suecia, *Kontakt* de Dinamarca, *Poetry Internacional* de Holanda, Magazín del diario *El Espectador* de Bogotá, Magazín del diario *El Tiempo* de Bogotá, Casa de Poesía Silva en Bogotá

En México, III festival de poesía Las Lenguas de América.

El premio continental Canto de América de literatura en lenguas indígenas es otorgado en México al escritor Juan Hernández Ramírez por su poemario en náhuatl: Tlatlatok tetl (Piedra incendiada). En 2006 Hernández Ramírez había ganado el Premio Nezahualcóyotl de literatura indígena.

Néstor Barron publica *Kallfv Mapu (Tierra azul),* antología de la poesía mapuche contemporánea.

Jaime Luis Huenún presenta *Antología de poesía indígena latinoamericana.*

Los escritores mapuches Lorenzo Aillapán y Graciela Huinao visitan China como parte de la delegación que viaja a ese país acompañando a Michelle Bachelet, en ese entonces presidenta de Chile.

Ruth Fuentealba Millaguir publica *Cherrufe, la bola de fuego.* Está considerada actualmente como la primera novela mapuche. Sus primeros 500 ejemplares los publicó en Chile tras ganar un concurso de Conadi (Corporación Nacional de Desarrollo Indígena).

En Chile, Segundo Bienal de Arte Indígena, en la que se exponen textos de escritores de origen mapuche, aimara y diaguita.

Se publica en Australia el sorprendente libro *Espejo de tierra (Earth Mirror).* En este libro de poesía contemporánea de raíz ancestral se reúnen cinco poetas aborígenes de Australia y cinco poetas mapuches de Chile.

En Barcelona, España, V Foro de Lenguas Amerindias.

En México Marisol Ceh Moo publica la novela *X-Teya, u puksi' ik' al koolel / Teya, un corazón de mujer.*

Ruth Fuentealba Millaguir, escritora mapuche, publica la novela *Cherrufe, la bola de fuego.*

Con *U K'aay Ch'i'ibal / El canto de la estirpe,* el poeta maya yucateco Wildernain Villegas gana el premio Nezahualcóyotl.

Ti'u billil in nook'/ Del dobladillo de mi ropa, antología en español y maya yucateco de Briceida Cuevas Cob.

— 2009 —

Semana de las lenguas nativas organizada por el Ministerio de Cultura en Bogotá. Se realizan tres recitales con poetas indígenas, rom y afrodescendientes. Los escritores indígenas invitados son Hugo Jamioy, Miguel Ángel López, Fredy Chikangana y Francelina Muchavisoy, quienes leen en la Casa de Poesía Silva, la Biblioteca Nacional y la Universidad Javeriana. Hugo Jamioy Juagibioy gana su segunda beca nacional. Esta vez una de las dos becas nacionales de creación en oralitura del Ministerio de Cultura con su proyecto: *Hablando junto al fogón,* un trabajo de grabación y recreación litera- ria a partir de algunas palabras e historias tradicionales camëntsá.

Anastasia Candre, escritora okaina-uitoto, envía sus textos para participar en la *Antología de lirica indígena* (Italia): 5 poemas en len- gua uitoto (traducidos al italiano por Emanuele Betini). Aparece el texto «Anastasia Candre Yamakuri» en *Llegó el Amazonas a Bogotá,* catálogo de la exposición en el Museo Nacional de Colombia.

Miguel Ángel Ramírez Ipuana publica «El jayeechi, canto wayuu, tradición ancestral» en *Interacciones Multiculturales, los estudiantes indígenas en la universidad,* editado por Miguel Rocha Vivas. El ensayo forma parte del trabajo de grado del filósofo wayuu; una investigación enfocada al fortalecimiento del arte verbal oral de los wayuu.

Lindantonella Solano Mendoza: *Kashi de 7 eneros desde el vientre de Süchiimma.* Libro de poesía de una surgiente escritora de origen wayuu.

En la *Cartilla Abate* de Uribia se publican textos poéticos de nuevas escritoras wayuu.

Miguel Ángel López Hernández (Malohe): *Encuentros en los Senderos de Abya Yala.* Reedición del libro ganador del premio Casa de las Américas de Cuba en el año 2000.

Miguel Rocha Vivas gana el Premio Nacional de Investigación en Literatura Ciudad de Bogotá que concede la Fundación Gilberto Álzate Avendaño, con el ensayo *Palabras Mayores, Palabras Vivas, tradiciones mítico-literarias y escritores indígenas en Colombia.*

Estercilia Simanca, escritora wayuu, participa en VI Encuentro Internacional de Escritores en Lenguas Indígenas, artes en las voces de las culturas vivas, organizado en la Feria Internacional del libro de Guadalajara.

La Ley de Lenguas es aprobada en el congreso de Colombia. Es una ley intercultural en parte concebida —y consultada con las comunidades— por Jon Landaburu, lingüista de origen vasco-francés.

El premio póstumo Michael Jiménez es otorgado por LASA (Asociación de Estudios Latinoamericanos) a las herederas del taita Alberto Juajibioy Chindoy en reconocimiento de su obra y del libro *Lenguaje ceremonial y narraciones tradicionales de la cultura kamëntsá* (2008).

En abril, Louise Erdrich, escritora de origen anishinaabe, es finalista del Premio Pulitzer en ficción por su novela *The Plague of Doves (La plaga de palomas).*

Dennis Tedlock, editor de una reconocida versión del *Popol vuh,* publica en Estados Unidos *2000 Years of Mayan Literature (2000 años de literatura maya).*

Marisol Ceh Moo publica en México *X-Teya, u puksi'ik'al ko'olel (X- Teya, un corazón de mujer),* probablemente la primera novela escrita en maya.

Humberto Ak'abal publica el libro de poemas *Las palabras crecen*. Ak'abal ha sido traducido al árabe y al hebreo, entre otras lenguas del mundo.

Se publica en Canadá Red, a Haida Manga, de Yahgulanaas.

Lluvia y viento, puentes de sonido, literatura indígena y crítica literaria de Luz María Lepe.

Manuel Tzoc, poeta maya k´iche, publica en México de *Textos insanos*.

Carlos Huamán, escritor quechua peruano, publica *Llipyaykunapa qillqanampi / Donde escriben los relámpagos*.

— 2010 —

Estercilia Simanca Pushaina es invitada al Hay Festival de Cartagena de Indias. Habla sobre ficción wayuu.

Kury pugyu y Sumak rimay yachay: dos libros colectivos claves en la prolífica obra colectiva de Aldemar Ruano, etnoeducador pasto de Colimba. Según Aldemar, *Kury pugyu* es un «trabajo que ilustra un ejercicio de rescate del color andino pasto como, el azul, colorado, café, blanco, y el negro, complementándose con la oralidad, por tal motivo le llamamos el libro dual». Mientras que *Sumak rimay yachay* es un «trabajo literario de mitos, cuentos y leyendas de la región, que permite reencontrarnos con nuestras huellas de la cosmovisión pasto». Otros trabajos colectivos de Aldemar Ruano son: *Pacha tullpa* (1995), *Notas culturales lingüísticas* (1996), *Kupan* (1997), *Kuyima* (2003), *Puka allpa manka - Vasija de barro* (2004), *Yachaykuna minka* (2005), *Tullpa* (2006) y *La lengua kichwa* (2007). Fredy Chikangana (Wiñay Mallki) escribe textos para una obra musical de tema indígena: *Ibanasca, una leyenda cantada de los Dulima*. La obra se estrena en Ibagué y en Bogotá.

El área de Literatura del Ministerio de Cultura publica la biblioteca indígena y la biblioteca afrocolombiana. En la biblioteca básica de los pueblos indígenas se publican los siguientes libros: *Samay pisccok pponccopi mushcoypa* (*Espíritu de pájaro en pozos del ensueño*) (Wiñay Mallki / Fredy Chikangana); S*hiinalu'uirua shiirua ataa* (*En las hondonadas maternas de la piel*) (Vito Apüshana); una nueva versión de *Bínÿbe oboyejuayëng* (Danzantes del viento) (Hugo Jamioy); *Las palabras del origen, breve compendio de la mitología de los uitoto* (Fernando Urbina), *Documentos para la historia del movimiento indígena contemporáneo* (Enrique Sánchez Gutiérrez y Hernán Moli- na Echeverri), y las antologías *Antes el amanecer y El sol babea jugo de piña* (Miguel Rocha Vivas).

El Festival de la Cultura Wayuu se realiza en Uribia, Guajira colombiana, y es sede de un encuentro binacional entre escritores wayuu (Atala Uriana, Estercilia Simanca, Nemesio Montiel, Vicen- ta Siosi...). Participan jóvenes escritoras wayuu, estudiantes de secundaria, y un nuevo escritor: Ramiro Epiayú.

En el XX Festival de Poesía de Medellín leen los siguientes poetas indígenas: Miguel Ángel López (wayuu), Juan Gregorio Regino (mazateco de México), Lucila Lema (kichua de Ecuador), y Aiban Wagua (kuna de Panamá).

Yohana Arias, escritora de origen wayuu, prepara la publicación de *Entre bastones, luceros y cuentos me dormí yo*. El libro «es una recopilación de cuentos y leyendas cuya principal intención es la de rescatar y afirmar los valores culturales propios de la etnia wayuu con fines pedagógicos».

Miguel Ángel López prepara *Los 400 conejos de aquello porvenir y Natal profundo* (poemas sobre las comunidades indígenas del Caribe colombiano).

Bárbara Muelas Hurtado, escritora misak-guambiana, prepara su *Gramática pedagógica para los maestros.*

Fredy Chikangana prepara *K'uichi takimanta* (*Cantos de arco iris*). Hugo Jamioy prepara *Preguntas y respuestas sabias de un niño camëntsá* y otros libros inéditos.

Un grupo de escritores wayuu inicia la traducción al wayuunaiki de *Cien años de soledad,* la célebre novela de Gabriel García Márquez. Se dan a conocer traducciones al francés de algunos poemas de Fredy Chikangana, Vito Apüshana y Hugo Jamioy, *Poètes indigènes de Colombie,* en la *Revista Europa / Europe, revue littéaire mensuelle,* editada en París.

Sherman Alexie, narrador spokane-coeur d'alene, gana el premio Lifetime Achievement del Círculo de Escritores Nativos de las Americas. También en Estados Unidos, el equipo de la palabra hablada de la Escuela India de Santa Fe, presenta el disco compacto *Mocasines y Mi- crófonos (modern native storytelling though perfomance poetry),* con la dirección de Timothy P. McLaughlin y la participación de los siguientes poetas y narradores/as: Nolan Eskeets (diné); Santana Shorty (diné); Ariel Antone (tohono o'odham); Clara Natonabah (diné); Davin Coriz (kewa/ ohkay owingeh/ picuris); April Chavez (kewa/diné); Althea Morningdove (san felipe /acoma); Stuart Chavez (havasupai/zuni/dine); Fantasia Lonjose (zuni); Andrew Nutumya (isleta/laguna/ hopi).

Aparece en Estados Unidos *Uk'u'x kaj, uk'u'x ulew, antología de la poesía maya guatemalteca* a cargo de Emilio del Valle Escalante, investigador maya k'iche' radicado en los Estados Unidos.

Juan Álvarez, poeta maya tseltal, gana en México la tercera edición del premio continental Canto de América, literatura en lenguas indígenas, con su poemario *Se ha cansado el silencio.* La convocatoria se extendió a los escritores indígenas de Colombia y América.

Isaac Esau Carrillo Can, escritor maya yucateco, gana el Premio Nezahualcóyotl con la novela *U yóok' otil' ob áak' ab / Danzas de la noche.*

Graciela Huinao, escritora mapuche, publica la novela *Desde el fogón de una casa de putas williche.*

Pluralia pública en México *Xantolo,* texto de Mardonio Carballo.

— 2011 —

Del 6 al 8 de mayo se realiza el Primer Encuentro Nacional de Escritores/as en Lenguas Indígenas en el marco de la Fiesta de las Lenguas durante la Feria Internacional del Libro de Bogotá, con sedes alternas en la Universidad Pedagógica y la Universidad Externado de Colombia. Coordina: Miguel Rocha. Participan Jorge Cocom (maya yucateco de México); Humberto Ak'abal (maya k'iche' de Guatemala); Leonel Lienlaf (mapuche de Chile); Jaime Huenún (mapuche de Chile); Abadio Green (kuna-tule de Panamá); Francelina Muchavisoy (inga); Fredy Chikangana (yanakuna mitmak); Miguel Ángel López (wayuu); Yoche (andoke); Hugo Jamioy (camëntsá); Bárbara Muelas (misak-guambiana); Estercilia Simanca (wayuu); Efrén Tarapúes (pasto cumbal); Aldemar Ruano (pasto colimba); Anastasia Candre (okaina-uitoto); Vicenta Siosi (wayuu); María Clara Juajibioy (caméntsá) en representación de su fallecido padre Alberto Juajibioy; Gloria Jusayú (wayuu de Venezuela) en representación de su fallecido padre Miguel Ángel Jusayú; y Uriel Cassiani, poeta afro de Palenque de San Basilio. El encuentro se abre con un taller de escritura en lenguas indígenas a cargo de Jorge Cocom, alterna al día siguiente con un recital de poetas del mundo en el Festival Internacional de Poesía de Bogotá, y se cierra con el himno misak-guambiano, así como la presentación y entrega gratuita de los Libros al Viento: *Pütchi biyá uai, antología multilingüe de la literatura indígena contemporánea en Colombia, Precursores (Volumen I)* y *Puntos aparte (Volumen II)*. Miguel Rocha Vivas (compilador).

La editorial Caza de Libros publica en el país la primera antología de un poeta indígena contemporáneo no nacido en Colombia, el maya-k'iche' Humberto Ak'abal: *La palabra rota*. Esta es la segunda antología de un autor indígena publicada en Colombia después de Nezahualcóyotl (1990), poeta chichimeca prehispánico.

En el XXI Festival de Poesía de Medellín leen los siguientes poetas de naciones indígenas: Sixto Cabrera (nahua de México), Faumelisa Manquepillán (mapuche de Chile), Fredy Chikangana (yanakuna de Colombia) y Niillas Holmberg (saami de Finlandia).

Abadio Green Stocel (Manibinigdiginya), escritor gunadule, presenta en la Universidad de Antioquia su tesis doctoral: *Signifi- cados de vida, espejo de nuestra memoria en defensa de la Madre Tierra*.

En el marco de la Cátedra de los Pueblos Indígenas del Programa de Interacciones Multiculturales de la Universidad Externado de Colombia se presenta *Nacimos el 31 de diciembre*. Este documental, dirigido por Priscilla Padilla, se basa en «Manifiesta no saber firmar, nacido: 31 de diciembre», cuento de Estercilia Simanca Pushaina, narradora y diseñadora textil wayuu.

En septiembre Anastasia Candre Yamakuri, escritora e investigadora okaina-uitoto, lee y canta en la Feria del Libro de Bucaramanga.

La emisora Javeriana Stereo y el departamento de Literatura de la Universidad Javeriana de Bogotá inician el ciclo *Nu Wam, la Palabra Mayor, diálogos con escritores indígenas contemporáneos*. Se trata de un ciclo de tres programas dedicados a Fredy Chikangana (yanakuna mitmakuna), Estercilia Simanca (wayuu), Jorge Cocom (maya yucateco) y Anastasia Candre (okaina-uitoto). Este ciclo cuenta con el apoyo de Jaime Alejandro Rodríguez y la dirección de Miguel Rocha Vivas.

Allison Hedge Coke, escritora e investigadora de múltiples orígenes nativos y europeos, publica la antología continental: *Sing, Poetry from the Indigenous Americas* (*Cantar, poesía desde las Américas indígenas*). Aparecen poemas escritos en Nebraska (Estados Unidos) por Chikangana (yanakuna), así como textos de Jamioy (camëntsá), Solano (wayuu) e Hilario Chacin (wayuu).

En noviembre Juan Duchesne Winter, académico puertorriqueño, organiza en la Universidad de Pittsburgh, Estados Unidos, un encuentro de literatura wayuu con la presencia de Estercilia Simanca Pushaina, Miguel Ángel López-Hernández (Vito Apüshana) y José Ángel Fernández Silva.

Herederos del canto circular, selección de Ángela García de textos de Chikangana, Jamioy y Apüshana; libro editado en Bogotá en la Universidad Externado.

Robert Dale Parker publica en Estados Unidos *Thinking is not Vanishing, a Collection of American Indian Poetry to1930.* Se trata de una reveladora investigación y muestra de poesía nativa americana. Parker indaga en periódicos, revistas, panfletos, libros antiguos, etc., y da cuenta en este libro de 82 (de al menos 140) poetas nativos americanos que escribían poesía antes de 1930, muchos de ellos en el siglo XIX.

En México entregan el Premio Nezahualcóyotl de Literatura en Lenguas Mexicanas 2010. Lo gana Isaac Esau Carrillo Can, escritor maya, con su novela *U yóok'otilo'ob áak'ab (Danzas de la noche).*

En México D.F. se presenta la obra *Las Lenguas de América. Recital de Poesía II.*

Humberto Ak'abal, poeta y narrador maya k'iche', presenta en España su nuevo libro de poesía *Donde los árboles.*

Eliane Potiguara de Brasil es una de las escritoras indígenas invitadas a México para participar al Gran Encuentro Latinoamericano Indígena Literario, Hidalgo 2011.

Del 25 al 28 de octubre en San José de Costa Rica se realiza el 1er Encuentro internacional de escritores/as y poetas afrodescendientes, indígenas y sinodescendientes, Tenemos la palabra. Entre otros autores indígenas cuenta con la presencia de Jorge Cocom (maya de México), Arysteides Turpana (kuna de Panamá), Eliane Potiguara (Brasil) y Ariruma Kowii (kichwa de Ecuador).

En octubre Ariruma Kowii (kichwa otavaleño) y Eduardo Ninamango (quechua peruano), disertan y leen algo de su poesía durante el Encuentro sobre literatura ecuatoriana, Alfonso Carrasco Vintimilla.

Daniel Munduruku: *Crónicas de Sao Paulo.*

Maria Kerexu y Olívio Jekupé publicán en Brasil *A mulher que virou Urutau.*

Eká kusúala / Canciones del viento del escritor rarámuri Martín Makáwi.

Con la coordinación de Aiban Wagua, poeta e investigador gunadule, se pública una edición revisada del *Babigala: en defensa de la vida y su armonía.*

— 2012 —

Con una extensa conversación literaria intercultural con el oralitor Fredy Chikangana (Wiñay Mallki) se inician las celebraciones por los 10 años del programa Literaturas Indígenas en Colombia y América del departamento de Literatura de la Universidad Javeriana, Bogotá.

Del 23 al 30 de junio, el XXII Festival de Poesía de Medellín ren- dirá «un homenaje al espíritu de los pueblos aborígenes». Se trata de la más extensa y continental de las participaciones de los poetas indígenas en la historia de este célebre encuentro mundial: Atala Uriana (wayuu / Venezuela), Dida Aguirre (quechua / Perú), Juan de Dios Yapita (aymara / Bolivia), Rita Mestokosho (Inuit/ Canadá), María Teresa Panchillo (Mapuche / Chile), Manuel Atan (Rapa Nui / Chile), Hugo Jamioy (Camëntsá / Colombia), María Clara Sharupi (Shuar / Ecuador), Joy Harjo (Muskogee / Estados Unidos), Karenne Wood (Monacan / Estados Unidos), Juan Hernández Ramírez (Nahua / México), Leopoldo Méndez (Maya / Guatemala), Margo Tamez (Apache / Estados Unidos), Sigbjørn Skoden (indígena Sami / Noruega).

Juan Guillermo Sánchez, académico colombiano, prepara desde Canadá la edición de su libro sobre la poesía de Humberto Ak'abal, escritor maya-k'iche'.

Fredy Chikangana y Estercilia Simanca trabajan en sus nuevos textos, las primeras novelas de origen indígena que se escriben en Colombia en el siglo XXI.

Una nueva generación de escritores y escritoras indígenas en Colombia se anuncia desde los trabajos inéditos de Higinio Obispo González (eperara siapidara), Anastasia Candre (uitoto), Yenny Muruy Andoque (andoke-uitoto), Alvenis Tique (pijao), Adonías Perdomo (nasa), Efrén Tarapués (pasto), Ever Chapuel (pasto), Aldemar Ruano (pasto), Ibis Aguilar Epieyú (wayuu), Miguel Ángel Ramírez Ipuana (wayuu), Édgar Alberto Velasco Tumiña (misak misak), Gerardo Tunubalá Velasco (misak misak), Tonfy (andoke) y María Juajibioy (camëntsá), entre otros tantos oralitores/as, escritores y escritoras indígenas.

Encuentros de escritores mayas en la Universidad de Carolina del Norte en Chapel Hill.

II EILA (Encuentro Intercultural de Literaturas Amerindias) en la Universidad Nacional Mayor de San Marcos, Lima, Perú.

Desde Albuquerque, Nuevo México, se convoca al Simposio de Literatura Nativa Americana.

En México se anuncia una nueva versión del Festival de Poesía Las Lenguas de América, coordinado por el fallecido Carlos Montemayor en sus versiones anteriores de 2004, 2006, 2008, y en parte la versión de 2010.

Kalu Tatyisavi (Carlos España), escritor mixteco, gana el Premio Nezahualcóyotl con *Tzin tzun tzan / El disparo de tres flechas.*

Se publica en Paraguay, a cargo de Susy Delgado, la antología bilingüe *Ñe´e rendy, poesía guaraní contemporánea.*

Aparece en Francia *L´avant-garde du monde,* una selección de textos de escritores indígenas y latinoamericanos.

—2013—

Estercilia Simanca Pushaina se presenta en las Universidades de Georgetown y Carolina del Norte (Chapel Hill) en los Estados Unidos. Anastasia Candre recibe el Premio "Dedicación al enriquecimiento de la cultura ancestral indígena-rituales ancestrales" del Ministerio de Cultura de Colombia.

Javier Castellanos, narrador y ensayista binnizá, gana en México el Premio de Literaturas Indígenas de América.

Irma Pineda, *Guie´ ni zinebe / La flor que se llevó,* poemario en binnizá y en castellano de Irma Pineda.

Pluralia publica en México el libro y disco compacto Mojk´jäyä mokaya, poemario en zoque y en castellano de Mikeas Sánchez.

Congreso internacional de lenguas en Oaxaca. Participa el célebre Enrique Servin, poliglota y promotor del rarámuri, entre otras lenguas del mundo.

— 2014 —

La conferencia Naisa se organiza en la Universidad de Texas, Austin.

Trasciende Anastasia Candre en Leticia.

III EILA organizado en Iquitos, Amazonia Peruana, con apoyo de Manuel Cornejo Chaparro.

Fredy Chikangana y Odi González realizan lecturas poéticas en quechua en la Universidad de Carolina del Norte. Organiza el Abya Yala Working Group (Emilio del Valle y Miguel Rocha).

Con el apoyo de la Embajada de Noruega se publica *Voces originarias de Abya Yala,* una antología personal de Apüshana, Jamioy y Chikangana.

Marisol Sol Ceh Moo (Marisol), novelista maya yucateca, gana el Premio Nezahualcóyotl con *Chen tumeen Chu´úpen / Sólo por ser mujer.*

Esteban Ríos Cruz, escritor binnizá, gana el Premio de Literaturas Indígenas de América.

Se publica en Paraguay *2 x 4,* libro en guaraní, inglés y en castellano, de Susy Delgado.

Mikel Ruiz publica en tsotsil y en castellano, *Ch´ayemal nich´nabiletik / Los hijos errantes.*

— 2015 —

Hugo Jamioy y su madre, Mamá Pastora Juajibioy, visitan el Centro Hispano de Durham y realizan conversatorios en la UNC, Chapel Hill. La biblioteca de UNC adquiere 2 chumbes (fajas tejidas ideográficas) de mamá Pastora Juajibioy como parte de su colección de libros especiales del mundo Daupará.

Daupará, muestra de Cine y Video Indígena. Se organiza un año en Bogotá y otro año en los territorios indígenas.

Se publica un número dedicado a estudios afro-indígenas en los Cuadernos de Literatura de la Universidad Javeriana.

Juan Duchesne Winter, académico puertorriqueño, en la Universidad de Pittsburgh, publica *Hermosos invisibles que nos protegen,* antología de la literatura wayuu.

La conferencia NAISA de estudios nativo americanos se organiza en el Museo del Indio Americano en Washington.

Josías López, escritor tseltal, gana en México el Premio de Literaturas Indígenas de América.

Manuel Tzoc, poeta maya k´iche, reedita en Buenos Aires Gay (o).

Teorizando las literaturas indígenas contemporáneas, editado en Carolina del Norte por Emil´ Keme.

Reedición de *Escop(o)etas para una muerte en versos b…ala* de Manuel Tzoc.

Tlalxiktli, ombligo de la tierra, poemario en nahuátl y en castellano de Juan Hernández Ramírez.

Hasta que muera el sol, antología de escritoras y escritores indígenas bröran-térraba, una obra preparada en Costa Rica por el crítico mexicano Jorge Tapia.

— 2016 —

La película *El abrazo de la serpiente,* hablada parcialmente en varias lenguas indígenas amazónicas, recibe nominación al premio Oscar como mejor película extranjera.

Se inaugura el curso de cine, documental y literaturas indígenas en la Universidad Javeriana.

Mingas de la imagen sobre creación audiovisual. Universidad Javeriana.

Hugo Jamioy se presenta en la conferencia SECOLAS en Cartagena.

Seminario El texto y la imagen con participación de escritores indígenas y afrodescendientes en el Museo de Arte Moderno de Medellín.

Mesa académica en congreso IILI en Jena, Alemania, sobre metodologías de trabajo con antologías de escrituras indígenas. Participan Jorge Tapia, Hannah Burdette, Miguel Rocha y Juan Duchesne.

En Ciudad de México el II Festival de Poesía: Las Lenguas de América "Carlos Montemayor" es coordinado por las poetas zapotecas Irma Pineda y Carlos Montemayor.

IV EILA en La Paz, Bolivia, con la presidencia de Elvira Espejo.

Se crea en la Universidad Autónoma de Querétaro la Red de Investigación y Creación en Lenguas Indígenas (RIICLI). Coordina: Luz María Lepe.

Jorge Miguel Cocom Pech, escritor maya yucateco, recibe el Premio de Literaturas Indígenas de América (PLIA) en la Feria Internacional del Libro de Guadalajara.

Manuel Bolom Pale, escritor maya tsotsil, gana el Premio Nezahualcóyotl con *Skínal Xikitin: Kópojel un nupunel / Fiesta de la chicharra: un discurso ceremonial para matrimonio.*

— 2017 —

Presentación del libro *Mingas de la palabra* en Casa de las Américas de Cuba.

Mingas de la imagen: experiencias de educación intercultural en grafiti y pintural mural. Universidad Javeriana y Casa Misak. Bogotá.

Por los valles de arena dorada. Selección de Cuentos de Estercilia Simanca.

Mingas de la imagen. Experiencias de educación intercultural en chumbe y oralitegrafías.

Benjamín Jacanamijoy presenta su nueva edición del libro *El Chumbe inga: una forma artística de percepción del mundo.*

Reedición en BBCC de *Los dolores de una raza, novela histórica de la vida real contemporánea del indio guajiro.* Antonio Joaquín López Epieyuu.

La universidad del Valle, con presentación de María Mercedes Ortíz, publica *Jaipai joutaleulojotu / Cerezas en verano,* libro de relatos de Vicenta Siosi.

Paráfrasis del Popol wuj de Humberto Ak´abal.

La Red de Investigación y Creación en Lenguas Indígenas (RIICLI) organiza en Querétaro recitales y talleres con algunos de los ganadores del Premio Nezahualcóyotl.

En el Festival de Poesía de Medellín leen los poetas Natalio Hérnandez (nahua, México), Pedro Ortiz (camëntsá) e Inger Mari Aikio (saami), entre otros creadores.

Hubert Matiúwàa (Hubert Martínez Calleja), escritor tlapaneco, recibe el Premio de Literaturas Indígenas de América (PLIA) en la Feria Internacional del Libro de Guadalajara, por su libro de poesía *Ìjín gò'ò Tsítsídiín tsí nònè xtédè / Las sombrereras de Tsítsídiín.*

Se publica en Guadalajara *Las caras del tiempo / Wachibal q'ijil,* antología de Humberto Ak´abal.

El colectivo maya Snichimal Vayuchil crea y autoedita libros cartoneros con materiales reciclables, y difunde por su cuenta libros de poesía como *Keremetik.*

— 2018 —

V Encuentro continental Intercultural de Literaturas Amerindias (EILA) en la Universidad Javeriana, la Biblioteca Nacional y la Feria Internacional del Libro de Bogotá. Participan más de 100 ponentes y escritores indígenas. Miguel Rojas Sotelo y Miguel Rocha Vivas gestan y coorganizan la Exposición Soberanía Visual como parte del EILA V.

Como parte de la BBCC de la Biblioteca Nacional de Colombia se publica una nueva edición de la novela wayuu de Antonio Joaquín López Epieyuu: *Los dolores de una raza.* También se reeditan las antologías *Pütchi biyá uai.*

La *Revista Prometeo* del Festival de Poesía de Medellín dedica su número 109-110 a poesía, chamanismo y cantos originarios.

Naxiña´rului´ladxe´/ Rojo deseo, libro de poesía erótica en binnizá y castellano de Irma Pineda.

Trasciende en Ixumulew-Guatemala el poeta indígena probablemente más traducido: Humberto Ak´abal.

Esteban Ríos Cruz (zapoteco), gana el premio Nezahualcóyotl con Ca guichu guendarieedasiló / Las espigas de la memoria.

Francisco Antonio León Cuervo, poeta y editor mazahua, gana en México el Premio de Literaturas Indígenas de América con su novela *El eterno retorno / Nu pama pama nzhogú.* Es además editor de la revista digital mazahua *Jñatrjo.*

José Oregón Morales, narrador oral quechua peruano, publica *Kutimanco, el jefe que vuelve.*

Patricio Guerrero Arias, músico y antropólogo ecuatoriano, publica en Ecuador *La Chakana del Corazonar.*

Yuimákwaxa, ceremonia de los primeros frutos, de Gabriel Pacheco, escritor y gestor wixarika. Colección León Portilla.

Insurrección de las palabras, poetas contemporáneos en lenguas mexicanas. Selección de Hermann Bellinghausen de textos publicados en la Revista Ojarasca del diario La Jornada de México.

Se publica en México *Ñu'ú vixo / Tierra mojada*, poemario en tu'un savi y en castellano de Nadia López García.

Gloria Chacón, crítica de origen maya chortí y campesino, publica con UNC Press *Indigenous Cosmolectics, Kab'awil and the Making of Maya and Zapotec Literatures.*

— 2019 —

En Medellín aparece *Antiguos recién llegados, obra poética 1992-2017* de Vito Apüshana.

Se crea el Centro de Estudios Ecocríticos e Interculturales en la Universidad Javeriana, sede Bogotá.

Se realiza un homenaje crítico a la escritora wayuu Vicenta Siosi durante el encuentro anual sobre literaturas indígenas organizado en la Feria Internacional del Libro de Guadalajara por el editor español José Luis Iturrioz.

Se publica en Bogotá *No permitan que el ayer se vaya lejos*, antología póstuma de Humberto Ak'abal, solicitada al poeta durante su participación en el EILA 2018 en la Universidad Javeriana.

La colección Miguel León Portilla de Literaturas en Lenguas Originarias de la Universidad de Guadalajara, México, continúa publicando creadores y críticos relacionados con las letras indígenas. Esta colección solo es superada en número por las ediciones de poesía indígena de Pluralia, también editadas en México.

Ailton Krenak publica en Brasil *Ideas para postergar el fin del mundo.*

Se inaugura en Ciudad de México la nueva casa de Eliac: Escritores en Lenguas Indígenas A.C.

José Oregón Morales, narrador oral quechua peruano, *Mi tío el cura.*

Marisol Ceh Moo, narradora maya yucateca, gana en México el Premio de Literaturas Indígenas de América.

En Busan, Corea del Sur, se realiza AALA, el Foro de Literatura Asia, África y América Latina. Se dan cita autores originarios del Pacífico, así como de Sudáfrica, India y Japón, entre otros países. Organiza Suk-kyun Woo, entre otros académicos.

Se publica en Guadalajara *América en 8 lenguas*. José Luis Iturrioz, editor.

Mikeas Sánchez, escritora zoque, publica en México: *Jujtzye tä wäpä tzamapänh'ajä / Cómo ser un buen salvaje.*

Paul Worley y Rita Palacios publican en Arizona *Unwriting Maya Literature: Ts'íib as Recorded Knowledge.*

Luis Cárcamo-Huechante coordina la publicación en *Lasa Forum* de artículos sobre las lenguas y literaturas del Abiayala. La inauguración de una sección de Lasa centrada en esta temática se debe al trabajo de Gloria Chacón y Luz María Lepe, entre otros académicos.

Kalu tatyisavi (Carlos España), escritor mixteco, gana en México el Premio Bellas Artes de Literatura en Lenguas Indígenas con el libro *Tyi niin iyo / Porque el silencio.*

Siwar mayu, plataforma digital colaborativa de artistas y escritores del Abya Yala, cocreada por Juan Guillermo Sánchez y Gloria Chacón.

— 2020 —

Se crea en Colombia la Red de Creación Intercultural Mingas de la Imagen bajo la coordinación de Keratuma (embera eyabida) y dirección de Miguel Rocha Vivas desde la Universidad Javeriana (Bogotá). La Red reúne a artistas plásticos, oralitores, narradoras, documentalistas y críticos, entre otros. La Red es apoyada por The Cultural Conservancy, fundación nativo americana con sede en California.

El poeta y filósofo, *Carlos Miguel Gómez publica Palabra de Remedio y otras historias de yagé,* un libro basado en gran parte en los aprendizajes con el taita Luis Portilla, médico tradicional pasto-awá.

Miguel Rojas Sotelo y Miguel Rocha Vivas graban durante la pandemia las conversaciones interculturales con creadores indígenas, estudiantes y educadores interculturales.

Hazel Robinson Abrahams, escritora sanandresana, publica *Los cinco delantales de mi abuela,* libro en donde alude a sus múltiples orígenes, incluyendo un antepasado lejano entre los miskitos de Nicaragua.

Gloria Chacón, crítica maya chortí de Honduras, organiza en la Universidad de California, San Diego, el Simposio internacional Escritores indígenas y sus críticos:

Jaime Triana, Ariruma Kowii y Miguel Rocha Vivas comparten en La Habana una mesa de reflexiones sobre escrituras indígenas contemporáneas en el marco de la convocatoria del Premio Casa de las Américas de Cuba.

La escritura mapuche Liliana Ancalao publica en Argentina el libro de poemas y oralitura: *Rokiñ, provisiones para el viaje.*

Dossier dedicado a los criterios de edición de textos indígenas en la Revista Iberoamericana. Universidad de Pittsburgh. N. 272.

Juana Karen (Juana Peñate Montejo), poeta maya chol, gana el Premio de Literaturas Indígenas con el poemario *Isoñil ja'al / Danza de la lluvia.*

Lenguas de la Madre Tierra, Francisco Toledo y Humberto Ak´abal in memoriam. José Luis Iturrioz, editor.

Negma Coy publica Kikotem: b'anob'äl, tzijonïk, pach'un taq Tzij. Se trata de una colección *de cuentos y para niñas y niños en kaqchikel y en español.*

Se publica *Ää: Manifiestos Sobre la Diversidad Lingüística* de Yasnaya Aguilar, escritora mixe y frecuente colaboradora del diario El País de España.

Desde la página web Gusanos de la memoria, vinculada al trabajo de gestión de Hubert Matiúwàa, se convoca el primer premio de creación literaria en lenguas originarias "En tiempo de pandemia".

Truduá Dorrico, más conocida como Julie Dorrico, promueve la literatura indígena en Brasil desde el canal de conversaciones en YouTube: *Literatura Indígena Contemporânea.*

— 2021 —

La Universidad Javeriana, desde el CEI, con apoyo de The Cultural Conservancy, crea la colección editorial de Estudios Indígenas, Interculturales y de la Tierra.

Es publicada por UNC Press la traducción en inglés de *Mingas de la Palabra / Word Mingas*, un texto crítico sobre oralituras y literaturas indígenas contemporáneas en Colombia.

Se reedita *Tengo los pies en la cabeza* de Berichá en la *Biblioteca de escritoras colombianas.*

Se inaugura en la Sierra Nevada de Santa Marta la Casa de la Memoria con dirección del oralitor Hugo Jamioy.

Los derroteros del palabrandar, escrituras de resistencia desde el pueblo nasa en Colombia (1970-2020), tesis doctoral del investigador italiano Simone Ferrari.

Narraciones kaviarí, traducciones de Katherine Bolaños y Ricardo Palacio.

Se publica en Colombia *69 pilares y otros poemas* de Inger Mari Aikio, escritora sami finlandesa.

Kampa shimita yarkashini / Tengo hambre de tu boca. Poemario bilingüe amoroso de la escritora kichwa Yana Lema Otavalo.

Aparece en Ecuador *Kill kay pacha / Tiempo de escribir,* 1992 versos de rap en kichwa y castellano de Sumay Cachimuel y Aka Sumay Nin.

Se realiza el EILA VI, en modalidad virtual, convocado desde Lima, Perú.

El espía del Inca, extensa novela sobre el antiguo Perú, de Rafael Dumett.

Florentino Solano, escritor mixteco, gana el Premio de Literaturas Indígenas de América (PLIA).

Nos han dado la tierra. Juan Rulfo en 10 lenguas indígenas mexicanas. Colección Miguel León Portilla.

Se publica en México *Sentipensares: El corazonar de las filosofías amerindias,* en 3 tomos, con la coordinación de Pedro Reygadas Robles Gil y Juan Manuel Contreras Colín.

Aparece en Lima el poemario *Sanchiu* de Dina Ananco, escritora y traductora awajun-wampis.

Yeyipun en la ciudad, textos sobre poesía mapuche, Andrea Echeverría.

Manuel Cornejo Chaparro publica con Planeta, Perú, *El río infinito, la primera senda de Yaquichán Tapullima. Se* trata de la primera de una trilogía de novelas cuyo personaje inicial es un joven kukama.

El editor quechua Dante González, con la editorial Pakarina en Lima, publica *Sanchiu* de Dina Ananco, poeta awajun-wampis de la amazonia peruana.

Kon dxekenha kan gaka / Imaginando el destino, ensayos del escritor zapoteco Javier Castellanos.

Nadia López García gana con el poemario *Dorsal* el XVI Premio Mesoamericano de Poesía Luis Cardoza y Aragón.

— 2022 —

Camilo Jamioy, escritor y traductor camënstá, publica en Bogotá su libro *Tabanok.*

Mingas de la Imagen: estudios indígenas e interculturales, editado por Miguel Rocha Vivas, Paola Molano y Miguel Rojas Sotelo con colaboradores de numerosos pueblos indígenas, universidades de 3 continentes y múltiples modalidades creativas.

Laura Lema gana el premio de la Universidad de Lyon II por su tesis en francés sobre literatura wayuu: *Paroles politiques et paroles poétiques / Palabras políticas y palabras poéticas.*

Autorías contrabandistas: cuerpos que reinventan y desestabilizan agendas políticas de "lo indígena", trabajo doctoral de Adriana Campos Umbarila.

Fredy Chikangana, Rómulo Bustos y Miguel Rocha conversan sobre escrituras y diálogo intercultural en la Feria del Libro de Seúl, Corea del Sur. Se publican algunos poemas de Chikangana en coreano.

Aparece en San Cristóbal de las Casas, México, el libro cartonero *Sbelel ch´ul k´opetik / Ritual de* palabras, cocreado en talleres e intercambios entre Snichimal Vayuchil y la Red de Creación Intercultural. Participan 19 autores de países como Ecuador, Colombia, México, Italia, Rusia. Colaboraciones en 12 lenguas.

Territorio encarnado, Miguel Rojas Sotelo, sobre la producción artística en Abya Yala.

Forest beings, texto de Keratuma, documentalista embera eyábida, en *The London Magazine.*

Luis Antonio Canché Briceño, escritor en lengua maya t´aan, gana el PLIA con *K'i'ixib máako'ob/ Los hombres espinados.*

Casa de las Américas de Cuba organiza el *V Coloquio Internacional de Estudios sobre Culturas Originarias de América.* Un encuentro derivado de la gestión pionera de Jaime Triana.

Casa de las Américas pública *Le qatzij Mayab' / Nuestra palabra Maya: Poéticas de resistencia en Iximulew* dc Emil´ Keme.

Pedro Favaron y otros colaboradores editan *Cantos del meandro, muestra de ecopoesía amazónica.*

Elvira Espejo Ayca pública en La Paz *Kirki qhañi, petaca de las poéticas andinas.* Este poemario bilingüe posee una significativa elaboración oralitegráfica.

— 2023 —

En la Feria del Libro de Bogotá participan creadoras indígenas como Keratuma (embera) y Janeth Calambas (misak). Además, se realiza un conversatorio entre los oralitores Hugo Jamioy, Vito Apushana, Fredy Chikangana y Aminta Peláez Wouriyú (wayuu). Fernando Urbina conversa sobre el río y el mito con la escritora chocoana Velia Vidal. Susy Bentzulul (tsotsil) presenta su libro *Tenbilal Antsetik /Mujeres olvidadas.* Miguel Rocha prepara para el Fondo de Cultura Económica un recuento crítico de las relaciones entre los escritores indígenas de Colombia y México.

Boca de Maguaré. Fernando Urbina Rangel, un relato muinane editado por Monigote editorial en Bogotá.

Miguel Rojas Sotelo publica en Colombia *Territorio Encarnado,* una investigación sobre visuales, textualidades y estéticas del Abya Yala. Se publica una cronología comparada entre artes y escrituras indígenas en colaboración con Miguel Rocha Vivas.

En el mundialmente célebre Handbook de la Universidad de Oxford, en Inglaterra, dedicada a la novela latinomericana, aparece un capítulo dedicado a la novela indígena contemporánea a partir de *Los Dolores de una raza* del escritor wayuu Antonio Joaquín López Epieyuu.

Tras un doctorado en Francia, se publica *Poéticas que germinan,* entre la voz y la letra, de Camilo Vargas, un trabajo dedicado especialmente a la obra de Anastasia Candre y Hugo Jamioy.

El Encuentro Intercultural de Literaturas Amerindias se realiza en la Universidad de San Marcos, Lima, Perú.

Reinaugurada la Biblioraloteca Muyu en Peguche, Ecuador, tras la pandemia. En su marco se realiza encuentro del corazonar con participación del colectivo Snichimal Vayuchil, Mingas de la Imagen y escritores como Néstor Ganduglia de Montevideo Mágico. Organizan Patricio Guerrero y Yana Lema.

Zaida Sánchez Terrer y Yana Lema Otavalo, tras coordinar talleres literarios con mujeres afro, mestizas e indígenas, publican en Ecuador *Warmi shimi.*

James Assir Sarao Cauich, escritor maya, gana el Premio de Literaturas Indígenas de América con el ensayo *La estética narrativa del Tsikbal.*

Poemas de Yana Lema, escritora kichwa, son traducidos y difundidos en coreano.

Se presentan en la Feria del libro de Guadalajara, los dos últimos volúmenes de la Colección Miguel León Portilla, dirigida por José Luis Iturrioz: *K'amnikte' Velada floral* del escritor maya Pedro Uc y Gütxamkayaiñ, chachay, papay / Conversaremos, anciana, *anciano, queridos,* escrito por *Liliana Ancalao, oralitora mapuche argentina.*

Chonon Bensho y Pedro Favaron publican en Lima *Non Onan Shinan: los mundos medicinales y la sabiduría de una familia shipibo-konibo.*

Se publica en Chile *Llamka piwke,* novela de Adriana Pinda.

En Lima aparece *Harawinchis,* poesía quechua contemporánea (1904-2021), preparada por Gonzalo Espino Relucé.

En preparación en Estados Unidos el libro *Bridging Indigenous and Hispanic Studies,* Gloria Chacón, Lauren Beck y Juan Sánchez, editores.

La Universidad de los Lagos, afectando la labor de gestión de los organizadores, suspende súbita y unilateralmente el encuentro internacional *Ecopoéticas Indoamericanas y Amerindias, Voces de la Madre Tierra,* programado para los días 1 y 7 de mayo, 2023, en el Campus Chuyaca, Osorno.

La Real Academia Española publica una edición conmemorativa de *Los ríos profundos,* novela del escritor quechua peruano José María Arguedas.

— 2024 —

Primer número de la *Revista Oi, el camino de los labios,* coeditada por la Biblioraloteca Muyu en Peguche, Ecuador, y la Red de Creación Intercultural Mingas de la Imagen, Colombia. Editorial Kinti Rikra.

Lasa se realiza en la Universidad Javeriana, Bogotá, con una una sección especial dedicada a literaturas y lenguas indígenas.

Se pública en Bogotá *Un canto a la memoria,* textos de Aminta Peláez Wouliyuu, oralitora wayuu.

3. CONCLUSIONES

Desde la segunda década del siglo XXI, el aumento de publicaciones en inglés y en castellano, debido en parte a cierto reconocimiento y en mayor medida a las autoediciones y publicaciones web, hace más complejo e inabarcable el seguimiento conjunto de los textos.

En el caso de las literaturas nativas en los Estados Unidos, desde lo teórico y lo literario, se percibe una tendencia a dialogar con otras escrituras en inglés, particularmente las de Aotearoa Nueva Zelanda. Entre tanto las escrituras de autores auto-reconocidos como indígenas desde México hasta Chile y Argentina, aparecen con un poco más de proximidad a las de sus connacionales (antologías, recitales, festivales). Es el caso de Berichá, en la Biblioteca de Escritoras Colombianas, y el de Liliana Ancalao en la selección de poesía en representación de Argentina para Ferias del libro como la de Bogotá.

En México una nueva generación de escritores vinculados con el periodismo, como Yasnaya Aguilar, cuestionan la noción de una literatura indígena aparte; e incluso prefieren prescindir de la palabra indígena, en el caso de Martin Tonalmeyotl, como respuesta a las generalizaciones, así como a la posibilidad de ser etiquetados e institucionalizados. Por su parte, Mikel Ruiz escribe deconstruyendo la romantización e idealización de "lo indígena".

La denominación indígena, a nivel global, posee numerosas acepciones, y ha estado asociada desde las últimas décadas del siglo XX con determinados derechos colectivos y movimientos sociales, a la vez que con formas de vida vinculadas con prácticas, territorios ancestrales, sensibilidades particulares y en muchos casos con lenguas y visiones de mundo diferenciadas, aunque el castellano, el inglés y otras lenguas europeas han sido incorporadas y revitalizadas en tales contextos. En muchos países meridionales denominaciones como pueblos indígenas o originarios continúan agrupando luchas, procesos, (dis)continuidades. De allí lo recurrente de los llamados movimientos indígenas, transindígenas y panindígenas, así como sus emergencias, estudiadas por académicos como José Bengoa.

En el continente se han incrementado los premios nacionales e internacionales de literaturas indígenas (como el Plia otorgado Feria del Libro de Guadalajara), los seminarios y congresos especializados (como Naisa en Norteamérica y Eila en Sudamérica) y las serie editoriales dedicadas parcial o exclusivamente a escritores de pueblos indígenas (como Lom Ediciones en Chile, Pluralia en Ciudad de México, y la Miguel León Portilla de la Universidad de Guadalajara). Todo lo anterior genera, a su vez, posiciones críticas y adversas, en las que individuos o grupos de creadores reclaman lugares y oportunidades sin exclusividad en las artes, ciencias y ediciones, para así participar en condiciones semejantes a las de sus conciudadanos nacionales y globales. Muchos reconocen la particularidad de las lenguas nativas, en el caso de ser hablantes, a la vez que exigen igualdad en el acceso, la divulgación, y el estudio de sus lenguas.

Simultáneamente congresos usualmente dedicados a los estudios latinoamericanos, iberoamericanos o globales, como Lasa, Secolas o Iili, por iniciativa de académicos indígenas y no indígenas han abierto secciones, mesas y simposios dedicados a las lenguas, literaturas y estudios indígenas. Al tiempo, en parte como respuesta al elevado costo y a la inabarcable numerosidad de registros en tales espacios, vienen creciendo nuevas redes y grupos pequeños de trabajo colaborativo e independiente, aunque con apoyo de universidades e instituciones, como Siwar Mayu en Norteamérica y Mingas de la Imagen en Suramérica.

Mientras aumentan los blogs de autores indígenas, particularmente en Brasil, y son cada vez más numerosas las publicaciones en plataformas web y en redes sociales, también se publican ediciones globales especializadas y en inglés como *The Cambridge Companion to Native American Literature.* Además, el manual de Oxford sobre la novela latinoamericana incluye un capítulo sobre la novela indígena más allá del indigenismo. En un sentido de contrastes semejantes, mientras editoriales como Pluralia imprimen y circulan numerosas ediciones, colectivos como Snichimal Vayuchil en Chiapas crean, traducen, editan y divulgan mano a mano sus libros autoeditados con materiales reciclables.

En las publicaciones aparecen cada vez más, al lado de lenguas nativas con mayor número de hablantes y divulgación (como el náhuatl, quechua, aymara, binnizá, maya yucateco, mapudungun, etc), otras lenguas menos conocidas o con menos hablantes como las lenguas de los zoque, rarámuri y wixárika; o el me´phaa en México, el wampis, en Perú, el murui en Colombia, etc. De hecho, más allá de los reconocimientos multiculturales desde los 80s y 90s en Latinoamérica y el Abiayala, se han dado pasos jurídicos más significativos. Es el caso de la ley de lenguas nativas de 2010 en Colombia, que exige mayores derechos para los hablantes, así como más divulgación y publicación de las lenguas indígenas. Actualmente en México se tiende a hablar más de lenguas mexicanas, mientras que la escritura literaria en el guaraní del Paraguay también ha sido impulsada y llevada a cabo por personas no directamente nacidas en pueblos indígenas, como Susy Delgado.

Antes como ahora los panoramas son heterogéneos, aunque pueden constatarse ciertas tendencias. Se puede notar cierto reconocimiento público, no desligado de polémicas y exclusiones, en literaturas como las mapuches en Chile y las indígenas mexicanas, así como de autores como Sherman Alexie en los Estados Unidos y Humberto Ak´abal en Latinoamérica. Sin embargo, aún no es posible hablar de un reconocimiento público amplio o generalizado de las escrituras de autores que se auto-reconocen como pertenecientes a pueblos indígenas.

También es de notar que la creación en cine, documental, artes plásticas, oralituras y literaturas, por parte de creadores o colectivos indígenas, en numerosos casos se ha dado paralelamente, con frecuencia aumentando el interés sobre campos que aún suelen ser entendidos como antropológicos. Es así como nominaciones al Oscar de películas habladas parcialmente en lenguas nativas como *El abrazo de la serpiente* del director colombiano Ciro Guerra, el interés por películas como Ixcanul del guatemalteco Jayro Bustamente, y el protagonismo de actrices como Yalitza Aparicio (mixteca) y Magaly Solier (quechua), aunque en sus propios contextos y dinámicas, son indesligables de reconocimientos como el premio nacional de literatura 2020 entregado en Chile al oralitor mapuche Elicura Chihuailaf; y el premio nacional de pintura 2022 otorgado en Perú a la artista shipibo-konibo Shonon Bensho.

Los procesos de comunicación propia son recurrentes en todo el continente. Así, mientras figuras como Mardonio Carballo ocupan lugares preeminentes en el periodismo en México, los colectivos de comunicación se despliegan en el sur usando radio, televisión, cine, documental, redes sociales e internet, como el caso del Tejido de Comunicación nasa del Cauca. La producción de ficción ha aumentado tanto en la literatura como el cine y el documental (colectivos Zhigoneshi y Bunkuaneiuman en la Sierra Nevada de Santa Marta).

De otro lado, nociones de fines del XX, como las oralituras, se piensan simultáneamente con nociones de lectura más recientes como las oralitegrafías. Uno de los primeros en mencionar la palabra oralitura fue Ernst Mirville en Haití, en los 70s. Con todo ni Yoro Fall en Senegal, ni Elicura Chihuailaf en Chile, en los 90s, retomaron hasta donde se sabe la palabra de Mirville. Yoro Fall planteó en 1991 que la oralitura es tanto calco como oposición de la literatura; y enfatizó sobre la importancia de las historias orales en los vigentes procesos de descolonización tras las sucesivas independencias africanas a lo largo del siglo XX. Por su parte, el poeta mapuche Elicura Chihuailaf declaró a mediados de los noventas, tras el periodo de dictadura de Augusto Pinochet en Chile (1973-1990), que había llegado a la transitoria conclusión de ser un oralitor, pues "mi escritura transcurría al lado de la oralidad de mi gente, de mis mayores (en el respeto hacia ellos, hacia ellas: a su pensamiento), no en el mero artificio de la palabra".

Las oralitegrafías son conjunciones textuales entre evocaciones orales, escrituras literarias-alfabéticas y grafías o escrituras picto-ideográficas (Rocha Vivas: *Mingas de la palabra*). En efecto, las oralitegrafías se han dado, se dan y pueden darse en múltiples tipos de comunicación, no necesariamente indígenas, y particularmente en textos que se escriben y transcriben en los bordes del contacto entre culturas, así como entre oralidades y notaciones gráficas y fonéticas. La obra de la creadora amazónica Anastasia Candre, entre otras, puede ser leída oralitegráficamente.

Por su parte, algunas colecciones nacionales de cultura y literatura han incorporado textos indígenas, como la Biblioteca Básica de Cultura Colombiana con la reedición digital de la novela *Los Dolores de una raza* de Antonio Joaquín López, autor wayuu. Mientras que editoriales de gran alcance como Santillana y el Fondo de Cultura Económica comienzan a editar sobre todo a escritoras (Estercilia Simanca en el primer caso, y Susy Bentzulul en el segundo).

Las traducciones de las obras literarias principalmente se han estado desarrollando del castellano al inglés, como en el trabajo de Paul Worley o de Wendy Call. Del inglés al castellano son de resaltar traducciones como las de Elisa Ramírez. También las de los miembros de Siwar Mayu, en ambos sentidos. Del castellano al francés puede referirse el trabajo de Laura Lema al tiempo que han aparecido algunas publicaciones en Francia, desde la Revista *Europe* hasta el libro *L´avant-garde du monde*. Del castellano al italiano un trabajo en proceso es el de Simone Ferrari, mientras que en la traducción del castellano a lenguas nativas son de destacar los trabajos de Camilo Jamioy (camëntsá), José Ángel Fernández (wayuu), Janeth Calambas (misak-guambiana) y Xun Betan (maya tsotsil), entre otros. De otras lenguas nativas al castellano, son interesantes las traducciones de los originales en sami, y desde finlandés al castellano, de la poesía de Inger Mari Aikio. De las traducciones a lenguas no europeas pueden mencionarse del castellano al árabe y al japonés, en el caso de la obra de Humberto Ak´abal, y también del castellano al coreano de autores quechuas como Fredy Chikangana, Yana Lema y Eduardo Ninamango.

En la última década y media ha crecido el interés por parte de investigadores, artistas, instituciones, lectores y audiencias de algunos países asiáticos por los estudios indígenas y decoloniales, particularmente en Corea del Sur. En la península coreana se organizan periódicamente los foros AALA, en los que se suelen encontrar escritores de Asia, África y América Latina, con un especial interés en las escrituras indígenas. Con todo, tal interés se concreta en el marco de los estudios sobre la llamada literatura mundial. En Corea del Sur este movimiento se encuentra actualmente activo gracias al trabajo de ida y vuelta de novelistas como JMG Le Clezio y Makarand Paranjape; la gestión y traducción de Suk-kyun Woo del Snuilas en la Universidad Nacional de Corea; y el trabajo en el Instituto de Literatura Global Mundial del profesor Kim Jae-yong con sus ediciones de la Revista Global World Literature.

La presente cronología, apenas esbozada y por completar por otros investigadores y creadores, al traducirse a otras lenguas globales, se suma a este amplio y heterogéneo panorama de intercambios, en donde se esperaría un mayor protagonismo y relevancia pública de las lenguas indígenas, de sus hablantes, creadores, críticos y lectores, ahora, siempre y en un futuro cercano.

7.3. *Literatura Latinoamericana Contemporánea*

CARLA DANIELA BENISZ[1]
UBA, Conicet, Argentina

1. INTRODUCCIÓN: LA 'UNIDAD' LATINOAMERICANA

Hablar de la/una literatura latinoamericana es hablar de una construcción simbólica, deficitaria de esa otra construcción que es la misma América Latina como un territorio más o menos cohesionable[2]; pero, por supuesto, son construcciones que se basan en algunas certezas.

En primer lugar, una evidencia inmediata es la condición poscolonial de las sociedades latinoamericanas que las unifica en un pasado compartido y, en consecuencia, un horizonte histórico. Esto se complementa con que, desde el otro lado, la misma Europa como eje dominante de la modernidad occidental también es producto de la conquista americana, pues es a partir de ella que se convierte definitivamente en potencia imperial y corre hacia sí el eje de influencia cultural, geográfica y económica a nivel mundial[3]. Con ello, la construcción del conquistador como un sujeto racial y espiritualmente superior a los pobladores originarios marcó un sesgo de superioridad de lo europeo respecto de lo americano que estructuró

---

1 Carla Daniela Benisz es Profesora y Licenciada en Letras por la Universidad de Buenos Aires, y Doctora en Humanidades y Artes por la Universidad Nacional de Rosario (Argentina). Es investigadora del Consejo Nacional de Investigaciones Científicas y Técnicas (CONICET) y ejerce como docente en el Profesorado de Lengua y Literatura de la Universidad Autónoma de Entre Ríos. Entre sus publicaciones, se destacan *La "literatura ausente". Augusto Roa Bastos y las polémicas del Paraguay post-stronista* (2018) y *Aporías de la letra. Apuestas críticas para la literatura paraguaya* (2022).

2 Véase, en 1.1, "El concepto de Latinoamérica".

3 Enrique Dussel, *1492. El encubrimiento del otro* (La Paz: Plural Ediciones- Facultad de Humanidades y Ciencias de la Educación, Universidad Mayor de San Andrés, 1994).

la colonialidad[4], es decir, la ideología que jerarquiza en términos raciales, no siempre explicitados o asumidos, la relaciones sociales y los productos culturales. La potencia imperial no sólo se impone materialmente, sino simbólicamente. Como explica Arturo Arias: "Decolonial studies mark the Spanish invasion of the Americas in 1492 as the initial assertion of the centrality and supremacy of European knowledge. It is the first marker and constitutive element of modernity"[5]. Es decir, Europa, a la vez que coloniza, construye el imaginario de su superioridad que —al mismo tiempo— justifica ideológicamente el genocidio sobre la población originaria.

Las sociedades criollas latinoamericanas surgen de esa violencia, que a su vez produce un sujeto social novedoso: el mestizo y, mientras van complejizándose, van adquiriendo cierta coherencia proto-nacional. Esto sucede como reacción ante el dominio español, que implicaba la paradoja de que el centro del poder era algo exterior. Es decir, América Latina es un territorio que se construyó en el proceso de emancipación respecto de un poder central administrativo, que paradójicamente ejercía control desde un espacio externo, pues su asiento estaba en alguna metrópolis europea: España, desde ya, era la ampliamente dominante; aunque hubo casos de colonizaciones francesas, portuguesas, inglesas u holandesas[6].

En general, la emancipación respecto de ese control metropolitano requirió, pues, entre otras cosas, de construcciones simbólicas y narrativas que desataran ese "cordón umbilical" colonial instaurando una explicación independentista y que, a la vez, dieran coherencia identitaria a un conjunto de ciudades puertos, virreinatos, administraciones dispersas. Las distintas élites intelectuales y letradas contribuyeron a ello. Por ejemplo, durante el siglo XIX y en el Río de la Plata, la Generación del 37 (Domingo Sarmiento, Esteban Echeverría, Juan Bautista Alberdi, Juan María Gutiérrez, entre otros) se posicionó como una continuación intelectual de la Generación de la independencia y articuló un discurso anti-hispanista, en el que resal-

---

4 Aníbal Quijano, "Colonialidad del poder, eurocentrismo y América Latina", en *La colonialidad del saber: eurocentrismo y ciencias sociales. Perspectivas Latinoamericanas*, comp. Edgardo Lander (Buenos Aires: CLACSO, 2000). Disponible en: http://bibliotecavirtual.clacso.org.ar/ar/libros/lander/quijano.rtf

5 Arturo Arias, "Indigenous Herencias: Creoles, Mestizaje, and Nations before Nationalism", en *The Cambridge history of Latina/o American literatura*, ed. John Morán González y Laura Lomas (Cambridge; New York, NY: Cambridge University Press, 2018).

6 Un caso especial es la colonización portuguesa en Brasil. Véase Capítulo 1.5 "La cuestión brasileña: pertenencia a Latinoamérica".

taban las particularidades geográficas, culturales y políticas de la nación en ciernes (en este caso, Argentina). De todos modos, el anti-hispanismo no fue una constante ni se dio de forma homogénea. En espacios que habían sido más centrales para el dominio español, por la riqueza de sus recursos, como Perú, también hubo reivindicaciones nostálgicas de la colonia; es el caso de las *Tradiciones Peruanas* de Ricardo Palma, que consideraba la época colonial como escenario privilegiado para describir los tipos sociales y las costumbres peruanos. No es azaroso, entonces, que la hipótesis de la "colonialidad", ya mencionada y que refiere a la pervivencia ideológica tras las independencias de las estructuras jerárquicas racializadas e impuestas durante la colonia, haya sido pensada a partir de los países andinos, como Perú. El giro decolonial de las últimas décadas en los estudios latinoamericanos se basa, justamente, en este tipo de revisiones sobre el pasado, no del todo muerto, colonial. De todos modos, el intento de atribuir cierta particularidad identitaria a la región es compartido, en general, por las élites letradas del siglo XIX y contribuyó a la conformación de una conciencia nacional. Por ello, el escritor del siglo XIX era también una figura política y su literatura, una herramienta de esa función, ya que era el espacio "donde se proyectaban los modelos de comportamiento, las normas necesarias para la invención de ciudadanía, los límites y fronteras simbólicas, el mapa imaginario, en fin, de los estados en vías de consolidación"[7].

La otra certeza para pensar en cierta "unidad" latinoamericana es el predominio de una lengua, el castellano, a lo largo de casi toda la inmensa extensión territorial y como consecuencia de que fuera la Corona española la que llevó a cabo la conquista de la mayoría de los territorios latinoamericanos. Desde ya que las excepciones a ese predominio lingüístico no son pocas y son significativas; la más evidente es el lusófono Brasil, pero también están el Caribe y las Guayanas con zonas franco y anglófonas[8]. Además, al interior de las distintas naciones, existe el factor de conflicto para la hegemonía castellana, en ocasiones minoritario pero persistente, de las lenguas indígenas[9] que aún se mantienen, pertenecientes a las comunidades originarias que lograron sobrevivir aún tras 500 años de colonización. De todos modos, en cuanto al castellano, sigue siendo única en el mundo tal extensión territorial de una lengua.

---

7 Julio Ramos, *Desencuentros de la modernidad en América Latina* (México: FCE, 1989), 8.

8 Véase el capítulo 1.3 "Las lenguas de latinoamérica: diversidad y marginalización".

9 Véase el anterior capítulo (7.2), "Oralituras y literatura indígenas del 2004 al 2014: bocetos cronológicos y documentales".

Estas características hacen que lo literario en América Latina se haya realizado con ciertas particularidades respecto del modelo europeo, a partir del cual se construyó la concepción occidental de la literatura. Por ejemplo, la intervención de las lenguas y culturas indígenas obliga a ampliar el abanico tradicional de los géneros literarios. Pero también estamos ante una historicidad construida en el quiebre rotundo de la Conquista; a partir de ese quiebre se instala la ideología de una temporalidad que se construye como apéndice de la historia occidental; es decir, como en casi todos los aspectos de lo político y cultural, los siglos de dominio colonial instalaron la idea de que la producción literaria en América Latina era una continuación demorada de lo que sucedía en Europa.

Pero en esa demora se abre la diferencia latinoamericana, es lo que el crítico brasileño Roberto Schwarz llama "ideas fuera de lugar"[10]. En realidad, esta postulación de Schwarz, publicada en el ensayo homónimo de 1973, se hace eco del contexto de auto-interpretación latinoamericana de los años sesenta, al mismo tiempo que revisa ideas pre-existentes. Así como Julio Ramos (1989) escribió sobre los "desencuentros de la modernidad en América Latina"[11] para referirse a la modernización de la literatura y del estatuto de escritor a fines de siglo XIX, aun con instituciones y Estados todavía en ciernes, Schwarz destaca la contradicción de que, en el Brasil esclavista del siglo XIX, se hayan difundido las ideas liberales y, en literatura, se haya producido una obra de plena modernidad como la de **Machado de Assis**[12]. Pero más allá de este caso puntual, se trata de un "desajuste, ao qual estávamos condenados pela máquina do colonialismo"[13] en toda la región. Es así que las aspiraciones letradas y los desarrollos literarios de estos dos siglos de vida independiente, han sido explicados como "desajuste", "desencuentro", "fuera de lugar", pero —es importante aclarar— que esa diferencia latinoamericana se postula como sesgo que dota de cierta especificidad o particularidad a su literatura.

Ahora bien, es interesante marcar que el postulado de Schwarz entronca con la teoría de la dependencia —entonces en boga— que intentaba

---

10 Roberto Schwarz, "As ideias fora do lugar", en *As ideias fora do lugar* (São Paulo: Penguin Classics -Companhia das Letras, 2014), pp. 47-64.

11 Julio Ramos, op. cit.

12 Autor de obras como *Memórias Póstumas de Brás Cubas* (1881) y *Dom Casmurro* (1899).

13 Roberto Schwarz, op. cit., 59.

explicar la situación general de América Latina[14]. Es que, en realidad, esos años de gran ebullición política e intelectual tomaron a la literatura como campo de batalla político y epistemológico. Es decir, las lecturas críticas e incluso las tomas de posición de los escritores se embebieron de las disputas políticas y —más aún— de los estallidos revolucionarios de la década de 1960 como disparadores, también, de una revolución en la cultura.

2. 1960. EL BOOM DE LA LITERATURA LATINOAMERICANA

En definitiva, la interpretación en torno a lo latinoamericano y —puntualmente— la literatura latinoamericana no se instaló de una vez y para siempre, sino que ha sido retomada recurrentemente, en especial, en momentos de importantes cambios en lo cultural y social. Es más: en ocasiones, los posicionamientos intelectuales plantearon el *latinoamericanismo* como programa político y cultural. Tal vez el último de esos momentos haya sido en los años sesenta al calor de la influencia de la Revolución cubana y previamente a que las dictaduras militares, en gran parte de América Latina, cercenaran estos proyectos intelectuales. El 1 de enero de 1959, los rebeldes cubanos logran derrocar a Fulgencio Batista, entonces dictador de Cuba con una política de fuerte sumisión a los intereses de Estados Unidos. De hecho, el movimiento insurreccional, liderado por Fidel Castro, tuvo, en un primer momento, un carácter de liberación nacional, pero luego va adoptando medidas de corte comunista y aliándose al eje de Moscú en el contexto de la Guerra Fría.

Los años de 1960, además de su importancia intelectual y política[15], también significaron la entrada de la literatura latinoamericana —como conjunto, como entidad— en el mercado literario internacional, con lo que se llamó el *boom* de la literatura latinoamericana. Como ya mencioné, un cronotopo que conjugó ambos fenómenos fue Cuba en los primeros años de la Revolución, y lo hizo a través de su institución**, Casa de las Américas**, que congregaba a los escritores latinoamericanos, muchos de los cua-

---

14 Elías Palti, "Ideas fuera de lugar", en *Diccionario de términos críticos de la literatura y la cultura en América Latina,* comp. Beatriz Colombi (Buenos Aires: CLACSO, 2021), 249.

15 Al respecto, puede verse Oscar Terán, *Nuestros años sesentas* (Buenos Aires: Siglo XXI, 2013); Silvia Sigal, *Intelectuales y poder en Argentina. La década del sesenta* (Buenos Aires: Siglo XXI, 2002).

les estaban publicando por esos años, sus obras de mayor impacto. Mario **Vargas Llosa, Julio Cortázar** y Gabriel **García Márquez**[16], los exponentes más mencionados del *boom*, eran invitados frecuentes en la isla, participan de la revista *Casa de las Américas* y de los premios anuales que la institución otorgaba.

Al menos hasta el "caso Padilla" en 1971[17], la isla funcionó como un espacio de vanguardia política y literaria al mismo tiempo; pues fue escenario de la insurrección popular más importante del siglo XX latinoamericano, a la vez que cobijaba a los exponentes de la renovación literaria del continente y funcionaba como plataforma para "latinoamericanizar" sus obras. Es decir, Casa de las Américas fue uno de los factores por los que se puede hablar de boom *latinoamericano*, de una "comunidad de escritores"[18] interrelacionados y de un diálogo de estéticas entre los distintos países de la región, superando los esquemas de las literaturas nacionales.

El otro factor influyente en el *boom* (y el que resalta su costado comercial) fue el mercado editorial personificado en las figuras de Carlos Barral, editor de Seix Barral, y la agente literaria Carmen Balcells, que editaron o gestionaron las ediciones de las obras más famosas de Cortázar, García Márquez y Vargas Llosa, entre otros. Desde este punto de vista, el eje geográfico del *boom* ya no está en América Latina, sino que vuelve a situarse en el continente de las metrópolis, puntualmente, en Barcelona, donde residían ambos agentes. Desde esa metrópolis se triangulaban las traducciones de las obras hacia otras lenguas, lo que implicó la internacionalización de la literatura latinoamericanas, que llegaba al público europeo y estadounidense por primera vez de modo masivo.

Respecto de las estéticas que surgen en el contexto del *boom*, por lo general se tratan de revisiones del realismo y reacciones respecto del costum-

---

16 Algunas obras significativas son *La casa verde, Conversación en la catedral* (Vargas Llosa 1966 y 1969); *Rayuela* (Cortázar, 1963) y *Cien años de soledad* (García Márquez, 1967).

17 Se conoce como "caso Padilla" el apresamiento que sufrió el escritor Heberto Padilla por parte del gobierno cubano que lo acusó de contrarrevolucionario. Luego de ser apresado, Padilla realizó una autocrítica pública, lo que recordó los procesos del comunismo soviético y dividió en bandos a los escritores respecto de Cuba, los que seguían apoyando el régimen de Fidel Castro y los que temieron el crecimiento de la censura por parte de él. Al respecto, Claudia Gilman, *Entre la pluma y el fusil. Debates y dilemas del escritor revolucionario en América Latina* (Buenos Aires: Siglo XXI, 2003), 233.

18 Claudia Gilman, op. cit.

brismo y el regionalismo previos. Las denominaciones o hipótesis de lectura que los autores le dan a sus escrituras se hacen eco de ese movimiento de reconversión: realismo mágico (García Márquez), real maravilloso (Alejo Carpentier), realismo profundo (Augusto Roa Bastos); también los conceptos de "transculturación narrativa" o de "superregionalismo" del crítico uruguayo Ángel Rama y del brasileño Antonio Candido respectivamente, intentan explicar que esta nueva generación de obras literarias implicó una reconversión de lo que era la literatura latinoamericana hasta el momento, volviendo a las particularidades regionales, sí, pero reescribiéndolas con recursos estilísticos aprehendidos a partir de las distintas vanguardias. La narrativa de Jorge Luis Borges y su uso del fantástico, anteriores al *boom*, suelen ser considerados un antecedente de estas búsquedas estilísticas. En definitiva, en este nuevo caudal narrativo algunos críticos vieron cierta "modernización" de la literatura latinoamericana.

Ahora bien, ese surgimiento de estéticas sufrió cierto "aplanamiento"[19] o simplificación ante un mercado literario mundial que accedía por primera vez de forma masiva y abrupta a la literatura latinoamericana y lo hacía —tal como opera siempre el mercado— a través de estrategias de posicionamientos, difusión y promoción de figuras literarias sin reponer del todo las diferencias en las escrituras o las distintas influencias y tradiciones preexistentes. De hecho, puede pensarse que el *boom* es, en realidad, la reducción comercial de lo que se denominó "nueva novela latinoamericana" y que, a grandes rasgos se refiere a un cambio que efectivamente estaba sucediendo en la literatura regional, del que participa un espectro mayor de escritores (por ejemplo, José María **Arguedas,** Antonio Di Benedetto, Manuel Scorza, Daniel Moyano, Sara **Gallardo**, Vicente Leñero, Juan José Saer, Lezama Lima, Rodolfo **Walsh**, entre muchos otros)[20], con escrituras muy diversas pero que, en general, pretendían dejar atrás los modos del regionalismo costumbrista, del nativismo o del romanticismo tradicionalista que habían imperado en las primeras décadas del siglo XX. Para ello, elaboraron fórmulas a partir del *nouveau roman*, el *nonfiction*, la novela existencialista, el modernismo anglosajón, el barroco, el cine del neorrealismo

19 Ángel Rama, "El boom en perspectiva", en *Más allá del boom: literatura y mercado* comp. Ángel Rama (Buenos Aires: Folios ed., 1984), 52.

20 Algunas obras de estos autores: *Los ríos profundos, El zorro de arriba y el zorro de abajo* (Arguedas, 1958 y 1971); *Zama* (Di Benedetto, 1956); *Redoble por Rancas* (Scorza, 1970); *La lombriz* (Moyano, 1964); *Eisejuaz* (Gallardo, 1971); *Los albañiles* (Leñero, 1964); *Cicatrices* (Saer, 1969); *Paradiso* (Lezama Lima, 1966); *Operación Masacre* (Walsh, 1957).

italiano y la transculturación narrativa que abrevó en lenguas y culturas originarias. No se trata de un ejercicio mimético por el que se intentó aplicar modas literarias europeas o norteamericanas, sino que —más allá de que algunos productos puedan ser ciertamente pioneros (como el uso de la no ficción por parte de Walsh)—, estos estilos ofrecían una ampliación de la paleta de recursos literarios y fundamentalmente narrativos, a partir de los cuales los escritores latinoamericanos montaron sus artificios parricidas respecto de la tradición que los antecedía.

3. 1970-1980. EL POST-BOOM

La década de 1960 fue, sin duda, el momento en el que la literatura latinoamericana generó más interés a nivel global. El "cierre" de esa época, como todo proceso complejo, es difícil de determinar, aunque puede asociarse a lo que significó, en general, en América Latina el pasaje entre los sesenta y los setenta. Si los sesenta fueron una década alumbrada por la Revolución Cubana y la perspectiva de cambio social radical, los setenta marcaron los límites de esos proyectos con la proliferación de dictaduras militares en la región[21]. Este cambio de perspectiva en lo político-social se puede observar también en el giro de los proyectos culturales e intelectuales hacia propuestas y perspectivas más nihilistas e individualistas o que privilegian la experimentación literaria inmanente a la obra antes que la construcción de un lenguaje generacional. Además, lo acontecido en Cuba con el caso Padilla, ya referido, también enfrió la relación con la política cultural de la isla por parte de algunos escritores, con la desilusión que eso implicaba respecto de un modelo de nueva sociedad, alternativa a la capitalista, que había resultado exitoso.

Desde ya, no se pretende aquí una explicación determinista de los cambios literarios, como si las escrituras estuvieran sujetas y fueran sucedáneas directas de los acontecimientos históricos. Los fenómenos siempre son variados y los cambios obedecen a factores pluricausales. Pero, a nivel general, ciertamente algunos críticos encuentran en estas coordenadas entre los sesenta y los setenta una fuerte bisagra y consideran que la posterior generación de escritores habría bebido el caldo amargo de la derrota, mientras el *boom* se había desarrollado en la etapa del florecimiento de las ideas de cambio social. Tras esa fuerte ebullición política y cultural, el

---

21 Véase capítulo 2.7 "Las dictaduras en el cono sur".

peso de la derrota fragmentó la experiencia recogida, los logros obtenidos y quebró uno de los procesos más ricos de la literatura latinoamericana. Gran cantidad de escritores sufrió el exilio, incluso algunos la muerte, así como dificultades materiales y subjetivas para escribir, y muchas de las obras literarias de los años setenta y ochenta vehiculizarían la violencia, el descontento y las frustraciones de un sujeto histórico quebrado. Novelas como *Respiración Artificial* de **Ricardo Piglia** (1980), *El fiscal* de Augusto **Roa Bastos (1993)**, *Em liberdade* de Silviano Santiago (1981) o incluso *Lumpérica* de Diamela **Eltit** (1983) muestran ese proceso de quiebre histórico que significaron la violencia y las dictaduras militares: el exilio, la muerte, la imposibilidad de articular un proyecto político, la sociedad fragmentada son todos elementos que enajenan a los sujetos y los repliegan en salidas individuales. Algunas de estas novelas extreman recursos de la escritura que tienden a reducir la progresión de la narración y a fragmentar el ritmo, como el montaje con distintos tipos de discursos (cartas, periódicos), la recursividad y repeticiones en la peripecia, incluso en escritores como Manuel Puig (*El beso de la mujer araña, Pubis angelical*, entre otros), puede verse el montaje con discursos de la cultura de masas (cine, radio, etc.). De modo que la estela de experimentación legada por los narradores del *boom* continuó influyendo en las narrativas posteriores, aunque la perspectiva es ya de repliegue y sin la ambición latinoamericanista.

Esto tiene consecuencias en el plano del campo intelectual en cuanto al surgimiento de polémicas y escisiones en los grupos, y también en cuanto a los "valores" que hegemonizan el campo. Si durante los años del *boom*, primaba cierta politización de la literatura o de los escritores, y la apelación al compromiso intelectual, el repliegue del "post-boom" implica cierta crítica ética e indivualización de la perspectiva. José Luis de Diego explica este cambio en el campo intelectual argentino de los años de 1980, pero la situación puede parangonarse a la de otros países de la región:

> Una de las recurrentes formulaciones adopta la forma de la "autocrítica", una autocrítica planteada a menudo como una novela personal o generacional: en qué me equivoqué, en qué nos equivocamos. Este tipo de planteos contrasta vivamente con las posturas que los mismos actores solían sostener una década atrás, en las que la dimensión subjetiva quedaba sepultada bajo el peso de los imperativos políticos[22].

---

[22] José Luis de Diego, *¿Quién de nosotros escribirá el Facundo? Intelectuales y escritores en Argentina (1970-1986)* (La Plata, Al Margen, 2003), 207. En Memoria Académica. Disponible en: http://www.memoria.fahce.unlp. edu.ar/libros/pm.1752/pm.1752.pdf

Es interesante, respecto de la situación que describe de Diego, que ese repliegue hacia planteos del "yo" puede asociarse a una de las estéticas que, a partir de esos años, va a imponerse en el campo literario, la que a grandes rasgos se conoce como "literatura del yo"[23]. Es decir, un tipo de escritura que juega en la frontera de la ficción y la no ficción y que sitúa en el primer plano la subjetividad del autor, aquí difusamente separado del narrador o, más bien, difuminado en el artificio de su mostración. El devenir yoico, entonces, apuntala una de las formas que van a preponderar —tanto en narrativa como en poesía— en los años de la década del noventa.

4. 1980-1990. LA CULTURALIZACIÓN DEL HECHO LITERARIO

En los últimos años, la literatura asume una estética muy permeable a otros discursos sociales y culturales (los medios masivos de comunicación, sobre todo), lo que para algunos autores significa una toma de distancia respecto de la búsqueda por la especificidad literaria y la exposición del discurso literario como continuidad de otros productos culturales y de otras esferas sociales del discurso. La crítica argentina Josefina Ludmer denominó a esta etapa con la problemática fórmula de "literaturas posautónomas"[24]. Se trata de una fórmula problemática en tanto, de modo tajante, postula el fin de la autonomía kantiana para el arte (y en este caso, la literatura), a partir de algunas obras de los años noventa de la literatura argentina que, para Ludmer, desdibujan las esferas que sostenían la autonomía de lo literario. Es así que no habría fronteras nítidas entre la realidad y la ficción, así como entre las esferas de lo literario y cultural y lo económico y social. Pero, desde otro punto de vista, podría esgrimirse que, en el caso de la literatura latinoamericana, la autonomía fue siempre sumamente relativa y, en ocasiones, poco determinante, a lo largo de toda su historia; incluso, y especialmente, durante su conformación con textos como *Facundo* de Domingo Sarmiento (1845), el *Martín Fierro* de José Hernández (1872 y 1879), *Os sertões* de Euclides da Cunha (1902) o *Amalia* de José Mármol (1851), que tuvieron finalidad política antes que literaria y fueron panfletos antes de ser obras clásicas de la literatura. Pero más allá

---

23 Alberto Giordano, *El giro autobiográfico de la literatura argentina actual* (Buenos. Aires: Mansalva, 2008).

24 Josefina Ludmer, "Literatura post-autónomas", Lehman College CUNY, https://www.lehman.cuny.edu/ciberletras/v17/ludmer.htm

de esto, lo que me interesa destacar de la fórmula de Ludmer es cómo la literatura comienza a ser considerada en el *continuum* del discurso social. Ciertamente a partir de los años ochenta y noventa, la literatura fue pensada y también procesada al calor de los estudios culturales, que la analizan en el seno de la cultura en general y del mercado literario. Es decir, se trata una perspectiva que considera la literatura respecto de cómo ésta se modifica de acuerdo con las nuevas formas de difusión y producción globalizadas. No es menor que esto coincida con la instalación del orden neoliberal en el plano político-social en toda la región.

Como síntoma de este cambio epocal, se puede observar la proliferación de géneros como crónicas, autoficción y la articulación de lenguas y formatos literarios muy permeados por los géneros de la masividad cotidiana y, en general, que resultan en formas de hibridez genérica entre narración, ensayo y poesía.

Paralelamente, en cuanto a los estudios de la literatura, se puede observar un tipo de internacionalización distinta a la que había sucedido durante los sesenta. Si en los sesenta y setenta, la difusión, discusión y crítica de la literatura se desarrollaron fuertemente a través de las revistas culturales y literarias, y con ellas, a través de un discurso crítico fuertemente anclado en su contexto, con intenciones de intervención en el campo (y también, a veces, en lo social) y, en ocasiones y como consecuencia de lo anterior, un discurso urgente que intenta aprehender lo que está aconteciendo en la literatura en ese momento; a partir de los ochenta, y sobre todo de los noventa, el discurso (en tanto reflexión y crítica) sobre la literatura tiene un formato más académico. Se trata de un discurso más demorado, acorde al estatuto de la investigación académica y, en algunos casos, influido por los *studies* (culturales, poscoloniales, subalternos) de la academia norteamericana.

En las universidades latinoamericanas, muchos intelectuales que o bien estaban en el exilio o bien dictaban cursos privados, en una especie de exilio interior, vuelven al claustro universitario tras las aperturas democráticas. Eso genera una renovación de los abordajes teóricos que, en ocasiones, correspondían a lo que se había estado produciendo en Estados Unidos o Europa en las décadas previas. Se puede ver claramente este proceso en *Clases 1985. Algunos problemas de teoría literaria,* libro que compila las clases que Josefina Ludmer[25] impartió en la Universidad de Buenos Aires en ese

---

25 Josefina Ludmer, *Clases 1985. Algunos problemas de teoría literaria* (Buenos Aires: Paidós, 2015). Edición y prólogo de Annick Louis.

año en el que, al calor del proceso de democratización de la sociedad, se modifican los planes de estudio de las carreras.

Por su parte, el desarrollo de los estudios subalternos en la academia norteamericana construyó su propia versión de la literatura latinoamericana, o "Latino/a-american Literature", a partir del fuerte influjo migratorio de las colectividades mexicanas y portorriqueñas, principalmente, lo que se va a expresar en un importante corpus de literatura chicana y nuyorican escrita y difundida en Estados Unidos. Un libro pionero para estos estudios es el de Gloria Anzaldúa *Borderlands / La frontera*[26], que justamente conjuga varias de las características de hibridez genérica a las que se ha referido anteriormente. Si bien se trata principalmente de un ensayo, la centralidad del punto de vista de la autora estructura la reflexión mediante una escritura tensionada con recursos de la narración y, en ocasiones, también de lo poético; su biografía y experiencia migrante construyen, de este modo, una historicidad particular pero proyectada a un sujeto social (mujer, migrante, chicana).

Desde ya que el abordaje de la academia norteamericana a este tipo de producciones tiene el fuerte sesgo de una construcción de América Latina a partir de los flujos migratorios mayoritarios en los Estados Unidos; de modo que, desde ciertas colectividades puntuales, se interpretó todo el subcontinente latinoamericano. Más allá de ese sesgo, el caso muestra una particularidad de esta época, que tiene que ver con la extensión de la frontera de la lengua castellana hacia zonas angloparlantes. Si bien la migración latinoamericana y, particularmente de escritores, hacia Estados Unidos tiene antecedentes desde el siglo XIX, la importante densidad migratoria desde mediados del siglo XX, la conformación de extensas comunidades hispano-parlantes y la sedimentación de una cultura en lengua castellana en Estados Unidos resultan hoy día en que haya una dimensión de la literatura latinoamericana que se desarrolla y estudia por fuera de América Latina y convive y se mixtura con la cultura angloparlante.

5. AÑOS 2000 HASTA HOY. EL DEVENIR MINORITARIO EN LOS PROYECTOS LITERARIOS

Como puede inferirse de lo anterior, actualmente, tanto en el abordaje de la crítica, como en los intereses del mercado literario, se imponen los

[26] Gloria Anzaldúa, *Borderlands / La frontera* (Madrid: Capitán Swing Libros, 2016).

programas en torno a lo diferencial: la diversidad, las disidencias, la subalternidad son valores en la hora actual de la literatura. Esto, desde ya, no es un interés espontáneo por parte del mercado editorial, sino que responde, por un lado, a un importante caudal de producción literaria que intenta visibilizar colectivos históricamente marginados y, por otro, al interés lector que esa producción recibió.

El colectivo que más se ha destacado en los últimos años es el de las escritoras, que —en general— han llevado a la literatura problemáticas sociales en las que se visibilizan la opresión histórica a la mujer y a las disidencias sexuales. Pero además de este espíritu epocal, lo cierto es que muchas escritoras, al mismo tiempo que realizan planteos de denuncia social, también generan nuevas lenguas literarias o innovan formatos narrativos que combinan universos distópicos, ciencia ficción, realismo onírico, revisión de tradiciones literarias, proliferación de las formas híbridas. Son los casos de Cristina Rivera Galarza y también de Selva Almada, Liliana Colanzi y Giovanna Rivero, quienes —además— construyeron un linaje con Sara Gallardo (la escritora argentina contemporánea al *boom*) como ángel tutelar.

Por otro lado, entre esos valores de lo diferencial, es destacable cómo el proceso migratorio de los últimos años contribuyó a hacer emerger el "caldo" de lenguas[27], entre las distintas lenguas indígenas o las hibridaciones del portuñol o del spanglish, que se viene cociendo aún bajo cinco siglos de hegemonía del castellano. Desde ya, el influjo del castellano en los Estados Unidos es el más estudiado como ejemplo de mezcla, pero lo cierto es que el aumento de los movimientos migratorios, en general, y su consecuente traspasar de fronteras nutren a la literatura actual de múltiples posibilidades de traducciones de lenguas y de experiencias. La migración paraguaya, por ejemplo, es una de las más importantes en Sudamérica y favoreció mezclas entre el guaraní (que en Paraguay es lengua nacional) con el castellano y el portugués[28]; mientras las mismas zonas fronterizas se

---

27 Caldo o puchero de lenguas, según la traducción, ("bouillei des langues", en el original), dicen Deleuze y Guattari para referirse a la heteroglosia de Europa del Este. Gilles Deleuze y Félix Guattari, *Kafka. Por una literatura menor* (México: Ediciones Era, 1978), 40.

28 Carla Benisz, "Literatura en transición —Del binarismo entre lo "culto" y lo popular a la vanguardia en guaraní—", *Nuevo mundo/ Mundos nuevos* (febrero de 2020), http://journals.openedition.org/nuevomundo/79742; DOI: https://doi.org/10.4000/nuevomundo.79742 (Consultado el 30 de octubre de 2023); Carla Benisz y Rodrigo Villalba Rojas "Interlingual Work. Linguistic and Literary Tensions in Contemporary Paraguay" en *Latin American Literature in Transition* (vol. 5)

proyectan en distintas hibridaciones entre el guarañol y/o el portuñol, tal como puede verse en obras de Damián **Cabrera,** Wilson Bueno o Fabián Severo.

6. CONCLUSIÓN

Este caldo de lenguas nos obliga a revisar la cuestión del castellano como lengua unificadora. No porque su hegemonía esté en cuestión —al contrario, sigue siendo el rasgo diferenciador y unificador de América Latina— sino porque justamente, en tanto hegemonía, construye su dominio en constante negociación o coerción respecto de las otras lenguas. La literatura actual es uno de los intersticios en los que aflora esa disputa.

7. BIBLIOGRAFÍA

Anzaldúa, Gloria. *Borderlands / La frontera.* Madrid: Capitán Swing Libros, 2016.

Arias, Arturo. "Indigenous Herencias: Creoles, Mestizaje, and Nations before Nationalism". En *The Cambridge history of Latina/o American literatura,* editado por John Morán González y Laura Lomas. Cambridge; New York, NY: Cambridge University Press, 2018.

Benisz, Carla y Rodrigo Villalba Rojas. "Interlingual Work. Linguistic and Literary Tensions in Contemporary Paraguay". En *Latin American Literature in Transition,* Vol. 5, editado por Mónica Szurmuk y Debra Castillo, 267-281. Cambridge: Cambridge University Press, 2022.

Benisz, Carla. "Literatura en transición – Del binarismo entre lo 'culto' y lo popular a la vanguardia en guaraní". *Nuevo mundo/ Mundos nuevos,* febrero de 2020. http://journals.openedition.org/nuevomundo/79742. DOI: https://doi.org/10.4000/nuevomundo.79742. Consultado el 30 de octubre de 2023.

de Diego, José Luis. *¿Quién de nosotros escribirá el Facundo? Intelectuales y escritores en Argentina (1970-1986).* La Plata: Al Margen, 2003. Disponible en: http://www.memoria.fahce.unlp. edu.ar/libros/pm.1752/pm.1752.pdf

Deleuze Gilles y Félix Guattari. *Kafka. Por una literatura me*nor. México: Ediciones Era, 1978.

Dussel, Enrique. *1492. El encubrimiento del otro.* La Paz: Plural Ediciones- Facultad de Humanidades y Ciencias de la Educación, Universidad Mayor de San Andrés, 1994.

---

ed. Mónica Szurmuk y Debra Castillo (Cambridge: Cambridge University Press, 2022), 267-281.

Gilman, Claudia. *Entre la pluma y el fusil. Debates y dilemas del escritor revolucionario en América Latina.* Buenos Aires: Siglo XXI, 2003.

Giordano, Alberto. *El giro autobiográfico de la literatura argentina actual.* Buenos Aires: Mansalva, 2008.

Ludmer, Josefina. "Literatura post-autónomas". Lehman College CUNY. https://www.lehman.cuny.edu/ciberletras/v17/ludmer.htm. Consultado el 30 de octubre de 2023.

Ludmer, Josefina. *Clases 1985. Algunos problemas de teoría literaria.* Buenos Aires: Paidós, 2015. Edición y prólogo de Annick Louis.

Palti, Elías. "Ideas fuera de lugar". En *Diccionario de términos críticos de la literatura y la cultura en América Latina,* editado por Beatriz Colombi. Buenos Aires: CLACSO, 2021.

Quijano, Aníbal. "Colonialidad del poder, eurocentrismo y América Latina". En *La colonialidad del saber: eurocentrismo y ciencias sociales. Perspectivas Latinoamericanas,* editado por Edgardo Lander. Buenos Aires: CLACSO, 2000. Disponible en: http://bibliotecavirtual.clacso.org.ar/ar/libros/lander/quijano.rtf. Consultado el 30 de octubre de 2023.

Rama, Ángel. "El boom en perspectiva". En *Más allá del boom: literatura y mercado,* editado por Ángel Rama, 51-110. Buenos Aires: Folios ed., 1984.

Ramos, Julio. *Desencuentros de la modernidad en América Latina.* México: FCE, 1989.

Schwarz, Roberto. "As ideias fora do lugar". En *As ideias fora do lugar,* 47-64. São Paulo: Penguin Classics - Companhia das Letras, 2014.

Sigal, Silvia. *Intelectuales y poder en Argentina. La década del sesenta.* Buenos Aires: Siglo XXI, 2002.

Terán, Oscar. *Nuestros años sesentas.* Buenos Aires: Siglo XXI, 2013.